A-Z GREAT BRITAIN
NORTHERN IRELAND
Handy Road Atlas

C000258344

Reference and Tourist Information 2-3
Road Maps at 5 miles to 1" (1:316,800) 4-169
Outer Hebrides at 10 miles to 1" (1:633,600) 170-171
Northern Isles at 10 miles to 1" (1:633,600) 172-173
Northern Ireland at 12 miles to 1" (1:760,320) 174-175
Route Planning Maps 176-179
Index to Towns, Villages & Hamlets 180-256
Mileage Chart .... Inside Back Cover

EDITION 28 2020

Copyright © Geographers' A-Z Map Company Ltd.

Contains OS data © Crown copyright and database rights 2019

Northern Ireland: This is Based upon Crown Copyright and is reproduced with the permission of Land & Property Services under delegated authority from the Controller of Her Majesty's Stationery Office, © Crown copyright and database right 2019 PMLPA No 100508. The inclusion of parts or all of the Republic of Ireland is by permission of the Government of Ireland who retain copyright in the data used. © Ordnance Survey Ireland and Government of Ireland.

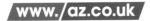

Land & Property Services
Paper Map Licensed Partner
ORDNANCE SURVEY OF NORTHERN IRELAND

This is a registered Trade Mark of Department of Finance and Personnel.

Motorway   M1
Autoroute
Autobahn

Motorway Under Construction
Autoroute en construction
Autobahn im Bau

Motorway Proposed
Autoroute prévue
Geplante Autobahn

Motorway Junctions with Numbers   4 5
Autoroute échangeur numéroté
Beschränkter Fahrtrichtungswechsel

Unlimited Interchange **4**	Limited Interchange **5**
Echangeur complet	Echangeur partiel
Autobahnanschlußstelle mit Nummer	Unbeschränkter Fahrtrichtungswechsel

Motorway Service Area   (S)
with access from one carriageway only
Aire de services d'autoroute   Rastplatz oder Raststätte
accessible d'un seul côté   Einbahn   (S)

Major Road Service Areas with 24 hour facilities
Aire de services sur route prioriataire ouverte 24h sur 24
Raststätte durchgehend geöffnet

Primary Route (S)	Class A Road (S)
Route à grande circulation	Route de type A
Hauptverkehrsstraße	A- Straße

Truckstop (selection of)   (T)
Sélection d'aire pour poids lourds
Auswahl von Fernfahrerrastplatz

Major Road Junctions
Jonctions grands routiers
Hauptverkehrsstrasse Kreuzungen

      Other Autre Andere

Primary Route   A40
Route à grande circulation
Hauptverkehrsstraße

Primary Route Junction with Number
Echangeur numéroté
Hauptverkehrsstraßenkreuzung mit Nummer

Primary Route Destination   DOVER
Route prioritaire, direction
Hauptverkehrsstraße Richtung

Dual Carriageways (A & B roads)
Route à double chaussées séparées (route A & B)
Zweispurige Schnellstraße (A- und B- Straßen)

Class A Road   A129
Route de type A
A-Straße

Class B Road   B177
Route de type B
B-Straße

Narrow Major Road (passing places)
Route prioritaire étroite (possibilité de dépassement)
Schmale Hauptverkehrsstraße (mit Überholmöglichkeit)

Major Roads Under Construction
Route prioritaire en construction
Hauptverkehrsstraße im Bau

Major Roads Proposed
Route prioritaire prévue
Geplante Hauptverkehrsstraße

Gradient 1:7 (14%) **& steeper**   »
(Descent in direction of arrow)
Pente égale ou supérieure à 14% (dans le sens de la descente)
14% Steigung und steiler (in Pfeilrichtung)

Toll   Toll
Barrière de péage
Gebührenpflichtig

Dart Charge   (C)
www.gov.uk/pay-dartford-crossing-charge

Park & Ride   P+R
Parking avec Service Navette
Parken und Reisen

Mileage between markers   8
Distence en miles entre les flèches
Strecke zwischen Markierungen in Meilen

Airport   ✈
Aéroport
Flughafen

Railway and Station   ●
Voie ferrée et gare
Eisenbahnlinie und Bahnhof

Level Crossing and Tunnel
Passage à niveau et tunnel
Bahnübergang und Tunnel

River or Canal
Rivière ou canal
Fluß oder Kanal

County or Unitary Authority Boundary
Limite de comté ou de division administrative
Grafschafts- oder Verwaltungsbezirksgrenze

National Boundary   + — +
Frontière nationale
Landesgrenze

Built-up Area
Agglomération
Geschloßene Ortschaft

Town, Village or Hamlet   ○
Ville, Village ou hameau
Stadt, Dorf oder Weiler

Wooded Area
Zone boisée
Waldgebiet

Spot Height in Feet   ·813
Altitude (en pieds)
Höhe in Fuß

Height Above Sea Level   1,400'-2000'   427m-610m
Altitude par rapport au niveau de la mer   2000'+   610m+
Höhe über Meeresspiegel

National Grid Reference (kilometres)   ¹00
Coordonnées géographiques nationales (Kilomètres)
Nationale geographische Koordinaten (Kilometer)

Page Continuation
Suite à la page indiquée   24
Seitenfortsetzung

Scale to Map Pages   1:316,800 = 5 miles to 1 inch / 3.1 km to 1 cm

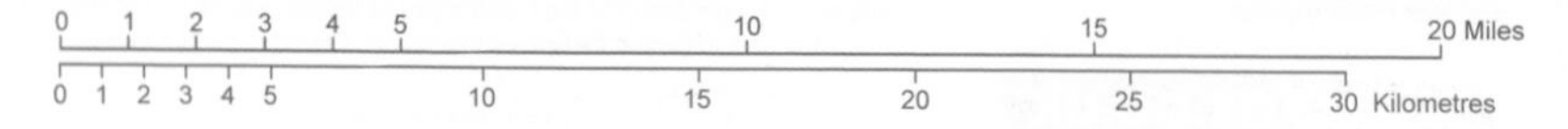

Airfield ✈
Terrain d'aviation
Flugplatz

Heliport Ⓗ
Héliport
Hubschrauberlandeplatz

Abbey, Church, Friary, Priory †
Abbaye, église, monastère, prieuré
Abtei, Kirche, Mönchskloster, Kloster

Animal Collection 🐾
Ménagerie
Tiersammlung

Aquarium 🐟
Aquarium
Aquarium

Arboretum, Botanical Garden 🍀
Jardin Botanique
Botanischer Garten

Aviary, Bird Garden 🦜
Volière
Voliere

Battle Site and Date ⚔
Champ de bataille et date *1066*
Schlachtfeld und Datum

Blue Flag Beach 🏖
Plage Pavillon Bleu
Blaue Flagge Strand

Bridge ⌒
Pont
Brücke

Castle (open to public) 🏰
Château (ouvert au public)
Schloß / Burg (für die Öffentlichkeit zugänglich)

Castle with Garden (open to public) Ⓜ
Château avec parc (ouvert au public)
Schloß mit Garten (für die Öffentlichkeit zugänglich)

Cathedral ✝
Cathédrale
Kathedrale

Cidermaker 🍎
Cidrerie (fabrication)
Apfelwein Hersteller

Country Park 🌳
Parc régional
Landschaftspark

Distillery 🍸
Distillerie
Brennerei

Farm Park, Open Farm 🐖
Park Animalier
Bauernhof Park

Ferry (vehicular, sea) 🚢
(vehicular, river) ⛴
(foot only) 🚶
Bac (véhicules, mer)
(véhicules, rivière)
(piétons)
Fähre (auto, meer)
(auto, fluß)
(nur für Personen)

Fortress, Hill Fort ❋
Château Fort
Festung

Garden (open to public) ❀
Jardin (ouvert au public)
Garten (für die Öffentlichkeit zugänglich)

Golf Course ⛳
Terrain de golf
Golfplatz

Historic Building (open to public) 🏛
Monument historique (ouvert au public)
Historisches Gebäude (für die Öffentlichkeit zugänglich)

Historic Building with Garden (open to public) Ⓜ
Monument historique avec jardin (ouvert au public)
Historisches Gebäude mit Garten (für die Öffentlichkeit zugänglich)

Horse Racecourse 🐎
Hippodrome
Pferderennbahn

Industrial Monument ⚙
Monument Industrielle
Industriedenkmal

Leisure Park, Leisure Pool 🎢
Parc d'Attraction, Loisirs Piscine
Freizeitpark, Freizeit pool

Lighthouse 🗼
Phare
Leuchtturm

Mine, Cave 🕳
Mine, Grotte
Bergwerk, Höhle

Monument ⅈ
Monument
Denkmal

Motor Racing Circuit 🏎
Circuit Automobile
Automobilrennbahn

Museum, Art Gallery Ⓜ
Musée
Museum, Galerie

National Park ▬
Parc national
Nationalpark

National Trust Property
National Trust Property
National Trust- Eigentum

Natural Attraction ★
Attraction Naturelle
Natürliche Anziehung

Nature Reserve or Bird Sanctuary 🐦
Réserve naturelle botanique ou ornithologique
Natur- oder Vogelschutzgebiet

Nature Trail or Forest Walk 🌿
Chemin forestier, piste verte
Naturpfad oder Waldweg

Place of Interest *Craft Centre* •
Site, curiosité
Sehenswürdigkeit

Prehistoric Monument ⬚
Monument Préhistorique
Prähistorische Denkmal

Railway, Steam or Narrow Gauge 🚂
Chemin de fer, à vapeur ou à voie étroite
Eisenbahn, Dampf- oder Schmalspurbahn

Roman Remains 🏺
Vestiges Romains
Römischen Ruinen

Theme Park 🎡
Centre de loisirs
Vergnügungspark

Tourist Information Centre 🅸
Office de Tourisme
Touristeninformationen

Viewpoint (180 degrees) ☀ (360 degrees) ☀
Vue panoramique (180 degrés) (360 degrés)
Aussichtspunkt (180 Grade) (360 Grade)

Vineyard 🍇
Vignoble
Weinberg

Visitor Information Centre Ⓥ
Centre d'information touristique
Besucherzentrum

Wildlife Park 🦌
Réserve de faune
Wildpark

Windmill 🎐
Moulin à vent
Windmühle

Zoo or Safari Park 🐘
Parc ou réserve zoologique
Zoo oder Safari-Park

Please note: symbols have been enlarged for clarity

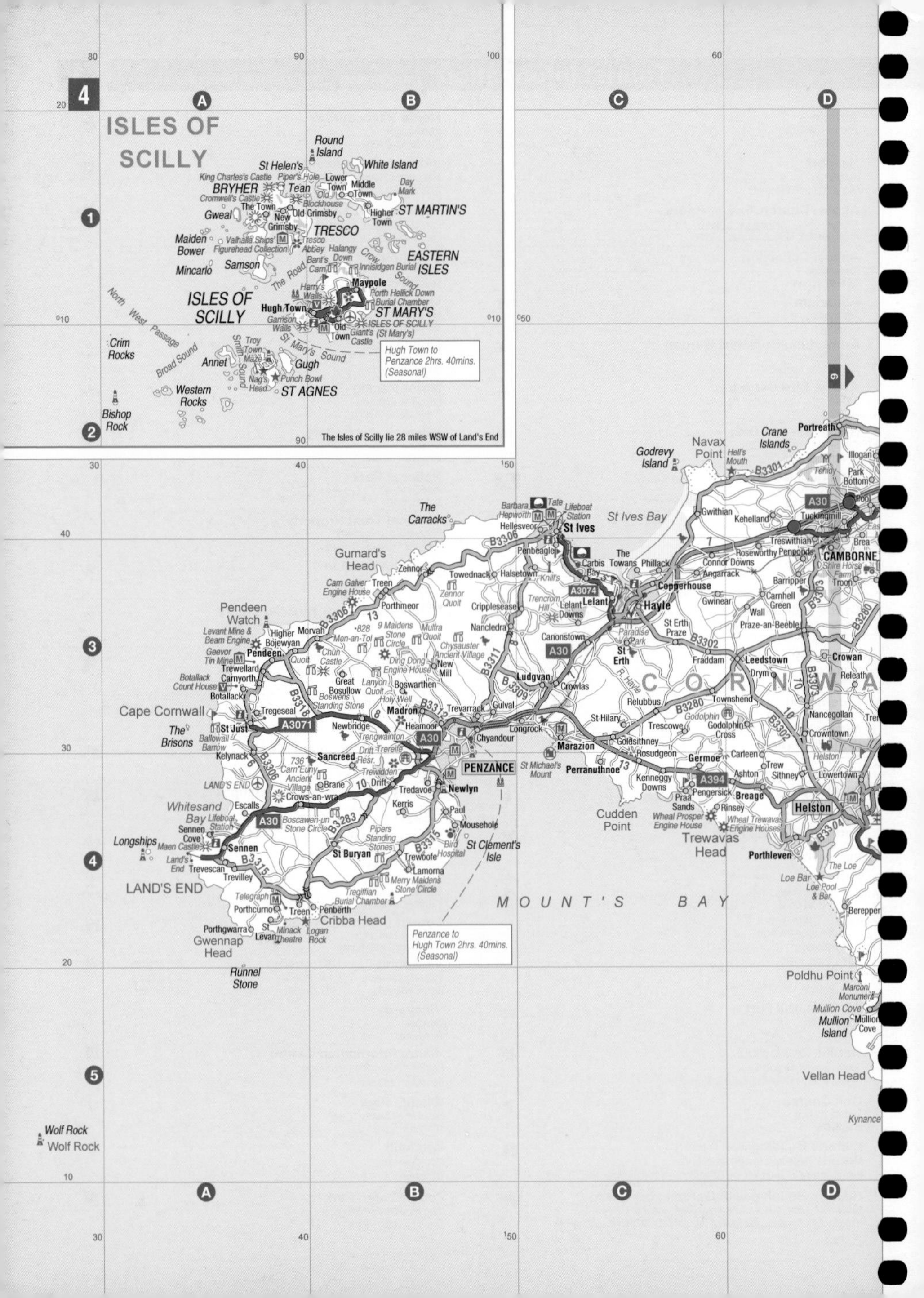
ISLES OF SCILLY
Round Island
St Helen's
White Island
King Charles's Castle
Piper's Hole
BRYHER
Tean
Lower Town
Middle Town
Day Mark
Cromwell's Castle
Blockhouse
The Town
Old Grimsby
Higher Town
ST MARTIN'S
Gweal
New Grimsby
TRESCO
Maiden Bower
Valhalla Ships' Figurehead Collection
Tresco Abbey
Halangy Down
EASTERN ISLES
Mincarlo
Samson
Bant's Carn
Innisidgen Burial
Crow Sound
The Road
Maypole
Harry's Walls
Porth Hellick Down Burial Chamber
ISLES OF SCILLY
Hugh Town
ST MARY'S
North West Passage
Garrison Walls
Old Town
ISLES OF SCILLY (St Mary's)
Giant's Castle
Crim Rocks
Troy Town Maze
St Mary's Sound
Broad Sound
Smith Sound
Annet
Gugh
Hugh Town to Penzance 2hrs. 40mins. (Seasonal)
Nag's Head
Punch Bowl
Western Rocks
ST AGNES
Bishop Rock
The Isles of Scilly lie 28 miles WSW of Land's End
Godrevy Island
Navax Point
Hell's Mouth
Crane Islands
Portreath
Illogan
Tehidy
Park Bottom
Pool
The Carracks
Barbara Hepworth
Tate
Lifeboat Station
Hellesveor
St Ives
St Ives Bay
Gwithian
Kehelland
Tuckingmill
Treswithian
CAMBORNE
Penbeagle
Carbis Bay
The Towans
Phillack
Roseworthy
Penponds
Connor Downs
Angarrack
Shire Horse Farm
Gurnard's Head
Zennor
Towednack
Halsetown
Knill's
Copperhouse
Barripper
Troon
Carn Galver Engine House
Treen
Zennor Quoit
Trencrom Hill
Lelant Downs
Lelant
Hayle
Gwinear
Carnhell Green
Porthmeor
Cripplesease
Wall
Pendeen Watch
Levant Mine & Beam Engine
Higher Bojewyan
Morvah
Men-an-Tol
9 Maidens Stone Circle
Mulfra Quoit
Nancledra
Paradise Park
St Erth Praze
Praze-an-Beeble
Geevor Tin Mine
Pendeen
Chûn Castle
Chysauster Ancient Village
Canonstown
St Erth
Fraddam
Leedstown
Crowan
Trewellard
Carnyorth
Ding Dong Engine House
New Mill
Drym
Releath
Botallack Count House
Botallack
Great Bosullow
Lanyon Quoit
Boswarthen
Ludgvan
Crowlas
R. Hayle
CORNWALL
Boswens Standing Stone
Holy Well
Relubbus
Townshend
Cape Cornwall
Tregeseal
Madron
Trevarrack
Gulval
St Hilary
Godolphin
Nancegollan
The Brisons
St Just
Newbridge
Trengwainton
Heamoor
Longrock
Trescowe
Godolphin Cross
Crowntown
Ballowall Barrow
Chyandour
Marazion
Goldsithney
Kelynack
Drift
Trereife
PENZANCE
St Michael's Mount
Perranuthnoe
Rosudgeon
Germoe
Carleen
Trew
Sancreed
Drift Resr.
Trewidden
Kenneggy Downs
Sithney
Lowertown
Carn Euny Ancient Village
Brane
Newlyn
Tredavoe
Pengersick
Ashton
Breage
LAND'S END
Crows-an-wra
Kerris
Praa Sands
Helston
Whitesand Bay
Escalls
Paul
Cudden Point
Rinsey
Wheal Prosper Engine House
Wheal Trewavas Engine Houses
Sennen Cove
Lifeboat Station
Boscawen-un Stone Circle
Mousehole
Trewavas Head
Longships
Maen Castle
Sennen
Pipers Standing Stones
Bird Hospital
St Clement's Isle
Porthleven
Land's End
Trevescan
St Buryan
Trewoofe
The Loe
Trevilley
Lamorna
Merry Maidens Stone Circle
Loe Bar
Loe Pool & Bar
Telegraph
Tregiffian Burial Chamber
MOUNT'S BAY
Porthcurno
Treen
Penberth
Cribba Head
Berepper
Porthgwarra
St Levan
Minack Theatre
Logan Rock
Gwennap Head
Penzance to Hugh Town 2hrs. 40mins. (Seasonal)
Runnel Stone
Poldhu Point
Marconi Monument
Mullion Cove
Mullion Island
Vellan Head
Kynance
Wolf Rock
A30
A3071
A3074
A394
B3306
B3311
B3309
B3302
B3280
B3301
B3303
B3304
B3315
B3283
B3318

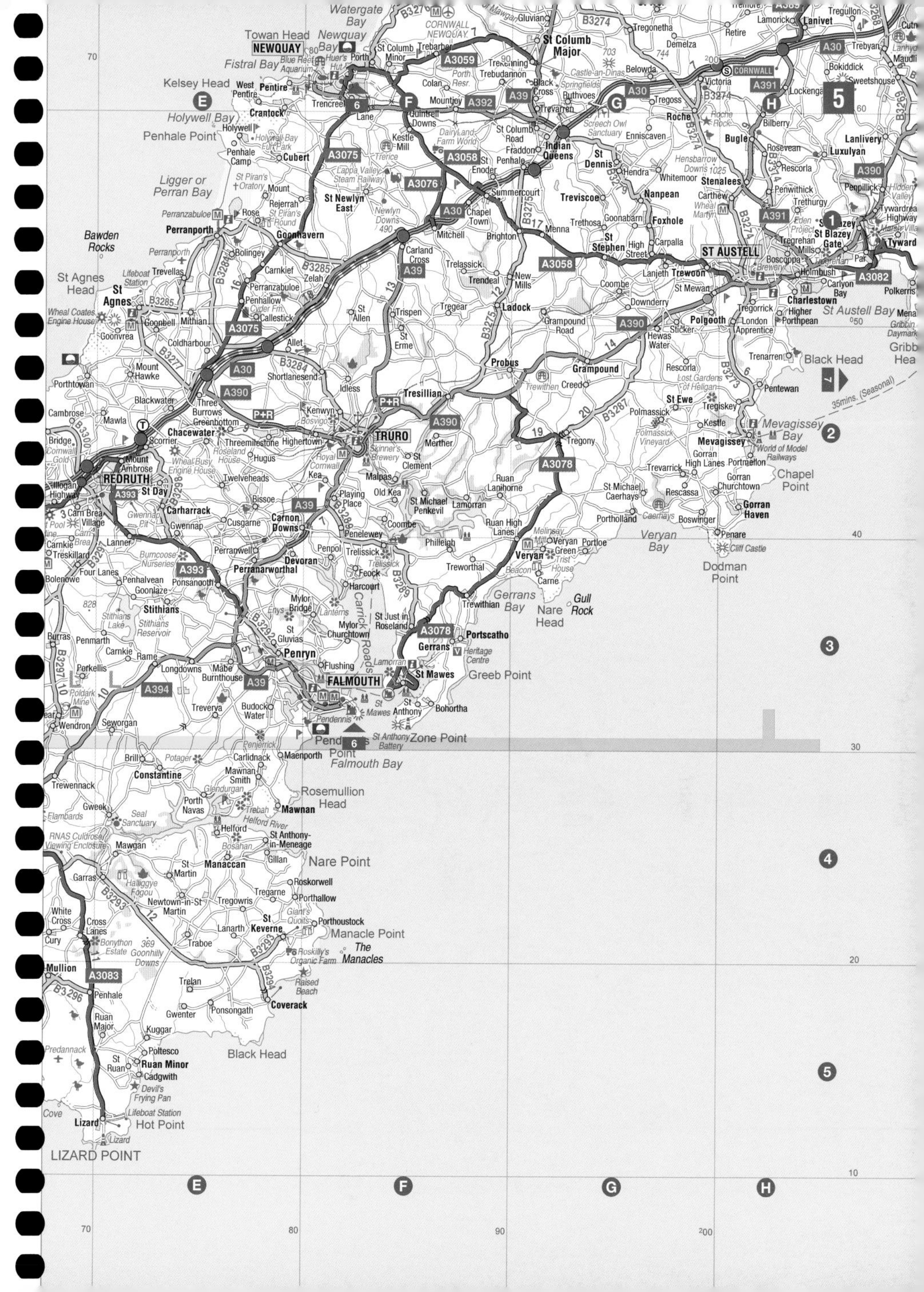

5
NEWQUAY
Towan Head
Newquay Bay
Watergate Bay
Fistral Bay
Kelsey Head
West Pentire
Pentire
Crantock
Holywell Bay
Holywell
Penhale Point
Penhale Camp
Cubert
Ligger or Perran Bay
St Columb Minor
St Columb Major
Porth
Trencreek
Lane
Quintrell Downs
Mountjoy
Colan
Kestle Mill
Trerice
St Newlyn East
St Columb Road
Indian Queens
Fraddon
St Enoder
Summercourt
St Dennis
Roche
Bugle
Stenalees
Lanivet
Tregullon
Lanlivery
Luxulyan
Nanpean
Foxhole
Treviscoe
St Stephen
ST AUSTELL
St Blazey
Tywardreath
Par
Charlestown
St Austell Bay
Black Head
Pentewan
Mevagissey
Mevagissey Bay
Gorran Haven
Chapel Point
Dodman Point
Veryan Bay
Veryan
Portloe
Gerrans Bay
Nare Head
Gull Rock
Portscatho
Gerrans
St Mawes
St Anthony
Greeb Point
Zone Point
Pendennis Point
FALMOUTH
Falmouth Bay
Penryn
Flushing
Mylor Bridge
Carrick Roads
TRURO
Probus
Tresillian
Grampound
Tregony
Ladock
Mitchell
Perranporth
Goonhavern
St Agnes
St Agnes Head
Bawden Rocks
Mount Hawke
Porthtowan
Chacewater
Scorrier
REDRUTH
St Day
Carharrack
Lanner
Stithians
Ponsanooth
Perranarworthal
Devoran
Carnon Downs
Feock
Constantine
Mawnan
Rosemullion Head
Helford
St Anthony-in-Meneage
Nare Point
Manaccan
St Keverne
Manacle Point
The Manacles
Porthoustock
Porthallow
Coverack
Black Head
Mullion
Ruan Minor
Cadgwith
Lizard
Hot Point
LIZARD POINT
Helston
A30
A39
A390
A3075
A3076
A3058
A3059
A392
A393
A394
A3078
A3083
A3082
A391
E
F
G
H
1
2
3
4
5
70
80
90
200
10
20
30
40
50
60

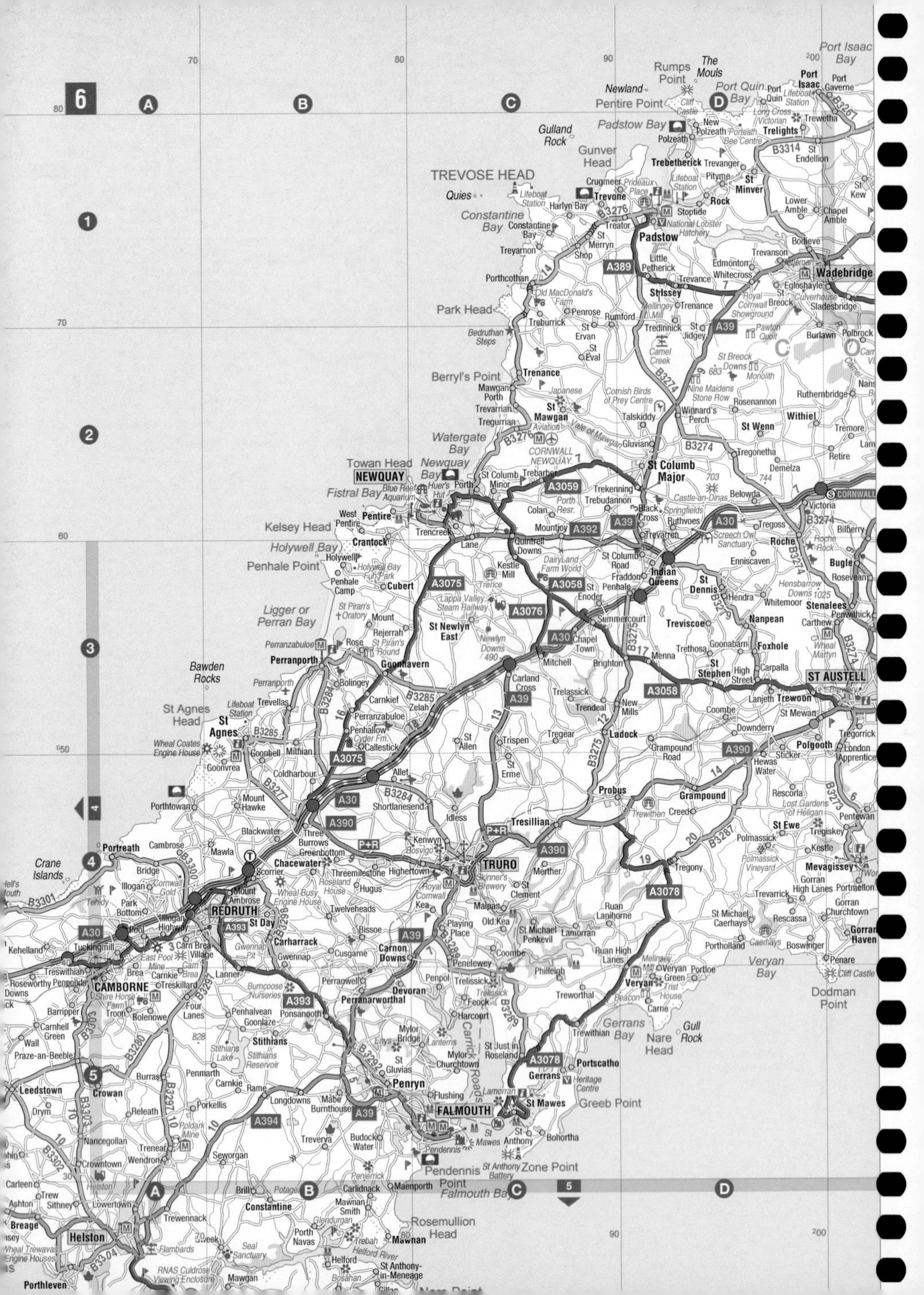

6
A
B
C
D
1
2
3
4
5
Port Isaac Bay
Port Isaac
Port Gaverne
Rumps Point
The Mouls
Newland
Pentire Point
Port Quin Bay
Port Quin
Padstow Bay
New Polzeath
Polzeath
Trewetha
Trelights
St Endellion
Gulland Rock
Gunver Head
Trebetherick
Trevanger
Pityme
St Minver
TREVOSE HEAD
Quies
Crugmeer
Prideaux Place
Trevone
Harlyn Bay
Rock
Stoptide
National Lobster Hatchery
Lower Amble
Chapel Amble
St Kew
Constantine Bay
Treator
Padstow
St Merryn
Treyarnon
Shop
Little Petherick
Trevanson
Bodieve
Wadebridge
Porthcothan
St Issey
Trevance
Edmonton
Whitecross
Egloshayle
Sladesbridge
Royal Cornwall Showground
Park Head
Old MacDonald's Farm
Penrose
Rumford
Trenance
Treburrick
St Ervan
Tredinnick
St Jidgey
Bedruthan Steps
St Eval
Pawton Quoit
Burlawn
Polbrock
St Breock Downs
Monolith
Nine Maidens Stone Row
Berryl's Point
Trenance
Mawgan Porth
Trevarrian
Tregurrian
Japanese Garden
St Mawgan
Cornish Birds of Prey Centre
Talskiddy
Winnard's Perch
Rosenannon
Ruthernbridge
Withiel
St Wenn
Tremore
Watergate Bay
Vale of Mawgan
Gluvian
CORNWALL NEWQUAY
Tregonetha
Retire
Demelza
Towan Head
NEWQUAY
Newquay Bay
Fistral Bay
Blue Reef Aquarium
Huer's Hut
Porth
St Columb Minor
Trebarber
St Columb Major
Trekenning
Castle-an-Dinas
Belowda
Victoria
Kelsey Head
West Pentire
Pentire
Trencreek
Colan
Porth Resr.
Trebudannon
Black Cross
Ruthvoes
Tregoss
Holywell Bay
Crantock
Lane
Mountjoy
Quintrell Downs
Trevarren
Screech Owl Sanctuary
Roche
Bilberry
Penhale Point
Holywell
Holywell Bay Fun Park
Kestle Mill
Trerice
Dairy Land Farm World
St Columb Road
Fraddon
Indian Queens
Enniscaven
Bugle
Penhale Camp
Cubert
Penhale
St Enoder
St Dennis
Hendra
Whitemoor
Hensbarrow Downs
Stenalees
Rosevean
Ligger or Perran Bay
St Piran's Oratory
Mount
Rejerrah
Lappa Valley Steam Railway
St Newlyn East
Newlyn Downs
Summercourt
Treviscoe
Nanpean
Penwithick
Carthew
Wheal Martyn
Perranzabuloe
Rose
Perranporth
Goonhavern
Mitchell
Chapel Town
Brighton
Menna
Trethosa
Goonabarn
Foxhole
Bawden Rocks
Bolingey
Carland Cross
St Stephen
High Street
Carpalla
ST AUSTELL
Trelassick
Trendeal
New Mills
Lanjeth
Trewoon
St Agnes Head
Lifeboat Station
Trevellas
Carnkief
Perranzabuloe
Zelah
Coombe
St Mewan
St Agnes
Penhallow
Cyder Fm.
Callestick
St Allen
Trispen
Tregear
Ladock
Grampound Road
Downderry
Tregorrick
Wheal Coates Engine House
Goonbell
Mithian
Polgooth
London Apprentice
Goonvrea
Coldharbour
St Erme
Sticker
Hewas Water
Mount Hawke
Allet
Porthtowan
Shortlanesend
Idless
Probus
Grampound
Rescorla
Lost Gardens of Heligan
Pentewan
Blackwater
Tresillian
Trewithen
Creed
St Ewe
Tregiskey
Portreath
Cambrose
Mawla
Three Burrows
Greenbottom
Kenwyn
Bosvigo
Polmassick
Kestle
Crane Islands
Bridge
Scorrier
Chacewater
Threemilestone
Highertown
TRURO
Merther
Tregony
Polmassick Vineyard
Mevagissey
Illogan
Cornwall Gold
Wheal Busy Engine House
Roseland House
Hugus
Royal Cornwall
Skinner's Brewery
St Clement
Gorran High Lanes
Portmellon
Tehidy
Park Bottom
Mount Ambrose
REDRUTH
Kea
Malpas
Old Kea
Trevarrick
Gorran Churchtown
Illogan Highway
St Day
Twelveheads
Ruan Lanihorne
St Michael Caerhays
Rescassa
Pool
Carn Brea Village
Carharrack
Bissoe
Playing Place
St Michael Penkevil
Lamorran
Gorran Haven
Kehelland
Tuckingmill
East Pool
Gwennap Pit
Cusgarne
Carnon Downs
Coombe
Ruan High Lanes
Portholland
Caerhays
Boswinger
Treswithian
Brea
Carnkie
Carn Brea
Gwennap
Penelewey
Philleigh
Melinsey Mill
Veryan Green
Portloe
Veryan Bay
Penare
Roseworthy
Penponds
CAMBORNE
Treskillard
Lanner
Perranwell
Devoran
Penpol
Trelissick
Veryan
Trist House
Cliff Castle
Shire Horse Farm
Troon
Bolenowe
Burncoose Nurseries
Perranarworthal
Feock
Treworthal
Beacon
Carne
Dodman Point
Barripper
Four Lanes
Penhalvean
Goonlaze
Ponsanooth
Harcourt
Carnhell Green
Mylor Bridge
Lanterns
Carrick Roads
Gerrans Bay
Nare Head
Gull Rock
Wall
Stithians Lake
Stithians Reservoir
Stithians
Enys
St Just in Roseland
Trewithian
Praze-an-Beeble
St Gluvias
Mylor Churchtown
Portscatho
Penmarth
Carnkie
Gerrans
Heritage Centre
Burras
Leedstown
Crowan
Rame
Penryn
Flushing
Lamorran
St Mawes
Greeb Point
Drym
Releath
Porkellis
Longdowns
Mabe Burnthouse
FALMOUTH
Poldark Mine
Nancegollan
Treverva
Budock Water
St Mawes
St Anthony
Bohortha
Trenear
Wendron
Seworgan
Pendennis
Crowntown
Penjerrick
Pendennis Point
St Anthony Battery
Zone Point
Carleen
Trew
Helston
Brill
Potager
Carlidnack
Maenporth
Falmouth Bay
Ashton
Sithney
Lowertown
Constantine
Mawnan Smith
Glendurgan
Breage
Trewennack
Rosemullion Head
Helston
Gweek
Seal Sanctuary
Porth Navas
Trebah
Mawnan
Wheal Trewavas Engine Houses
Flambards
Helford River
Helford
RNAS Culdrose Viewing Enclosure
Bosahan
St Anthony-in-Meneage
Porthleven
Mawgan
A30
A39
A389
A392
A393
A394
A3058
A3059
A3075
A3076
A3078
A390
B3314
B3267
B3276
B3274
B3275
B3285
B3284
B3277
B3298
B3300
B3301
B3303
B3302
B3297
B3280
B3291
B3292
B3289
B3287
B3273
B3304
CORNWALL
P+R
70
80
90
200
60
50

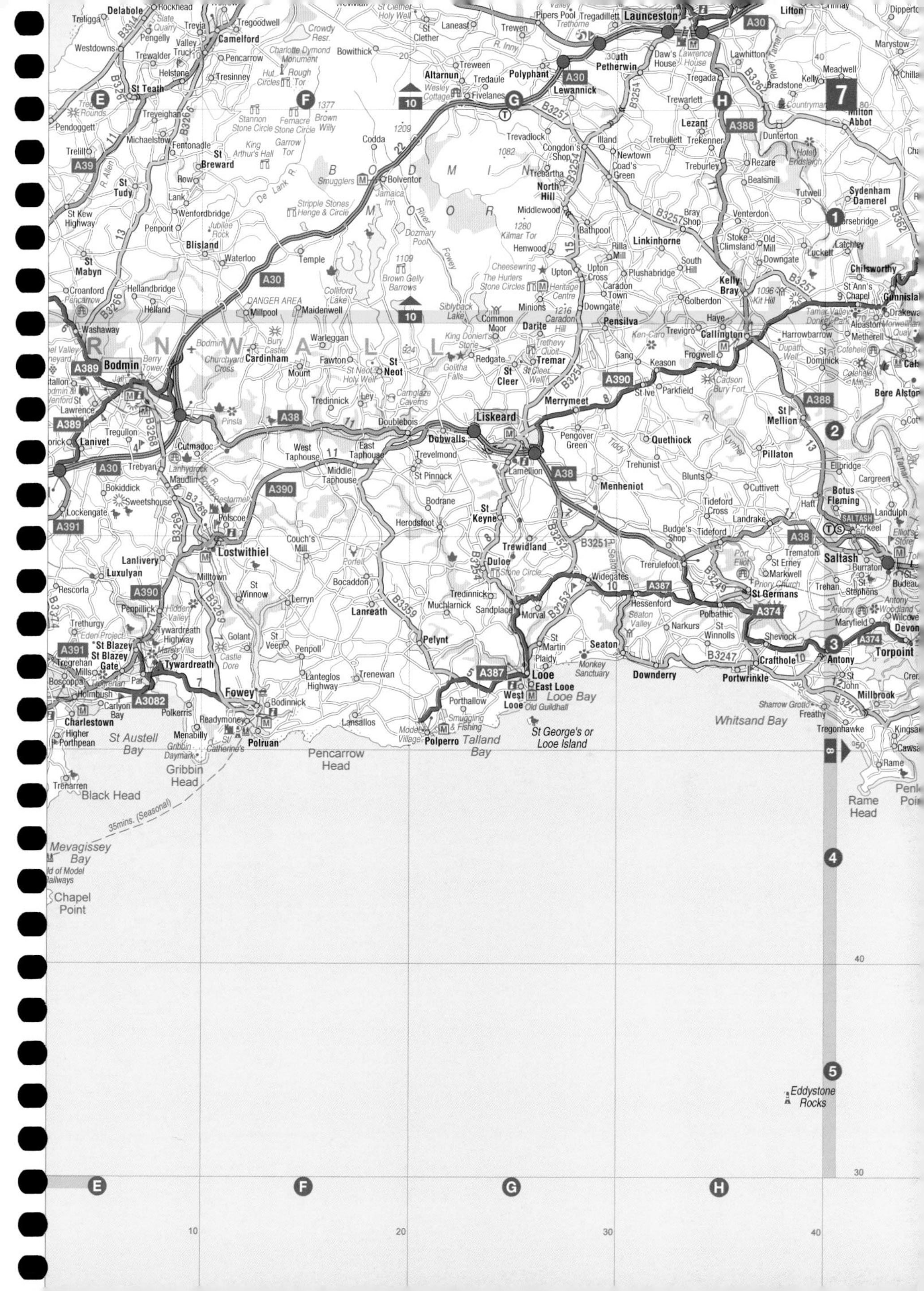

Delabole
Camelford
Launceston
Lifton
Milton Abbot
Altarnun
Polyphant
Lewannick
South Petherwin
St Teath
St Breward
St Tudy
St Mabyn
Blisland
Bolventor
Jamaica Inn
Dozmary Pool
Brown Willy
North Hill
Linkinhorne
Kelly Bray
Gunnislake
Bodmin
Lanivet
Cardinham
St Neot
Darite
Tremar
St Cleer
Pensilva
Callington
Liskeard
Dobwalls
Doublebois
West Taphouse
East Taphouse
Middle Taphouse
Menheniot
Quethiock
Pillaton
St Mellion
Botus Fleming
Saltash
St Germans
Lostwithiel
Lanlivery
Luxulyan
St Blazey
St Blazey Gate
Tywardreath
Par
Fowey
Polruan
Polkerris
Charlestown
Lanreath
Pelynt
Duloe
St Keyne
Trewidland
Looe
East Looe
West Looe
Polperro
Seaton
Downderry
Portwrinkle
Crafthole
Antony
Torpoint
Millbrook
Sheviock
Hessenford
Widegates
Looe Bay
Talland Bay
Whitsand Bay
St Austell Bay
St George's or Looe Island
Pencarrow Head
Gribbin Head
Black Head
Mevagissey Bay
Chapel Point
Rame Head
Eddystone Rocks
Bodmin Moor
Cornwall
35mins. (Seasonal)
A30
A38
A39
A389
A390
A391
A387
A374
A388
A3082
B3254
B3257
B3266
B3268
B3269
B3252
B3253
B3359
B3247
B3249
E
F
G
H
7
8
1
2
3
4
5
10
20
30
40

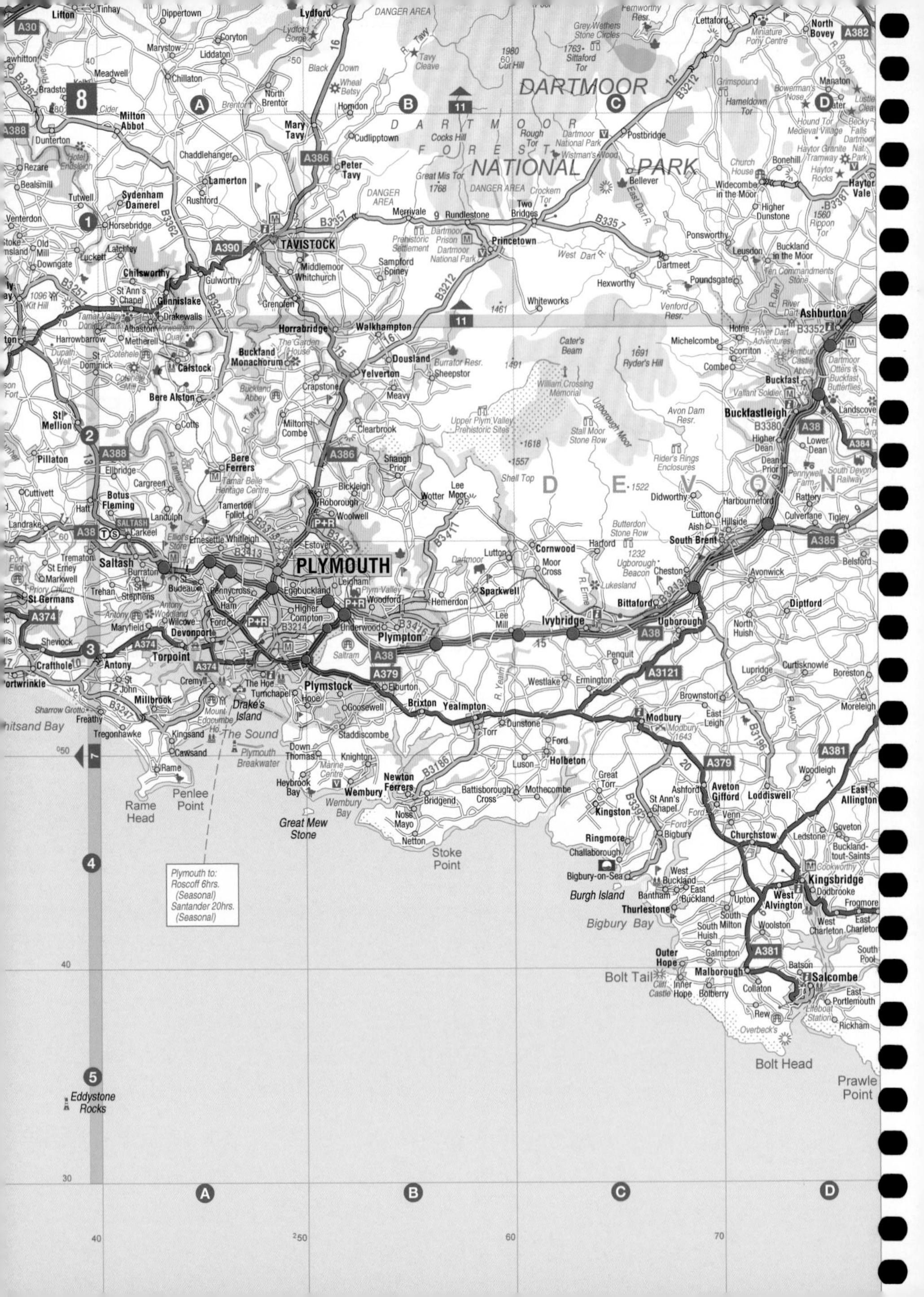

8
A
B
C
D
1
2
3
4
5
7
11
DARTMOOR
DARTMOOR FOREST
NATIONAL PARK
DEVON
PLYMOUTH
TAVISTOCK
Lifton
Tinhay
Dippertown
Lydford
Lydford Gorge
DANGER AREA
Fernworthy Resr.
Grey Wethers Stone Circles
Lettaford
Miniature Pony Centre
North Bovey
A382
A30
Coryton
Marystow
Liddaton
Lawhitton
River Tamar
Meadwell
Chillaton
Tavy Cleave
Black Down
Wheal Betsy
1980
Cut Hill
1763
Sittaford Tor
Grimspound
Manaton
Bowerman's Nose
Hameldown Tor
Becky Falls
Hound Tor Medieval Village
Bradstone
Milton Abbot
Brentor
North Brentor
Horndon
Mary Tavy
Cudlipptown
Cocks Hill
Rough Tor
Dartmoor National Park
Postbridge
Wistman's Wood
Haytor Granite Tramway
Haytor Rocks
Haytor Vale
A388
Dunterton
Hotel Endsleigh
Rezare
Bealsmill
Chaddlehanger
Lamerton
Rushford
A386
Peter Tavy
Great Mis Tor
1768
Crockern Tor
Bellever
East Dart R.
Church House
Bonehill
Widecombe in the Moor
Higher Dunstone
1560 Rippon Tor
Tutwell
Sydenham Damerel
Venterdon
Horsebridge
B3362
Merrivale
Rundlestone
Two Bridges
B3357
Dartmoor Prison
Dartmoor National Park
Prehistoric Settlement
Princetown
West Dart R.
Ponsworthy
Leusdon
Buckland in the Moor
Ten Commandments Stone
Stoke Climsland
Old Mill
Luckett
Latchley
A390
Downgate
Chilsworthy
Middlemoor
Whitchurch
Sampford Spiney
Dartmeet
Poundsgate
Hexworthy
Gulworthy
1096 Kit Hill
St Ann's Chapel
Gunnislake
B3257
Grenofen
Drakewalls
Tamar Valley Donkey Park
Albaston
Morwellham Quay
Whiteworks
1461
Venford Resr.
River Dart
Ashburton
B3352
Horrabridge
Walkhampton
Holne
River Dart Adventures
Harrowbarrow
Metherell
Cotehele
Calstock
Buckland Monachorum
The Garden House
Dousland
Burrator Resr.
Sheepstor
Cater's Beam
1491
1691 Ryder's Hill
Michelcombe
Scorriton
Combe
Hembury Castle
Dartmoor Otters & Buckfast Butterflies
Buckfast
Abbey
Vallant Soldier
St Dominick
Cotehele Mill
Bere Alston
Buckland Abbey
Crapstone
Yelverton
Meavy
William Crossing Memorial
Ugborough Moor
Avon Dam Resr.
Buckfastleigh
B3380
Landscove
St Mellion
Cotts
Milton Combe
Clearbrook
Upper Plym Valley Prehistoric Sites
Stall Moor Stone Row
Rider's Rings Enclosures
Higher Dean
Lower Dean
Dean Prior
Pennywell Farm
South Devon Railway
A38
A384
Pillaton
A388
Bere Ferrers
Tamar Belle Heritage Centre
Shaugh Prior
1618
1557
Shell Top
1522
Ellbridge
Cargreen
R. Tamar
Bickleigh
Roborough
Wotter
Lee Moor
Didworthy
Harbourneford
Rattery
Cuttivett
Botus Fleming
Hatt
Landulph
Tamerton Foliot
Woolwell
B3432
B3411
Lutton
Hillside
Aish
Butterdon Stone Row
Culverlane
Tigley
Landrake
Saltash
Carkeel
Elliot's Store
Ernesette
Whitleigh
Estover
B3413
Lutton
Dartmoor Zoo
Cornwood
Harford
South Brent
A385
Trematon
St Erney
Markwell
Port Eliot
Priory Church
Burraton
Toll
St Budeaux
Pennycross
Eggbuckland
Leigham
Plym Valley
Woodford
Moor Cross
1232 Ugborough Beacon
Cheston
Avonwick
Belsford
St Germans
Trehan
St Stephens
Antony Woodland
Ham
Higher Compton
Hemerdon
Sparkwell
R. Erme
Lukesland
Bittaford
B3213
Diptford
A374
Antony
Maryfield
Wilcove
Devonport
Ford
P+R
B3214
Underwood
B3416
Plympton
Lee Mill
Ivybridge
Ugborough
North Huish
Sheviock
Torpoint
Cremyll
Saltram
15
Penquit
Crafthole
A374
The Hoe
Turnchapel
Plymstock
Hooe
A379
Elburton
Westlake
Ermington
A3121
Luppridge
Curtisknowle
Boreston
Portwrinkle
St John
Millbrook
Mount Edgcumbe Ho.
Drake's Island
Goosewell
Brixton
Yealmpton
R. Yealm
Brownston
East Leigh
Moreleigh
Sharrow Grotto
Freathy
B3247
Whitsand Bay
Tregonhawke
Kingsand
The Sound
Cawsand
Plymouth Breakwater
Staddiscombe
Torr
Dunstone
Ford
Modbury
1643
B3196
R. Avon
Down Thomas
Knighton
Marine Centre
Luson
Holbeton
A379
A381
Woodleigh
Rame
Heybrook Bay
Wembury
Newton Ferrers
B3186
Battisborough Cross
Mothecombe
Great Torr
Kingston
B3392
St Ann's Chapel
Ashford
Aveton Gifford
Loddiswell
East Allington
Rame Head
Penlee Point
Wembury Bay
Bridgend
Noss Mayo
Great Mew Stone
Netton
Stoke Point
Ringmore
Challaborough
Bigbury
Ford
Venn
Churchstow
Ledstone
Goveton
Buckland-tout-Saints
Cookworthy
Kingsbridge
Dodbrooke
Plymouth to:
Roscoff 6hrs. (Seasonal)
Santander 20hrs. (Seasonal)
Bigbury-on-Sea
Burgh Island
Bantham
West Buckland
East Buckland
Thurlestone
Upton
West Alvington
Frogmore
Bigbury Bay
South Milton
South Huish
Woolston
West Charleton
East Charleton
South Pool
Galmpton
A381
Outer Hope
Bolt Tail
Cliff Castle
Inner Hope
Malborough
Bolberry
Batson
Salcombe
Collaton
East Portlemouth
Rew
Lifeboat Station
Rickham
Overbeck's
Bolt Head
Prawle Point
Eddystone Rocks
40
50
60
70
30

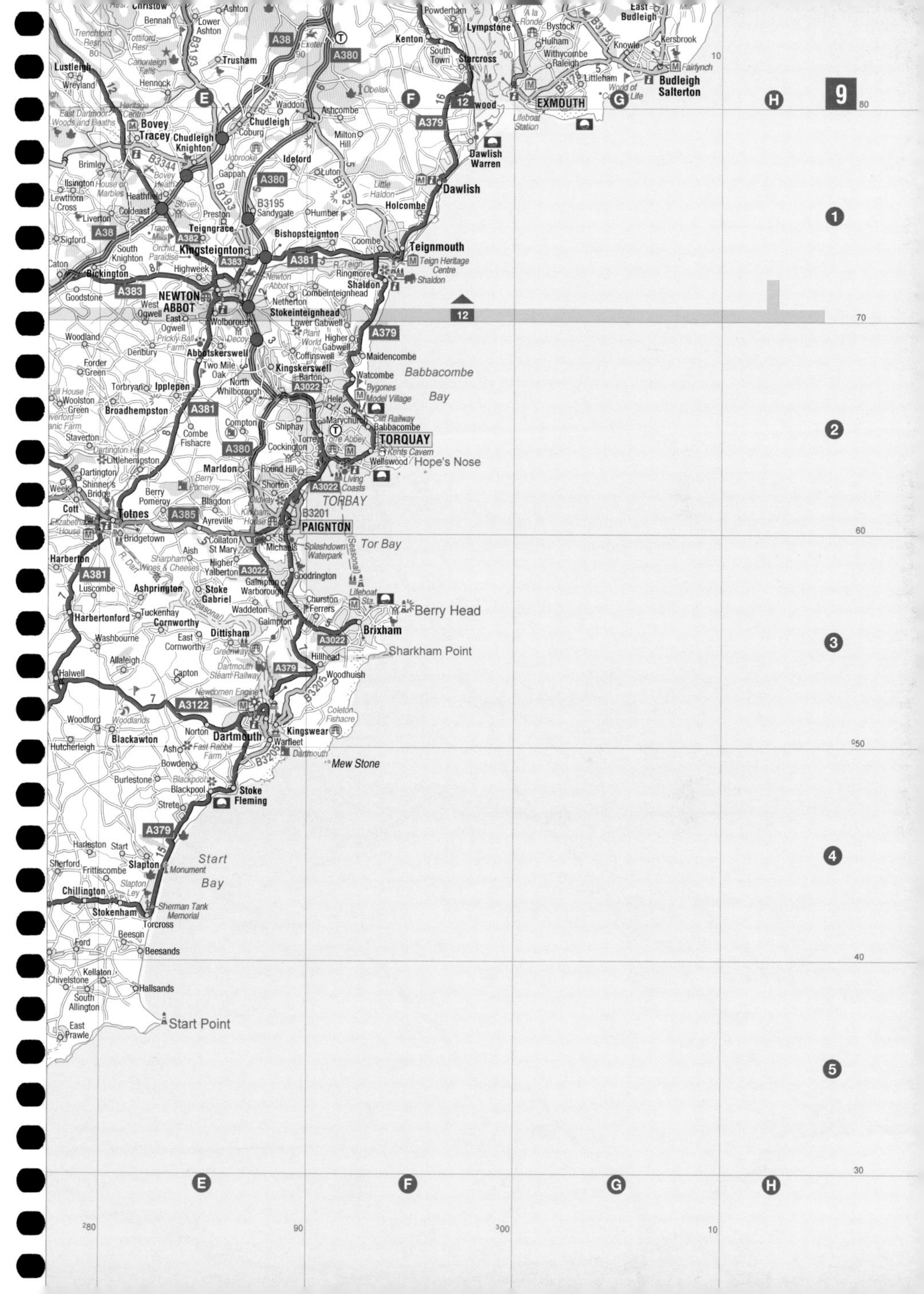

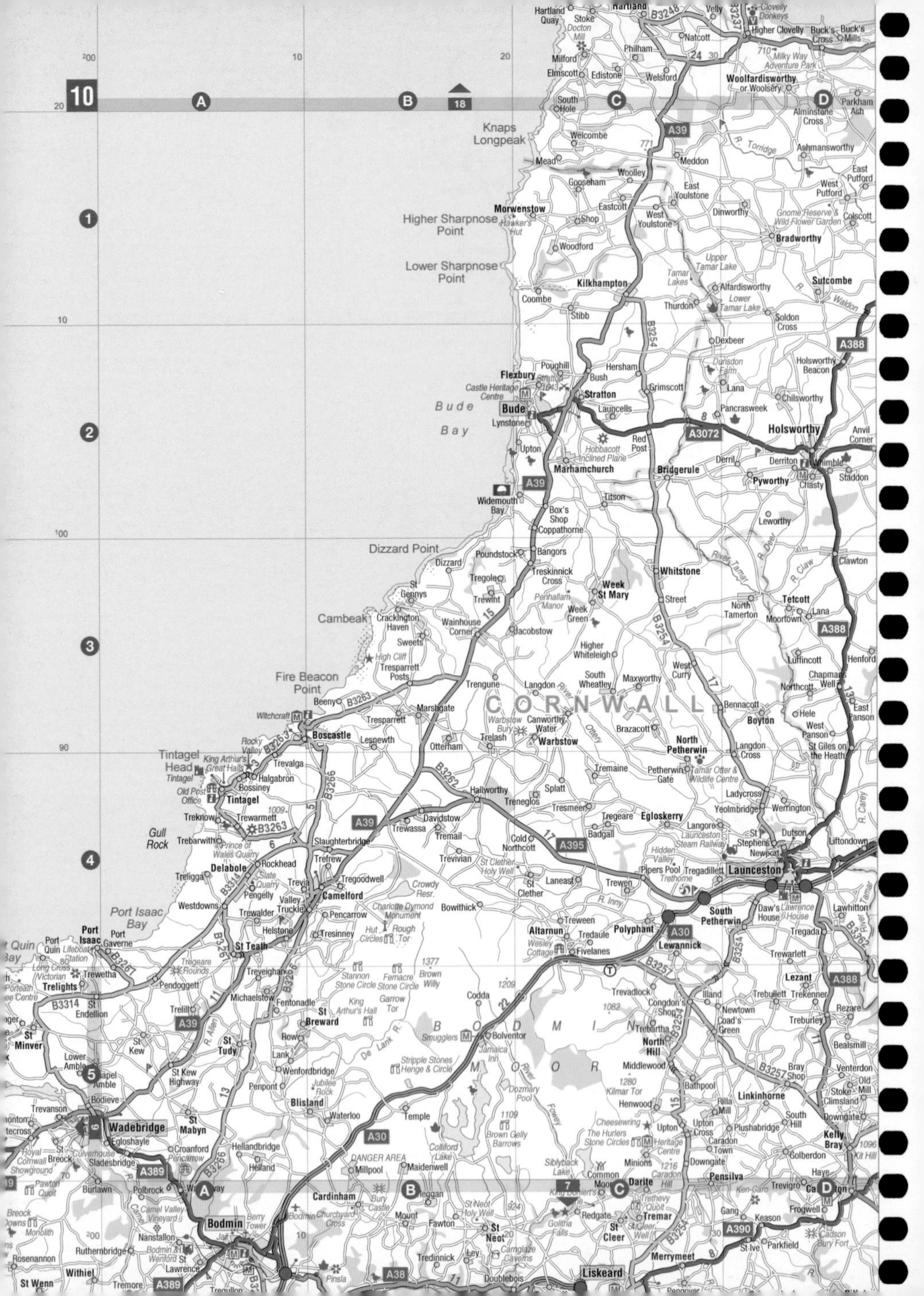
10
A
B
C
D
18
Hartland Quay
Stoke
Docton Mill
Hartland
B3248
Velly
Clovelly Donkeys
B3237
Higher Clovelly
Buck's Cross
Buck's Mills
Natcott
Philham
Milford
Elmscott
Edistone
Welsford
Milky Way Adventure Park
Woolfardisworthy or Woolsery
South Hole
Alminstone Cross
Parkham Ash
Knaps Longpeak
Welcombe
A39
R. Torridge
Ashmansworthy
Mead
Meddon
Woolley
Gooseham
East Youlstone
East Putford
West Putford
Eastcott
Morwenstow
Hawker's Hut
Shop
West Youlstone
Dinworthy
Gnome Reserve & Wild Flower Garden
Colscott
Higher Sharpnose Point
Bradworthy
Woodford
Upper Tamar Lake
Lower Sharpnose Point
Tamar Lakes
Kilkhampton
Alfardisworthy
Sutcombe
Lower Tamar Lake
Coombe
Stibb
Thurdon
R. Waldon
Soldon Cross
B3254
Dexbeer
A388
Poughill
Hersham
Dunsdon Farm
Holsworthy Beacon
Flexbury
Stratton 1643
Bush
Castle Heritage Centre
Stratton
Grimscott
Lana
Chilsworthy
Bude Bay
Bude
Launcells
Pancrasweek
Lynstone
A3072
Holsworthy
Anvil Corner
Upton
Hobbacott Inclined Plane
Red Post
Derril
Derriton
Whimble
Staddon
Marhamchurch
Bridgerule
Pyworthy
Chasty
Widemouth Bay
Titson
Box's Shop
Leworthy
Coppathorne
Dizzard Point
Bangors
Poundstock
Dizzard
River Tamar
R. Deer
Treskinnick Cross
Whitstone
Clawton
Tregole
R. Claw
St Gennys
Week St Mary
Trewint
Penhallam Manor
Street
Tetcott
Cambeak
Crackington Haven
Week Green
North Tamerton
Lana
Wainhouse Corner
Moortown
Jacobstow
Sweets
High Cliff
Higher Whiteleigh
Tresparrett Posts
West Curry
Luffincott
Henford
Fire Beacon Point
South Wheatley
Maxworthy
Chapmans Well
Trengune
Langdon
Northcott
Beeny
B3263
CORNWALL
Bennacott
East Panson
Witchcraft
Marshgate
Tresparrett
Warbstow Bury
Canworthy Water
Hele
Boyton
Boscastle
Brazacott
West Panson
Lesnewth
Otterham
Trelash
Warbstow
North Petherwin
Langdon Cross
St Giles on the Heath
Tintagel Head
Rocky Valley
King Arthur's Great Halls
Trevalga
Tintagel
Halgabron
B3266
B3262
Tremaine
Petherwin Gate
Tamar Otter & Wildlife Centre
Old Post Office
Bossiney
Hallworthy
Splatt
Ladycross
Tintagel
Treneglos
Tresmeer
Yeolmbridge
Werrington
Treknow
Trewarmett
Davidstow
Tregeare
Egloskerry
Langore
R. Carey
Gull Rock
Trebarwith
Prince of Wales Quarry
Trewassa
Tremail
Cold Northcott
A395
Badgall
Launceston Steam Railway
St Stephens
Dutson
Liftondown
Slaughterbridge
Trefrew
Trevivian
St Clether Holy Well
Hidden Valley
Newport
Delabole
Rockhead
Treligga
Slate Quarry
Tregoodwell
Crowdy Resr.
Laneast
Pipers Pool
Tregadillett
Launceston
Trethorne
Trevia
Camelford
St Clether
Trewen
Pengelly
Port Isaac Bay
Westdowns
Valley Truckle
Charlotte Dymond Monument
Bowithick
R. Inny
South Petherwin
Daw's House
Lawrence House
Lawhitton
Trewalder
Pencarrow
Treween
Port Isaac
Port Quin
Port Gaverne
Helstone
Hut Circles
Rough Tor
Altarnun
Tredaule
Polyphant
A30
Lewannick
Tregada
B3362
Tresinney
Wesley Cottage
Fivelanes
Lifeboat Station
St Teath
Long Cross Victorian
Trewetha
Tregeare Rounds
Treveighan
Stannon Stone Circle
Fernacre Stone Circle
Brown Willy
1377
B3257
Trewarlett
Trelights
B3261
Pendoggett
B3267
1209
Trevadlock
Lezant
A388
B3314
Michaelstow
Fentonadle
King Arthur's Hall
Garrow Tor
Codda
1082
Congdon's Shop
Illand
Newtown
Coad's Green
Trebullett
Trekenner
Rezare
St Endellion
Treligga
R. Allen
St Breward
Treburley
St Minver
St Kew
St Tudy
Row
Smugglers
Bolventor
Jamaica Inn
BODMIN MOOR
Trebartha
North Hill
Bealsmill
Lower Amble
Chapel Amble
St Kew Highway
Lank
De Lank R.
Stripple Stones Henge & Circle
Middlewood
Bray Shop
Venterdon
Old Mill
Bodieve
Penpont
Wenfordbridge
Jubilee Rock
Dozmary Pool
1280 Kilmar Tor
Bathpool
Linkinhorne
Stoke Climsland
Trevanson
St Mabyn
Blisland
Waterloo
Temple
Henwood
Rilla Mill
South Hill
Downgate
Wadebridge
Egloshayle
Croanford
Pencarrow
Hellandbridge
A30
1109
Brown Gelly Barrows
Cheesewring
The Hurlers Stone Circles
Heritage Centre
Upton Cross
Plushabridge
Caradon Town
Kelly Bray
1096 Kit Hill
Royal Cornwall Showground
St Breock
Sladesbridge
Helland
Colliford Lake
DANGER AREA
Maidenwell
Millpool
Minions
Sibleyback Lake
1216 Caradon Hill
Golberdon
Downgate
Pensilva
Haye
Callington
A389
Pawton Quoit
Burlawn
Polbrock
Washaway
Cardinham
Bury Castle
Treggan
Common Moor
Darite
Trethevy Quoit
Ken-Caro
Trevigro
Frogwell
Gang
Keason
A390
Cadson Bury Fort
Breock Downs
Monolith
Camel Valley Vineyard
Bodmin
Berry Tower
Bodmin Churchyard Cross
Mount
Fawton
St Neot Holy Well
924
Golitha Falls
Redgate
Tremar
St Cleer
St Cleer Well
Parkfield
St Ive
Nanstallon
Bodmin & Wenford
St Neot
Camglaze Caverns
Ruthernbridge
St Lawrence
Rosenannon
Withiel
Tredinnick
Ley
Merrymeet
A38
Pinsla
Liskeard
St Wenn
Tremore
A389
Trebullon
Doublebois
Pengover

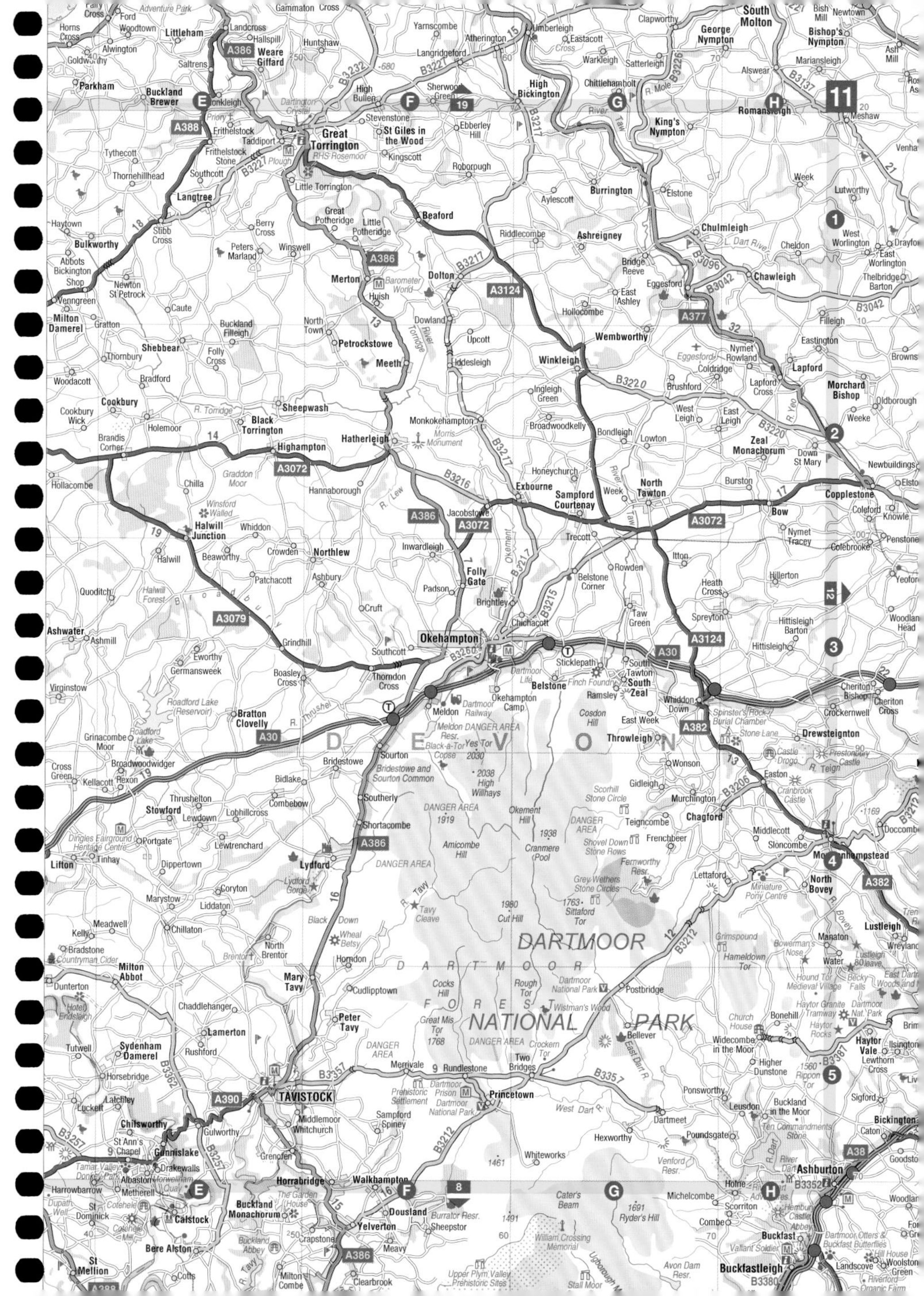

11
South Molton
George Nympton
Bishop's Nympton
Romansleigh
King's Nympton
Chittlehamholt
High Bickington
Atherington
Umberleigh
Eastacott
Warkleigh
Satterleigh
Clapworthy
Yarnscombe
Langridgeford
Gammaton Cross
Huntshaw
Hallspill
Landcross
Littleham
Weare Giffard
Saltrens
Parkham
Buckland Brewer
Monkleigh
Frithelstock
Taddiport
Frithelstock Stone
Great Torrington
RHS Rosemoor
Stevenstone
St Giles in the Wood
Kingscott
High Bullen
Sherwood Green
Ebberley Hill
Roborough
Little Torrington
Great Potheridge
Little Potheridge
Beaford
Burrington
Aylescott
Elstone
Chulmleigh
Ashreigney
Riddlecombe
West Worlington
East Worlington
Cheldon
Chawleigh
Thelbridge Barton
Bridge Reeve
Eggesford
East Ashley
Hollocombe
Wembworthy
Winkleigh
Dolton
Dowland
Upcott
Iddesleigh
Merton
Huish
Barometer World
Petrockstowe
North Town
Meeth
Peters Marland
Winswell
Berry Cross
Langtree
Southcott
Stibb Cross
Bulkworthy
Haytown
Abbots Bickington
Shop
Newton St Petrock
Venngreen
Milton Damerel
Gratton
Caute
Buckland Filleigh
Shebbear
Folly Cross
Thornbury
Bradford
Woodacott
Cookbury
Cookbury Wick
Holemoor
Black Torrington
Sheepwash
Brandis Corner
Highampton
Hatherleigh
Monkokehampton
Morris Monument
Ingleigh Green
Broadwoodkelly
Bondleigh
Lowton
West Leigh
East Leigh
Zeal Monachorum
Down St Mary
Lapford
Lapford Cross
Coldridge
Brushford
Nymet Rowland
Morchard Bishop
Eastington
Filleigh
Copplestone
Bow
Nymet Tracey
Colebrooke
North Tawton
Burston
Sampford Courtenay
Honeychurch
Exbourne
Jacobstowe
Hannaborough
Graddon Moor
Chilla
Hollacombe
Winsford Walled
Halwill Junction
Halwill
Whiddon
Beaworthy
Crowden
Northlew
Patchacott
Ashbury
Inwardleigh
Folly Gate
Padson
Brightley
Trecott
Belstone Corner
Rowden
Itton
Heath Cross
Spreyton
Hillerton
Hittisleigh Barton
Hittisleigh
Taw Green
Chichacott
Okehampton
Southcott
Cruft
Grindhill
Quoditch
Halwill Forest
Broadbury
Ashwater
Ashmill
Eworthy
Germansweek
Boasley Cross
Thorndon Cross
Virginstow
Roadford Lake (Reservoir)
Bratton Clovelly
Grinacombe Moor
Broadwoodwidger
Cross Green
Kellacott
Rexon
Meldon
Dartmoor Railway
Okehampton Camp
Belstone
Sticklepath
Finch Foundry
South Tawton
South Zeal
Ramsley
Whiddon Down
Spinster's Rock Burial Chamber
Cheriton Bishop
Cheriton Cross
Crockernwell
Drewsteignton
Castle Drogo
Prestonbury Castle
Easton
Cranbrook Castle
Stone Lane
Cosdon Hill
East Week
Throwleigh
Wonson
Gidleigh
Murchington
Chagford
Scorhill Stone Circle
Teigncombe
Frenchbeer
Shovel Down Stone Rows
Fernworthy Resr.
Grey Wethers Stone Circles
Sittaford Tor
Lettaford
Middlecott
Sloncombe
Moretonhampstead
North Bovey
Miniature Pony Centre
Lustleigh
Manaton
Wreyland
Water
Becky Falls
Hound Tor Medieval Village
Hameldown Tor
Grimspound
Bowerman's Nose
Haytor Granite Tramway
Haytor Rocks
Haytor Vale
Ilsington
Lewthorn Cross
Bonehill
Widecombe in the Moor
Church House
Higher Dunstone
Rippon Tor
Sigford
Bickington
Ponsworthy
Leusdon
Buckland in the Moor
Ten Commandments Stone
Poundsgate
Dartmeet
Hexworthy
Venford Resr.
Ashburton
Holne
Michelcombe
Scorriton
Combe
Buckfast
Buckfastleigh
Hembury Castle
Dartmoor Otters & Buckfast Butterflies
Valiant Soldier
Landscove
Woolston Green
Riverford Organic Farm
Avon Dam Resr.
Ryder's Hill
Cater's Beam
William Crossing Memorial
Stall Moor
Upper Plym Valley Prehistoric Sites
Whiteworks
Princetown
Two Bridges
Crockern Tor
Postbridge
Bellever
Wistman's Wood
Dartmoor National Park
DARTMOOR
DARTMOOR FOREST
NATIONAL PARK
DEVON
Rough Tor
Cocks Hill
Great Mis Tor
Cut Hill
Cranmere Pool
Okement Hill
Amicombe Hill
High Willhays
Yes Tor
Black-a-Tor Copse
Meldon Resr.
DANGER AREA
Rundlestone
Dartmoor Prison
Merrivale
Prehistoric Settlement
Sampford Spiney
Peter Tavy
Cudlipptown
Horndon
Wheal Betsy
Tavy Cleave
Mary Tavy
North Brentor
Brentor
Black Down
Lydford
Lydford Gorge
Shortacombe
Southerly
Sourton
Bridestowe and Sourton Common
Bridestowe
Bidlake
Combebow
Thrushelton
Lewdown
Lobhillcross
Stowford
Portgate
Lewtrenchard
Dingles Fairground Heritage Centre
Tinhay
Lifton
Dippertown
Coryton
Marystow
Liddaton
Chillaton
Meadwell
Kelly
Bradstone
Countryman Cider
Milton Abbot
Dunterton
Hotel Endsleigh
Chaddlehanger
Lamerton
Rushford
Tutwell
Sydenham Damerel
Horsebridge
Latchley
Luckett
Chilsworthy
St Ann's Chapel
Gunnislake
Drakewalls
Gulworthy
TAVISTOCK
Middlemoor
Whitchurch
Grenofen
Horrabridge
Walkhampton
Dousland
Burrator Resr.
Sheepstor
Yelverton
Meavy
Crapstone
Buckland Monachorum
The Garden House
Buckland Abbey
Milton Combe
Clearbrook
Bere Alston
Calstock
Cotehele
Metherell
Albaston
Harrowbarrow
Tamar Valley Donkey Park
Morwellham Quay
St Dominick
St Mellion
Cotts
A386
A388
A3072
A3124
A3079
A30
A382
A377
A390
A38
B3227
B3232
B3217
B3226
B3137
B3096
B3042
B3220
B3216
B3215
B3260
B3206
B3212
B3357
B3387
B3352
B3380
B3362
B3257
12
19
8
E
F
G
H
1
2
3
4
5

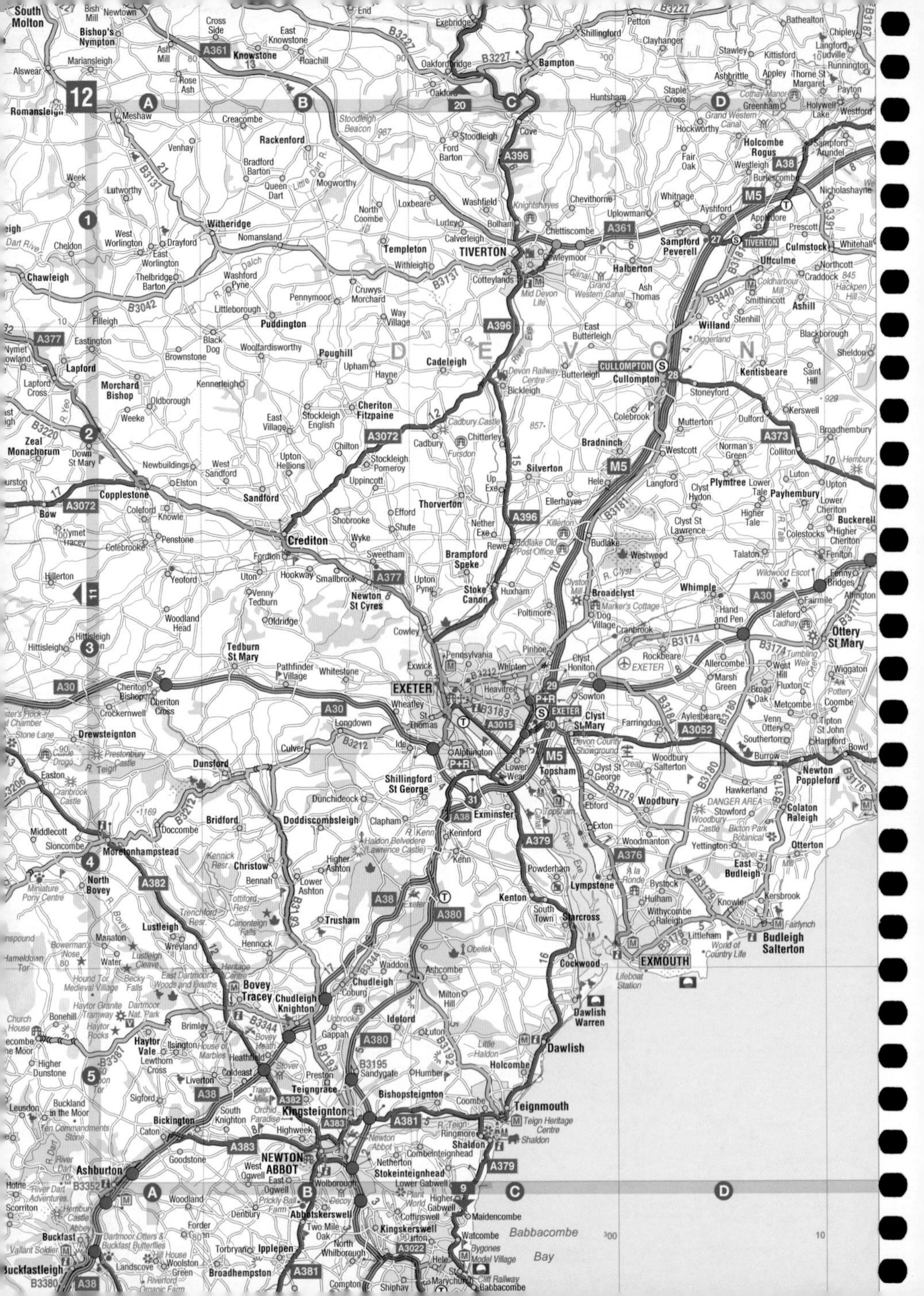

12
A
B
C
D
1
2
3
4
5
DEVON
South Molton
Bishop's Nympton
Newtown
Mariansleigh
Alswear
Romansleigh
Meshaw
Cross Side
Ash Mill
Rose Ash
East Knowstone
Knowstone
Roachill
A361
Exebridge
Oakfordbridge
Oakford
B3227
Bampton
Shillingford
Petton
Clayhanger
B3227
Bathealton
Chipley
Langford Budville
Runnington
Stawley
Kittisford
Appley
Thorne St Margaret
Ashbrittle
Cothay Manor
Payton
Greenham
Holywell Lake
Westford
Huntsham
Staple Cross
Grand Western Canal
Hockworthy
Holcombe Rogus
Sampford Arundel
Westleigh
Burlescombe
Fair Oak
A38
Nicholashayne
Whitnage
Ayshford
M5
Appledore
Prescott
Creacombe
Rackenford
Stoodleigh Beacon
987
Stoodleigh
Cove
Ford Barton
A396
Venhay
Bradford Barton
Queen Dart
Little Dart R.
Mogworthy
B3137
Week
Lutworthy
North Coombe
Loxbeare
Washfield
Knightshayes
Chevithorne
Uplowman
Witheridge
Lurley
Bolham
Calverleigh
Chettiscombe
A361
Sampford Peverell
TIVERTON
Culmstock
Whitehall
West Worlington
Drayford
Nomansland
Templeton
TIVERTON
Cowleymoor
Halberton
Uffculme
Cheldon
East Worlington
Dart River
Withleigh
Northcott
Craddock
Chawleigh
Thelbridge Barton
Washford Pyne
Cotteylands
Mid Devon Life
Grand Western Canal
Ash Thomas
Coldharbour Mill
845
Hackpen Hill
Cruwys Morchard
B3737
B3440
Smithincott
Ashill
B3042
Pennymoor
Stenhill
Filleigh
Littleborough
Puddington
Way Village
A396
Willand
East Butterleigh
Diggerland
Blackborough
A377
Eastington
Nymet Rowland
Black Dog
Woolfardisworthy
Brownstone
Poughill
Upham
Hayne
Cadeleigh
Devon Railway Centre
Butterleigh
CULLOMPTON
Cullompton
Kentisbeare
Saint Hill
Sheldon
Lapford
Lapford Cross
Morchard Bishop
Kennerleigh
Oldborough
Bickleigh
Stoneyford
929
Weeke
East Village
Stockleigh English
Cheriton Fitzpaine
Cadbury Castle
Colebrook
Mutterton
Dulford
Kerswell
Broadhembury
857
B3220
Zeal Monachorum
Down St Mary
Chilton
A3072
Cadbury
Fursdon
Chitterley
Bradninch
Westcott
Norman's Green
A373
Colliton
Hembury
Newbuildings
West Sandford
Upton Hellions
Stockleigh Pomeroy
Silverton
M5
Luton
Upton
Elston
Uppincott
Up Exe
Hele
Langford
Clyst Hydon
Plymtree
Lower Tale
Payhembury
Lower Cheriton
Copplestone
Sandford
Thorverton
Ellerhayes
Bow
A3072
Coleford
Knowle
Shobrooke
Efford
Shute
B3181
Higher Tale
Buckerell
Nymet Tracey
Penstone
Crediton
Wyke
Nether Exe
Killerton
Clyst St Lawrence
Colestocks
Higher Cheriton
Colebrooke
Rewe
Budlake Old Post Office
Budlake
Westwood
Talaton
Feniton
Fordton
Sweetham
Brampford Speke
Wildwood Escot
Fenny Bridges
Hillerton
Yeoford
Uton
Hookway
Smallbrook
A377
Upton Pyne
Stoke Canon
Huxham
R. Clyst
Clyston Mill
Broadclyst
Marker's Cottage
Whimple
Venny Tedburn
Newton St Cyres
Poltimore
Dog Village
Hand and Pen
A30
Fairmile
Taleford
Cadhay
Ottery St Mary
Woodland Head
Oldridge
Cowley
Cranbrook
Hittisleigh
Tedburn St Mary
Pinhoe
Clyst Honiton
Rockbeare
B3174
Allercombe
Pathfinder Village
Whitestone
Pensylvania
Exwick
Whipton
EXETER
West Hill
Wiggaton
A30
Cheriton Bishop
Cheriton Cross
EXETER
Heavitree
B3212
Sowton
Marsh Green
Fluxton
Ottery
Crockernwell
Wheatley
St Thomas
B3183
A3015
P+R
EXETER
Clyst St Mary
Aylesbeare
B3180
Broad Oak
Metcombe
Coombe
Drewsteignton
Longdown
30
Farringdon
A3052
Venn Ottery
Tipton St John
Castle Drogo
Prestonbury Castle
Culver
B3212
Ide
Alphington
P+R
Devon County Showground
Southerton
Harpford
Bowd
R. Teign
Dunsford
Lower Wear
Topsham
M5
Crealy
Woodbury Salterton
Burrow
Newton Poppleford
Easton
Cranbrook Castle
Shillingford St George
Clyst St George
B3179
B3180
Hawkerland
B3178
B3176
1169
B3212
Dunchideock
31
Exminster
Ebford
Woodbury
DANGER AREA
Stowford
Colaton Raleigh
Bridford
Doddiscombsleigh
Clapham
A38
Topsham
Woodbury Castle
Bicton Park Botanical
Middlecott
Sloncombe
Doccombe
R. Kenn
Kennford
Haldon Belvedere Lawrence Castle
Exton
A379
Woodmanton
Yettington
Otterton
Moretonhampstead
Kennick Resr.
Christow
Higher Ashton
Kenn
A376
North Bovey
Bennah
Lower Ashton
Powderham
Lympstone
A la Ronde
Bystock
East Budleigh
Miniature Pony Centre
A382
Tottiford Resr.
B3193
A38
Kenton
Hulham
Knowle
Kersbrook
Trenchford Resr.
Canonteign Falls
Trusham
A380
South Town
Starcross
Withycombe Raleigh
Fairlynch
Lustleigh
Hennock
Littleham
Budleigh Salterton
World of Country Life
Manaton
Wreyland
Obelisk
EXMOUTH
Hameldown Tor
Bowerman's Nose
Water
Lustleigh Cleave
Heritage Centre
Cockwood
Lifeboat Station
Hound Tor Medieval Village
Becky Falls
East Dartmoor Woods and Heaths
Waddon
Ashcombe
Haytor Granite Tramway
Dartmoor Nat. Park
Bovey Tracey
Chudleigh Knighton
Chudleigh
Coburg
Milton Hill
Dawlish Warren
Church House
Bonehill
Haytor Rocks
Ugbrooke
Ideford
B3344
Brimley
Gappah
Luton
Dawlish
Haytor Vale
Ilsington
House of Marbles
A380
Little Haldon
Higher Dunstone
Lewthorn Cross
Heathfield
Bovey Heath
Stover
B3192
Holcombe
B3381
Liverton
Coldeast
Preston
B3195
Sandygate
Humber
Sigford
A38
Trago Mills
A382
Teigngrace
Bishopsteignton
Buckland in the Moor
South Knighton
Orchid Paradise
Kingsteignton
Coombe
Teignmouth
Leusdon
Ten Commandments Stone
Bickington
Caton
Highweek
A383
A381
R. Teign
Teign Heritage Centre
Ringmore
Shaldon
A383
Newton Abbot
Shaldon
Goodstone
NEWTON ABBOT
Netherton
Combeinteignhead
A379
River Dart
Ashburton
West Ogwell
East Ogwell
Stokeinteignhead
B3352
Wolborough
Lower Gabwell
9
River Dart Adventures
Prickly Ball Farm
Decoy
Plant World
Higher Gabwell
Scorriton
Woodland
Denbury
Hembury Castle
Abbotskerswell
Coffinswell
Maidencombe
Forder
Two Mile Oak
Kingskerswell
Watcombe
Babbacombe Bay
Buckfast
Dartmoor Otters & Buckfast Butterflies
Valiant Soldier
Torbryan
Ipplepen
North Whilborough
A3022
Bygones
Model Village
Hill House
Landscove
Woolston Green
Riverford Organic Farm
Broadhempston
A381
Hele
Buckfastleigh
B3380
A38
Compton
Shiphay
Marychurch
Cliff Railway
Babbacombe

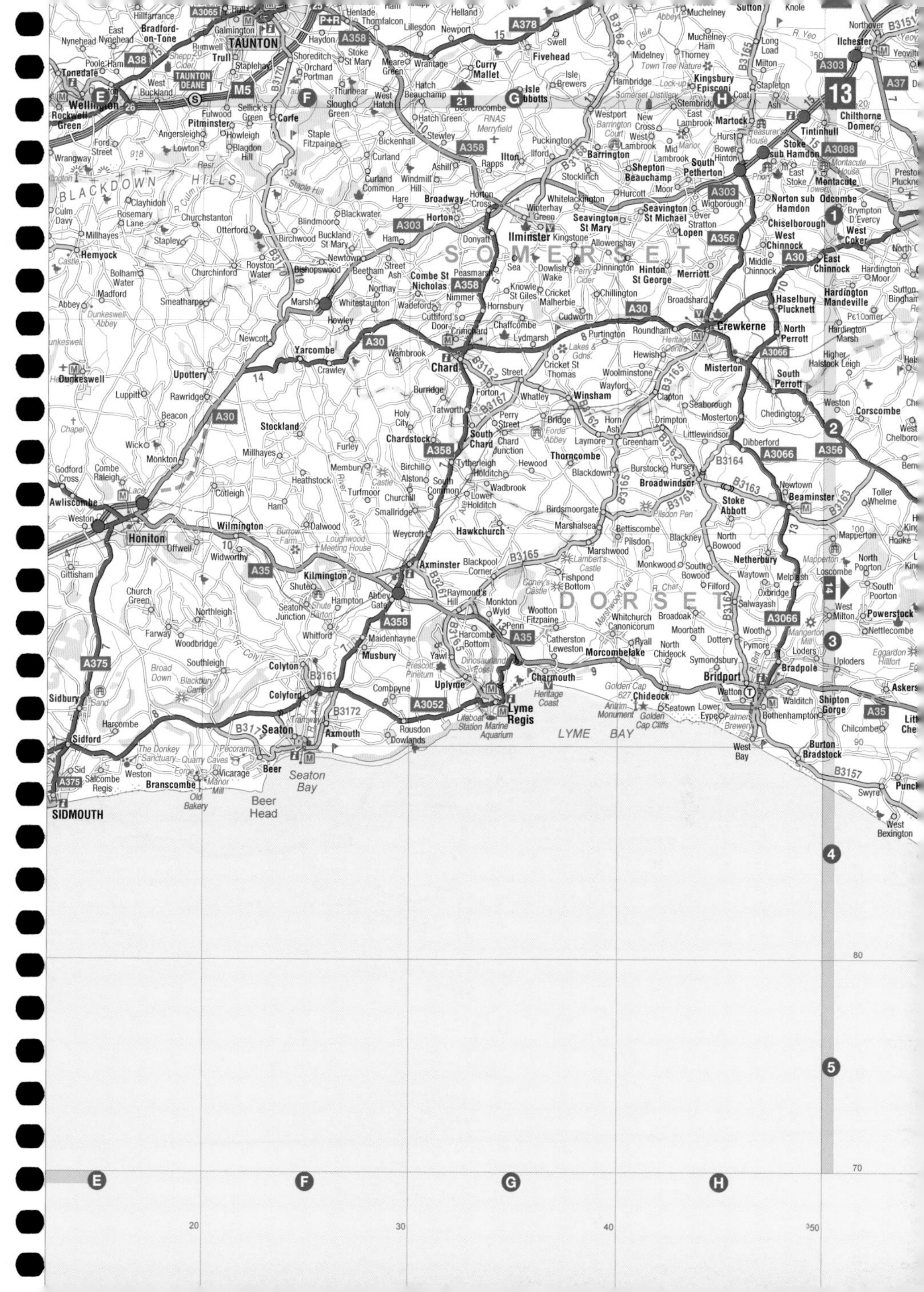

13
TAUNTON
Taunton Deane
M5
Bradford-on-Tone
Hillfarrance
Nynehead
East Nynehead
Poole
Tonedale
Wellington
Rockwell Green
West Buckland
Trull
Staplehay
Galmington
Rumwell
Shoreditch
Orchard Portman
Stoke St Mary
Thornfalcon
Henlade
Haydon
Lillesdon
Newport
Helland
Meare Green
Wrantage
Curry Mallet
Fivehead
Swell
Isle Abbotts
Isle Brewers
Hatch Beauchamp
Beercrocombe
Thurlbear
West Hatch
Slough Green
Hatch Green
Stewley
RNAS Merryfield
Corfe
Sellick's Green
Fulwood
Pitminster
Angersleigh
Howleigh
Lowton
Blagdon Hill
Staple Fitzpaine
Bickenhall
Curland
Curland Common
Windmill Hill
Ashill
Rapps
Ilton
Ilford
Puckington
Barrington
Barrington Court
Westport
New Cross
West Lambrook
East Lambrook
Mid Lambrook
Shepton Beauchamp
Kingsbury Episcopi
Stembridge
Martock
Hurst
Bower Hinton
South Petherton
Stoke sub Hamdon
Montacute
Tintinhull
Chilthorne Domer
Ilchester
Yeovilton
Northover
Long Load
Milton
Muchelney
Muchelney Ham
Midelney
Thorney
Hambridge
Stapleton
Ash
Sutton
Knole
Wrangway
Ford Street
BLACKDOWN HILLS
Staple Hill
Culm Davy
Clayhidon
Rosemary Lane
Churchstanton
Millhayes
Hemyock
Stapley
Otterford
Birchwood
Blindmoor
Blackwater
Buckland St Mary
Hare
Broadway
Horton
Horton Cross
Winterhay Green
Whitelackington
Stocklinch
Hurcott
Seavington St Mary
Seavington St Michael
Over Stratton
Wigborough
Norton sub Hamdon
Odcombe
Brympton D'Evercy
Chiselborough
West Chinnock
West Coker
East Chinnock
Middle Chinnock
Lopen
Ilminster
Kingstone
Allowenshay
Donyatt
SOMERSET
Bolham Water
Churchinford
Royston Water
Bishopswood
Newtown
Beetham
Street Ash
Combe St Nicholas
Peasmarsh
Sea
Dowlish Wake
Dinnington
Hinton St George
Merriott
Hardington Moor
Hardington Mandeville
Haselbury Plucknett
Abbey
Madford
Dunkeswell Abbey
Smeatharpe
Marsh
Whitestaunton
Northay
Wadeford
Nimmer
Knowle St Giles
Cricket Malherbie
Chillington
Broadshard
Crewkerne
North Perrott
Pendomer
Howley
Newcott
Cuttiford's Door
Crimchard
Chaffcombe
Lydmarsh
Cudworth
Purtington
Roundham
Hornsbury
Dunkeswell
Yarcombe
Wambrook
Chard
Crawley
Upottery
Luppitt
Rawridge
Beacon
Street
Cricket St Thomas
Hewish
Woolminstone
Misterton
South Perrott
Halstock
Higher Halstock Leigh
Hardington Marsh
Burridge
Forton
Whatley
Winsham
Wayford
Clapton
Seaborough
Chedington
Corscombe
Weston
Holy City
Tatworth
Perry Street
South Chard
Chard Junction
Forde Abbey
Bridge
Horn Ash
Laymore
Greenham
Drimpton
Mosterton
Littlewindsor
Dibberford
Wick
Monkton
Stockland
Millhayes
Chardstock
Furley
Birchill
Alston
Membury
Tytherleigh
Holditch
Hewood
Thorncombe
Blackdown
Burstock
Hursey
Broadwindsor
Newtown
Beaminster
Toller Whelme
Godford Cross
Combe Raleigh
Awliscombe
Weston
Heathstock
Turfmoor
Churchill
South Common
Lower Holditch
Wadbrook
Stoke Abbott
Cotleigh
Smallridge
Birdsmoorgate
Marshalsea
Pilsdon Pen
Honiton
Wilmington
Offwell
Widworthy
Dalwood
Loughwood Meeting House
Weycroft
Hawkchurch
Bettiscombe
Pilsdon
Blackney
North Bowood
Mapperton
Hooke
Gittisham
Kilmington
Axminster
Blackpool Corner
Marshwood
Lambert's Castle
Monkwood
South Bowood
Netherbury
Waytown
Melplash
North Poorton
South Poorton
Loscombe
Church Green
Shute
Shute Barton
Seaton Junction
Hampton
Abbey Gate
Raymond's Hill
Coney's Castle
Fishpond Bottom
DORSET
Monkton Wyld
Wootton Fitzpaine
Whitchurch Canonicorum
Broadoak
Filford
Oxbridge
Salwayash
West Milton
Powerstock
Nettlecombe
Farway
Northleigh
Woodbridge
Whitford
Maidenhayne
Musbury
Penn
Harcombe Bottom
Catherston Leweston
Morcombelake
Ryall
North Chideock
Moorbath
Dottery
Wooth
Pymore
Mangerton Mill
Loders
Uploders
Eggardon Hillfort
Broad Down
Southleigh
Blackbury Camp
Colyton
Yawl
Prescott Pinetum
Uplyme
Dinosaurland Fossil
Charmouth
Heritage Coast
Golden Cap
Symondsbury
Bridport
Bradpole
Watton
Walditch
Shipton Gorge
Askerswell
Sidbury
Colyford
Combpyne
Chideock
Seatown
Lower Eyre
Palmers Brewery
Bothenhampton
Antrim Monument
Golden Cap Cliffs
Harcombe
Seaton
Axmouth
Rousdon
Dowlands
Lyme Regis
Lifeboat Station
Marine Aquarium
LYME BAY
West Bay
Burton Bradstock
Chilcombe
Sidford
The Donkey Sanctuary
Pecorama
Quarry Caves
Sid
Salcombe Regis
Weston
Branscombe
Forge
Manor Mill
Old Bakery
Vicarage
Beer
Seaton Bay
Beer Head
SIDMOUTH
Swyre
West Bexington
Puncknowle
A38
A358
A378
A3065
A303
A30
A375
A35
A3052
A3066
A356
A37
A3088
B3170
B3168
B3165
B3162
B3167
B3164
B3163
B3161
B3172
B3174
B3157
P+R
E
F
G
H
1
2
3
4
5
14
20
30
40
350
80
70

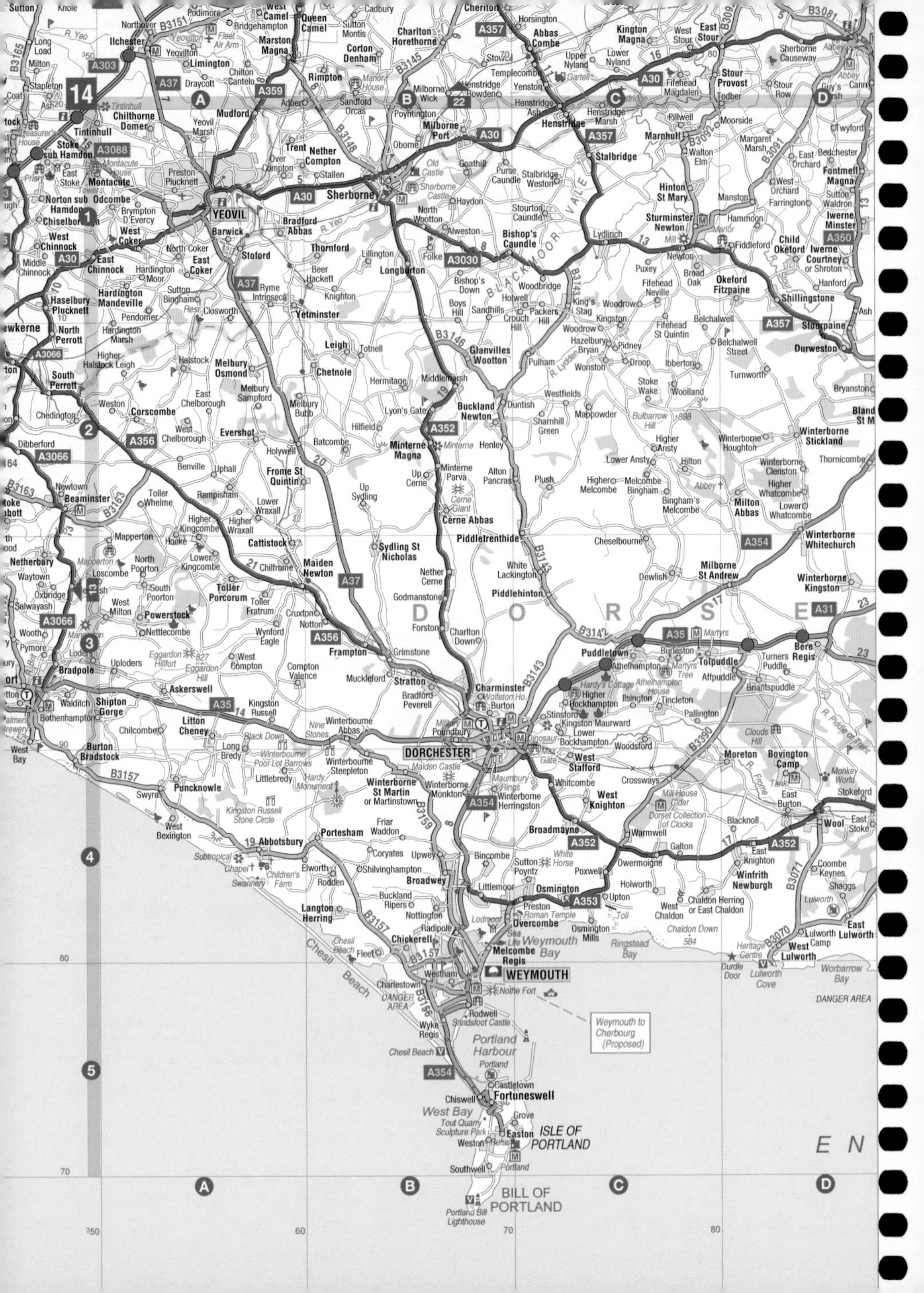

14
A
B
C
D
1
2
3
4
5
13
22
Sutton
Knole
Podimore
West Camel
Queen Camel
Cadbury
Cheriton
Horsington
B3081
Northover
B3151
Bridgehampton
Sutton Montis
Charlton Horethorne
A357
Abbas Combe
Kington Magna
West Stour
East Stour
B3092
R. Yeo
Ilchester
Yeovilton
Fleet Air Arm
Marston Magna
Corton Denham
Upper Nyland
Lower Nyland
Sherborne Causeway
Long Load
Milton
Limington
Stowell
16
A303
Chilton Cantelo
Rimpton
Manor House
B3145
Templecombe
Gartell
A30
Stour Provost
Abbey
Stapleton
A37
Draycott
A359
Milborne Wick
Henstridge Bowden
Yenston
Fifehead Magdalen
Stour Row
Guy's Marsh
Cann
Ash
Tintinhull
Adber
Sandford Orcas
Henstridge Ash
Todber
Mudford
Chilthorne Domer
Poyntington
Milborne Port
Henstridge
Henstridge Marsh
Pillwell
Moorside
Twyford
Yeovil Marsh
Oborne
A3088
Trent
Nether Compton
B3148
Goathill
Stalbridge
Marnhull
Walton Elm
Margaret Marsh
East Orchard
Bedchester
Fontmell Magna
Stoke sub Hamdon
Montacute
Montacute House
Preston Plucknett
Over Compton
Stallen
Old Castle
Purse Caundle
Stalbridge Weston
East Stoke
Priory
Sherborne
Sherborne Castle
Hinton St Mary
West Orchard
Sutton Waldron
Norton sub Hamdon
Odcombe
Brympton D'Evercy
YEOVIL
Haydon
Stourton Caundle
Manston
Farrington
Chiselborough
Bradford Abbas
North Wootton
Sturminster Newton
Hammoon
Iwerne Minster
West Coker
Barwick
Alweston
Bishop's Caundle
Lydlinch
Manor
A350
West Chinnock
North Coker
Thornford
Lillington
BLACKMOOR VALE
Mill
Fiddleford
Child Okeford
Iwerne Courtney or Shroton
Middle Chinnock
East Chinnock
Hardington Moor
East Coker
Stoford
Beer Hackett
Folke
A3030
Longburton
Newton
Puxey
Broad Oak
Hanford
Haselbury Plucknett
Hardington Mandeville
Sutton Bingham
Ryme Intrinseca
Knighton
Bishop's Down
Woodbridge
Fifehead Neville
Okeford Fitzpaine
Shillingstone
Pendomer
Closworth
Yetminster
Boys Hill
Sandhills
Holwell
Crouch Hill
Packers Hill
King's Stag
Woodrow
Kingston
Belchalwell
Ash
Crewkerne
North Perrott
Hardington Marsh
B3146
Fifehead St Quintin
Belchalwell Street
A357
Stourpaine
Durweston
A3066
Higher Halstock Leigh
Halstock
Melbury Osmond
Leigh
Totnell
Glanvilles Wootton
Hazelbury Bryan
Pidney
Droop
Ibberton
Turnworth
South Perrott
Chetnole
Hermitage
Middlemarsh
Pulham
R. Lydden
Wonston
Stoke Wake
Woolland
Bryanston
Chedington
Weston
Corscombe
East Chelborough
Melbury Sampford
Melbury Bubb
Lyon's Gate
Buckland Newton
Duntish
Westfields
Mappowder
Bulbarrow Hill
Blandford St Mary
West Chelborough
Evershot
Hilfield
A352
Sharnhill Green
Dibberford
A356
Batcombe
Minterne Magna
Minterne
Henley
Higher Ansty
Winterborne Houghton
Winterborne Stickland
A3066
Holywell
Lower Ansty
Hilton
Thornicombe
B3163
Benville
Uphall
Frome St Quintin
Up Cerne
Minterne Parva
Alton Pancras
Plush
Higher Melcombe
Melcombe Bingham
Winterborne Clenston
Newtown
Toller Whelme
Rampisham
Up Sydling
Cerne Giant
Abbey
Higher Whatcombe
Beaminster
Lower Wraxall
Cerne Abbas
Bingham's Melcombe
Milton Abbas
Lower Whatcombe
Higher Kingcombe
Higher Wraxall
Mapperton
Hooke
Cattistock
Sydling St Nicholas
Piddletrenthide
Cheselbourne
A354
Winterborne Whitechurch
Netherbury
North Poorton
Lower Kingcombe
Loscombe
Chilfrome
Maiden Newton
Nether Cerne
White Lackington
Waytown
Dewlish
Milborne St Andrew
Winterborne Kingston
Oxbridge
South Poorton
Toller Porcorum
Toller Fratrum
A37
Godmanstone
Piddlehinton
Salwayash
West Milton
Powerstock
Cruxton
Notton
DORSET
A31
Nettlecombe
Wynford Eagle
Forston
Charlton Down
B3142
Martyrs
Bere Regis
Wooth
A356
A35
Pymore
Eggardon Hillfort
West Compton
Frampton
Grimstone
Puddletown
Burleston
Tolpuddle
Turners Puddle
Loders
Uploders
Eggardon Hill
Compton Valence
Athelhampton
Martyrs' Tree
Affpuddle
Bradpole
Askerswell
Muckleford
Stratton
Charminster
Hardy's Cottage
Athelhampton House
Briantspuddle
Walditch
Shipton Gorge
Kingston Russell
Bradford Peverell
Wolfeton Ho.
Burton
Higher Bockhampton
Ilsington
Tincleton
Bothenhampton
A35
Litton Cheney
Winterbourne Abbas
Nine Stones
Poundbury
Stinsford
Kingston Maurward
Pallington
Chilcombe
Black Down
Long Bredy
Dinosaur
Lower Bockhampton
Woodsford
Clouds Hill
West Bay
Burton Bradstock
Winterbourne Poor Lot Barrows
Winterbourne Steepleton
DORCHESTER
Max Gate
West Stafford
Moreton
Bovington Camp
Littlebredy
Maiden Castle
Tank
Monkey World
B3157
Hardy Monument
Winterborne St Martin or Martinstown
Winterborne Monkton
Maumbury Rings
Winterborne Herringston
Whitcombe
Crossways
Swyre
Puncknowle
Mill House Cider
Stokeford
A354
West Knighton
Dorset Collection of Clocks
East Burton
Kingston Russell Stone Circle
B3159
Blacknoll
Wool
East Stoke
West Bexington
Portesham
Friar Waddon
Broadmayne
Warmwell
A352
Abbotsbury
Coryates
Upwey
Bincombe
White Horse
Sutton Poyntz
Galton
East Knighton
Subtropical Chapel
Swannery
Children's Farm
Elworth
Rodden
Shilvinghampton
Broadwey
Poxwell
Owermoigne
Winfrith Newburgh
Coombe Keynes
Shaggs
B3071
Littlemoor
Osmington
Holworth
Langton Herring
Buckland Ripers
Nottington
Preston
Roman Temple
A353
Upton
West Chaldon
Chaldon Herring or East Chaldon
Lulworth
B3157
Overcombe
Lodmoor
Osmington Mills
Toll
Chaldon Down
Chickerell
Radipole
Sea Life
Weymouth Bay
Ringstead Bay
East Lulworth
Chesil Beach
Fleet
Melcombe Regis
Heritage Centre
Lulworth Camp
West Lulworth
B3070
WEYMOUTH
Durdle Door
Lulworth Cove
Worbarrow Bay
Westham
Charlestown
Nothe Fort
DANGER AREA
Rodwell
Sandsfoot Castle
B3156
Weymouth to Cherbourg (Proposed)
Wyke Regis
Portland Harbour
Chesil Beach
A354
Portland
Castletown
Chiswell
Fortuneswell
West Bay
Grove
Tout Quarry Sculpture Park
Easton
ISLE OF PORTLAND
Weston
EN
Southwell
Portland
BILL OF PORTLAND
Portland Bill Lighthouse
350
60
70
80

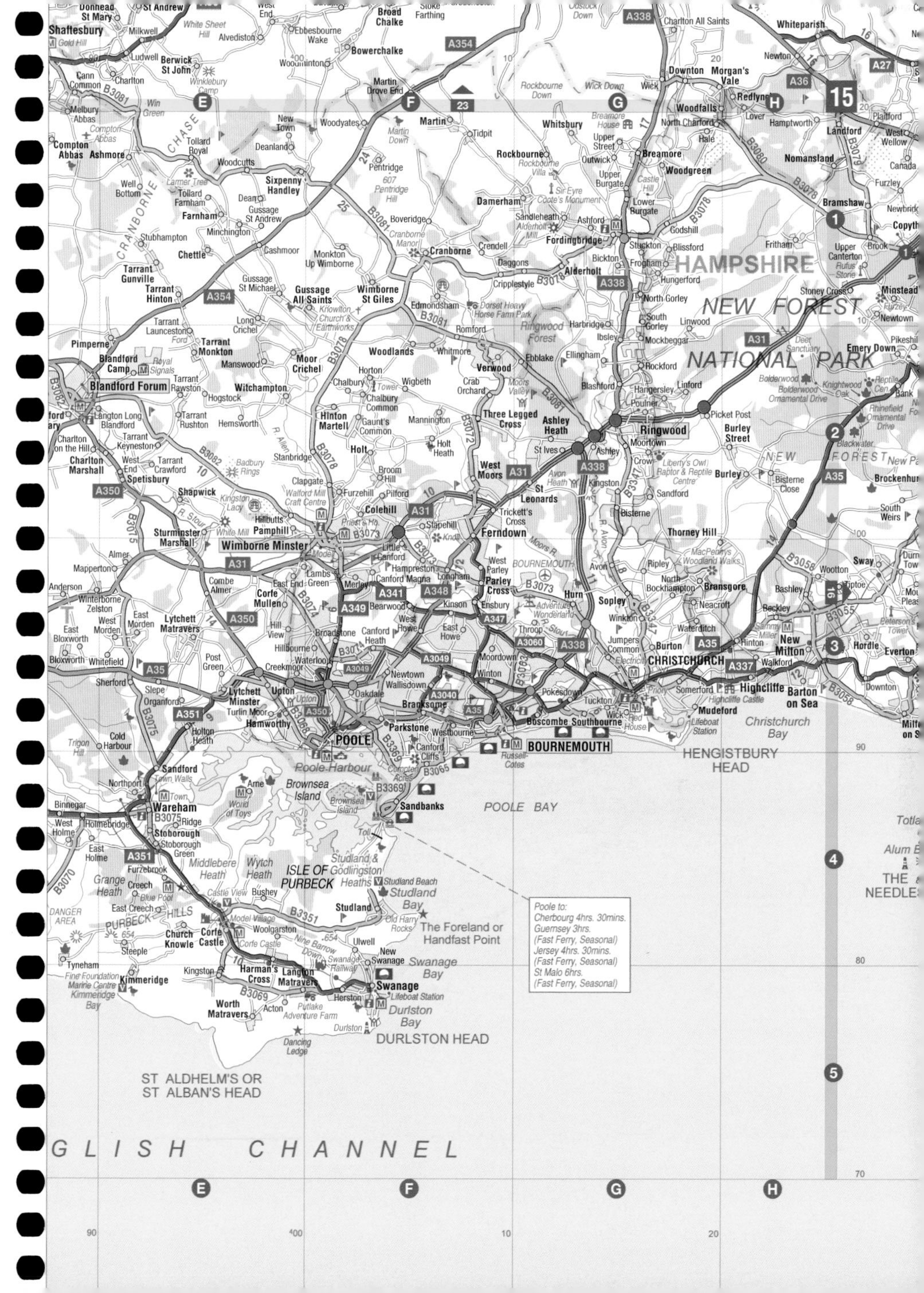
15
E
F
G
H
23
Shaftesbury
Gold Hill
White Sheet Hill
Alvediston
Ebbesbourne Wake
Broad Chalke
Stoke Farthing
Bowerchalke
Woodminton
Berwick St John
Ludwell
Milkwell
Charlton
Cann Common
Winklebury Camp
Win Green
Melbury Abbas
Compton Abbas
Ashmore
Tollard Royal
CRANBORNE CHASE
New Town
Woodyates
Deanland
Martin Drove End
Martin
Martin Down
Tidpit
Pentridge
607 Pentridge Hill
Woodcutts
Larmer Tree
Sixpenny Handley
Tollard Farnham
Farnham
Dean
Gussage St Andrew
Well Bottom
Minchington
Stubhampton
Chettle
Cashmoor
Monkton Up Wimborne
Boveridge
Cranborne Manor
Cranborne
Tarrant Gunville
Tarrant Hinton
Gussage St Michael
Gussage All Saints
Wimborne St Giles
Knowlton Church & Earthworks
Tarrant Launceston
Long Crichel
Tarrant Monkton
Moor Crichel
Pimperne
Blandford Camp
Royal Signals
Blandford Forum
Tarrant Rawston
Hogstock
Manswood
Witchampton
Langton Long Blandford
Tarrant Rushton
Hemsworth
Tarrant Keyneston
Charlton on the Hill
Charlton Marshall
Spetisbury
Tarrant Crawford
Badbury Rings
Shapwick
Kingston Lacy
Sturminster Marshall
White Mill
Hillbutts
Pamphill
Wimborne Minster
Almer
Mapperton
Anderson
Winterborne Zelston
Combe Almer
Corfe Mullen
East Morden
West Morden
East Bloxworth
Bloxworth
Whitefield
Lytchett Matravers
Sherford
Post Green
Slepe
Organford
Lytchett Minster
Turlin Moor
Hamworthy
Upton
Holton Heath
Cold Harbour
Trigon Hill
Sandford
Town Walls
Northport
Wareham
Binnegar
West Holme
Holmebridge
Ridge
Stoborough
Stoborough Green
East Holme
Furzebrook
Grange Heath
Creech
Blue Pool
Middlebere Heath
Wytch Heath
Arne
World of Toys
Brownsea Island
Poole Harbour
ISLE OF PURBECK
Studland & Godlingston Heaths
Studland Beach
Studland Bay
Studland
Old Harry Rocks
The Foreland or Handfast Point
East Creech
DANGER AREA
PURBECK HILLS
Church Knowle
Corfe Castle
Castle View
Model Village
Woolgarston
Nine Barrow Down
Steeple
Tyneham
Kimmeridge
Fine Foundation Marine Centre
Kimmeridge Bay
Kingston
Harman's Cross
Langton Matravers
Swanage Railway
Swanage
New Swanage
Ulwell
Swanage Bay
Herston
Lifeboat Station
Worth Matravers
Acton
Putlake Adventure Farm
Durlston
Durlston Bay
Dancing Ledge
DURLSTON HEAD
ST ALDHELM'S OR ST ALBAN'S HEAD
GLISH CHANNEL
Poole to:
Cherbourg 4hrs. 30mins.
Guernsey 3hrs.
(Fast Ferry, Seasonal)
Jersey 4hrs. 30mins.
(Fast Ferry, Seasonal)
St Malo 6hrs.
(Fast Ferry, Seasonal)
Toll
Sandbanks
POOLE BAY
Canford Cliffs
Compton Acres
Poole
Parkstone
Westbourne
Branksome
Oakdale
Creekmoor
Waterloo
Hillbourne
Broadstone
Hill View
Canford Heath
Newtown
Wallisdown
Bearwood
West Howe
East Howe
Kinson
Moordown
Winton
Boscombe
Southbourne
Pokesdown
Tuckton
Wick
BOURNEMOUTH
Russell-Cotes
Merley
Lambs Green
East End
Little Canford
Hampreston
Canford Magna
Longham
West Parley
Parley Cross
Ensbury
Adventure Wonderland
Throop
R. Stour
Hurn
BOURNEMOUTH
Colehill
Stapehill
Knoll
Furzehill
Pilford
Walford Mill Craft Centre
Priest's Ho.
Clapgate
Stanbridge
Broom Hill
Holt
Holt Heath
Hinton Martell
Gaunt's Common
Chalbury
Chalbury Common
Horton
Horton Tower
Wigbeth
Mannington
Woodlands
Whitmore
Edmondsham
Dorset Heavy Horse Farm Park
Romford
Crab Orchard
Verwood
Three Legged Cross
Ashley Heath
West Moors
St Leonards
St Ives
Trickett's Cross
Ferndown
Moors R.
Moors Valley
Ringwood Forest
Ebblake
Ellingham
Blashford
Harbridge
Ibsley
Mockbeggar
Rockford
Ringwood
Poulner
Hangersley
Linford
Picket Post
Moortown
Ashley
Crow
Liberty's Owl, Raptor & Reptile Centre
Kingston
Avon
Sandford
Bisterne
Bisterne Close
Burley
Burley Street
Thorney Hill
MacPenny's Woodland Walks
Avon Heath
R. Avon
Ripley
North Bockhampton
Bransgore
Neacroft
Sopley
Winkton
Jumpers Common
Burton
Waterditch
Hinton
CHRISTCHURCH
Somerford
Priory
Highcliffe
Highcliffe Castle
Mudeford
Lifeboat Station
Walkford
New Milton
Barton on Sea
Christchurch Bay
HENGISTBURY HEAD
Ashford
Alderholt Mill
Sandleheath
Fordingbridge
Alderholt
Daggons
Crendell
Cripplestyle
Damerham
Sir Eyre Coote's Monument
Rockbourne
Rockbourne Villa
Rockbourne Down
Wick Down
Whitsbury
Breamore House
Upper Street
Outwick
Upper Burgate
Breamore
Castle Hill
Lower Burgate
Stuckton
Blissford
Frogham
Bickton
Hungerford
North Gorley
South Gorley
Linwood
Godshill
Woodgreen
Hale
North Charford
Woodfalls
Downton
Morgan's Vale
Redlynch
Lover
Hamptworth
Landford
Plaitford
West Wellow
Canada
Nomansland
Furzley
Bramshaw
Newbridge
Copythorne
Brook
Fritham
Upper Canterton
Rufus Stone
Stoney Cross
Minstead
Newtown
HAMPSHIRE
NEW FOREST NATIONAL PARK
Deer Sanctuary
Bolderwood
Bolderwood Ornamental Drive
Knightwood Oak
Reptile Cen.
Emery Down
Pikeshill
Bank
Rhinefield Ornamental Drive
Blackwater
NEW FOREST
New Park
Brockenhurst
South Weirs
Sway
Wootton
Tiptoe
Bashley
Beckley
Sammy Miller
Hordle
Everton
Downton
Peter's Tower
Whiteparish
Newton
Charlton All Saints
Oatstock Down
Lyndhurst
Alum Bay
THE NEEDLES
Totland
A338
A354
A36
A27
A31
A35
A337
A350
A351
A3049
A3040
A3060
A347
A348
A341
A349
B3081
B3078
B3072
B3073
B3074
B3082
B3075
B3070
B3069
B3351
B3369
B3065
B3068
B3347
B3058
B3055
B3080
B3079
B3078
90
400
10
20
80
70

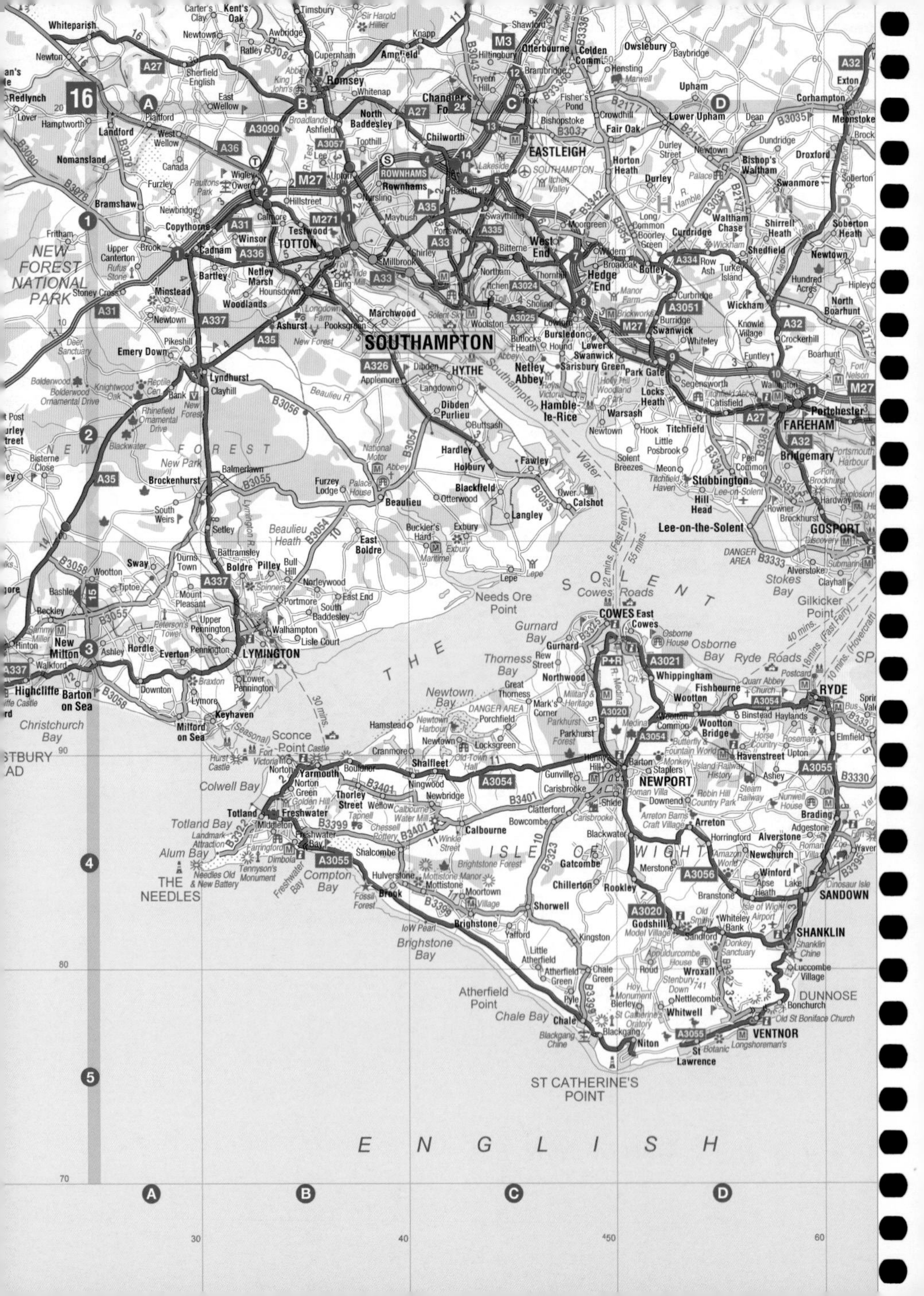

16
A
B
C
D
1
2
3
4
5
Whiteparish
Newton
Redlynch
Lover
Hamptworth
Landford
Nomansland
Bramshaw
Fritham
NEW FOREST NATIONAL PARK
Upper Canterton
Stoney Cross
Minstead
Emery Down
Lyndhurst
Bank
Clayhill
Brockenhurst
Balmerlawn
Setley
Sway
Battramsley
Boldre
Pilley
Wootton
Tiptoe
Bashley
Beckley
New Milton
Ashley
Hordle
Everton
Hinton
Walkford
Highcliffe
Barton on Sea
Christchurch Bay
Downton
Milford on Sea
Keyhaven
Lymington
Walhampton
Lisle Court
Upper Pennington
Pennington
Lower Pennington
Mount Pleasant
South Baddesley
East End
Norleywood
Portmore
Bull Hill
East Boldre
Beaulieu Heath
Beaulieu
Furzey Lodge
Buckler's Hard
Exbury
Lepe
Needs Ore Point
Langley
Blackfield
Holbury
Fawley
Calshot
Hardley
Dibden Purlieu
Dibden
Hythe
Applemore
Langdown
Marchwood
Pooksgreen
Ashurst
Woodlands
Netley Marsh
Totton
Testwood
Cadnam
Copythorne
Winsor
Bartley
Brook
Hounsdown
Eling
Romsey
Timsbury
Awbridge
Cupernham
Ampfield
Knapp
Whitenap
North Baddesley
Chandler's Ford
Chilworth
Rownhams
Nursling
Upton
Hillstreet
Calmore
Maybush
Shirley
Millbrook
Bassett
Swaythling
Portswood
Bitterne
West End
Northam
Itchen
Sholing
Woolston
Southampton
Netley Abbey
Hamble-le-Rice
Bursledon
Lower Swanwick
Sarisbury Green
Hedge End
Botley
Eastleigh
Bishopstoke
Fair Oak
Otterbourne
Colden Common
Shawford
Owslebury
Baybridge
Upham
Lower Upham
Durley
Horton Heath
Bishop's Waltham
Swanmore
Droxford
Exton
Corhampton
Meonstoke
Shedfield
Curdridge
Waltham Chase
Shirrell Heath
Soberton Heath
Wickham
Swanwick
Park Gate
Locks Heath
Warsash
Titchfield
Stubbington
Hill Head
Lee-on-the-Solent
Fareham
Portchester
Bridgemary
Gosport
Alverstoke
Stokes Bay
Gilkicker Point
The Solent
Cowes Roads
Cowes
East Cowes
Osborne Bay
Ryde Roads
Ryde
Gurnard Bay
Gurnard
Thorness Bay
Northwood
Whippingham
Wootton
Fishbourne
Binstead
Haylands
Newtown Bay
Newtown
Shalfleet
Yarmouth
Norton
Colwell Bay
Totland
Totland Bay
Freshwater
Alum Bay
The Needles
Compton Bay
Brook
Mottistone
Brighstone
Brighstone Bay
Calbourne
Carisbrooke
Newport
Shide
Arreton
Godshill
Rookley
Chillerton
Gatcombe
Shorwell
Kingston
Chale
Chale Bay
Atherfield Point
Niton
St Catherine's Point
Whitwell
Wroxall
St Lawrence
Ventnor
Bonchurch
Dunnose
Shanklin
Lake
Sandown
Brading
Alverstone
Newchurch
Havenstreet
Ashey
Isle of Wight
English
M27
M3
M271
A27
A36
A31
A336
A337
A35
A326
A33
A3024
A3025
A3051
A334
A32
A3090
A3057
A3054
A3020
A3021
A3055
A3056
B3054
B3055
B3056
B3053
B3058
B3401
B3399
B3323
B3330
B3333
B3334
B3385
B3037
B3335
B3342
30 mins.
22 mins. (Fast Ferry)
55 mins.
40 mins. (Fast Ferry)
10 mins. (Hovercraft)
18mins. (Fast Ferry)
20
10
90
80
70
30
40
450
60

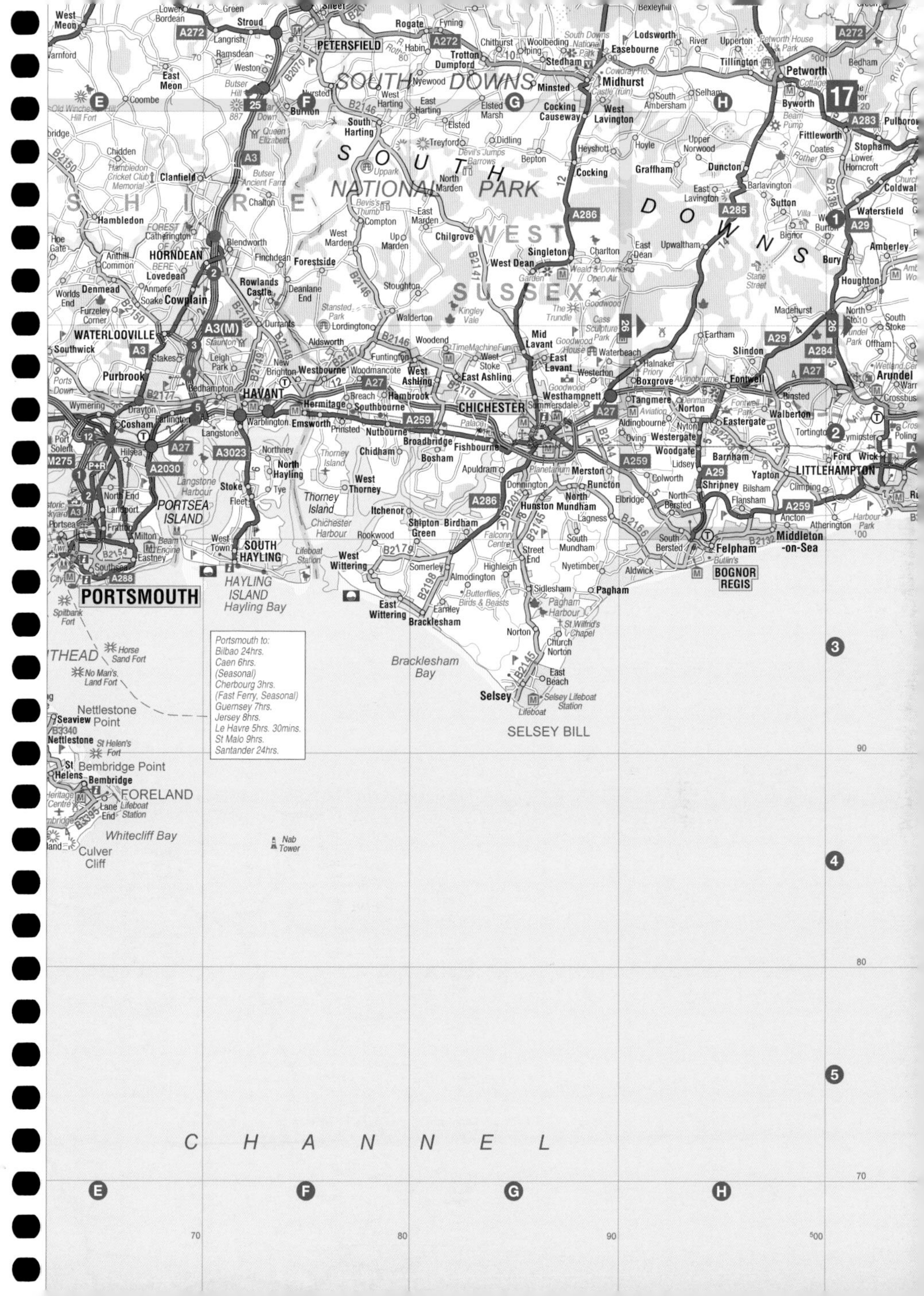

West Meon
Lower Bordean
Green
Stroud
A272
Langrish
Ramsdean
PETERSFIELD
Rogate
Fyning
A272
Habin
Trotton
Dumpford
Chithurst
Woolbeding
Iping
Stedham
South Downs National Park
Lodsworth
Easebourne
River
Upperton
Petworth House & Park
Tillington
Petworth
A272
Bedham
Warnford
East Meon
Weston
Butser Hill
SOUTH DOWNS
Nyewood
Minsted
Midhurst
Cowdray Ho.
Cowdray Castle (ruin)
South Ambersham
Selham
Byworth
17
A283
Pulborough
Coombe
Old Winchester Hill Hill Fort
Queen Elizabeth
Buriton
Nursted
West Harting
East Harting
B2146
Elsted Marsh
Cocking Causeway
West Lavington
Beam Pump
Fittleworth
Stopham
South Harting
Elsted
Treyford
Didling
Heyshott
Hoyle
Upper Norwood
Coates
Lower Horncroft
Chidden
Hambledon Cricket Club Memorial
Clanfield
A3
Butser Ancient Farm
Uppark
Devil's Jumps Barrows
Bepton
Cocking
Graffham
Duncton
Barlavington
Coldwaltham
SOUTH NATIONAL PARK
North Marden
East Lavington
Sutton
Chalton
Bevis's Thumb
Compton
East Marden
A286
DOWNS
A285
Bignor
Watersfield
Hambledon
FOREST OF BERE
Catherington
West Marden
Up Marden
Chilgrove
WEST
Singleton
Charlton
East Dean
Upwaltham
Bury
Amberley
Hoe Gate
Anthill Common
HORNDEAN
Blendworth
Finchdean
Forestside
West Dean
Weald & Downland Open Air
West Dean Garden
Stane Street
Houghton
Worlds End
Denmead
Lovedean
Anmore
Soake
Cowplain
Rowlands Castle
Deanlane End
Stoughton
SUSSEX
Goodwood
Furzeley Corner
B2150
Stansted Park
Lordington
Walderton
Kingley Vale
The Trundle
Cass Sculpture Park
Madehurst
North Stoke
South Stoke
WATERLOOVILLE
A3(M)
Durrants
Mid Lavant
Goodwood House
Eartham
Southwick
A3
Stakes
Staunton
Leigh Park
Aldsworth
Woodend
Time Machine Fun
East Lavant
Waterbeach
Slindon
A29
A284
Offham
Ports Down
Purbrook
New Brighton
Westbourne
Woodmancote
Funtington
West Ashling
West Stoke
Halnaker
Boxgrove Priory
Boxgrove
Westerton
Fontwell
A27
Arundel
B2177
Bedhampton
A27
East Ashling
Goodwood
Aldingbourne
Wymering
Drayton
HAVANT
Breach
Hambrook
Westhampnett
Tangmere
Denmans
Norton
Binsted
Cosham
Farlington
Hermitage
Southbourne
CHICHESTER
Summersdale
Tangmere Aviation
Fontwell Park
Walberton
Port Solent
Warblington
Emsworth
Prinsted
Nutbourne
A259
Broadbridge
Fishbourne
Palace
Aldingbourne
Nyton
Eastergate
Tortington
Lyminster
Hilsea
A27
Langstone
A3023
Northney
Chidham
Bosham
Oving
Westergate
Woodgate
Barnham
Ford
Wick
M275
P+R
A2030
North Hayling
Thorney Island
Apuldram
Planetarium
Merston
A259
Lidsey
A29
Yapton
LITTLEHAMPTON
Langstone Harbour
Stoke
Tye
West Thorney
Donnington
North Mundham
Runcton
Colworth
Shripney
Bilsham
Climping
North End
PORTSEA ISLAND
Fleet
Thorney Island
Itchenor
A286
Hunston
Mundham
Elbridge
North Bersted
Flansham
A259
Landport
Chichester Harbour
Lagness
Ancton
Atherington
Harbour Park
Fratton
Milton
Beam Engine
West Town
Rookwood
Shipton Green
Birdham
Falconry Centre
South Mundham
South Bersted
Middleton-on-Sea
Eastney
Southsea
SOUTH HAYLING
Lifeboat Station
West Wittering
B2179
Street End
Felpham
A288
Somerley
Highleigh
Nyetimber
Aldwick
Butlin's
PORTSMOUTH
HAYLING ISLAND
Hayling Bay
Almodington
BOGNOR REGIS
Spitbank Fort
East Wittering
Earnley
Butterflies, Birds & Beasts
Sidlesham
Pagham
Pagham Harbour
Bracklesham
St Wilfrid's Chapel
Norton
Church Norton
SPITHEAD
Horse Sand Fort
No Man's Land Fort
Bracklesham Bay
East Beach
Selsey
Selsey Lifeboat Station
Lifeboat
SELSEY BILL
Portsmouth to:
Bilbao 24hrs.
Caen 6hrs.
(Seasonal)
Cherbourg 3hrs.
(Fast Ferry, Seasonal)
Guernsey 7hrs.
Jersey 8hrs.
Le Havre 5hrs. 30mins.
St Malo 9hrs.
Santander 24hrs.
Nettlestone Point
Seaview
B3340
Nettlestone
St Helen's Fort
St Helens
Bembridge Point
Bembridge
FORELAND
Heritage Centre
Lane End
Lifeboat Station
Whitecliff Bay
Nab Tower
Culver Cliff
CHANNEL
E
F
G
H
70
80
90
500

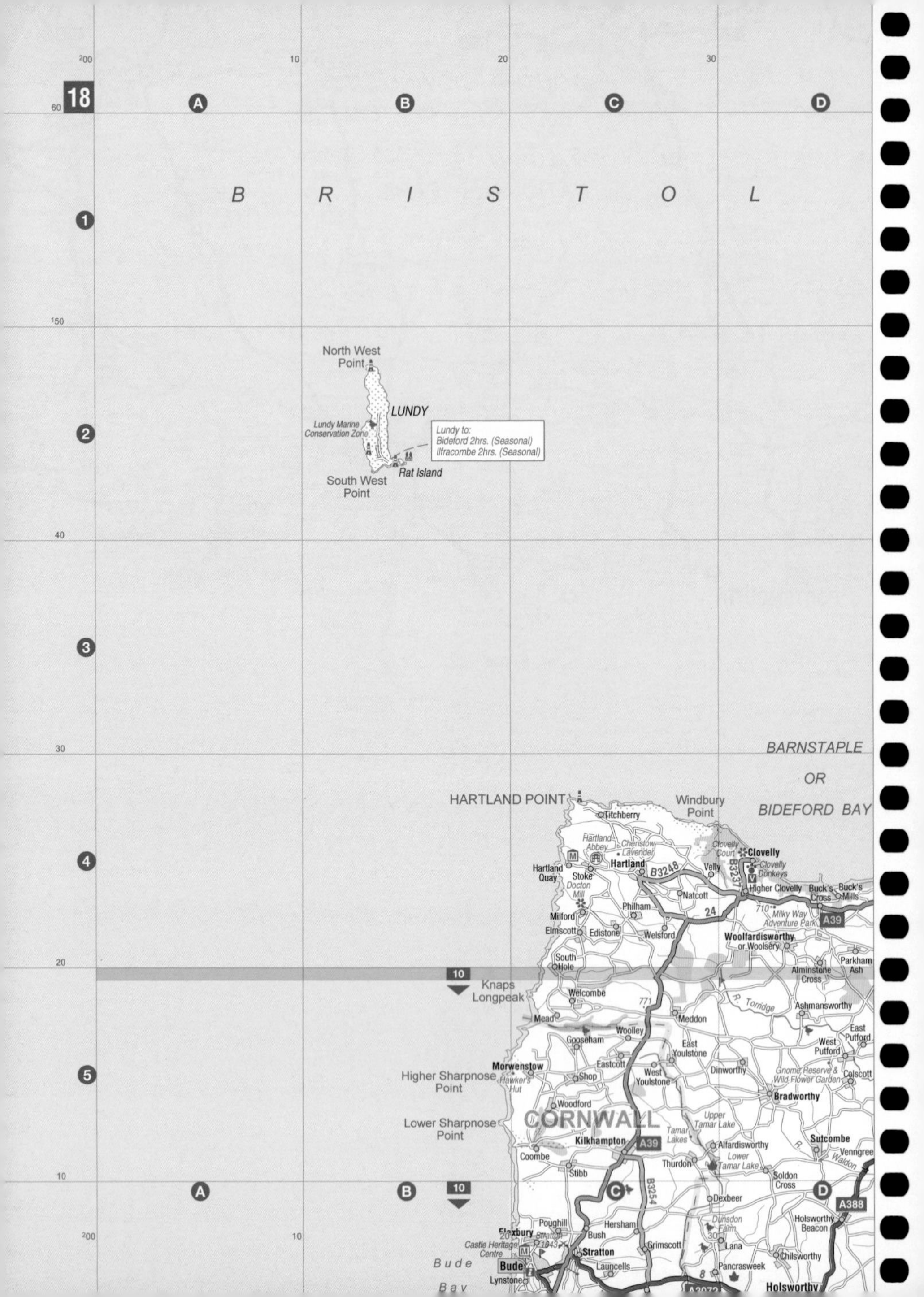

B R I S T O L

North West
Point

LUNDY

Lundy Marine
Conservation Zone

Lundy to:
Bideford 2hrs. (Seasonal)
Ilfracombe 2hrs. (Seasonal)

South West
Point

Rat Island

BARNSTAPLE

OR

BIDEFORD BAY

HARTLAND POINT

Windbury
Point

Titchberry

Hartland
Abbey

Chenstow
Lavender

Clovelly
Court

Clovelly

Hartland

Clovelly
Donkeys

B3248

Hartland
Quay

Stoke

Velly

Docton
Mill

Natcott

Higher Clovelly

Buck's
Mills

Buck's
Cross

Milford

Philham

710
Milky Way
Adventure Park

A39

Elmscott

Edistone

Welsford

24

Woolfardisworthy
or Woolsery

South
Hole

Alminstone
Cross

Parkham

Ash

10

Knaps
Longpeak

Welcombe

771

R. Torridge

Ashmansworthy

Mead

Woolley

Meddon

East
Putford

West
Putford

Gooseham

Higher Sharpnose
Point

Morwenstow

Eastcott

West
Youlstone

East
Youlstone

Dinworthy

Gnome Reserve &
Wild Flower Garden

Colscott

Hawker's
Hut

Shop

Bradworthy

Lower Sharpnose
Point

CORNWALL

Woodford

Upper
Tamar
Lake

Sutcombe

Venngree
Waldon

Kilkhampton

A39

Alfardisworthy

Lower
Tamar Lake

Coombe

Thurdon

Soldon
Cross

Stibb

Dexbeer

B3254

10

Dunsdon
Farm

Holsworthy
Beacon

A388

Poughill

Bush

Hersham

Grimscott

Lana

Chilsworthy

Flexbury

Castle Heritage
Centre

A3072

Stratton

Launcells

Pancrasweek

Holsworthy

Bude

Lynstone

Bude
Bay

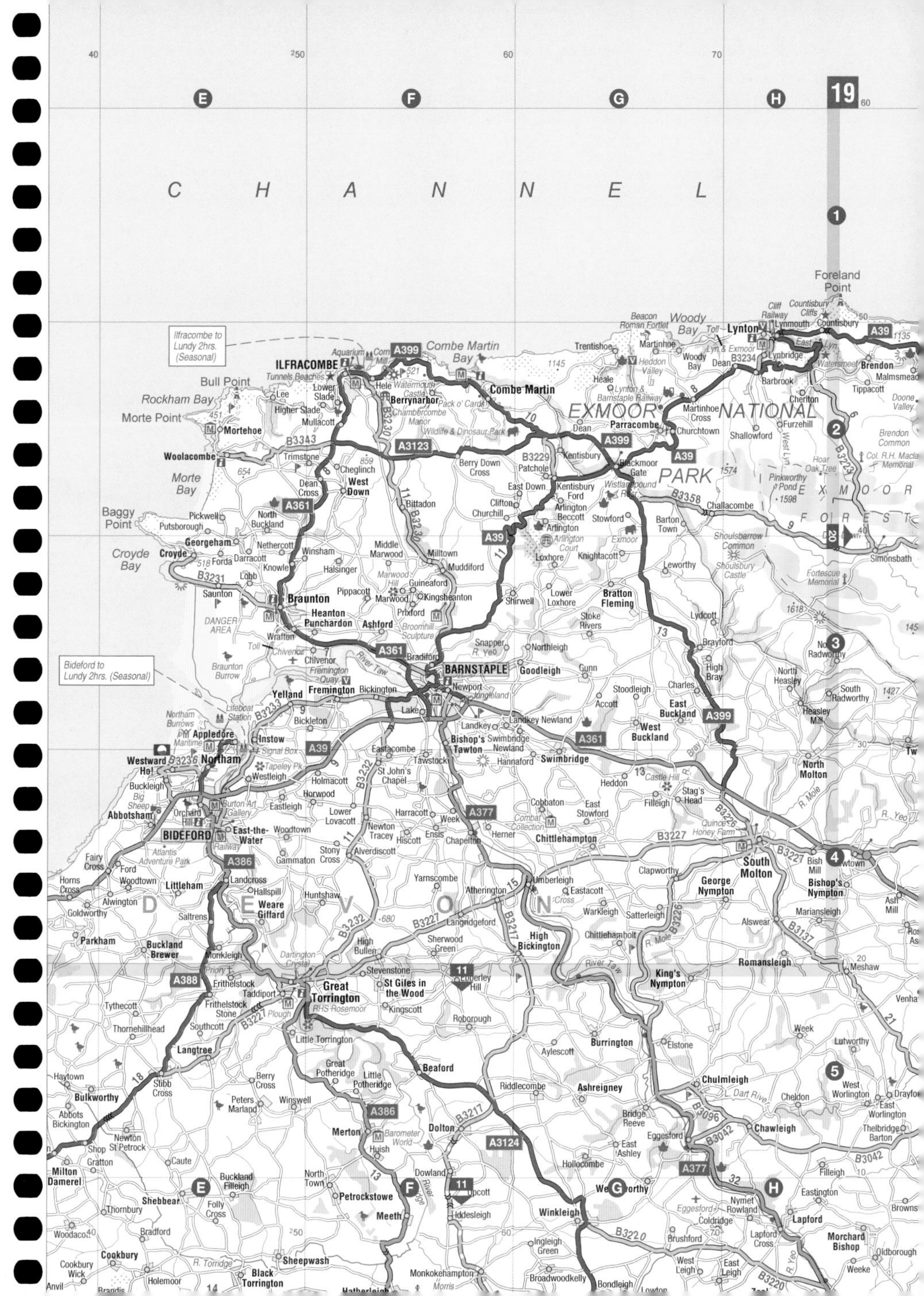

19
E
F
G
H
C H A N N E L
Foreland Point
Countisbury Cliffs
Cliff Railway
Lynmouth
Countisbury
Lynton
Woody Bay
Beacon Roman Fortlet
Trentishoe
Martinhoe
Toll
Lyn & Exmoor
Lynbridge
Watersmeet
Brendon
Malmsmead
Dean
B3234
Barbrook
Tippacott
Cheriton
Doone Valley
Ilfracombe to Lundy 2hrs. (Seasonal)
Aquarium
Combe Martin Bay
A399
ILFRACOMBE
Tunnels Beaches
Bull Point
Rockham Bay
Morte Point
Lee
Lower Slade
Higher Slade
Mullacott
Hele
Watermouth Castle
Berrynarbor
Chambercombe Manor
Pack o' Cards
Wildlife & Dinosaur Park
Combe Martin
1145
Heale
Heddon Valley
Lynton & Barnstaple Railway
EXMOOR NATIONAL PARK
Martinhoe Cross
Dean
Parracombe
Churchtown
Shallowford
Furzehill
West Lyn
Brendon Common
Col. R.H. Maclaren Memorial
Hoar Oak Tree
Mortehoe
Woolacombe
B3343
Trimstone
A3123
859
Cheglinch
West Down
Berry Down Cross
B3229
Patchole
Kentisbury
Blackmoor Gate
A39
Wistlandpound Resr.
Kentisbury Ford
East Down
Arlington Beccott
Stowford
1574
Pinkworthy Pond
1598
EXMOOR FOREST
B3358
Challacombe
Morte Bay
654
Dean Cross
A361
Bittadon
Clifton
Churchill
Arlington
Arlington Court
Exmoor
Barton Town
Shoulsbarrow Common
Shoulsbury Castle
20
Simonsbath
Baggy Point
Pickwell
North Buckland
Putsborough
Georgeham
Croyde
Croyde Bay
Nethercott
Darracott
Forda
518
Knowle
Winsham
Halsinger
Middle Marwood
Milltown
Muddiford
Loxhore
Knightacott
Leworthy
Fortescue Memorial
B3231
Lobb
Saunton
Braunton
Pippacott
Marwood Hill
Guineaford
Marwood
Kingsheanton
Prixford
Shirwell
Lower Loxhore
Bratton Fleming
DANGER AREA
Heanton Punchardon
Ashford
Broomhill Sculpture
Stoke Rivers
Lydcott
1618
Wrafton
Toll
Chivenor
Chivenor
A361
Snapper
R. Yeo
Northleigh
Brayford
North Radworthy
Braunton Burrow
River Taw
Fremington Quay
Bradiford
BARNSTAPLE
Goodleigh
Gunn
High Bray
North Heasley
South Radworthy
Bideford to Lundy 2hrs. (Seasonal)
Yelland
Fremington
Bickington
Newport
Stoodleigh
Charles
Heasley Mill
1427
Northam Burrows
Lifeboat Station
B3233
Bickleton
Lake
Accott
East Buckland
A399
Landkey
Landkey Newland
West Buckland
Appledore
Maritime Museum
Instow
Signal Box
A39
Eastacombe
Bishop's Tawton
Swimbridge Newland
A361
Westward Ho!
B3236
Northam
Tapeley Pk
Westleigh
Tawstock
Hannaford
Swimbridge
North Molton
St John's Chapel
B3232
Holmacott
Heddon
Castle Hill
Stag's Head
Buckleigh
Big Sheep
Orchard Hill
Burton Art Gallery
Eastleigh
Horwood
Filleigh
R. Mole
Abbotsham
Lower Lovacott
Harracott
Week
A377
Cobbaton
Combat Collection
East Stowford
B3226
Quince Honey Farm
BIDEFORD
East-the-Water
Woodtown
Newton Tracey
Hiscott
Ensis
Chapelton
Herner
Chittlehampton
B3227
Atlantis Adventure Park
Railway
Stony Cross
Alverdiscott
South Molton
Bish Mill
Newtown
Fairy Cross
Ford
A386
Gammaton
Yarnscombe
Clapworthy
George Nympton
Bishop's Nympton
Horns Cross
Woodtown
Littleham
Landcross
Umberleigh
Eastacott
Alwington
Hallspill
Huntshaw
Atherington
Cross
Goldworthy
DEVON
Weare Giffard
B3232
680
B3227
Langridgeford
B3217
Warkleigh
Satterleigh
Alswear
Mariansleigh
Saltrens
Parkham
Buckland Brewer
Monkleigh
Dartington Crystal
High Bullen
Sherwood Green
High Bickington
Chittlehamholt
B3137
Romansleigh
Meshaw
A388
Frithelstock
Priory
Stevenstone
St Giles in the Wood
Great Torrington
Taddiport
11
Hill
River Taw
King's Nympton
Tythecott
Frithelstock Stone
B3227
Plough
RHS Rosemoor
Kingscott
Roborough
Thornehillhead
Southcott
Little Torrington
Week
Langtree
Aylescott
Burrington
Elstone
Lutworthy
Great Potheridge
Little Potheridge
Beaford
Chulmleigh
West Worlington
Haytown
18
Stibb Cross
Berry Cross
Riddlecombe
Ashreigney
L. Dart River
Cheldon
East Worlington
Bulkworthy
Peters Marland
Winswell
A386
B3217
Bridge Reeve
B3096
Chawleigh
Thelbridge Barton
Abbots Bickington
Newton St Petrock
Merton
Barometer World
Dolton
A3124
Eggesford
B3042
Shop
Huish
East Ashley
Gratton
Caute
Hollocombe
A377
B3042
Milton Damerel
Buckland Filleigh
North Town
Dowland
Filleigh
Shebbear
Petrockstowe
Upcott
32
Eastington
Thornbury
Folly Cross
Meeth
Iddesleigh
Winkleigh
Eggesford
Nymet Rowland
Coldridge
Lapford
Woodacott
Bradford
Ingleigh Green
B3220
Brushford
Lapford Cross
Morchard Bishop
Cookbury
Sheepwash
R. Torridge
Black Torrington
Monkokehampton
Broadwoodkelly
Bondleigh
West Leigh
East Leigh
B3220
Oldborough
Cookbury Wick
Holemoor
Hatherleigh
Morris
Anvil
40
250
60
70

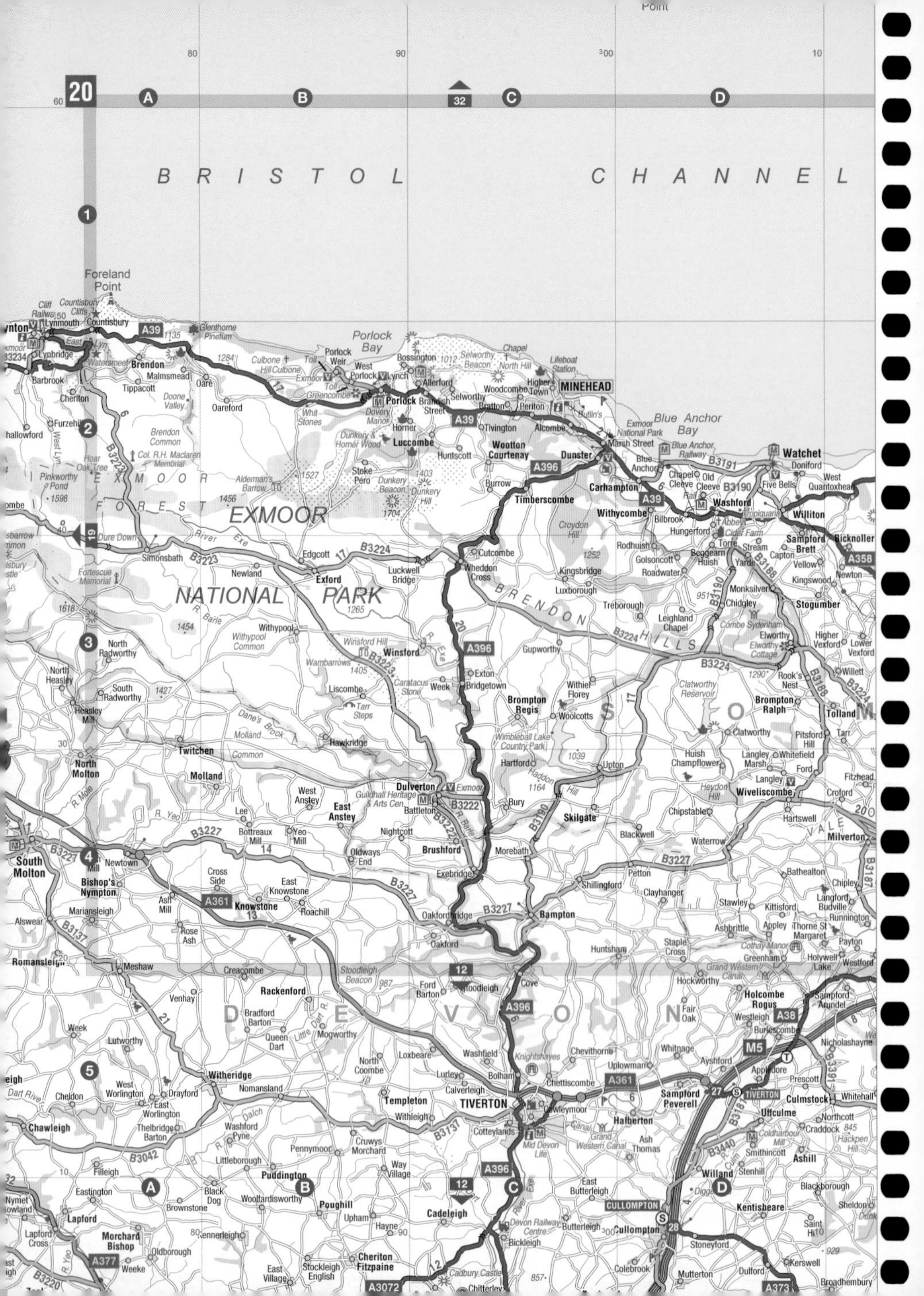

20
A
B
C
D
32
12
19
1
2
3
4
5
80
90
300
10
60
40
30
20
BRISTOL CHANNEL
Foreland Point
Countisbury Cliffs
Cliff Railway
Lynton
Lynmouth
Countisbury
A39
Glenthorne Pinetum
Lynbridge
Watersmeet
East Lyn
B3234
Brendon
Barbrook
Malmsmead
Oare
Tippacott
Cheriton
Doone Valley
Oareford
Brendon Common
Furzehill
Shallowford
West Lyn
Col. R.H. Maclaren Memorial
Hoar Oak Tree
Pinkworthy Pond
1598
EXMOOR FOREST
B3223
Culbone
Hill Culbone
Porlock Bay
Porlock Weir
West Porlock
Toll
Exmoor
Greencombe
Lynch
Bossington
Allerford
Selworthy Beacon
Chapel
North Hill
Lifeboat Station
MINEHEAD
Butlin's
Porlock
Brandish Street
Selworthy
Woodcombe
Higher Town
Bratton
Periton
Alcombe
Dovery Manor
Horner
Whit Stones
Dunkery & Horner Wood
Luccombe
Tivington
Wootton Courtenay
Huntscott
Dunster
Exmoor National Park
Blue Anchor Bay
Blue Anchor Railway
Marsh Street
Blue Anchor
Chapel Cleeve
Old Cleeve
B3191
Watchet
Doniford
West Quantoxhead
Carhampton
Five Bells
B3190
Washford
Williton
Withycombe
Bilbrook
Abbey
Hungerford
Cider Farm
A396
Stoke Pero
Dunkery Beacon
Dunkery Hill
1704
1527
1403
Alderman's Barrow
Burrow
Timberscombe
Croydon Hill
1456
EXMOOR NATIONAL PARK
Dure Down
River Exe
Simonsbath
Edgcott
B3224
Cutcombe
Wheddon Cross
Rodhuish
Golsoncott
Roadwater
Beggearn Huish
Torre
Stream
Yarde
Sampford Brett
Bicknoller
Capton
Vellow
A358
Kingswood
Newton
Fortescue Memorial
Newland
Exford
Luckwell Bridge
Kingsbridge
Luxborough
1252
BRENDON HILLS
Treborough
Leighland Chapel
951
B3188
Monksilver
Chidgley
Combe Sydenham
Stogumber
1618
1454
R. Barle
1265
Withypool
Withypool Common
Winsford Hill
Winsford
R. Exe
Gupworthy
Elworthy
Elworthy Cottage
Higher Vexford
Lower Vexford
Willett
North Radworthy
North Heasley
South Radworthy
Heasley Mill
1427
Wambarrows
1405
Caratacus Stone
Exton
Bridgetown
Week
Liscombe
Tarr Steps
Withiel Florey
Brompton Regis
Woolcotts
Clatworthy Reservoir
1290
Rook's Nest
Brompton Ralph
Tolland
Dane's Brook
Molland Common
Hawkridge
Twitchen
North Molton
Molland
Wimbleball Lake Country Park
Hartford
1039
Upton
Clatworthy
Pitsford Hill
Tarr
Huish Champflower
Langley Marsh
Whitefield
Langley
Ford
Fitzhead
Haddon Hill
1164
Heydon Hill
Wiveliscombe
Croford
R. Mole
West Anstey
East Anstey
Dulverton
Guildhall Heritage & Arts Cen.
Battleton
B3222
Bury
Skilgate
Chipstable
Hartswell
Lee
Bottreaux Mill
Yeo Mill
R. Yeo
Nightcott
B3190
VALE
Blackwell
Waterrow
Milverton
B3227
South Molton
Newtown
Mill
Bishop's Nympton
Cross Side
Oldways End
Brushford
Morebath
Exebridge
Petton
Shillingford
Clayhanger
Bathealton
Chipley
B3187
East Knowstone
Knowstone
A361
Ash Mill
Rose Ash
Mariansleigh
Roachill
Alswear
B3137
Oakfordbridge
Oakford
Bampton
Stawley
Kittisford
Langford Budville
Runnington
Ashbrittle
Appley
Thorne St Margaret
Payton
Huntsham
Staple Cross
Cothay Manor
Greenham
Holywell Lake
Wellisford
Westford
Romansleigh
Meshaw
Creacombe
Stoodleigh Beacon
987
Ford Barton
Stoodleigh
Cove
Grand Western Canal
Hockworthy
Holcombe Rogus
Sampford Arundel
Venhay
Rackenford
DEVON
Bradford Barton
Fair Oak
Westleigh
A38
Burlescombe
Week
Queen Dart
Little Dart R.
Mogworthy
M5
Lutworthy
Chevithorne
Whitnage
Ayshford
Nicholashayne
B3391
North Coombe
Loxbeare
Washfield
Knightshayes
Uplowman
Appledore
Prescott
Witheridge
Lurley
Bolham
Chettiscombe
Whitehall
West Worlington
Drayford
Nomansland
Calverleigh
Templeton
TIVERTON
Cowleymoor
Sampford Peverell
Culmstock
Cheldon
Dart River
East Worlington
Withleigh
Halberton
Uffculme
Northcott
Chawleigh
Thelbridge Barton
Washford Pyne
Dalch
Cotteylands
Mid Devon Life
Grand Western Canal
Ash Thomas
Coldharbour Mill
Craddock
845
Hackpen Hill
B3042
Pennymoor
Cruwys Morchard
B3440
Smithincott
Ashill
Filleigh
Littleborough
Puddington
Way Village
Willand
Stenhill
Eastington
Black Dog
Brownstone
Woolfardisworthy
Poughill
Upham
Hayne
Cadeleigh
East Butterleigh
CULLOMPTON
Diggs
Kentisbeare
Blackborough
Sheldon
Nymet Rowland
Lapford
Lapford Cross
Morchard Bishop
Kennerleigh
Oldborough
Devon Railway Centre
Bickleigh
Butterleigh
Cullompton
Saint Hill
Stoneyford
A377
Weeke
Cheriton Fitzpaine
East Village
Stockleigh English
Cadbury Castle
857
Colebrook
Mutterton
Dulford
Kerswell
929
Broadhembury
A3072
Chitterley
A373
B3220
B3181
River Exe
R. Yeo

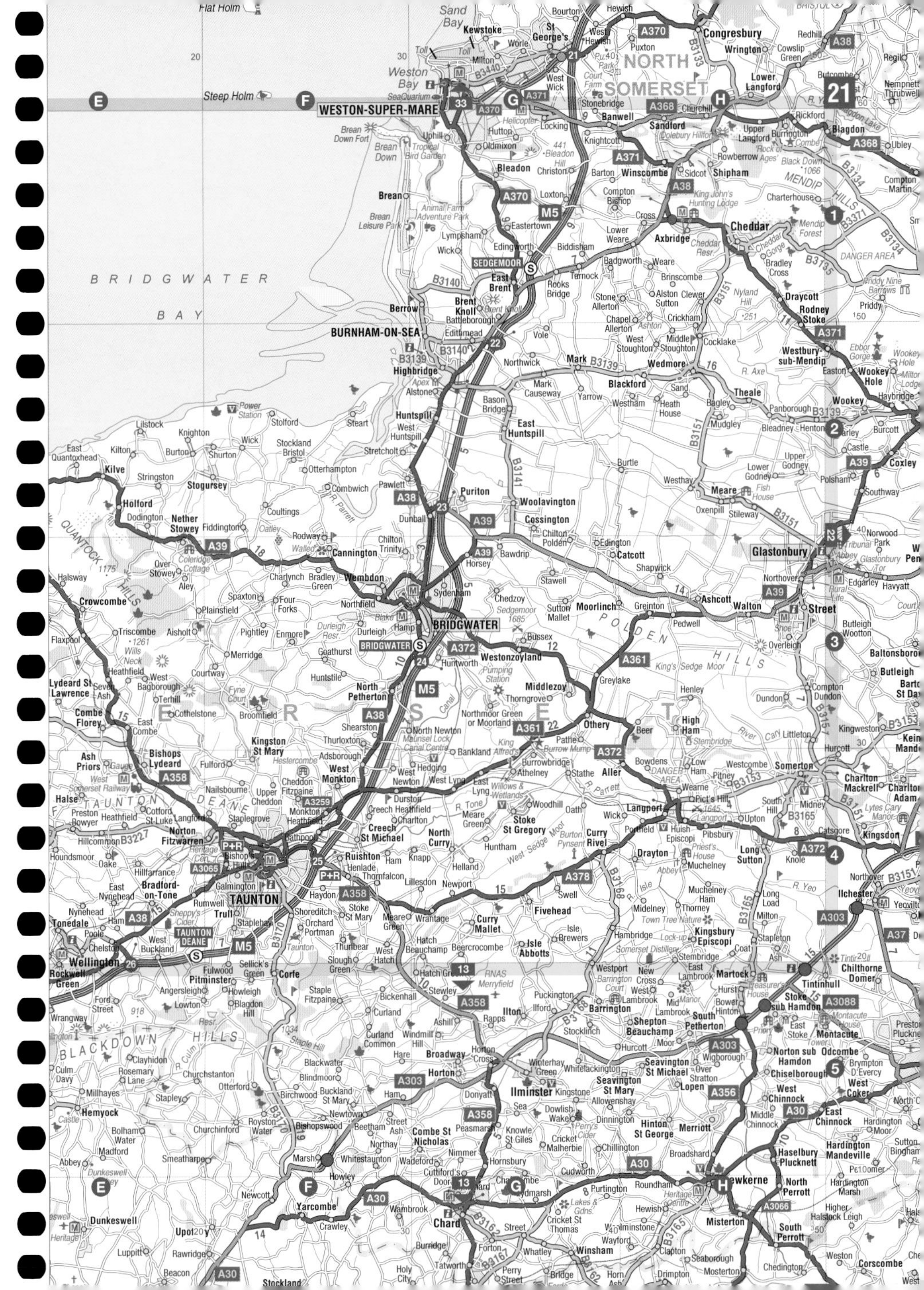

21
Flat Holm
Sand Bay
Kewstoke
Worle
St George's
Bourton
Hewish
West Hewish
Puxton
A370
Congresbury
Wrington
Cowslip Green
Redhill
A38
Regil
Toll
Milton
20
30
Weston Bay
B3440
SeaQuarium
West Wick
Court Farm
NORTH SOMERSET
Lower Langford
Butcombe
Nempnett Thrubwell
Steep Holm
E
F
G
H
WESTON-SUPER-MARE
33
A370
A371
Stonebridge
Banwell
A368
Churchill
Rickford
Blagdon
Blagdon Lake
Brean Down Fort
Uphill
Helicopter
Locking
Hutton
Sandford
Dolebury Hillfort
Upper Langford
Burrington
Combe
A368
Ubley
Brean Down
Tropical Bird Garden
Oldmixon
441 Bleadon Hill
Knightcott
Rock of Ages
Bleadon
Christon
Barton
Winscombe
A371
Sidcot
Shipham
Rowberrow
Black Down 1066
MENDIP HILLS
B3134
Compton Martin
Brean
A370
Loxton
Compton Bishop
A38
King John's Hunting Lodge
Charterhouse
Animal Farm Adventure Park
M5
Brean Leisure Park
Cross
Cheddar
Mendip Forest
B3371
1
Lympsham
Eastertown
Lower Weare
Axbridge
Cheddar Resr.
Cheddar Gorge
Wick
Edingworth
Biddisham
Bradley Cross
DANGER AREA
SEDGEMOOR
S
East Brent
Badgworth
Weare
B3135
Priddy Nine Barrows
BRIDGWATER BAY
B3140
Rooks Bridge
Tarnock
Brinscombe
Stone Allerton
Alston Sutton
Clewer
Nyland Hill 251
Draycott
Priddy
Berrow
Brent Knoll
Battleborough
Chapel Allerton
Ashton
Crickham
Rodney Stoke
150
BURNHAM-ON-SEA
Edithmead
Vole
22
Stoughton
West Stoughton
Middle Stoughton
Cocklake
A371
B3140
B3139
Northwick
Mark
B3139
Wedmore
Westbury-sub-Mendip
Ebbor Gorge
Wookey Hole
Highbridge
Apex
Alstone
Mark Causeway
Yarrow
Blackford
Sand
16
R. Axe
Easton
Wookey Hole
Milton Lodge
Haybridge
Bason Bridge
Westham
Heath House
Theale
Wookey
Huntspill
Power Station
Steart
Stolford
East Huntspill
B3151
Bagley
Panborough
B3139
Lilstock
West Huntspill
Mudgley
Bleadney
Henton
2
Burcott
Knighton
Wick
Stockland Bristol
Kilton
Burton
Shurton
Stretcholt
5
Castle
East Quantoxhead
B3141
Burtle
Upper Godney
A39
Coxley
Kilve
Stringston
Otterhampton
Lower Godney
Polsham
Stogursey
Pawlett
Puriton
Westhay
Southway
Combwich
R. Parrett
Holford
A38
23
Woolavington
Meare
Fish House
Dodington
Nether Stowey
Fiddington
Coultings
Oxenpill
Stileway
Dunball
Cossington
B3151
Oatley
QUANTOCK HILLS
Rodway
A39
Chilton Polden
Edington
Norwood Park
Walled
Cannington
Chilton Trinity
A39
Bawdrip
Catcott
Glastonbury
Tribunal
Abbey
Glastonbury Tor
Coleridge Cottage
18
Horsey
Shapwick
Over Stowey
1175
Charlynch
Bradley Green
Wembdon
Stawell
Northover
Edgarley
Havyatt
Halsway
Aley
Sydenham
14
Spaxton
Four Forks
Northfield
Chedzoy
Ashcott
A39
Crowcombe
Plainsfield
Sedgemoor 1685
Sutton Mallet
Moorlinch
Greinton
Walton
Street
Rural Life
Blake
Durleigh Resr.
Hamp
BRIDGWATER
Pedwell
Triscombe
Aisholt
Pightley
Enmore
Durleigh
POLDEN HILLS
Butleigh Wootton
Flaxpool
1261
Wills Neck
Merridge
Goathurst
BRIDGWATER
A372
Bussex
12
Shoe
Overleigh
3
Baltonsborough
Heathfield
Courtway
10
24
Huntworth
Westonzoyland
A361
King's Sedge Moor
Lydeard St Lawrence
Seven Ash
West Bagborough
Huntstile
Pumping Station
Middlezoy
Greylake
Butleigh
Terhill
North Petherton
M5
Canal
Thorngrove
Henley
Compton Dundon
Dundon
Barton St David
Combe Florey
Fyne Court
Cothelstone
Broomfield
A38
S
Northmoor Green or Moorland
Othery
High Ham
Stembridge
B3151
East Combe
15
North Newton
Maunsel Lock Canal Centre
A361
22
Beer
River Cary
Littleton
Kingweston
Shearston
Thurloxton
Kingston St Mary
Pathe
Burrow Mump
King Alfred's
A372
Hurcott
30
Keinton Mandeville
Ash Priors
Bishops Lydeard
Bankland
Hestercombe
Adsborough
Hedging
Burrowbridge
Athelney
Bowdens
Low Ham
Westcombe
Somerton
Fulford
A358
West Monkton
Stathe
Aller
DANGER AREA
Pitney
Charlton Mackrell
Charlton Adam
West Somerset Railway
Cheddon Fitzpaine
West Newton
West Lyng
East Lyng
Willows & Wetlands
Wearne
B3153
Halse
Nailsbourne
Upper Cheddon
Durston
R. Parrett
Pict's Hill
South Hill
Midney
TAUNTON DEANE
A3259
Woodhill
Oath
Langport
1645
Lytes Cary Manor
Preston Bowyer
Heathfield
Cotford St Luke
Langford
Monkton Heathfield
Creech Heathfield
R. Tone
Meare Green
Stoke St Gregory
Wick
Huish Episcopi
Upton
B3165
Staplegrove
Charlton
Burton Pynsent
Curry Rivel
Portfield
Langport
Catsgore
Kingsdon
Hillcommon
B3227
Norton Fitzwarren
Creech St Michael
North Curry
West Sedge Moor
Pibsbury
8
P+R
Bishop's Hull
Heritage Centre
Bathpool
25
Long Sutton
A372
4
Houndsmoor
Ruishton
Ham
Knapp
Hunham
Drayton
Priest's House
Knole
Oake
A3065
P+R
Henlade
Helland
Muchelney
Abbey
Northover
B3151
Hillfarrance
Galmington
Thornfalcon
Lillesdon
Newport
A378
Yeovilton
East Nynehead
Bradford-on-Tone
TAUNTON
Haydon
A358
15
Swell
R. Isle
Muchelney Ham
R. Yeo
Ilchester
Rumwell
Stoke St Mary
B3168
Long Load
Nynehead
Trull
Shoreditch
Orchard Portman
Meare Green
Wrantage
Curry Mallet
Fivehead
Midelney
Thorney
Milton
A303
Tonedale
A38
Ham
Sheppy's Cider
Staplehay
B3170
Isle Brewers
Town Tree Nature
Kingsbury Episcopi
A37
Poole
West Buckland
TAUNTON DEANE
Taunton
Thurlbear
Hatch Beauchamp
Beercrocombe
Isle Abbotts
Hambridge
Lock-up
Stapleton
Ash
Tintinhull
Chelston
S
M5
Slough Green
West Hatch
Somerset Distillery
Coat
Chilthorne Domer
Wellington
26
Sellick's Green
Corfe
Hatch Green
13
RNAS Merryfield
Westport
Stembridge
East Lambrook
Martock
Rockwell Green
Fulwood
Pitminster
Howleigh
Staple Fitzpaine
Bickenhall
Stewley
A358
Ilton
Barrington Court
New Cross
West Lambrook
Mid Lambrook
Manor
Hurst
Treasurer's House
Stoke sub Hamdon
A3088
Angersleigh
Blagdon Hill
Curland
Ashill
Rapps
Puckington
Ilford
Barrington
Shepton Beauchamp
South Petherton
Bower Hinton
Montacute House
Preston Plucknett
Ford Street
Lowton
918
Resr.
1034
Staple Hill
Curland Common
Windmill Hill
B3168
Stocklinch
Moor
Priory
East Stoke
Montacute
Wrangway
BLACKDOWN HILLS
Broadway
Horton Cross
Hurcott
A303
Wigborough
Tower
Norton sub Hamdon
Odcombe
R. Culm
Clayhidon
Culm Davy
Rosemary Lane
Churchstanton
Blackwater
Hare
Horton
Winterhay Green
Whitelackington
Seavington St Michael
Over Stratton
Chiselborough
5
Brympton D'Evercy
Blindmoor
A303
Ilminster
Kingstone
Seavington St Mary
Lopen
A356
West Chinnock
West Coker
Millhayes
Otterford
Birchwood
Buckland St Mary
Ham
Donyatt
Allowenshay
North Coker
Hemyock
Stapley
Newtown
A358
Sea
Dowlish Wake
Perry's Cider
Dinnington
Middle Chinnock
A30
East Chinnock
Hardington Moor
Castle
Bolham Water
Churchinford
Royston Water
B3170
Bishopswood
Beetham
Street Ash
Combe St Nicholas
Peasmarsh
Knowle St Giles
Cricket Malherbie
Hinton St George
Merriott
Hardington Mandeville
Sutton Bingham
Madford
Northay
Chillington
Abbey
Smeatharpe
Marsh
Whitestaunton
Wadeford
Nimmer
Hornsbury
Broadshard
Haselbury Plucknett
Pendomer
Dunkeswell Abbey
E
F
Howley
Cuttiford's Door
Chaffcombe
G
Cudworth
A30
Crewkerne
H
North Perrott
Hardington Marsh
Newcott
13
Tatworth
Purtington
Roundham
Heritage Centre
Yarcombe
A30
Wambrook
Chard
Lakes & Gdns.
Hewish
A3066
Higher Halstock Leigh
Dunkeswell
Heritage
Crawley
B3162
Street
Cricket St Thomas
Winsham
Misterton
South Perrott
Upottery
14
30
Wayford
B3165
350
Luppitt
Rawridge
Burridge
Forton
Whatley
Clapton
Seaborough
Weston
Corscombe
Beacon
A30
Holy City
B3167
Perry Street
Bridge
Horn Ash
B3162
Drimpton
Mosterton
Chedington
Stockland

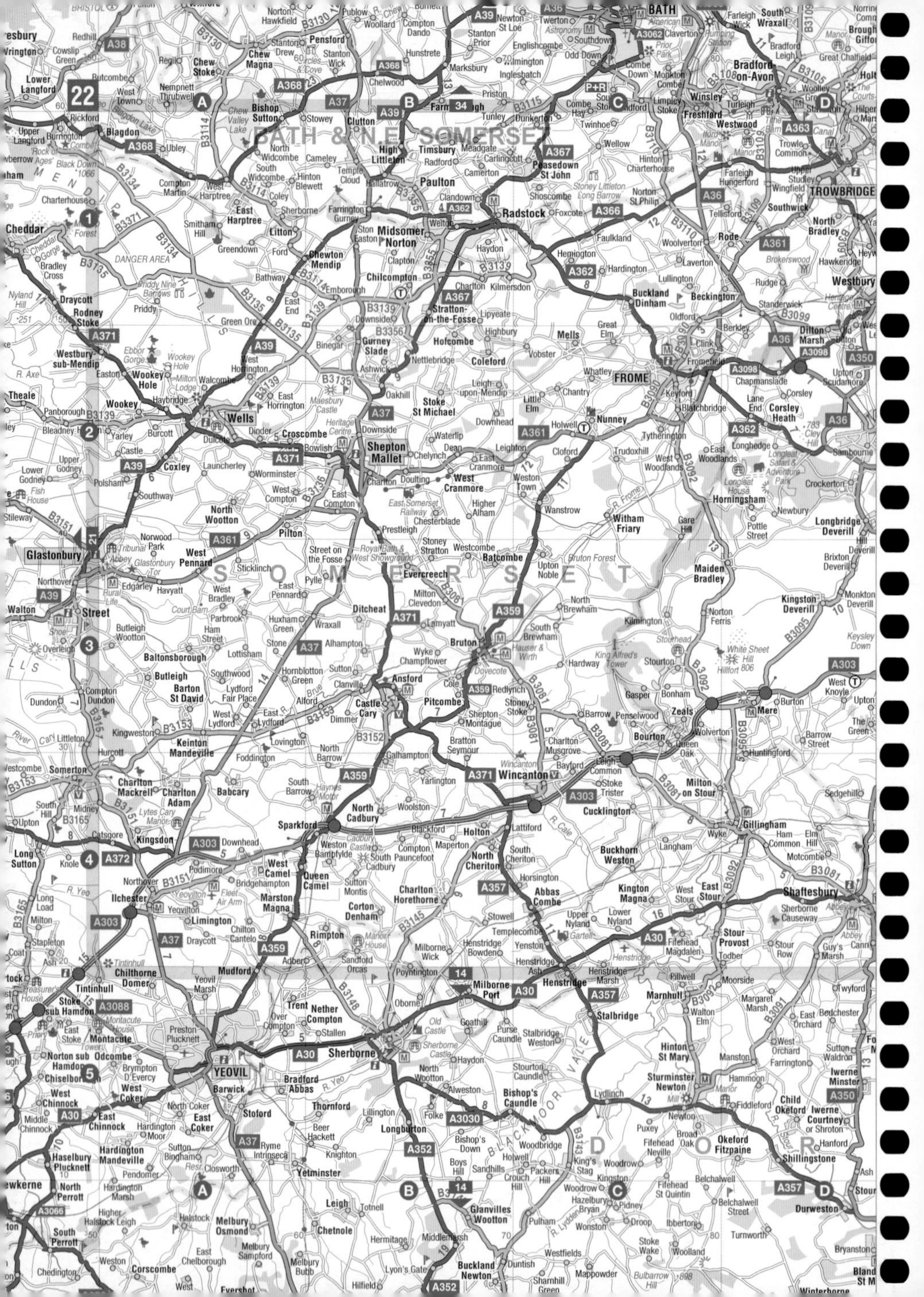
22
BRISTOL
Norton Hawkfield
Publow
Woollard
Compton Dando
Burnett
A39
Newton St Loe
Stanton Prior
A36
Twerton
BATH
Farleigh Wick
South Wraxall
Brough Gifford
Redhill
A38
Cowslip Green
Wrington
Stanton Drew
Pensford
Stanton Wick
Hunstrete
Marksbury
Englishcombe
Southdown
Odd Down
A3062
Claverton
Bradford Leigh
Great Chalfield
Bradford-on-Avon
Regil
Chew Stoke
Chew Magna
A368
Chelwood
Inglesbatch
Combe Down
Monkton Combe
Lower Langford
Butcombe
Nempnett Thrubwell
West Town
A
Bishop Sutton
A37
B
Clutton
A39
Farmborough
34
Priston
Tunley
Dunkerton
P+R
C
Combe Hay
Twinhoe
Limpley Stoke
Winsley
Freshford
Westwood
Turleigh
Woolley
D
A363
Rickford
Upper Langford
Burrington Combe
Blagdon
Blagdon Lake
Chew Valley Lake
Stowey
BATH & N.E. SOMERSET
High Littleton
Timsbury
Meadgate
Carlingcott
A367
Peasedown St John
Wellow
Hinton Charterhouse
Farleigh Hungerford
Trowle Common
Ubley
North Widcombe
Cameley
Temple Cloud
Radford
Camerton
A368
Black Down 1066
Compton Martin
West Harptree
South Widcombe
Hinton Blewett
Coley
Hallatrow
Paulton
Clandown
Shoscombe
Stoney Littleton Long Barrow
Norton St Philip
A36
Wingfield
TROWBRIDGE
Upper Studley
Charterhouse
1
East Harptree
Sherborne
Farrington Gurney
A362
Radstock
Foxcote
A366
Tellisford
Southwick
Cheddar
B3371
Smitham Hill
Litton
Ston Easton
Midsomer Norton
Welton
Faulkland
Rode
North Bradley
Cheddar Gorge
Bradley Cross
DANGER AREA
Greendown
Ford
Chewton Mendip
Clapton
Haydon
Hemington
Hardington
Woolverton
Laverton
A361
Hawkeridge
Chilcompton
B3139
Kilmersdon
A362
Brokerswood
Rudge
Westbury
Nyland Hill
Draycott
Priddy Nine Barrows
Priddy
Bathway
Emborough
East End
Charlton
A367
Stratton-on-the-Fosse
Lipyeate
Buckland Dinham
Lullington
Beckington
Standerwick
B3099
Rodney Stoke
Green Ore
B3135
Downside
B3356
Highbury
Great Elm
Mells
Oldford
Berkley
Dilton Marsh
A371
Westbury-sub-Mendip
A39
Ebbor Gorge
Wookey Hole
Binegar
Gurney Slade
Hofcombe
Vobster
Clink
A36
Easton
Wookey Hole
West Horrington
Nettlebridge
Coleford
Fromefield
A3098
A350
R. Axe
Milton Lodge
Walcombe
Ashwick
B3135
Whatley
FROME
Upton Scudamore
Theale
Haybridge
East Horrington
Maesbury Castle
Oakhill
Leigh-upon-Mendip
Chantry
A3098
Chapmanslade
Corsley
Panborough
B3139
Wookey
Wells
A37
Stoke St Michael
Little Elm
Keyford
Blatchbridge
Lane End
Corsley Heath
Bleadney
2
Yarley
Burcott
Dinder
Croscombe
Heritage Centre
Downside
Downhead
Holwell
Nunney
A362
783 Cley Hill
A36
Castle
Dulcote
Bowlish
Shepton Mallet
Waterlip
A361
Tytherington
Longhedge
Longleat Safari & Adventure Park
Sambourne
Upper Godney
A371
Chelynch
Dean
Leighton
Trudoxhill
East Woodlands
Lower Godney
A39
Coxley
Launcherley
Worminster
East Cranmore
Cloford
West Woodlands
Polsham
Charlton
Doulting
West Cranmore
Weston Town
Longleat House
Crockerton
Fish House
Southway
West Compton
East Compton
East Somerset Railway
Higher Alham
Wanstrow
Horningsham
Stileway
North Wootton
Chesterblade
Witham Friary
R. Frome
Newbury
Longbridge Deverill
B3151
Norwood Park
Pilton
Prestleigh
Gare Hill
Pottle Street
Glastonbury
Tribunal
Abbey
Glastonbury Tor
West Pennard
A361
Street on the Fosse
Royal Bath & West Showground
Stoney Stratton
Westcombe
Batcombe
Bruton Forest
Maiden Bradley
Hill Deverill
Brixton Deverill
SOMERSET
Sticklinch
Pylle
Evercreech
Upton Noble
Northover
Edgarley
Havyatt
East Pennard
B3081
A39
West Bradley
Milton Clevedon
North Brewham
Kingston Deverill
Monkton Deverill
Walton
Street
Court Barn
Parbrook
Ditcheat
A371
A359
Kilmington
Norton Ferris
Huxham Green
Wraxall
Lamyatt
South Brewham
B3095
Butleigh Wootton
Ham Street
Stourhead
White Sheet Hill 806
Keysley Down
Overleigh
3
Lottisham
Stone
A37
Alhampton
Bruton
Hauser & Wirth
King Alfred's Tower
Stourton
Baltonsborough
Wyke Champflower
Hardway
A303
Butleigh
Southwood
Hornblotton Green
Sutton
Ansford
Cole
Dovecote
West Knoyle
Compton Dundon
Barton St David
Lydford Fair Place
Clanville
A359
Redlynch
Gasper
Bonham
Upton
Dundon
Alford
Castle Cary
Pitcombe
Stoney Stoke
Zeals
Mere
Burton
Kingweston
B3153
West Lydford
East Lydford
Dimmer
Shepton Montague
Barrow
Penselwood
The Green
River Cary
Littleton
Keinton Mandeville
Lovington
B3152
Bratton Seymour
Charlton Musgrove
Bourton
Wolverton
Barrow Street
Hurcott
Foddington
North Barrow
Galhampton
Wincanton
Bayford
Leigh Common
Queen Oak
Huntingford
Somerton
Charlton Mackrell
Charlton Adam
Babcary
South Barrow
Haynes Motor Museum
A359
Yarlington
A371
Wincanton
Stoke Trister
Milton on Stour
B3153
Lytes Cary Manor
North Cadbury
Woolston
A303
Sedgehill
South Hill
Midney
Upton
B3165
Sparkford
Blackford
Lattiford
Cucklington
Gillingham
Catsgore
Kingsdon
Weston Bampfylde
Cadbury Castle
Compton Pauncefoot
Maperton
Holton
Wyke
Ham Common
Elm Hill
Long Sutton
Knole
4
A372
A303
Downhead
Podimore
South Cadbury
North Cheriton
South Cheriton
Buckhorn Weston
Langham
Motcombe
B3081
R. Yeo
Northover
B3151
Bridgehampton
Fleet Air Arm
West Camel
Queen Camel
Sutton Montis
Charlton Horethorne
Horsington
Abbas Combe
Kington Magna
West Stour
East Stour
Shaftesbury
Long Load
Ilchester
Yeovilton
Marston Magna
Corton Denham
Stowell
Templecombe
Upper Nyland
Lower Nyland
Sherborne Causeway
B3165
Milton
A303
Limington
Draycott
Chilton Cantelo
Rimpton
Manor House
B3145
Gartell
A30
Fifehead Magdalen
Stour Provost
Guy's Marsh
Stapleton
A37
Ash
A359
Adber
Sandford Orcas
Milborne Wick
Henstridge Bowden
Yenston
Henstridge
Todber
Stour Row
Tintinhull
Chilthorne Domer
Mudford
Yeovil Marsh
Poyntington
14
Milborne Port
Henstridge Ash
Henstridge Marsh
Pillwell
Moorside
Twyford
Stoke sub Hamdon
A3088
Montacute House
Treasurer's House
Trent
Nether Compton
Over Compton
Stallen
Oborne
A30
Henstridge
A357
Marnhull
Walton Elm
Margaret Marsh
B3091
East Orchard
Bedchester
East Stoke
Montacute
Preston Plucknett
Goathill
Old Castle
Purse Caundle
Stalbridge
Stalbridge Weston
West Orchard
Sutton Waldron
Norton sub Hamdon
Odcombe
Brympton D'Evercy
Chiselborough
5
YEOVIL
A30
Sherborne
Sherborne Castle
Haydon
Stourton Caundle
Hinton St Mary
Manston
Farrington
Iwerne Minster
West Chinnock
West Coker
Barwick
Bradford Abbas
R. Yeo
North Wootton
Alweston
Bishop's Caundle
BLACKMOOR VALE
Sturminster Newton
Hammoon
A350
Middle Chinnock
A30
East Chinnock
North Coker
East Coker
Hardington Moor
Stoford
Thornford
Lillington
Folke
A3030
Lydlinch
Child Okeford
Iwerne Courtney or Shroton
Fiddleford
Haselbury Plucknett
Hardington Mandeville
Sutton Bingham
A37
Ryme Intrinseca
Beer Hackett
Knighton
Longburton
A352
Bishop's Down
Boys Hill
Woodbridge
Holwell
Sandhills
Crouch Hill
Packers Hill
King's Stag
Puxey
Fifehead Neville
Broad Oak
Okeford Fitzpaine
Hanford
Shillingstone
Crewkerne
North Perrott
Pendomer
Closworth
Yetminster
A
B
14
C
D
Woodrow
Kingston
Belchalwell
Fifehead St Quintin
A357
Stour
Hardington Marsh
Halstock
Leigh
Glanvilles Wootton
Hazelbury Bryan
Pidney
Belchalwell Street
Durweston
Higher Halstock Leigh
Melbury Osmond
Totnell
Chetnole
Pulham
Droop
Ibberton
South Perrott
Weston
Corscombe
East Chelborough
Melbury Sampford
Melbury Bubb
Hermitage
Middlemarsh
Wonston
Stoke Wake
Woolland
Turnworth
Bryanston
Chedington
West
Evershot
Hilfield
Lyon's Gate
Buckland Newton
Duntish
Westfields
Mappowder
Bulbarrow Hill
Sharnhill Green
Winterborne
A352
A3066
DORSET

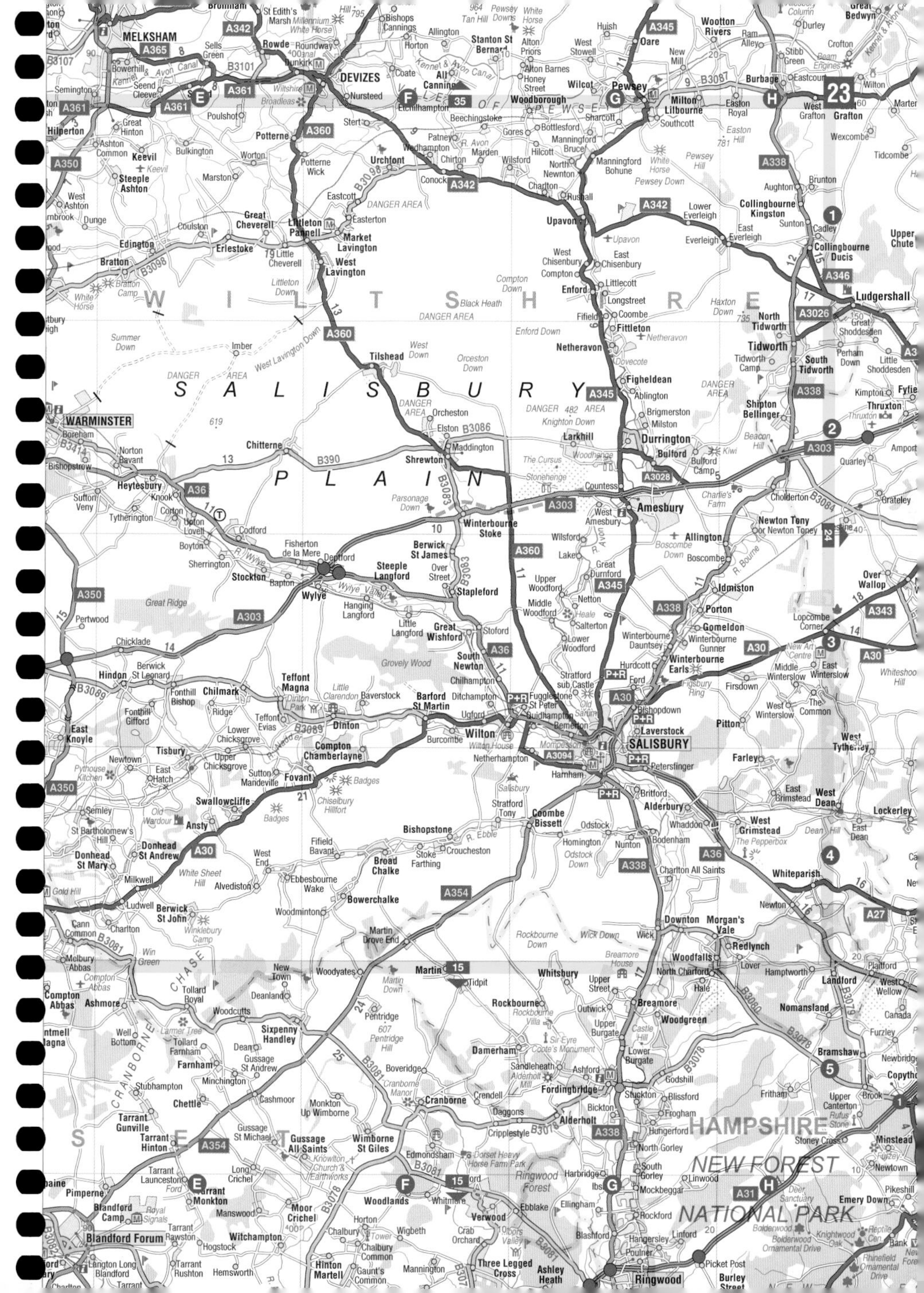

MELKSHAM
A365
A342
A345
A361
A360
A350
A342
St Edith's Marsh
Rowde
Roundway
Dunkirk
Bishops Cannings
Allington
Horton
Stanton St Bernard
Alton Priors
Alton Barnes
Honey Street
Huish
Oare
West Stowell
Wilcot
Pewsey
New Mill
Milton Lilbourne
Wootton Rivers
Ram Alley
Durley
Crofton
Great Bedwyn
Burbage
Eastcourt
Wilton
23
West Grafton
Grafton
Marten
Semington
Bowerhill
Seend
Seend Cleeve
Sells Green
DEVIZES
Nursteed
Coate
All Cannings
Etchilhampton
VALE OF PEWSEY
Woodborough
Beechingstoke
Sharcott
Southcott
Easton Royal
Easton Hill
Hilperton
Poulshot
Great Hinton
Stert
Potterne
Patney
Wedhampton
Chirton
Marden
Gores
Bottlesford
Manningford Bruce
Hilcott
North Newnton
Wilsford
Manningford Bohune
White Horse
Pewsey Hill
Pewsey Down
Wexcombe
Tidcombe
Ashton Common
Keevil
Bulkington
Worton
Potterne Wick
Urchfont
Conock
Marston
Steeple Ashton
West Ashton
Dunge
Eastcott
DANGER AREA
Chalton
Rushall
Upavon
Lower Everleigh
Everleigh
East Everleigh
Collingbourne Kingston
Sunton
Aughton
Brunton
Cadley
Collingbourne Ducis
Upper Chute
Great Cheverell
Coulston
Littleton Pannell
Easterton
Market Lavington
Edington
Erlestoke
Little Cheverell
West Lavington
Bratton
Bratton Camp
West Chisenbury
East Chisenbury
Compton
Enford
Littlecott
Longstreet
Fifield
Coombe
Fittleton
Compton Down
Black Heath
Haxton Down
WILTSHIRE
Ludgershall
A346
A3026
North Tidworth
Tidworth
Tidworth Camp
South Tidworth
Great Shoddesden
Perham Down
Little Shoddesden
Summer Down
Imber
West Lavington Down
Tilshead
West Down
Orcheston Down
Enford Down
Netheravon
Dovecote
Figheldean
Ablington
Brigmerston
Milston
SALISBURY PLAIN
WARMINSTER
Boreham
Norton Bavant
Bishopstrow
Chitterne
Orcheston
Elston
Maddington
Shrewton
Knighton Down
Larkhill
Durrington
Bulford
Bulford Camp
Shipton Bellinger
Kimpton
Fyfield
Thruxton
Quarley
Amport
Heytesbury
Knook
Sutton Veny
Tytherington
Corton
Upton Lovell
Codford
Boyton
Sherrington
Stockton
Bapton
Fisherton de la Mere
Deptford
Wylye
Steeple Langford
Parsonage Down
Winterbourne Stoke
Berwick St James
Over Street
Stapleford
The Cursus
Stonehenge
Woodhenge
Countess
West Amesbury
Amesbury
Charlie's Farm
Cholderton
Grateley
Newton Tony
Allington
Boscombe
Boscombe Down
Idmiston
Over Wallop
Wilsford
Lake
Great Durnford
Upper Woodford
Middle Woodford
Netton
Heale
Salterton
Lower Woodford
Porton
Gomeldon
Winterbourne Dauntsey
Winterbourne Gunner
Winterbourne Earls
Lopcombe Corner
A343
A30
Middle Winterslow
East Winterslow
Whiteshoot Hill
Great Ridge
Pertwood
Chicklade
Hindon
Berwick St Leonard
Fonthill Bishop
Chilmark
Hanging Langford
Little Langford
Great Wishford
Stoford
South Newton
Grovely Wood
Teffont Magna
Little Clarendon
Baverstock
Barford St Martin
Ditchampton
Chilhampton
Ugford
Wilton
Fugglestone St Peter
Quidhampton
Bemerton
Old Sarum
Hurdcott
Ford
Bishopdown
Laverstock
SALISBURY
Figsbury Ring
Firsdown
West Winterslow
The Common
Pitton
Fonthill Gifford
Ridge
Teffont Evias
Dinton
Dinton Park
East Knoyle
Lower Chicksgrove
Tisbury
Compton Chamberlayne
Burcombe
Wilton House
Netherhampton
Mompesson
Harnham
Petersfinger
Farley
West Tytherley
Newtown
Pythouse Kitchen
East Hatch
Upper Chicksgrove
Sutton Mandeville
Fovant
Badges
Chiselbury Hillfort
Salisbury
Stratford Tony
Coombe Bissett
Britford
Alderbury
East Grimstead
West Dean
Lockerley
Semley
Old Wardour
Swallowcliffe
Ansty
St Bartholomew's Hill
Donhead St Andrew
Donhead St Mary
Bishopstone
Fifield Bavant
West End
Broad Chalke
Stoke Farthing
Croucheston
Odstock
Homington
Nunton
Bodenham
Whaddon
West Grimstead
The Pepperbox
East Dean
Dean Hill
White Sheet Hill
Milkwell
Alvediston
Ebbesbourne Wake
Bowerchalke
Odstock Down
Charlton All Saints
Whiteparish
Ludwell
Berwick St John
Winklebury Camp
Woodminton
A354
Cann Common
Charlton
Melbury Abbas
Win Green
Martin Drove End
Rockbourne Down
Wick Down
Wick
Downton
Morgan's Vale
Redlynch
Woodfalls
Breamore House
Newton
A27
Compton Abbas
Ashmore
CHASE
New Town
Tollard Royal
Woodyates
Deanland
Martin
Tidpit
Martin Down
Whitsbury
Upper Street
North Charford
Hale
Lover
Hamptworth
Landford
Plaitford
West Wellow
Nomansland
Canada
Furzley
Fontmell Magna
Well Bottom
Larmer Tree
Woodcutts
Sixpenny Handley
Pentridge
Pentridge Hill
Rockbourne
Rockbourne Villa
Outwick
Upper Burgate
Sir Eyre Coote's Monument
Castle Hill
Breamore
Woodgreen
Lower Burgate
Bramshaw
Newbridge
Copythorne
Tollard Farnham
Farnham
Dean
Gussage St Andrew
Minchington
Boveridge
Damerham
Sandleheath
Alderholt Mill
Ashford
Fordingbridge
Godshill
Stubhampton
CRANBORNE
Chettle
Cashmoor
Monkton Up Wimborne
Cranborne Manor
Cranborne
Crendell
Daggons
Stuckton
Bickton
Blissford
Frogham
Fritham
Upper Canterton
Rufus Stone
Brook
Tarrant Gunville
Tarrant Hinton
Gussage St Michael
Gussage All Saints
Wimborne St Giles
Cripplestyle
Alderholt
Hungerford
HAMPSHIRE
Stoney Cross
Minstead
A338
North Gorley
South Gorley
Edmondsham
Dorset Heavy Horse Farm Park
Knowlton Church & Earthworks
Tarrant Launceston
Tarrant Monkton
Long Crichel
Ringwood Forest
Harbridge
Ibsley
Mockbeggar
Linwood
NEW FOREST
NATIONAL PARK
Newtown
Pimperne
Woodlands
Whitmore
Ellingham
A31
Deer Sanctuary
Emery Down
Pikeshill
Blandford Camp
Royal Signals
Manswood
Moor Crichel
Ebblake
Verwood
Rockford
Bolderwood
Bolderwood Ornamental Drive
Knightwood Oak
Reptile Centre
Bank
Blandford Forum
Tarrant Rawston
Witchampton
Horton
Chalbury
Chalbury Common
Horton Tower
Wigbeth
Crab Orchard
Moors Valley
Blashford
Linford
Hangersley
Poulner
Hogstock
Tarrant Rushton
Langton Long Blandford
Hemsworth
Hinton Martell
Gaunt's Common
Mannington
Three Legged Cross
Ashley Heath
Ringwood
Picket Post
Burley Street
Rhinefield Ornamental Drive

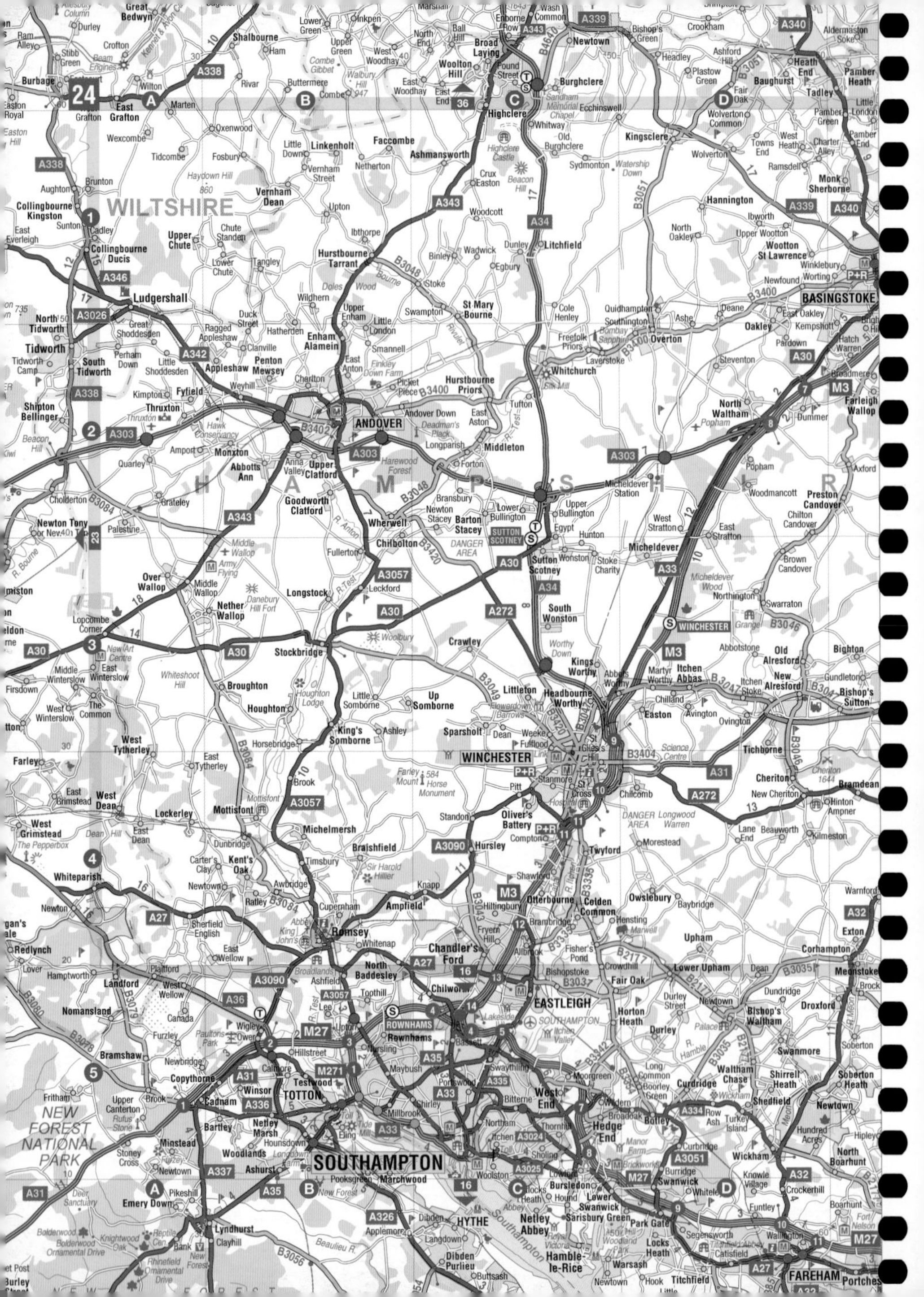

24
WILTSHIRE
H A M P S H I R E
NEW FOREST NATIONAL PARK
Great Bedwyn
Shalbourne
Ham
Lower Green
Inkpen
Upper Green
West Woodhay
North End
Ball Hill
Broad Laying
Woolton Hill
Enborne Row
Wash Common
Newtown
Bishop's Green
Crookham
Aldermaston Soke
Headley
Ashford Hill
Heath End
Pamber Heath
Baughurst
Tadley
Plastow Green
Fair Oak
Burghclere
Highclere
Highclere Castle
Sandham Memorial Chapel
Ecchinswell
Whitway
Old Burghclere
Kingsclere
Wolverton Common
Wolverton
Pamber Green
Little London
Charter Alley
Towns End
West Heath
Ramsdell
Monk Sherborne
Sydmonton
Watership Down
Beacon Hill
Crux Easton
Ashmansworth
Faccombe
Linkenholt
Little Down
Vernham Street
Netherton
Vernham Dean
Haydown Hill
860
Burbage
Easton Royal
Grafton
East Grafton
Wilton
Marten
Oxenwood
Wexcombe
Tidcombe
Fosbury
Buttermere
Combe
Combe Gibbet
Walbury Hill
947
East Woodhay
East End
Pound Street
Crofton
Durley
Ram Alley
Stibb Green
Brunton
Aughton
Collingbourne Kingston
Sunton
Cadley
Collingbourne Ducis
East Everleigh
Upper Chute
Chute Standen
Lower Chute
Tangley
Upton
Ibthorpe
Hurstbourne Tarrant
Woodcott
Binley
Wadwick
Dunley
Litchfield
Egbury
Hannington
North Oakley
Ibworth
Upper Wootton
Wootton St Lawrence
Winklebury
Worting
Newfound
BASINGSTOKE
Quidhampton
Southington
Ashe
Deane
East Oakley
Oakley
Kempshott
Overton
Bombay Sapphire
Freefolk Priors
Laverstoke
Whitchurch
Silk Mill
Cole Henley
Steventon
Pardown
Hatch Warren
Ludgershall
North Tidworth
Tidworth
Tidworth Camp
South Tidworth
Duck Street
Great Shoddesden
Ragged Appleshaw
Perham Down
Little Shoddesden
Appleshaw
Clanville
Hatherden
Penton Mewsey
Enham Alamein
Upper Enham
Little London
Wildhern
Stoke
Doles Wood
Swampton
St Mary Bourne
Smannell
East Anton
Finkley Down Farm
Picket Piece
Hurstbourne Priors
Charlton
Kimpton
Fyfield
Thruxton
Weyhill
Shipton Bellinger
Beacon Hill
ANDOVER
Andover Down
Deadman's Plack
Longparish
East Aston
Tufton
Hawk Conservancy
Amport
Monxton
Quarley
Abbotts Ann
Anna Valley
Upper Clatford
Harewood Forest
Forton
Middleton
Micheldever Station
North Waltham
Popham
Dummer
Farleigh Wallop
Axford
Woodmancott
Preston Candover
Chilton Candover
Cholderton
Grateley
Palestine
Newton Tony
Goodworth Clatford
Wherwell
Bransbury
Newton Stacey
Barton Stacey
Lower Bullington
Upper Bullington
Egypt
Hunton
West Stratton
East Stratton
SUTTON SCOTNEY
Sutton Scotney
Wonston
Stoke Charity
Micheldever
Micheldever Wood
Brown Candover
Northington
Swarraton
The Grange
Middle Wallop
Army Flying
Fullerton
Chilbolton
DANGER AREA
Over Wallop
Middle Wallop
Nether Wallop
Danebury Hill Fort
Longstock
Leckford
South Wonston
Lopcombe Corner
New Art Centre
Woolbury
Stockbridge
Crawley
Worthy Down
Kings Worthy
Abbots Worthy
Martyr Worthy
Itchen Abbas
WINCHESTER
Abbotstone
Old Alresford
New Alresford
Bighton
Gundleton
Bishop's Sutton
Middle Winterslow
East Winterslow
Firsdown
West Winterslow
The Common
Whiteshoot Hill
Broughton
Houghton
Houghton Lodge
Little Somborne
Up Somborne
Littleton
Headbourne Worthy
Flowerdown Barrows
Chilland
Easton
Avington
Itchen Stoke
Ovington
Sparsholt
Weeke
Fulflood
Dean
St Giles's Hill
Science Centre
Tichborne
King's Somborne
Ashley
West Tytherley
Horsebridge
Farley
East Tytherley
Farley Mount
584
Horse Monument
Stanmore
St Cross
Hospital
Chilcomb
Cheriton
Cheriton 1644
New Cheriton
Bramdean
Hinton Ampner
Brook
Pitt
East Grimstead
West Dean
West Grimstead
Lockerley
Mottisfont
Standon
Oliver's Battery
Compton
DANGER AREA
Longwood Warren
Lane End
Beauworth
Kilmeston
East Dean
The Pepperbox
Dean Hill
Dunbridge
Michelmersh
Braishfield
Hursley
Twyford
Morestead
Whiteparish
Carter's Clay
Kent's Oak
Timsbury
Sir Harold Hillier
Shawford
Newtown
Awbridge
Knapp
Ratley
Cupernham
Ampfield
Hiltingbury
Otterbourne
Colden Common
Owslebury
Baybridge
Warnford
Newton
Sherfield English
Abbey
King John's
Romsey
Whitenap
Fryern Hill
Brambridge
Hensting
Marwell
Upham
Exton
Redlynch
Chandler's Ford
Allbrook
Fisher's Pond
Corhampton
Lover
East Wellow
Plaitford
Hamptworth
Landford
West Wellow
Broadlands
Ashfield
North Baddesley
Chilworth
Bishopstoke
Crowdhill
Fair Oak
Lower Upham
Dean
Meonstoke
Brockbridge
EASTLEIGH
Durley Street
Newtown
Dundridge
Droxford
Nomansland
Canada
Toothill
Lee
ROWNHAMS
Rownhams
Lakeside
SOUTHAMPTON
Itchen Valley
Horton Heath
Durley
Bishop's Waltham
Palace
Paultons Park
Wigley
Ower
Furzley
Upton
Nursling
Hillstreet
Bassett
Swaythling
Soberton
Bramshaw
Newbridge
Calmore
Testwood
TOTTON
Maybush
Portswood
Moorgreen
Long Common
Boorley Green
Curdridge
Waltham Chase
Wickham
Swanmore
Shirrell Heath
Soberton Heath
Copythorne
Cadnam
Winsor
Shirley
Millbrook
Bitterne
West End
Wildern
Broadoak
Botley
Row Ash
Turkey Island
Shedfield
Newtown
Fritham
Upper Canterton
Rufus Stone
Bartley
Netley Marsh
Hounsdown
Eling
Tide Mill
Northam
Itchen
Thornhill
Hedge End
Manor Farm
Curbridge
Hundred Acres
Hipley
Minstead
Furzey
Woodlands
Longdown
SOUTHAMPTON
Sholing
Brickworks
North Boarhunt
Stoney Cross
Newtown
Ashurst
Pooksgreen
Marchwood
New Forest
Woolston
Lowford
Bursledon
Burridge
Swanwick
Whiteley
Knowle Village
Crockerhill
Pikeshill
Deer Sanctuary
Emery Down
Netley Abbey
Hound
Lower Swanwick
Sarisbury Green
Park Gate
Funtley
Boarhunt
Fort Nelson
Lyndhurst
Clayhill
Bank
Boldrewood
Knightwood Oak
Reptile Cen.
Boldrewood Ornamental Drive
Rhinefield Ornamental Drive
Dibden
Applemore
HYTHE
Langdown
Dibden Purlieu
Buttsash
Beaulieu R.
Netley
Royal Victoria
Hamble-le-Rice
Warsash
Hook
Titchfield
Newtown
Locks Heath
Segensworth
Catisfield
Titchfield Abbey
Wallington
FAREHAM
Portchester
Burley
Post
A338
A342
A303
A343
A346
A3026
A339
A340
A34
A30
A3057
A272
A33
M3
A31
A36
A27
A3090
M27
M271
A35
A335
A3024
A3025
A3051
A334
A337
A326
A32
B3048
B3400
B3402
B3420
B3049
B3084
B3404
B3046
B3047
B3035
B2177
B3037
B3043
B3335
B3354
B3342
B3051
B3079
B3078
B3080
B3056
B4640
P+R

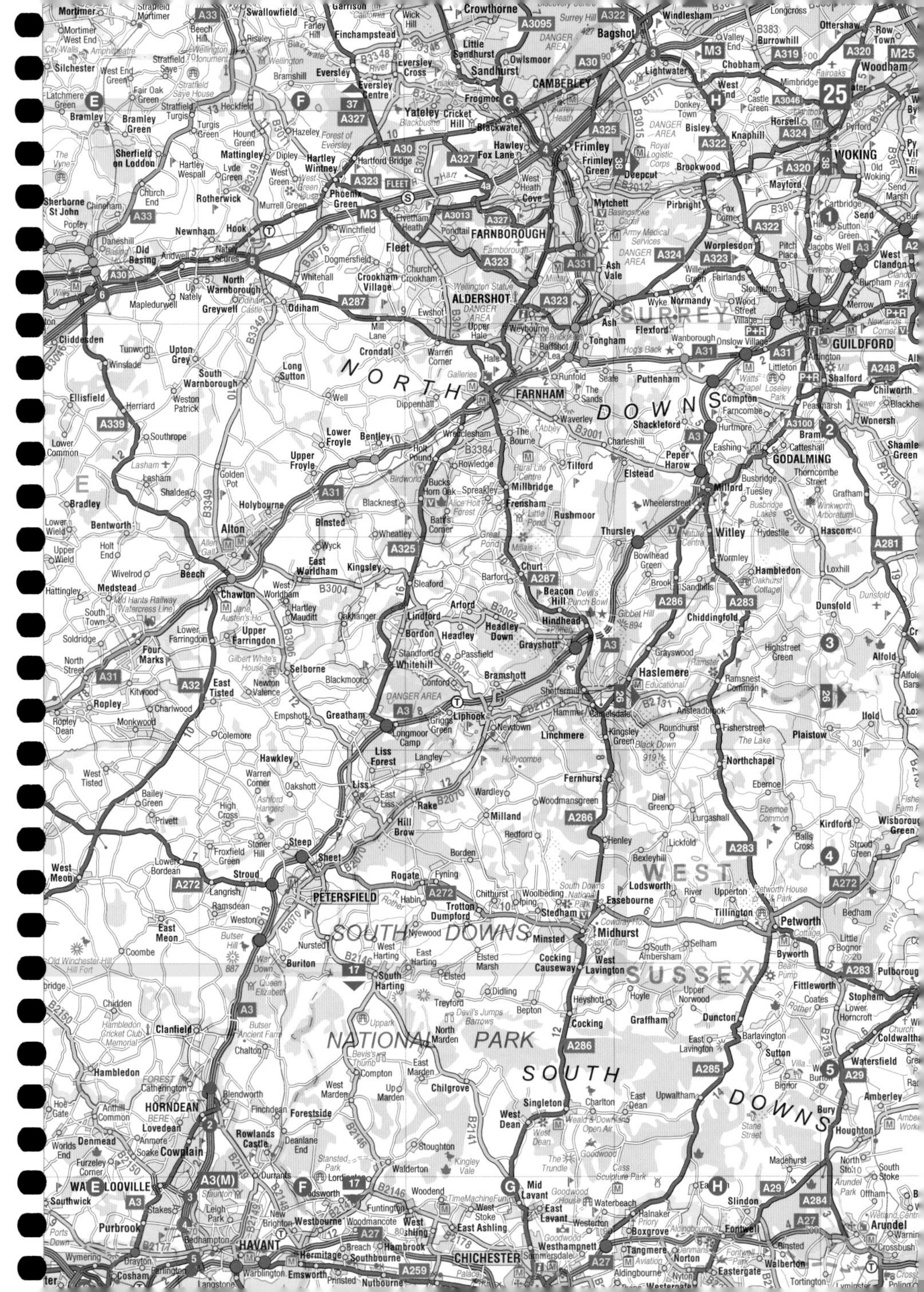

Mortimer
Stratfield Mortimer
A33
Swallowfield
Crowthorne
A322
Windlesham
Longcross
Ottershaw
Mortimer West End
Beech Hill
Riseley
Farley Hill
Finchampstead
Wick Hill
A3095
Bagshot
Valley End
B383
Burrowhill
Row Town
A320
M25
Silchester
West End Green
Stratfield Saye
Wellington Monument
Bramshill
Eversley
Eversley Cross
Little Sandhurst
Sandhurst
Owlsmoor
A30
M3
A319
Chobham
Woodham
Lightwater
Eversley Centre
CAMBERLEY
West End
Mimbridge
25
Latchmere Green
Fair Oak Green
Stratfield Turgis
Heckfield
Yateley
Cricket Hill
Blackwater
Frogmore
Donkey Town
Castle Green
A3046
Horsell
Bramley
Bramley Green
Turgis Green
37
A327
Hound Green
Hazeley
Forest of Eversley
Hawley
Fox Lane
A325
Frimley
Bisley
Knaphill
A324
Pyrford
Sherfield on Loddon
Mattingley
Dipley
Hartley Wintney
Hartford Bridge
A30
B3013
A327
Frimley Green
Deepcut
DANGER AREA
Royal Logistic Corps
A322
Brookwood
A320
WOKING
The Vyne
Hartley Wespall
Lyde Green
West Green
Phoenix Green
A323
FLEET
West Heath
Cove
B3012
Mayford
Old Woking
Send Marsh
Sherborne St John
Chineham
Church End
Rotherwick
Murrell Green
M3
A3013
A327
Mytchett
Basingstoke Canal
Pirbright
Fox Corner
Cartbridge
Sutton Green
Send
Popley
Newnham
Hook
Winchfield
Elvetham Heath
Pondtail
FARNBOROUGH
Army Medical Services
A322
Pitch Place
Jacobs Well
A3
Daneshill
Old Basing
Andwell
Nately Scures
Fleet
Dogmersfield
A323
A331
Ash Vale
Worplesdon
A323
West Clandon
A30
Up Nately
North Warnbrough
Greywell
Odiham Castle
Mapledurwell
Whitehall
Crookham Village
Church Crookham
Wellington Statue
ALDERSHOT
A323
Willey Green
Fairlands
Stoughton
Burpham
Odiham
A287
Ewshot
Normandy
Wyke
Wood Street Village
Merrow
Cliddesden
Mill Lane
Upper Hale
Weybourne
Badshot Lea
Ash
Flexford
SURREY
Wanborough
Onslow Village
P+R
GUILDFORD
Tunworth
Upton Grey
Crondall
Warren Corner
Hale
Tongham
Hog's Back
A31
Littleton
Winslade
Long Sutton
NORTH
Galleries
Runfold
Seale
Puttenham
Artington
Shalford
A248
South Warnborough
Weston Patrick
Well
FARNHAM
The Sands
DOWNS
Compton
Watts Gallery
Loseley Park
Chilworth
Ellisfield
Herriard
Dippenhall
Waverley Abbey
Farncombe
Peasmarsh
A339
Southrope
Lower Froyle
Bentley
Wrecclesham
The Bourne
B3001
Charleshill
Shackleford
Hurtmore
A3100
Wonersh
Lower Common
Lasham
Upper Froyle
Holt Pound
Rowledge
B3384
Rural Life Centre
Tilford
Elstead
Peper Harow
Eashing
Catteshall
GODALMING
Bramley
Shamley Green
Golden Pot
Shalden
Birdworld
Bucks Horn Oak
Spreakley
Millbridge
Busbridge
Tuesley
Milford
Thorncombe Street
Bradley
B3349
Holybourne
A31
Blacknest
Alice Holt Forest
Frensham
Little Pond
Rushmoor
Wheelerstreet
Busbridge Lakes
Grafham
Winkworth Arboretum
Lower Wield
Bentworth
Alton
Binsted
Batt's Corner
Great Pond
Thursley
Nature Centre
Witley
Hydestile
Hascombe
A281
Upper Wield
Holt End
Allen Gall.
Wyck
Wheatley
A325
Millais
Bowlhead Green
Wormley
Loxhill
Wivelrod
Beech
East Worldham
Kingsley
Churt
A287
Brook
Sandhills
Hambledon
Oakhurst Cottage
Hattingley
Medstead
Chawton
West Worldham
B3004
Sleaford
Barford
Beacon Hill
Devil's Punch Bowl
A286
A283
Dunsfold
Mid Hants Railway (Watercress Line)
Jane Austen's Ho.
Hartley Mauditt
Oakhanger
Lindford
Arford
B3002
Gibbet Hill
894
Chiddingfold
South Town
Lower Farringdon
Upper Farringdon
Bordon
Headley
Headley Down
Hindhead
Soldridge
Standford
Passfield
Grayshott
A3
Grayswood
Highstreet Green
Alfold
Four Marks
B3006
Gilbert White's House
Selborne
Whitehill
B3004
Bramshott
Haslemere
Educational
Ramster
North Street
A31
A32
East Tisted
Newton Valence
Blackmoor
Conford
Shottermill
Ramsnest Common
Ropley
Kitwood
Charlwood
Empshott
Greatham
DANGER AREA
A3
Liphook
B2131
Hammer
Camelsdale
Anstead brook
26
Ropley Dean
Monkwood
Colemore
Longmoor Camp
Griggs Green
Newtown
Linchmere
Kingsley Green
Roundhurst
Fisherstreet
The Lake
Ifold
Plaistow
Liss Forest
Langley
Black Down
919
Hawkley
Hollycombe
Northchapel
West Tisted
Warren Corner
Oakshott
Liss
Fernhurst
Ebernoe
Ashford Hangers
East Liss
B2070
Wardley
Dial Green
Bailey Green
High Cross
Rake
Woodmansgreen
Lurgashall
Ebernoe Common
Privett
Hill Brow
Milland
A286
Kirdford
Wisborough Green
Stoner Hill
Redford
Henley
Lickfold
Balls Cross
Strood Green
Froxfield Green
Steep
Sheet
Borden
Bexleyhill
A283
West Meon
Lower Bordean
Stroud
Fyning
Rogate
WEST
Lodsworth
Langrish
PETERSFIELD
Habin
A272
Chithurst
Woolbeding
South Downs National Park
River
Upperton
Petworth House & Park
A272
Ramsdean
Trotton
Dumpford
Iping
Stedham
Easebourne
Tillington
Petworth
Bedham
Weston
Cowdray Ho. (ruin)
East Meon
Butser Hill
SOUTH
Nyewood
DOWNS
Minsted
Midhurst
South Ambersham
Selham
Byworth
Little Bognor
Coombe
Nursted
West Harting
East Harting
Elsted Marsh
Cocking Causeway
West Lavington
SUSSEX
A283
Pulborough
Old Winchester Hill Hill Fort
War Down
887
Buriton
B2146
17
South Harting
Elsted
Fittleworth
Coates
Stopham
Queen Elizabeth
Didling
Heyshott
Hoyle
Upper Norwood
Lower Horncroft
Chidden
A3
Treyford
Devil's Jumps Barrows
Bepton
Duncton
Hambledon Cricket Club Memorial
Clanfield
Butser Ancient Farm
Uppark
Cocking
Graffham
Chalton
NATIONAL PARK
North Marden
Barlavington
East Lavington
Coldwaltham
Church
A286
Sutton
Bevis's Thumb
East Marden
A285
Villa
Watersfield
Hambledon
Compton
Bignor
West Burton
A29
FOREST OF
Catherington
West Marden
Up Marden
Chilgrove
SOUTH
Amberley
Hoe Gate
Blendworth
Singleton
Charlton
East Dean
Upwaltham
DOWNS
Bury
Anthill Common
HORNDEAN
Finchdean
Forestside
West Dean
Weald & Downland Open Air
Houghton
Lovedean
Rowlands Castle
Stane Street
Denmead
Ammore
B2149
Deanlane End
B2146
B2141
Worlds End
Soake
Cowplain
Stoughton
Goodwood
Furzeley Corner
Stansted Park
Kingley Vale
The Trundle
Cass Sculpture Park
Madehurst
North Stoke
South Stoke
A3(M)
Durrants
Lordington
Walderton
WATERLOOVILLE
17
Mid Lavant
Goodwood House
Arundel Park
Offham
Southwick
A3
Staunton
Idsworth
B2146
Woodend
TimeMachineFun
East Lavant
Waterbeach
Slindon
A29
A284
Stakes
Leigh Park
New Brighton
Funtington
West Stoke
Halnaker
Priory
Boxgrove
Fontwell
Arundel
Purbrook
Westbourne
Woodmancote
West Ashling
East Ashling
Westerton
A27
Bedhampton
HAVANT
A27
B2178
Goodwood
Westhampnett
Tangmere
Aldingbourne
Fontwell Park
Binsted
Warningcamp
Crossbush
Wymering
Drayton
Hermitage
Southbourne
Hambrook
Breach
Summersdale
A27
Norton
Walberton
Cosham
Farlington
Warblington
Emsworth
A259
CHICHESTER
Aldingbourne
Eastergate
Langstone
Prinsted
Nutbourne
Palace
Nyton
Westergate
Tortington
Lyminster
Poling

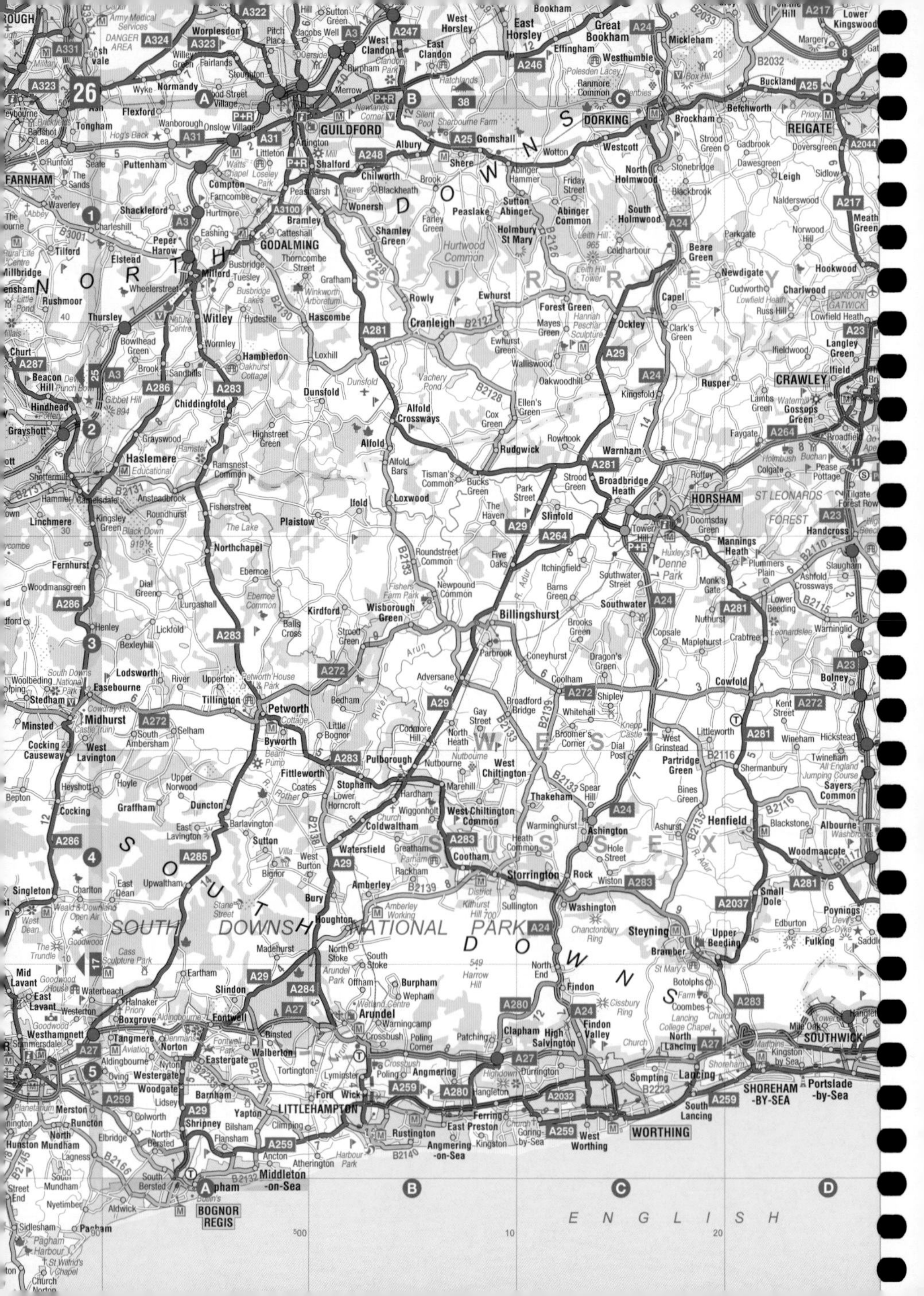

26
GUILDFORD
DORKING
REIGATE
FARNHAM
GODALMING
HORSHAM
CRAWLEY
LONDON GATWICK
WORTHING
LITTLEHAMPTON
BOGNOR REGIS
SHOREHAM -BY-SEA
SOUTHWICK
Portslade -by-Sea
NORTH DOWNS
SURREY
WEST SUSSEX
SOUTH DOWNS
SOUTH DOWNS NATIONAL PARK
ST LEONARDS FOREST
ENGLISH
A B C D
1 2 3 4 5
A3 A31 A24 A25 A29 A246 A247 A248 A272 A281 A283 A285 A286 A264 A23 A27 A259 A280 A284 A2032 A2037 A3100 A322 A323 A324 A331 A287 A217 A2044
Worplesdon
West Horsley
East Horsley
Great Bookham
Effingham
Westhumble
Mickleham
West Clandon
East Clandon
Merrow
Burpham
Normandy
Wyke
Flexford
Wanborough
Onslow Village
Tongham
Puttenham
Shalford
Chilworth
Albury
Gomshall
Shere
Wotton
Westcott
Brockham
Betchworth
Buckland
Compton
Farncombe
Peasmarsh
Wonersh
Bramley
Shackleford
Hurtmore
Peper Harow
Eashing
Milford
Busbridge
Tilford
Elstead
Peaslake
Holmbury St Mary
Abinger Common
Sutton Abinger
Friday Street
North Holmwood
South Holmwood
Leith Hill 965
Coldharbour
Beare Green
Newdigate
Charlwood
Capel
Ockley
Forest Green
Ewhurst
Cranleigh
Hascombe
Shamley Green
Thursley
Witley
Wormley
Hambledon
Chiddingfold
Dunsfold
Alfold Crossways
Alfold
Rudgwick
Warnham
Rusper
Kingsfold
Hindhead
Grayshott
Haslemere
Linchmere
Fernhurst
Northchapel
Plaistow
Loxwood
Ifold
Slinfold
Broadbridge Heath
Five Oaks
Billingshurst
Wisborough Green
Kirdford
Lodsworth
Midhurst
Easebourne
Petworth
Tillington
Fittleworth
Pulborough
Stopham
Coolham
Cowfold
Southwater
Mannings Heath
Handcross
Bolney
Henfield
Ashington
Storrington
Washington
Steyning
Bramber
Upper Beeding
Findon
Arundel
Amberley
Bury
Houghton
Slindon
Fontwell
Boxgrove
Tangmere
Westhampnett
Barnham
Yapton
Rustington
Angmering
East Preston
Goring-by-Sea
Lancing
Sompting
Middleton -on-Sea
Pagham
Selsey
Singleton
Cocking
West Lavington
Graffham
Duncton
Sutton
Storrington
Small Dole
Poynings
Fulking
Albourne
Hickstead
Sayers Common
Partridge Green
West Grinstead
Thakeham
West Chiltington
Cootham
Coldwaltham
Watersfield

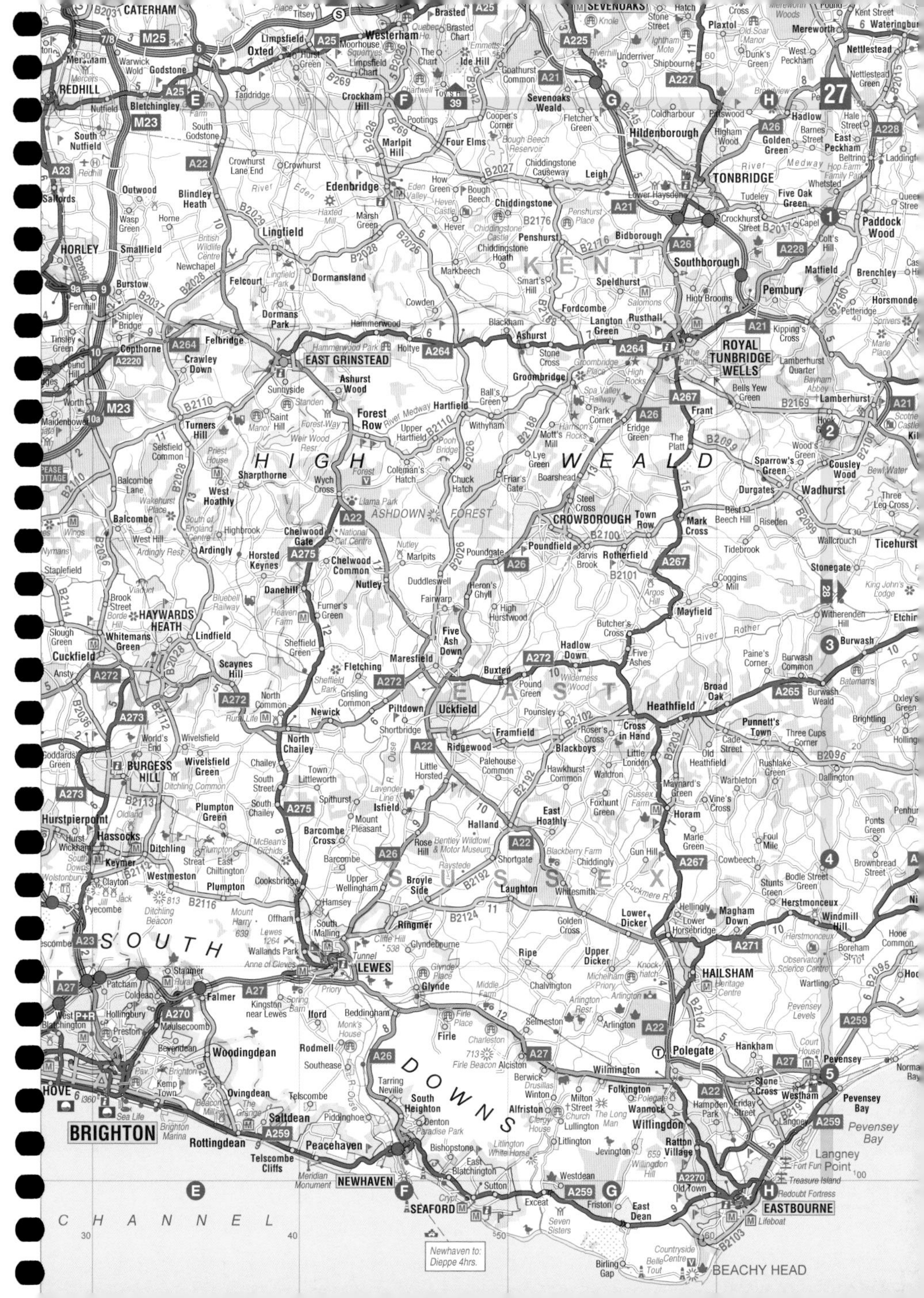

27
CATERHAM
SEVENOAKS
Westerham
Limpsfield
Oxted
Merstham
REDHILL
Godstone
Bletchingley
Tandridge
Crockham Hill
Brasted
Ide Hill
Toys Hill
Sevenoaks Weald
Hildenborough
Plaxtol
Mereworth
Wateringbury
Nettlestead
Hadlow
TONBRIDGE
Golden Green
East Peckham
South Nutfield
South Godstone
Marlpit Hill
Four Elms
Edenbridge
Chiddingstone
Chiddingstone Causeway
Leigh
Penshurst
Bidborough
Southborough
Five Oak Green
Paddock Wood
Capel
Outwood
Blindley Heath
Lingfield
HORLEY
Smallfield
Burstow
Felcourt
Dormansland
Dormans Park
KENT
Speldhurst
Rusthall
Langton Green
Fordcombe
Pembury
Matfield
Brenchley
Horsmonden
Copthorne
Felbridge
Crawley Down
EAST GRINSTEAD
Hammerwood
Holtye
Ashurst
Groombridge
ROYAL TUNBRIDGE WELLS
Lamberhurst
Ashurst Wood
Forest Row
Hartfield
Withyham
Frant
Eridge Green
Turners Hill
Saint Hill
West Hoathly
Sharpthorne
HIGH WEALD
Coleman's Hatch
Chuck Hatch
Wych Cross
Boarshead
Mark Cross
Wadhurst
Durgates
Sparrow's Green
Balcombe
Highbrook
ASHDOWN FOREST
Chelwood Gate
CROWBOROUGH
Rotherfield
Ticehurst
Ardingly
Horsted Keynes
Chelwood Common
Nutley
Poundgate
Poundfield
Stonegate
Danehill
Fairwarp
Duddleswell
Mayfield
HAYWARDS HEATH
Lindfield
Cuckfield
Five Ash Down
Hadlow Down
Burwash
Scaynes Hill
Fletching
Maresfield
Buxted
EAST SUSSEX
Newick
Piltdown
Uckfield
Heathfield
Broad Oak
BURGESS HILL
North Chailey
Ridgewood
Framfield
Blackboys
Cross in Hand
Chailey
South Chailey
Isfield
Halland
East Hoathly
Horam
Hurstpierpoint
Hassocks
Ditchling
Keymer
Westmeston
Plumpton
Barcombe Cross
Broyle Side
Laughton
Herstmonceux
Windmill Hill
SOUTH DOWNS
Ringmer
Lewes
LEWES
Lower Dicker
Magham Down
HAILSHAM
Falmer
Kingston near Lewes
Iford
Glynde
Firle
Ripe
Chalvington
Arlington
Polegate
Pevensey
Woodingdean
Rodmell
Alciston
Wilmington
Westham
Pevensey Bay
HOVE
BRIGHTON
Rottingdean
Saltdean
Peacehaven
Telscombe Cliffs
NEWHAVEN
South Heighton
Alfriston
Willingdon
SEAFORD
East Dean
EASTBOURNE
Langney Point
BEACHY HEAD
CHANNEL
Newhaven to: Dieppe 4hrs.
M25
M23
A22
A21
A26
A264
A267
A272
A275
A27
A259
A23

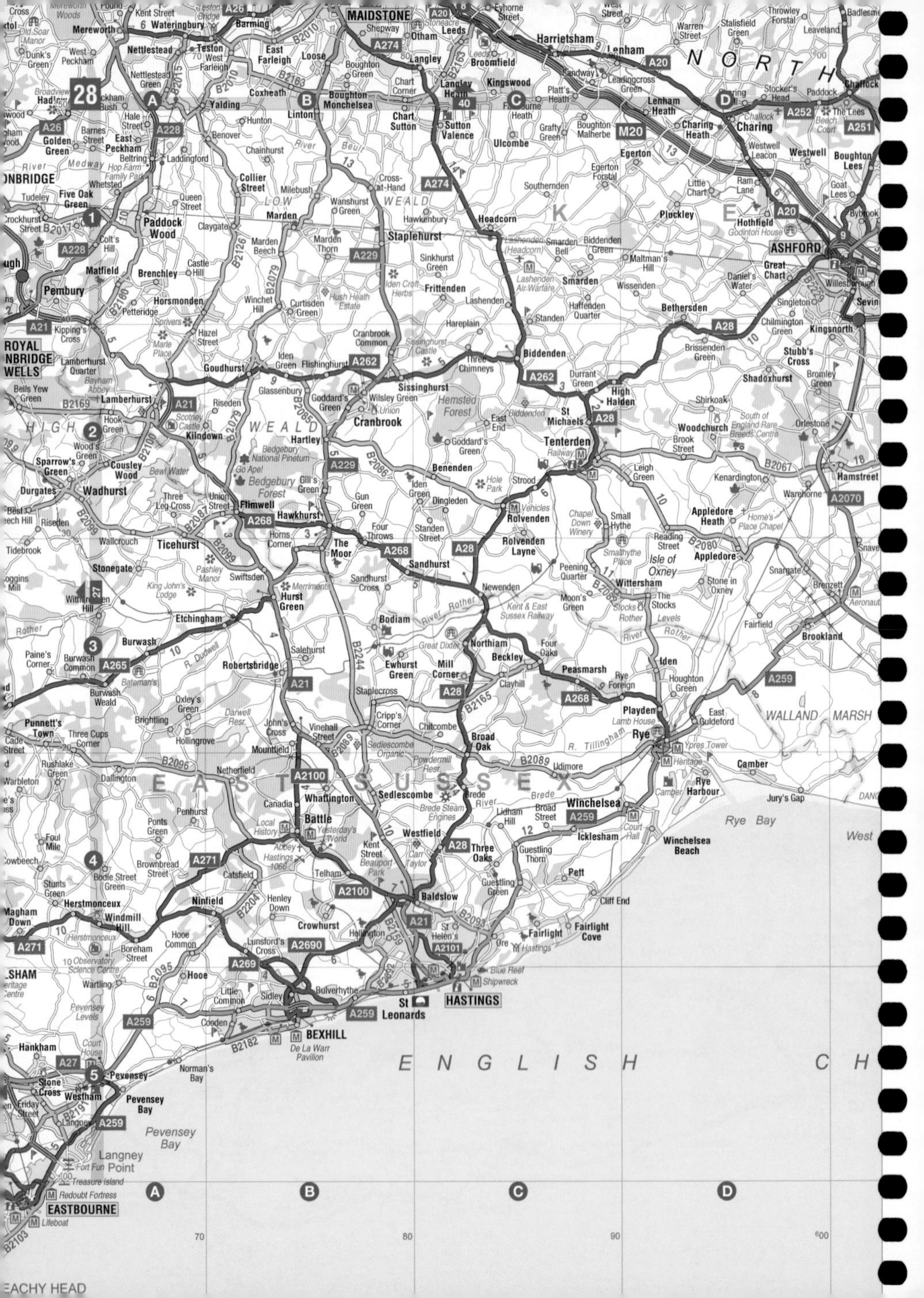
28
MAIDSTONE
Mereworth
Wateringbury
Barming
Teston
Nettlestead
West Peckham
East Farleigh
Loose
Shepway
Otham
Leeds
Langley
Broomfield
Harrietsham
Lenham
Kingswood
Boughton Monchelsea
Coxheath
Linton
Yalding
Hadlow
Chart Sutton
Sutton Valence
Ulcombe
Lenham Heath
Charing
Charing Heath
Egerton
Westwell
Boughton Lees
NORTH
Challock
Paddock
The Lees
Golden Green
East Peckham
Hale Street
Laddingford
Hunton
Chainhurst
Collier Street
Marden
Staplehurst
Headcorn
Pluckley
Hothfield
ASHFORD
TONBRIDGE
Five Oak Green
Tudeley
Paddock Wood
Capel
Claygate
Marden Beech
Marden Thorn
Hawkenbury
Wanshurst Green
LOW
WEALD
K
E
Smarden
Biddenden Green
Smarden Bell
Great Chart
Maltman's Hill
Matfield
Brenchley
Castle Hill
Sinkhurst Green
Frittenden
Lashenden
Lashenden Air Warfare
Haffenden Quarter
Pembury
Horsmonden
Curtisden Green
Winchet Hill
Hush Heath Estate
Iden Croft Herbs
Bethersden
Kingsnorth
Singleton
Chilmington Green
Willesborough
ROYAL TUNBRIDGE WELLS
Lamberhurst Quarter
Kipping's Cross
Hazel Street
Marle Place
Cranbrook Common
Hareplain
Standen
Biddenden
Brissenden Green
Stubb's Cross
Goudhurst
Iden Green
Flishinghurst
Sissinghurst Castle
Three Chimneys
Durrant Green
High Halden
Shadoxhurst
Bromley Green
Bells Yew Green
Lamberhurst
Bayham Abbey
Glassenbury
Sissinghurst
Goddard's Green
Wilsley Green
Hemsted Forest
Shirkoak
Cranbrook
Riseden
Scotney Castle
Kilndown
Hook Green
HIGH
WEALD
Hartley
East End
St Michaels
Woodchurch
Orlestone
South of England Rare Breeds Centre
Tenterden
Brook Street
Goddard's Green
Wood's Green
Sparrow's Green
Cousley Wood
Bewl Water
Bedgebury National Pinetum
Go Ape!
Bedgebury Forest
Gill's Green
Benenden
Hole Park
Strood
Leigh Green
Kenardington
Hamstreet
Durgates
Wadhurst
Three Leg Cross
Union Street
Flimwell
Gun Green
Iden Green
Dingleden
Rolvenden
Small Hythe
Chapel Down Winery
Appledore Heath
Home's Place Chapel
Warehorne
Best Beech Hill
Riseden
Hawkhurst
Standen Street
Four Throws
Reading Street
Appledore
Wallcrouch
Ticehurst
Horns Corner
The Moor
Sandhurst
Rolvenden Layne
Smallhythe Place
Isle of Oxney
Snargate
Brenzett
Tidebrook
Stonegate
Pashley Manor
Swiftsden
Merriments
Sandhurst Cross
Newenden
Peening Quarter
Wittersham
Stone in Oxney
King John's Lodge
Hurst Green
Moon's Green
The Stocks
Stocks
Rother Levels
Kent & East Sussex Railway
Etchingham
Bodiam
River Rother
Great Dixter
Fairfield
Brookland
Burwash
Burwash Common
Paine's Corner
R. Dudwell
Robertsbridge
Salehurst
Ewhurst Green
Mill Corner
Northiam
Beckley
Four Oaks
Peasmarsh
Rye Foreign
Iden
Houghton Green
Bateman's
Burwash Weald
Oxley's Green
Darwell Resr.
Staplecross
Clayhill
Playden
Lamb House
East Guldeford
WALLAND MARSH
Punnett's Town
Three Cups Corner
Brightling
John's Cross
Vinehall Street
Cripp's Corner
Chitcombe
Broad Oak
Rye
R. Tillingham
Ypres Tower
Camber
Heritage
Rye Harbour
Rushlake Green
Hollingrove
Mountfield
Sedlescombe Organic
Powdermill Resr.
Udimore
Warbleton
Dallington
Netherfield
EAST
SUSSEX
Whatlington
Sedlescombe
Brede
Brede River
Jury's Gap
Penhurst
Canadia
Battle
Local History
Yesterday's World
Brede Steam Engines
Lidham Hill
Broad Street
Winchelsea
Rye Bay
West
Ponts Green
Abbey
Hastings 1066
Kent Street
Beaufort Park
Westfield
Three Oaks
Icklesham
Court Hall
Winchelsea Beach
Foul Mile
Brownbread Street
Catsfield
Carr Taylor
Guestling Thorn
Pett
Bodle Street Green
Telham
Baldslow
Guestling Green
Stunts Green
Herstmonceux
Ninfield
Henley Down
Cliff End
Magham Down
Windmill Hill
Crowhurst
Hollington
St Helen's
Fairlight
Fairlight Cove
Herstmonceux
Hooe Common
Ore
Boreham Street
Lunsford's Cross
Observatory Science Centre
Hastings
Blue Reef
Shipwreck
Wartling
Hooe
Little Common
Sidley
Bulverhythe
St Leonards
HASTINGS
Pevensey Levels
Cooden
BEXHILL
De La Warr Pavilion
Hankham
Court House
Norman's Bay
ENGLISH
CH
Stone Cross
Pevensey
Westham
Pevensey Bay
Friday Street
Langney
Pevensey Bay
Langney Point
Fort Fun
Treasure Island
Redoubt Fortress
EASTBOURNE
Lifeboat
70
80
90
600
A
B
C
D
1
2
3
4
5
A20
A26
A274
A228
A21
A229
A262
A268
A28
A265
A2100
A271
A2690
A2101
A269
A259
A27
A252
A251
A2070
M20
B2010
B2015
B2163
B2160
B2126
B2079
B2085
B2086
B2087
B2099
B2169
B2100
B2067
B2080
B2082
B2165
B2089
B2096
B2204
B2092
B2093
B2095
B2159
B2182
B2191
B2103
ACHY HEAD

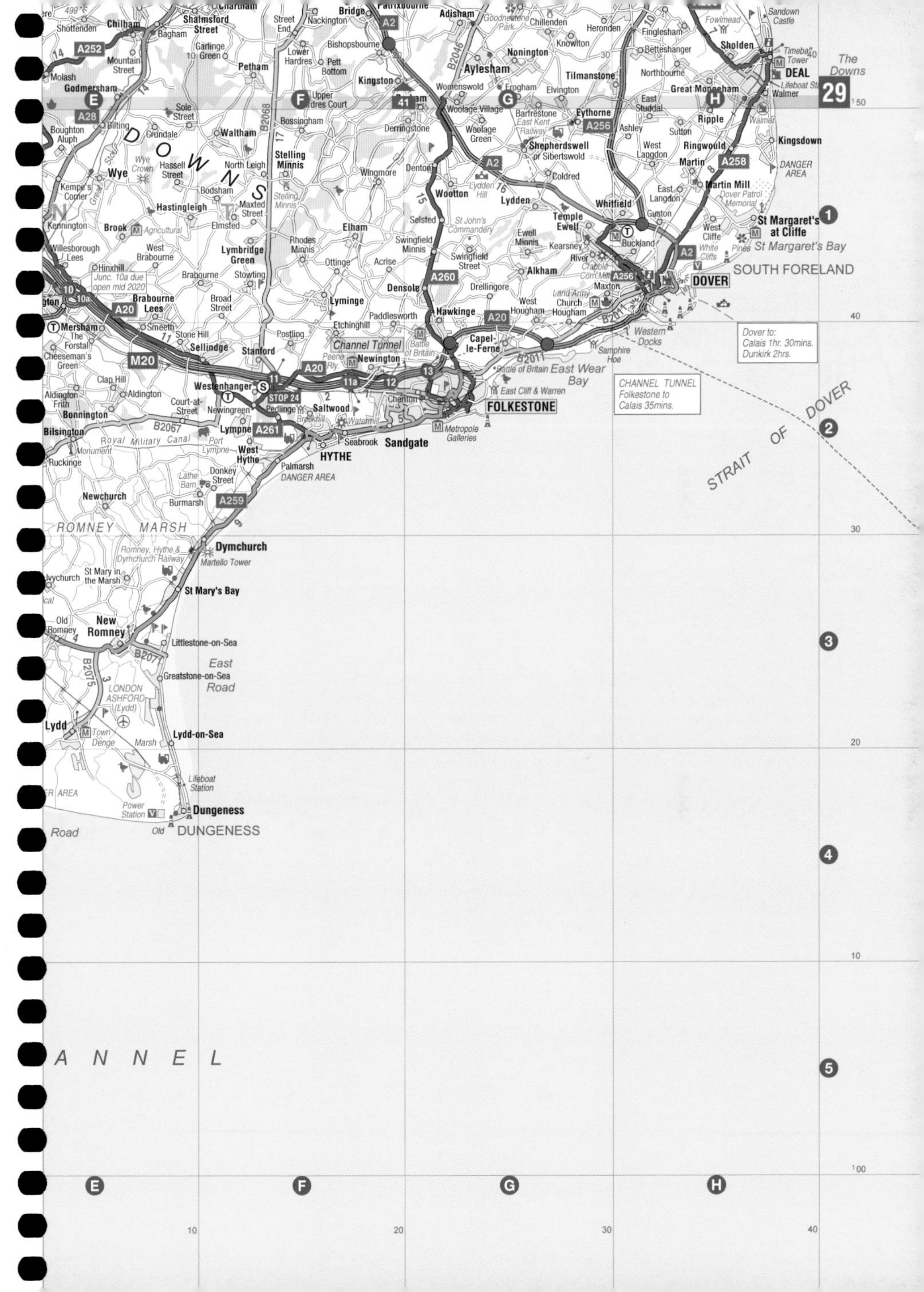

29
Shottenden
Chilham
Shalmsford Street
Bagham
A252
Molash
Mountain Street
Garlinge Green
Petham
Street End
Nackington
Bridge
Lower Hardres
Bishopsbourne
Pett Bottom
A2
Adisham
Goodnestone Park
Chillenden
Heronden
Finglesham
Fowlmead
Sandown Castle
Sholden
Timeball Tower
The Downs
DEAL
Knowlton
Nonington
Aylesham
B2046
Betteshanger
Northbourne
Tilmanstone
Kingston
Womenswold
Frogham
Elvington
Great Mongeham
Lifeboat Sta
Walmer
Godmersham
E
F
G
H
Upper Hardres Court
41
A28
Sole Street
Bilting
Woolage Village
Barfrestone
East Kent Railway
Eythorne
A256
East Studdal
Ripple
Walmer
Boughton Aluph
Grundale
Waltham
Bossingham
B2068
Derringstone
Woolage Green
Shepherdswell or Sibertswold
Ashley
Sutton
West Langdon
Ringwould
Kingsdown
DOWNS
Wye
Wye Crown
Hassell Street
North Leigh
Stelling Minnis
Wingmore
Denton
A2
Coldred
Martin
A258
DANGER AREA
Kempe's Corner
Bodsham
Stelling Minnis
Lydden Hill
Wootton
Lydden
East Langdon
Martin Mill
Dover Patrol Memorial
Hastingleigh
Maxted Street
Whitfield
Guston
St Margaret's at Cliffe
Kennington
Brook
Agricultural
Elmsted
Selsted
St John's Commandery
Temple Ewell
Elham
Ewell Minnis
Buckland
West Cliffe
Willesborough Lees
West Brabourne
Lymbridge Green
Rhodes Minnis
Swingfield Minnis
Kearsney
A2
White Cliffs
Pines
St Margaret's Bay
Hinxhill
Ottinge
Acrise
Swingfield Street
River
Crabble Corn Mill
Alkham
SOUTH FORELAND
Junc. 10a due open mid 2020
Brabourne
Stowting
A260
A256
Maxton
DOVER
10
10a
Brabourne Lees
Broad Street
Lyminge
Densole
Drellingore
Land Army
West Hougham
Church Hougham
A20
Paddlesworth
Hawkinge
A20
Mersham
Smeeth
Etchinghill
B2011
Western Docks
Dover to: Calais 1hr. 30mins. Dunkirk 2hrs.
The Forstal
Stone Hill
Postling
Channel Tunnel
Battle of Britain
Capel-le-Ferne
Samphire Hoe
Cheeseman's Green
Sellindge
Stanford
Peene Rly.
Newington
M20
A20
B2011
Battle of Britain
East Wear Bay
Clap Hill
Westenhanger
11
11a
12
13
CHANNEL TUNNEL Folkestone to Calais 35mins.
Aldington Frith
Aldington
Court-at-Street
STOP 24
Pedlinge
Saltwood
Cheriton
East Cliff & Warren
FOLKESTONE
STRAIT OF DOVER
Bonnington
Newingreen
Brockhill
Watermill
Metropole Galleries
Bilsington
B2067
Lympne
A261
Royal Military Canal
Port Lympne
West Hythe
Seabrook
Sandgate
Monument
Ruckinge
HYTHE
Palmarsh
DANGER AREA
Lathe Barn
Donkey Street
Newchurch
Burmarsh
A259
ROMNEY MARSH
Dymchurch
Romney, Hythe & Dymchurch Railway
Martello Tower
Ivychurch
St Mary in the Marsh
St Mary's Bay
Old Romney
New Romney
Littlestone-on-Sea
B2071
East Road
B2075
Greatstone-on-Sea
LONDON ASHFORD (Lydd)
Lydd
Town
Denge
Marsh
Lydd-on-Sea
Lifeboat Station
Power Station
Dungeness
Old
DUNGENESS
Road
ANNEL
1
2
3
4
5
10
20
30
40
50
100

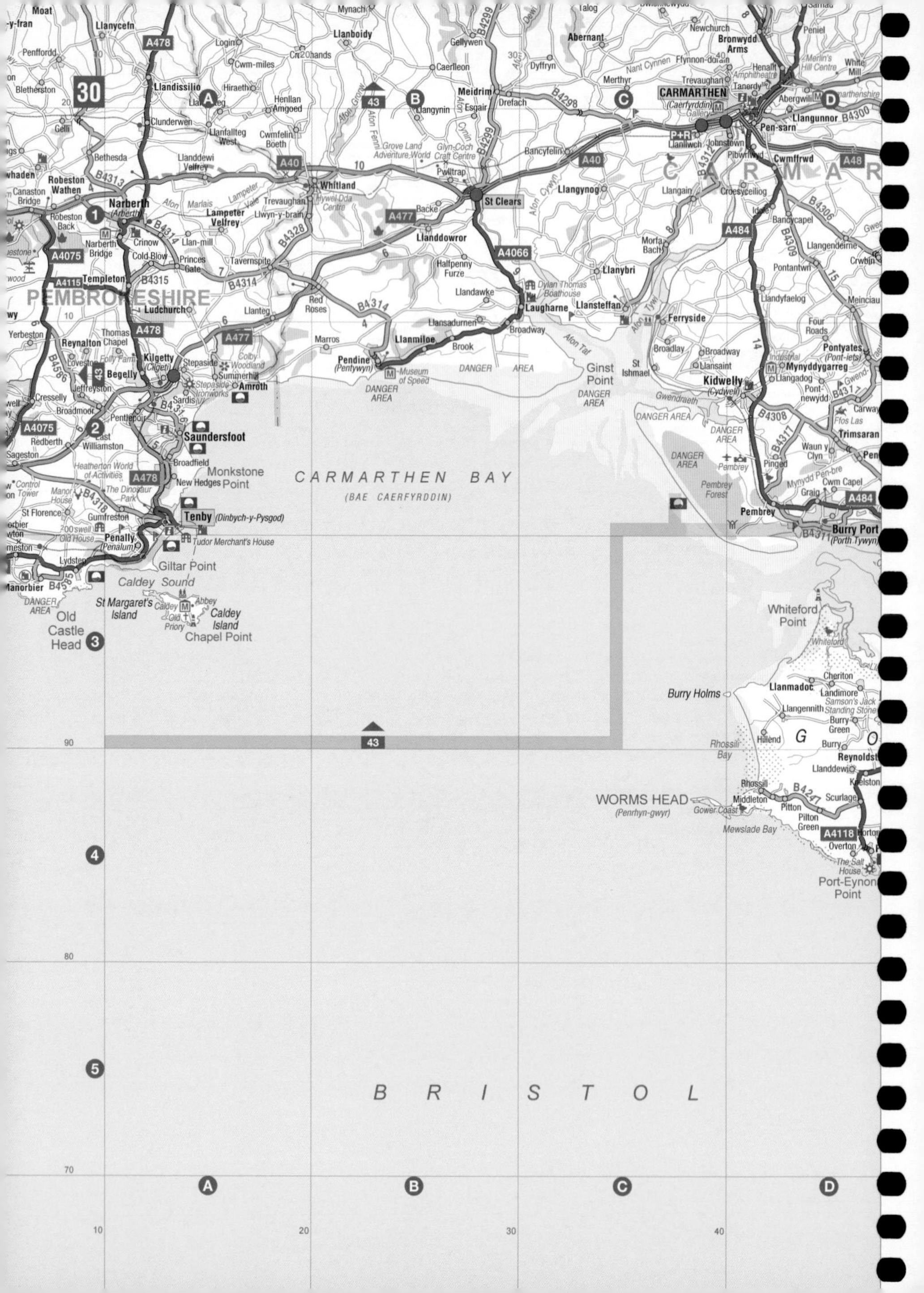
30
PEMBROKESHIRE
CARMARTHEN BAY
(BAE CAERFYRDDIN)
B R I S T O L
CARMARTHEN
(Caerfyrddin)
Narberth
(Arberth)
Whitland
St Clears
Laugharne
Llansteffan
Ferryside
Kidwelly
(Cydweli)
Pembrey
Burry Port
(Porth Tywyn)
Tenby (Dinbych-y-Pysgod)
Saundersfoot
Amroth
Kilgetty
(Cilgeti)
Begelly
Penally
(Penalum)
Manorbier
Pendine
(Pentywyn)
Llanmiloe
Marros
Red Roses
Llanddowror
Meidrim
Llanboidy
Llandissilio
Clunderwen
Templeton
Ludchurch
Reynalton
Jeffreyston
Cresselly
Redberth
Sageston
St Florence
Gumfreston
Lydstep
Monkstone Point
New Hedges Point
Giltar Point
Caldey Sound
St Margaret's Island
Caldey Island
Chapel Point
Old Castle Head
Tudor Merchant's House
Ginst Point
St Ishmael
DANGER AREA
Pembrey Forest
Whiteford Point
Burry Holms
Llanmadoc
Cheriton
Landimore
Llangennith
Hillend
Rhossili Bay
Rhossili
Middleton
Pitton
Scurlage
Reynoldston
Llanddewi
Knelston
WORMS HEAD
(Penrhyn-gwyr)
Mewslade Bay
Overton
Port-Eynon Point
Mynyddygarreg
Pontyates
(Pont-iets)
Trimsaran
Llanybri
Llangynog
Bancyfelin
Johnstown
Pen-sarn
Llangunnor
Abergwili
Bronwydd Arms
Abernant
Merthyr
Museum of Speed
Dylan Thomas Boathouse
A40
A477
A478
A4066
A484
A48
A4075
A4115
B4314
B4328
B4299
B4312
B4309
B4308
B4317
B4311
B4585
B4318
B4316
B4247
A4118
43
A
B
C
D
1
2
3
4
5
10
20
30
40
70
80
90

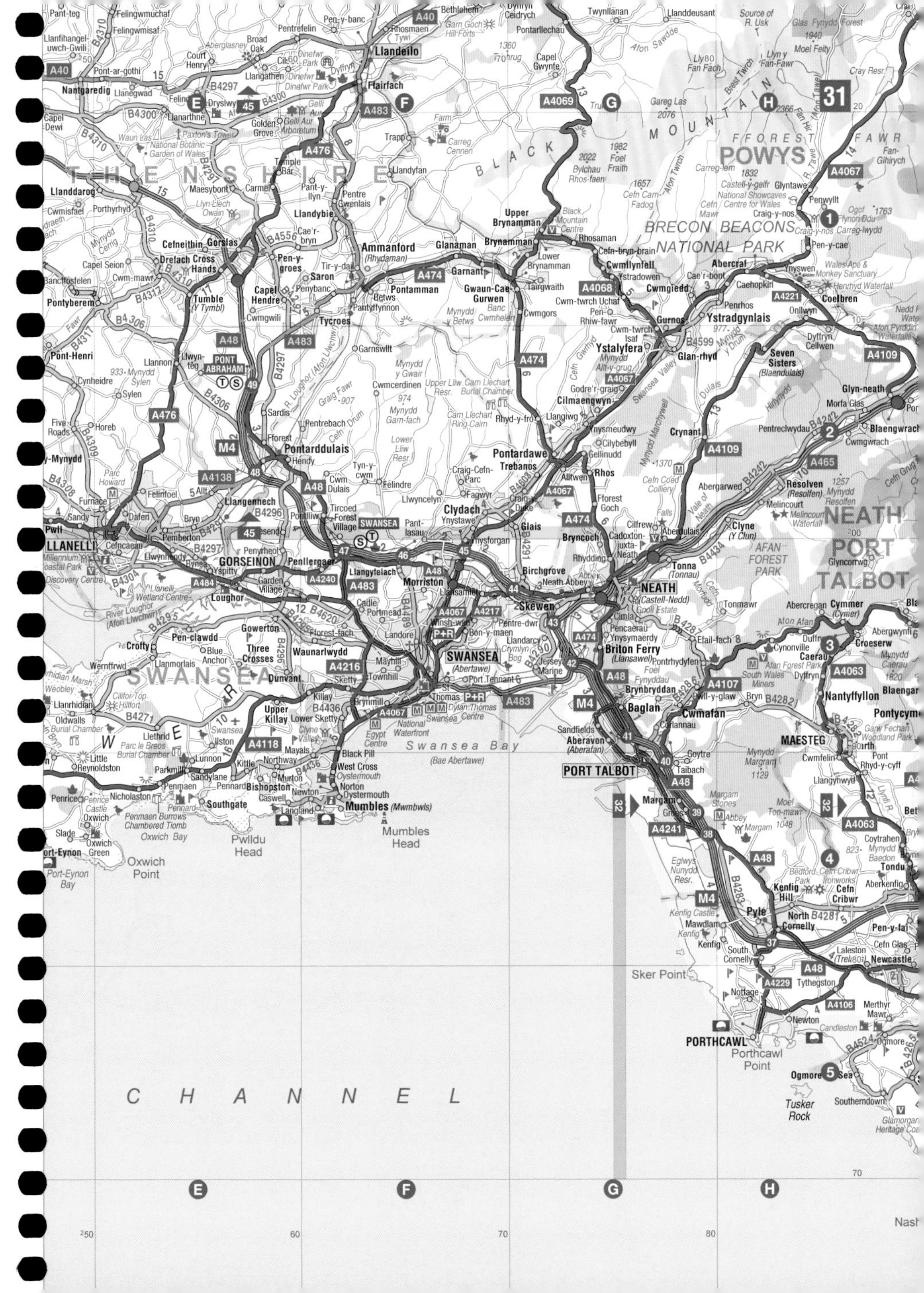

Pant-teg
Felingwmuchaf
Felingwmisaf
Llanfihangel-uwch-Gwili
A40
Nantgaredig
Llanegwad
Pont-ar-gothi
Court Henry
Broad Oak
Aberglasney
Llangathen
Cilsan
Pentrefelin
Pen-y-banc
Rhosmaen
Llandeilo
Bethlehem
Garn Goch Hill Forts
Dinefwr Park
Dinefwr
Dyffryn
Ffairfach
Capel Gwynfe
Pontarllechau
Twynllanan
Llanddeusant
Source of R. Usk
Glas Fynydd Forest
Moel Feity
Cray Resr.
Afon Sawdde
Lly Fan Fach
Llyn y Fan-Fawr
Bwlch
Cefn Bryn-brain
Felindre
Dryslwyn
Llanarthne
B4297
B4300
Golden Grove
Gelli Aur Arboretum
Paxton's Tower
National Botanic Garden of Wales
Waun Las
Capel Dewi
B4310
Trapp
Carreg Cennen
A4069
A483
A476
BLACK MOUNTAIN
Gareg Las
2076
FFOREST FAWR
POWYS
A4067
31
Fan-Gihirych
Fan Hir
Afon Tawe
2366
1982 Foel Fraith
2022 Bylchau Rhos-faen
CARMARTHENSHIRE
Llanddarog
Porthyrhyd
Cwmisfael
Temple Bar
Maesybont
Carmel
Pant-y-llyn
Pentre Gwenlais
Llandyfan
Llyn Llech Owain
Llandybie
Carreg-lem
1832
Castell-y-geifr
National Showcaves Centre for Wales
Glyntawe
Penwyllt
Craig-y-nos
Ogof Ffynon Ddu
1763
1657 Cefn Cam-Fadog
Cefn Mawr
Black Mountain Centre
Upper Brynamman
Brynamman
Rhosaman
BRECON BEACONS NATIONAL PARK
Craig-y-nos
Carreg-lwyd
Pen-y-cae
Cefneithin
Gorslas
Drefach
Cross Hands
Capel Seion
Cwm-mawr
Bancffosfelen
Pontyberem
Tumble (Y Tymbl)
Capel Hendre
Pen-y-groes
Saron
Penybanc
Tir-y-dail
Ammanford (Rhydaman)
Betws
Pantyffynnon
Pontamman
Glanaman
Garnant
Gwaun-Cae-Gurwen
Lower Brynamman
Tairgwaith
Cwmgors
Cwmllynfell
Ystradowen
Cefn-bryn-brain
A4068
Cwm-twrch Uchaf
Pen-Rhiw-fawr
Cwm-twrch Isaf
Gurnos
Cwmgiedd
Abercraf
Cae'r-bont
Ystradgynlais
Penrhos
Caehopkin
Ynyswen
Wales Ape & Monkey Sanctuary
Henrhyd Waterfall
Coelbren
Onllwyn
A4221
B4317
B4306
B4556
A474
A48
A483
Cwmgwili
Tycroes
Garnswllt
Mynydd y Gwair
Mynydd y Betws
Banc Cwmhelen
Ystalyfera
Mynydd Allt-y-grug
B4599
Glan-rhyd
Swansea Valley
Mynydd y Drum
Dyffryn Cellwen
Afon Pyrddin Waterfalls
Seven Sisters (Blaendulais)
A4109
Pont-Henri
Llannon
Llwyn-teg
PONT ABRAHAM
Cynheidre
933 Mynydd Sylen
Sylen
Graig Fawr
907
Cwmcerdinen
974 Mynydd Garn-fach
Upper Lliw Resr.
Cam Llechart Burial Chamber
Godre'r-graig
Cilmaengwyn
Glyn-neath
Morfa Glas
Pentreclwydau
Blaengwrach
Cwmgwrach
A476
Five Roads
Horeb
Sardis
Pentrebach
Cefn Drum
Cam Llechart Ring Cairn
Rhyd-y-fro
Llangiwg
Ynysmeudwy
Cilybebyll
Mynydd Marchywel
Crynant
Dulais
Lower Lliw Resr.
Fforest
M4
Pontarddulais
Hendy
Tyn-y-cwm
Cwm Dulais
Felindre
Craig-Cefn-Parc
Pontardawe
Trebanos
Gellinudd
Rhos
1370
Cefn Coed Colliery
Abergarwed
A465
Resolven (Resolfen)
1257 Mynydd Resolfen
Melincourt
Melincourt Waterfall
Cefn Grug
y-Mynydd
Parc Howard
Felinfoel
Allt
A4138
Llangennech
Bryn
Furnace
Sandy
Dafen
Pwll
LLANELLI
Cefncaeau
Pemberton
B4297
B4296
Llwynhendy
Bynea
Millennium Coastal Park Discovery Centre
Penyrheol
GORSEINON
Ynysforgan
Ystalyfera
Tircoed Forest Village
Pontlliw
SWANSEA
Pant-lasau
Llwyncelyn
Fagwyr
Clydach
Ynystawe
Craig-y-Dorth
Alltwen
Glais
Fforest Goch
Cilfrew
Aberdulais
Clyne (Y Clun)
Bryncoch
Cadoxton-juxta-Neath
Rhydding
Birchgrove
AFAN FOREST PARK
NEATH PORT TALBOT
Glyncorrwg
Tonna (Tonnau)
B4434
Penllergaer
Llangyfelach
Morriston
Llansamlet
Neath Abbey
Skewen
NEATH (Castell-Nedd)
Gnoll Estate
Tonmawr
Abercregan
Cymmer (Cymer)
Loughor
Llanelli Wetland Centre
River Loughor (Afon Llwchwr)
Garden Village
A484
A4240
B4304
Gowerton
Fforest-fach
Cadle
Portmead
Landore
B4489
A4067
A4217
Winsh-wen
Bon-y-maen
P+R
Pentre-dwr
Llandarcy
Crymlyn Bog
Jersey Marine
Cimla
Pencaerau
Ynysymaerdy
Briton Ferry (Llansawel)
Pontrhydyfen
Efail-fach
B4287
Afon Afan
Cynonville
Duffryn
Caerau
Abergwynfi
Croeserw
Mynydd Caerau
1820
Afan Forest Park
South Wales Miners
Crofty
Pen-clawdd
Blue Anchor
Three Crosses
Waunarlwydd
Llanmorlais
Wernffrwd
Dunvant
Killay
Mayhill
Townhill
SWANSEA (Abertawe)
Port Tennant
Foel Fynyddau
A4216
A4107
Pwll-y-glaw
Bryn
B4282
Cwmafan
Brynbryddan
Baglan
Dyffryn
A4063
Nantyffyllon
Blaengarw
Pontycymer
Garw Fechan Woodland Park
Weobley
Cilifor Top Hillfort
Llanrhidian Marsh
Llanrhidian
Oldwalls
Burial Chamber
B4271
Llethrid
Swansea
Upper Killay
Lower Skettv
Sketty
Uplands
Brynmill
St Thomas
Dylan Thomas Centre
National Waterfront
Swansea Centre
Egypt Centre
Clyne Valley
B4436
A4118
GOWER
Ilston
Parc le Breos Burial Chamber
Little Reynoldston
Lunnon
Kittle
Mayals
Northway
Black Pill
West Cross
Oystermouth
Norton
Swansea Bay
(Bae Abertawe)
Sandfields
Aberavon (Aberafan)
PORT TALBOT
Goytre
Taibach
Mynydd Margam
1129
MAESTEG
Cwmfelin
Pont Rhyd-y-cyff
Llangynwyd
Parkmill
Penmaen
Sandylane
Pennard
Murton
Bishopston
Newton
Caswell
Langland
Mumbles (Mwmbwls)
Penrice
Penrice Castle
Oxwich
Nicholaston
Penmaen Burrows Chambered Tomb
Southgate
Margam
Margam Stones
Abbey
Moel Ton-mawr
1048
A4241
32
Slade
Oxwich Green
Oxwich Bay
Pwlldu Head
Mumbles Head
Port-Eynon
Port-Eynon Bay
Oxwich Point
Eglwys Nunydd Resr.
B4283
Kenfig Castle
Mawdlam
Kenfig
Pyle
Kenfig Hill
North Cornelly
South Cornelly
B4281
Bedford Park
Cefn Cribwr Ironworks
Cefn Cribwr
823
Mynydd Baedon
Coytrahen
Tondu
Aberkenfig
Pen-y-fai
Cefn Glas
Laleston
Newcastle
Sker Point
A4229
Tythegston
Nottage
A4106
Merthyr Mawr
Newton
Candleston
PORTHCAWL
Porthcawl Point
B4524
Ogmore
Ogmore-by-Sea
Tusker Rock
Southerndown
Glamorgan Heritage Coast
CHANNEL
E
F
G
H
Nash
250
60
70
80

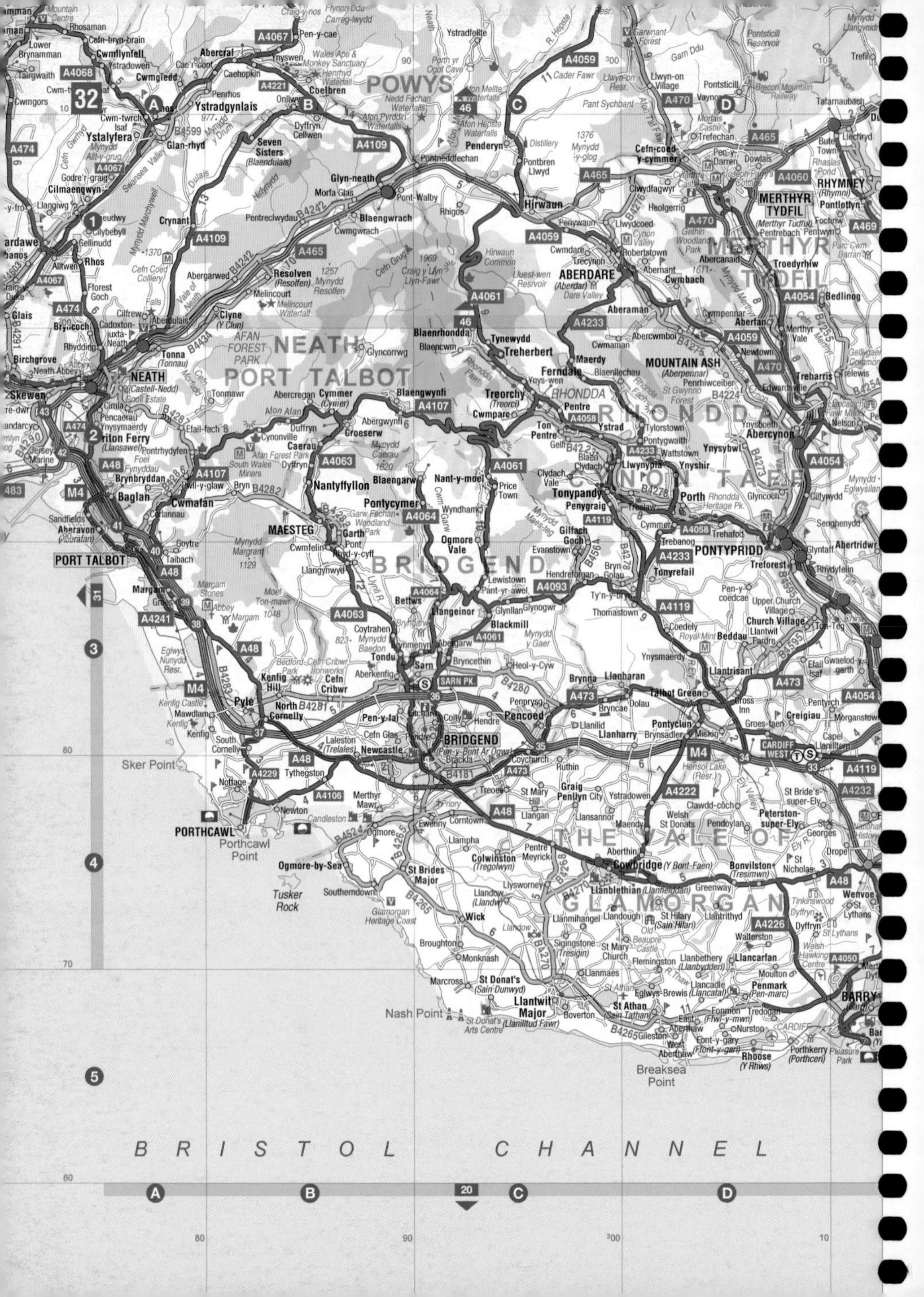

32
POWYS
NEATH PORT TALBOT
RHONDDA CYNON TAFF
MERTHYR TYDFIL
BRIDGEND
THE VALE OF GLAMORGAN
BRISTOL CHANNEL
Rhosaman
Lower Brynamman
Cefn-bryn-brain
Cwmllynfell
Ystradowen
Abercraf
Caehopkin
Tairgwaith
A4068
Cwmgiedd
Penrhos
Ystradgynlais
A4067
Pen-y-cae
Ynyswen
Wales Ape & Monkey Sanctuary
Craig-y-nos
Ffynon Ddu
Carreg-lwydd
Coelbren
A4221
Onllwyn
Dyffryn Cellwen
Cwmgors
Cwm-twrch Isaf
Ystalyfera
Glan-rhyd
B4599
Seven Sisters (Blaendulais)
A474
A4109
Godre'r-graig
Cilmaengwyn
Llangiwg
Pontardawe
Cilybebyll
Gellinudd
Alltwen
Rhos
Fforest Goch
Glais
Birchgrove
Neath Abbey
NEATH (Castell-Nedd)
Skewen
Cimla
Tonna (Tonnau)
Cadoxton-juxta-Neath
Aberdulais
Cilfrew
Rhydding
Tonmawr
Briton Ferry (Llansawel)
Baglan
Cwmafan
Aberavon (Aberafan)
Sandfields
PORT TALBOT
Taibach
Goytre
Margam
Margam Stones
Pontrhydyfen
Bryn
Brynbryddan
Pwll-y-glaw
A4107
Efail-fach
Cynonville
Afan Forest Park
South Wales Miners
AFAN FOREST PARK
Abercregan
Cymmer (Cymer)
Duffryn
Croeserw
Caerau
Dyffryn
Nantyffyllon
MAESTEG
Garth
Cwmfelin
Llangynwyd
Pontycymer
Blaengarw
A4064
A4063
Nant-y-moel
Price Town
Wyndham
Ogmore Vale
Blaengwynfi
Abergwynfi
Glyncorrwg
Blaenrhondda
Blaencwm
Treherbert
Tynewydd
Treorchy (Treorci)
Cwmparc
Pentre
Ton Pentre
Ystrad
Gelli
Ferndale
Maerdy
Ynys-wen
RHONDDA
Blaenllechau
Tylorstown
Pontygwaith
Wattstown
Ynyshir
Llwynypia
Clydach Vale
Tonypandy
Penygraig
Porth
Trealaw
Gilfach Goch
Evanstown
Trebanog
Cymmer
Trehafod
PONTYPRIDD
Tonyrefail
Hendreforgan
Bryn Golau
Ty'n-y-bryn
Thomastown
Lewistown
Pant-yr-awel
Glynogwr
Glynllan
Blackmill
Llangeinor
Bettws
Coytrahen
Brynmenyn
Abergarw
Bryncethin
Tondu
Sarn
Aberkenfig
Cefn Cribwr
Kenfig Hill
Pyle
North Cornelly
South Cornelly
Kenfig
Mawdlam
Sker Point
Nottage
PORTHCAWL
Porthcawl Point
Newton
Tythegston
Laleston
Newcastle
Cefn Glas
Pen-y-fai
BRIDGEND (Pen-y-Bont Ar Ogwr)
Brackla
Coity
Hendre
Pencoed
Coychurch
Treoes
Ewenny
Corntown
Merthyr Mawr
Candleston
Ogmore
Ogmore-by-Sea
Southerndown
St Brides Major
Tusker Rock
Wick
Broughton
Monknash
Marcross
Nash Point
St Donat's (Sain Dunwyd)
Llantwit Major (Llanilltud Fawr)
Boverton
St Athan (Sain Tathan)
Eglwys-Brewis
Gileston
East Aberthaw
West Aberthaw
Breaksea Point
Fonmon (Ffwl-y-mwn)
Font-y-gary (Ffont-y-gari)
Rhoose (Y Rhws)
Porthkerry (Porthceri)
BARRY
Penmark (Pen-marc)
Llancadle
Llancarfan
Llanbethery
Flemingston
Llanmaes
St Mary Church
Sigingstone
Llandow
Llysworney
Colwinston (Tregolwyn)
Llampha
Pentre Meyrick
Cowbridge (Y Bont-Faen)
Llanblethian
Aberthin
St Hilary
Llantrithyd
Llandough
Llanmihangel
Bonvilston (Tresimwn)
St Nicholas
Wenvoe
St Lythans
Dyffryn
Walterston
Peterston-super-Ely
St Brides-super-Ely
Pendoylan
Welsh St Donats
Maendy
Clawdd-côch
Ystradowen
Llansannor
Graig Penllyn
St Mary Hill
Llangan
Ruthin
Llanharry
Llanharan
Brynna
Talbot Green
Llantrisant
Pontyclun
Brynsadler
Miskin
Ynysmaerdy
Beddau
Llantwit Fardre
Church Village
Tonteg
Coedely
Cross Inn
Groes-faen
Creigiau
Pentyrch
Capel Llanilltern
Efail Isaf
Treforest
Rhydyfelin
Glyntaff
Upper Church Village
Pen-y-coedcae
Hirwaun
Penderyn
Pontbren Llwyd
Rhigos
Glyn-neath
Pont-Walby
Morfa Glas
Blaengwrach
Cwmgwrach
Pontneddfechan
Pentreclwydau
Resolven (Resolfen)
Melincourt
Abergarwed
Clyne (Y Clun)
Crynant
Cefn Coed Colliery
Penywaun
Cwmdare
Trecynon
ABERDARE (Aberdar)
Robertstown
Abernant
Cwmbach
Aberaman
Cwmaman
Abercwmboi
MOUNTAIN ASH (Aberpennar)
Penrhiwceiber
Abercynon
Ynysybwl
Cilfynydd
Glyncoch
Edwardsville
Treharris
Trelewis
Nelson
Quakers Yard
Merthyr Vale
Aberfan
Troedyrhiw
Abercanaid
MERTHYR TYDFIL (Merthyr Tudful)
Pentrebach
Pentwyn
Cefn-coed-y-cymmer
Trefechan
Vaynor
Pontsticill
Pen-y-Darren
Dowlais
Heolgerrig
Clwydfagwyr
Llwydcoed
Llwyn-on Village
Ystradfellte
Pant Sychbant
RHYMNEY (Rhymni)
Pontlottyn
Fochriw
Bute Town
Tafarnaubach
Llechryd
Trefil
Bedlinog
Hirwaun Common
Craig y Llyn
Llyn-Fawr
Sarn Pk.
CARDIFF WEST
M4
A48
A465
A470
A4059
A4061
A4233
A4119
A4058
A4054
A4093
A473
A4222
A4226
A4232
A4050
A4229
A4106
A4241
B4265
B4270
B4281
B4283
A4067
A4109
A4221
A4059
A4060
A4469
A4242
A4107
A4063
A4064
A4061
A4233
A4058
A4119
A4093
A4054
A4232
A4050
20
31
A
B
C
D
1
2
3
4
5
60
70
80
90
300
10

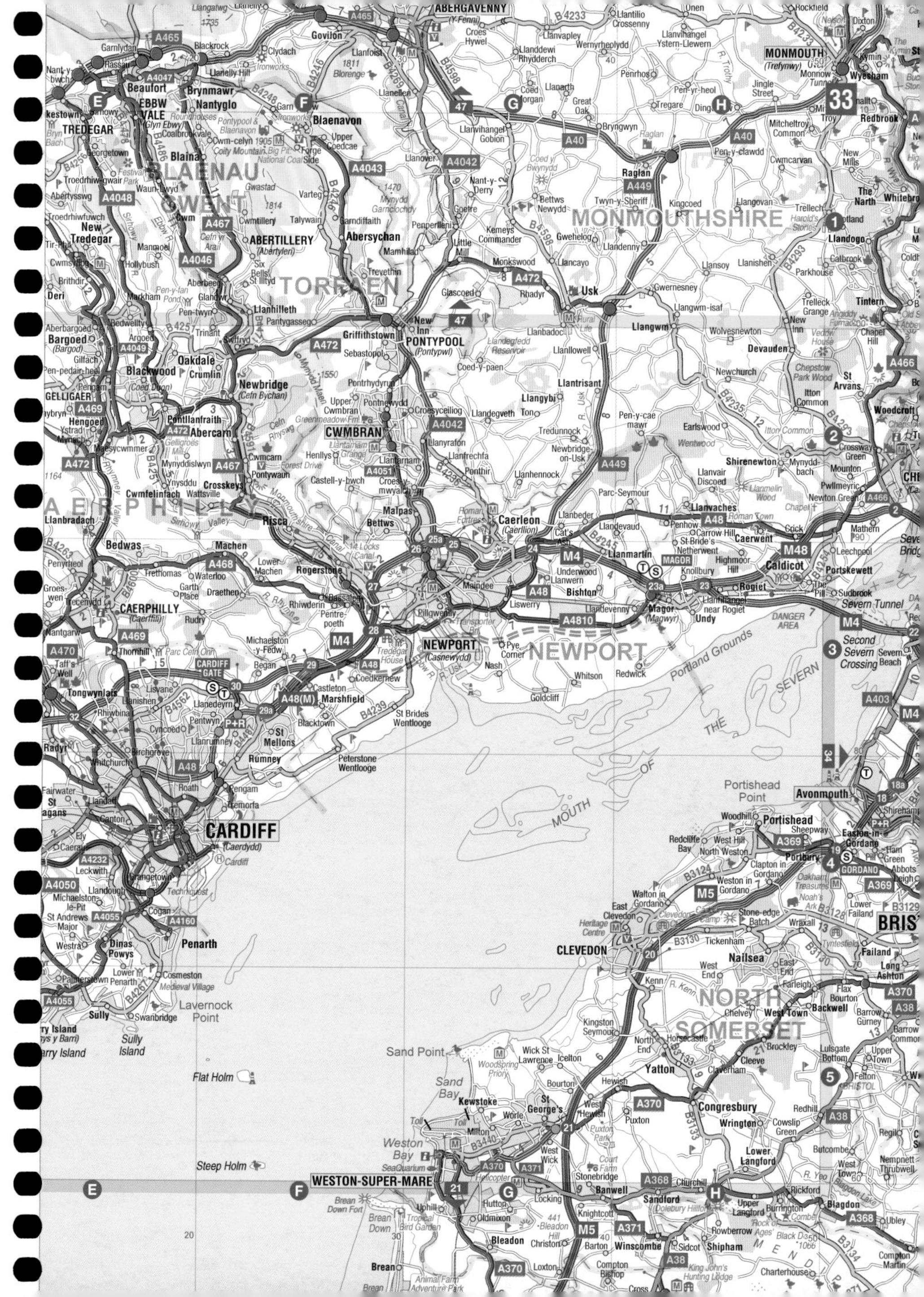

ABERGAVENNY
(Y Fenni)
MONMOUTH
(Trefynwy)
33
MONMOUTHSHIRE
BLAENAU GWENT
TORFAEN
CAERPHILLY
NEWPORT
NORTH SOMERSET
EBBW VALE
(Glyn Ebwy)
TREDEGAR
Beaufort
Brynmawr
Nantyglo
Blaina
Blaenavon
Govilon
Clydach
Llanfoist
Blorenge
Gilwern
ABERTILLERY
(Abertyleri)
Abersychan
PONTYPOOL
(Pontypwl)
Griffithstown
Sebastopol
New Inn
CWMBRAN
Croesyceiliog
Llantarnam
Raglan
Usk
Llangwm
Caerleon
(Caerllion)
Llanmartin
Magor
(Magwyr)
Undy
Rogiet
Caldicot
Portskewett
Caerwent
Crick
Chepstow
Tintern
Llandogo
Trellech
Redbrook
Wyesham
Mitcheltroy
Devauden
Shirenewton
St Arvans
Penhow
Llanvaches
Bishton
Llanwern
Nash
Whitson
Goldcliff
Redwick
Magor
NEWPORT
(Casnewydd)
Rogerstone
Risca
Crosskeys
Bettws
Malpas
Marshfield
Castleton
St Brides Wentlooge
Peterstone Wentlooge
Rumney
St Mellons
Llanedeyrn
Pentwyn
Cyncoed
Lisvane
Llanishen
Rhiwbina
Whitchurch
Radyr
Tongwynlais
Taff's Well
CARDIFF
(Caerdydd)
Llandaff
Canton
Roath
Pengam
Tremorfa
Grangetown
Leckwith
Llandough
Cogan
Penarth
Dinas Powys
Sully
Swanbridge
Lavernock Point
Sully Island
Barry Island
Flat Holm
Steep Holm
CAERPHILLY
(Caerffili)
Bedwas
Machen
Trethomas
Rudry
Nantgarw
Bargoed
Blackwood
Oakdale
Newbridge
(Cefn Bychan)
Pontllanfraith
Abercarn
Ystrad Mynach
Hengoed
Gelligaer
New Tredegar
Deri
Cwmfelinfach
Wattsville
Pontywaun
Cwmcarn
Severn Tunnel
Second Severn Crossing
Portland Grounds
THE SEVERN
MOUTH OF
Portishead Point
Portishead
Avonmouth
Portbury
Easton-in-Gordano
Pill
Clapton in Gordano
Weston in Gordano
Walton in Gordano
East Clevedon
CLEVEDON
Tickenham
Nailsea
Wraxall
Failand
Long Ashton
Flax Bourton
Backwell
West Town
Kenn
Yatton
Congresbury
Wrington
Claverham
Cleeve
Brockley
Kingston Seymour
Wick St Lawrence
Icelton
Sand Point
Sand Bay
Kewstoke
Worle
St George's
Milton
Weston Bay
WESTON-SUPER-MARE
Hutton
Uphill
Locking
Banwell
Sandford
Churchill
Winscombe
Shipham
Blagdon
Burrington
Rickford
Lower Langford
Bleadon
Brean Down
Brean
M4
M48
M5
A465
A40
A449
A472
A4042
A4043
A467
A469
A470
A48
A48(M)
A4810
A4232
A4050
A4055
A4160
A369
A370
A371
A368
A38
A403
A466
E
F
G
H

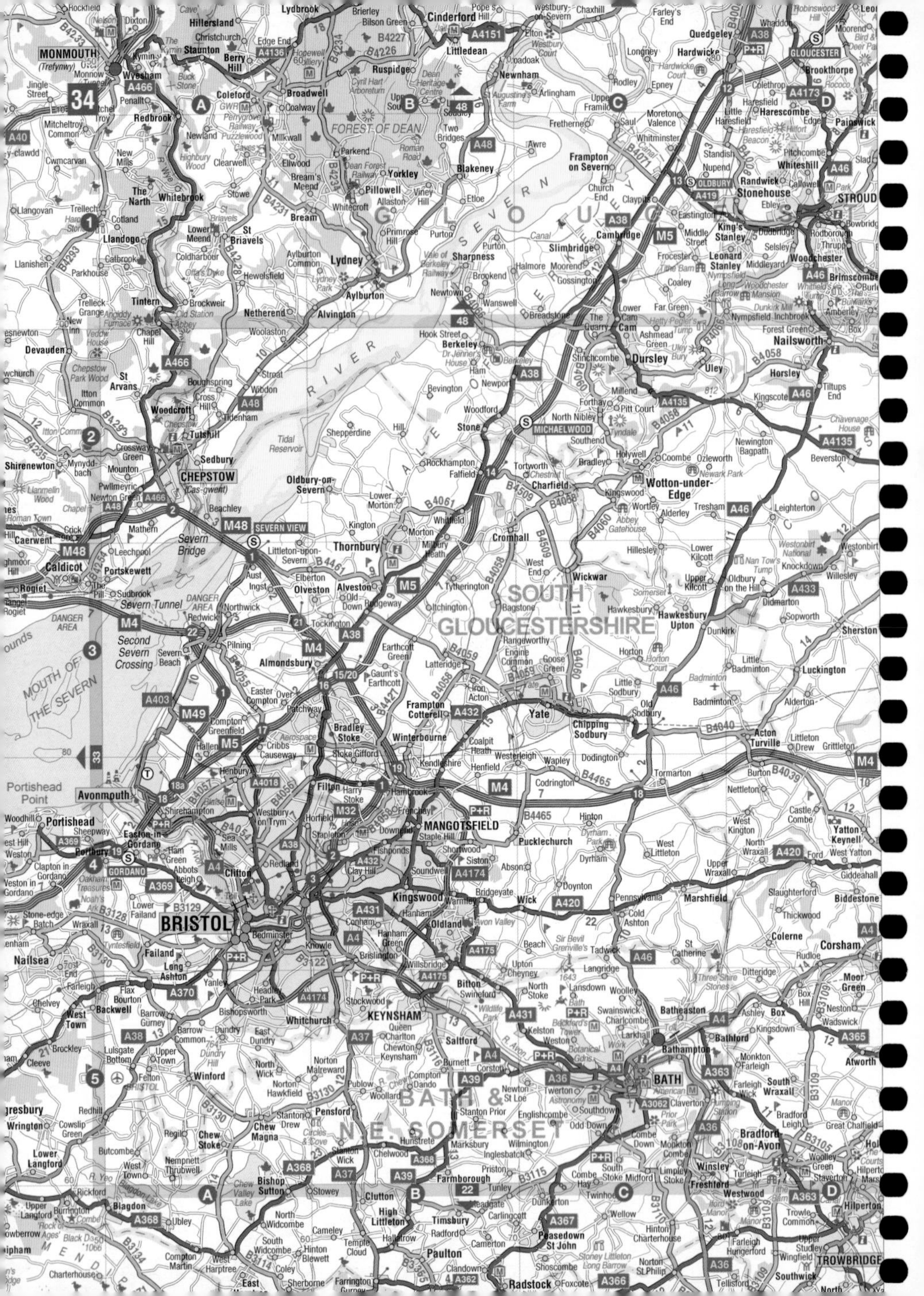

34
MONMOUTH
(Trefynwy)
Wyesham
Kymin
Dixton
Rockfield
Hillersland
Christchurch
Staunton
Berry Hill
Lydbrook
Brierley
Bilson Green
Cinderford
Littledean
Westbury-on-Severn
Chaxhill
Farley's End
Quedgeley
Hardwicke
GLOUCESTER
Whaddon
Brookthorpe
Mitcheldean
Edge End
Ruspidge
Coleford
Broadwell
Coalway
Cyril Hart Arboretum
Dean Heritage Centre
Soudley
Newnham
Arlingham
Longney
Rodley
Epney
Colethrop
Harescombe
Painswick
Penallt
Redbrook
Mitcheltroy Common
Newland
Milkwall
FOREST OF DEAN
Two Bridges
Saul
Upper Framilode
Moreton Valence
Whitminster
Fretherne
Awre
Frampton on Severn
Little Haresfield
Haresfield
Haresfield Beacon
Cwmcarvan
New Mills
Clearwell
Ellwood
Parkend
Yorkley
Blakeney
Standish
Nupend
Pitchcombe
Whiteshill
Randwick
Stonehouse
STROUD
OLDBURY
Ebley
Callowell
The North
Whitebrook
Stowe
Bream's Meend
Pillowell
Viney Hill
Allaston
Whitecroft
Etloe
Church End
Claypits
Eastington
King's Stanley
Middle Street
Dudbridge
Rodborough
Bowbridge
Thrupp
Selsley
Trellech
Llangovan
Cotland
Llandogo
Lower Meend
St Briavels
Bream
Purton
Cambridge
Slimbridge
Leonard Stanley
Frocester
Middleyard
Woodchester
Brimscombe
Llanishen
Parkhouse
Catbrook
Coldharbour
Hewelsfield
Aylburton Common
Lydney
Sharpness
Halmore
Moorend
Gossington
Coaley
Tintern
Brockweir
Netherend
Aylburton
Alvington
Newtown
Wanswell
Breadstone
The Quarry
Lower Cam
Cam
Far Green
Nympsfield
Inchbrook
Amberley
Trelleck Grange
New Inn
Devauden
Chapel Hill
Woolaston
Hook Street
Berkeley
Ashmead Green
Dursley
Uley
Forest Green
Box
Nailsworth
St Arvans
Itton Common
Boughspring
Cross Hill
Woodcroft
Tidenham
Stroat
Widdon
Ham
Newport
Stinchcombe
Horsley
Kingscote
Tiltups End
Millend
Forthay
Pitt Court
North Nibley
Southend
Tyndale
Woodford
Stone
MICHAELWOOD
Shepperdine
Hill
Bevington
Tidal Reservoir
RIVER SEVERN
Tutshill
Sedbury
Shirenewton
Mynyddbach
Crossway Green
Mounton
Pwllmeyric
CHEPSTOW
(Cas-gwent)
Newton Green
Rockhampton
Falfield
Tortworth
Charfield
Holywell
Bradley
Coombe
Ozleworth
Newington Bagpath
Beverston
Wotton-under-Edge
Kingswood
Wortley
Alderley
Tresham
Leighterton
Oldbury-on-Severn
Lower Morton
Beachley
Caerwent
Mathern
Severn Bridge
SEVERN VIEW
Kington
Thornbury
Morton
Whitfield
Milbury Heath
Cromhall
Abbey Gatehouse
Hillesley
Lower Kilcott
Westonbirt
Caldicot
Portskewett
Leechpool
Littleton-upon-Severn
Elberton
Olveston
Alveston
Tytherington
West End
Wickwar
Upper Kilcott
Oldbury on the Hill
Knockdown
Willesley
Rogiet
Sudbrook
Severn Tunnel
Aust
Ingst
Northwick
Redwick
Tockington
Old Down
Itchington
SOUTH GLOUCESTERSHIRE
Hawkesbury
Hawkesbury Upton
Didmarton
Sopworth
Sherston
Second Severn Crossing
Severn Beach
Pilning
Almondsbury
Earthcott Green
Latteridge
Rangeworthy
Engine Common
Goose Green
Horton
Little Badminton
Luckington
MOUTH OF THE SEVERN
Easter Compton
Over
Gaunt's Earthcott
Iron Acton
Yate
Little Sodbury
Old Sodbury
Badminton
Alderton
Compton Greenfield
Patchway
Bradley Stoke
Frampton Cotterell
Chipping Sodbury
Acton Turville
Littleton Drew
Grittleton
Hallen
Cribbs Causeway
Stoke Gifford
Winterbourne
Coalpit Heath
Westerleigh
Wapley
Dodington
Tormarton
Burton
Portishead Point
Avonmouth
Henbury
Filton
Harry Stoke
Hambrook
Kendleshire
Henfield
Codrington
Nettleton
Portishead
Sheepway
Shirehampton
Westbury on Trym
Horfield
Frenchay
MANGOTSFIELD
Pucklechurch
Hinton
Dyrham Park
West Kington
Castle Combe
Yatton Keynell
Easton-in-Gordano
Portbury
GORDANO
Pill
Ham Green
Sea Mills
Stapleton
Downend
Staple Hill
Fishponds
Shortwood
Siston
Dyrham
West Littleton
North Wraxall
Upper Wraxall
Ford
West Yatton
Giddeahall
Clapton in Gordano
Weston in Gordano
Abbots Leigh
Clifton
Redland
Clay Hill
Soundwell
Abson
Doynton
Slaughterford
Biddestone
Lower Failand
Wraxall
BRISTOL
Kingswood
Warmley
Bridgeyate
Wick
Pennsylvania
Marshfield
Cold Ashton
Thickwood
Nailsea
Failand
Bedminster
Knowle
Conham
Hanham
Oldland
Hanham Green
Brislington
Beach
Tadwick
St Catherine
Colerne
Corsham
Long Ashton
Farleigh
Yanley
Headley Park
Willsbridge
Bitton
Upton Cheyney
Langridge
Three Shire Stones
Ditteridge
Rudloe
Moor Green
Chelvey
Backwell
Flax Bourton
Barrow Gurney
Bishopsworth
Whitchurch
Stockwood
KEYNSHAM
Swineford
North Stoke
Lansdown
Woolley
Swainswick
Charlcombe
Batheaston
Ashley
Box
Neston
Wadswick
West Town
Brockley
Barrow Common
Dundry
East Dundry
Queen Charlton
Chewton Keynsham
Saltford
Kelston
Weston
Larkhall
Bathampton
Bathford
Kingsdown
Atworth
Cleeve
Lulsgate Bottom
Upper Town
Felton
Winford
North Wick
Norton Hawkfield
Norton Malreward
Burnett
Corston
Compton Dando
Publow
Woollard
Newton St Loe
Twerton
BATH
Southdown
Claverton
Monkton Farleigh
Farleigh Wick
South Wraxall
Congresbury
Wrington
Redhill
Cowslip Green
Regil
Chew Stoke
Chew Magna
Stanton Drew
Pensford
Stanton Prior
BATH & N.E. SOMERSET
Englishcombe
Odd Down
Combe Down
Monkton Combe
Bradford Leigh
Great Chalfield
Bradford-on-Avon
Butcombe
West Town
Nempnett Thrubwell
Lower Langford
Bishop Sutton
Stanton Wick
Hunstrete
Chelwood
Marksbury
Wilmington
Inglesbatch
Priston
Combe Hay
South Stoke
Midford
Limpley Stoke
Winsley
Freshford
Turleigh
Westwood
Woolley
Staverton
Hilperton
Rickford
Upper Langford
Burrington
Blagdon
Ubley
Stowey
Clutton
High Littleton
Farmborough
Tunley
Carlingcott
Dunkerton
Twinhoe
Wellow
Hinton Charterhouse
Trowle Common
Blagdon Lake
Chew Valley Lake
North Widcombe
Cameley
Temple Cloud
Hallatrow
Timsbury
Radford
Camerton
Peasedown St John
Farleigh Hungerford
Wingfield
Upper Studley
TROWBRIDGE
Compton Martin
West Harptree
South Widcombe
Hinton Blewett
Paulton
Coley
Clandown
Shoscombe
Norton St Philip
Southwick
Charterhouse
East
Sherborne
Farrington Gurney
Radstock
Foxcote
Tellisford
North
MENDIP
M4
M5
M48
M49
M32
A38
A46
A48
A466
A403
A4
A369
A370
A4174
A4175
A431
A432
A420
A37
A39
A36
A368
A367
A362
A366
A363
A365
A3062
A4018
A419
A4135
A4173
A4136
A4151
A433
A40
B4058
B4059
B4060
B4061
B4465
B4509
B4461
B4040
B4039
B3130
B3128
B3129
B3114
B3134
B3115
B3116
B3105
B3109
B3110
B4231
B4228
B4234
B4226
B4227
B4066
B4071
B4293
B4235
B4245
B4055
B4054
B4056
B4057
P+R
33
48
22

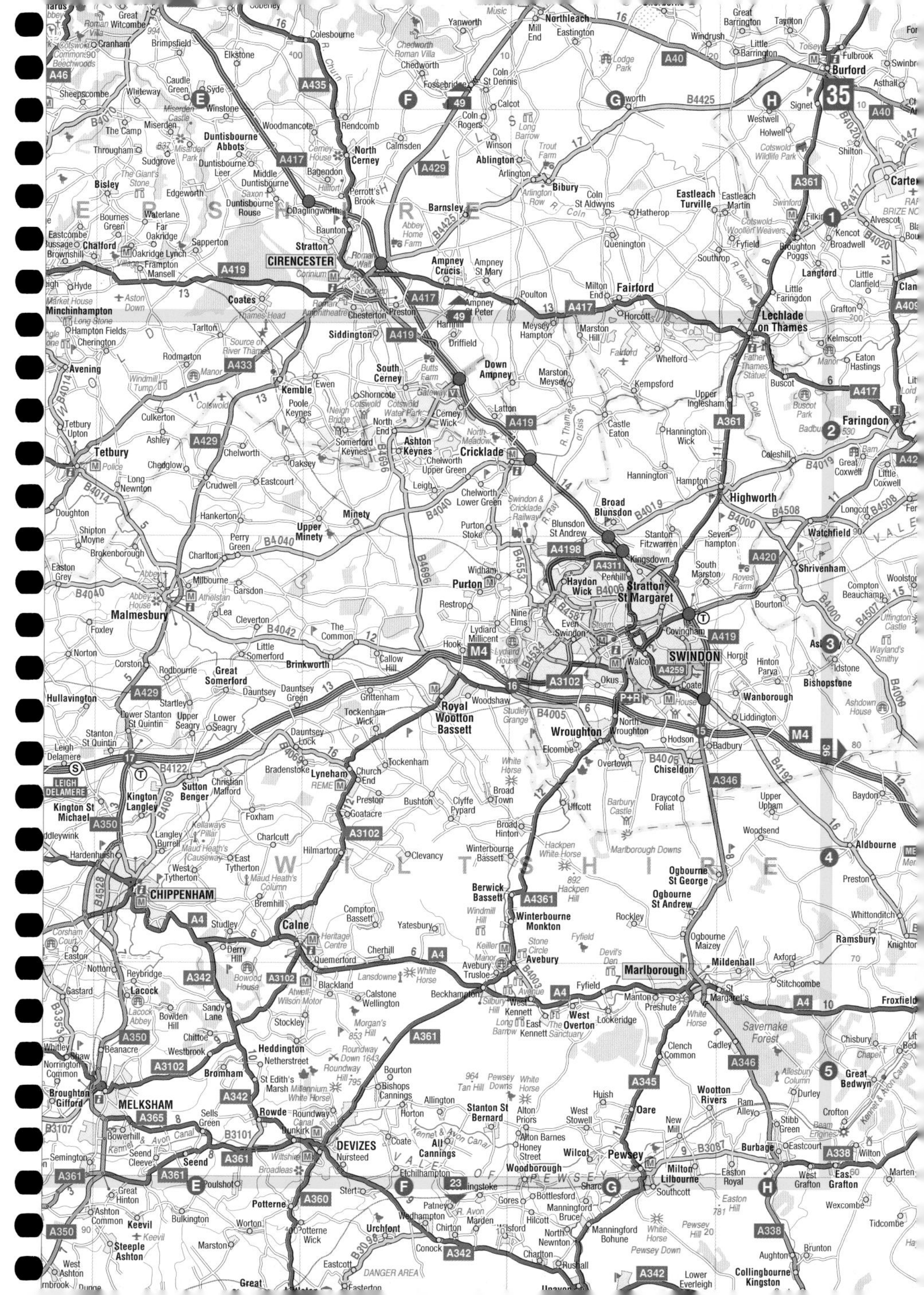
35
Great Witcombe
Roman Witcombe
Cranham
Brimpsfield
Colesbourne
Yanworth
Northleach
Mill End
Eastington
Great Barrington
Taynton
Windrush
Little Barrington
Tolsey
Fulbrook
Burford
Swinbrook
Asthall
Cotswold Commons
Beechwoods
Elkstone
Chedworth Roman Villa
Chedworth
Lodge Park
A40
A46
A435
Sheepscombe
Whiteway
Caudle Green
Syde
Fossebridge
Coln St Dennis
Calcot
Gsworth
B4425
Signet
Westwell
Holwell
Shilton
Cotswold Wildlife Park
Winstone
Miserden Castle
Miserden
The Camp
Throughgham
Sudgrove
Woodmancote
Rendcomb
North Cerney
Cerney House
Calmsden
Coln Rogers
Long Barrow
Winson
Ablington
Trout Farm
Arlington
Bibury
Duntisbourne Abbots
Duntisbourne Leer
Middle Duntisbourne
Bagendon
Hillfort
Perrott's Brook
A417
A429
A361
Bisley
Edgeworth
Duntisbourne Rouse
Daglingworth
Barnsley
Arlington Row
Coln St Aldwyns
Hatherop
Eastleach Turville
Eastleach Martin
Swinford
Filkins
Kencot
Broadwell
Alvescot
Carterton
Bournes Green
Waterlane
Far Oakridge
Eastcombe
Bussage
Chalford
Brownshill
Oakridge Lynch
Frampton Mansell
Sapperton
Baunton
Abbey Home Farm
Stratton
CIRENCESTER
Corinium
Roman Wall
Ampney Crucis
Ampney St Mary
Quenington
Cotswold Woollen Weavers
Fyfield
Southrop
Broughton Poggs
Langford
Little Clanfield
A419
Hyde
Market House
Aston Down
Minchinhampton
Long Stone
Hampton Fields
Cherington
Coates
Thames Head
Roman Amphitheatre
Chesterton
Preston
Ampney St Peter
Harnhill
Poulton
Milton End
Fairford
Horcott
Little Faringdon
Grafton
Lechlade on Thames
Tarlton
Source of River Thames
Siddington
Driffield
Meysey Hampton
Marston Hill
Father Thames Statue
Kelmscott
Eaton Hastings
Avening
Rodmarton
A433
Manor
Windmill Tump
Kemble
Ewen
South Cerney
Butts Farm
Down Ampney
Marston Meysey
Whelford
Kempsford
Buscot
Buscot Park
A417
Culkerton
Cotswold
Poole Keynes
Shorncote
Cotswold Water Park
Cerney Wick
Latton
Castle Eaton
Upper Inglesham
Faringdon
Tetbury Upton
Ashley
Neigh Bridge
North End
Ashton Keynes
North Meadow
Somerford Keynes
Hannington Wick
Badbury
Tetbury
Chedglow
Chelworth
Oaksey
Chelworth Upper Green
Cricklade
R. Thames or Isis
Coleshill
Great Coxwell
Little Coxwell
Long Newnton
Crudwell
Eastcourt
Leigh
Chelworth Lower Green
Hannington
Hampton
Highworth
B4019
Doughton
Hankerton
Minety
B4040
Swindon & Cricklade Railway
Broad Blunsdon
B4508
Longcot
Shipton Moyne
Brokenborough
Perry Green
Upper Minety
Purton Stoke
Blunsdon St Andrew
Stanton Fitzwarren
Sevenhampton
Watchfield
Charlton
A4198
Kingsdown
South Marston
A420
Shrivenham
Easton Grey
Milbourne
Garsdon
Widham
Purton
Haydon Wick
Stratton St Margaret
Roves Farm
Compton Beauchamp
Woolstone
Abbey
Athelstan
Malmesbury
B4040
Lea
Restrop
Nine Elms
Even Swindon
Bourton
Foxley
Cleverton
B4042
The Common
Lydiard Millicent
Steam
Covingham
A419
Uffington Castle
Norton
Little Somerford
Brinkworth
Hook
M4
Lydiard House
Walcot
SWINDON
Horpit
Ashbury
Wayland's Smithy
Idstone
Corston
Rodbourne
Great Somerford
Callow Hill
A3102
Okus
A4259
Hinton Parva
Bishopstone
Hullavington
A429
Startley
Dauntsey
Dauntsey Green
Grittenham
Royal Wootton Bassett
Woodshaw
Coate
Wanborough
Ashdown House
Lower Stanton St Quintin
Upper Seagry
Lower Seagry
Tockenham Wick
Studley Grange
B4005
Wroughton
North Wroughton
Liddington
Stanton St Quintin
Dauntsey Lock
Elcombe
Hodson
Badbury
M4
Leigh Delamere
LEIGH DELAMERE
Bradenstoke
Tockenham
Overtown
Chiseldon
Kington Langley
Sutton Benger
Christian Malford
Lyneham
REME
Church End
White Horse
A346
Baydon
Kington St Michael
A350
Preston
Goatacre
Bushton
Clyffe Pypard
Broad Town
Uffcott
Barbury Castle
Draycot Foliat
Upper Upham
Foxham
Kellaways Pillar
Broad Hinton
Woodsend
Langley Burrell
Charlcutt
Hackpen White Horse
Marlborough Downs
Aldbourne
Hardenhuish
Maud Heath's Causeway
East Tytherton
Hilmarton
Clevancy
Winterbourne Bassett
W I L T S H I R E
West Tytherton
Maud Heath's Column
CHIPPENHAM
Berwick Bassett
Hackpen Hill
Ogbourne St George
Ogbourne St Andrew
Preston
Bremhill
A4361
B4528
Compton Bassett
Windmill Hill
Winterbourne Monkton
Rockley
Whittonditch
Corsham Court
Studley
Calne
Heritage Centre
Yatesbury
Stone Circle
Fyfield
Ogbourne Maizey
Ramsbury
Knighton
Derry Hill
Cherhill
Keiller Manor
Avebury
Devil's Den
Marlborough
Mildenhall
Axford
Easton
Notton
Quemerford
White Horse
Avebury Trusloe
A4
Reybridge
A342
Bowood House
Blackland
Lansdowne
Fyfield
Stitchcombe
Gastard
Lacock
Lacock Abbey
Atwell-Wilson Motor
Calstone Wellington
Beckhampton
Silbury Hill
West Kennett
Avenue
Manton
Preshute
St Margaret's
Froxfield
Bowden Hill
Sandy Lane
Stockley
Morgan's Hill
Long Barrow
East Kennett
The Sanctuary
West Overton
Lockeridge
White Horse
Savernake Forest
Chittoe
Chisbury
Whitley
Shaw
Beanacre
Westbrook
Heddington
Roundway Down 1643
A361
Clench Common
Cadley
Norrington Common
A3102
Netherstreet
Bromham
St Edith's Marsh
Millennium White Horse
Roundway Hill
Bourton
Bishops Cannings
964 Tan Hill
Pewsey Downs
White Horse
Huish
A345
Great Bedwyn
Allesbury Column
Broughton Gifford
MELKSHAM
Allington
Stanton St Bernard
Alton Priors
Oare
Wootton Rivers
Ram Alley
Durley
A365
Sells Green
Rowde
Roundway
Dunkirk
Horton
West Stowell
New Mill
Crofton
Stibb Green
B3107
Bowerhill
Kennet & Avon Canal
B3101
DEVIZES
Nursteed
Coate
All Cannings
Alton Barnes
Honey Street
Wilcot
Pewsey
B3087
Burbage
Eastcourt
Semington
Seend Cleeve
Seend
Wiltshire
Broadleas
Etchilhampton
V A L E O F P E W S E Y
Woodborough
Milton Lilbourne
Easton Royal
West Grafton
East Grafton
Marten
Great Hinton
Poulshot
Stert
Beechingstoke
Bottlesford
Sharcott
Southcott
Potterne
A360
Patney
Gores
Manningford Bruce
Easton Hill
Wexcombe
Ashton Common
Keevil
Bulkington
Worton
Wedhampton
R. Avon
Marden
Hilcott
Tidcombe
Potterne Wick
Urchfont
Chirton
Wilsford
North Newnton
Manningford Bohune
White Horse
Pewsey Hill
A350
Steeple Ashton
Marston
Conock
Pewsey Down
Brunton
West Ashton
Eastcott
DANGER AREA
Charlton
Rushall
Aughton
Collingbourne Kingston
Easterton
Lower Everleigh
A338
A346
A4
B4192
A342

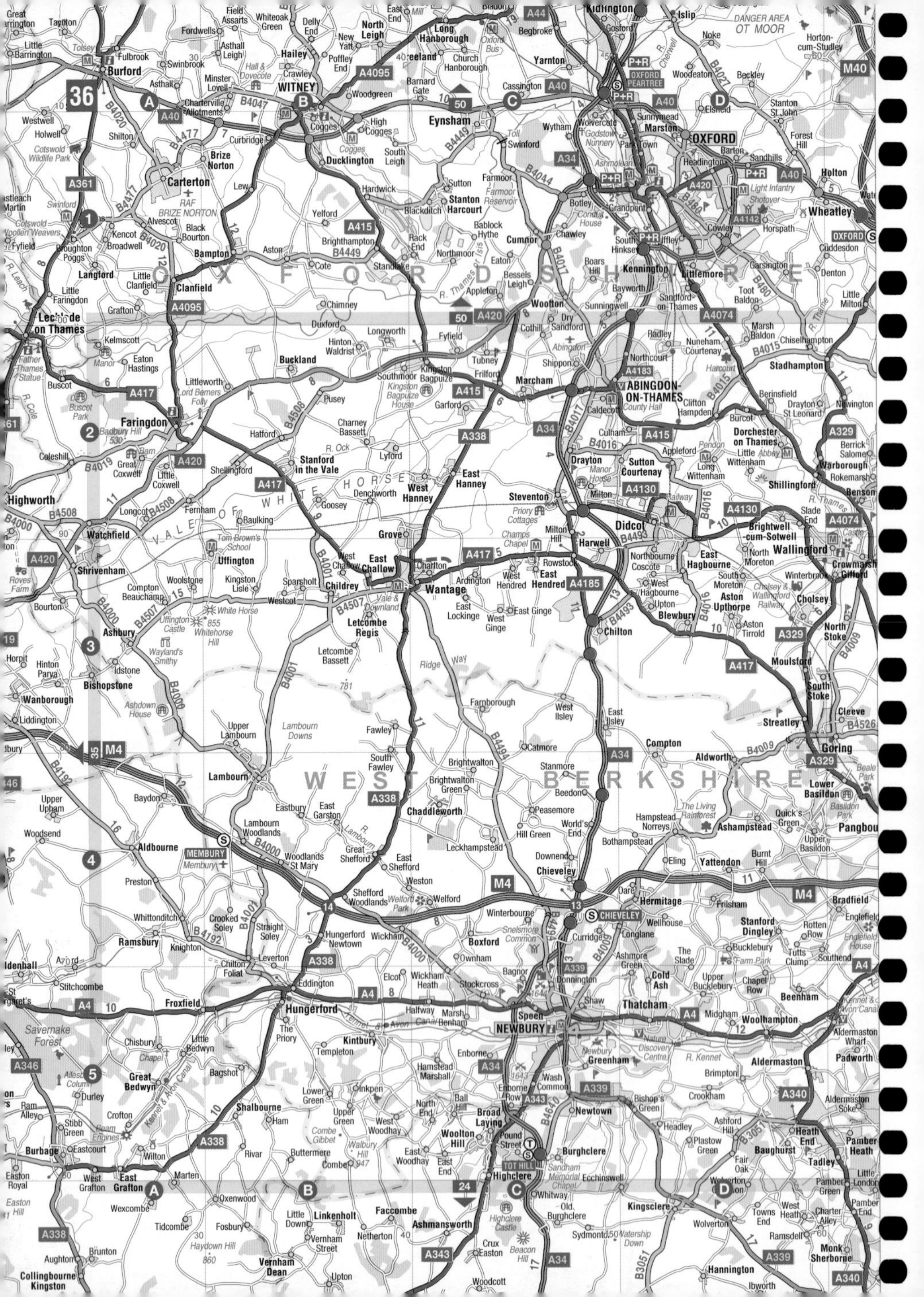

36
Burford
Fulbrook
Taynton
Little Barrington
Tolsey
Fordwells
Field Assarts
Whiteoak Green
Asthall Leigh
Swinbrook
Asthall
Minster Lovell
Hall & Dovecote
Charterville Allotments
Hailey
Crawley
Delly End
North Leigh
New Yatt
Poffley End
East End
Long Hanborough
Freeland
Church Hanborough
Oxford Bus
Begbroke
Yarnton
Kidlington
Gosford
Islip
R. Cherwell
DANGER AREA
OT MOOR
Noke
Horton-cum-Studley
Woodeaton
Beckley
M40
P+R
OXFORD PEARTREE
Elsfield
Stanton St.John
Forest Hill
Sunnymead
Marston
OXFORD
Barton
Headington
Sandhills
Holton
Wheatley
Light Infantry
Shotover
Horspath
Cowley
OXFORD
Cuddesdon
Garsington
Denton
Littlemore
Toot Baldon
Little Milton
Sandford-on-Thames
A4074
Marsh Baldon
Chiselhampton
Nuneham Courtenay
Stadhampton
Harcourt
WITNEY
Cogges
High Cogges
Woodgreen
Barnard Gate
Cassington
Eynsham
Toll
Swinford
Wytham
Wolvercote
Godstow Nunnery
Park Town
Ashmolean
Botley
Grandpont
Conduit House
Chawley
Cumnor
South Hinksey
Kennington
Bayworth
Sunningwell
Boars Hill
Westwell
Holwell
Shilton
Cotswold Wildlife Park
Curbridge
Brize Norton
Carterton
RAF BRIZE NORTON
Ducklington
South Leigh
Swinford
Cotswold Woollen Weavers
Eastleach Martin
Fyfield
Alvescot
Kencot
Broadwell
Broughton Poggs
Black Bourton
Bampton
Langford
Little Clanfield
Clanfield
Little Faringdon
Aston
Cote
Standlake
Brighthampton
Yelford
Hardwick
Sutton
Stanton Harcourt
Blackditch
Farmoor
Farmoor Reservoir
Rack End
Northmoor
Bablock Hythe
Eaton
Bessels Leigh
Appleton
R. Thames or Isis
Wootton
Dry Sandford
Cothill
Abingdon
Radley
Grafton
Chimney
Lechlade on Thames
Kelmscott
Father Thames Statue
Eaton Hastings
Buscot
Buscot Park
Duxford
Longworth
Hinton Waldrist
Buckland
Fyfield
Kingston Bagpuize
Tubney
Frilford
Marcham
Shippon
Northcourt
ABINGDON-ON-THAMES
County Hall
Caldecott
Clifton Hampden
Berinsfield
Burcot
Drayton St Leonard
Newington
Dorchester on Thames
Abbey
Little Wittenham
Long Wittenham
Appleford
Pendon
Sutton Courtenay
Culham
Drayton
Manor House
Milton
Steventon
Priory Cottages
Didcot
Railway
Harwell
Milton Hill
Champs Chapel
Littleworth
Lord Berners Folly
Faringdon
Badbury Hill
Southmoor
Kingston Bagpuize House
Pusey
Garford
Charney Bassett
Hatford
R. Ock
Lyford
Stanford in the Vale
Shellingford
Coleshill
Great Coxwell
Barn
Little Coxwell
Highworth
Longcot
Fernham
Baulking
Goosey
Denchworth
West Hanney
East Hanney
VALE OF WHITE HORSE
Watchfield
Shrivenham
Roves Farm
Tom Brown's School
Uffington
Compton Beauchamp
Woolstone
Kingston Lisle
Sparsholt
Westcot
Childrey
West Challow
East Challow
Grove
Charlton
Wantage
Vale & Downland
Ardington
West Hendred
East Hendred
Rowstock
Northbourne
Coscote
East Hagbourne
West Hagbourne
Upton
Blewbury
Aston Upthorpe
Aston Tirrold
North Moreton
South Moreton
Brightwell-cum-Sotwell
Wallingford
Crowmarsh Gifford
Winterbrook
Cholsey & Wallingford Railway
Cholsey
Slade End
Benson
Shillingford
Warborough
Rokemarsh
Berrick Salome
R. Thames
Castle
Bourton
Ashbury
Uffington Castle
White Horse
Whitehorse Hill
Wayland's Smithy
Letcombe Regis
Letcombe Bassett
East Lockinge
West Ginge
East Ginge
Chilton
North Stoke
Moulsford
South Stoke
Cleeve
Streatley
Goring
Horpit
Hinton Parva
Idstone
Bishopstone
Wanborough
Liddington
Ashdown House
Upper Lambourn
Lambourn Downs
Ridge Way
Farnborough
West Ilsley
East Ilsley
Fawley
South Fawley
Catmore
Brightwalton
Compton
Aldworth
Beale Park
Lower Basildon
Basildon Park
Pangbourne
Lambourn
Baydon
Upper Upham
Woodsend
Aldbourne
MEMBURY
Membury
Lambourn Woodlands
Eastbury
East Garston
R. Lambourn
Great Shefford
East Shefford
Woodlands St Mary
WEST BERKSHIRE
Brightwalton Green
Chaddleworth
Stanmore
Beedon
Peasemore
World's End
Hill Green
Leckhampstead
Downend
Chieveley
Hampstead Norreys
The Living Rainforest
Ashampstead
Quick's Green
Upper Basildon
Bothampstead
Eling
Yattendon
Burnt Hill
Preston
Whittonditch
Ramsbury
Crooked Soley
Straight Soley
Knighton
Chilton Foliat
Leverton
Shefford Woodlands
Welford Park
Welford
Weston
Hungerford Newtown
Wickham
Winterbourne
Snelsmore Common
Boxford
CHIEVELEY
Curridge
Hermitage
Oare
Frilsham
Longlane
Wellhouse
Stanford Dingley
Bradfield
Englefield
Rotten Row
Englefield House
Ashmore Green
Bucklebury
Tutts Clump
Southend
The Slade
Farm Park
Eddington
Elcot
Wickham Heath
Stockcross
Bagnor
Donnington
Ownham
Cold Ash
Upper Bucklebury
Chapel Row
Beenham
Froxfield
Hungerford
Kennet & Avon Canal
Halfway
Marsh Benham
Speen
Shaw
Thatcham
Midgham
Woolhampton
Aldermaston Wharf
NEWBURY
Newbury
Discovery Centre
Nature
R. Kennet
Greenham
Aldermaston
Padworth
Savernake Forest
Chisbury
Little Bedwyn
The Priory
Kintbury
Templeton
Enborne
Hamstead Marshall
Great Bedwyn
Bagshot
Chapel
Allesbury Column
Durley
Lower Green
Inkpen
Upper Green
West Woodhay
North End
Ball Hill
Broad Laying
Enborne Row
Wash Common
Newtown
Bishop's Green
Brimpton
Crookham
Aldermaston Soke
Ram Alley
Crofton
Beam Engines
Shalbourne
Ham
Combe Gibbet
Walbury Hill
Woolton Hill
Pound Street
TOT HILL
Burghclere
Headley
Ashford Hill
Plastow Green
Heath End
Pamber Heath
Baughurst
Tadley
Stibb Green
Burbage
Eastcourt
Wilton
Rivar
Buttermere
Combe
East Woodhay
East End
Highclere
Sandham Memorial Chapel
Ecchinswell
Fair Oak
Wolverton Common
Little London
Pamber Green
Easton Royal
West Grafton
East Grafton
Marten
Wexcombe
Oxenwood
Tidcombe
Fosbury
Haydown Hill
Little Down
Linkenholt
Vernham Street
Faccombe
Netherton
Ashmansworth
Highclere Castle
Whitway
Old Burghclere
Sydmonton
Watership Down
Kingsclere
Wolverton
Towns End
West Heath
Charter Alley
Ramsdell
Pamber End
Monk Sherborne
Easton Hill
Aughton
Brunton
Collingbourne Kingston
Vernham Dean
Upton
Crux Easton
Beacon Hill
Woodcott
Hannington
Ibworth
M4
A4
A34
A338
A339
A340
A343
A346
A361
A40
A415
A417
A420
A4095
A4130
A4142
A4183
A4185
A44
A329
B4000
B4001
B4009
B4011
B4015
B4016
B4017
B4019
B4020
B4027
B4044
B4047
B4192
B4449
B4477
B4480
B4493
B4494
B4507
B4508
B4526
B4640
B3051

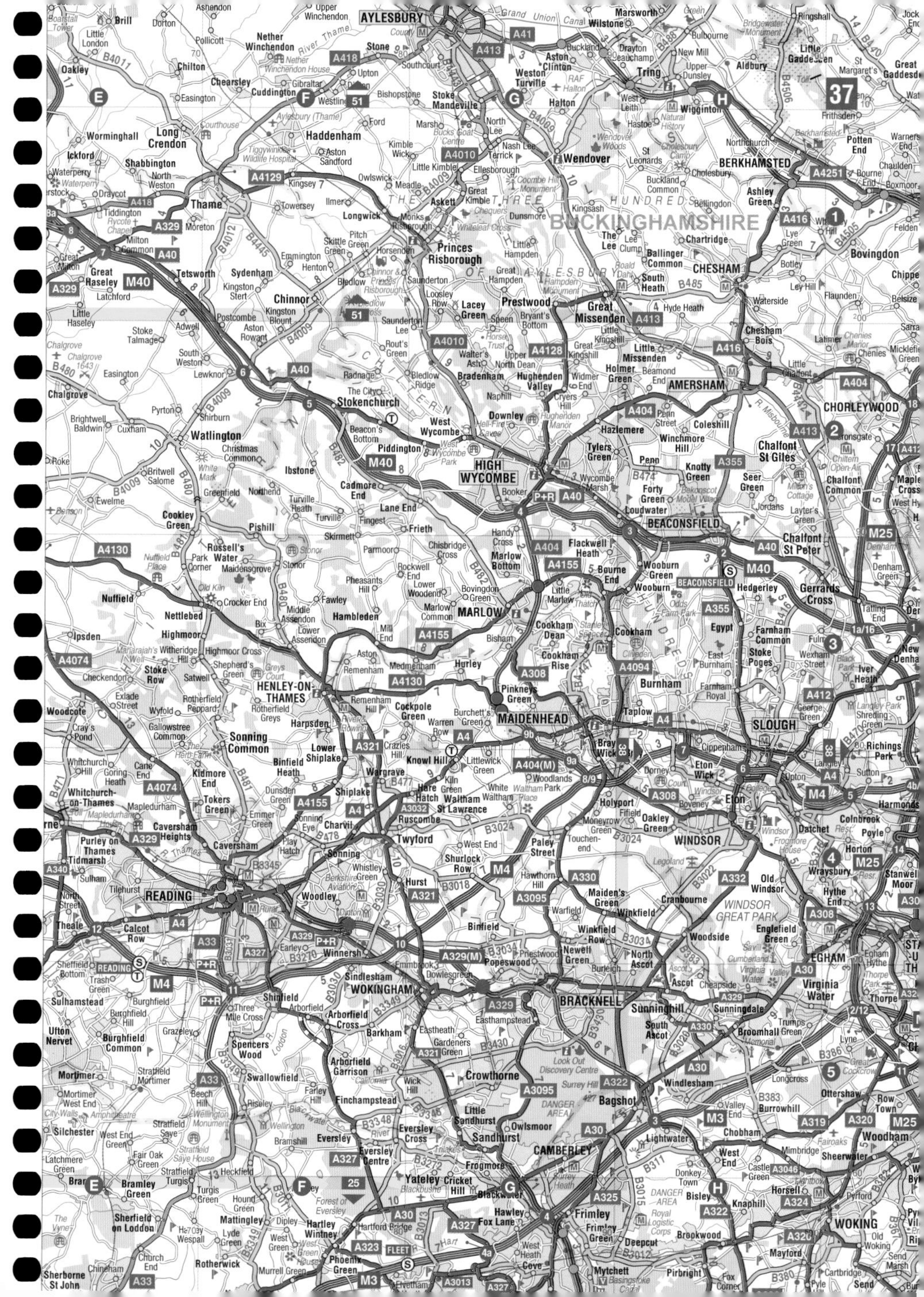
37
AYLESBURY
BUCKINGHAMSHIRE
THE CHILTERN HUNDREDS
BERKHAMSTED
Tring
Wendover
Princes Risborough
Thame
Long Crendon
Haddenham
Chinnor
Watlington
Stokenchurch
HIGH WYCOMBE
AMERSHAM
CHESHAM
Great Missenden
Prestwood
CHORLEYWOOD
Chalfont St Giles
Chalfont St Peter
BEACONSFIELD
Gerrards Cross
MARLOW
HENLEY-ON-THAMES
MAIDENHEAD
SLOUGH
WINDSOR
Eton
Datchet
READING
Caversham
Twyford
Wokingham
BRACKNELL
Sunninghill
Ascot
Egham
Virginia Water
Crowthorne
Sandhurst
CAMBERLEY
Bagshot
Frimley
WOKING
Yateley
Fleet
Hartley Wintney
Sherfield on Loddon
Mortimer
Nettlebed
Sonning Common
Woodley
Burnham
Cookham
Beaconsfield
Denham
Iver
Colnbrook
Staines
Windsor Great Park
Chobham
Lightwater
M40
M4
M3
M25
A40
A404
A4
A329(M)
A30

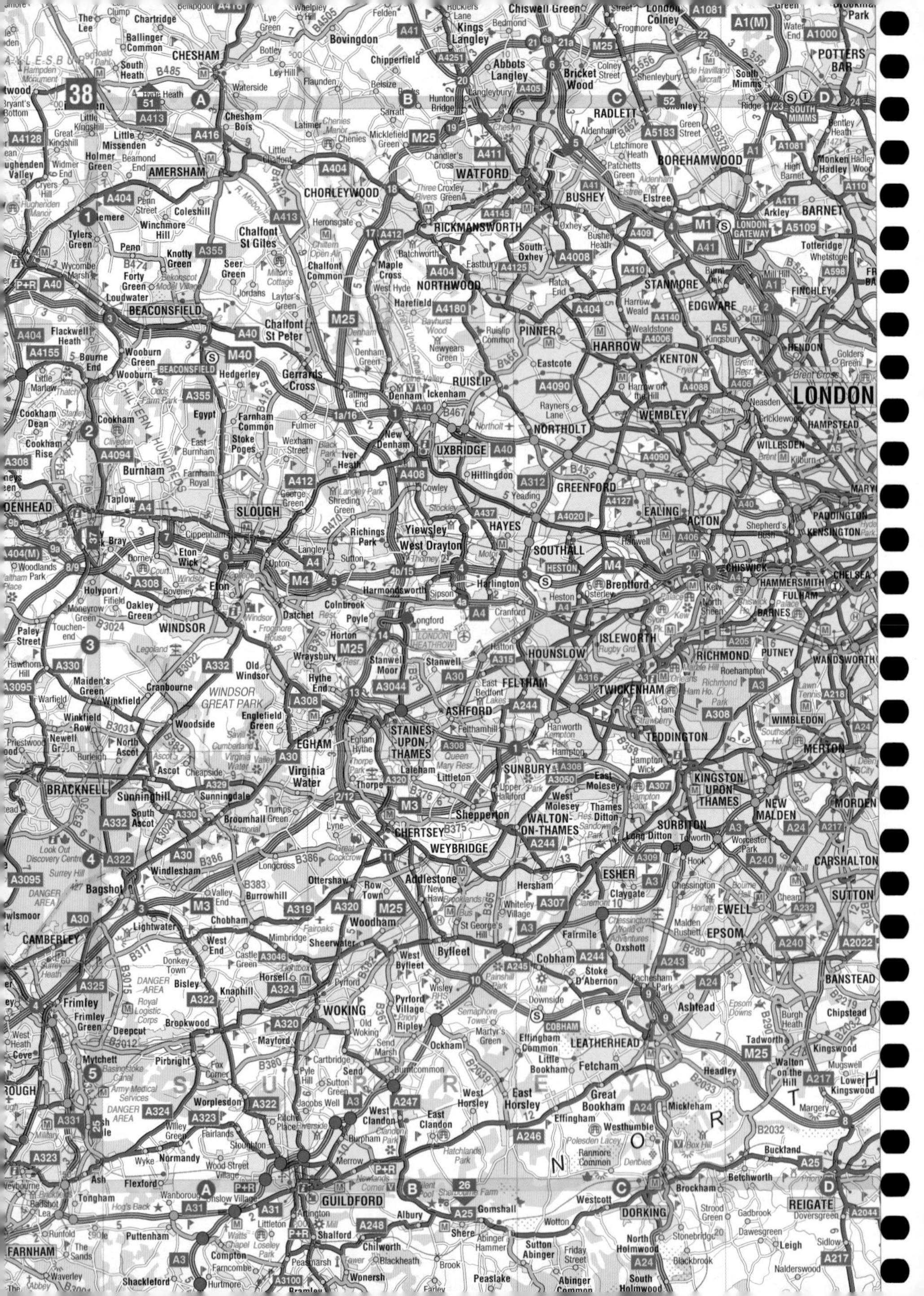

38
LONDON
WATFORD
SLOUGH
UXBRIDGE
WINDSOR
STAINES-UPON-THAMES
KINGSTON UPON THAMES
GUILDFORD
WOKING
DORKING
REIGATE
EPSOM
HARROW
BEACONSFIELD
AMERSHAM
CHESHAM
BRACKNELL
CAMBERLEY
FARNHAM
LEATHERHEAD
RICHMOND
HOUNSLOW
WEMBLEY
EALING
BARNET
SUTTON

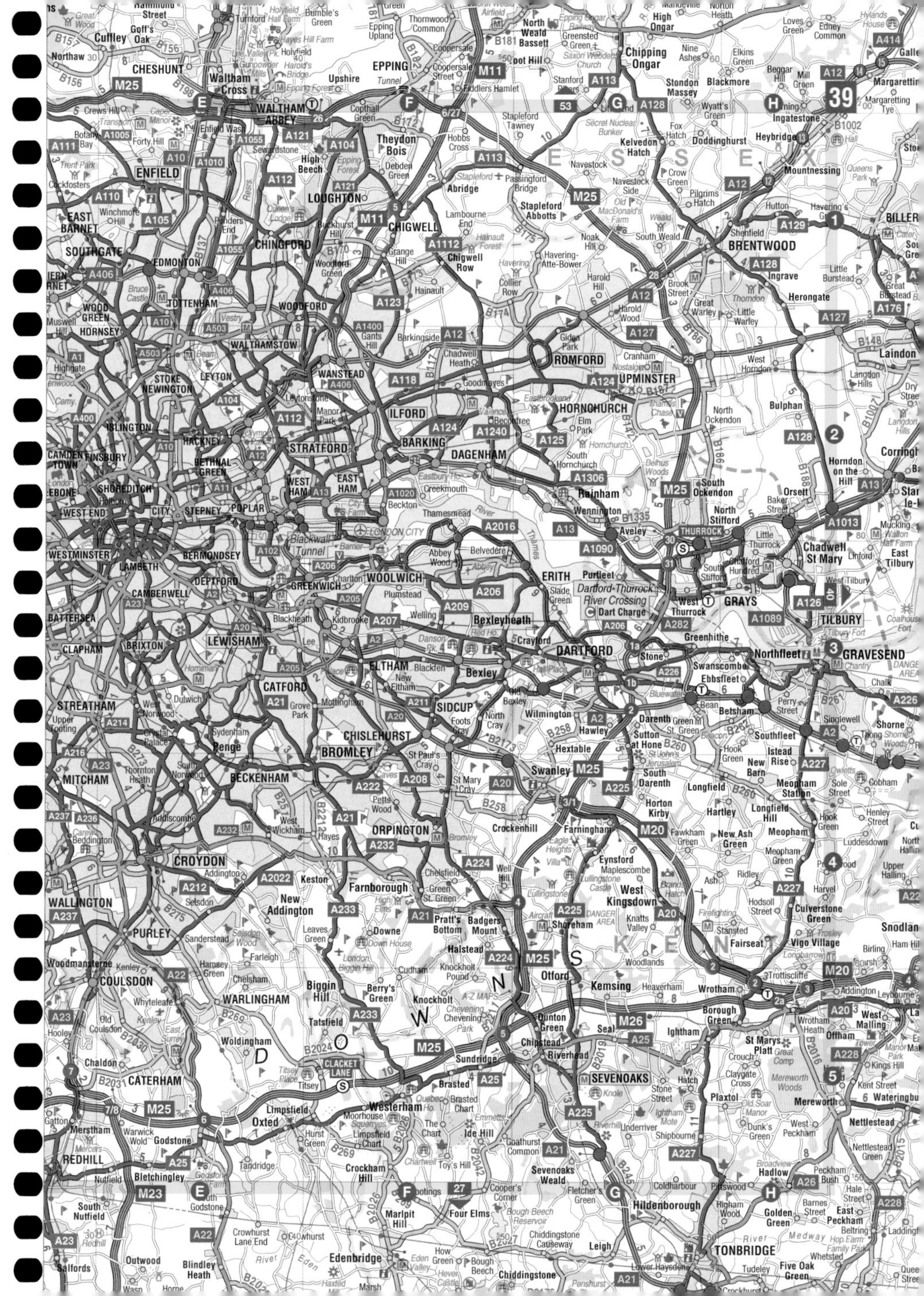

Cuffley
Goff's Oak
Northaw
CHESHUNT
Waltham Cross
M25
WALTHAM ABBEY
Turnford
Holyfield
Epping Upland
Thornwood Common
North Weald Bassett
Greensted Green
High Ongar
Chipping Ongar
Nine Ashes
Elkins Green
Loves Green
Edney Common
EPPING
Coopersale
Coopersale Street
M11
Toot Hill
Stanford Rivers
Fiddlers Hamlet
Upshire
Stondon Massey
Blackmore
Beggar Hill
Mill Green
Margaretting
Margaretting Tye
Ingatestone
Crews Hill
Enfield Wash
Copthall Green
Theydon Bois
Hobbs Cross
Stapleford Tawney
Secret Nuclear Bunker
Kelvedon Hatch
Fox Hatch
Doddinghurst
Wyatt's Green
Heybridge
Botany Bay
Forty Hill
Sewardstone
High Beech
Epping Forest
ENFIELD
Debden Green
Abridge
Passingford Bridge
Navestock
Navestock Side
Crow Green
Pilgrims Hatch
Mountnessing
ESSEX
Cockfosters
LOUGHTON
Stapleford Abbotts
M25
EAST BARNET
Winchmore Hill
Ponders End
CHIGWELL
Lambourne End
Hainault Forest
Havering-Atte-Bower
South Weald
Hutton
Shenfield
BRENTWOOD
BILLERICAY
SOUTHGATE
EDMONTON
CHINGFORD
Buckhurst Hill
Grange Hill
Chigwell Row
Noak Hill
Woodford Green
Hainault
Collier Row
Harold Hill
Brook Street
Great Warley
Ingrave
Little Burstead
Great Burstead
Herongate
TOTTENHAM
WOODFORD
Harold Wood
Little Warley
WOOD GREEN
HORNSEY
WALTHAMSTOW
Gants Hill
Barkingside
Chadwell Heath
Gidea Park
ROMFORD
Cranham
UPMINSTER
West Horndon
Laindon
Langdon Hills
Highgate
STOKE NEWINGTON
LEYTON
WANSTEAD
Leytonstone
Goodmayes
Manor Park
ILFORD
HORNCHURCH
Elm Park
North Ockendon
Bulphan
ISLINGTON
HACKNEY
STRATFORD
BARKING
Becontree
DAGENHAM
South Hornchurch
Horndon on the Hill
Corringham
CAMDEN TOWN
FINSBURY
BETHNAL GREEN
WEST HAM
EAST HAM
Creekmouth
Beckton
Rainham
South Ockendon
Orsett
SHOREDITCH
STEPNEY
POPLAR
Thamesmead
Wennington
Aveley
North Stifford
Baker Street
WEST END
CITY
LONDON CITY
Blackwall Tunnel
Abbey Wood
Belvedere
THURROCK
Little Thurrock
Chadwell St Mary
Mucking
WESTMINSTER
BERMONDSEY
LAMBETH
DEPTFORD
GREENWICH
Charlton
WOOLWICH
Plumstead
ERITH
Slade Green
Purfleet
Dartford-Thurrock River Crossing
Dart Charge
West Thurrock
GRAYS
Chafford Hundred
South Stifford
Linford
East Tilbury
West Tilbury
TILBURY
CAMBERWELL
BATTERSEA
Blackheath
Kidbrooke
Welling
Bexleyheath
Crayford
DARTFORD
Greenhithe
Stone
Northfleet
GRAVESEND
CLAPHAM
BRIXTON
LEWISHAM
Lee
ELTHAM
Blackfen
Bexley
Swanscombe
Ebbsfleet
Bluewater
Chalk
CATFORD
Dulwich
New Eltham
Old Bexley
STREATHAM
West Norwood
Grove Park
Mottingham
SIDCUP
Foots Cray
North Cray
Wilmington
Hawley
Darenth
Bean
Betsham
Perry Street
Singlewell
Shorne
Upper Tooting
Sydenham
Crystal Palace
Penge
CHISLEHURST
BROMLEY
St Paul's Cray
Hextable
Sutton at Hone
St John's Jerusalem
Hook Green
Southfleet
Istead Rise
Thong
MITCHAM
Thornton Heath
South Norwood
BECKENHAM
St Mary Cray
Swanley
South Darenth
New Barn
Meopham Station
Cobham
Petts Wood
Longfield
Sole Street
Addiscombe
West Wickham
Hayes
ORPINGTON
Crockenhill
Farningham
Horton Kirby
Hartley
Longfield Hill
Henley Street
Beddington
CROYDON
Addington
Keston
Farnborough
Chelsfield
Well Hill
Eynsford
Maplescombe
Lullingstone Castle
Fawkham Green
New Ash Green
Meopham
Hook Green
Luddesdown
Upper Halling
Meopham Green
Ridley
Ash
West Kingsdown
Harvel
WALLINGTON
Selsdon
New Addington
Green Street Green
Pratt's Bottom
Badgers Mount
Shoreham
Knatts Valley
Hodsoll Street
Culverstone Green
Vigo Village
Snodland
PURLEY
Sanderstead
Leaves Green
Downe
Down House
Halstead
Stansted
Fairseat
Trosley
Birling
Ham Hill
Woodmansterne
Kenley
Hamsey Green
Farleigh
Knockholt Pound
Otford
Woodlands
KENT
Trottiscliffe
COULSDON
Chelsham
Cudham
Berry's Green
Biggin Hill
Knockholt
Kemsing
Heaverham
Wrotham
Addington
Leybourne
Whyteleafe
WARLINGHAM
Chevening
Dunton Green
Seal
Ightham
Borough Green
Wrotham Heath
Offham
West Malling
Hooley
Old Coulsdon
Woldingham
Tatsfield
DOWNS
Chipstead
Riverhead
St Marys Platt
Crouch
Sundridge
Brasted
SEVENOAKS
Knole
Ivy Hatch
Claygate Cross
Mereworth Woods
Kings Hill
Chaldon
CATERHAM
CLACKET LANE
Titsey
Westerham
Brasted Chart
Stone Street
Plaxtol
Old Soar Manor
Mereworth
Kent Street
Wateringbury
Merstham
Warwick Wold
Godstone
Limpsfield
Oxted
Hurst Green
Moorhouse
Limpsfield Chart
The Chart
Ide Hill
Goathurst Common
Underriver
Ightham Mote
Shipbourne
Dunk's Green
West Peckham
Nettlestead
Nettlestead Green
REDHILL
Nutfield
Bletchingley
Tandridge
Crockham Hill
Chartwell
Toy's Hill
Sevenoaks Weald
Coldharbour
Hadlow
Peckham Bush
South Nutfield
South Godstone
Marlpit Hill
Four Elms
Cooper's Corner
Bough Beech Reservoir
Fletcher's Green
Hildenborough
Pittswood
Higham Wood
Golden Green
Barnes Street
East Peckham
Hale Street
Crowhurst Lane End
Crowhurst
Edenbridge
How Green
Bough Beech
Chiddingstone Causeway
Leigh
TONBRIDGE
Medway
Beltring
Whetsted
Salfords
Outwood
Blindley Heath
Eden Valley
Hever Castle
Chiddingstone
Lower Haysden
Tudeley
Five Oak Green
M20
M26
M23
A25
A21
A13
A2
A12
A127
A128
A20
A227
A228
A26

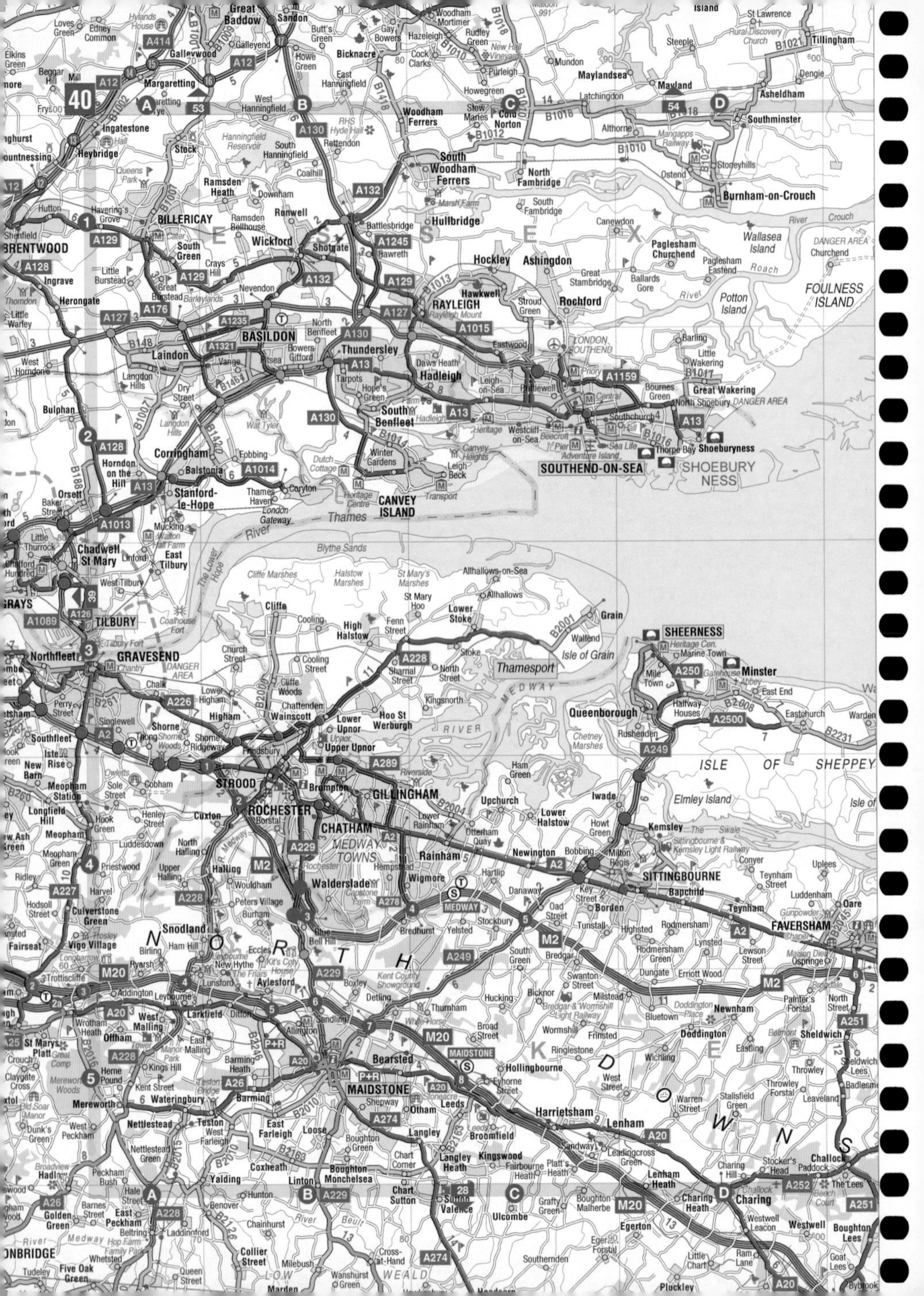

40
53
54
39
28
A
B
C
D
Great Baddow
Sandon
Woodham Mortimer
St Lawrence
Tillingham
Loves Green
Edney Common
Galleywood
Butt's Green
Gay Bowers
Bicknacre
Hazeleigh
Cock Clarks
Rudley Green
Purleigh
Steeple
Mundon
Maylandsea
Mayland
Dengie
Asheldham
Margaretting
Fryerning
Ingatestone
West Hanningfield
Woodham Ferrers
Stow Maries
Cold Norton
Latchingdon
Althorne
Southminster
Heybridge
Stock
Hanningfield Reservoir
South Hanningfield
RHS Hyde Hall
Rettendon
South Woodham Ferrers
North Fambridge
Ramsden Heath
Downham
Coalhill
Stoneyhills
Ostend
Burnham-on-Crouch
Hutton
Havering's Grove
BILLERICAY
Ramsden Bellhouse
Runwell
Battlesbridge
Hullbridge
South Fambridge
Canewdon
River Crouch
Shenfield
BRENTWOOD
South Green
Wickford
Shotgate
Rawreth
Paglesham Churchend
Wallasea Island
DANGER AREA
Churchend
Ingrave
Little Burstead
Crays Hill
Great Burstead
Nevendon
Hockley
Ashingdon
Great Stambridge
Ballards Gore
Paglesham Eastend
Roach
Hawkwell
Rochford
Potton Island
FOULNESS ISLAND
Herongate
Barleylands
RAYLEIGH
Rayleigh Mount
Stroud Green
Little Warley
BASILDON
North Benfleet
Bowers Gifford
Thundersley
Eastwood
LONDON SOUTHEND
Barling
Laindon
Vange
Pitsea
Daws Heath
Hadleigh
Little Wakering
West Horndon
Langdon Hills
Tarpots
Hope's Green
Leigh-on-Sea
Prittlewell
Priory
Great Wakering
Bournes Green
North Shoebury
Dry Street
South Benfleet
Southchurch
Central
Bulphan
Westcliff-on-Sea
Heritage
Beecroft
Pier
Sea Life
Adventure Island
Thorpe Bay
Shoeburyness
Corringham
Fobbing
Canvey Heights
Dutch Cottage
Winter Gardens
Leigh Beck
SOUTHEND-ON-SEA
SHOEBURY NESS
Horndon on the Hill
Balstonia
Stanford-le-Hope
Coryton
Thames Haven
London Gateway
Heritage Centre
CANVEY ISLAND
Transport
Orsett
Baker Street
Mucking
River Thames
Little Thurrock
Chadwell St Mary
Linford
East Tilbury
Blythe Sands
The Lower Hope
Cliffe Marshes
Halstow Marshes
St Mary's Marshes
Allhallows-on-Sea
Allhallows
GRAYS
West Tilbury
TILBURY
Coalhouse Fort
Cliffe
Cooling
St Mary Hoo
Lower Stoke
Grain
High Halstow
Fenn Street
Wallend
SHEERNESS
Heritage Cen.
Marine Town
Northfleet
GRAVESEND
Chantry
DANGER AREA
Church Street
Cooling Street
Stoke
Isle of Grain
Thamesport
Sharnal Street
North Street
Minster
Mile Town
Chalk
Lower Higham
Cliffe Woods
Kingsnorth
MEDWAY
Gatehouse
Abbey
East End
Perry Street
Higham
Chattenden
Halfway Houses
Queenborough
Eastchurch
Warden
Singlewell
Shorne
Wainscott
Lower Upnor
Hoo St Werburgh
RIVER
Rushenden
Chetney Marshes
Southfleet
Thong
Shorne Woods
Shorne Ridgeway
Upper Upnor
Isle Rise
Frindsbury
Ham Green
ISLE OF SHEPPEY
New Barn
Owletts
Riverside
Meopham Station
Sole Street
Cobham
STROOD
Brompton
GILLINGHAM
Upchurch
Iwade
Elmley Island
Longfield Hill
Henley Street
ROCHESTER
Lower Rainham
Lower Halstow
Kemsley
The Swale
Hook Green
Cuxton
Borstal
CHATHAM
Otterham Quay
Howt Green
Sittingbourne & Kemsley Light Railway
Meopham
Luddesdown
North Halling
MEDWAY TOWNS
Rainham
Newington
Bobbing
Milton Regis
Conyer
Meopham Green
Priestwood
Upper Halling
Halling
Rochester
Hempstead
Hartlip
SITTINGBOURNE
Uplees
Teynham Street
Ridley
Wouldham
Walderslade
Capstone Farm
Wigmore
Danaway
Key Street
Bapchild
Luddenham
Oare
Harvel
Peters Village
Borden
Teynham
Gunpowder
FAVERSHAM
Hodsoll Street
Culverstone Green
Burham
Oad Street
Stockbury
Tunstall
Highsted
Rodmersham
Chapel
Snodland
Blue Bell Hill
Bredhurst
Yelsted
Lynsted
Hosley
Fairseat
Vigo Village
Ham Hill
Birling
Eccles
Kit's Coty House
South Green
Bredgar
Rodmersham Green
Lewson Street
Maison Dieu
Ospringe
NORTH
Ryarsh
New Hythe
The Friars
Kent County Showground
Trottiscliffe
Lunsford
Aylesford
Boxley
Detling
Dungate
Erriott Wood
Swanton Street
Addington
Leybourne
Hucking
Bicknor
Milstead
Painter's Forstal
North Street
Doddington Place
Newnham
Wrotham Heath
West Malling
Larkfield
Ditton
Sandling
Thurnham
White Horse
Bredgar & Wormshill Light Railway
Bluetown
Sheldwich
Offham
Allington
Broad Street
Wormshill
Frinsted
Doddington
Belmont
St Marys Platt
Great Comp
Manor Park
East Malling
Barming Heath
Bearsted
MAIDSTONE
Hollingbourne
Ringlestone
Eastling
Crouch
Kings Hill
Claygate Cross
Herne Pound
Merewor... Woods
Teston Bridge
Barming
Eyhorne Street
West Street
Wichling
Throwley
Sheldwich Lees
Badlesmere
Kent Street
Wateringbury
Throwley Forstal
Leaveland
Mereworth
Old Soar Manor
Stoneacre
Shepway
Otham
Leeds
Warren Street
Stalisfield Green
Harrietsham
Nettlestead
Teston
West Farleigh
East Farleigh
Loose
Lenham
Dunk's Green
West Peckham
Leeds Castle
Broomfield
Sandway
Leadingcross Green
Nettlestead Green
Boughton Green
Langley
Chart Corner
Langley Heath
Kingswood
Fairbourne Heath
Platt's Heath
Lenham Heath
Charing Hill
Stocker's Head
Challock
Paddock
Broadview
Hadlow
Coxheath
Linton
Boughton Monchelsea
Peckham Bush
Yalding
Hale Street
Hunton
Chart Sutton
Sutton Valence
Ulcombe
Grafty Green
Boughton Malherbe
Charing Heath
Charing
Challock
The Lees
Beech Court
Golden Green
Barnes Street
East Peckham
Benover
Chainhurst
River Beult
Egerton
Westwell Leacon
Westwell
Boughton Lees
Medway
Hop Farm Family Park
Beltring
Laddingford
Egerton Forstal
Whetsted
Collier Street
Cross-at-Hand
Southernden
Little Chart
Ram Lane
Goat Lees
Tudeley
Five Oak Green
Queen Street
Milebush
LOW WEALD
Wanshurst Green
Marden
Pluckley
Bybrook
DOWNS
KENT
ESSEX
A12
A414
A130
A132
A129
A128
A127
A176
A1235
A1321
A13
A1015
A1159
A1245
A1014
A1013
A1089
A126
A228
A226
A2
A289
A249
A250
A2500
A229
A278
A227
A20
A26
A274
A251
A252
M2
M20
B1018
B1010
B1012
B1021
B1013
B1014
B1016
B1017
B2001
B2004
B2008
B2231
B2163
B2010
B2015
B2016
B2246
B2126

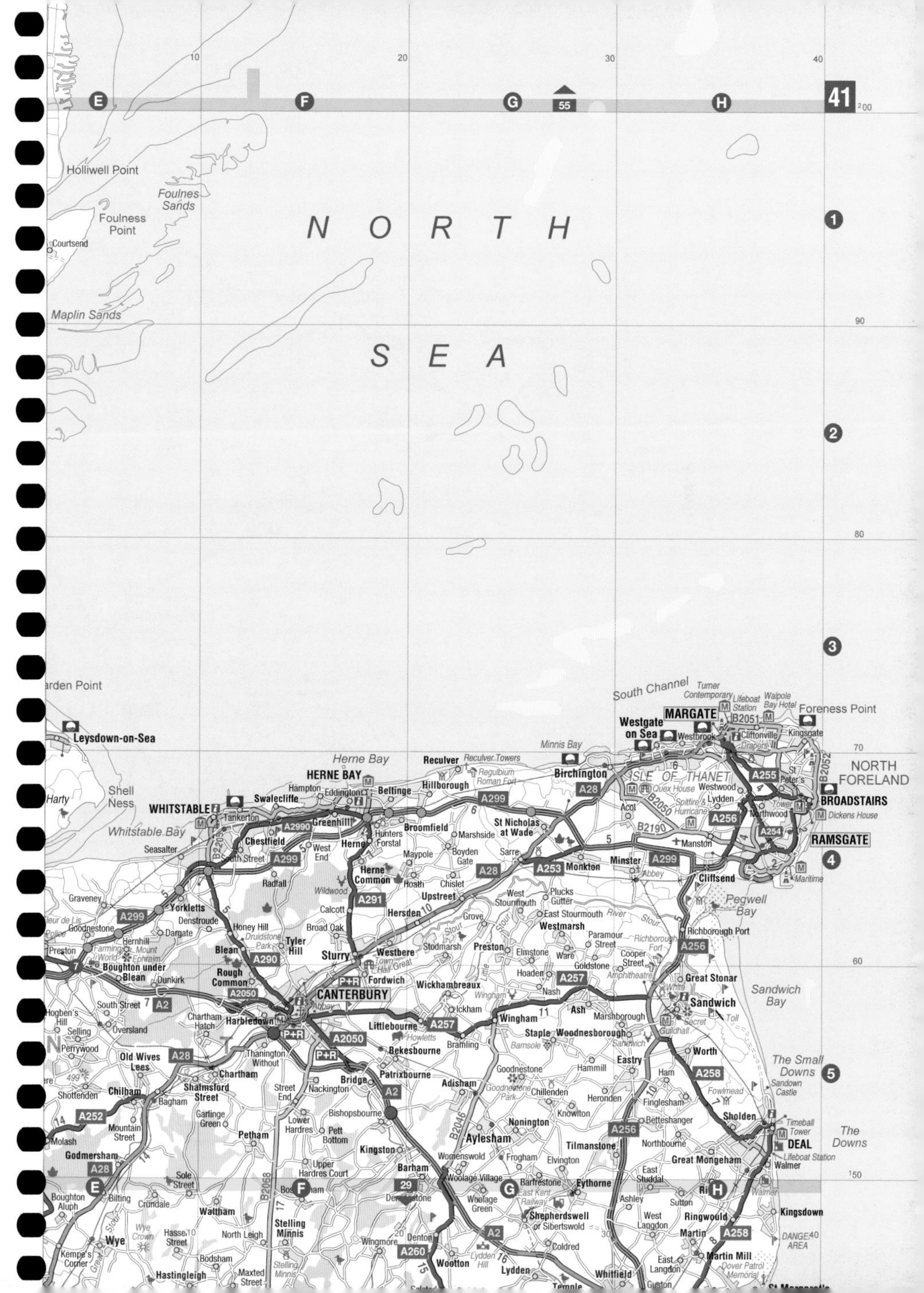

10 20 30 40

NORTH

SEA

Holliwell Point

Foulnes Sands

Foulness Point

Courtsend

Maplin Sands

90

80

1

2

3

South Channel Turner Contemporary Lifeboat Station Walpole Bay Hotel Foreness Point

arden Point

Leysdown-on-Sea

Westgate on Sea MARGATE Oulex House Westbrook Cliftonville Drapers Kingsgate NORTH FORELAND

70

Minnis Bay

Herne Bay Reculver Reculver Towers Birchington ISLE OF THANET B2051 Broadstairs Dickens House

HERNE BAY Regulbium Roman Fort A28 Acol Spitfire Hurricane Lydden RAMSGATE

Harty Swalecliffe Eddington Beltinge Hillborough St Nicholas at Wade B2190 Manston A256 A254

Shell Ness WHITSTABLE A299 Greenhill Broomfield Marshside Sarre A28 Minster Cliffsend Maritime

Whitstable Bay Tankerton Chestfield West End Herne Boyden Gate A253 Monkton Abbey Pegwell Bay

Seasalter A2990 Hampton Herne Common Maypole Chislet West Stourmouth Plucks Gutter Richborough Port A256 60

Graveley Radfall Wildwood Hoath Upstreet East Stourmouth River Stour Sandwich Bay

fleur de Lis Yorkletts Denstroude Druidstone Park Hersden Grove Westmarsh Paramour Street Cooper Street Great Stonar Sandwich Bay

Goodnestone Dargate Honey Hill Tyler Hill Broad Oak Sturry Stodmarsh Preston Elmstone Ware Goldstone Richborough Amphitheatre SANDWICH

Preston Hernhill Mount Ephraim Blean Rough Common Westbere Great Stour Hoaden Nash Guildhall Secret Toll

Boughton under Blean Dunkirk A290 A2050 CANTERBURY Wickhambreaux Wingham Ash Marshborough Sandwich Worth

Hoben's Hill South Street Overland Abbey Littlebourne A257 Wingham 11 Staple Woodnesborough Eastry Great Stonar

Selling Old Wives Lees Harbledown P+R Bekesbourne Bramling Barnsole Ham Worth The Small Downs 5

Perrywood A28 Chartham Hatch Thanington Without P+R Patrixbourne Goodnestone Hammill A258 Sandown Castle

A252 Chilham Shalmsford Street Bridge Adisham Goodnestone Park Chillenden Finglesham Fowlmead Sholden

Molash Mountain Street Chartham Street End Nackington Bishopsbourne Nonington Knowlton Heronden Betteshanger Northbourne Timeball Tower DEAL Lifeboat Station

Godmersham Bagham Garlinge Green Lower Hardres Pett Bottom Aylesham Womenswold Frogham Elvington East Studdal Great Mongeham Walmer The Downs

A28 Boughton Aluph Bilting Crundale Petham Upper Hardres Court Kingston Barham Tilmanstone Barfrestone Eythorne Shepherdswell Sutton Ringwould ¹50

Wye Hasse North Leigh Sole Street Denton Woolage Village Woolage Green East Kent Railway Sibertswold West Langdon Martin A258 Kingsdown

Kempe's Corner Wattham Stelling Minnis 29 Wingmore A260 Wootton Lydden Hill Coldred Martin Mill DANGER AREA

Hastingleigh Bodsham Maxted Street Denton Temple Whitfield East Langdon Dover Patrol Memorial

E F G H

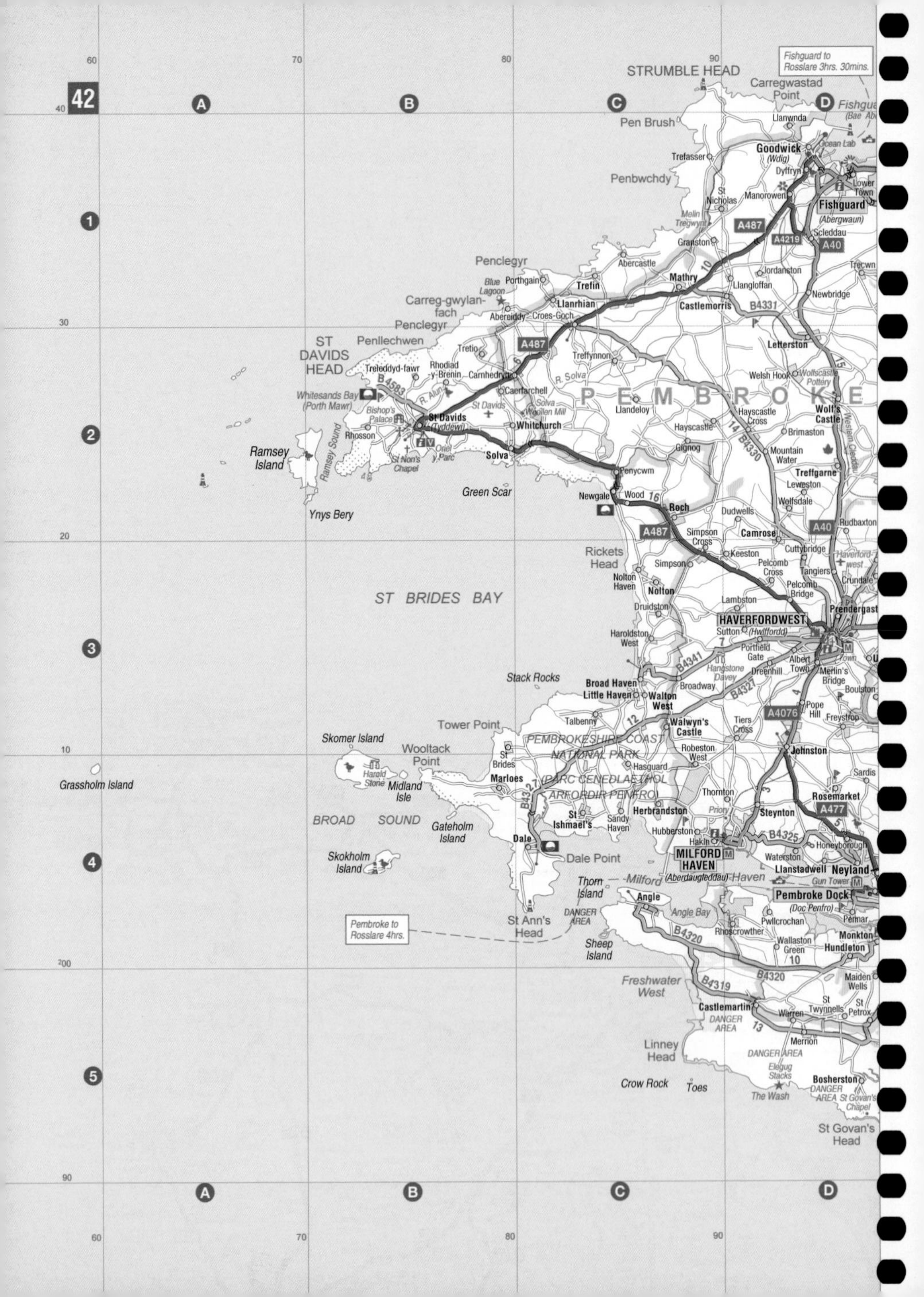

STRUMBLE HEAD
Fishguard to Rosslare 3hrs. 30mins.
Carregwastad Point
Pen Brush
Llanwnda
Goodwick (Wdig)
Dyffryn
Fishguard (Abergwaun)
Lower Town
Ocean Lab
Trefasser
Penbwchdy
St Nicholas
Manorowen
Melin Tregwynt
A487
A4219
A40
Scleddau
Granston
Penclegyr
Abercastle
Mathry
Jordanston
Trecwn
Blue Lagoon
Porthgain
Trefin
Llangloffan
Newbridge
Carreg-gwylan-fach
Llanrhian
Castlemorris
B4331
Abereiddy
Croes-Goch
Penclegyr
ST DAVIDS HEAD
Penllechwen
Tretio
Letterston
Treffynnon
Treleddyd-fawr
Rhodiad y-Brenin
Carnhedryn
R. Solva
Welsh Hook
Wolfscastle Pottery
B4583
Whitesands Bay (Porth Mawr)
R. Alun
Caerfarchell
PEMBROKE
St Davids
Solva Woollen Mill
Llandeloy
Hayscastle Cross
Wolf's Castle
Bishop's Palace
St Davids (Tyddewi)
Whitchurch
Hayscastle
Brimaston
Rhosson
Western Cleddau
Ramsey Island
Ramsey Sound
Oriel y Parc
Solva
Gignog
B4330
Mountain Water
St Non's Chapel
Treffgarne
Penycwm
Leweston
Green Scar
Newgale
Wood
Wolfsdale
Roch
Ynys Bery
Dudwells
A487
Simpson Cross
Camrose
Rudbaxton
Rickets Head
Keeston
Cuttybridge
Haverfordwest
Simpson
Pelcomb Cross
Tangiers
Nolton Haven
Nolton
Crundale
ST BRIDES BAY
Pelcomb Bridge
Lambston
Druidston
Prendergast
HAVERFORDWEST (Hwlffordd)
Sutton
Haroldston West
Portfield Gate
Albert Town
B4341
Hangstone Davey
Dreenhill
Merlin's Bridge
Stack Rocks
Broad Haven
Broadway
B4327
Boulston
Little Haven
Walton West
A4076
Pope Hill
Freystrop
Tower Point
Talbenny
Walwyn's Castle
Tiers Cross
Skomer Island
Wooltack Point
PEMBROKESHIRE COAST NATIONAL PARK (PARC CENEDLAETHOL ARFORDIR PENFRO)
St Brides
Robeston West
Johnston
Hasguard
Sardis
Grassholm Island
Harold Stone
Midland Isle
Marloes
Thornton
Rosemarket
B4327
A477
BROAD SOUND
Gateholm Island
St Ishmael's
Sandy Haven
Herbrandston
Priory
Steynton
Hubberston
Hakin
B4325
Honeyborough
Dale
Skokholm Island
Dale Point
MILFORD HAVEN (Aberdaugleddau)
Waterston
Llanstadwell
Neyland
Thorn Island
Milford Haven
Gun Tower
Angle
Pembroke Dock (Doc Penfro)
Angle Bay
DANGER AREA
Pwllcrochan
Pennar
Pembroke to Rosslare 4hrs.
St Ann's Head
Rhoscrowther
Monkton
B4320
Wallaston Green
Hundleton
Sheep Island
B4320
Freshwater West
B4319
Maiden Wells
Castlemartin
St Twynnells
St Petrox
Warren
DANGER AREA
Merrion
Linney Head
DANGER AREA
Elegug Stacks
Bosherston
Crow Rock
Toes
The Wash
DANGER AREA
St Govan's Chapel
St Govan's Head

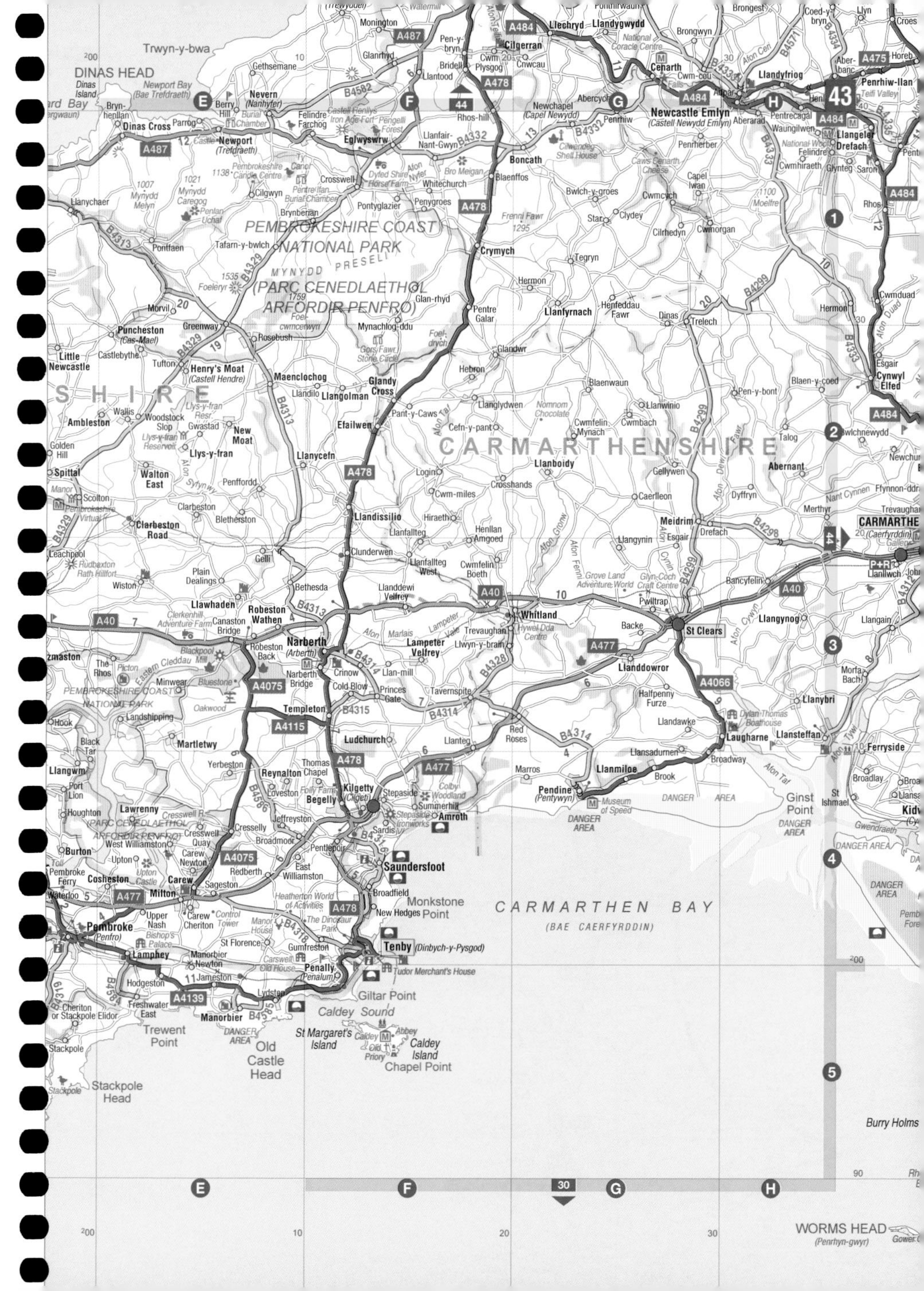
43
DINAS HEAD
Dinas Island
Trwyn-y-bwa
Newport Bay (Bae Trefdraeth)
Dinas Cross
Newport (Trefdraeth)
Nevern (Nanhyfer)
Berry Hill
Felindre Farchog
Eglwyswrw
Castell Henllys Iron Age Fort
Pengelli Forest
Monington
Glanrhyd
Gethsemane
Llantood
Pen-y-bryn
Bridell
Cilgerran
Cwm Plysgog
Cnwcau
Llechryd
Llandygwydd
National Coracle Centre
Cenarth
Newcastle Emlyn (Castell Newydd Emlyn)
Adpar
Aberarad
Llandyfriog
Penrhiw-llan
Teifi Valley
Aber-banc
Horeb
Brongest
Brongwyn
Coed-y-bryn
Llyn
Croes
Abercych
Penrhiw
Newchapel (Capel Newydd)
Cilwendeg Shell House
Boncath
Rhos-hill
Llanfair-Nant-Gwyn
Bro Meigan
Whitechurch
Blaenffos
Crosswell
Dyfed Shire Horse Farm
Pembrokeshire Candle Centre
Pentre Ifan Burial Chamber
Cilgwyn
Mynydd Carregog
Mynydd Melyn
Pentre Uchaf
Brynberian
Pontyglazier
Penygroes
Llanychaer
Pontfaen
Tafarn-y-bwlch
PEMBROKESHIRE COAST NATIONAL PARK (PARC CENEDLAETHOL ARFORDIR PENFRO)
MYNYDD PRESELI
Foeldrygarn
Foeleryr
Foel cwmcerwyn
Frenni Fawr
Crymych
Glan-rhyd
Pentre Galar
Mynachlog-ddu
Gors Fawr Stone Circle
Foel-drych
Glandwr
Hebron
Morvil
Puncheston (Cas-Mael)
Greenway
Rosebush
Little Newcastle
Castlebythe
Tufton
Henry's Moat (Castell Hendre)
Maenclochog
Llandilo
Llangolman
Glandy Cross
Pant-y-Caws
Efailwen
Ambleston
Wallis
Woodstock Slop
Llys-y-fran Resr.
Gwastad
New Moat
Llys-y-fran
Golden Hill
Spittal
Walton East
Penffordd
Scolton Manor
Clarbeston
Bletherston
Clarbeston Road
Llanycefn
Llandissilio
Clunderwen
Gelli
Leachpool
Rudbaxton Rath Hillfort
Wiston
Plain Dealings
Bethesda
Llawhaden
Robeston Wathen
Canaston Bridge
Clerkenhill Adventure Farm
Blackpool Mill
Robeston Back
Narberth (Arberth)
Narberth Bridge
Crinow
Cold Blow
Llan-mill
Princes Gate
Templeton
Minwear
Bluestone
Oakwood
Picton
The Rhos
Eastern Cleddau
Hook
Landshipping
Black Tar
Llangwm
Martletwy
Yerbeston
Reynalton
Loveston
Thomas Chapel
Ludchurch
Kilgetty (Cilgeti)
Begelly
Stepaside
Colby Woodland
Summerhill
Amroth
Folly Farm
Jeffreyston
Cresselly
Cresswell Quay
Port Lion
Houghton
Lawrenny
Burton
West Williamston
Upton Castle
Carew Newton
Carew
Broadmoor
Pentlepoir
Sardis
Saundersfoot
East Williamston
Redberth
Sageston
Cosheston
Pembroke Ferry
Waterloo
Milton
Pembroke (Penfro)
Upper Nash
Carew Cheriton
Control Tower
Manor House
Heatherton World of Activities
The Dinosaur Park
Bishop's Palace
Lamphey
St Florence
Gumfreston
Broadfield
Monkstone Point
New Hedges
Tenby (Dinbych-y-Pysgod)
Tudor Merchant's House
Penally (Penalum)
Carswell Old House
Manorbier Newton
Jameston
Hodgeston
Freshwater East
Cheriton or Stackpole Elidor
Lydstep
Manorbier
Gilter Point
Caldey Sound
St Margaret's Island
Caldey Island
Old Priory
Abbey
Chapel Point
Old Castle Head
Trewent Point
Stackpole
Stackpole Head
DANGER AREA
CARMARTHEN BAY (BAE CAERFYRDDIN)
CARMARTHENSHIRE
Llanfyrnach
Hermon
Tegryn
Henfeddau Fawr
Dinas
Trelech
Bwlch-y-groes
Star
Clydey
Cwmcych
Capel Iwan
Cilrhedyn
Cwmorgan
Penrherber
Caws Cenarth Cheese
Llangeler
Drefach
National Wool Museum
Felindre
Cwmhiraeth
Waungilwen
Pentrecagal
Henllan
Saron
Glynteg
Moelfre
Rhos
Hermon
Cwmduad
Esgair
Cynwyl Elfed
Blaen-y-coed
Pen-y-bont
Blaenwaun
Llanwinio
Llanglydwen
Nomnom Chocolate
Cefn-y-pant
Cwmfelin Mynach
Cwmbach
Talog
Bwlchnewydd
Newchurch
Abernant
Llanboidy
Gellywen
Login
Crosshands
Cwm-miles
Caerlleon
Dyffryn
Ffynnon-ddrain
Merthyr
Trevaughan
CARMARTHEN (Caerfyrddin)
Meidrim
Esgair
Drefach
Hiraeth
Llanfallteg
Henllan Amgoed
Llangynin
Llanfallteg West
Cwmfelin Boeth
Grove Land Adventure World
Glyn-Coch Craft Centre
Bancyfelin
P+R Llanllwch
Llanddewi Velfrey
Whitland
Hywel Dda Centre
Trevaughan
Llwyn-y-brain
Lampeter Velfrey
Pwlltrap
Backe
St Clears
Llangynog
Llangain
Llanddowror
Halfpenny Furze
Tavernspite
Red Roses
Llandawke
Dylan Thomas Boathouse
Laugharne
Llanteg
Llansadurnen
Broadway
Marros
Llanmiloe
Brook
Pendine (Pentywyn)
Museum of Speed
Ginst Point
Llanybri
Morfa Bach
Llansteffan
Ferryside
Broadlay
St Ishmael
Kidwelly
Gwendraeth
Pembrey Forest
Burry Holms
WORMS HEAD (Penrhyn-gwyr)
Gower
A487
A484
A478
A40
A4075
A4115
A477
A4066
A4139
A475
B4582
B4332
B4329
B4313
B4314
B4315
B4328
B4586
B4318
B4585
B4584
B4319
B4299
B4298
B4333
B4334
B4571
B4312
E
F
G
H
44
30
200
10
20
30
90
1
2
3
4
5

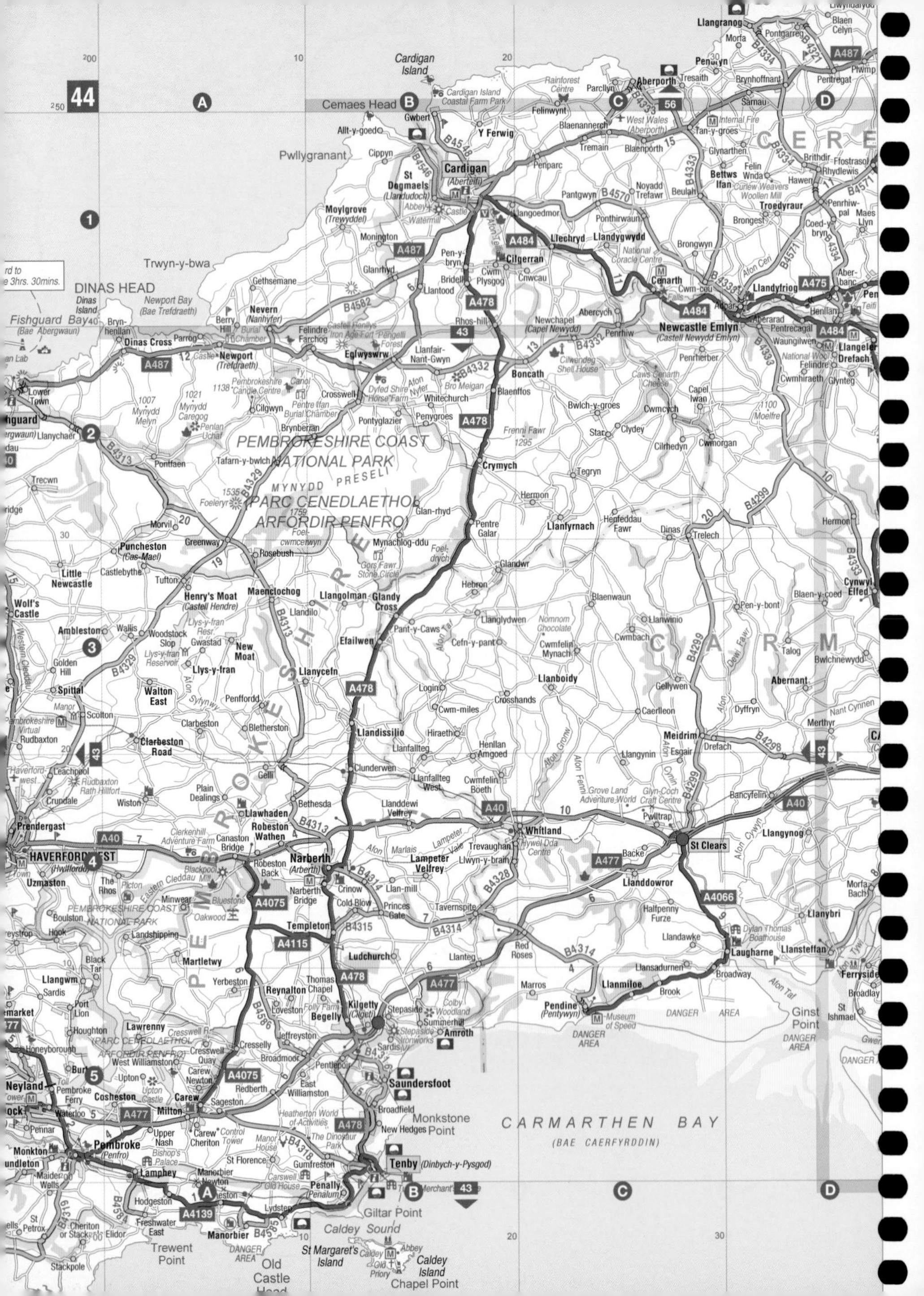
44
Cardigan Island
Cemaes Head
Cardigan Island Coastal Farm Park
Rainforest Centre
Aberporth
Llangranog
Penbryn
Tresaith
Parcllyn
Felinwynt
Blaenannerch
West Wales (Aberporth)
Internal Fire
Tan-y-groes
Gwbert
Allt-y-goed
Y Ferwig
Pwllygranant
Cippyn
Cardigan (Aberteifi)
St Dogmaels (Llandudoch)
Abbey
Castle
Watermill
Penparc
Tremain
Blaenporth
Glynarthen
Bettws Ifan
Felin Wnda
Curlew Weavers Woollen Mill
Beulah
Pantgwyn
Noyadd Trefawr
Troedyraur
Brongest
Moylgrove (Trewyddel)
Monington
Llangoedmor
Ponthirwaun
Llechryd
Llandygwydd
National Coracle Centre
Brongwyn
Trwyn-y-bwa
Glanrhyd
Pen-y-bryn
Cilgerran
Cwm Plysgog
Cnwcau
Cenarth
Falls
Cwm-cou
Adpar
Llandyfriog
Gethsemane
Bridell
Llantood
DINAS HEAD
Dinas Island
Newport Bay (Bae Trefdraeth)
Fishguard Bay (Bae Abergwaun)
Nevern (Nanhyfer)
Berry Hill
Burial Chamber
Felindre Farchog
Castell Henllys Iron Age Fort
Pengelli Forest
Rhos-hill
Newchapel (Capel Newydd)
Abercych
Penrhiw
Newcastle Emlyn (Castell Newydd Emlyn)
Aberarad
Pentrecagal
Henllan
Bryn-henllan
Dinas Cross
Parrog
Newport (Trefdraeth)
Eglwyswrw
Llanfair-Nant-Gwyn
Boncath
Cilwendeg Shell House
Waungilwen
National Wool
Felindre
Drefach
Llangeler
Penrhierber
Caws Cenarth Cheese
Lower Town
Fishguard (Abergwaun)
Llanychaer
Pembrokeshire Candle Centre
Tycanol
Dyfed Shire Horse Farm
Afon Nyfer
Bro Meigan
Crosswell
Whitechurch
Blaenffos
Pentre Ifan Burial Chamber
Cilgwyn
Mynydd Melyn
Mynydd Carningli
Penlan Uchaf
Brynberian
Pontyglazier
Penygroes
Bwlch-y-groes
Capel Iwan
Cwmcych
Cwmhiraeth
Glynteg
Moelfre
Clydey
Star
Cilrhedyn
Cwmorgan
Frenni Fawr
PEMBROKESHIRE COAST NATIONAL PARK
PARC CENEDLAETHOL ARFORDIR PENFRO
MYNYDD PRESELI
Tafarn-y-bwlch
Pontfaen
Crymych
Tegryn
Hermon
Trecwn
Foeleryr
Glan-rhyd
Pentre Galar
Llanfyrnach
Henfeddau Fawr
Dinas
Trelech
Morvil
Puncheston (Cas-Mael)
Greenway
Rosebush
Foel-cwmcerwyn
Mynachlog-ddu
Gors Fawr Stone Circle
Foel-drych
Glandwr
Hebron
Little Newcastle
Castlebythe
Tufton
Henry's Moat (Castell Hendre)
Maenclochog
Llangolman
Glandy Cross
Llandilo
Blaenwaun
Llanwinio
Pen-y-bont
Blaen-y-coed
Cynwyl Elfed
Wolf's Castle
Ambleston
Wallis
Woodstock Slop
Llys-y-fran Resr.
Llys-y-fran Reservoir
Gwastad
New Moat
Llys-y-fran
Pant-y-Caws
Llanglydwen
Nomnom Chocolate
Cwmbach
Efailwen
Cefn-y-pant
Cwmfelin Mynach
Talog
Bwlchnewydd
Golden Hill
Spittal
Walton East
Llanycefn
Llanboidy
Abernant
Gellywen
Pembrokeshire Virtual Manor
Scolton
Rudbaxton
Penffordd
Clarbeston
Bletherston
Login
Cwm-miles
Crosshands
Caerlleon
Dyffryn
Nant Cynnen
Merthyr
Clarbeston Road
Llandissilio
Hiraeth
Henllan Amgoed
Llangynin
Meidrim
Esgair
Drefach
Haverfordwest
Leachpool
Rudbaxton Rath Hillfort
Llanfallteg
Cwmfelin Boeth
Clunderwen
Gelli
Llanfallteg West
Crundale
Plain Dealings
Wiston
Llawhaden
Bethesda
Llanddewi Velfrey
Grove Land Adventure World
Glyn-Coch Craft Centre
Bancyfelin
Prendergast
Clerkenhill Adventure Farm
Canaston Bridge
Robeston Wathen
Whitland
Hywel Dda Centre
Pwlltrap
St Clears
Llangynog
HAVERFORDWEST (Hwlffordd)
Blackpool Mill
Robeston Back
Narberth (Arberth)
Lampeter Velfrey
Trevaughan
Llwyn-y-brain
Backe
Uzmaston
The Rhos
Picton
Eastern Cleddau
Narberth Bridge
Crinow
Llan-mill
Llanddowror
Morfa Bach
Minwear
Bluestone
Cold Blow
Princes Gate
Tavernspite
Halfpenny Furze
Llanybri
Boulston
Oakwood
Templeton
Dylan Thomas Boathouse
Hook
Landshipping
Llandawke
Laugharne
Llansteffan
Red Roses
Ludchurch
Llanteg
Black Tar
Martletwy
Llansadurnen
Broadway
Ferryside
Llangwm
Yerbeston
Thomas Chapel
Reynalton
Marros
Llanmiloe
Brook
Sardis
Loveston
Folly Farm
Kilgetty (Cilgeti)
Stepaside
Colby Woodland
Pendine (Pentywyn)
Museum of Speed
DANGER AREA
Ginst Point
St Ishmael
Broadlay
Port Lion
Begelly
Summerhill
Amroth
Houghton
Lawrenny
Cresswell R.
Jeffreyston
Stepaside Ironworks
Honeyborough
Cresswell Quay
Cresselly
Sardis
West Williamston
Broadmoor
Pentlepoir
Upton
Upton Castle
Carew Newton
East Williamston
Saundersfoot
Neyland
Pembroke Ferry
Cosheston
Carew
Redberth
Waterloo
Milton
Sageston
Broadfield
Monkstone Point
Heatherton World of Activities
Pennar
Upper Nash
The Dinosaur Park
New Hedges
CARMARTHEN BAY
(BAE CAERFYRDDIN)
Pembroke (Penfro)
Carew Cheriton
Control Tower
Manor House
Monkton
Bishop's Palace
St Florence
Gumfreston
Tenby (Dinbych-y-Pysgod)
Lamphey
Manorbier Newton
Carswell Old House
Penally (Penalum)
Maiden Wells
Hodgeston
Jameston
Lydstep
Giltar Point
Caldey Sound
Freshwater East
Manorbier
St Petrox
Cheriton or Stackpole Elidor
Trewent Point
Old Castle Head
St Margaret's Island
Caldey Island
Abbey
Old Priory
Chapel Point
Stackpole
Cwm-cou
Llangeler
Blaen Celyn
Morfa
Pontgarreg
Plwmp
Pentregat
Brynhoffnant
Sarnau
Brithdir
Ffostrasol
Rhydlewis
Hawen
Penrhiw-pal
Maes Llyn
Coed-y-bryn
Aber-banc
Afon Ceri
Afon Teifi
Afon Taf
Afon Cywyn
Afon Dewi Fawr
Afon Gronw
Afon Fenni
Afon Cynin
Afon Syfynwy
Western Cleddau
Lampeter Vale
Afon Marlais
Afon Tywi
A487
A484
A478
A40
A477
A4075
A4115
A4066
A4139
B4548
B4546
B4582
B4570
B4333
B4334
B4321
B4571
B4332
B4313
B4329
B4299
B4298
B4314
B4315
B4328
B4316
B4318
B4584
B4585
B4319
43
56
CERE
CARM

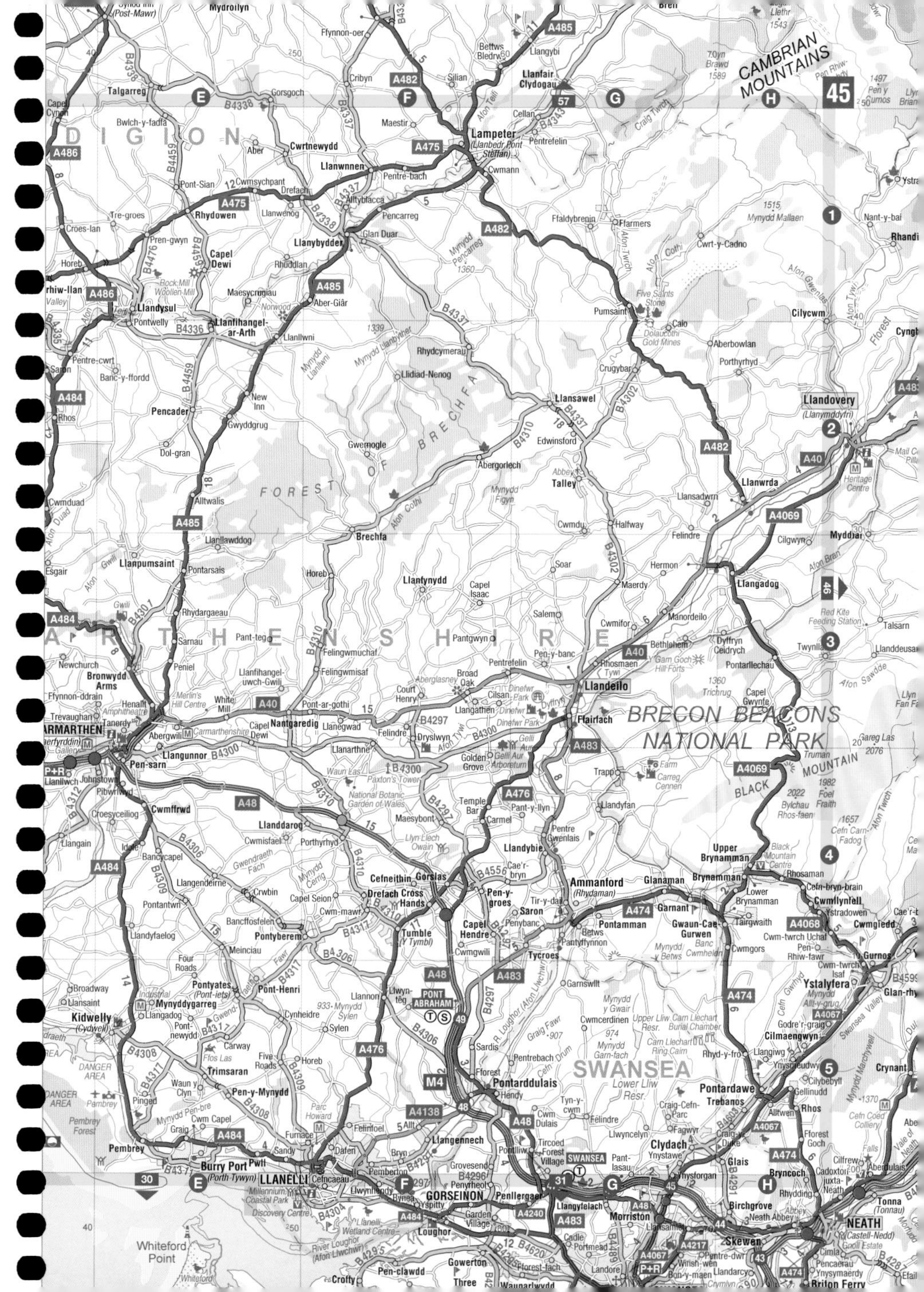

45
CAMBRIAN MOUNTAINS
Mydroilyn
Ffynnon-oer
Bettws Bledrws
Llangybi
Llanfair Clydogau
Talgarreg
Gorsgoch
Cribyn
Silian
Capel Cynon
Bwlch-y-fadfa
Maestir
Lampeter
(Llanbedr Pont Steffan)
Cellan
Pentrefelin
Cwmann
DIGION
Aber
Cwrtnewydd
Llanwnnen
Pentre-bach
Pont-Sian
Cwmsychpant
Drefach
Alltyblacca
Tre-groes
Rhydowen
Llanwenog
Pencarreg
Croes-lan
Pren-gwyn
Capel Dewi
Llanybydder
Glan Duar
Horeb
Rhuddlan
Mynydd Pencarreg
1360
Ffaldybrenin
Ffarmers
Afon Twrch
Afon Cothi
Cwrt-y-Cadno
Mynydd Mallaen
1515
Nant-y-bai
Rhandi
rhiw-llan
Valley
Rock Mill Woollen Mill
Maesycrugiau
Aber-Giâr
Norwood
Llandysul
Pontwelly
Llanfihangel-ar-Arth
Llanllwni
Pumsaint
Five Saints Stone
Caio
Dolaucothi Gold Mines
Aberbowlan
Cilycwm
Afon Tywi
Pentre-cwrt
Saron
Banc-y-ffordd
Mynydd Llanllwni
Mynydd Llanybyther
1339
Rhydcymerau
Lllidiad-Nenog
Crugybar
Porthyrhyd
Llandovery
(Llanymddyfri)
Heritage Centre
Rhos
Pencader
New Inn
Gwyddgrug
Llansawel
Edwinsford
Gwernogle
Dol-gran
FOREST OF BRECHFA
Abergorlech
Abbey
Talley
Mynydd Figyn
Llanwrda
Llansadwrn
Cwmduad
Afon Duad
Alltwalis
Afon Cothi
Cwmdu
Halfway
Felindre
Cilgwyn
Myddfai
Llanllawddog
Brechfa
Esgair
Afon Gwili
Llanpumsaint
Pontarsais
Horeb
Llanfynydd
Capel Isaac
Soar
Hermon
Llangadog
Afon Bran
Maerdy
Gwili
Rhydargaeau
Salem
Cwmifor
Manordeilo
Red Kite Feeding Station
Talsarn
ARTHENSHIRE
Sarnau
Pant-teg
Felingwmuchaf
Pantgwyn
Pen-y-banc
Bethlehem
Dyffryn Ceidrych
Twynllanan
Llanddeusant
Newchurch
Peniel
Llanfihangel-uwch-Gwili
Felingwmisaf
Pentrefelin
Broad Oak
Rhosmaen
Y Garn Goch Hill Forts
Pontarllechau
Afon Sawdde
Bronwydd Arms
Ffynnon-ddrain
Merlin's Hill Centre
White Mill
Court Henry
Aberglasney
Cilsan
Dinefwr Park
Llandeilo
1360
Trichrug
Capel Gwynfe
Trevaughan
Henallt Amphitheatre
Pont-ar-gothi
Llangathen
Dinefwr Dinefwr Park
Ffairfach
BRECON BEACONS NATIONAL PARK
Tanerdy
ARMARTHEN
Abergwili
Carmarthenshire
Capel Dewi
Nantgaredig
Llanegwad
Felindre
Dryslwyn
Afon Tywi
Gelli Aur
Garreg Las
2076
Llanarthne
Golden Grove
Gelli Aur Arboretum
Farm
Carreg Cennen
Trapp
Truman
MOUNTAIN
P+R
Llanllwch
Johnstown
Pen-sarn
Llangunnor
Waun Las
Paxton's Tower
National Botanic Garden of Wales
BLACK
1982 Foel Fraith
2022 Bylchau Rhos-faen
Pibwrlwyd
Croesyceiliog
Cwmffrwd
Temple Bar
Pant-y-llyn
Llandyfan
1657 Cefn Carn Fadog
Afon Twrch
Llangain
Llanddarog
Maesybont
Carmel
Pentre Gwenlais
Cwmisfael
Porthyrhyd
Llyn Llech Owain
Llandybie
Black Mountain Centre
Idole
Bancycapel
Gwendraeth Fach
Mynydd Cerrig
Cefneithin
Gorslas
Cae'r-bryn
Ammanford
(Rhydaman)
Glanaman
Brynamman
Upper Brynamman
Rhosaman
Cefn-bryn-brain
Cwmllynfell
Llangendeirne
Crwbin
Drefach
Cross Hands
Pen-y-groes
Tir-y-dail
Lower Brynamman
Ystradowen
Pontantwn
Capel Seion
Cwm-mawr
Saron
Garnant
Gwaun-Cae-Gurwen
Tairgwaith
Cwmgiedd
Bancffosfelen
Capel Hendre
Penybanc
Pontamman
Betws
Pantyffynnon
Cwm-twrch Uchaf
Llandyfaelog
Pontyberem
Tumble
(Y Tymbl)
Cwmgwili
Tycroes
Mynydd Betws
Banc Cwmhelen
Cwmgors
Pen-Rhiw-fawr
Gurnos
Four Roads
Meinciau
Fawr
Cwm-twrch Isaf
Ystalyfera
Glan-rhyd
Broadway
Llansaint
Industrial
Pontyates
(Pont-iets)
Pont-Henri
Llannon
Llwyn-teg
PONT ABRAHAM
Garnswllt
Mynydd y Gwair
Cefn Gwrhyd
Mynydd Allt-y-grug
Swansea Valley
Kidwelly
(Cydweli)
Mynyddygarreg
Llangadog
Pont-newydd
Cynheidre
933 Mynydd Sylen
Sylen
R. Loughor (Afon Llwchwr)
Cwmcerdinen
Upper Lliw Resr.
Carn Llechart Burial Chamber
Godre'r-graig
Cilmaengwyn
Carway
Graig Fawr 907
974 Mynydd Garn-fach
Carn Llechart Ring Cairn
Rhyd-y-fro
Llangiwg
Ynysmeudwy
Mynydd Marchywel
Crynant
DANGER AREA
Flos Las
Trimsaran
Five Roads
Horeb
Sardis
Pentrebach
Cefn Drum
SWANSEA
Cilybebyll
Gellinudd
Rhos
Waun y Clyn
Pen-y-Mynydd
Fforest
Pontarddulais
Hendy
Lower Lliw Resr.
Pontardawe
Trebanos
1370
Cefn Coed Colliery
DANGER AREA
Pembrey
Pinged
Parc Howard
Tyn-y-cwm
Craig-Cefn-Parc
Alltwen
Pembrey Forest
Mynydd Pen-bre
Cwm Capel
Graig
Felinfoel
Cwm Dulais
Felindre
Llwyncelyn
Fagwyr
Clydach
Fforest Goch
Falls
Vale of Neath
Pembrey
Furnace
Dafen
Llangennech
Tircoed Forest Village
SWANSEA
Pant-lasau
Ynystawe
Glais
Cilfrew
Aberdulais
Cadoxton-juxta-Neath
Burry Port
(Porth Tywyn)
Pwll
Sandy
LLANELLI
Bryn
Pontlliw
Ynysforgan
Bryncoch
30
Cefncaeau
Pemberton
Grovesend
Penyrheol
Rhydding
Millennium Coastal Park
Llwynhendy
GORSEINON
Penllergaer
Birchgrove
Tonna
(Tonnau)
Discovery Centre
Bynea
Yspitty
Llangyfelach
Morriston
Neath Abbey
NEATH
(Castell-Nedd)
Gnoll Estate
40
Llanelli Wetland Centre
Loughor
Garden Village
Llansamlet
Skewen
Whiteford Point
River Loughor (Afon Llwchwr)
Cadle
Portmead
Pentre-dwr
Winsh-wen
Cimla
Pencaerau
Pen-clawdd
Gowerton
Fforest-fach
Landore
Bon-y-maen
Llandarcy
Crymlyn
Ynysymaerdy
Crofty
Three
Waunarlwydd
Briton Ferry
P+R
46

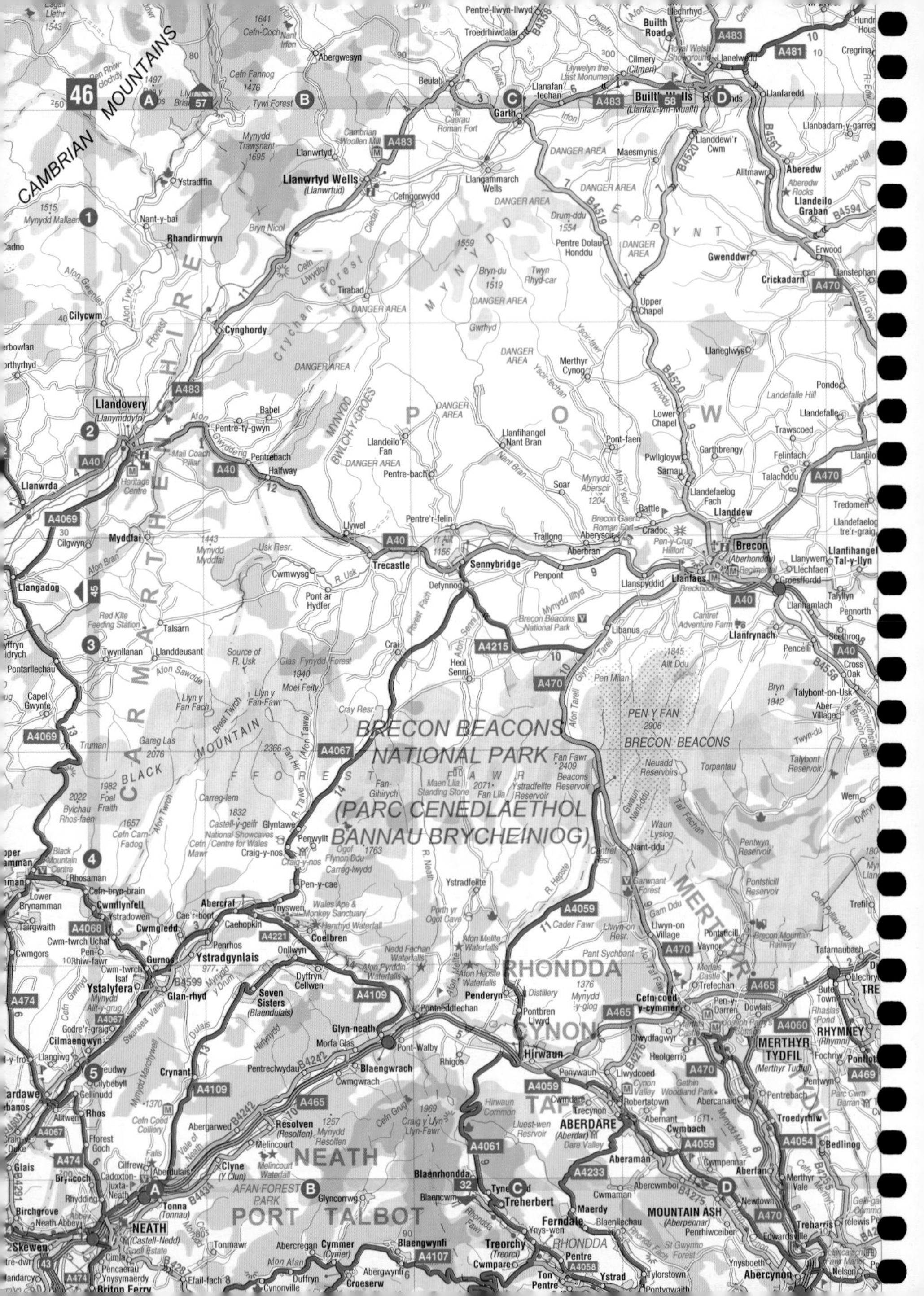

46
CAMBRIAN MOUNTAINS
57
58
45
32
Abergwesyn
Cefn Fannog 1476
Tywi Forest
Pentre-llwyn-llwyd
Troedrhiwdalar
Builth Road
Royal Welsh Showground
Llanelwedd
Builth Wells (Llanfair-ym-Muallt)
Cilmery (Cilmeri)
Llywelyn the Last Monument
Llanafan-fechan
Garth
Beulah
Cefn-Coch
Nant Irfon
Cregrina
Llanfaredd
Llanbadarn-y-garreg
Aberedw
Aberedw Rocks
Llandeilo Graban
Llandeilo Hill
Llanddewi'r Cwm
Maesmynis
Caerau Roman Fort
Cambrian Woollen Mill
Llanwrtyd
Llanwrtyd Wells (Llanwrtud)
Llangammarch Wells
Cefngorwydd
DANGER AREA
Mynydd Trawsnant 1695
Ystradffin
Mynydd Mallaen 1515
Nant-y-bai
Rhandirmwyn
Bryn Nicol
Cefn Llwydlo
Crychan Forest
Tirabad
MYNYDD EPPYNT
Drum-ddu 1554
Pentre Dolau Honddu
Bryn-du 1519
Twyn Rhyd-car
Gwenddwr
Erwood
Llanstephan
Crickadarn
Upper Chapel
Gwrhyd
Cilycwm
Cynghordy
Llaneglwys
Merthyr Cynog
Llandovery (Llanymddyfri)
Babel
Pentre-ty-gwyn
Mail Coach Pillar
Heritage Centre
Pentrebach
Halfway
Llanwrda
MYNYDD BWLCH-Y-GROES
Llandeilo'r Fan
Pentre-bach
Llanfihangel Nant Bran
POWYS
Lower Chapel
Pont-faen
Pwllgloyw
Sarnau
Garthbrengy
Llandefalle
Trawscoed
Felinfach
Talachddu
Llandefaelog Fach
Llanddew
Soar
Mynydd Aberscir 1204
Battle
Brecon Gaer Roman Fort
Cradoc
Pen-y-Crug Hillfort
Brecon (Aberhonddu)
Llanfihangel Tal-y-llyn
Llanywern
Llechfaen
Groesffordd
Tredomen
CARMARTHENSHIRE
Myddfai
Mynydd Myddfai 1443
Usk Resr.
Llywel
Pentre'r-felin
Yr Allt 1156
Trallong
Aberyscir
Aberbran
Trecastle
Sennybridge
Penpont
Llanspyddid
Llanfaes
Brecknock
Cwmwysg
Defynnog
Llangadog
Cilgwyn
Pont ar Hydfer
Mynydd Illtyd
Brecon Beacons National Park
Libanus
Cantref Adventure Farm
Llanfrynach
Llanhamlach
Pennorth
Scethrog
Talsarn
Red Kite Feeding Station
Twynllanan
Llanddeusant
Source of R. Usk
Glas Fynydd Forest
Crai
Heol Senni
Moel Feity 1940
Allt Ddu 1845
Pen Milan
Pencelli
Cross Oak
Talybont-on-Usk
Aber Village
Pontarllechau
Capel Gwynfe
Llyn y Fan Fach
Llyn y Fan-Fawr
Cray Resr.
PEN Y FAN 2906
BRECON BEACONS
Bryn 1842
BLACK MOUNTAIN
Gareg Las 2076
BRECON BEACONS NATIONAL PARK
(PARC CENEDLAETHOL BANNAU BRYCHEINIOG)
FFOREST FAWR
Fan Fawr 2409
Beacons Reservoir
Neuadd Reservoirs
Torpantau
Talybont Reservoir
Fan-Gihirych
Maen Llia Standing Stone
Fan Llia 2071
Ystradfellte Reservoir
Truman
Foel Fraith 1982
Bylchau Rhos-faen 2022
Carreg-lem
Castell-y-geifr 1832
National Showcaves Centre for Wales
Glyntawe
Penwyllt
Craig-y-nos
Ogof Ffynon Ddu 1763
Carreg-lwyd
Cefn Carn-Fadog 1657
Waun Lysiog
Pentwyn Reservoir
Nant-ddu
Cantref Resr.
Black Mountain Centre
Rhosaman
Cefn-bryn-brain
Lower Brynamman
Cwmllynfell
Ystradowen
Pen-y-cae
Abercraf
Cae'r-bont
Caehopkin
Ynyswen
Wales Ape & Monkey Sanctuary
Henrhyd Waterfall
Coelbren
Ystradfellte
Porth yr Ogof Cave
Garwnant Forest
Gam Ddu
MERTHYR
Pontsticill Reservoir
Tairgwaith
Cwmgiedd
Cwm-twrch Uchaf
Cwmgors
Gurnos
Ystradgynlais
Penrhos
Onllwyn
Afon Mellte Waterfalls
Nedd Fechan Waterfalls
Afon Pyrddin Waterfalls
Afon Hepste Waterfalls
Cader Fawr
Llwyn-on Resr.
Llwyn-on Village
Pant Sychbant
Pontsticill
Vaynor
Brecon Mountain Railway
Trefil
Tafarnaubach
Ystalyfera
Glan-rhyd
Seven Sisters (Blaendulais)
Dyffryn Cellwen
RHONDDA
Penderyn
Distillery
Mynydd y-glog 1376
Pontbren Llwyd
Morlais Castle
Trefechan
Cefn-coed-y-cymmer
Pen-y-Darren
Dowlais
Godre'r-graig
Cilmaengwyn
Glyn-neath
Pontneddfechan
CYNON
Hirwaun
Rhigos
Morfa Glas
Pont-Walby
Pentreclwydau
Blaengwrach
Cwmgwrach
Clwydfagwyr
Heolgerrig
MERTHYR TYDFIL (Merthyr Tudful)
RHYMNEY (Rhymni)
Fochriw
Pontlottyn
Llangiwg
Crynant
Penywaun
Llwydcoed
Cynon Valley
Gethin Woodland Park
Abercanaid
Pentrebach
Pentwyn
Troedyrhiw
Gellinudd
Rhos
Alltwen
Cefn Coed Colliery
Abergarwed
Resolven (Resolfen)
Mynydd Resolfen 1257
Cefn Gruga
Craig y Llyn 1969
Llyn-Fawr
Hirwaun Common
Lluest-wen Resrvoir
Cwmdare
Trecynon
ABERDARE (Aberdar)
Dare Valley
Robertstown
Abernant
Cwmbach
Bedlinog
Fforest Goch
Melincourt
Melincourt Waterfall
NEATH
Aberaman
Cwmpennar
Aberfan
Merthyr Vale
Glais
Cilfrew
Aberdulais
Clyne (Y Clun)
Blaenrhondda
Abercwmboi
Cwmaman
MOUNTAIN ASH (Aberpennar)
Newtown
Treharris
Trelewis
Bryncoch
Cadoxton-juxta-Neath
Tonna (Tonnau)
AFAN FOREST PARK
Glyncorrwg
Blaencwm
Tynewydd
Treherbert
Maerdy
Ferndale
Blaenllechau
Penrhiwceiber
Edwardsville
Birchgrove
Neath Abbey
Rhydding
NEATH (Castell-Nedd)
PORT TALBOT
Tonmawr
Ynys-wen
RHONDDA
St Gwynno Forest
Skewen
Cimla
Gnoll Estate
Abercregan
Cymmer (Cymer)
Blaengwynfi
Treorchy (Treorci)
Pentre
Ystrad
Tylorstown
Ynysboeth
Abercynon
Nelson
Pencaerau
Ynysymaerdy
Briton Ferry
Efail-fach
Cynonville
Duffryn
Abergwynfi
Croeserw
Cwmparc
Ton Pentre
Pontygwaith
A40
A470
A483
A4069
A4067
A4215
A4059
A4068
A4221
A4109
A465
A4061
A4233
A4107
A4058
A474
A481
A4060
A4054
A469
A4276
B4358
B4519
B4520
B4567
B4594
B4558
B4599
B4242
B4434
B4287
B4291
B4275

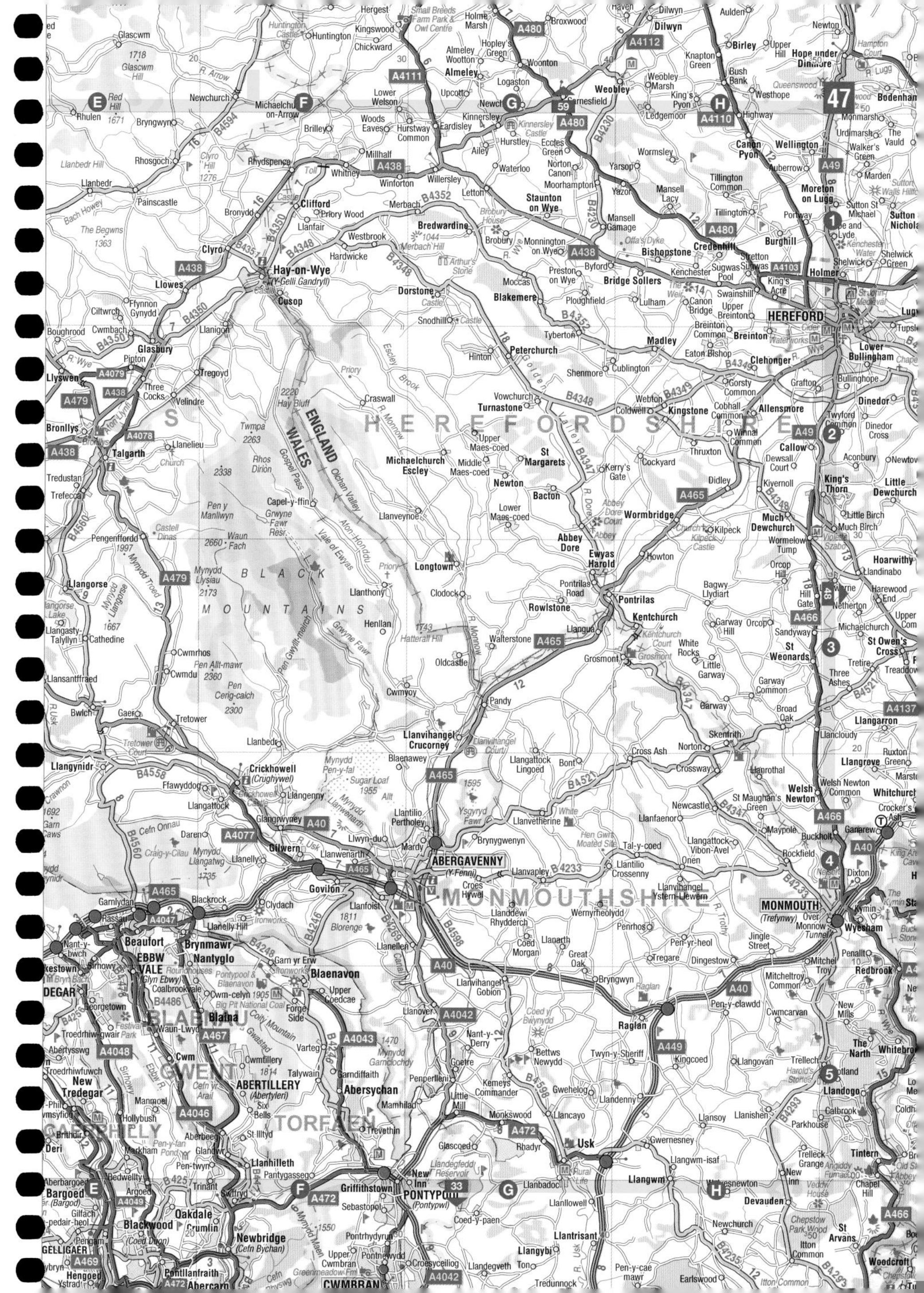

47
Hergest
Small Breeds Farm Park & Owl Centre
Holme Marsh
Broxwood
Haven
Dilwyn
Aulden
Newton
Huntington Castle
Huntington
Kingswood
Chickward
A480
A4112
Birley
Upper Hill
Hope under Dinmore
Hampton Court
Glascwm
1718 Glascwm Hill
R. Arrow
A4111
Almeley Wootton
Hopley's Green
Woonton
Knapton Green
Bush Bank
Almeley
Logaston
Weobley
Weobley Marsh
Queenswood
Bodenham
Newchurch
Michaelchurch-on-Arrow
Lower Welson
Upcott
Newchurch
Sarnesfield
King's Pyon
Westhope
Rhulen
Red Hill 1671
Bryngwyn
Brilley
Woods Eaves
Hurstway Common
Eardisley
Kinnersley
Kinnersley Castle
A480
Ledgemoor
A4110
Highway
Monmarsh
Urdimarsh
The Vault
B4594
Hurstley
Eccles Green
Ailey
B4230
Wormsley
Canon Pyon
Wellington
Walker's Green
Rhosgoch
Clyro Hill 1276
Rhydspence
Millhalf
Whitney
Toll
A438
Winforton
Willersley
Waterloo
Norton Canon
Yarsop
Auberrow
A49
Marden
Llanbedr Hill
Llanbedr
Painscastle
Letton
Moorhampton
Yazor
Mansell Lacy
Tillington Common
Moreton on Lugg
Sutton Walls Hillfort
Bach Howey
Bronydd
Clifford
Castle
Merbach
B4352
Staunton on Wye
Tillington
Sutton St Michael
Sutton St Nicholas
Priory Wood
Bredwardine
Brobury House
B4230
Mansell Gamage
Portway
Llanfair
Westbrook
1044 Merbach Hill
Offa's Dyke
Burghill
The Begwns 1363
B4350
B4348
Hardwicke
Brobury
R. Wye
Monnington on Wye
A438
Bishopstone
Credenhill
A480
Stretton Sugwas
Kenchester Water
Shelwick
Shelwick Green
Clyro
B4351
Arthur's Stone
Preston on Wye
Byford
Kenchester
Sugwas Pool
A4103
Holmer
A438
Hay-on-Wye
(Y Gelli Gandryll)
Moccas
Bridge Sollers
The Weir
King's Acre
Llowes
Cusop
Castle
Dorstone
Castle
Blakemere
Ploughfield
Lulham
Swainshill
Canon Bridge
Upper Breinton
HEREFORD
Ffynnon Gynydd
Ciltwrch
Snodhill
Castle
B4352
Tyberton
Breinton Common
Breinton
Cider
Waterworks
Lugwardine
Tupsley
Boughrood
Cwmbach
B4350
Llanigon
Madley
Eaton Bishop
Lower Bullingham
Glasbury
Escley Brook
Hinton
Peterchurch
Golden Valley
B4349
Clehonger
R. Wye
Chapel
Pipton
R. Wye
Llyswen
A4079
Tregoyd
Priory
Shenmore
Cublington
Gorsty Common
Grafton
Bullinghope
A438
Three Cocks
Velindre
Vowchurch
B4348
Webton
B4349
Kingstone
Cobhall Common
Allensmore
Dinedor
A479
Craswall
R. Monnow
Turnastone
Coldwell
Twyford Common
Dinedor Cross
2220 Hay Bluff
ENGLAND
WALES
HEREFORDSHIRE
Bronllys
A4078
Twmpa 2263
Upper Maes-coed
Winnal Common
A49
Callow
A438
Llanelieu
Talgarth
Church
Rhos Dirion
Gospel Pass
Olchon Valley
Michaelchurch Escley
Middle Maes-coed
St Margarets
B4347
Kerry's Gate
Cockyard
Thruxton
Dewsall Court
Aconbury
Newton
Tredustan
2338
Trefecca
Newton
Bacton
Didley
Kivernoll
King's Thorn
Little Dewchurch
Pen y Manllwyn
Capel-y-ffin
Grwyne Fawr Resr.
Afon-Honddu
Llanveynoe
Lower Maes-coed
R. Dore
Abbey Dore Court
Wormbridge
A465
Church
Kilpeck
Kilpeck Castle
B4348
Much Dewchurch
Little Birch
Much Birch
B4560
Castell Dinas
Waun Fach 2660
Vale of Ewyas
Abbey
Abbey Dore
Violette Szabo
Pengenffordd 1997
Ewyas Harold
Howton
Wormelow Tump
Hoarwithy
BLACK
Mynydd Llysiau 2173
A479
Priory
Longtown
Orcop Hill
Llandinabo
Llangorse
Mynydd Troed
Llangorse Lake
MOUNTAINS
Llanthony
Clodock
Pontrilas Road
Pontrilas
Bagwy Llydiart
Hill Gate
Harewood End
Rowlstone
Kentchurch
A466
Netherton
Llangasty-Talyllyn
Cathedine
1667
Henllan
Llangua
Kentchurch Court
Garway Hill
Orcop
Sandyway
Upper Grove
Michaelchurch
1743 Hatterall Hill
R. Monnow
Walterstone
A465
White Rocks
St Weonards
St Owen's Cross
Cwmrhos
Pen Allt-mawr 2360
Grwyne Fawr
Pen Gwyllt-meirch
Grosmont
Little Garway
Oldcastle
Tretire
Treaddow
Llansantffraed
Cwmdu
Pen Cerrig-calch 2300
B4347
Three Ashes
Cwmyoy
Garway Common
B4521
12
Pandy
Bwlch
R. Usk
Gaer
Tretower
Garway
Broad Oak
A4137
Llangarron
Tretower Court
Llanbedr
Llanvihangel Crucorney
Llanvihangel Court
Skenfrith
Llancloudy
Norton
Llangynidr
Blaenawey
Cross Ash
Crickhowell
(Crughywel)
Mynydd Pen-y-fal
Llangattock Lingoed
Bont
Crossway
Llangrove
Ruxton Green
Llanrothal
B4558
Sugar Loaf 1955
1595
B4521
Marstow
Ffawyddog
Crickhowell Castle
Llangenny
Allt
Welsh Newton Common
Whitchurch
Welsh Newton
A465
Ysgyryd Fawr
B4347
Llangattock
Mynydd Llanwenarth
Llantilio Pertholey
White
Newcastle
St Maughan's Green
Llanfaenor
A466
Crocker's Ash
1692 Garn Caws
Cefn Onnau
Glangrwyney
A40
Llanvetherine
Hen Gwrt Moated Site
Ganarew
Maypole
Buckholt
Daren
A4077
R. Usk
Llwyn-du
Brynygwenyn
Tal-y-coed
Llangattock-Vibon-Avel
Craig-y-Cilau
Mynydd Llangatwg 1735
B4560
Llanelly
Gilwern
Llanwenarth
Mardy
ABERGAVENNY
(Y Fenni)
Llanvapley
B4233
Llantilio Crossenny
Onen
Rockfield
A40
King Arthur's Cave
A465
Govilon
Croes Hywel
MONMOUTHSHIRE
Llanvihangel Ystern-Llewern
Dixton
A465
Garnlydan
Blackrock
Clydach
Ironworks
Llanfoist
1811 Blorenge
B4246
B4269
Llanddewi Rhydderch
Wernyrheolydd
Penrhos
R. Trothy
MONMOUTH
(Trefynwy)
Over Monnow
Kymin
Wyesham
Rassau
A4047
Llanelly Hill
B4598
Jingle Street
Beaufort
Brynmawr
Nantyglo
B4248
Llanellen
Coed Morgan
Llanarth
Pen-yr-heol
EBBW VALE
(Glyn Ebwy)
Roundhouses
Garn yr Erw
Ironworks
Blaenavon
Great Oak
Tregare
Dingestow
Mitchel Troy
Penallt
Redbrook
Sirhowy
Pontypool & Blaenavon
A40
8
Bryngwyn
Mitcheltroy Common
Tredegar
B4486
Coalbrookvale
Cwm-celyn 1905
Upper Coedcae
Llanvihangel Gobion
Raglan
A40
Big Pit National Coal
Forge Side
Coity Mountain
Pen-y-clawdd
Cwmcarvan
Georgetown
BLAENAU
Blaina
Llanover
A4042
Coed y Bwynydd
New Mills
Troedrhiw-gwair
Festival Park
Waun-Lwyd
A467
Gwastad
Raglan
Abertysswg
A4043
1470
Nant-y-Derry
A449
Varteg
B4246
Mynydd Garnclochdy
Bettws Newydd
Twyn-y-Sheriff
Kingcoed
The North
Whitebrook
A4048
Cwm
Cwmfillery
Talywain
Llangovan
Trellech
Troedrhiwfuwch
GWENT
1814
Garndiffaith
Goetre
Kemeys Commander
B4598
Harold's Stones
New Tredegar
ABERTILLERY
(Abertyleri)
Abersychan
Penperlleni
Gwehelog
Llandenny
Llandogo
Cefn yr Arail
Manmoel
Six Bells
Mamhilad
Little Mill
Monkswood
Llancayo
Llansoy
Llanishen
Catbrook
Hollybush
A4046
TORFAEN
Trevethin
B4293
Parkhouse
CAERPHILLY
Brithdir
Aberbeeg
St Illtyd
A472
Rhadyr
Usk
Gwernesney
Tintern
Deri
Markham
Pen-y-fan Pond
Glandwr
Glascoed
Trelleck Grange
Pen-twyn
Llanhilleth
Llandegfedd Reservoir
Rural Life
Llangwm-isaf
Angidy Furnace
Aberbargoed
Bedwellty
Pantygasseg
New Inn
New Inn
Bargoed
(Bargod)
Argoed
B4251
Trinant
Swffryd
A472
Griffithstown
PONTYPOOL
(Pontypwl)
33
Llanbadoc
Llangwm
Wolvesnewton
Vedw House
Chapel Hill
A4049
Gilfach
Sebastopol
Llanllowell
Devauden
Chepstow Park Wood
A466
Blackwood
(Coed Duon)
Oakdale
Crumlin
Coed-y-paen
Newchurch
St Arvans
Pengam
Mynydd Maen
Newbridge
(Cefn Bychan)
1550
Llantrisant
R. Usk
Itton Common
GELLIGAER
A469
Pontrhydyrun
Upper Cwmbran
Pontnewydd
Croesyceiliog
Llangybi
B4235
Itton
Hengoed
Ystrad
Pontllanfraith
Abercarn
A472
Cwmbran
Greenmeadow Fm
A4042
Llandegveth
Tredunnock
Pen-y-cae mawr
Earlswood
Itton Common
B4293
Woodcroft

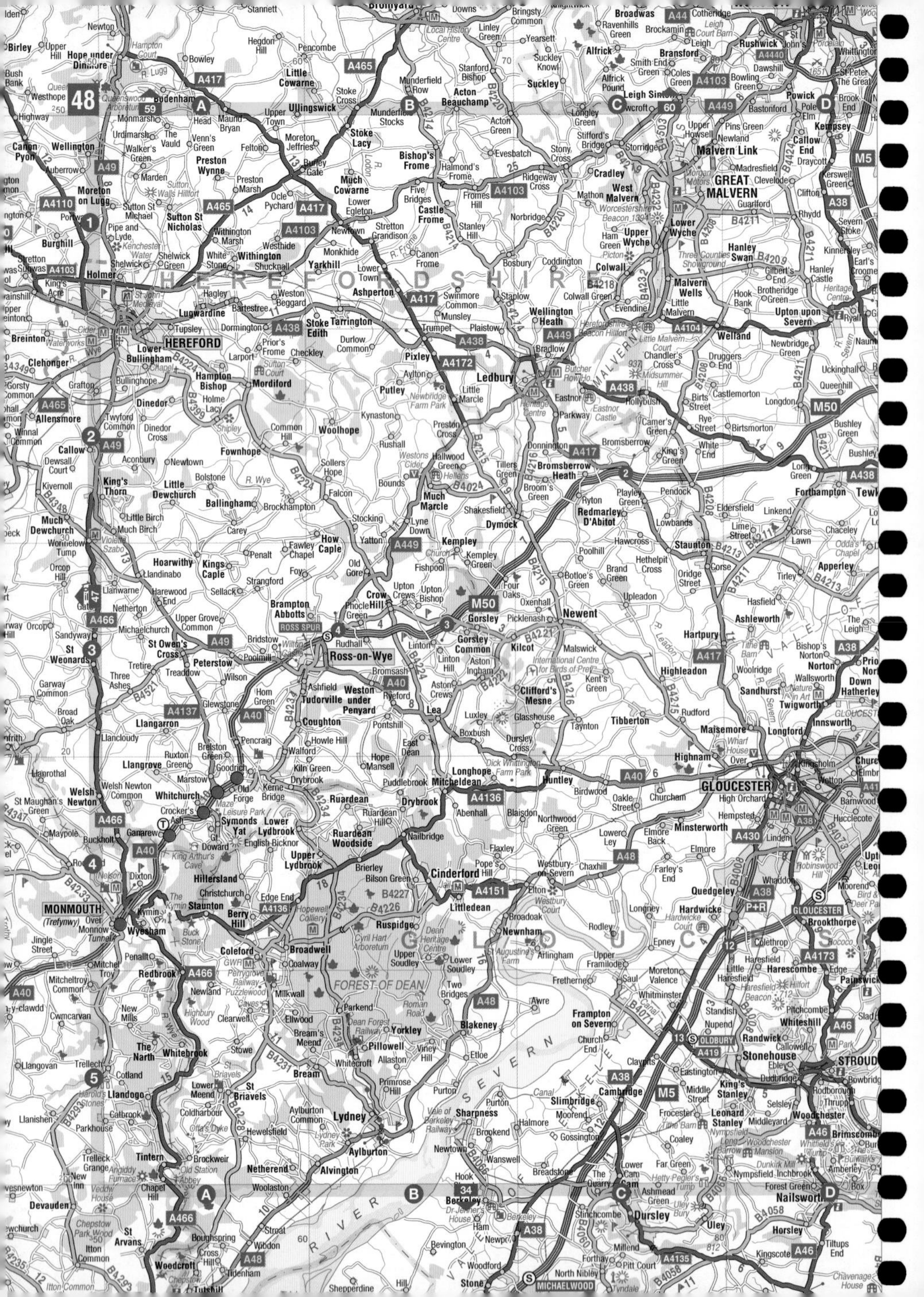

48
HEREFORDSHIRE
GLOUCESTERSHIRE
HEREFORD
GLOUCESTER
Ross-on-Wye
MONMOUTH
(Trefynwy)
GREAT MALVERN
Malvern Link
Malvern Wells
Ledbury
Newent
Cinderford
Lydney
Coleford
Dursley
Stonehouse
STROUD
Nailsworth
Tewkesbury
FOREST OF DEAN
RIVER SEVERN
VALE OF BERKELEY
VALE OF GLOUCESTER
M5
M50
A38
A40
A44
A46
A48
A49
A417
A419
A430
A435
A438
A449
A465
A466
A4103
A4104
A4110
A4135
A4136
A4137
A4151
A4172
A4173
A4440
B4024
B4058
B4060
B4066
B4071
B4208
B4211
B4213
B4215
B4216
B4218
B4220
B4221
B4222
B4224
B4226
B4227
B4228
B4231
B4232
B4234
B4293
B4347
B4348
B4349
B4399
B4521
ROSS SPUR
OLDBURY
MICHAELWOOD
Bromyard
Stannett
Downs
Bringsty Common
Broadwas
Cotheridge
Newton
Birley
Upper Hill
Hope under Dinmore
Hampton Court
Hegdon Hill
Pencombe
Linley Green
Yearsett
Ravenhills Green
Brockamin
Leigh Court Barn
Leigh
Rushwick
Bowley
Little Cowarne
Stoke Cross
Munderfield Row
Stanford Bishop
Suckley Knowl
Alfrick
Alfrick Pound
Bransford
Smith End Green
Coles Green
Dawshill
Whittington
St Peter The Great
Bush Bank
Westhope
Queenswood Arboretum
Bodenham
Maund Bryan
Ullingswick
Upper Town
Munderfield Stocks
Acton Beauchamp
Acton Green
Suckley
Leigh Sinton
Bowling Green
Powick
Brook End
Pole Elm
Kempsey
Highway
Monmarsh
Urdimarsh
The Vault
Venn's Green
Felton
Moreton Jeffries
Stoke Lacy
Bishop's Frome
Evesbatch
Longley Green
Stifford's Bridge
Stony Cross
Storridge
Upper Howsell
Pins Green
Newland
Callow End
Draycott
Canon Pyon
Wellington
Walker's Green
Marden
Preston Wynne
Burley Gate
Much Cowarne
Halmond's Frome
Ridgeway Cross
Cradley
Madresfield
Clevelode
Kerswell Green
Auberrow
Moreton on Lugg
Sutton Walls Hillfort
Preston Marsh
Ocle Pychard
Lower Egleton
Five Bridges
Fromes Hill
West Malvern
Mathon
Morgan Motors
Guarlford
Clifton
Sutton St Michael
Sutton St Nicholas
Pipe and Lyde
Castle Frome
Stanley Hill
Norbridge
Worcestershire Beacon
Lower Wyche
Rhydd
Severn Stoke
Burghill
Withington Marsh
Newtown
Stretton Grandison
Westhide
Monkhide
Canon Frome
Ham Green
Upper Wyche
Picton
Three Counties Showground
Hanley Swan
Kinnersley
Earl's Croome
Stretton Sugwas
Kenchester Water
Holmer
Shelwick
Shelwick Green
White Stone
Withington
Shucknall
Yarkhill
Lower Town
Bosbury
Coddington
Colwall
Gilbert's End
Hanley Castle
King's Acre
St John Medieval
Hagley
Weston Beggard
Ashperton
Swinmore Common
Munsley
Staplow
Colwall Green
Brotheridge Green
Hook Bank
Little Malvern
Evendine
Upton upon Severn
Ryall
Breinton
Cider Waterworks
Lugwardine
Bartestree
Dormington
Stoke Edith
Tarrington
Trumpet
Plaistow
Wellington Heath
Herefordshire Beacon Hillfort
Welland
Newbridge Green
Naunton
Tupsley
Lower Bullingham
Prior's Frome
Durlow Common
Pixley
Bradlow
Little Malvern Court
Chandler's Cross
Clehonger
Larport
Checkley
Sufton Court
Aylton
Butcher Row Ho.
Midsummer Hill
Druggers End
Uckinghall
Gorsty Common
Grafton
Bullinghope
Hampton Bishop
Mordiford
Putley
Newbridge Farm Park
Little Marcle
Heritage Centre
Eastnor
Eastnor Castle
Hollybush
Castlemorton
Birts Street
Queenhill
Allensmore
Dinedor
Holme Lacy
Kynaston
Parkway
Rye Street
Longdon
Twyford Common
Dinedor Cross
Shipley
Common Hill
Woolhope
Preston Cross
Camer's Green
Birtsmorton
Bushley Green
Winnal Common
Callow
Fownhope
Rushall
Weston's Cider
Hallwood Green
Hellens
Donnington
Bromsberrow
White End
Bushley
Dewsall Court
Aconbury
Sollers Hope
Tillers Green
Bromsberrow Heath
King's Green
Long Green
Kivernoll
King's Thorn
Little Dewchurch
Bolstone
Bounds
Much Marcle
Broom's Green
Playley Green
Pendock
Forthampton
Ballingham
Brockhampton
Falcon
Shakesfield
Ryton
Redmarley D'Abitot
Eldersfield
Linkend
Much Dewchurch
Little Birch
Much Birch
Carey
Stocking
Lyne Down
Dymock
Lowbands
Lime Street
Corse Lawn
Chaceley
Wormelow Tump
Violette Szabo
How Caple
Fawley Chapel
Penalt
Yatton
Kempley
Kempley Green
Hawcross
Staunton
Odda's Chapel
Orcop Hill
Hoarwithy
Llandinabo
Kings Caple
Foy
Old Gore
Fishpool
Poolhill
Brand Green
Hethelpit Cross
Corse
Apperley
Llanwarne
Harewood End
Sellack
Strangford
Crow Hill
Upton Crews
Upton Bishop
Four Oaks
Botloe's Green
Oridge Street
Tirley
Netherton
Brampton Abbotts
Phocle Green
Oxenhall
Upleadon
Hasfield
Orcop
Michaelchurch
Upper Grove Common
Gorsley
Picklenash
Ashleworth
The Leigh
Sandyway
St Weonards
St Owen's Cross
Bridstow
Wilton Castle
Rudhall
Linton
Gorsley Common
Kilcot
Malswick
Hartpury
Tithe Barn
Bishop's Norton
Norton
Tretire
Peterstow
Poolmill
Linton Hill
Aston Ingham
International Centre for Birds of Prey
Highleadon
Wallsworth
Down Hatherley
Garway Common
Three Ashes
Treaddow
Wilson
Ashfield
Tudorville
Weston under Penyard
Bromsash
Ryeford
Aston Crews
Clifford's Mesne
Kent's Green
Woolridge
Sandhurst
Nature in Art
Twigworth
Broad Oak
Llangarron
Glewstone
Hom Green
Coughton
Lea
Luxley
Glasshouse
Taynton
Tibberton
Rudford
Maisemore
Longford
Innsworth
Llancloudy
Pencraig
Howle Hill
Pontshill
Boxbush
Dursley Cross
Wharf House
Over
Kingsholm
Wotton
Llangrove
Ruxton Green
Brelston Green
Walford
East Dean
Hope Mansell
Dick Whittington Farm Park
Longhope
Huntley
Highnam
Llanrothal
Welsh Newton Common
Marstow
Goodrich
Kerne Bridge
Drybrook
Puddlebrook
Mitcheldean
Birdwood
Churcham
Welsh Newton
Whitchurch
Old Forge
Crocker's Ash
Maze Leisure Park
Symonds Yat
Ruardean
Ruardean Hill
Abenhall
Blaisdon
Oakle Street
High Orchard
Barnwood
St Maughan's Green
Maypole
Buckholt
Ganarew
Great Doward
English Bicknor
Lower Lydbrook
Ruardean Woodside
Nailbridge
Northwood Green
Lower Ley
Elmore Back
Minsterworth
Hempsted
Linden
Hucclecote
Rockfield
Dixton
King Arthur's Cave
Hillersland
Upper Lydbrook
Brierley
Bilson Green
Pope's Hill
Flaxley
Westbury-on-Severn
Chaxhill
Farley's End
Elmore
Robinswood Hill
Upton St Leonards
Moorend
Christchurch
The Kymin
Edge End
Hopewell Colliery
Littledean
Elton
Westbury Court
Quedgeley
Hardwicke
Brookthorpe
Over Monnow
Wyesham
Staunton
Berry Hill
Ruspidge
Broadoak
Longney
Hardwicke Court
Bird & Deer Park
Jingle Street
Buck Stone
Broadwell
Cyril Hart Arboretum
Dean Heritage Centre
Newnham
St Augustine's Farm
Arlingham
Rodley
Epney
Colethrop
Harescombe
Painswick
Penallt
Mitchel Troy
Redbrook
Coalway
Perrygrove Railway
Upper Soudley
Lower Soudley
Upper Framilode
Moreton Valence
Little Haresfield
Edge
Mitcheltroy Common
Newland
Puzzlewood
Milkwall
Parkend
Two Bridges
Fretherne
Saul
Whitminster
Haresfield Beacon
Hillfort
Slad
Cwmcarvan
New Mills
Highbury Wood
Clearwell
Ellwood
Roman Road
Awre
Frampton on Severn
Standish
Pitchcombe
Whiteshill
Stowe
Bream's Meend
Dean Forest Railway
Yorkley
Blakeney
Nupend
Randwick
Callowell
Llangovan
The North
Whitebrook
Pillowell
Whitecroft
Allaston
Viney Hill
Church End
Eastington
Ebley
Trellech
Cotland
Bream
Etloe
Claypits
Middle Street
King's Stanley
Dudbridge
Bowbridge
Llandogo
Lower Meend
St Briavels
Primrose Hill
Purton
Cambridge
Slimbridge
Frocester
Leonard Stanley
Selsley
Rodborough
Thrupp
Llanishen
Catbrook
Parkhouse
Coldharbour
Offa's Dyke
Aylburton Common
Lydney
Sharpness
Moorend
Middleyard
Woodchester
Brimscombe
Hewelsfield
Lydney Park
Vale of Berkeley Railway
Brookend
Halmore
Gossington
Tithe Barn
Coaley
Nympsfield Long Barrow
Woodchester Mansion
Whitfield's Tump
Trelleck Grange
Tintern
Brockweir
Aylburton
Newtown
Wanswell
Far Green
Dunkirk Mill
The Bulwarks
Angiddy Furnace
Old Station
Netherend
Alvington
Breadstone
Lower Cam
Hetty Pegler's Tump
Nympsfield
Inchbrook
Amberley
New Inn
Tintern Abbey
Chapel Hill
Woolaston
Hook Street
The Quarry
Cam
Ashmead Green
Forest Green
Box
Devauden
Veddw House
Berkeley
Dr Jenner's House
Uley Bury
Uley
Stinchcombe
Dursley
Horsley
Chepstow Park Wood
St Arvans
Stroat
Ham
Newport
Bevington
Millend
Tiltups End
Itton Common
Boughspring
Wibdon
Forthay
Pitt Court
Kingscote
Woodcroft
Cross Hill
Tidenham
Woodford
North Nibley
Tyndale
Chepstow
Tutshill
Shepperdine
Hill
Stone
Chavenage House

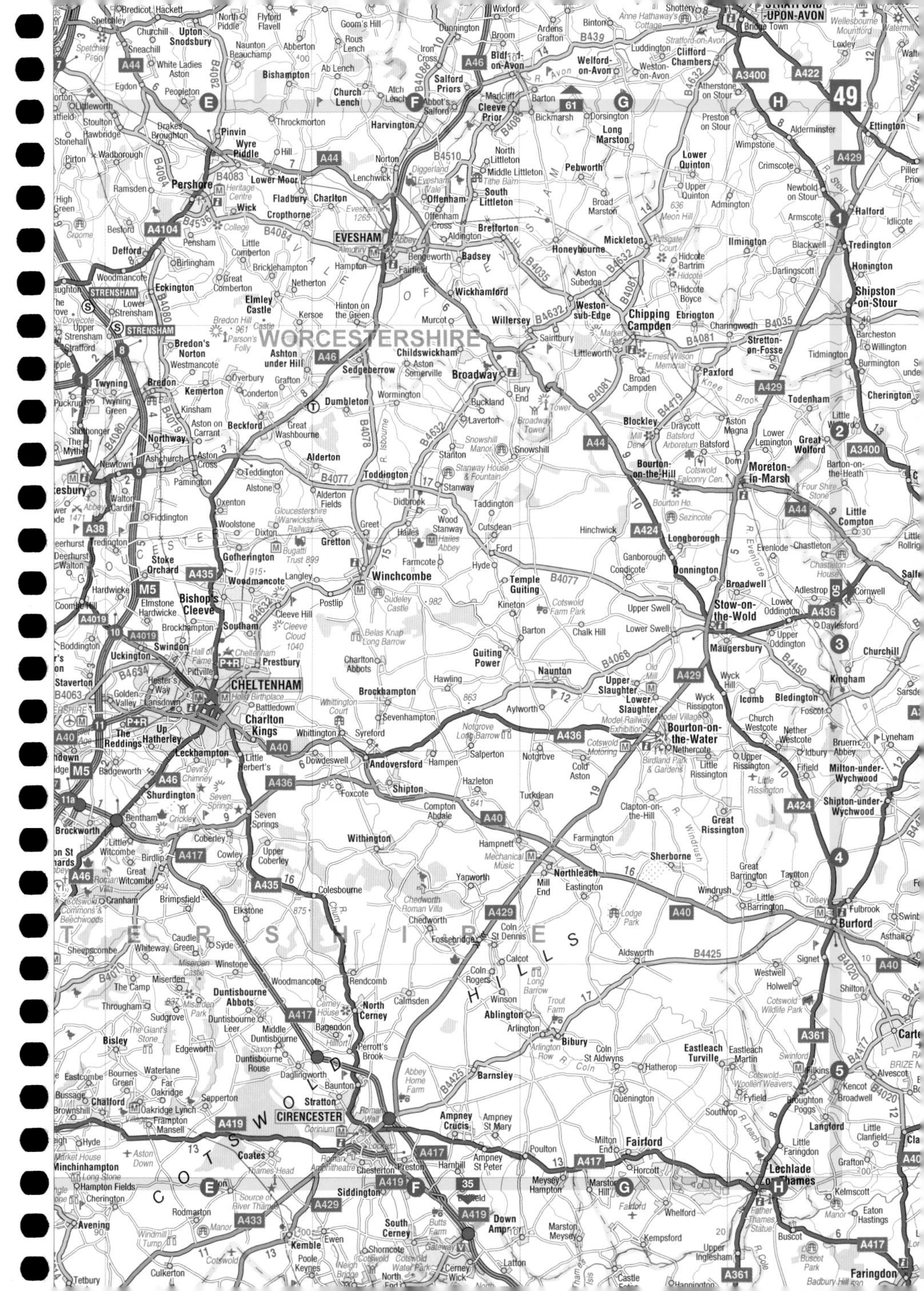

49
STRATFORD-UPON-AVON
Bredicot
Hackett
Spetchley
Churchill
Upton Snodsbury
North Piddle
Flyford Flavell
Goom's Hill
Rous Lench
Dunnington
Wixford
Broom
Ardens Grafton
Binton
Anne Hathaway's Cottage
Shottery
Bridge Town
Wellesbourne Mountford
Sneachill
White Ladies Aston
Naunton Beauchamp
Abberton
Iron Cross
Bidford-on-Avon
Welford-on-Avon
Luddington
Clifford Chambers
Weston-on-Avon
Loxley
Egdon
Peopleton
Bishampton
Ab Lench
Church Lench
Atch Lench
Salford Priors
Abbot's Salford
Marlcliff
Cleeve Prior
Barton
Bickmarsh
Dorsington
Atherstone on Stour
Preston on Stour
Alderminster
Ettington
Littleworth
Stoulton
Drakes Broughton
Pinvin
Throckmorton
Harvington
Long Marston
Wimpstone
Stonehall
Hawbridge
Wadborough
Wyre Piddle
Hill
Norton
North Littleton
Middle Littleton
Lower Quinton
Crimscote
Pirton
Pershore
Lower Moor
Lenchwick
Diggerland
Evesham Vale
Tithe Barn
South Littleton
Pebworth
Upper Quinton
Newbold on Stour
Ramsden
Heritage Centre
Wick
Fladbury
Charlton
Offenham
Broad Marston
Admington
High Green
Croome
Besford
Cropthorne
Evesham
Offenham Cross
Aldington
Bretforton
Meon Hill
Halford
Armscote
Idlicote
Defford
Pensham
Little Comberton
EVESHAM
Almonry
Abbey
Bengeworth
Badsey
Honeybourne
Mickleton
Kiftsgate Court
Hidcote Bartrim
Hidcote
Ilmington
Blackwell
Tredington
Birlingham
Bricklehampton
Hampton
Fairfield
Aston Subedge
Darlingscott
Honington
Woodmancote
Eckington
Great Comberton
Netherton
Wickhamford
Hidcote Boyce
Shipston-on-Stour
STRENSHAM
Lower Strensham
Elmley Castle
Kersoe
Hinton on the Green
Murcot
Willersey
Weston-sub-Edge
Chipping Campden
Ebrington
Charingworth
Upper Strensham
Bredon Hill
Parson's Folly
Castle
WORCESTERSHIRE
Saintbury
Market Hall
Stretton-on-Fosse
Barcheston
Willington
Bredon's Norton
Westmancote
Ashton under Hill
Childswickham
Aston Somerville
Sedgeberrow
Broadway
Littleworth
Ernest Wilson Memorial
Tidmington
Burmington
Twyning
Bredon
Overbury
Grafton
Broad Campden
Paxford
Twyning Green
Kemerton
Conderton
Wormington
Bury End
Knee Brook
Todenham
Cherington
Puckrup
Kinsham
Dumbleton
Buckland
Laverton
Broadway Tower
Blockley
Draycott
Aston Magna
Little Wolford
Shuthonger
Aston on Carrant
Beckford
Great Washbourne
Batsford Arboretum
Batsford
Lower Lemington
Great Wolford
The Mythe
Northway
Ashchurch
Aston Cross
Alderton
Snowshill Manor
Snowshill
Stanton
Mill Dene
Bourton-on-the-Hill
Dorn
Moreton-in-Marsh
Barton-on-the-Heath
Tewkesbury
Newtown
Teddington
Toddington
Stanway House & Fountain
Stanway
Cotswold Falconry Cen.
Four Shire Stone
Abbey
Walton Cardiff
Pamington
Alstone
Alderton Fields
Didbrook
Taddington
Bourton Ho.
Sezincote
Little Compton
Oxenton
Fiddington
Gloucestershire Warwickshire Railway
Wood Stanway
Cutsdean
Hinchwick
Longborough
Evenlode
Chastleton
Little Rollright
Deerhurst
Woolstone
Dixton
Greet
Hailes
Hailes Abbey
Gretton
Bugatti Trust
Ford
Ganborough
Condicote
Chastleton House
Deerhurst Walton
Stoke Orchard
Gotherington
Winchcombe
Farmcote
Hyde
Temple Guiting
Donnington
Broadwell
Adlestrop
Cornwell
Hardwicke
M5
Woodmancote
Langley
Postlip
Sudeley Castle
Kineton
Cotswold Farm Park
Upper Swell
Stow-on-the-Wold
Lower Oddington
Salford
Coombe Hill
Elmstone Hardwicke
Bishop's Cleeve
Cleeve Hill
Cleeve Cloud
Lower Swell
Daylesford
Boddington
Uckington
Brockhampton
Southam
Belas Knap Long Barrow
Barton
Chalk Hill
Maugersbury
Upper Oddington
Churchill
Staverton
Swindon
Hall of Fame
Prestbury
Charlton Abbots
Guiting Power
Naunton
Old Mill
Wyck Hill
Kingham
CHELTENHAM
Holst Birthplace
Pittville
Hester's Way
Golden Valley
Lansdown
Battledown
Brockhampton
Hawling
Upper Slaughter
Lower Slaughter
Wyck Rissington
Icomb
Bledington
Foscot
Sarsden
Up Hatherley
Charlton Kings
Whittington Court
Sevenhampton
Aylworth
Model Village
Model Railway Exhibition
Bourton-on-the-Water
Church Westcote
Nether Westcote
Lyneham
The Reddings
Leckhampton
Whittington
Syreford
Notgrove Long Barrow
Nethercote
Bruern Abbey
Idbury
Little Herbert's
Dowdeswell
Andoversford
Hampen
Salperton
Notgrove
Cold Aston
Cotswold Motoring
Birdland Park & Gardens
Little Rissington
Upper Rissington
Fifield
Milton-under-Wychwood
Badgeworth
Devil's Chimney
Shurdington
Seven Springs
Foxcote
Shipton
Hazleton
Turkdean
Clapton-on-the-Hill
Windrush
Great Rissington
Shipton-under-Wychwood
Brockworth
Bentham
Crickley Hill
Compton Abdale
Little Witcombe
Coberley
Withington
Hampnett
Farmington
Birdlip
Cowley
Upper Coberley
Mechanical Music
Northleach
Sherborne
Great Barrington
Taynton
Great Witcombe
Roman Villa
Colesbourne
Yanworth
Mill End
Eastington
Windrush
Little Barrington
Tolsey
Fulbrook
Burford
Cranham
Brimpsfield
Elkstone
Chedworth Roman Villa
Chedworth
Lodge Park
Swinbrook
Cotswold Commons & Beechwoods
Caudle Green
Syde
Fossebridge
Coln St Dennis
Asthall
Sheepscombe
Whiteway
Calcot
Aldsworth
Signet
Miserden Park
Winstone
Westwell
Coln Rogers
Long Barrow
Holwell
Shilton
The Camp
Miserden
Woodmancote
Rendcomb
Winson
Trout Farm
Cotswold Wildlife Park
Duntisbourne Abbots
Throughham
Cerney House
North Cerney
Calmsden
Ablington
Sudgrove
Duntisbourne Leer
Arlington
Bibury
Carterton
The Giant's Stone
Middle Duntisbourne
Bagendon
Hillfort
Arlington Row
Coln St Aldwyns
Eastleach Turville
Eastleach Martin
Swinford
Bisley
Edgeworth
Saxon
Duntisbourne Rouse
Perrott's Brook
Hatherop
Filkins
Alvescot
Kencot
Broadwell
Eastcombe
Bournes Green
Waterlane
Far Oakridge
Daglingworth
Abbey Home Farm
Barnsley
Cotswold Woollen Weavers
Bussage
Chalford
Oakridge Lynch
Sapperton
Baunton
Stratton
Quenington
Fyfield
Broughton Poggs
Brownshill
Frampton Mansell
CIRENCESTER
Corinium
Roman Wall
Ampney Crucis
Ampney St Mary
Southrop
Langford
Little Clanfield
Hyde
Coates
Lock
Poulton
Fairfield
Milton End
Little Faringdon
Grafton
Market House
Aston Down
Roman Amphitheatre
Chesterton
Harnhill
Ampney St Peter
Horcott
Minchinhampton
Long Stone
Thames Head
Preston
Meysey Hampton
Marston Hill
Lechlade on Thames
Kelmscott
Hampton Fields
Source of River Thames
Siddington
Driffield
Fairford
Whelford
Father Thames Statue
Cherington
Rodmarton
Down Ampney
Eaton Hastings
Avening
Manor
South Cerney
Butts Farm
Marston Meysey
Kempsford
Buscot
Windmill Tump
Kemble
Ewen
Upper Inglesham
Buscot Park
Poole Keynes
Shorncote
Cotswold Water Park
Neigh Bridge
Culkerton
Tetbury
Cerney Wick
Latton
North End
Castle Eaton
Hannington
Faringdon
Badbury Hill
COTSWOLDS
GLOUCESTERSHIRE
VALE OF EVESHAM

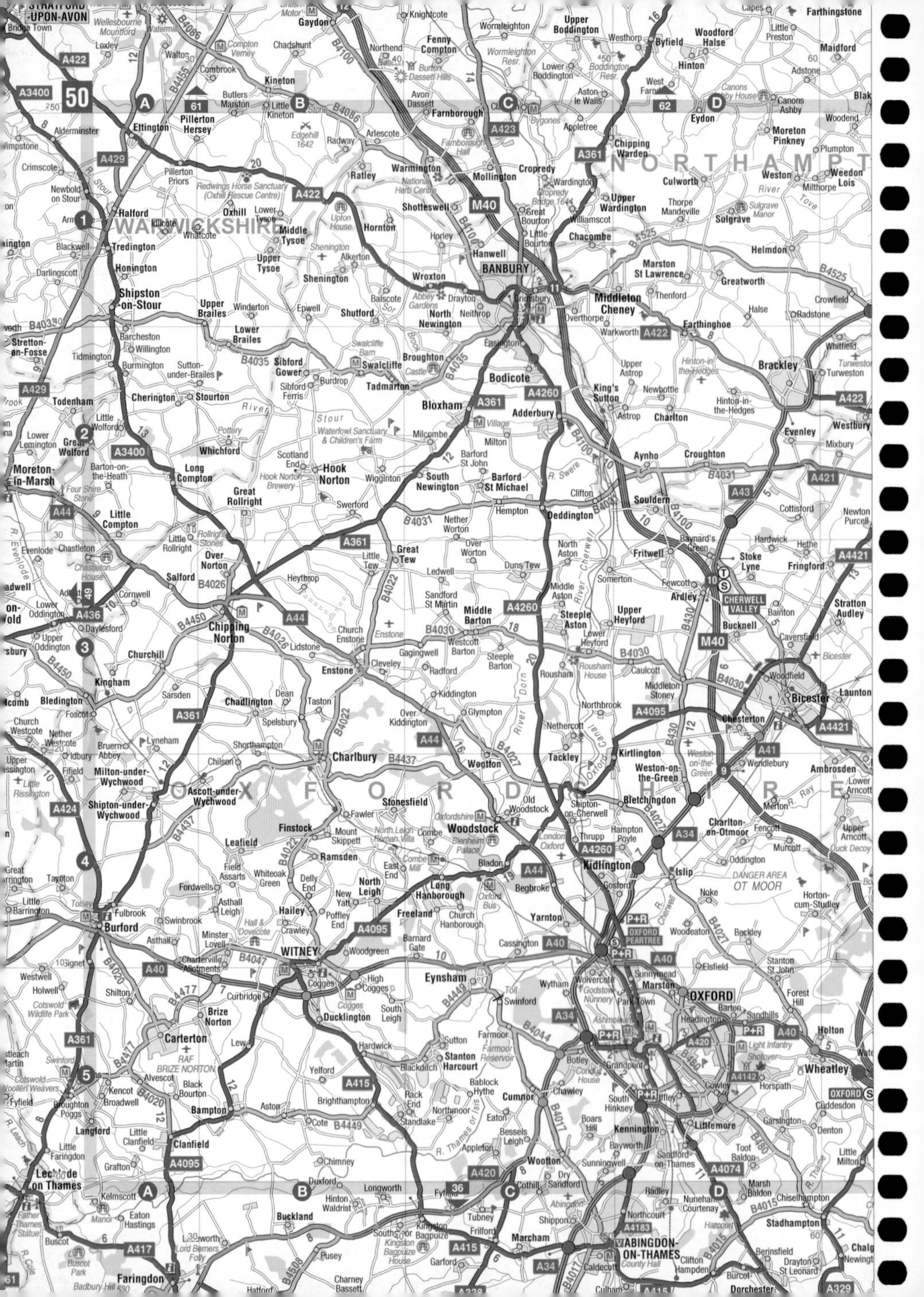

50
STRATFORD-UPON-AVON
Wellesbourne Mountford
Gaydon
Knightcote
Wormleighton
Upper Boddington
Byfield
Woodford Halse
Farthingstone
Loxley
Compton Verney
Chadshunt
Northend
Fenny Compton
Wormleighton Resr.
Westhorp
Little Preston
Maidford
A422
Walton
Combrook
Kineton
Burton Dassett Hills
Lower Boddington
Boddington Resr.
Hinton
Adstone
A3400
B4455
Butlers Marston
Little Kineton
Avon Dassett
Aston le Walls
West Farndon
Canons Ashby House
Canons Ashby
Pillerton Hersey
Ettington
Farnborough
A423
Bygones
Appletree
Eydon
Moreton Pinkney
Woodend
Alderminster
Edgehill 1642
Radway
Arlescote
Farnborough Hall
Chipping Warden
A361
Plumpton
NORTHAMPT
A429
Crimscote
Pillerton Priors
Redwings Horse Sanctuary (Oxhill Rescue Centre)
Ratley
Warmington
Mollington
Cropredy
Wardington
Culworth
Weston
Weedon Lois
Milthorpe
Newbold on Stour
National Herb Centre
Cropredy Bridge 1644
River Tove
Halford
Oxhill
Lower Tysoe
Upton House
Shotteswell
M40
Great Bourton
Upper Wardington
Thorpe Mandeville
Sulgrave Manor
Sulgrave
WARWICKSHIRE
Idlicote
Whatcote
Middle Tysoe
Hornton
Williamscot
Armscote
Horley
Little Bourton
Chacombe
B4525
Helmdon
Blackwell
Tredington
Upper Tysoe
Shenington
Alkerton
Hanwell
Honington
Darlingscott
BANBURY
Marston St Lawrence
Greatworth
Shenington
Wroxton
Abbey Gardens
Drayton
Grimsbury
Middleton Cheney
Thenford
Crowfield
Shipston-on-Stour
Upper Brailes
Winderton
Epwell
Shutford
Balscote
North Newington
Neithrop
Overthorpe
Halse
Radstone
Warkworth
Farthinghoe
Stretton-on-Fosse
Barcheston
Willington
Lower Brailes
Swalcliffe Barn
Easington
Tidmington
Burmington
Sutton-under-Brailes
B4035
Sibford Gower
Swalcliffe
Broughton Castle
Bodicote
Upper Astrop
Hinton-in-the-Hedges
Whitfield
Brackley
Turweston
Burdrop
Sibford Ferris
Tadmarton
King's Sutton
Newbottle
A429
Todenham
Cherington
Stourton
River Stour
Bloxham
A4260
Adderbury
Astrop
Charlton
Hinton-in-the-Hedges
A422
Little Wolford
Stour Waterfowl Sanctuary & Children's Farm
Village
Westbury
Great Wolford
Lower Lemington
A3400
Whichford
Milcombe
Milton
Evenley
Mixbury
Moreton-in-Marsh
Barton-on-the-Heath
Long Compton
Scotland End
Hook Norton Brewery
Hook Norton
Wigginton
South Newington
Barford St John
Barford St Michael
R. Swere
Aynho
Croughton
B4031
A421
Four Shire Stone
Great Rollright
Swerford
Clifton
Souldern
A43
A44
Little Compton
Hempton
Deddington
B4100
Cottisford
Newton Purcell
B4031
Nether Worton
Over Worton
R. Evenlode
Little Rollright
Rollright Stones
A361
Little Tew
Great Tew
North Aston
River Cherwell
Baynard's Green
Hardwick
Hethe
Evenlode
Chastleton
Chastleton House
Over Norton
Ledwell
Duns Tew
Fritwell
Stoke Lyne
Fringford
A4421
Salford
B4026
Heythrop
Somerton
Fewcott
Ardley
CHERWELL VALLEY
Adlestrop
Cornwell
B4022
Sandford St Martin
Middle Barton
A4260
Middle Aston
Steeple Aston
Upper Heyford
Stratton Audley
Lower Oddington
A436
Daylesford
B4450
Chipping Norton
A44
Church Enstone
Enstone
B4030
Westcott Barton
Lower Heyford
Bainton
Bucknell
Upper Oddington
B4026
Lidstone
Gagingwell
Steeple Barton
M40
B4030
Caversfield
Bicester
Churchill
Cleveley
Radford
Rousham
Rousham House
Caulcott
Woodfield
Kingham
Enstone
Kiddington
Middleton Stoney
Launton
Bledington
Sarsden
Chadlington
Dean
Taston
Glympton
River Dorn
Northbrook
A4095
Foscot
A361
Spelsbury
Over Kiddington
Nethercott
Oxford Canal
Chesterton
A4421
Church Westcote
Nether Westcote
Bruern Abbey
Lyneham
Shorthampton
B4022
A44
Tackley
Kirtlington
A41
Wendlebury
Idbury
Chilson
Charlbury
B4437
Wootton
B4027
Weston-on-the-Green
Ambrosden
Upper Rissington
Fifield
Milton-under-Wychwood
Ascott-under-Wychwood
OXFORDSHIRE
Lower Arncott
Little Rissington
Shipton-under-Wychwood
Fawler
Stonesfield
Old Woodstock
Shipton-on-Cherwell
Bletchingdon
Merton
R. Ray
A424
Oxfordshire
Woodstock
Blenheim Palace
Hampton Poyle
Charlton-on-Otmoor
Fencott
Upper Arncott
Finstock
Mount Skippett
North Leigh Roman Villa
Combe
London Oxford
Thrupp
A34
Leafield
Ramsden
Combe Mill
A4260
Murcott
Duck Decoy
Islip
Oddington
Great Barrington
Taynton
Field Assarts
Whiteoak Green
Delly End
East End
Bladon
Kidlington
DANGER AREA OT MOOR
Fordwells
New Yatt
North Leigh
Long Hanborough
A44
Begbroke
Gosford
Asthall Leigh
Hailey
Freeland
Oxford Bus
Noke
Horton-cum-Studley
Little Barrington
Fulbrook
Swinbrook
Poffley End
Church Hanborough
Yarnton
P+R
Burford
Crawley
A4095
Woodeaton
Beckley
Asthall
Minster Lovell
Hall & Dovecote
Barnard Gate
Cassington
A40
OXFORD PEARTREE
B4027
Stanton St John
Signet
Charterville Allotments
B4047
WITNEY
Woodgreen
A40
Sunnymead
Elsfield
Westwell
Holwell
A40
B4020
Cogges
High Cogges
Eynsham
Wytham
Wolvercote
Godstow Nunnery
Marston
Forest Hill
Shilton
B4477
Curbridge
Toll
Swinford
Park Town
OXFORD
Barton
Sandhills
Cotswold Wildlife Park
Brize Norton
Ducklington
South Leigh
B4449
A34
Ashmolean
Headington
P+R
A40
Holton
Carterton
Lew
Hardwick
Sutton
Farmoor
Farmoor Reservoir
B4044
P+R
A420
Light Infantry
Shotover
Wheatley
Westleach Martin
Swinford
RAF BRIZE NORTON
Stanton Harcourt
Blackditch
Botley
Grandpont
A4142
A361
Alvescot
Black Bourton
Yelford
A415
Conduit House
Cowley
Horspath
OXFORD
Cotswold Woollen Weavers
Kencot
Broadwell
Bablock Hythe
Cumnor
Chawley
B480
Iffley
Fyfield
Broughton Poggs
B4020
Bampton
Aston
Brighthampton
Rack End
Standlake
Northmoor
South Hinksey
P+R
Cuddesdon
R. Leach
Langford
Cote
B4449
Eaton
Boars Hill
Kennington
Littlemore
Garsington
Denton
Little Clanfield
Clanfield
Bessels Leigh
B4017
Little Faringdon
R. Thames or Isis
Appleton
Bayworth
Sandford-on-Thames
Toot Baldon
Grafton
A4095
Chimney
Sunningwell
A4074
Little Milton
Wootton
Dry Sandford
R. Thame
Lechlade on Thames
A
Kelmscott
B
Duxford
Longworth
Fyfield
36
A420
C
Cothill
Radley
D
Marsh Baldon
Chiselhampton
Father Thames Statue
Manor
Eaton Hastings
Hinton Waldrist
Tubney
Abingdon
Shippon
Nuneham Courtenay
Harcourt
B4015
Buckland
Kingston Bagpuize
Frilford
Northcourt
Stadhampton
Buscot
Southmoor
Kingston Bagpuize House
Marcham
A4183
A417
Longworth
Lord Berners Folly
A415
ABINGDON-ON-THAMES
Berinsfield
Chalgrove
Buscot Park
Pusey
Garford
A34
Caldecott
County Hall
Clifton Hampden
Burcot
Drayton St Leonard
Newington
Faringdon
Charney Bassett
B4508
B4017
Badbury Hill
Hatford
A338
Culham
A415
Dorchester
A329

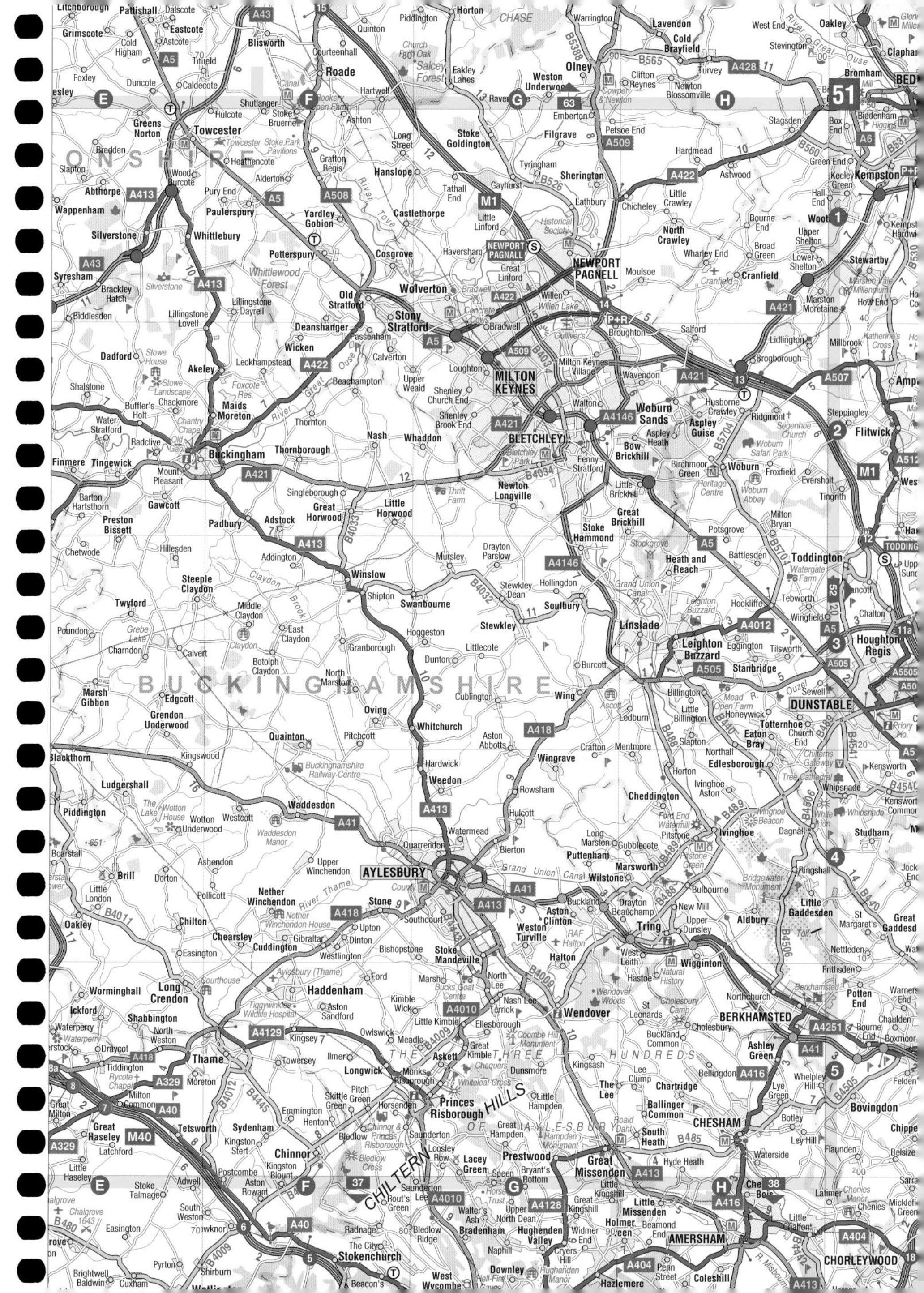

51
Litchborough
Pattishall
Dalscote
Eastcote
Astcote
Grimscote
Cold Higham
Blisworth
Quinton
Piddington
Horton
CHASE
Warrington
Lavendon
Cold Brayfield
West End
Oakley
Stevington
Clapham
Bromham
Courteenhall
Church Oak
Salcey Forest
Eakley Lanes
Olney
Weston Underwood
Clifton Reynes
Newton Blossomville
Turvey
Foxley
Duncote
Caldecote
Tiffield
Roade
Hartwell
Ravenstone
Cowper & Newton
Shutlanger
Bookery Open Farm
Stoke Bruerne
Ashton
Emberton
Petsoe End
Stagsden
Biddenham
Box End
Towcester
Greens Norton
Towcester Racecourse
Stoke Park Pavilions
Long Street
Stoke Goldington
Filgrave
Hardmead
Bradden
NORTHAMPTONSHIRE
Heathencote
Grafton Regis
Hanslope
Tyringham
Sherington
Astwood
Green End
Kempston
Slapton
Wood Burcote
Alderton
Pury End
Gayhurst
Lathbury
Chicheley
Keeley Green
Abthorpe
Paulerspury
Tathall End
Little Crawley
Hall End
Wappenham
Yardley Gobion
Castlethorpe
Little Linford
Historical Society
Bourne End
Wootton
Silverstone
Whittlebury
North Crawley
Upper Shelton
Kempston Hardwick
Potterspury
Cosgrove
Haversham
NEWPORT PAGNELL
Wharley End
Broad Green
Lower Shelton
Whittlewood Forest
Great Linford
Moulsoe
Cranfield
Stewartby
Syresham
Brackley Hatch
Wolverton
Marston Vale Millennium
Marston Moretaine
Lillingstone Dayrell
Old Stratford
Bradwell
Willen
Willen Lake
How End
Biddlesden
Lillingstone Lovell
Stony Stratford
Concrete Cows
Broughton
Salford
Deanshanger
Passenham
Gulliver's
Wicken
Lidlington
Millbrook
Katherine's Cross
Dadford
Stowe House
Leckhampstead
Calverton
Milton Keynes Village
Wavendon
Brogborough
Akeley
Loughton
MILTON KEYNES
Ampthill
Shalstone
Stowe Landscape
Foxcote Res.
Beachampton
Upper Weald
Shenley Church End
River Great Ouse
Buffler's Holt
Chackmore
Maids Moreton
Husborne Crawley
Ridgmont
Steppingley
Water Stratford
Chantry Chapel
Thornton
Shenley Brook End
Walton
Woburn Sands
Aspley Guise
Aspley Heath
Segenhoe Church
Flitwick
Radclive
Nash
Whaddon
BLETCHLEY
Bow Brickhill
Woburn Safari Park
Finmere
Tingewick
Buckingham
Thornborough
Bletchley Park
Fenny Stratford
Birchmoor Green
Woburn
Froxfield
Mount Pleasant
Newton Longville
Little Brickhill
Heritage Centre
Woburn Abbey
Eversholt
Barton Hartshorn
Singleborough
Thrift Farm
Tingrith
Gawcott
Great Horwood
Little Horwood
Great Brickhill
Milton Bryan
Preston Bissett
Padbury
Adstock
Stoke Hammond
Potsgrove
Hillesden
Addington
Mursley
Drayton Parslow
Stockgrove
Heath and Reach
Battlesden
Toddington
Chetwode
Winslow
Claydon Brook
Hollingdon
Grand Union Canal
Watergate Farm
Steeple Claydon
Shipton
Swanbourne
Stewkley Dean
Soulbury
Leighton Buzzard
Hockliffe
Tebworth
Twyford
Middle Claydon
Wingfield
Chalton
Poundon
Grebe Lake
East Claydon
Hoggeston
Stewkley
Linslade
Houghton Regis
Claydon
Eggington
Tilsworth
Charndon
Calvert
Granborough
Littlecote
Leighton Buzzard
Botolph Claydon
Dunton
Burcott
Stanbridge
North Marston
BUCKINGHAMSHIRE
Billington
Little Billington
Mead Open Farm
Sewell
DUNSTABLE
Marsh Gibbon
Edgcott
Cublington
Wing
Ascott
Ledburn
Honeywick
Grendon Underwood
Oving
Whitchurch
Totternhoe
Church End
Eaton Bray
Priory Ho.
Quainton
Pitchcott
Aston Abbotts
Slapton
Blackthorn
Kingswood
Crafton
Mentmore
Northall
Edlesborough
Kensworth
Wingrave
Chilterns Gateway
Hardwick
Tree Cathedral
Buckinghamshire Railway Centre
Weedon
Horton
Whipsnade
Ludgershall
Rowsham
Cheddington
Ivinghoe Aston
Piddington
The Lake
Wotton House
Waddesdon
Westcott
Hulcott
Ford End Watermill
Ivinghoe Beacon
Whipsnade Wild Animal Park
Kensworth Common
Wotton Underwood
Waddesdon Manor
Watermead
Long Marston
Pitstone
Ivinghoe
Dagnall
Studham
Boarstall
Quarrendon
Bierton
Gubblecote
Ashendon
Puttenham
Marsworth
Pitstone Green
Ringshall
Upper Winchendon
AYLESBURY
Grand Union Canal
Wilstone
Bridgewater Monument
Brill
Dorton
County
Bulbourne
Little London
Nether Winchendon
River Thame
Buckland
Drayton Beauchamp
New Mill
Little Gaddesden
Pollicott
Stone
Aston Clinton
Aldbury
Oakley
Nether Winchendon House
Southcourt
Weston Turville
Tring
Upper Dunsley
St Margaret's
Great Gaddesden
Chilton
Chearsley
Upton
Dinton
RAF Halton
Cuddington
Gibraltar
Westlington
Bishopstone
Stoke Mandeville
Halton
West Leith
Wigginton
Nettleden
Easington
Frithsden
Worminghall
Long Crendon
Southouse
Aylesbury (Thame)
Haddenham
Ford
Marsh
North Lee
Hastoe
Natural History
Berkhamsted
Potten End
Tiggywinkles Wildlife Hospital
Aston Sandford
Bucks Goat Centre
Wendover Woods
Cholesbury Camp
Northchurch
Ickford
Shabbington
Kimble Wick
Nash Lee
Terrick
Wendover
St Leonards
BERKHAMSTED
Waterperry
North Weston
Little Kimble
Ellesborough
Coombe Hill Monument
Cholesbury
Bourne End
Owlswick
Kingsey
Meadle
Buckland Common
Boxmoor
Draycott
Thame
Towersey
Ilmer
Great Kimble
THE CHILTERN HUNDREDS
Askett
Chequers
Ashley Green
Tiddington
Rycote Chapel
Moreton
Longwick
Monks Risborough
Whiteleaf Cross
Dunsmore
Kingsash
Bellingdon
Whelpley Hill
Felden
Milton Common
Pitch Green
Lee Clump
Chartridge
Lye Green
Great Milton
Skittle Green
Horsenden
Princes Risborough
Little Hampden
The Lee
Bovingdon
Great Haseley
Tetsworth
Sydenham
Emmington
Henton
HILLS
Ballinger Common
CHESHAM
Chipperfield
Latchford
Kingston Stert
Chinnor
Bledlow
Saunderton
Great Hampden
OF AYLESBURY
Roald Dahl
Hampden Monument
South Heath
Botley
Ley Hill
Flaunden
Chinnor & Princes Risborough Railway
Bledlow Cross
Loosley Row
Lacey Green
Prestwood
Great Missenden
Hyde Heath
Waterside
Belsize
Little Haseley
Postcombe
Kingston Blount
CHILTERN
Speen
Bryant's Bottom
Stoke Talmage
Adwell
Aston Rowant
Saunderton Lee
Horsetrust
Little Kingshill
Chesham Bois
Latimer
Chenies Manor
Sarratt
Chalgrove
Chalgrove 1643
Rout's Green
Great Kingshill
Little Missenden
Chenies
Micklefield Green
South Weston
Walter's Ash
Upper North Dean
Holmer Green
Beamond End
Little Chalfont
Easington
Radnage
Bledlow Ridge
Bradenham
Hughenden Valley
Widmer End
AMERSHAM
The City
Stokenchurch
Naphill
Cryers Hill
Penn Street
CHORLEYWOOD
Pyrton
Shirburn
Downley
Hughenden Manor
Hell-Fire Caves
Brightwell Baldwin
Cuxham
Beacon's Bottom
West Wycombe
Hazlemere
Coleshill
R. Misbourne
A43
A5
A413
A508
A422
A421
A509
A4146
A4012
A505
A5505
A418
A41
A4010
A4129
A329
A40
A4128
A416
A4251
A404
A507
A6
A428
M1
M40
B5388
B565
B526
B560
B530
B531
B4034
B4033
B4032
B5704
B488
B489
B440
B4541
B4506
B4009
B4443
B4445
B4012
B485
B4442
B480
B4011
B4505
B4540
NEWPORT PAGNELL S
TODDINGTON S
P+R
63
37
38
E
F
G
H
1
2
3
4
5

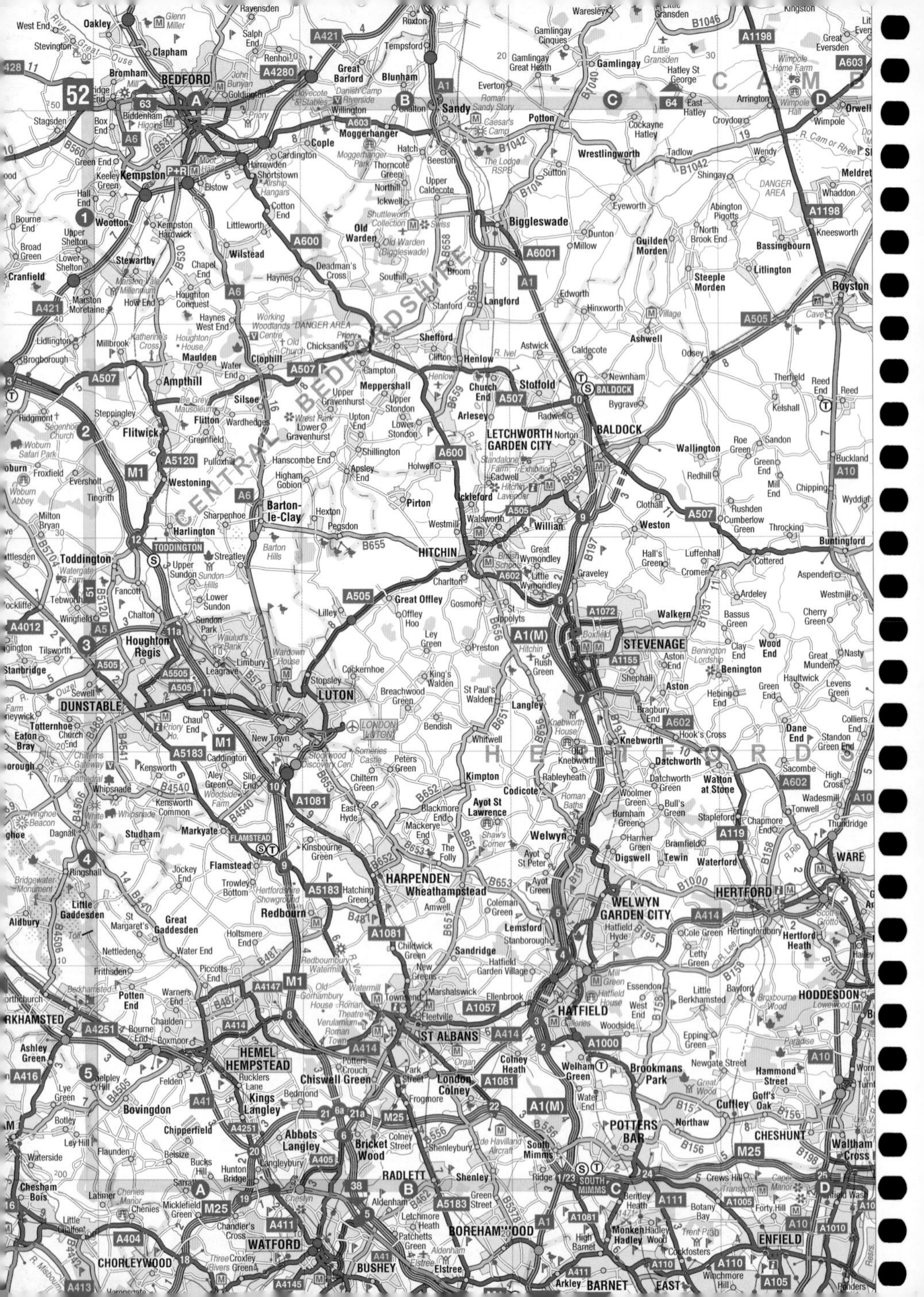
52
CENTRAL BEDFORDSHIRE
HERTFORDSHIRE
CAMB
Oakley
Clapham
Bromham
BEDFORD
Kempston
Elstow
Wootton
Stewartby
Cranfield
Marston Moretaine
Lidlington
Brogborough
Ampthill
Maulden
Clophill
Flitwick
Flitton
Silsoe
Westoning
Harlington
Toddington
Houghton Regis
DUNSTABLE
LUTON
Barton-le-Clay
Shefford
Henlow
Stotfold
Arlesey
Biggleswade
Sandy
Potton
Gamlingay
Wrestlingworth
Guilden Morden
Steeple Morden
Ashwell
Royston
Bassingbourn
Melbourn
Litlington
LETCHWORTH GARDEN CITY
BALDOCK
HITCHIN
Ickleford
Pirton
Great Offley
STEVENAGE
Knebworth
Codicote
Welwyn
WELWYN GARDEN CITY
HATFIELD
HERTFORD
WARE
HODDESDON
CHESHUNT
Waltham Cross
ENFIELD
POTTERS BAR
BARNET
BOREHAMWOOD
Elstree
BUSHEY
WATFORD
RADLETT
Shenley
London Colney
ST ALBANS
HARPENDEN
Wheathampstead
Redbourn
HEMEL HEMPSTEAD
Kings Langley
Abbots Langley
Bovingdon
Chipperfield
CHORLEYWOOD
RKHAMSTED
Markyate
Flamstead
Studham
Buntingford
Benington
Walkern
Weston
Cottered
Moggerhanger
Cople
Blunham
Great Barford
Tempsford
Old Warden
Langford
Wilstead
A421
A4280
A603
A6
A600
A507
A5120
M1
A5
A505
A5505
A5183
A1081
A1(M)
A1
A6001
A1198
A10
A602
A1072
A1155
A414
A4147
A4251
A41
A405
A411
A404
A413
A4145
M25
A1057
A1000
A119
A1005
A1010
A111
A110
A105
A416
A4012
A505
A505

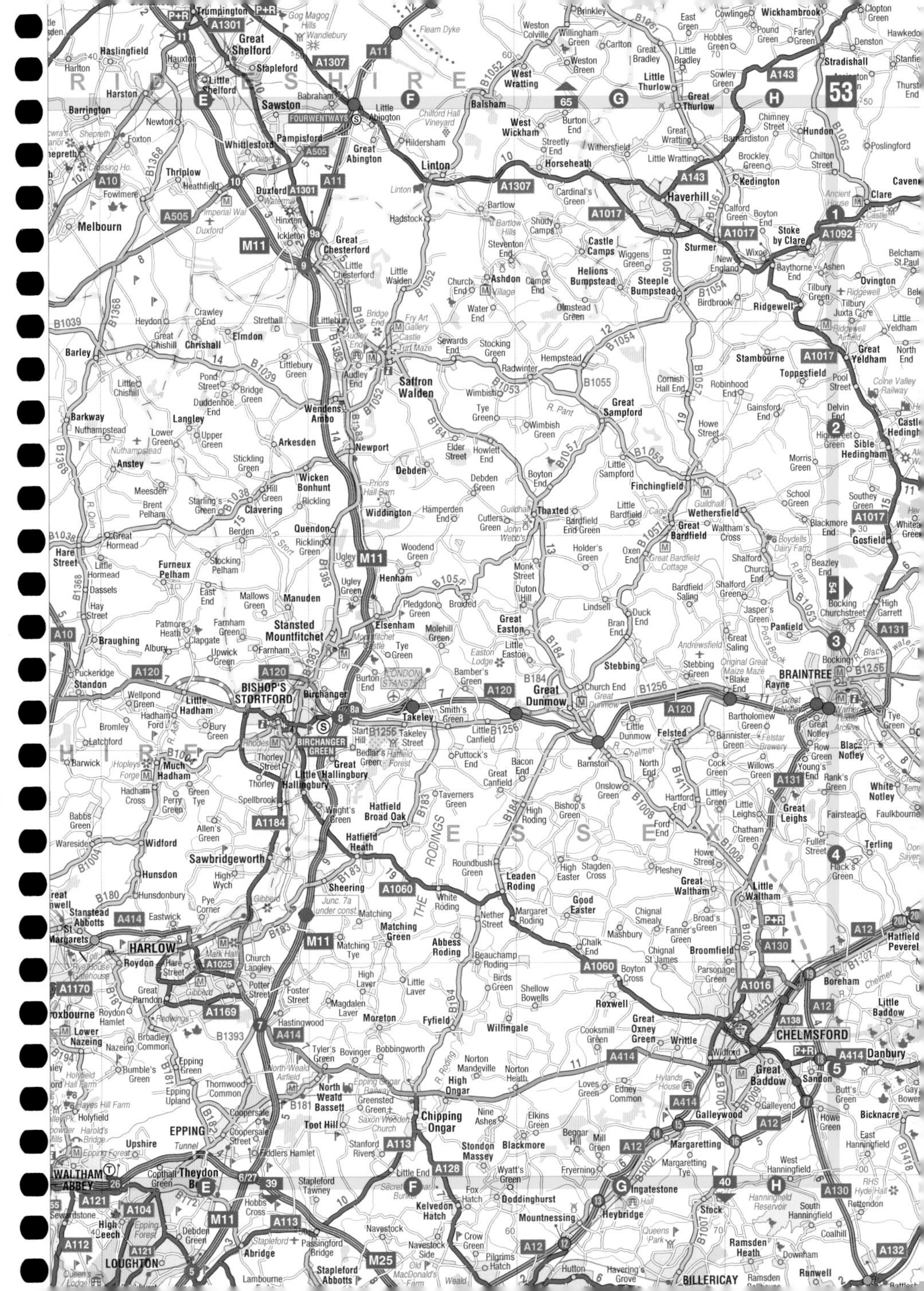

53
Trumpington
A1301
Great Shelford
Haslingfield
Hauxton
Stapleford
Little Shelford
Harlton
Harston
Barrington
Sawston
Babraham
Little Abington
Fourwentways
Great Abington
Hildersham
Pampisford
Whittlesford
Newton
Foxton
Shepreth
Thriplow
Heathfield
Fowlmere
Duxford
Hinxton
Melbourne
Ickleton
Great Chesterford
Little Chesterford
A1307
A11
A505
A10
M11
Gog Magog Hills
Wandlebury
Fleam Dyke
Balsham
West Wratting
Weston Colville
Willingham Green
Weston Green
Carlton
Brinkley
Great Bradley
Little Bradley
Little Thurlow
Great Thurlow
East Green
Cowlinge
Wickhambrook
Hobbles Green
Pound Green
Farley Green
Clopton Green
Denston
Stradishall
Sowley Green
West Wickham
Burton End
Streetly End
Horseheath
Withersfield
Great Wratting
Little Wratting
Linton
Bartlow
Cardinal's Green
Haverhill
A143
A1017
Chilford Hall Vineyard
Chimney Street
Barnardiston
Hundon
Brockley Green
Kedington
Chilton Street
Poslingford
Clare
Calford Green
Boyton End
Stoke by Clare
A1092
Hadstock
Shudy Camps
Castle Camps
Steventon End
Wiggens Green
Helions Bumpstead
Steeple Bumpstead
Sturmer
New England
Wixoe
Baythorne End
Ashen
Ovington
Tilbury Green
Tilbury Juxta Clare
Ridgewell
Birdbrook
Little Walden
Ashdon
Church End
Camps End
Water End
Olmstead Green
Littlebury
Audley End
Saffron Walden
Sewards End
Stocking Green
Radwinter
Hempstead
Stambourne
Great Yeldham
Little Yeldham
North End
Toppesfield
Cornish Hall End
Robinhood End
Pool Street
Barley
Great Chishill
Chrishall
Elmdon
Heydon
Crawley End
Strethall
Littlebury Green
Little Chishill
Pond Street
Bridge Green
Duddenhoe End
Wendens Ambo
Wimbish
Tye Green
Wimbish Green
Great Sampford
Howe Street
Gainsford End
Delvin End
Sible Hedingham
Barkway
Nuthampstead
Langley
Lower Green
Upper Green
Arkesden
Newport
Elder Street
Howlett End
Little Sampford
Morris Green
Anstey
Stickling Green
Wicken Bonhunt
Debden
Debden Green
Boyton End
Finchingfield
Meesden
Brent Pelham
Starling's Green
Hill Green
Rickling
Clavering
Widdington
Hamperden End
Thaxted
Little Bardfield
Wethersfield
School Green
Southey Green
Cutlers Green
Bardfield End Green
Great Bardfield
Waltham's Cross
Blackmore End
Gosfield
Great Hormead
Hare Street
Berden
Quendon
Rickling Green
Holder's Green
Oxen End
Shalford
Little Hormead
Furneux Pelham
Stocking Pelham
Ugley
Woodend Green
Monk Street
Church End
Beazley End
Dassels
Ugley Green
Henham
Bardfield Saling
Shalford Green
Bocking Churchstreet
High Garrett
Hay Street
East End
Mallows Green
Manuden
Pledgdon Green
Broxted
Duton Hill
Lindsell
Duck End
Jasper's Green
Panfield
Patmore Heath
Farnham Green
Stansted Mountfitchet
Elsenham
Molehill Green
Great Easton
Bran End
Great Saling
Braughing
Albury
Clapgate
Upwick Green
Farnham
Tye Green
Little Easton
Stebbing
Stebbing Green
Bocking
Puckeridge
Standon
A120
Bishop's Stortford
Birchanger
Burton End
London Stansted
Bamber's Green
Great Dunmow
Church End
Blake End
Rayne
Braintree
Wellpond Green
Little Hadham
Hadham Ford
Bury Green
Bromley
Takeley
Smith's Green
Little Canfield
Little Dunmow
Felsted
Bartholomew Green
Great Notley
Tye Green
Latchford
Start Hill
Takeley Street
Birchanger Green
Bedlar's Green
Hatfield Forest
Puttock's End
Bacon End
Barnston
Bannister Green
Black Notley
Barwick
Much Hadham
Thorley Street
Great Hallingbury
Little Hallingbury
Great Canfield
North End
Cock Green
Willows Green
Young's End
Rank's Green
Hadham Cross
Perry Green
Green Tye
Thorley
Spellbrook
Wright's Green
Hatfield Broad Oak
Taverners Green
High Roding
Onslow Green
Hartford End
Littley Green
Little Leighs
Great Leighs
White Notley
Fairstead
Faulkbourne
Babbs Green
Allen's Green
Widford
Sawbridgeworth
A1184
Hatfield Heath
The Rodings
Bishop's Green
Ford End
Chatham Green
Terling
Wareside
Fuller Street
Hunsdon
High Wych
Sheering
Roundbush Green
Leaden Roding
High Easter
Stagden Cross
Pleshey
Great Waltham
Howe Street
Flack's Green
Hunsdonbury
Pye Corner
A1060
White Roding
Good Easter
Little Waltham
Stanstead Abbotts
Eastwick
Gibberd
Junc. 7a under const.
Matching
Nether Street
Margaret Roding
Chignal Smealy
Broad's Green
Fanner's Green
St Margarets
A414
Harlow
Roydon
Church Langley
Matching Green
Matching Tye
Abbess Roding
Mashbury
Chalk End
Chignal St James
Broomfield
A130
Hatfield Peverel
A12
Hare Street
A1025
Potter Street
High Laver
Little Laver
Beauchamp Roding
Birds Green
Shellow Bowells
Boyton Cross
Parsonage Green
Boreham
A1170
Great Parndon
Foster Street
Magdalen Laver
Roxwell
A1016
Little Baddow
Broxbourne
Roydon Hamlet
A1169
Hastingwood
Moreton
Fyfield
Willingale
Great Oxney Green
Writtle
Chelmsford
A138
Lower Nazeing
Nazeing Common
Broadley Common
Cooksmill Green
Widford
Danbury
Bumble's Green
Epping Green
Tyler's Green
Bovinger
Bobbingworth
Norton Mandeville
Norton Heath
Great Baddow
Sandon
Thornwood Common
North Weald Bassett
High Ongar
Loves Green
Edney Common
Butt's Green
Epping Upland
Greensted Green
Chipping Ongar
Nine Ashes
Elkins Green
Galleywood
Bicknacre
Holyfield
Coopersale
Toot Hill
Beggar Hill
Mill Green
Margaretting
Howe Green
Epping
Upshire
Coopersale Street
Stanford Rivers
A113
Stondon Massey
Blackmore
East Hanningfield
Fiddlers Hamlet
Little End
A128
Wyatt's Green
Fryerning
Margaretting Tye
West Hanningfield
Waltham Abbey
Copthall Green
Theydon Bois
Stapleford Tawney
Fox Hatch
Doddinghurst
Ingatestone
Stock
A121
A104
Hobbs Cross
Kelvedon Hatch
Heybridge
South Hanningfield
Retendon
Sewardstone
High Beech
Debden Green
Abridge
Passingford Bridge
Navestock
Mountnessing
Ramsden Heath
Coalhill
A112
Loughton
Navestock Side
Crow Green
Pilgrims Hatch
Downham
A132
Stapleford Abbotts
Lambourne
Hutton
Havering's Grove
Billericay
Runwell
M25
R I D G E S H I R E
E S S E X
H I R E

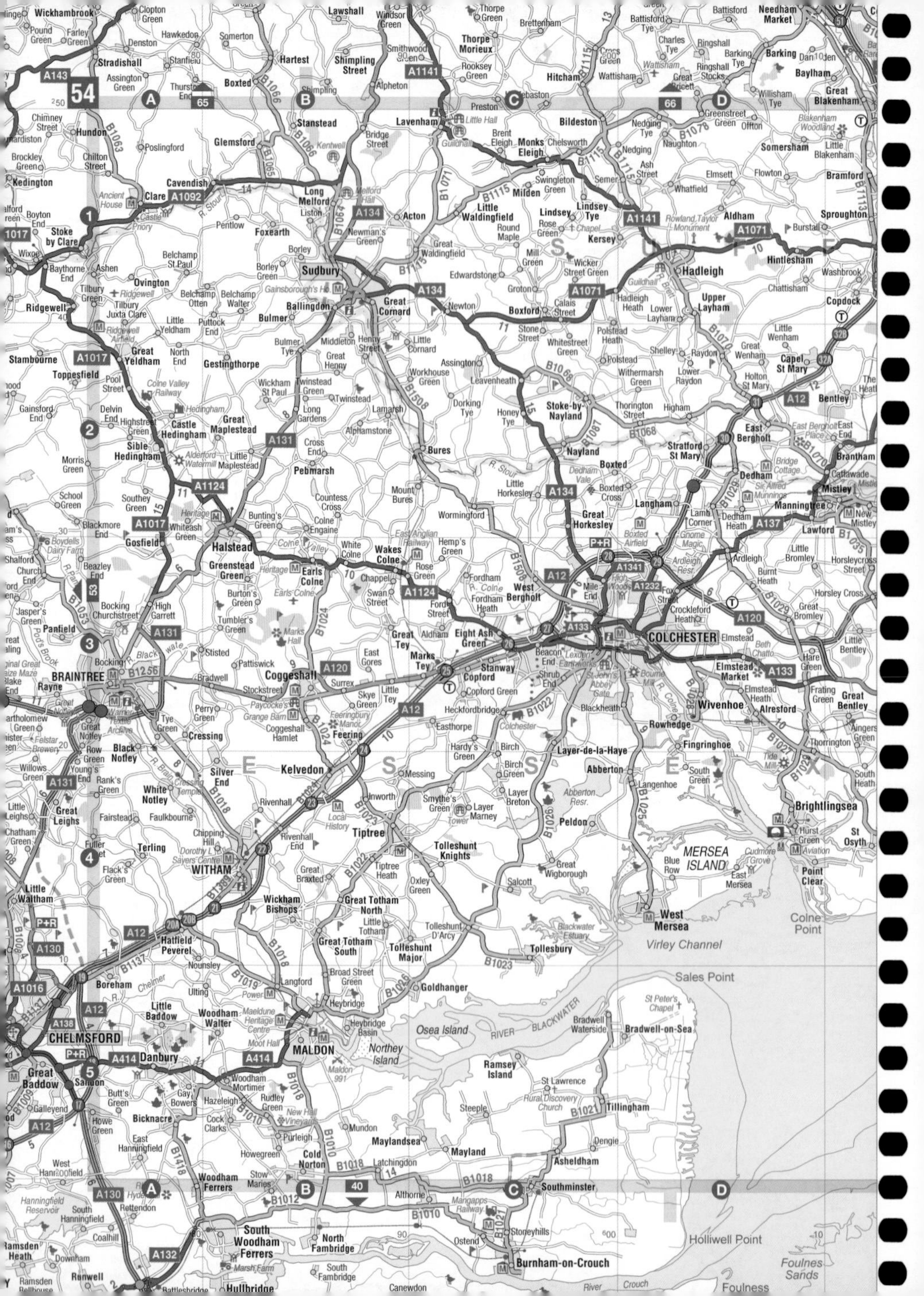

54
Wickhambrook
Clopton Green
Lawshall
Windsor Green
Thorpe Green
Battisford
Needham Market
Pound Green
Farley Green
Denston
Hawkedon
Somerton
Brettenham
Battisford Tye
Charles Tye
Ringshall
Smithwood Green
Thorpe Morieux
Barking Tye
Barking
Stradishall
Stanfield
Hartest
Shimpling Street
Rooksey Green
Cross Green
Ringshall Stocks
Baylham
A143
Assington Green
Thurston End
Boxted
A1141
Hitcham
Wattisham
Great Bricett
Willisham Tye
Great Blakenham
A
B
C
D
65
66
Shimpling
Alpheton
Kettlebaston
Preston
Lavenham
Little Hall
Bildeston
Nedging Tye
Greenstreet Green
Offton
Chimney Street
Hundon
Stanstead
Bridge Street
Brent Eleigh
Monks Eleigh
Chelsworth
Naughton
Blakenham Woodland
Hardiston
Poslingford
Glemsford
Kentwell
Guildhall
Nedging
Somersham
Little Blakenham
Brockley Green
Chilton Street
Ash Street
Elmsett
Flowton
Bramford
Kedington
Cavendish
Long Melford
Melford Hall
Swingleton Green
Milden
Semer
Whatfield
B1115
B1071
B1065
B1066
B1063
B1064
B1078
B1113
Ancient House
Clare
A1092
Castle
Priory
Liston
Little Waldingfield
Lindsey
Lindsey Tye
A1141
Rowland Taylor Monument
Aldham
Sproughton
Haverhill
Boyton End
Stoke by Clare
Pentlow
Foxearth
A134
Acton
Round Maple
Rose Green
Chapel
Kersey
A1071
Burstall
A1017
Wixoe
Newman's Green
Great Waldingfield
S
U
F
F
Hintlesham
Baythorne End
Ashen
Belchamp St Paul
Borley
Mill Green
Wicker Street Green
Hadleigh
Washbrook
Tilbury Green
Ovington
Borley Green
Sudbury
Edwardstone
Guildhall
Chattisham
Ridgewell
Belchamp Otten
Belchamp Walter
Gainsborough's Ho.
Groton
Hadleigh Heath
Upper Layham
Copdock
Tilbury Juxta Clare
Ballingdon
Great Cornard
Newton
Boxford
Calais Street
Lower Layham
Little Yeldham
Puttock End
Bulmer
Stone Street
Polstead Heath
Little Wenham
Ridgewell Airfield
Middleton
Henny Street
Little Cornard
Whitestreet Green
Great Wenham
Stambourne
A1017
Great Yeldham
North End
Gestingthorpe
Bulmer Tye
Great Henny
Assington
Polstead
Shelley
Raydon
Capel St Mary
Toppesfield
Pool Street
Colne Valley Railway
Wickham St Paul
Twinstead Green
Workhouse Green
Leavenheath
Withermarsh Green
Lower Raydon
Holton St Mary
Bentley
Twinstead
Gainsford End
Delvin End
Hedingham
Great Maplestead
Long Gardens
Lamarsh
Dorking Tye
Honey Tye
Stoke-by-Nayland
Thorington Street
Higham
A12
Highstreet Green
Castle Hedingham
Alphamstone
East Bergholt
East End
Sible Hedingham
A131
Cross End
Bures
Nayland
Stratford St Mary
East Bergholt Place
Brantham
Morris Green
Alderford Watermill
Little Maplestead
Pebmarsh
R. Stour
Boxted
Dedham Vale
Dedham
Bridge Cottage
Cattawade
Mistley
A1124
Countess Cross
Little Horkesley
Boxted Cross
Sir Alfred Munnings
School Green
Southey Green
Mount Bures
Langham
Manningtree
Blackmore End
Heritage
Whiteash Green
Bunting's Green
Colne Engaine
Wormingford
Great Horkesley
Lamb Corner
Dedham Heath
A137
New Mistley
Lawford
Boydells Dairy Farm
A1017
Gosfield
Halstead
White Colne
Wakes Colne
East Anglian Railway
Hemp's Green
Boxted Airfield
Gnome Magic
P+R
Shalford
Greenstead Green
Earls Colne
Rose Green
Fordham
Ardleigh
Little Bromley
Horsleycross Street
Shalford Church End
Beazley End
53
Burton's Green
Chappel
Swan Street
Fordham Heath
West Bergholt
Mile End
High Woods
A1341
A1232
Ardleigh Resr.
Burnt Heath
Bocking Churchstreet
High Garrett
Tumbler's Green
A1124
Ford Street
Fox Street
Crockleford Heath
Horsley Cross
Great Bromley
Jasper's Green
Panfield
Marks Hall
B1024
Great Tey
Aldham
Eight Ash Green
A133
COLCHESTER
Elmstead
Beth Chatto
Little Bentley
A120
3
Bocking
Stisted
Pattiswick
Coggeshall
East Gores
Marks Tey
Beacon End
Lexden Earthworks
Hare Green
BRAINTREE
Rayne
B1256
Bradwell
Stockstreet
Paycocke's
Surrex
Skye Green
Little Tey
Copford
Stanway
Shrub End
St John's Abbey Gate
Bourne Mill
Elmstead Market
Elmstead Heath
Frating Green
Great Bentley
Great Notley
Warner Textile Archive
Tye Green
Perry Green
Grange Barn
Coggeshall Hamlet
Feeringbury Manor
Feering
Easthorpe
Copford Green
Heckfordbridge
Colchester Zoo
B1022
Blackheath
Wivenhoe
Alresford
Rowhedge
Aingers Green
Black Notley
Cressing
Birch
Hardy's Green
Layer-de-la-Haye
Fingringhoe
Thorrington
Tide Mill
Row Green
Young's End
Rank's Green
Silver End
Kelvedon
Messing
Birch Green
Abberton
Langenhoe
South Green
South Heath
Willows Green
A131
E
S
S
E
X
White Notley
Cressing Temple
B1018
Rivenhall
Inworth
Smythe's Green
Layer Marney Tower
Layer Breton
Abberton Resr.
Brightlingsea
Great Leighs
Little Leighs
Fairstead
Faulkbourne
Local History
Tiptree
Peldon
B1026
B1025
Hurst Green
St Osyth
Aviation
Chatham Green
Terling
Chipping Hill
Dorothy L. Sayers Centre
Rivenhall End
Tolleshunt Knights
Great Wigborough
MERSEA ISLAND
Blue Row
Cudmore Grove
East Mersea
Point Clear
Fuller Street
WITHAM
Great Braxted
Tiptree Heath
Oxley Green
Salcott
Flack's Green
Little Waltham
Wickham Bishops
Great Totham North
Little Totham
Tolleshunt D'Arcy
West Mersea
Colne Point
P+R
A12
Hatfield Peverel
Great Totham South
Tolleshunt Major
Blackwater Estuary
Tollesbury
Virley Channel
A130
B1137
Nounsley
B1023
Sales Point
A1016
Boreham
Chelmer
Ulting
Langford
Broad Street Green
Power
Goldhanger
Heybridge
A138
A12
Little Baddow
Woodham Walter
Maeldune Heritage Centre
Heybridge Basin
Osea Island
RIVER BLACKWATER
Bradwell Waterside
St Peter's Chapel
Bradwell-on-Sea
CHELMSFORD
Moot Hall
MALDON
Northey Island
P+R
A414
Danbury
A414
Maldon 991
Ramsey Island
Great Baddow
Sandon
Woodham Mortimer
Rudley Green
St Lawrence
Butt's Green
Gay Bowers
Hazeleigh
New Hall Vineyards
Rural Discovery Church
Galleyend
Bicknacre
Cock Clarks
Steeple
B1021
Tillingham
A12
Howe Green
Mundon
East Hanningfield
Purleigh
Maylandsea
Dengie
B1010
Howegreen
Cold Norton
Mayland
B1418
Asheldham
West Hanningfield
Woodham Ferrers
Stow Maries
B1018
Latchingdon
B1018
A130
Hyde Hall
B
40
Althorne
C
Southminster
D
Hanningfield Reservoir
Rettendon
B1012
B1010
Mangapps Railway
South Hanningfield
Coalhill
South Woodham Ferrers
North Fambridge
Stoneyhills
Holliwell Point
Ramsden Heath
A132
Marsh Farm
Ostend
Downham
Burnham-on-Crouch
Foulness Sands
Runwell
South Fambridge
Ramsden Bellhouse
Battlesbridge
Hullbridge
Canewdon
River Crouch
Foulness

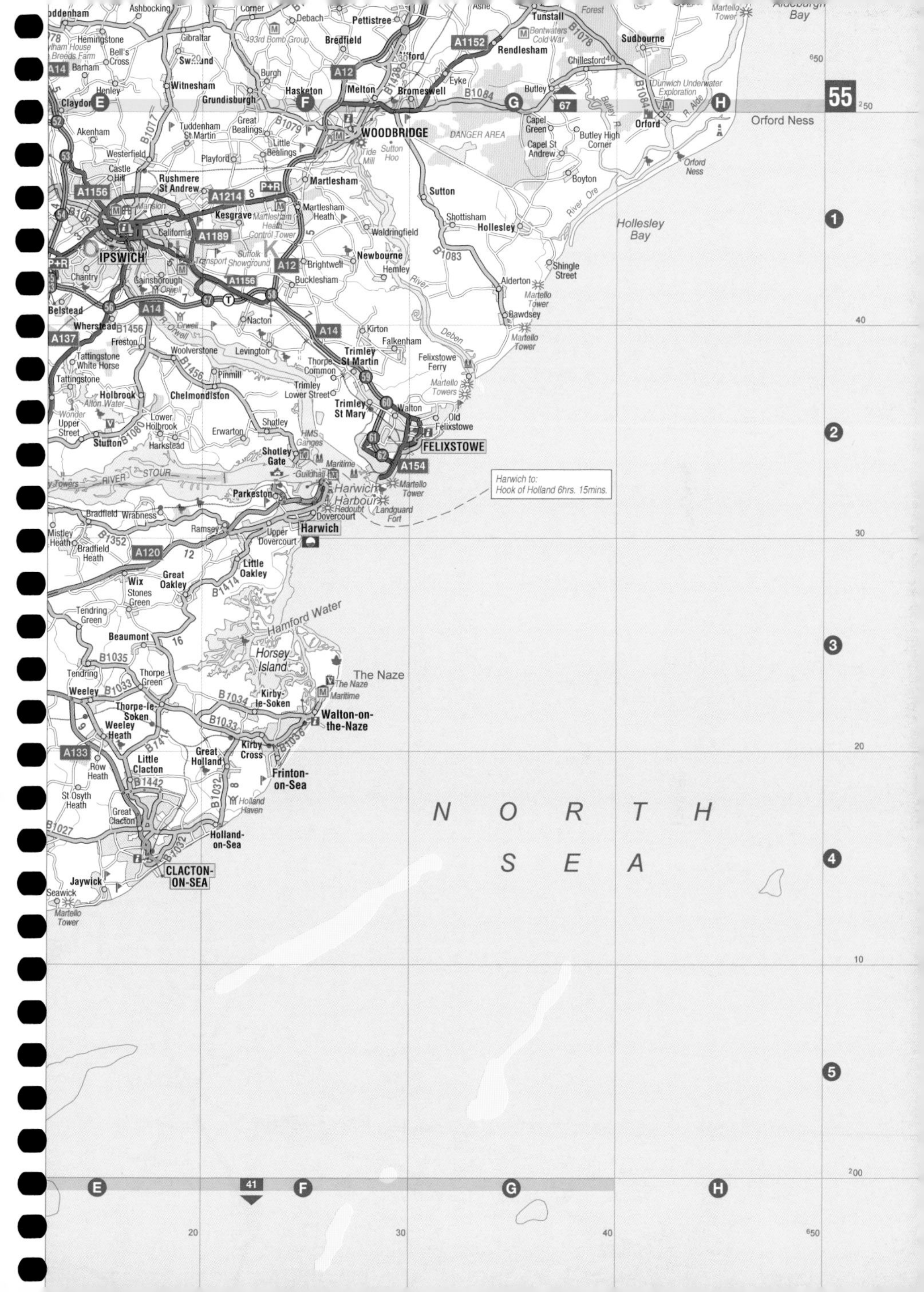

55
Ashbocking
Debach
Pettistree
Tunstall
Aldeburgh Bay
Hemingstone
Gibraltar
493rd Bomb Group
Bredfield
A1152
Rendlesham
Sudbourne
Bell's Cross
Swilland
Ufford
Chillesford
Barham
Burgh
A12
Eyke
Dunwich Underwater Exploration
Henley
Witnesham
Hasketon
Melton
Bromeswell
B1084
Butley
Claydon
Grundisburgh
67
Orford
Orford Ness
Akenham
Tuddenham St Martin
Great Bealings
B1079
WOODBRIDGE
DANGER AREA
Capel Green
Butley High Corner
Little Bealings
Tide Mill
Sutton Hoo
Capel St Andrew
Westerfield
Playford
Castle Hill
Rushmere St Andrew
P+R
Martlesham
Boyton
A1156
A1214
Sutton
River Ore
Martlesham Heath
Kesgrave
Shottisham
Hollesley
Hollesley Bay
California
A1189
Martlesham Heath Control Tower
Waldringfield
IPSWICH
Suffolk Transport Showground
Newbourne
B1083
Shingle Street
Brightwell
Hemley
Chantry
Gainsborough
Bucklesham
Alderton
Martello Tower
Belstead
A14
Nacton
Bawdsey
Wherstead
B1456
Kirton
Falkenham
A137
Freston
Woolverstone
Levington
Trimley St Martin
Felixstowe Ferry
Tattingstone White Horse
Thorpe Common
Pinmill
Martello Towers
Tattingstone
Trimley Lower Street
Holbrook
Chelmondiston
Alton Water
Trimley St Mary
Walton
Lower Holbrook
Old Felixstowe
Upper Street
Erwarton
Shotley
Stutton
B1080
Harkstead
HMS Ganges
FELIXSTOWE
Shotley Gate
Maritime
A154
Guildhall
RIVER STOUR
Harwich Harbour
Harwich to: Hook of Holland 6hrs. 15mins.
Parkeston
Redoubt
Landguard Fort
Bradfield
Wrabness
Dovercourt
Ramsey
Harwich
Mistley Heath
B1352
Upper Dovercourt
Bradfield Heath
A120
Little Oakley
Wix
Great Oakley
Stones Green
B1414
Tendring Green
Hamford Water
Beaumont
Horsey Island
B1035
Tendring
Thorpe Green
The Naze
Weeley
B1033
B1034
Kirby-le-Soken
Thorpe-le-Soken
Walton-on-the-Naze
Weeley Heath
A133
Great Holland
Kirby Cross
Little Clacton
Row Heath
Frinton-on-Sea
B1442
St Osyth Heath
B1032
Holland Haven
Great Clacton
B1027
Holland-on-Sea
CLACTON-ON-SEA
Jaywick
Seawick
NORTH SEA
41

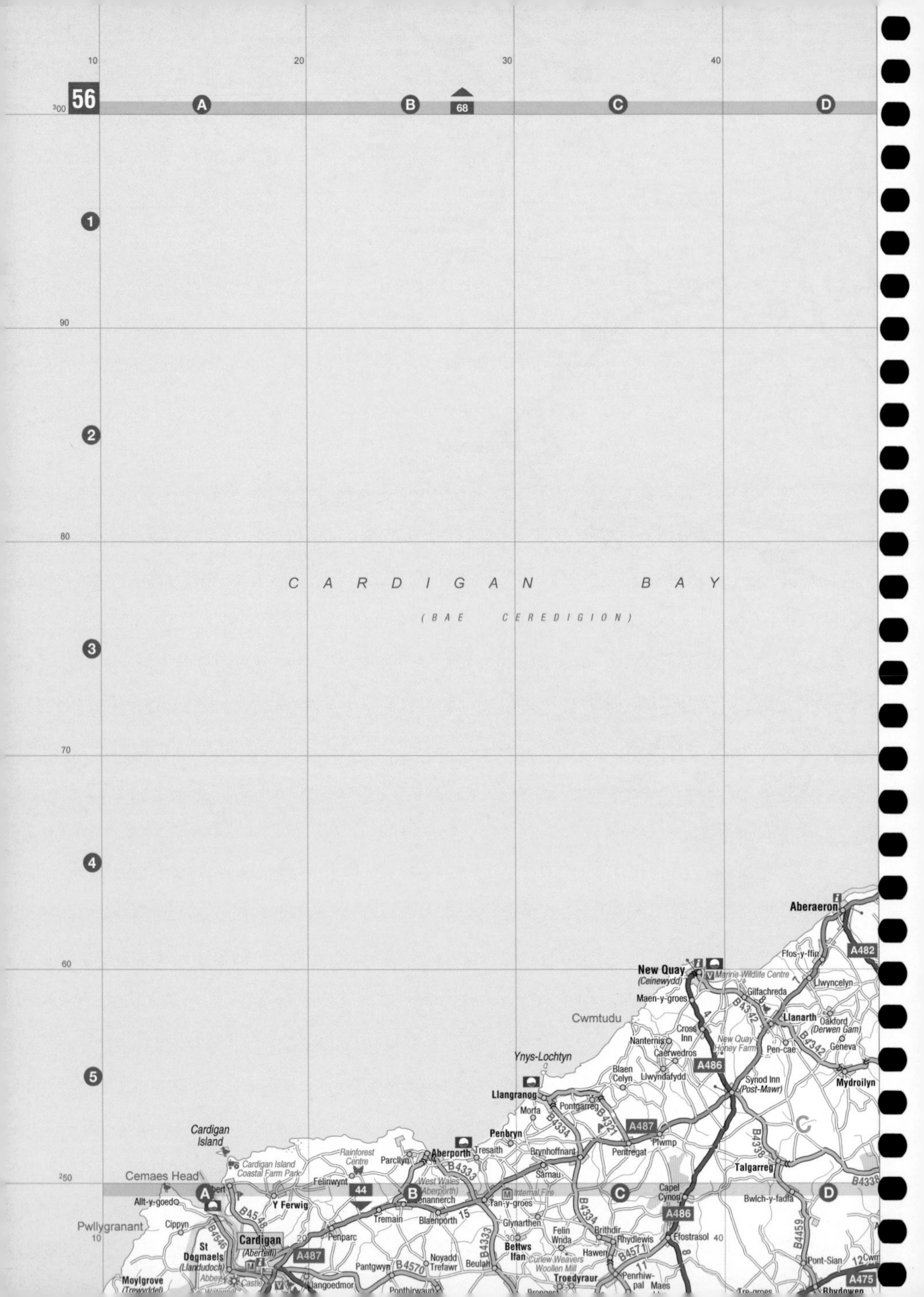

56
68
A
B
C
D
1
2
3
4
5
CARDIGAN BAY
(BAE CEREDIGION)
Aberaeron
Ffos-y-ffin
A482
New Quay
(Ceinewydd)
Marine Wildlife Centre
Gilfachreda
Llwyncelyn
Maen-y-groes
Llanarth
Oakford
(Derwen Gam)
Cwmtudu
Cross Inn
Nanternis
New Quay Honey Farm
Pen-cae
Geneva
Caerwedros
B4342
A486
Ynys-Lochtyn
Blaen Celyn
Llwyndafydd
Synod Inn
(Post-Mawr)
Mydroilyn
Llangranog
Pontgarreg
Morfa
B4334
B4321
A487
Penbryn
Plwmp
Cardigan Island
Cardigan Island Coastal Farm Park
Rainforest Centre
Parcllyn
Aberporth
Tresaith
Brynhoffnant
Pentregat
B4338
Talgarreg
Cemaes Head
Felinwynt
West Wales (Aberporth)
Sarnau
B4333
Internal Fire
Capel Cynon
Bwlch-y-fadfa
Allt-y-goed
Y Ferwig
Tremain
Tan-y-groes
Glynarthen
A486
Pwllygranant
Cippyn
B4548
B4546
Blaenporth
Felin Wnda
Brithdir
Rhydlewis
Ffostrasol
B4459
St Dogmaels
(Llandudoch)
Cardigan
(Aberteifi)
A487
Penparc
Noyadd Trefawr
Beulah
Bettws Ifan
Curlew Weavers Woollen Mill
Hawen
B4571
Pont-Sian
Moylgrove
(Trewyddel)
Abbey
Castle
Llangoedmor
Pantgwyn
B4570
Ponthirwaun
Troedyraur
Penrhiw-pal
Maes
A475
Rhydowen
10
20
30
40
300
90
80
70
60
250

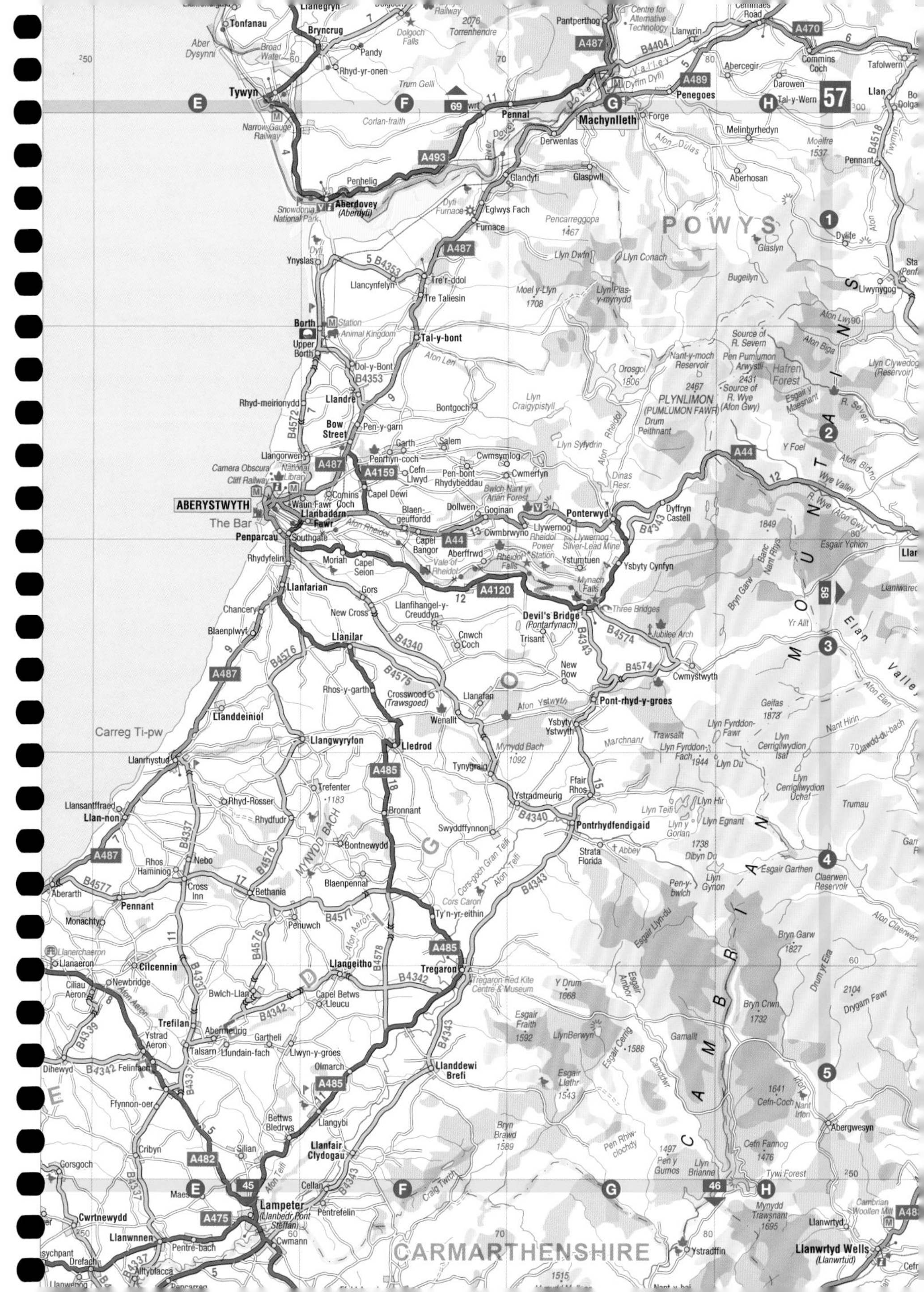

57
Llanegryn
Tonfanau
Bryncrug
Dolgoch Falls
Railway
2076
Torrenhendre
Aber Dysynni
Broad Water
Pandy
Rhyd-yr-onen
Trum Gelli
Tywyn
Narrow Gauge Railway
E
F
G
H
69
Pennal
Corlan-fraith
A493
Penhelig
Aberdovey
(Abertyfi)
Snowdonia National Park
Pantperthog
Centre for Alternative Technology
Llanwrin
Cemmaes Road
A470
A487
B4404
A489
Abercegir
Commins Coch
Tafolwern
Darowen
Penegoes
Machynlleth
Forge
Tal-y-Wern
Llan
Derwenlas
Afon Dulas
Melinbyrhedyn
Moelfre 1537
Pennant
B4518
Glandyfi
Glaspwll
Aberhosan
Dyfi Furnace
Eglwys Fach
Furnace
Pencarreggopa 1467
POWYS
Dylife
Glaslyn
Llyn Dwfn
Llyn Conach
Ynyslas
B4353
Tre'r-ddol
Llancynfelyn
Tre Taliesin
Moel y-Llyn 1708
Llyn Plas-y-mynydd
Bugeilyn
Llwynygog
Borth
Station
Animal Kingdom
Upper Borth
Tal-y-bont
Afon Leri
Dol-y-Bont
Llandre
Rhyd-meirionydd
B4572
Bontgoch
Drosgol 1806
Nant-y-moch Reservoir
2467
Pen Pumlumon Arwystli 2431
Source of R. Severn
Source of R. Wye (Afon Gwy)
Hafren Forest
Afon Biga
Afon Lwy
Llyn Clywedog (Reservoir)
PLYNLIMON (PUMLUMON FAWR)
Drum Peithnant
Llyn Craigypistyll
Esgair y Maesnant
R. Severn
Bow Street
Pen-y-garn
Garth
Salem
Llangorwen
Penrhyn-coch
Cwmsymlog
Llyn Syfydrin
Afon Rheidol
Y Foel
Afon Bidno
A44
12
Camera Obscura
National Library
Cliff Railway
A4159
Cefn Llwyd
Pen-bont Rhydybeddau
Cwmerfyn
Dinas Resr.
Wye Valley
ABERYSTWYTH
Comins Coch
Capel Dewi
Waun Fawr
Bwlch-Nant yr Arian Forest
The Bar
Llanbadarn Fawr
Blaen-geuffordd
Dollwen
Goginan
Ponterwyd
Dyffryn Castell
R. Wye (Afon Gwy)
Penparcau
Southgate
Afon Rheidol
Capel Bangor
Cwmbrwyno
Llywernog
Rheidol Power Station
Llywernog Silver-Lead Mine
B4343
1849
Esgair Ychion
Rhydyfelin
Moriah
Capel Seion
Aberffrwd
Vale of Rheidol
Rheidol Falls
Ystumtuen
Ysbyty Cynfyn
Llanfarian
Gors
A4120
Mynach Falls
Three Bridges
Bryn Gaw
Banc Nant Rhys
58
Llaniwared
Chancery
New Cross
Llanfihangel-y-Creuddyn
Devil's Bridge
(Pontarfynach)
Yr Allt
Blaenplwyt
Llanilar
B4340
Cnwch Coch
Trisant
B4574
Jubilee Arch
Elan
A487
B4576
B4575
New Row
Cwmystwyth
Elan Valley
Rhos-y-garth
Crosswood
(Trawsgoed)
Llanafan
Afon Ystwyth
Pont-rhyd-y-groes
Afon Elan
Llanddeiniol
Wenallt
Ysbyty Ystwyth
Geifas 1873
Carreg Ti-pw
Llangwyryfon
Lledrod
Mynydd Bach 1092
Marchnant
Trawsallt
Llyn Fyrddon-Fawr
Llyn Cerrigllwydion Isaf
Nant Hirin
Llanrhystud
A485
Tynygraig
Llyn Fyrddon-Fach 1944
Llyn Du
Trefenter
1183
Ffair Rhos
Ystradmeurig
Llyn Cerrigllwydion Uchaf
Llansantffraed
Rhyd-Rosser
Bronnant
Llyn Teifi
Llyn Hir
Trumau
Llan-non
Rhydfudr
MYNYDD BACH
Swyddffynnon
B4340
Pontrhydfendigaid
Llyn y Gorlan
Llyn Egnant
B4337
Bontnewydd
1738
Dibyn Du
Rhos Haminiog
Nebo
Strata Florida
Abbey
Esgair Garthen
Claerwen Reservoir
Aberarth
B4577
Cross Inn
Bethania
Blaenpennal
Cors-goch Gran Teifi
Afon Teifi
Pen-y-bwlch
Llyn Gynon
Pennant
B4343
Monachty
Penuwch
B4577
Cors Caron
Ty'n-yr-eithin
Esgair Llyn-du
Afon Claerwen
Llanerchaeron
Llanaeron
B4576
Afon Aeron
B4578
Bryn Garw 1827
Cilcennin
Llangeitho
Tregaron
Drum yr Eira
Ciliau Aeron
Newbridge
B4342
Tregaron Red Kite Centre & Museum
Y Drum 1668
Esgair Ambor
2104
Drygarn Fawr
Bwlch-Llan
Capel Betws Lleucu
Bryn Crwn 1732
B4339
Trefilan
Ystrad Aeron
Abermeurig
Gartheli
Esgair Fraith 1592
LlynBerwyn
Esgair Cerrig 1588
Gamallt
Talsarn
Llundain-fach
Llwyn-y-groes
Dihewyd
Felinfach
Olmarch
Llanddewi Brefi
Esgair Llethr 1543
Camddwr
Irfon
Ffynnon-oer
Bettws Bledrws
Llangybi
1641
Cefn-Coch
Nant Irfon
Abergwesyn
Bryn Brawd 1589
Pen Rhiw-clochdy
1497
Pen y Gurnos
Llyn Brianne
Cefn Fannog 1476
Cribyn
Silian
A482
Llanfair Clydogau
Gorsgoch
Cellan
Craig Twrch
Tywi Forest
45
46
Maes
Lampeter
(Llanbedr Pont Steffan)
A475
Pentrefelin
Mynydd Trawsnant 1695
Cambrian Woollen Mill
Cwrtnewydd
Llanwnnen
Pentre-bach
Cwmann
Llanwrtyd
CARMARTHENSHIRE
Ystradffin
Llanwrtyd Wells
(Llanwrtud)
Drefach
Alltyblacca
1515
CAMBRIAN MOUNTAINS
CEREDIGION

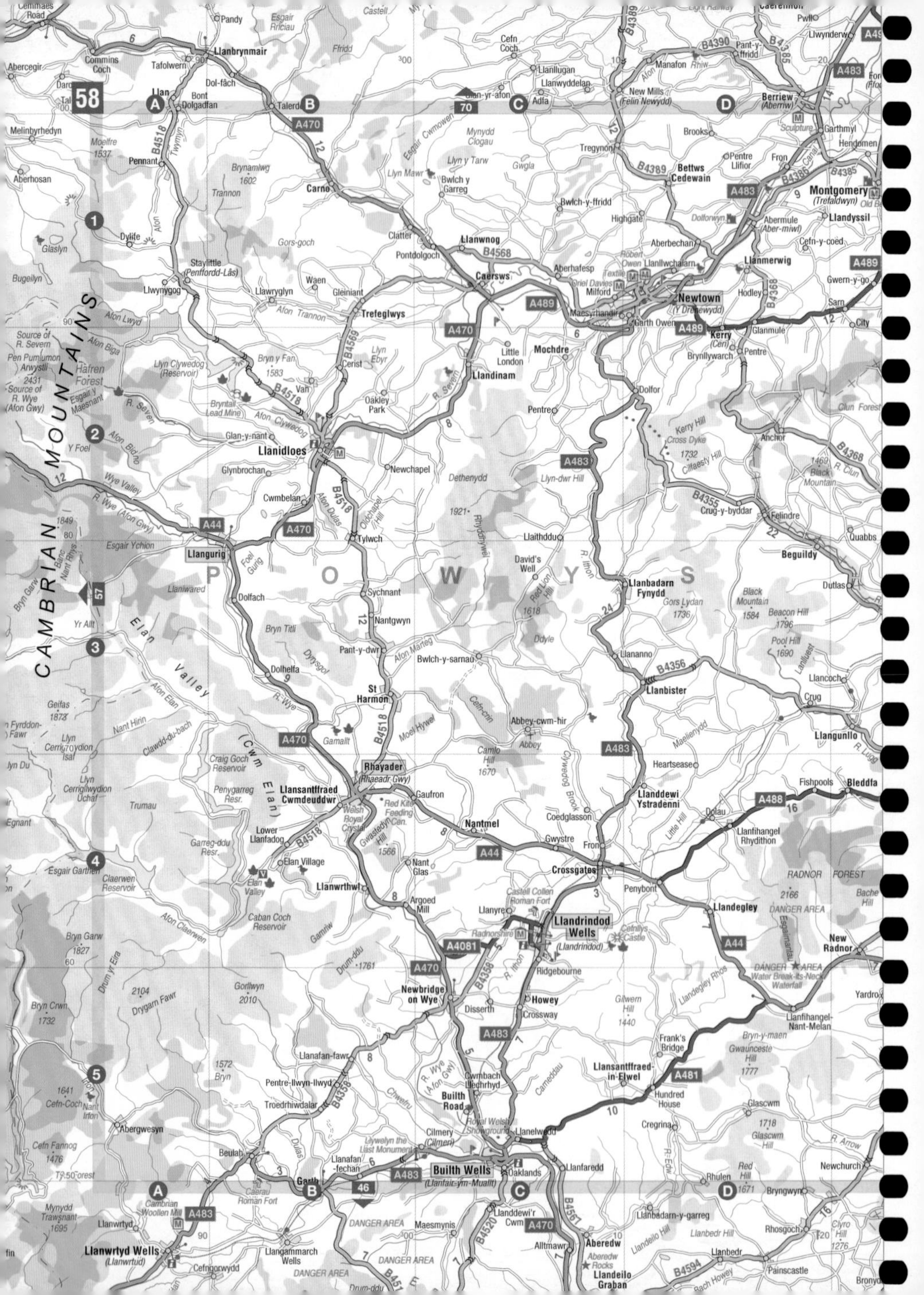

58
Llanbrynmair
Commins Coch
Tafolwern
Abercegir
Darowen
Pandy
Esgair Rhiciau
Castell
Ffridd
Cefn Coch
Llanllugan
Llanwyddelan
Adfa
Glan-yr-afon
Llan
Bont Dolgadfan
Dol-fâch
Talerddig
Melinbyrhedyn
Moelfre 1537
Pennant
Aberhosan
Brynamlwg 1602
Trannon
Carno
Esgair Cwmowen
Mynydd Clogau
Llyn y Tarw
Llyn Mawr
Bwlch y Garreg
Gwgla
Tregynon
Bettws Cedewain
Brooks
Pentre Llifior
Fron
Montgomery (Trefaldwyn)
Manafon
Rhiw
New Mills (Felin Newydd)
Pant-y-ffridd
Berriew (Aberriw)
Sculpture
Garthmyl
Hendomen
Llwynderw
Pwll
Bwlch-y-ffridd
Highgate
Dolforwyn
Abermule (Aber-miwl)
Llandyssil
Cefn-y-coed
Aberbechan
Llanllwchaiarn
Robert Owen
Textile
Oriel Davies
Newtown (Y Drenewydd)
Llanmerwig
Hodley
Gwern-y-go
Sarn
City
Glanmule
Kerry (Ceri)
Pentre
Brynllywarch
Dylife
Glaslyn
Gors-goch
Clatter
Llanwnog
Pontdolgoch
Caersws
Aberhafesp
Milford
Maesyrhandir
Garth Owen
Staylittle (Penffordd-Lâs)
Bugeilyn
Llwynygog
Llawryglyn
Waen
Gleiniant
Trefeglwys
Afon Trannon
CAMBRIAN MOUNTAINS
Source of R. Severn
Pen Pumlumon Arwystli 2431
Source of R. Wye (Afon Gwy)
Hafren Forest
Esgair y Maesnant
Llyn Clywedog (Reservoir)
Bryn y Fan 1583
Cerist
Llyn Ebyr
Van
Bryntail Lead Mine
Oakley Park
Llandinam
Little London
Mochdre
Dolfor
Pentre
Kerry Hill
Cross Dyke 1732
Cilfaesty Hill
Clun Forest
Anchor
Black Mountain 1469
R. Clun
Y Foel
Glan-y-nant
Llanidloes
Glynbrochan
Newchapel
Dethenydd
Llyn-dwr Hill
Wye Valley
R. Wye (Afon Gwy)
Cwmbelan
Afon Dulas
Oldchapel Hill
1921
Rhyddhywel
Crug-y-byddar
Felindre
Quabbs
Beguildy
1849
Banc Nant Rhys
Esgair Ychion
Llangurig
Foel Gurig
Tylwch
Llaithddu
David's Well
Red Lion Hill 1618
R. Ithon
Llanbadarn Fynydd
Gors Lydan 1736
Black Mountain 1584
Dutlas
Bryn Garw
Llaniwared
POWYS
Dolfach
Sychnant
Nantgwyn
Bryn Titli
Beacon Hill 1796
Pool Hill 1690
Yr Allt
Elan Valley
Pant-y-dwr
Afon Marteg
Bwlch-y-sarnau
Ddyle
Llananno
Llanbister
Llancoch
Crug
Dyrysgol
Dolhelfa
Afon Elan
St Harmon
Gelfas 1873
Fyrddon-Fawr
Llyn Cerrigllwydion Isaf
Nant Hirin
Clawdd-du-bach
Gamallt
Moel Hywel
Cefn-cnn
Abbey-cwm-hir
Abbey
Maelienydd
Llangunllo
R. Lugg
Craig Goch Reservoir
(Cwm Elan)
Camlo Hill 1670
Clywedog Brook
Heartsease
Llyn Cerrigllwydion Uchaf
Trumau
Penygarreg Resr.
Rhayader (Rhaeadr Gwy)
Llansantffraed Cwmdeuddwr
Gaufron
Red Kite Feeding Cen.
Welsh Royal Crystal
Llanddewi Ystradenni
Fishpools
Bleddfa
Coedglasson
Little Hill
Dolau
Llanfihangel Rhydithon
Lower Llanfadog
Garreg-ddu Resr.
Gwastedyn Hill 1566
Nantmel
Gwystre
Fron
Crossgates
Penybont
RADNOR FOREST
2166
Bache Hill
Esgair Garthen
Claerwen Reservoir
Elan Village
Elan Valley
Nant Glas
Llanwrthwl
Argoed Mill
Castell Collen Roman Fort
Llanyre
Llandrindod Wells (Llandrindod)
Radnorshire
Cefnllys Castle
Llandegley
DANGER AREA
New Radnor
Afon Claerwen
Caban Coch Reservoir
Gamriw
Bryn Garw 1827
Drum-ddu 1761
Ridgebourne
Water Break-its-Neck Waterfall
Drum yr Eira
2104
Drygarn Fawr
Gorllwyn 2010
Newbridge on Wye
Disserth
Howey
Crossway
Gilwern Hill 1440
Llandegley Rhos
Yardro
Bryn Crwn 1732
Llanfihangel-Nant-Melan
Bryn-y-maen
Gwaunceste Hill 1777
Llanafan-fawr
1572 Bryn
Frank's Bridge
Llansantffraed-in-Elwel
Hundred House
Cwmbach Llechrhyd
Builth Road
Cameddau
1641 Cefn-Coch
Nant Irfon
Pentre-llwyn-llwyd
Troedrhiwdalar
Chwefru
Abergwesyn
Cilmery (Cilmeri)
Llywelyn the Last Monument
Royal Welsh Showground
Llanelwedd
Cregrina
Glascwm
1718 Glascwm Hill
R. Arrow
Cefn Fannog 1476
Beulah
Dulas
Llanafan-fechan
Builth Wells (Llanfair-ym-Muallt)
Oaklands
Llanfaredd
Rhulen
Red Hill 1671
Bryngwyn
Newchurch
Garth
Cambrian Woollen Mill
Caerau Roman Fort
Llandewi'r Cwm
Llanbadarn-y-garreg
Mynydd Trawsnant 1695
Llanwrtyd
DANGER AREA
Maesmynis
Llanbedr Hill
Rhosgoch
Clyro Hill 1276
Llanwrtyd Wells (Llanwrtud)
Llangammarch Wells
Cefngorwydd
Alltmawr
Aberedw
Aberedw Rocks
Llandeilo Graban
Llandeilo Hill
Llanbedr
Painscastle
Bach Howey
Bronydd

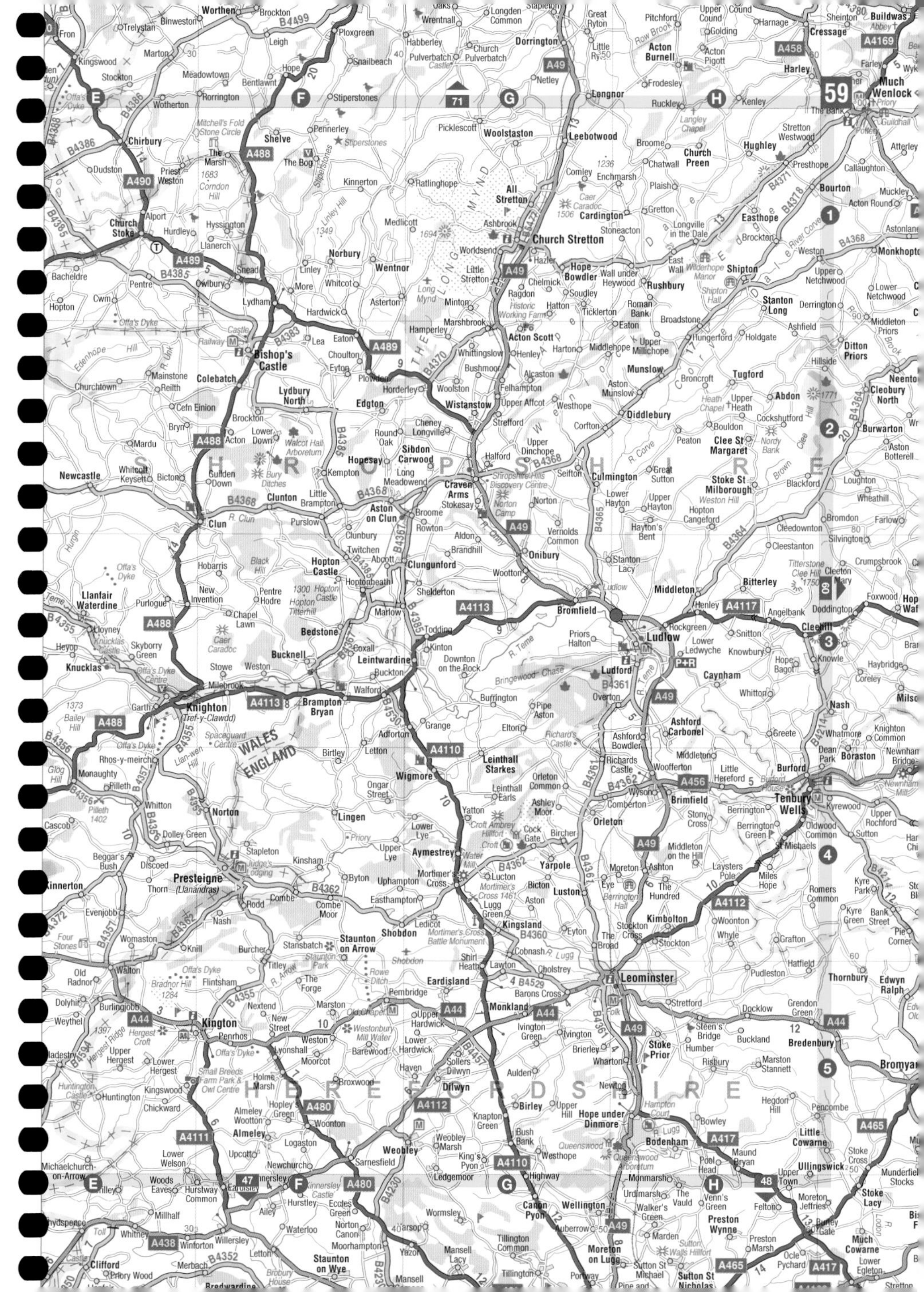

59
Fron
Trelystan
Binweston
Worthen
Brockton
B4499
Wrentnall
Longden Common
Great Ryton
Pitchford
Upper Cound
Cound
Harnage
Cressage
Sheinton
Buildwas
Kingswood
Marton
Leigh
Ploxgreen
Habberley
Pulverbatch Castle
Church Pulverbatch
Dorrington
Little Ryton
Row Brook
Golding
Acton Burnell
Acton Pigott
A458
A4169
Stockton
Meadowtown
Hope
Snailbeach
A49
Netley
Frodesley
Harley
Farley
Much Wenlock
Offa's Dyke
Bentlawnt
Rorrington
Wotherton
Stiperstones
Longnor
Ruckley
Kenley
The Bank
Priory
Guildhall
B4386
Mitchell's Fold Stone Circle
Shelve
Pennerley
Stiperstones
Picklescott
Woolstaston
Leebotwood
Langley Chapel
Stretton Westwood
Chirbury
The Marsh
A488
The Bog
Broome
Church Preen
Hughley
Atterley
Priest Weston
1683 Corndon Hill
Kinnerton
Ratlinghope
Chatwall
Presthope
Callaughton
Dudston
A490
All Stretton
Comley
Enchmarsh
1236
Caer Caradoc
Plaish
Bourton
B4371
B4378
Muckley
Acton Round
Alport
Hyssington
Linley Hill
Medlicott
Ashbrook
1506
Cardington
Gretton
Longville in the Dale
Easthope
Church Stoke
Hurdley
Llanerch
1349
1694
Church Stretton
Stoneacton
Brockton
Weston
B4368
Monkhopton
Astonlane
Bacheldre
Pentre
B4385
Owlbury
Snead
A489
Linley
Norbury
Wentnor
Worldsend
Little Stretton
Hazler
Hope Bowdler
Wall under Heywood
Rushbury
East Wall
Wilderhope Manor
Shipton
Upper Netchwood
Hopton
Cwm
Lydham
More
Whitcot
Asterton
Long Mynd
Minton
Chelmick
Ragdon
Soudley
Hatton
Ticklerton
Roman Bank
Shipton Hall
Stanton Long
Lower Netchwood
Derrington
Hardwick
Historic Working Farm
Eaton
Broadstone
Middleton Priors
Castle Railway
Bishop's Castle
B4383
Lea
Eaton
Hamperley
Marshbrook
Acton Scott
Harton
Middlehope
Upper Millichope
Hungerford
Holdgate
Ashfield
Ditton Priors
Edenhope Hill
Choulton
Eyton
Plowden
THE LONG MYND
B4370
Whittingslow
Henley
Bushmoor
Munslow
Mainstone
Reilth
Colebatch
Lydbury North
Horderley
Woolston
Alcaston
Aston Munslow
Broncroft
Tugford
Hillside
Neenton
Churchtown
Edgton
Wistanstow
Felhampton
Upper Affcot
Westhope
Heath Chapel
Upper Heath
Abdon
1771
Cleobury North
Cefn Einion
Brockton
Bryn
Cheney Longville
Strefford
Corfton
Diddlebury
Bouldon
Cockshutford
Burwarton
Mardu
Acton
Lower Down
Walcot Hall Arboretum
Round Oak
Sibdon Carwood
Halford
Upper Dinchope
B4368
Peaton
Clee St Margaret
Nordy Bank
Aston Botterell
SHROPSHIRE
Newcastle
Whitcott Keysett
Bicton
Gulden Down
Bury Ditches
Kempton
Hopesay
Long Meadowend
Craven Arms
Stokesay
Shropshire Hills Discovery Centre
Seifton
Culmington
Great Sutton
Stoke St Milborough
Blackford
Loughton
B4385
Little Brampton
Clunton
B4368
Aston on Clun
Broome
Norton Camp
Norton
Lower Hayton
Upper Hayton
Hopton Cangeford
Weston Hill
Wheathill
Clun
R. Clun
Purslow
Clunbury
Rowton
A49
Vernolds Common
Hayton's Bent
Cleedownton
Bromdon
Farlow
Silvington
Hobarris
Black Hill
Twitchen
Hopton Castle
Abcott
Clungunford
Aldon
Brandhill
Onibury
Stanton Lacy
Cleestanton
Titterstone Clee Hill 1750
Cleeton St Mary
Crumpsbrook
Llanfair Waterdine
Purlogue
New Invention
Pentre Hodre
1300 Hopton Castle
Hopton Titterhill
Hoptonheath
Shelderton
Wootton
Ludlow
Middleton
Bitterley
Foxwood
Doddington
Chapel Lawn
Marlow
A4113
Bromfield
Henley
A4117
Angelbank
Cleehill
Lloyney
Caer Caradoc
Bedstone
Todding
Priors Halton
Ludlow
Rockgreen
Snitton
Heyop
Skyborry Green
Knucklas Castle
Bucknell
Coxall
Kinton
Leintwardine
Downton on the Rock
R. Teme
Lower Ledwyche
Knowbury
Hope Bagot
Knowle
Haybridge
Knucklas
Stowe
Weston
Ludford
Caynham
Coreley
Offa's Dyke Centre
Milebrook
Buckton
Walford
Bringewood Chase
B4361
Whitton
Knighton (Tref-y-Clawdd)
A4113
Brampton Bryan
Burrington
Pipe Aston
Overton
1373 Bailey Hill
Garth
B4355
Spaceguard Centre
WALES
ENGLAND
B4530
Grange
Adforton
Elton
Richard's Castle
Ashford Carbonel
Nash
Greete
Whatmore
Knighton Common
A488
Offa's Dyke
Llan-wen Hill
Birtley
Letton
A4110
Leinthall Starkes
Ashford Bowdler
Middleton
Dean Park
Boraston
Newnham Bridge
Rhos-y-meirch
Wigmore
Richards Castle
Woofferton
Little Hereford
Burford
Glog Hill
Monaughty
B4357
Pilleth
B4356
Pilleth 1402
Ongar Street
Leinthall Earls
Orleton Common
Ashley Moor
B4362
Wyson
A456
Brimfield
Burford House
Tenbury Wells
Kyrewood
Newnham Mill
Whitton
Norton
Lingen
Yatton
Comberton
Orleton
Stony Cross
Berrington
Upper Rochford
Cascob
Dolley Green
Priory
Lower Lye
Croft Ambrey Hillfort
Cock Gate
Bircher
Berrington Green
Oldwood Common
Sutton
Beggar's Bush
Discoed
Stapleton
Judge's Lodging
Kinsham
Upper Lye
Aymestrey
Water Mill
Croft
A49
Middleton on the Hill
St Michaels
Presteigne (Llanandras)
Byton
Mortimer's Cross
Lucton
B4362
Yarpole
Moreton
Ashton
Laysters Pole
Miles Hope
Kinnerton
Thorn
Uphampton
Mortimer's Cross 1461
Bicton
Luston
Eye
Berrington Hall
The Hundred
Kyre Park
B4362
Rodd
Combe
Combe Moor
Easthampton
Lugg Green
Aston
Romers Common
A4112
Evenjobb
B4372
Nash
Ledicot
Shobdon
Kingsland
B4360
Eyton
Stockton Cross
Kimbolton
Woonton
Kyre Green
Bank Street
Four Stones
B4357
Womaston
Staunton on Arrow
Mortimer's Cross Battle Monument
The Broad
Whyle
Grafton
Pie Corner
Knill
Burcher
Stansbatch
Cobnash
R. Lugg
Stockton
Old Radnor
Walton
Offa's Dyke
Titley
Staunton Park
Shobdon
Shirl Heath
Lawton
Cholstrey
Hatfield
Bradnor Hill 1284
Flintsham
R. Arrow
Rowe Ditch
The Forge
Eardisland
B4529
Leominster
Pudleston
Thornbury
Edwyn Ralph
Dolyhir
Burlingjobb
B4355
Nextend
Marston
Pembridge
Barons Cross
Weythel
A44
Kington
Penrhos
New Street
Old Chapel
Upper Hardwick
A44
Monkland
A44
Ivington Green
Ivington
Stretford
Docklow
Grendon Green
A44
Hergest Croft
1397
Hergest Ridge
Offa's Dyke
Lyonshall
Weston
Westonbury Mill Water Gardens
Lower Hardwick
B4457
Brierley
A49
Steen's Bridge
Humber
Buckland
Bredenbury
Gladestry
Upper Hergest
Lower Hergest
Moorcot
Barewood
Haven
Sollers Dilwyn
Wharton
Stoke Prior
Risbury
Marston Stannett
Bromyard
Small Breeds Farm Park & Owl Centre
Holme Marsh
Broxwood
Dilwyn
Aulden
Newton
Huntington Castle
Huntington
Kingswood
HEREFORDSHIRE
Hegdon Hill
Chickward
Hopley's Green
A480
A4112
Birley
Upper Hill
Hope under Dinmore
Hampton Court
Bowley
Pencombe
Almeley Wootton
Woonton
Knapton Green
Bush Bank
R. Lugg
Little Cowarne
A465
A4111
Almeley
Logaston
Weobley
Weobley Marsh
Queenswood
Bodenham
A417
Stoke Cross
Lower Welson
Upcott
Newchurch
Sarnesfield
King's Pyon
Westhope
Queenswood Arboretum
Pool Head
Maund Bryan
Ullingswick
Munderfield Stocks
Michaelchurch-on-Arrow
Woods Eaves
Kinnersley
A4110
Ledgemoor
Highway
Monmarsh
Upper Town
Hurstway Common
Kinnersley Castle
A480
Urdimarsh
The Vauld
Venn's Green
Felton
Moreton Jeffries
Stoke Lacy
Eardisley
Hurstley
Eccles Green
Wormsley
Canon Pyon
Wellington
Walker's Green
Preston Wynne
Burley Gate
Millhalf
Ailey
Norton Canon
Marden
Sutton Walls Hillfort
Preston Marsh
Much Cowarne
Whitney
Waterloo
Auberrow
A49
Rhydspence
Toll
A438
Winforton
Willersley
Moorhampton
Mansell Lacy
Tillington Common
Moreton on Lugg
Ocle Pychard
Letton
Yazor
Clifford
Castle
B4352
Merbach
Staunton on Wye
Tillington
Portway
Sutton St Michael
A465
Sutton St Nicholas
A417
Lower Eggleton
Priory Wood
Bredwardine
Brobury House
Mansell Gage
Pine and
Stretton

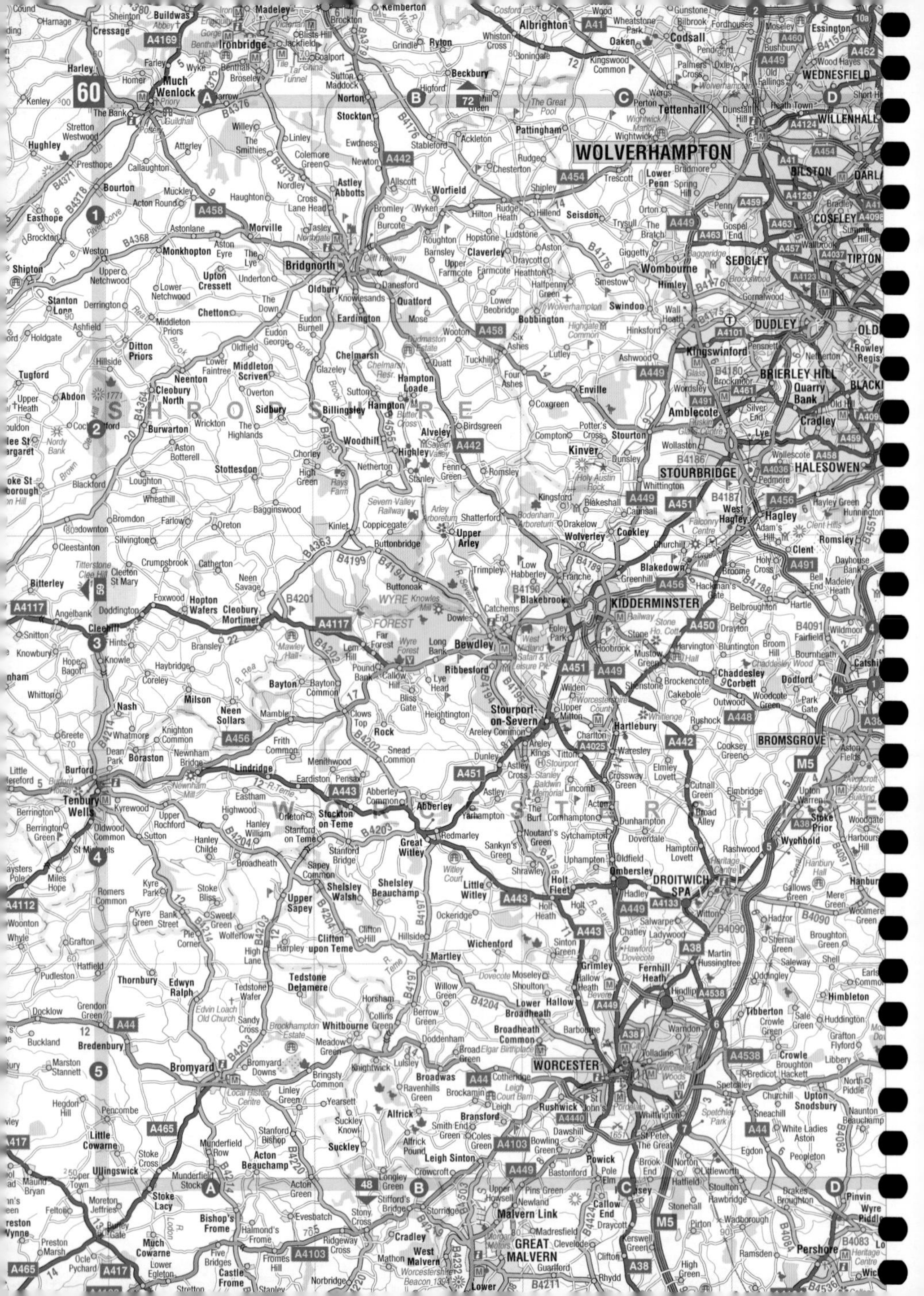
60
Buildwas
Madeley
Kemberton
Albrighton
Wood
Gunstone
Cressage
Ironbridge
Ryton
Oaken
Codsall
Fordhouses
Essington
WEDNESFIELD
Harley
Much Wenlock
Beckbury
Kingswood Common
Norton
Perton
Tettenhall
WILLENHALL
Stockton
Pattingham
WOLVERHAMPTON
Hughley
Stableford
Ackleton
BILSTON
Bourton
Morville
Worfield
Lower Penn
COSELEY
Easthope
Astley Abbotts
Seisdon
Trysull
SEDGLEY
TIPTON
Shipton
Monkhopton
Bridgnorth
Claverley
Wombourne
Himley
Upton Cressett
Oldbury
Quatford
Swindon
Stanton Long
Chetton
Eardington
Bobbington
DUDLEY
Ditton Priors
Middleton Scriven
Chelmarsh
Hampton Loade
Kingswinford
Rowley Regis
Tugford
Neenton
Cleobury North
Sidbury
Billingsley
Enville
BRIERLEY HILL
Quarry Bank
Abdon
SHROPSHIRE
Burwarton
Alveley
Amblecote
Cradley
Woodhill
Highley
Stourton
Kinver
HALESOWEN
Stottesdon
STOURBRIDGE
Hagley
Upper Arley
Wolverley
Cookley
Clent
Blakedown
Romsley
KIDDERMINSTER
Cleobury Mortimer
Hopton Wafers
Bewdley
Bayton
Ribbesford
Stourport-on-Severn
Hartlebury
Chaddesley Corbett
Dodford
BROMSGROVE
Neen Sollars
Rock
Boraston
Lindridge
Burford
Tenbury Wells
Stockton on Teme
Abberley
Great Witley
Stoke Prior
Wychbold
Ombersley
DROITWICH SPA
Upper Sapey
Shelsley Walsh
Shelsley Beauchamp
Little Witley
Holt Fleet
Clifton upon Teme
Wichenford
Martley
Hindlip
Fernhill Heath
Tedstone Delamere
Edwyn Ralph
Thornbury
Himbleton
Whitbourne
Bredenbury
Bromyard
Broadwas
WORCESTER
Crowle
Upton Snodsbury
Rushwick
Alfrick
Bransford
Suckley
Leigh Sinton
Powick
Little Cowarne
Acton Beauchamp
Ullingswick
Stoke Lacy
Bishop's Frome
Malvern Link
Callow End
Pinvin
Much Cowarne
Cradley
West Malvern
GREAT MALVERN
Pershore
Castle Frome
WORCESTERSHIRE

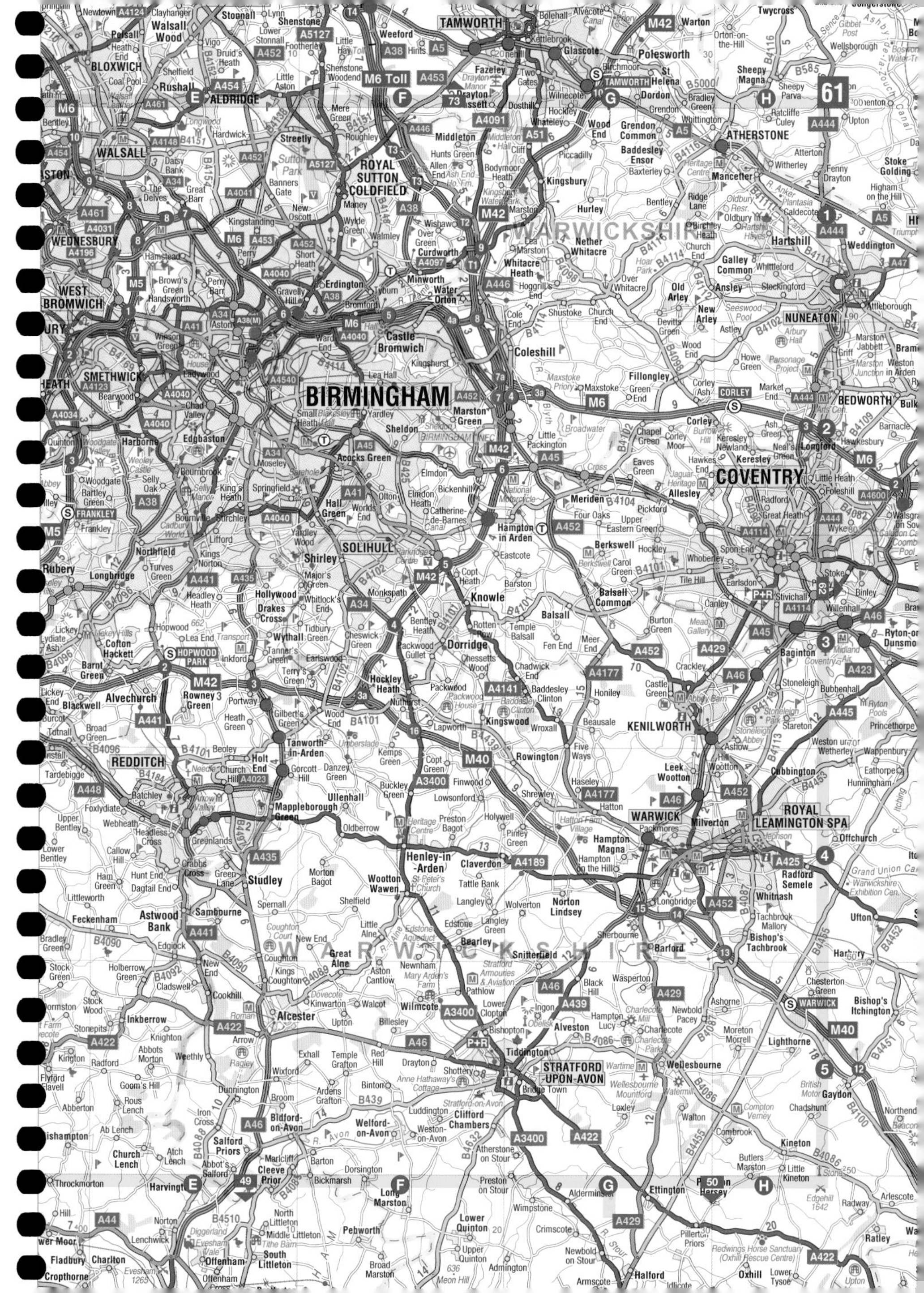
61
Newtown
A4124
Clayhanger
Stonnall
Lynn
Shenstone
TAMWORTH
Bolehall
Alvecote
Twycross
Pelsall
Walsall Wood
Lower Stonnall
A5127
Weeford
Hints
A5
M42
Warton
Orton-on-the-Hill
Vigo
Little Hay
A38
Kettlebrook
Glascote
Polesworth
Wellsborough
BLOXWICH
Heath End
Druid's Heath
A452
Shenstone Woodend
M6 Toll
A453
Fazeley
Two Gates
Birchmoor
St Helena
Sheepy Magna
Sheepy Parva
Coal Pool
Shelfield
Little Aston
Drayton Manor
Drayton Bassett
Wilnecote
TAMWORTH
Dordon
B5000
Bradley Green
Rushall
A454
ALDRIDGE
Dosthill
Hockley
Grendon
Ratcliffe Culey
A444
Upton
M6
A461
Mere Green
Whateley
Wood End
Grendon Common
Whittington
Bentley
Hardwick
Streetly
Roughley
A446
A4091
Middleton
Cliff
A51
ATHERSTONE
A4148
WALSALL
A454
Daisy Bank
Sutton Park
A5127
ROYAL SUTTON COLDFIELD
Hunts Green
Allen End
Piccadilly
Baddesley Ensor
Baxterley
Atterton
Stoke Golding
Fenny Drayton
Witherley
Mancetter
A34
Great Barr
The Delves
Banners Gate
A4041
New Oscott
Maney
A38
Bodymoor Heath
Kingsbury Water Park
Kingsbury
Ridge Lane
Higham on the Hill
A461
A4031
WEDNESBURY
A4196
Kingstanding
Wylde Green
Walmley
Wishaw
Over Green
M42
Marston
Hurley
Bentley
Oldbury
Caldecote
A5
M6
A453
Perry
A452
Short Heath
Curdworth
A4097
WARWICKSHIRE
Lea Marston
Nether Whitacre
Birchley Heath
Hartshill
Weddington
A444
Hamstead
M5
Brown's Green
Handsworth
Perry Barr
A4040
Erdington
Gravelly Hill
A38
Tyburn
Minworth
Water Orton
Whitacre Heath
Hoggrill's End
A446
Over Whitacre
Church End
Galley Common
Whittleford
Ansley
Stockingford
WEST BROMWICH
A34
A38(M)
Aston
Bromford
Castle Bromwich
A4040
M6
Cole End
Shustoke
Church End
Old Arley
New Arley
Seeswood Pool
Devitts Green
Astley
NUNEATON
Attleborough
Winson Green
SMETHWICK
A4123
A41
A4540
Ladywood
Kingshurst
Coleshill
Wood End
Howe Green
Marston Jabbett
Griff
Marston Junction
Weston in Arden
Arbury Hall
Parsonage Project
A4040
Bearwood
Chad Valley
BIRMINGHAM
Lea Hall
A452
Maxstoke Priory
Maxstoke
Fillongley
Green End
Corley Ash
CORLEY
Market End
A444
BEDWORTH
A4034
Quinton
Harborne
Edgbaston
Small Heath
Yardley
Sheldon
Marston Green
BIRMINGHAM NEC
M6
Little Packington
Broadwater
Chapel Green
Corley Moor
Corley
Keresley Newland
Keresley
Ash Green
Longford
Hawkesbury
Barnacle
M6
A34
A45
Acocks Green
Moseley
Selly Oak
Bournbrook
King's Heath
Springfield
Woodgate
Bartley Green
A38
Elmdon
Bickenhill
M42
A45
Meriden
Eaves Green
Allesley
Hawkes End
COVENTRY
Little Heath
Foleshill
A4600
FRANKLEY
A41
Hall Green
Worlds End
Olton
Elmdon Heath
Catherine-de-Barnes
National Motorcycle Museum
B4104
Four Oaks
Pickford
Radford
Great Heath
A444
Frankley
Bournville
Stirchley
A4040
Yardley Wood
SOLIHULL
Hampton in Arden
A452
Upper Eastern Green
Wyke
A4114
M5
Northfield
Lifford
Kings Norton
Shirley
Eastcote
Berkswell
Hockley
Whoberley
Spon End
Rubery
Longbridge
Turves Green
A441
A435
Major's Green
Whitlock's End
B4102
M42
Copt Heath
Barston
Carol Green
B4101
Tile Hill
Earlsdon
Stoke
Binley
Lickey
Headley Heath
Hollywood
Drakes Cross
Monkspath
A34
Knowle
Balsall Common
Canley
P+R
Stivichall
A4114
Willenhall
A46
Hopwood
Lea End
Wythall
Tidbury Green
Cheswick Green
Bentley Heath
Rotten Row
Temple Balsall
Balsall
Burton Green
A45
Ryton-on-Dunsmore
Cofton Hackett
HOPWOOD PARK
Tanner's Green
Inkford
Earlswood
Packwood Gullet
Dorridge
Fen End
Meer End
Nether End
A452
A429
Baginton
Coventry Airport
A423
Barnt Green
M42
Rowney Green
Portway
Terry's Green
Hockley Heath
Chessetts Wood
Chadwick End
A4177
Crackley
A46
Stoneleigh
Bubbenhall
Lickey End
Blackwell
Alvechurch
Heath Green
Gilbert's Green
Wood End
Nuthurst
Packwood
A4141
Baddesley Clinton
Honiley
Castle Green
Stoneleigh Park
A445
Ryton Pools
Burcot
Tutnall
Broad Green
A441
B4101
Umberslade
Lapworth
Kingswood
Wroxall
Beausale
KENILWORTH
Stareton
Princethorpe
B4096
Tanworth-in-Arden
Kemps Green
Stoneleigh Abbey
Ashow
Weston under Wetherley
Wappenbury
Tardebigge
REDDITCH
Beoley
Holt End
Church Hill
A4023
Gorcott Hill
Danzey Green
Copt Green
M40
Rowington
Five Ways
Hill Wootton
Leek Wootton
Cubbington
Eathorpe
A448
Batchley
Ullenhall
Buckley Green
A3400
Finwood
Lowsonford
Shrewley
Haseley
A4177
A46
A452
Hunningham
Foxlydiate
Webheath
Mapplebrough Green
Oldberrow
Heritage Centre
Preston Bagot
Holywell
Hatton
WARWICK
Packmores
Milverton
ROYAL LEAMINGTON SPA
Upper Bentley
Headless Cross
Greenlands
Pinley Green
Hatton Farm Village
Hampton Magna
Offchurch
Lower Bentley
Callow Hill
A435
Henley-in-Arden
Claverdon
A4189
Hampton on the Hill
A425
Radford Semele
Grand Union Canal
Ham Green
Hunt End
Dagtail End
Crabbs Cross
Green Lane
Studley
Morton Bagot
Wootton Wawen
St Peter's Church
Tattle Bank
Longbridge
A452
Whitnash
Warwickshire Exhibition Cen.
Littleworth
Spernall
Shelfield
Langley
Wolverton
Norton Lindsey
Feckenham
Astwood Bank
Sambourne
A441
Little Alne
Edstone
Langley Green
Sherbourne
Tachbrook Mallory
Ufton
Bradley Green
B4090
Edgiock
Coughton Court
New End
Edstone Aqueduct
Bearley
Bishop's Tachbrook
Harbury
W A R W I C K S H I R E
Great Alne
Snitterfield
Barford
Stock Green
Holberrow Green
New End
B4092
B4090
Cladswell
Kings Coughton
Aston Cantlow
Newnham
Mary Arden's Farm
Stratford Armouries & Aviation
A46
Black Hill
Wasperton
A429
Chesterton Green
WARWICK
Bishop's Itchington
Stock Wood
Cookhill
Dovecote
Kinwarton
Walcot
Wilmcote
Pathlow
A439
Lower Clopton
Ingon
Charlecote Mill
Newbold Pacey
Ashorne
Inkberrow
Alcester
Upton
Billesley
A3400
Hampton Lucy
Charlecote
Alveston
Stonepits
A422
Knighton
A422
Arrow
Ragley
Bishopton
Obelisk
B4086
Charlecote Park
Moreton Morrell
M40
Lighthorne
Abbots Morton
Kington
Radford
Weethly
A46
Exhall
Temple Grafton
Red Hill
Drayton
P+R
Tiddington
STRATFORD-UPON-AVON
Wartime Museum
Wellesbourne
Flyford Flavell
Goom's Hill
Wixford
Binton
Shottery
Anne Hathaway's Cottage
Bridge Town
Wellesbourne Mountford
Watermill
Rous Lench
Dunnington
Broom
Ardens Grafton
B439
British Motor Museum
Gaydon
Abberton
Iron Cross
Luddington
Clifford Chambers
Stratford-on-Avon
Loxley
Walton
Compton Verney
Chadshunt
Northend
Ab Lench
A46
Bidford-on-Avon
Welford-on-Avon
Weston-on-Avon
A3400
A422
Combrook
Church Lench
Salford Priors
Atch Lench
Abbot's Salford
Marlcliff
Cleeve Prior
Barton
Bickmarsh
Dorsington
Atherstone on Stour
B4632
Kineton
Butlers Marston
Little Kineton
B4086
Throckmorton
Harvington
Long Marston
Preston on Stour
Alderminster
Ettington
Pillerton Hersey
Edgehill 1642
Radway
Arlescote
Hill
A44
Norton
B4510
North Littleton
Middle Littleton
Wimpstone
Lower Quinton
Crimscote
A429
Ratley
Lenchwick
Evesham Vale
Tithe Barn
Pebworth
Upper Quinton
Pillerton Priors
Redwings Horse Sanctuary (Oxhill Rescue Centre)
A422
Fladbury
Charlton
Offenham
South Littleton
Broad Marston
Newbold on Stour
Cropthorne
Evesham
Meon Hill
Admington
Halford
Oxhill
Lower Tysoe
Upton
Armscote

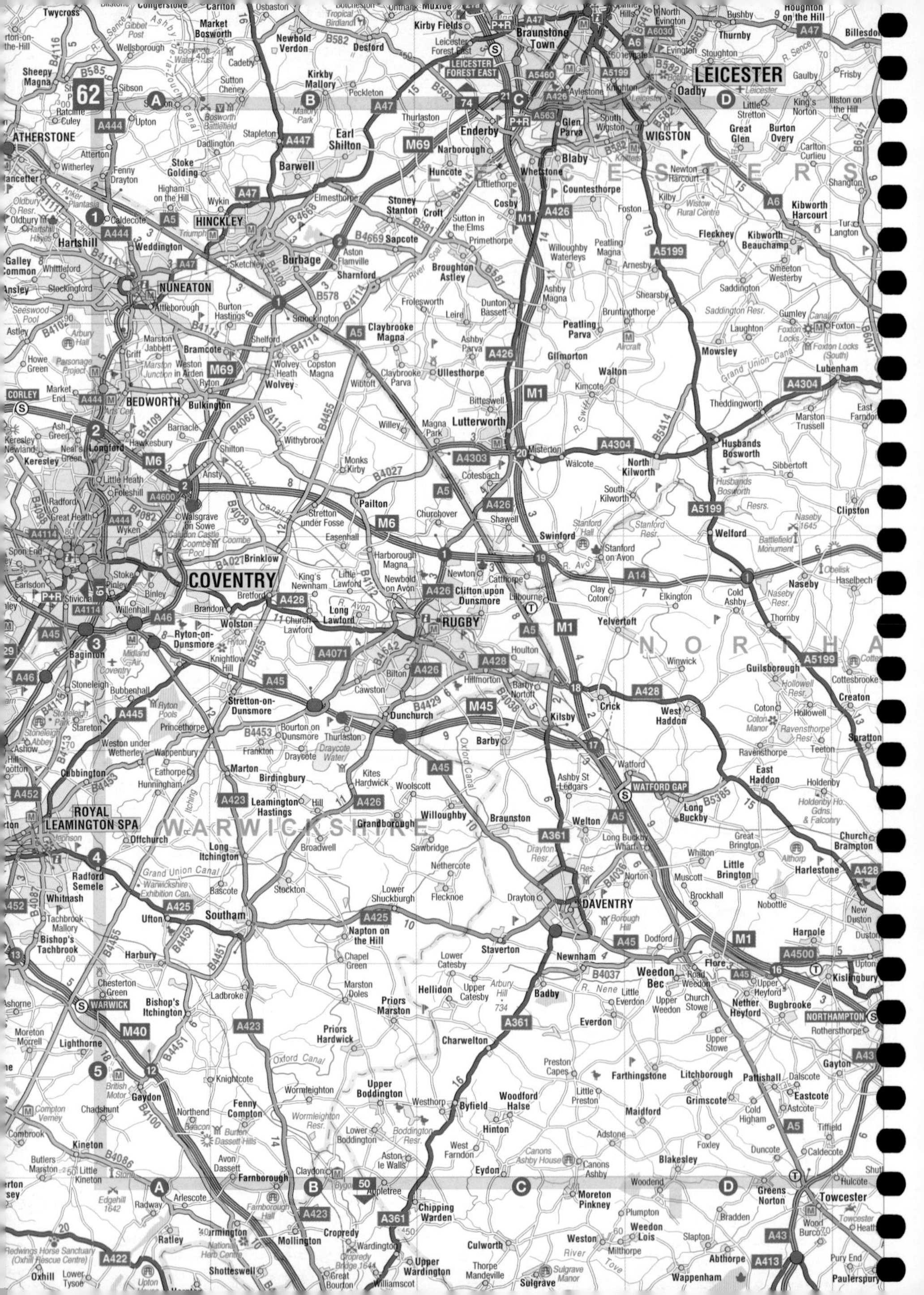

62
Twycross
Congerstone
Carlton
Osbaston
Market Bosworth
Newbold Verdon
Desford
Kirby Fields
Braunstone Town
Leicester Forest East
LEICESTER FOREST EAST
North Evington
Bushby
Houghton on the Hill
Thurnby
Billesdon
Evington
Stoughton
LEICESTER
Oadby
Gaulby
Frisby
Sheepy Magna
Wellsborough
Sibson
Sutton Cheney
Cadeby
Kirkby Mallory
Peckleton
Aylestone
Knighton
Wigston
Ratcliffe Culey
Upton
Bosworth Battlefield
Mallory Park
Thurlaston
Enderby
Glen Parva
South Wigston
WIGSTON
Little Stretton
King's Norton
Illston on the Hill
ATHERSTONE
Dadlington
Stapleton
Earl Shilton
Narborough
Blaby
Great Glen
Burton Overy
Carlton Curlieu
Atterton
Witherley
Stoke Golding
Fenny Drayton
Barwell
Huncote
Whetstone
Newton Harcourt
Mancetter
Higham on the Hill
Wykin
Littlethorpe
Countesthorpe
LEICESTERSHIRE
Shangton
Oldbury
Caldecote
HINCKLEY
Elmesthorpe
Stoney Stanton
Croft
Cosby
Foston
Kilby
Wistow Rural Centre
Kibworth Harcourt
Hartshill
Weddington
Sutton in the Elms
Primethorpe
Peatling Magna
Fleckney
Kibworth Beauchamp
Tur Langton
Galley Common
Whittleford
Sketchley
Burbage
Aston Flamville
Sapcote
Broughton Astley
Willoughby Waterleys
Arnesby
Smeeton Westerby
Ansley
Stockingford
NUNEATON
Sharnford
Saddington
Attleborough
Burton Hastings
Smockington
Frolesworth
Leire
Dunton Bassett
Ashby Magna
Shearsby
Seeswood Pool
Astley
Arbury Hall
Marston Jabbett
Bramcote
Shelford
Claybrooke Magna
Ashby Parva
Peatling Parva
Bruntingthorpe
Saddington Resr.
Gumley
Laughton
Foxton
Foxton Locks
Howe Green
Griff
Marston Junction
Weston in Arden
Wolvey Heath
Copston Magna
Claybrooke Parva
Ullesthorpe
Gilmorton
Walton
Mowsley
Grand Union Canal
Lubenham
CORLEY
Market End
BEDWORTH
Bulkington
Ryton
Wolvey
Wibtoft
Kimcote
Theddingworth
Barnacle
Willey
Bitteswell
Lutterworth
Marston Trussell
East Farndon
Ash Green
Keresley Newland
Keresley
Longford
Hawkesbury
Shilton
Withybrook
Magna Park
Misterton
Walcote
North Kilworth
Husbands Bosworth
Monks Kirby
Cotesbach
Sibbertoft
Little Heath
Foleshill
Ansty
South Kilworth
Radford
Great Heath
Walsgrave on Sowe
Stretton under Fosse
Pailton
Churchover
Shawell
Swinford
Stanford Hall
Stanford Resr.
Clipston
Wyken
Caludon Castle
Coombe Pool
Easenhall
Welford
Naseby 1645
Battlefield Monument
Spon End
Brinklow
Harborough Magna
Newton
Stanford on Avon
Obelisk
Earlsdon
Stoke
Pinley
COVENTRY
King's Newnham
Little Lawford
Newbold on Avon
Clifton upon Dunsmore
Catthorpe
Clay Coton
Elkington
Cold Ashby
Naseby
Haselbech
Binley
Bretford
Brandon
Long Lawford
Lilbourne
Yelvertoft
Naseby Resr.
Thornby
Stivichall
Willenhall
Wolston
Church Lawford
RUGBY
NORTHA
Baginton
Ryton-on-Dunsmore
Midland Air Museum
Knightlow Hill
Bilton
Hillmorton
Houlton
Winwick
Guilsborough
Hollowell Resr.
Cottesbrooke
Stoneleigh
Bubbenhall
Ryton Pools
Cawston
Barby Nortoft
Crick
West Haddon
Creaton
Stretton-on-Dunsmore
Dunchurch
Kilsby
Coton Manor
Hollowell
Ravensthorpe Resr.
Stareton
Princethorpe
Bourton on Dunsmore
Thurlaston
Barby
Watford
Spratton
Stoneleigh Abbey
Weston under Wetherley
Wappenbury
Frankton
Draycote
Draycote Water
Oxford Canal
Ravensthorpe
Teeton
Cubbington
Eathorpe
Marton
Birdingbury
Kites Hardwick
Woolscott
Ashby St Ledgars
WATFORD GAP
East Haddon
Holdenby
Hunningham
Leamington Hastings
Hill
Willoughby
Braunston
Long Buckby
Holdenby Ho. Gdns. & Falconry
ROYAL LEAMINGTON SPA
WARWICKSHIRE
Grandborough
Welton
Long Buckby Wharf
Great Brington
Church Brampton
Offchurch
Long Itchington
Broadwell
Sawbridge
Drayton Resr.
Whilton
Little Brington
Althorp
Harlestone
Radford Semele
Grand Union Canal
Warwickshire Exhibition Cen.
Bascote
Stockton
Nethercote
Lower Shuckburgh
Flecknoe
Norton
Muscott
Whitnash
Drayton
DAVENTRY
Borough Hill
Brockhall
Nobottle
Tachbrook Mallory
Ufton
Southam
Napton on the Hill
New Duston
Bishop's Tachbrook
Harbury
Chapel Green
Staverton
Dodford
Harpole
Duston
Newnham
Weedon Bec
Flore
Upton
Chesterton Green
Ladbroke
Marston Doles
Lower Catesby
Upper Catesby
Arbury Hill 734
Badby
Little Everdon
Upper Weedon
Church Stowe
Upper Heyford
Nether Heyford
Bugbrooke
Kislingbury
WARWICK
Bishop's Itchington
Priors Marston
Hellidon
Everdon
NORTHAMPTON
Rothersthorpe
Moreton Morrell
Lighthorne
Priors Hardwick
Charwelton
Upper Stowe
Oxford Canal
Preston Capes
Farthingstone
Litchborough
Pattishall
Dalscote
Gayton
British Motor Museum
Knightcote
Gaydon
Wormleighton
Upper Boddington
Little Preston
Grimscote
Eastcote
Compton Verney
Chadshunt
Northend
Fenny Compton
Westhorp
Byfield
Woodford Halse
Maidford
Cold Higham
Astcote
Burton Dassett Hills
Wormleighton Resr.
Lower Boddington
Boddington Resr.
Hinton
Tiffield
Combrook
Kineton
Adstone
Foxley
Duncote
Caldecote
West Farndon
Canons Ashby House
Aston le Walls
Blakesley
Butlers Marston
Little Kineton
Avon Dassett
Farnborough
Claydon
Eydon
Canons Ashby
Woodend
Shutlanger
Hulcote
Arlescote
Edgehill 1642
Radway
Farnborough Hall
Appletree
Chipping Warden
Moreton Pinkney
Greens Norton
Towcester
Plumpton
Bradden
Towcester Racecourse
Ratley
Mollington
Cropredy
Weedon Lois
Wood Burcote
Redwings Horse Sanctuary (Oxhill Rescue Centre)
National Herb Centre
Wardington
Cropredy Bridge 1644
Culworth
Weston
Milthorpe
River Tove
Slapton
Abthorpe
Pury End
Oxhill
Lower Tysoe
Upton House
Shotteswell
Upper Wardington
Great Bourton
Williamscot
Thorpe Mandeville
Sulgrave
Sulgrave Manor
Wappenham
Paulerspury
M1
M6
M69
M45
M40
A5
A45
A46
A47
A423
A425
A426
A428
A361
A4304
A5199
A14
A43
A444
A452
A4500
A422
A413

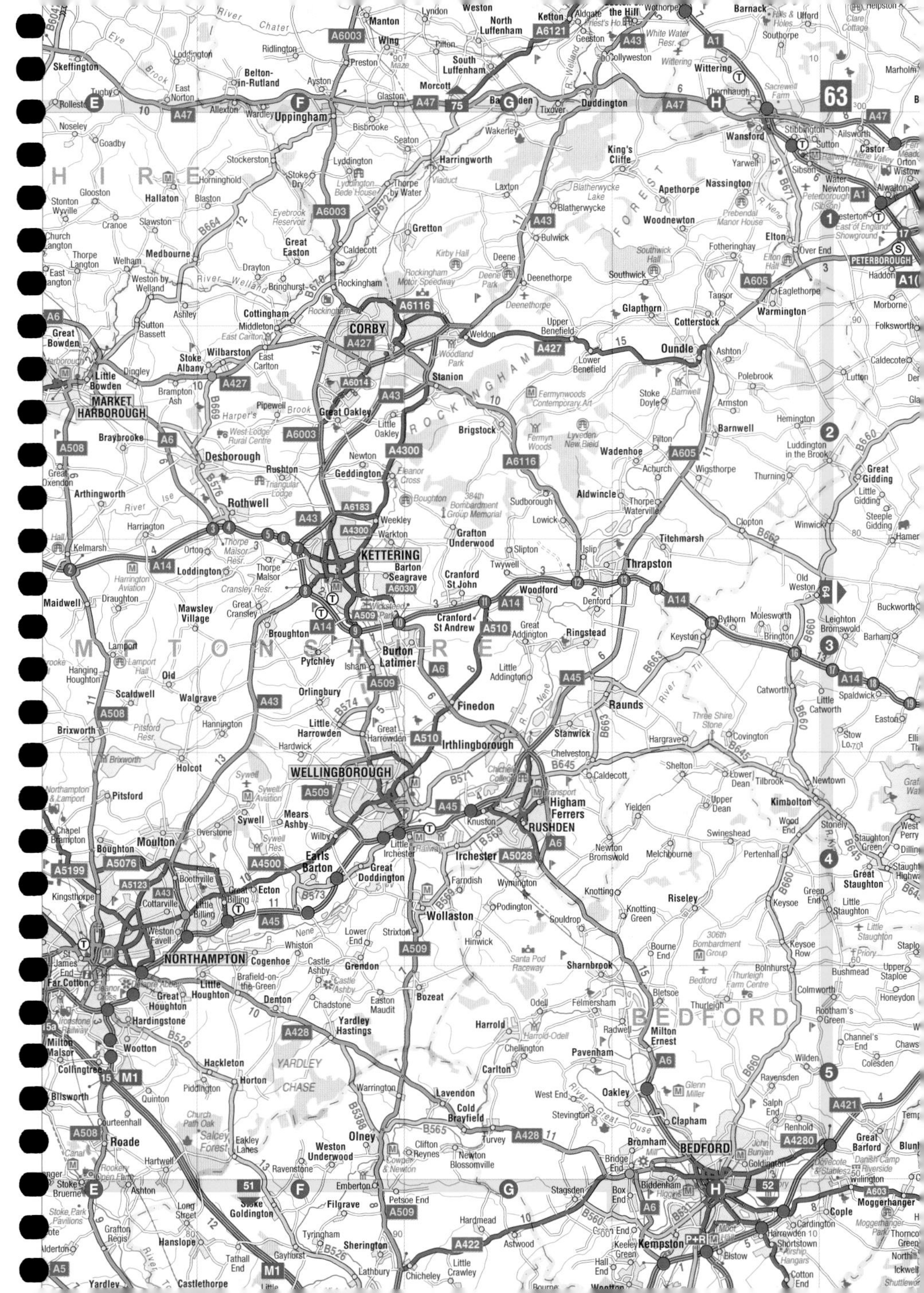
63
River Chater
Manton
Lyndon
Weston
North Luffenham
Ketton
Aldgate
Wothorpe
Barnack
Hills & Holes
Ufford
Clare Cottage
A6003
Wing
Pilton
A6121
Geeston
A43
White Water Resr.
A1
Southorpe
Skeffington
Loddington
Ridlington
Preston
South Luffenham
Collyweston
Wittering
Belton-in-Rutland
Ayston
Maze
Morcott
Wittering
Thornhaugh
Marholm
East Norton
Glaston
Barrowden
Tixover
Duddington
Sacrewell Farm
Tugby
Rolleston
Allexton
Wardley
Uppingham
A47
Wansford
Stibbington
Sutton
Ailsworth
Castor
Noseley
Bisbrooke
Wakerley
Goadby
Seaton
Nene Valley Railway
Orton
Stockerston
Lyddington
Harringworth
King's Cliffe
Yarwell
Sibson
Wistow
Horninghold
Stoke Dry
Lyddington Bede House
Thorpe by Water
Viaduct
Laxton
Blatherwycke Lake
Apethorpe
Nassington
Water Newton
Alwalton
Glooston
Hallaton
Blaston
Peterborough (Sibson)
A1
Stonton Wyville
Eyebrook Reservoir
A6003
Blatherwycke
Prebendal Manor House
Cranoe
Slawston
B664
Gretton
Woodnewton
Chesterton
East of England Showground
Church Langton
Great Easton
Bulwick
Southwick Hall
Elton
Thorpe Langton
Medbourne
Caldecott
Kirby Hall
Fotheringhay
Elton Hall
Over End
Welham
Drayton
Deene
Deene Park
PETERBOROUGH
East Langton
Weston by Welland
River Welland
Bringhurst
Rockingham
Rockingham Motor Speedway
Deenethorpe
Southwick
A605
Haddon
A1
Tansor
Eaglethorpe
Ashley
Cottingham
Rockingham
A6116
Deenethorpe
Glapthorn
Warmington
Morborne
A6
Great Bowden
Sutton Bassett
Middleton
East Carlton
CORBY
Weldon
Upper Benefield
Cotterstock
Folksworth
A427
Woodland Park
A427
Lower Benefield
Oundle
Ashton
Caldecote
Stoke Albany
Wilbarston
East Carlton
Dingley
Little Bowden
MARKET HARBOROUGH
Brampton Ash
A427
A6014
Stanion
ROCKINGHAM FOREST
Polebrook
Lutton
A43
Fermynwoods Contemporary Art
Stoke Doyle
Barnwell
Pipewell
Harper's Brook
B669
Great Oakley
Little Oakley
Brigstock
Armston
Hemington
West Lodge Rural Centre
Fermyn Woods
Lyveden New Bield
Barnwell
Braybrooke
A6
A6003
A4300
A6116
Wadenhoe
Pilton
A605
Luddington in the Brook
A508
Desborough
Newton
Eleanor Cross
Achurch
Wigsthorpe
Thurning
Great Gidding
Great Oxendon
Rushton
Triangular Lodge
Geddington
Little Gidding
Arthingworth
Boughton
384th Bombardment Group Memorial
Sudborough
Aldwincle
Thorpe Waterville
Steeple Gidding
River Ise
Rothwell
A6183
Weekley
Lowick
Clopton
Winwick
B576
Harrington
Orton
Thorpe Malsor Resr.
A4300
Warkton
Grafton Underwood
Titchmarsh
Hamerton
Kelmarsh
A14
Loddington
KETTERING
Barton Seagrave
Slipton
Islip
Thrapston
B662
Harrington Aviation
Thorpe Malsor
Cranford St John
Twywell
Woodford
Old Weston
64
Maidwell
Draughton
Mawsley Village
Cransley Resr.
Great Cransley
A6030
Wicksteed Park
A509
Cranford St Andrew
Great Addington
Denford
A14
Leighton Bromswold
Buckworth
Broughton
A14
A510
Ringstead
Bythorn
Molesworth
Brington
Keyston
Barham
NORTHAMPTONSHIRE
Lamport
Lamport Hall
Pytchley
Isham
Burton Latimer
A6
Little Addington
B663
Hanging Houghton
Old
A509
A45
Raunds
Catworth
Spaldwick
Scaldwell
Walgrave
Orlingbury
Finedon
River Til
Little Catworth
A508
A43
Brixworth
Pitsford Resr.
Hannington
Little Harrowden
B574
Great Harrowden
A510
Irthlingborough
Stanwick
Three Shire Stone
Covington
Easton
Stow Longa
Hardwick
B663
Hargrave
B645
B660
Brixworth
Holcot
WELLINGBOROUGH
Chelveston
B645
Caldecott
Shelton
Lower Dean
Tilbrook
Newtown
Northampton & Lamport Railway
Pitsford
Sywell Aviation
A509
B571
Chichele College
Transport
Higham Ferrers
Yielden
Upper Dean
Kimbolton
Chapel Brampton
Sywell
Mears Ashby
A45
Knuston
RUSHDEN
Wood End
Stonely
Overstone
Wilby
Sywell Res.
Little Irchester
Railway
Irchester
B569
A6
Newton Bromswold
Melchbourne
Swineshead
Pertenhall
Staughton Green
West Perry
Dillington
Boughton
Moulton
Earls Barton
A5028
Great Staughton
A5199
A5076
A4500
Great Doddington
Farndish
Wymington
Knotting
Riseley
Green End
Keysoe
Little Staughton
A5123
Boothville
Great Billing
Ecton
Kingsthorpe
Cottarville
A43
Little Billing
B573
Wollaston
Podington
Souldrop
Knotting Green
Weston Favell
A45
Nene
Lower End
Strixton
Hinwick
Keysoe Row
St James End
Whiston
A509
Santa Pod Raceway
306th Bombardment Group
Bourne End
Little Staughton
Priory
Staploe
NORTHAMPTON
Cogenhoe
Castle Ashby
Grendon
Sharnbrook
Bolnhurst
Bushmead
Upper Staploe
Far Cotton
Delapre Abbey
Brafield-on-the-Green
Castle Ashby
Bedford
Thurleigh Farm Centre
Honeydon
Eleanor Cross
Little Houghton
Great Houghton
Denton
Chadstone
Easton Maudit
Bozeat
Odell
Felmersham
Bletsoe
Thurleigh
Colmworth
Hardingstone
Yardley Hastings
Harrold
Radwell
Milton Ernest
BEDFORD
Rootham's Green
A428
Harrold-Odell
Chellington
Pavenham
Channel's End
Milton Malsor
Wootton
B526
YARDLEY CHASE
Carlton
A6
Colesden
Wilden
Hackleton
Collingtree
M1
Horton
Piddington
Warrington
Lavendon
West End
Oakley
Glenn Miller
Ravensden
Blisworth
Quinton
Cold Brayfield
Stevington
River Great Ouse
Clapham
Salph End
A421
Church Path Oak
Courteenhall
B5388
B565
Renhold
A508
Roade
Salcey Forest
Eakley Lanes
Olney
Clifton Reynes
Turvey
A428
Bromham
Great Barford
A4280
Hartwell
Weston Underwood
Newton Blossomville
Bridge End
BEDFORD
John Bunyan
Goldington
Danish Camp
Riverside
Cowper & Newton
Mill
Dovecote & Stables
Stoke Bruerne
Rookery Open Farm
Ravenstone
Canal
51
Emberton
Stagsden
Box End
Biddenham
Higgins
52
Willington
E
F
G
H
Ashton
Stoke Goldington
Filgrave
Petsoe End
A6
A603
Moggerhanger
Stoke Park Pavilions
Long Street
A509
Hardmead
B560
B531
Cople
Grafton Regis
Hanslope
Tyringham
Sherington
Astwood
A422
Kempston
P+R
Cardington
Harrowden
Shortstown
Airship Hangars
Moggerhanger Park
Thorncote Green
Alderton
Tathall End
Gayhurst
B526
Keeley Green
Elstow
Northill
A5
M1
Lathbury
Chicheley
Little Crawley
Hall End
Ickwell
Yardley
Castlethorpe
Wootton
Cotton End
Shuttleworth

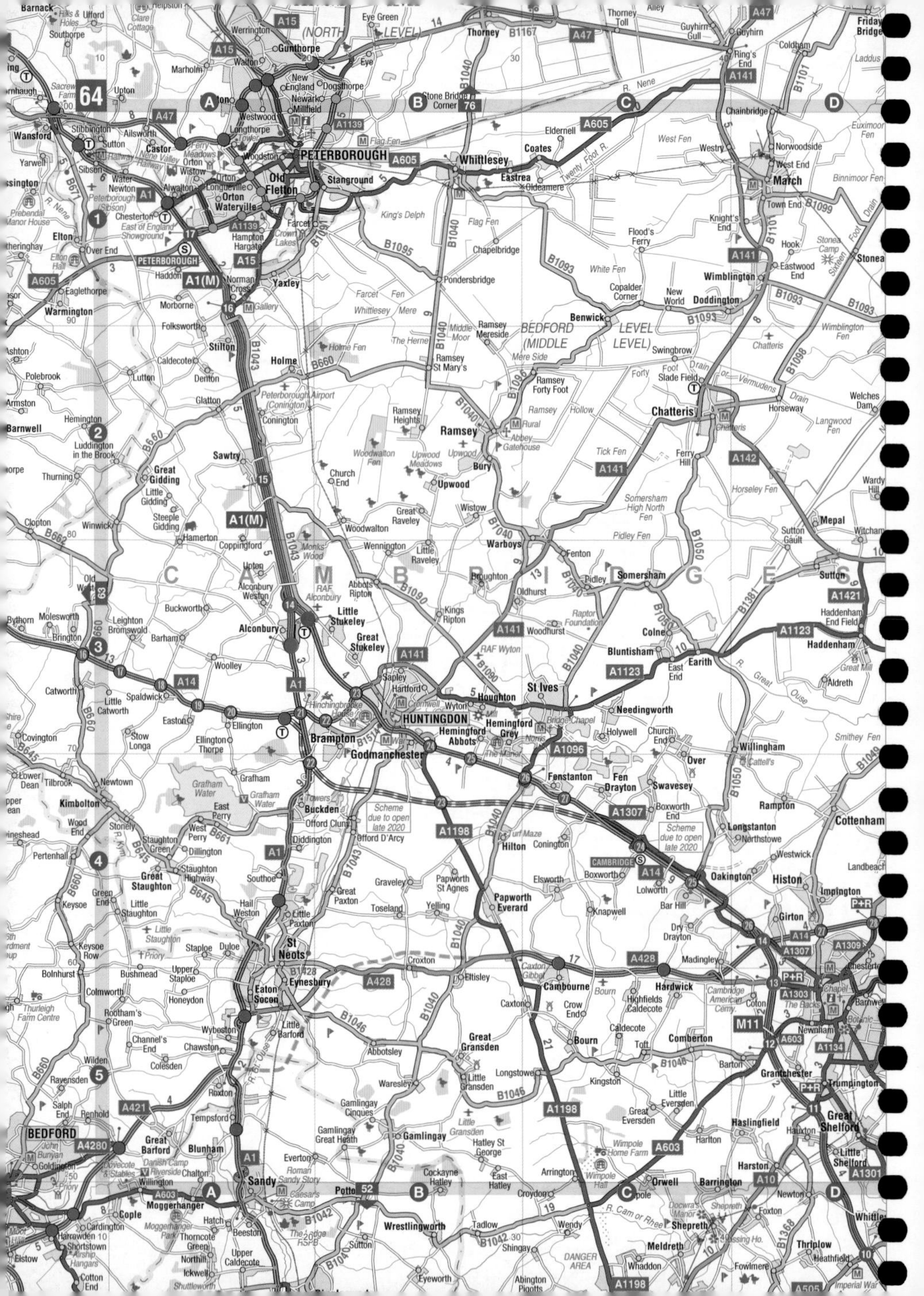

64
Barnack
Helpston
Ufford
Southorpe
Werrington
Eye Green
(NORTH LEVEL)
Thorney
Thorney Toll
Guyhirn
Guyhirn Gull
Friday Bridge
A15
A47
B1167
Gunthorpe
Eye
Ring's End
Coldham
Marholm
Walton
New England
Dogsthorpe
A141
Newark
Millfield
Stone Bridge Corner
76
R. Nene
Chainbridge
B1101
Sacrewell Farm
Upton
Ailsworth
Westwood
A1139
Eldernell
A605
Euximoor Fen
Wansford
Stibbington
Sutton
Castor
Ferry Meadows
Longthorpe
Flag Fen
West Fen
Westry
Norwoodside
Yarwell
Nene Valley Railway
Orton
Woodston
PETERBOROUGH
A605
Whittlesey
Coates
Twenty Foot R.
West End
March
Sibson
Water Newton
Wistow
Alwalton
Orton Longueville
Old Fletton
Stanground
Eastrea
Oldeamere
Binnimoor Fen
Peterborough (Sibson)
A1
Orton Waterville
Town End
B1099
R. Nene
Chesterton
East of England Showground
Farcet
King's Delph
Knight's End
Prebendal Manor House
Elton
A1139
Hampton Hargate
Crown Lakes
B1095
Flag Fen
Flood's Ferry
Hook
Stonea Camp
Sixteen Foot Drain
Stonea
Theringhay
Over End
17
Chapelbridge
A141
Elton Hall
PETERBOROUGH
A15
B1093
White Fen
Eastwood End
Haddon
A1(M)
Norman Cross
Yaxley
Pondersbridge
Wimblington
A605
Eaglethorpe
Copalder Corner
New World
Doddington
B1093
Morborne
16
Gallery
Farcet Fen
Whittlesey Mere
B1093
Warmington
Benwick
Folksworth
Middle Moor
Ramsey Mereside
BEDFORD (MIDDLE LEVEL)
LEVEL
Wimblington Fen
Ashton
Stilton
The Herne
Holme Fen
Chatteris
Caldecote
B1043
Holme
B660
Ramsey St Mary's
Mere Side
Swingbrow
Polebrook
Lutton
Denton
B1098
Forty Foot Drain
Slade Field
Vermudens Drain
Ramsey Forty Foot
Welches Dam
Horseway
Peterborough Airport (Conington)
Armston
Glatton
Ramsey Hollow
Chatteris
Barnwell
Hemington
Conington
Ramsey Heights
Ramsey
Rural
Abbey Gatehouse
Langwood Fen
Luddington in the Brook
B660
Upwood
Tick Fen
Ferry Hill
A142
Sawtry
Woodwalton Fen
Upwood Meadows
Bury
A141
Wardy Hill
Thurning
Great Gidding
Church End
Upwood
Horseley Fen
Little Gidding
15
Somersham High North Fen
Steeple Gidding
Great Raveley
Wistow
B1050
Mepal
Clopton
Winwick
A1(M)
Woodwalton
B1040
Sutton Gault
Witcham
B662
Hamerton
Pidley Fen
Coppingford
Monks Wood
Wennington
Little Raveley
Warboys
Fenton
Upton
C A M B R I D G E S
Old Weston
63
Alconbury Weston
RAF Alconbury
Abbots Ripton
B1090
Broughton
Pidley
Somersham
Sutton
Oldhurst
A1421
Bythorn
Molesworth
Buckworth
14
Little Stukeley
Kings Ripton
Raptor Foundation
Haddenham End Field
Leighton Bromswold
Alconbury
Great Stukeley
A141
Woodhurst
Colne
A1123
Brington
Barham
Bluntisham
Earith
Haddenham
A141
RAF Wyton
A1123
Great Mill
Woolley
East End
Aldreth
Catworth
A14
A1
Sapley
B1090
Hartford
Houghton
St Ives
Little Catworth
Spaldwick
Hinchingbrooke House
Cromwell
Wyton
Mill
Needingworth
B660
Easton
Ellington
HUNTINGDON
Hemingford Grey
Holywell
Church End
Covington
Stow Longa
Brampton
Hemingford Abbots
Bridge Chapel
Willingham
Smithey Fen
Ellington Thorpe
Godmanchester
The Manor
A1096
Over
B645
Lower Dean
Tilbrook
Newtown
Grafham
Fenstanton
Fen Drayton
Swavesey
Grafham Water
Towers
Buckden
Scheme due to open late 2020
A1307
Boxworth End
Rampton
Kimbolton
East Perry
Offord Cluny
A1198
Turf Maze
Hilton
Conington
Scheme due to open late 2020
Longstanton
Northstowe
Cottenham
Wood End
Stonely
West Perry
B661
Diddington
Offord D'Arcy
Pertenhall
Staughton Green
Dillington
A1
B1043
Papworth St Agnes
Elsworth
CAMBRIDGE
Boxworth
A14
Lolworth
Oakington
Westwick
Histon
Landbeach
Great Staughton
Staughton Highway
Southoe
Graveley
Papworth Everard
Bar Hill
Impington
Keysoe
Green End
B645
Great Paxton
Toseland
Yelling
Knapwell
Girton
P+R
Little Staughton
Hail Weston
Little Paxton
Dry Drayton
A14
A1309
St Neots
A1307
Keysoe Row
Staploe
Duloe
Croxton
A428
Madingley
Chesterton
Bolnhurst
Bushmead
Upper Staploe
B1428
Eynesbury
A428
Eltisley
Caxton Gibbet
Cambourne
Hardwick
P+R
Colmworth
Eaton Socon
Bourn
Highfields Caldecote
Cambridge American Cemy.
Coton
A1303
Thurleigh Farm Centre
Honeydon
Caxton
Crow End
Chapel
Barnwell
The Backs
Botanic
Rootham's Green
Wyboston
Little Barford
B1046
Caldecote
Newnham
M11
Channel's End
Chawston
Abbotsley
Great Gransden
Bourn
Toft
Comberton
A603
A1134
Colesden
R. Gt. Ouse
Wilden
Ravensden
Roxton
Waresley
Little Gransden
Longstowe
Kingston
Barton
B1046
Grantchester
Trumpington
P+R
A421
Gamlingay Cinques
B1046
A1198
Little Eversden
Salph End
Renhold
Tempsford
Great Eversden
Haslingfield
Hauxton
Great Shelford
BEDFORD
A4280
Great Barford
Blunham
Gamlingay Great Heath
Gamlingay
Little Gransden
Hatley St George
Wimpole Home Farm
A603
Harlton
John Bunyan
A1
Everton
Little Shelford
Goldington
Dovecote & Stables
Danish Camp Riverside
Chalton
Roman Sandy Story
Cockayne Hatley
East Hatley
Arrington
Wimpole Hall
Orwell
Barrington
Harston
A10
A1301
Priory
Willington
A603
Sandy
Potton
52
Croydon
Moggerhanger
Caesar's Camp
Wrestlingworth
Orwell
Newton
Cople
Cardington
Moggerhanger Park
Hatch
B1042
19
R. Cam or Rhee
Docwra's Manor
Shepreth
Foxton
Harrowden
Shortstown
Airship Hangars
Thorncote Green
Beeston
The Lodge RSPB
Tadlow
Wendy
Shepreth
B1368
Whittlesford
Northill
Upper Caldecote
Sutton
B1042
Shingay
Meldreth
Thriplow
Heathfield
Elstow
Ickwell
Cotton End
Shuttleworth
Eyeworth
Abington Pigotts
DANGER AREA
Whaddon
Fowlmere
Imperial War
A1198
A505

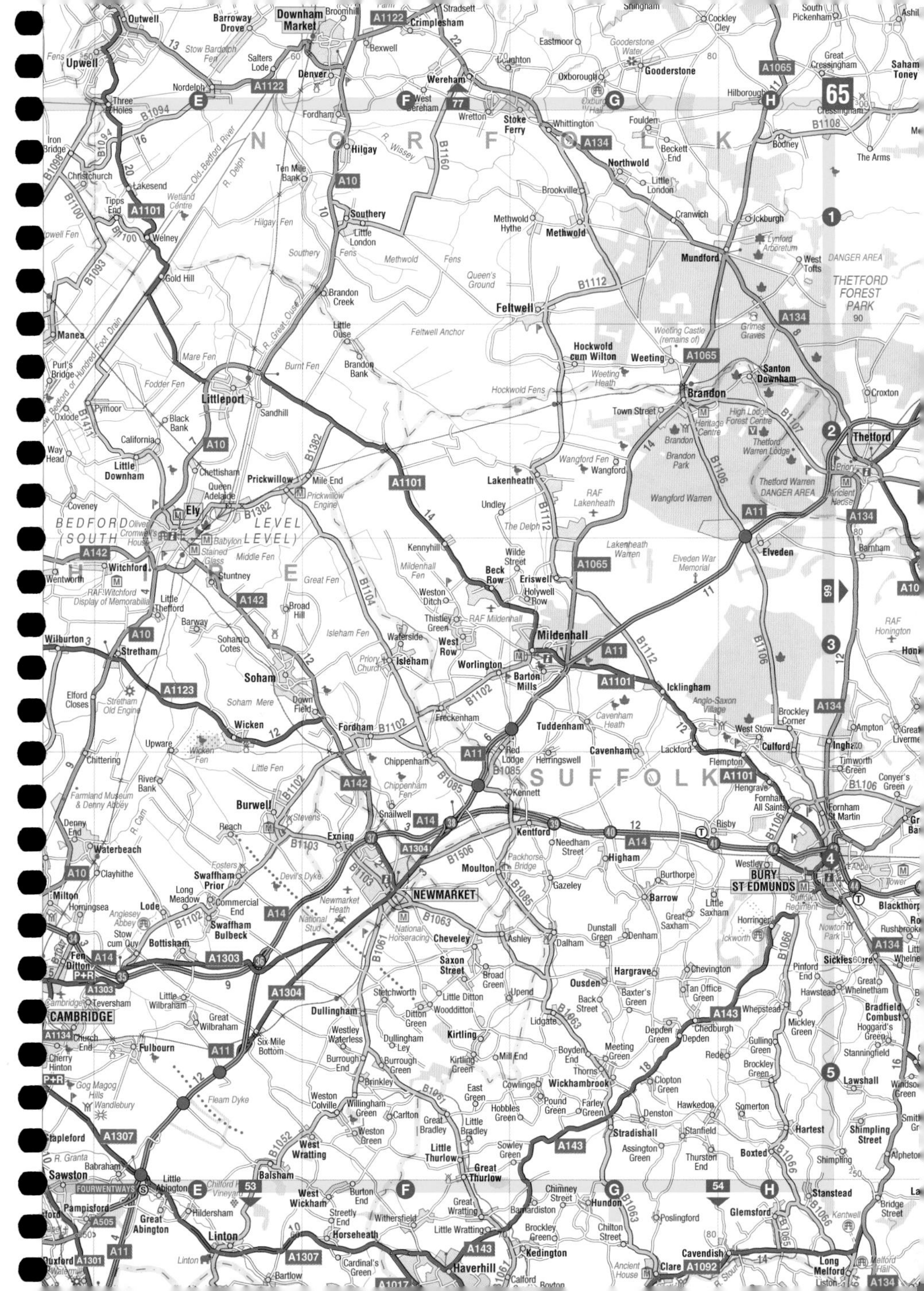

65
Outwell
Barroway Drove
Downham Market
Broomhill
A1122
Crimplesham
Stradsett
Shingham
Cockley Cley
South Pickenham
Upwell
Stow Bardolph Fen
Salters Lode
Bexwell
Eastmoor
Gooderstone Water
Great Cressingham
Saham Toney
Denver
Wereham
Loughton
Oxborough
Gooderstone
A1065
Nordelph
A1122
West Dereham
77
Oxburgh Hall
Hilborough
Cressingham
Three Holes
B1094
Fordham
Wretton
Stoke Ferry
Whittington
Foulden
B1108
Iron Bridge
NORFOLK
Hilgay
R. Wissey
B1160
A134
Beckett End
Bodney
The Arms
Christchurch
Ten Mile Bank
Old Bedford River
R. Delph
Northwold
Lakesend
A10
Little London
Wetland Centre
Brookville
Tipps End
A1101
Southery
Cranwich
Ickburgh
Welney
Hilgay Fen
Little London
Methwold Hythe
Methwold
Lynford Arboretum
Southery Fens
Methwold Fens
Mundford
West Tofts
DANGER AREA
Gold Hill
Queen's Ground
B1112
THETFORD FOREST PARK
B1093
Brandon Creek
Feltwell
Manea
A134
Little Ouse
Feltwell Anchor
Weeting Castle (remains of)
Grimes Graves
R. Great Ouse
Hockwold cum Wilton
Weeting
A1065
Purl's Bridge
Mare Fen
Burnt Fen
Brandon Bank
Santon Downham
Weeting Heath
Fodder Fen
Hockwold Fens
Brandon
Croxton
Pymoor
Littleport
Sandhill
Town Street
High Lodge Forest Centre
Heritage Centre
Oxlode
Black Bank
B1382
Brandon
Thetford Warren Lodge
Thetford
California
A10
Brandon Park
Wangford Fen
Wangford
Way Head
Little Downham
Chettisham
Prickwillow
Mile End
A1101
Lakenheath
Thetford Warren DANGER AREA
Queen Adelaide
Prickwillow Engine
RAF Lakenheath
Wangford Warren
Ancient House
Coveney
Ely
B1382
Undley
A11
A134
BEDFORD (SOUTH LEVEL)
Oliver Cromwell's House
Babylon
The Delph
Stained Glass
Middle Fen
Kennyhill
Wilde Street
Lakenheath Warren
Elveden War Memorial
Elveden
Barnham
A142
Witchford
Stuntney
Great Fen
Mildenhall Fen
Beck Row
Eriswell
A1065
Wentworth
RAF Witchford Display of Memorabilia
Weston Ditch
Holywell Row
Little Thetford
A142
Broad Hill
Thistley Green
RAF Mildenhall
RAF Honington
Barway
A10
Isleham Fen
Waterside
Mildenhall
Wilburton
Stretham
Soham Cotes
West Row
A11
B1112
B1106
Soham
Priory Church
Isleham
Worlington
Barton Mills
A1101
Icklingham
Elford Closes
Stretham Old Engine
A1123
Soham Mere
Down Field
Anglo-Saxon Village
B1102
Brockley Corner
A134
Wicken
Fordham
B1102
Freckenham
Tuddenham
Cavenham Heath
West Stow
Culford
Ampton
Upware
Wicken Fen
Chittering
Little Fen
Chippenham
A11
Red Lodge
Cavenham
Lackford
Flempton
Timworth Green
Herringswell
B1085
SUFFOLK
A1101
Hengrave
River Bank
A142
Chippenham Fen
B1085
Kennett
Conyer's Green
Fornham All Saints
Fornham St Martin
Farmland Museum & Denny Abbey
Burwell
B1102
Stevens'
Snailwell
A14
Kentford
Risby
Denny End
Reach
Exning
Needham Street
A14
Waterbeach
B1103
A1304
Moulton
Packhorse Bridge
Higham
Westley
A10
Clayhithe
Swaffham Prior
Fosters
Devil's Dyke
B1506
Burthorpe
BURY ST EDMUNDS
Milton
Long Meadow
Commercial End
Newmarket Heath
NEWMARKET
B1085
Gazeley
Barrow
Little Saxham
Horningsea
Lode
A14
Swaffham Bulbeck
National Stud
B1063
Great Saxham
Horringer
Ickworth
Rushbrooke
Anglesey Abbey
Stow cum Quy
Bottisham
National Horseracing
B1061
Cheveley
Ashley
Dalham
Dunstall Green
Denham
B1066
Newton Park
Fen Ditton
A14
A1303
Saxon Street
Broad Green
Hargrave
Chevington
Sicklesmere
P+R
Ousden
Pinford End
Great Whelnetham
A1303
Teversham
Little Wilbraham
A1304
Stetchworth
Little Ditton
Upend
Back Street
Baxter's Green
Tan Office Green
Hawstead
CAMBRIDGE
Great Wilbraham
Dullingham
Ditton Green
Woodditton
Lidgate
A143
Whepstead
Bradfield Combust
A1134
Cherry Hinton
Fulbourn
Six Mile Bottom
A11
Westley Waterless
Dullingham Ley
Kirtling
Depden Green
Chedburgh
Depden
Gulling Green
Mickley Green
Hoggard's Green
Burrough End
Burrough Green
Kirtling Green
Mill End
Boyden End
Meeting Green
Rede
Brockley Green
Stanningfield
P+R
Gog Magog Hills
Wandlebury
Fleam Dyke
Brinkley
East Green
Cowlinge
Wickhambrook
Clopton Green
Lawshall
Weston Colville
Willingham Green
B1061
Hobbles Green
Pound Green
Farley Green
Denston
Hawkedon
Somerton
Carlton
Great Bradley
Little Bradley
Stradishall
Stanfield
Hartest
Shimpling Street
Stapleford
A1307
Weston Green
B1052
West Wratting
Little Thurlow
Sowley Green
A143
Assington Green
Thurston End
Boxted
Shimpling
R. Granta
Babraham
Great Thurlow
Alpheton
Sawston
Balsham
Chilford Hall Vineyard
53
54
FOURWENTWAYS
Little Abington
West Wickham
Burton End
Chimney Street
Hunden
B1063
Stanstead
Pampisford
Streetly End
Withersfield
Great Wratting
Barnardiston
Poslingford
Glemsford
Bridge Street
A505
Hildersham
Great Abington
Horseheath
Little Wratting
Brockley Green
Chilton Street
Kentwell
Linton
A1307
A143
Kedington
Cavendish
Duxford
A1301
Linton Zoo
Cardinal's Green
Haverhill
Ancient House
Clare
A1092
Long Melford
A11
Bartlow
A1017
Calford
Boxton
Melford Hall
Liston
A134

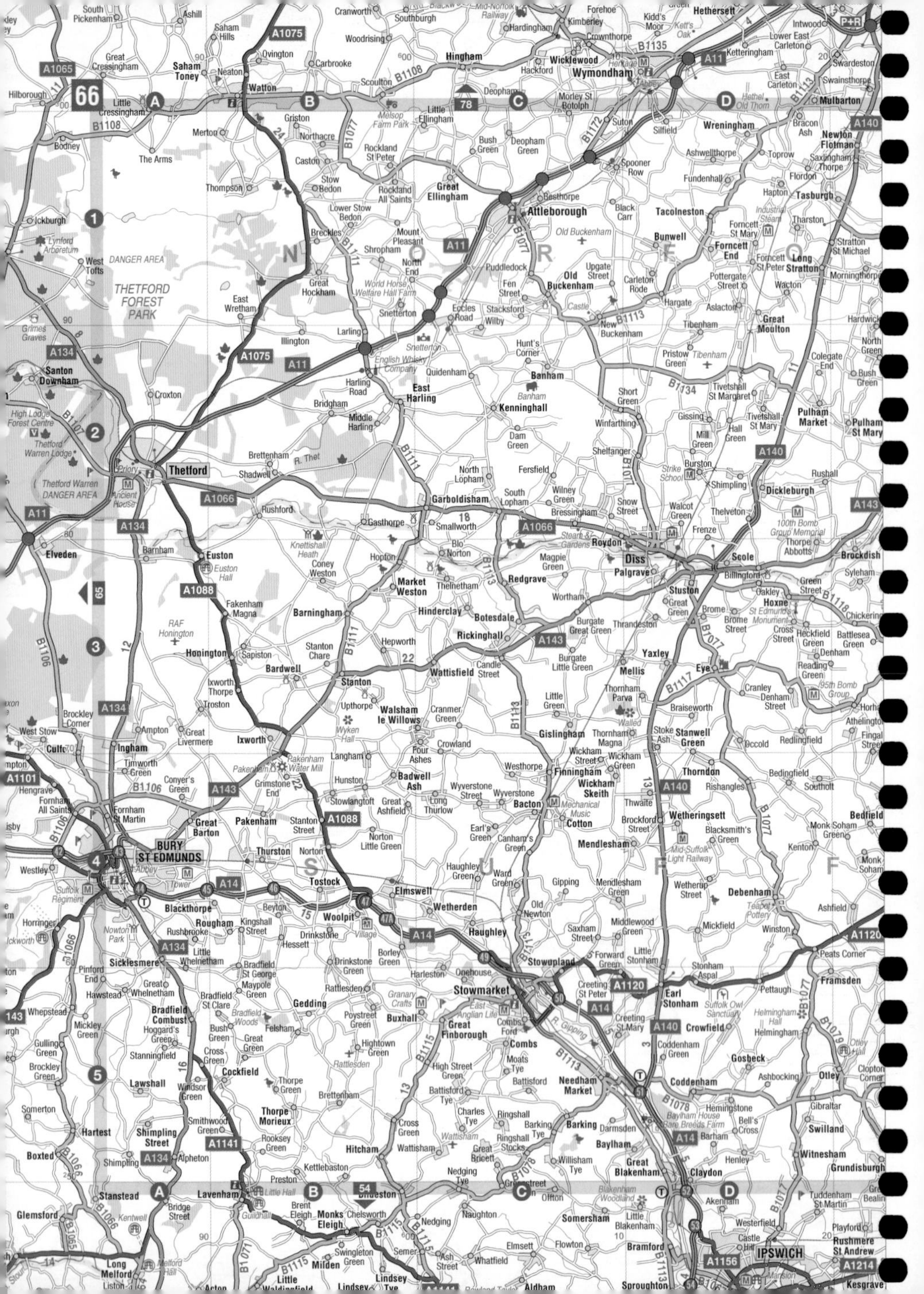
66
South Pickenham
Ashill
Cranworth
Southburgh
Woodrising
Mid-Norfolk Railway
Hardingham
Forehoe
Kimberley
Crownthorpe
Kidd's Moor
Kett's Oak
Hethersett
Intwood
P+R
Lower East Carleton
Ketteringham
Swardeston
Saham Hills
A1075
Ovington
Carbrooke
Hingham
Wicklewood
Hackford
Wymondham
B1135
A11
Swainsthorpe
East Carleton
A1065
Great Cressingham
Saham Toney
Neaton
Watton
Scoulton
B1108
Deopham
Morley St Botolph
Hilborough
Little Cressingham
A
B
78
C
D
Hethel
Old Thorn
Mulbarton
B1108
Melsop Farm Park
Little Ellingham
Griston
Merton
Northacre
B1077
Suton
Silfield
Wreningham
Bracon Ash
A140
Newton Flotman
Bodney
The Arms
Caston
Rockland St Peter
Bush Green
Deopham Green
B1172
Spooner Row
Ashwellthorpe
Toprow
Saxlingham Thorpe
Thompson
Stow Bedon
Rockland All Saints
Great Ellingham
Fundenhall
Flordon
Hapton
Tasburgh
Ickburgh
1
Lower Stow Bedon
Besthorpe
Attleborough
Black Carr
Tacolneston
Industrial Steam
Tharston
Lynford Arboretum
Breckles
Mount Pleasant
Old Buckenham
Bunwell
Forncett St Mary
Forncett End
Stratton St Michael
West Tofts
DANGER AREA
N
Shropham
O
A11
R
F
O
Forncett St Peter
Long Stratton
Puddledock
Upgate Street
Carleton Rode
Pottergate Street
Morningthorpe
THETFORD FOREST PARK
Great Hockham
North End
World Horse Welfare Hall Farm
Fen Street
Old Buckenham
Wacton
East Wretham
Snetterton
Eccles Road
Stacksford
Castle
Hargate
Aslacton
Great Moulton
Hardwick
Grimes Graves
Wilby
New Buckenham
B1113
Tibenham
Larling
Snetterton
Hunt's Corner
Pristow Green
Tibenham
North Green
Illington
English Whisky Company
Colegate End
A134
A1075
A11
Quidenham
Banham
Bush Green
Santon Downham
Harling Road
East Harling
Short Green
B1134
Tivetshall St Margaret
Croxton
Banham
Kenninghall
Tivetshall St Mary
Pulham Market
Pulham St Mary
High Lodge Forest Centre
Bridgham
Middle Harling
Winfarthing
Gissing
Hall Green
Mill Green
2
Thetford Warren Lodge
Dam Green
Shelfanger
A140
Brettenham
R. Thet
B1111
Burston
Thetford
Strike School
Rushall
Thetford Warren DANGER AREA
Priory
Shadwell
North Lopham
Fersfield
Shimpling
Ancient House
South Lopham
Wilney Green
B1077
Dickleburgh
A11
A1066
Rushford
Garboldisham
Bressingham
Snow Street
Walcot Green
Thelveton
A143
A134
Gasthorpe
18
Smallworth
A1066
Frenze
100th Bomb Group Memorial
80
Knettishall Heath
Blo Norton
Steam & Gardens
Roydon
Thorpe Abbotts
Elveden
Barnham
Euston
Coney Weston
Hopton
Magpie Green
Diss
Scole
Brockdish
Euston Hall
Thelnetham
B1113
Redgrave
Palgrave
Billingford
Syleham
65
A1088
Market Weston
Stuston
Oakley
Green Street
Wortham
Great Green
Hoxne
B1118
Fakenham Magna
Barningham
Hinderclay
Botesdale
Brome
St Edmund's Monument
Chickering
RAF Honington
Burgate Great Green
Thrandeston
Brome Street
Rickinghall
A143
B1077
Cross Street
Heckfield Green
Battlesea Green
B1106
3
12
Honington
Sapiston
Stanton Chare
Hepworth
Yaxley
Denham
Bardwell
B1111
22
Wattisfield
Candle Street
Burgate Little Green
Mellis
Eye
Reading Green
95th Bomb Group
Ixworth Thorpe
Stanton
Thornham Parva
B1117
Cranley
Denham Street
Upthorpe
Walsham le Willows
Cranmer Green
Little Green
Braiseworth
Troston
Horham
A134
Brockley Corner
Wyken Hall
B1113
Walled
Athelington
West Stow
Ampton
Great Livermere
Ixworth
Crowland
Gislingham
Thornham Magna
Stoke Ash
Stanwell Green
Occold
Redlingfield
Fingal Street
Culford
Ingham
Pakenham Water Mill
Langham
Four Ashes
Wickham Street
Wickham Green
Timworth Green
Westhorpe
Finningham
Thorndon
Bedingfield
A1101
Hengrave
Conyer's Green
Pakenham
Grimstone End
Hunston
Badwell Ash
Wyverstone Street
Wyverstone
Wickham Skeith
13
A140
Rishangles
Southolt
Fornham All Saints
B1106
A143
Stowlangtoft
Great Ashfield
Long Thurlow
Bacton
Mechanical Music
Thwaite
Bedfield
Fornham St Martin
Great Barton
Pakenham
Stanton Street
A1088
Cotton
Brockford Street
Wetheringsett
Blacksmith's Green
B1077
Monk Soham Green
B1106
Norton Little Green
Earl's Green
Canham's Green
Mendlesham
Mid-Suffolk Light Railway
Kenton
BURY ST EDMUNDS
Thurston
Norton
Haughley Green
Monk Soham
Westley
4
Abbey
Tower
S
U
F
F
Suffolk Regiment
44
45
A14
46
Tostock
Ward Green
Gipping
Mendlesham Green
Wetherup Street
Debenham
Blackthorpe
Beyton
Elmswell
Wetherden
Old Newton
Teapot Pottery
Ashfield
Horringer
Rougham
Kingshall Street
15
Woolpit
47
47A
Middlewood Green
Ickworth
Nowton Park
Rushbrooke
Drinkstone
Village
A14
18
Haughley
Saxham Street
Mickfield
Winston
A1120
B1066
A134
Hessett
B1113
Forward Green
Little Stonham
Peats Corner
Pinford End
Sicklesmere
Little Whelnetham
Bradfield St George
Drinkstone Green
Borley Green
Harleston
Onehouse
49
Stowupland
Stonham Aspal
Great Whelnetham
Maypole Green
Rattlesden
Granary Crafts
Stowmarket
Creeting St Peter
A1120
Pettaugh
Framsden
Hawstead
Bradfield St Clare
Gedding
50
Earl Stonham
Suffolk Owl Sanctuary
A143
Whepstead
Bradfield Combust
Bradfield Woods
Felsham
Poystreet Green
Buxhall
East Anglian Life
Great Finborough
A14
Helmingham Hall
B1077
Mickley Green
Hoggard's Green
Bush Green
Combs Ford
R. Gipping
Creeting St Mary
A140
Crowfield
Helmingham
B1079
Gulling Green
Stanningfield
Great Green
Hightown Green
Combs
B1113
Coddenham Green
Otley Hall
Brockley Green
Cross Green
Rattlesden
B1115
Moats Tye
Gosbeck
5
Lawshall
16
Cockfield
Thorpe Green
High Street Green
Ashbocking
Otley
Clopton Corner
Windsor Green
13
Battisford
Needham Market
51
Coddenham
Somerton
Smithwood Green
Brettenham
Battisford Tye
B1078
Hemingstone
Gibraltar
Hartest
Shimpling Street
Thorpe Morieux
Charles Tye
Ringshall
Barking Tye
Barking
Darmsden
Baylham House Rare Breeds Farm
Bell's Cross
Swilland
A1141
Rooksey Green
Cross Green
Wattisham
Ringshall Stocks
Baylham
A14
Barham
Boxted
B1066
Shimpling
A134
Alpheton
Hitcham
Great Bricett
B1078
Willisham Tye
Henley
Witnesham
Great Blakenham
Claydon
Grundisburgh
Preston
Kettlebaston
Nedging Tye
Stanstead
A
Lavenham
Little Hall
B
54
Bildeston
Great Street
C
Blakenham Woodland
D
Tuddenham St Martin
Bridge Street
Guildhall
Brent Eleigh
Monks Eleigh
Chelsworth
Offton
Akenham
Glemsford
B1065
Kentwell
B1066
Nedging
Naughton
Somersham
Little Blakenham
Westerfield
Playford
90
B1115
10
Rushmere St Andrew
14
Long Melford
Melford Hall
Liston
B1071
B1115
Milden
Swingleton Green
Semer
Ash Street
Whatfield
Elmsett
Flowton
Bramford
B1113
Castle Hill
IPSWICH
A1156
A1214
Acton
Little Waldingfield
Lindsey
Lindsey Tye
Aldham
Sproughton
Kesgrave

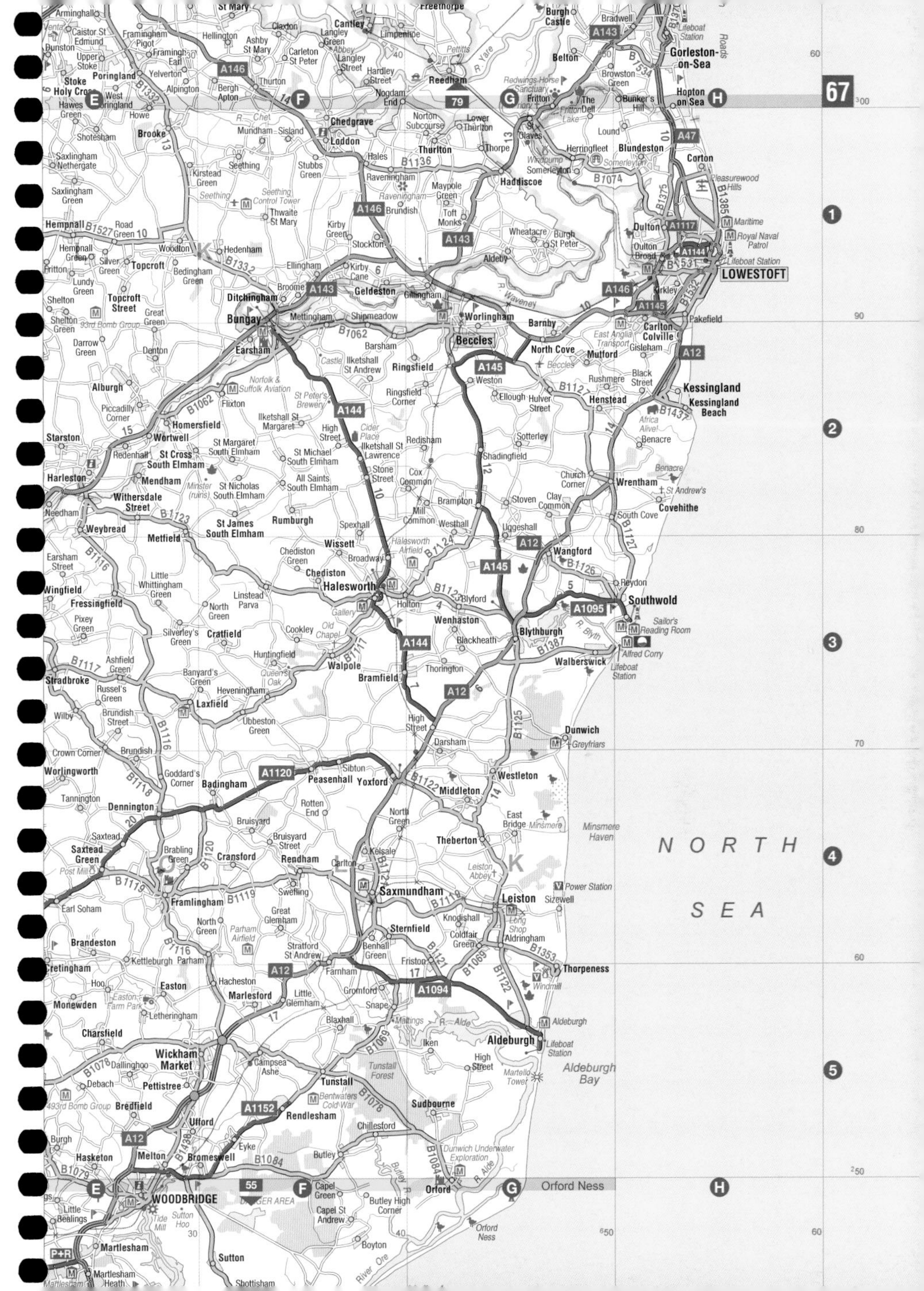

Arminghall
Caistor St Edmund
Dunston
Framingham Pigot
Framingham Earl
Upper Stoke
Stoke Holy Cross
Poringland
Yelverton
Alpington
West Poringland
Hawes Green
Howe
Shotesham
Brooke
Saxlingham Nethergate
Saxlingham Green
Hempnall
Road Green
Hempnall Green
Silver Green
Fritton
Lundy Green
Shelton
Shelton Green
Topcroft
Topcroft Street
Darrow Green
Great Green
93rd Bomb Group
Denton
Alburgh
Piccadilly Corner
Starston
Redenhall
Harleston
Needham
Weybread
Earsham Street
Wingfield
Fressingfield
Pixey Green
Ashfield Green
Stradbroke
Wilby
Russel's Green
Brundish Street
Crown Corner
Brundish
Worlingworth
Tannington
Dennington
Saxtead
Saxtead Green
Post Mill
Earl Soham
Brandeston
Cretingham
Hoo
Monewden
Easton Farm Park
Letheringham
Charsfield
Dallinghoo
Debach
Pettistree
493rd Bomb Group
Bredfield
Burgh
Hasketon
Little Bealings
Martlesham
Martlesham Heath
P+R
Hellington
Ashby St Mary
Claxton
Carleton St Peter
Bergh Apton
Thurton
Kirstead Green
Seething
Seething Control Tower
Mundham
Sisland
Chedgrave
Loddon
Hales
Stubbs Green
Thwaite St Mary
Woodton
Hedenham
Bedingham Green
Kirby Green
Stockton
Ellingham
Kirby Cane
Broome
Ditchingham
Bungay
Earsham
Mettingham
Shipmeadow
Flixton
Norfolk & Suffolk Aviation
Homersfield
Wortwell
St Cross South Elmham
Mendham
St Margaret South Elmham
Minster (ruins)
St Nicholas South Elmham
Withersdale Street
Metfield
St James South Elmham
Little Whittingham Green
North Green
Silverley's Green
Cratfield
Linstead Parva
Banyard's Green
Laxfield
Heveningham
Ubbeston Green
Goddard's Corner
Badingham
Bruisyard
Bruisyard Street
Brabling Green
Cransford
Framlingham
North Green
Parham Airfield
Kettleburgh
Parham
Easton
Hacheston
Marlesford
Wickham Market
Campsea Ashe
Ufford
Melton
Bromeswell
Eyke
WOODBRIDGE
Tide Mill
Sutton Hoo
Sutton
Shottisham
Cantley
Langley Green
Langley Abbey
Langley Street
Limpenhoe
Freethorpe
St Mary
Hardley Street
Nogdam End
Reedham
R. Yare
Norton Subcourse
Lower Thurlton
Thurlton
Thorpe
Raveningham
Brundish
Maypole Green
Toft Monks
Haddiscoe
Geldeston
Gillingham
Worlingham
Beccles
Barsham
Ringsfield
Ringsfield Corner
Ilketshall St Andrew
Castle
St Peter's Brewery
Ilketshall St Margaret
High Street
Cider Place
Ilketshall St Lawrence
St Michael South Elmham
All Saints South Elmham
Stone Street
Redisham
Cox Common
Rumburgh
Spexhall
Mill Common
Brampton
Westhall
Wissett
Chediston Green
Chediston
Halesworth
Halesworth Airfield
Broadway
Holton
Blyford
Wenhaston
Blackheath
Cookley
Old Chapel
Gallery
Huntingfield
Queen's Oak
Walpole
Bramfield
Thorington
High Street
Darsham
Sibton
Peasenhall
Yoxford
Rotten End
Middleton
North Green
Kelsale
Carlton
Rendham
Swefling
Saxmundham
Great Glemham
Sternfield
Benhall Green
Stratford St Andrew
Farnham
Friston
Little Glemham
Gromford
Snape
Blaxhall
Maltings
Iken
Tunstall
Tunstall Forest
Bentwaters Cold War
Rendlesham
Chillesford
Sudbourne
Butley
Capel Green
Capel St Andrew
Butley High Corner
DANGER AREA
Boyton
River Ore
Orford
Orford Ness
Dunwich Underwater Exploration
R. Alde
Burgh Castle
Bradwell
Belton
Gorleston-on-Sea
Lifeboat Station
Browston Green
Redwings Horse Sanctuary
Fritton
Fritton Lake
The Dell
Bunker's Hill
Hopton on Sea
St Olaves
Windpump
Herringfleet
Somerleyton
Lound
Blundeston
Corton
Pleasurewood Hills
Wheatacre
Burgh St Peter
Aldeby
R. Waveney
Dulton
Oulton
Oulton Broad
Maritime
Royal Naval Patrol
Lifeboat Station
LOWESTOFT
Kirkley
Pakefield
Barnby
North Cove
East Anglia Transport
Mutford
Carlton Colville
Gisleham
Weston
Ellough
Hulver Street
Rushmere
Black Street
Henstead
Kessingland
Kessingland Beach
Africa Alive!
Benacre
Sotterley
Shadingfield
Church Corner
Wrentham
St Andrew's
Covehithe
Stoven
Clay Common
South Cove
Uggeshall
Wangford
Reydon
Southwold
Sailor's Reading Room
Alfred Corry
R. Blyth
Blythburgh
Walberswick
Lifeboat Station
Dunwich
Greyfriars
Westleton
East Bridge
Minsmere
Minsmere Haven
Theberton
Leiston Abbey
Power Station
Leiston
Sizewell
Knodishall
Long Shop
Coldfair Green
Aldringham
Thorpeness
Windmill
Aldeburgh
Lifeboat Station
Aldeburgh Bay
High Street
Martello Tower
NORTH SEA
A146
A143
A144
A145
A12
A47
A1117
A1144
A1145
A1095
A1120
A1094
A1152
B1332
B1527
B1062
B1123
B1116
B1117
B1118
B1119
B1120
B1121
B1122
B1124
B1125
B1126
B1127
B1136
B1074
B1375
B1385
B1534
B1531
B1532
B1437
B1387
B1069
B1078
B1079
B1084
B1083
B1438
B1353
79
55
E
F
G
H
K
L
1
2
3
4
5

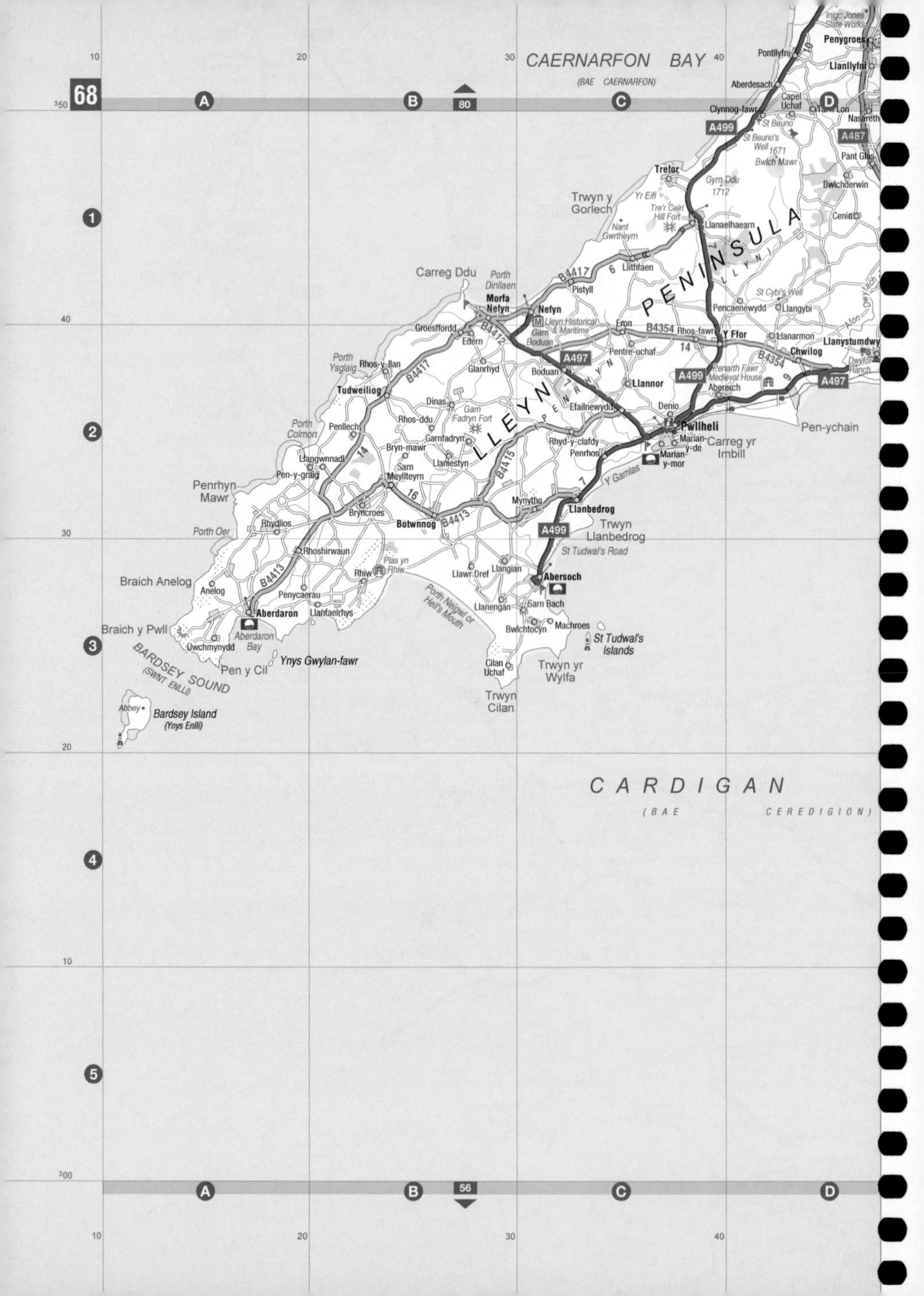

68
CAERNARFON BAY
(BAE CAERNARFON)
CARDIGAN
(BAE CEREDIGION)
LLEYN PENINSULA
(LLYN)
LLEYN
PENRHYN
BARDSEY SOUND
(SWNT ENLLI)
Bardsey Island
(Ynys Enlli)
Abbey
Inigo Jones Slate Works
Penygroes
Pontllyfni
Llanllyfni
Aberdesach
Capel Uchaf
Clynnog-fawr
St Beuno
Tan-y-Lon
Nasareth
St Beuno's Well
1671
Bwlch Mawr
Pant Glas
Trefor
Yr Eifl
Gyrn Ddu
1712
Bwlchderwin
Trwyn y Gorlech
Tre'r Ceiri Hill Fort
Nant Gwrtheyrn
Llanaelhaearn
Cenin
Llithfaen
Pistyll
Carreg Ddu
Porth Dinllaen
Morfa Nefyn
Nefyn
Lleyn Historical & Maritime
Garn Boduan
St Cybi's Well
Pencaenewydd
Llangybi
Fron
Rhos-fawr
Y Ffor
Llanarmon
Llanystumdwy
Afon Dwyfach
Afon Dwyfor
Dwyfor Ranch
Chwilog
Pentre-uchaf
Groesffordd
Edern
Porth Ysglaig
Rhos-y-llan
Glanrhyd
Boduan
Penarth Fawr Medieval House
Llannor
Abererch
Tudweiliog
Dinas
Garn Fadryn Fort
Efailnewydd
Denio
Pwllheli
Pen-ychain
Porth Colmon
Penllech
Rhos-ddu
Garnfadryn
Rhyd-y-clafdy
Marian-y-de
Carreg yr Imbill
Bryn-mawr
Llaniestyn
Penrhos
Marian-y-mor
Llangwnnadl
Pen-y-graig
Sarn Meyllteyrn
Y Gamlas
Penrhyn Mawr
Bryncroes
Botwnnog
Mynytho
Llanbedrog
Trwyn Llanbedrog
Rhydlios
Porth Oer
St Tudwal's Road
Rhoshirwaun
Plas yn Rhiw
Rhiw
Llawr Dref
Llangian
Braich Anelog
Anelog
Penycaerau
Porth Neigwl or Hell's Mouth
Abersoch
Llanengan
Sarn Bach
Aberdaron
Llanfaelrhys
Braich y Pwll
Aberdaron Bay
Bwlchtocyn
Machroes
St Tudwal's Islands
Uwchmynydd
Pen y Cil
Ynys Gwylan-fawr
Cilan Uchaf
Trwyn yr Wylfa
Trwyn Cilan
A499
A487
A497
B4417
B4412
B4354
B4415
B4413
A
B
C
D
1
2
3
4
5
80
56
10
20
30
40
350
300

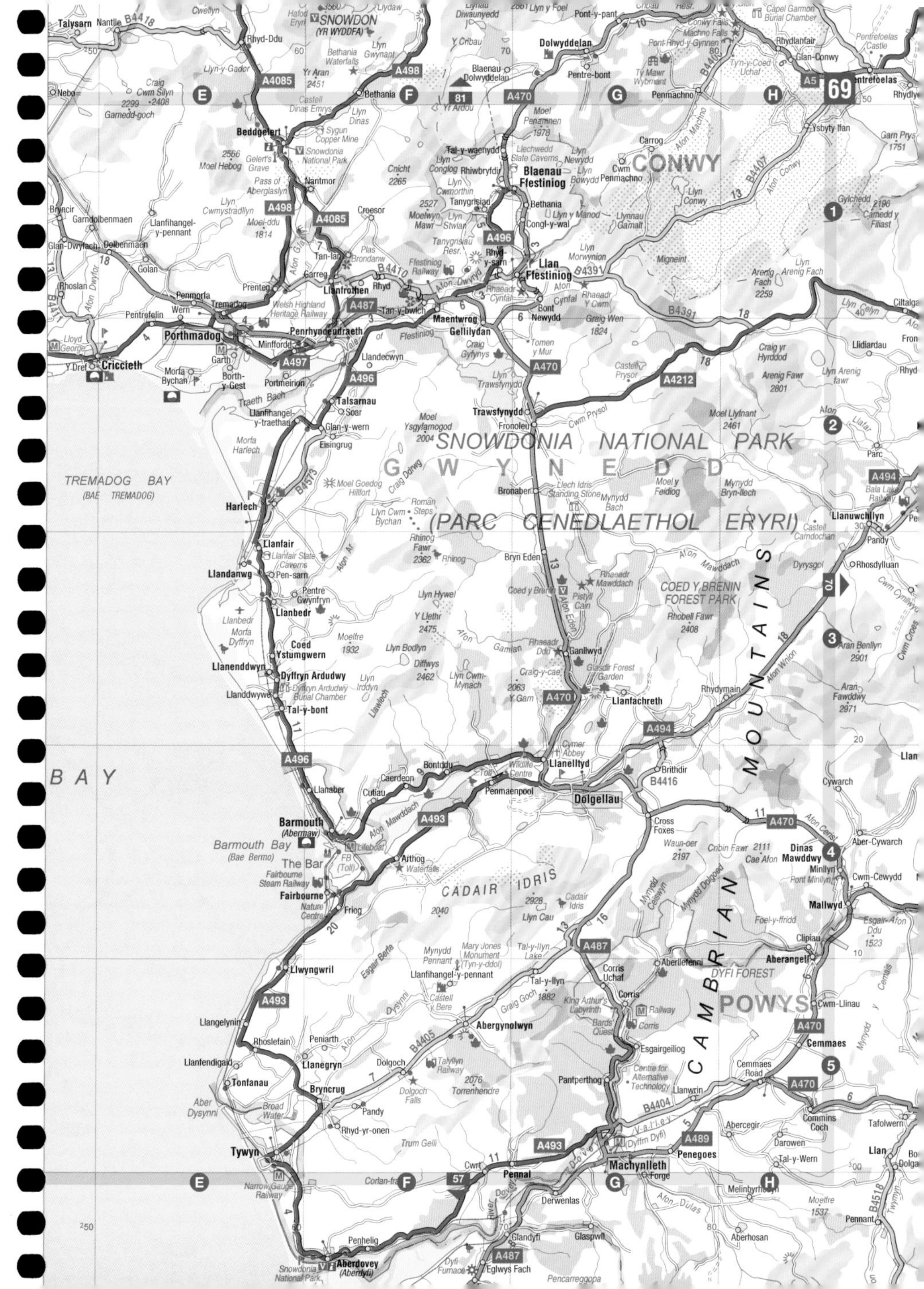

69
SNOWDONIA NATIONAL PARK
(PARC CENEDLAETHOL ERYRI)
GWYNEDD
CONWY
POWYS
CAMBRIAN MOUNTAINS
TREMADOG BAY
(BAE TREMADOG)
BAY
Barmouth Bay
(Bae Bermo)
CADAIR IDRIS
COED Y BRENIN FOREST PARK
DYFI FOREST
SNOWDON
(YR WYDDFA)
Talysarn
Nantlle
Cwellyn
Rhyd-Ddu
Llyn-y-Gader
Craig Cwm Silyn
2408
2299
Garnedd-goch
Nebo
Bethania
Llyn Gwynant
Bethania Waterfalls
Yr Aran
2451
Castell Dinas Emrys
Llyn Dinas
Beddgelert
Sygun Copper Mine
Snowdonia National Park
2566
Moel Hebog
Gelert's Grave
Pass of Aberglaslyn
Nantmor
Llyn Cwmystradllyn
Moel-ddu
1814
Llanfihangel-y-pennant
Bryncir
Garndolbenmaen
Glan-Dwyfach
Dolbenmaen
Golan
Rhoslan
Afon Dwyfor
Pentrefelin
Penmorfa
Wern
Tremadog
Prenteg
Porthmadog
Criccieth
Y Dref
Lloyd George
Garth
Minffordd
Morfa Bychan
Borth-y-Gest
Portmeirion
Traeth Bach
Welsh Highland Heritage Railway
Croesor
Cnicht
2265
Plas Brondanw
Tan-lan
Garreg
Llanfrothen
Rhyd
Tan-y-bwlch
Ffestiniog Railway
Penrhyndeudraeth
Llandecwyn
Talsarnau
Soar
Llanfihangel-y-traethau
Glan-y-wern
Eisingrug
Morfa Harlech
Harlech
Moel Goedog Hillfort
Craig Ddrwg
Llanfair
Llanfair Slate Caverns
Llandanwg
Pen-sarn
Pentre Gwynfryn
Llanbedr
Morfa Dyffryn
Coed Ystumgwern
Llanenddwyn
Dyffryn Ardudwy
Dyffryn Ardudwy Burial Chamber
Llanddwywe
Tal-y-bont
Llanaber
Barmouth
(Abermaw)
Lifeboat
The Bar
FB (Toll)
Fairbourne Steam Railway
Fairbourne
Nature Centre
Friog
Arthog
Waterfalls
Llwyngwril
Esgair Berfa
Llangelynin
Rhoslefain
Llanfendigaid
Tonfanau
Aber Dysynni
Broad Water
Llanegryn
Peniarth
Bryncrug
Pandy
Rhyd-yr-onen
Tywyn
Narrow Gauge Railway
Corlan-fraith
Penhelig
Aberdovey
(Aberdyfi)
Snowdonia National Park
Moel Ysgyfarnogod
2004
Llyn Cwm Bychan
Roman Steps
Rhinog Fawr
2362
Rhinog
Llyn Hywel
Y Llethr
2475
Moelfre
1932
Llyn Bodlyn
Diffwys
2462
Llyn Irddyn
Llyn Cwm-Mynach
Caerdeon
Cutiau
Bontddu
Afon Mawddach
Penmaenpool
Wildlife Centre
Toll
Mynydd Pennant
Mary Jones Monument (Tyn-y-ddol)
Llanfihangel-y-pennant
Castell y Bere
Dysynni
Abergynolwyn
Dolgoch
Talyllyn Railway
Dolgoch Falls
2076
Torrenhendre
Trum Gelli
Cwrt
Pennal
Derwenlas
Glandyfi
Dyfi Furnace
Eglwys Fach
Glaspwll
Pencarreggopa
Machynlleth
Forge
Dyffryn Dyfi
Penegoes
Afon Dulas
Aberhosan
Melinbyrhedyn
Moelfre
1537
Pennant
Tafolwern
Commins Coch
Abercegir
Darowen
Tal-y-Wern
Llan
Cemmaes Road
Cemmaes
Llanwrin
Centre for Alternative Technology
Pantperthog
Esgairgeiliog
Corris
Railway
Bards' Quest
King Arthur's Labyrinth
Corris Uchaf
Aberllefenni
Tal-y-llyn
Tal-y-llyn Lake
Graig Goch
1882
Llyn Cau
Cadair Idris
2928
2040
Waun-oer
2197
Cross Foxes
Cribin Fawr
2111
Cae Afon
Mynydd Ceiswyn
Mynydd Dolgoed
Foel-y-ffridd
Dolgellau
Brithdir
Llanelltyd
Cymer Abbey
Llanfachreth
Glasdir Forest Garden
Craig-y-cae
2063
Y Garn
Ganllwyd
Rhaeadr Ddu
Gamlan
Coed y Brenin
Afon Eden
Pistyll Cain
Rhaeadr Mawddach
Bryn Eden
Bronaber
Llech Idris Standing Stone
Mynydd Bach
Moel y Feidiog
Trawsfynydd
Fronoleu
Cwm Prysol
Llyn Trawsfynydd
Castell Prysor
Tomen y Mur
Craig Gyfynys
Gellilydan
Maentwrog
Ffestiniog
Bont Newydd
Rhaeadr Cynfal
Afon Cynfal
Rhaeadr Y Cwm
Graig Wen
1824
Llan Ffestiniog
Rhyd-y-sarn
Tanygrisiau Resr.
Moelwyn Mawr
2527
Llyn Stwlan
Tanygrisiau
Llyn Cwmorthin
Llyn Conglog
Rhiwbryfdir
Tal-y-waenydd
Llechwedd Slate Caverns
Blaenau Ffestiniog
Bethania
Congl-y-wal
Llyn y Manod
Llyn Morwynion
Llynnau Gamallt
Migneint
Moel Penamnen
1978
Llyn Newydd
Llyn Bowydd
Yr Arddu
Y Cribau
Blaenau Dolwyddelan
Dolwyddelan
Pentre-bont
Pont-y-pant
Llyn Diwaunyedd
Llyn y Foel
Ty Mawr Wybrnant
Penmachno
Cwm Penmachno
Carrog
Afon Machno
Llyn Conwy
Tyn-y-Coed Uchaf
Pont-Rhyd-y-Gynnen
Conwy Falls
Machno Falls
Capel Garmon Burial Chamber
Rhydlanfair
Glan-Conwy
Pentrefoelas Castle
Pentrefoelas
Rhydlydan
Ysbyty Ifan
Garn Prys
1751
Gylchedd
2196
Carnedd y Filiast
Afon Conwy
Arenig Fach
2259
Llyn Arenig Fach
Ciltalgarth
Llyn Celyn
Llidiardau
Fron
Craig yr Hyrddod
Arenig Fawr
2801
Llyn Arenig fawr
Rhyd
Moel Llyfnant
2461
Afon Llafar
Parc
Mynydd Bryn-llech
Bala Lake Railway
Llanuwchllyn
Castell Carndochan
Pandy
Dyrysgol
Rhosdylluan
Cwm Cynllwyd
Afon Mawddach
Rhobell Fawr
2408
Aran Benllyn
2901
Cwm Croes
Aran Fawddwy
2971
Afon Wnion
Rhydymain
Cywarch
Afon Cerist
Aber-Cywarch
Dinas Mawddwy
Minllyn
Pont Minllyn
Cwm-Cewydd
Mallwyd
Esgair-Afon Ddu
1523
Clipiau
Aberangell
Cwm-Llinau
Mynydd y Cemais
A4085
A498
A470
A5
A496
A487
A497
A4212
A494
A493
A489
B4418
B4411
B4410
B4391
B4407
B4406
B4573
B4416
B4405
B4404
B4518
E
F
G
H
1
2
3
4
5
57
70
81

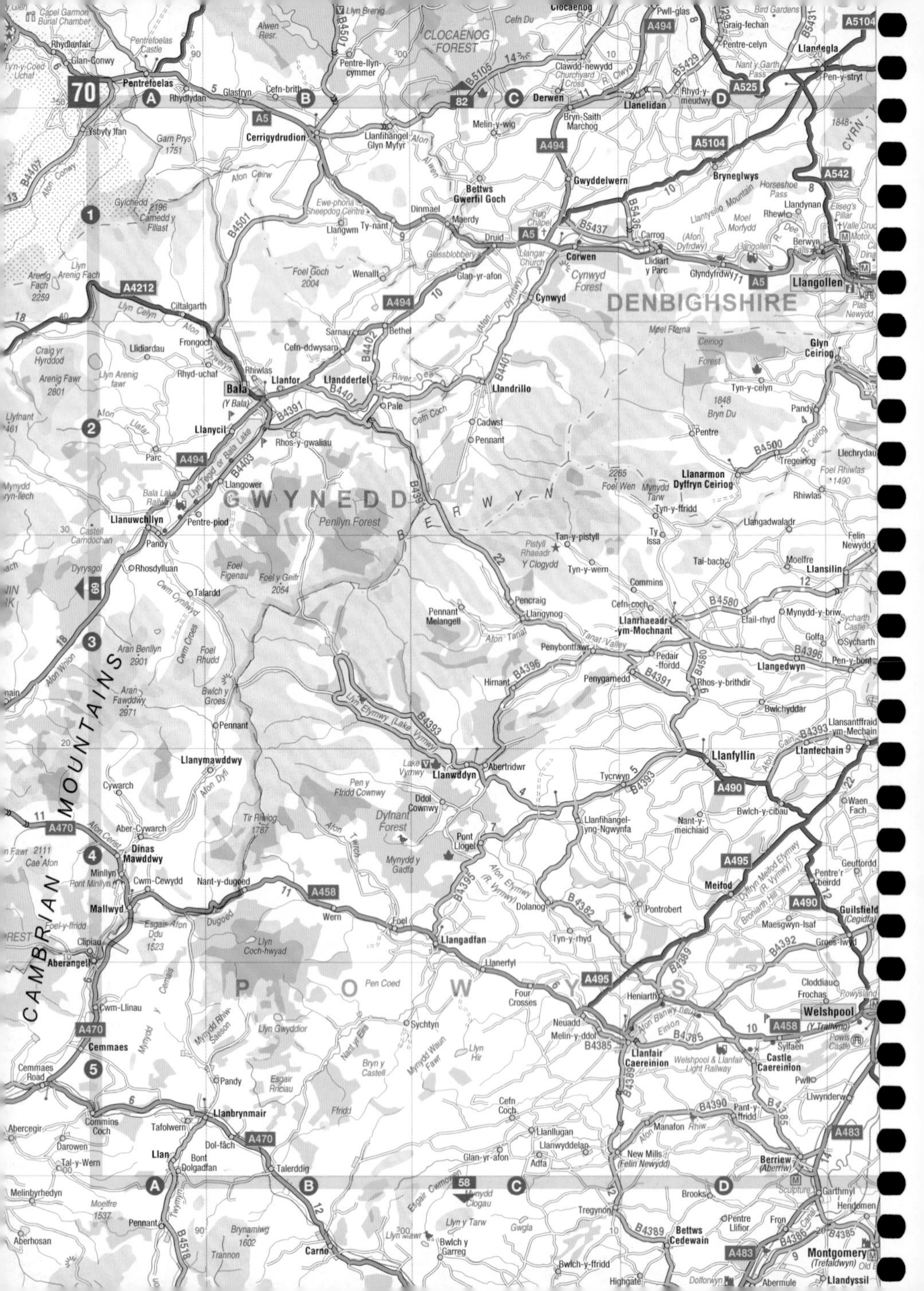
DENBIGHSHIRE
GWYNEDD
BERWYN
POWYS
CAMBRIAN MOUNTAINS
CLOCAENOG FOREST
Clocaenog
Capel Garmon Burial Chamber
Llyn Brenig
Alwen Resr.
Cefn Du
Pwll-glas
Bird Gardens
Graig-fechan
Pentre-celyn
Llandegla
Rhydlanfair
Glan-Conwy
Pentrefoelas Castle
Pentre-llyn-cymmer
Clawdd-newydd
Churchyard Cross
Nant y Garth Pass
Pen-y-stryt
Pentrefoelas
Rhydlydan
Glasfryn
Cefn-brith
Derwen
Llanelidan
Rhyd-y-meudwy
Ysbyty Ifan
Cerrigydrudion
Llanfihangel Glyn Myfyr
Melin-y-wig
Bryn-Saith Marchog
Garn Prys 1751
Bettws Gwerfil Goch
Gwyddelwern
Bryneglwys
Horseshoe Pass
Gylchedd 2196
Carnedd y Filiast
Ewe-phoria Sheepdog Centre
Dinmael
Maerdy
Llangwm
Ty-nant
Druid
Rug Chapel
Carrog
Moel Morfydd
Llandynan
Rhewl
Eliseg's Pillar
Valle Crucis
Berwyn Falls
Llangollen
Llangar Church
Corwen
Lidiart y Parc
Glyndyfrdwy
Llyn Arenig Fach
Arenig Fach 2259
Foel Goch 2004
Wenallt
Glan-yr-afon
Cynwyd Forest
Cynwyd
Plas Newydd
Ciltalgarth
Llyn Celyn
Sarnau
Bethel
Moel Fferna
Ceiriog Forest
Glyn Ceiriog
Craig yr Hyrddod
Frongoch
Lidiardau
Cefn-ddwysarn
Arenig Fawr 2801
Llyn Arenig fawr
Rhyd-uchaf
Rhiwlas
Llanfor
Llandderfel
River Dee
Llandrillo
Tyn-y-celyn
Bala (Y Bala)
Pale
Cefn Coch
Bryn Du 1848
Pandy
Llanycil
Rhos-y-gwaliau
Cadwst
Pennant
Pentre
Tregeiriog
Llechrydau
Parc
Llangower
Llyn Tegid or Bala Lake
2265 Foel Wen
Mynydd Tarw
Llanarmon Dyffryn Ceiriog
Foel Rhiwlas 1490
Rhiwlas
Bala Lake Railway
Llanuwchllyn
Pentre-piod
Penllyn Forest
Tyn-y-ffridd
Llangadwaladr
Castell Carndochan
Pistyll Rhaeadr Y Clogydd
Tan-y-pistyll
Ty Issa
Felin Newydd
Dyrysgol
Rhosdylluan
Foel Figenau
Foel y Geifr 2054
Tyn-y-wern
Tai-bach
Moelfre
Llansilin
Talardd
Commins
Cwm Cynllwyd
Pencraig
Cefn-coch
Pennant Melangell
Llangynog
Llanrhaeadr-ym-Mochnant
Efail-rhyd
Mynydd-y-briw
Sycharth Castle
Cwm Croes
Foel Rhudd
Aran Benllyn 2901
Afon Tanat
Tanat Valley
Penybontfawr
Pedair-ffordd
Golfa
Sycharth
Llangedwyn
Pen-y-bont
Aran Fawddwy 2971
Bwlch y Groes
Hirnant
Penygarnedd
Rhos-y-brithdir
Bwlchyddar
Llyn Efyrnwy (Lake Vyrnwy)
Llansantffraid-ym-Mechain
Llanfyllin
Llanfechain
Llanymawddwy
Lake Vyrnwy
Llanwddyn
Abertridwr
Tycrwyn
Cywarch
Pen y Ffridd Cownwy
Ddol Cownwy
Bwlch-y-cibau
Waen Fach
Tir Rhiwiog 1787
Dyfnant Forest
Llanfihangel-yng-Ngwynfa
Nant-y-meichiaid
Aber-Cywarch
Dinas Mawddwy
Pont Llogel
Cae Afon
Mynydd y Gadfa
Afon Efyrnwy (R. Vyrnwy)
Pentre'r-beirdd
Geuffordd
Minllyn
Pont Minllyn
Cwm-Cewydd
Nant-y-dugoed
Meifod
Dyffryn Meifod Efyrnwy (R. Vyrnwy)
Mallwyd
Dugoed
Wern
Dolanog
Pontrobert
Broniarth Hill
Guilsfield (Cegidfa)
Foel-y-ffridd
Esgair Afon Ddu 1523
Foel
Llangadfan
Tyn-y-rhyd
Maesgwyn-Isaf
Clipiau
Llyn Coch-hwyad
Groes-lwyd
Aberangell
Llanerfyl
Pen Coed
Cloddiau
Frochas
Powysland
Four Crosses
Heniarth
Cwm-Llinau
Welshpool (Y Trallwng)
Neuadd
Melin-y-ddol
Afon Banwy
Einion
Sychtyn
Mynydd Rhiw-Saeson
Llyn Gwyddior
Nant yr Eira
Mynydd Waun Fawr
Llyn Hir
Cemmaes
Llanfair Caereinion
Welshpool & Llanfair Light Railway
Sylfaen
Powis Castle
Castle Caereinion
Cemmaes Road
Bryn y Castell
Pandy
Esgair Rhiciau
Pwll
Llwynderw
Llanbrynmair
Ffridd
Cefn Coch
Commins Coch
Tafolwern
Pant-y-ffridd
Manafon
Rhiw
Abercegir
Darowen
Dol-fâch
Llanllugan
Llanwyddelan
New Mills (Felin Newydd)
Llan
Bont Dolgadfan
Talerddig
Glan-yr-afon
Adfa
Berriew (Aberriw)
Tal-y-Wern
Melinbyrhedyn
Esgair Cwmowen
Mynydd Clogau
Brooks
Sculpture
Garthmyl
Moelfre 1537
Pennant
Twymyn
Brynamlwg 1602
Llyn y Tarw
Gwgla
Tregynon
Pentre Llifior
Fron
Hendomen
Aberhosan
Trannon
Carno
Llyn Mawr
Bwlch y Garreg
Bettws Cedewain
Montgomery (Trefaldwyn)
Bwlch-y-ffridd
Highgate
Dolforwyn
Abermule
Llandyssil
A5
A494
A5104
A525
A542
A4212
A470
A458
A490
A495
A483
B4501
B5105
B5429
B5431
B5436
B5437
B4402
B4401
B4391
B4403
B4500
B4580
B4396
B4393
B4395
B4382
B4389
B4392
B4385
B4390
B4518
B4386
70
82
69
58

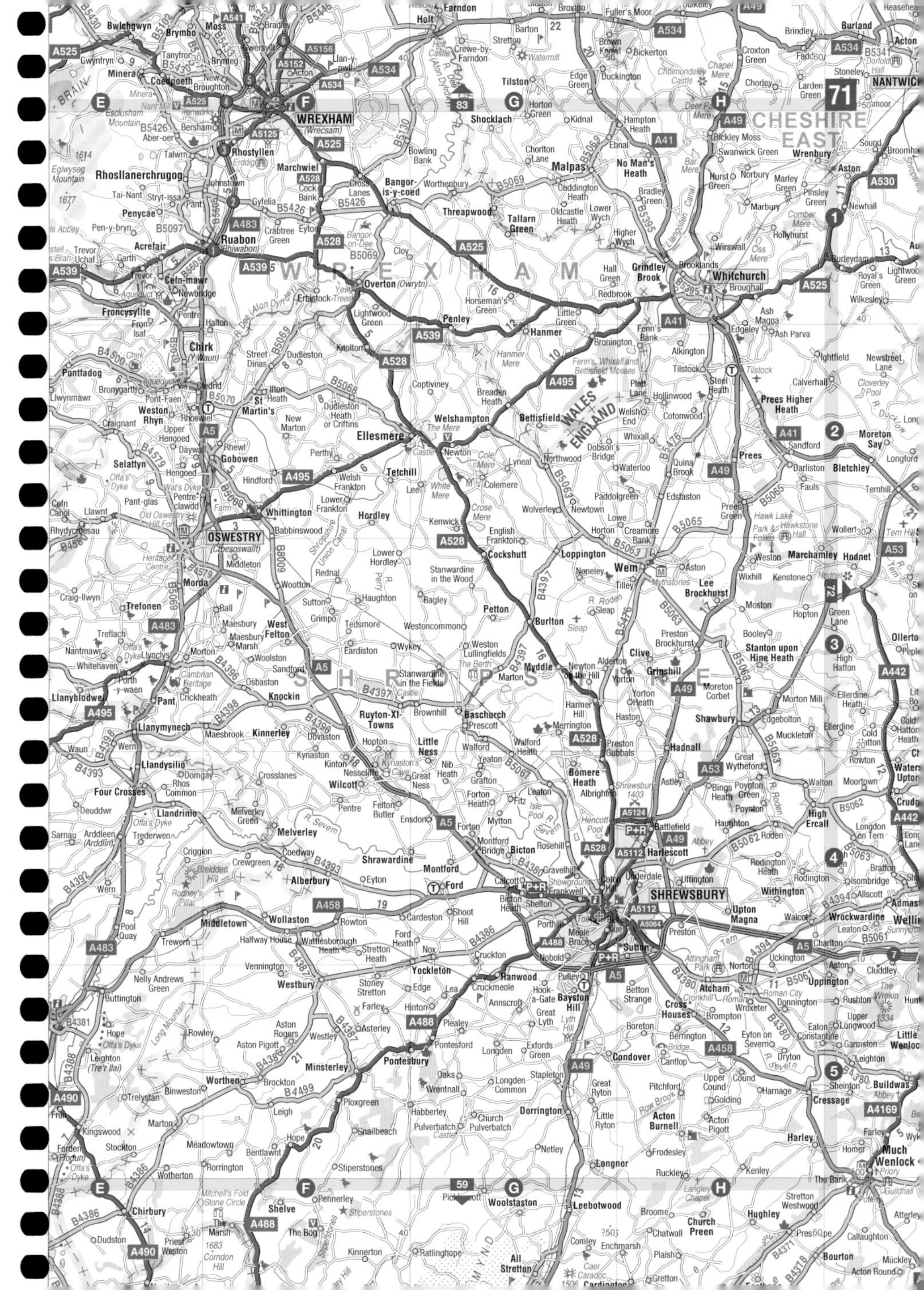
71
CHESHIRE EAST
WREXHAM
SHROPSHIRE
WALES
ENGLAND
WREXHAM (Wrecsam)
OSWESTRY (Croesoswallt)
SHREWSBURY
Whitchurch
NANTWICH
Farndon
Holt
Broxton
Fuller's Moor
Bwlchgwyn
Brymbo
Moss
Bradley
Gwersyllt
Llan-y-pwll
Gwynfryn
Minera
Coedpoeth
New Broughton
Acton
Esclusham Mountain
Bersham
Aber-oer
Rhostyllen
Talwrn
Rhosllanerchrugog
Johnstown
Tai-Nant
Stryt-issa
Pant
Gyfelia
Penycae
Pen-y-bryn
Ruabon (Rhiwabon)
Crabtree Green
Eyton
Acrefair
Trevor Uchaf
Garth
Trevor
Cefn-mawr
Newbridge
Froncysyllte
Fron Isaf
Pentre
Halton
Chirk (Y Waun)
Pontfadog
Bronygarth
Llwynmawr
Pont-Faen
Weston Rhyn
Rhoswiel
Craignant
Upper Hengoed
Daywall
Rhewl
Gobowen
Selattyn
Hengoed
Pant-glas
Cefn Canol
Llawnt
Rhydycroesau
Morda
Middleton
Trefonen
Craig-llwyn
Maesbury
Maesbury Marsh
Morton
West Felton
Woolston
Sandford
Osbaston
Treflach
Nantmawr
Whitehaven
Llynclys
Porth-y-waen
Pant
Crickheath
Llanyblodwel
Llanymynech
Maesbrook
Kinnerley
Knockin
Waun
Wern
Llandysilio
Domgay
Rhos Common
Four Crosses
Llandrinio
Deuddwr
Sarnau
Arddleen (Arddlîn)
Trederwen
Melverley Green
Melverley
Criggion
Crewgreen
Alberbury
Wern
Pool Quay
Middletown
Trewern
Wollaston
Halfway House
Wattlesborough Heath
Westbury
Vennington
Nelly Andrews Green
Buttington
Rowley
Hope
Leighton (Tre'r llai)
Aston Rogers
Aston Pigott
Westley
Minsterley
Worthen
Binweston
Brockton
Trelystan
Marton
Kingswood
Forden (Ffordun)
Stockton
Meadowtown
Rorrington
Wotherton
Chirbury
Dudston
Priest Weston
The Marsh
Corndon Hill
Mitchell's Fold Stone Circle
Shelve
The Bog
Pennerley
Stiperstones
Kinnerton
Ratlinghope
Leigh
Hope
Bentlawnt
Ploxgreen
Snailbeach
Habberley
Pulverbatch
Church Pulverbatch
Wrentnall
Oaks
Longden Common
Pontesbury
Pontesford
Longden
Asterley
Farley
Hinton
Pleasley
Stoney Stretton
Edge
Lea
Yockleton
Nox
Cruckton
Hanwood
Cruckmeole
Annscroft
Hook-a-Gate
Great Lyth
Exfords Green
Bayston Hill
Dorrington
Stapleton
Condover
Great Ryton
Little Ryton
Netley
Longnor
Leebotwood
Woolstaston
All Stretton
Comley
Enchmarsh
Cardington
Chatwall
Broome
Plaish
Church Preen
Ruckley
Frodesley
Acton Burnell
Acton Pigott
Pitchford
Golding
Upper Cound
Cound
Cantlop
Berrington
Boreton
Cross Houses
Brompton
Betton Strange
Atcham
Wroxeter
Eyton on Severn
Harnage
Cressage
Sheinton
Buildwas
Harley
Farley
Much Wenlock
Homer
Kenley
Hughley
Stretton Westwood
Bourton
Callaughton
Muckley
Acton Round
The Bank
Leighton
Garmston
Little Wenlock
Eaton Constantine
Upper Longwood
Rushton
Donnington
Uppington
Norton
Aston
Cluddley
Upton Magna
Walcot
Wrockwardine
Charlton
Preston
Withington
Rodington
Rodington Heath
Isombridge
Allscott
Admaston
Wellington
Longdon on Tern
High Ercall
Roden
Haughton
Poynton
Poynton Green
Bings Heath
Astley
Great Wytheford
Shawbury
Edgebolton
Muckleton
Moreton Mill
Moreton Corbet
Ellerdine Heath
Ellerdine
Rowton
Walton
Moortown
Crudgington
Waters Upton
Cold Hatton
Cold Hatton Heath
High Hatton
Green Lane
Stanton upon Hine Heath
Booley
Hopton
Moston
Lee Brockhurst
Preston Brockhurst
Grinshill
Clive
Yorton
Yorton Heath
Alderton
Haston
Hadnall
Harlescott
Battlefield
Albrighton
Bomere Heath
Preston Gubbals
Merrington
Harmer Hill
Newton on the Hill
Myddle
Burlton
Sleap
Tilley
Wem
Aston
Loppington
Noneley
Newtown
Wolverley
English Frankton
Cockshutt
Kenwick
Colemere
Lyneal
Newton
Welshampton
Ellesmere
Tetchill
Lee
Welsh Frankton
Lower Frankton
Hordley
Perthy
Hindford
Whittington
Babbinswood
Wootton
Lower Hordley
Rednal
Haughton
Sutton
Grimpo
Tedsmore
Eardiston
Wykey
Bagley
Stanwardine in the Wood
Petton
Westoncommon
Weston Lullingfields
Stanwardine in the Fields
Baschurch
Prescott
Ruyton-XI-Towns
Brownhill
Hopton
Dovaston
Kynaston
Kinton
Nesscliffe
Little Ness
Nib Heath
Great Ness
Wilcott
Pentre
Felton Butler
Ensdon
Walford
Walford Heath
Yeaton
Grafton
Forton Heath
Forton
Fitz
Mytton
Leaton
Montford Bridge
Bicton
Rosehill
Montford
Shrawardine
Eyton
Ford
Cardeston
Shoot Hill
Rowton
Ford Heath
Stretton Heath
Bicton Heath
Calcott
Gravelhill
Frankwell
Shelton
Porthill
Meole Brace
Nobold
Sutton
Pulley
Coton Hill
Underdale
Uffington
St Martin's
Ifton Heath
Dudleston
Dudleston Heath (or Criftins)
New Marton
Street Dinas
Knolton
Overton (Owrytn)
Erbistock
Lightwood Green
Penley
Hanmer
Little Green
Horseman's Green
Coptiviney
Breaden Heath
Bettisfield
Northwood
Dobson's Bridge
Whixall
Welsh End
Platt Lane
Hollinwood
Cotonwood
Quina Brook
Waterloo
Paddolgreen
Edstaston
Lowe
Horton
Creamore Bank
Bronington
Fenn's Bank
Alkington
Tilstock
Steel Heath
Prees
Prees Higher Heath
Prees Green
Darliston
Fauls
Marchamley
Hodnet
Kenstone
Wixhill
Weston
Hawkstone Hall
Wollerton
Tern Hill
Bletchley
Longford
Moreton Say
Sandford
Calverhall
Ightfield
Newstreet Lane
Edgeley
Ash Magna
Ash Parva
Broughall
Whitchurch
Brooklands
Wirswall
Hollyhurst
Redbrook
Grindley Brook
Hall Green
Higher Wych
Lower Wych
Oldcastle Heath
Coddington Heath
Malpas
Chorlton Lane
No Man's Heath
Bradley Green
Ebnal
Hampton Heath
Kidnal
Shocklach
Horton Green
Tilston
Stretton
Barton
Edge Green
Duckington
Brown Knowl
Bickerton
Cholmondeley Castle
Chapel Mere
Croxton Green
Chorley
Larden Green
Brindley
Burland
Faddiley
Stoneley Green
Dorfold Hall
Acton
Bickley Moss
Swanwick Green
Norbury
Hurst Green
Marley Green
Pinsley Green
Marbury
Wrenbury
Aston
Sound
Newhall
Burleydam
Royal's Green
Lightwood Green
Wilkesley
Tallarn Green
Threapwood
Worthenbury
Bangor-is-y-coed
Cross Lanes
Cock Bank
Marchwiel
Bowling Bank
Cloy
Crewe-by-Farndon
Holt Castle

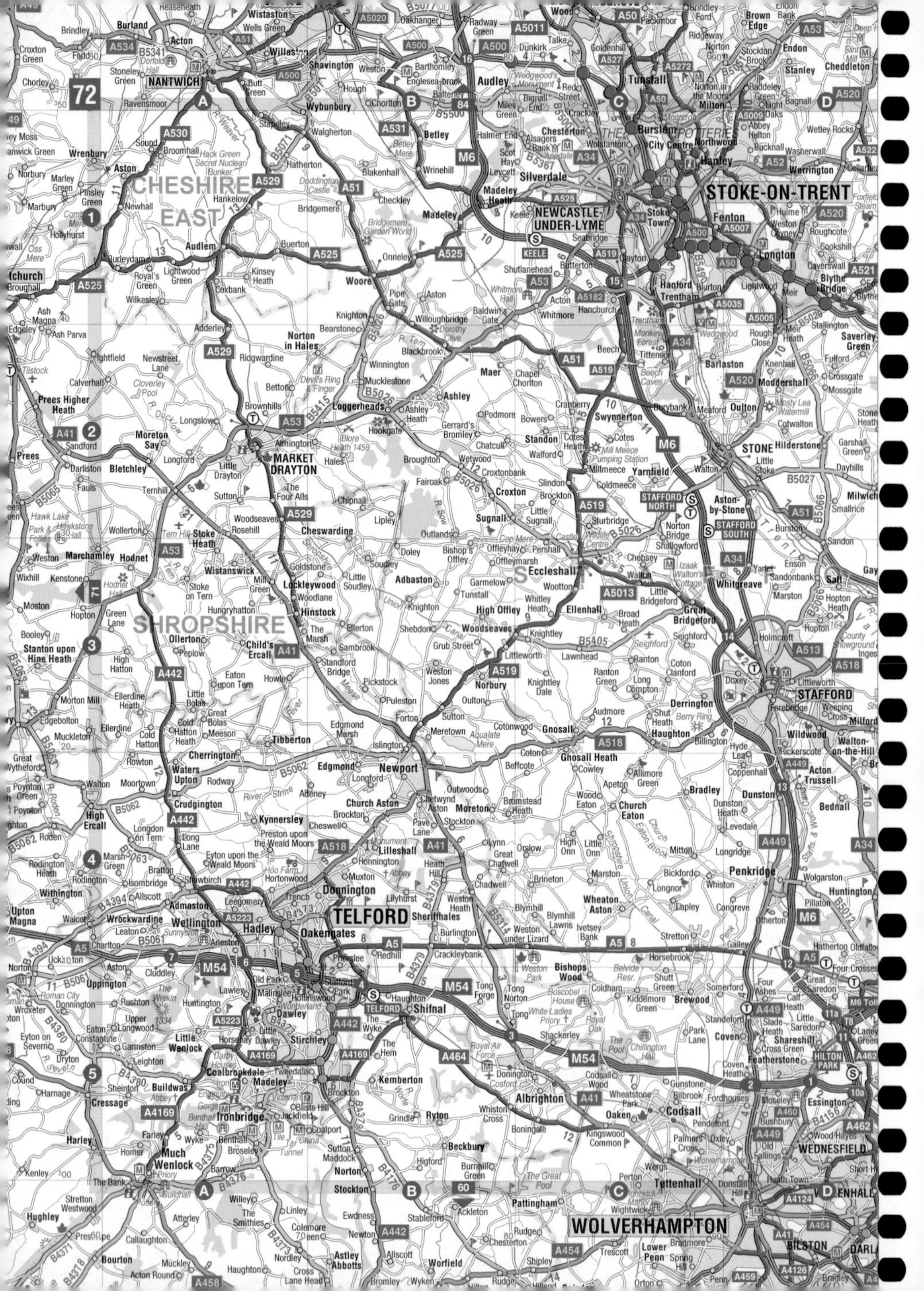
72
NANTWICH
CHESHIRE EAST
STOKE-ON-TRENT
NEWCASTLE-UNDER-LYME
MARKET DRAYTON
SHROPSHIRE
TELFORD
WOLVERHAMPTON
STAFFORD
STONE
NEWPORT
WEDNESFIELD
BILSTON
Burland
Acton
Wistaston
Willaston
Shavington
Wybunbury
Audley
Tunstall
Burslem
Hanley
Fenton
Longton
Stoke Town
City Centre
Northwood
Milton
Endon
Stanley
Cheddleton
Wrenbury
Aston
Newhall
Audlem
Buerton
Woore
Betley
Madeley
Silverdale
Chesterton
Keele
Hanford
Trentham
Meir
Blythe Bridge
Barlaston
Moddershall
Oulton
Norton in Hales
Loggerheads
Ashley
Maer
Swynnerton
Yarnfield
Standon
Croxton
Eccleshall
Sugnall
Adbaston
Hinstock
Cheswardine
Hodnet
Moreton Say
Prees
Prees Higher Heath
Marchamley
Wistanswick
Stoke Heath
High Offley
Woodseaves
Gnosall
Gnosall Heath
Haughton
Derrington
Norbury
Church Eaton
Bradley
Dunston
Penkridge
Brewood
Codsall
Albrighton
Shifnal
Donnington
Oakengates
Hadley
Wellington
Admaston
Lilleshall
Dawley
Madeley
Ironbridge
Coalbrookdale
Much Wenlock
Buildwas
Cressage
Harley
Little Wenlock
Stirchley
Kemberton
Ryton
Beckbury
Norton
Stockton
Pattingham
Perton
Tettenhall
Featherstone
Shareshill
Essington
Huntington
Whiston
Acton Trussell
Milford
Walton-on-the-Hill
Tibberton
Edgmond
Waters Upton
Crudgington
Kynnersley
High Ercall
Withington
Wrockwardine
Upton Magna
Uppington
Child's Ercall
Stanton upon Hine Heath
Whitgreave
Great Bridgeford
Little Bridgeford
Ellenhall
Worfield
Astley Abbotts
Bourton
Hughley
M6
M54
A5
A41
A53
A51
A34
A442
A449
A518
A519
A525
A529
A500
A50
A520
A5013
A4169
A5223
A530
A534
A454
A464
STAFFORD NORTH
STAFFORD SOUTH
HILTON PARK
KEELE
TELFORD
A
B
C
D
60
84
71
1
2
3
4
5

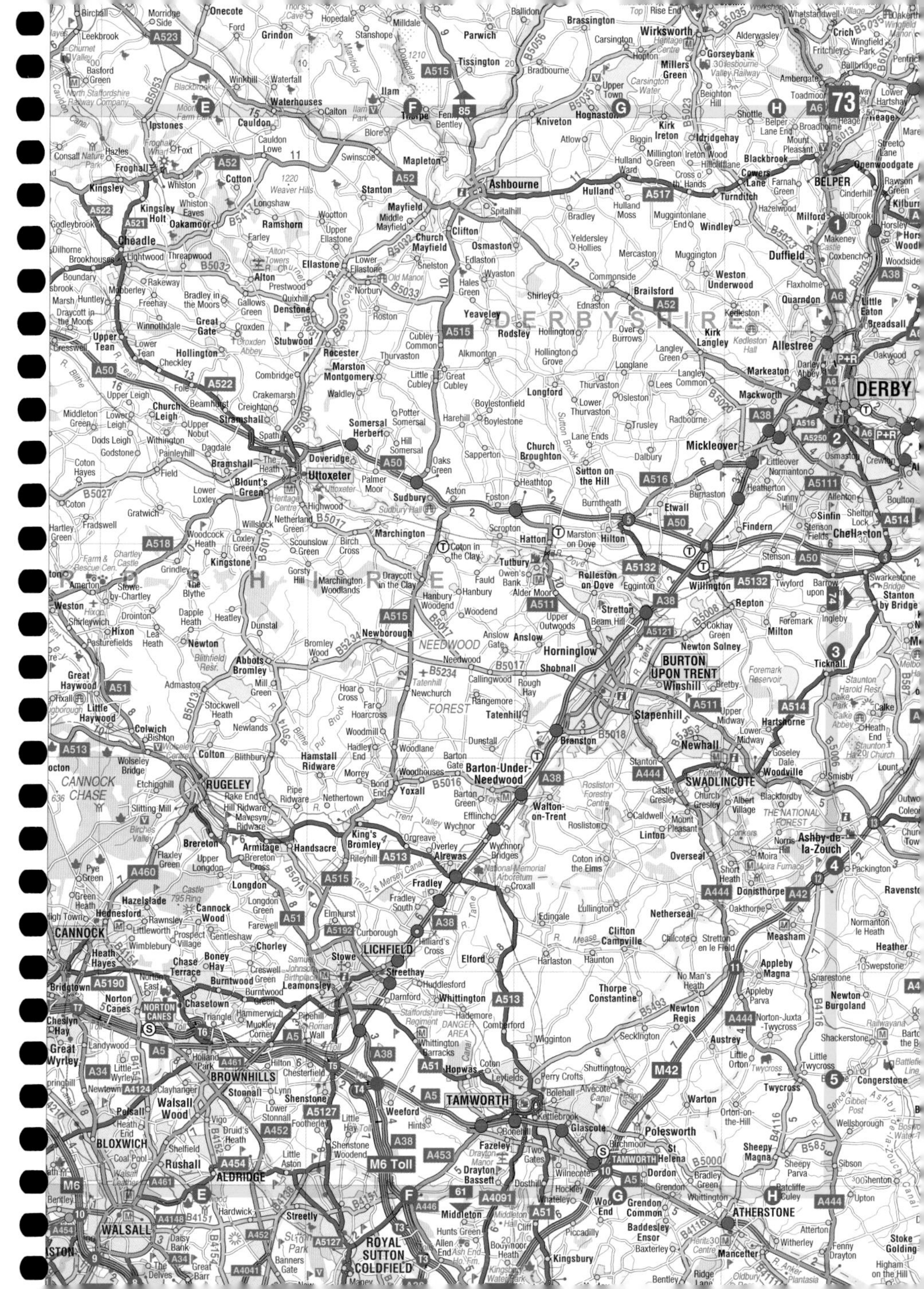

73
DERBYSHIRE
STAFFORDSHIRE
DERBY
Ashbourne
Uttoxeter
BURTON UPON TRENT
Winshill
SWADLINCOTE
LICHFIELD
RUGELEY
TAMWORTH
CANNOCK
BROWNHILLS
Walsall Wood
BLOXWICH
WALSALL
ALDRIDGE
ROYAL SUTTON COLDFIELD
ATHERSTONE
Ashby-de-la-Zouch
BELPER
Wirksworth
Cheadle
Mickleover
Allestree
Duffield
Stapenhill
Newhall
Polesworth
Measham
Hednesford
Kingsley
Ipstones
Cauldon
Waterhouses
Ilam
Tissington
Parwich
Brassington
Mayfield
Clifton
Alton
Denstone
Rocester
Tutbury
Hatton
Hilton
Etwall
Willington
Repton
Melbourne
Ticknall
Hartshorne
Woodville
Chellaston
Findern
Barton-Under-Needwood
Yoxall
Alrewas
Fradley
Armitage
Handsacre
Longdon
Shenstone
Fazeley
Middleton
Kingsbury
Wood End
Grendon
Dordon
Mancetter
Appleby Magna
Netherseal
Overseal
Linton
Walton-on-Trent
Branston
Horninglow
Stretton
Rolleston on Dove
Egginton
Sudbury
Doveridge
Abbots Bromley
Colwich
Great Haywood
CANNOCK CHASE
NEEDWOOD FOREST
THE NATIONAL FOREST
Doveridge
Marchington
Hanbury
Newborough
Church Broughton
Longford
Brailsford
Kirk Langley
Markeaton
Mackworth
Weston Underwood
Quarndon
Hulland
Kniveton
Hognaston
Carsington
Carsington Water
Crich
Ambergate
Milford
Kilburn
Heanor
A515
A52
A50
A38
A5
A51
A513
A444
A453
A4091
A5127
A452
A461
A516
A511
A5132
A514
A42
M42
M6
M6 Toll
B5017
B5234
B5016
85
61

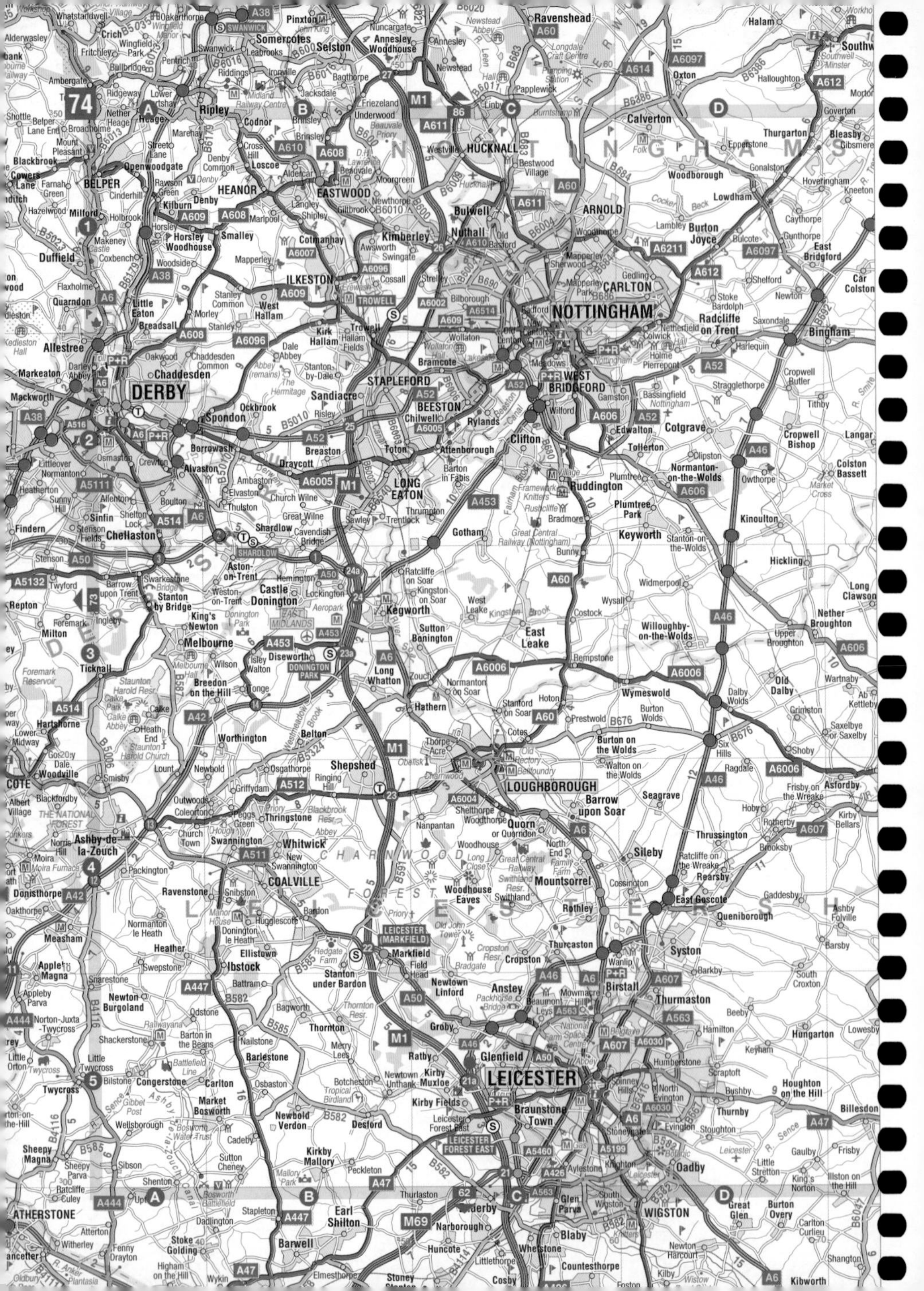

74
A
B
C
D
NOTTINGHAM
DERBY
LEICESTER
LOUGHBOROUGH
HUCKNALL
ARNOLD
CARLTON
WEST BRIDGFORD
BEESTON
STAPLEFORD
LONG EATON
ILKESTON
EASTWOOD
HEANOR
BELPER
Ripley
Alfreton
Spondon
Chaddesden
Allestree
Duffield
Castle Donington
Kegworth
Melbourne
Shepshed
COALVILLE
Ashby-de-la-Zouch
Ibstock
Markfield
Anstey
Birstall
Syston
Thurmaston
Glenfield
Braunstone Town
Oadby
WIGSTON
Blaby
Narborough
Earl Shilton
Barwell
ATHERSTONE
Market Bosworth
Desford
Groby
Quorn
Mountsorrel
Sileby
Rothley
Barrow upon Soar
East Leake
Ruddington
Keyworth
Cotgrave
Bingham
Radcliffe on Trent
Calverton
Woodborough
Burton Joyce
Kimberley
Bulwell
Nuthall
Sandiacre
Clifton
Gotham
Hathern
Whitwick
Measham
Twycross
Chellaston
Ticknall
Hartshorne
Woodville
NOTTINGHAMSHIRE
LEICESTERSHIRE
CHARNWOOD FOREST
EAST MIDLANDS
DONINGTON PARK
TROWELL
SHARDLOW
SWANWICK
LEICESTER (MARKFIELD)
LEICESTER FOREST EAST
M1
M69
A38
A6
A52
A60
A46
A47
A50
A42
A444
A447
A453
A511
A512
A514
A606
A607
A608
A609
A610
A611
A612
A614
A6005
A6006
A6096
A6097
A6211

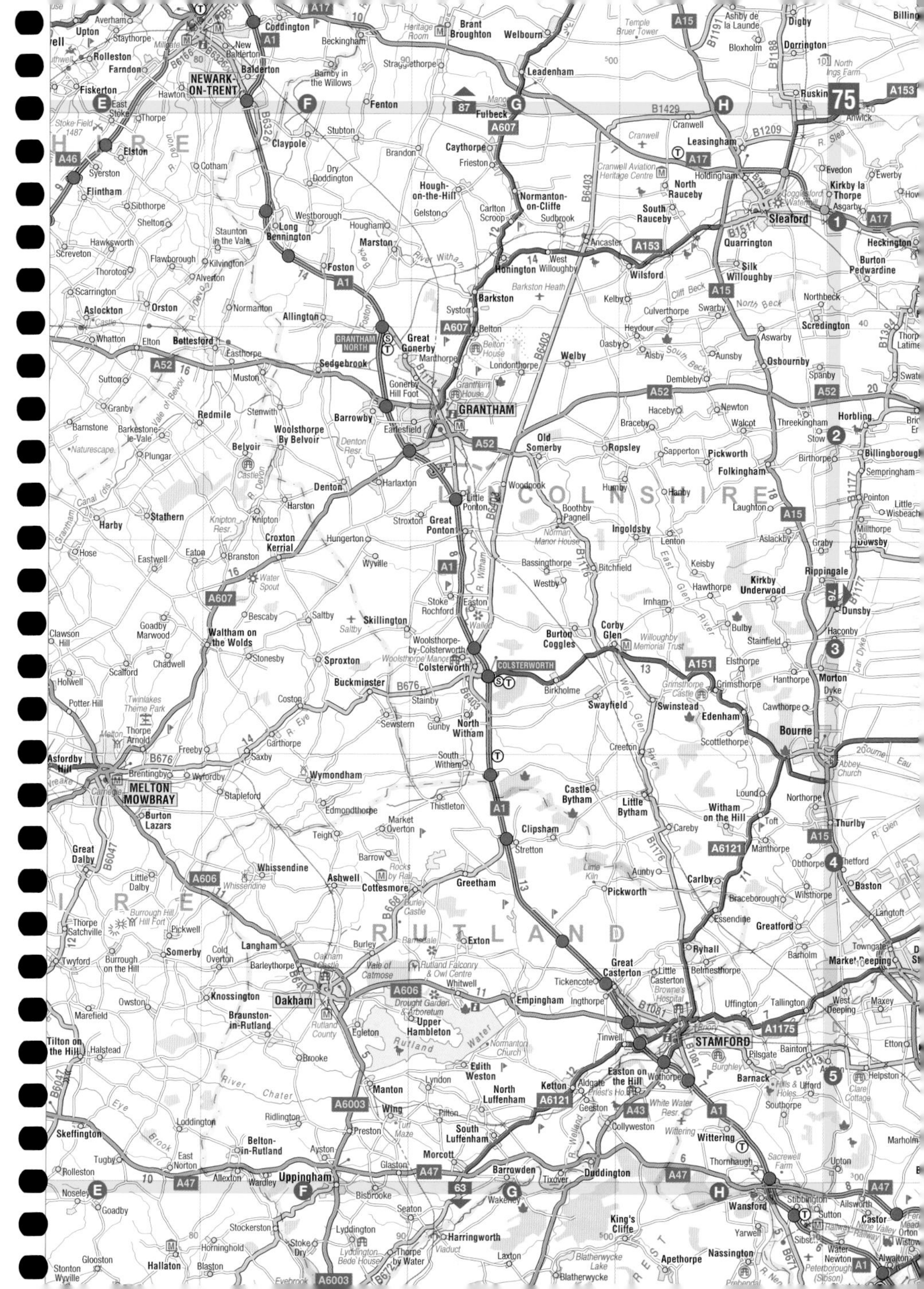
Upton
Averham
Staythorpe
Rolleston
Farndon
Fiskerton
East Stoke
Thorpe
Stoke Field 1487
Elston
Syerston
Flintham
Sibthorpe
Shelton
Screveton
Hawksworth
Thoroton
Scarrington
Aslockton
Orston
Whatton
Elton
Bottesford
Sutton
Granby
Barnstone
Barkestone-le-Vale
Plungar
Redmile
Belvoir
Stathern
Harby
Hose
Eastwell
Eaton
Branston
Clawson Hill
Goadby Marwood
Waltham on the Wolds
Holwell
Scalford
Chadwell
Potter Hill
Twinlakes Theme Park
Thorpe Arnold
Asfordby Hill
Brentingby
Wyfordby
MELTON MOWBRAY
Burton Lazars
Great Dalby
Little Dalby
Thorpe Satchville
Burrough Hill Hill Fort
Twyford
Burrough on the Hill
Somerby
Pickwell
Cold Overton
Langham
Marefield
Owston
Knossington
Tilton on the Hill
Halstead
Skeffington
Tugby
Rolleston
Noseley
Goadby
Loddington
East Norton
Belton-in-Rutland
Allexton
Wardley
Uppingham
Stockerston
Horninghold
Hallaton
Blaston
Glooston
Stonton Wyville
NEWARK-ON-TRENT
New Balderton
Balderton
Hawton
Coddington
Beckingham
Barnby in the Willows
Stragglethorpe
Claypole
Cotham
Stubton
Fenton
Brandon
Dry Doddington
Long Bennington
Westborough
Staunton in the Vale
Flawborough
Kilvington
Alverton
Foston
Normanton
Allington
Sedgebrook
Easthorpe
Muston
Stenwith
Woolsthorpe By Belvoir
Barrowby
Denton
Harlaxton
Harston
Knipton
Croxton Kerrial
Hungerton
Wyville
Bescaby
Saltby
Skillington
Stonesby
Sproxton
Buckminster
Coston
Freeby
Garthorpe
Saxby
Wymondham
Stapleford
Edmondthorpe
Teigh
Market Overton
Barrow
Whissendine
Ashwell
Cottesmore
Burley
Oakham
Barleythorpe
Braunston-in-Rutland
Egleton
Brooke
Manton
Wing
Ridlington
Preston
Ayston
Glaston
Bisbrooke
Seaton
Lyddington
Stoke Dry
Thorpe by Water
Brant Broughton
Welbourn
Leadenham
Fulbeck
Caythorpe
Frieston
Hough-on-the-Hill
Gelston
Carlton Scroop
Normanton-on-Cliffe
Sudbrook
Hougham
Marston
Honington
Barkston
Syston
Belton
Great Gonerby
Manthorpe
Londonthorpe
Gonerby Hill Foot
GRANTHAM
Earlesfield
Little Ponton
Stroxton
Great Ponton
Stoke Rochford
Easton
Woolsthorpe-by-Colsterworth
Colsterworth
Stainby
Gunby
Sewstern
North Witham
South Witham
Thistleton
Stretton
Clipsham
Greetham
Exton
Whitwell
Empingham
Upper Hambleton
Rutland Water
Edith Weston
Lyndon
North Luffenham
Pilton
South Luffenham
Morcott
Barrowden
Wakerley
Harringworth
Laxton
Temple Bruer Tower
Cranwell
Leasingham
Holdingham
North Rauceby
South Rauceby
Ancaster
West Willoughby
Wilsford
Kelby
Culverthorpe
Heydour
Oasby
Aisby
Welby
Old Somerby
Woodnook
Boothby Pagnell
Bassingthorpe
Westby
Bitchfield
Burton Coggles
Corby Glen
Birkholme
Swayfield
Creeton
Castle Bytham
Little Bytham
Aunby
Pickworth
Great Casterton
Tickencote
Little Casterton
Ingthorpe
Tinwell
Ketton
Easton on the Hill
Geeston
Collyweston
Duddington
Tixover
King's Cliffe
Blatherwycke
Ashby de la Launde
Digby
Dorrington
Bloxholm
North Ings Farm
Ruskington
Anwick
Evedon
Ewerby
Kirkby la Thorpe
Asgarby
Sleaford
Quarrington
Silk Willoughby
Heckington
Burton Pedwardine
Northbeck
Swarby
Scredington
Aswarby
Aunsby
Osbournby
Spanby
Dembleby
Haceby
Newton
Braceby
Walcot
Threekingham
Horbling
Stow
Birthorpe
Billingborough
Sempringham
Ropsley
Sapperton
Pickworth
Folkingham
Humby
Hanby
Laughton
Pointon
Ingoldsby
Lenton
Aslackby
Graby
Millthorpe
Dowsby
Keisby
Hawthorpe
Kirkby Underwood
Rippingale
Irnham
Bulby
Dunsby
Haconby
Stainfield
Elsthorpe
Grimsthorpe
Hanthorpe
Morton
Swinstead
Edenham
Cawthorpe
Scottlethorpe
Bourne
Northorpe
Lound
Witham on the Hill
Toft
Thurlby
Manthorpe
Obthorpe
Thetford
Baston
Carlby
Braceborough
Wilsthorpe
Essendine
Greatford
Langtoft
Ryhall
Belmesthorpe
Barholm
Market Deeping
Uffington
Tallington
West Deeping
Maxey
STAMFORD
Wothorpe
Pilsgate
Bainton
Barnack
Ufford
Southorpe
Helpston
Etton
Wittering
Thornhaugh
Upton
Wansford
Stibbington
Sutton
Ailsworth
Castor
Yarwell
Nassington
Apethorpe
Water Newton
Alwalton
LINCOLNSHIRE
RUTLAND
A1
A17
A46
A52
A607
A153
A15
A151
A6121
A606
A6003
A47
A43
A1175
B1429
B1209
B6403
B1176
B676
B6047
B1081
GRANTHAM NORTH
COLSTERWORTH
87
63
76
E
F
G
H
1
2
3
4
5

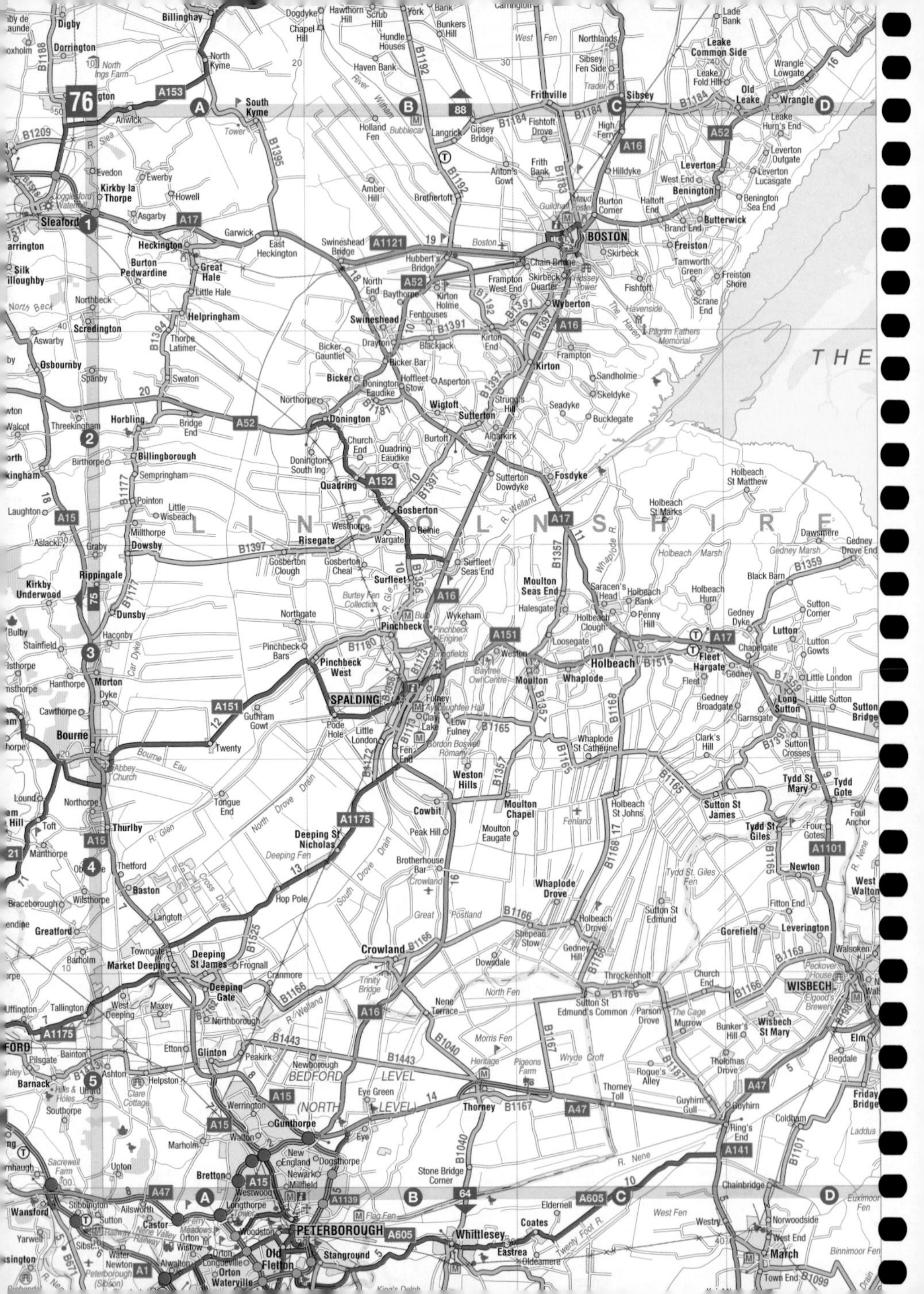

76
88
64
A
B
C
D
THE
L I N C O L N S H I R E
Digby
Dorrington
Billinghay
North Kyme
South Kyme
Anwick
Evedon
Ewerby
Kirkby la Thorpe
Howell
Sleaford
Asgarby
Heckington
Garwick
East Heckington
Burton Pedwardine
Great Hale
Little Hale
Helpringham
Scredington
Aswarby
Osbournby
Spanby
Swaton
Thorpe Latimer
Threekingham
Horbling
Bridge End
Billingborough
Birthorpe
Sempringham
Pointon
Little Wisbeach
Laughton
Millthorpe
Aslackby
Graby
Dowsby
Rippingale
Kirkby Underwood
Dunsby
Haconby
Bulby
Stainfield
Hanthorpe
Morton
Dyke
Cawthorpe
Bourne
Twenty
Guthram Gowt
Abbey Church
Northorpe
Toft
Thurlby
Manthorpe
Thetford
Baston
Braceborough
Wilsthorpe
Langtoft
Greatford
Barholm
Market Deeping
Towngate
Deeping St James
Frognall
Deeping Gate
Maxey
Northborough
West Deeping
Tallington
Uffington
Bainton
Pilsgate
Barnack
Ashton
Ufford
Helpston
Southorpe
Etton
Glinton
Peakirk
Marholm
Werrington
Gunthorpe
Walton
Bretton
Westwood
Longthorpe
Ailsworth
Castor
Sutton
Stibbington
Wansford
Yarwell
Orton
Alwalton
Woodston
Orton Longueville
Orton Waterville
Old Fletton
Stanground
PETERBOROUGH
New England
Dogsthorpe
Newark
Millfield
Eye
Eye Green
Newborough
BEDFORD LEVEL (NORTH LEVEL)
Thorney
Whittlesey
Eastrea
Coates
Eldernell
Stone Bridge Corner
Nene Terrace
Morris Fen
North Fen
Crowland
Dowsdale
Shepeau Stow
Whaplode Drove
Gedney Hill
Holbeach Drove
Sutton St Edmund
Sutton St Edmund's Common
Throckenholt
Parson Drove
Murrow
Thorney Toll
Rogue's Alley
Guyhirn
Guyhirn Gull
Ring's End
Thomas Drove
Bunker's Hill
Wisbech St Mary
WISBECH
Walsoken
Elm
Begdale
Friday Bridge
Coldham
Chainbridge
Westry
March
Norwoodside
West End
Town End
Church End
Leverington
Gorefield
Fitton End
Newton
West Walton
Tydd St Giles
Four Gotes
Foul Anchor
Tydd St Mary
Tydd Gote
Sutton St James
Sutton Crosses
Long Sutton
Sutton Bridge
Little Sutton
Little London
Garnsgate
Clark's Hill
Gedney Broadgate
Gedney
Fleet Hargate
Fleet
Chapelgate
Lutton
Lutton Gowts
Sutton Corner
Gedney Dyke
Holbeach Hurn
Black Barn
Gedney Drove End
Dawsmere
Holbeach St Matthew
Holbeach St Marks
Holbeach Marsh
Gedney Marsh
Holbeach
Holbeach Bank
Penny Hill
Saracen's Head
Holbeach Clough
Whaplode
Whaplode St Catherine
Holbeach St Johns
Moulton Chapel
Moulton Eaugate
Moulton
Weston
Weston Hills
Loosegate
Halesgate
Moulton Seas End
Cowbit
Peak Hill
Brotherhouse Bar
Deeping St Nicholas
Deeping Fen
Hop Pole
Tongue End
Pode Hole
Little London
Fen End
Low Fulney
Fulney
SPALDING
Pinchbeck West
Pinchbeck Bars
Pinchbeck
Northgate
Wykeham
Surfleet
Surfleet Seas End
Gosberton Clough
Gosberton Cheal
Risegate
Wargate
Westhorpe
Belnie
Gosberton
Quadring
Quadring Eaudike
Church End
Donington South Ing
Donington
Northorpe
Donington Eaudike
Bicker
Bicker Bar
Bicker Gauntlet
Drayton
Swineshead
Fenhouses
Blackjack
Hoffleet Stow
Asperton
Wigtoft
Sutterton
Burtoft
Algarkirk
Sutterton Dowdyke
Fosdyke
Struggs Hill
Kirton
Kirton End
Kirton Holme
Baythorpe
North End
Hubbert's Bridge
Swineshead Bridge
Frampton
Frampton West End
Sandholme
Skeldyke
Seadyke
Bucklegate
Wyberton
Skirbeck Quarter
Chain Bridge
BOSTON
Skirbeck
Fishtoft
Freiston
Freiston Shore
Tamworth Green
Scrane End
Butterwick
Brand End
Benington
Benington Sea End
Leverton
Leverton Lucasgate
Leverton Outgate
West End
Haltoft End
Burton Corner
Hilldyke
Frith Bank
Anton's Gowt
Brothertoft
Amber Hill
Holland Fen
Langrick
Gipsey Bridge
Fishtoft Drove
Frithville
Sibsey
Sibsey Fen Side
Northlands
West Fen
High Ferry
Haven Bank
Hundle Houses
Chapel Hill
Dogdyke
Hawthorn Hill
Scrub Hill
Bunkers Hill
Lade Bank
Leake Common Side
Leake Fold Hill
Old Leake
Wrangle
Wrangle Lowgate
Leake Hurn's End
A153
A17
A52
A15
A151
A152
A16
A1121
A1175
A47
A1139
A605
A141
A1101
A1
B1188
B1209
B1394
B1395
B1192
B1184
B1183
B1391
B1397
B1181
B1177
B1180
B1356
B1357
B1172
B1173
B1165
B1168
B1166
B1525
B1162
B1443
B1040
B1167
B1187
B1169
B1101
B1359
B1390
B1515
B1099
R. Welland
R. Nene
R. Glen
R. Slea
River Witham
Bourne Eau
Car Dyke
North Drove Drain
South Drove Drain
Cross Drain
Twenty Foot R.
The Haven
Pilgrim Fathers Memorial
Havenside
Hussey Tower
Guildhall
Maud Foster
Tattershall
Bubblecar
Tower
Trader
Burtey Fen Collection
Baytree Owl Centre
Springfields
Pinchbeck Engine
Ayscoughfee Hall
Gordon Boswell Romany
Fenland
Tydd St. Giles Fen
Peckover House
Elgood's Brewery
Trinity Bridge
Great Postland
Heritage
Pigeons Farm
Wryde Croft
Flag Fen
Ferry Meadows
Nene Valley Railway
Clare Cottage
Sacrewell Farm
Hills & Holes
Jogglesford Watermill
North Ings Farm
Whaplode R.
Ladus
Euximoor Fen
Binnimoor Fen

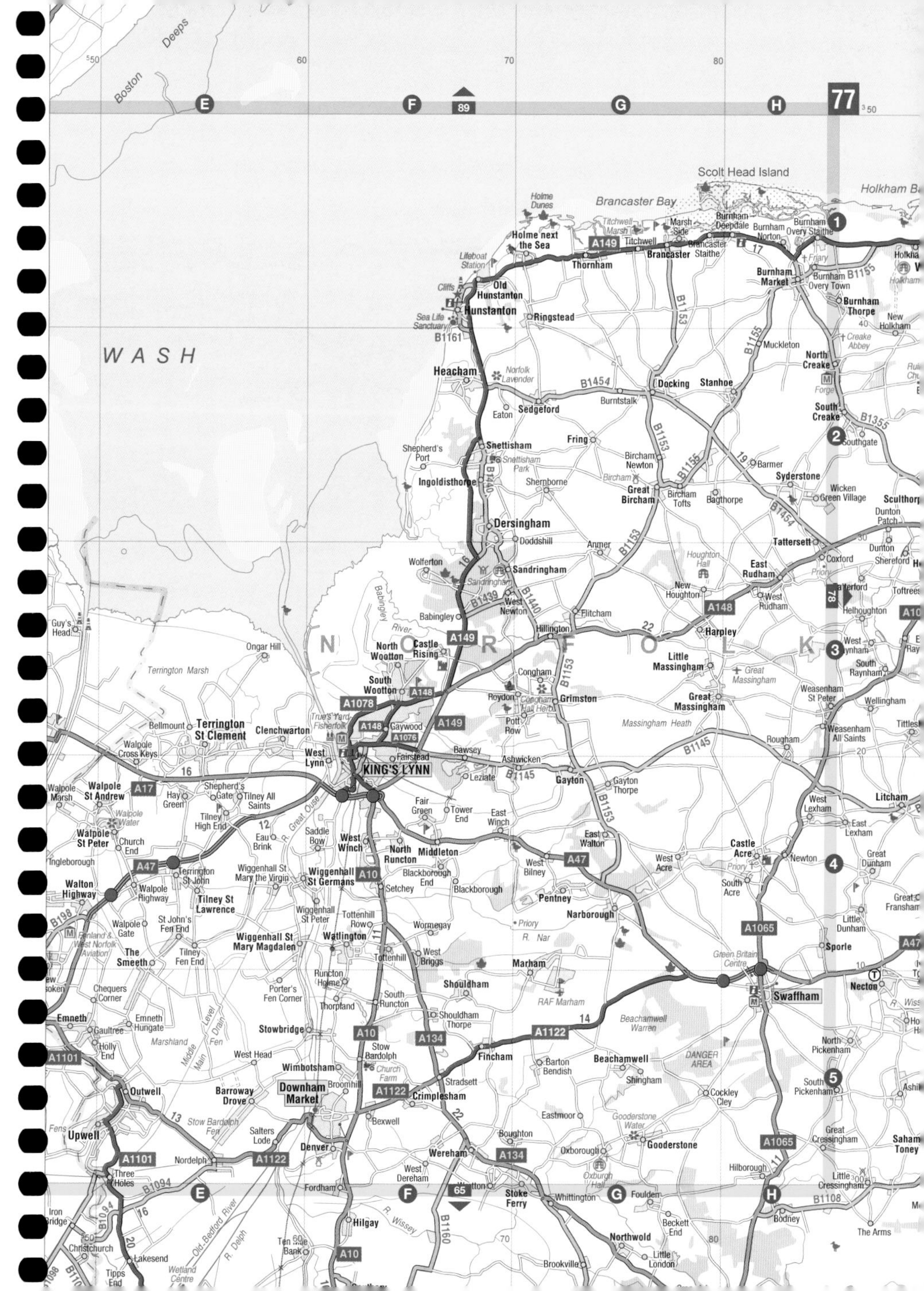
Boston Deeps
89
WASH
Scolt Head Island
Brancaster Bay
Holme Dunes
Holme next the Sea
Titchwell Marsh
Titchwell
Thornham
Brancaster
Brancaster Staithe
Marsh Side
Burnham Deepdale
Burnham Norton
Burnham Overy Staithe
Burnham Market
Burnham Overy Town
Burnham Thorpe
Friary
New Holkham
Creake Abbey
North Creake
South Creake
Southgate
Muckleton
Lifeboat Station
Cliffs
Old Hunstanton
Hunstanton
Sea Life Sanctuary
Ringstead
Heacham
Norfolk Lavender
Docking
Stanhoe
Burntstalk
Sedgeford
Eaton
Snettisham
Snettisham Park
Shepherd's Port
Ingoldisthorpe
Fring
Shernborne
Bircham Newton
Great Bircham
Bircham Tofts
Bagthorpe
Barmer
Syderstone
Wicken Green Village
Sculthorpe
Dunton Patch
Dersingham
Doddshill
Anmer
Houghton Hall
Tattersett
Coxford
Dunton
Shereford
Wolferton
Sandringham
West Newton
Babingley
Babingley River
Flitcham
Hillington
New Houghton
East Rudham
West Rudham
Helhoughton
Toftrees
Harpley
Little Massingham
Great Massingham
Massingham Heath
West Raynham
South Raynham
Weasenham St Peter
Weasenham All Saints
Wellingham
Tittleshall
N O R F O L K
North Wootton
Castle Rising
South Wootton
Ongar Hill
Terrington Marsh
Guy's Head
Congham
Roydon
Grimston
Pott Row
Gaywood
True's Yard Fisherfolk
Bellmount
Terrington St Clement
Clenchwarton
Walpole Cross Keys
West Lynn
Fairstead
KING'S LYNN
Bawsey
Ashwicken
Leziate
Gayton
Gayton Thorpe
Rougham
Litcham
Walpole Marsh
Walpole St Andrew
Hay Green
Shepherd's Gate
Tilney All Saints
Tilney High End
Walpole Water
Walpole St Peter
Church End
Eau Brink
R. Great Ouse
Saddle Bow
Fair Green
Tower End
East Winch
West Winch
North Runcton
Middleton
East Walton
West Lexham
East Lexham
Castle Acre
West Acre
Newton
Great Dunham
Ingleborough
Terrington St John
Wiggenhall St Mary the Virgin
Wiggenhall St Germans
Setchey
Blackborough End
Blackborough
West Bilney
Pentney
Narborough
Priory
South Acre
Walton Highway
Walpole Highway
Tilney St Lawrence
Wiggenhall St Peter
Tottenhill Row
Wormegay
Great Fransham
Little Dunham
Walpole Gate
St John's Fen End
Fenland & West Norfolk Aviation
Wiggenhall St Mary Magdalen
Watlington
Tottenhill
West Briggs
R. Nar
Marham
Sporle
The Smeeth
Tilney Fen End
Runcton Holme
Shouldham
RAF Marham
Green Britain Centre
Swaffham
Necton
Chequers Corner
Porter's Fen Corner
Thorpland
South Runcton
Shouldham Thorpe
Beachamwell Warren
Emneth
Emneth Hungate
Gaultree
Holly End
Marshland
Middle Level Main Drain
Fen
Stowbridge
Stow Bardolph
Church Farm
Fincham
Barton Bendish
Beachamwell
Shingham
DANGER AREA
North Pickenham
South Pickenham
Outwell
Barroway Drove
West Head
Wimbotsham
Downham Market
Broomhill
Stradsett
Crimplesham
Cockley Cley
Fens
Upwell
Stow Bardolph Fen
Salters Lode
Bexwell
Eastmoor
Gooderstone Water
Gooderstone
Great Cressingham
Saham Toney
Nordelph
Denver
Wereham
Boughton
Oxborough
Oxburgh Hall
Hilborough
Three Holes
West Dereham
Wretton
Stoke Ferry
Whittington
Foulden
Little Cressingham
Fordham
65
Iron Bridge
Old Bedford River
R. Delph
Hilgay
R. Wissey
Beckett End
Bodney
The Arms
Christchurch
Ten Mile Bank
Northwold
Little London
Lakesend
Wetland Centre
Tipps End
Brookville
A149
A148
A1078
A1076
A17
A47
A10
A1065
A1122
A134
A1101
B1153
B1155
B1454
B1355
B1161
B1440
B1439
B1145
B1094
B198
B1108
B1160
E
F
G
H
50
60
70
80

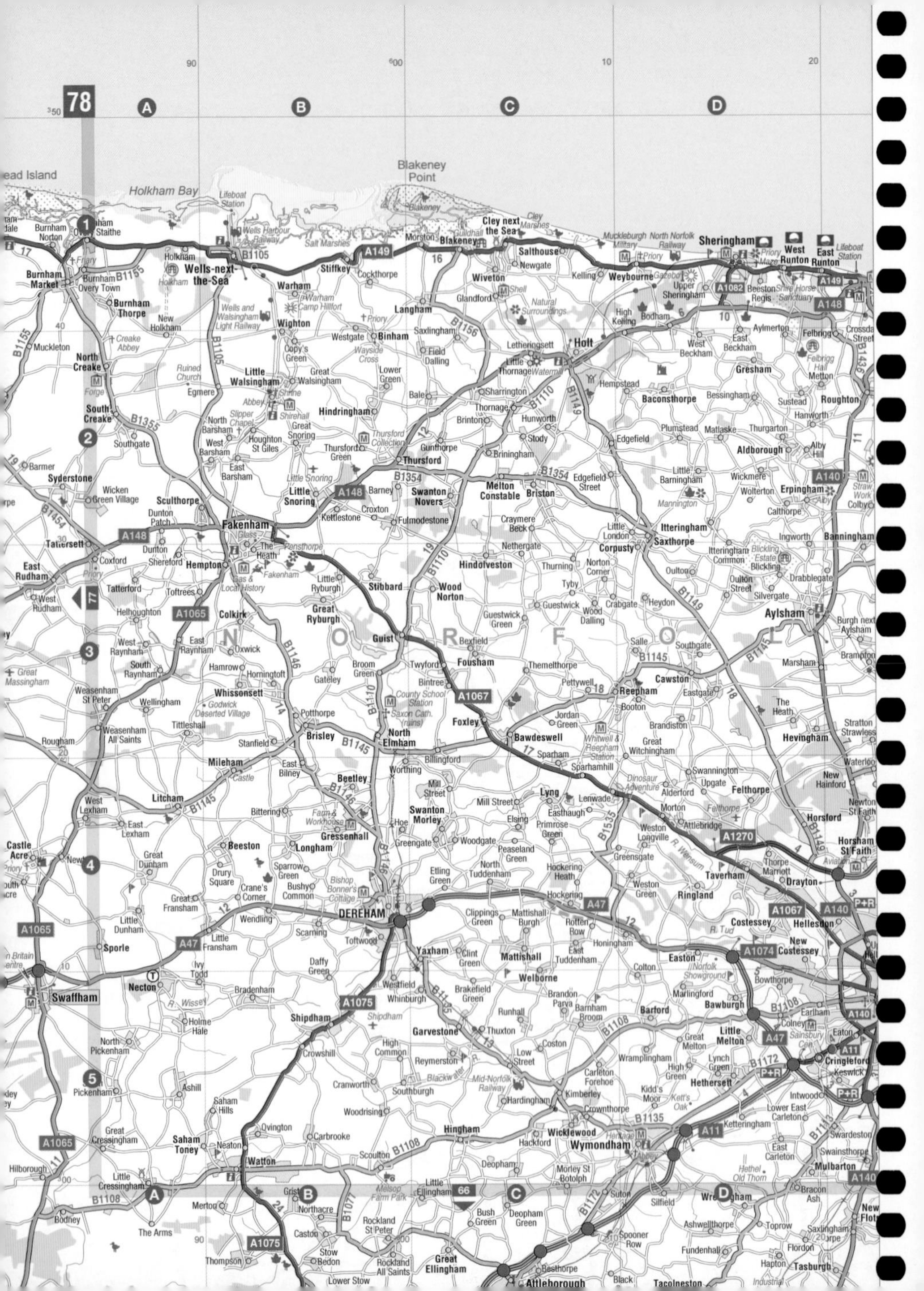

78
A
B
C
D
Holkham Bay
Blakeney Point
Burnham Market
Burnham Norton
Burnham Overy Town
Burnham Thorpe
Holkham
Wells-next-the-Sea
Warham
Stiffkey
Cockthorpe
Morston
Blakeney
Cley next the Sea
Salthouse
Wiveton
Glandford
Langham
Binham
Wighton
Little Walsingham
Great Walsingham
North Creake
South Creake
Egmere
Hindringham
Field Dalling
Saxlingham
Letheringsett
Holt
Kelling
Weybourne
Sheringham
Upper Sheringham
West Runton
East Runton
Beeston Regis
High Kelling
Bodham
Aylmerton
West Beckham
East Beckham
Felbrigg
Gresham
Baconsthorpe
Hempstead
Sharrington
Thornage
Brinton
Hunworth
Stody
Briningham
Thursford
Gunthorpe
Melton Constable
Briston
Edgefield
Plumstead
Matlaske
Thurgarton
Aldborough
Wickmere
Wolterton
Erpingham
Itteringham
Saxthorpe
Corpusty
Little Snoring
Barney
Swanton Novers
Fulmodestone
Kettlestone
Croxton
Fakenham
Hempton
Sculthorpe
Syderstone
Tattersett
East Rudham
West Rudham
Coxford
Tatterford
Toftrees
Colkirk
Stibbard
Wood Norton
Hindolveston
Guestwick
Wood Dalling
Heydon
Oulton
Blickling
Aylsham
Guist
Twyford
Fousham
Bintree
Foxley
Bawdeswell
Reepham
Cawston
Salle
Whissonsett
Horningtoft
Brisley
North Elmham
Mileham
Litcham
Beetley
Gressenhall
Longham
Beeston
Swanton Morley
Lyng
Elsing
Weston Longville
Taverham
Drayton
Hellesdon
Costessey
Ringland
Hockering
Mattishall
DEREHAM
Yaxham
Scarning
Wendling
Swaffham
Sporle
Necton
Shipdham
Garvestone
Hingham
Barford
Easton
Bawburgh
Little Melton
Hethersett
Cringleford
Wymondham
Wicklewood
Kimberley
Watton
Saham Toney
Attleborough
Great Ellingham
Tasburgh
Mulbarton
NORFOLK
A149
A148
A1065
A1067
A47
A1075
A1074
A1270
A140
A11
B1105
B1145
B1146
B1108
B1110
B1149
B1354
B1135

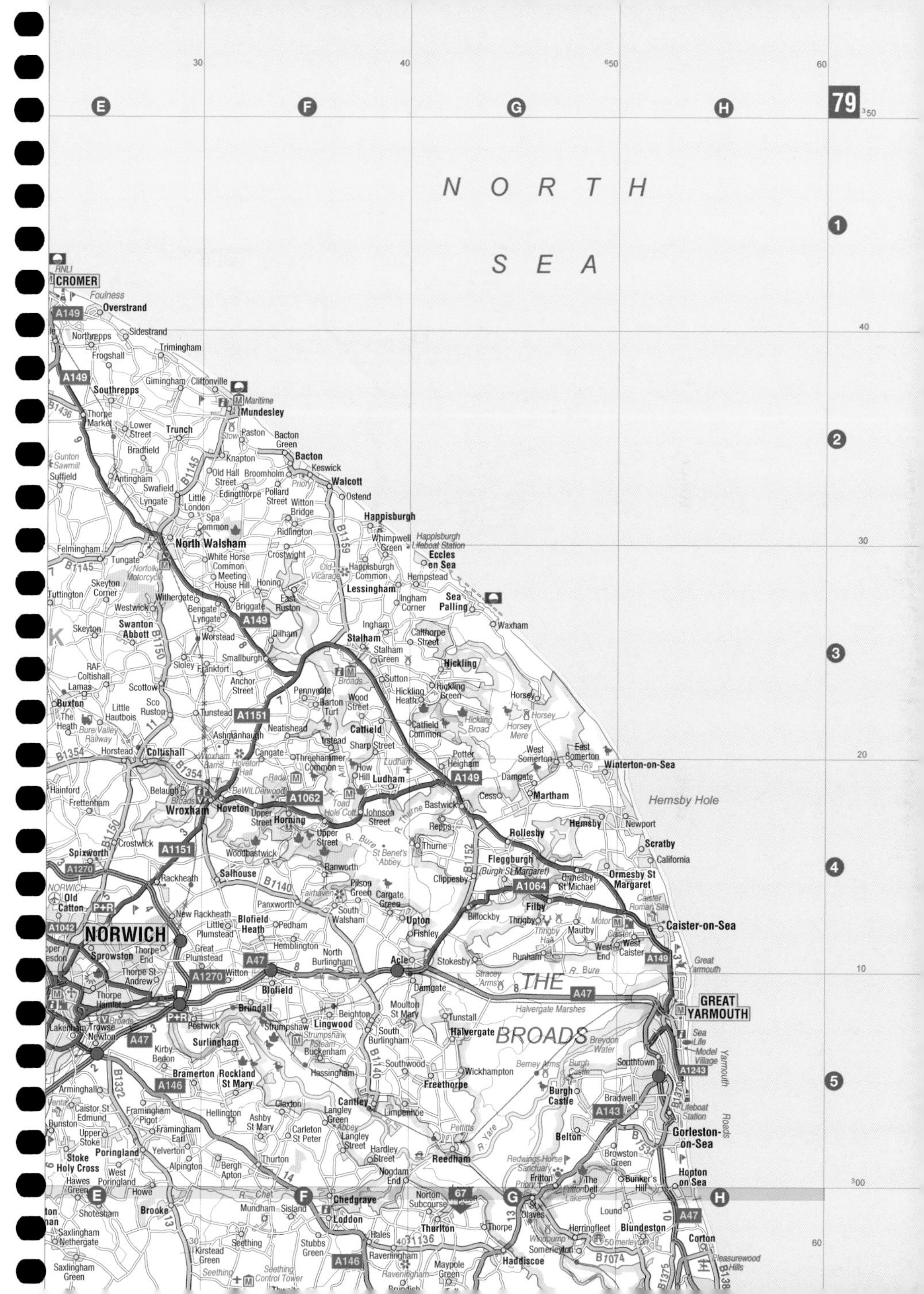

E
F
G
H
NORTH SEA
CROMER
Foulness
Overstrand
Sidestrand
Northrepps
Trimingham
Frogshall
Southrepps
Gimingham
Cliftonville
Maritime
Mundesley
Thorpe Market
Lower Street
Trunch
Stow
Paston
Bacton Green
Bacton
Keswick
Gunton Sawmill
Suffield
Bradfield
Knapton
Antingham
Swafield
Old Hall Street
Broomholm
Priory
Walcott
Ostend
Edingthorpe
Pollard Street
Lyngate
Little London
Witton Bridge
Spa Common
Ridlington
Happisburgh
Whimpwell Green
Happisburgh Lifeboat Station
North Walsham
Felmingham
Tungate
White Horse Common
Crostwight
Eccles on Sea
Norfolk Motorcycle
Meeting House Hill
Old Vicarage
Happisburgh Common
Hempstead
Skeyton Corner
Honing
Lessingham
Tuttington
Withergate
East Ruston
Ingham Corner
Sea Palling
Westwick
Bengate
Lyngate
Briggate
Skeyton
Swanton Abbott
Worstead
Dilham
Ingham
Waxham
Calthorpe Street
Stalham
Stalham Green
Smallburgh
Sloley
Frankfort
RAF Coltishall
Hickling
Lamas
Scottow
Anchor Street
Broads
Sutton
Hickling Heath
Hickling Green
Horsey
Pennygate
Barton Turf
Wood Street
Buxton
Little Hautbois
Sco Ruston
Tunstead
The Heath
Bure Valley Railway
Neatishead
Catfield
Catfield Common
Hickling Broad
Horsey Mere
Ashmanhaugh
Irstead
Sharp Street
Horstead
Coltishall
Wroxham Barns
Hoveton Hall
Cangate
Threehammer Common
Ludham
How Hill
Potter Heigham
West Somerton
East Somerton
Winterton-on-Sea
Radar
Ludham
Damgate
Hainford
Belaugh
North Wroxham
BeWILDerwood
Toad Hole Cott.
Martham
Frettenham
Wroxham
Hoveton
Upper Street
Horning
Johnson Street
R. Thurne
Bastwick
Cess
Hemsby Hole
Repps
Rollesby
Hemsby
Newport
Crostwick
Upper Street
R. Bure
Thurne
Scratby
California
Spixworth
Woodbastwick
St Benet's Abbey
Fleggburgh
(Burgh St Margaret)
Ormesby St Michael
Ormesby St Margaret
Salhouse
Ranworth
Clippesby
NORWICH
Rackheath
Pilson Green
Cargate Green
Caister Roman Site
Old Catton
Fairhaven
Panxworth
South Walsham
Upton
Billockby
Thrigby
Filby
Motor
Caister-on-Sea
New Rackheath
Little Plumstead
Blofield Heath
Pedham
Fishley
Thrigby Hall
Mautby
Caister
West Caister
Sprowston
Thorpe End
Great Plumstead
Hemblington
North Burlingham
Acle
Stokesby
Runham
West End
Great Yarmouth
Thorpe St Andrew
Witton
Blofield
Damgate
Stracey Arms
THE BROADS
R. Bure
Thorpe Hamlet
Brundall
Beighton
Moulton St Mary
Tunstall
Halvergate Marshes
GREAT YARMOUTH
Lakenham
Trowse Newton
Postwick
Strumpshaw
Lingwood
South Burlingham
Halvergate
Breydon Water
Sea Life
Model Village
Kirby Bedon
Surlingham
Strumpshaw Steam
Buckenham
Southwood
Berney Arms
Burgh Castle
Southtown
Yarmouth Roads
Bramerton
Rockland St Mary
Hassingham
Wickhampton
Arminghall
Freethorpe
Burgh Castle
Bradwell
Lifeboat Station
Venta
Caistor St Edmund
Framingham Pigot
Hellington
Ashby St Mary
Claxton
Cantley
Langley Green
Limpenhoe
Bunwell
Upper Stoke
Framingham Earl
Carleton St Peter
Langley Abbey
Langley Street
Pettitts
Belton
Gorleston-on-Sea
Stoke Holy Cross
Poringland
Yelverton
Thurton
Hardley Street
Reedham
R. Yare
Browston Green
Alpington
Bergh Apton
Redwings Horse Sanctuary
Fritton
Priory
West Poringland
Hawes Green
Howe
Nogdam End
The Dell
Bunker's Hill
Hopton on Sea
Brooke
R. Chet
Chedgrave
Norton Subcourse
Fritton Lake
Lound
Shotesham
Mundham
Sisland
Loddon
St Olaves
Saxlingham Nethergate
Thurlton
Thorpe
Herringfleet
Blundeston
Seething
Hales
Windpump
Somerleyton
Corton
Kirstead Green
Stubbs Green
Raveningham
Haddiscoe
Pleasurewood Hills
Saxlingham Green
Seething
Seething Control Tower
Maypole Green
A149
A1151
A1062
A1064
A1270
A1042
A47
A146
A143
A1243
B1436
B1145
B1159
B1150
B1354
B1152
B1140
B1332
B1136
B1074
B1375
B1370
B1534
67
RNLI

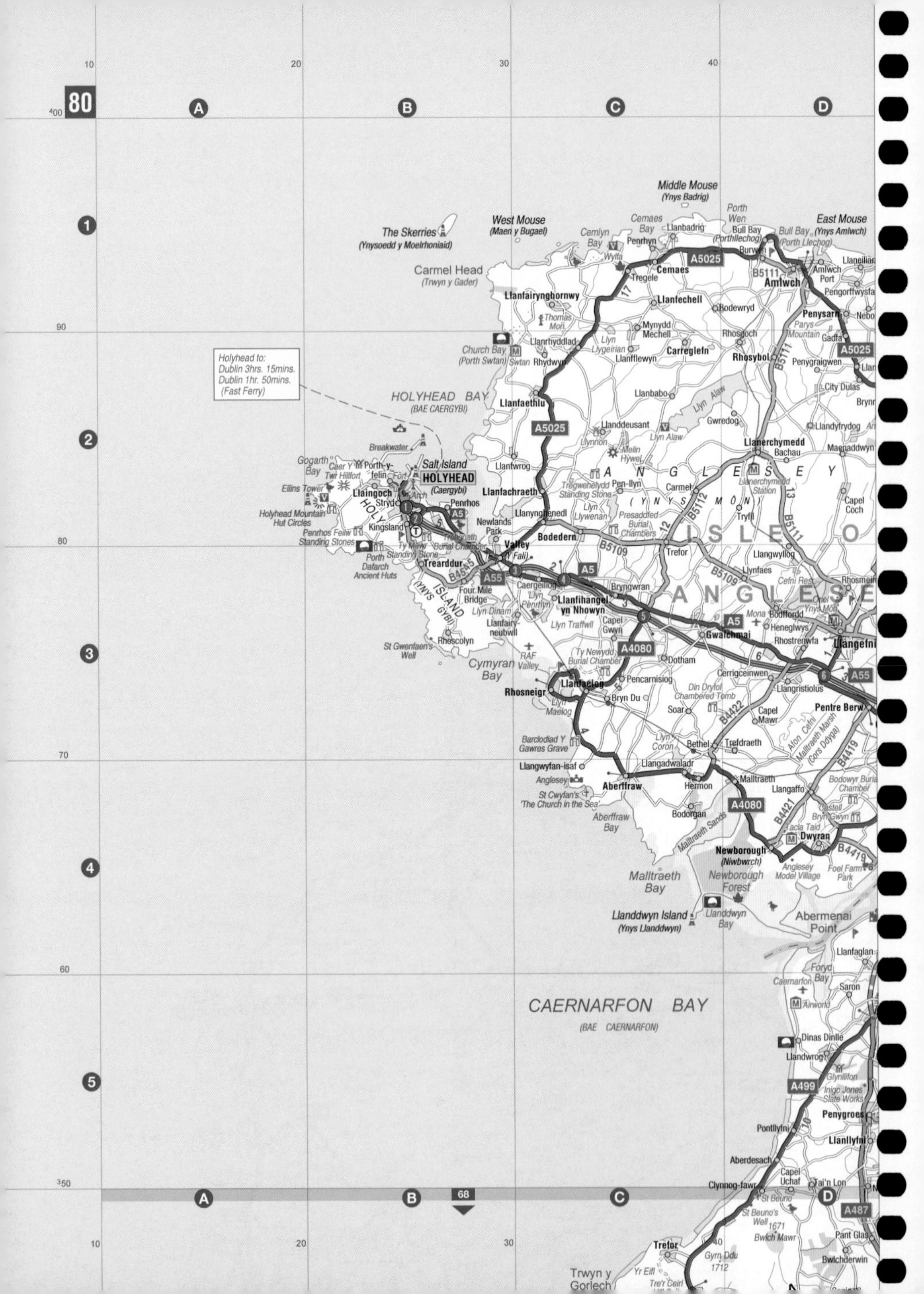
Holyhead to:
Dublin 3hrs. 15mins.
Dublin 1hr. 50mins.
(Fast Ferry)
Middle Mouse
(Ynys Badrig)
West Mouse
(Maen y Bugael)
The Skerries
(Ynysoedd y Moelrhoniaid)
East Mouse
(Ynys Amlwch)
Carmel Head
(Trwyn y Gader)
Cemlyn Bay
Cemaes Bay
Porth Wen
Bull Bay
(Porthllechog)
Llanbadrig
Penrhyn
Wylfa
Cemaes
Tregele
Burwen
Amlwch
Amlwch Port
Llaneilian
Pengorffwysfa
Llanfairynghornwy
Llanfechell
Bodewryd
Penysarn
Nebo
Thomas Mon.
Mynydd Mechell
Rhosgoch
Parys Mountain
Gadfa
Church Bay
(Porth Swtan)
Swtan
Llanrhyddlad
Rhydwyn
Llyn Llygeirian
Llanfflewyn
Carreglefn
Rhosybol
Penygraigwen
City Dulas
Brynrefail
HOLYHEAD BAY
(BAE CAERGYBI)
Llanfaethlu
Llanbabo
Llyn Alaw
Gwredog
Llandyfrydog
Llanddeusant
Llynnon
Melin Hywel
Llanerchymedd
Bachau
Maenaddwyn
Breakwater
Gogarth Bay
Caer Y Twr Hillfort
Porth-y-felin
Fort
Salt Island
HOLYHEAD
(Caergybi)
Llanfwrog
ANGLESEY
(YNYS MÔN)
ISLE OF ANGLESEY
Llanerchymedd Station
Ellins Tower
Llaingoch
Arch
Stryd
Penrhos
Llanfachraeth
Tregwehelydd Standing Stone
Pen-llyn
Carmel
Capel Coch
Holyhead Mountain Hut Circles
HOLY ISLAND
(YNYS GYBI)
Kingsland
Newlands Park
Llanynghenedl
Llyn Llywenan
Presaddfed Burial Chambers
Tryfil
Penrhos Feilw Standing Stones
Trefignath Burial Chamber
Ty Mawr Standing Stone
Valley
(Y Fali)
Bodedern
Trefor
Llangwyllog
Porth Dafarch Ancient Huts
Trearddur
Four Mile Bridge
Caergeiliog
Llyn Penrhyn
Llanfihangel yn Nhowyn
Bryngwran
Llynfaes
Cefni Reservoir
Rhosmeirch
Llyn Dinam
Llanfair-neubwll
Capel Gwyn
Llyn Traffwll
Mona
Bodffordd
Heneglwys
Oriel Ynys Môn
Gwalchmai
Rhostrehwfa
Llangefni
Rhoscolyn
St Gwenfaen's Well
RAF Valley
Cymyran Bay
Ty Newydd Burial Chamber
Dotham
Cerrigceinwen
Pencarnisiog
Llangristiolus
Rhosneigr
Llanfaelog
Llyn Maelog
Bryn Du
Din Dryfol Chambered Tomb
Soar
Capel Mawr
Pentre Berw
Barclodiad Y Gawres Grave
Llyn Coron
Bethel
Trefdraeth
Afon Cefni
Malltraeth Marsh
(Cors Ddyga)
Llangwyfan-isaf
Llangadwaladr
Anglesey
St Cwyfan's 'The Church in the Sea'
Aberffraw
Hermon
Malltraeth
Llangaffo
Bodowyr Burial Chamber
Aberffraw Bay
Bodorgan
Malltraeth Sands
Castell Bryn Gwyn
Tacla Taid
Dwyran
Newborough
(Niwbwrch)
Anglesey Model Village
Foel Farm Park
Malltraeth Bay
Newborough Forest
Llanddwyn Island
(Ynys Llanddwyn)
Llanddwyn Bay
Abermenai Point
Llanfaglan
Foryd Bay
Caernarfon
Saron
Airworld
CAERNARFON BAY
(BAE CAERNARFON)
Dinas Dinlle
Llandwrog
Glynllifon
Inigo Jones Slate Works
Penygroes
Pontllyfni
Llanllyfni
Aberdesach
Capel Uchaf
Tai'n Lon
Clynnog-fawr
St Beuno
St Beuno's Well
1671
Bwlch Mawr
Pant Glas
Bwlchderwin
Trefor
Gyrn Ddu
1712
Trwyn y Gorlech
Yr Eifl
Tre'r Ceiri
A5025
B5111
A5
A55
A4080
B4545
B5109
B5112
B4422
B4419
B4421
A499
A487
68
A
B
C
D
1
2
3
4
5
10
20
30
40
400
90
80
70
60
350

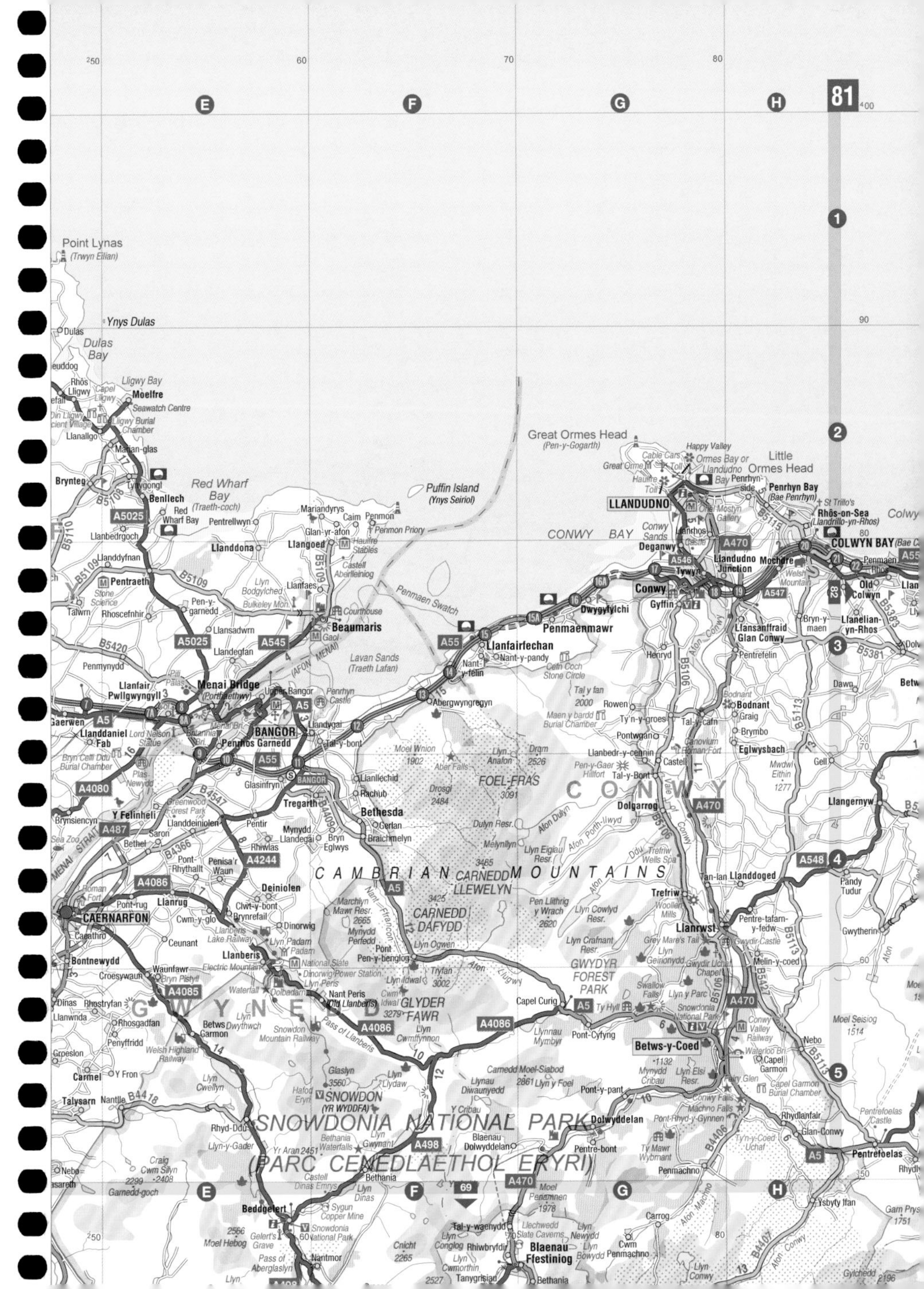
81
E
F
G
H
1
2
3
4
5
Point Lynas
(Trwyn Eilian)
Ynys Dulas
Dulas
Dulas Bay
Lligwy Bay
Moelfre
Seawatch Centre
Lligwy Burial Chamber
Llanallgo
Marian-glas
Brynteg
Tynygongl
Benllech
Red Wharf Bay
(Traeth-coch)
Red Wharf Bay
Pentrellwyn
Llanbedrgoch
A5025
B5108
B5110
Llanddyfnan
Llanddona
Pentraeth
Stone Science
Talwrn
Rhoscefnhir
B5109
Pen-y-garnedd
Llansadwrn
Llandegfan
A5025
A545
B5420
Penmynydd
Llanfair Pwllgwyngyll
Menai Bridge
(Porthaethwy)
Pili Palas
Gaerwen
A5
Llanddaniel Fab
Lord Nelson Statue
Bryn Celli Ddu Burial Chamber
Plas Newydd
A4080
Brynsiencyn
Sea Zoo
MENAI STRAIT
Y Felinheli
A487
Bethel
Saron
B4366
Llanddeiniolen
Pentir
Pont-Rhythallt
Penisa'r Waun
Rhiwlas
A4244
A4086
Roman Fort
Pont-rug
CAERNARFON
Llanrug
Deiniolen
Clwt-y-bont
Brynrefail
Cwm-y-glo
Caeathro
Ceunant
Dinorwig
Llanberis Lake Railway
Llyn Padarn
Padarn
Llanberis
National Slate
Electric Mountain
Dinorwig Power Station
Llyn Peris
Dolbadarn
Waterfall
Nant Peris
(Old Llanberis)
Bontnewydd
Croesywaun
Waunfawr
Bryn Pistyll
A4085
Dinas
Rhostryfan
Llanwnda
Rhosgadfan
Penyffridd
GWYNEDD
Betws Garmon
Llyn Dwythwch
Snowdon Mountain Railway
Pass of Llanberis
Welsh Highland Railway
Groeslon
Carmel
Y Fron
Llyn Cwellyn
Talysarn
Nantlle
B4418
Rhyd-Ddu
Llyn-y-Gader
Nebo
Craig Cwm Silyn
2408
2299
Garnedd-goch
Beddgelert
Gelert's Grave
2566
Moel Hebog
Pass of Aberglaslyn
Nantmor
Sygun Copper Mine
Snowdonia National Park
Llyn Dinas
Castell Dinas Emrys
Bethania
Bethania Waterfalls
Yr Aran 2451
Llyn Gwynant
A498
Hafod Eryri
SNOWDON
(YR WYDDFA)
Glaslyn
3560
Llyn Llydaw
Cnicht
2265
SNOWDONIA NATIONAL PARK
(PARC CENEDLAETHOL ERYRI)
Mariandyrys
Caim
Penmon
Penmon Priory
Glan-yr-afon
Llangoed
Haulfre Stables
Castell Aberlleiniog
B5109
Llyn Bodgylched
Llanfaes
Bulkeley Mon.
Courthouse
Beaumaris
Gaol
(AFON MENAI)
Lavan Sands
(Traeth Lafan)
Penmaen Swatch
Puffin Island
(Ynys Seiriol)
Upper Bangor
Penrhyn Castle
BANGOR
Penrhos Garnedd
A55
Llandygai
Tal-y-bont
Glasinfryn
B4547
Greenwood Forest Park
Tregarth
B4409
Llanllechid
Rachub
Bethesda
Gerlan
Braichmelyn
Mynydd Llandegai
Bryn Eglwys
Abergwyngregyn
Nant-y-felin
Llanfairfechan
Nant-y-pandy
A55
Penmaenmawr
Dwygyfylchi
Cefn Coch Stone Circle
Moel Wnion
1902
Aber Falls
Drosgl
2484
Llyn Anafon
Drum
2526
FOEL-FRAS
3091
Tal y fan
2000
Maen y bardd Burial Chamber
Dulyn Resr.
Melynllyn
Afon Dulyn
Llyn Eigiau Resr.
Afon Porth-llwyd
3485
CAMBRIAN MOUNTAINS
CARNEDD LLEWELYN
3425
CARNEDD DAFYDD
Marchlyn Mawr Resr.
2665
Mynydd Perfedd
Nant Ffrancon
A5
Pont Pen-y-benglog
Llyn Ogwen
Llyn Idwal
Tryfan
3002
Cwm Idwal
GLYDER FAWR
3279
Afon Llugwy
Llyn Cwmffynnon
A4086
Capel Curig
A5
Ty Hyll
Llynnau Mymbyr
Pont-Cyfyng
Carnedd Moel-Siabod
2861
Llyn y Foel
Llynau Diwaunyedd
Y Cribau
Pont-y-pant
Dolwyddelan
Blaenau Dolwyddelan
Pentre-bont
Pont-Rhyd-y-Gynnen
Ty Mawr Wybrnant
Penmachno
Moel Penamnen
1978
A470
69
Tal-y-waenydd
Llechwedd Slate Caverns
Llyn Newydd
Llyn Bowydd
Llyn Conglog
Rhiwbryfdir
Blaenau Ffestiniog
Llyn Cwmorthin
Tanygrisiau
Bethania
Cwm Penmachno
Carrog
Afon Machno
Llyn Conwy
B4407
Afon Conwy
Great Ormes Head
(Pen-y-Gogarth)
Great Orme
Cable Cars
Happy Valley
Ormes Bay or Llandudno Bay
Toll
Haulfre
LLANDUDNO
Oriel Mostyn Gallery
Little Ormes Head
Penrhyn-side
Penrhyn Bay
(Bae Penrhyn)
St Trillo's
Rhôs-on-Sea
(Llandrillo-yn-Rhos)
Colwyn
CONWY BAY
Conwy Sands
Llanrhos
Deganwy
Castle
A546
Tywyn
A470
B5115
Llandudno Junction
Mochdre
COLWYN BAY
Welsh Mountain
Old Colwyn
Conwy
Gyffin
A547
Llansanffraid Glan Conwy
Bryn-y-maen
Llanelian-yn-Rhos
B5383
B5381
Henryd
B5106
Pentrefelin
Dawn
Rowen
Ty'n-y-groes
Tal-y-cafn
Bodnant
Graig
Brymbo
Eglwysbach
B5113
Pontwgan
Llanbedr-y-cennin
Canovium Roman Fort
Castell
Pen-y-Gaer Hillfort
Tal-y-Bont
Mwdwl Eithin
1277
Gell
CONWY
Vale of Conwy
Dolgarrog
A470
Llangernyw
A548
Afon Ddu
Trefriw Wells Spa
Tan-lan
Llanddoged
Pandy Tudur
Pen Llithrig y Wrach
2620
Llyn Cowlyd Resr.
Trefriw
Woollen Mills
Llanrwst
Pentre-tafarn-y-fedw
Gwytherin
Llyn Crafnant Resr.
Grey Mare's Tail
Gwydir Castle
Llyn Geirionydd
Gwydir Uchaf Chapel
Melin-y-coed
GWYDYR FOREST PARK
Swallow Falls
Llyn y Parc
Snowdonia National Park
A470
Conwy Valley Railway
Moel Seisiog
1514
Betws-y-Coed
1132
Mynydd Cribau
Llyn Elsi Resr.
Waterloo Bri.
Capel Garmon
Nebo
B5113
Fairy Glen
Capel Garmon Burial Chamber
Conwy Falls
Machno Falls
B4406
Ty'n-y-Coed Uchaf
Rhydlanfair
Glan-Conwy
Pentrefoelas Castle
A5
Pentrefoelas
Ysbyty Ifan
Garn Prys
1751
Gylchedd
2196
60
70
80
90
400
350
250

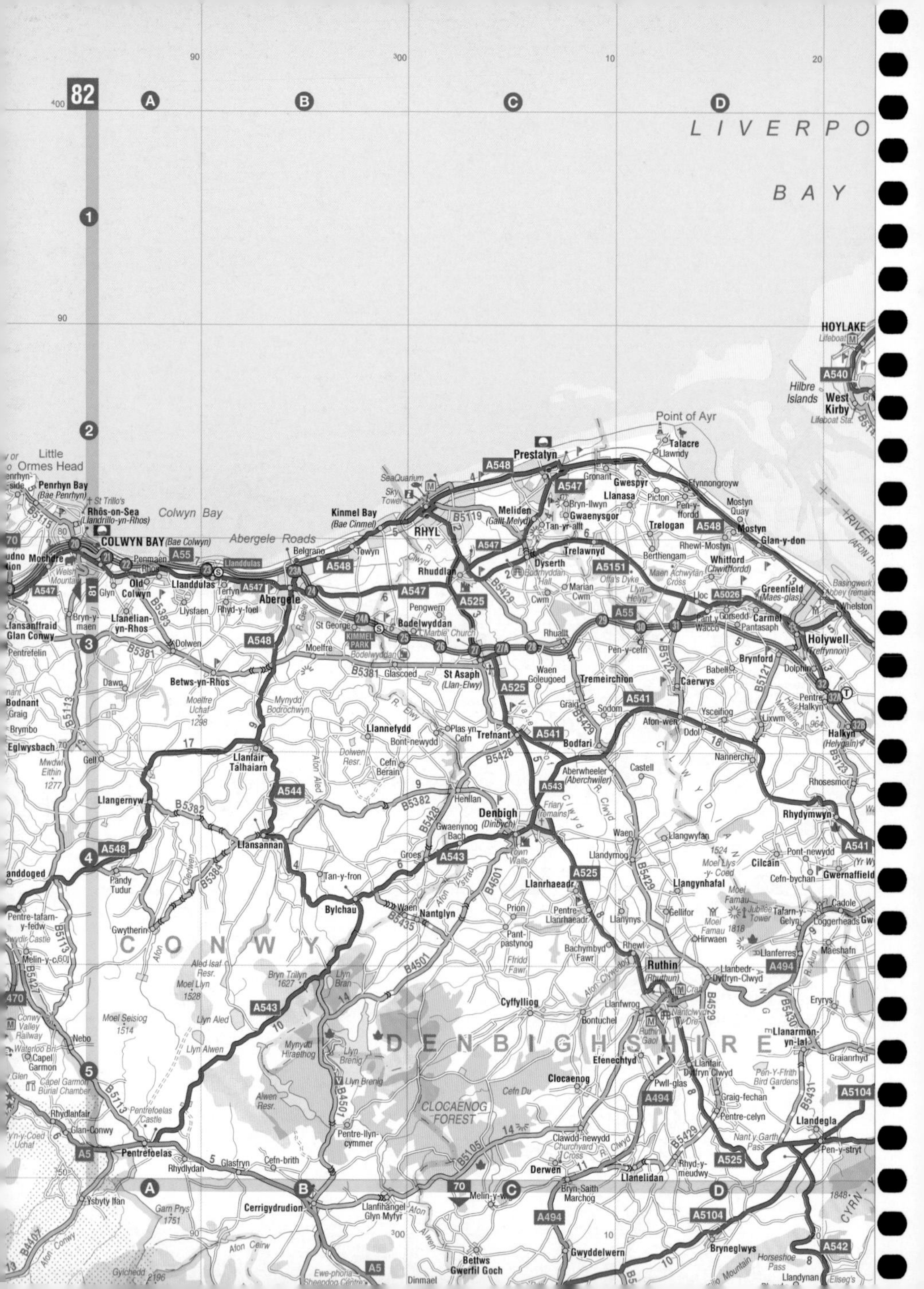

82
A
B
C
D
LIVERPO
BAY
90
300
10
20
400
1
2
3
4
5
HOYLAKE
Lifeboat
A540
Hilbre Islands
West Kirby
Lifeboat Sta.
Point of Ayr
Talacre
Llawndy
Prestatyn
A548
A547
Gronant
Gwespyr
Ffynnongroyw
Mostyn Quay
Llanasa
Picton
Pen-y-ffordd
Mostyn
Trelogan
Glan-y-don
Meliden (Gallt Melyd)
Bryn-llwyn
Gwaenysgor
Tan-yr-allt
SeaQuarium
Sky Tower
RHYL
B5119
Kinmel Bay (Bae Cinmel)
Towyn
Belgrano
Abergele Roads
Colwyn Bay
Little Ormes Head
Penrhyn Bay (Bae Penrhyn)
St Trillo's
Rhôs-on-Sea (Llandrillo-yn-Rhos)
COLWYN BAY (Bae Colwyn)
Mochdre
Penmaen Rhos
Llanddulas
Old Colwyn
Glyn
Terfyn
Abergele
Llysfaen
Rhyd-y-foel
Llanelian-yn-Rhos
Bryn-y-maen
Llansanffraid Glan Conwy
Pentrefelin
Dolwen
B5381
B5383
Rhuddlan
Dyserth
Trelawnyd
A5151
Bodrhyddan Hall
Marian Cwm
Cwm
Offa's Dyke
Maen Achwyfan Cross
Whitford (Chwitffordd)
Berthengam
Rhewl-Mostyn
Greenfield (Maes-glas)
Basingwerk Abbey
Whelston
Lloc
A5026
Pant y Wacco
Gorsedd
Carmel
Pantasaph
Holywell (Treffynnon)
Pengwern
A525
A55
Bodelwyddan
Marble Church
St George
KIMMEL PARK
Rhuallt
Pen-y-cefn
B5122
Brynford
Babell
Dolphin
Moelfre
Glascoed
St Asaph (Llan-Elwy)
Waen
Goleugoed
Tremeirchion
Caerwys
Pentre Halkyn
Halkyn (Helygain)
Betws-yn-Rhos
Dawn
Bodnant
Graig
Brymbo
Eglwysbach
Moelfre Uchaf 1298
Mynydd Bodrochwyn
Llannefydd
Plas yn Cefn
Trefnant
A541
Bodfari
Sodom
Afon-wen
Ysceifiog
Ddol
Lixwm
Halkyn Mountain
B5113
Gell
Mwdwl Eithin 1277
Llanfair Talhaiarn
Bont-newydd
Dolwen Resr.
Cefn Berain
B5428
Aberwheeler (Aberchwiler)
Castell
Nannerch
Rhosesmor
Llangernyw
A544
B5382
Henllan
Denbigh (Dinbych)
A543
Friary (remains)
Rhydymwyn
A548
Llansannan
Gwaenynog Bach
Groes
Town Walls
Waen
Llangwyfan
Llandyrnog
Moel Llys-y-Coed 1524
Cilcain
Pont-newydd
Cefn-bychan
Gwernaffield
Llanddoged
Pandy Tudur
B5384
Cledwen
Tan-y-fron
B4501
Llanrhaeadr
B5429
Llangynhafal
Moel Famau
Jubilee Tower
Tafarn-y-Gelyn
Cadole
Loggerheads
Pentre-tafarn-y-fedw
Bylchau
Waen
Nantglyn
B5435
Prion
Pentre-Llanrhaeadr
Llanynys
Gellifor
Moel Famau 1818
Hirwaen
Gwytherin
CONWY
Pant-pastynog
Bachymbyd Fawr
Ffridd Fawr
Rhewl
Llanferres
Maeshafn
Melin-y-coed
B5427
Aled Isaf Resr.
Moel Llyn 1528
Bryn Trillyn 1627
Llyn Bran
Ruthin (Rhuthun)
Llanbedr-Dyffryn-Clwyd
A494
Conwy Valley Railway
A543
Moel Seisiog 1514
Llyn Aled
Cyffylliog
Llanfwrog
Nantclwyd y Dre
Ruthin Gaol
B4529
Eryrys
Nebo
Llyn Alwen
Mynydd Hiraethog
Llyn Brenig
DENBIGHSHIRE
Bontuchel
Llanarmon-yn-Ial
Waterloo Br.
Capel Garmon
Capel Garmon Burial Chamber
Efenechtyd
Llanfair Dyffryn Clwyd
Pen-Y-Ffrith Bird Gardens
Graianrhyd
Alwen Resr.
B4501
Clocaenog
Pwll-glas
A5104
Cefn Du
CLOCAENOG FOREST
Graig-fechan
Pentre-celyn
Llandegla
B5431
B5113
Pentrefoelas Castle
Rhydlanfair
Glan-Conwy
Pentre-llyn-cymmer
Clawdd-newydd
Churchyard Cross
Nant y Garth Pass
Pen-y-stryt
A5
Pentrefoelas
Rhydlydan
Glasfryn
Cefn-brith
B5105
Derwen
Llanelidan
Rhyd-y-meudwy
A525
70
Melin-y-wig
Bryn-Saith Marchog
Ysbyty Ifan
Garn Prys 1751
Cerrigydrudion
Llanfihangel Glyn Myfyr
A494
A5104
Afon Conwy
Afon Ceirw
Bettws Gwerfil Goch
Gwyddelwern
Bryneglwys
Horseshoe Pass
A542
Gylchedd 2196
Ewe-phoria Sheepdog Centre
Dinmael
Llandynan

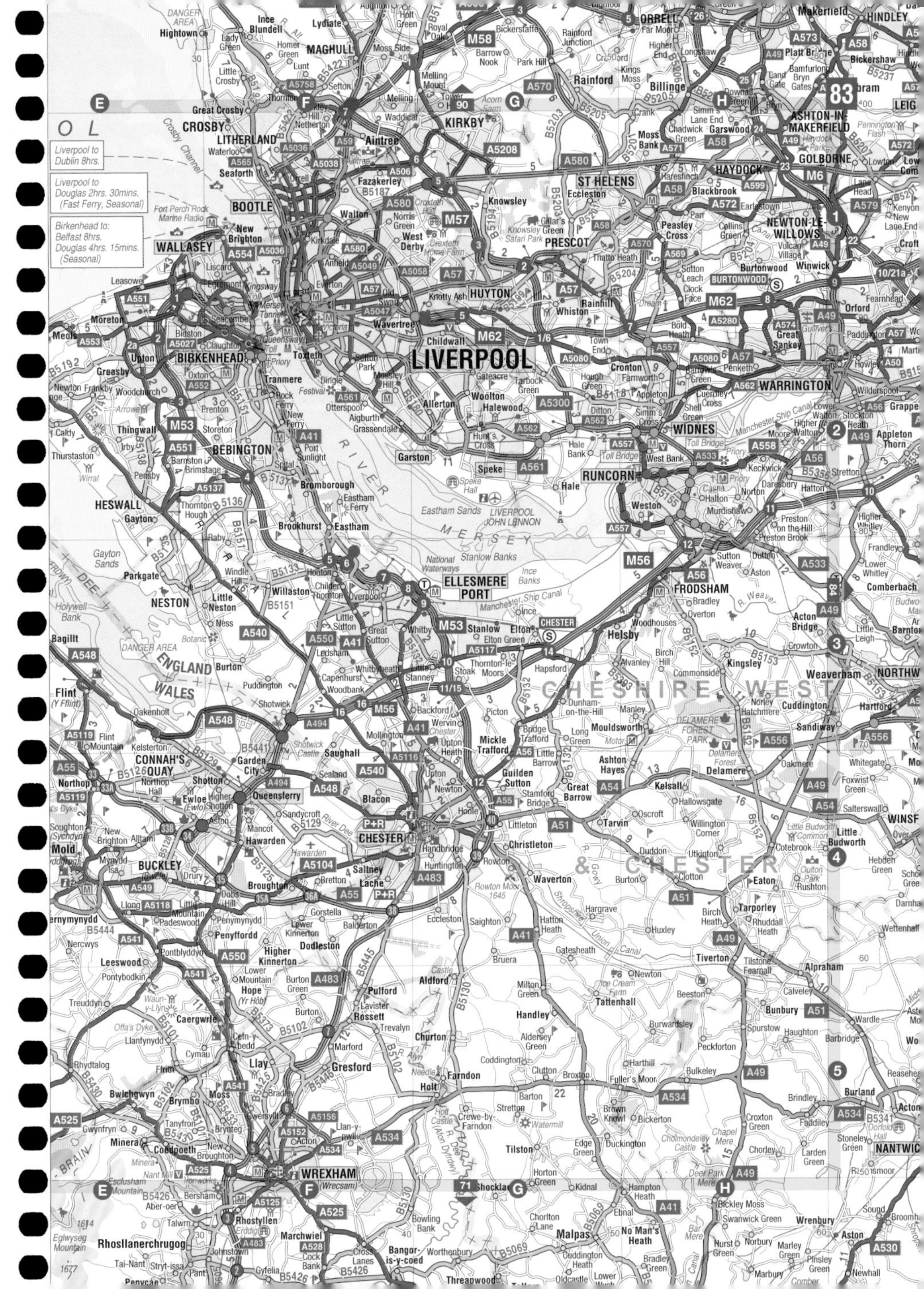
83
LIVERPOOL
Liverpool to Dublin 8hrs.
Liverpool to Douglas 2hrs. 30mins. (Fast Ferry, Seasonal)
Birkenhead to: Belfast 8hrs. Douglas 4hrs. 15mins. (Seasonal)
CROSBY
LITHERLAND
BOOTLE
WALLASEY
BIRKENHEAD
MAGHULL
KIRKBY
HUYTON
PRESCOT
ST HELENS
HAYDOCK
GOLBORNE
ASHTON-IN-MAKERFIELD
HINDLEY
NEWTON-LE-WILLOWS
WARRINGTON
WIDNES
RUNCORN
FRODSHAM
ELLESMERE PORT
HESWALL
NESTON
BEBINGTON
CHESTER
CONNAH'S QUAY
BUCKLEY
Mold
Flint
WREXHAM
(Wrecsam)
Queensferry
Speke
Garston
LIVERPOOL JOHN LENNON
Eastham Sands
MERSEY
RIVER
Stanlow Banks
Manchester Ship Canal
ENGLAND
WALES
DEE
CHESHIRE WEST & CHESTER
DELAMERE FOREST PARK
Rainford
Billinge
Kelsall
Tarporley
Malpas
Holt
Farndon
Rossett
Gresford
Llay
Hawarden
Tattenhall
Bunbury
Weaverham
Cuddington
Helsby
Little Budworth
Winwick
Penketh
Halewood
Woolton
Hale
Moreton
Hoylake
Upton
Greasby
Tranmere
Bromborough
Willaston
Parkgate
Burton
Saughall
Blacon
Saltney
Caergwrle
Brymbo
Minera
Coedpoeth
Rhosllanerchrugog
Marchwiel
Bangor-is-y-coed
Worthenbury
No Man's Heath
Wrenbury
NANTWICH
NORTHWICH
WINSFORD
Acton
Burland
DANGER AREA
90
71
84
M58
M57
M62
M53
M56
M6
A580
A5080
A562
A557
A41
A55
A483
A49
A51
A534
A56
A533
A54
A548
A550
A540
A541
A525
A5104
A5117
A556
A5300
A561
A570
A58
A5208
A59
A506
A5036
A57
A5047
A5038
A554
A551
A553
A552
A5027
A5137
A565
A5058
A5049
A5118
A5119
A549
A494
A5116
A5152
A5156
A528
A530
A572
A573
A579
A574
A5280
A558
A571
A599
A569
B5130
B5445
B5102
B5069
B5426
B5151
B5136
B5133
B5132
B5152
B5153
B5393
B5125
B5129
B5441

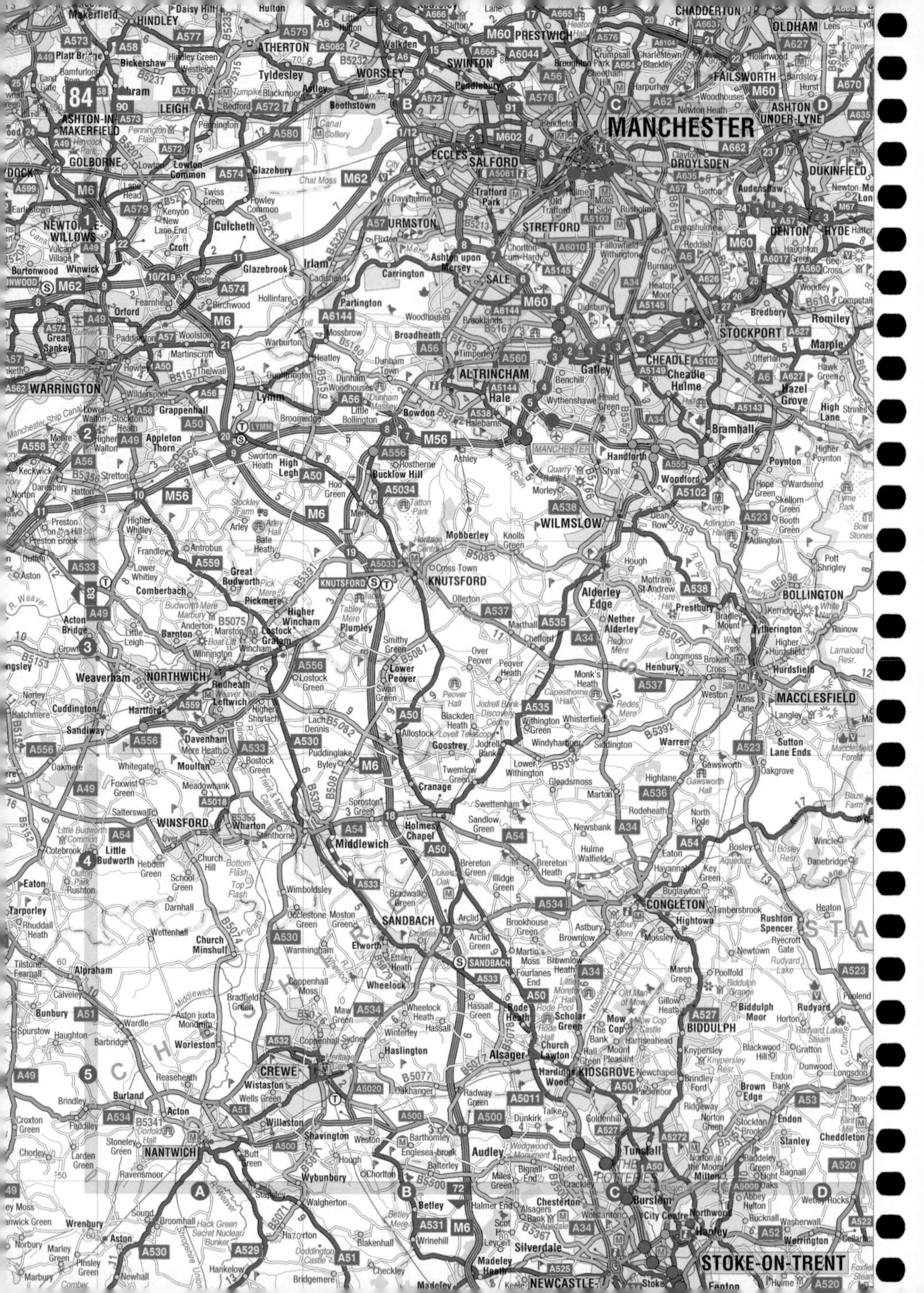

84
MANCHESTER
STOKE-ON-TRENT
MAKERFIELD
HINDLEY
ATHERTON
PRESTWICH
CHADDERTON
OLDHAM
Tyldesley
WORSLEY
SWINTON
Pendlebury
FAILSWORTH
ASHTON-IN-MAKERFIELD
LEIGH
Boothstown
ASHTON UNDER-LYNE
GOLBORNE
Lowton Common
Glazebury
ECCLES
SALFORD
DROYLSDEN
DUKINFIELD
Chat Moss
Trafford Park
NEWTON-LE-WILLOWS
Culcheth
URMSTON
STRETFORD
DENTON
HYDE
Winwick
Croft
Glazebrook
Irlam
Carrington
Ashton upon Mersey
SALE
Partington
Orford
Birchwood
Woolston
Great Sankey
Broadheath
Timperley
Didsbury
STOCKPORT
Romiley
Marple
WARRINGTON
Lymm
ALTRINCHAM
Hale
Gatley
CHEADLE
Cheadle Hulme
Hazel Grove
Grappenhall
Dunham Town
Bowdon
Wythenshawe
Bramhall
Appleton Thorn
High Legh
Bucklow Hill
Rostherne
Ashley
MANCHESTER
Handforth
Styal
Woodford
Poynton
Stretton
Daresbury
Preston on the Hill
Mere
Tatton Park
WILMSLOW
Mobberley
Knolls Green
Arley
Antrobus
Great Budworth
KNUTSFORD
Cross Town
Alderley Edge
Prestbury
BOLLINGTON
Comberbach
Pickmere
Higher Wincham
Plumley
Nether Alderley
Acton Bridge
Barnton
Lostock Gralam
Over Peover
Peover Heath
Henbury
MACCLESFIELD
Weaverham
NORTHWICH
Rudheath
Leftwich
Hartford
Cuddington
Sandiway
Davenham
Lower Peover
Jodrell Bank Discovery Centre
Goostrey
Siddington
Warren
Gawsworth
Sutton Lane Ends
Moulton
Byley
Cranage
Marton
WINSFORD
Wharton
Middlewich
Holmes Chapel
Swettenham
North Rode
Little Budworth
Eaton
Tarporley
Church Minshull
Wimboldsley
Brereton Green
Brereton Heath
CONGLETON
Rushton Spencer
SANDBACH
Elworth
Wheelock
Alpraham
Bunbury
Rode Heath
Scholar Green
Mow Cop
BIDDULPH
Biddulph Moor
Rudyard
Worleston
Haslington
Alsager
Church Lawton
KIDSGROVE
CREWE
Wistaston
Burland
Acton
Willaston
Shavington
NANTWICH
Audley
Tunstall
THE POTTERIES
Wybunbury
Betley
Chesterton
Burslem
Milton
Endon
Stanley
Cheddleton
Wrenbury
Aston
Hanley
Silverdale
Madeley Heath
NEWCASTLE-
Fenton
Werrington
M6
M56
M60
M62
M602

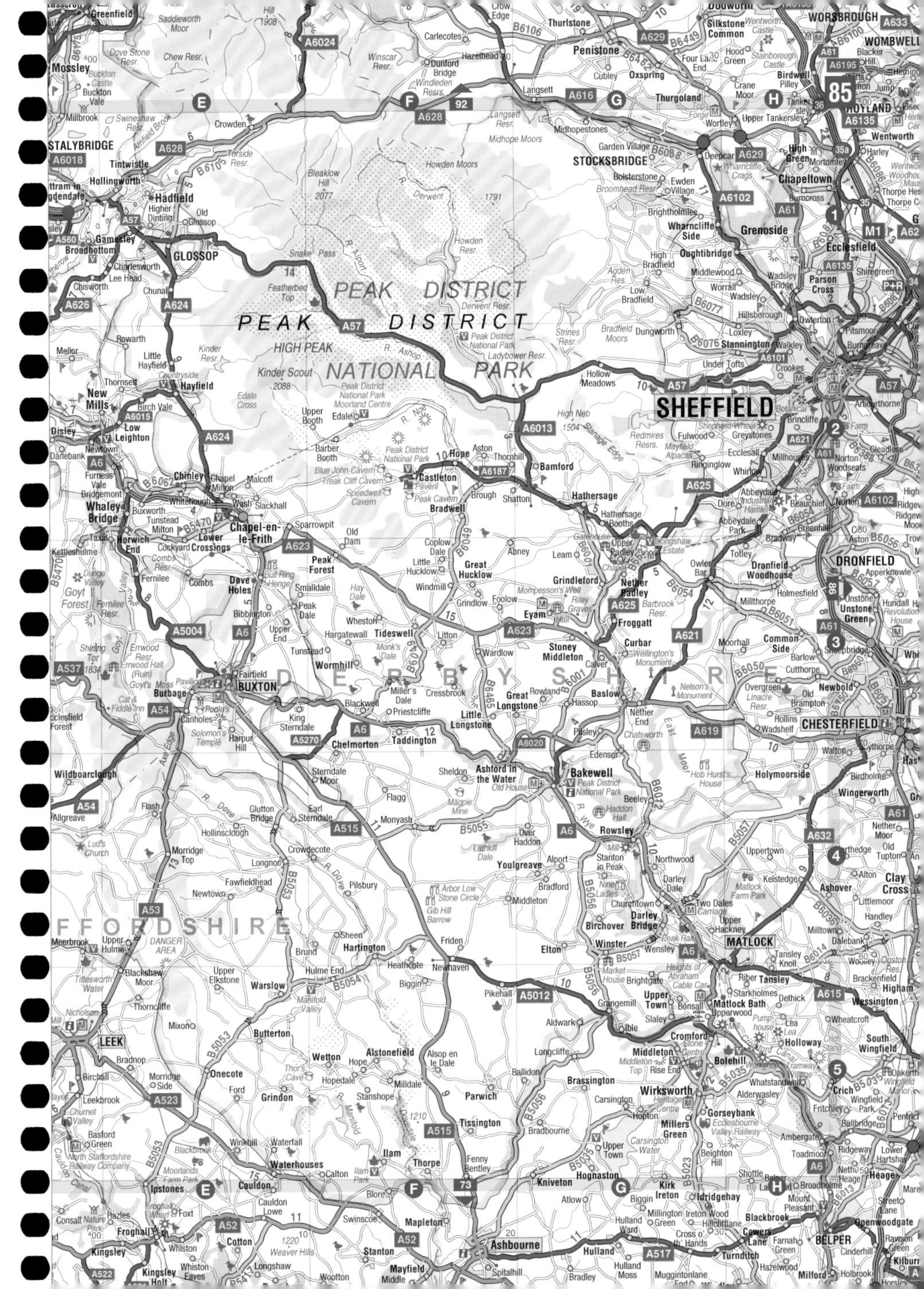

Greenfield
Saddleworth Moor
A6024
Crow Edge
Thurlstone
Dodworth
WORSBROUGH
A633
WOMBWELL
Mossley
Dove Stone Resr.
Chew Resr.
Winscar Resr.
Carlecotes
Dunford Bridge
Windleden Resrs.
Hazlehead
Penistone
A629
Silkstone Common
Four Lane End
Hood Green
Oxspring
Cubley
Stainborough Castle
Birdwell
Pilley
A6195
Buckton Castle
Buckton Vale
Millbrook
E
F
92
A628
Langsett
A616
G
Thurgoland
H
85
ROYLAND
A6135
Swineshaw Resr.
Crowden
Langsett Resr.
Midhope Moors
Midhopestones
Garden Village
Wortley
Upper Tankersley
Wentworth
STALYBRIDGE
A6018
A628
Torside Resr.
Howden Moors
STOCKSBRIDGE
Deepcar
A629
High Green
Mortomley
Harley
Tintwistle
Hollingworth
Hadfield
Bleaklow Hill
2077
R. Derwent
1791
Bolsterstone
Broomhead Resr.
Ewden Village
Wharncliffe Crags
Chapeltown
A6102
Burncross
Higher Dinting
Old Glossop
A57
A560
Gamesley
Broadbottom
GLOSSOP
Brightholmlee
Wharncliffe Side
Grenoside
A61
M1
Charlesworth
Lee Head
Chisworth
Snake Pass
R. Alport
Howden Resr.
High Bradfield
Oughtibridge
Ecclesfield
A6135
Shiregreen
Chunal
A626
A624
Featherbed Top
PEAK DISTRICT
PEAK DISTRICT
PEAK DISTRICT NATIONAL PARK
Derwent Resr.
Agden Res.
Low Bradfield
Middlewood
Worrall
Wadsley
Wadsley Bridge
Parson Cross
Hillsborough
Owlerton
Pitsmoor
A57
Peak District National Park
Bradfield Moors
Dungworth
Strines Resr.
B6076
Stannington
Loxley
Walkley
Burngreave
Rowarth
Mellor
Little Hayfield
Kinder Resr.
HIGH PEAK
R. Ashop
Ladybower Resr.
Under Tofts
A6101
Crookes
Thornsett
Countryside
Hayfield
Kinder Scout
2088
NATIONAL PARK
Hollow Meadows
A57
SHEFFIELD
A57
New Mills
Birch Vale
A6015
Edale Cross
Peak District National Park Moorland Centre
Upper Booth
Edale
R. Noe
High Neb
1504
Stanage Edge
Redmires Resrs.
Botanical
Shepherd Wheel
Fulwood
Greystones
Brincliffe
Arbourthorne
Disley
Low Leighton
Newtown
A624
A6013
Mayfield Alpacas
Ecclesall
A621
Millhouses
Norton Woodseats
Danebank
A6
Barber Booth
Peak District National Park
Hope
Aston
Thornhill
Bamford
Ringinglow
Whirlow
Furness Vale
Bridgemont
Chinley
Chapel Milton
Malcoff
Blue John Cavern
Treak Cliff Cavern
Castleton
Peveril
A6187
Speedwell Cavern
Peak Cavern
Brough
Shatton
Hathersage
A625
Abbeydale Industrial Hamlet
Beauchief
Norton
A6102
Whaley Bridge
B6062
Buxworth
Whitehough
Wash
Slackhall
Bradwell
Dore
Hathersage Booths
Abbeydale Park
Tunstead Milton
B5470
Chapel-en-le-Frith
Sparrowpit
Old Dam
Coplow Dale
B6049
Abney
Leam
Upper Padley
Longshaw Estate
Bradway
Greenhill
Aston
B6056
Taxal
Horwich End
Cockyard
Lower Crossings
A623
Peak Forest
Little Hucklow
Great Hucklow
Grindleford
Owler Bar
Totley
Dronfield Woodhouse
DRONFIELD
Apperknowle
Kettleshulme
Combs Resr.
Dove Holes
Bull Ring Henge
Smalldale
Hay Dale
Windmill
Grindlow
Foolow
Mompesson's Well
Riley Graves
Nether Padley
B6054
Holmesfield
Unstone
Unstone Green
Goyt Forest
Fernilee
Combs
Fernilee Resr.
Bibbington
Peak Dale
Wheston
Eyam
A625
Barbrook Resr.
Froggatt
Millthorpe
B6051
Hundall
Revolution House
A5004
A6
Upper End
Hargatewall
Tideswell
Litton
A623
A621
Moorhall
Common Side
A61
3
Errwood Resr.
Shining Tor
1834
Errwood Hall (Ruin)
Tunstead
Monk's Dale
Wardlow
Stoney Middleton
Curbar
Wellington's Monument
Barlow
Sheepbridge
A537
Goyt's Moss
Pavilion
Fairfield
BUXTON
Wormhill
DERBYSHIRE
Calver
B6050
Cutthorpe
Nelson's Monument
Overgreen
Linacre Resr.
Newbold
Old Brampton
Cat & Fiddle Inn
Burbage
A54
Poole's Cavern
Miller's Dale
Cressbrook
B6465
Great Longstone
Rowland
B6001
Hassop
Baslow
Nether End
Hollins
Wadshelf
CHESTERFIELD
Macclesfield Forest
Canholes
Solomon's Temple
Blackwell
Priestcliffe
King Sterndale
Little Longstone
A6
A5270
Chelmorton
Taddington
A6020
Pilsley
Chatsworth
East Moor
A619
Walton
Boythorpe
Harpur Hill
Axe Edge
Wildboarclough
Sheldon
Ashford in the Water
Bakewell
Old House
Peak District National Park
Edensor
Hob Hurst's House
Holmoorside
Birdholme
Sterndale Moor
Flagg
Magpie Mine
Haddon Hall
Beeley
B6012
Wingerworth
A54
Flash
Glutton Bridge
Earl Sterndale
A515
Monyash
R. Wye
A6
Rowsley
A61
Allgreave
R. Dove
Hollinsclough
B5055
Over Haddon
Nether Moor
Lud's Church
Morridge Top
Crowdecote
Lathkill Dale
Alport
Stanton in Peak
Northwood
Uppertown
A632
Old Tupton
Longnor
B5053
Youlgreave
Darley Dale
Fawfieldhead
Pilsbury
Arbor Low Stone Circle
Bradford
Nine Ladies
Matlock Farm Park
Kelstedge
Clay Cross
Newtown
Middleton
Churchtown
Two Dales
Carriage
Ashover
Littlemoor
A53
Gib Hill Barrow
Darley Bridge
Upper Hackney
Handley
FFORDSHIRE
Birchover
Milltown
Meerbrook
Upper Hulme
DANGER AREA
Sheen
Hartington
Friden
Elton
Winster
Wensley
A6
MATLOCK
Dalebank
Brund
Tansley Knoll
B6014
Woolley
Ogston Res
Blackshaw Moor
Tittesworth Water
Upper Elkstone
Hulme End
Heathcote
Newhaven
B5057
Market House
Brightgate
Heights of Abraham Cable Car
Riber
Tansley
Brackenfield
Higham
Warslow
B5054
Biggin
Pikehall
A5012
B5056
Upper Town
Starkholmes
Dethick
A615
Wessington
Manifold Valley
Grangemill
Bonsall
Matlock Bath
Thorncliffe
Slaley
Upperwood
Pump house
Lea
Wheatcroft
Mixon
Aldwark
Ible
Cromford
Holloway
South Wingfield
LEEK
Butterton
Longcliffe
Middleton
Middleton Top
Bolehill
Rise End
Bradnop
Wetton
Alstonefield
Hope
Alsop en le Dale
Ballidon
Brassington
Onecote
Thor's Cave
Hopedale
Milldale
Crich
Birchall
Morridge Side
Leekbrook
Ford
Grindon
Stanshope
Parwich
Wirksworth
Whatstandwell
Wingfield Manor
A523
Churnet Valley
R. Manifold
Carsington
Heritage Centre
Alderwasley
Gorseybank
Fritchley
Wingfield Park
Basford Green
1210
Dovedale
A515
Tissington
B5056
Hopton
Millers Green
Ecclesbourne Valley Railway
Bullbridge
North Staffordshire Railway Company
Winkhill
Waterfall
Blackbrook
Bradbourne
Carsington Water
Ambergate
Ilam
Thorpe
Fenny Bentley
Upper Town
B5035
Beighton Hill
Toadmoor
Ridgeway
Lower Hartshay
Waterhouses
Calton
Ilam Park
Moorlands Farm Park
A6
Nether Heage
Heage
Ipstones
E
Cauldon
F
73
Kniveton
Hognaston
G
Kirk Ireton
Shottle
H
Broadholme
Cauldon Lowe
Blore
Atlow
Biggin
Idridgehay
Mount Pleasant
Street Lane
Consall Nature Park
Hazlets
Foxt
Froghall Wharf
Froghall
A52
Cotton
Swinscoe
Mapleton
Hulland Ward
Millington Green
Ireton Wood
Hillcliftlane
Blackbrook
Openwoodgate
1220
Weaver Hills
A52
Ashbourne
Hulland
A517
Cross o' th' Hands
Cowers Lane
Farnah Green
BELPER
Rawson Green
Kingsley
Whiston
Stanton
Turnditch
Cinderhill
A522
Kingsley Holt
Whiston Eaves
Longshaw
Wootton
Mayfield
Middle
Spitalhill
Hulland Moss
Bradley
Mugginton
Hazelwood
Milford
Holbrook

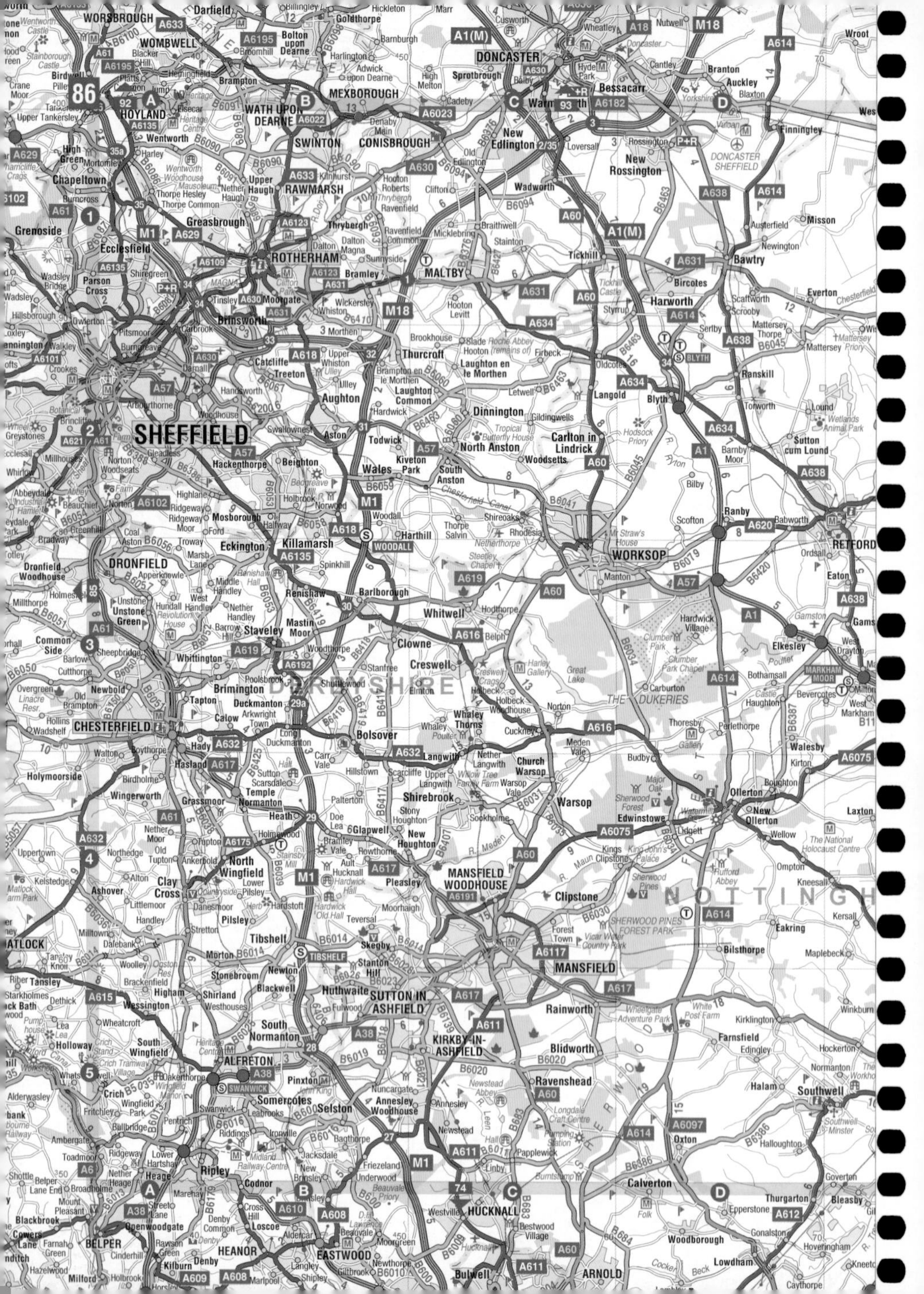

86
WORSBROUGH
Darfield
WOMBWELL
Bolton upon Dearne
Goldthorpe
Hickleton
Cusworth
DONCASTER
A1(M)
M18
A18
Nutwell
A614
Wroot
Birdwell
HOYLAND
WATH UPON DEARNE
MEXBOROUGH
Sprotbrough
Bessacarr
Branton
Auckley
Blaxton
SWINTON
CONISBROUGH
New Edlington
Loversall
New Rossington
Finningley
DONCASTER SHEFFIELD
Chapeltown
Wentworth
RAWMARSH
Wadworth
Grenoside
Greasbrough
Ecclesfield
ROTHERHAM
Thrybergh
Braithwell
Tickhill
Misson
Bawtry
Parson Cross
MALTBY
Bircotes
Harworth
Everton
Brinsworth
M18
Thurcroft
Laughton en le Morthen
Firbeck
Oldcotes
Langold
Blyth
Mattersey
Ranskill
Torworth
Lound
Aughton
Todwick
Dinnington
Tropical Butterfly House
Carlton in Lindrick
SHEFFIELD
Beighton
Wales
Kiveton Park
North Anston
South Anston
Woodsetts
Hodsock Priory
Sutton cum Lound
Barnby Moor
Hackenthorpe
Chesterfield Canal
Shireoaks
Rhodesia
Ranby
Babworth
Mosborough
Killamarsh
Eckington
Harthill
Thorpe Salvin
WORKSOP
Scofton
RETFORD
DRONFIELD
Dronfield Woodhouse
Renishaw
Barlborough
Manton
Whitwell
Staveley
Mastin Moor
Clowne
Creswell
Elkesley
Clumber Park
Gamston
Hardwick Village
Sheepbridge
Whittington
Brimington
DERBYSHIRE
Creswell Crags
THE DUKERIES
Carburton
MARKHAM MOOR
CHESTERFIELD
Duckmanton
Bolsover
Whaley Thorns
Cuckney
Norton
Thoresby
Walesby
Holymoorside
Hasland
Langwith
Nether Langwith
Church Warsop
Meden Vale
Budby
Boughton
Wingerworth
Temple Normanton
Scarcliffe
Shirebrook
Warsop
Major Oak
Sherwood Forest
Ollerton
New Ollerton
Laxton
Edwinstowe
Clay Cross
North Wingfield
Pleasley
MANSFIELD WOODHOUSE
Clipstone
Rufford Abbey
The National Holocaust Centre
Ashover
Tibshelf
Skegby
NOTTINGH
SHERWOOD PINES FOREST PARK
Eakring
MATLOCK
Kersall
Bilsthorpe
MANSFIELD
Sutton in Ashfield
Huthwaite
Rainworth
Kirklington
South Wingfield
South Normanton
KIRKBY-IN-ASHFIELD
Blidworth
Farnsfield
ALFRETON
Ravenshead
Hockerton
Crich
Somercotes
Selston
Annesley Woodhouse
Southwell
Ripley
Newstead
Calverton
Oxton
Belper
Codnor
HUCKNALL
Thurgarton
Bleasby
HEANOR
EASTWOOD
Woodborough
Lowdham
Bulwell
ARNOLD
Caythorpe
Gonalston
Hoveringham

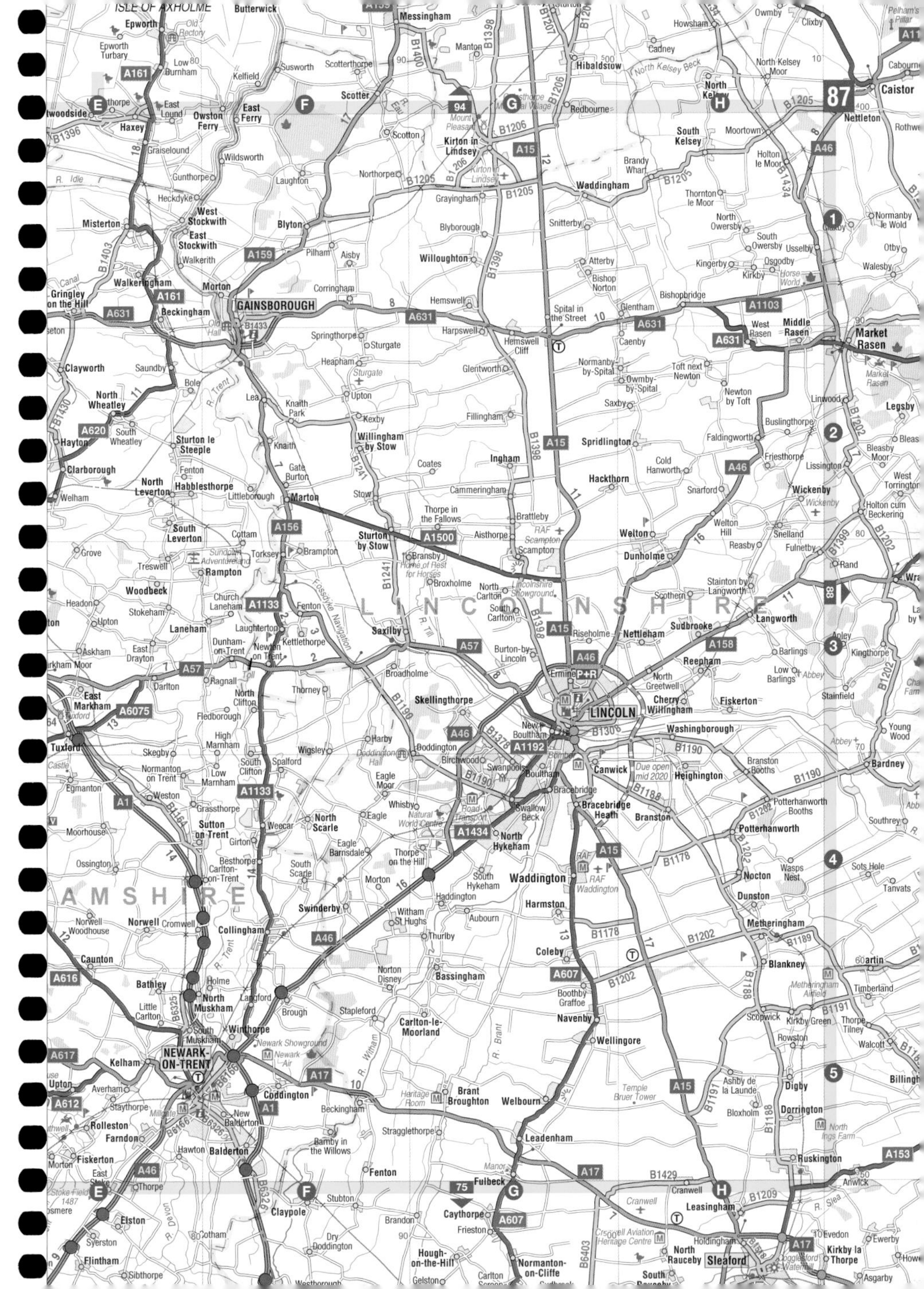

87
ISLE OF AXHOLME
Butterwick
Messingham
Epworth
Old Rectory
Manton
Hibaldstow
Cadney
Howsham
Owmby
Clixby
Caistor
Epworth Turbary
Low Burnham
Scotterthorpe
Susworth
Kelfield
North Kelsey Beck
North Kelsey Moor
North Kelsey
Scotter
Redbourne
Nettleton
Haxey
East Lound
Owston Ferry
East Ferry
Scotton
Kirton in Lindsey
South Kelsey
Moortown
Holton le Moor
Graiselound
Wildsworth
Brandy Wharf
Gunthorpe
Laughton
Northorpe
Kirton in Lindsey
Waddingham
Thornton le Moor
Heckdyke
West Stockwith
Grayingham
Misterton
East Stockwith
Blyton
Blyborough
Snitterby
North Owersby
South Owersby
Usselby
Normanby le Wold
Pilham
Aisby
Willoughton
Atterby
Kingerby
Osgodby
Kirkby
Walesby
Otby
Walkerith
Bishop Norton
Horse World
Gringley on the Hill
Walkeringham
Morton
Corringham
GAINSBOROUGH
Hemswell
Bishopbridge
Glentham
Spital in the Street
Beckingham
Old Hall
Springthorpe
Sturgate
Harpswell
Hemswell Cliff
Caenby
West Rasen
Middle Rasen
Market Rasen
Clayworth
Saundby
Heapham
Glentworth
Normanby-by-Spital
Owmby-by-Spital
Toft next Newton
Newton by Toft
Bole
Upton
Linwood
Legsby
North Wheatley
South Wheatley
Lea
Knaith Park
Kexby
Fillingham
Saxby
Buslingthorpe
Hayton
Sturton le Steeple
Knaith
Willingham by Stow
Spridlington
Faldingworth
Bleasby Moor
Clarborough
Fenton
Gate Burton
Coates
Ingham
Cold Hanworth
Friesthorpe
Lissington
West Torrington
North Leverton
Habblesthorpe
Littleborough
Marton
Stow
Cammeringham
Hackthorn
Snarford
Wickenby
Welham
Thorpe in the Fallows
Brattleby
Holton cum Beckering
South Leverton
Cottam
Sturton by Stow
Aisthorpe
RAF Scampton
Scampton
Welton
Welton Hill
Snelland
Grove
Torksey
Brampton
Bransby
Home of Rest for Horses
Dunholme
Reasby
Fulnetby
Rand
Treswell
Sundown Adventureland
Rampton
Broxholme
North Carlton
Lincolnshire Showground
Stainton by Langworth
Woodbeck
Headon
Church Laneham
Fenton
Scothern
Langworth
Upton
Stokeham
LINCOLNSHIRE
South Carlton
Laneham
Laughterton
Saxilby
Riseholme
Nettleham
Sudbrooke
Apley
Kingthorpe
Askham
East Drayton
Dunham-on-Trent
Newton on Trent
Kettlethorpe
Fossdyke Navigation
Burton-by-Lincoln
Barlings
Reepham
Low Barlings
Abbey
Ragnall
Darlton
Broadholme
Ermine
North Greetwell
Cherry Willingham
Fiskerton
Stainfield
East Markham
Thorney
North Clifton
Skellingthorpe
LINCOLN
Tuxford
Fledborough
New Boultham
Washingborough
Young Wood
High Marnham
Harby
Doddington
Doddington Hall
Abbey
Bardney
Skegby
Wigsley
Birchwood
Boultham
Canwick
Due open mid 2020
Heighington
Branston Booths
Normanton on Trent
Low Marnham
South Clifton
Spalford
Swanpool
Egmanton
Eagle Moor
Bracebridge
Weston
Grassthorpe
Whisby
Natural World Centre
Road Transport
Swallow Beck
Bracebridge Heath
Branston
Potterhanworth Booths
Moorhouse
Sutton on Trent
Weecar
North Scarle
Eagle
North Hykeham
Potterhanworth
Southrey
Girton
Eagle Barnsdale
RAF Waddington
Ossington
Besthorpe
Carlton-on-Trent
South Scarle
Thorpe on the Hill
Morton
South Hykeham
Waddington
Nocton
Wasps Nest
Sots Hole
Tanvats
AMSHIRE
Swinderby
Haddington
Harmston
Dunston
Norwell Woodhouse
Norwell
Cromwell
Collingham
Witham St Hughs
Aubourn
Metheringham
Thurlby
Coleby
Blankney
Caunton
Holme
Norton Disney
Bassingham
Boothby Graffoe
Metheringham Airfield
Timberland
Bathley
North Muskham
Langford
Little Carlton
South Muskham
Brough
Stapleford
Carlton-le-Moorland
Navenby
Scopwick
Kirkby Green
Thorpe Tilney
Winthorpe
Newark Showground
Newark Air
Wellingore
Rowston
Walcott
NEWARK-ON-TRENT
Kelham
Upton
Averham
Coddington
Heritage Room
Brant Broughton
Welbourn
Temple Bruer Tower
Ashby de la Launde
Digby
Billinghay
Staythorpe
Rolleston
Farndon
New Balderton
Beckingham
Bloxholm
Dorrington
North Ings Farm
Stragglethorpe
Leadenham
Hawton
Balderton
Barnby in the Willows
Fiskerton
Ruskington
East Stoke
Fenton
Manor
Fulbeck
Cranwell
Anwick
Thorpe
Stoke Field 1487
Claypole
Stubton
Caythorpe
Leasingham
Elston
Brandon
Frieston
Cranwell Aviation Heritage Centre
Holdingham
Evedon
Ewerby
Syerston
Cotham
Dry Doddington
Hough-on-the-Hill
North Rauceby
Sleaford
Kirkby la Thorpe
Flintham
Sibthorpe
Gelston
Carlton Scroop
Normanton-on-Cliffe
South Rauceby
Asgarby
Westborough
A161
A159
A631
A620
A57
A6075
A1133
A156
A1500
A15
A46
A158
A1103
A1192
A1434
A607
A616
A617
A612
A1
A17
A153
B1396
B1403
B1430
B1433
B1400
B1398
B1207
B1206
B1205
B1434
B1241
B1190
B1378
B1308
B1188
B1202
B1178
B1189
B1191
B1399
B1429
B1209
B1164
B6325
B6166
B6326
B6403
B1518
94
75
88

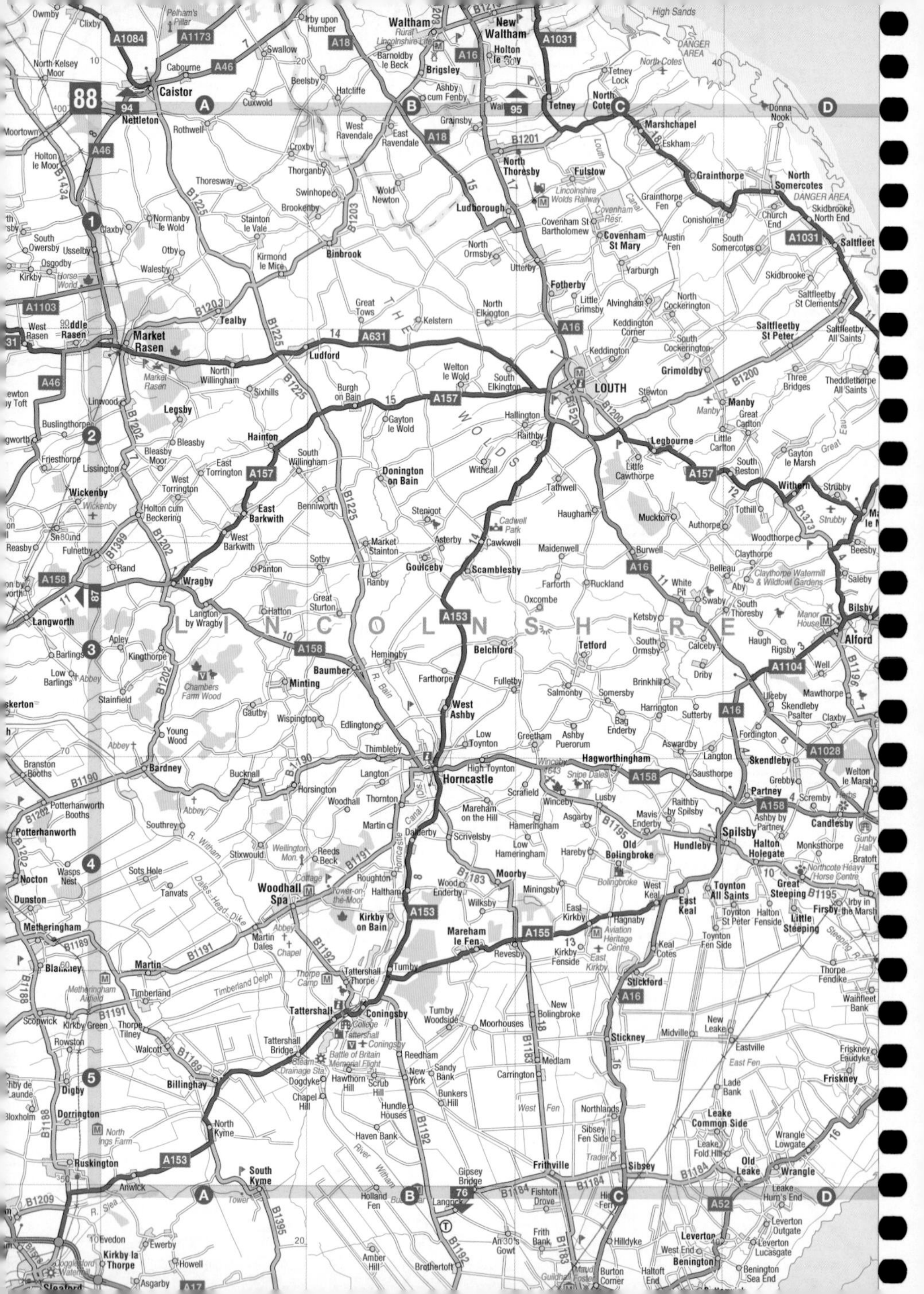
88
Ownby
Clixby
A1084
Pelham's Pillar
A1173
Irby upon Humber
Waltham
Rural Lincolnshire Life
New Waltham
A1031
High Sands
A18
A16
Holton le Clay
DANGER AREA
North Kelsey Moor
Swallow
Barnoldby le Beck
Brigsley
North Cotes
Tetney Lock
Cabourne
A46
Caistor
Beelsby
Hatcliffe
Ashby cum Fenby
94
Nettleton
Cuxwold
95
Tetney
North Cote
Donna Nook
Moortown
Rothwell
West Ravendale
East Ravendale
Grainsby
Marshchapel
Eskham
A18
B1201
Holton le Moor
A46
Croxby
North Thoresby
Fulstow
Thorganby
Lincolnshire Wolds Railway
Grainthorpe
North Somercotes
Thoresway
Swinhope
Wold Newton
B1434
Brookenby
Ludborough
Covenham Resr.
Grainthorpe Fen
DANGER AREA
Skidbrooke North End
Normanby le Wold
Stainton le Vale
B1225
B1203
Covenham St Bartholomew
Conisholme
Church End
Claxby
Covenham St Mary
Austin Fen
South Somercotes
A1031
Saltfleet
South Owersby
Usselby
Otby
Kirmond le Mire
Binbrook
North Ormsby
Utterby
Osgodby
Walesby
Yarburgh
Kirkby
Horse World
Skidbrooke
Fotherby
A1103
B1203
Great Tows
North Elkington
Little Grimsby
Alvingham
North Cockerington
Saltfleetby St Clements
Tealby
Kelstern
Keddington Corner
Saltfleetby St Peter
Saltfleetby All Saints
West Rasen
Middle Rasen
Market Rasen
A631
Ludford
A16
South Cockerington
B1225
Keddington
Grimoldby
North Willingham
Welton le Wold
Burgh on Bain
South Elkington
Three Bridges
Theddlethorpe All Saints
Market Rasen
Sixhills
LOUTH
Stewton
B1200
A46
Linwood
A157
Manby
Manby
Legsby
Gayton le Wold
Hallington
B1520
Great Carlton
B1202
Buslingthorpe
Hainton
Raithby
Legbourne
Little Carlton
Bleasby
Bleasby Moor
South Willingham
WOLDS
Little Cawthorpe
A157
South Reston
Gayton le Marsh
Friesthorpe
Lissington
East Torrington
A157
Donington on Bain
Withcall
Great Eau
West Torrington
Tathwell
Withern
Strubby
Wickenby
Wickenby
East Barkwith
Benniworth
Haugham
Muckton
Tothill
B1373
Holton cum Beckering
Stenigot
Cadwell Park
Authorpe
Strubby
Snarford
West Barkwith
Market Stainton
Asterby
Cawkwell
Woodthorpe
Reasby
Fulnetby
B1399
Maidenwell
Burwell
Claythorpe
Beesby
Rand
Panton
Sotby
Goulceby
Scamblesby
A16
Belleau
Claythorpe Watermill & Wildfowl Gardens
A158
Wragby
Ranby
Farforth
Ruckland
White Pit
Aby
Saleby
87
Oxcombe
Swaby
South Thoresby
Langworth
Hatton
Great Sturton
A153
Ketsby
Manor House
Bilsby
Langton by Wragby
LINCOLNSHIRE
Apley
Alford
Barlings
Kingthorpe
A158
Belchford
Tetford
South Ormsby
Calceby
Haugh
Rigsby
Hemingby
A1104
Low Barlings
Abbey
Baumber
Well
Minting
Farthorpe
Fulletby
Brinkhill
Driby
Chambers Farm Wood
Stainfield
R. Bain
B1196
Mawthorpe
Salmonby
Somersby
Ulceby
Gautby
West Ashby
Harrington
Sutterby
Skendleby Psalter
Claxby
Wispington
Edlington
Bag Enderby
A16
Young Wood
Low Toynton
Greetham
Ashby Puerorum
Fordington
Aswardby
Abbey
Branston Booths
Thimbleby
Winceby 1643
Hagworthingham
Langton
Skendleby
A1028
Bardney
B1190
Bucknall
Langton
High Toynton
Horncastle
Snipe Dales
A158
Sausthorpe
Grebby
Welton le Marsh
B1190
Horsington
Scrafield
Lusby
Raithby by Spilsby
Partney
Scremby
Potterhanworth Booths
Woodhall
Thornton
Mareham on the Hill
Winceby
Mavis Enderby
A158
Ashby by Partney
Candlesby
Abbey
Martin
Asgarby
Gunby Hall
Southrey
Hameringham
B1195
Spilsby
Potterhanworth
B1202
R. Witham
Dalderby
Scrivelsby
Old Bolingbroke
Hundleby
Halton Holegate
Monksthorpe
Wellington Mon.
Reeds Beck
Low Hameringham
Hareby
Bratoft
Stixwould
B1191
Bolingbroke
Northcote Heavy Horse Centre
Nocton
Wasps Nest
Sots Hole
Horncastle Canal
Moorby
Cottage
Roughton
B1183
Miningsby
Toynton All Saints
Great Steeping
B1195
Tanvats
Woodhall Spa
Tower-on-the-Moor
Haltham
Wood Enderby
West Keal
East Keal
Irby in the Marsh
Dunston
Dales Head Dike
Wilksby
Firsby
Toynton St Peter
Halton Fenside
Kirkby on Bain
A153
Little Steeping
Mareham le Fen
East Kirkby
Hagnaby
Metheringham
Abbey
A155
Aviation Heritage Centre
Martin Dales
Chapel
Revesby
Kirkby Fenside
Toynton Fen Side
B1189
B1192
Keal Cotes
Blankney
Martin
Thorpe Camp
East Kirkby
Thorpe Fendike
Metheringham Airfield
Timberland Delph
Tattershall Thorpe
Tumby
Stickford
B1188
Timberland
A16
Wainfleet Bank
Tattershall
Coningsby
Tumby Woodside
New Bolingbroke
B1191
College
Scopwick
Kirkby Green
Thorpe Tilney
Tattershall
Moorhouses
New Leake
Coningsby
Midville
Eastville
Friskney Eaudyke
Rowston
Walcott
Tattershall Bridge
Battle of Britain Memorial Flight
Reedham
B1183
Stickney
B1189
Steam Drainage Sta.
Medlam
Sandy Bank
East Fen
Ashby de la Launde
Digby
Billinghay
Dogdyke
Hawthorn Hill
Scrub Hill
New York
Carrington
Lade Bank
Friskney
Chapel Hill
Bunkers Hill
Bloxholm
Dorrington
West Fen
Northlands
Leake Common Side
Hundle Houses
North Kyme
B1192
Sibsey Fen Side
Wrangle Lowgate
North Ings Farm
Haven Bank
River Witham
Leake Fold Hill
Ruskington
A153
Frithville
Sibsey
Old Leake
Wrangle
Trader
South Kyme
Gipsey Bridge
B1184
B1184
Anwick
Holland Fen
76
Fishtoft Drove
Hilldyke Fen
Leake Hurn's End
A52
B1209
R. Slea
Tower
Langrick
Leverton Outgate
Evedon
B1395
Frith Bank
B1183
Leverton
Ewerby
Amber Hill
Anton's Gowt
Hilldyke
West End
Leverton Lucasgate
Kirkby la Thorpe
Cogglesford Watermill
Howell
Brothertoft
Halftoft End
Benington
Benington Sea End
Sleaford
Asgarby
A17
Burton Corner
B1192

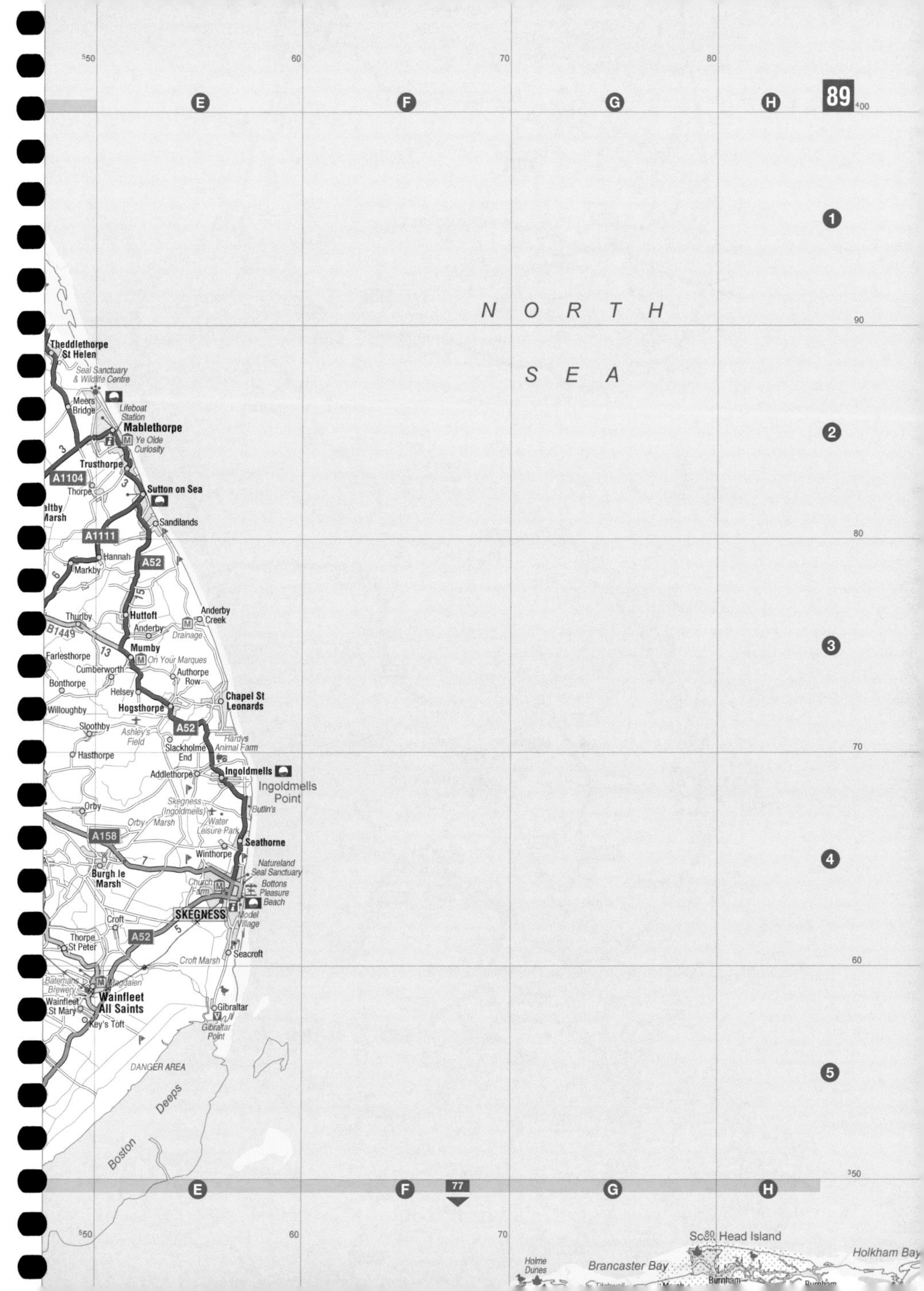

550   60   70   80

1

N O R T H

90

S E A

2

80

3

70

4

60

5

Theddlethorpe St Helen

Seal Sanctuary & Wildlife Centre

Meers Bridge

Lifeboat Station

Mablethorpe

Ye Olde Curiosity

Trusthorpe

A1104

Thorpe

altby Marsh

Sutton on Sea

Sandilands

A1111

Hannah

Markby

A52

Thurlby

Huttoft

Anderby Creek

Anderby

Drainage

B1449

13

Mumby

Farlesthorpe

On My Marques

Cumberworth

Authorpe Row

Bonthorpe

Helsey

Willoughby

Hogsthorpe

Chapel St Leonards

Sloothby

Ashley's Field

A52

Hardys Animal Farm

Hasthorpe

Slackholme End

Addlethorpe

Ingoldmells

Orby

Skegness (Ingoldmells)

Ingoldmells Point

Butlin's

Orby Marsh

Water Leisure Park

A158

Winthorpe

Seathorne

Burgh le Marsh

7

Natureland Seal Sanctuary

Church Farm

Bottons Pleasure Beach

Croft

SKEGNESS

Model Village

Thorpe St Peter

A52

Seacroft

Croft Marsh

Batemans Brewery

Magdalen

Wainfleet All Saints

Wainfleet St Mary

Key's Toft

Gibraltar

Gibraltar Point

DANGER AREA

Deeps

Boston

550   60   70   50

Scolt Head Island

Holme Dunes

Brancaster Bay

Burnham

Holkham Bay

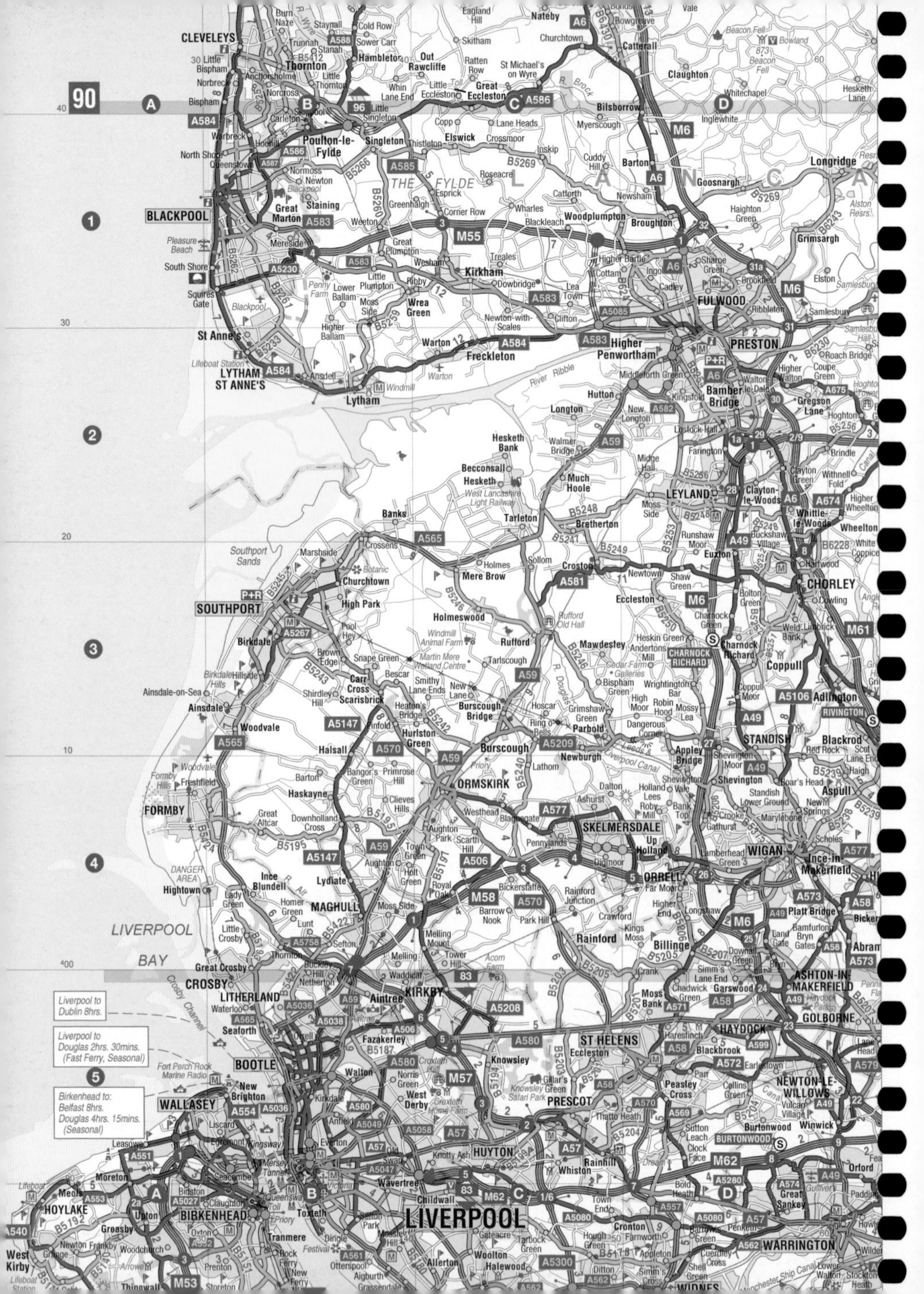

90
CLEVELEYS
Thornton
Hambleton
Out Rawcliffe
Great Eccleston
Catterall
Claughton
Beacon Fell
Bowland
Bispham
Poulton-le-Fylde
Singleton
Elswick
Bilsborrow
Inglewhite
Longridge
THE FYLDE
BLACKPOOL
Great Marton
Staining
Woodplumpton
Broughton
Goosnargh
Grimsargh
Kirkham
Pleasure Beach
South Shore
Squires Gate
Wrea Green
FULWOOD
PRESTON
St Anne's
LYTHAM ST ANNE'S
Lytham
Warton
Freckleton
Higher Penwortham
River Ribble
Bamber Bridge
Hutton
Longton
Hesketh Bank
Much Hoole
LEYLAND
Becconsall
Hesketh
West Lancashire Light Railway
Banks
Tarleton
Bretherton
Euxton
CHORLEY
Southport Sands
Crossens
Churchtown
SOUTHPORT
High Park
Mere Brow
Croston
Eccleston
Holmeswood
Rufford
Rufford Old Hall
Mawdesley
Birkdale
Martin Mere Wetland Centre
Charnock Richard
Coppull
Adlington
Ainsdale-on-Sea
Ainsdale
Scarisbrick
Burscough Bridge
Parbold
Woodvale
Halsall
Burscough
Newburgh
Appley Bridge
STANDISH
Blackrod
Formby
FORMBY
ORMSKIRK
Haskayne
SKELMERSDALE
WIGAN
Up Holland
ORRELL
Ince-in-Makerfield
Hightown
Ince Blundell
Lydiate
MAGHULL
Rainford
LIVERPOOL BAY
Great Crosby
CROSBY
LITHERLAND
Aintree
KIRKBY
ASHTON-IN-MAKERFIELD
GOLBORNE
HAYDOCK
ST HELENS
Liverpool to Dublin 8hrs.
Liverpool to Douglas 2hrs. 30mins. (Fast Ferry, Seasonal)
Birkenhead to: Belfast 8hrs. Douglas 4hrs. 15mins. (Seasonal)
BOOTLE
Knowsley
PRESCOT
NEWTON-LE-WILLOWS
WALLASEY
New Brighton
HUYTON
Winwick
HOYLAKE
BIRKENHEAD
LIVERPOOL
WARRINGTON
West Kirby
Woolton
Halewood
WIDNES
M6
M55
M61
M58
M57
M62
M53

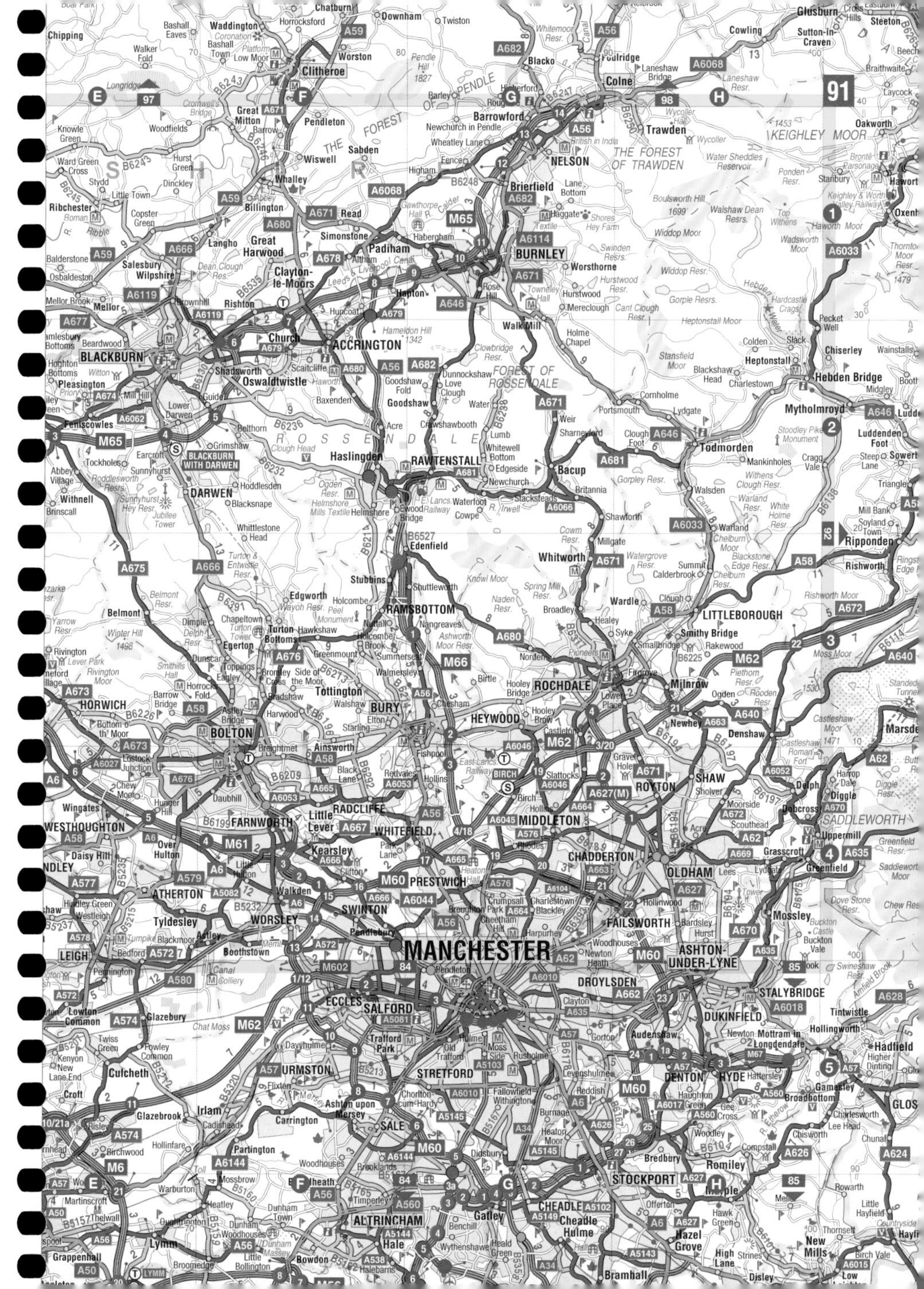
91
Chipping
Waddington
Chatburn
Downham
Twiston
Clitheroe
Worston
Pendle Hill
1827
Blacko
Foulridge
Colne
Laneshaw Bridge
Glusburn
Cowling
Sutton-in-Craven
Steeton
Longridge
97
98
Great Mitton
Pendleton
Barley
Higherford
Barrowford
Newchurch in Pendle
Trawden
THE FOREST OF TRAWDEN
KEIGHLEY MOOR
Oakworth
Haworth
Sabden
Wiswell
Whalley
Higham
Fence
NELSON
Brierfield
Ribchester
Billington
Copster Green
Langho
Great Harwood
Read
Simonstone
Padiham
Habergham
BURNLEY
Worsthorne
Balderstone
Salesbury
Wilpshire
Clayton-le-Moors
Hapton
Mellor
Rishton
Huncoat
Church
ACCRINGTON
BLACKBURN
Oswaldtwistle
Shadsworth
Pleasington
Feniscowles
Lower Darwen
Walk Mill
Holme Chapel
FOREST OF ROSSENDALE
Goodshaw
Baxenden
Hebden Bridge
Heptonstall
Mytholmroyd
Cornholme
Portsmouth
Todmorden
R O S S E N D A L E
Haslingden
RAWTENSTALL
Weir
Bacup
Abbey Village
DARWEN
Hoddlesden
Withnell
Edgeside
Newchurch
Waterfoot
Stacksteads
Britannia
Walsden
Shawforth
Whitworth
Edenfield
Ripponden
Rishworth
Stubbins
Ramsbottom
Edgworth
Belmont
Wardle
Littleborough
Smithy Bridge
Turton Bottoms
Hawkshaw
Egerton
Tottington
Milnrow
ROCHDALE
HORWICH
BOLTON
BURY
HEYWOOD
Denshaw
Shaw
Royton
Delph
Diggle
Dobcross
SADDLEWORTH
Uppermill
Greenfield
Westhoughton
FARNWORTH
Radcliffe
Whitefield
MIDDLETON
CHADDERTON
OLDHAM
Atherton
Walkden
Swinton
Prestwich
Failsworth
Tyldesley
Worsley
Mossley
LEIGH
MANCHESTER
ASHTON-UNDER-LYNE
Droylsden
Stalybridge
Dukinfield
ECCLES
SALFORD
Hollingworth
Hadfield
Lowton Common
Glazebury
Urmston
Stretford
Denton
Hyde
Culcheth
Irlam
Sale
Carrington
Romiley
Marple
Partington
STOCKPORT
ALTRINCHAM
Cheadle
Cheadle Hulme
Hazel Grove
Gatley
Hale
Lymm
New Mills
Bramhall
Disley
M6
M60
M61
M62
M65
M66
M67
M602
A56
A59
A6068
A646
A58
A62
A6

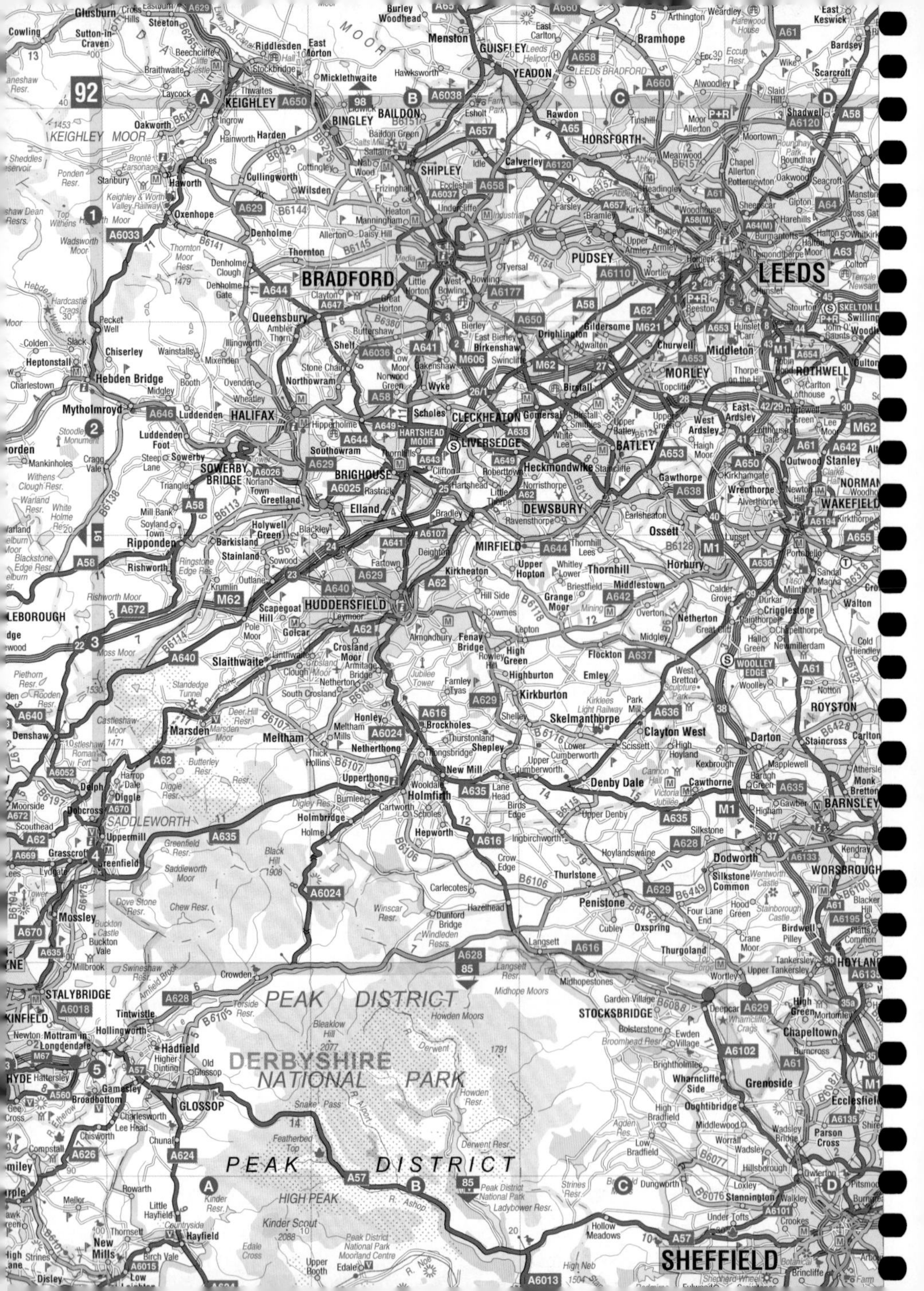

92
98
91
85
A
B
C
D
KEIGHLEY
BINGLEY
BAILDON
SHIPLEY
GUISELEY
YEADON
HORSFORTH
LEEDS BRADFORD
Menston
Bramhope
Glusburn
Sutton-in-Craven
Cowling
Steeton
Riddlesden
East Morton
Micklethwaite
Oakworth
Haworth
Oxenhope
KEIGHLEY MOOR
Cullingworth
Wilsden
Denholme
Thornton
BRADFORD
PUDSEY
LEEDS
Calverley
Rawdon
Farsley
Bramley
Headingley
Kirkstall
Chapel Allerton
Roundhay
Moortown
Queensbury
Hebden Bridge
Heptonstall
Mytholmroyd
Chiserley
HALIFAX
Luddenden
Luddenden Foot
SOWERBY BRIDGE
Northowram
Shelf
Brighouse
BRIGHOUSE
Elland
Greetland
CLECKHEATON
LIVERSEDGE
Heckmondwike
BATLEY
DEWSBURY
MORLEY
Middleton
ROTHWELL
Ossett
Horbury
WAKEFIELD
Gildersome
Drighlington
Birstall
MIRFIELD
Thornhill
HUDDERSFIELD
Ripponden
Rishworth
Slaithwaite
Marsden
Meltham
Honley
Holmfirth
Kirkburton
Skelmanthorpe
Denby Dale
Clayton West
Emley
Flockton
Middlestown
Netherton
Crigglestone
Darton
ROYSTON
BARNSLEY
Dodworth
Penistone
Thurlstone
WORSBROUGH
HOYLAND
STOCKSBRIDGE
Chapeltown
Grenoside
Ecclesfield
SHEFFIELD
Delph
Diggle
Dobcross
SADDLEWORTH
Uppermill
Greenfield
Mossley
STALYBRIDGE
HYDE
Tintwistle
Hollingworth
Hadfield
GLOSSOP
PEAK DISTRICT
DERBYSHIRE NATIONAL PARK
HIGH PEAK
Kinder Scout
Hayfield
New Mills
Disley
Edale
Snake Pass
M62
M1
M606
M621
A629
A650
A6038
A660
A658
A65
A657
A6120
A644
A647
A641
A6177
A62
A653
A646
A58
A6033
A6026
A6025
A6107
A640
A672
A635
A616
A6024
A628
A57
A6102
A61
A637
A636
A642
A638
A6194
A655
A624
A626
A6013

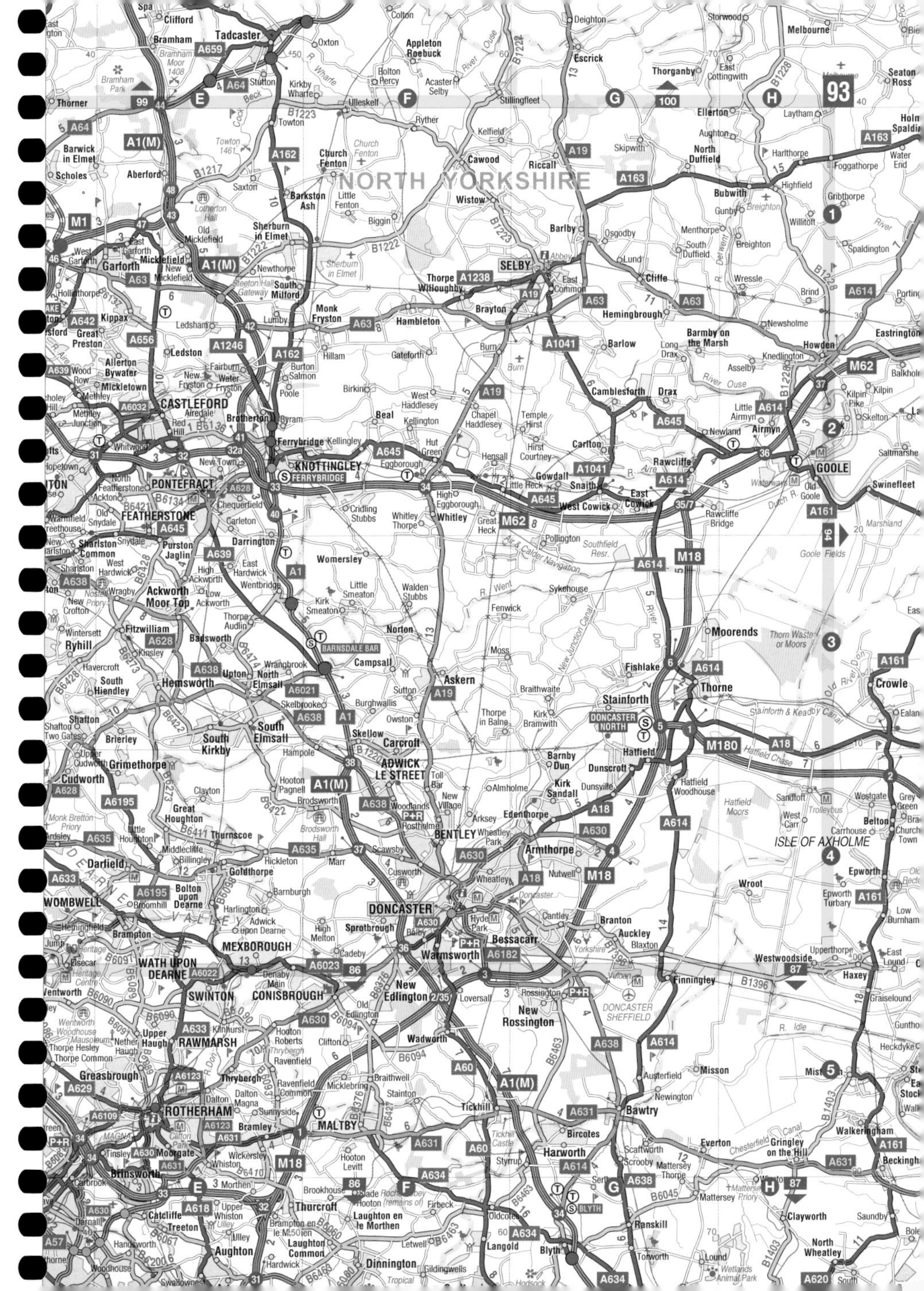

93
NORTH YORKSHIRE
Clifford
Bramham
Tadcaster
A659
Bramham Moor 1408
Bramham Park
Oxton
Colton
Appleton Roebuck
Bolton Percy
Acaster Selby
Kirkby Wharfe
Stutton
Deighton
Escrick
Thorganby
East Cottingwith
Storwood
Melbourne
Seaton Ross
Thorner
A64
Ulleskelf
Stillingfleet
Ellerton
Laytham
Towton
Towton 1461
Rythur
Kelfield
Church Fenton
Cawood
Riccall
Skipwith
Aughton
North Duffield
Harlthorpe
Foggathorpe
Water End
Holme
Barwick in Elmet
Scholes
Aberford
A1(M)
A162
A19
A163
Saxton
Barkston Ash
Little Fenton
Wistow
Bubwith
Highfield
Gribthorpe
Breighton
Willitoft
M1
Lotherton Hall
Old Micklefield
Sherburn in Elmet
Biggin
B1222
B1223
Barlby
Osgodby
Menthorpe
South Duffield
Spaldington
Garforth
Micklefield
New Micklefield
West Garforth
East Garforth
Newthorpe
South Milford
Steeton Hall Gateway
Sherburn in Elmet
SELBY
Abbey
Thorpe Willoughby
A1238
Lund
Cliffe
Wressle
Brind
Hollinthorpe
A63
A642
Kippax
Great Preston
Ledsham
Lumby
Monk Fryston
Hambleton
Brayton
East Common
Hemingbrough
Newsholme
Eastrington
A614
A656
Ledston
A1246
Hillam
Gateforth
Burn
A1041
Barlow
Long Drax
Barmby on the Marsh
Asselby
Knedlington
Howden
M62
Allerton Bywater
Mickletown
Methley
Fairburn
New Fryston
Water Fryston
Burton Salmon
Poole
Birkin
West Haddlesey
Chapel Haddlesey
Temple Hirst
Camblesforth
Drax
Little Airmyn
Airmyn
Kilpin Pike
Kilpin
Skelton
Balkholme
CASTLEFORD
A6032
Airedale
Red Hill
Methley Junction
Brotherton
Byram
Beal
Kellington
Hirst Courtney
Carlton
A645
Newland
Whitwood
Ferrybridge
Kellingley
Hut Green
Hensall
Rawcliffe
GOOLE
Saltmarshe
PONTEFRACT
KNOTTINGLEY
FERRYBRIDGE
Eggborough
Gowdall
Snaith
East Cowick
West Cowick
Little Heck
Old Goole
Swinefleet
North Featherstone
Ackton
Chequerfield
Cridling Stubbs
High Eggborough
Whitley Thorpe
Whitley
Great Heck
Rawcliffe Bridge
A161
Marshland
FEATHERSTONE
Old Snydale
Carleton
Darrington
Pollington
Southfield Resr.
Aire & Calder Navigation
Goole Fields
Sharlston Common
Sharlston
West Hardwick
Purston Jaglin
A639
Womersley
Sykehouse
M18
Ackworth Moor Top
High Ackworth
East Hardwick
Wentbridge
Little Smeaton
Kirk Smeaton
Walden Stubbs
R. Went
Fenwick
New Crofton
Wragby
Low Ackworth
Thorpe Audlin
Norton
Moorends
Thorn Waste or Moors
Wintersett
Fitzwilliam
Ryhill
A628
Badsworth
BARNSDALE BAR
Moss
Havercroft
South Hiendley
Kinsley
Upton
Wrangbrook
North Elmsall
A6021
Campsall
Askern
Fishlake
A614
Thorne
Crowle
Hemsworth
A638
Skelbrooke
Burghwallis
Sutton
Braithwaite
Stainforth
Shafton
Shafton Two Gates
Brierley
South Kirkby
South Elmsall
Owston
Thorpe in Balne
Kirk Bramwith
DONCASTER NORTH
Stainforth & Keadby Canal
Ealand
Upper Cudworth
Grimethorpe
Skellow
Carcroft
Hampole
M180
A18
Hatfield Chase
Hatfield
Cudworth
ADWICK LE STREET
Barnby Dun
Dunscroft
Hatfield Woodhouse
Clayton
Hooton Pagnell
Toll Bar
Almholme
Kirk Sandall
Dunsville
Sandtoft
Trolleybus
Westgate
Grey Green
A6195
Great Houghton
Brodsworth
Woodlands
New Village
Edenthorpe
Hatfield Moors
West Carr
Belton
Monk Bretton Priory
Rostholme
Arksey
Brodsworth Hall
Little Houghton
Thurnscoe
A635
Scawsby
BENTLEY
Wheatley Park
Armthorpe
A630
Carrhouse
ISLE OF AXHOLME
Church Town
Darfield
Middlecliffe
Billingley
Hickleton
Marr
A633
Goldthorpe
Cusworth
Wheatley
Nutwell
Epworth
WOMBWELL
Bolton upon Dearne
Barnburgh
DONCASTER
Doncaster
Wroot
Epworth Turbary
Low Burnham
Broomhill
Harlington
Adwick upon Dearne
Sprotbrough
High Melton
Balby
Hyde Park
Cantley
Branton
Auckley
Blaxton
Hemingfield
Brampton
MEXBOROUGH
Cadeby
Warmsworth
A6182
Bessacarr
Yorkshire
Upperthorpe
Westwoodside
East Lound
Haxey
Jump
Elsecar
WATH UPON DEARNE
A6022
Denaby Main
A6023
DEARNE VALLEY
Finningley
B1396
Wentworth
SWINTON
CONISBROUGH
Old Edlington
New Edlington
Loversall
Rossington
New Rossington
DONCASTER SHEFFIELD
Vulcan
Graiseound
Wentworth Woodhouse Mausoleum
Upper Haugh
Nether Haugh
Kilnhurst
RAWMARSH
Hooton Roberts
Thrybergh
Ravenfield
Clifton
Wadworth
A60
B6463
R. Idle
Gunthorpe
Heckdyke
Thorpe Hesley
Thorpe Common
Greasbrough
A6123
Thrybergh
Ravenfield Common
Braithwell
Micklebring
Stainton
Austerfield
Misson
Newington
Misterton
A629
Dalton
Dalton Magna
Sunnyside
ROTHERHAM
A6109
Bramley
MALTBY
Tickhill
Tickhill Castle
A631
Bircotes
Bawtry
Walkeringham
Wickersley
Whiston
Hooton Levitt
A634
Styrrup
Harworth
Scaftworth
Scrooby
Everton
Chesterfield Canal
Gringley on the Hill
Beckingham
Tinsley
Moorgate
Brinsworth
Morthen
Brookhouse
Slade Hooton
Roche Abbey (remains of)
Firbeck
Serlby
Mattersey Thorpe
Mattersey
Mattersey Priory
Catcliffe
Treeton
Upper Whiston
Ulley
Thurcroft
Laughton en le Morthen
Brampton en le Morthen
Oldcotes
BLYTH
Ranskill
Clayworth
Saundby
Darnall
Handsworth
Aughton
Laughton Common
Letwell
Langold
Blyth
Torworth
Lound
Wetlands Animal Park
North Wheatley
Woodhouse
Swallownest
Hardwick
Dinnington
Gildingwells
Hodsock
A620
South

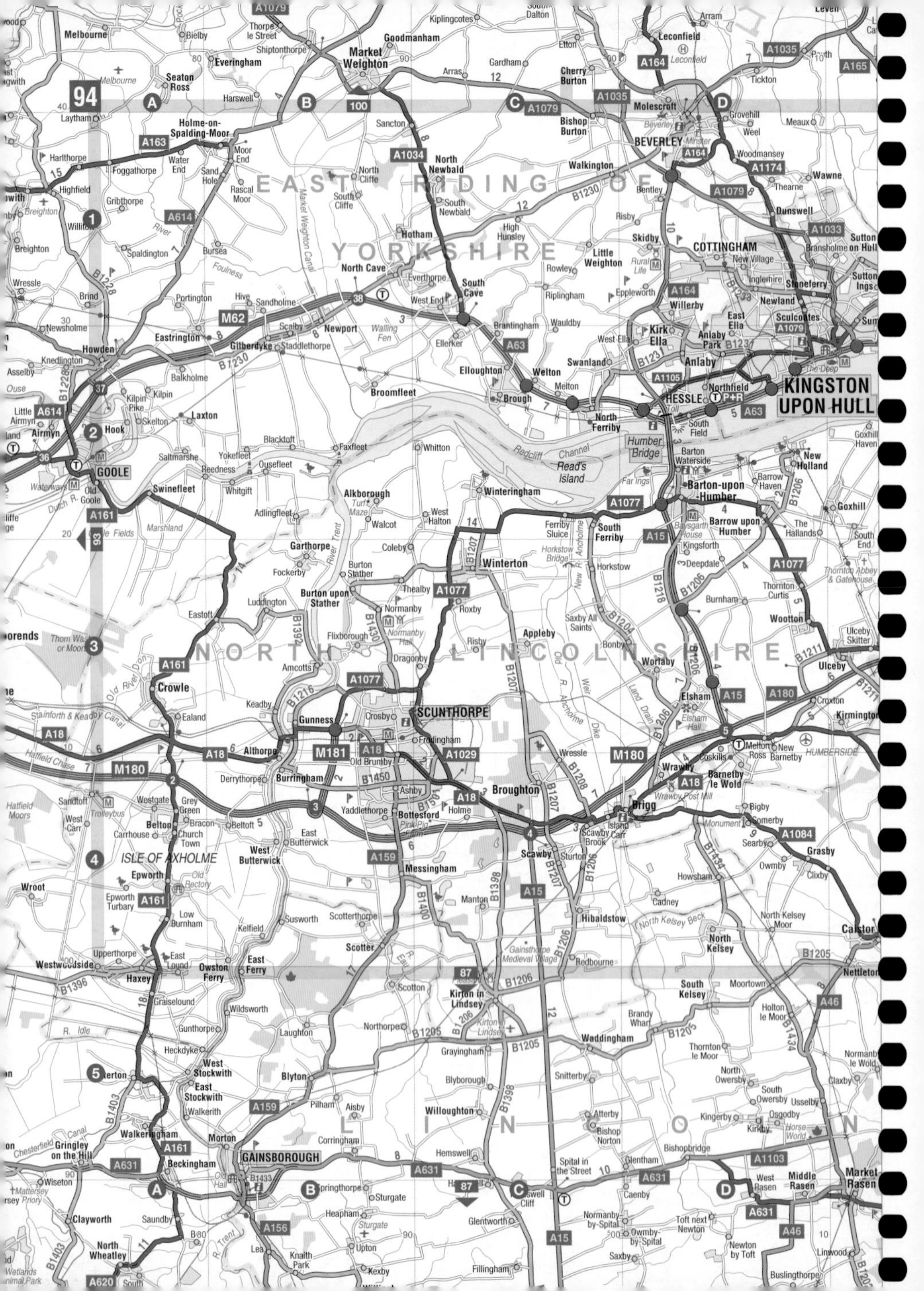
94
A1079
Melbourne
Bielby
Thorpe le Street
Shiptonthorpe
Kiplingcotes
South Dalton
Arram
Leven
Leconfield
A1035
A165
Everingham
Market Weighton
Goodmanham
Gardham
Etton
A164
Tickton
Seaton Ross
Harswell
Arras
Cherry Burton
A1035
Molescroft
Beverley
Grovehill
Meaux
Laytham
100
A1079
Bishop Burton
BEVERLEY
Weel
Holme-on-Spalding-Moor
Sancton
A164
Woodmansey
A163
A1034
North Newbald
Walkington
A1174
Wawne
Harlthorpe
Foggathorpe
Water End
Moor End
Sand Hole
North Cliffe
Bentley
A1079
Thearne
Highfield
Gribthorpe
Rascal Moor
South Cliffe
South Newbald
EAST RIDING OF
YORKSHIRE
B1230
Risby
Dunswell
Breighton
Willitoft
A614
Hotham
High Hunsley
Skidby
COTTINGHAM
A1033
Sutton on Hull
Spaldington
Bursea
Little Weighton
Bransholme
Wressle
Foulness
North Cave
Everthorpe
South Cave
Rowley
Rural Life
New Village
Inglemire
Stoneferry
Sutton Ings
Brind
Portington
Hive
Sandholme
West End
Riplingham
Eppleworth
A164
B1228
M62
38
Willerby
Newland
Newsholme
Eastrington
Scalby
Newport
Walling Fen
Brantingham
Wauldby
East Ella
Sculcoates
Gilberdyke
Staddlethorpe
Ellerker
West Ella
Kirk Ella
A1079
Howden
Knedlington
B1230
A63
Anlaby Park
Asselby
Balkholme
Elloughton
Welton
Swanland
Anlaby
B1231
Ouse
37
Kilpin
Kilpin Pike
Broomfleet
Brough
Melton
A1105
HESSLE
Northfield
P+R
KINGSTON UPON HULL
Little Airmyn
A614
Laxton
North Ferriby
A63
Airmyn
Hook
Skelton
South Field
Goxhill Haven
Blacktoft
Faxfleet
Whitton
Humber Bridge
36
GOOLE
Saltmarshe
Yokefleet
Redcliff
Channel
Read's Island
Barton Waterside
New Holland
Reedness
Ousefleet
Waterways
Old Goole
Swinefleet
Whitgift
Alkborough
Winteringham
Far Ings
Barton-upon-Humber
Barrow Haven
Turf Maze
A1077
Goxhill
Dutch R.
Adlingfleet
West Halton
Ferriby Sluice
South Ferriby
Barrow upon Humber
B1206
A161
Marshland
Walcot
A15
Baysgarth House
The Hallands
93
Garthorpe
Coleby
B1207
Winterton
Horkstow Bridge
Horkstow
Kingsforth
South End
Fockerby
Burton Stather
Deepdale
A1077
Thornton Abbey & Gatehouse
Thealby
A1077
Burton upon Stather
Luddington
Normanby
Roxby
B1218
Burnham
Thornton Curtis
B1206
Saxby All Saints
Eastoft
B1392
Normanby Hall
Wootton
Flixborough
B1430
Appleby
B1204
Bonby
Thorn Waste or Moors
Risby
Ulceby Skitter
NORTH LINCOLNSHIRE
Dragonby
B1211
Worlaby
Ulceby
A161
Amcotts
B1207
Old River Don
A1077
Crowle
B1206
Keadby
Elsham
A15
A180
Croxton
B1216
Crosby
SCUNTHORPE
Elsham Hall
Kirmington
Stainforth & Keadby Canal
Gunness
Ealand
A18
Frodingham
5
Melton Ross
New Barnetby
HUMBERSIDE
A18
Althorpe
M181
A1029
M180
Hatfield Chase
A18
Old Brumby
Wressle
Wrawby
Coskills
M180
Derrythorpe
Burringham
B1450
B1208
A18
Barnetby le Wold
Broughton
Wrawby Post Mill
Westgate
Green
Ashby
Brigg
Bigby
Sandtoft
Trolleybus
B1501
Hatfield Moors
Belton
Bracon
Beltoft
Yaddlethorpe
Bottesford
Holme
Island Carr
Somerby
West Carr
Church Town
East Butterwick
Pink Pig Farm
Scawby Brook
Monument
Searby
Carrhouse
A1084
4
Scawby
Sturton
Grasby
ISLE OF AXHOLME
West Butterwick
A159
Messingham
B1434
Owmby
Clixby
Old Rectory
Epworth
Howsham
Wroot
Epworth Turbary
A161
B1400
Manton
B1398
A15
B1207
Cadney
Low Burnham
Scotterthorpe
Hibaldstow
North Kelsey Beck
North Kelsey Moor
Caistor
Kelfield
Susworth
North Kelsey
Upperthorpe
Scotter
Gainsthorpe Medieval Village
B1205
East Lound
East Ferry
Redbourne
Nettleton
Westwoodside
Owston Ferry
Haxey
87
B1206
Moortown
B1396
Scotton
South Kelsey
A46
Graiselound
Kirton in Lindsey
Holton le Moor
Wildsworth
R. Idle
Gunthorpe
Northorpe
B1205
Brandy Wharf
B1434
Laughton
Kirton Lindsey
B1205
Waddingham
Heckdyke
Grayingham
B1205
Thornton le Moor
Normanby le Wold
West Stockwith
Blyton
North Owersby
East Stockwith
Blyborough
Snitterby
Claxby
Walkerith
South Owersby
Usselby
Pilham
Aisby
Willoughton
Atterby
Kingerby
Osgodby
B1403
Walkeringham
A159
Bishop Norton
Kirkby
Horse World
Chesterfield Canal
Gringley on the Hill
Morton
Corringham
Bishopbridge
A161
Beckingham
GAINSBOROUGH
Hemswell
Glentham
A1103
Market Rasen
A631
Old Hall
B1433
A631
Spital in the Street
A631
West Rasen
Middle Rasen
Wiseton
Springthorpe
Sturgate
Hemswell Cliff
87
Caenby
Mattersey Priory
Heapham
Sturgate
Normanby-by-Spital
Toft next Newton
Clayworth
Saundby
A156
Glentworth
Owmby-by-Spital
A631
North Wheatley
Upton
A15
A46
Newton by Toft
B1403
Lea
Knaith Park
Saxby
Linwood
Wetlands Animal Park
A620
South
Kexby
Fillingham
Buslingthorpe

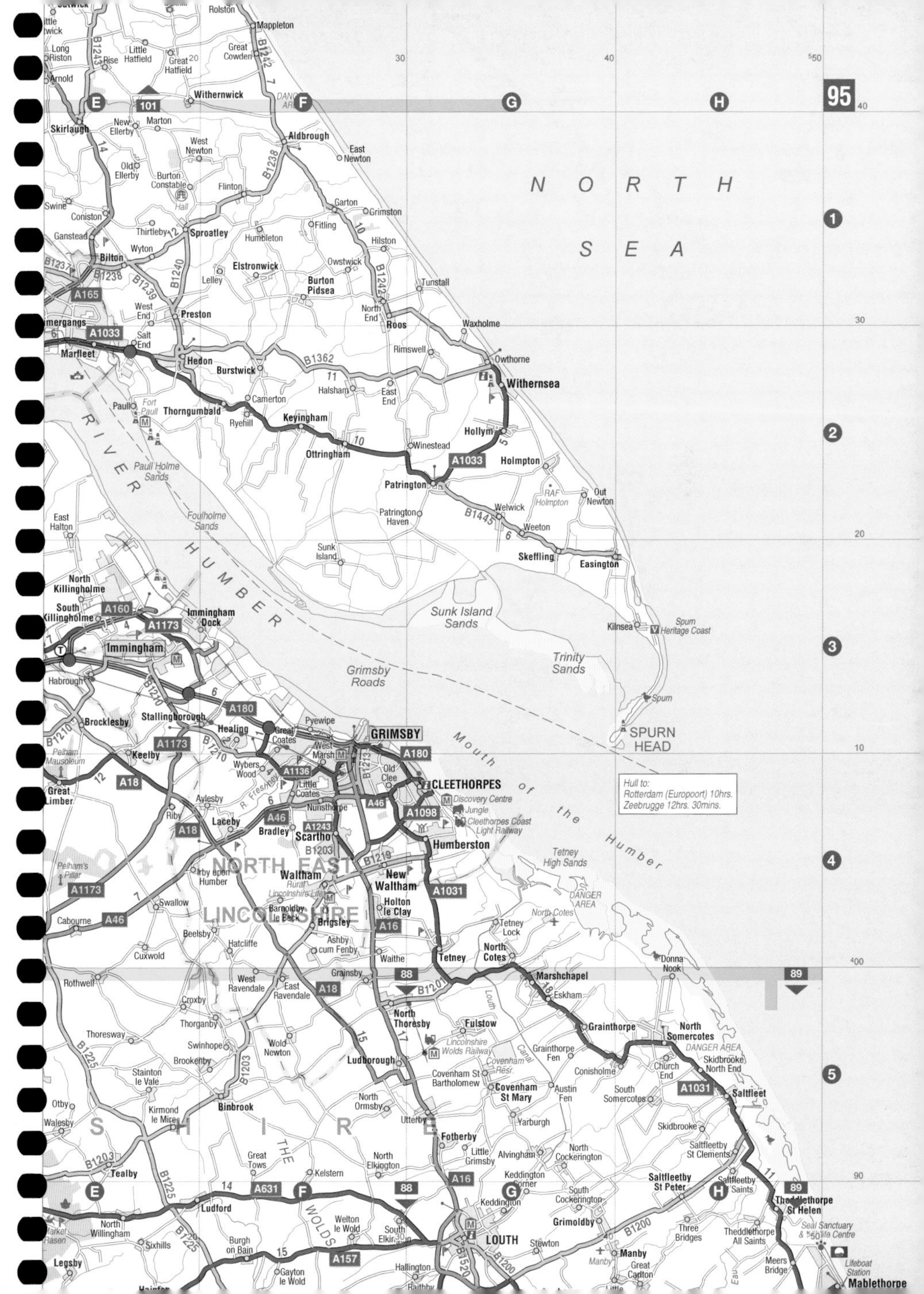
95
Rolston
Mappleton
Little Catwick
Long Riston
Rise
Little Hatfield
Great Hatfield
Great Cowden
Arnold
Withernwick
101
E
F
G
H
Skirlaugh
New Ellerby
Marton
West Newton
Aldbrough
East Newton
Old Ellerby
Burton Constable
Flinton
Hall
N O R T H
S E A
Swine
Coniston
Garton
Grimston
Fitling
Ganstead
Thirtleby
Sproatley
Humbleton
Hilston
Wyton
Bilton
Elstronwick
Owstwick
Lelley
Burton Pidsea
Tunstall
West End
Preston
North End
Roos
Waxholme
Salt End
Marfleet
Hedon
Burstwick
Rimswell
Owthorne
Withernsea
Halsham
East End
Camerton
Paull
Fort Paull
Thorngumbald
Ryehill
Keyingham
Ottringham
Winestead
Hollym
Holmpton
Patrington
RAF Holmpton
Out Newton
Paull Holme Sands
Foulholme Sands
Patrington Haven
Welwick
Weeton
Sunk Island
Skeffling
Easington
East Halton
RIVER HUMBER
North Killingholme
South Killingholme
Immingham Dock
Immingham
Sunk Island Sands
Kilnsea
Spurn Heritage Coast
Trinity Sands
Grimsby Roads
Habrough
Spurn
SPURN HEAD
Brocklesby
Stallingborough
Healing
Great Coates
Pyewipe
GRIMSBY
Pelham Mausoleum
Keelby
West Marsh
Mouth of the Humber
Wybers Wood
Old Clee
CLEETHORPES
Hull to:
Rotterdam (Europoort) 10hrs.
Zeebrugge 12hrs. 30mins.
Great Limber
Aylesby
Little Coates
Nunsthorpe
Discovery Centre
Jungle
Cleethorpes Coast Light Railway
Riby
Laceby
Bradley
Scartho
Humberston
Tetney High Sands
Pelham's Pillar
NORTH EAST
Irby upon Humber
Waltham
New Waltham
Rural Lincolnshire Life
DANGER AREA
Swallow
LINCOLNSHIRE
Barnoldby le Beck
Brigsley
Holton le Clay
North Cotes
Cabourne
Tetney Lock
Beelsby
Hatcliffe
Ashby cum Fenby
Waithe
Tetney
North Cotes
Donna Nook
Cuxwold
Grainsby
Marshchapel
Rothwell
West Ravendale
East Ravendale
Eskham
Croxby
North Thoresby
Fulstow
Grainthorpe
North Somercotes
Thoresway
Thorganby
Lincolnshire Wolds Railway
Grainthorpe Fen
Swinhope
Wold Newton
Covenham Resr.
Canal
Skidbrooke North End
Brookenby
Ludborough
Conisholme
Church End
Stainton le Vale
Covenham St Bartholomew
Covenham St Mary
Austin Fen
South Somercotes
Saltfleet
Otby
Binbrook
North Ormsby
Kirmond le Mire
Walesby
Utterby
Yarburgh
Skidbrooke
S H I R E
THE WOLDS
Fotherby
Little Grimsby
Alvingham
North Cockerington
Saltfleetby St Clements
Tealby
Great Tows
Kelstern
North Elkington
Keddington Corner
Saltfleetby St Peter
Saltfleetby All Saints
Theddlethorpe St Helen
Ludford
Keddington
South Cockerington
Market Rasen
North Willingham
Welton le Wold
South Elkington
Grimoldby
Seal Sanctuary & Wildlife Centre
Sixhills
Burgh on Bain
LOUTH
Stewton
Three Bridges
Theddlethorpe All Saints
Manby
Legsby
Gayton le Wold
Hallington
Great Carlton
Meers Bridge
Lifeboat Station
Mablethorpe
A1033
A165
A160
A1173
A180
A1136
A18
A46
A1098
A1243
A1031
A16
A631
A157
B1242
B1243
B1238
B1240
B1239
B1237
B1362
B1445
B1210
B1213
B1203
B1219
B1201
B1225
B1200
B1520
R. Freshney
Louth
88
89

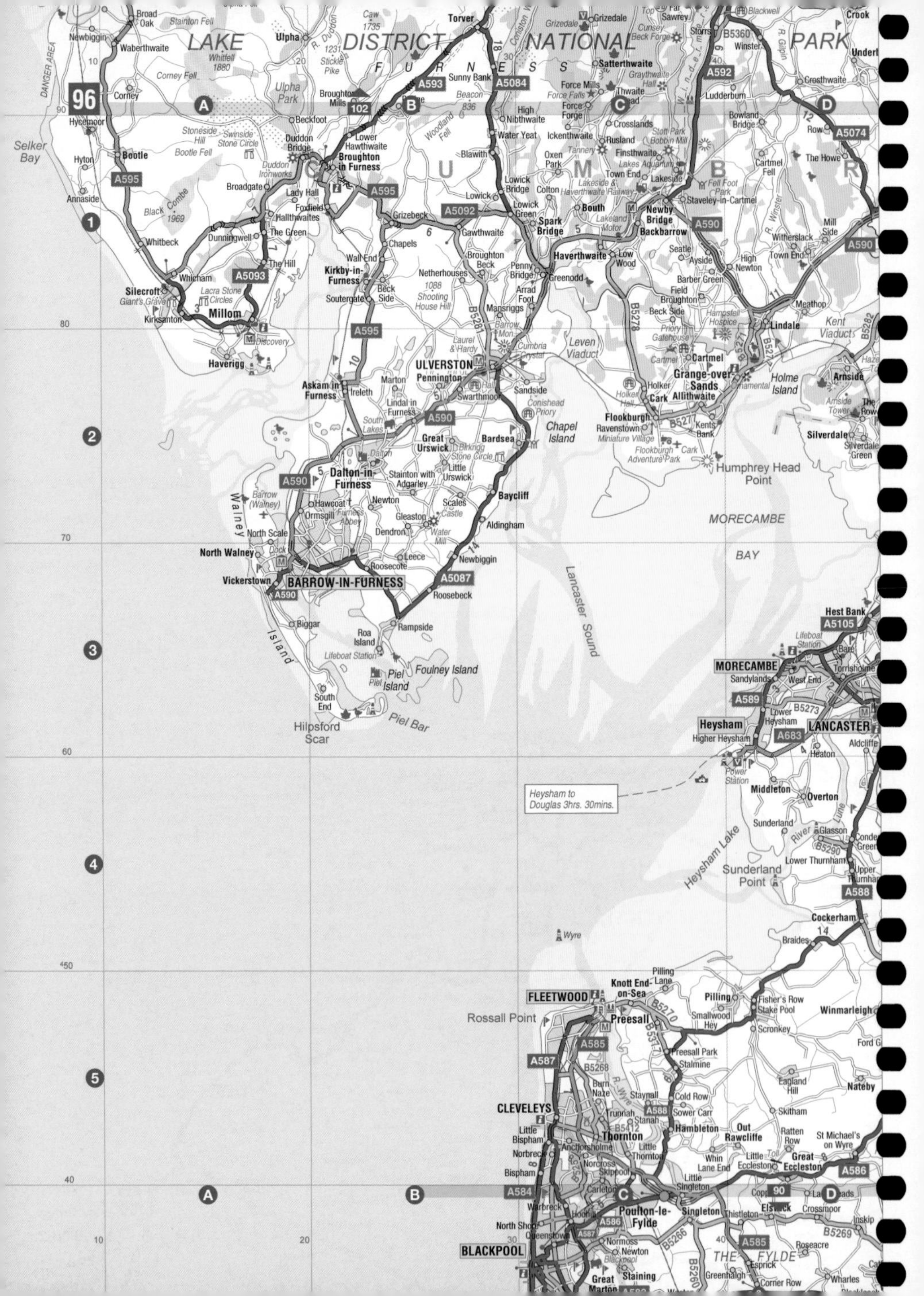
96
LAKE DISTRICT NATIONAL PARK
F U R N E S S
C U M B R I A
Broad Oak
Stainton Fell
Newbiggin
Waberthwaite
DANGER AREA
Whitfell 1880
Corney Fell
Corney
Ulpha
Caw 1735
R. Duddon
1231 Stickle Pike
Ulpha Park
Broughton Mills
102
Torver
Sunny Bank
A593
A5084
Beacon 836
Coniston Water
Grizedale
Satterthwaite
Grizedale Forest
Force Mills
Force Falls
Thwaite Head
Force Forge
High Nibthwaite
Crosslands
Water Yeat
Ickenthwaite
Rusland
Finsthwaite
Stott Park Bobbin Mill
Lakes Aquarium
Lakeside
Lakeside & Haverthwaite Railway
Oxen Park
Town End
Colton
Bouth
Lowick
Lowick Bridge
Lowick Green
Blawith
Woodland Fell
Crook
Winster
B5360
A592
Ludderburn
Bowland Bridge
Crosthwaite
Row
A5074
The Howe
Cartmel Fell
Fell Foot Park
Staveley-in-Cartmel
Newby Bridge
Backbarrow
A590
Mill Side
Witherslack
Town End
High Newton
Seatle
Ayside
Barber Green
Field Broughton
Beck Side
B5278
Hampsfell Hospice
Priory Gatehouse
Cartmel
Meathop
Lindale
Kent Viaduct
B5282
Grange-over-Sands
Holme Island
Arnside
Arnside Tower
Allithwaite
Holker Hall
Cark
Flookburgh
Ravenstown
Lakeland Miniature Village
B5277
Kents Bank
Flookburgh Adventure Park
Humphrey Head Point
Silverdale
Silverdale Green
Hycemoor
Selker Bay
Hyton
Bootle
A595
Annaside
Stoneside Hill
Swinside Stone Circle
Bootle Fell
Beckfoot
Duddon Bridge
Duddon Ironworks
Lower Hawthwaite
Broughton in Furness
Broadgate
Black Combe 1969
Lady Hall
Foxfield
Hallthwaites
The Green
Dunningwell
Grizebeck
A5092
Gawthwaite
Whitbeck
The Hill
Whicham
A5093
Silecroft
Giant's Grave
Lacra Stone Circles
Kirksanton
Millom
Discovery
Haverigg
Chapels
Wall End
Kirkby-in-Furness
Beck Side
Soutergate
Netherhouses
1088 Shooting House Hill
Broughton Beck
Penny Bridge
Haverthwaite
Low Wood
Greenodd
Spark Bridge
Lakeland Motor Museum
Arrad Foot
Mansriggs
B5281
Barrow Mon.
Laurel & Hardy
Cumbria Crystal
Leven Viaduct
ULVERSTON
Pennington
Swarthmoor
Sandside
Conishead Priory
Chapel Island
Askam in Furness
Ireleth
Marton
Lindal in Furness
South Lakes
A590
Great Urswick
Birkrigg Stone Circle
Little Urswick
Bardsea
Dalton-in-Furness
Stainton with Adgarley
Barrow (Walney)
Walney
Hawcoat
Ormsgill
Furness Abbey
Newton
Scales
Castle
Baycliff
Gleaston
Water Mill
Dendron
Aldingham
North Scale
North Walney
Dock
Leece
Roosecote
Newbiggin
A5087
Vickerstown
BARROW-IN-FURNESS
Roosebeck
Biggar
Island
Rampside
Roa Island
Lifeboat Station
Foulney Island
Piel Island
South End
Piel Bar
Hilpsford Scar
MORECAMBE BAY
Lancaster Sound
Hest Bank
A5105
Lifeboat Station
Bare
Torrisholme
MORECAMBE
Sandylands
West End
A589
Lower Heysham
B5273
Heysham
Higher Heysham
A683
LANCASTER
Aldcliffe
Heaton
Power Station
Heysham to Douglas 3hrs. 30mins.
Middleton
Overton
Sunderland
River Lune
Glasson
B5290
Lower Thurnham
Upper Thurnham
Heysham Lake
Sunderland Point
A588
Cockerham
Wyre
Braides
Pilling Lane
Knott End-on-Sea
FLEETWOOD
Pilling
Fisher's Row
Stake Pool
Winmarleigh
Rossall Point
Preesall
B5270
Smallwood Hey
Scronkey
A585
A587
B5377
Preesall Park
Stalmine
B5268
R. Wyre
Eagland Hill
Nateby
Burn Naze
Staynall
Cold Row
CLEVELEYS
A588
Sower Carr
Skitham
Trunnah
Stanah
B5412
Hambleton
Out Rawcliffe
Ratten Row
St Michael's on Wyre
Little Bispham
Thornton
Norbreck
Anchorsholme
Little Thornton
Whin Lane End
Little Eccleston
Great Eccleston
A586
Bispham
Norcross
Skippool
Little Singleton
Carleton
A584
Poulton-le-Fylde
Singleton
90
Warbreck
Hoohill
Thistleton
Elswick
Crossmoor
North Shore
A586
Inskip
Queenstown
A587
A585
B5269
BLACKPOOL
Normoss
Newton
B5266
THE FYLDE
Roseacre
Staining
B5260
Great Marton
Greenhalgh
Esprick
Corner Row
Wharles
A B C D
1 2 3 4 5
10 20 30 40
90 80 70 60 450 40

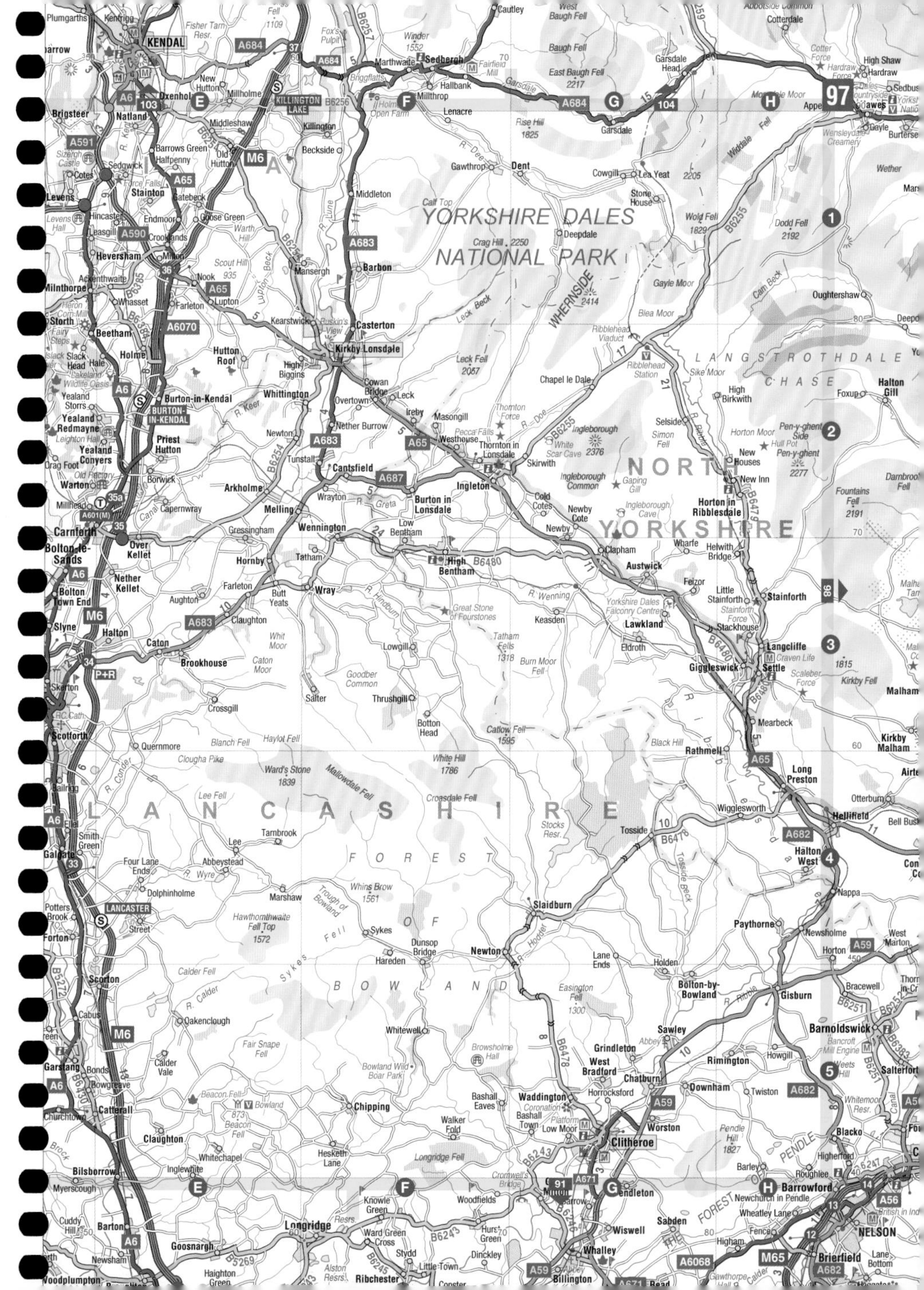

97
Plumgarths
Kentrigg
KENDAL
Fisher Tarn Resr.
Fell 1109
Fox's Pulpit
Winder 1552
Cautley
West Baugh Fell
Baugh Fell
East Baugh Fell 2217
Cotterdale
Garsdale Head
Cotter Force
Hardraw Force
High Shaw
Hardraw
Sedbergh
Marthwaite
Fairfield Mill
Briggflatts
Hallbank
Millthrop
Garsdale
Moorcock
Oxenholme
New Hutton
Millholme
KILLINGTON LAKE
Holme Open Farm
Lenacre
Rise Hill 1825
Garsdale
Mossdale Moor
Appersett
Hawes
Gayle
Burtersett
Wensleydale Creamery
Brigsteer
Natland
Killington
Middleshaw
Barrows Green
Halfpenny
Old Hutton
Beckside
Gawthrop
Dent
Cowgill
Lea Yeat
Widdale Fell
Wether Fell
Sizergh Castle
Sedgwick
Cotes
Force Falls
Stainton
Levens
Gatebeck
Middleton
Stone House
2205
Levens Hall
Hincaster
Endmoor
Goose Green
Calf Top
YORKSHIRE DALES
NATIONAL PARK
Wold Fell 1829
Dodd Fell 2192
Leasgill
Crooklands
Warth Hill
Deepdale
Crag Hill 2250
Heversham
Milton
Barbon
Scout Hill 935
Mansergh
Milnthorpe
Ackenthwaite
Nook
WHERNSIDE 2414
Gayle Moor
Cam Beck
Oughtershaw
Whasset
Lupton
Lupton Beck
Leck Beck
Heron Corn Mill
Farleton
Blea Moor
Storth
Kearstwick
Ruskin's View
Casterton
Ribblehead Viaduct
Deepdale
Fairy Steps
Beetham
Hutton Roof
High Biggins
Kirkby Lonsdale
Leck Fell 2057
Ribblehead Station
LANGSTROTHDALE
Slack Head
Hale
Holme
Sike Moor
CHASE
Lakeland Wildlife Oasis
Chapel le Dale
Cowan Bridge
Leck
Halton Gill
Foxup
Yealand Storrs
Burton-in-Kendal
Whittington
Overtown
High Birkwith
BURTON-IN-KENDAL
Thornton Force
Yealand Redmayne
Ireby
Masongill
Ingleborough 2376
Selside
Leighton Hall
Nether Burrow
Pecca Falls
Horton Moor
Pen-y-ghent Side
Hull Pot
Yealand Conyers
Priest Hutton
Newton
Westhouse
White Scar Cave
Simon Fell
Pen-y-ghent 2277
Crag Foot
Old Rectory
Tunstall
Thornton in Lonsdale
New Houses
Warton
Borwick
Cantsfield
Skirwith
NORTH
New Inn
Damhrook Fell
Arkholme
Ingleton
Ingleborough Common
Gaping Gill
Horton in Ribblesdale
Millhead
Capernwray
Wrayton
Burton in Lonsdale
Cold Cotes
Ingleborough Cave
Fountains Fell 2191
Melling
Low Bentham
Newby Cote
Carnforth
Gressingham
Wennington
Newby
YORKSHIRE
Over Kellet
Bolton-le-Sands
Tatham
Clapham
Wharfe
Helwith Bridge
Hornby
High Bentham
Austwick
Nether Kellet
Feizor
Little Stainforth
Stainforth
Bolton Town End
Farleton
Butt Yeats
Wray
R. Hindburn
R. Wenning
Great Stone of Fourstones
Yorkshire Dales Falconry Centre
Stainforth Force
Aughton
Keasden
Slyne
Claughton
Lawkland
Stackhouse
Halton
Whit Moor
Lowgill
Tatham Fells 1318
Eldroth
Langcliffe
Caton
Caton Moor
Burn Moor Fell
Giggleswick
Settle
Craven Life
Brookhouse
Goodber Common
1815
Skerton
Scaleber Force
Kirkby Fell
Salter
Thrushgill
Malham
Crossgill
Botton Head
Mearbeck
Scotforth
Catlow Fell 1595
Kirkby Malham
Quernmore
Blanch Fell
Haylot Fell
Black Hill
Rathmell
Clougha Pike
White Hill 1786
Long Preston
Ward's Stone 1839
Mallowdale Fell
Bailrigg
Lee Fell
Croasdale Fell
Otterburn
LANCASHIRE
Stocks Resr.
Wigglesworth
Hellifield
Ellel
Smith Green
Lee
Tambrook
Tosside
Bell Busk
Galgate
FOREST
Halton West
Four Lane Ends
Abbeystead
Tosside Beck
Dolphinholme
Whins Brow 1561
Nappa
Potters Brook
LANCASTER
Marshaw
Trough of Bowland
Slaidburn
Hawthornthwaite Fell Top 1572
OF
Paythorne
Forton
Street
Sykes
Newsholme
West Marton
Sykes Fell
Dunsop Bridge
Newton
Horton
Lane Ends
Hareden
Holden
Calder Fell
BOWLAND
Bracewell
Easington Fell 1300
Bolton-by-Bowland
Gisburn
Scorton
R. Calder
Cabus
Oakenclough
Sawley
Barnoldswick
Whitewell
Abbey
Bancroft Mill Engine
Fair Snape Fell
Browsholme Hall
Grindleton
Garstang
Calder Vale
West Bradford
Rimington
Howgill
Weets Hill
Bonds
Bowland Wild Boar Park
Chatburn
Bowgreave
Horrocksford
Downham
Twiston
Beacon Fell
Bowland
Bashall Eaves
Waddington
Whitemoor Resr.
Catterall
Chipping
Coronation
Churchtown
873 Beacon Fell
Walker Fold
Bashall Town
Platform
Low Moor
Worston
Pendle Hill 1827
Blacko
Claughton
Clitheroe
PENDLE
Whitechapel
Longridge Fell
Hesketh Lane
Barley
Higherford
Bilsborrow
Inglewhite
Cromwell's Bridge
Roughlee
Myerscough
Knowle Green
Woodfields
Mitton
Pendleton
Barrowford
Newchurch in Pendle
FOREST OF
Cuddy Hill
Barton
Longridge
Resrs.
Barrow
Sabden
Wheatley Lane
British in India
Ward Green Cross
Hurst Green
Wiswell
NELSON
Fence
Higham
Goosnargh
Stydd
Dinckley
Whalley
Brierfield
Lane Bottom
Newsham
Haighton Green
Alston Resrs.
Ribchester
Little Town
Billington
Woodplumpton
A684
A6
A591
A65
A590
A683
A6070
A601(M)
M6
A687
B6480
B6255
B6479
B6478
A682
A59
B6243
B6245
B5269
B5272
B6430
A671
A6068
M65
A56
B6251
B6252
B6383
B6256
B6257
B6254
B6385
B6384
B6246
104
103
91
98

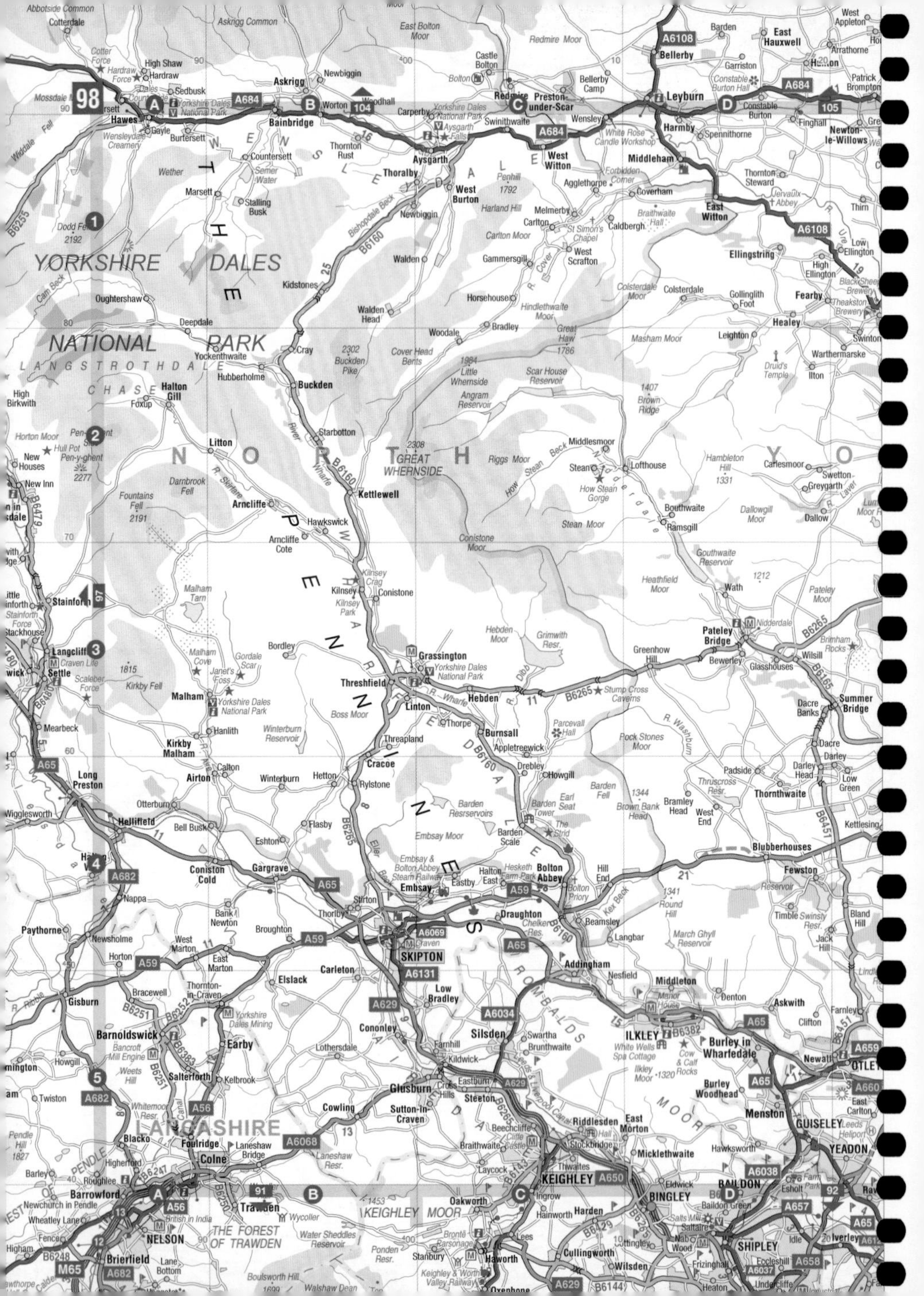
YORKSHIRE DALES NATIONAL PARK
THE WENSLEYDALE
NORTH YORKSHIRE
THE PENNINES
LANGSTROTHDALE CHASE
LANCASHIRE
RUMBALDS MOOR
THE FOREST OF TRAWDEN
KEIGHLEY MOOR
Abbotside Common
Askrigg Common
East Bolton Moor
Redmire Moor
Cotterdale
High Shaw
Hardraw
Sedbusk
Askrigg
Newbiggin
Castle Bolton
Bolton
Redmire
Preston-under-Scar
Bellerby Camp
Bellerby
Leyburn
Barden
East Hauxwell
West Appleton
Garriston
Constable Burton Hall
Hauxwell
Arrathorne
Patrick Brompton
Hawes
Gayle
Burtersett
Bainbridge
Worton
Woodhall
Carperby
Aysgarth Falls
Swinithwaite
Wensley
White Rose Candle Workshop
Harmby
Spennithorne
Constable Burton
Finghall
Newton-le-Willows
Wensleydale Creamery
Countersett
Thornton Rust
Aysgarth
Thoralby
West Witton
Middleham
Semer Water
Marsett
Stalling Busk
Newbiggin
West Burton
Penhill 1792
Harland Hill
Forbidden Corner
Agglethorpe
Coverham
Thornton Steward
Jervaulx Abbey
Melmerby
Carlton
Braithwaite Hall
East Witton
Thirn
Dodd Fell 2192
Carlton Moor
St Simon's Chapel
Caldbergh
Walden
Gammersgill
West Scrafton
Ellingstring
Low Ellington
High Ellington
Black Sheep Brewery
Theakston Brewery
Oughtershaw
Kidstones
Horsehouse
Colsterdale Moor
Colsterdale
Gollinglith Foot
Fearby
Healey
Walden Head
Hindlethwaite Moor
Deepdale
Woodale
Bradley
Great Haw 1786
Masham Moor
Leighton
Swinton
Warthermarske
Cray
2302 Buckden Pike
Cover Head Bents
1984 Little Whernside
Scar House Reservoir
Druid's Temple
Ilton
Yockenthwaite
Hubberholme
Buckden
Angram Reservoir
1407 Brown Ridge
High Birkwith
Halton Gill
Foxup
Pen-y-ghent Side
Horton Moor
Hull Pot
Pen-y-ghent 2277
New Houses
New Inn
Starbotton
Litton
2308 GREAT WHERNSIDE
Riggs Moor
Middlesmoor
Stean
Lofthouse
How Stean Gorge
Hambleton Hill 1331
Carlesmoor
Swetton
Greygarth
Darnbrook Fell
Fountains Fell 2191
Kettlewell
Arncliffe
Hawkswick
Arncliffe Cote
Stean Moor
Bouthwaite
Ramsgill
Dallowgill Moor
Dallow
Conistone Moor
Gouthwaite Reservoir
Malham Tarn
Kilnsey Crag
Kilnsey
Kilnsey Park
Conistone
Heathfield Moor
Wath
1212
Pateley Moor
Stainforth
Stainforth Force
Stackhouse
Langcliffe
Craven Lime
Settle
Scaleber Force
1815
Kirkby Fell
Malham Cove
Gordale Scar
Janet's Foss
Bordley
Grassington
Yorkshire Dales National Park
Hebden Moor
Grimwith Resr.
Nidderdale
Pateley Bridge
Greenhow Hill
Bewerley
Glasshouses
Wilsill
Brimham Rocks
Malham
Threshfield
Linton
Hebden
Stump Cross Caverns
Boss Moor
Thorpe
Burnsall
Parcevall Hall
Pock Stones Moor
Summer Bridge
Dacre Banks
Mearbeck
Hanlith
Winterburn Reservoir
Kirkby Malham
Threapland
Appletreewick
Dacre
Darley
Long Preston
Calton
Airton
Winterburn
Cracoe
Hetton
Rylstone
Drebley
Howgill
Barden Fell
Thruscross Resr.
Padside
Darley Head
Low Green
Thornthwaite
Otterburn
Earl Seat
Barden Tower
Barden Resrservoirs
1344 Brown Bank Head
Bramley Head
West End
Wigglesworth
Hellifield
Bell Busk
Flasby
Embsay Moor
The Strid
Barden Scale
Kettlesing
Eshton
Blubberhouses
Hellifield
Coniston Cold
Gargrave
Embsay & Bolton Abbey Steam Railway
Halton East
Hesketh Farm Park
Bolton Abbey
Hill End
Fewston
Nappa
Embsay
Eastby
Bolton Priory
1341 Round Hill
Reservoir
Stirton
Thorlby
Draughton
Chelker Res.
Beamsley
Timble
Swinsty Resr.
Bland Hill
Paythorne
Bank Newton
Broughton
Langbar
March Ghyll Reservoir
Jack Hill
Newsholme
West Marton
East Marton
Craven
SKIPTON
Horton
Addingham
Carleton
Elslack
Nesfield
Middleton
Denton
Askwith
Gisburn
Bracewell
Thornton-in-Craven
Low Bradley
Manor House
Clifton
Farnley
Barnoldswick
Yorkshire Dales Mining
Cononley
Silsden
Swartha
Brunthwaite
ILKLEY
Burley in Wharfedale
Bancroft Mill Engine
Earby
Lothersdale
Farnhill
Kildwick
White Wells Spa Cottage
Cow & Calf Rocks
Newall
OTLEY
Howgill
Weets Hill
Salterforth
Kelbrook
Cross Hills
Eastburn
Ilkley Moor 1320
Twiston
Glusburn
Steeton
Burley Woodhead
East Carlton
Whitemoor Resr.
Cowling
Sutton-in-Craven
Leeds & Liverpool Canal
Riddlesden
East Morton
Menston
GUISELEY
Leeds Heliport
Pendle Hill 1827
Blacko
Foulridge
Laneshaw Bridge
Beechcliffe
Braithwaite
Cliffe Castle
Stockbridge
YEADON
Higherford
Colne
Laneshaw Resr.
Laycock
Thwaites
Micklethwaite
Hawksworth
Barley
Roughlee
KEIGHLEY
Eldwick
BAILDON
Esholt
Barrowford
Ingrow
BINGLEY
Farm Park
Newchurch in Pendle
Trawden
1453
Oakworth
Baildon Green
Wheatley Lane
NELSON
British in India
Wycoller
Hainworth
Harden
Salts Mill
Saltaire
Fence
Water Sheddles Reservoir
Brontë Parsonage
Lees
Nab Wood
SHIPLEY
Idle
Iverley
Higham
Brierfield
Lane Bottom
Ponden Resr.
Stanbury
Haworth
Cullingworth
Cottingley
Eccleshill
Boulsworth Hill
Keighley & Worth Valley Railway
Wilsden
Frizinghall
Walshaw Dean
Oxenhope
Heaton
Undercliffe
A684
A6108
B6255
B6160
B6479
B6480
B6265
B6165
B6451
A65
A682
A59
A6069
A6131
A629
A6034
A56
B6252
B6251
B6383
B6382
A659
A660
A6068
B6247
B6250
A650
A6038
A657
B6429
B6143
B6144
B6265
A6037
A658
M65
B6248
97
104
105
91
92

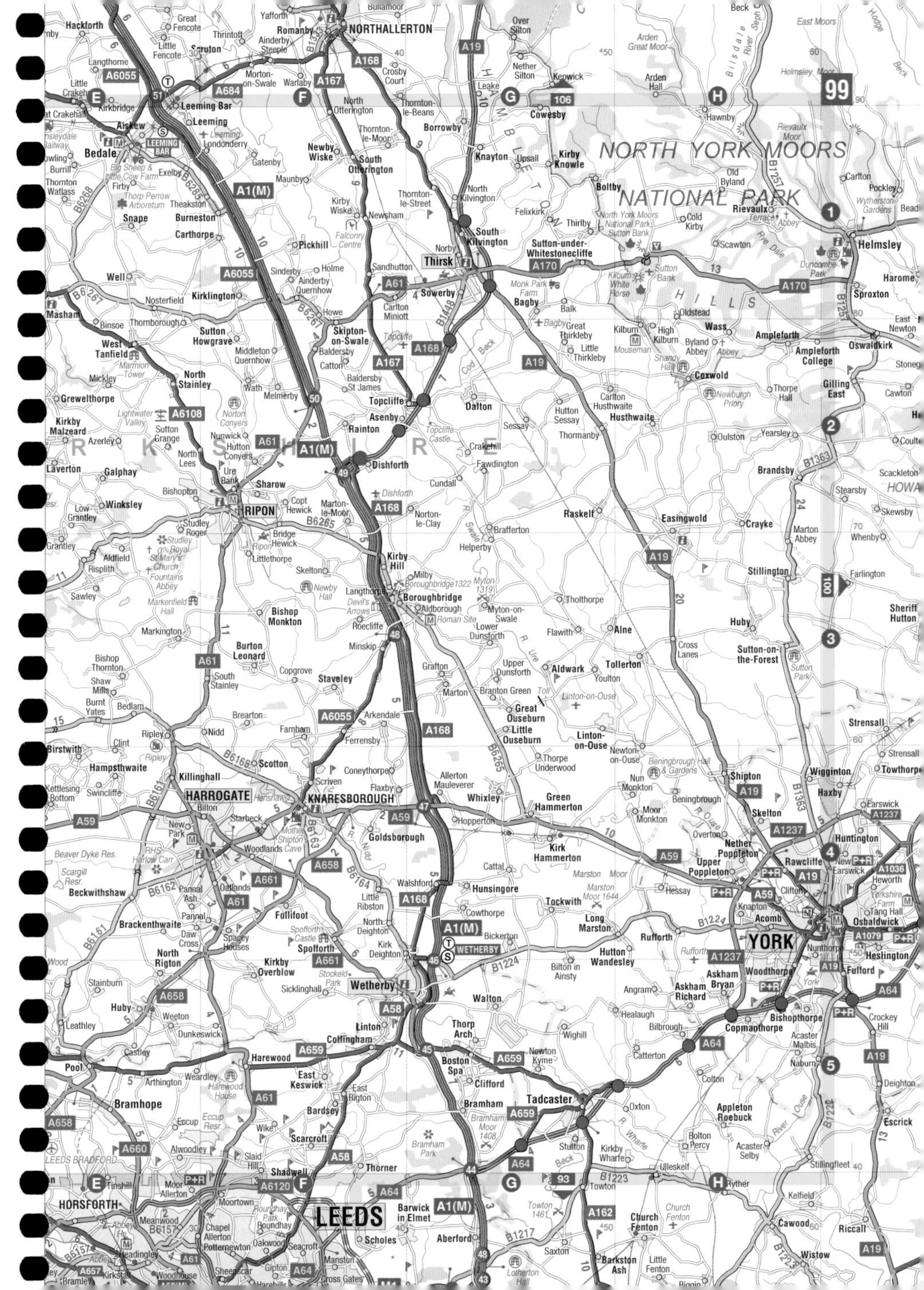
99
NORTH YORK MOORS
NATIONAL PARK
HILLS
NORTHALLERTON
Hackforth
Great Fencote
Little Fencote
Scruton
Thrintoft
Yafforth
Romanby
Ainderby Steeple
Morton-on-Swale
Warlaby
Langthorne
Little Crakehall
Kirkbridge
Leeming Bar
Leeming
Londonderry
Aiskew
Bedale
Burrill
Thornton Watlass
Firby
Exelby
Snape
Thorp Perrow Arboretum
Big Sheep & Little Cow Farm
Theakston
Burneston
Carthorpe
Gatenby
Newby Wiske
South Otterington
North Otterington
Maunby
Thornton-le-Beans
Thornton-le-Moor
Crosby Court
Borrowby
Knayton
Over Silton
Nether Silton
Leake
Kepwick
Cowesby
Upsall
Kirby Knowle
Boltby
Arden Great Moor
Arden Hall
Hawnby
Bilsdale
East Moors
Helmsley Moor
Rievaulx Moor
Old Byland
Rievaulx
Rievaulx Terrace
Carlton
Pockley
Wytherstone Gardens
Helmsley
Duncombe Park
Harome
Sproxton
Thornton-le-Street
North Kilvington
South Kilvington
Thirsk
Norby
Sowerby
Felixkirk
Thirlby
Sutton-under-Whitestonecliffe
North York Moors National Park, Sutton Bank
Sutton Bank
Kilburn White Horse
Cold Kirby
Scawton
Rye Dale
Kirby Wiske
Newsham
Falconry Centre
Pickhill
Sinderby
Holme
Sandhutton
Ainderby Quernhow
Carlton Miniott
Well
Nosterfield
Kirklington
Masham
Binsoe
Thornborough
West Tanfield
Marmion Tower
Sutton Howgrave
Middleton Quernhow
Howe
Skipton-on-Swale
Topcliffe
Baldersby
Catton
Baldersby St James
Monk Park Farm
Bagby
Balk
Great Thirkleby
Little Thirkleby
Kilburn
High Kilburn
Mouseman
Byland Abbey
Oldstead
Wass
Ampleforth
Ampleforth College
Oswaldkirk
East Newton
Stonegrave
Shandy Hall
Coxwold
Newburgh Priory
Carlton Husthwaite
Husthwaite
Thorpe Hall
Gilling East
Cawton
Mickley
Grewelthorpe
North Stainley
Lightwater Valley
Norton Conyers
Wath
Melmerby
Asenby
Rainton
Dalton
Hutton Sessay
Sessay
Thormanby
Topcliffe Castle
Oulston
Yearsley
Coulton
Kirkby Malzeard
Azerley
Sutton Grange
Nunwick
Hutton Conyers
North Lees
Ure Bank
Laverton
Galphay
Dishforth
Crakehill
Fawdington
Cundall
Brandsby
Scackleton
Stearsby
Bishopton
Sharow
Winksley
Low Grantley
RIPON
Copt Hewick
Marton-le-Moor
Norton-le-Clay
Raskelf
Easingwold
Crayke
Marton Abbey
Skewsby
Whenby
Studley Roger
Studley Royal
St Mary's Church
Fountains Abbey
Bridge Hewick
Brafferton
Helperby
Grantley
Aldfield
Risplith
Littlethorpe
Skelton
Kirby Hill
Newby Hall
Milby
Langthorpe
Boroughbridge
Devil's Arrows
Aldborough
Roman Site
Myton-on-Swale
Tholthorpe
Stillington
Farlington
Sawley
Markenfield Hall
Bishop Monkton
Roecliffe
Lower Dunsforth
Flawith
Alne
Huby
Sheriff Hutton
Markington
Minskip
Burton Leonard
Bishop Thornton
Shaw Mills
South Stainley
Copgrove
Staveley
Grafton
Upper Dunsforth
Aldwark
Tollerton
Youlton
Cross Lanes
Sutton-on-the-Forest
Sutton Park
Burnt Yates
Bedlam
Marton
Branton Green
Great Ouseburn
Little Ouseburn
Linton-on-Ouse
Brearton
Arkendale
Ripley
Nidd
Farnham
Ferrensby
Newton-on-Ouse
Strensall
Birstwith
Clint
Hampsthwaite
Scotton
Coneythorpe
Thorpe Underwood
Beningbrough Hall & Gardens
Killinghall
Scriven
Allerton Mauleverer
Flaxby
Whixley
Green Hammerton
Nun Monkton
Shipton
Wigginton
Towthorpe
Kettlesing Bottom
Swincliffe
HARROGATE
KNARESBOROUGH
Bilton
Starbeck
Henshaws
Mother Shipton's Cave
Goldsborough
Hopperton
Moor Monkton
Beningbrough
Skelton
Haxby
Earswick
New Park
Woodlands
Kirk Hammerton
Overton
Nether Poppleton
Huntington
Beaver Dyke Res.
RHS Harlow Carr
Scargill Resr.
Cattal
Marston Moor
Marston Moor 1644
Upper Poppleton
Rawcliffe
New Earswick
Heworth
Beckwithshaw
Pannal Ash
Oatlands
Walshford
Little Ribston
Hunsingore
Hessay
Clifton
Yorkshire Farm
Tang Hall
Follifoot
Pannal
Tockwith
Cowthorpe
Long Marston
Knapton
Acomb
Osbaldwick
Brackenthwaite
North Deighton
Spofforth Castle
Bickerton
Rufforth
YORK
Daw Cross
Spacey Houses
Spofforth
Kirk Deighton
WETHERBY
Hutton Wandesley
Bilton in Ainsty
Nunthorpe
Heslington
North Rigton
Kirkby Overblow
Stockeld Park
Wetherby
Askham Bryan
Askham Richard
Woodthorpe
Fulford
Stainburn
Sicklinghall
Angram
Huby
Weeton
Dunkeswick
Walton
Healaugh
Bishopthorpe
Copmanthorpe
Leathley
Linton
Thorp Arch
Bilbrough
Crockey Hill
Acaster Malbis
Castley
Collingham
Wighill
Catterton
Naburn
Pool
Harewood
Boston Spa
Newton Kyme
Weardley
Arthington
Harewood House
East Keswick
Clifford
Colton
Deighton
Bramhope
East Rigton
Tadcaster
Oxton
Appleton Roebuck
Escrick
Bramham
Bramham Moor 1408
Bardsey
Eccup
Eccup Resr.
Wike
Scarcroft
Bramham Park
Stutton
Kirkby Wharfe
Bolton Percy
Acaster Selby
Stillingfleet
Alwoodley
Slaid Hill
Shadwell
Thorner
Ulleskelf
LEEDS BRADFORD
Tinshill
Moor Allerton
Towton
Ryther
Kelfield
HORSFORTH
Moortown
Roundhay Park
Roundhay
Barwick in Elmet
Towton 1461
Church Fenton
Cawood
Meanwood
Chapel Allerton
Potternewton
Oakwood
LEEDS
Scholes
Aberford
Saxton
Riccall
Headingley
Seacroft
Barkston Ash
Little Fenton
Wistow
Kirkstall
Woodhouse
Sheepscar
Gipton
Manston
Cross Gates
Harehills
Lotherton Hall
Biggin
Bramley
A1(M)
A6055
A684
A168
A167
A19
A61
A170
A6108
A59
A658
A661
A1237
A1036
A1079
A64
A58
A659
A660
A6120
A657
A162
B1257
B1448
B6267
B6268
B6285
B6265
B6165
B6161
B6162
B6163
B6164
B1224
B1222
B1223
B1217
B6157
B1363
106
93
100

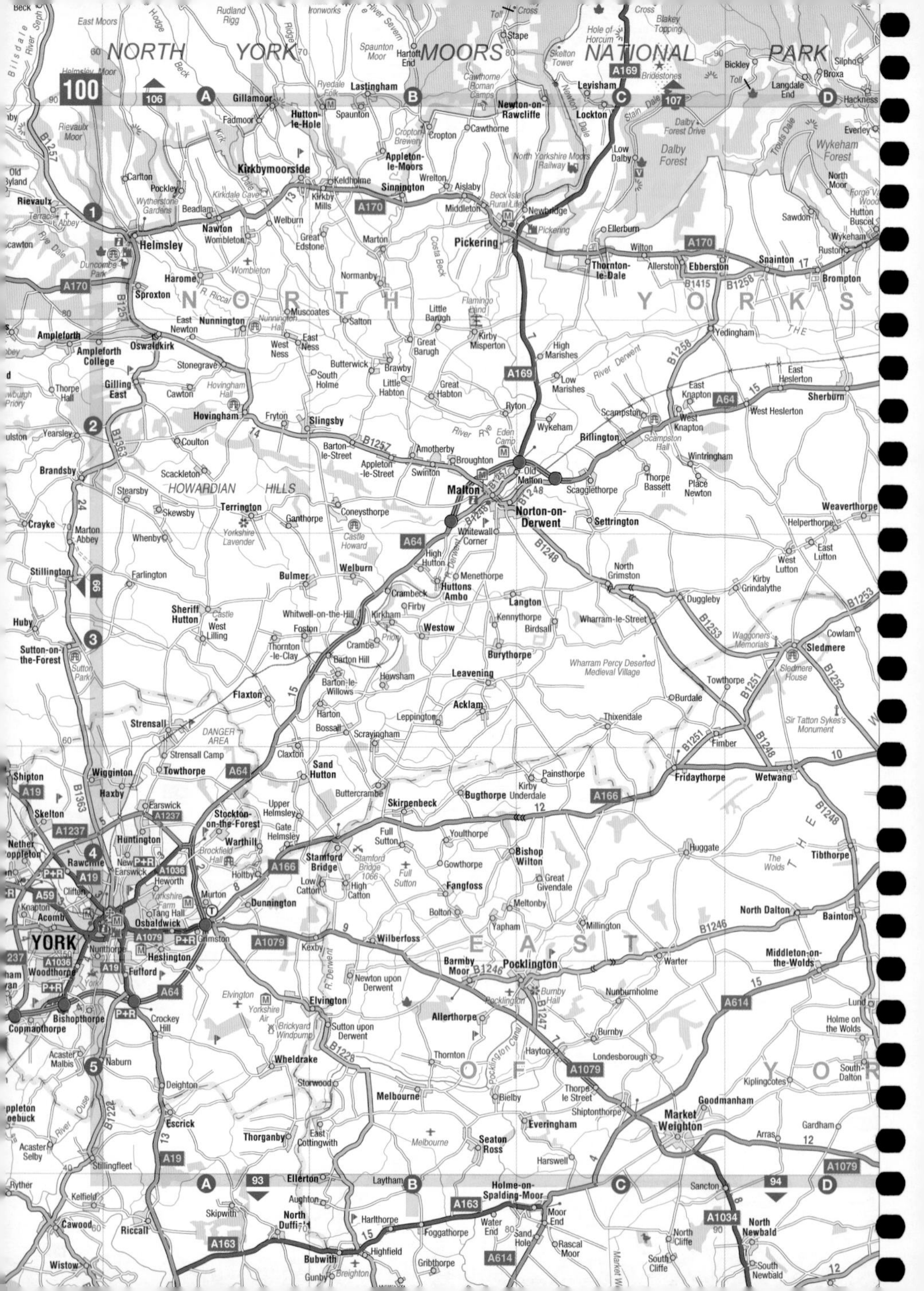

NORTH YORK MOORS NATIONAL PARK
NORTH YORKS
EAST OF YORK
HOWARDIAN HILLS
YORK
Helmsley
Pickering
Malton
Norton-on-Derwent
Kirkbymoorside
Pocklington
Market Weighton
Stamford Bridge
A170
A169
A64
A166
A1079
A19
A163
A614
A1034
B1257
B1248
B1253
B1251
B1246
106
107
93
94
69

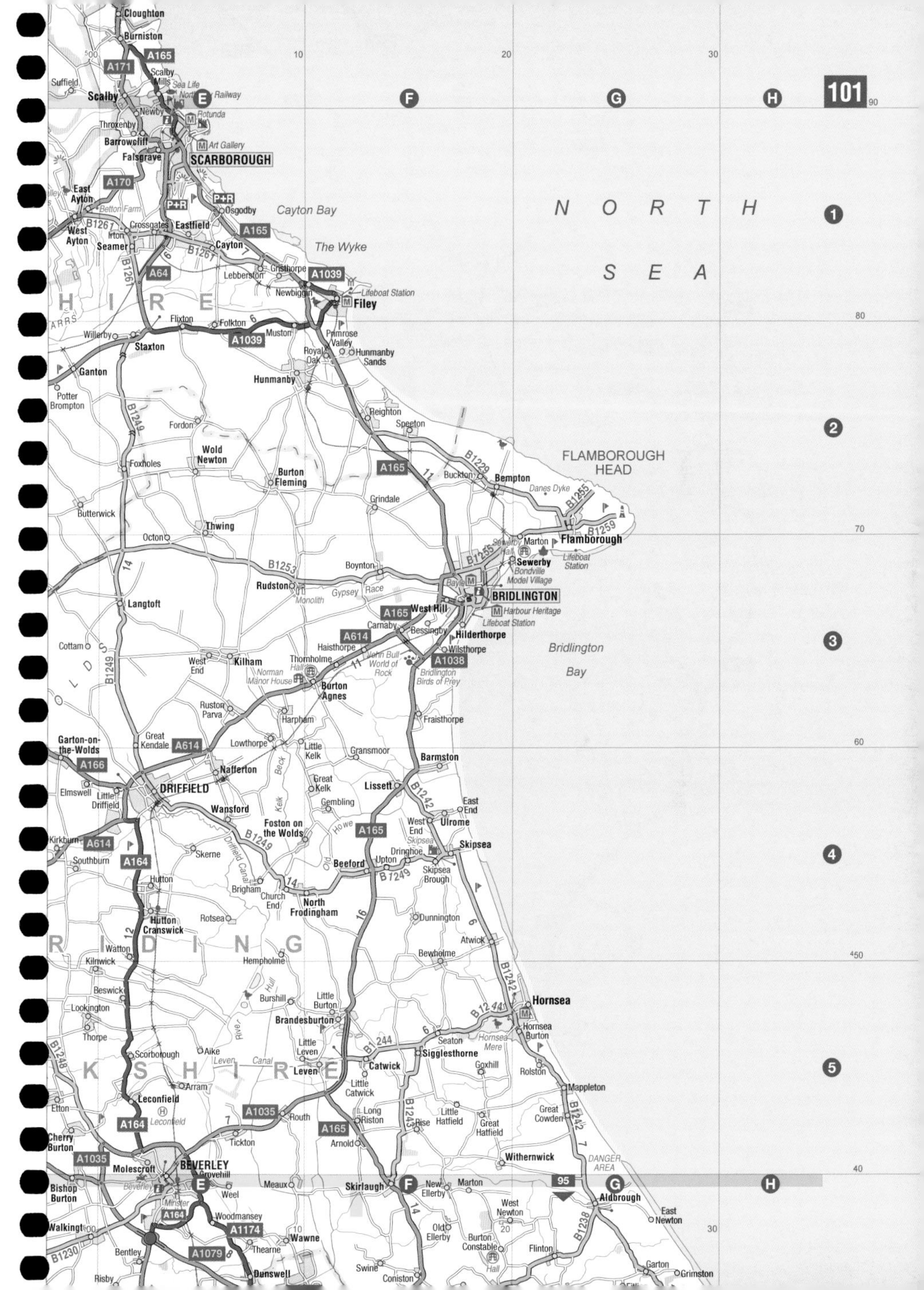

101
NORTH SEA
Cloughton
Burniston
Scalby
Suffield
Scalby Mills
Sea Life
North Bay Railway
Newby
Rotunda
Throxenby
Barrowcliff
Art Gallery
Falsgrave
SCARBOROUGH
East Ayton
West Ayton
Betton Farm
Crossgates
Eastfield
Osgodby
Cayton Bay
Irton
Seamer
Cayton
The Wyke
Gristhorpe
Lebberston
Newbiggin
Lifeboat Station
Filey
Flixton
Folkton
Muston
Willerby
Staxton
Primrose Valley
Hunmanby Sands
Royal Oak
Ganton
Potter Brompton
Hunmanby
Reighton
Speeton
Fordon
Wold Newton
Foxholes
Burton Fleming
Buckton
Bempton
FLAMBOROUGH HEAD
Danes Dyke
Grindale
Butterwick
Thwing
Octon
Sewerby Hall
Marton
Flamborough
Lifeboat Station
Sewerby
Bondville Model Village
Boynton
Rudston
Monolith
Gypsey Race
Bayle
BRIDLINGTON
Harbour Heritage
Lifeboat Station
Langtoft
West Hill
Carnaby
Bessingby
Hilderthorpe
Haisthorpe
Wilsthorpe
Bridlington Bay
Cottam
West End
Kilham
Thornholme
John Bull World of Rock
Norman Manor House
Burton Agnes
Bridlington Birds of Prey
Ruston Parva
Harpham
Fraisthorpe
Garton-on-the-Wolds
Great Kendale
Lowthorpe
Little Kelk
Gransmoor
Barmston
Nafferton
Elmswell
Little Driffield
DRIFFIELD
Great Kelk
Lissett
Wansford
Gembling
East End
West End
Ulrome
Kirkburn
Foston on the Wolds
Skipsea
Skerne
Driffield Canal
Dringhoe
Upton
Beeford
Skipsea Brough
Southburn
Hutton
Brigham
Church End
North Frodingham
Hutton Cranswick
Rotsea
Dunnington
Atwick
Watton
Kilnwick
Hempholme
Bewholme
Beswick
River Hull
Burshill
Little Burton
Hornsea
Lockington
Brandesburton
Hornsea Mere
Hornsea Burton
Thorpe
Seaton
Scorborough
Aike
Little Leven
Sigglesthorne
Leven Canal
Leven
Catwick
Goxhill
Rolston
Little Catwick
Mappleton
Arram
Leconfield
Long Riston
Etton
Rise
Little Hatfield
Great Hatfield
Great Cowden
Routh
Cherry Burton
Tickton
Arnold
Withernwick
DANGER AREA
Molescroft
BEVERLEY
Grovehill
Beverley
Weel
Meaux
Skirlaugh
New Ellerby
Marton
Aldbrough
East Newton
Bishop Burton
Minster
Woodmansey
West Newton
Walkington
Wawne
Old Ellerby
Burton Constable Hall
Thearne
Bentley
Flinton
Risby
Dunswell
Swine
Coniston
Garton
Grimston
HIRE
RIDING
KSHIRE
OLDS
A165
A171
A170
A64
A1039
A614
A1038
A166
A164
A1035
A1174
A1079
B1261
B1249
B1229
B1255
B1259
B1253
B1242
B1244
B1243
B1248
B1238
B1230
95

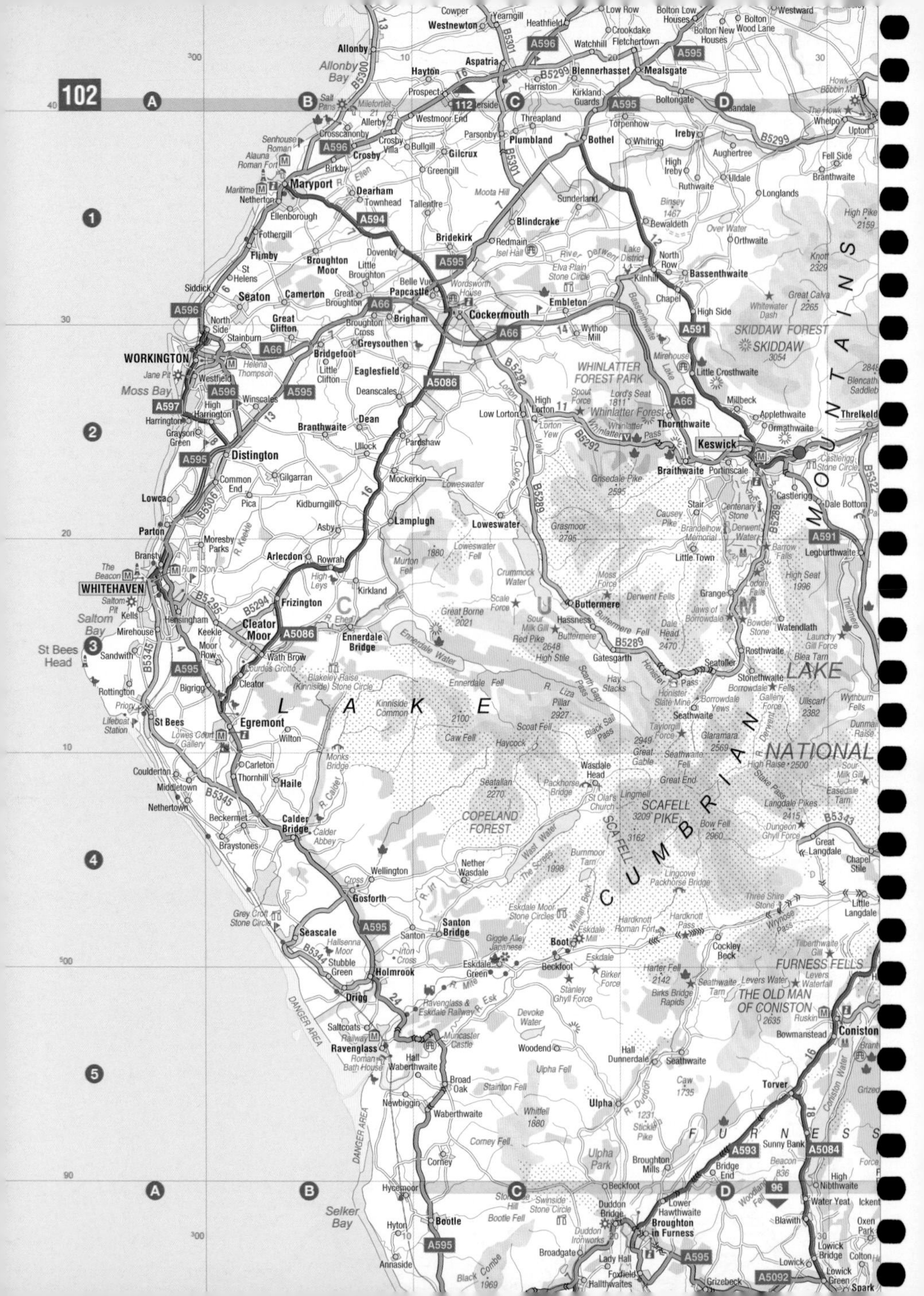

102
112
96
A
B
C
D
1
2
3
4
5
Cowper
Yearngill
Westnewton
Heathfield
Low Row
Bolton Low Houses
Bolton New Houses
Bolton Wood Lane
Westward
Crookdake
Watchhill
Fletchertown
Allonby
Allonby Bay
Aspatria
Hayton
Prospect
Harriston
Blennerhasset
Mealsgate
Kirkland Guards
Boltongate
Sandale
Howk Bobbin Mill
The Howk
Whelpo
Upton
Salt Pans
Milefortlet 21
Allerby
Westmoor End
Threapland
Parsonby
Plumbland
Bothel
Torpenhow
Whitrigg
Ireby
Senhouse Roman M
Crosscanonby
Crosby Villa
Crosby
Bullgill
Gilcrux
Aughertree
Fell Side
Branthwaite
Alauna Roman Fort
Birkby
Greengill
High Ireby
Uldale
Maryport
Maritime
Netherton
Dearham
Townhead
Tallentire
Moota Hill
Sunderland
Ruthwaite
Longlands
Ellenborough
Binsey 1467
Bewaldeth
High Pike 2159
Fothergill
Blindcrake
Over Water
Orthwaite
Bridekirk
Redmain
Isel Hall
Flimby
Broughton Moor
Dovenby
Little Broughton
River Derwent
Lake District
North Row
Knott 2329
St Helens
Elva Plain Stone Circle
Kilnhill
Bassenthwaite
Siddick
Seaton
Camerton
Great Broughton
Belle Vue
Papcastle
Wordsworth House
Cockermouth
Embleton
Chapel
Great Calva 2265
Whitewater Dash
North Side
Great Clifton
Brigham
Broughton Cross
Greysouthen
Wythop Mill
High Side
Skiddaw Forest
Skiddaw 3054
Stainburn
Workington
Jane Pit
Westfield
Helena Thompson
Bridgefoot
Little Clifton
Eaglesfield
Mirehouse
Bassenthwaite Lake
Whinlatter Forest Park
Little Crosthwaite
Blencathra
Saddleback
Moss Bay
High Harrington
Winscales
Deanscales
Spout Force
Lord's Seat 1811
Whinlatter Forest
Millbeck
Applethwaite
Threlkeld
Harrington
Branthwaite
Dean
Low Lorton
High Lorton
Lorton Yew
Whinlatter Pass
Thornthwaite
Ormathwaite
Grayson Green
Ullock
Pardshaw
Keswick
Distington
Braithwaite
Portinscale
Castlerigg Stone Circle
Gilgarran
Mockerkin
Loweswater
Grisedale Pike 2595
Common End
Castlerigg
Lowca
Pica
Kidburngill
Stair
Centenary Stone
Dale Bottom
Causey Pike
Asby
Lamplugh
Loweswater
Grasmoor 2795
Brandelhow Memorial
Derwent Water
Parton
Moresby Parks
R. Keekle
Little Town
Barrow Falls
Legburthwaite
Bransty
The Beacon
Rum Story
1880
Loweswater Fell
Arlecdon
Rowrah
Murton Fell
Crummock Water
Moss Force
High Seat 1996
Whitehaven
Saltom Pit
Kells
High Leys
Kirkland
Frizington
Scale Force
Buttermere
Derwent Fells
Grange
Lodore Falls
Saltom Bay
Mirehouse
Hensingham
Keekle
Cleator Moor
R. Ehen
Ennerdale Bridge
Great Borne 2021
Sour Milk Gill
Hassness
Buttermere Fell
Jaws of Borrowdale
Bowder Stone
Watendlath
Launchy Gill Force
St Bees Head
Sandwith
Moor Row
Wath Brow
Ennerdale Water
Red Pike 2648
High Stile
Gatesgarth
Dale Head 2470
Rosthwaite
Blea Tarn
Lourdes Grotto
Blakeley Raise (Kinniside) Stone Circle
Scarth Gap Pass
Hay Stacks
Honister Pass
Seatoller
Stonethwaite
Lake
Rottington
Bigrigg
Cleator
Ennerdale Fell
R. Liza
Pillar 2927
Honister Slate Mine
Borrowdale Yews
Borrowdale Fells
Gallery Force
Ullscarf 2382
Wythburn Fells
Priory
St Bees
Lifeboat Station
Egremont
Kinniside Common
Lake
Seathwaite
Dunmail Raise
Lowes Court Gallery
Wilton
2100
Caw Fell
Scoat Fell
Haycock
Black Sail Pass
Taylorgill Force
Glaramara 2569
2949 Great Gable
National
Monks Bridge
Carleton
Seathwaite Fell
High Raise 2500
Sour Milk Gill
Couldertor
Thornhill
Haile
R. Calder
Wasdale Head
Great End
Stake Pass
Middletown
Seatallan 2270
Packhorse Bridge
St Olaf's Church
Lingmell
Scafell Pike
Easedale Tarn
Nethertown
Langdale Pikes 2415
Beckermet
Calder Bridge
Calder Abbey
Copeland Forest
3209
3162
Bow Fell 2960
Dungeon Ghyll Force
Braystones
West Water
Great Langdale
Chapel Stile
Nether Wasdale
The Screes
Burnmoor Tarn 1998
Sca Fell
Cumbrian Mountains
Wellington
Cross
Lingcove Packhorse Bridge
Gosforth
Three Shire Stone
Little Langdale
Grey Croft Stone Circle
Eskdale Moor Stone Circles
Whillan Beck
Eskdale Mill
Hardknott Roman Fort
Hardknott Pass
Wrynose Pass
Seascale
Santon
Santon Bridge
Giggle Alley Japanese
Boot
Eskdale
Cockley Beck
Tilberthwaite Gill
Hallsenna Moor
Irton Cross
Stubble Green
Eskdale Green
Beckfoot
Birker Force
Harter Fell 2142
Furness Fells
Holmrook
R. Mite
Stanley Ghyll Force
Seathwaite Tarn
Levers Water
Levers Waterfall
Danger Area
Drigg
Ravenglass & Eskdale Railway
R. Esk
Birks Bridge Rapids
The Old Man of Coniston 2635
Devoke Water
Ruskin
Saltcoats
Railway
Muncaster Castle
Bowmanstead
Coniston
Ravenglass
Roman Bath House
Woodend
Hall Dunnerdale
Seathwaite
Hall Waberthwaite
Ulpha Fell
Broad Oak
Stainton Fell
Caw 1735
Torver
Coniston Water
Newbiggin
Waberthwaite
Whitfell 1880
Ulpha
R. Duddon
1231 Stickle Pike
Furness
Corney Fell
Sunny Bank
Danger Area
Corney
Ulpha Park
Broughton Mills
Beacon 836
Bridge End
Woodland Fell
High Nibthwaite
Hycemoor
Beckfoot
Lower Hawthwaite
Water Yeat
Selker Bay
Swinside Stone Circle
Bootle Fell
Duddon Bridge
Broughton in Furness
Blawith
Oxen Park
Hyton
Bootle
Duddon Ironworks
Broadgate
Lady Hall
Lowick Bridge
Colton
Lowick
Annaside
Black Combe 1969
Foxfield
Hallthwaites
Grizebeck
Lowick Green
Spark
A596
A595
A594
A66
A5086
A591
A597
B5300
B5301
B5299
B5292
B5289
B5306
B5295
B5294
B5345
B5344
B5343
B5322
A593
A5084
A5092

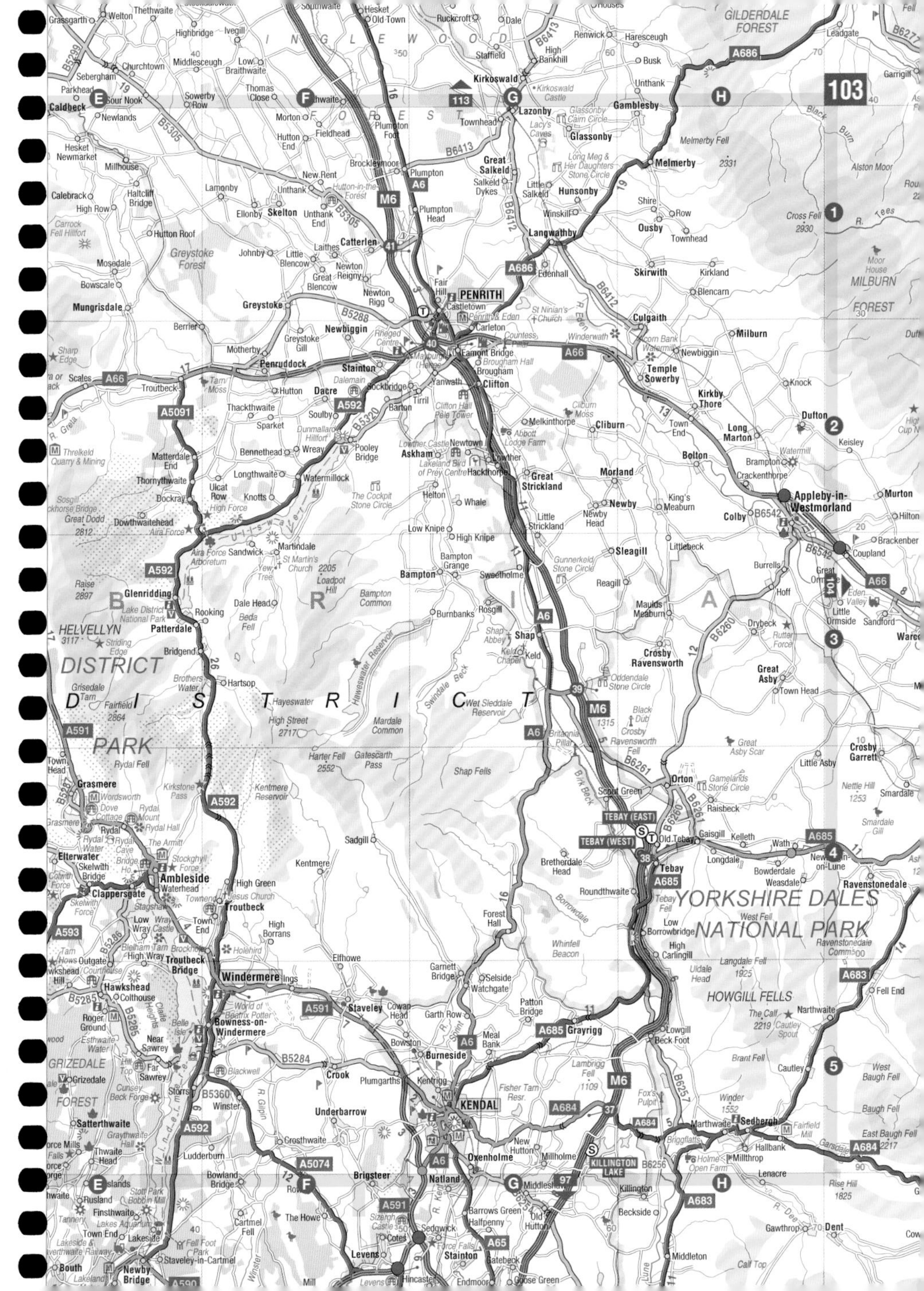
103
E
F
G
H
1
2
3
4
5
Grassgarth
Welton
Thethwaite
Highbridge
Ivegill
I N G L E W O O D
Hesket
Old Town
Ruckcroft
Dale
Renwick
Haresceugh
GILDERDALE FOREST
Leadgate
Garrigill
B5299
Sebergham
Churchtown
Middlesceugh
Low Braithwaite
Staffield
High Bankhill
Busk
A686
Parkhead
Caldbeck
Sour Nook
Sowerby Row
Thomas Close
Kirkoswald
Kirkoswald Castle
Unthank
113
Lazonby
Gamblesby
Newlands
Morton
F O R E S T
Plumpton Foot
Townhead
Glassonby Cairn Circle
Lacy's Caves
Glassonby
Black Burn
B5305
Hutton End
Fieldhead
B6413
Melmerby Fell
Hesket Newmarket
Millhouse
New Rent
Brockleymoor
Plumpton
Great Salkeld
Long Meg & Her Daughters Stone Circle
Melmerby
2331
Alston Moor
Calebrack
Haltcliff Bridge
Lamonby
Unthank
Hutton-in-the-Forest
A6
Salkeld Dykes
Little Salkeld
Hunsonby
M6
High Row
Ellonby
Skelton
Unthank End
Plumpton Head
B6412
Shire
Row
Cross Fell
2930
R. Tees
Carrock Fell Hillfort
Hutton Roof
Winskill
Ousby
Townhead
Catterlen
Langwathby
Greystoke Forest
Johnby
Little Blencow
Laithes
Newton Reigny
41
A686
Edenhall
Skirwith
Kirkland
Moor House
MILBURN FOREST
Mosedale
Bowscale
Great Blencow
Newton Rigg
Fair Hill
PENRITH
Blencarn
Mungrisdale
Greystoke
B5288
Castletown
Penrith & Eden
St Ninian's Church
Culgaith
Berrier
Newbiggin
Greystoke Gill
Rheged Centre
Carleton
Countess Pillar
Winderwath
Acorn Bank Watermill
Milburn
Sharp Edge
Motherby
40
Eamont Bridge
Mayburgh Henge
Brougham Hall
A66
Newbiggin
Scales
A66
17
Troutbeck
Tam Moss
Penruddock
Stainton
Dalemain
Brougham
Temple Sowerby
Hutton
Dacre
Sockbridge
Yanwath
Clifton
Knock
A5091
Thackthwaite
Soulby
A592
Barton
Tirril
Clifton Hall Pele Tower
Cliburn Moss
Kirkby Thore
13
Dufton
R. Greta
Sparket
Dunmallard Hillfort
B5320
Melkinthorpe
Cliburn
Town End
Long Marton
Threlkeld Quarry & Mining
Matterdale End
Bennethead
Wreay
Pooley Bridge
Lowther Castle
Newtown
Askham
Abbott Lodge Farm
Lowther
Bolton
Keisley
Brampton
Watermill
Longthwaite
Watermillock
Lakeland Bird of Prey Centre
Hackthorpe
Great Strickland
Morland
Crackenthorpe
Thornythwaite
Ulcat Row
The Cockpit Stone Circle
Helton
Whale
Appleby-in-Westmorland
Murton
Dockray
Knotts
High Force
Newby
Newby Head
King's Meaburn
Colby
B6542
Hilton
Sosgill
Great Dodd
2812
Dowthwaitehead
Aira Force
U l l s w a t e r
Little Strickland
Low Knipe
High Knipe
Martindale
Aira Force Arboretum
Sandwick
St Martin's Church
Sleagill
Littlebeck
Brackenber
Coupland
A592
Yew Tree
2205
Loadpot Hill
Bampton Grange
Bampton
Sweetholme
Gunnerkeld Stone Circle
Burrells
Great Ormside
104
A66
Raise
2897
Glenridding
B
R
I
A
Reagill
Hoff
Lake District National Park
Dale Head
Bampton Common
Maulds Meaburn
Eden Valley
Rooking
Beda Fell
Burnbanks
Rosgill
A6
Little Ormside
Sandford
HELVELLYN
3117
Patterdale
Striding Edge
Shap Abbey
Shap
Drybeck
Rutter Force
B6260
Bridgend
Keld Chapel
Keld
Crosby Ravensworth
Great Asby
DISTRICT
Haweswater Reservoir
Brothers Water
Hartsop
Swindale Beck
Oddendale Stone Circle
Town Head
Grisedale Tarn
D I S T R I C T
Fairfield
2864
Hayeswater
Wet Sleddale Reservoir
39
M6
Black Dub
1315
A591
High Street
2717
Mardale Common
A6
Britannia Pillar
Crosby Ravensworth Fell
PARK
Great Asby Scar
Crosby Garrett
Harter Fell
2552
Gatescarth Pass
B6261
Little Asby
Rydal Fell
Shap Fells
Orton
Town Head
Grasmere
Wordsworth
Kirkstone Pass
Kentmere Reservoir
Gamelands Stone Circle
Nettle Hill
1253
Smardale
Dove Cottage
A592
Birk Beck
Scout Green
B6260
Raisbeck
Rydal Mount
Rydal Hall
Smardale Gill
Rydal
The Armitt
TEBAY (EAST)
TEBAY (WEST)
Old Tebay
Gaisgill
Kelleth
Wath
A685
Rydal Cave
Sadgill
Elterwater
Stockghyll Force
Bretherdale Head
38
Tebay
Longdale
Newbiggin-on-Lune
Skelwith Bridge
Kentmere
Colwith Force
Ambleside
High Green
Bowderdale
Weasdale
Ravenstonedale
Waterhead
A685
Clappersgate
Jesus Church
Roundthwaite
Skelwith Force
Troutbeck
YORKSHIRE DALES
Town End
Forest Hall
Tebay Fell
West Fell
Borrowdale
A593
Low Wray
Wray Castle
High Borrans
NATIONAL PARK
Low Borrowbridge
B5286
Blelham Tarn
Brockhole
Holehird
Whinfell Beacon
High Carlingill
Ravenstonedale Common
Tarn Hows
Outgate
High Wray
Troutbeck Bridge
Elfhowe
Uldale Head
Langdale Fell
1925
A683
Hawkshead
Windermere
Ings
Garnett Bridge
Selside
Watchgate
Hawkshead Courthouse
HOWGILL FELLS
Fell End
B5285
Colthouse
Claife Heights
A591
Staveley
Cowan Head
Patton Bridge
World of Beatrix Potter
Roger Ground
Garth Row
The Calf
2219
Cautley Spout
Narthwaite
Belle Isle
Bowness-on-Windermere
Esthwaite Water
Near Sawrey
A685
Grayrigg
Meal Bank
Lowgill
Beck Foot
Bowston
A6
GRIZEDALE
Far Sawrey
Burneside
Brant Fell
Blackwell
B5284
Lambrigg Fell
1109
West Baugh Fell
Grizedale
Crook
Plumgarths
Kentrigg
M6
Cautley
FOREST
Cunsey Beck Forge
Storrs
B5360
Winster
R. Gilpin
Fisher Tarn Resr.
Fox's Pulpit
B6257
Winder
1552
KENDAL
Baugh Fell
Satterthwaite
Underbarrow
A684
37
Marthwaite
Sedbergh
Fairfield Mill
Graythwaite Hall
A592
A684
East Baugh Fell
2217
Force Mills
Thwaite Head
Crosthwaite
Briggflatts
Hallbank
A684
Ludderburn
A5074
A6
New Hutton
Oxenholme
Millholme
Holme Open Farm
Millthrop
KILLINGTON LAKE
B6256
Esthwaite
Rusland
Bowland Bridge
Brigsteer
Natland
Middleshaw
97
Lenacre
Stott Park Bobbin Mill
Killington
A683
Rise Hill
1825
Finsthwaite
A591
Barrows Green
Halfpenny
Beckside
R. Dee
Tannery
Lakes Aquarium
Cartmel Fell
The Howe
Sizergh Castle
Sedgwick
Old Hutton
Gawthrop
Dent
Town End
Lakeside
Cotes
Force Falls
A65
Lakeside & Haverthwaite Railway
Fell Foot Park
Staveley-in-Cartmel
Levens
Stainton
Gatebeck
Middleton
Bouth
Newby Bridge
A590
Winster
Mill
Levens Hall
Heversham
Hincaster
Endmoor
Goose Green
Lune
Calf Top

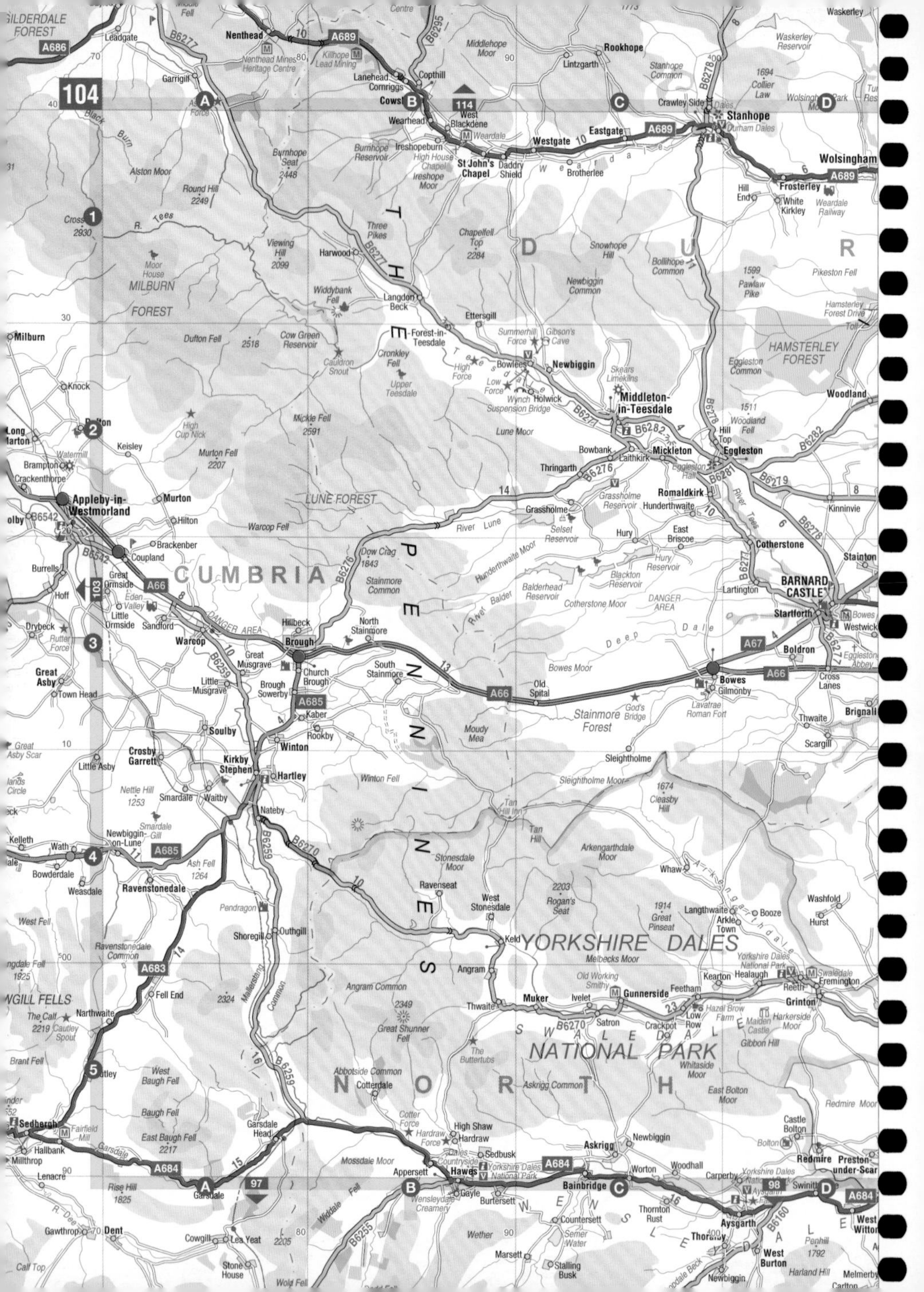

104
114
103
97
98
GILDERDALE FOREST
A686
Leadgate
Garrigill
Nenthead
B6277
A689
Nenthead Mines Heritage Centre
Killhope Lead Mining
B6295
Lanehead
Cornriggs
Copthill
Cowshill
Wearhead
West Blackdene
Weardale
Ireshopeburn
High House Chapel
Burnhope Reservoir
Ireshope Moor
St John's Chapel
Daddry Shield
Westgate
Eastgate
Brotherlee
Middlehope Moor
Rookhope
Lintzgarth
Stanhope Common
B6278
Crawley Side
Stanhope
Durham Dales
1694 Collier Law
Waskerley
Waskerley Reservoir
Wolsingham
Frosterley
Hill End
White Kirkley
Weardale Railway
Ashgill Force
Black Burn
Burnhope Seat 2448
Alston Moor
Round Hill 2249
Cross Fell 2930
R. Tees
Moor House
MILBURN FOREST
Viewing Hill 2099
Three Pikes
Harwood
Chapelfell Top 2284
Snowhope Hill
Bollihope Common
Newbiggin Common
1599 Pawlaw Pike
Pikeston Fell
Hamsterley Forest Drive
HAMSTERLEY FOREST
Eggleston Common
Woodland
Widdybank Fell
Langdon Beck
Ettersgill
Forest-in-Teesdale
Summerhill Force
Gibson's Cave
High Force
Bowlees
Newbiggin
Low Force
Wynch Suspension Bridge
Holwick
Skears Limekilns
Middleton-in-Teesdale
B6282
B6277
Lune Moor
1511 Woodland Fell
Hill Top
Eggleston
Eggleston Hall
B6281
B6279
Kinninvie
Milburn
Dufton Fell
2518
Cow Green Reservoir
Cauldron Snout
Cronkley Fell
Upper Teesdale
Knock
Dufton
High Cup Nick
Mickle Fell 2591
Long Marton
Keisley
Brampton
Watermill
Crackenthorpe
Murton Fell 2207
LUNE FOREST
Bowbank
Laithkirk
Mickleton
Thringarth
B6276
Romaldkirk
Hunderthwaite
Grassholme
Grassholme Reservoir
Selset Reservoir
Hury
East Briscoe
Hury Reservoir
Cotherstone
Stainton
Appleby-in-Westmorland
Murton
Hilton
Warcop Fell
River Lune
Dow Crag 1843
Hunderthwaite Moor
Blackton Reservoir
Balderhead Reservoir
Cotherstone Moor
BARNARD CASTLE
Lartington
Startforth
Bowes
Westwick
Colby
B6542
Brackenber
Coupland
Burrells
Great Ormside
CUMBRIA
A66
Stainmore Common
River Balder
DANGER AREA
Hoff
Eden Valley
Little Ormside
Sandford
Drybeck
Rutter Force
Warcop
Hillbeck
North Stainmore
Deep Dale
Brough
A67
Boldron
Eggleston Abbey
Great Musgrave
Church Brough
South Stainmore
Bowes Moor
Great Asby
Town Head
Little Musgrave
Brough Sowerby
B6259
A685
Old Spital
Gilmonby
Lavatrae Roman Fort
Cross Lanes
Brignall
Kaber
Rookby
God's Bridge
Stainmore Forest
Moudy Mea
Thwaite
Scargill
Soulby
Winton
Great Asby Scar
Crosby Garrett
Little Asby
Kirkby Stephen
Hartley
Sleightholme
Sleightholme Moor
Nettle Hill 1253
Smardale
Waitby
Winton Fell
1674 Cleasby Hill
Nateby
Tan Hill Inn
Tan Hill
Kelleth
Wath
Newbiggin-on-Lune
Smardale Gill
B6270
Arkengarthdale Moor
Bowderdale
Weasdale
Ravenstonedale
Ash Fell 1264
Stonesdale Moor
Whaw
Arkengarthdale
Ravenseat
West Stonesdale
2203 Rogan's Seat
1914 Great Pinseat
Langthwaite
Arkle Town
Booze
Washfold
Hurst
West Fell
Pendragon
Shoregill
Outhgill
Keld
YORKSHIRE DALES
Melbecks Moor
Ravenstonedale Common
Angram
Old Working Smithy
Yorkshire Dales National Park
Kearton
Healaugh
Reeth
Swaledale
Fremington
A683
Fell End
2324
Mallerstang Common
Angram Common
Thwaite
Muker
Ivelet
Gunnerside
Feetham
Low Row
Hazel Brow Farm
Grinton
Howgill Fells
The Calf 2219
Cautley Spout
Narthwaite
2349 Great Shunner Fell
Satron
Crackpot
Maiden Castle
Harkerside Moor
SWALEDALE
NATIONAL PARK
The Buttertubs
Gibbon Hill
Whitaside Moor
Brant Fell
Cautley
West Baugh Fell
Abbotside Common
Cotterdale
NORTH
Askrigg Common
East Bolton Moor
Redmire Moor
Baugh Fell
Cotter Force
Castle Bolton
Sedbergh
Fairfield Mill
East Baugh Fell 2217
Garsdale Head
High Shaw
Hardraw Force
Hardraw
Askrigg
Newbiggin
Bolton
Redmire
Preston-under-Scar
Hallbank
Millthrop
Garsdale
A684
Mossdale Moor
Sedbusk
Dales Countryside
Yorkshire Dales National Park
Woodhall
Lenacre
Appersett
Hawes
Worton
Carperby
Yorkshire Dales
Rise Hill 1825
Garsdale
Gayle
Wensleydale Creamery
Burtersett
Bainbridge
Swinithwaite
Aysgarth
Thornton Rust
B6160
West Witton
R. Dee
Widdale Fell
Countersett
WENSLEYDALE
Dent
Gawthrop
Cowgill
Lea Yeat
2205
B6255
Wether Fell
Semer Water
Thoralby
Penhill 1792
Marsett
West Burton
Calf Top
Stone House
Stalling Busk
Harland Hill
Wold Fell
Newbiggin
Melmerby
Carlton

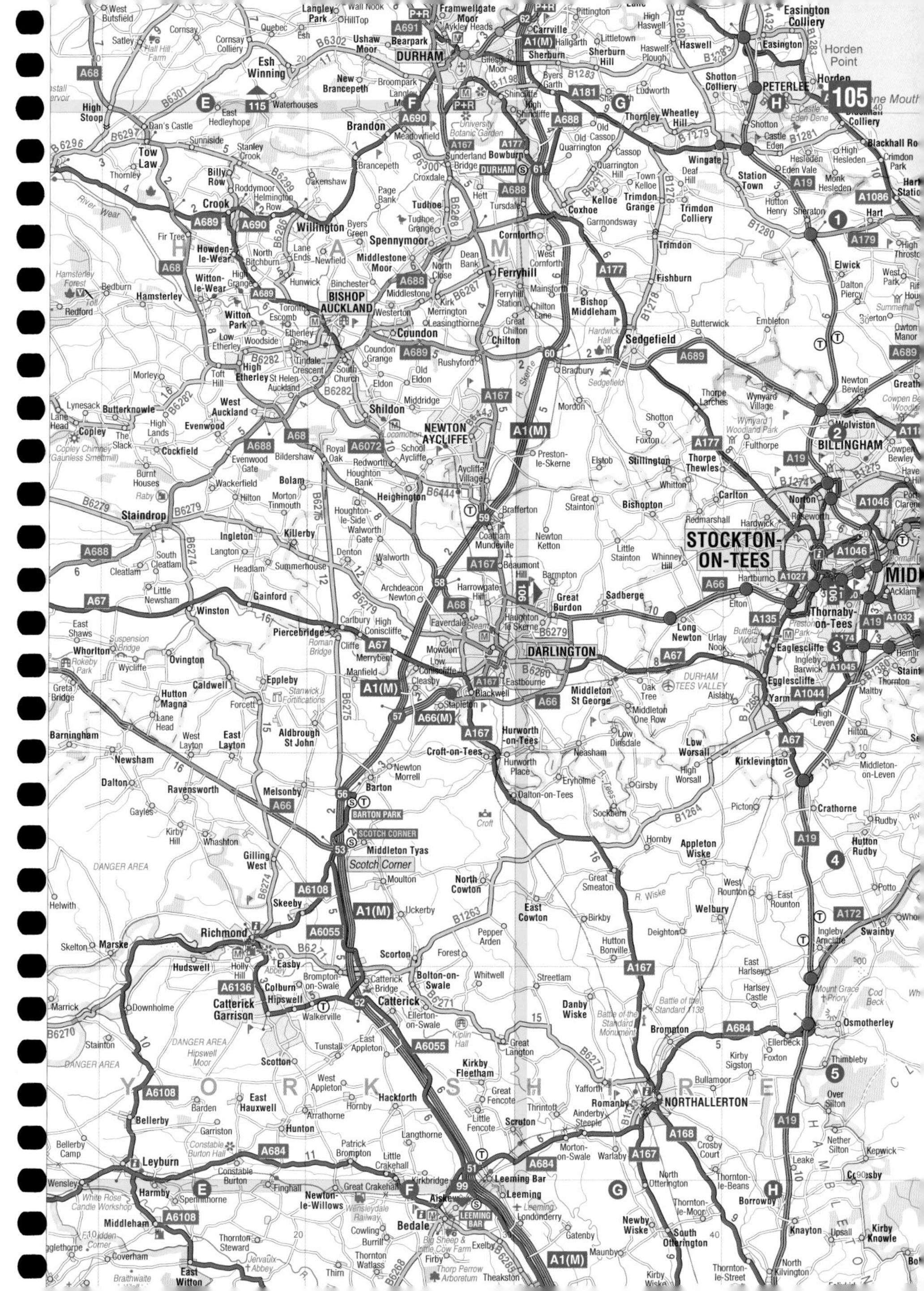

105
West Butsfield
Satley
Cornsay
Cornsay Colliery
Quebec
Esh
Langley Park
HillTop
Wall Nook
Esh Winning
Ushaw Moor
Bearpark
DURHAM
Framwellgate Moor
Aykley Heads
Pittington
Carrville
Hallgarth
Littletown
Sherburn
Sherburn Hill
High Haswell
Haswell
Haswell Plough
Easington Colliery
Easington
Horden Point
Horden
PETERLEE
Shotton Colliery
Shotton
Castle Eden
Blackhall Colliery
Blackhall Rocks
Crimdon Park
Hesleden
High Hesleden
Eden Vale
Monk Hesleden
Hart Station
Hart
Sheraton
Hutton Henry
Station Town
Wingate
Wheatley Hill
Thornley
Ludworth
Shadforth
Shincliffe
High Shincliffe
Gilesgate Moor
Byers Garth
Old Cassop
Cassop
Quarrington
Quarrington Hill
Town Kelloe
Kelloe
Trimdon Grange
Trimdon Colliery
Trimdon
Coxhoe
Garmondsway
Deaf Hill
Bowburn
Sunderland Bridge
Croxdale
Hett
Tursdale
New Brancepeth
Broompark
Langley Moor
Brandon
Meadowfield
Brancepeth
Waterhouses
East Hedleyhope
High Stoop
Dan's Castle
Sunniside
Stanley Crook
Tow Law
Thornley
Billy Row
Roddymoor
Helmington Row
Oakenshaw
Page Bank
Crook
Willington
Byers Green
Tudhoe
Tudhoe Grange
Spennymoor
Fir Tree
Howden-le-Wear
North Bitchburn
Lane Ends
Newfield
Middlestone Moor
North Close
Dean Bank
Ferryhill
Ferryhill Station
West Cornforth
Cornforth
Mainsforth
Chilton Lane
Bishop Middleham
Fishburn
Hamsterley Forest
Bedburn
Hamsterley
Redford
Witton-le-Wear
High Grange
Hunwick
Binchester
Middlestone
Kirk Merrington
Leasingthorne
BISHOP AUCKLAND
Westerton
Toronto
Escomb
Witton Park
Etherley Dene
Low Etherley
Woodside
Coundon
Coundon Grange
Great Chilton
Chilton
Rushyford
Hardwick Hall
Sedgefield
Butterwick
Embleton
Bradbury
Morley
Toft Hill
High Etherley
St Helen Auckland
Tindale Crescent
South Church
Eldon
Old Eldon
Lynesack
Butterknowle
Lane Head
Copley
The Slack
High Lands
West Auckland
Evenwood
Shildon
Middridge
NEWTON AYCLIFFE
Mordon
Thorpe Larches
Wynyard Village
Wynyard Woodland Park
Newton Bewley
Wolviston
BILLINGHAM
Cowpen Bewley
Shotton
Foxton
Fulthorpe
Preston-le-Skerne
Elstob
Stillington
Thorpe Thewles
Whitton
Carlton
Cockfield
Evenwood Gate
Bildershaw
Royal Oak
Redworth
School Aycliffe
Houghton Bank
Heighington
Aycliffe Village
Burnt Houses
Wackerfield
Hilton
Morton Tinmouth
Bolam
Raby
Staindrop
Ingleton
Killerby
Houghton-le-Side
Walworth Gate
Brafferton
Great Stainton
Bishopton
Redmarshall
Hardwick
Norton
Roseworth
STOCKTON-ON-TEES
Langton
South Cleatlam
Cleatlam
Headlam
Summerhouse
Denton
Walworth
Coatham Mundeville
Newton Ketton
Little Stainton
Whinney Hill
Little Newsham
Archdeacon Newton
Beaumont Hill
Barmpton
Harrowgate Hill
Great Burdon
Sadberge
Hartburn
Elton
Gainford
Winston
Carlbury
High Coniscliffe
Piercebridge
Faverdale
Haughton le Skerne
DARLINGTON
Long Newton
Urlay Nook
Thornaby-on-Tees
Eaglescliffe
Ingleby Barwick
Egglescliffe
Yarm
Maltby
Thornton
East Shaws
Whorlton
Rokeby Park
Wycliffe
Ovington
Cliffe
Merrybent
Mowden
Low Coniscliffe
Cleasby
Manfield
Blackwell
Eastbourne
Stapleton
Middleton St George
Oak Tree
Durham Tees Valley
Aislaby
Middleton One Row
Greta Bridge
Caldwell
Eppleby
Stanwick Fortifications
Hutton Magna
Forcett
Lane Head
Barningham
West Layton
East Layton
Aldbrough St John
Hurworth-on-Tees
Croft-on-Tees
Hurworth Place
Neasham
Low Dinsdale
Low Worsall
High Worsall
Kirklevington
High Leven
Hilton
Middleton-on-Leven
Newsham
Dalton
Ravensworth
Newton Morrell
Barton
Eryholme
Girsby
Dalton-on-Tees
Sockburn
Picton
Crathorne
Rudby
Gayles
Melsonby
Barton Park
Scotch Corner
Middleton Tyas
Croft
Kirby Hill
Whashton
Gilling West
Danger Area
Hornby
Appleton Wiske
Hutton Rudby
Moulton
North Cowton
Great Smeaton
West Rounton
East Rounton
Potto
Helwith
Skeeby
Uckerby
East Cowton
Birkby
Welbury
Deighton
Ingleby Arncliffe
Swainby
Richmond
Skelton
Marske
Hudswell
Holly Hill
Easby
Scorton
Forest
Pepper Arden
Hutton Bonville
Colburn
Brompton-on-Swale
Catterick Bridge
Bolton-on-Swale
Whitwell
Streetlam
East Harlsey
Harlsey Castle
Mount Grace Priory
Cod Beck
Marrick
Downholme
Catterick Garrison
Hipswell
Walkerville
Catterick
Ellerton-on-Swale
Danby Wiske
Battle of the Standard 1138
Battle of the Standard Monument
Brompton
Osmotherley
Stainton
Tunstall
East Appleton
Kiplin Hall
Great Langton
Ellerbeck
Kirby Sigston
Foxton
Thimbleby
Hipswell Moor
Scotton
Kirkby Fleetham
Bullamoor
YORKSHIRE
West Appleton
Hackforth
Great Fencote
Yafforth
Romanby
NORTHALLERTON
Over Silton
Barden
East Hauxwell
Hornby
Arrathorne
Little Fencote
Thrintoft
Ainderby Steeple
Bellerby
Garriston
Hunton
Scruton
Bellerby Camp
Constable Burton Hall
Langthorne
Morton-on-Swale
Warlaby
Crosby Court
Nether Silton
Kepwick
Leyburn
Patrick Brompton
Little Crakehall
Leeming Bar
North Otterington
Thornton-le-Beans
Cowesby
Wensley
Constable Burton
Kirkbridge
Leeming
Harmby
Spennithorne
Finghall
Newton-le-Willows
Great Crakehall
Aiskew
Londonderry
Thornton-le-Moor
Borrowby
White Rose Candle Workshop
Wensleydale Railway
Middleham
Bedale
Newby Wiske
South Otterington
Knayton
Kirby Knowle
Upsall
Thornton Steward
Cowling
Burrill
Big Sheep & Little Cow Farm
Exelby
Gatenby
Maunby
Coverham
Jervaulx Abbey
Thornton Watlass
Firby
Thorp Perrow Arboretum
Theakston
Kirby Wiske
Thornton-le-Street
North Kilvington
East Witton
Braithwaite
Thirn
A68
A691
A1(M)
A181
A688
A690
A167
A177
A689
A19
A1086
A179
A6072
A66
A67
A66(M)
A1046
A1027
A135
A1045
A1044
A1032
A6108
A6055
A6136
A684
A168
A172
B6302
B6301
B6297
B6296
B6299
B6286
B6300
B6288
B6287
B6282
B6279
B6443
B6444
B6275
B6274
B6280
B6271
B6270
B6268
B6285
B1283
B1280
B1278
B1279
B1281
B1274
B1275
B1264
B1263
B1265
B1380

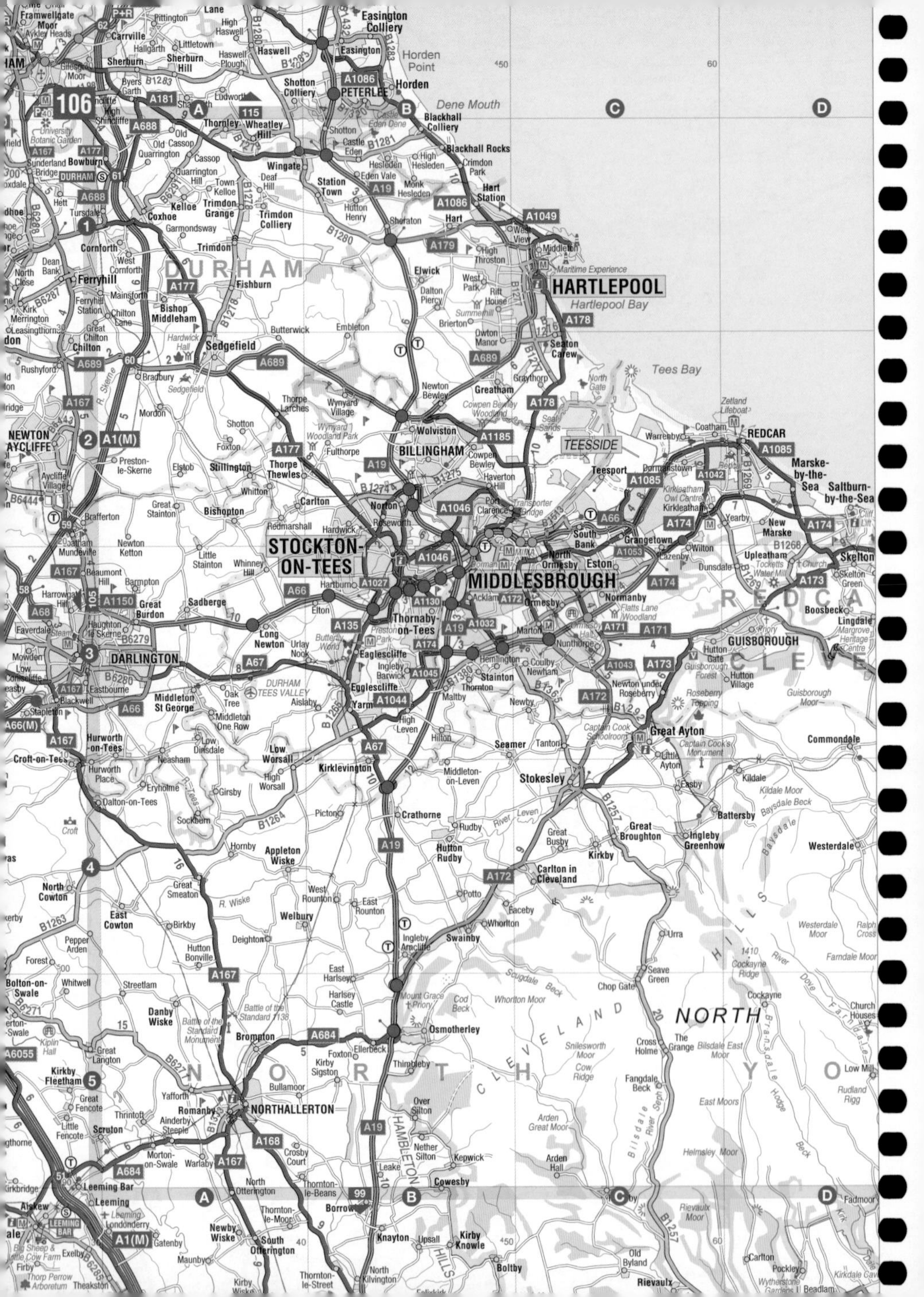

106
115
99
A
B
C
D
DURHAM
HARTLEPOOL
Hartlepool Bay
STOCKTON-ON-TEES
MIDDLESBROUGH
DARLINGTON
NORTHALLERTON
REDCAR
GUISBOROUGH
BILLINGHAM
TEESSIDE
PETERLEE
NEWTON AYCLIFFE
SEDGEFIELD
Tees Bay
Dene Mouth
Horden Point
Easington Colliery
Easington
Horden
Haswell
Shotton Colliery
Blackhall Colliery
Blackhall Rocks
Castle Eden
Wingate
Station Town
Hesleden
High Hesleden
Crimdon Park
Hart Station
Hart
Sheraton
Hutton Henry
Trimdon
Trimdon Grange
Trimdon Colliery
Fishburn
Thornley
Wheatley Hill
Kelloe
Coxhoe
Cassop
Quarrington Hill
Sherburn
Sherburn Hill
Carrville
Pittington
Framwellgate Moor
Bowburn
Cornforth
West Cornforth
Ferryhill
Chilton
Bishop Middleham
Mainsforth
Rushyford
Bradbury
Mordon
Butterwick
Embleton
Elwick
Dalton Piercy
West Park
High Throston
Brierton
Owton Manor
Seaton Carew
Greatham
Newton Bewley
Wolviston
Wynyard Village
Thorpe Larches
Shotton
Foxton
Stillington
Thorpe Thewles
Whitton
Fulthorpe
Cowpen Bewley
Haverton Hill
Port Clarence
Norton
Roseworth
Hardwick
Redmarshall
Carlton
Bishopton
Great Stainton
Little Stainton
Whinney Hill
Sadberge
Great Burdon
Hartburn
Elton
Long Newton
Urlay Nook
Thornaby-on-Tees
Eaglescliffe
Ingleby Barwick
Egglescliffe
Yarm
Aislaby
High Leven
Hilton
Maltby
Thornton
Stainton
Hemlington
Coulby Newham
Acklam
Ormesby
Marton
Nunthorpe
Newby
Seamer
Tanton
Stokesley
Eston
North Ormesby
South Bank
Grangetown
Normanby
Teesport
Dormanstown
Warrenby
Coatham
Kirkleatham
Yearby
Wilton
Lazenby
Dunsdale
Upleatham
New Marske
Marske-by-the-Sea
Saltburn-by-the-Sea
Skelton
Skelton Green
Boosbeck
Lingdale
Hutton Gate
Hutton Village
Guisborough Forest
Guisborough Moor
Newton under Roseberry
Roseberry Topping
Great Ayton
Little Ayton
Easby
Kildale
Kildale Moor
Battersby
Baysdale Beck
Commondale
Westerdale
Ingleby Greenhow
Great Broughton
Kirkby
Great Busby
Carlton in Cleveland
Faceby
Whorlton
Swainby
Potto
Hutton Rudby
Rudby
Crathorne
Middleton-on-Leven
Kirklevington
Picton
Low Worsall
High Worsall
Girsby
Sockburn
Eryholme
Neasham
Low Dinsdale
Middleton One Row
Middleton St George
Oak Tree
DURHAM TEES VALLEY
Hurworth-on-Tees
Hurworth Place
Croft-on-Tees
Dalton-on-Tees
Stapleton
Blackwell
Eastbourne
Haughton le Skerne
Barmpton
Beaumont Hill
Harrowgate Hill
Coatham Mundeville
Brafferton
Newton Ketton
Preston-le-Skerne
Heighington
Aycliffe Village
Faverdale
Mowden
Hornby
Appleton Wiske
Great Smeaton
West Rounton
East Rounton
Welbury
Deighton
Birkby
East Cowton
North Cowton
Pepper Arden
Hutton Bonville
East Harlsey
Harlsey Castle
Ingleby Arncliffe
Mount Grace Priory
Osmotherley
Cod Beck
Whorlton Moor
Scugdale Beck
Chop Gate
Seave Green
Urra
Cross Holme
The Grange
Bilsdale East Moor
Fangdale Beck
Cockayne
Cockayne Ridge
Snilesworth Moor
Cow Ridge
Arden Great Moor
Arden Hall
East Moors
Helmsley Moor
Rievaulx Moor
Rievaulx
Old Byland
Boltby
Kirby Knowle
Upsall
Knayton
Cowesby
Kepwick
Nether Silton
Over Silton
Thimbleby
Ellerbeck
Foxton
Kirby Sigston
Bullamoor
Brompton
Danby Wiske
Streetlam
Whitwell
Bolton-on-Swale
Great Langton
Kirkby Fleetham
Great Fencote
Little Fencote
Scruton
Yafforth
Romanby
Ainderby Steeple
Morton-on-Swale
Warlaby
Crosby Court
Thornton-le-Beans
North Otterington
South Otterington
Thornton-le-Moor
Newby Wiske
Leeming Bar
Leeming
Londonderry
Gatenby
Exelby
Maunby
Borrowby
North Kilvington
Thornton-le-Street
Carlton
Pockley
Fadmoor
Low Mill
Rudland Rigg
Church Houses
Westerdale Moor
Ralph Cross
Farndale Moor
CLEVELAND
NORTH YORK
HAMBLETON HILLS
Battle of the Standard 1138
Captain Cook Schoolroom
Captain Cook's Monument
Maritime Experience
Transporter Bridge
Kirkleatham Owl Centre
Zetland Lifeboat
Flatts Lane Woodland
Cowpen Bewley Woodland
Wynyard Woodland Park
Hardwick Hall
Tees
R. Wiske
River Leven
A1(M)
A19
A66
A67
A167
A177
A181
A688
A689
A1086
A1049
A179
A178
A1185
A1046
A1027
A1130
A1032
A135
A174
A1045
A1044
A172
A171
A173
A1043
A1053
A1042
A1085
A684
A168
A1150
A6055
B1280
B1281
B1278
B1264
B1263
B1257
B1365
B1380
B1265
B6279
B6280
B6287
B1269
B1268
B1513
B1275
B1274

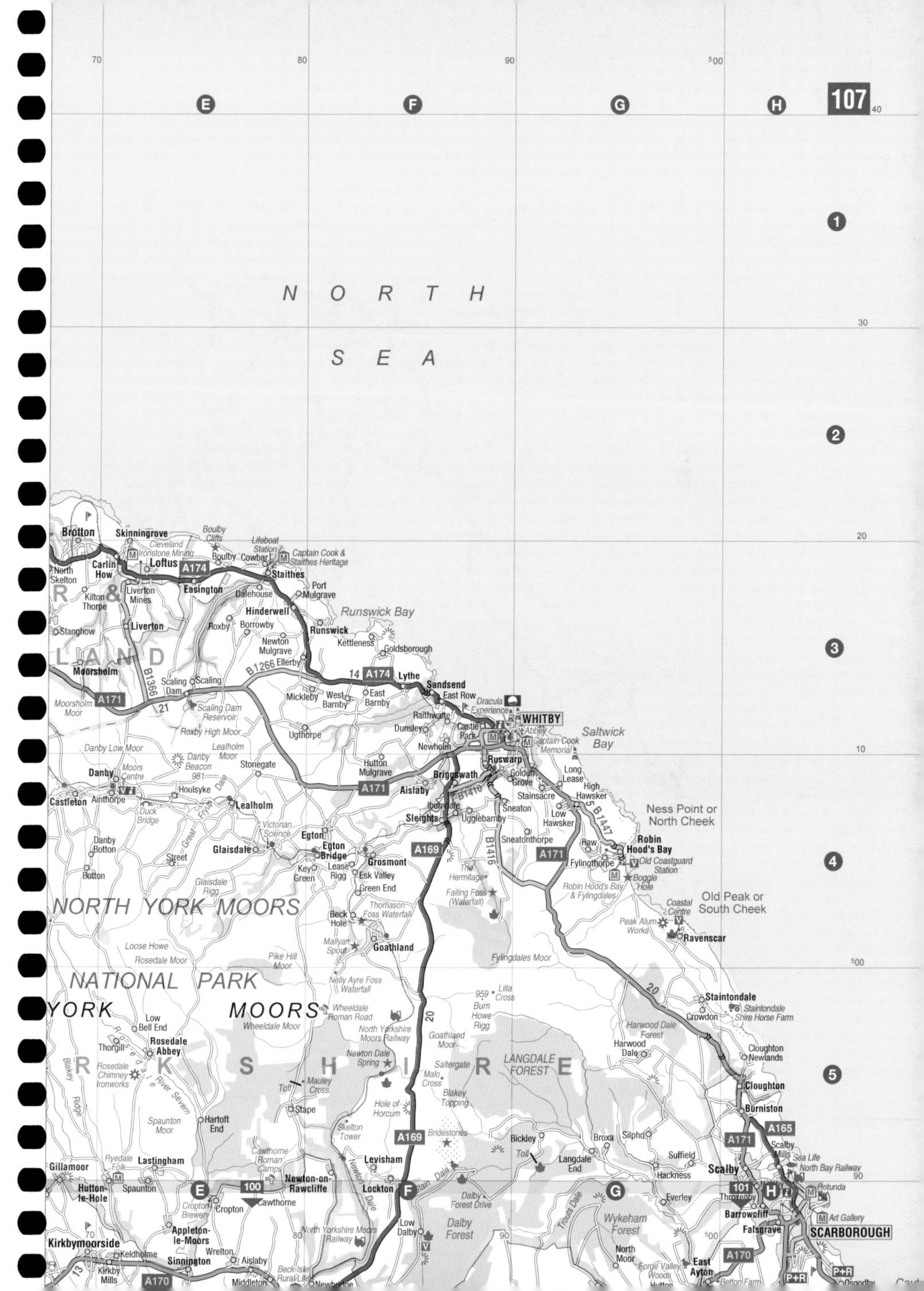
70
80
90
500
E
F
G
H
40
1
2
3
4
5
30
20
10
500
90
NORTH
SEA
Brotton
Skinningrove
Boulby Cliffs
Cleveland Ironstone Mining
Lifeboat Station
Captain Cook & Staithes Heritage
Boulby
Cowbar
Carlin How
Loftus
A174
Staithes
North Skelton
Easington
Kilton Thorpe
Liverton Mines
Dalehouse
Port Mulgrave
Runswick Bay
Hinderwell
Roxby
Borrowby
Runswick
Stanghow
Liverton
Kettleness
Goldsborough
Newton Mulgrave
Ellerby
B1266
Moorsholm
B1366
Scaling Dam
Scaling
14
A174
Lythe
Sandsend
East Row
Moorsholm Moor
A171
21
Scaling Dam Reservoir
Mickleby
West Barnby
East Barnby
Dracula Experience
WHITBY
Abbey
Raithwaite
Roxby High Moor
Ugthorpe
Dunsley
Castle Park
Saltwick Bay
Captain Cook Memorial
Danby Low Moor
Lealholm Moor
Newholm
Danby Beacon
981
Stonegate
Hutton Mulgrave
Ruswarp
Danby
Moors Centre
Briggswath
Golden Grove
Long Lease
Houlsyke
A171
Aislaby
B1410
High Hawsker
Ness Point or North Cheek
Castleton
Ainthorpe
Fryup Dale
Lealholm
Stainsacre
Duck Bridge
Iburndale
Sneaton
Low Hawsker
B1447
Sleights
Ugglebarnby
Victorian Science
Great
Egton
Robin Hood's Bay
Danby Botton
Sneatonthorpe
Street
Glaisdale
Egton Bridge
A169
B1416
A171
Raw
Grosmont
Fylingthorpe
Old Coastguard Station
Botton
Key Green
Lease Rigg
Esk Valley
The Hermitage
Boggle Hole
Glaisdale Rigg
Green End
Robin Hood's Bay & Fylingdales
NORTH YORK MOORS
Falling Foss (Waterfall)
Old Peak or South Cheek
Thomason Foss Waterfall
Beck Hole
Coastal Centre
Peak Alum Works
Ravenscar
Loose Howe
Mallyan Spout
Goathland
Rosedale Moor
Pike Hill Moor
Fylingdales Moor
NATIONAL PARK
Nelly Ayre Foss Waterfall
959
Lilla Cross
20
Staintondale
YORK
MOORS
Wheeldale Roman Road
Burn Howe Rigg
Crowdon
Staintondale Shire Horse Farm
Low Bell End
Wheeldale Moor
20
Harwood Dale Forest
North Yorkshire Moors Railway
Goathland Moor
Rosedale Abbey
Thorgill
Harwood Dale
Cloughton Newlands
Newton Dale Spring
Saltergate
LANGDALE FOREST
Blakey
Rosedale Chimney Ironworks
River Seven
Malo Cross
Mauley Cross
Cloughton
Toll
Blakey Topping
Ridge
Hole of Horcum
Burniston
Stape
Hartoft End
A165
Spaunton Moor
Skelton Tower
Bridestones
A169
A171
Bickley
Broxa
Silpho
Scalby Mills
Sea Life
Ryedale Folk
Lastingham
Toll
Suffield
Gillamoor
Cawthorne Roman Camps
Levisham
Langdale End
North Bay Railway
Hackness
Scalby
Newton-on-Rawcliffe
Stain Dale
Hutton-le-Hole
Spaunton
100
Lockton
Rotunda
Cawthorne
Dalby Forest Drive
101
Throxenby
Crompton Brewery
Cropton
Newton Dale
Everley
Barrowcliff
Troutsdale
Wykeham Forest
Art Gallery
Low Dalby
Dalby Forest
Appleton-le-Moors
North Yorkshire Moors Railway
Falsgrave
SCARBOROUGH
Kirkbymoorside
Wrelton
Keldholme
North Moor
A170
Sinnington
Aislaby
East Ayton
Forge Valley Woods
Kirkby Mills
Beck Isle Rural Life
P+R
A170
Middleton
Newbridge
P+R

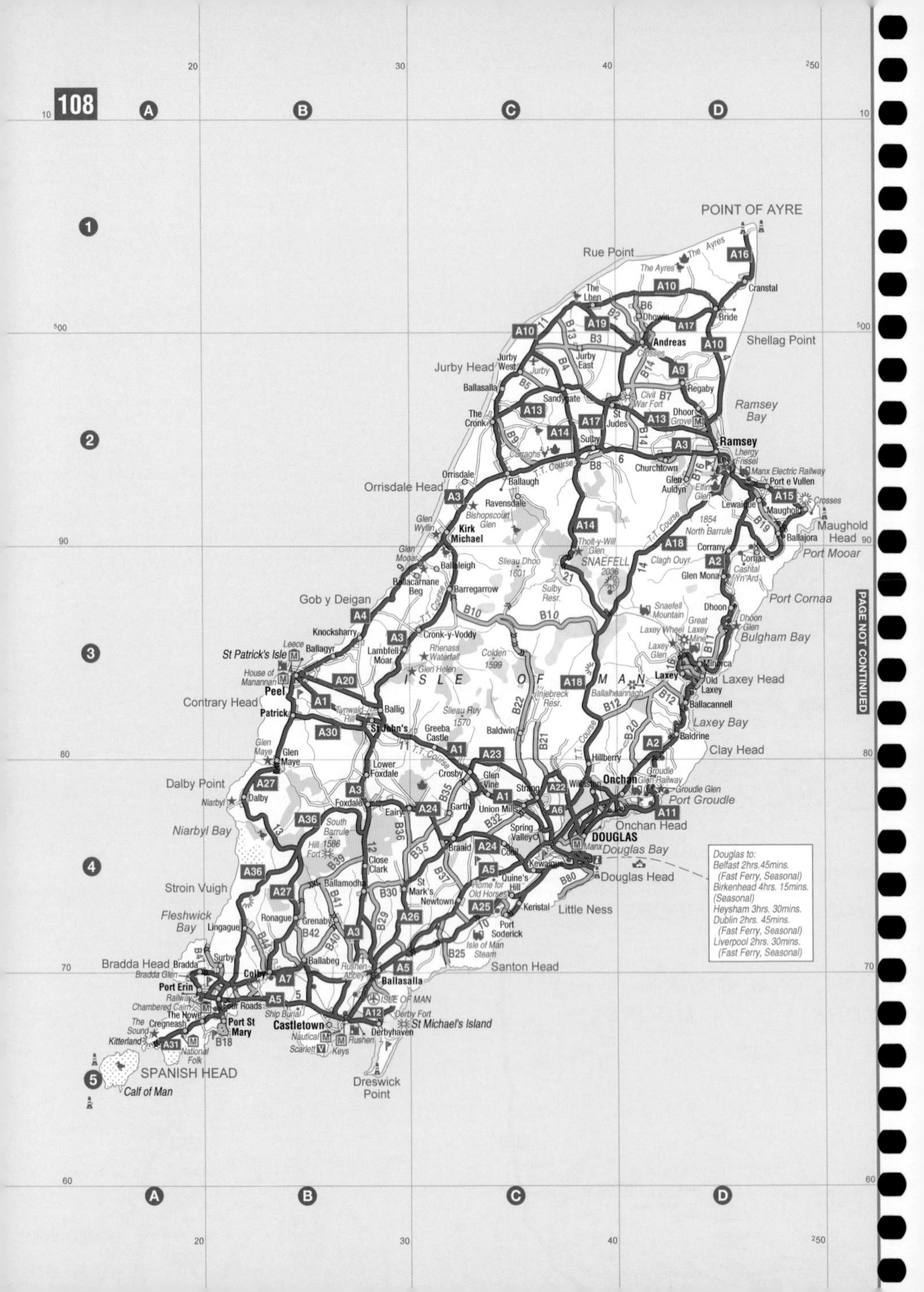
108
A
B
C
D
1
2
3
4
5
POINT OF AYRE
Rue Point
The Ayres
Cranstal
The Lhen
Dhowin
Bride
Andreas
Shellag Point
Jurby Head
Jurby West
Jurby
Jurby East
Ballasalla
Sandygate
Civil War Fort
Regaby
Ramsey Bay
The Cronk
St Judes
Dhoor
Grove
Curraghs
Sulby
Ramsey
Lhergy Frissel
Churchtown
Glen Auldyn
Elfin Glen
Manx Electric Railway
Port e Vullen
Orrisdale
Orrisdale Head
Ballaugh
T.T. Course
Ravensdale
Bishopscourt Glen
Lewaigue
Maughold
Crosses
Maughold Head
Ballajora
Port Mooar
Glen Wyllin
Kirk Michael
Tholt-y-Will Glen
SNAEFELL 2036
North Barrule 1854
Corrany
Cornaa
Glen Mooar
Ballaleigh
Slieau Dhoo 1601
Clagh Ouyr
Cashtal Yn Ard
Glen Mona
Ballacarnane Beg
Barregarrow
Sulby Resr.
Port Cornaa
Snaefell Mountain
Dhoon
Dhoon Glen
Gob y Deigan
Laxey Wheel
Great Laxey Mine
Bulgham Bay
Knocksharry
Cronk-y-Voddy
Leece
Ballagyr
St Patrick's Isle
Lambfell Moar
Rhenass Waterfall
Colden 1599
Laxey Glen
Minorca
House of Manannan
Glen Helen
ISLE OF MAN
Laxey
Old Laxey
Laxey Head
Peel
Ballalheannagh
Injebreck Resr.
Ballacannell
Contrary Head
Patrick
Tynwald Hill
Ballig
St John's
Slieau Ruy 1570
Laxey Bay
Greeba Castle
Baldwin
Baldrine
Glen Maye
T.T. Course
Clay Head
Hillberry
Lower Foxdale
Crosby
Glen Vine
Strang
Willaston
Onchan
Dalby Point
Groudle Glen Railway
Groudle Glen
Niarbyl
Dalby
Foxdale
Eairy
Garth
Union Mills
Port Groudle
Niarbyl Bay
South Barrule 1586
Hill Fort
Spring Valley
Onchan Head
DOUGLAS
Manx
Douglas Bay
Braaid
Cooil
Close Clark
Kewaigue
Quine's Hill
Douglas Head
Stroin Vuigh
Ballamodha
St Mark's
Home for Old Horses
Newtown
Keristal
Little Ness
Fleshwick Bay
Ronague
Grenaby
Port Soderick
Lingague
Isle of Man Steam
Surby
Bradda Head
Bradda
Bradda Glen
Ballabeg
Santon Head
Colby
Rushen Abbey
Ballasalla
Port Erin
Railway
Chambered Cairn
Four Roads
ISLE OF MAN
The Howe
Ship Burial
Derby Fort
The Sound
Cregneash
Port St Mary
Castletown
St Michael's Island
Derbyhaven
Nautical
Rushen
Kitterland
Scarlett
Keys
National Folk
SPANISH HEAD
Calf of Man
Dreswick Point
Douglas to:
Belfast 2hrs.45mins. (Fast Ferry, Seasonal)
Birkenhead 4hrs. 15mins. (Seasonal)
Heysham 3hrs. 30mins.
Dublin 2hrs. 45mins. (Fast Ferry, Seasonal)
Liverpool 2hrs. 30mins. (Fast Ferry, Seasonal)
PAGE NOT CONTINUED
A16
A10
A17
A19
A9
A13
A14
A3
A15
A18
A2
A4
A20
A1
A30
A23
A27
A22
A6
A36
A24
A5
A11
A25
A26
A7
A12
A31
B6
B2
B13
B3
B4
B5
B14
B7
B9
B8
B16
B19
B10
B11
B12
B20
B22
B21
B35
B32
B36
B37
B39
B30
B41
B42
B40
B29
B80
B25
B44
B18
20
30
40
250
10
500
90
80
70
60

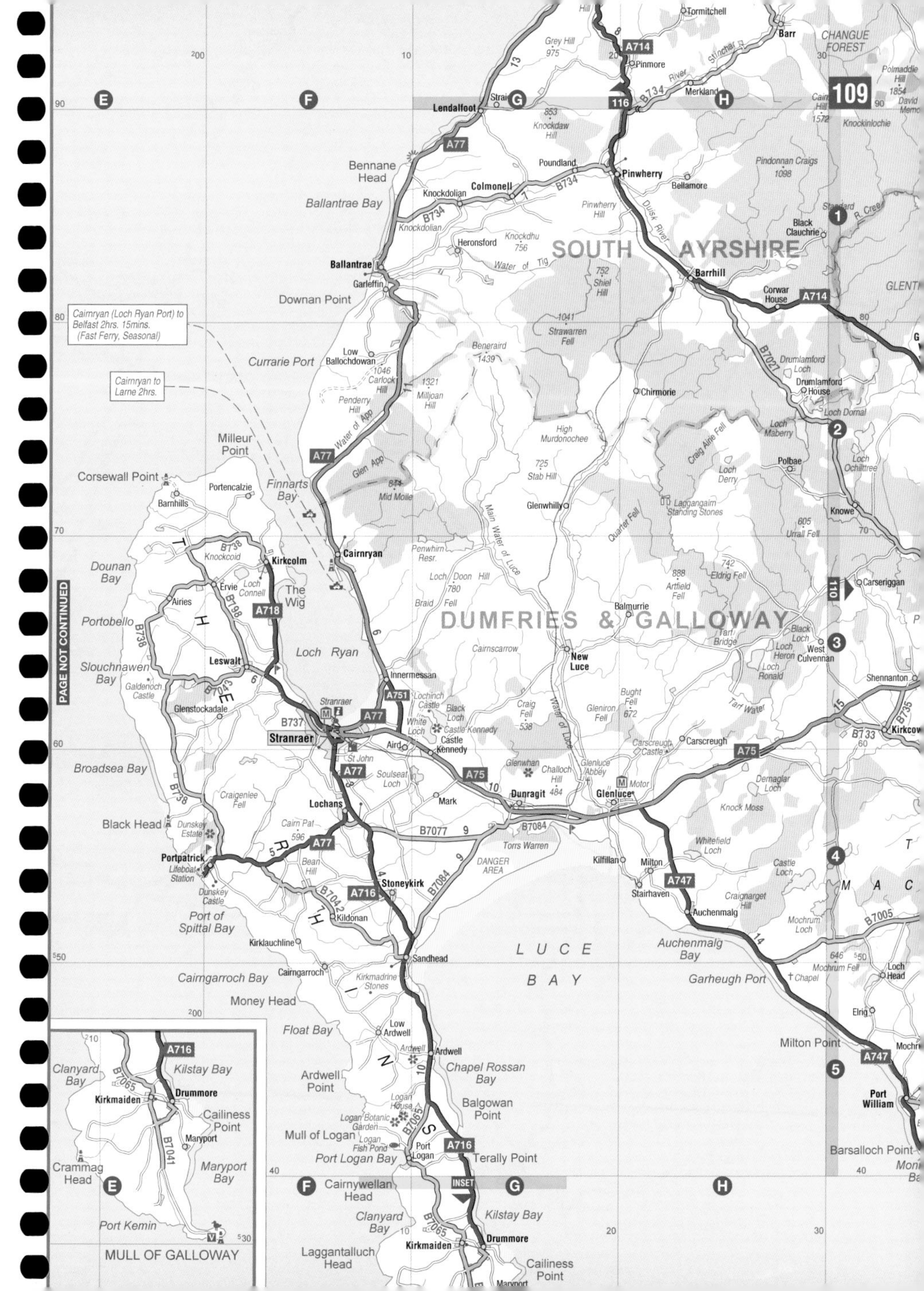

CHANGUE FOREST

Tormitchell

Barr

Polmaddie Hill 1854
David Hill

Knockinlochie

Grey Hill 975

Pinmore

Merkland

E   F   G   116   H

90   90

Lendalfoot

Stinchar

B734

A714

River

Black Clauchrie

1

Cairn Hill 1572

Knockdaw Hill

Poundland

Pinwherry

Bennane Head

Colmonell

Pinwherry Hill

Bellamore

Ballantrae Bay

Knockdolian

B734

Pindonnan Craigs 1098

SOUTH   AYRSHIRE

Knockdolian

Heronsford

Knockdhu 756

752 Shiel Hill

Barrhill

Corwar House

A714

GLENT

Ballantrae

Garleffin

Water of Tig

80   Cairnryan (Loch Ryan Port) to Belfast 2hrs. 15mins. (Fast Ferry, Seasonal)

Downan Point

1041

Strawarren Fell

Drumlamford Loch

80

G

Cairnryan to Larne 2hrs.

Low Ballochdowan

Beneraird 1439

A77

Drumlamford House

Loch Dornal

Currarie Port

1046 Carlock Hill

1321 Millgoan Hill

Chirmorie

Loch Maberry

2

Pendery Hill

High Murdonochee

Craig Airie Fell

Loch Ochiltree

Milleur Point

Glen App

Water of App

725 Stab Hill

Loch Derry

Polbae

Corsewall Point

Finnarts Bay

A77

Glenwhilly

Laggangairn Standing Stones

Knowe

605 Urrall Fell

Portencalzie

Mid Moile

Main Water of Luce

Quarel Fell

742 Eldrig Fell

Barnhills

Penwhirn Resr.

DUMFRIES & GALLOWAY

888 Artfield Fell

Carseriggan

110

Dounan Bay

BT38 Knockcoid

Loch Connel

Kirkcolm

The Wig

A718

Loch Doon Hill 780

Cairnscarrow

New Luce

Balmurrie

Tarff Bridge

Loch Heron

Loch Ronald

Black Culvennan

West Culvennan

3

Ervie

Airies

Braid Fell

Bught Fell 872

Shennanton

P

Portobello

BT38

BT98

Leswalt

Loch Ryan

Innermessan

Glenluce Abbey

Craig Fell 538

Gleniron Fell

Carscreugh

Carscreugh Castle

Tarff Water

BT33

Kirkcow

Slouchnawen Bay

A7083

Galdenoch Castle

BT83

Stranraer

B737

Lochinch Castle

White Loch

Black Loch

Castle Kennedy

Glenwhan

Challoch Hill

A75

Demaglar Loch

60   Glenstockadale

Stranraer

A77

A751

St John

Aird

Castle Kennedy

A75

Dunragit 484

Glenluce

Knock Moss

60

Broadsea Bay

BT38

Craigenlee Fell

Lochans

Soulseat Loch

Mark

Torrs Warren

B7084

Whitefield Loch

Castle Loch

4

Black Head

Dunskey Estate

Cairn Pat 596

BT77

B7077

9

DANGER AREA

Kilfillan

Milton

A747

Craignarget Loch

Castle Loch

M   A   C

Portpatrick

Lifeboat Station

A77

Bean Hill

Stoneykirk

B7077

Stairhaven

Auchenmalg

Mochrum Loch

B7005

Dunskey Castle

BT042

BT716

Kildonan

Auchenmalg Bay

Money Head

Kirklauchline

Sandhead

646 Mochrum Fell

Loch Head

Eldrig

50   Cairngarroch Bay

Cairngarroch

Kirkmadrine Stones

L U C E

Garheugh Port

Chapel

50

Money Head

200

B A Y

Milton Point

A747

Float Bay

Low Ardwell

Ardwell

Chapel Rossan Bay

Port William

Clanyard Bay

A716

Kilstay Bay

Ardwell Point

Balgowan Point

Barsalloch Point

5

Kirkmaiden

Drummore

Cailiness Point

Logan House

Logan Botanic Garden

Mull of Logan

Port Logan

Port Logan Bay

A716

Terally Point

Mon Ba

Maryport

Logan Fish Pond

Crammag Head

BT041

Maryport Bay

INSET

E   F   **INSET**   G   H

Port Kemin

BT065

Cairnywellan Head

Clanyard Bay

Kilstay Bay

MULL OF GALLOWAY

Laggantalluch Head

Kirkmaiden

Drummore

Cailiness Point

PAGE NOT CONTINUED

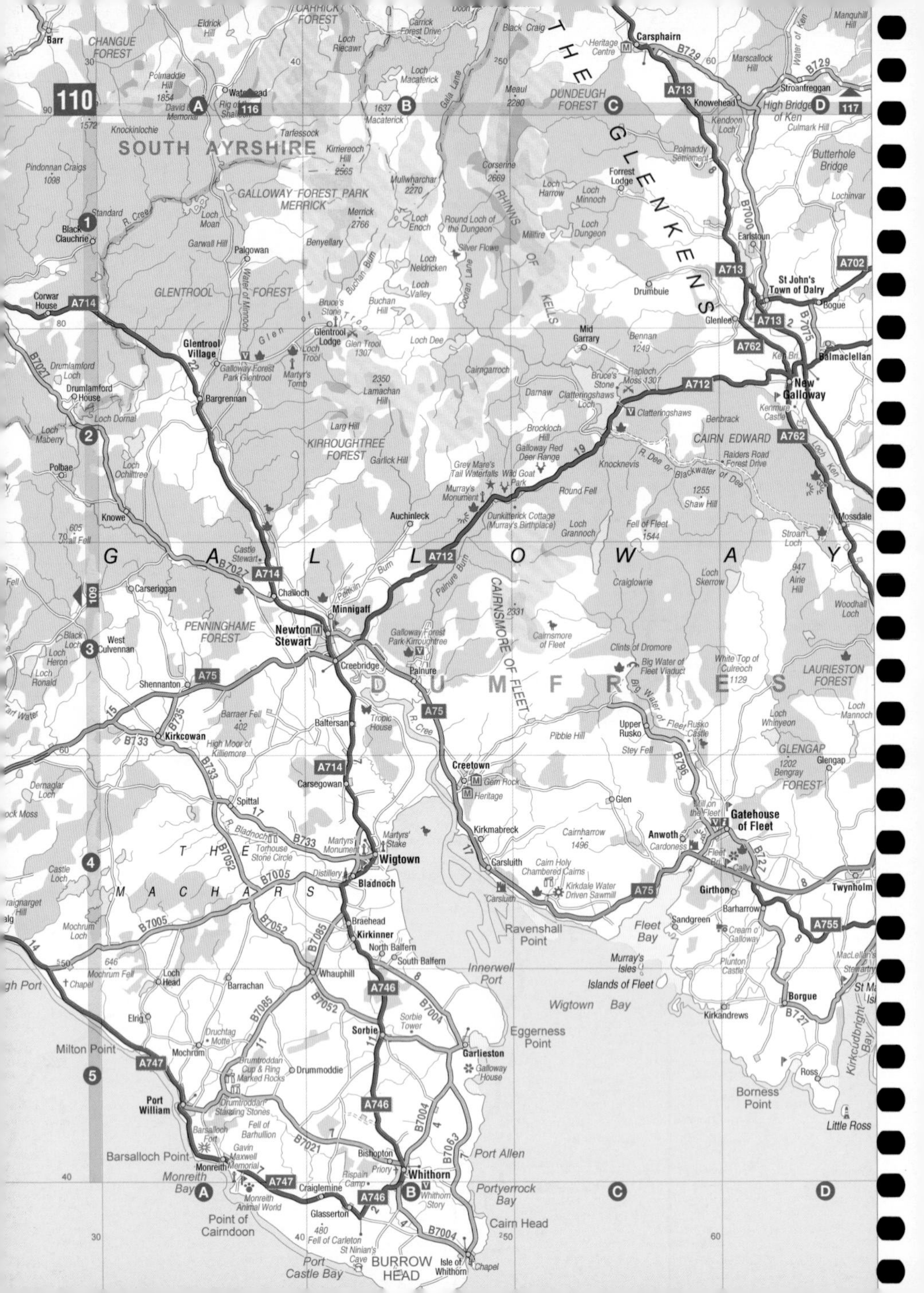

Barr
CHANGUE FOREST
Eldrick Hill
CARRICK FOREST
Carrick Forest Drive
Loch Riecawr
Black Craig
THE GLENKENS
Carsphairn
Heritage Centre
B729
Marscallock Hill
Water of Ken
Manquhill Hill
Polmaddie Hill 1854
Waterhead
Rig of the Shalloch
David & Monument
116
Loch Macaterick
Gala Lane
Meaul 2280
DUNDEUGH FOREST
A713
Knowehead
Stroanfreggan
High Bridge of Ken
117
Culmark Hill
1572
Knockinlochie
1637
Macaterick
Tarfessock
Kendoon Loch
SOUTH AYRSHIRE
Kirriereoch Hill 2565
Polmaddy Settlement
Butterhole Bridge
Pindonnan Craigs 1098
Mullwharchar 2270
Corserine 2669
Forrest Lodge
GALLOWAY FOREST PARK
MERRICK
Loch Harrow
Loch Minnoch
RHINNS OF KELLS
B7000
Lochinvar
Standard
R. Cree
Loch Moan
Merrick 2766
Loch Enoch
Round Loch of the Dungeon
Loch Dungeon
Millfire
Black Clauchrie
Garwall Hill
Benyellary
Silver Flowe
Earlstoun
Palgowan
Loch Neldricken
Cooran Lane
A702
GLENTROOL FOREST
Water of Minnoch
Buchan Burn
Loch Valley
Drumbuie
St John's Town of Dalry
Corwar House
A714
Bruce's Stone
Glen of Trool
Buchan Hill
Glenlee
Bogue
B7075
Glentrool Village
Glentrool Lodge
Glen Trool 1307
Loch Trool
Loch Dee
Mid Garrary
Bennan 1249
A762
Ken Bri.
Balmaclellan
B7027
Drumlamford Loch
Drumlamford House
Galloway Forest Park Glentrool
Martyr's Tomb
2350 Lamachan Hill
Cairngarroch
Bruce's Stone
Raploch Moss 1307
A712
New Galloway
Bargrennan
Darnaw
Clatteringshaws Loch
Clatteringshaws
Kenmure Castle
Loch Dornal
Loch Maberry
Larg Hill
Brockloch Hill
Galloway Red Deer Range
Benbrack
CAIRN EDWARD
KIRROUGHTREE FOREST
Garlick Hill
Polbae
Loch Ochiltree
Grey Mare's Tail Waterfalls
Wild Goat Park
Knocknevis
R. Dee or Blackwater of Dee
Raiders Road Forest Drive
Loch Ken
Murray's Monument
Round Fell
1255
Shaw Hill
Auchinleck
Dunkitterick Cottage (Murray's Birthplace)
Loch Grannoch
Fell of Fleet 1544
Mossdale
Knowe
605
Stroan Loch
GALLOWAY
Castle Stewart
Palnure Burn
Loch Skerrow
947 Airie Hill
Craiglowrie
Carseriggan
Challoch
Penkiln Burn
CAIRNSMORE OF FLEET
Woodhall Loch
109
Minnigaff
2331
PENNINGHAME FOREST
Newton Stewart
Galloway Forest Park Kirroughtree
Cairnsmore of Fleet
Black Loch
West Culvennan
Loch Heron
Creebridge
Palnure
Clints of Dromore
Big Water of Fleet Viaduct
White Top of Culreoch 1129
LAURIESTON FOREST
Loch Ronald
Shennanton
A75
DUMFRIES
Barraer Fell 402
Baltersan
Tropic House
R. Cree
Big Water of Fleet
Rusko Castle
Loch Mannoch
Loch Whinyeon
B735
Kirkcowan
B733
High Moor of Killiemore
Upper Rusko
Pibble Hill
Stey Fell
GLENGAP FOREST
Glengap
1202 Bengray
Dernaglar Loch
Carsegowan
Creetown
Gem Rock
Heritage
B796
Spittal
R. Bladnoch
Glen
Mill on the Fleet
Gatehouse of Fleet
Torhouse Stone Circle
Martyrs' Monument
Martyrs' Stake
Kirkmabreck
Cairnharrow 1496
Anwoth
Cardoness
THE MACHARS
B7052
Wigtown
Castle Loch
Distillery
Bladnoch
B7005
Carsluith
Cairn Holy Chambered Cairns
Kirkdale Water Driven Sawmill
Fleet Bri.
Cally
B727
Twynholm
Girthon
Barharrow
Ravenshall Point
Fleet Bay
Sandgreen
Cream o' Galloway
A755
Mochrum Loch
Braehead
Kirkinner
North Balfern
South Balfern
B7085
Murray's Isles
Islands of Fleet
Plunton Castle
MacLellan's
Stewartry
Mochrum Fell
Chapel
Loch Head
Barrachan
Whauphill
Innerwell Port
A746
B7004
Wigtown Bay
Borgue
Kirkandrews
Kirkcudbright Bay
Elrig
Sorbie
Sorbie Tower
Eggerness Point
Milton Point
Druchtag Motte
Mochrum
Garlieston
A747
Drumtroddan Cup & Ring Marked Rocks
Drummoddie
Galloway House
Ross
Port William
Drumtroddan Standing Stones
Borness Point
Fell of Barhullion
Little Ross
Barsalloch Fort
B7021
B7063
Port Allen
Barsalloch Point
Monreith
Gavin Maxwell Memorial
Bishopton
Priory
Whithorn
Monreith Bay
Rispain Camp
Craiglemine
Whithorn Story
Portyerrock Bay
Monreith Animal World
Glasserton
Point of Cairndoon
480
Fell of Carleton
Cairn Head
St Ninian's Cave
Port Castle Bay
BURROW HEAD
Isle of Whithorn
Chapel

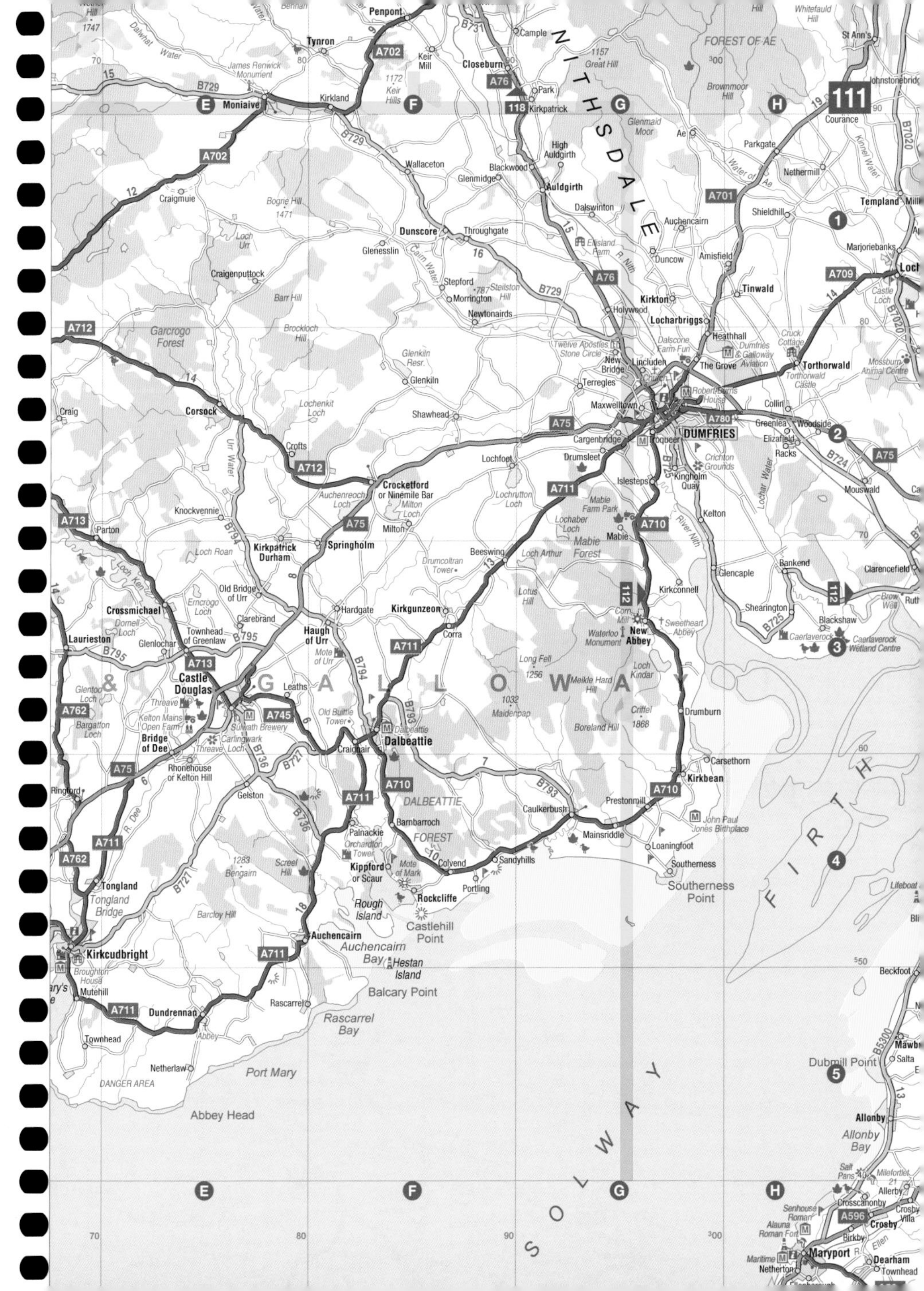
Penpont
Tynron
A702
Keir Mill
Closeburn
Cample
NITHSDALE
FOREST OF AE
Whitefauld Hill
St Ann's
Johnstonebridge
James Renwick Monument
Dalwhat Water
1747
B729
Moniaive
Kirkland
1172 Keir Hills
A76
Park
118 Kirkpatrick
1157 Great Hill
Brownmoor Hill
Courance
B7020
Glenmaid Moor
Ae
Parkgate
Kinnel Water
Water of Ae
Nethermill
High Auldgirth
Wallaceton
Blackwood
Glenmidge
Auldgirth
Craigmuie
Bogrie Hill 1471
Loch Urr
Dalswinton
A701
Templand
Shieldhill
Dunscore
Throughgate
Glenesslin
Cairn Water
Ellisland Farm
R. Nith
Auchencairn
Duncow
Amisfield
Marjoriebanks
Craigenputtock
Stepford
Morrington
787 Steilston Hill
B729
Kirkton
Tinwald
A709
Barr Hill
Newtonairds
Holywood
Locharbriggs
Castle Loch
A712
Garcrogo Forest
Brockloch Hill
Twelve Apostles Stone Circle
Heathhall
Dalscone Farm Fun
Dumfries & Galloway Aviation
Cruck Cottage
Glenkiln Resr.
Glenkiln
New Bridge
Lincluden
The Grove
Torthorwald
Torthorwald Castle
Mossburn Animal Centre
Terregles
Robert Burns House
Lochenkit Loch
Craig
Corsock
Shawhead
Maxwelltown
A75
A780
Collin
Greenlea
Woodside
DUMFRIES
Troqueer
Cargenbridge
Elizafield
Racks
B724
Crofts
Lochfoot
Drumsleet
Crichton Grounds
Kingholm Quay
A712
Crocketford or Ninemile Bar
Auchenreoch Loch
Milton Loch
Lochrutton Loch
A711
Islesteps
Lochar Water
Mouswald
Knockvennie
Urr Water
Mabie Farm Park
Kelton
A713
Parton
Milton
Lochaber Loch
A710
River Nith
B794
Mabie
Kirkpatrick Durham
Springholm
Loch Roan
Drumcoltran Tower
Beeswing
Loch Arthur
Mabie Forest
Glencaple
Bankend
Clarencefield
Loch Ken
Old Bridge of Urr
Erncrogo Loch
Lotus Hill
Kirkconnell
Crossmichael
Dornell Loch
Clarebrand
Hardgate
Kirkgunzeon
Corra
Shearington
Blackshaw
Laurieston
Townhead of Greenlaw
B795
Glenlochar
Haugh of Urr
Mote of Urr
Corn Mill
Waterloo Monument
New Abbey
Sweetheart Abbey
Caerlaverock
Caerlaverock Wetland Centre
A713
Castle Douglas
GALLOWAY
Long Fell 1256
Loch Kindar
Glentoo Loch
Leaths
Threave
Meikle Hard Hill
A762
Kelton Mains Open Farm
Sulwath Brewery
A745
Old Buittle Tower
B793
1032 Maidenpap
Criffel 1868
Drumburn
Bargatton Loch
Bridge of Dee
Carlingwark Loch
Threave
Dalbeattie
Boreland Hill
Craignair
B727
B736
Carsethorn
A75
Rhonehouse or Kelton Hill
A710
Kirkbean
Ringford
Gelston
A711
DALBEATTIE FOREST
Caulkerbush
Preston Mill
R. Dee
Barnbarroch
John Paul Jones Birthplace
A711
Palnackie
Orchardton Tower
Mainsriddle
Loaningfoot
A762
1283 Bengairn
Screel Hill
Mote of Mark
Colvend
Sandyhills
Southerness
Tongland
Kippford or Scaur
Portling
Southerness Point
Tongland Bridge
Rockcliffe
Rough Island
Castlehill Point
Barcloy Hill
FIRTH
Lifeboat
Kirkcudbright
Broughton House
Auchencairn
Auchencairn Bay
Hestan Island
Beckfoot
Mutehill
A711
Balcary Point
A711
Dundrennan
Rascarrel
Abbey
Rascarrel Bay
Townhead
Netherlaw
B5300
Mawbray
Dubmill Point
Salta
DANGER AREA
Port Mary
Abbey Head
SOLWAY
Allonby
Allonby Bay
Salt Pans
Milefortlet 21
Allerby
Crosscanonby
Crosby Villa
Senhouse Roman
Alauna Roman Fort
A596
Crosby
Birkby
Ellen
Maritime
Maryport
Netherton
Dearham
Townhead
E
F
G
H
70
80
90
300
550
60
1
2
3
4
5
112

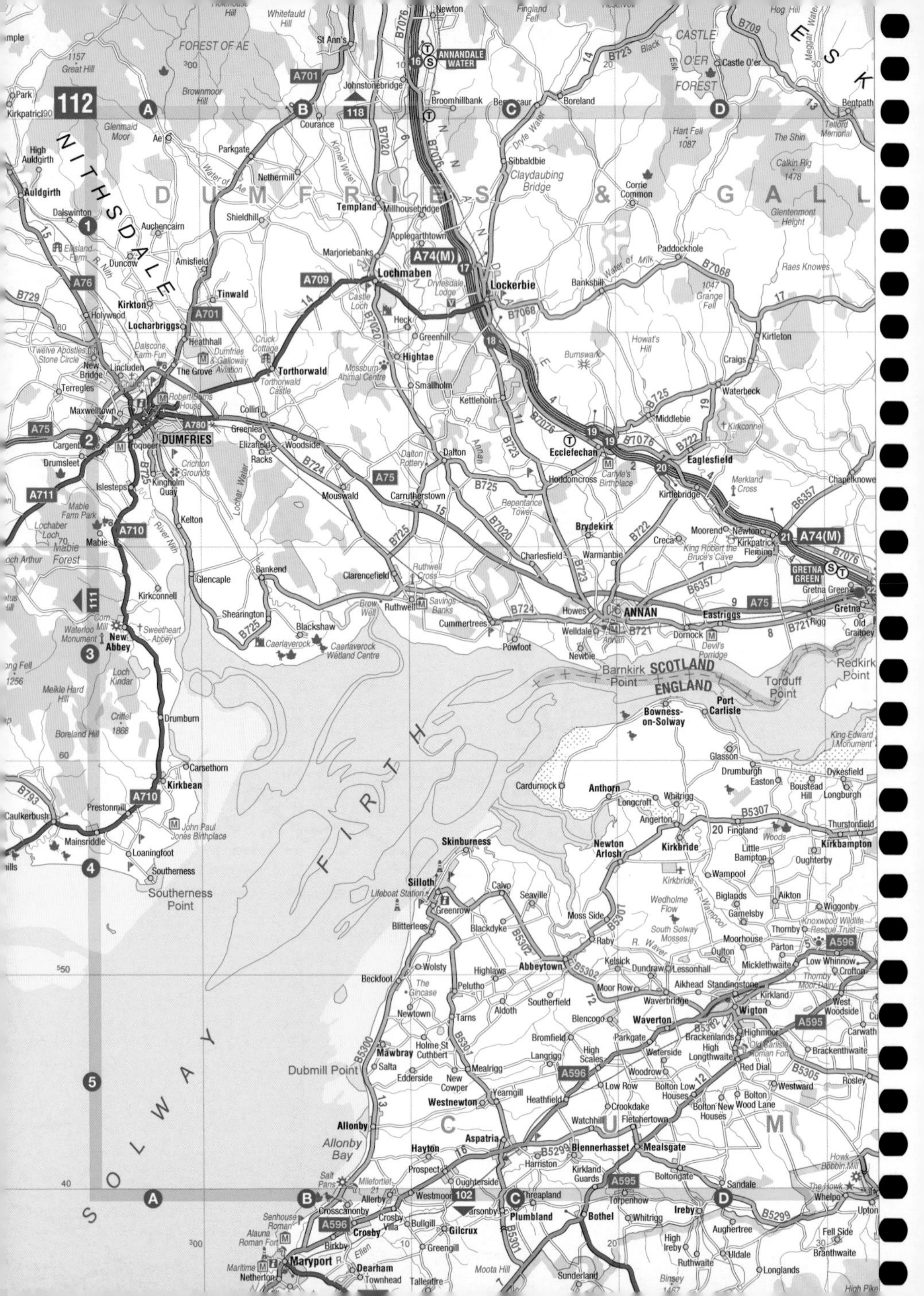

112
NITHSDALE
DUMFRIES & GALL
FOREST OF AE
Whitefauld Hill
Newton
Fingland Fell
Hog Hill
CASTLE O'ER FOREST
Castle O'er
ESK
Meggat Water
B709
St Ann's
ANNANDALE WATER
A701
Johnstonebridge
118
Broomhillbank
Boreland
Bentpath
Telford Memorial
The Shin
Great Hill
Brownmoor Hill
Park
Kirkpatrick
High Auldgirth
Auldgirth
Glenmaid Moor
Ae
Courance
Kinnel Water
B7020
B7076
Dryfe Water
Sibbaldbie
Claydaubing Bridge
Hart Fell 1087
Calkin Rig 1478
Parkgate
Nethermill
Water of Ae
Templand
Millhousebridge
Corrie Common
Glentenmont Height
Dalswinton
Auchencairn
Shieldhill
Applegarthtown
Marjoriebanks
A74(M)
Paddockhole
Raes Knowes
Ellisland Farm
Duncow
Amisfield
A709
Lochmaben
Lockerbie
Bankshill
Water of Milk
B7068
Grange Fell
A76
Kirkton
Tinwald
Castle Loch
Dryfesdale Lodge
B729
Holywood
Locharbriggs
A701
Heathhall
Heck
Greenhill
Kirtleton
Twelve Apostles Stone Circle
New Bridge
Dalscone Farm Fun
Dumfries & Galloway Aviation
Cruck Cottage
Hightae
Howat's Hill
Burnswark
Craigs
Lincluden
The Grove
Torthorwald
Torthorwald Castle
Mossburn Animal Centre
Terregles
Robert Burns House
Smallholm
Waterbeck
Maxwelltown
Collin
Kettleholm
B725
Middlebie
Kirkconnel
A75
A780
Greenlea
Cargenbridge
Troqueer
DUMFRIES
Elizafield
Woodside
Racks
Ecclefechan
B7076
B722
Eaglesfield
Drumsleet
Crichton Grounds
B724
Dalton Pottery
Dalton
Hoddomcross
Carlyle's Birthplace
Merkland Cross
Chapelknowe
A711
Islesteps
Kingholm Quay
Lochar Water
A75
Mouswald
Carrutherstown
B725
Repentance Tower
Kirtlebridge
B6357
Mabie Farm Park
A710
Kelton
River Nith
B7020
Brydekirk
Lochaber Loch
Mabie
Mabie Forest
Creca
Moorend
Newton
Kirkpatrick-Fleming
King Robert the Bruce's Cave
A74(M)
GRETNA GREEN
Loch Arthur
Bankend
Charlesfield
Warmanbie
B723
Glencaple
Clarencefield
Ruthwell Cross
Gretna Green
111
Kirkconnell
Ruthwell
Savings Banks
Brow Well
B724
Howes
ANNAN
Eastriggs
Gretna
Corn Mill
Shearington
Cummertrees
Welldale
B721
Dornock
Devil's Porridge
Rigg
Old Graitney
Waterloo Monument
New Abbey
Sweetheart Abbey
B725
Blackshaw
Caerlaverock
Caerlaverock Wetland Centre
Powfoot
Newbie
Loch Kindar
Long Fell 1256
Barnkirk Point
SCOTLAND
ENGLAND
Redkirk Point
Torduff Point
Meikle Hard Hill
Criffel 1868
Drumburn
Port Carlisle
Bowness-on-Solway
Boreland Hill
King Edward I Monument
Glasson
Carsethorn
Drumburgh
Easton
Dykesfield
Kirkbean
Cardurnock
Anthorn
Boustead Hill
Longburgh
B793
A710
Whitrigg
Longcroft
Caulkerbush
Prestonmill
Angerton
B5307
Thurstonfield
John Paul Jones Birthplace
Fingland
Woods
Mainsriddle
Skinburness
Newton Arlosh
Kirkbride
Kirkbampton
Loaningfoot
Little Bampton
Oughterby
Southerness
Southerness Point
Silloth
Wampool
Lifeboat Station
Calvo
Seaville
Biglands
Aikton
Greenrow
Wedholme Flow
Gamelsby
Wiggonby
Blitterlees
Blackdyke
Moss Side
South Solway Mosses
Knoxwood Wildlife Rescue Trust
Thornby
Raby
R. Waver
Moorhouse
Parton
A596
Oulton
Wolsty
Highlaws
Abbeytown
Kelsick
Dundraw
Lessonhall
Micklethwaite
Low Whinnow
Crofton
Beckfoot
The Gincase
Pelutho
Moor Row
Aikhead
Standingstone
Thornby Moor Dairy
Southerfield
Waverbridge
Kirkland
Newtown
Aldoth
Blencogo
Waverton
Wigton
West Woodside
Tarns
B5302
Highmoor
Brackenlands
A595
Carwath
Bromfield
Parkgate
Old Carlisle Roman Fort
Brackenthwaite
Holme St Cuthbert
High Scales
Waterside
High Longthwaite
Mawbray
Salta
Mealrigg
Langrigg
Red Dial
Dubmill Point
B5300
B5301
Woodrow
B5305
Edderside
New Cowper
A596
Low Row
Bolton Low Houses
Westward
Rosley
Westnewton
Yearngill
Heathfield
Bolton Wood Lane
Crookdake
Bolton New Houses
Watchhill
Fletchertown
C U M
Allonby
Allonby Bay
Hayton
Aspatria
B5299
Blennerhasset
Mealsgate
Harriston
Kirkland Guards
Prospect
Oughterside
A595
Howk Bobbin Mill
Boltongate
Sandale
Salt Pans
Milefortlet 21
Westmoor
102
Threapland
The Howk
Whelpo
Allerby
Parsonby
Plumbland
Torpenhow
Ireby
B5299
Upton
Crosscanonby
Senhouse Roman Museum
A596
Crosby Villa
Bullgill
Gilcrux
Bothel
Whitrigg
Aughertree
Fell Side
Alauna Roman Fort
Crosby
Birkby
Greengill
B5301
High Ireby
Branthwaite
Ellen
Maritime Museum
Maryport
Dearham
Uldale
Netherton
Townhead
Tallentire
Moota Hill
Sunderland
Ruthwaite
Longlands
Binsey 1467
High Pike
SOLWAY FIRTH
A B C D
1 2 3 4 5

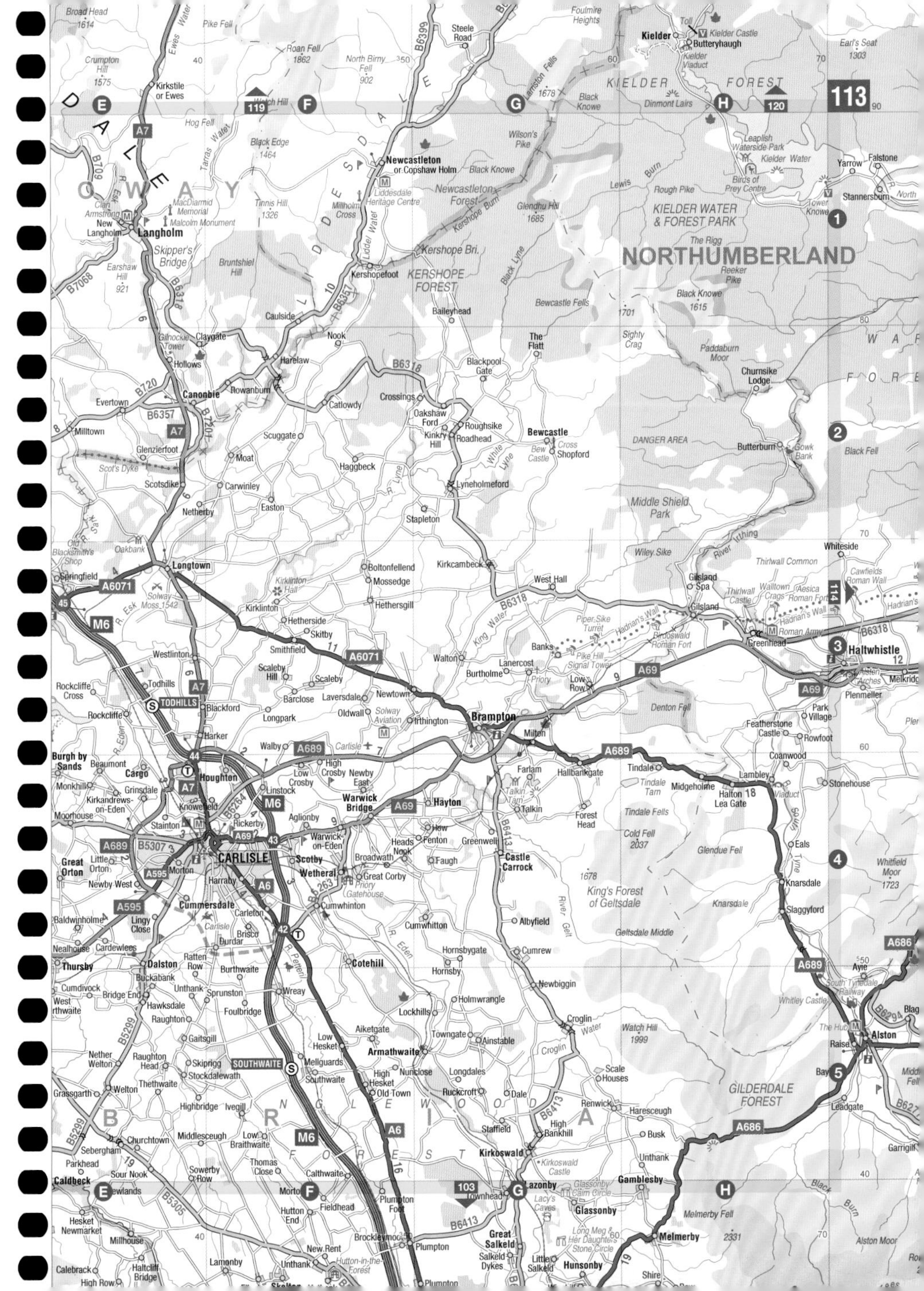

113
NORTHUMBERLAND
KIELDER FOREST
KIELDER WATER & FOREST PARK
Kielder
Butteryhaugh
Kielder Castle
Kielder Viaduct
Dinmont Lairs
Leaplish Waterside Park
Kielder Water
Birds of Prey Centre
Yarrow
Falstone
Stannersburn
Tower Knowe
Foulmire Heights
Earl's Seat 1303
Steele Road
Roan Fell 1862
North Birny Fell 902
Broad Head 1614
Pike Fell
Crumpton Hill 1575
Kirkstile or Ewes
Hog Fell
Watch Hill
Black Edge 1464
Newcastleton or Copshaw Holm
Liddesdale Heritage Centre
Black Knowe
Newcastleton Forest
Kershope Burn
Glendhu Hill 1685
Wilson's Pike
Lewis Burn
Rough Pike
The Rigg
Reeker Pike
Black Knowe 1615
Bewcastle Fells
Sighty Crag
Paddaburn Moor
Churnsike Lodge
DANGER AREA
Butterburn
Gowk Bank
Black Fell
Middle Shield Park
River Irthing
Wiley Sike
Thirlwall Common
Whiteside
Cawfields Roman Wall
Gilsland Spa
Gilsland
Thirlwall Castle
Walltown Crags
Aesica Roman Fort
Hadrian's Wall
Roman Army
Greenhead
Haltwhistle
Melkridge
Plenmeller
Park Village
Featherstone Castle
Rowfoot
Coanwood
Lambley
Viaduct
Stonehouse
Eals
Knarsdale
Slaggyford
Whitfield Moor 1723
Ayle
South Tynedale Railway
Whitley Castle
Alston
The Hub
Raise
Bayle
GILDERDALE FOREST
Leadgate
Garrigill
Alston Moor
Black Burn
Melmerby Fell 2331
Melmerby
Shire
Gamblesby
Unthank
Busk
Renwick
Haresceugh
Scale Houses
Watch Hill 1999
Croglin Water
Croglin
King's Forest of Geltsdale
Geltsdale Middle
Glendue Fell
Knarsdale
Cold Fell 2037
Tindale Fells
Tindale Tarn
Tindale
Midgeholme
Halton Lea Gate
Hallbankgate
Forest Head
Farlam
Talkin Tarn
Talkin
Denton Fell
Milton
Brampton
Lanercost Priory
Burtholme
Low Row
Banks
Pike Hill Signal Tower
Piper Sike Turret
Birdoswald Roman Fort
Walton
West Hall
King Water
Kirkcambeck
Stapleton
Lyneholmeford
White Lyne
Bewcastle
Bew Castle
Cross
Shopford
Roadhead
Roughsike
Kinkry Hill
Oakshaw Ford
Crossings
Blackpool Gate
The Flatt
Baileyhead
Black Lyne
KERSHOPE FOREST
Kershope Bri.
Kershopefoot
Liddel Water
Millholm Cross
Tinnis Hill 1326
Bruntshiel Hill
Caulside
Nook
Harelaw
Claygate
Gilnockie Tower
Hollows
Rowanburn
Canonbie
Catlowdy
Scuggate
Moat
Haggbeck
R. Lyne
Carwinley
Easton
Netherby
Scotsdike
Scot's Dyke
Glenzierfoot
Milltown
Evertown
Langholm
New Langholm
Clan Armstrong
MacDiarmid Memorial
Malcolm Monument
Skipper's Bridge
Earshaw Hill 921
Ewes Water
Tarras Water
DALE
OWAY
Oakbank
Old Blacksmith's Shop
Springfield
Longtown
Solway Moss 1542
R. Esk
Kirklinton Hall
Kirklinton
Boltonfellend
Mossedge
Hethersgill
Hetherside
Skitby
Smithfield
Westlinton
Scaleby Hill
Scaleby
Barclose
Laversdale
Newtown
Oldwall
Solway Aviation
Irthington
Longpark
Todhills
TODHILLS
Blackford
Rockcliffe Cross
Rockcliffe
R. Eden
Harker
Walby
Carlisle
High Crosby
Low Crosby
Newby East
Burgh by Sands
Beaumont
Cargo
Houghton
Monkhill
Grinsdale
Kirkandrews-on-Eden
Linstock
Knowefield
Rickerby
Moorhouse
Stainton
Warwick Bridge
Hayton
Aglionby
Warwick-on-Eden
How
Fenton
Heads Nook
Greenwell
Faugh
Castle Carrock
Broadwath
Great Corby
Priory Gatehouse
Wetheral
Scotby
CARLISLE
Great Orton
Little Orton
Morton
Harraby
Newby West
Cummersdale
Carleton
Cumwhinton
Cumwhitton
Albyfield
River Gelt
Baldwinholme
Lingy Close
Brisco
Durdar
Nealhouse
Cardewlees
Thursby
Dalston
Ratten Row
Burthwaite
R. Petteril
Cotehill
Hornsbygate
Hornsby
Cumrew
Newbiggin
Holmwrangle
Cumdivock
West Curthwaite
Bridge End
Buckabank
Unthank
Sprunston
Wreay
Hawksdale
Foulbridge
Raughton
Lockhills
Aiketgate
Low Hesket
Armathwaite
Towngate
Ainstable
Gaitsgill
Nether Welton
Raughton Head
Skiprigg
Stockdalewath
SOUTHWAITE
Southwaite
Mellguards
High Hesket
Nunclose
Old Town
Longdales
Ruckcroft
Dale
Thethwaite
Welton
Grassgarth
Highbridge
Ivegill
Staffield
High Bankhill
Sebergham
Churchtown
Middlesceugh
Low Braithwaite
Kirkoswald
Kirkoswald Castle
Parkhead
Sour Nook
Thomas Close
Sowerby Row
Calthwaite
Caldbeck
Newlands
Morton
Fieldhead
Plumpton Foot
Townhead
Lazonby
Glassonby Cairn Circle
Glassonby
Lacy's Caves
Hutton End
Hesket Newmarket
Millhouse
Brockleymoor
Plumpton
Great Salkeld
Salkeld Dykes
Little Salkeld
Long Meg & Her Daughters Stone Circle
Hunsonby
New Rent
Lamonby
Unthank
Hutton-in-the-Forest
Calebrack
Haltcliff Bridge
High Row
INGLEWOOD FOREST
A7
A6071
A7
M6
A689
A69
A595
B5307
B6264
A6
B6263
B6413
B6318
B6357
B720
B7068
B709
B6399
B5299
B5305
A686
B6294
103
119
120
114

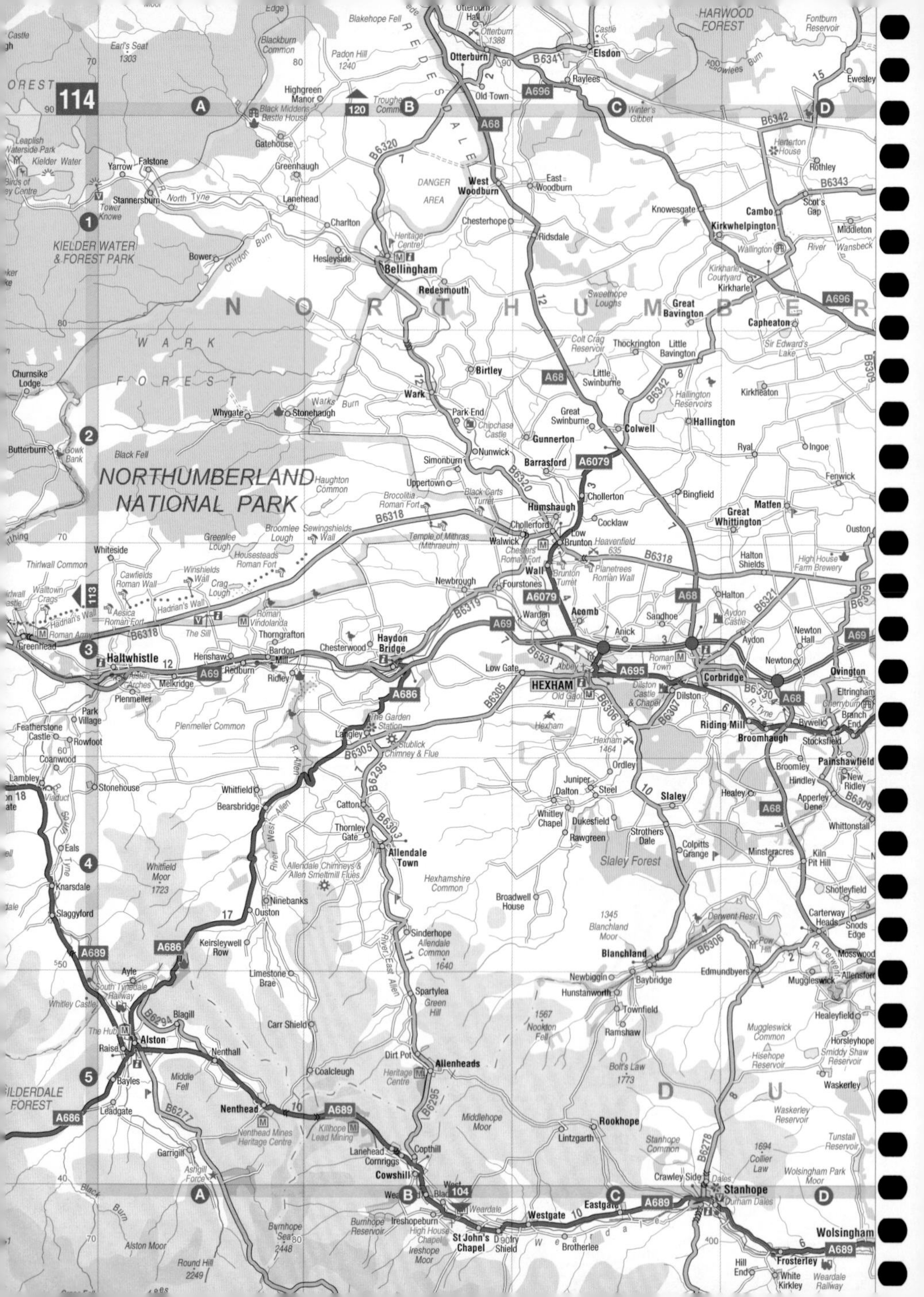

114
120
113
104
A
B
C
D
1
2
3
4
5
NORTHUMBERLAND NATIONAL PARK
N O R T H U M B E R
W A R K F O R E S T
KIELDER WATER & FOREST PARK
HARWOOD FOREST
REDESDALE
DANGER AREA
Otterburn
Elsdon
Raylees
Old Town
Winter's Gibbet
Ewesley
Herterton House
Rothley
Cambo
Scot's Gap
Knowesgate
Kirkwhelpington
Wallington
Middleton
River Wansbeck
Kirkharle Courtyard
Kirkharle
Great Bavington
Capheaton
Sir Edward's Lake
Thockrington
Little Bavington
Colt Crag Reservoir
Little Swinburne
Hallington Reservoirs
Kirkheaton
Hallington
Great Swinburne
Colwell
Gunnerton
Barrasford
Ryal
Ingoe
Fenwick
Bingfield
Chollerton
Matfen
Great Whittington
Ouston
Cocklaw
Heavenfield 635
Halton Shields
High House Farm Brewery
Planetrees Roman Wall
Brunton Turret
Halton
Aydon Castle
Aydon
Sandhoe
Anick
Acomb
Warden
Newton Hall
Newton
Ovington
Corbridge
Roman Town
Dilston
Dilston Castle & Chapel
Riding Mill
Broomhaugh
Bywell
Stocksfield
Eltringham
Cherryburn
Branch End
Painshawfield
New Ridley
Broomley
Hindley
Healey
Apperley Dene
Whittonstall
Minsteracres
Kiln Pit Hill
Shotleyfield
Carterway Heads
Snods Edge
Mosswood
Derwent Resr.
Pow Hill
Edmundbyers
Muggleswick
Allensford
Healeyfield
Muggleswick Common
Hisehope Reservoir
Horsleyhope
Smiddy Shaw Reservoir
Waskerley
Waskerley Reservoir
Tunstall Reservoir
1694 Collier Law
Wolsingham Park Moor
Stanhope
Durham Dales
Crawley Side
Wolsingham
Frosterley
Weardale Railway
White Kirkley
Hill End
Eastgate
Westgate
Brotherlee
Weardale
St John's Chapel
Daddry Shield
Ireshopeburn
High House Chapel
Ireshope Moor
Burnhope Reservoir
Burnhope Seat 2448
Cowshill
Lanehead
Copthill
Rookhope
Lintzgarth
Stanhope Common
Bolt's Law 1773
Nookton Fell 1567
Ramshaw
Townfield
Hunstanworth
Newbiggin
Baybridge
Blanchland
1345 Blanchland Moor
Slaley Forest
Colpitts Grange
Strothers Dale
Slaley
Steel
Juniper
Dalton
Ordley
Whitley Chapel
Dukesfield
Rawgreen
Broadwell House
Hexham 1464
HEXHAM
Old Gaol
Abbey
Low Gate
Fourstones
Newbrough
Wall
Brunton
Low Brunton
Chesters Roman Fort
Walwick
Chollerford
Humshaugh
Temple of Mithras (Mithraeum)
Black Carts Turret
Brocolitia Roman Fort
Uppertown
Simonburn
Nunwick
Park End
Chipchase Castle
Wark
Birtley
Redesmouth
Bellingham
Heritage Centre
Hesleyside
Charlton
Lanehead
Greenhaugh
Gatehouse
Black Middens Bastle House
Highgreen Manor
Troughend Common
Padon Hill 1240
Blakehope Fell
Blackburn Common
Earl's Seat 1303
West Woodburn
East Woodburn
Chesterhope
Ridsdale
Sweethope Loughs
Otterburn 1388
Falstone
Yarrow
Stannersburn
Tower Knowe
Kielder Water
Leaplish Waterside Park
North Tyne
Chirdon Burn
Bower
Churnsike Lodge
Butterburn
Gowk Bank
Black Fell
Whygate
Stonehaugh
Warks Burn
Haughton Common
Broomlee Lough
Sewingshields Wall
Greenlee Lough
Housesteads Roman Fort
Winshields Wall
Crag Lough
Whiteside
Thirlwall Common
Cawfields Roman Wall
Walltown Crags
Hadrian's Wall
Aesica Roman Fort
Roman Army
The Sill
Roman Vindolanda
Greenhead
Haltwhistle
Thorngrafton
Henshaw
Bardon Mill
Redburn
Melkridge
Ridley
Chesterwood
Haydon Bridge
Plenmeller
Plenmeller Common
Park Village
Featherstone Castle
Rowfoot
Coanwood
Lambley
Viaduct
Stonehouse
Langley
The Garden Station
Stublick Chimney & Flue
Whitfield
Bearsbridge
Catton
Thornley Gate
Allendale Town
Allendale Chimneys & Allen Smeltmill Flues
Hexhamshire Common
River West Allen
R. Allen
Whitfield Moor 1723
Ninebanks
Ouston
Eals
Knarsdale
Slaggyford
Keirsleywell Row
Limestone Brae
Sinderhope
Allendale Common 1640
River East Allen
Spartylea
Green Hill
Carr Shield
Dirt Pot
Allenheads
Coalcleugh
Ayle
South Tynedale Railway
Whitley Castle
Blagill
The Hub
Alston
Raise
Nenthall
Bayles
Middle Fell
Nenthead
Nenthead Mines Heritage Centre
Killhope Lead Mining
Leadgate
Garrigill
Ashgill Force
Alston Moor
Black Burn
Round Hill 2249
A68
A696
A6079
A69
A686
A695
A689
B6341
B6342
B6343
B6320
B6318
B6319
B6321
B6531
B6305
B6306
B6307
B6530
B6309
B6295
B6303
B6294
B6277
B6278

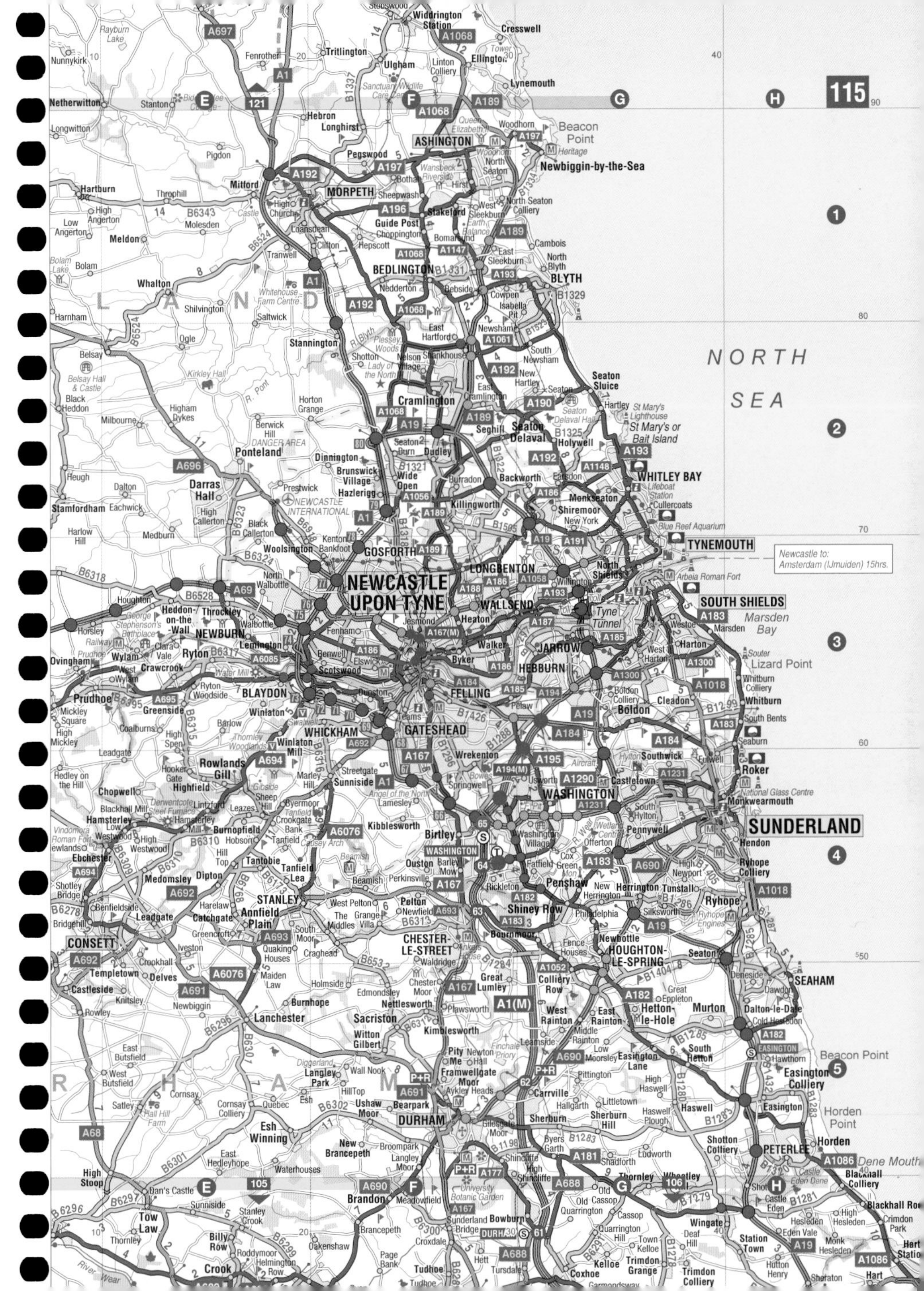
NORTH
SEA
Newcastle to:
Amsterdam (IJmuiden) 15hrs.
NEWCASTLE
UPON TYNE
SUNDERLAND
GATESHEAD
DURHAM
MORPETH
ASHINGTON
BEDLINGTON
BLYTH
WHITLEY BAY
TYNEMOUTH
SOUTH SHIELDS
WALLSEND
JARROW
HEBBURN
FELLING
GOSFORTH
LONGBENTON
NEWBURN
BLAYDON
WHICKHAM
WASHINGTON
CHESTER-
LE-STREET
HOUGHTON-
LE-SPRING
SEAHAM
PETERLEE
CONSETT
STANLEY
Newbiggin-by-the-Sea
Cramlington
Ponteland
Darras
Hall
Seaton
Delaval
Seaton
Sluice
St Mary's or
Bait Island
Marsden
Bay
Lizard Point
Beacon Point
Beacon
Point
Horden
Point
Dene Mouth
Tyne
Tunnel
Killingworth
Backworth
Holywell
Monkseaton
Shiremoor
Cullercoats
North
Shields
Boldon
Cleadon
Whitburn
Roker
Seaburn
Monkwearmouth
Hendon
Ryhope
Murton
Easington
Easington
Colliery
Horden
Blackhall
Colliery
Hetton-
le-Hole
Penshaw
Shiney Row
Birtley
Lanchester
Sacriston
Esh
Winning
Brandon
Bowburn
Sherburn
Crook
Tow
Law
Prudhoe
Ryton
Wylam
Hexham
Cresswell
Ellington
Lynemouth
Widdrington
Station
Ulgham
Pegswood
Mitford
Hartburn
Meldon
Whalton
Belsay
Stannington
Stamfordham
Woolsington
Heddon-
on-the
-Wall
Throckley
Winlaton
Rowlands
Gill
Chopwell
Burnopfield
Annfield
Plain
Tanfield
Great
Lumley
Pelton
Kibblesworth
Quarrington
Hill
Kelloe
Trimdon
Grange
Wingate
Wheatley
Hill
Thornley
Shotton
Colliery
Station
Town
A1
A1(M)
A19
A69
A68
A167
A189
A192
A193
A194(M)
A195
A690
A691
A692
A693
A694
A695
A696
A697
A1018
A1068
A1086
A1231
A1290
A1300
115
E
F
G
H
1
2
3
4
5
80
70
60
50
40
90

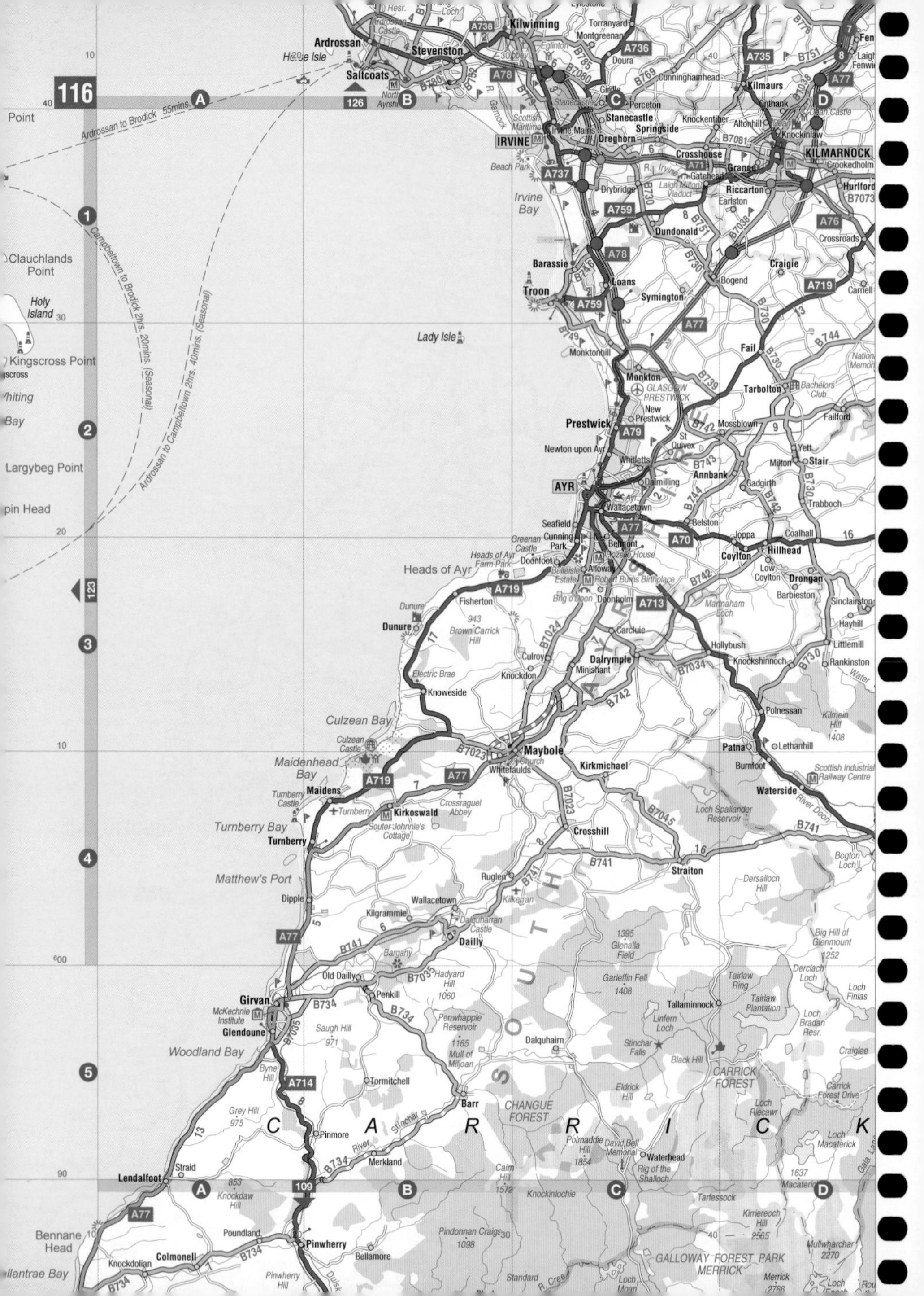

116
126
123
109
Ardrossan
Saltcoats
Stevenston
Kilwinning
IRVINE
Irvine Bay
Dreghorn
Springside
Crosshouse
KILMARNOCK
Kilmaurs
Riccarton
Hurlford
Dundonald
Barassie
Troon
Loans
Symington
Craigie
Lady Isle
Monkton
GLASGOW PRESTWICK
Prestwick
Tarbolton
Mossblown
Annbank
Stair
AYR
Wallacetown
Alloway
Coylton
Hillhead
Drongan
Heads of Ayr
Dunure
Culzean Bay
Maybole
Kirkmichael
Crosshill
Dalrymple
Hollybush
Polnessan
Patna
Waterside
Maidenhead Bay
Maidens
Kirkoswald
Turnberry Bay
Turnberry
Matthew's Port
Dipple
Straiton
Dailly
Girvan
Glendoune
Woodland Bay
Penkill
Old Dailly
Barr
Pinmore
Lendalfoot
Pinwherry
Colmonell
Bennane Head
Holy Island
Clauchlands Point
Kingscross Point
Largybeg Point
Ardrossan to Brodick 55mins.
Campbeltown to Brodick 2hrs. 20mins. (Seasonal)
Ardrossan to Campbeltown 2hrs. 40mins. (Seasonal)
SOUTH AYRSHIRE
CARRICK
CARRICK FOREST
GALLOWAY FOREST PARK
MERRICK
A77
A70
A719
A713
A78
A759
A737
A71
A76
A714
A79
B741
B734
B7023
B742

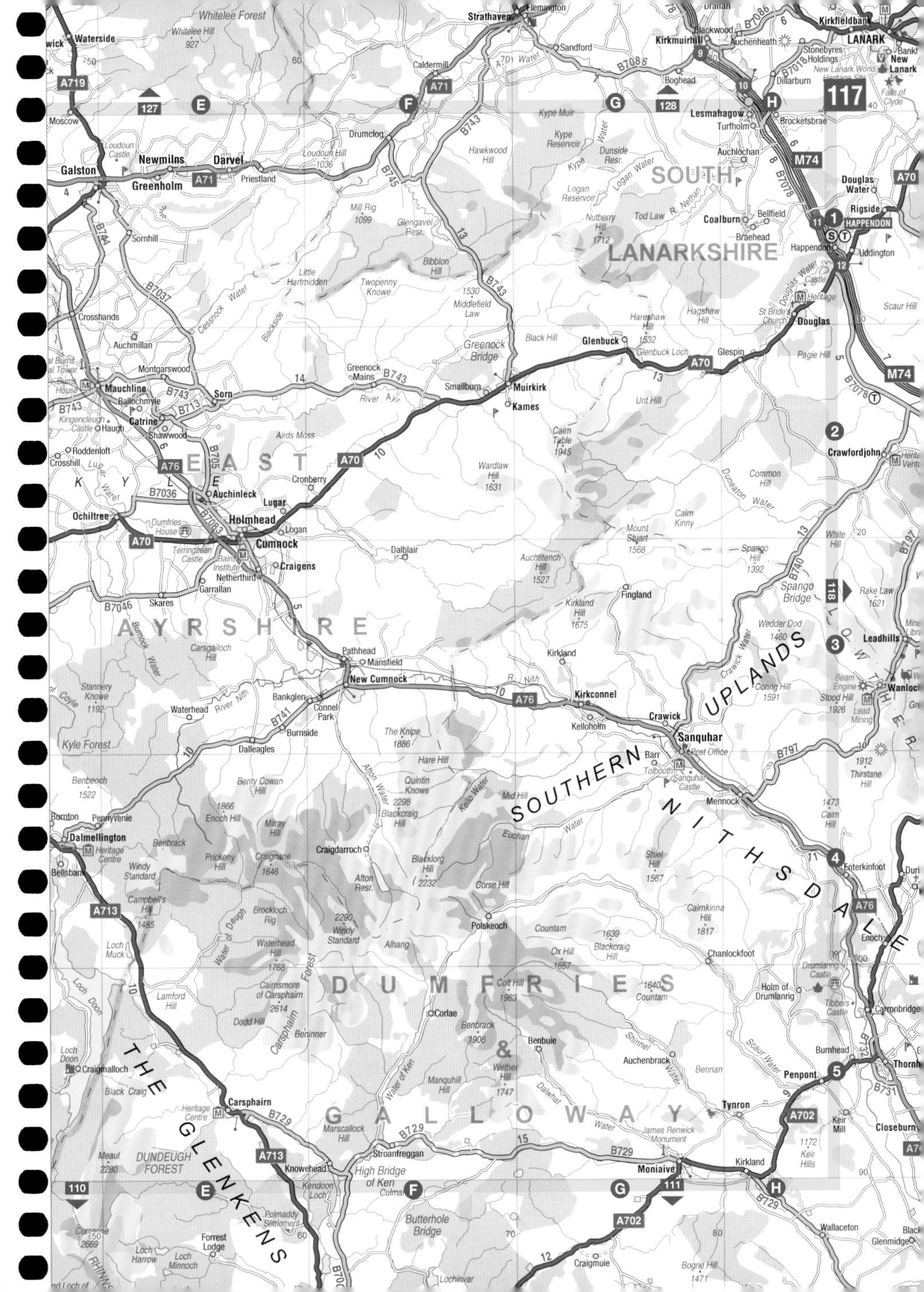

117
Whitelee Forest
Whitelee Hill
927
Waterside
Strathaven
Flemington
Sandford
Blackwood
Kirkmuirhill
Auchenheath
Kirkfieldbank
LANARK
Stonebyres Holdings
New Lanark
New Lanark World Heritage Site
Falls of Clyde
Caldermill
A71
A719
A70
B7086
Boghead
Dillarburn
127
128
E
F
G
H
Moscow
Kype Muir
Kype Reservoir
Lesmahagow
Turfholm
Brocketsbrae
Drumclog
Hawkwood Hill
Dunside Resr.
Auchlochan
M74
Loudoun Castle
Loudoun Hill
1036
Galston
Newmilns
Darvel
Greenholm
Priestland
Logan Reservoir
Logan Water
SOUTH
LANARKSHIRE
Douglas Water
Mill Rig
1099
Glengavel Resr.
Nutberry Hill
1712
Tod Law
R. Nethan
Coalburn
Bellfield
Braehead
Rigside
HAPPENDON
Happendon
Uddington
Sornhill
Bibblon Hill
B744
B7037
B745
B743
Little Hartmidden
Twopenny Knowe
Cessnock Water
Blackside
1530
Middlefield Law
Hareshaw Hill
1532
Hagshaw Hill
St Bride's Church
Douglas Castle
Heritage
Douglas
Scaur Hill
Crosshands
Auchmillan
Greenock Bridge
Black Hill
Glenbuck
Glenbuck Loch
Glespin
Pagie Hill
Montgarswood
Mauchline
Greenock Mains
Smallburn
Muirkirk
Kames
B7078
Ballochmyle
Sorn
B713
River Ayr
Urit Hill
Kingencleugh Castle
Haugh
Catrine
Shawwood
Airds Moss
Cairn Table
1945
Roddenloft
Crosshill
Lugar Water
A76
B705
EAST
KYLE
Wardlaw Hill
1631
Crawfordjohn
Common Hill
Duneaton Water
Cronberry
Auchinleck
B7036
Lugar
Ochiltree
Holmhead
Dumfries House
Cumnock
Logan
Terringzean Castle
Baird Institute
Netherthird
Craigens
Dalblair
Mount Stuart
1568
Spango Hill
1392
Cairn Kinny
White Hill
B797
Auchtitench Hill
1527
Garrallan
Skares
B7046
Fingland
B740
Spango Bridge
118
Rake Law
1621
AYRSHIRE
Kirkland Hill
1675
Wedder Dod
1460
Leadhills
Carsgailoch Hill
Burnock Water
Kirkland
Pathhead
Mansfield
New Cumnock
Crawick Water
UPLANDS
Beam Engine
Wanlockhead
Conrig Hill
1591
Stood Hill
1926
Lead Mining
Stannery Knowe
1192
Coyle
Waterhead
River Nith
Bankglen
Connel Park
B741
Burnside
A76
R. Nith
Kirkconnel
Kelloholm
Crawick
Sanquhar
Post Office
Barr
Tolbooth
Sanquhar Castle
B797
1912
Thirstane Hill
Kyle Forest
Dalleagles
The Knipe
1886
Hare Hill
Benbeoch
1522
Benty Cowan Hill
Afton Water
Quintin Knowe
2298
Blackcraig Hill
Kello Water
Mid Hill
SOUTHERN
Mennock
NITHSDALE
1473
Cairn Hill
Burnton
Pennyvenie
Dalmellington
Heritage Centre
1866
Enoch Hill
Milray Hill
Euchan Water
Bellsbank
Benbrack
Windy Standard
Prickeny Hill
Craignane
1646
Craigdarroch
Blacklorg Hill
2232
Shiel Hill
1567
Enterkinfoot
Afton Resr.
Corse Hill
A713
Campbell's Hill
1485
Brockloch Rig
2290
Windy Standard
Polskeoch
Countam
Cairnkinna Hill
1817
A76
Enoch
Loch Muck
Water of Deugh
Waterhead Hill
1768
Alhang
1639
Blackcraig Hill
Ox Hill
1657
Chanlockfoot
Loch Doon
Lamford Hill
Cairnsmore of Carsphairn
2614
Carsphairn Forest
DUMFRIES
Colt Hill
1963
1640
Countam
Holm of Drumlanrig
Drumlanrig Castle
Tibbers Castle
Carronbridge
Dodd Hill
Beninner
Corlae
Benbrack
1906
&
Benbuie
Shinnel Water
Auchenbrack
Scaur Water
Bennan
Burnhead
Thornhill
Craigmalloch
THE GLENKENS
Black Craig
Manquhill Hill
Wether Hill
1747
Dalwhat Water
Penpont
B731
Carsphairn
Heritage Centre
B729
Marscalloch Hill
GALLOWAY
Tynron
A702
Keir Mill
Closeburn
James Renwick Monument
1172
Keir Hills
Meaul
2280
DUNDEUGH FOREST
A713
Knowehead
Stroanfreggan
High Bridge of Ken
Moniaive
Kirkland
110
111
Kendoon Loch
Culmark
Polmaddy Settlement
Butterhole Bridge
A702
Corserine
2669
Forrest Lodge
Loch Harrow
Loch Minnoch
Wallaceton
Glenmidge
Craigmuie
Bogrie Hill
1471
Lochinvar
B700

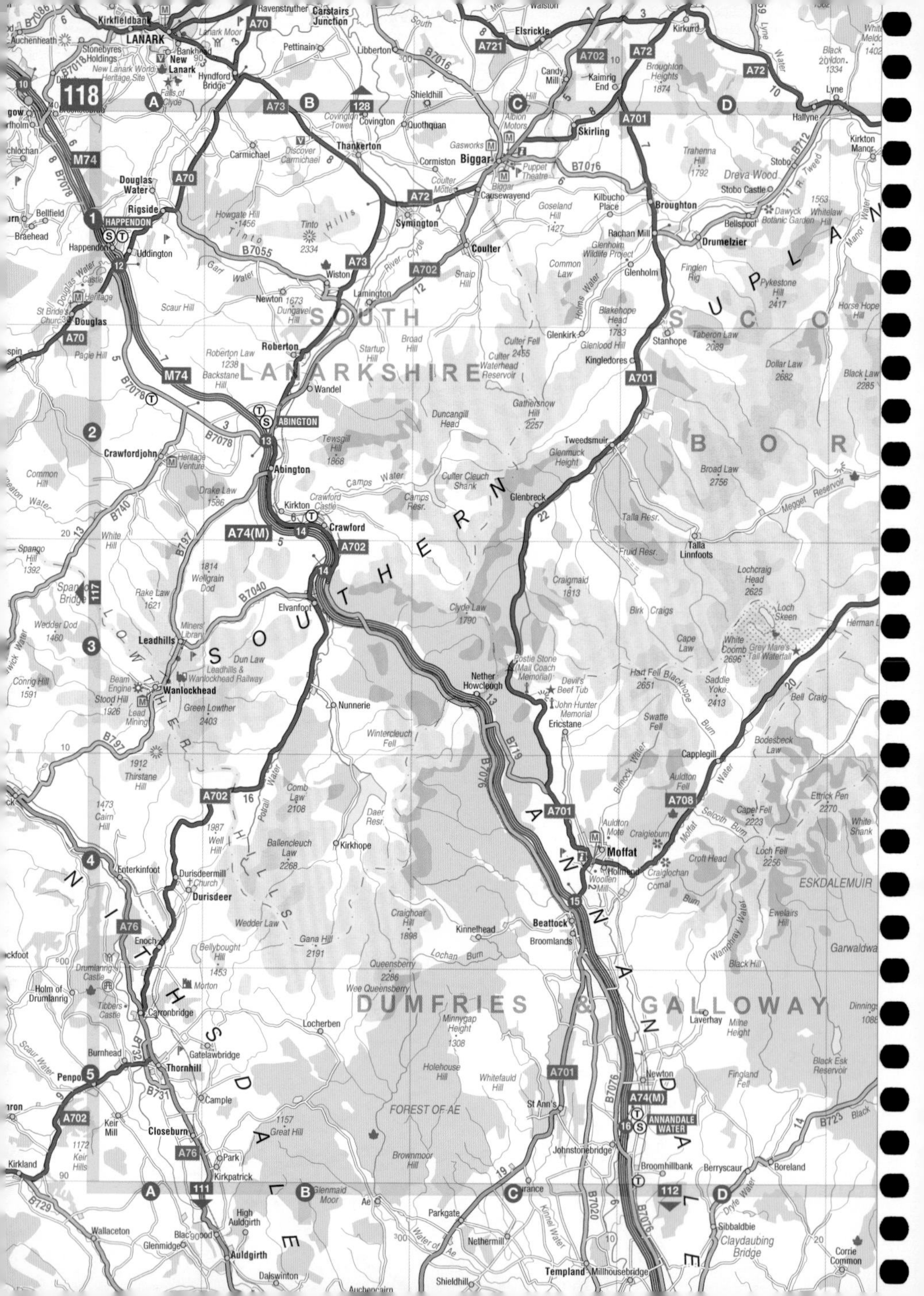

SOUTH
LANARKSHIRE
SOUTHERN
UPLANDS
SCOTTISH
BORDERS
DUMFRIES & GALLOWAY
LOWTHER HILLS
NITHSDALE
ANNANDALE
LANARK
Kirkfieldbank
Ravenstruther
Carstairs Junction
Elsrickle
Walston
Kirkurd
Auchenheath
Stonebyres Holdings
Lanark Moor
Bankhead
New Lanark
New Lanark World Heritage Site
Falls of Clyde
Hyndford Bridge
Pettinain
Libberton
Candy Mill
Kaimrig End
Broughton Heights 1874
Black Meldon 1402
Lyne
Hallyne
Shieldhill
Covington Tower
Covington
Quothquan
Thankerton
Albion Motors
Gasworks
Skirling
Biggar
Puppet Theatre
Trahenna Hill 1792
Dreva Wood
Stobo
Stobo Castle
Kirkton Manor
Carmichael
Discover Carmichael
Cormiston
Coulter Motte
Causewayend
Goseland Hill 1427
Kilbucho Place
Broughton
Dawyck Botanic Garden
Bellspool
Whitelaw Hill 1563
Douglas Water
Rigside
Happendon
Bellfield
Braehead
Uddington
Howgate Hill 1456
Tinto Hills
Tinto 2334
Symington
Coulter
Rachan Mill
Drumelzier
Glenholm Wildlife Project
Glenholm
Common Law
Finglen Rig
Pykestone Hill 2417
Douglas Water Castle
Heritage
St Bride's Church
Douglas
Garf Water
B7055
Wiston
Lamington
River Clyde
Snaip Hill
Holms Water
Newton
Dungavel Hill 1673
Scaur Hill
Blakehope Head 1783
Horse Hope Hill
Glenkirk
Glenlood Hill
Stanhope
Taberon Law 2089
Culter Fell 2455
Culter Waterhead Reservoir
Kingledores
Dollar Law 2682
Black Law 2285
Pagie Hill
Roberton
Roberton Law 1238
Backstane Hill
Broad Hill
Startup Hill
Wandel
Gathersnow Hill 2257
Duncangill Head
Abington
Tweedsmuir
Glenmuck Height
Broad Law 2756
Megget Reservoir
Crawfordjohn
Heritage Venture
Common Hill
Tewsgill Hill 1868
Camps Water
Culter Cleuch Shank
Camps Resr.
Glenbreck
Drake Law 1586
Kirkton
Crawford Castle
Crawford
Talla Resr.
Talla Linnfoots
Fruid Resr.
White Hill
Spango Hill 1392
Spango Bridge
Wellgrain Dod 1814
Craigmaid 1813
Lochcraig Head 2625
Loch Skeen
Rake Law 1621
Elvanfoot
Clyde Law 1790
Birk Craigs
Wedder Dod 1460
Leadhills
Miners' Library
Dun Law
Leadhills & Wanlockhead Railway
Cape Law
White Coomb 2696
Grey Mare's Tail Waterfall
Herman Law
Conrig Hill 1591
Beam Engine
Wanlockhead
Stood Hill 1926
Lead Mining
Green Lowther 2403
Beattie Stone (Mail Coach Memorial)
Devil's Beef Tub
John Hunter Memorial
Nether Howcleugh
Hart Fell 2651
Blackhope Burn
Saddle Yoke 2413
Bell Craig
Nunnerie
Ericstane
Swatte Fell
Wintercleuch Fell
Bodesbeck Law
Capplegill
Thirstane Hill 1912
Birnock Water
Auldton Fell
Moffat Water
Etrrick Pen 2270
Comb Law 2108
Daer Resr.
Potrail Water
Capel Fell 2223
White Shank
Cairn Hill 1473
Well Hill 1987
Ballencleuch Law 2268
Kirkhope
Auldton Mote
Craigieburn
Moffat
Selcoth Burn
Holmend
Croft Head
Loch Fell 2256
Enterkinfoot
Durisdeermill
Church
Durisdeer
Woollen Mill
Craiglochan
Comal Burn
ESKDALEMUIR
Wedder Law
Craighoar Hill 1898
Beattock
Ewelairs Hill
Enoch
Gana Hill 2191
Kinnelhead
Broomlands
Wamphray Water
Garwaldwater
Bellybought Hill 1453
Lochan Burn
Black Hill
Drumlanrig Castle
Morton
Queensberry 2286
Wee Queensberry
Holm of Drumlanrig
Tibbers Castle
Carronbridge
Dinnings 1088
Laverhay
Milne Height
Locherben
Minnygap Height 1308
Scaur Water
Burnhead
Gatelawbridge
Penpont
Thornhill
Holehouse Hill
Whitefauld Hill
Black Esk Reservoir
Newton
Fingland Fell
Cample
FOREST OF AE
St Ann's
Annandale Water
Keir Mill
Closeburn
Great Hill 1157
Keir Hills 1172
Kirkland
Park
Brownmoor Hill
Johnstonebridge
Broomhillbank
Berryscaur
Boreland
Kirkpatrick
Glenmaid Moor
Durance
Dryfe Water
High Auldgirth
Ae
Parkgate
Kinnel Water
Sibbaldbie
Claydaubing Bridge
Wallaceton
Glenmidge
Blackwood
Auldgirth
Nethermill
Water of Ae
Corrie Common
Dalswinton
Templand
Millhousebridge
Shieldhill
Auchencairn
A70
A73
A72
A721
A702
A701
A708
A74(M)
A76
M74
B7078
B7016
B740
B797
B7040
B719
B7076
B731
B732
B7020
B723
B729
B712
HAPPENDON
ABINGTON
ANNANDALE WATER
128
117
111
112

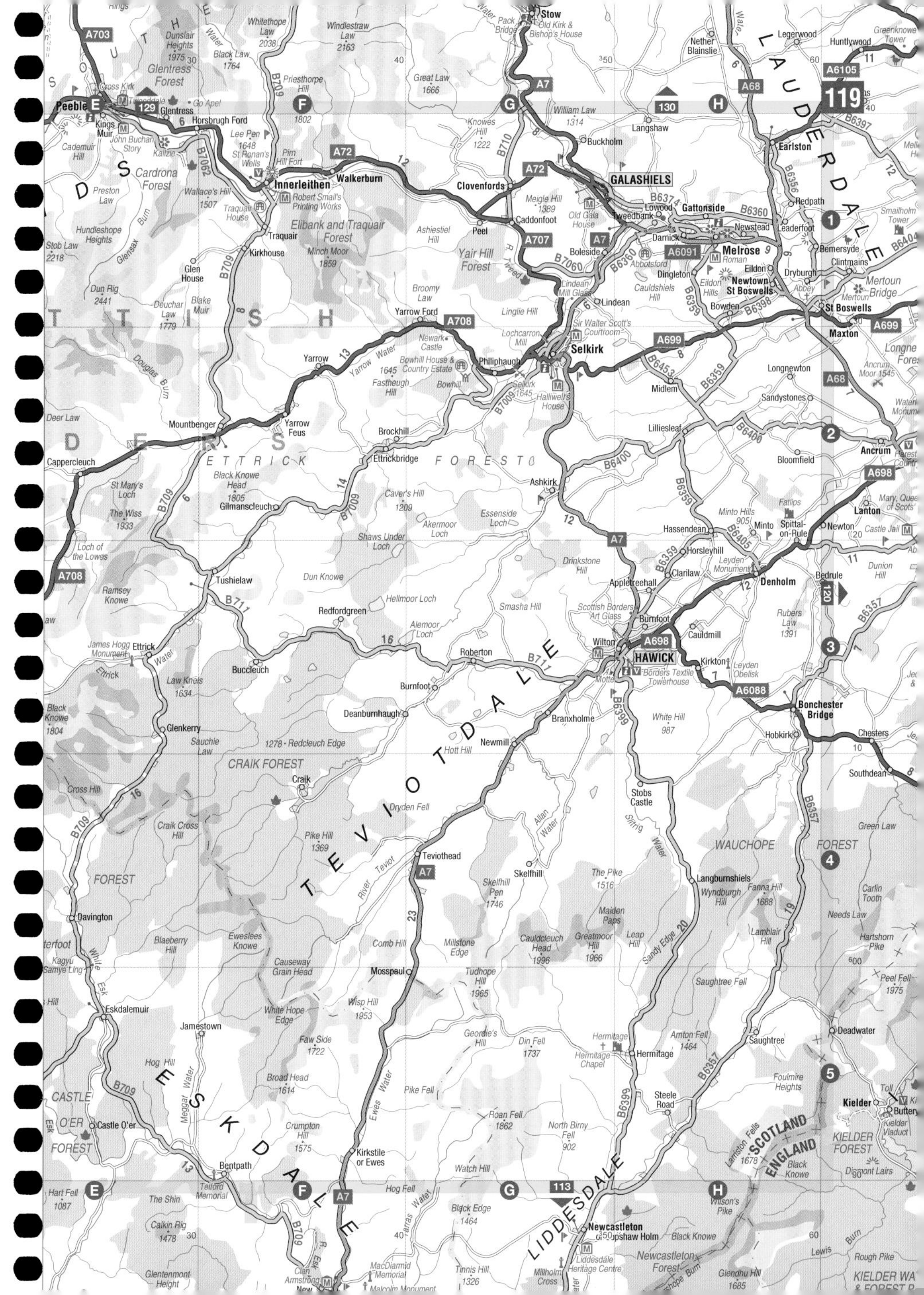
119
A703
Dunslair Heights 1975
Glentress Forest
Whitehope Law 2038
Windlestraw Law 2163
Black Law 1764
Priesthorpe Hill
Great Law 1666
Stow
Pack Bridge
Old Kirk & Bishop's House
Nether Blainslie
Legerwood
Huntlywood
Greenknowe Tower
A6105
A7
A68
130
129
Cross Kirk
Peebles
Glentress
Go Ape!
Kings Muir
Horsbrugh Ford
John Buchan Story
Kailzie
Cademuir Hill
Lee Pen 1648
St Ronan's Wells
Pirn Hill Fort
William Law 1314
Knowes Hill 1222
Langshaw
Buckholm
Earlston
B6397
B709
B710
B7062
A72
Cardrona Forest
Innerleithen
Walkerburn
Clovenfords
GALASHIELS
Preston Law
Wallace's Hill 1507
Robert Smail's Printing Works
Traquair House
Traquair
Meigle Hill 1389
Old Gala House
Lowood
Gattonside
B6374
B6360
Tweedbank
Newstead
Leaderfoot
Redpath
Smailholm Tower
B6356
Elibank and Traquair Forest
Ashiestiel Hill
Peel
Caddonfoot
A707
Darnick
Melrose
Roman
A6091
Bemersyde
Clintmains
B6404
Hundleshope Heights
Stob Law 2218
Kirkhouse
Minch Moor 1859
Yair Hill Forest
Boleside
Abbotsford
Eildon
Dryburgh
Abbey
Mertoun Bridge
Glen House
Cauldshiels Hill
Dingleton
Eildon Hills
Newtown St Boswells
St Boswells
B7060
B6359
B6398
Dun Rig 2441
Deuchar Law 1779
Blake Muir
Broomy Law
Yarrow Ford
A708
Linglie Hill
Lindean Mill Glass
Lindean
Bowden
Maxton
A699
Sir Walter Scott's Courtroom
Lochcarron Mill
Newark Castle
Yarrow
Yarrow Water
Bowhill House & Country Estate
Philiphaugh
Selkirk
Fastheugh Hill 1645
Bowhill
Selkirk 1645
Halliwell's House
B6453
Midlem
Longnewton
Ancrum Moor 1545
Sandystones
Douglas Burn
Mountbenger
Yarrow Feus
Deer Law
B7009
Brockhill
Lilliesleaf
B6400
Ancrum
Bloomfield
Cappercleuch
ETTRICK
FOREST
Ettrickbridge
Black Knowe Head 1805
St Mary's Loch
Caver's Hill 1209
Ashkirk
A698
Lanton
Gilmanscleuch
Essenside Loch
Akermoor Loch
Fatlips
Minto Hills 905
Minto
Spittal-on-Rule
Newton
Castle Jail
The Wiss 1933
Shaws Under Loch
Hassendean
B6405
Horsleyhill
Loch of the Lowes
Drinkstone Hill
Leyden Monument
Denholm
Bedrule
Dunion Hill
A708
Tushielaw
Dun Knowe
Clarilaw
Appletreehall
120
B6357
Ramsey Knowe
B711
Hellmoor Loch
Smasha Hill
Scottish Borders Art Glass
Redfordgreen
Burnfoot
Cauldmill
Rubers Law 1391
Alemoor Loch
James Hogg Monument
Ettrick
Ettrick Water
Buccleuch
Roberton
Wilton
HAWICK
Kirkton
Leyden Obelisk
Borders Textile Towerhouse
Motte
Law Kneis 1634
Burnfoot
A6088
Bonchester Bridge
Black Knowe 1804
Deanburnhaugh
Branxholme
White Hill 987
Glenkerry
Sauchie Law
1278 · Redcleuch Edge
Newmill
Hott Hill
Hobkirk
Chesters
Southdean
B6399
CRAIK FOREST
Craik
Stobs Castle
Cross Hill
Dryden Fell
Allan Water
Craik Cross Hill
Slitrig Water
Green Law
B709
Pike Hill 1369
Teviothead
WAUCHOPE
FOREST
River Teviot
Skelfhill
The Pike 1516
Langburnshiels
Wyndburgh Hill
Fanna Hill 1688
Carlin Tooth
Skelfhill Pen 1746
Davington
Maiden Paps
Needs Law
Blaeberry Hill
Ewelees Knowe
Comb Hill
Millstone Edge
Cauldcleuch Head 1996
Greatmoor Hill 1966
Leap Hill
Sandy Edge
Lamblair Hill
Hartshorn Pike
Causeway Grain Head
Kagyu Samye Ling
White Esk
Mosspaul
Tudhope Hill 1965
Saughtree Fell
Peel Fell 1975
Eskdalemuir
Wisp Hill 1953
White Hope Edge
Jamestown
Geordie's Hill
Deadwater
Faw Side 1722
Din Fell 1737
Hermitage
Hermitage Chapel
Arnton Fell 1464
Saughtree
Hog Hill
Broad Head 1614
Foulmire Heights
B709
Pike Fell
Steele Road
Kielder
Butteryhaugh
Kielder Viaduct
CASTLE O'ER FOREST
Castle O'er
Meggat Water
Ewes Water
Crumpton Hill 1575
Roan Fell 1862
North Birny Fell 902
Larriston Fells 1678
SCOTLAND
ENGLAND
Black Knowe
KIELDER FOREST
Dinmont Lairs
Bentpath
Kirkstile or Ewes
Watch Hill
Telford Memorial
Hart Fell 1087
The Shin
Hog Fell
113
Wilson's Pike
Black Edge 1464
Tarras Water
Newcastleton
Copshaw Holm
Black Knowe
Liddesdale Heritage Centre
Calkin Rig 1478
Newcastleton Forest
Lewis Burn
Rough Pike
Glentenmont Height
Clan Armstrong
MacDiarmid Memorial
Malcolm Monument
Tinnis Hill 1326
Millholm Cross
Glendhu Hill 1685
KIELDER WATER & FOREST PARK
LAUDERDALE
TEVIOTDALE
ESKDALE
LIDDESDALE
E
F
G
H
1
2
3
4
5

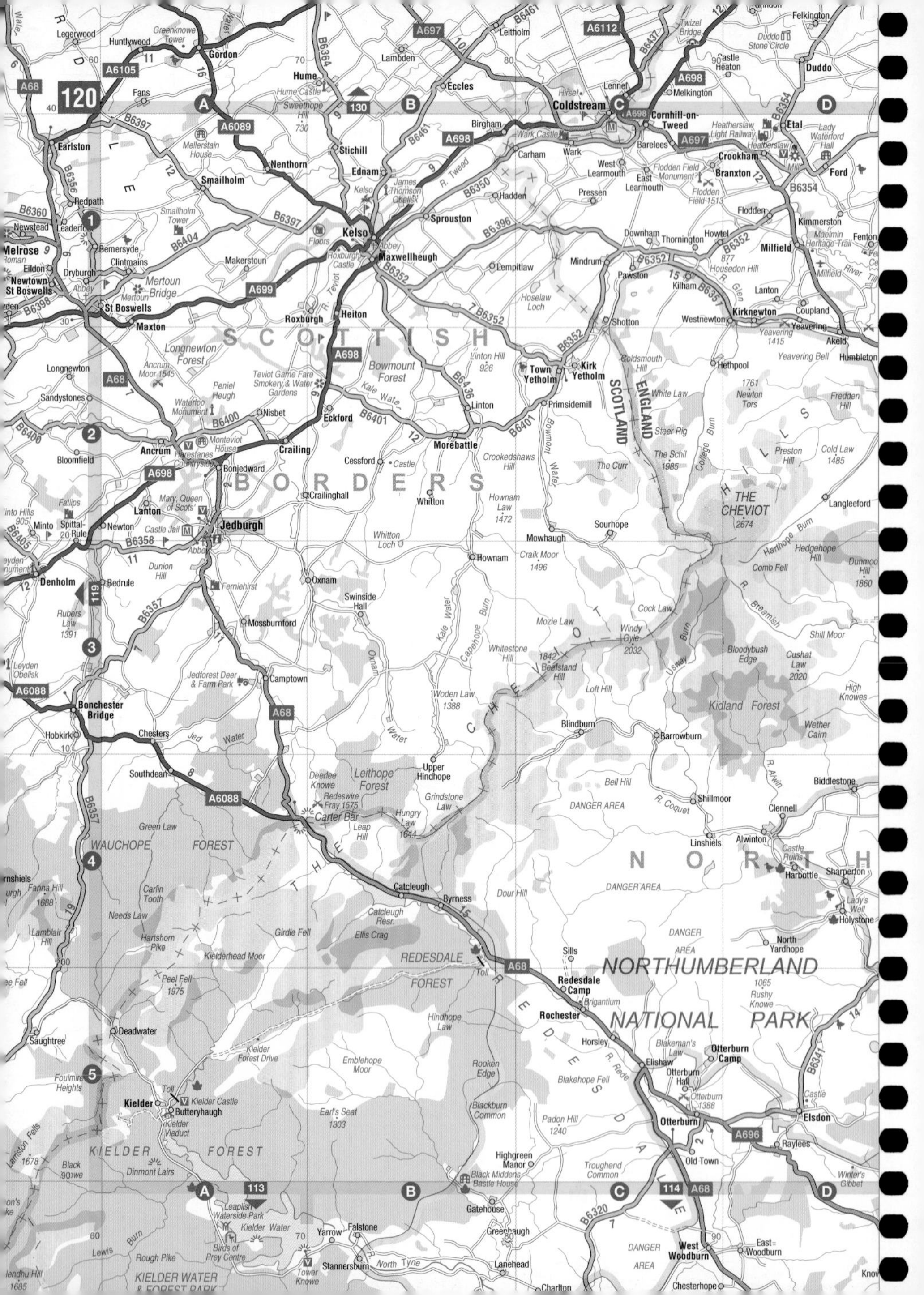
120
130
119
113
114
A
B
C
D
1
2
3
4
5
Legerwood
Greenknowe Tower
Huntlywood
Gordon
A6105
A68
Fans
Hume
Hume Castle
Sweethope Hill 730
Lambden
Eccles
A697
Leitholm
A6112
Twizel Bridge
Duddo Stone Circle
Felkington
Castle Heaton
Duddo
Melkington
Lennel
Hirsel
Coldstream
Cornhill-on-Tweed
A698
Heatherslaw Light Railway
Etal
Lady Waterford Hall
A697
Barelees
Crookham
Ford
Wark Castle
Wark
Carham
Birgham
A6089
Mellerstain House
Earlston
B6397
Nenthorn
Stichill
Ednam
Kelso
James Thomson Obelisk
R. Tweed
B6461
West Learmouth
East Learmouth
Flodden Field Monument
Branxton
Flodden Field 1513
Pressen
Hadden
B6350
Smailholm
Smailholm Tower
Redpath
B6356
B6360
Newstead
Leaderfoot
Melrose
Eildon
Bemersyde
Dryburgh
Abbey
Newtown St Boswells
Clintmains
Makerstoun
Mertoun Bridge
B6404
Floors
Abbey
Roxburgh Castle
Maxwellheugh
Sprouston
B6396
Lempitlaw
Downham
Thornington
Howtel
Mindrum
Pawston
Kilham
B6352
B6351
Housedon Hill 877
Flodden
Kimmerston
Maelmin Heritage Trail
Milfield
Lanton
Kirknewton
Westnewton
Coupland
Yeavering
Yeavering 1415
Akeld
Humbleton
Yeavering Bell
St Boswells
B6398
Maxton
A699
R. Teviot
Roxburgh
Heiton
Hoselaw Loch
Shotton
SCOTTISH
BORDERS
Longnewton Forest
Longnewton
Ancrum Moor 1545
Sandystones
Peniel Heugh
Waterloo Monument
Teviot Game Fare Smokery & Water Gardens
Bowmount Forest
Linton Hill 926
Kale Water
B6436
Town Yetholm
Kirk Yetholm
Coldsmouth Hill
Hethpool
Newton Tors 1761
Fredden Hill
SCOTLAND
ENGLAND
White Law
Primsidemill
Linton
B6401
Bowmont Water
Nisbet
Eckford
B6400
Monteviot House
Harestanes Countryside
Ancrum
Crailing
Morebattle
Cessford
Castle
Crookedshaws Hill
The Curr
Steer Rig
The Schil 1985
College Burn
Preston Hill
Cold Law 1485
Bloomfield
A698
Bonjedward
Mary, Queen of Scots' House
Crailinghall
Whitton
Hownam Law 1472
THE CHEVIOT 2674
Langleeford
Fatlips
Minto Hills 905
Minto
Spittal-on-Rule
Lanton
Newton
Jedburgh
Castle Jail
Abbey
B6358
B6405
Leyden Monument
Denholm
Whitton Loch
Sourhope
Mowhaugh
Craik Moor 1496
Hownam
Harthope Burn
Hedgehope Hill
Dunmoor Hill 1860
Comb Fell
Bedrule
Dunion Hill
Ferniehirst
Oxnam
Swinside Hall
Rubers Law 1391
B6357
Mossburnford
Kale Water
Capehope Burn
Mozie Law
Cock Law
Windy Gyle 2032
R. Breamish
Shill Moor
Leyden Obelisk
A6088
Jedforest Deer & Farm Park
Camptown
Whitestone Hill
Beefstand Hill 1842
Usway Burn
Bloodybush Edge
Cushat Law 2020
High Knowes
Loft Hill
Kidland Forest
Bonchester Bridge
Hobkirk
Chesters
Jed Water
Woden Law 1388
Oxnam Water
Blindburn
Barrowburn
Wether Cairn
R. Alwin
Southdean
Upper Hindhope
Deerlee Knowe
Leithope Forest
Redeswire Fray 1575
Carter Bar
Leap Hill
Hungry Law 1644
Grindstone Law
Bell Hill
Shillmoor
R. Coquet
DANGER AREA
Biddlestone
Clennell
Green Law
WAUCHOPE
FOREST
Linshiels
Alwinton
Castle Ruins
Harbottle
Sharperton
NORTH
Fanna Hill 1688
Carlin Tooth
Needs Law
Catcleugh
Byrness
Catcleugh Resr.
Ellis Crag
Dour Hill
DANGER AREA
Lady's Well
Holystone
Lamblair Hill
Hartshorn Pike
Girdle Fell
Kielderhead Moor
REDESDALE
FOREST
Toll
Sills
North Yardhope
NORTHUMBERLAND
NATIONAL PARK
Peel Fell 1975
Redesdale Camp
Bremenium
Rochester
Rushy Knowe 1065
REDESDALE
Hindhope Law
Deadwater
Saughtree
Kielder Forest Drive
Emblehope Moor
Rooken Edge
Horsley
Blakeman's Law
Elishaw
Otterburn Camp
R. Rede
B6341
Foulmire Heights
Kielder
Kielder Castle
Butteryhaugh
Kielder Viaduct
Earl's Seat 1303
Blackburn Common
Blakehope Fell
Otterburn Hall
Otterburn 1388
Castle
Elsdon
Padon Hill 1240
Otterburn
A696
Raylees
Larriston Fells
KIELDER
FOREST
Black Knowe
Dinmont Lairs
Highgreen Manor
Troughend Common
Old Town
Winter's Gibbet
Black Middens Bastle House
Gatehouse
Leaplish Waterside Park
Kielder Water
Birds of Prey Centre
Yarrow
Falstone
Greenhaugh
B6320
A68
West Woodburn
East Woodburn
Rough Pike
Lewis Burn
Stannersburn
North Tyne
Tower Knowe
Lanehead
Charlton
Chesterhope
KIELDER WATER & FOREST PARK

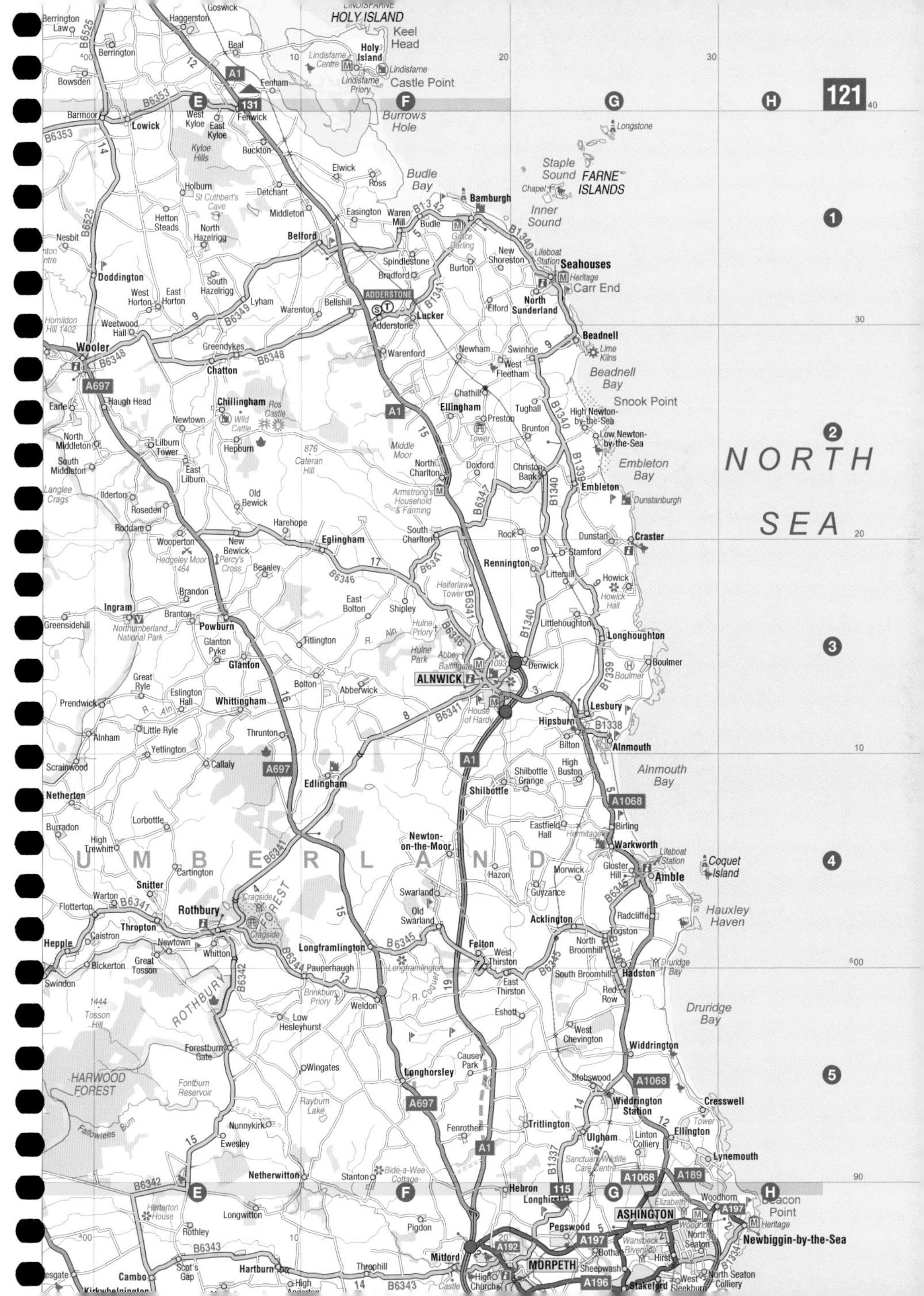

HOLY ISLAND
Holy Island
Keel Head
Castle Point
Burrows Hole
Budle Bay
Bamburgh
Staple Sound
FARNE ISLANDS
Inner Sound
Longstone
Seahouses
Carr End
North Sunderland
Beadnell
Beadnell Bay
Snook Point
High Newton-by-the-Sea
Low Newton-by-the-Sea
Embleton Bay
Embleton
Dunstanburgh
Craster
Howick
Longhoughton
Boulmer
Lesbury
Alnmouth
Alnmouth Bay
Warkworth
Amble
Coquet Island
Hauxley Haven
Druridge Bay
Widdrington
Cresswell
Ellington
Lynemouth
Beacon Point
Newbiggin-by-the-Sea
ASHINGTON
MORPETH
ALNWICK
Wooler
Rothbury
NORTH SEA
UMBERLAND
HARWOOD FOREST
Belford
Lowick
Chatton
Chillingham
Eglingham
Powburn
Glanton
Whittingham
Edlingham
Shilbottle
Longframlington
Longhorsley
Felton
Acklington
Ulgham
Pegswood
Mitford
Netherwitton
Ellingham
Rennington
Doddington
Ingram
Northumberland National Park
A1
A697
A1068
A189
A197
A192
A196
B6341
B6342
B6343
B6345
B6346
B6347
B6348
B6349
B6353
B6525
B1340
B1339
B1342
B1341
B1338
B1337
B1334

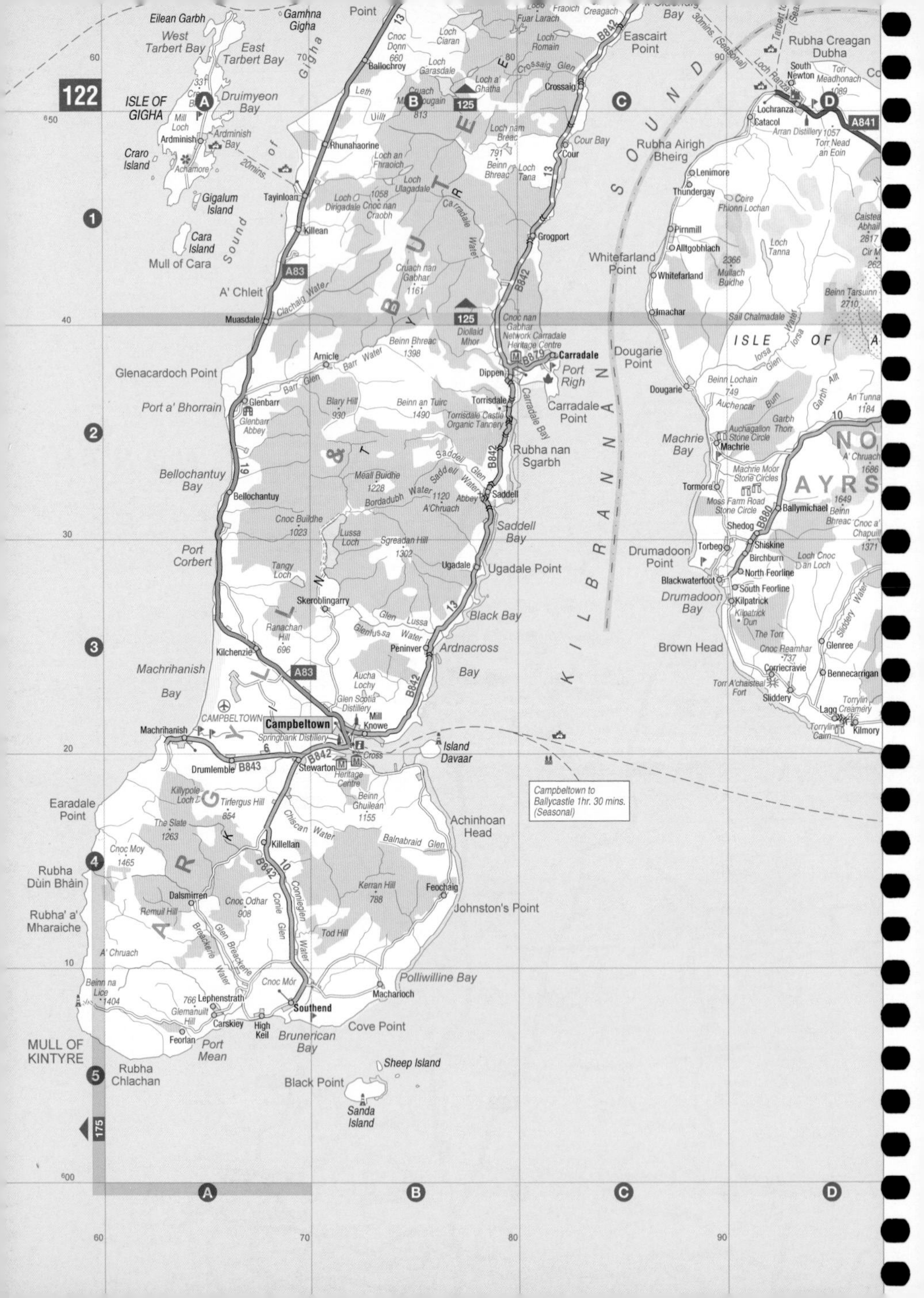
ISLE OF GIGHA
Eilean Garbh
West Tarbert Bay
East Tarbert Bay
Gamhna Gigha
Druimyeon Bay
Ardminish
Ardminish Bay
Craro Island
Achamore
Gigalum Island
Cara Island
Mull of Cara
Sound of Gigha
Ballochroy
Rhunahaorine
Tayinloan
Killean
A83
A' Chleit
Muasdale
Clachaig Water
Glenacardoch Point
Port a' Bhorrain
Glenbarr
Glenbarr Abbey
Bellochantuy Bay
Bellochantuy
Port Corbert
Machrihanish Bay
Kilchenzie
Machrihanish
CAMPBELTOWN
Campbeltown
Springbank Distillery
Glen Scotia Distillery
Mill Knowe
Island Davaar
Drumlemble
B843
B842
Stewarton
Heritage Centre
Cross
Earadale Point
Killypole Loch
Tirfergus Hill 854
The Slate 1263
Cnoc Moy 1465
Rubha Dùin Bhàin
Rubha' a' Mharaiche
Killellan
Chiscan Water
Balnabraid Glen
Achinhoan Head
Dalsmirren
Cnoc Odhar 908
Kerran Hill 788
Feochaig
Johnston's Point
A' Chruach
Remuil Hill
Glen Breackerie
Tod Hill
Beinn na Lice 1404
Lephenstrath
Glemanuilt Hill
Carskiey
Feorlan
High Keil
Southend
Cnoc Mór
Macharioch
Polliwilline Bay
Cove Point
Brunerican Bay
MULL OF KINTYRE
Port Mean
Rubha Chlachan
Sheep Island
Black Point
Sanda Island
ARGYLL & BUTE
Cnoc Donn 660
Loch Ciaran
Loch Garasdale
Cruach Mhic Gougain 813
Loch a' Ghatha
Crossaig Glen
Loch Romain
Fuar Larach
Crossaig
Eascairt Point
Loch nam Breac
Beinn Bhreac 791
Loch Tana
Cour Bay
Cour
Loch an Fhraoich
Loch Ulagadale
Loch Dirigadale
Cnoc nan Craobh 1058
Carradale Water
Grogport
Cruach nan Gabhar 1161
Diollaid Mhor
Cnoc nan Gabhar
Network Carradale Heritage Centre
Carradale
B879
Dippen
Port Righ
Carradale Point
Torrisdale
Torrisdale Castle Organic Tannery
Carradale Bay
Rubha nan Sgarbh
Arnicle
Barr Water
Barr Glen
Beinn Bhreac 1398
Blary Hill 930
Beinn an Tuirc 1490
Meall Buidhe 1228
Bordadubh Water
Saddell Glen
Saddell Water
A'Chruach 1120
Saddell Abbey
Saddell
Saddell Bay
Cnoc Buidhe 1023
Lussa Loch
Sgreadan Hill 1302
Tangy Loch
Ugadale
Ugadale Point
Skeroblingarry
Ranachan Hill 696
Glen Lussa
Glenlussa Water
Black Bay
Peninver
Ardnacross Bay
Aucha Lochy
KILBRANNAN SOUND
Rubha Creagan Dubha
South Newton
Torr Meadhonach 1089
Lochranza
Loch Ranza
Catacol
Arran Distillery
Torr Nead an Eoin 1057
A841
Rubha Airigh Bheirg
Lenimore
Thundergay
Coire Fhionn Lochan
Pirnmill
Alltgobhlach
Loch Tanna
Mullach Buidhe 2366
Whitefarland Point
Whitefarland
Beinn Tarsuinn 2710
Imachar
Sail Chalmadale
ISLE OF ARRAN
Iorsa Water
Glen Iorsa
Dougarie Point
Dougarie
Beinn Lochain 749
Auchencar Burn
Garbh Allt
An Tunna 1184
Machrie Bay
Auchagallon Stone Circle
Machrie
Garbh Thorr
A' Chruach 1686
Machrie Moor Stone Circles
NORTH AYRSHIRE
Tormore
Moss Farm Road Stone Circle
B880
Ballymichael
Beinn Bhreac 1649
Shedog
Shiskine
Cnoc a' Chapuill 1371
Drumadoon Point
Torbeg
Birchburn
Loch Cnoc an Loch
North Feorline
Blackwaterfoot
South Feorline
Drumadoon Bay
Kilpatrick
Kilpatrick Dun
The Torr
Brown Head
Cnoc Reamhar 737
Glenree
Sliddery Water
Corriecravie
Bennecarrigan
Torr A'chaisteal Fort
Sliddery
Torrylin Creamery
Lagg
Kilmory
Torrylin Cairn
Campbeltown to Ballycastle 1hr. 30 mins. (Seasonal)
30mins. (Seasonal)
20mins.
125
175

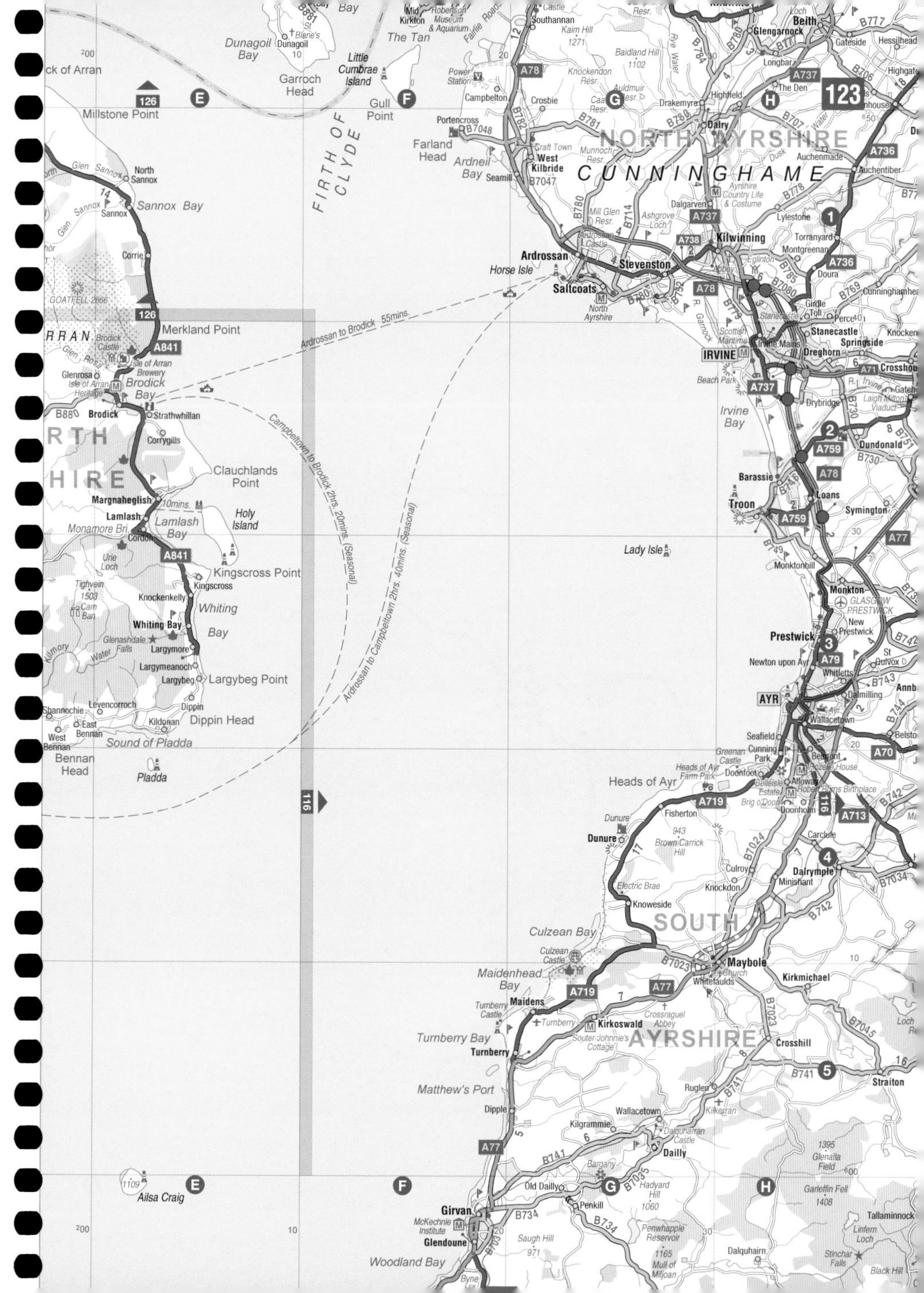

123
Firth of Clyde
North Ayrshire
Cunninghame
South Ayrshire
Dunagoil Bay
Little Cumbrae Island
Garroch Head
Millstone Point
Gull Point
Farland Head
Ardneil Bay
West Kilbride
Seamill
Ardrossan
Saltcoats
Horse Isle
Stevenston
Kilwinning
Dalry
Beith
Glengarnock
Irvine
Irvine Bay
Dreghorn
Troon
Barassie
Loans
Symington
Dundonald
Lady Isle
Monkton
Glasgow Prestwick
Prestwick
Ayr
Heads of Ayr
Dunure
Culzean Bay
Culzean Castle
Maidenhead Bay
Maidens
Turnberry Bay
Turnberry
Kirkoswald
Maybole
Crosshill
Kirkmichael
Dalrymple
Straiton
Matthew's Port
Dipple
Dailly
Girvan
Woodland Bay
Ailsa Craig
Sannox Bay
North Sannox
Corrie
Goatfell 2866
Merkland Point
Brodick
Brodick Bay
Clauchlands Point
Lamlash
Lamlash Bay
Holy Island
Kingscross Point
Whiting Bay
Largybeg Point
Dippin Head
Sound of Pladda
Pladda
Bennan Head
Ardrossan to Brodick 55mins.
Campbeltown to Brodick 2hrs. 20mins. (Seasonal)
Ardrossan to Campbeltown 2hrs. 40mins. (Seasonal)
A78
A737
A736
A759
A77
A719
A841
A79
A713
116
126

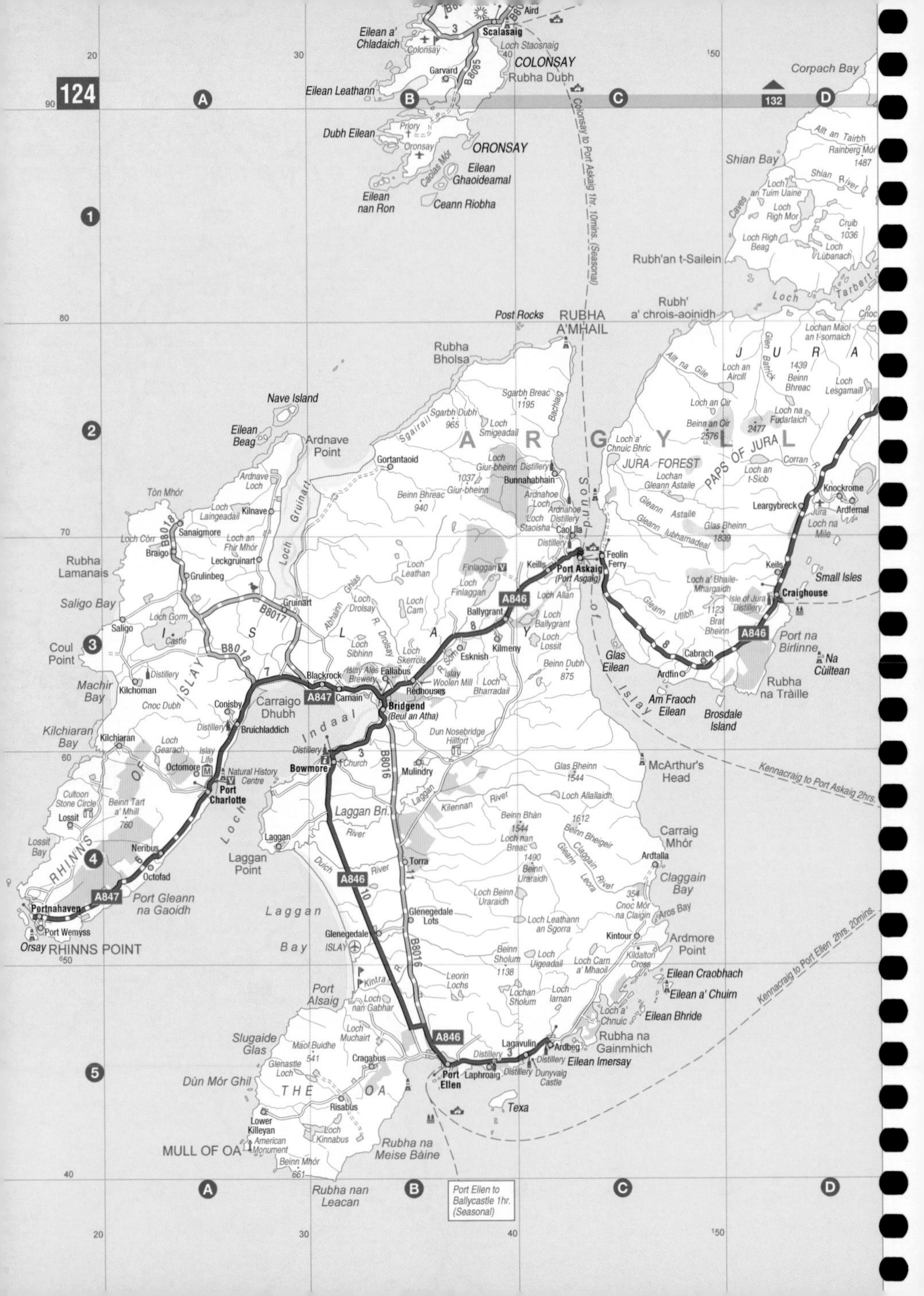
Scalasaig
Aird
Eilean a' Chladaich
Colonsay
Loch Staosnaig
COLONSAY
Rubha Dubh
Garvard
B8085
Eilean Leathann
Corpach Bay
132
Priory
Dubh Eilean
Oronsay
ORONSAY
Caolas Mòr
Eilean Ghaoideamal
Eilean nan Ron
Ceann Riobha
Colonsay to Port Askaig 1hr. 10mins. (Seasonal)
Allt an Tairbh
Rainberg Mòr 1487
Shian Bay
Shian River
Loch an Tuim Uaine
Loch Righ Mor
Caves
Loch Righ Beag
Cruib 1036
Loch Lùbanach
Rubh'an t-Sailein
Loch Tarbert
Rubh' a' chrois-aoinidh
Post Rocks
RUBHA A'MHAIL
Lochan Maol an t-sornaich
Rubha Bholsa
J U R A
Allt na Gile
Loch an Aircill
Glen Batrick
1439 Beinn Bhreac
Loch Lesgamaill
Nave Island
Sgarbh Breac 1195
Sgarbh Dubh 965
Bachlaig
Loch an Oir
Loch na Fudarlaich
Eilean Beag
Sgairail
Loch Smigeadail
Beinn an Oir 2576
2477
Ardnave Point
A R G Y L L
Loch a' Chnuic Bhric
Gortantaoid
Loch Giur-bheinn
1037 Giur-bheinn
Distillery
Bunnahabhain
JURA FOREST
PAPS OF JURA
Corran
Ardnave Loch
Tòn Mhór
Gruinart
Beinn Bhreac 940
Ardnahoe Loch
Ardnahoe Distillery
Sound of Islay
Lochan Gleann Astaile
Loch an t-Siob
Knockrome
Learygbreck
Ardfernal
Loch Laingeadail
Kilnave
Loch Staoisha
Gleann Astaile
Glas Bheinn 1839
Jura
Loch na Mile
B8018
Sanaigmore
Loch Còrr
Loch an Fhir Mhòir
Caol Ila Distillery
Gleann Iubharnadeal
Rubha Lamanais
Braigo
Leckgruinart
Loch Gruinart
Feolin Ferry
Port Askaig (Port Asgaig)
Keills
Loch Leathan
Finlaggan
Loch Finlaggan
Keils
Small Isles
Grulinbeg
A846
Loch Allan
Loch a' Bhaile-Mhargaidh
Craighouse
Isle of Jura Distillery
Saligo Bay
Gruinart
B8017
Abhainn Ghlas
Loch Drolsay
Loch Cam
Ballygrant
Loch Ballygrant
Gleann Ullibh
1123 Brat Bheinn
Loch Gorm
Saligo
I S L A Y
Castle
Loch Lossit
Port na Birlinne
Coul Point
Loch Sibhinn
R. Drolsay
Loch Skerrols
R. Sorn
Esknish
Kilmeny
Cabrach
Na Cùiltean
B8018
Islay Ales Brewery
Blackrock
Eallabus
Islay Woolen Mill
Loch Bharradail
Beinn Dubh 875
Glas Eilean
Ardfin
Rubha na Tràille
Machir Bay
Distillery
Kilchoman
A847
Carnain
Redhouses
Am Fraoch Eilean
Brosdale Island
Carraigo Dhubh
Bridgend (Beul an Atha)
Conisby
Cnoc Dubh
Loch Indaal
Dun Nosebridge Hillfort
Distillery
Bruichladdich
Kilchiaran Bay
Kilchiaran
Loch Gearach
Islay Life
Distillery
Bowmore
Church
B8016
Mulindry
McArthur's Head
Glas Bheinn 1544
Kennacraig to Port Askaig 2hrs.
Octomore
Natural History Centre
Port Charlotte
Laggan
Loch Allallaidh
Cultoon Stone Circle
Beinn Tart a' Mhill 760
Laggan Bri.
Kilennan River
Lossit
Beinn Bhàn 1544
1612 Beinn Bheigeir
Carraig Mhór
Loch nan Breac
Laggan River
Claggain River
Ardtalla
Lossit Bay
RHINNS OF ISLAY
Neribus
Laggan Point
Duich River
Torra
1490 Beinn Uraraidh
Gleann Leora
Claggain Bay
Octofad
A847
Port Gleann na Gaoidh
A846
Loch Beinn Uraraidh
354 Cnoc Mór na Claigin
Aros Bay
Portnahaven
Port Wemyss
Laggan Bay
Glenegedale Lots
Loch Leathann an Sgorra
Kintour
Ardmore Point
Orsay
RHINNS POINT
Glenegedale
ISLAY
B8016
Beinn Sholum 1138
Loch Uigeadail
Loch Carn a' Mhaoil
Kildalton Cross
Eilean Craobhach
Kintra
Leorin Lochs
Eilean a' Chuirn
Port Alsaig
Loch nan Gabhar
Lochan Sholum
Loch Iarnan
Kennacraig to Port Ellen 2hrs. 20mins.
Loch a' Chnuic
Eilean Bhride
Slugaide Glas
Loch Muchairt
A846
Rubha na Gainmhich
Maol Buidhe 541
Cragabus
Distillery
Lagavulin
Ardbeg
Distillery
Eilean Imersay
Glenastle Loch
Port Ellen
Laphroaig
Distillery
Dunyvaig Castle
Dùn Mór Ghil
THE OA
Risabus
Texa
Lower Killeyan
Loch Kinnabus
American Monument
MULL OF OA
Rubha na Meise Bàine
Beinn Mhór 661
Rubha nan Leacan
Port Ellen to Ballycastle 1hr. (Seasonal)
A B C D
1 2 3 4 5
20 30 40 150
90 80 70 60 50 40

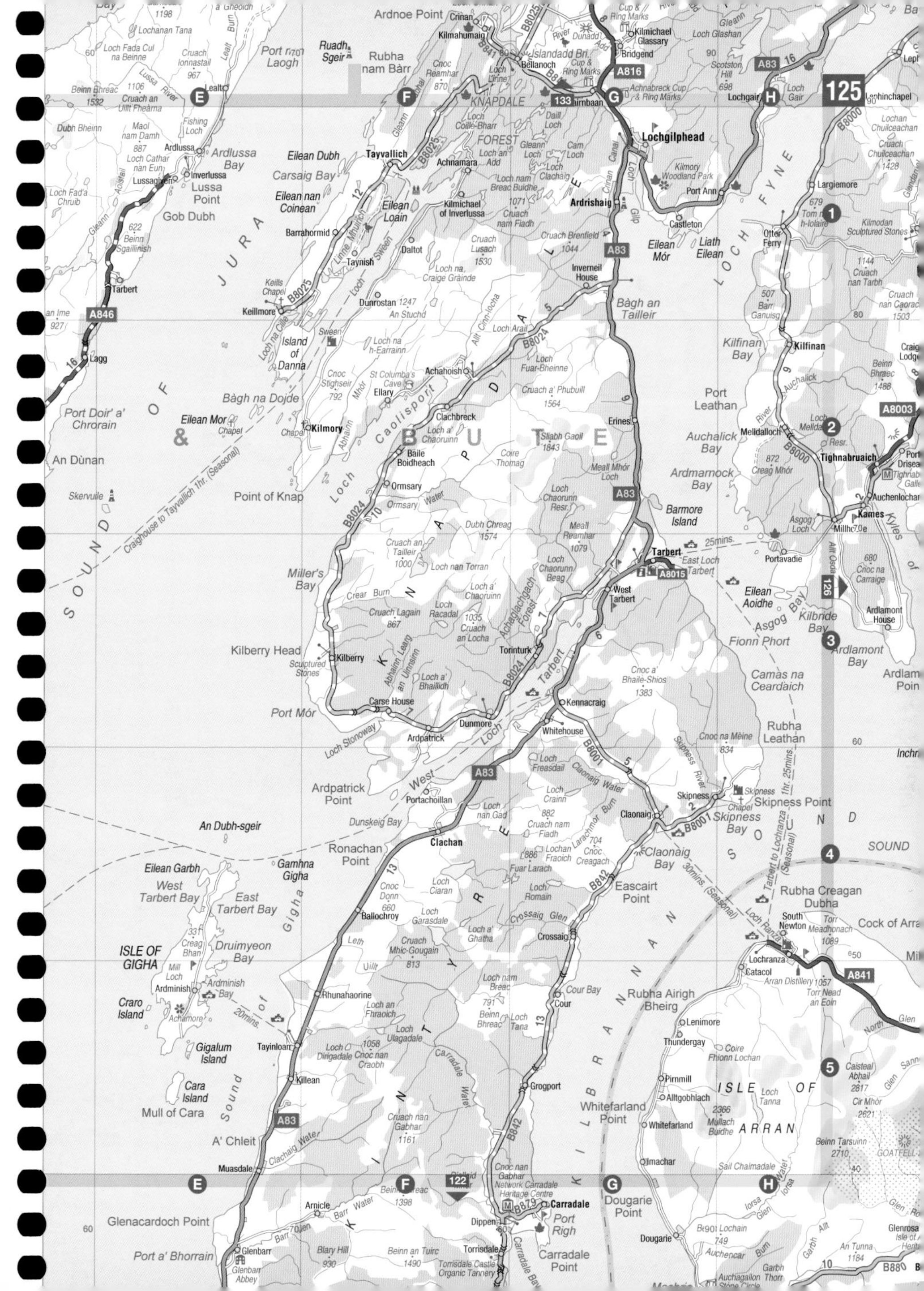

125
Ardnoe Point
Crinan
Kilmahumaig
Ruadh Sgeir
Rubha nam Bàrr
Port nan Laogh
Bellanoch
Islandadd Bri.
Kilmichael Glassary
Bridgend
Dunadd
A816
B8025
B841
Cnoc Reamhar 870
KNAPDALE
FOREST
Cairnbaan
Achnabreck Cup & Ring Marks
Lochgair
Loch Gair
Loch Glashan
Scotston Hill 698
A83
Lochgilphead
Ardrishaig
Kilmory Woodland Park
Port Ann
Castleton
Largiemore
Lephinchapel
Lochan Chuilceachan
Cruach Chuilceachan 1428
Otter Ferry
Tom nan h-Iolaire 679
Kilmodan Sculptured Stones
LOCH FYNE
Eilean Mór
Liath Eilean
Lealt
Lochanan Tana
Loch Fada Cul na Beinne
Cruach Ionnastail 967
Beinn Ghreac 1532
Cruach an Uillt Fheàrna 1106
Dubh Bheinn
Maol nam Damh 887
Loch Cathar nan Eun
Fishing Loch
Ardlussa
Ardlussa Bay
Inverlussa
Lussagiven
Lussa Point
Gob Dubh
Loch Fad'a Chruib
Beinn Sgaillinish 622
Tarbert
A846
Lagg
JURA
Eilean Dubh
Tayvallich
Carsaig Bay
Eilean nan Coinean
Eilean Loain
Achnamara
Barrahormid
Kilmichael of Inverlussa
Taynish
Daltot
Keills Chapel
Keillmore
Dunrostan
An Stuchd 1247
Loch na Craige Gràinde
Cruach Lusach 1530
Cruach Brenfield 1044
Inverneil House
Bàgh an Tailleir
Sween
Island of Danna
Loch Arail
B8024
Achahoish
Cnoc Stighseir 792
Ellary
St Columba's Cave
Bàgh na Dojde
Eilean Mor
Chapel
Kilmory
Loch Caolisport
Clachbreck
Cruach a' Phubuill 1564
Erines
Kilfinan
Kilfinan Bay
Port Leathan
Beinn Bhraec 1488
Craig Lodge
Auchalick Bay
Melldalloch
Tighnabruaich
B8000
A8003
Creag Mhór 872
Ardmarnock Bay
Kames
Auchenlochan
Port Driseach
Millhouse
Portavadie
Asgog Loch
Barmore Island
Tarbert
East Loch Tarbert
A8015
West Tarbert
25mins.
Eilean Aoidhe
Asgog Bay
Kilbride Bay
Ardlamont House
Cnoc na Carraige 680
Ardlamont Bay
Fionn Phort
Camas na Ceardaich
Port Doir' a' Chrorain
An Dùnan
Skervuile
SOUND OF JURA & BUTE
Craighouse to Tayvallich 1hr. (Seasonal)
Baile Boidheach
Sliabh Gaoil 1843
Coire Thomag
Ormsary
Ormsary Water
Point of Knap
Loch Chaorunn Resr.
Dubh Chreag 1574
Meall Reamhar 1079
Cruach an Tailleir 1000
Loch nan Torran
Miller's Bay
Loch Chaorunn Beag
Loch a' Chaoruinn
Loch Racadal
Cruach Lagain 867
Cruach an Locha 1035
Achaglachgach Forest
Kilberry Head
Kilberry
Sculptured Stones
Abhainn Learg an Uinnsinn
Loch a' Bhaillidh
Torinturk
Cnoc a' Bhaile-Shios 1383
Kennacraig
Whitehouse
Carse House
Port Mór
Dunmore
Ardpatrick
West Loch Tarbert
Loch Stornoway
B8001
Loch Freasdail
Claonaig Water
Rubha Leathan
Cnoc na Mèine 834
Skipness River
Ardpatrick Point
Portachoillan
Loch Crainn
Cruach nam Fiadh 882
Skipness
Skipness Point
Skipness Bay
Claonaig
Claonaig Bay
An Dubh-sgeir
Dunskeig Bay
Clachan
Ronachan Point
Lochan Fraoich
Cnoc Creagach 704
Fuar Larach
Eilean Garbh
Gamhna Gigha
West Tarbert Bay
East Tarbert Bay
Cnoc Donn 660
Ballochroy
Loch Ciaran
Loch Romain
B842
Eascairt Point
Rubha Creagan Dubha
Tarbert to Lochranza 1hr. 25mins. (Seasonal)
30mins. (Seasonal)
Crossaig Glen
Crossaig
South Newton
Torr Meadhonach 1089
Cock of Arran
Loch Ranza
Lochranza
Catacol
Arran Distillery
Torr Nead an Eoin 1057
A841
ISLE OF GIGHA
Creag Bhan 331
Druimyeon Bay
Mill Loch
Ardminish
Ardminish Bay
Craro Island
Achamore
Cruach Mhic-Gougain 813
Loch Garasdale
Loch nam Breac
Beinn Bhreac 791
Loch Tana
Cour Bay
Cour
Rubha Airigh Bheirg
Rhunahaorine
Loch an Fhraoich
Lenimore
Thundergay
Coire Fhionn Lochan
Tayinloan
Gigalum Island
Loch Ulagadale
Loch Dirigadale
Cnoc nan Craobh 1058
Carradale Water
Killean
Cara Island
Mull of Cara
Sound of Gigha
KILBRANNAN SOUND
Grogport
Pirnmill
Alltgobhlach
ISLE OF ARRAN
Loch Tanna
Caisteal Abhail 2817
Cir Mhòr 2621
Mullach Buidhe 2366
Whitefarland Point
Whitefarland
Cruach nan Gabhar 1161
A' Chleit
Clachaig Water
Muasdale
Imachar
Beinn Tarsuinn 2710
GOATFELL
Sail Chalmadale
Iorsa Water
Glen Iorsa
KINTYRE
Cnoc nan Gabhar
Network Carradale Heritage Centre
Carradale
Dougarie Point
122
Beinn Bhreac 1398
Arnicle
Barr Water
Glenacardoch Point
Dippen
Port Righ
Dougarie
Lochain 749
Auchencar
Glenrosa
An Tunna 1184
B880
B8001
B879
Port a' Bhorrain
Glenbarr
Glenbarr Abbey
Blary Hill 930
Beinn an Tuirc 1490
Torrisdale
Torrisdale Castle Organic Tannery
Carradale Point
Auchagallon Stone Circle

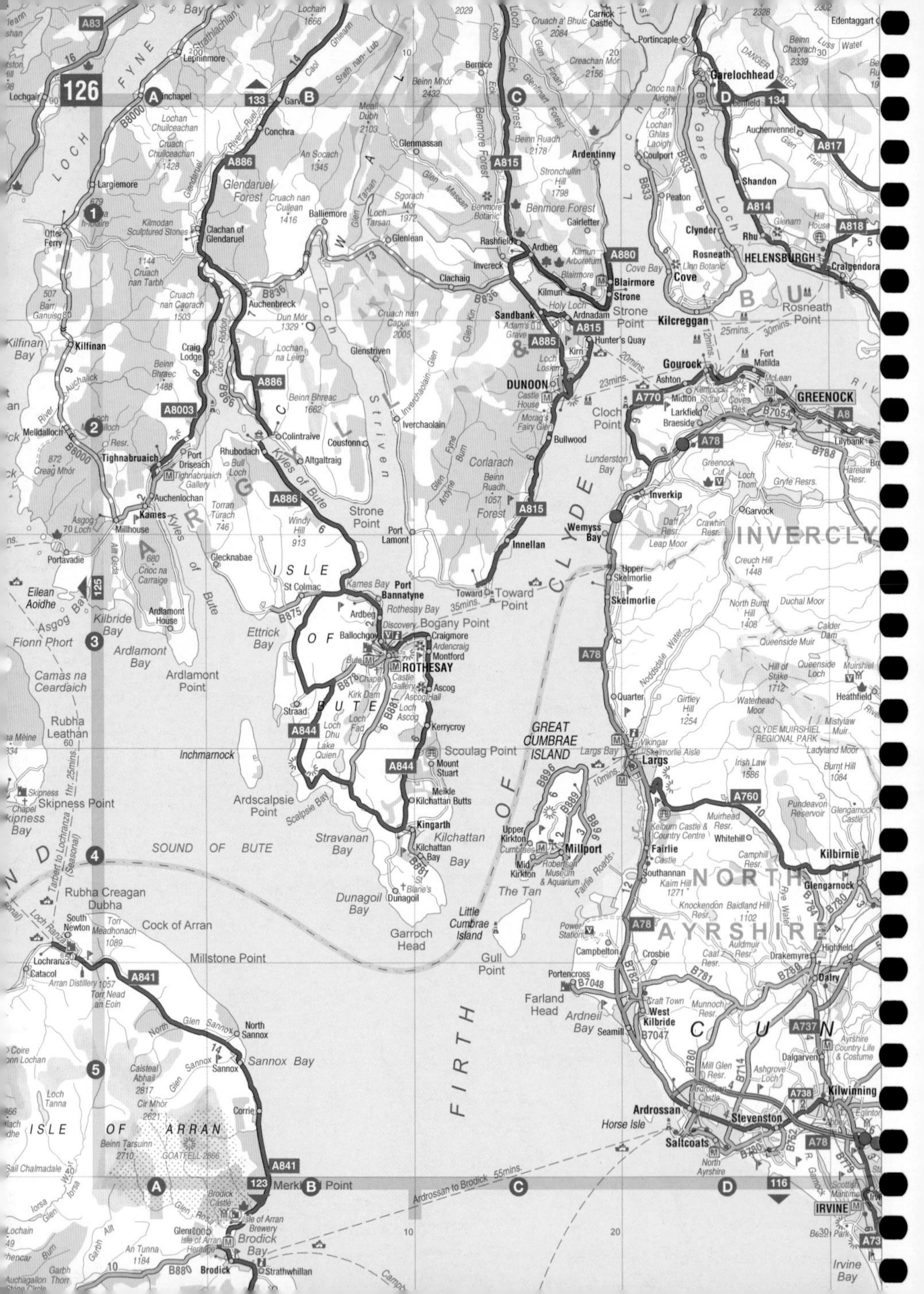

LOCH FYNE
Inchapel
Largiemore
Otter Ferry
Kilfinan
Kilfinan Bay
Tighnabruaich
Kames
Millhouse
Portavadie
Eilean Aoidhe
Asgog Bay
Kilbride Bay
Fionn Phort
Ardlamont Bay
Ardlamont Point
Camas na Ceardaich
Rubha Leathan
Skipness Point
SOUND OF BUTE
Rubha Creagan Dubha
Cock of Arran
Lochranza
Catacol
Millstone Point
North Sannox
Sannox Bay
Corrie
ISLE OF ARRAN
GOATFELL 2866
Brodick Castle
Brodick Bay
Brodick
Merkland Point
Glendaruel Forest
Clachan of Glendaruel
Colintraive
Kyles of Bute
Strone Point
Port Bannatyne
ISLE OF BUTE
ROTHESAY
Ettrick Bay
Inchmarnock
Ardscalpsie Point
Kingarth
Kilchattan Bay
Stravanan Bay
Dunagoil Bay
Garroch Head
Scoulag Point
Toward Point
Bogany Point
Benmore Forest
Ardentinny
Blairmore
Strone
Sandbank
DUNOON
Hunter's Quay
Innellan
Gourock
GREENOCK
Cloch Point
Inverkip
Wemyss Bay
Skelmorlie
Largs
GREAT CUMBRAE ISLAND
Millport
Little Cumbrae Island
FIRTH OF CLYDE
Fairlie
West Kilbride
Ardrossan
Saltcoats
Stevenston
Kilwinning
IRVINE
Irvine Bay
Helensburgh
Garelochhead
Rosneath
Kilcreggan
Shandon
Rhu
INVERCLYDE
NORTH AYRSHIRE
Kilbirnie
Dalry
Ardrossan to Brodick 55mins.
A B C D
133 134 125 123 116
10 20

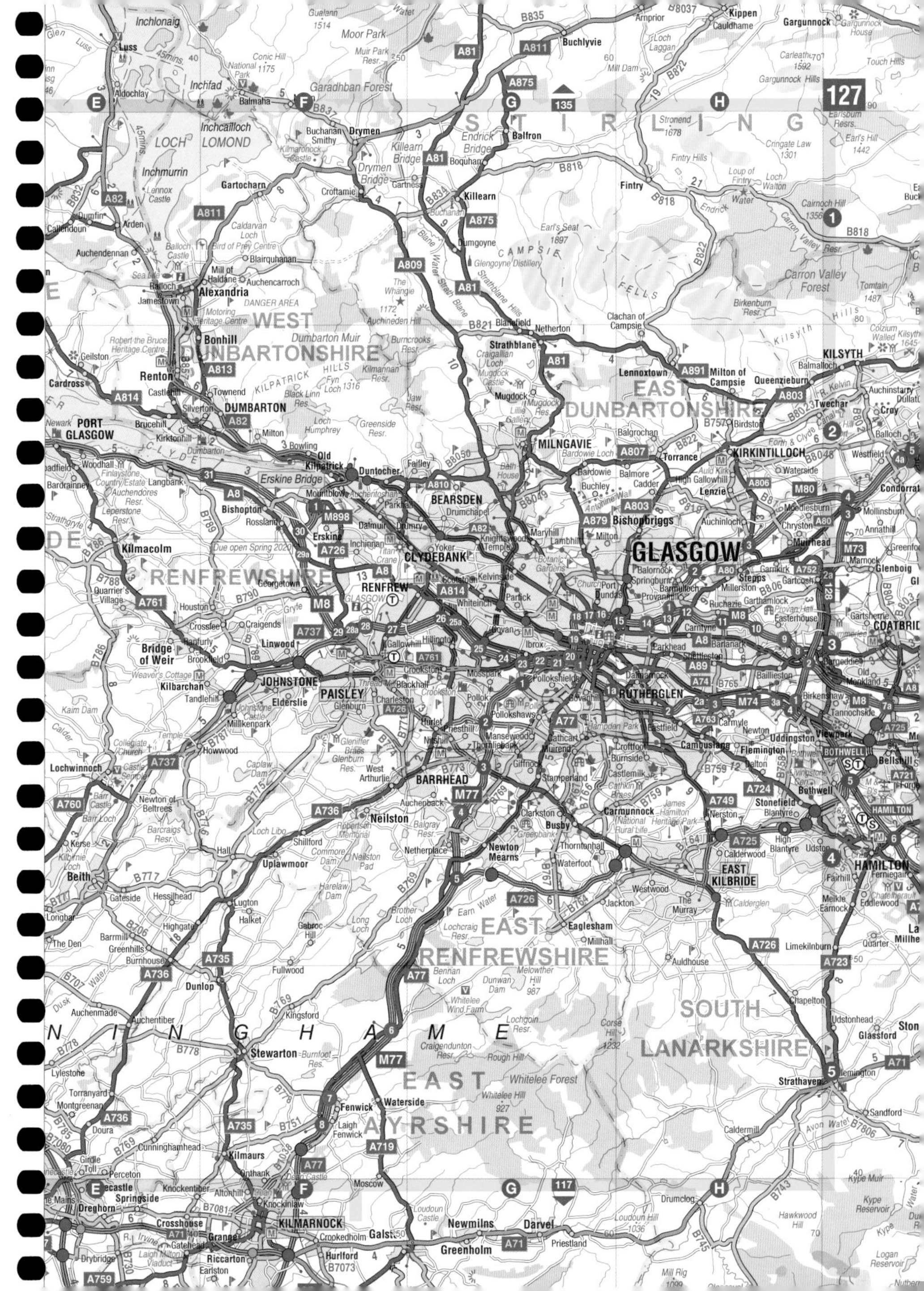

127
135
117
STIRLING
WEST DUNBARTONSHIRE
EAST DUNBARTONSHIRE
RENFREWSHIRE
EAST RENFREWSHIRE
SOUTH LANARKSHIRE
EAST AYRSHIRE
N I N G H A M E
LOCH LOMOND
GLASGOW
Luss
Inchlonaig
Inchfad
Inchcailloch
Inchmurrin
Aldochlay
Balmaha
Garadhban Forest
Conic Hill 1175
National Park
Moor Park
Gualann 1514
Muir Park Resr.
Buchlyvie
Arnprior
Kippen
Cauldhame
Gargunnock
Gargunnock House
Gargunnock Hills
Carleatheran 1592
Touch Hills
Loch Laggan
Mill Dam
Stronend 1678
Fintry Hills
Cringate Law 1301
Earlsburn Resrs.
Earl's Hill 1442
Drymen
Buchanan Smithy
Killearn Bridge
Drymen Bridge
Endrick Bridge
Balfron
Boquhan
Gartness
Croftamie
Gartocharn
Lennox Castle
Arden
Duntin
Callendoun
Auchendennan
Caldarvan Loch
Balloch Castle
Bird of Prey Centre
Blairquhanan
Mill of Haldane
Auchencarroch
Balloch
Jamestown
Alexandria
Sea Life
Motoring Heritage Centre
DANGER AREA
Killearn
Buchanan
Dumgoyne
Glengoyne Distillery
The Whangie 1172
Auchineden Hill
Strath Blane
Strathblane Hills
CAMPSIE FELLS
Earl's Seat 1897
Fintry
Loup of Fintry
Endrick Water
Loch Walton
Cairnoch Hill 1356
Carron Valley Resr.
Carron Valley Forest
Birkenburn Resr.
Tomtain 1487
Kilsyth Hills
Colzium Walled
KILSYTH
Clachan of Campsie
Blanefield
Netherton
Strathblane
Craigallian Loch
Mugdock Castle
Mugdock
Mugdock Res.
Lillie Gallery
Lennoxtown
Milton of Campsie
Queenzieburn
Balmalloch
Auchinstarry
Twechar
Croy
Robert the Bruce Heritage Centre
Geilston
Cardross
Bonhill
Renton
Dumbarton Muir
Burncrooks Resr.
KILPATRICK HILLS
Fyn Loch 1316
Kilmannan Resr.
Black Linn Res.
Jaw Resr.
Loch Humphrey
Greenside Resr.
Castlehill
Townend
Silverton
DUMBARTON
Milton
Bowling
Old Kilpatrick
Kirktonhill
Brucehill
PORT GLASGOW
Newark
Woodhall
Finlaystone Country Estate
Auchendores Resr.
Langbank
Bardrainney
Leperstone Resr.
Erskine Bridge
Duntocher
Faifley
Mountblow
Bishopton
Rossland
Erskine
Parkhall
Dalmuir
Drumry
BEARSDEN
Drumchapel
Knightswood
Temple
Maryhill
Lambhill
Milton
Bardowie
Bardowie Loch
Balmore
Buchley
Cadder
Balgrochan
Torrance
MILNGAVIE
KIRKINTILLOCH
Birdston
Auld Kirk
High Gallowhill
Lenzie
Bishopbriggs
Auchinloch
Waterside
Westfield
Condorrat
Moodiesburn
Chryston
Mollinsburn
Annathill
Muirhead
Greenfoot
Glenboig
Marnock
Stepps
Garnkirk
Gartcosh
Millerston
Ruchazie
Garthamlock
Provanhall
Easterhouse
Gartsherrie
COATBRIDGE
Barlanark
Carntyne
Parkhead
Shettleston
Baillieston
Dalmarnock
RUTHERGLEN
Kilmacolm
Quarrier's Village
Georgetown
Houston
Crosslee
Craigends
Linwood
Inchinnan
Titan Crane
CLYDEBANK
Yoker
Scotstoun
Kelvinside
Botanic Gardens
Partick
Whiteinch
RENFREW
Due open Spring 2020
Hillington
Govan
Ibrox
Gallowhill
Crookston
Blackhall
Mosspark
Pollokshields
Pollok
Pollokshaws
Govanhill
Bridge of Weir
Ranfurly
Brookfield
Weaver's Cottage
Kilbarchan
Tandlehill
JOHNSTONE
Elderslie
PAISLEY
Glenburn
Charleston
Johnstone Castle
Milliken Park
Kaim Dam
Howwood
Collegiate Church
Temple
Castle Semple
Lochwinnoch
Barr Castle
Barr Loch
Newton of Beltrees
Caplaw Dam
Gleniffer Braes
Glenburn Res.
West Arthurlie
Hurlet
Priesthill
Nitshill
Mansewood
Thornliebank
Giffnock
Cathcart
Hampden Park
Muirend
Croftfoot
Burnside
Castlemilk
Cathkin Braes
Stamperland
BARRHEAD
Auchenback
Neilston
Balgray Resr.
Netherplace
Newton Mearns
Clarkston
Busby
Greenbank
Thorntonhall
Waterfoot
Carmunnock
National Rural Life
James Hamilton Heritage Park
Nerston
Calderwood
High Blantyre
Udston
EAST KILBRIDE
Westwood
Jackton
Eaglesham
Millhall
The Murray
Calderglen
Eastfield
Cambuslang
Carmyle
Newton
Flemington
Dalton
Uddingston
Viewpark
Birkenshaw
Tannochside
Old Monkland
Bargeddie
BOTHWELL
Bothwell
Bellshill
Stonefield
Blantyre
HAMILTON
Fairhill
Ferniegair
Chatelherault
Meikle Earnock
Eddlewood
Quarter
Limekilnburn
Chapelton
Udstonhead
Glassford
Strathaven
Flemington
Sandford
Kerse
Kilbirnie Loch
Barcraigs Resr.
Loch Libo
Shillford
Uplawmoor
Commore Dam
Neilston Pad
Harelaw Dam
Hall
Beith
Gateside
Hessilhead
Lugton
Halket
Gabroc Hill
Long Loch
Brother Loch
Earn Water
Lochcraig Resr.
Longbar
Barrmill
The Den
Greenhills
Highgate
Burnhouse
Fullwood
Bennan Loch
Melowther Hill 987
Dunwan Dam
Whitelee Wind Farm
Lochgoin Resr.
Corse Hill 1232
Auldhouse
Dunlop
Dusk Water
Auchenmade
Auchentiber
Kingsford
Stewarton
Burnfoot Resr.
Craigendunton Resr.
Rough Hill
Whitelee Forest
Whitelee Hill 927
Lylestone
Torranyard
Montgreenan
Doura
Cunninghamhead
Girdle Toll
Perceton
Fenwick
Waterside
Laigh Fenwick
Kilmaurs
Onthank
Knockentiber
Altonhill
Dean Castle
Knockinlaw
Moscow
Drumclog
Caldermill
Avon Water
Kype Muir
Kype Reservoir
Hawkwood Hill
Logan Reservoir
Dreghorn
Springside
Crosshouse
Grange
KILMARNOCK
Crookedholm
Galston
Newmilns
Darvel
Loudoun Castle
Loudoun Hill 1036
Priestland
Greenholm
Hurlford
Riccarton
Gatehead
Laigh Milton Viaduct
Drybridge
Earlston
Mill Rig 1099

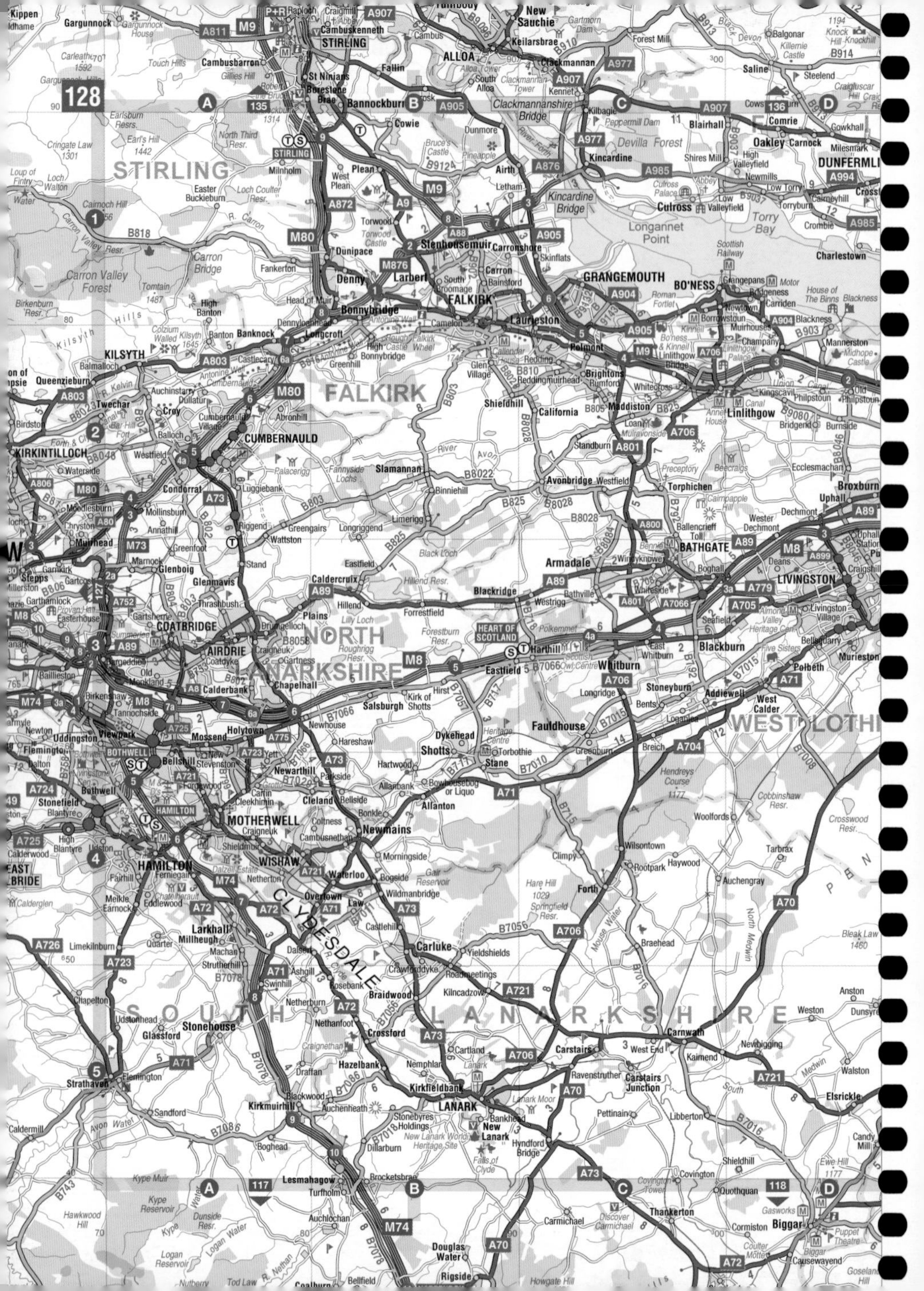
STIRLING
FALKIRK
NORTH LANARKSHIRE
SOUTH LANARKSHIRE
WEST LOTHI
CLYDESDALE
Kippen
Gargunnock
Gargunnock House
Raploch
Craigmill
Cambuskenneth
STIRLING
New Sauchie
Keilarsbrae
Forest Mill
Balgonar
Knock Hill
Knockhill
Killernie Castle
Cambusbarron
Touch Hills
Gillies Hill
St Ninians
Borestone Brae
Bannockburn
Fallin
ALLOA
Alloa Tower
South Alloa
Clackmannan
Clackmannan Tower
Kennet
Saline
Steelend
Craigluscar Hill
Carleatheran
Earlsburn Resrs.
Earl's Hill
Cringate Law
North Third Resr.
Cowie
Clackmannanshire Bridge
Kilbagie
Peppermill Dam
Devilla Forest
Blairhall
Comrie
Cowstrandburn
Gowkhall
Oakley
Carnock
Milesmark
DUNFERMLI
Kincardine
Shires Mill
High Valleyfield
Newmills
Low Torry
Crossford
Milnholm
Plean
West Plean
Bruce's Castle
Dunmore
Pineapple
Airth
Letham
Kincardine Bridge
Culross Palace
Culross
Low Valleyfield
Torryburn
Torry Bay
Crombie
Cairneyhill
Loup of Fintry
Loch Walton
Water
Carron Valley Resr.
Cairnoch Hill
Easter Buckieburn
Loch Coulter Resr.
Torwood
Torwood Castle
Stenhousemuir
Carronshore
Skinflats
Longannet Point
Charlestown
Carron Bridge
Carron Valley Forest
Fankerton
Dunipace
Denny
Larbert
South Broomage
Carron
Bainsford
FALKIRK
GRANGEMOUTH
Scottish Railway
BO'NESS
Grangepans
Motor Museum
Bridgeness
Carriden
House of The Binns
Blackness
Tomtain
Birkenburn Resr.
High Banton
Head of Muir
Bonnybridge
Dennyloanhead
Longcroft
Antonine Wall
Rough Castle
Falkirk Wheel
Camelon
Laurieston
Roman Fortlet
Newtown
Borrowstoun
Kinneil
Bo'ness & Kinneil Railway
Muirhouses
Champany
Linlithgow Palace
Manerston
Midhope Castle
Kilsyth Hills
Colzium Walled Garden
Kilsyth 1645
Banton
Banknock
Castlecary
High Bonnybridge
Greenhill
Callendar House
Glen Village
Redding
Reddingmuirhead
Polmont
Brightons
Rumford
Whitecross
Kingscavil
Philpstoun
Old Philpstoun
KILSYTH
Balmalloch
Queenzieburn
Twechar
Auchinstarry
Dullatur
Croy
Cumbernauld Village
Balloch
Abronhill
CUMBERNAULD
Shieldhill
California
Maddiston
Loan
Muiravonside
Annet House
Linlithgow
Bridgend
Burnside
Birdston
Bar Hill Fort
KIRKINTILLOCH
Westfield
Waterside
Palacerigg
Fannyside Lochs
Slamannan
River Avon
Standburn
Preceptory
Beecraigs
Ecclesmachan
Broxburn
Condorrat
Luggiebank
Binniehill
Avonbridge
Torphichen
Cairnpapple Hill
Uphall
Dechmont
Moodiesburn
Mollinsburn
Chryston
Muirhead
Annathill
Riggend
Greengairs
Wattston
Longriggend
Limerigg
Ballencrieff Toll
Wester Dechmont
Uphall Station
Greenfoot
Marnock
Glenboig
Stand
Eastfield
Black Loch
Armadale
Windyknowe
BATHGATE
Boghall
Deans
Craigshill
Garnkirk
Gartcosh
Stepps
Millerston
Glenmavis
Caldercruix
Hillend Resr.
Blackridge
Westrigg
Bathville
Whiteside
LIVINGSTON
Livingston Village
Almond Valley Heritage Centre
Garthamlock
Provan Hall
Easterhouse
Thrashbush
Gartsherrie
Hillend
Forrestfield
Lilly Loch
Plains
Seafield
COATBRIDGE
AIRDRIE
Brunbelloch
Craigneuk
Coatdyke
Gartness
Roughrigg Resr.
Forestburn Resr.
HEART OF SCOTLAND
Harthill
Polkemmet
East Whitburn
Blackburn
Five Sisters
Bellsquarry
Murieston
Baillieston
Old Monkland
Calderbank
Chapelhall
Eastfield
Scottish Owl Centre
Whitburn
Polbeth
Birkenshaw
Tannochside
Holytown
Salsburgh
Kirk of Shotts
Hirst
Longridge
Stoneyburn
Bents
Addiewell
West Calder
Newton
Uddingston
Viewpark
Mossend
Newhouse
Hareshaw
Dykehead
Heritage Centre
Fauldhouse
Loganlea
Breich
Flemington
BOTHWELL
Bellshill
New Stevenston
Yett
Newarthill
Hartwood
Shotts
Torbothie
Stane
Greenburn
Dalton
Carfin
Parkside
Allanbank
Bowhousebog or Liquo
Hendreys Course
Cobbinshaw Resr.
Stonefield
Bothwell
Blantyre
Fornewood
Cleekhimin
Cleland
Bellside
Bonkle
Allanton
Woolfords
Crosswood Resr.
HAMILTON
MOTHERWELL
Craigneuk
Coltness
Cambusnethan
Newmains
High Blantyre
Udston
Shieldmuir
Wilsontown
Tarbrax
Calderwood
EAST KILBRIDE
Fairhill
Ferniegair
Dalzell Estate
WISHAW
Morningside
Climpy
Rootpark
Haywood
Netherton
Waterloo
Bogside
Gair Reservoir
Auchengray
Calderglen
Meikle Earnock
Eddlewood
Chatelherault
Overtown
Law
Wildmanbridge
Hare Hill
Springfield Resr.
Forth
Larkhall
Millheugh
Castlehill
Mouse Water
North Medwin
Bleak Law
Limekilnburn
Quarter
Machan
Dalserf
Carluke
Yieldshields
Braehead
Strutherhill
Ashgill
Crawforddyke
Roadmeetings
Swinhill
Rosebank
Kilncadzow
Anston
Chapelton
Netherburn
Braidwood
Udstonhead
Glassford
Stonehouse
Nethanfoot
Crossford
Craignethan Castle
Cartland
Carstairs
West End
Carnwath
Newbigging
Weston
Dunsyre
Hazelbank
Nemphlar
Lanark
Ravenstruther
Carstairs Junction
Kaimend
Walston
Strathaven
Flemington
Draffan
Kirkfieldbank
LANARK
Lanark Moor
Elsrickle
Medwin
Sandford
Blackwood
Kirkmuirhill
Auchenheath
Stonebyres Holdings
Bankhead
New Lanark
New Lanark World Heritage Site
Pettinain
Libberton
Caldermill
Avon Water
Boghead
Dillarburn
Falls of Clyde
Hyndford Bridge
Shieldhill
Candy Mill
Ewe Hill
Kype Muir
Lesmahagow
Turfholm
Brocketsbrae
Covington
Covington Tower
Quothquan
Gasworks Museum
Kype Reservoir
Dunside Resr.
Hawkwood Hill
Auchlochan
Carmichael
Discover Carmichael
Thankerton
Cormiston
Biggar
Puppet Theatre
Logan Water
Logan Reservoir
Douglas Water
Rigside
Coulter Motte
Causewayend
Nutberry
Tod Law
Coalburn
Bellfield
Howgate Hill
Goseland Hill
M9
M80
M876
M8
M73
M74
A811
A907
A977
A905
A876
A985
A994
A872
A9
A88
A904
A706
A803
A801
A806
A800
A89
A899
A779
A705
A7066
A752
A71
A8
A725
A775
A723
A721
A724
A73
A704
A726
A72
A70
B818
B912
B825
B8022
B8028
B7066
B7015
B7016
B7056
B7086
B7078
B7018
B743
117
118
135
136

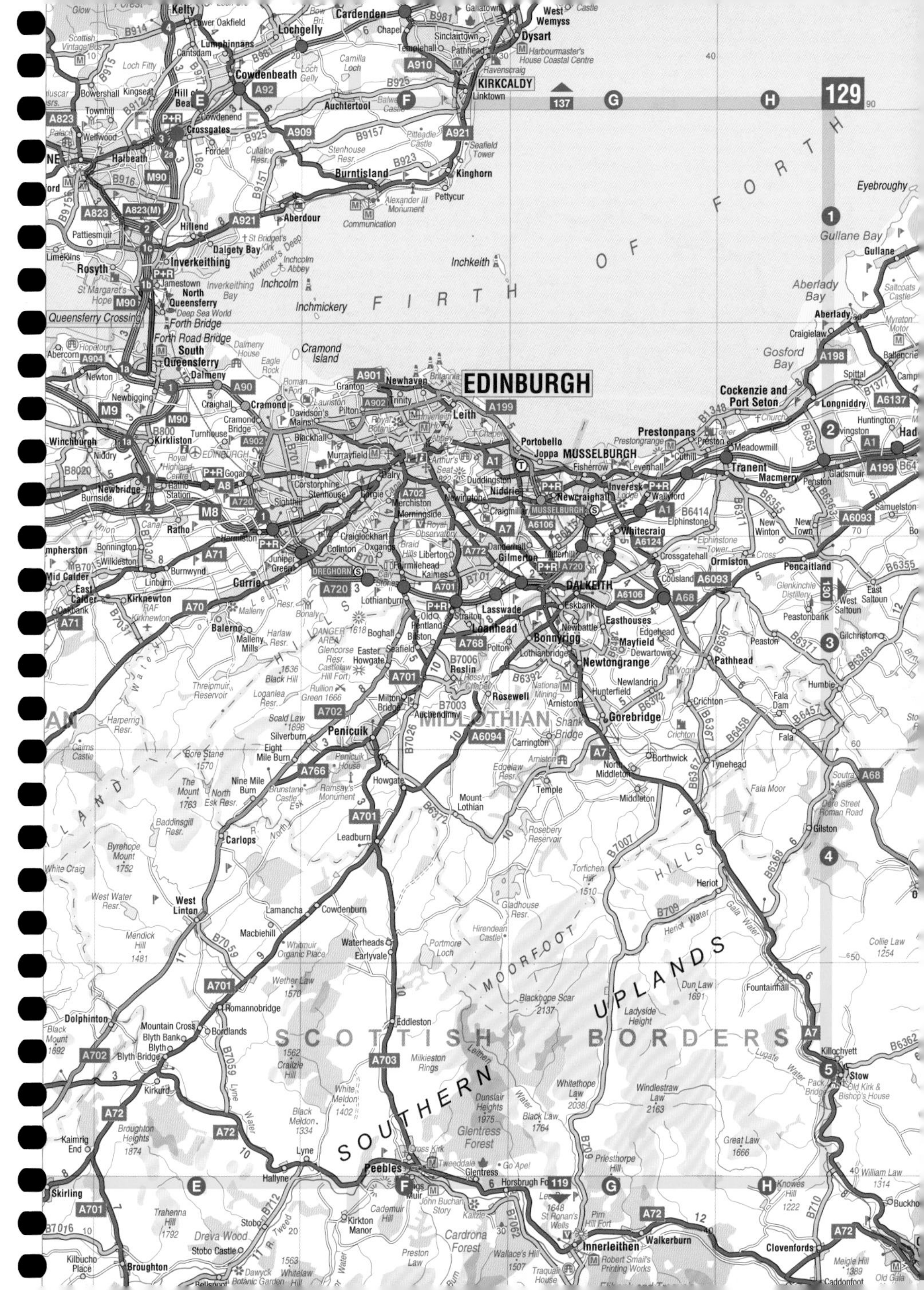

129
EDINBURGH
FIRTH OF FORTH
SCOTTISH BORDERS
SOUTHERN UPLANDS
MIDLOTHIAN
MOORFOOT HILLS
PENTLAND HILLS
Kelty
Lower Oakfield
Lochgelly
Cardenden
Gallatown
West Wemyss
Castle
Dysart
Harbourmaster's House Coastal Centre
Scottish Vintage Bus
Lumphinnans
Cantsdam
Loch Fitty
Chapel
Sinclairtown
Templehall
Pathhead
Camilla Loch
Loch Gelly
Cowdenbeath
A910
Ravenscraig
KIRKCALDY
Linktown
Bowershall
Kingseat
Hill of Beath
Auchtertool
Balwearie Castle
137
Townhill
Cowdenend
Crossgates
Wellwood
Halbeath
Fordell
Cullaloe Resr.
Stenhouse Resr.
Pitteadie Castle
Seafield Tower
Burntisland
Kinghorn
Pettycur
Alexander III Monument
Communication
Aberdour
Hillend
Pattiesmuir
Dalgety Bay
St Bridget's Kirk
Mortimer's Deep
Inchcolm Abbey
Limekilns
Rosyth
Inverkeithing
Inchkeith
Jamestown
Inverkeithing Bay
Inchcolm
North Queensferry
Deep Sea World
St Margaret's Hope
Inchmickery
Queensferry Crossing
Forth Bridge
Forth Road Bridge
Hopetoun
Abercorn
Dalmeny House
South Queensferry
Eagle Rock
Cramond Island
Newton
Dalmeny
Roman Fort
Granton
Newhaven
Britannia
Newbigging
Cramond
Trinity
Pilton
Davidson's Mains
Royal Botanic
Leith
Craighall
Cramond Bridge
Turnhouse
Blackhall
Winchburgh
Kirkliston
Niddry
EDINBURGH
Royal Highland Centre
Murrayfield
Arthur's Seat 822
Portobello
Joppa
MUSSELBURGH
Fisherrow
Levenhall
Prestongrange
Prestonpans
Preston
Cuthill
Meadowmill
Cockenzie and Port Seton
Longniddry
Gogar
Ratho Station
Newbridge
Burnside
Corstorphine
Stenhouse
Dalry
Gorgie
Duddingston
Niddrie
Newcraighall
Inveresk
Wallyford
Tranent
Macmerry
Gladsmuir
Sighthill
Merchiston
Morningside
Newington
Craigmillar
Whitecraig
Elphinstone
New Winton
New Town
Samuelston
Ratho
Hermiston
Craiglockhart
Royal Observatory
Danderhall
Gilmerton
Crossgatehall
Elphinstone Tower
Ormiston
Pencaitland
Bonnington
Wilkieston
Juniper Green
Colinton
Oxgangs
Braid Hills
Liberton
Fairmilehead
Kaimes
Millerhill
DALKEITH
Cousland
Mid Calder
East Calder
Burnwynd
Linburn
Currie
Lothianburn
DREGHORN
Glenkinchie Distillery
East Saltoun
West Saltoun
Kirknewton
Oakbank
RAF Kirknewton
Balerno
Malleny
Bonaly
Straiton
Lasswade
Eskbank
Easthouses
Peastonbank
Old Pentland
Bilston
Loanhead
Bonnyrigg
Newbattle
Edgehead
Mayfield
Dewartown
Gilchriston
Harlaw Resr.
Malleny Mills
Boghall
Polton
Lothianbridge
Peaston
Glencorse Resr.
Castlelaw Hill Fort
Easter Howgate
Seafield
Roslin
Rosslyn Chapel
Newtongrange
Pathhead
Humbie
Black Hill 1636
Threipmuir Reservoir
Loganlea Resr.
Rullion Green 1666
Milton Bridge
Auchendinny
Rosewell
National Mining
Hunterfield
Arniston
Newlandrig
Vogrie
Crichton
Fala Dam
Harperrig Resr.
Scald Law 1898
Silverburn
Penicuik
Carrington
Shank Bridge
Gorebridge
Fala
Cairns Castle
Bore Stane 1570
Eight Mile Burn
Penicuik House
Arniston
Borthwick
Tynehead
Edgelaw Resr.
North Middleton
Soutra Aisle
The Mount 1763
North Esk Resr.
Nine Mile Burn
Brunstane Castle
Ramsay's Monument
Howgate
Mount Lothian
Temple
Middleton
Fala Moor
Dere Street Roman Road
Baddinsgill Resr.
Carlops
Leadburn
Rosebery Reservoir
Gilston
Byrehope Mount 1752
White Craig
Torfichen Hill 1510
Heriot
West Water Resr.
West Linton
Lamancha
Cowdenburn
Gladhouse Resr.
Heriot Water
Gala Water
Mendick Hill 1481
Macbiehill
Whitmuir Organic Place
Waterheads
Earlyvale
Portmore Loch
Hirendean Castle
Collie Law 1254
Wether Law 1570
Dun Law 1691
Fountainhall
Romannobridge
Blackhope Scar 2137
Ladyside Height
Dolphinton
Black Mount 1692
Mountain Cross
Bordlands
Blyth Bank
Blyth
Blyth Bridge
Eddleston
Killochyett
Crailzie Hill 1562
Milkieston Rings
Lugate Water
Stow
Pack Bridge
Old Kirk & Bishop's House
Kirkurd
Whitethope Law 2038
Windlestraw Law 2163
White Meldon 1402
Dunslair Heights 1975
Glentress Forest
Broughton Heights 1874
Black Meldon 1334
Black Law 1764
Kaimrig End
Great Law 1666
Cross Kirk
Lyne
Tweeddale
Go Ape!
Peebles
Glentress
Priesthorpe Hill
Hallyne
William Law 1314
Skirling
Horsbrugh Ford
119
Knowes Hill 1222
Buckholm
Neidpath Castle
Kings Muir
John Buchan Story
Kailzie
Lee Pen 1648
St Ronan's Wells
Pirn Hill Fort
Trahenna Hill 1792
Cademuir Hill
Stobo
Kirkton Manor
Cardrona Forest
Innerleithen
Walkerburn
Clovenfords
Meigle Hill 1389
Dreva Wood
Stobo Castle
Preston Law
Wallace's Hill 1507
Robert Smail's Printing Works
Caddonfoot
Old Gala
Kilbucho Place
Broughton
Dawyck Botanic Garden
Whitelaw Hill 1563
Traquair House
Gullane Bay
Gullane
Eyebroughy
Aberlady Bay
Aberlady
Saltcoats Castle
Craigielaw
Myreton Motor
Gosford Bay
Ballencrieff
Spittal
Huntington
Haddington
Pencaitland
Soutra
Cross
Church
River Tweed
Union Canal
DANGER AREA 1618
Water of Leith

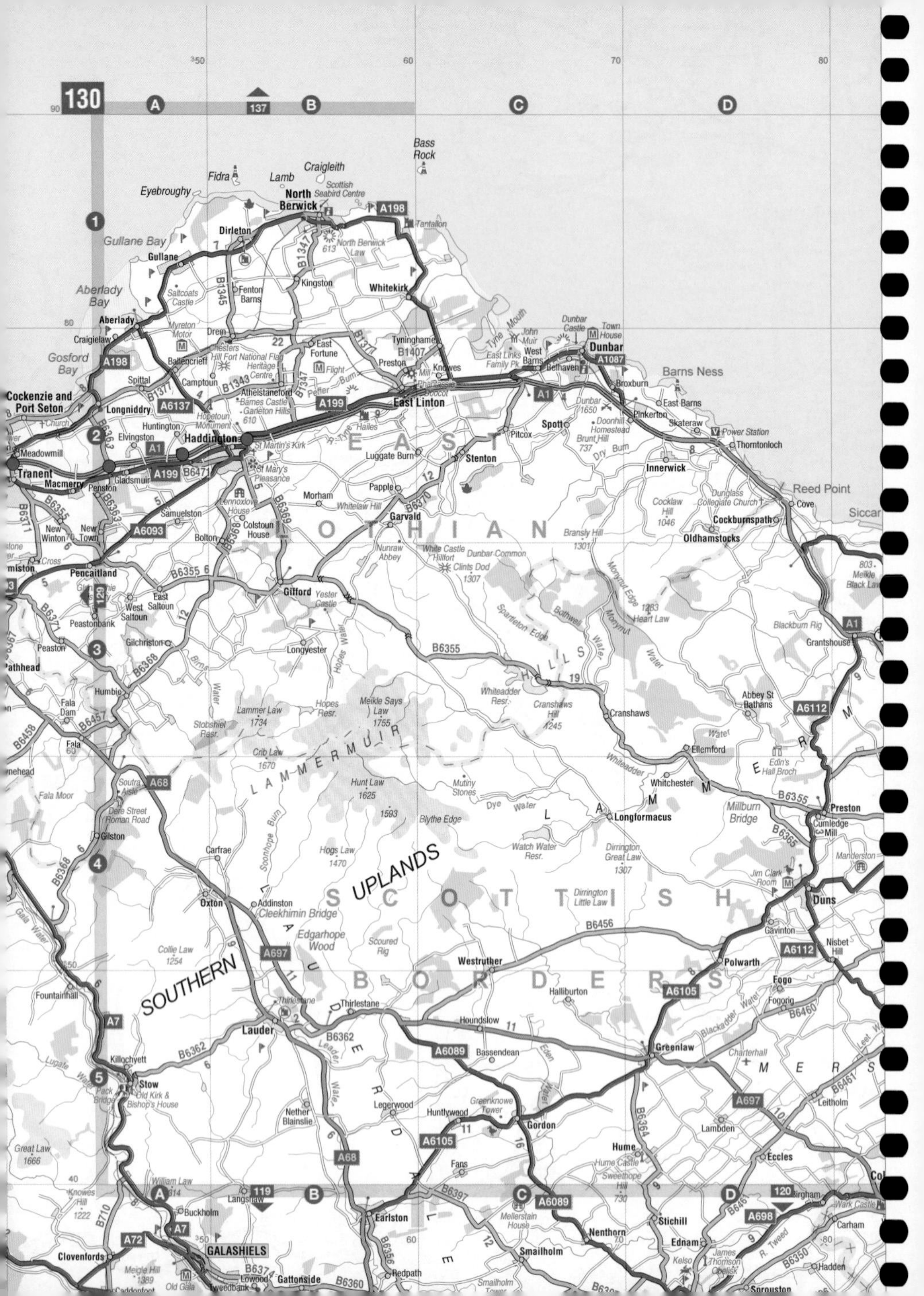

137
119
120
North Berwick
Dirleton
Gullane
Aberlady
Haddington
East Linton
Dunbar
Tranent
Cockenzie and Port Seton
Longniddry
Pencaitland
Gifford
Garvald
Stenton
Innerwick
Cockburnspath
Oldhamstocks
Cranshaws
Longformacus
Duns
Preston
Greenlaw
Gordon
Westruther
Lauder
Stow
Earlston
Galashiels
EAST LOTHIAN
LAMMERMUIR HILLS
SOUTHERN UPLANDS
SCOTTISH BORDERS
LAUDERDALE
MERSE
Bass Rock
Barns Ness
Reed Point
Gullane Bay
Aberlady Bay
Gosford Bay

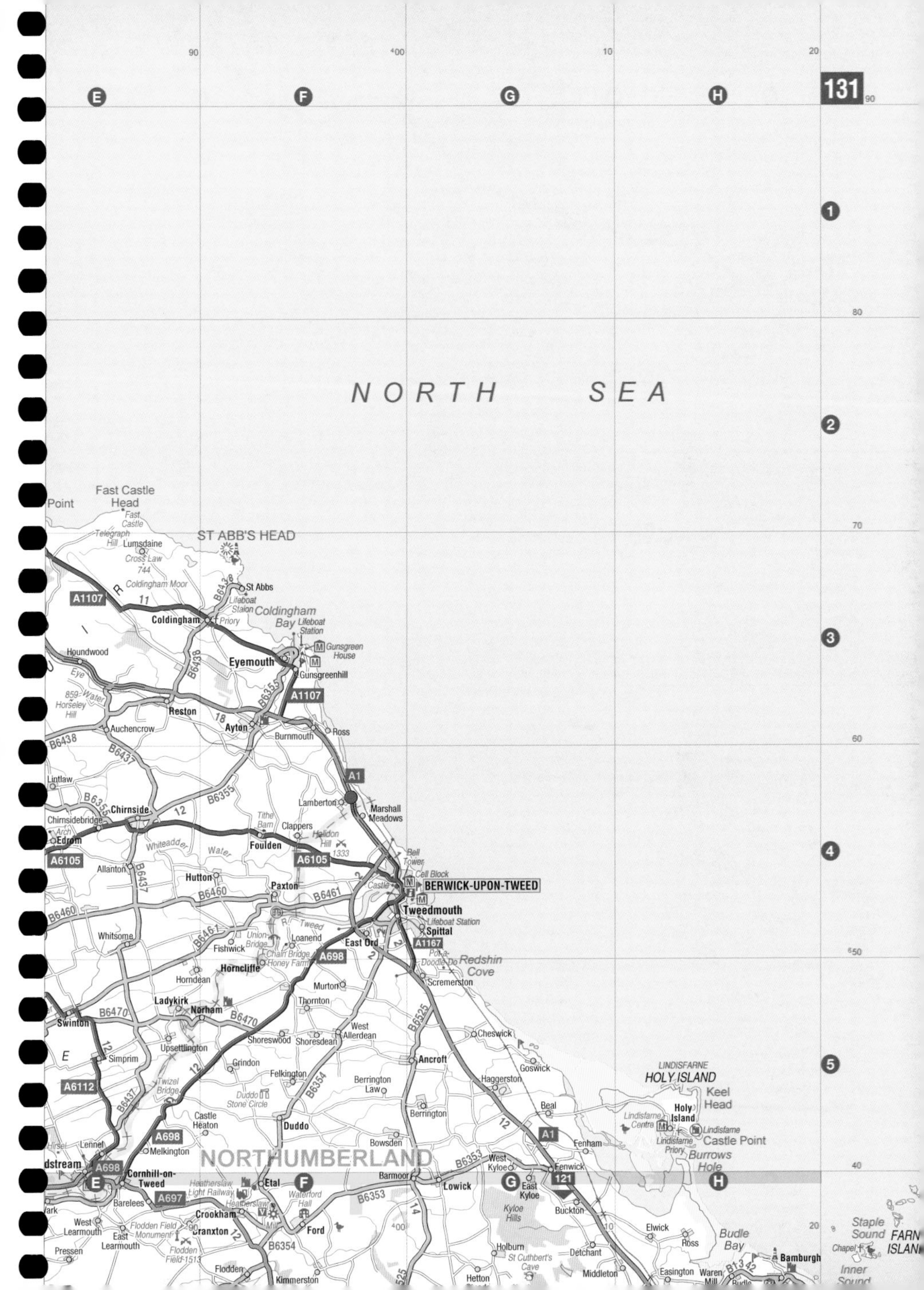
NORTH SEA
Fast Castle Head
Point
ST ABB'S HEAD
Lumsdaine
Cross Law
744
Coldingham Moor
St Abbs
A1107
Coldingham
Priory
Coldingham Bay
Lifeboat Station
Gunsgreen House
Houndwood
Eyemouth
Gunsgreenhill
Eye Water
859
Horseley Hill
Reston
Ayton
Burnmouth
Ross
Auchencrow
B6438
B6437
B6355
A1
Lintlaw
Chirnside
Chirnsidebridge
Edrom
Lamberton
Marshall Meadows
Tithe Barn
Clappers
Halidon Hill
1333
Whiteadder Water
Foulden
A6105
Allanton
Hutton
Paxton
B6460
B6461
Bell Tower
Cell Block
BERWICK-UPON-TWEED
Castle
Tweedmouth
Lifeboat Station
Spittal
A1167
Tweed
Union Bridge
Chain Bridge
Honey Farm
Loanend
East Ord
Whitsome
Fishwick
A698
Horncliffe
Horndean
Pot-a-Doodle Do
Redshin Cove
Scremerston
Murton
Thornton
Ladykirk
Norham
B6470
Swinton
West Allerdean
Shoreswood
Shoresdean
B6525
Cheswick
Goswick
Upsettlington
Simprim
Grindon
Ancroft
A6112
Felkington
B6354
Berrington Law
Haggerston
LINDISFARNE
HOLY ISLAND
Keel Head
Twizel Bridge
Duddo Stone Circle
Berrington
Beal
Holy Island
Lindisfarne Centre
Lindisfarne
Lindisfarne Priory
Castle Point
Castle Heaton
Duddo
Bowsden
Fenham
Burrows Hole
Hirsel
Lennel
Melkington
NORTHUMBERLAND
B6353
West Kyloe
Fenwick
Coldstream
Cornhill-on-Tweed
Heatherslaw Light Railway
Etal
Waterford Hall
Barmoor
Lowick
East Kyloe
A697
Barelees
Heatherslaw Mill
Crookham
Kyloe Hills
Buckton
Wark
West Learmouth
East Learmouth
Flodden Field Monument
Branxton
Ford
Elwick
Ross
Budle Bay
Staple Sound
FARNE ISLANDS
Chapel
Pressen
Flodden Field 1513
B6354
Holburn
St Cuthbert's Cave
Detchant
Bamburgh
Flodden
Kimmerston
Hetton
Middleton
Easington
Waren Mill
Inner Sound
121

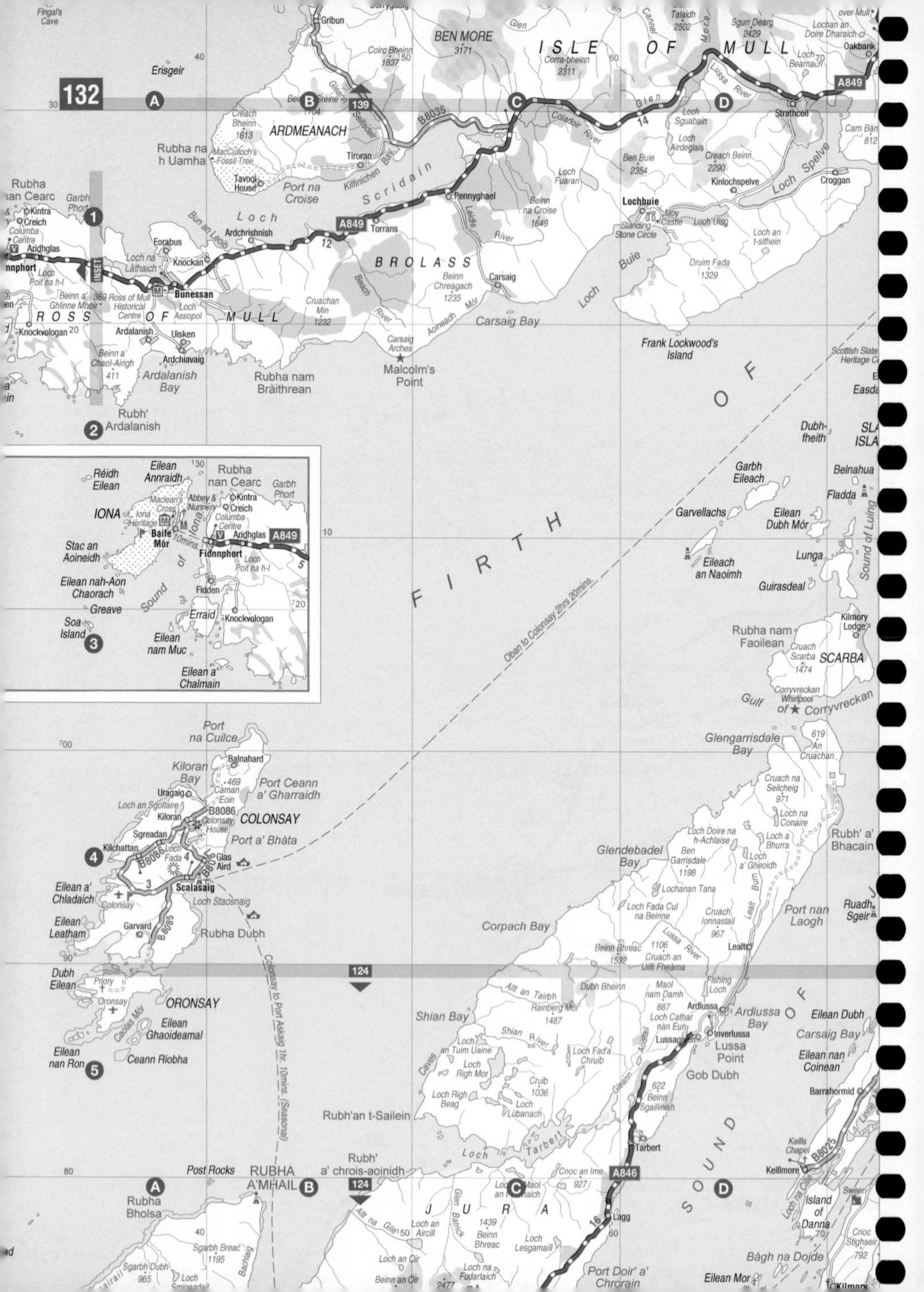

132
A
B
C
D
ISLE OF MULL
BEN MORE
3171
Gribun
Erisgeir
Fingal's Cave
Coirc Bheinn 1837
Corra-bheinn 2311
Talaidh 2502
Sgurr Dearg 2429
Lochan an Doire Dharaich
Oakbank
A849
139
ARDMEANACH
Creach Bheinn 1613
Rubha na h Uamha
MacCulloch's Fossil Tree
Tiroran
Tavool House
Port na Croise
Loch Scridain
Kilfinichen Bay
B8035
Coladoir River
Glen
Loch Sguabain
Loch Airdeglais
Lussa River
Strathcoil
Carn Bàn 812
Ben Buie 2354
Creach Beinn 2290
Loch Fuaran
Kinlochspelve
Loch Spelve
Croggan
Rubha nan Cearc
Garbh Phort
Kintra
Creich
Columba Centre
Aridhglas
Fionnphort
Loch Poit na h-I
INSET
Bunessan
Loch na Làthaich
Eorabus
Knockan
Ardchrishnish
Torrans
Pennyghael
Beinn na Croise 1649
Lochbuie
Standing Stone Circle
Moy Castle
Loch Uisg
Loch an t-sithein
BROLASS
Druim Fada 1329
Beinn a' Ghlinne Mhoir
Ross of Mull Historical Centre
ROSS OF MULL
Loch Assopol
Knockvologan
Ardalanish
Uisken
Ardchiavaig
Beinn a' Chaol-Airigh 411
Ardalanish Bay
Rubha nam Bràithrean
Cruachan Min 1232
Beinn Chreagach 1235
Carsaig
Carsaig Arches
Malcolm's Point
Carsaig Bay
Loch Buie
Frank Lockwood's Island
Scottish Slate Heritage C
Easda
Rubh' Ardalanish
FIRTH OF
Réidh Eilean
Eilean Annraidh
IONA
Maclean's Cross
Abbey & Nunnery
Iona Heritage
Baile Mór
10mins
Stac an Aoineidh
Eilean nah-Aon Chaorach
Greave
Sound of Iona
Fidden
Erraid
Soa Island
Eilean nam Muc
Eilean a' Chalmain
Oban to Colonsay 2hrs 20mins.
Dubh-fheith
Belnahua
Fladda
Garbh Eileach
Garvellachs
Eilean Dubh Mór
Eileach an Naoimh
Lunga
Sound of Luing
Guirasdeal
Kilmory Lodge
Rubha nam Faoilean
Cruach Scarba 1474
SCARBA
Corryvreckan Whirlpool
Gulf of Corryvreckan
Glengarrisdale Bay
619 An Cruachan
Port na Cuilce
Kiloran Bay
Balnahard
Port Ceann a' Gharraidh
Carnan Eoin
Uragaig
Loch an Sgoltaire
B8086
Kiloran
Colonsay House
COLONSAY
Port a' Bhàta
Sgreadan
Kilchattan
Loch Fada
Glas Aird
Scalasaig
Loch Staosnaig
Eilean a' Chladaich
Colonsay
Eilean Leatham
Garvard
B8085
Rubha Dubh
Cruach na Seilcheig 971
Loch na Conaire
Loch Doire na h-Achlaise
Loch a' Bhurra
Rubh' a' Bhacain
Glendebadel Bay
Ben Garrisdale 1198
Loch a' Gheoidh
Lochanan Tana
Loch Fada Cul na Beinne
Cruach Ionnastail 967
Lealt Burn
Port nan Laogh
Ruadh Sgeir
Corpach Bay
Lussa River
Beinn Bhreac 1532
Cruach an Uillt Fhearna
Lealt
124
Dubh Eilean
Priory
Oronsay
ORONSAY
Caolas Mór
Eilean Ghaoideamal
Eilean nan Ron
Ceann Riobha
Colonsay to Port Askaig 1hr. 10mins. (Seasonal)
Allt an Tairbh
Dubh Bheinn
Maol nam Damh 887
Fishing Loch
Rainberg Mór 1487
Loch Cathar nan Eun
Ardlussa
Ardlussa Bay
Eilean Dubh
Shian Bay
Shian River
Inverlussa
Lussagiven
Lussa Point
Carsaig Bay
Eilean nan Coinean
Loch an Tuim Uaine
Caves
Loch Righ Mor
Loch Fad'a Chruib
Gob Dubh
Cruib 1036
Loch Righ Beag
Loch Lùbanach
622 Beinn Sgaillinish
Gleann Aoistail
Barrahormid
Rubh'an t-Sailein
Loch Tarbert
Tarbert
Keills Chapel
B8025
Keillmore
SOUND OF
Post Rocks
RUBHA A'MHAIL
Rubh' a' chrois-aoinidh
Cnoc an Ime 927
A846
Loch Maol
JURA
Rubha Bholsa
Allt na Gille
Loch an Aircill
Glen Batrick
1439 Beinn Bhreac
Loch Lesgamaill
Lagg
Island of Danna
Loch na Cille
Sween
Cnoc Stighseir 792
Sgarbh Breac 1195
Bachlaig
Sgarbh Dubh 965
Loch an Oir
Beinn an Oir 2477
Loch na Fudarlaich
Port Doir' a' Chrorain
Bàgh na Dojde
Eilean Mor
Kilmory

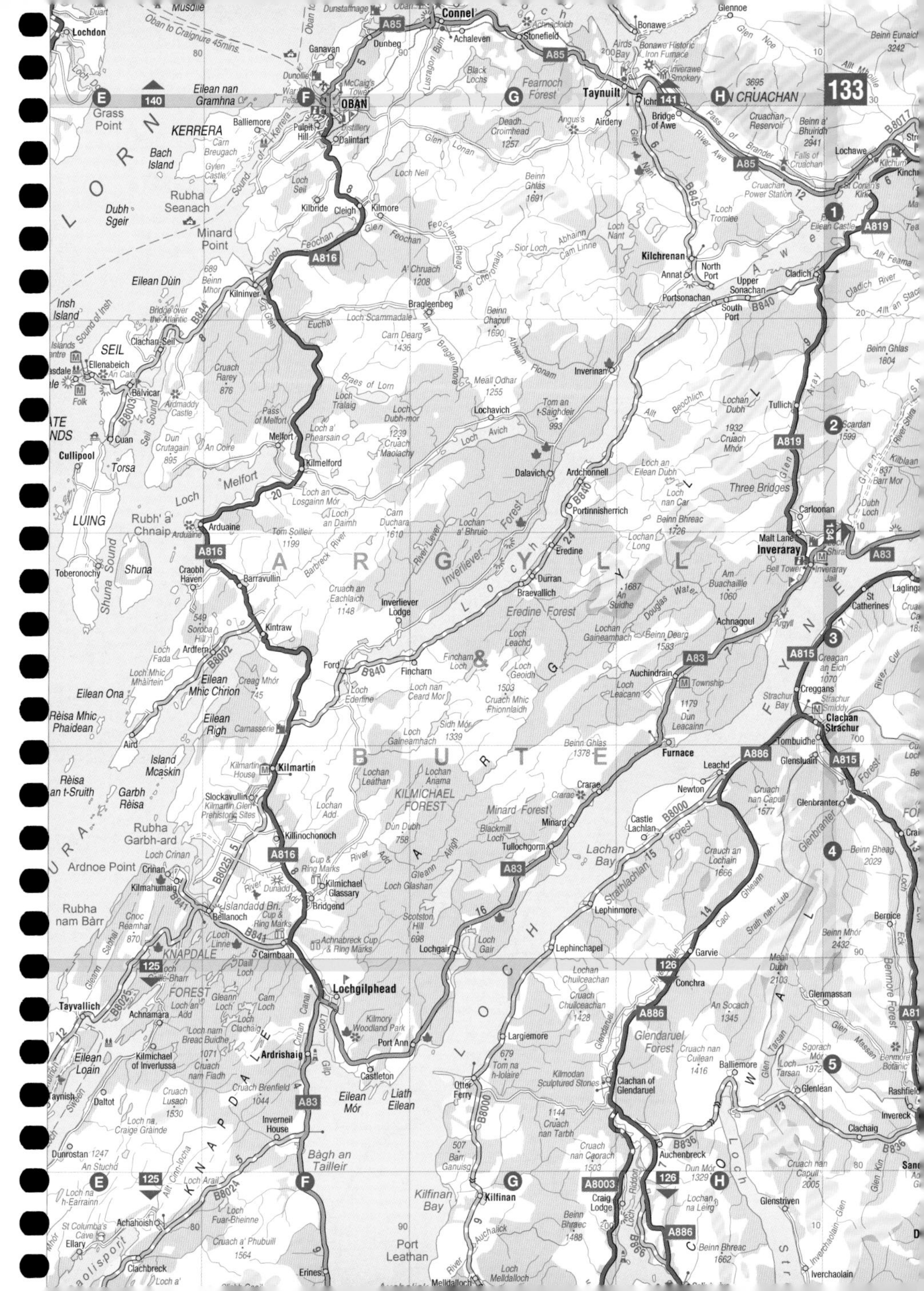

133
Lochdon
Oban to Craignure 45mins.
Dunstaffnage
Connel
Glennoe
Bonawe
Ganavan
Dunbeg
Achaleven
Stonefield
Airds Bay
Bonawe Historic Iron Furnace
Inverawe Smokery
Glen Noe
Beinn Eunaich 3242
Dunollie
McCaig's Tower
Lusragan Burn
Black Lochs
Fearnoch Forest
Taynuilt
Eilean nan Gramhna
OBAN
Grass Point
KERRERA
Balliemore
Pulpit Hill
Distillery
Dalintart
Deadh Choimhead 1257
Angus's
Airdeny
Bridge of Awe
CRUACHAN
Cruachan Reservoir
Beinn a' Bhuiridh 2941
Pass of Brander
Falls of Cruachan
Lochawe
Kilchurn
Bach Island
Carn Breugach
Gylen Castle
Sound of Kerrera
Glen Lonan
Loch Nell
Loch Seil
Beinn Ghlas 1691
River Awe
Cruachan Power Station
St Conan's Kirk
Rubha Seanach
Kilbride
Cleigh
Kilmore
Glen Feochan
Feochan Bheag
Loch Tromlee
Dubh Sgeir
Minard Point
Loch Feochan
Sior Loch
Abhainn Cam Linne
Loch Nant
Eilean Castle
Allt Feama
Kilchrenan
North Port
Annat
Cladich
Cladich River
A' Chruach 1208
Eilean Dùin
Beinn Mhor 689
Kilninver
Allt a' Chromaig
Portsonachan
Upper Sonachan
South Port
Insh Island
Sound of Insh
Bridge over the Atlantic
Bragleenbeg
Loch Scammadale
Euchar
Beinn Chapull 1690
Abhainn Fionain
SEIL
Clachan-Seil
Islands Centre
Ellenabeich
An Cala
Carn Dearg 1436
Allt Bragleenmore
Inverinan
Beinn Ghlas 1804
Cruach Rarey 876
Braes of Lorn
Meall Odhar 1255
Balvicar
Folk
Ardmaddy Castle
Loch Tralaig
Loch Dubh-mòr
Lochavich
Tom an t-Saighdeir 993
Allt Beochlich
Lochan Dubh
Tullich
Glen Aray
Scardan 1599
Pass of Melfort
Loch a' Phearsain
1239 Cruach Maolachy
Loch Avich
1932 Cruach Mhòr
Cuan
Sell Sound
Dun Crutagain 895
An Coire
Melfort
Cullipool
Torsa
Kilmelford
Dalavich
Ardchonnell
Loch an Eilean Dubh
Kilblaan
837 Barr Mor
Loch Melfort
Three Bridges
Loch an Losgainn Mòr
Loch nan Car
Dubh Loch
LUING
Rubh' a' Chnaip
Arduaine
Loch an Daimh
Carn Duchara 1610
River Liever
Lochan a' Bhruic
Forest
Portinnisherrich
Beinn Bhreac 1726
Carloonan
Tom Soilleir 1199
Barbreck River
Eredine
Lochan Long
Malt Lane
Inveraray
Loch Shira
Toberonochy
Shuna Sound
Shuna
Craobh Haven
Barravullin
A R G Y L L
Inverliever
Durran
Bell Tower
Inveraray Jail
Laglingarten
Cruach an Eachlaich 1148
Inverliever Lodge
Braevallich
1687 An Suidhe
Douglas Water
Am Buachaille 1060
St Catherines
549 Soroba Hill
Eredine Forest
Achnagoul
Argyll
Kintraw
Loch Leachd
Lochan Gaineamhach
Beinn Dearg 1583
Loch Fada
Ardfern
Fincham Loch
&
Loch Geoidh
Auchindrain
Township
Creagan an Eich 1070
Loch Mhic Mhàirtein
Eilean Mhic Chrion
Creag Mhòr 745
Ford
Fincharn
Loch Ederline
Loch nan Ceard Mor
1503 Cruach Mhic Fhionnlaidh
Loch Leacann
Creggans
Strachur Bay
Strachur Smiddy
Clachan Strachur
Eilean Ona
Rèisa Mhic Phaidean
Eilean Righ
Carnasserie
Loch Gaineamhach
Sidh Mòr 1339
1179 Dun Leacainn
Tombuidhe
River Cur
Aird
Beinn Ghlas 1378
B U T E
Furnace
Glensluain
Leachd
Island Mcaskin
Kilmartin House
Kilmartin
Lochan Leathan
Lochan Anama
Rèisa an t-Sruith
Garbh Rèisa
Slockavullin
Kilmartin Glen Prehistoric Sites
KILMICHAEL FOREST
Lochan Add
Crarae
Newton
Cruach nan Capull 1577
Glenbranter
Rubha Garbh-ard
Minard Forest
Minard
Castle Lachlan
Dùn Dubh 758
Blackmill Loch
Killinochonoch
Loch Crinan
Tullochgorm
Lachan Bay
Crauch an Lochain 1666
Beinn Bheag 2029
Ardnoe Point
Crinan
River Add
Cup & Ring Marks
Gleann Airigh
Strathlachlan
Kilmahumaig
Kilmichael Glassary
Loch Glashan
Bridgend
Islandadd Bri.
Dunadd
Bellanoch
Lephinmore
Caol Ghleann
Strath nan Lub
Rubha nam Bàrr
Cnoc Reamhar 870
Scotston Hill 698
Bernice
Loch Linne
KNAPDALE
Cairnbaan
Achnabreck Cup & Ring Marks
Lochgair
Loch Gair
Lephinchapel
Garvie
Beinn Mhòr 2432
Daill Loch
Lochan Chuilceachan
Meall Dubh 2103
Conchra
FOREST
Lochgilphead
Cruach Chuilceachan 1428
Glenmassan
Benmore Forest
Tayvallich
Achnamara
Loch an Add
Gleann Loch
Cam Loch
Kilmory Woodland Park
An Socach 1345
Loch Caol Bharr
Loch nam Breac Buidhe
Loch Clachaig
Glendaruel Forest
Ardrishaig
Port Ann
Largiemore
Cruach nan Cuilean 1416
Glen Massan
Sgorach Mòr 1972
Benmore Botanic
Eilean Loain
Kilmichael of Inverlussa
1071 Cruach nam Fiadh
679 Tom na h-Iolaire
Kilmodan Sculptured Stones
Clachan of Glendaruel
Balliemore
Glen Tarsan
Loch Tarsan
Taynish
Daltot
Cruach Lusach 1530
Cruach Brenfield 1044
Castleton
Eilean Mòr
Liath Eilean
Otter Ferry
Glenlean
Rashfield
Loch na Craige Gràinde
Inverneil House
1144 Cruach nan Tarbh
Invereck
Clachaig
Dunrostan 1247
An Stuchd
Bàgh an Tailleir
507 Barr Ganuisg
Cruach nan Caorach 1503
Auchenbreck
Dun Mòr 1329
Cruach nan Capull 2005
Sandbank
Loch na h-Earrainn
Loch Arail
Kilfinan Bay
Kilfinan
Craig Lodge
Lochan na Leirg
Glenstriven
Glen Kin
Achahoish
Loch Fuar-Bheinne
Beinn Bhreac 1488
Loch Striven
St Columba's Cave
Ellary
Cruach a' Phubuill 1564
Port Leathan
Auchalick
Beinn Bhreac 1662
Inverchaolain Glen
Clachbreck
Erines
Loch Melldalloch
Melldalloch
Ivercha olain
A85
A816
A819
A83
A815
A886
A8003
B8077
B844
B8003
B840
B8002
B8025
B841
B8024
B8000
B836
B845
140
141
134
125
126
E
F
G
H
1
2
3
4
5

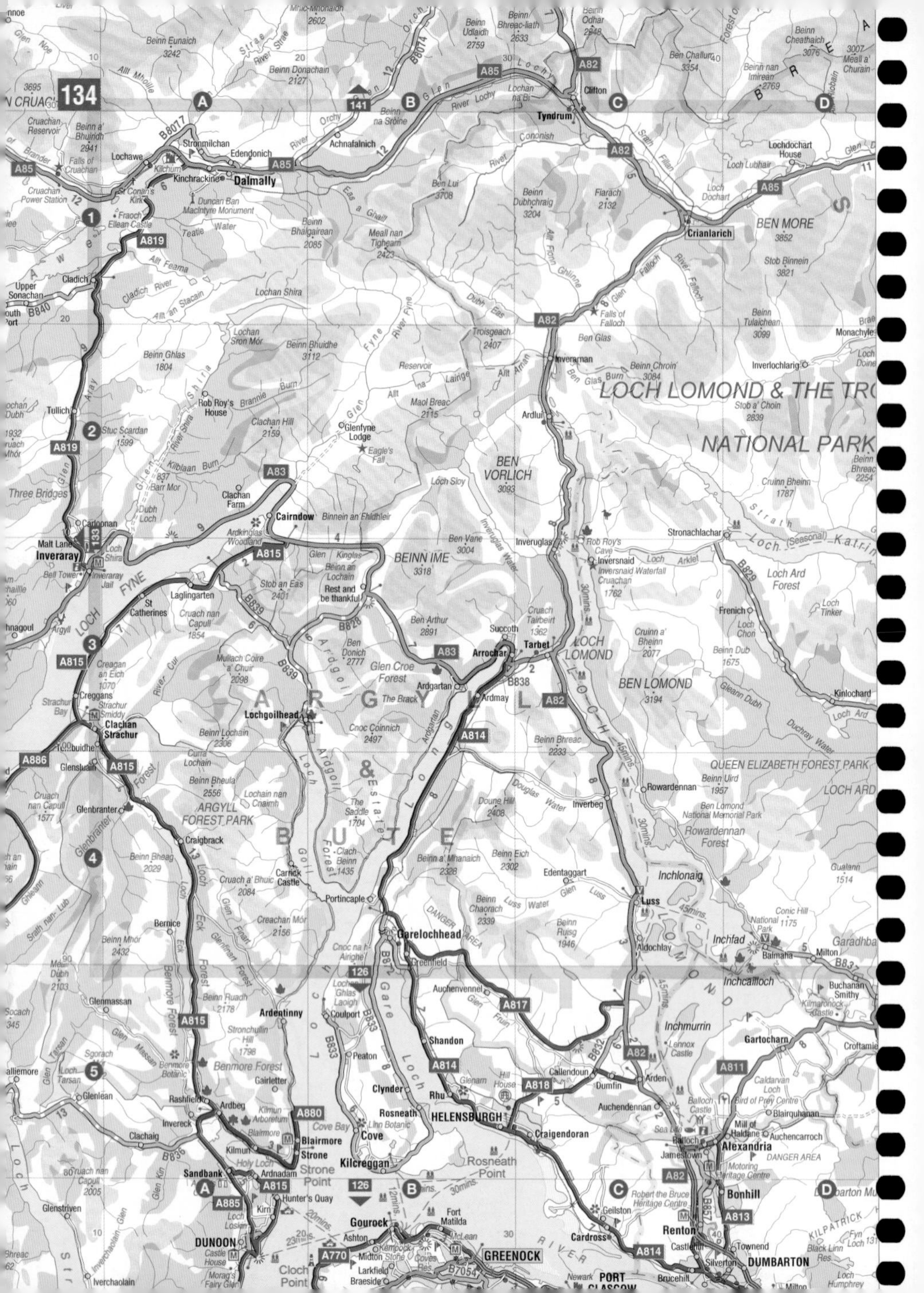

134
Beinn Eunaich
3242
Beinn Donachain
2127
Beinn Udlaidh
2759
Beinn Bhreac-liath
2633
Beinn Odhar
Ben Challum
3354
Beinn Cheathaich
3076
Meall a' Churain
Beinn nan Imirean
2769
A
B
C
D
141
A85
A82
B8074
B8077
Clifton
Tyndrum
Glen Lochy
River Lochy
Lochan na Bi
River Orchy
Beinn na Sròine
Achnafalnich
Cruachan Reservoir
Beinn a' Bhuiridh
2941
Stronmilchan
Edendonich
Lochawe
Falls of Cruachan
Kilchurn
Kinchrackine
Dalmally
Cruachan Power Station
St Conan's Kirk
Duncan Ban MacIntyre Monument
Fraoch Eilean Castle
Teatle Water
Eas a Ghaill
Ben Lui
3708
River Cononish
Beinn Dubhchraig
3204
Fiarach
2132
Strath Fillan
Lochdochart House
Loch Lubhair
Loch Dochart
Crianlarich
BEN MORE
3852
Stob Binnein
3821
Beinn Bhalgairean
2085
Meall nan Tighearn
2423
A819
Allt Fearna
Cladich
Cladich River
Upper Sonachan
B840
Lochan Shira
Allt an Stacain
Allt Fionn Ghlinne
Glen Falloch
River Falloch
Dubh Eas
Falls of Falloch
Beinn Tulaichean
3099
Monachyle
Troisgeach
2407
Ben Glas
Inverarnan
Ben Glas Burn
Beinn Chroin
3084
Inverlochlarig
Lochan Sron Mór
Beinn Bhuidhe
3112
Beinn Ghlas
1804
Reservoir
Allt na Lairige
Allt Arnan
River Fyne
Glen Fyne
Rob Roy's House
Brannie Burn
Maol Breac
2115
Ardlui
LOCH LOMOND & THE TR
NATIONAL PARK
Stob a' Choin
2839
Tullich
Stuc Scardan
1599
Clachan Hill
2159
Glenfyne Lodge
Eagle's Fall
River Shira
Kilblaan Burn
Barr Mor
BEN VORLICH
3093
Loch Sloy
Three Bridges
A83
Clachan Farm
Dubh Loch
Cairndow
Binnein an Fhidhleir
Cruinn Bheinn
1787
Carloonan
Malt Lane
Inveraray
133
Loch Shira
Ardkinglas Woodland
A815
Glen Kinglas
Ben Vane
3004
BEINN IME
3318
Inveruglas Water
Inveruglas
Rob Roy's Cave
Inversnaid
Inversnaid Waterfall
Loch Arklet
Stronachlachar
Loch Katrine (Seasonal)
B829
Loch Ard Forest
Bell Tower
Inveraray Jail
Loch Fyne
St Catherines
Laglingarten
Stob an Eas
2401
Beinn an Lochain
Rest and be thankful
Cruach nan Capull
1854
B839
B828
Ben Arthur
2891
Cruach Tairbeirt
1362
Cruachan
1762
Frenich
Loch Chon
Loch Tinker
Argyll
Ben Donich
2777
Succoth
Arrochar
Tarbet
LOCH LOMOND
Cruinn a' Bheinn
2077
Beinn Dub
1675
Mullach Coire a' Chuir
2098
River Cur
Glen Croe Forest
Ardgartan
B838
Ardmay
BEN LOMOND
3194
Kinlochard
Creagan an Eich
1070
Creggans
Strachur Bay
Strachur Smiddy
Clachan Strachur
Lochgoilhead
The Brack
Cnoc Coinnich
2497
A814
Gleann Dubh
Duchray Water
Loch Ard
A886
Glenshellish
Beinn Lochain
2306
Curra Lochain
Beinn Bheula
2556
Lochain nan Cnaimh
Loch Goil
Ardgoil Estate
Beinn Bhreac
2233
QUEEN ELIZABETH FOREST PARK
Rowardennan
Beinn Uird
1957
LOCH ARD
Cruach nan Capull
1577
Glenbranter
ARGYLL FOREST PARK
The Saddle
1704
Doune Hill
2408
Douglas Water
Inverbeg
Ben Lomond National Memorial Park
Rowardennan Forest
ARGYLL & BUTE
Craigbrack
Beinn Bheag
2029
Clach Beinn
1435
Beinn a' Mhanaich
2328
Beinn Eich
2302
Edentaggart
Glen Luss
Inchlonaig
Gualann
1514
Carrick Castle
Cruach a' Bhuic
2084
Portincaple
Beinn Chaorach
2339
Luss Water
DANGER AREA
Luss
Conic Hill
1175
National Park
Bernice
Loch Eck
Glen Finart
Creachan Mór
2156
Garelochhead
Beinn Ruisg
1946
Inchfad
Balmaha
Milton
B837
Beinn Mhór
2432
Glenfinart Forest
Cnoc na h-Airighe
B872
Greenfield
Aldochlay
Inchcailloch
Buchanan Smithy
Meall Dubh
2103
126
Lochan Ghlas Laoigh
Gare Loch
Auchenvennel
Glen Fruin
A817
Kilmaronock Castle
Glenmassan
Beinn Ruadh
2178
Ardentinny
Coulport
B833
Inchmurrin
A815
Stronchullin Hill
1798
Shandon
Lennox Castle
Gartocharn
Croftamie
Glen Massan
Benmore Forest
Sgorach
Loch Tarsan
Benmore Botanic
Peaton
Loch Long
A814
B832
A82
Callendoun
Arden
A811
Glenlean
Gairletter
Clynder
Glenarn
Hill House
Rhu
A818
Dumfin
Caldarvan Loch
Bird of Prey Centre
Rashfield
Ardbeg
A880
Rosneath
Linn Botanic
HELENSBURGH
Auchendennan
Balloch Castle
Blairquhanan
Inverchapel
Kilmun Arboretum
Blairmore
Cove Bay
Cove
Craigendoran
Sea Life
Mill of Haldane
Auchencarroch
Clachaig
B836
Kilmun
Holy Loch
Strone
Kilcreggan
Rosneath Point
Balloch
Alexandria
Jamestown
DANGER AREA
Cruach nan Capull
2005
Sandbank
Ardnadam
Strone Point
Motoring Heritage Centre
A
A815
B
C
D
Robert the Bruce Heritage Centre
Bonhill
Glenstriven
A885
Hunter's Quay
126
Kirn
Fort Matilda
Geilston
B857
A813
Dumbarton Muir
Loch Loskin
Gourock
Cardross
Renton
KILPATRICK
Fyn Loch
DUNOON
Castle House
Ashton
A770
McLean
GREENOCK
A814
Castlehill
Townend
Black Linn Res.
Cloch Point
Midton
Kempock Stone
Larkfield
B7054
RIVER CLYDE
Silverton
DUMBARTON
Morag's Fairy Glen
Braeside
Newark
PORT GLASGOW
Brucehill
Milton
Loch Humphrey
Inverchaolain
Iverchaolain
Loch Striven

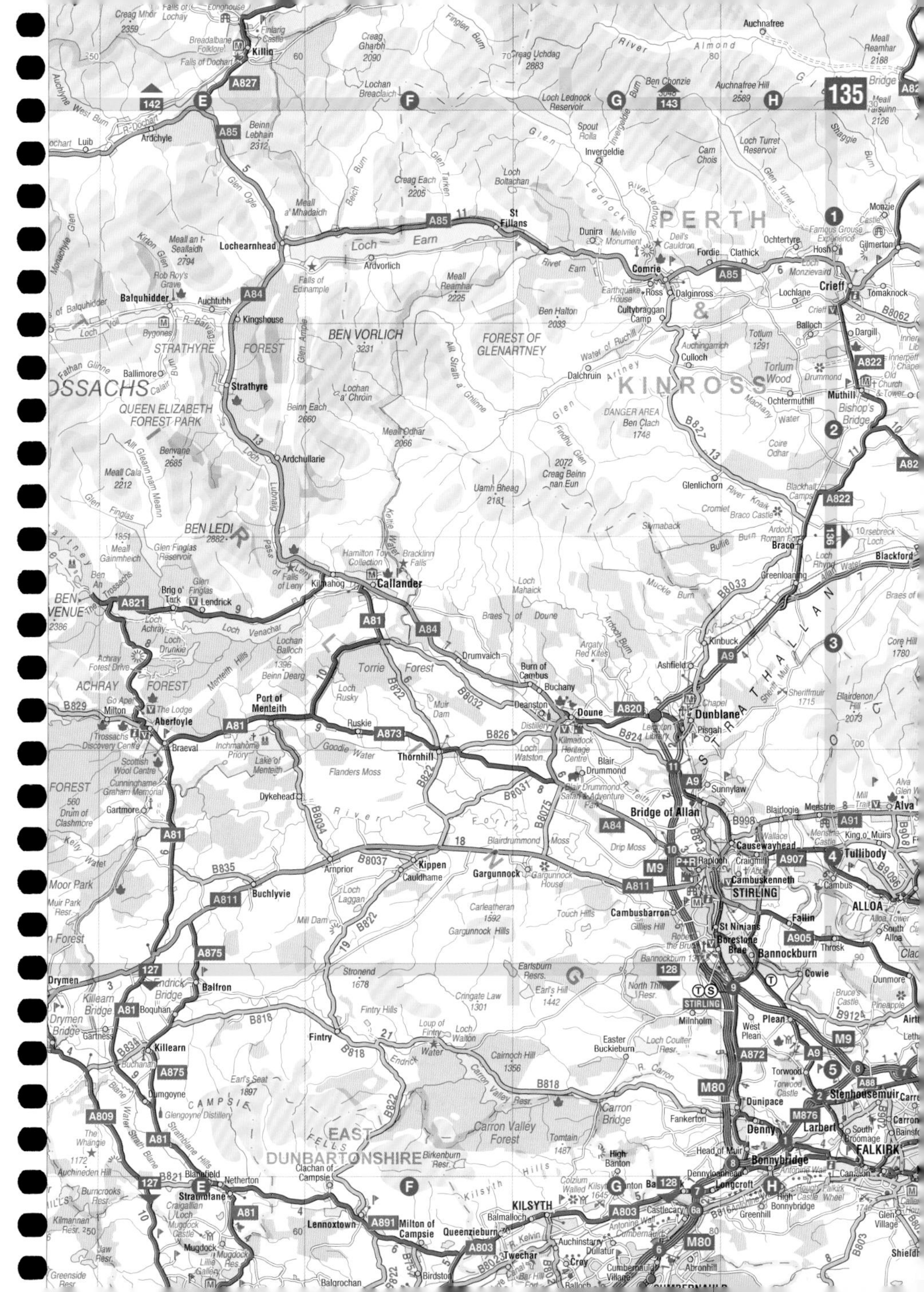

135
142
143
127
128
136
E
F
G
H
Killin
Breadalbane Folklore
Falls of Dochart
Finlarig Castle
Creag Mhor 2359
Creag Gharbh 2090
Creag Uchdag 2883
Lochan Breaclaich
Loch Lednock Reservoir
Ben Chonzie 3048
Auchnafree Hill 2589
Auchnafree
River Almond
Meall Reamhar 2188
Meall Dubh 2126
A827
A85
Luib
Ardchyle
R. Dochart
Auchlyne West Burn
Beinn Lebhain 2312
Glen Ogle
Spout Rolla
Invergeldie
Glen Lednock
Carn Chois
Loch Turret Reservoir
Glen Turret
Creag Each 2205
Glen Tarken
Beich Burn
Loch Boltachan
Meall a' Mhadaidh
St Fillans
Loch Earn
Lochearnhead
Ardvorlich
Falls of Edinample
Meall an t-Seallaidh 2794
Rob Roy's Grave
Kirkton Glen
Monachyle Glen
Balquhidder
Auchtubh
A84
Kingshouse
Loch Voil
Bygones
STRATHYRE
FOREST
Strathyre
BEN VORLICH 3231
Glen Ample
Meall Reamhar 2225
Dunira
Melville Monument
Deil's Cauldron
River Lednock
PERTH
&
KINROSS
Comrie
River Earn
Earthquake House
Ross
Dalginross
Cultybraggan Camp
Ben Halton 2033
FOREST OF GLENARTNEY
Water of Ruchill
Dalchruin
Glen Artney
Fordie
Clathick
Ochtertyre
Famous Grouse Experience
Hosh
Monzie
Monzie Castle
Gilmerton
Loch Monzievaird
Crieff
Lochlane
Tomaknock
B8062
Balloch
Dargill
Auchingarrich
Culloch
Totlum 1291
Torlum Wood
Drummond
A822
Innerpeffray Chapel
Muthill
Ochtermuthill
Bishop's Bridge
Machany Water
Coire Odhar
DANGER AREA
Ben Clach 1748
B827
Glenlichorn
River Knaik
Findhu Glen
2072 Creag Beinn nan Eun
Uamh Bheag 2181
Blackhall Camps
Cromlet
Braco Castle
Slymaback
Ardoch Roman Fort
Braco
Bullie Burn
Loch Rhynd
Blackford
Allan Water
Greenloaning
B8033
Muckle Burn
STRATHALLAN
TROSSACHS
Ballimore
Calair Burn
Fathan Glinne
QUEEN ELIZABETH FOREST PARK
Lochan a' Chròin
Beinn Each 2660
Meall Odhar 2066
Allt Strath a' Ghlinne
Benvane 2685
Allt Gleann nam Meann
Meall Cala 2212
Glen Finglas
Ardchullarie
Loch Lubnaig
BEN LEDI 2882
Pass of Leny
Falls of Leny
Leny
Meall Gainmheich 1851
Glen Finglas Reservoir
Hamilton Toy Collection
Bracklinn Falls
Keltie Water
Callander
Kilmahog
Loch Mahaick
Braes of Doune
Ardoch Burn
Kinbuck
Ashfield
A9
Core Hill 1780
Ben A'an
The Trossachs
BEN VENUE 2386
A821
Brig o' Turk
Lendrick
Loch Achray
Loch Venachar
Loch Drunkie
Achray Forest Drive
Menteith Hills
Lochan Balloch 1396
Beinn Dearg
A81
Torrie Forest
Drumvaich
Argaty Red Kites
Burn of Cambus
Buchany
Sheriffmuir 1715
Blairdenon Hill 2073
ACHRAY FOREST
Go Ape
The Lodge
Milton
B829
Aberfoyle
Trossachs Discovery Centre
Braeval
Port of Menteith
Loch Rusky
B822
Ruskie
A873
B8032
Deanston
Doune
Distillery
A820
Dunblane
Leighton Library
Chapel
Pisgah
Scottish Wool Centre
Cunninghame Graham Memorial
Inchmahome Priory
Lake of Menteith
Goodie Water
Flanders Moss
Thornhill
B826
Loch Watston
Kilmadock Heritage Centre
Blair Drummond
Blair Drummond Safari & Adventure Park
Sunnylaw
FOREST
Drum of Clashmore 560
Gartmore
Dykehead
B8034
River Forth
B8031
B8075
A84
Bridge of Allan
Blairlogie
Menstrie
Mill Trail
Alva
A91
B998
Wallace Monument
Menstrie Castle
King o' Muirs
Kelty Water
Moor Park
Muir Park Resr.
B835
Arnprior
B8037
Kippen
Cauldhame
Gargunnock
Gargunnock House
Blairdrummond Moss
Drip Moss
Causewayhead
Craigmill
Cambuskenneth Abbey
A907
Tullibody
Cambus
B9096
M9
P+R
Raploch
STIRLING
A811
Buchlyvie
Loch Laggan
Mill Dam
Carleatheran 1592
Gargunnock Hills
Touch Hills
Cambusbarron
Gillies Hill
St Ninians
Borestone Brae
Robert the Bruce
Bannockburn
Fallin
A905
ALLOA
Alloa Tower
South Alloa
Throsk
A875
Stronend 1678
Earlsburn Resrs.
North Third Resr.
Bannockburn 1314
Cowie
Dunmore
Drymen
Endrick Bridge
Balfron
Killearn
Boquhan
Drymen Bridge
Gartness
B818
Fintry Hills
Cringate Law 1301
Earl's Hill 1442
Milnholm
Bruce's Castle
Pineapple
B9124
Plean
West Plean
Fintry
Loup of Fintry
Endrick Water
Loch Walton
Cairnoch Hill 1356
Easter Buckieburn
Loch Coulter Resr.
R. Carron
A872
B834
Buchanan
Earl's Seat 1897
Dumgoyne
Glengoyne Distillery
CAMPSIE FELLS
Carron Valley Resr.
Carron Bridge
M80
Torwood
Torwood Castle
Dunipace
Fankerton
Stenhousemuir
A88
M876
Denny
Larbert
South Broomage
FALKIRK
A809
The Whangie 1172
Auchineden Hill
Blane Water
Strath Blane
Strathblane Hills
EAST DUNBARTONSHIRE
Carron Valley Forest
Tomtain 1487
Birkenburn Resr.
High Banton
Head of Muir
Bonnybridge
Antonine Wall
Falkirk Wheel
High Bonnybridge
Dennyloanhead
Longcroft
Camelon
B821
Blanefield
Netherton
Strathblane
Craigallian Loch
Burncrooks Resr.
Kilmannan Resr.
Clachan of Campsie
Kilsyth Hills
Colzium Walled Garden
Kilsyth 1645
Banton
A803
Castlecary
Greenhill
KILSYTH
Lennoxtown
A891
Milton of Campsie
Queenzieburn
Balmalloch
R. Kelvin
Auchinstarry
Dullatur
Cumbernauld
Mugdock Castle
Mugdock
Mugdock Res.
Lillie Art Gallery
Jaw Resr.
Greenside Resr.
Twechar
Croy
Abronhill
Cumbernauld Village
Birdston
Balgrochan
B8023
B816
Glen Village
Shieldhill
B803

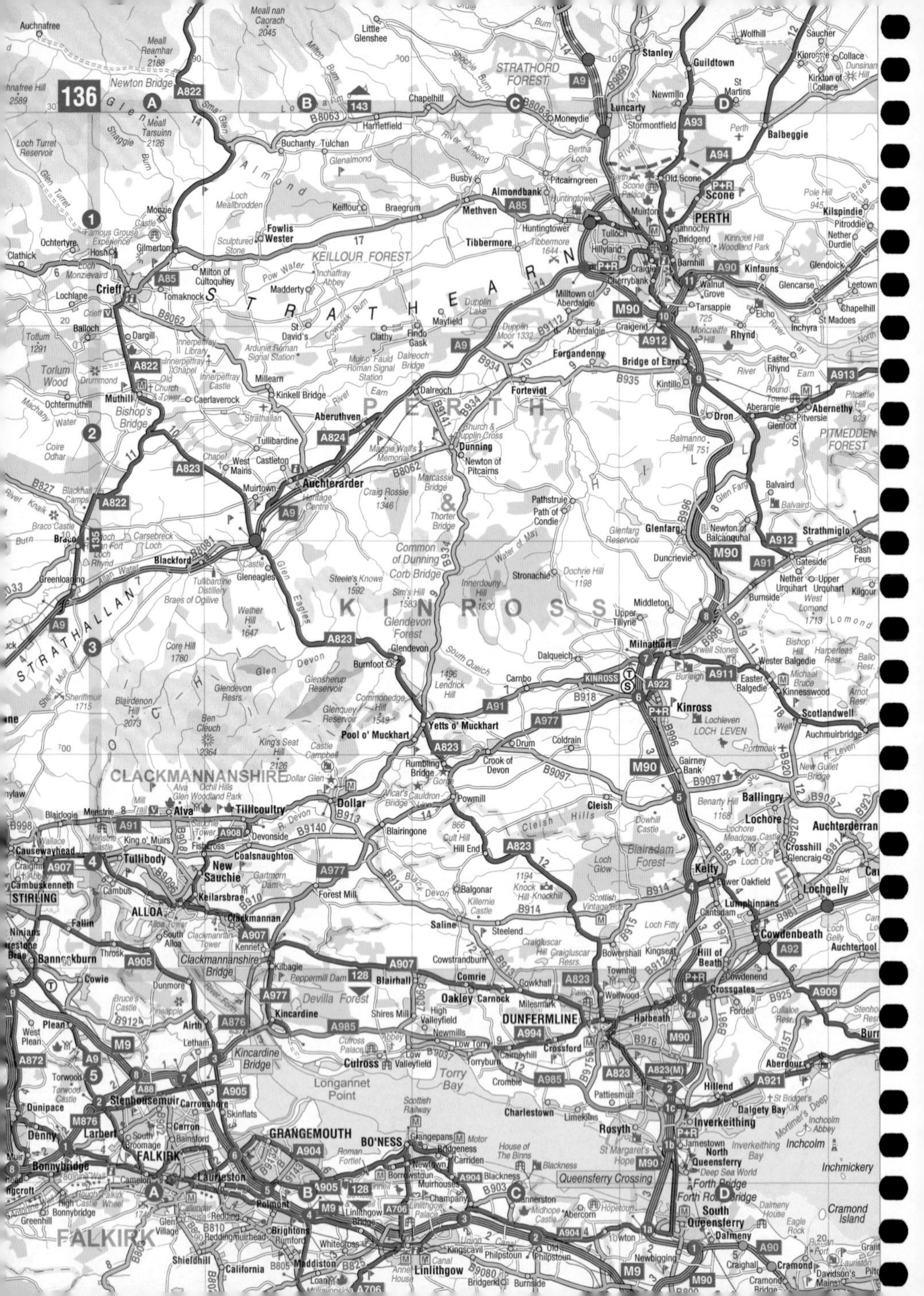
136
Auchnafree
Meall nan Caorach 2045
Little Glenshee
Meall Reamhar 2188
Newton Bridge
A822
Glen Shaggie
Meall Tarsuinn 2126
Loch Turret Reservoir
Glen Turret
143
Chapelhill
Harrietfield
B8063
Buchanty
Tulchan
Glenalmond
River Almond
Moneydie
Luncarty
Stanley
Guildtown
Wolfhill
Saucher
Kinrossie
Collace
Dunsinnan Hill
Kirkton of Collace
St Martins
Newmiln
Stormontfield
A93
Balbeggie
STRATHORD FOREST
A9
B9099
B8063
Bertha Loch
Pitcairngreen
Busby
Almondbank
Huntingtower
Scone Palace
Old Scone
P+R
Scone
A94
Perth
Pole Hill 945
Kilspindie
Pitroddie
Nether Durdie
Loch Meallbrodden
Monzie
Castle
Famous Grouse Experience
Ochtertyre
Hosh
Gilmerton
Fowlis Wester
Sculptured Stone
Keillour
Braegrum
Methven
A85
Tibbermore
Tibbermore 1644
Huntingtower
Tulloch
Hillyland
Muirton
Gannochy
PERTH
Bridgend
Kinnoull Hill Woodland Park
Barnhill
Craigie
Cherrybank
A90
Kinfauns
Glendoick
Glencarse
Leetown
Clathick
Loch Monzievaird
Crieff
Milton of Cultoquhey
KEILLOUR FOREST
Pow Water
Inchaffray Abbey
Madderty
STRATHEARN
Lochlane
Tomaknock
A85
B8062
Cowgask Burn
Mayfield
Dupplin Lake
Milltown of Aberdalgie
Aberdalgie
M90
Walnut Grove
Tarsappie
Elcho
Chapelhill
St Madoes
Inchyra
Balloch
Dargill
Innerpeffray Library
St David's
Clathy
Findo Gask
Dupplin Moor 1332
Craigend
Moncreiffe Hill
Rhynd
River Tay
Totum 1291
Ardunie Roman Signal Station
Muir o' Fauld Roman Signal Station
Dalreoch Bridge
A9
B9112
A912
Bridge of Earn
Easter Rhynd
Torlum Wood
A822
Drummond
Innerpeffray Chapel
Innerpeffray Castle
Millearn
B934
Forgandenny
B935
Kintillo
River Earn
A913
Ochtermuthill
Muthill
Church & Tower
Caerlaverock
Kinkell Bridge
River Earn
Dalreoch
Forteviot
Round Tower
Pitcaithie Hill
Machany Water
Bishop's Bridge
Aberuthven
PERTH
Dron
Aberargie
Abernethy
Glenfoot
Pitversie
923
Coire Odhar
Strathallan
Tullibardine
A824
B9141
B934
Church & Dupplin Cross
Maggie Wall's Memorial
Dunning
Newton of Pitcairns
Balmanno Hill 751
PITMEDDEN FOREST
Chapel
West Mains
Castleton
A823
B8062
Auchterarder
Marcassie Bridge
Craig Rossie 1346
B827
Blackhall Camps
Muirtown
Heritage Centre
A822
River Knaik
Braco Castle
A9
&
Pathstruie
Path of Condie
Glen Farg
Balvaird
Braco
135
Carsebreck Loch
Thorter Bridge
Glenfarg Reservoir
Glenfarg
Newton of Balcanquhal
A912
Strathmiglo
Blackford
B8081
Common of Dunning
Corb Bridge
Water of May
Duncrievie
M90
Gateside
Cash Feus
Greenloaning
Allan Water
Castle
Gleneagles
Tullibardine Distillery
Braes of Ogilvie
Glen Eagles
Steele's Knowe 1592
Sim's Hill 1583
B934
Stronachie
Dochrie Hill 1198
A91
Nether Urquhart
Upper Urquhart
Kilgour
Burnside
Innerdouny Hill 1630
KINROSS
Middleton
West Lomond 1713
Lomond
Wether Hill 1647
Glendevon Forest
Upper Tillyrie
B996
B919
STRATHALLAN
A823
Glendevon
Core Hill 1780
Milnathort
Orwell Stones
Bishop Hill
Harperleas Resr.
Ballo Resr.
Dalqueich
Glen Devon
Burnfoot
South Queich
1496 Lendrick Hill
Carnbo
KINROSS
A922
A911
Wester Balgedie
Easter Balgedie
Michael Bruce
Kinnesswood
Sheriffmuir 1715
Blairdenon Hill 2073
Glendevon Resrs.
Glensherup Reservoir
Commonedge Hill
B918
Burleigh
Kinross
Lochleven
LOCH LEVEN
Arnot Resr.
Scotlandwell
Glenquey Reservoir
1549
Yetts o' Muckhart
Pool o' Muckhart
A91
A977
Ben Cleuch 2364
King's Seat Hill 2126
Castle Campbell
A823
Drum
Coldrain
Portmoak
Auchmuirbridge
River Leven
M90
B996
CLACKMANNANSHIRE
Dollar Glen
Rumbling Bridge
Crook of Devon
B9097
Gairney Bank
B9097
New Gullet Bridge
B920
Ochil Hills
Alva Glen Woodland Park
Gorge
Cauldron Linn
Powmill
Cleish
Benarty Hill 1168
Ballingry
Blairlogie
Menstrie
Trail
Alva
Tillicoultry
Dollar
Vicar's Bridge
Cleish Hills
Lochore
Lochore Meadows
Castle
Auchterderran
B998
A91
Sauchie Tower
A908
Devonside
R. Devon
B9140
B913
Blairingone
Dowhill Castle
Crosshill
Glencraig
Wallace Monument
Menstrie Castle
King o' Muirs
Fishcross
866 Cult Hill
Hill End
A823
Blairadam Forest
Loch Ore
Causewayhead
A907
Tullibody
New Sauchie
Coalsnaughton
A977
B913
Black Devon
Loch Glow
Kelty
Cambuskenneth
Cambus
Gartmorn Dam
Forest Mill
Balgonar
Killernie Castle
1194 Knock Hill
Knockhill
Scottish Vintage Bus
B914
Lower Oakfield
Lochgelly
STIRLING
ALLOA
Keilarsbrae
B910
Clackmannan
Alloa Tower
Clackmannan Tower
South Alloa
Kennet
A907
Saline
Steelend
B914
Loch Fitty
Lumphinnans
Cowdenbeath
Auchtertool
A92
Fallin
Ninians
Bannockburn
Throsk
A905
Clackmannanshire Bridge
River Forth
Kilbagie
Craigluscar Hill
Craigluscar Resrs.
Cowstrandburn
Bowershall
Kingseat
Hill of Beath
Cowdenend
Cowie
Dunmore
Peppermill Dam
128
A907
Blairhall
Comrie
Gowkhall
A823
Townhill
P+R
Crossgates
A909
A977
Devilla Forest
Oakley
Carnock
Milesmark
Wellwood
B925
Fordell
Cullaloe Resr.
Bruce's Castle
Pineapple
Airth
Kincardine
Shires Mill
High Valleyfield
DUNFERMLINE
Halbeath
Plean
West Plean
B9124
A876
A985
Newmills
A994
M90
M9
Letham
Kincardine Bridge
Culross Palace
Abbey
Low Torry
Crossford
B916
Aberdour
A872
A9
Culross
Low Valleyfield
B9037
Torryburn
Cairneyhill
Torry Bay
Crombie
A985
A823
A823(M)
Hillend
A921
Torwood
Torwood Castle
A88
A905
Longannet Point
Pattiesmuir
St Bridget's Kirk
Dunipace
Stenhousemuir
Carronshore
Skinflats
Scottish Railway
Charlestown
Limekilns
Dalgety Bay
Mortimer's Deep
Inchcolm Abbey
Denny
M876
Larbert
Carron
Bainsford
South Broomage
GRANGEMOUTH
BO'NESS
Grangepans
Bridgeness
Motor
Rosyth
Inverkeithing
Inchcolm
Bonnybridge
FALKIRK
A904
Roman Fortlet
Newtown
Carriden
House of The Binns
Blackness
St Margaret's Hope
Jamestown
Inverkeithing Bay
Inchmickery
Laurieston
Camelon
Borrowstoun
A904
Blackness
Queensferry Crossing
North Queensferry
Deep Sea World
Forth Bridge
Forth Road Bridge
Polmont
A905
128
Muirhouses
Champany
Linlithgow Bridge
A706
Linlithgow Palace
Hopetoun
Midhope Castle
Abercorn
South Queensferry
Dalmeny House
Cramond Island
Eagle Rock
Greenhill
High Bonnybridge
Callendar House
Redding
Glen Village
B810
Reddingmuirhead
Brightons
Rumford
Whitecross
Union Canal
Kingscavil
Philpstoun
Old Philpstoun
A904
Newton
Dalmeny
Newbigging
FALKIRK
Shieldhill
California
B805
Maddiston
Linlithgow
B9080
Bridgend
Burnside
M9
M90
Craighall
Cramond
Cramond Bridge
Davidson's Mains
A90

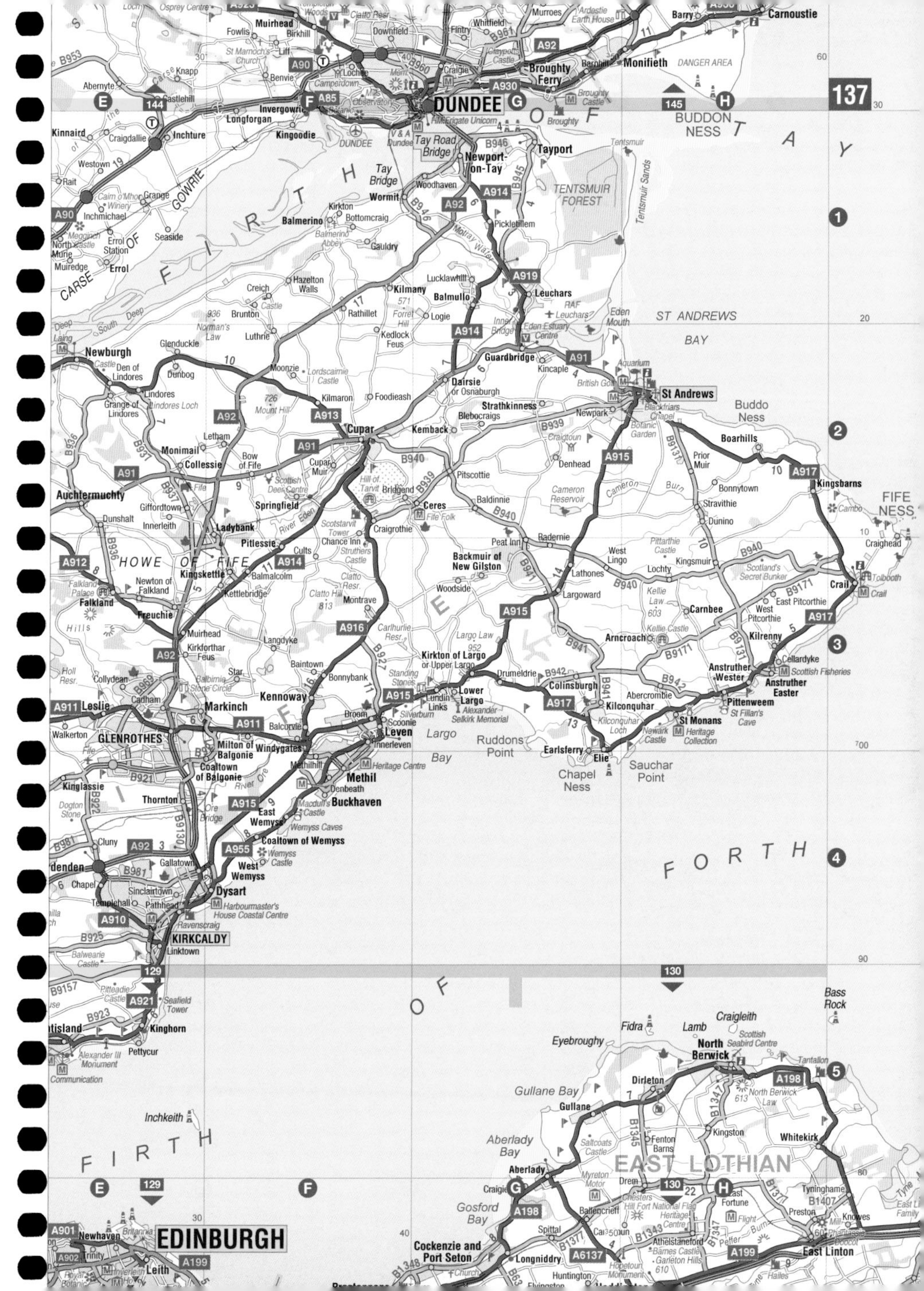

Osprey Centre
Clatto Resr
Murroes
Ardestie Earth House
Barry
Carnoustie
Muirhead
Birkhill
Fowlis
Downfield
Fintry
Whitfield
B961
A92
St Marnoch's Church
Liff
A90
B960
Claypotts Castle
Broughty Ferry
Barnhill
Monifieth
DANGER AREA
B953
Knapp
Benvie
Lochee
Camperdown
Mills Observatory
Craigie
A930
Abernyte
Castlehill
144
Invergowrie
A85
DUNDEE
Frigate Unicorn
Broughty Castle
145
BUDDON NESS
137
Longforgan
Kinnaird
Craigdallie
Inchture
Kingoodie
V & A Dundee
DUNDEE
Tay Road Bridge
B946
Newport-on-Tay
Tayport
Tentsmuir
Westown
Rait
Carse
GOWRIE
Grange
Cairn o'Mhor Winery
Tay Bridge
Woodhaven
Wormit
A914
B945
TENTSMUIR FOREST
Tentsmuir Sands
FIRTH OF TAY
A90
Inchmichael
Kirkton
Bottomcraig
Balmerino
Balmerino Abbey
Pickletillem
Megginch Castle
Errol Station
North Muirie
Muiredge
Errol
CARSE OF
Seaside
Gauldry
Motray Water
A919
Leuchars
Hazelton Walls
Creich
Castle
Kilmany
Lucklawhill
Balmullo
Rathillet
Forret Hill
Logie
RAF Leuchars
Eden Mouth
ST ANDREWS BAY
936
Brunton
Norman's Law
Luthrie
Kedlock Feus
A914
Inner Bridge
Eden Estuary Centre
Deep
South Deep
Laing
Newburgh
Castle
Glenduckie
Den of Lindores
Dunbog
Moonzie
Lordscairnie Castle
Guardbridge
Kincaple
A91
Aquarium
British Golf
St Andrews
Buddo Ness
Lindores
Grange of Lindores
Lindores Loch
726 Mount Hill
Kilmaron
Foodieash
Dairsie or Osnaburgh
Strathkinness
Blebocraigs
Newpark
Blackfriars Chapel
Botanic Garden
A92
A913
Cupar
Kemback
B939
Craigtoun
Denhead
A915
B9131
Prior Muir
Boarhills
A917
Kingsbarns
B936
Letham
Monimail
Collessie
Bow of Fife
Cupar Muir
A91
B940
Pitscottie
Hill of Tarvit
Bridgend
Ceres
Fife Folk
Scottish Deer Centre
Cameron Reservoir
Cameron Burn
Bonnytown
Stravithie
Dunino
FIFE NESS
Cambo
Auchtermuchty
Giffordtown
Dunshalt
Innerleith
Ladybank
Springfield
River Eden
Scotstarvit Tower
Chance Inn
Craigrothie
Struthers Castle
Baldinnie
B940
Peat Inn
Radernie
Pittarthie Castle
West Lingo
Kingsmuir
Craighead
A912
HOWE OF FIFE
Pitlessie
Cults
A914
Kingskettle
Balmalcolm
Kettlebridge
Backmuir of New Gilston
B941
Lathones
Lochty
Scotland's Secret Bunker
B9171
Crail
Tolbooth
Falkland Palace
Newton of Falkland
Falkland
Clatto Resr.
Clatto Hill 813
Montrave
Woodside
Largoward
Kellie Law 603
Carnbee
East Pitcorthie
West Pitcorthie
Freuchie
Muirhead
A916
Carlhurlie Resr.
A915
Largo Law 952
Kellie Castle
Arncroach
B9131
Kilrenny
Cellardyke
Hills
Langdyke
Kirkforthar Feus
A92
Kirkton of Largo or Upper Largo
B941
B9171
Anstruther Wester
Anstruther Easter
Scottish Fisheries
Holl Resr.
Collydean
Star
Balbirnie Stone Circle
Baintown
Bonnybank
B927
Standing Stones
Drumeldrie
B942
Colinsburgh
B942
Abercrombie
Pittenweem
St Fillan's Cave
Leslie
A911
Cadham
Markinch
Kennoway
A915
Lundin Links
Lower Largo
Alexander Selkirk Memorial
A917
Kilconquhar
Kilconquhar Loch
St Monans
Heritage Collection
Newark Castle
Walkerton
GLENROTHES
A911
Balcurvie
Silverburn
Scoonie
Leven
Innerleven
Largo Bay
Ruddons Point
Earlsferry
Elie
Milton of Balgonie
Windygates
Methilhill
Heritage Centre
Coaltown of Balgonie
B921
Kinglassie
Thornton
River Ore
Methil
Denbeath
Buckhaven
Chapel Ness
Sauchar Point
Dogton Stone
B922
Ore Bridge
A915
East Wemyss
Macduff's Castle
Wemyss Caves
B9130
Cluny
A92
B981
Coaltown of Wemyss
A955
Wemyss Castle
West Wemyss
Gallatown
FIRTH OF FORTH
Chapel
Sinclairtown
Dysart
Templehall
Pathhead
Harbourmaster's House Coastal Centre
A910
Ravenscraig
B925
KIRKCALDY
Linktown
Balwearie Castle
129
130
Bass Rock
B9157
Pitteadie Castle
A921
Seafield Tower
B923
Kinghorn
Craigleith
Fidra
Lamb
Scottish Seabird Centre
Eyebroughy
North Berwick
Tantallon
Alexander III Monument
Pettycur
Communication
A198
Dirleton
Gullane Bay
B1347
North Berwick Law 613
Gullane
Inchkeith
Kingston
B1345
Fenton Barns
Whitekirk
Aberlady Bay
Saltcoats Castle
EAST LOTHIAN
Aberlady
Myreton Motor
Drem
129
130
Craigie
Chesters Hill Fort
National Flag Heritage Centre
East Fortune
B1347
B1377
Tyninghame
B1407
Gosford Bay
A198
Ballencrieff
Flight
Preston
Knowes
Peffer Burn
East Linton
Phantassie Doocot
Mill
Tyne
A901
Newhaven
EDINBURGH
Britannia
Spittal
B1343
Athelstaneford
A199
A902
Trinity
Cockenzie and Port Seton
B1371
A6137
Barnes Castle
Garleton Hills 610
Leith
A199
Royal Botanic
Longniddry
Hopetoun Monument
Huntington
B1348
Church
B6363
Hailes

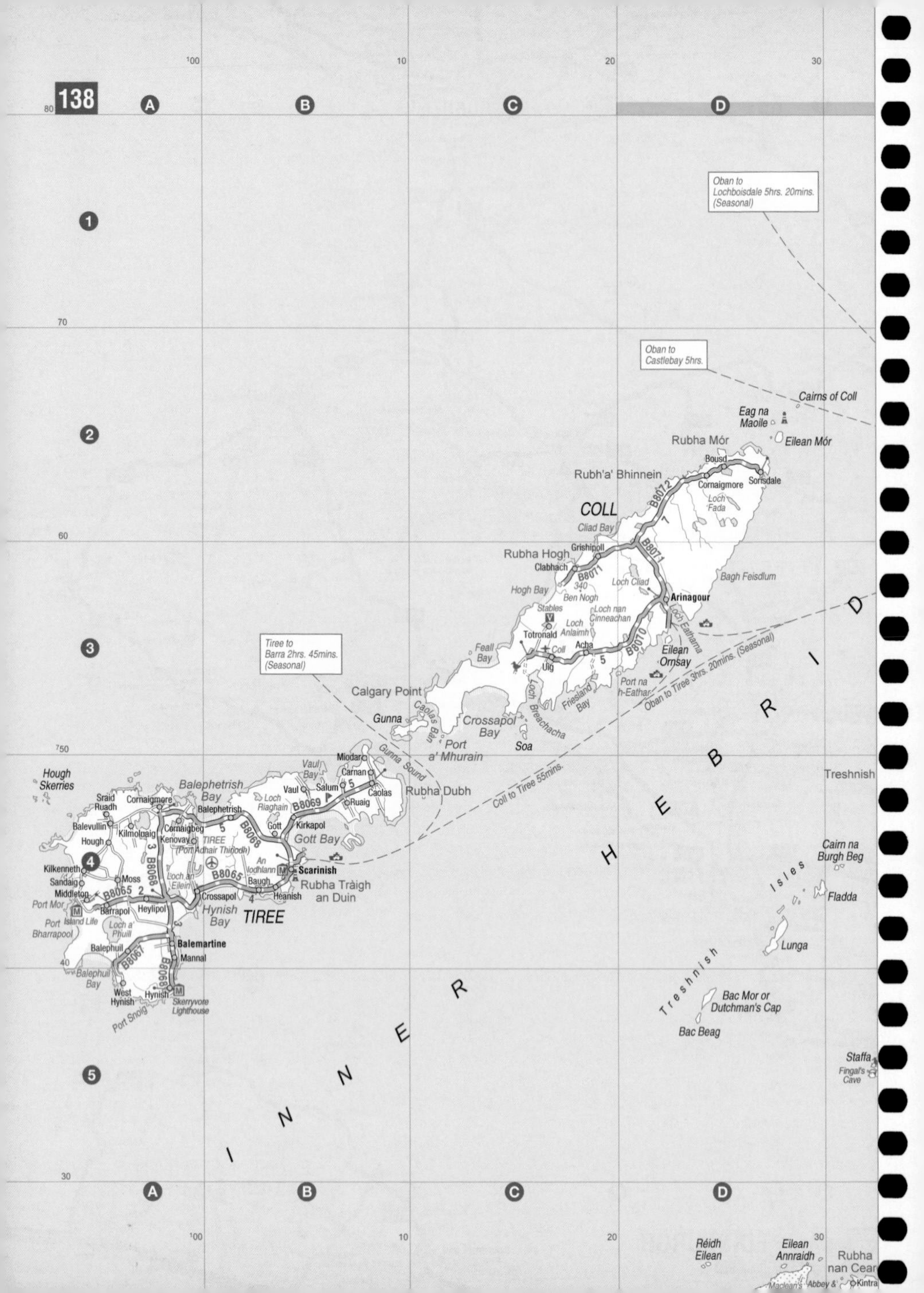

Oban to Lochboisdale 5hrs. 20mins. (Seasonal)
Oban to Castlebay 5hrs.
Tiree to Barra 2hrs. 45mins. (Seasonal)
Oban to Tiree 3hrs. 20mins. (Seasonal)
Coll to Tiree 55mins.
COLL
TIREE
INNER HEBRIDES
Cairns of Coll
Eag na Maoile
Eilean Mór
Rubha Mór
Bousd
Sorisdale
Cornaigmore
Rubh'a' Bhinnein
Loch Fada
Cliad Bay
Grishipoll
Rubha Hogh
Clabhach
Bagh Feisdlum
Hogh Bay
Ben Nogh
Loch Cliad
Arinagour
Stables
Loch nan Cinneachan
Loch Anlaimh
Totronald
Loch Eathama
Feall Bay
Coll
Acha
Uig
Eilean Ornsay
Port na h-Eathar
Friesland Bay
Loch Breachacha
Calgary Point
Gunna
Caolas Bàn
Crossapol Bay
Port a' Mhurain
Soa
Gunna Sound
Rubha Dubh
Hough Skerries
Balephetrish Bay
Vaul Bay
Miodar
Carnan
Vaul
Salum
Caolas
Ruaig
Loch Riaghain
Sraid Ruadh
Cornaigmore
Balephetrish
Balevullin
Kilmoluaig
Cornaigbeg
Kenovay
TIREE (Port Adhair Thirodh)
Gott
Kirkapol
Gott Bay
Hough
An Iodhlann
Scarinish
Kilkenneth
Moss
Sandaig
Loch an Eilein
Baugh
Middleton
Crossapol
Heanish
Rubha Tràigh an Duin
Port Mor
Barrapol
Heylipol
Hynish Bay
Island Life
Port Bharrapool
Loch a' Phuill
Balemartine
Balephuil
Mannal
Balephuil Bay
West Hynish
Hynish
Skerryvore Lighthouse
Port Snoig
B8072
B8071
B8070
B8069
B8068
B8065
B8067
340
Treshnish
Cairn na Burgh Beg
Fladda
Treshnish Isles
Lunga
Bac Mor or Dutchman's Cap
Bac Beag
Staffa
Fingal's Cave
Réidh Eilean
Eilean Annraidh
Rubha nan Cear
Maclean's Abbey
Kintra

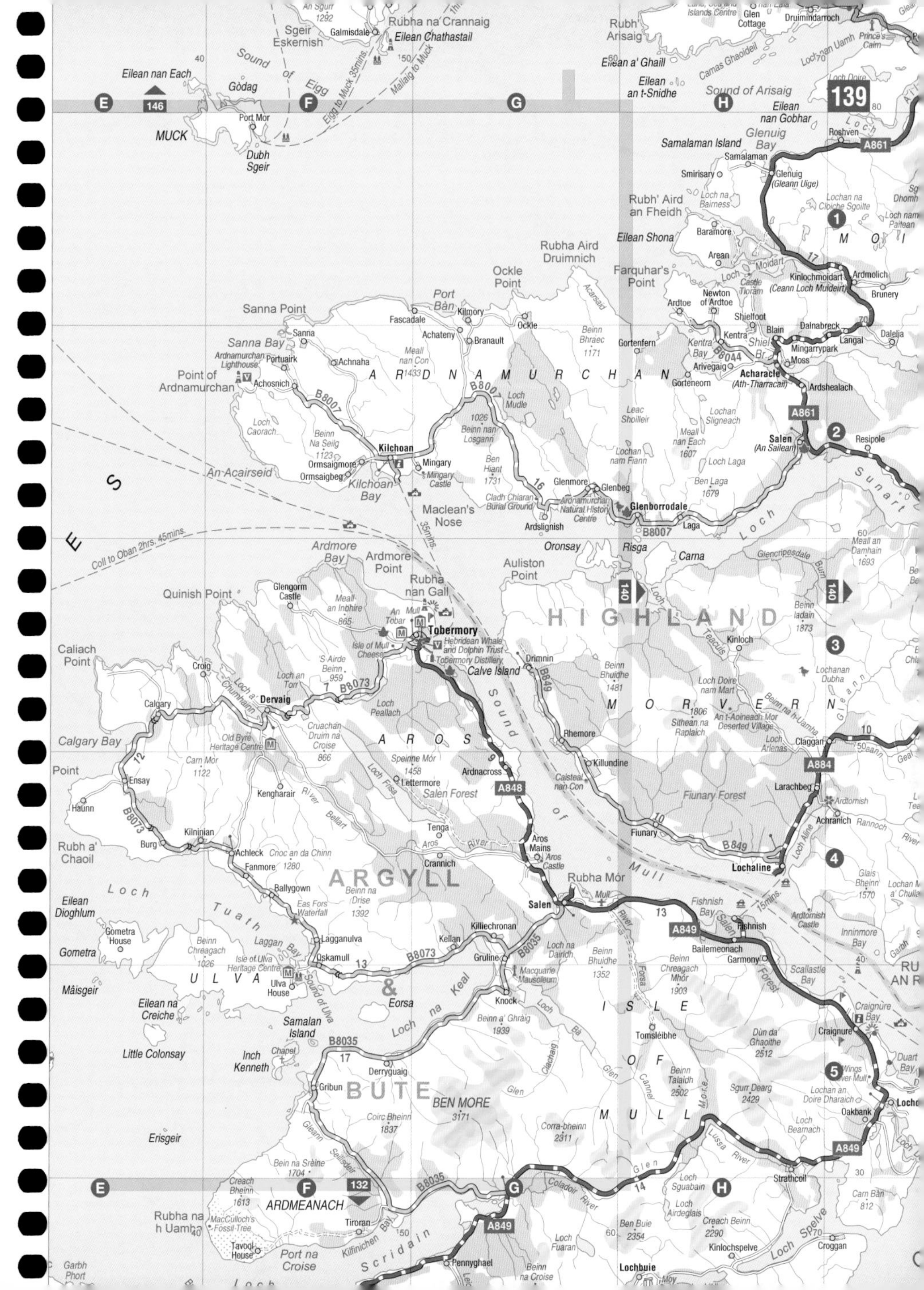

Rubha na Crannaig
Galmisdale
Eilean Chathastail
Sgeir Eskernish
Sound of Eigg
Eigg to Muck 35mins.
Mallaig to Muck
Eilean nan Each
Gòdag
146
Port Mor
MUCK
Dubh Sgeir
Rubh' Arisaig
Eilean a' Ghaill
Eilean an t-Snidhe
Sound of Arisaig
Glen Cottage
Druimindarroch
Loch nan Uamh
Prince's Cairn
Camas Ghaoideil
Eilean nan Gobhar
Samalaman Island
Glenuig Bay
Roshven
A861
Samalaman
Smirisary
Glenuig (Gleann Uige)
Loch na Bairness
Lochan na Cloiche Sgoilte
Rubh' Aird an Fheidh
Eilean Shona
Baramore
Arean
MOI
Rubha Aird Druimnich
Farquhar's Point
Moidart
Castle Tioram
Kinlochmoidart (Ceann Loch Muideirt)
Ardmolich
Brunery
Newton of Ardtoe
Ardtoe
Shielfoot
Ockle Point
Port Bàn
Sanna Point
Fascadale
Kilmory
Ockle
Achateny
Branault
Sanna
Sanna Bay
Portuairk
Achnaha
Ardnamurchan Lighthouse
Point of Ardnamurchan
Achosnich
Meall nan Con 1433
ARDNAMURCHAN
Beinn Bhraec 1171
Gortenfern
Kentra
Kentra Bay
Blain
Dalnabreck
Langal
Dalelia
Shiel Br.
Mingarrypark
Moss
Arivegaig
Gorteneorn
Acharacle (Ath-Tharracail)
Ardshealach
B8044
B8007
Loch Mudle
Loch Caorach
Beinn Na Seilg 1123
1026 Beinn nan Losgann
Leac Shoilleir
Lochan Sligneach
Meall an Each 1607
A861
Salen (An Sailean)
Resipole
Kilchoan
Ormsaigmore
Ormsaigbeg
Mingary
Mingary Castle
An Acairseid
Kilchoan Bay
Ben Hiant 1731
Lochan nam Fiann
Loch Laga
Ben Laga 1679
Glenmore
Glenbeg
Cladh Chiaran Burial Ground
Ardnamurchan Natural History Centre
Glenborrodale
Laga
Ardslignish
Maclean's Nose
Loch Sunart
35mins.
Coll to Oban 2hrs. 45mins.
Oronsay
Risga
Carna
Glencripesdale
Meall an Damhain 1693
Ardmore Bay
Ardmore Point
Rubha nan Gall
Auliston Point
140
Quinish Point
Glengorm Castle
Meall an Inbhire 865
An Tobar
Tobermory
Hebridean Whale and Dolphin Trust
Tobermory Distillery
Isle of Mull Cheese
HIGHLAND
Beinn Iadain 1873
Kinloch
Loch Teacuis
Caliach Point
Croig
Loch a' Chumhainn
Dervaig
'S Airde Beinn 959
Loch an Torr
B8073
Calve Island
Drimnin
B849
Beinn Bhuidhe 1481
Loch Doire nam Mart
MORVERN
Lochanan Dubha
Calgary
Calgary Bay
Old Byre Heritage Centre
Loch Peallach
Cruachan Druim na Croise 866
AROS
Sound of Mull
Rhemore
1806 Sithean na Raplaich
An t-Aoineadh Mòr Deserted Village
Beinn na h-Uamha
Loch Arienas
Claggan
A884
Carn Mor 1122
Ensay
Haunn
Kengharair
Loch Frisa
Speinne Mòr 1458
Lettermore
Salen Forest
Ardnacross
A848
Killundine
Caisteal nan Con
Fiunary Forest
Larachbeg
Ardtornish
Achranich
River Bellart
Tenga
Aros River
Fiunary
B849
Rubh a' Chaoil
Burg
Kilninian
Achleck
Cnoc an da Chinn 1280
Crannich
Aros Mains
Aros Castle
Rubha Mòr
Lochaline
Loch Aline
Glais Bheinn 1570
Fanmore
ARGYLL
Loch Tuath
Eilean Dioghlum
Ballygown
Eas Fors Waterfall
Beinn na Drise 1392
Salen
Fishnish Bay
Fishnish
Ardtornish Castle
15mins.
Gometra House
Gometra
Beinn Chreagach 1026
Laggan Bay
Lagganulva
Kellan
Killiechronan
Loch na Dairidh
Beinn Bhuidhe 1352
A849
Bailemeonach
Garmony
Inninmore Bay
ULVA
Isle of Ulva Heritage Centre
Ulva House
Oskamull
B8073
Gruline
B8035
Macquarie Mausoleum
Beinn Chreagach Mhòr 1903
Scallastle Bay
Màisgeir
Eilean na Creiche
Sound of Ulva
&
Eorsa
Loch na Keal
Knock
Loch Ba
Forsa
ISLE OF MULL
Craignure Bay
Craignure
Samalan Island
Beinn a' Ghràig 1939
Tomsléibhe
Dùn da' Ghaoithe 2512
Little Colonsay
Inch Kenneth
Chapel
B8035
Derryguaig
Glen Clachaig
Glen Cannel
Beinn Talaidh 2502
Wings over Mull
Duart Bay
Gribun
BUTE
BEN MORE 3171
Glen
Sgurr Dearg 2429
Lochan an Doire Dharaich
Oakbank
Erisgeir
Coirc Bheinn 1837
Corra-bheinn 2311
Glen More
Loch Bearnach
Lussa River
A849
Gleann Seilisdeir
Bein na Srèine 1704
Glen
Strathcoil
Carn Bàn 812
Creach Bheinn 1613
ARDMEANACH
132
B8035
Coladoir River
Loch Sguabain
Rubha na h Uamha
MacCulloch's Fossil Tree
Tiroran
Kilfinichen Bay
A849
Loch Airdeglais
Creach Beinn 2290
Ben Buie 2354
Loch Fuaran
Loch Spelve
Kinlochspelve
Croggan
Tavool House
Port na Croise
Loch Scridain
Pennyghael
Beinn na Croise
Lochbuie
Garbh Phort
SEA OF THE HEBRIDES

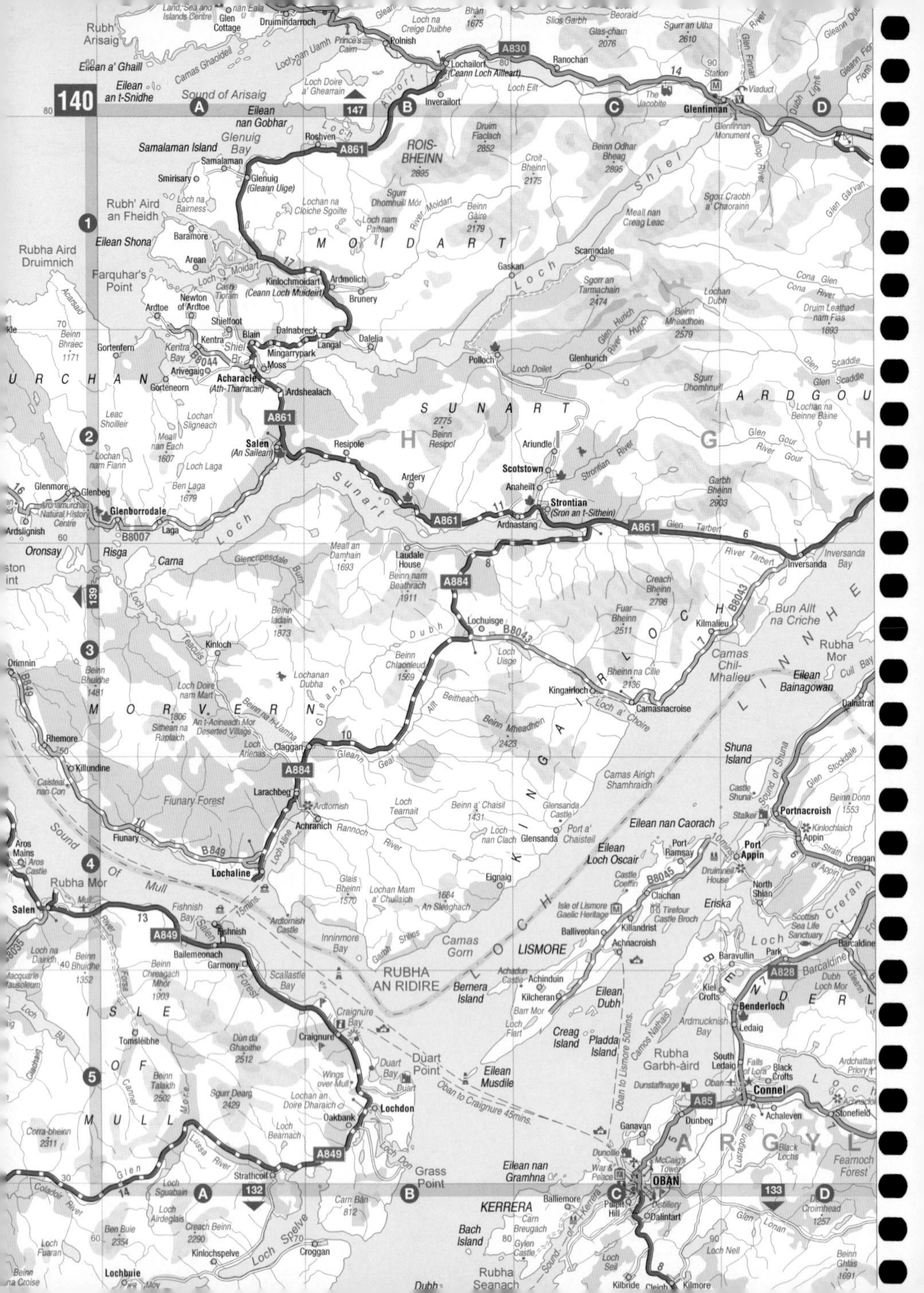

140
147
139
132
133
Rubh' Arisaig
Eilean a' Ghaill
Eilean an t-Snidhe
Sound of Arisaig
Camas Ghaoideil
Glen Cottage
Druimindarroch
Loch nan Uamh
Prince's Cairn
Polnish
Loch na Creige Duibhe
Lochailort (Ceann Loch Ailleart)
A830
Inverailort
Loch Doire a' Ghearrain
Loch Ailort
Ranochan
Loch Eilt
Glas-charn 2076
Slios Garbh
Beoraid
Sgurr an Utha 2610
Glen Finnan
Station
The Jacobite
Glenfinnan
Viaduct
Glenfinnan Monument
Dubh Lighe
Callop River
Eilean nan Gobhar
Glenuig Bay
Samalaman Island
Samalaman
Roshven
A861
Smirisary
Glenuig (Gleann Uige)
ROIS-BHEINN 2895
Druim Fiaclach 2852
Croit Bheinn 2175
Beinn Odhar Bheag 2895
Loch Shiel
Sgorr Craobh a' Chaorainn
Glen Garvan
Rubh' Aird an Fheidh
Loch na Bairness
Lochan na Cloiche Sgoilte
Sgurr Dhomhuill Mór
River Moidart
Beinn Gàire 2179
Loch nam Paitean
Meall nan Creag Leac
Eilean Shona
Baramore
MOIDART
Rubha Aird Druimnich
Arean
Loch Moidart
Castle Tioram
Kinlochmoidart (Ceann Loch Muideirt)
Ardmolich
Brunery
Gaskan
Scamodale
Sgorr an Tarmachain 2474
Lochan Dubh
Cona Glen
Cona River
Druim Leathad nam Fias 1893
Farquhar's Point
Newton of Ardtoe
Ardtoe
Shielfoot
Blain
Dalnabreck
Langal
Dalelia
Kentra
Kentra Bay
Shiel Br.
Mingarrypark
Moss
Beinn Bhraec 1171
Gortenfern
B8044
Arivegaig
Acharacle (Ath-Tharracail)
Gorteneorn
Ardshealach
Glen Hurich
River Hurich
Beinn Mheadhoin 2579
Polloch
Loch Doilet
Glenhurich
Glen Scaddle
Sgurr Dhomhnuill
SUNART
ARDGOUR
Leac Shoilleir
Lochan Sligneach
Meall nan Each 1607
Salen (An Sailean)
Resipole
2775 Beinn Resipol
Ariundle
Lochan na Beinne Baine
Glen Gour
River Gour
Strontian River
Lochan nam Fiann
Loch Laga
Ben Laga 1679
Scotstown
Ardery
Anaheilt
Strontian (Sron an t-Sithein)
Garbh Bheinn 2903
Glenmore
Glenbeg
Ardnamurchan Natural History Centre
Glenborrodale
Loch Sunart
Ardnastang
Glen Tarbert
Ardslignish
Laga
B8007
Oronsay
Risga
Carna
Glencripesdale Burn
Meall an Damhain 1693
Laudale House
Beinn nam Beathrach 1911
A884
River Tarbert
Inversanda
Inversanda Bay
Loch Teacuis
Beinn Iadain 1873
Lochuisge
Creach Bheinn 2798
Fuar Bheinn 2511
B8043
Kilmalieu
Bun Allt na Criche
Kinloch
Loch Uisge
Beinn Chlaonleud 1569
Lochanan Dubha
Drimnin
Beinn Bhuidhe 1481
B849
Loch Doire nam Mart
MORVERN
1806 Sithean na Raplaich
An t-Aoineadh Mòr Deserted Village
Beinn na h-Uamha
Gleann Dubh
Allt Beitheach
Kingairloch
Bheinn na Cille 2136
Loch a' Choire
Camasnacroise
Camas Chil-Mhalieu
Rubha Mor
Cuil Bay
Eilean Bainagowan
LOCH LINNHE
Rhemore
Killundine
Claggan
Loch Arienas
Gleann Geal
Beinn Mheadhoin 2423
KINGAIRLOCH
Shuna Island
Sound of Shuna
Glen Stockdale
Caisteal nan Con
Larachbeg
Ardtornish
Achranich
Fiunary Forest
Loch Teàrnait
Beinn a' Chaisil 1431
Glensanda Castle
Camas Airigh Shamhraidh
Castle Shuna
Stalker
Portnacroish
Beinn Donn 1553
Kinlochlaich
Appin
Fiunary
Rannoch River
Loch nan Clach
Glensanda
Port a' Chaisteil
Eilean nan Caorach
Port Ramsay
Port Appin
Strath of Appin
Creagan
Sound of Mull
Aros Mains
Aros Castle
Lochaline
Loch Aline
Eilean Loch Oscair
Glais Bheinn 1570
Lochan Mam a' Chullaich
1684 An Sleaghach
Eignaig
Castle Coeffin
B8045
Druimneil House
North Shian
Loch Creran
Rubha Mor
Salen
Mull
Fishnish Bay
Fishnish
A849
15mins.
Ardtornish Castle
Clachan
Tirefour Castle Broch
Eriska
Isle of Lismore Gaelic Heritage
Scottish Sea Life Sanctuary
Barcaldine
Balliveolan
Killandrist
Achnacroish
Loch na Dairidh
Beinn Bhuidhe 1352
Bailemeonach
Garmony
Inninmore Bay
Camas Gorn
LISMORE
Park
Baravullin
A828
Macquarie Mausoleum
Beinn Chreagach Mhòr 1903
Forsa
Scallastle Bay
RUBHA AN RIDIRE
Achadun Castle
Achinduin
Kilcheran
Bernera Island
Eilean Dubh
Kiel Crofts
Benderloch
Ledaig
Barr Mor
Loch Fiart
ISLE OF MULL
Craignure Bay
Craignure
Dùn da Ghaoithe 2512
Tomsléibhe
Duart Point
Duart Bay
Duart
Wings over Mull
Eilean Musdile
Creag Island
Pladda Island
Ardmucknish Bay
Camas Nathais
Oban to Lismore 50mins.
Rubha Garbh-àird
South Ledaig
Falls of Lora
Black Crofts
Ardchattan Priory
Beinn Talaidh 2502
Sgurr Dearg 2429
Lochan an Doire Dharaich
Lochdon
Oakbank
Oban to Craignure 45mins.
Dunstaffnage
Oban
A85
Connel
Dunbeg
Achaleven
Stonefield
Corra-bheinn 2311
Loch Bearnach
Lussa River
Ganavan
ARGYLL
Lusragan Burn
Black Lochs
Fearnoch Forest
Glen Lussa
Strathcoil
Loch Don
Grass Point
Eilean nan Gramhna
Dunollie
McCaig's Tower
War & Peace
OBAN
Coladoir River
Loch Sguabain
Loch Airdeglais
Creach Beinn 2290
Carn Bàn 812
KERRERA
Balliemore
Pulpit Hill
Distillery
Dalintart
Glen Lonan
Croimhead 1257
Loch Spelve
Ben Buie 2354
Bach Island
Carn Breugach
Gylen Castle
Sound of Kerrera
Loch Nell
Loch Fuaran
Kinlochspelve
Croggan
Loch Seil
Beinn Ghlas 1691
Lochbuie
Moy
Beinn na Croise
Dubh
Rubha Seanach
Kilbride
Cleigh
Kilmore

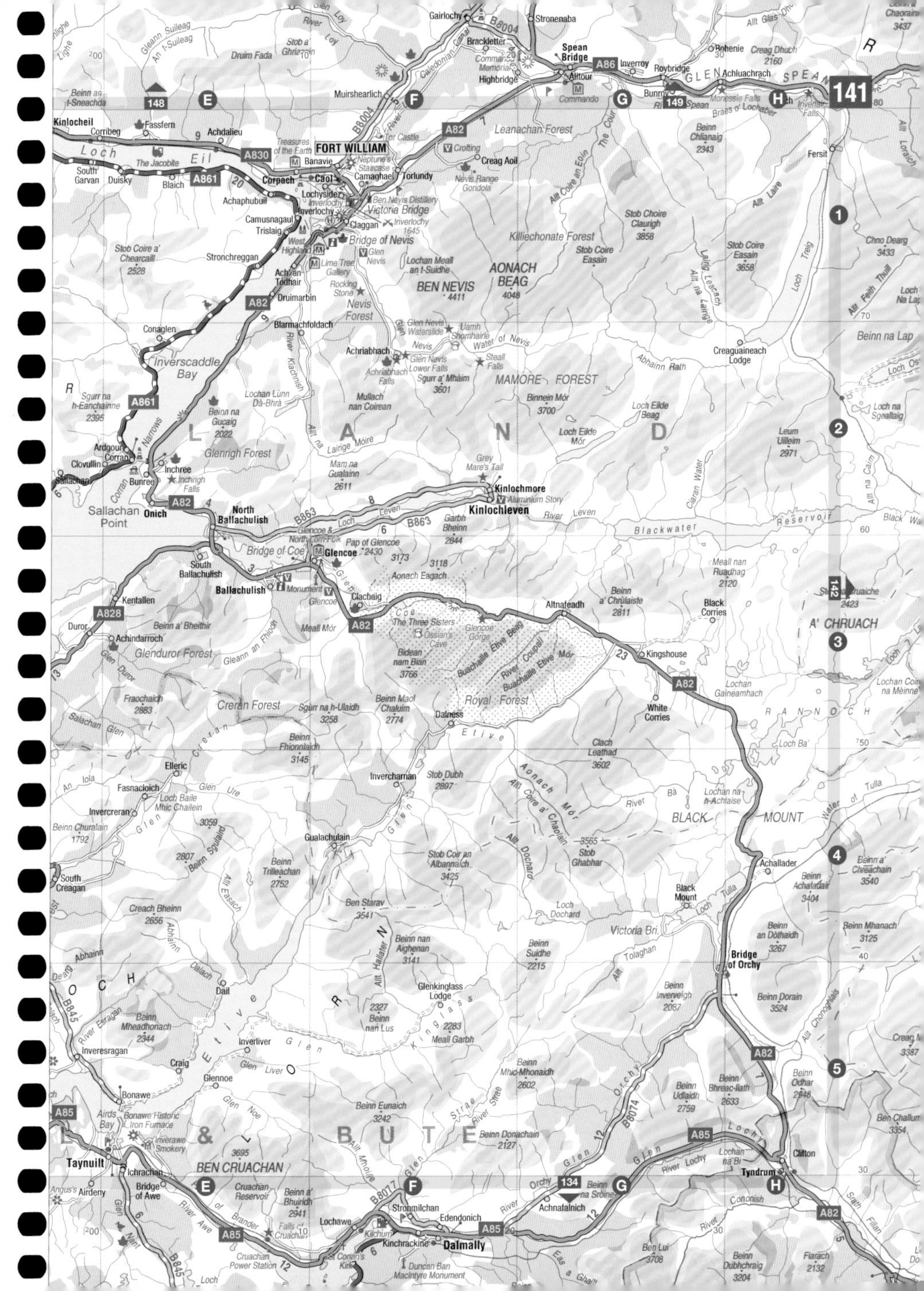
141
Gairlochy
Stronenaba
B8004
Spean Bridge
A86
Inverroy
Roybridge
Bohenie
Creag Dhubh
2160
Achluachrach
GLEN SPEAN
Brackletter
Commando Memorial
Highbridge
Alltour
Commando
Bunroy
149
Monessie Falls
Braes o' Lochaber
Inverlair Falls
Glen Loy
River Loy
Stob a' Ghrianain
Druim Fada
Gleann Suileag
Caledonian Canal
Muirshearlich
Beinn an t-Sneachda
148
E
F
G
H
Kinlocheil
Corribeg
Fassfern
Achdalieu
Loch Eil
The Jacobite
A830
A861
South Garvan
Duisky
Blaich
Corpach
Caol
Banavie
Treasures of the Earth
FORT WILLIAM
Neptune's Staircase
Camaghael
Torlundy
Tor Castle
A82
Leanachan Forest
Crofting
Creag Aoil
Nevis Range Gondola
Beinn Chlianaig
2343
Fersit
Achaphubuil
Lochyside
Inverlochy
Victoria Bridge
Ben Nevis Distillery
Inverlochy 1645
Camusnagaul
Trislaig
Claggan
Bridge of Nevis
West Highland
Glen Nevis
Lime Tree Gallery
Stob Coire a' Chearcaill
2528
Stronchreggan
Achintee
Todhair
Druimarbin
Rocking Stone
Nevis Forest
Lochan Meall an t-Suidhe
BEN NEVIS
4411
AONACH BEAG
4048
Killiechonate Forest
Stob Coire Easain
Stob Choire Claurigh
3858
Stob Coire Easain
3658
Chno Dearg
3433
Allt Coire an Eoin
Allt Laire
Loch Treig
Lairig Leacach
Allt na Lairige
Blarmachfoldach
Conaglen
Inverscaddle Bay
Achriabhach
Glen Nevis Waterslide
Uamh Shomhairle
Water of Nevis
Steall Falls
Glen Nevis Lower Falls
Achriabhach Falls
Sgurr a' Mhàim
3601
Mullach nan Coirean
MAMORE FOREST
Abhainn Rath
Creaguaineach Lodge
Beinn na Lap
Loch Ossian
Binnein Mòr
3700
Loch Eilde Beag
Loch Eilde Mòr
Loch na Sgeallaig
Leum Uilleim
2971
Sgurr na h-Eanchainne
2395
Lochan Lùnn Dà-Bhrà
River Kiachnish
Beinn na Gucaig
2022
Glenrigh Forest
Corran Narrows
Ardgour
Corran
Clovullin
Sallachan
Inchree
Inchree Falls
Bunree
Allt na Lairige Mòire
Mam na Gualainn
2611
Grey Mare's Tail
Kinlochmore
Aluminium Story
Kinlochleven
River Leven
Blackwater Reservoir
Ciaran Water
Allt na Caim
Sallachan Point
Onich
North Ballachulish
B863
Loch Leven
Glencoe & North Lorn Folk
Pap of Glencoe
2430
Garbh Bheinn
2644
3173
3118
Aonach Eagach
Bridge of Coe
Glencoe
South Ballachulish
Ballachulish
Monument
Glencoe
Clachaig
Meall nan Ruadhag
2120
Beinn a' Chrùlaiste
2611
Altnafeadh
Black Corries
Sròn na Cruaiche
2423
142
A' CHRUACH
Kentallen
A828
Duror
Achindarroch
Beinn a' Bheithir
Glenduror Forest
Gleann an Fhiodh
Glen Duror
Meall Mòr
Coe
The Three Sisters
Ossian's Cave
Glencoe Gorge
Buachaille Etive Beag
River Coupall
Buachaille Etive Mòr
Bidean nam Bian
3766
Kingshouse
Lochan Gaineamhach
Lochan Coire na Mèinne
Fraochaidh
2883
Creran Forest
Sgurr na h-Ulaidh
3258
Beinn Maol Chaluim
2774
Royal Forest
White Corries
RANNOCH
Dalness
Etive
Loch Bà
Salachan Glen
Beinn Fhionnlaidh
3145
Clach Leathad
3602
Elleric
Glen Creran
Inverchàrnan
Stob Dubh
2897
Aonach Mòr
Allt Coire a' Chaorain
River Bà
Lochan na h-Achlaise
BLACK MOUNT
Water of Tulla
Fasnacloich
Glen Ure
Loch Baile Mhic Chailein
Invercreran
Beinn Churalain
1792
3059
Beinn Sgulaird
2807
Gualachulain
Glen Etive
3565
Stob Ghabhar
Allt Dochard
Achallader
Beinn a' Chreachain
3540
Beinn Achaladair
3404
South Creagan
Beinn Trilleachan
2752
Allt Easach
Stob Coir an Albannaich
3425
Black Mount
Loch Tulla
Creach Bheinn
2656
Ben Starav
3541
Loch Dochard
Victoria Bri.
Beinn nan Aighenan
3141
Beinn Suidhe
2215
Tolaghan
Beinn an Dòthaidh
3267
Beinn Mhanach
3125
Bridge of Orchy
Abhainn Dalach
Allt Hallater
Dail
Glenkinglass Lodge
Kinglass
Beinn Inverveigh
2087
Beinn Dorain
3524
Allt Chonoghlais
B845
River Esragan
Beinn Mheadhonach
2344
2327
Beinn nan Lus
2283
Meall Garbh
Inveresragan
Inverliver
Glen Liver
Craig
Beinn Mhic-Mhonaidh
2602
Glen Orchy
A82
Creag Mhòr
3387
Glennoe
Beinn Odhar
2948
Bonawe
Glen Noe
Beinn Eunaich
3242
River Strae
Glen Strae
B8074
Beinn Udlaidh
2759
Beinn Bhreac-liath
2633
Ben Challum
3354
A85
Airds Bay
Bonawe Historic Iron Furnace
Inverawe Smokery
3695
Beinn Donachain
2127
Loch Lochy
Lochan na Bi
Clifton
Taynuilt
Ichrachan
BEN CRUACHAN
& BUTE
Glen Lochy
River Lochy
Tyndrum
Angus's
Airdeny
Bridge of Awe
Cruachan Reservoir
Beinn a' Bhuiridh
2941
B8077
Stronmilchan
134
Beinn na Sròine
Achnafalnich
Cononish
Glen Nant
River Awe
Pass of Brander
Falls of Cruachan
Lochawe
Kilchurn
Edendonich
Kinchrackine
Dalmally
River Orchy
Strath Fillan
Cruachan Power Station
Conan's Kirk
Duncan Ban MacIntyre Monument
Ben Lui
3708
Beinn Dubhchraig
3204
Fiarach
2132
Eas a Ghaill
Loch Awe

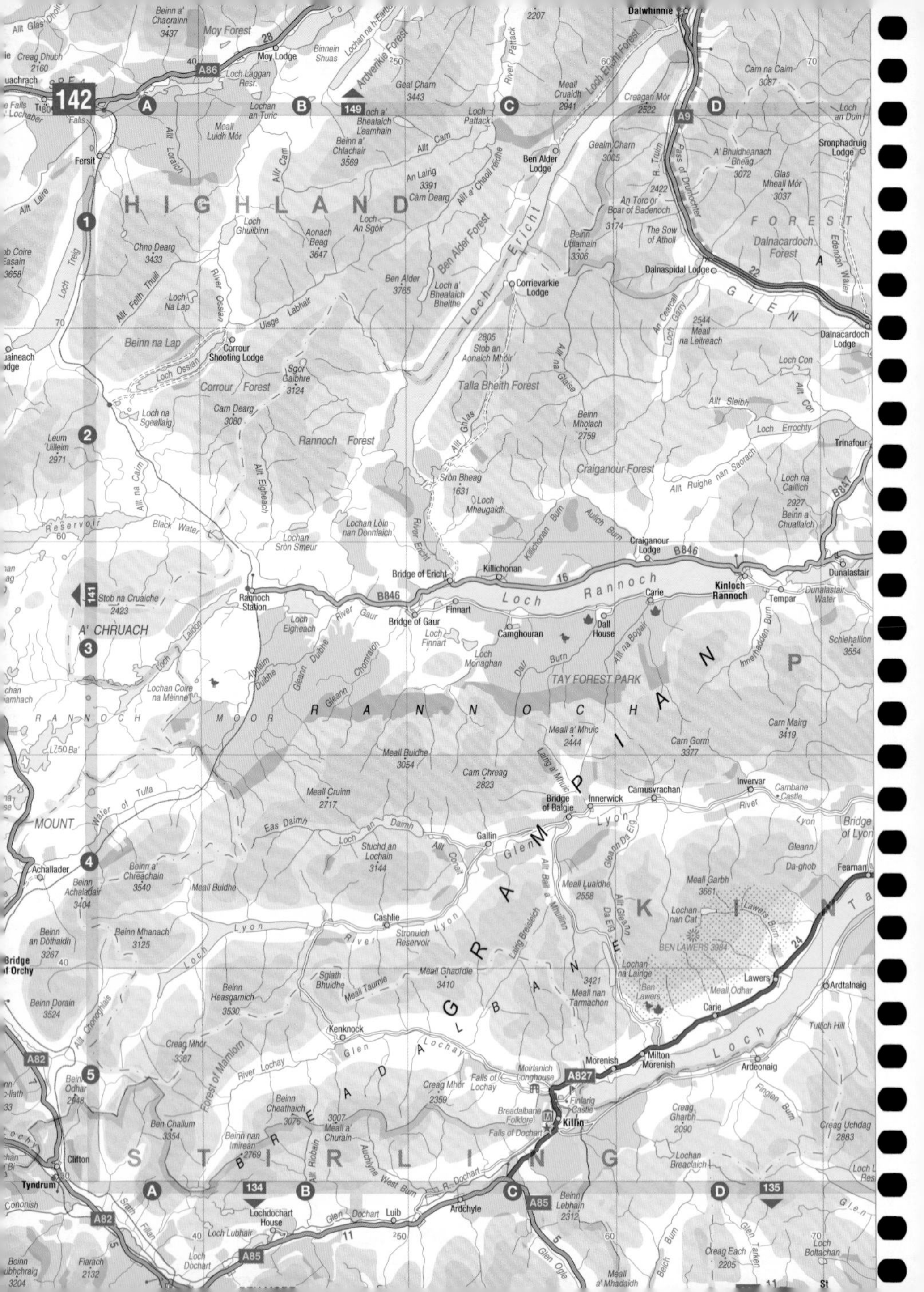

142
A
B
C
D
149
141
134
135
1
2
3
4
5
HIGHLAND
STIRLING
GRAMPIAN
BREADALBANE
RANNOCH MOOR
Dalwhinnie
Moy Forest
Moy Lodge
Beinn a' Chaorainn
3437
Creag Dhubh
2160
Binnein Shuas
Lochan na h-Earba
Ardverikie Forest
Geal Charn
3443
River Pattack
Loch Ericht Forest
Meall Cruaidh
2941
Carn na Caim
3087
Loch Laggan Resr.
A86
Lochan an Turic
Loch a' Bhealaich Leamhain
Loch Pattack
Creagan Mór
2522
A9
Loch an Duin
Fersit
Meall Luidh Mór
Allt Loraich
Allt Cam
Beinn a' Chlachair
3569
Ben Alder Lodge
Gealm Charn
3005
Pass of Drumochter
A' Bhuidheanach Bheag
3072
Sronphadruig Lodge
Glas Mheall Mór
3037
An Lairig
3391
Càm Dearg
Allt a' Chaoil-reidhe
R. Truim
2422
An Torc or Boar of Badenoch
3174
The Sow of Atholl
FOREST
Dalnacardoch Forest
Edendon Water
Loch Treig
Loch Ghuilbinn
Aonach Beag
3647
Loch An Sgòir
Ben Alder Forest
Loch Ericht
Beinn Udlamain
3306
Chno Dearg
3433
Ben Alder
3765
Loch a' Bhealaich Bheithe
Corrievarkie Lodge
Dalnaspidal Lodge
22
GLEN
Allt Feith Thuill
Loch Na Lap
River Ossian
Uisge Labhair
An Cearcall
Loch Garry
2544
Meall na Leitreach
Dalnacardoch Lodge
Beinn na Lap
Corrour Shooting Lodge
Loch Ossian
Sgor Gaibhre
3124
2805
Stob an Aonaich Mhóir
Allt na Glaise
Loch Con
Corrour Forest
Talla Bheith Forest
Loch na Sgeallaig
Carn Dearg
3080
Allt Sleibh
Leum Uilleim
2971
Rannoch Forest
Beinn Mholach
2759
Loch Errochty
Trinafour
Allt na Caim
Allt Eigheach
Allt Ghlas
Craiganour Forest
Allt Ruighe nan Saorach
Srón Bheag
1631
Loch Mheugaidh
Loch na Caillich
2927
Beinn a' Chuallaich
B847
Reservoir
Black Water
Lochan Lòin nan Donnlaich
River Ericht
Killichonan Burn
Aulich Burn
Lochan Srón Smeur
Craiganour Lodge
B846
Dunalastair
Bridge of Ericht
Killichonan
16
Loch Rannoch
Kinloch Rannoch
Tempar
Dunalastair Water
Stob na Cruaiche
2423
Rannoch Station
Finnart
Carie
A' CHRUACH
Loch Eigheach
River Gaur
Bridge of Gaur
Loch Finnart
Camghouran
Dall House
Loch Laidon
Loch Monaghan
Dall Burn
Allt na Bogair
Innerhadden Burn
Schiehallion
3554
Lochan Coire na Mèinne
Abhainn Duibhe
Gleann Duibhe
Gleann Chomraidh
TAY FOREST PARK
Meall a' Mhuic
2444
Carn Mairg
3419
Carn Gorm
3377
Meall Buidhe
3054
Lairig a' Mhuic
Cam Chreag
2823
Inververar
Cambane Castle
Meall Cruinn
2717
Bridge of Balgie
Innerwick
Camusvrachan
River Lyon
Bridge of Lyon
Water of Tulla
MOUNT
Eas Daimh
Loch an Daimh
Gallin
Glen Lyon
Gleann Da-Eig
Gleann
Da-ghob
Fearnan
Achallader
Beinn a' Chreachain
3540
Stuchd an Lochain
3144
Allt Conait
Allt Bail a' Mhuilinn
Meall Luaidhe
2558
Meall Garbh
3661
Beinn Achaladair
3404
Meall Buidhe
Lochan nan Cat
Lawers Burn
Beinn an Dòthaidh
3267
Cashlie
Stronuich Reservoir
Laing Breisleich
Allt Gleann Da Eig
BEN LAWERS 3984
Beinn Mhanach
3125
Loch Lyon
River Lyon
24
Bridge of Orchy
Sgiath Bhuidhe
Meall Taurnie
Meall Ghaordie
3410
3421
Meall nan Tarmachon
Lochan na Lairige
Ben Lawers
Lawers
Meall Odhar
Ardtalnaig
Beinn Dorain
3524
Beinn Heasgarnich
3530
Allt Chonoghlais
Carie
Tulloch Hill
Kenknock
Glen Lochay
Creag Mhór
3387
Forest of Mamlorn
Milton Morenish
Morenish
Loch Tay
Ardeonaig
A82
River Lochay
Moirlanich Longhouse
Falls of Lochay
A827
Beinn Odhar
2948
Beinn Cheathaich
3076
Creag Mhór
2359
Finlarig Castle
Finglen Burn
Breadalbane Folklore
Killin
Creag Gharbh
2090
Creag Uchdag
2883
Ben Challum
3354
3007
Meall a' Churain
Falls of Dochart
Beinn nan Imirean
2769
Allt Riobain
Auchtyre West Burn
Lochan Breaclaich
Clifton
Tyndrum
R. Dochart
Cononish
Lochdochart House
Glen Dochart
Luib
Ardchyle
Beinn Lebhain
2312
A85
Strath Fillan
Loch Lubhair
11
Glen Tarken
Loch Boltachan
Beinn Dubhchraig
3204
Fiarach
2132
Loch Dochart
Glen Ogle
Beich Burn
Creag Each
2205
Meall a' Mhadaidh

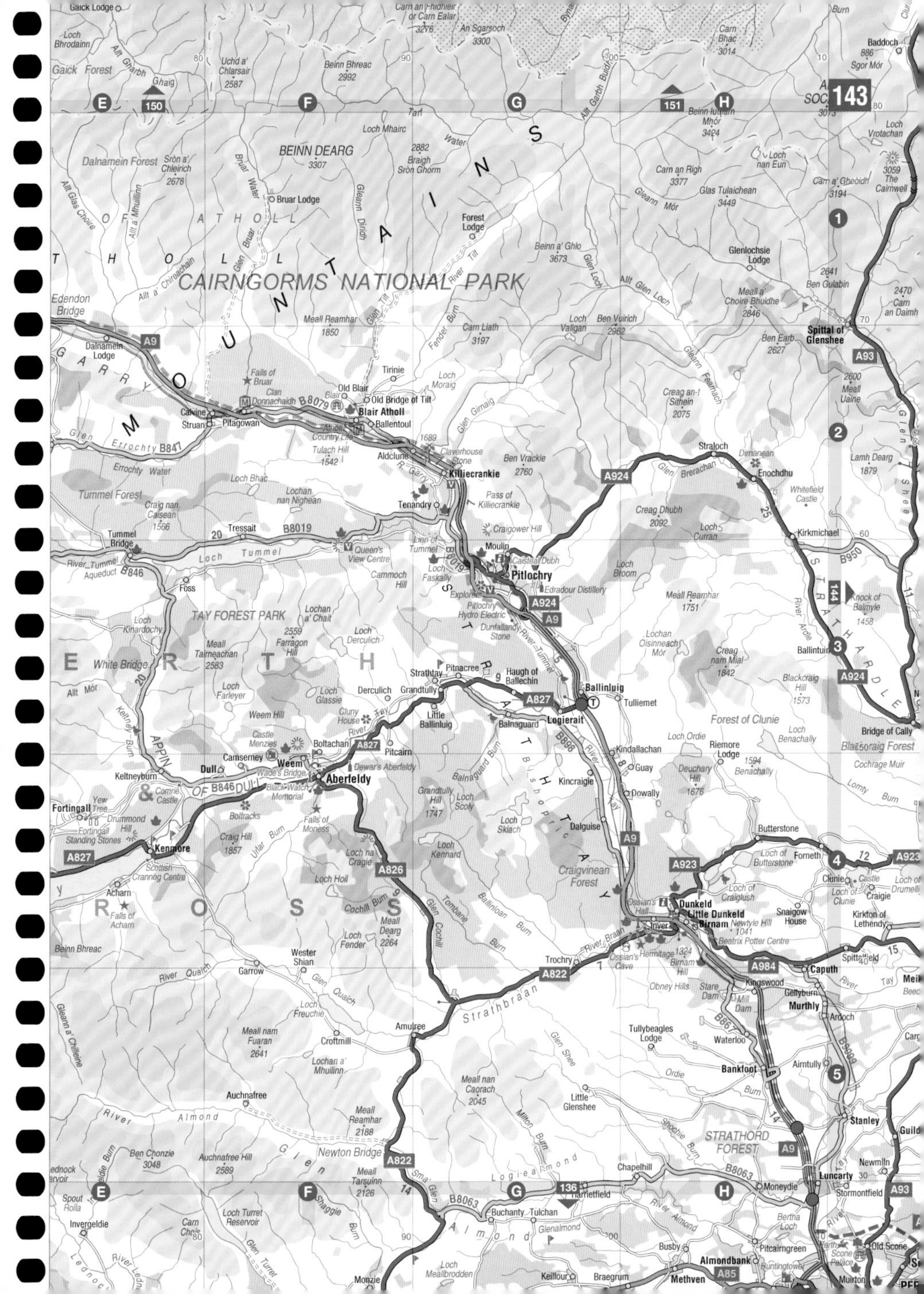
Gaick Lodge
Loch Bhrodainn
Gaick Forest
Allt Gharbh Ghaig
Uchd a' Chlarsair 2587
Beinn Bhreac 2992
An Sgarsoch 3300
Carn Bhac 3014
Baddoch 886 Sgor Mór
150
151
Beinn Iutharn Mhór 3424
Tarf Water
Loch Mhairc
BEINN DEARG 3307
2882 Braigh Sròn Ghorm
Dalnamein Forest
Sròn a' Chleirich 2678
Bruar Water
Bruar Lodge
Glas Tulaichean 3449
Carn an Righ 3377
Loch nan Eun
Loch Vrotachan
3059 The Cairnwell
Carn a' Gheoidh 3194
Gleann Mór
Forest Lodge
Beinn a' Ghlo 3673
Glen Loch
Glenlochsie Lodge
Allt Glen Loch
2641 Ben Gulabin
MOUNTAINS
ATHOLL
FOREST OF ATHOLL
CAIRNGORMS NATIONAL PARK
Edendon Bridge
Meall Reamhar 1850
Glen Tilt
River Tilt
Fender Burn
Carn Liath 3197
Loch Valigan
Ben Vuirich 2962
Meall a' Choire Bhuidhe 2846
2470 Carn an Daimh
Spittal of Glenshee
Ben Earb 2627
A93
A9
Dalnamein Lodge
GARRY
Falls of Bruar
Clan Donnachaidh
Tirinie
Loch Moraig
Old Blair
Blair
Old Bridge of Tilt
B8079
Blair Atholl
Ballentoul
Atholl Country Life
Calvine
Struan
Pitagowan
Glen Errochty
B847
Errochty Water
Tulach Hill 1542
1689
Aldclune
Claverhouse Stone
Killiecrankie
Ben Vrackie 2760
Glen Girnaig
Creag an-t Sithein 2075
Gleann Fearnach
2600 Meall Uaine
Straloch
Glen Brerachan
Dirnanean
Enochdhu
Lamh Dearg 1879
Whitefield Castle
Tummel Forest
Loch Bhac
Lochan nan Nighean
Craig nan Caisean 1566
Tenandry
Pass of Killiecrankie
A924
Creag Dhubh 2092
Loch Curran
Tummel Bridge
Tressait
B8019
Queen's View Centre
Craigower Hill
Linn of Tummel
Moulin
Caisteal Dubh
Pitlochry
Loch Faskally
Loch Broom
Kirkmichael
B950
STRATHARDLE
River Tummel Aqueduct
B846
Loch Tummel
Cammoch Hill
Edradour Distillery
Explorers
Pitlochry Hydro Electric
Dunfallandy Stone
Foss
TAY FOREST PARK
Lochan a' Chait
Meall Reamhar 1751
144
Knock of Balmyle 1458
Loch Kinardochy
2559 Farragon Hill
Loch Derculich
Lochan Oisinneach Mór
Ballintuim
Meall Tairneachan 2583
Creag nam Mial 1842
River Ardle
PERTH
White Bridge
Pitnacree
Haugh of Ballechin
Strathtay
Ballinluig
Tulliemet
Blackcraig Hill 1573
Allt Mór
Loch Farleyer
Derculich
Grandtully
Loch Glassie
A827
Forest of Clunie
Bridge of Cally
Blackcraig Forest
Weem Hill
Cluny House
Little Ballinluig
Balnaguard
Logierait
Loch Ordie
Loch Benachally
Castle Menzies
Boltachan
Pitcairn
Kindallachan
Riemore Lodge
1594 Benachally
Cochrage Muir
Camserney
Weem
Dewar's Aberfeldy
B898
Guay
Keltneyburn
Dull
Wade's Bridge
Aberfeldy
Balnaguard Burn
Kincraigie
Deuchary Hill 1676
Lornty Burn
APPIN OF DULL
Comrie Castle
Black Watch Memorial
Grandtully Hill 1747
Loch Scoly
Bishopric
Dowally
Fortingall
Yew Tree
Drummond Hill
Fortingall Standing Stones
Boltracks
Falls of Moness
Loch Skiach
Dalguise
Butterstone
Kenmore
Craig Hill 1857
Urlar Burn
Loch Kennard
Loch na Craigie
A823
Loch of Butterstone
Forneth
A923
A827
Scottish Crannog Centre
Craigvinean Forest
A826
Loch Hoil
Loch of Craiglush
Clunie
Castle
Loch of Clunie
Craigie
Acharn
Falls of Acharn
ROSS
Cochill Burn
Glen Cochill
Tombane Burn
Ballinloan Burn
Ossian's Hall
Dunkeld
Little Dunkeld
Birnam
Newtyle Hill 1041
Snaigow House
Kirkton of Lethendy
Beatrix Potter Centre
Inver
Hermitage
Beinn Bhreac
Loch Fender
Meall Dearg 2264
Wester Shian
Trochry
River Braan
Ossian's Cave
1324 Birnam Hill
A984
Caputh
Spittalfield
Garrow
River Quaich
Glen Quaich
A822
Strathbraan
Obney Hills
Stare Dam
Mill Dam
Kingswood
Gellyburn
Murthly
Ardoch
Loch Freuchie
Gleann a' Chilleine
Meall nam Fuaran 2641
Amulree
Croftmill
Glen Shee
Tullybeagles Lodge
B867
Waterloo
B9099
Lochan a' Mhuilinn
Meall nan Caorach 2045
Ordie Burn
Bankfoot
Airntully
Auchnafree
Little Glenshee
River Almond
Meall Reamhar 2188
Milton Burn
Shochie Burn
STRATHORD FOREST
Stanley
Ben Chonzie 3048
Auchnafree Hill 2589
Glen Almond
Newton Bridge
Logiealmond
Chapelhill
B8063
Newmiln
Meall Tarsuinn 2126
Sma' Glen
Luncarty
Stormontfield
Spout Rolla
Loch Turret Reservoir
Glen Shaggie
136
Harrietfield
Moneydie
Invergeldie
Carn Chois
Buchanty
Tulchan
Glenalmond
River Almond
Bertha Loch
Glen Turret
River Lednock
Loch Meallbrodden
Busby
Pitcairngreen
Old Scone
Scone Palace
Monzie
Keillour
Braegrum
Methven
A85
Almondbank
Huntingtower
Muirton

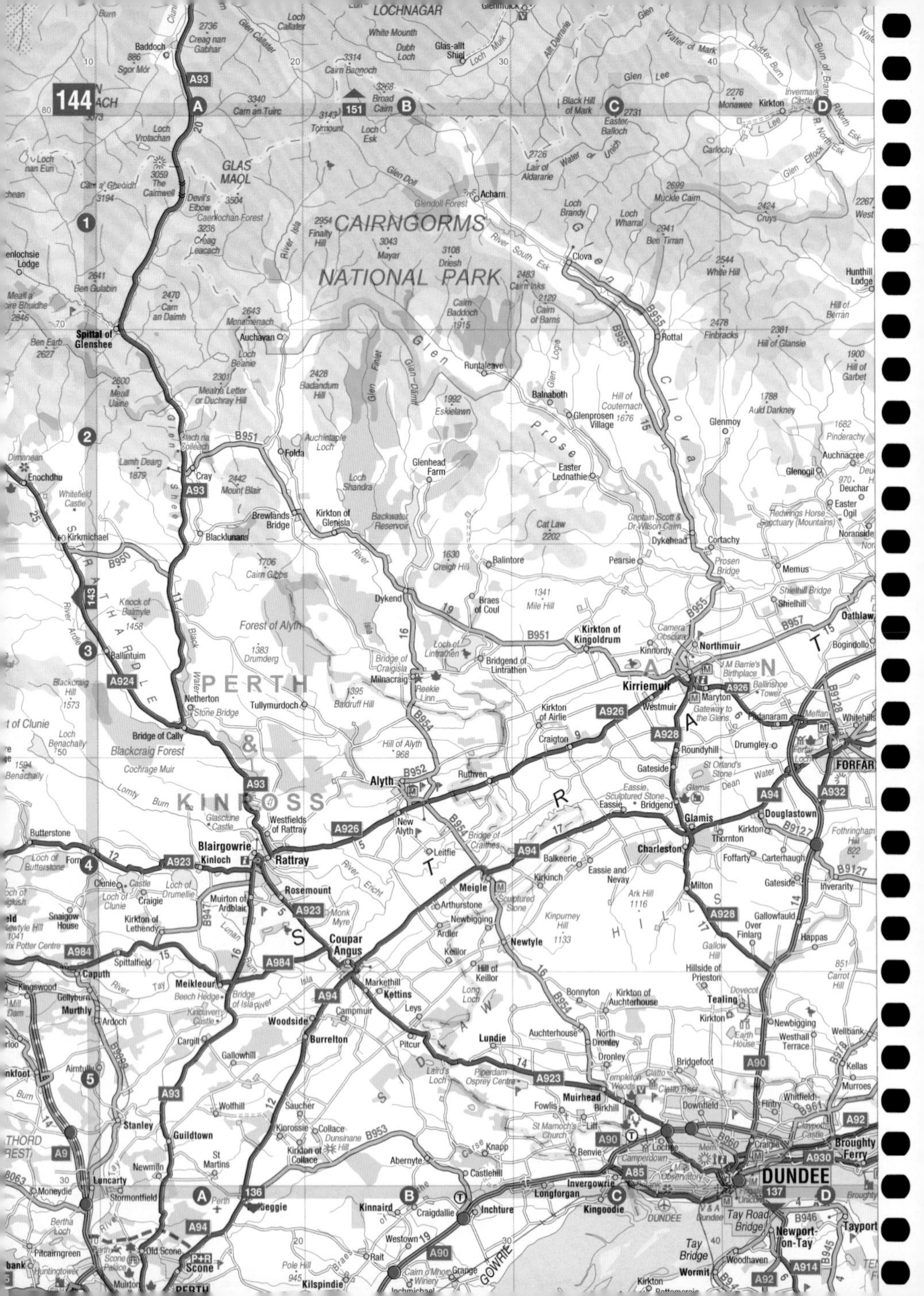

LOCHNAGAR
Loch Callater
White Mounth
Dubh Loch
Glas-allt Shiel
Loch Muick
Creag nan Gabhar
Baddoch
Sgor Mór
Glen Callater
Cairn Bannoch
Broad Cairn
144
151
A93
Carn an Tuirc
Tolmount
Loch Esk
Black Hill of Mark
Easter Balloch
Glen Lee
Water of Mark
Monawee
Kirkton
Invermark Castle
Carlochy
Glen Effock
Loch Vrotachan
Loch nan Eun
The Cairnwell
GLAS MAOL
Carn a' Gheoidh
Devil's Elbow
Caenlochan Forest
Creag Leacach
Lair of Aldararie
Water of Unich
Glen Doll
Acharn
Glendoll Forest
Muckle Cairn
Cruys
Loch Brandy
Loch Wharral
Ben Tirran
CAIRNGORMS
NATIONAL PARK
Finalty Hill
Mayar
Driesh
River Isla
River South Esk
Clova
Glenlochsie Lodge
Ben Gulabin
Carn an Daimh
Cairn Inks
Cairn Baddoch
Cairn of Barns
White Hill
Hunthill Lodge
Hill of Berran
Spittal of Glenshee
Ben Earb
Monamenach
Auchavan
Glen Finlet
Glen Damff
Glen Prosen
B955
Rottal
Finbracks
Hill of Glansie
Hill of Garbet
Meall Uaine
Loch Beanie
Badandum Hill
Mealna Letter or Duchray Hill
Runtaleave
Balnaboth
Glenprosen Village
Hill of Couternach
Eskielawn
Auld Darkney
Glenmoy
Pinderachy
Auchnacree
Glenogil
Deuchar
Easter Ogil
Redwings Horse Sanctuary (Mountains)
Noranside
Enochdhu
Lamh Dearg
Glach na Coilleach
Auchintaple Loch
Folda
B951
Cray
Mount Blair
Loch Shandra
Glenhead Farm
Easter Lednathie
Whitefield Castle
Kirkmichael
Brewlands Bridge
Kirkton of Glenisla
Backwater Reservoir
Cat Law
Captain Scott & Dr Wilson Cairn
Dykehead
Cortachy
Blacklunans
B950
Cairn Gibbs
Creigh Hill
Balintore
Pearsie
Prosen Bridge
Memus
STRATHARDLE
Knock of Balmyle
Dykend
Braes of Coul
Mile Hill
Shielhill Bridge
Shielhill
Oathlaw
Forest of Alyth
B951
Kirkton of Kingoldrum
Camera Obscura
Kinnordy
Northmuir
B957
Bogindollo
Ballintuim
Drumderg
Bridge of Craigisla
Loch of Lintrathen
Bridgend of Lintrathen
J M Barrie's Birthplace
Ballinshoe Tower
Blackcraig Hill
A924
PERTH
Milnacraig
Reekie Linn
Kirriemuir
Maryton
A926
Padanaram
Whitehills
B9128
Netherton
Stone Bridge
Tullymurdoch
Baldruff Hill
B954
Kirkton of Airlie
Westmuir
Gateway to the Glens
Meffan
Bridge of Cally
Blackcraig Forest
Hill of Alyth
Craigton
A928
Roundyhill
Drumgley
Forfar Loch
FORFAR
Loch Benachally
Cochrage Muir
A93
Alyth
B952
Ruthven
Gateside
St Orland's Stone
Dean Water
A932
Lornty Burn
KINROSS
Glasclune Castle
Westfields of Rattray
New Alyth
Eassie Sculptured Stone
Eassie
Bridgend
Glamis
A94
Douglastown
Butterstone
Loch of Butterstone
Forn
Blairgowrie
Kinloch
A923
Rattray
Leitfie
Bridge of Crathies
Balkeerie
Eassie and Nevay
Charleston
Kirkton
Thornton
B9127
Foffarty
Carterhaugh
Fothringham Hill
Clunie
Castle
Loch of Clunie
Loch of Drumellie
Craigie
Rosemount
River Ericht
Meigle
Kirkinch
Milton
Gateside
Inverarity
Muirton of Ardblair
Monk Myre
Arthurstone
Sculptured Stone
Ark Hill
Kinpurney Hill
Snaigow House
Kirkton of Lethendy
B947
Lunan Burn
Coupar Angus
Newbigging
Ardler
Newtyle
Gallowfauld
Over Finlarg
Happas
A984
Spittalfield
Caputh
Meikleour
Beech Hedge
Keillor
Hill of Keillor
Gallow Hill
Carrot Hill
Kingswood
Gellyburn
Murthly
Ardoch
Bridge of Isla
Kinclaven Castle
Markethill
Kettins
Long Loch
Bonnyton
Kirkton of Auchterhouse
Hillside of Prieston
Tealing
Dovecot
Campmuir
Woodside
Burrelton
Leys
Pitcur
Lundie
Auchterhouse
North Dronley
Dronley
Kirkton
Earth House
Newbigging
Westhall Terrace
Wellbank
Cargill
Gallowhill
Laird's Loch
Piperdam Osprey Centre
A923
Bridgefoot
A90
Kellas
Murroes
Airntully
B9099
Wolfhill
Saucher
Templeton Woods
Clatto
Clatto Resr
Muirhead
Birkhill
Fowlis
Downfield
Whitfield
Fintry
B961
Stanley
Guildtown
Kinrossie
Collace
Dunsinane Hill
B953
St Marnoch's Church
Liff
Lochee
Claypotts Castle
A92
Craigie
Broughty Ferry
A930
Newmiln
St Martins
Kirkton of Collace
Abernyte
Carse
Knapp
Benvie
Camperdown
Mills Observatory
Castlehill
A85
DUNDEE
Luncarty
Stormontfield
Moneydie
Invergowrie
Longforgan
Kingoodie
137
136
Perth
Balbeggie
Kinnaird
Craigdallie
Inchture
V & A Dundee
Tay Road Bridge
B946
Newport-on-Tay
Tayport
Bertha Loch
Westown
Tay Bridge
Woodhaven
A914
Pitcairngreen
Scone Palace
Old Scone
Rait
A90
Pole Hill
Cairn o'Mohr Winery
Grange
GOWRIE
Wormit
A92
Huntingtower
Scone
P+R
Kilspindie
Inchmichael
Kirkton
A94
A9
B8063
ANGUS
SIDLAW HILLS
STRATHMORE

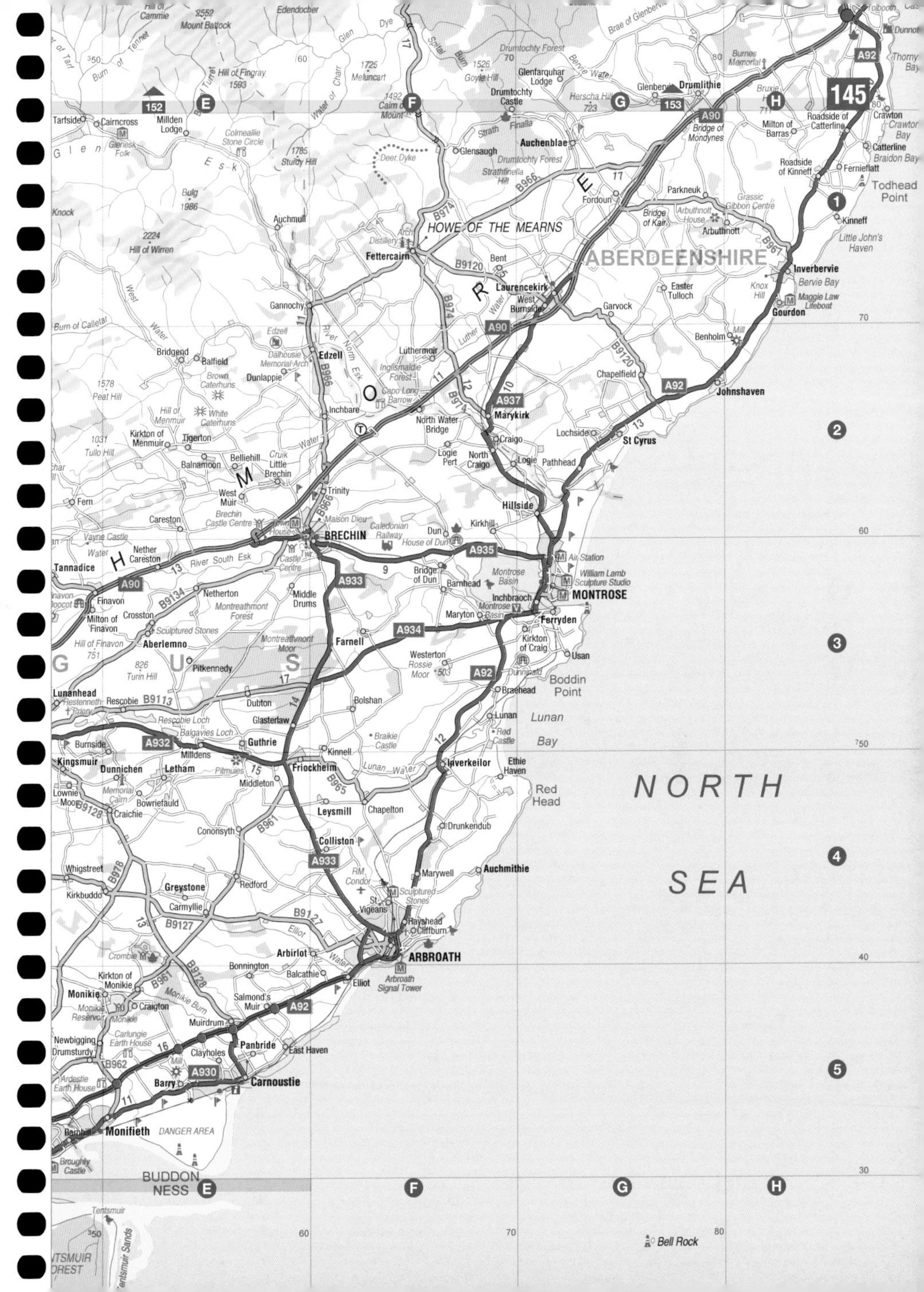
145
152
153
E
F
G
H
1
2
3
4
5
70
60
40
30
50
80
Hill of Cammie
2552 Mount Battock
Edendocher
Dye
Brae of Glenbervie
Tolbooth
Dunnottar
Water of Tarf
Burn of Tennet
Glen Dye
Spital Burn
Drumtochty Forest
Bervie Water
Burnes Memorial
Thornyhive Bay
Hill of Fingray 1593
1725 Meluncart
1526 Goyle Hill
Glenfarquhar Lodge
Glenbervie
Drumlithie
Bruxie Hill 711
Water of Charr
1492 Cairn o' Mount
Drumtochty Castle
Herscha Hill 723
A90
A92
Crawton
Crawton Bay
Tarfside
Cairncross
Millden Lodge
Colmeallie Stone Circle
Glenesk Folk
Strath Finella
Auchenblae
Bridge of Mondynes
Milton of Barras
Roadside of Catterline
Catterline
Braidon Bay
Glen Esk
1785 Sturdy Hill
Deer Dyke
Glensaugh
Drumtochty Forest
Strathfinella Hill
B966
Roadside of Kinneff
Fernieflatt
Todhead Point
Bulg 1986
Parkneuk
Grassic Gibbon Centre
Knock
Auchmull
B974
Fordoun
Bridge of Kair
Arbuthnott House
Arbuthnott
Kinneff
Little John's Haven
2224 Hill of Wirren
Distillery
Arch
HOWE OF THE MEARNS
B967
Fettercairn
B9120
Bent
ABERDEENSHIRE
Inverbervie
Bervie Bay
West Water
Laurencekirk
West Burnside
Easter Tulloch
Knox Hill
Maggie Law Lifeboat
Gourdon
Gannochy
Garvock
Burn of Calletar
River North Esk
Luther Water
Edzell
Benholm
Mill
Bridgend
Balfield
Dalhousie Memorial Arch
Edzell
Luthermuir
B9120
1578 Peat Hill
Brown Caterthun
Dunlappie
Inglismaldie Forest
Chapelfield
Capo Long Barrow
A937
A92
Johnshaven
Hill of Menmuir
White Caterthun
Inchbare
North Water Bridge
Marykirk
1031 Tullo Hill
Kirkton of Menmuir
Tigerton
Craigo
Lochside
St Cyrus
Logie Pert
North Craigo
Logie
Pathhead
Balnamoon
Belliehill
Cruik Water
Little Brechin
West Muir
Trinity
Hillside
Fern
Careston
Brechin Castle Centre
Maison Dieu
Caledonian Railway
Dun
Kirkhill
House of Dun
Vayne Castle
Noran Water
BRECHIN
A935
Air Station
Nether Careston
River South Esk
Castle Centre
Bridge of Dun
Montrose Basin
William Lamb Sculpture Studio
Tannadice
A90
A933
Barnhead
MONTROSE
Finavon
Netherton
B9134
Montreathmont Forest
Middle Drums
Inchbraoch
Montrose Basin
Ferryden
Milton of Finavon
Crosston
Maryton
Sculptured Stones
A934
Hill of Finavon 751
Aberlemno
Montreathmont Moor
Farnell
Westerton
Rossie Moor
Kirkton of Craig
Usan
826 Turin Hill
Pitkennedy
503
A92
Dunninald
Boddin Point
ANGUS
Lunanhead
Restenneth Priory
Rescobie
B9113
Dubton
Bolshan
Braehead
Lunan
Lunan Bay
Rescobie Loch
Glasterlaw
Balgavies Loch
Braikie Castle
Red Castle
Burnside
A932
Guthrie
Kinnell
Kingsmuir
Milldens
Frickheim
Inverkeilor
Ethie Haven
Dunnichen
Letham
Pitmuies
Lunan Water
Lowrie Moor
Memorial Cairn
Middleton
B965
Red Head
NORTH SEA
Bowriefauld
Leysmill
Chapelton
B9128
Craichie
Cononsyth
B961
Drunkendub
Colliston
A933
Whigstreet
B978
RM Condor
Marywell
Auchmithie
Kirkbuddo
Greystone
Redford
Sculptured Stones
Carmyllie
St Vigeans
B9127
Hayshead
Cliffburn
Elliot Water
Crombie
Arbirlot
ARBROATH
B9128
Bonnington
Kirkton of Monikie
B961
Balcathie
Elliot
Arbroath Signal Tower
Monikie
Monikie Burn
Craigton
Monikie Reservoir
Salmond's Muir
A92
Carlungie Earth House
Muirdrum
Newbigging
Drumsturdy
Panbride
East Haven
B962
Clayholes
Mill
A930
Ardestie Earth House
Barry
Carnoustie
Barnhill
Monifieth
DANGER AREA
Broughty Castle
BUDDON NESS
Tentsmuir
Tentsmuir Sands
TENTSMUIR FOREST
Bell Rock

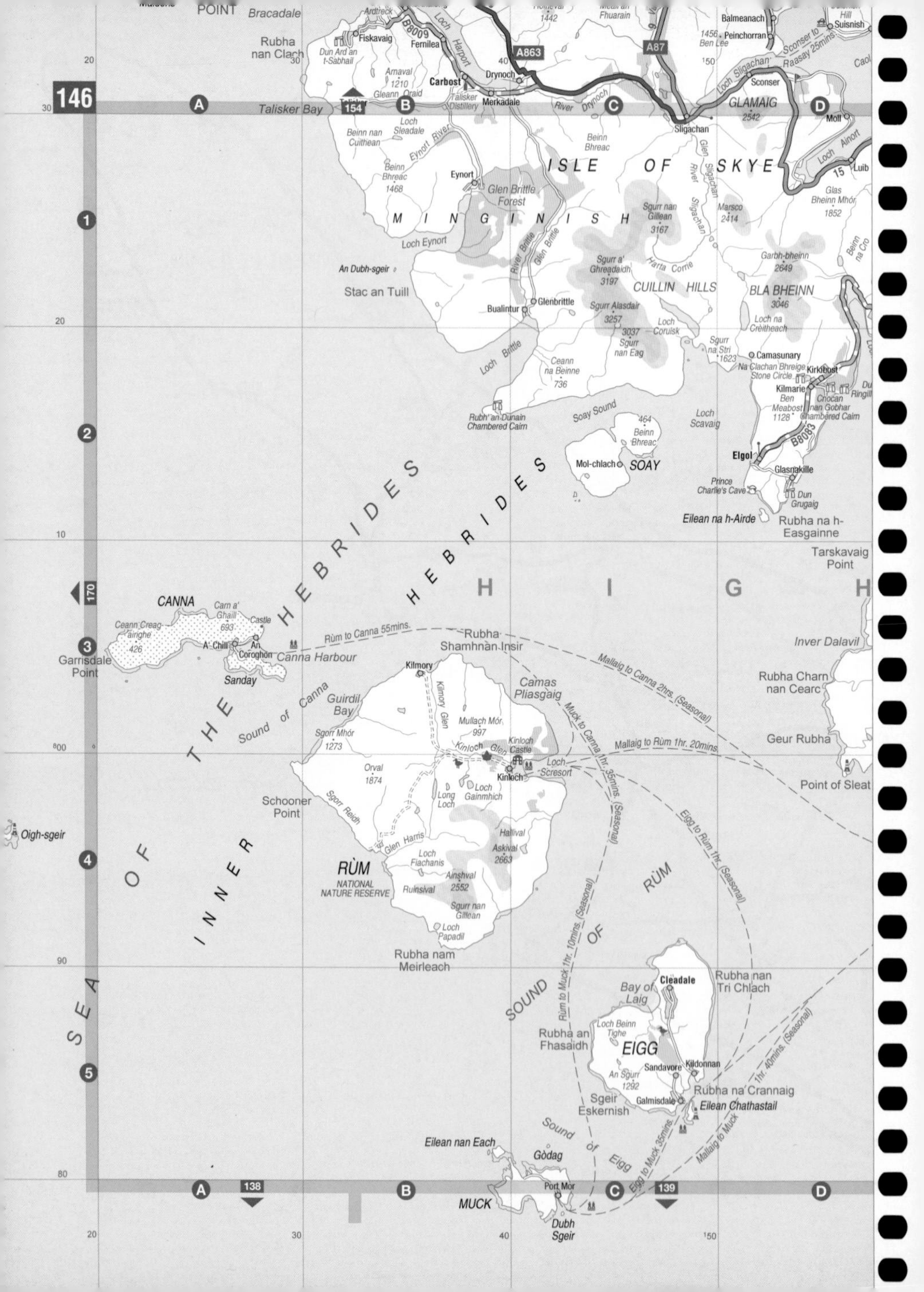

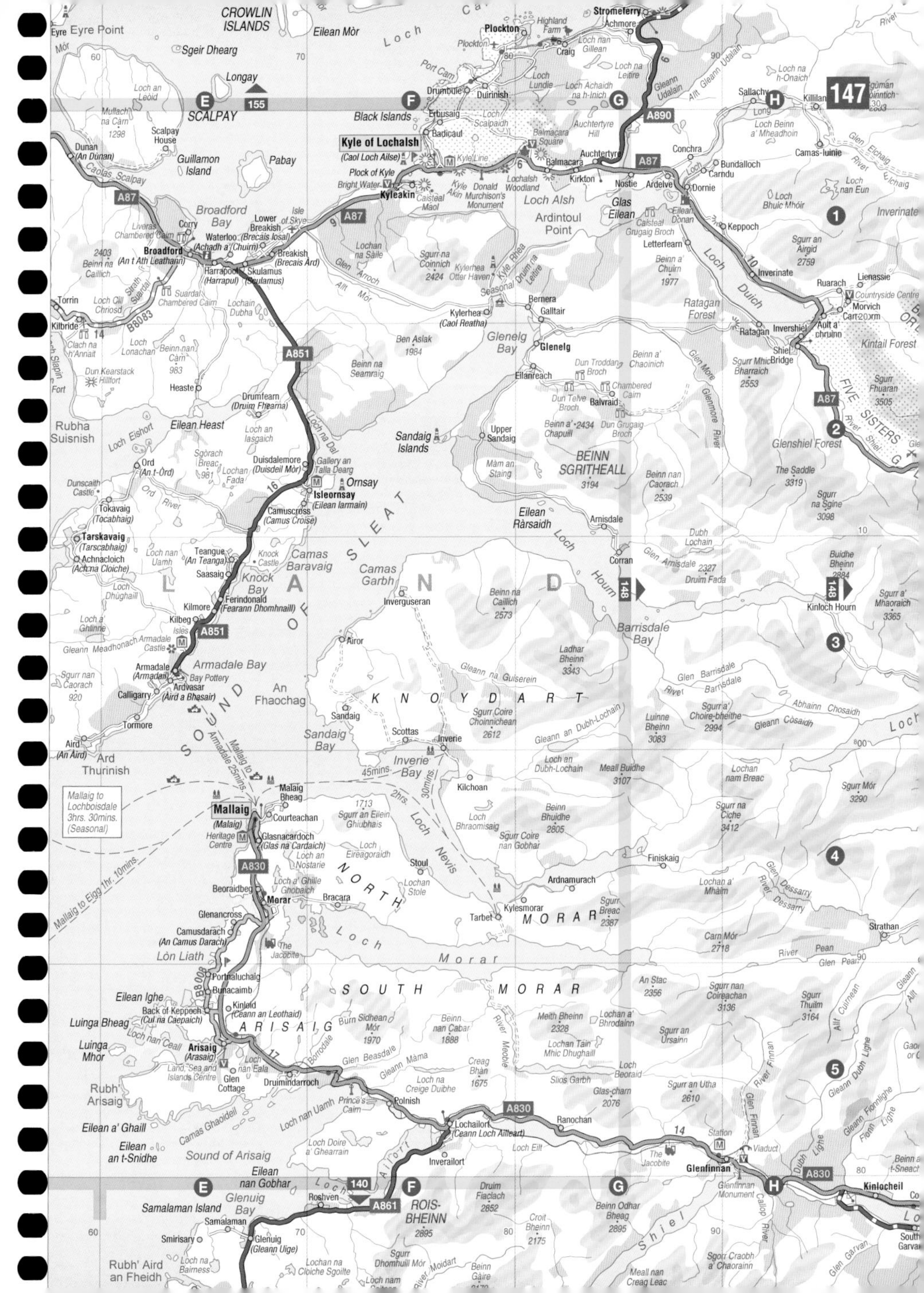
CROWLIN ISLANDS
Eilean Mòr
Eyre Point
Sgeir Dhearg
Longay
155
SCALPAY
Loch an Leòid
Mullach na Càrn 1298
Scalpay House
Dunan (An Dùnan)
Caolas Scalpay
Guillamon Island
Pabay
A87
Broadford Bay
Liveras Chambered Cairn
Corry
Lower Breakish
Isle of Skye
Waterloo (Achadh a' Chuirn)
Breakish (Brecais Ìosal)
Broadford (An t Ath Leathann)
Breakish (Brecais Àrd)
2403 Beinn na Caillich
Harrapool (Harrapul)
Skulamus (Sculamus)
Strath Suardal
Suardal Chambered Cairn
Torrin
Loch Cill Chriosd
Lochain Dubha
Kilbride
B8083
Clach na h'Annait
Loch Lonachan
Beinn nan Càrn 983
Dun Kearstack Hillfort
Heaste
A851
Drumfearn (Druim Fhearna)
Rubha Suisnish
Eilean Heast
Loch Eishort
Loch an Iasgaich
Loch na Dal
Ord (An t-Òrd)
Sgòrach Breac 981
Lochan Fada
Duisdalemore (Duisdeil Mòr)
Gallery an Talla Dearg
Dunscaith Castle
Ord River
Isleornsay (Eilean Iarmain)
Ornsay
Tokavaig (Tocabhaig)
Camuscross (Camus Croise)
Tarskavaig (Tarscabhaig)
Achnacloich (Ach na Cloiche)
Loch nan Uamh
Teangue (An Teanga)
Knock Castle
Saasaig
Knock Bay
Camas Baravaig
SLEAT
Loch Dhùghaill
L A N D
Ferindonald (Fearann Dhomhnaill)
Kilmore
Loch a' Ghlinne
Kilbeg
Isles
Gleann Meadhonach
Armadale Castle
Armadale (Armadail)
Armadale Bay
Bay Pottery
Ardvasar (Àird a Bhasair)
Sgurr nan Caorach 920
Calligarry
Tormore
An Fhaochag
SOUND OF SLEAT
Aird (An Àird)
Ard Thurinish
Mallaig to Armadale 25mins.
Mallaig to Lochboisdale 3hrs. 30mins. (Seasonal)
Mallaig to Eigg 1hr. 10mins.
Mallaig (Malaig)
Mallaig Bheag
Courteachan
Heritage Centre
Glasnacardoch (Glas na Cardaich)
A830
Beoraidbeg
Morar
Bracara
Glenancross
Camusdarach (An Camus Darach)
The Jacobite
Lòn Liath
B8008
Portnaluchaig
Bunacaimb
Eilean Ighe
Kinloid (Ceann an Leothaid)
Back of Keppoch (Cùl na Caepaich)
Luinga Bheag
Loch nan Ceall
Luinga Mhor
Arisaig (Arasaig)
ARISAIG
Land, Sea and Islands Centre
Glen Cottage
Loch nan Eala
Rubh' Arisaig
Druimindarroch
Eilean a' Ghaill
Camas Ghaoideil
Eilean an t-Snidhe
Sound of Arisaig
Eilean nan Gobhar
Glenuig Bay
Samalaman Island
Samalaman
Smirisary
Glenuig (Gleann Uige)
Rubh' Aird an Fheidh
Loch na Bairness
Lochan na Cloiche Sgoilte
Loch Ailort
140
A861
Roshven
ROIS-BHEINN 2895
Sgurr Dhomhnuill Mòr
River Moidart
Lochan nam
Beinn Gaire
Druim Fiaclach 2852
Croit Bheinn 2175
Beinn Odhar Bheag 2895
Loch Shiel
Meall nan Creag Leac
Sgorr Craobh a' Chaorainn
Glen Garvan
Callop River
Glenfinnan Monument
Glenfinnan
Station
Viaduct
Kinlocheil
South Garvan
Dubh Lighe
Fionn Lighe
Beinn an t-Sneach
Lochailort (Ceann Loch Ailleart)
Inverailort
Loch Eilt
Ranochan
Polnish
Prince's Cairn
Loch nan Uamh
Loch Doire a' Ghearrain
Loch na Creige Duibhe
Glen Beasdale
Gleann Màma
Borrodale
Burn Sidhean Mòr 1970
Beinn nan Cabar 1888
Creag Bhàn 1675
River Meoble
Glas-charn 2076
Slios Garbh
Loch Beoraid
Sgurr an Utha 2610
Glen Finnan
River Finnan
Meith Bheinn 2328
Lochan a' Bhrodainn
Lochan Tain Mhic Dhughaill
Sgurr an Ursainn
SOUTH MORAR
Loch Morar
An Stac 2356
Sgurr nan Coireachan 3136
Sgurr Thuilm 3164
Allt Cuirnean
Gleann Dubh Lighe
NORTH MORAR
Loch na Gillie Ghobaich
Loch an Nostarie
Loch Eireagoraidh
Stoul
Lochan Stole
Loch Nevis
Kylesmorar
Tarbet
Ardnamurach
Finiskaig
Sgurr Breac 2387
Carn Mòr 2718
River Pean
Glen Pean
Strathan
Lochan a' Mhàim
Glen Dessarry
River Dessarry
Sgurr an Eilein Ghiubhais 1713
Loch Bhraomisaig
Sgurr Coire nan Gobhar
Beinn Bhuidhe 2805
Kilchoan
Inverie Bay
Inverie
Scottas
Sandaig
Sandaig Bay
45mins.
2hrs.
30mins.
KNOYDART
Sgurr Coire Choinnichean 2612
Loch an Dubh-Lochain
Meall Buidhe 3107
Gleann an Dubh-Lochain
Luinne Bheinn 3083
Sgurr a' Choire-bheithe 2994
Gleann Còsaidh
Abhainn Chosaidh
Lochan nam Breac
Sgurr na Ciche 3412
Sgurr Mòr 3290
Airor
Gleann na Guiserein
Ladhar Bheinn 3343
Barrisdale Bay
Glen Barrisdale
River Barrisdale
Inverguseran
Camas Garbh
Beinn na Caillich 2573
Loch Hourn
148
Corran
Glen Arnisdale
Dubh Lochain
2327 Druim Fada
Kinloch Hourn
Buidhe Bheinn 2884
Sgurr a' Mhaoraich 3365
Eilean Ràrsaidh
Arnisdale
Beinn nan Caorach 2539
Sgurr na Sgine 3098
The Saddle 3319
Glenshiel Forest
River Shiel
FIVE SISTERS
Sgurr Fhuaran 3505
Kintail Forest
Sgurr Mhic Bharraich 2553
Shiel Bridge
Invershiel
Ault a' chruinn
Ratagan
Ratagan Forest
Glen More
Glenmore River
BEINN SGRITHEALL 3194
Màm an Staing
Upper Sandaig
Sandaig Islands
Beinn a' Chapuill 2434
Dun Grugaig Broch
Balvraid
Dun Telve Broch
Chambered Cairn
Dun Troddan Broch
Eilanreach
Beinn a' Chaoinich
Glenelg
Glenelg Bay
Galltair
Bernera
Kylerhea (Caol Reatha)
Ben Aslak 1984
Beinn na Seamraig
Seasonal Druim na Leitire
Kyle Rhea
Kylerhea Otter Haven
Sgurr na Coinnich 2424
Lochan na Sàile
Glen Arroch
Allt Mòr
Kyle of Lochalsh (Caol Loch Aillse)
Plock of Kyle
Bright Water
Kyleakin
Caisteal Maol
Kyle Akin
Donald Murchison's Monument
Lochalsh Woodland
Loch Alsh
Ardintoul Point
Glas Eilean
Balmacara
Kirkton
Nostie
Ardelve
Dornie
Eilean Donan
Caisteal Grugaig Broch
Letterfearn
Beinn a' Chuirn 1977
Loch Duich
Inverinate
Keppoch
Sgurr an Airgid 2759
Ruarach
Lienassie
Countryside Centre
Morvich
Camp
Conchra
Bundalloch
Carndu
Loch Long
Loch Bhuic Mhóir
Loch nan Eun
Camas-luinie
Glen Elchaig
River Elchaig
Loch Beinn a' Mheadhoin
Sallachy
Killilan
Loch na h-Onaich
Allt Gleann Udalain
Gleann Udalain
A890
Auchtertyre
Auchtertyre Hill
Balmacara Square
Kyle Line
Loch Achaidh na h-Inich
Loch Lundie
Loch Scalpaidh
Badicaul
Erbusaig
Black Islands
Drumbuie
Duirinish
Port Cam
Plockton
Highland Farm
Craig
Loch nan Gillean
Loch na Leitire
Achmore
Stromeferry
Loch Carron
Inverinate

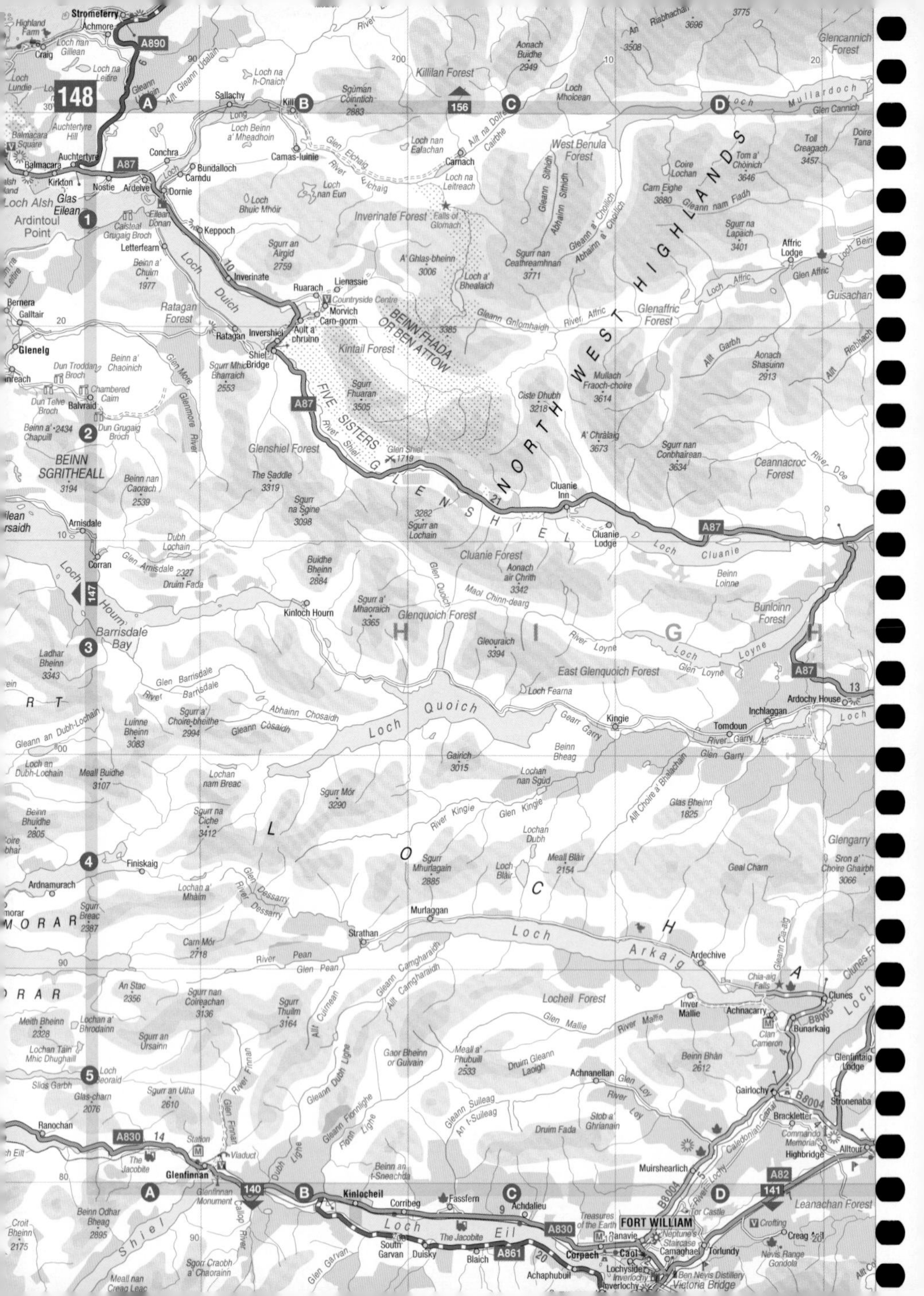

148
Stromeferry
Achmore
A890
Highland Farm
Craig
Loch nan Gillean
Loch na Leitire
Loch Lundie
Balmacara Square
Auchtertyre Hill
Auchtertyre
Balmacara
Kirkton
Loch Alsh
Glas Eilean
Ardintoul Point
Nostie
Ardelve
Dornie
A87
Eilean Donan
Caisteal Grugaig Broch
Letterfearn
Keppoch
Conchra
Bundalloch
Carndu
Loch
Duich
Inverinate
Beinn a' Chuim
1977
Ratagan Forest
Ratagan
Invershiel
Shiel Bridge
Bernera
Galltair
Glenelg
Dun Troddan Broch
Dun Telve Broch
Balvraid
Chambered Cairn
Dun Grugaig Broch
Beinn a' Chaoinich
Sgurr Mhic Bharraich
2553
Glen More
Glenmore River
Beinn a' Chapuill
2434
BEINN SGRITHEALL
3194
Beinn nan Caorach
2539
Arnisdale
Corran
Loch Hourn
147
Barrisdale Bay
Ladhar Bheinn
3343
Sallachy
Killilan
Loch Beinn a' Mheadhoin
Camas-luinie
Glen Elchaig
River Elchaig
Loch na h-Onaich
Allt Gleann Udalain
Sgùman Coinntich
2883
Killilan Forest
156
Aonach Buidhe
2949
Loch nan Ealachan
Carnach
Allt na Doire Gairbhe
Loch na Leitreach
Falls of Glomach
Loch nan Eun
Loch Bhuic Mhóir
Inverinate Forest
Sgurr an Airgid
2759
A' Ghlas-bheinn
3006
Loch a' Bhealaich
Ruarach
Lienassie
Countryside Centre
Morvich
Carn-gorm
Aoilt a' chruinn
Kintail Forest
BEINN FHADA OR BEN ATTOW
3385
FIVE SISTERS
Sgurr Fhuaran
3505
River Shiel
Glen Shiel
1719
Glenshiel Forest
The Saddle
3319
Sgurr na Sgine
3098
3282
Sgurr an Lochain
GLEN SHIEL
Loch Mhoicean
West Benula Forest
Gleann Sithidh
Abhainn Sithidh
Sgurr nan Ceathreamhnan
3771
Gleann Gniomhaidh
River Affric
Glenaffric Forest
Loch Affric
Affric Lodge
Glen Affric
Loch Mullardoch
Glen Cannich
Glencannich Forest
An Riabhachan
3696
3775
3508
Coire Lochan
Carn Eighe
3880
Gleann nam Fiadh
Tom a' Chòinich
3646
Toll Creagach
3457
Doire Tana
Sgurr na Lapaich
3401
Guisachan
NORTH WEST HIGHLANDS
Mullach Fraoch-choire
3614
Ciste Dhubh
3218
A' Chràlaig
3673
Aonach Shasuinn
2913
Sgurr nan Conbhairean
3634
Ceannacroc Forest
River Doe
Cluanie Inn
Cluanie Lodge
Loch Cluanie
Dubh Lochain
Glen Arnisdale
2327
Druim Fada
Buidhe Bheinn
2884
Cluanie Forest
Aonach air Chrith
3342
Glen Quoich
Maol Chinn-dearg
Beinn Loinne
Bunloinn Forest
Kinloch Hourn
Sgurr a' Mhaoraich
3365
Glenquoich Forest
Gleouraich
3394
River Loyne
Loch Loyne
Glen Loyne
East Glenquoich Forest
HIGHLAND
Glen Barrisdale
River Barrisdale
Abhainn Chosaidh
Gleann Còsaidh
Sgurr a' Choire-bheithe
2994
Luinne Bheinn
3083
Loch Quoich
Loch Fearna
Gearr Garry
Kingie
Ardochy House
Inchlaggan
Tomdoun
River Garry
Glen Garry
Gleann an Dubh-Lochain
Loch an Dubh-Lochain
Meall Buidhe
3107
Lochan nam Breac
Sgurr na Ciche
3412
Sgurr Mór
3290
Gairich
3015
Beinn Bheag
Lochan nan Sgùd
River Kingie
Glen Kingie
Allt Choire a' Bhalachain
Glas Bheinn
1825
Beinn Bhuidhe
2805
Finiskaig
Ardnamurach
Lochan a' Mhàim
Glen Dessarry
River Dessarry
Sgurr Mhurlagain
2885
Lochan Dubh
Loch Blàir
Meall Blàir
2154
Geal Charn
Glengarry
Sron a' Choire Ghairbh
3066
MORAR
Sgurr Breac
2387
Carn Mór
2718
Murlaggan
Strathan
Loch Arkaig
Ardechive
Gleann Cia-aig
Chia-aig Falls
Clunes
River Pean
Glen Pean
Gleann Camgharaidh
Allt Camgharaidh
An Stac
2356
Sgurr nan Coireachan
3136
Sgurr Thuilm
3164
Allt Cuirnean
Locheil Forest
Inver Mallie
Achnacarry
Clan Cameron
Bunarkaig
B8005
Glen Mallie
River Mallie
Meith Bheinn
2328
Lochan a' Bhrodainn
Lochan Tain Mhic Dhughaill
Sgurr an Ursainn
Gaor Bheinn or Gulvain
Meall a' Phubuill
2533
Druim Gleann Laoigh
Beinn Bhàn
2612
Glenfintaig Lodge
Achnanellan
Glen Loy
River Loy
Gairlochy
B8004
Stronenaba
Loch Beoraid
Slios Garbh
Glas-charn
2076
Sgurr an Utha
2610
River Finnan
Glen Finnan
Gleann Dubh Lighe
Gleann Fionnlighe
Gleann Suileag
An t-Suileag
Druim Fada
Stob a' Ghrianain
Brackletter
Caledonian Canal
Commando Memorial
Highbridge
Alltour
Ranochan
A830
The Jacobite
Station
Viaduct
Glenfinnan
Glenfinnan Monument
140
Dubh Lighe
Beinn an t-Sneachda
Muirshearlich
A82
141
Leanachan Forest
Kinlocheil
Corribeg
Fassfern
Achdalieu
Treasures of the Earth
FORT WILLIAM
Banavie
Neptune's Staircase
Caol
Camaghael
Torlundy
Tor Castle
River Lochy
B8004
Crofting
Creag Aoil
Nevis Range Gondola
Beinn Odhar Bheag
2895
Croit Bheinn
2175
Loch Shiel
Callop River
Sgorr Craobh a' Chaorainn
Meall nan Creag Leac
Loch Eil
South Garvan
Duisky
Blaich
A861
Corpach
Lochyside
Inverlochy
Achaphubuil
Glen Garvan
Ben Nevis Distillery
Victoria Bridge

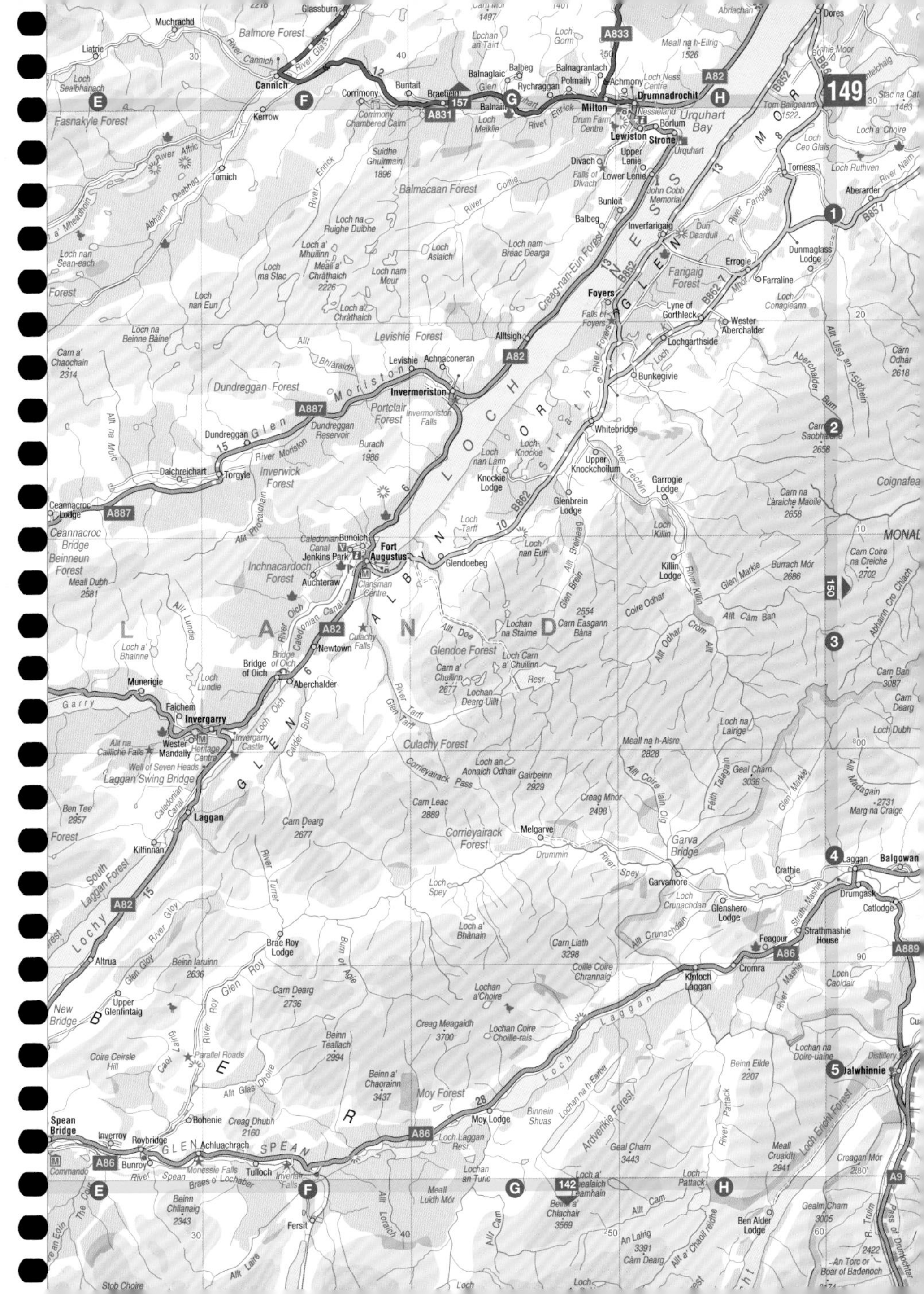

149
LOCH NESS
GLEN MOR
LOCHABER
LOCHABER
Fort Augustus
Invermoriston
Drumnadrochit
Invergarry
Dalwhinnie
Spean Bridge

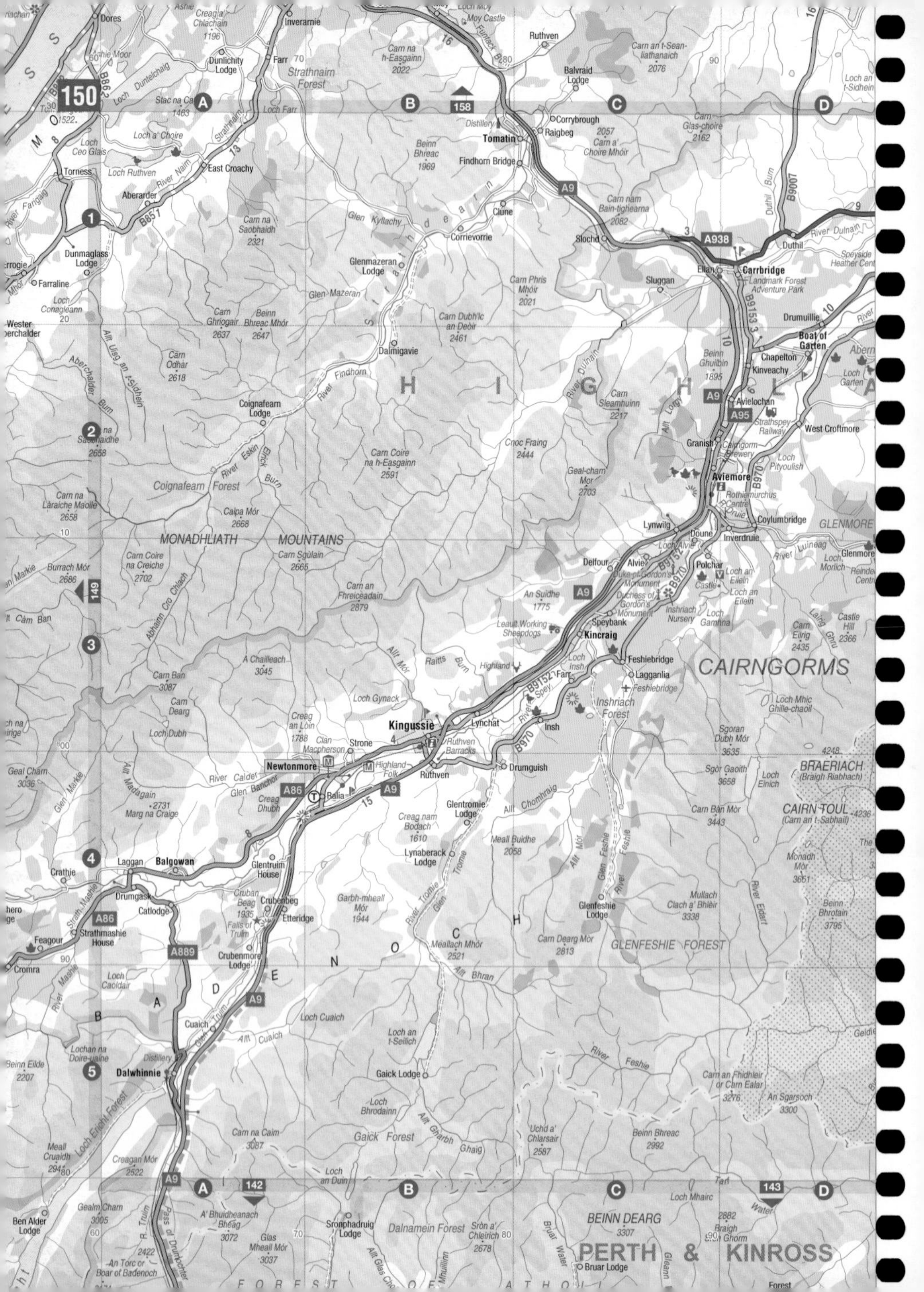

150
158
149
142
143
A
B
C
D
1
2
3
4
5
Dores
Inverarnie
Loch Moy
Moy Castle
Ruthven
Creag a' Chlachain
1196
Ashie Moor
Dunlichity Lodge
Farr
Strathnairn Forest
Carn na h-Easgainn
2022
Carn an t-Sean-liathanaich
2076
Balvraid Lodge
Loch an t-Sidhein
Loch Duntelchaig
Slac na Cat
1483
Loch Farr
1522
Corrybrough
Raigbeg
Distillery
Tomatin
2057
Carn a' Choire Mhóir
Carn Glas-choire
2162
Loch a' Choire
Loch Ceo Glais
Torness
Loch Ruthven
River Nairn
East Croachy
Beinn Bhreac
1969
Findhorn Bridge
Aberarder
B851
B862
A9
Clune
Carn nam Bain-tighearna
2082
Dulnain Burn
B9007
Carn na Saobhaidh
2321
Glen Kyllachy
Corrievorrie
Slochd
A938
River Dulnain
Duthil
Speyside Heather Centre
Dunmaglass Lodge
Farraline
Glenmazeran Lodge
Carn Phris Mhóir
2021
Sluggan
Ellan
Carrbridge
Landmark Forest Adventure Park
Loch Conagleann
Glen Mazeran
B9153
Wester Aberchalder
Carn Ghriogair
2637
Beinn Bhreac Mhór
2647
Carn Dubh'ic an Deòir
2461
Drumuillie
Boat of Garten
Allt Uisg an t-Sidhein
Aberchalder Burn
Carn Odhar
2618
Dalmigavie
River Findhorn
Beinn Ghuilbin
1895
Chapelton
Kinveachy
Loch Garten
H
I
G
H
L
A
Coignafearn Lodge
River Dulnain
Carn Sleamhuinn
2217
Avielochan
A95
Strathspey Railway
West Croftmore
2658
Carn Coire na h-Easgainn
2591
Cnoc Fraing
2444
Granish
Cairngorm Brewery
Loch Pityoulish
River Eskin
Elrick Burn
Coignafearn Forest
Geal-charn Mor
2703
Aviemore
B970
Rothiemurchus Centre
Carn na Laraiche Maoile
2658
Calpa Mór
2668
Lynwilg
Coylumbridge
GLENMORE
MONADHLIATH
MOUNTAINS
Carn Sgùlain
2665
Doune
Inverdruie
Loch Alvie
River Luineag
Glenmore
Loch Morlich
Reindeer Centre
Carn Coire na Creiche
2702
Burrach Mór
2686
Delfour
Alvie
Polchar
Loch an Eilein
Castle
Duke of Gordon's Monument
B9152
Abhainn Cro Chlach
Carn an Fhreiceadain
2879
An Suidhe
1775
Duchess of Gordon's Monument
Loch an Eilein
Inshriach Nursery
Loch Gamhna
Carn Eilrig
2435
Castle Hill
2366
Làirig Ghru
Leault Working Sheepdogs
Speybank
Kincraig
Feshiebridge
Allt Mór
Raitts Burn
A Chailleach
3045
Highland
Loch Insh
CAIRNGORMS
Lagganlia
Carn Ban
3087
Carn Dearg
Loch Gynack
River Spey
Inshriach Forest
Loch Mhic Ghille-chaoil
Loch Dubh
Creag an Loin
1788
Kingussie
Lynchat
Insh
Sgoran Dubh Mór
3635
Clan Macpherson
Strone
Ruthven Barracks
4248
BRAERIACH
(Braigh Riabhach)
Geal Charn
3036
River Calder
Glen Banchor
Newtonmore
Highland Folk
Ruthven
Drumguish
Sgòr Gaoith
3658
Loch Einich
A86
Creag Dhubh
Balla
Allt Madagain
2731
Marg na Craige
Glen Markie
Allt Chomhraig
Carn Bàn Mòr
3443
CAIRN TOUL
4236
(Carn an t-Sabhail)
Creag nam Bodach
1610
Glentromie Lodge
Meall Buidhe
2058
Lynaberack Lodge
Monadh Mór
3651
Crathie
Laggan
Balgowan
Glentruim House
Glen Tromie
Glen Feshie
River Feshie
Mullach Clach a' Bhlàir
3338
River Eidart
Drumgask
Catlodge
Cruban Beag
1935
Crubenbeg
Etteridge
Falls of Truim
Garbh-mheall Mór
1944
River Tromie
Glenfeshie Lodge
Beinn Bhrotain
3795
Strath Mashie
Strathmashie House
Feagour
Cromra
A889
Crubenmore Lodge
Meallach Mhór
2521
Carn Dearg Mòr
2813
GLENFESHIE FOREST
Loch Caoldair
River Mashie
B
A
D
E
N
O
C
H
Allt Bhran
Cuaich
Loch Cuaich
Allt Cuaich
Loch an t-Seilich
River Feshie
Lochan na Doire-uaine
Beinn Eilde
2207
Dalwhinnie
Distillery
Gaick Lodge
Carn an Fhidhleir or Carn Ealar
3276
An Sgarsoch
3300
Loch Bhrodainn
Loch Ericht Forest
Meall Cruaidh
2940
Creagan Mór
2522
Carn na Caim
3087
Gaick Forest
Allt Gharbh Ghaig
Uchd a' Chlarsair
2587
Beinn Bhreac
2992
Loch an Duin
Tarf Water
Loch Mhairc
2882
Braigh Sròn Ghorm
Gealm Cham
3005
Ben Alder Lodge
R. Truim
Pass of Drumochter
A' Bhuidheanach Bheag
3072
Sronphadruig Lodge
Dalnamein Forest
Sròn a' Chleirich
2678
BEINN DEARG
3307
Bruar Water
PERTH & KINROSS
Glas Mheall Mór
3037
2422
An Torc or Boar of Badenoch
Bruar Lodge
Glas Choire
Forest
F O R E S T   O F   A T H O L L

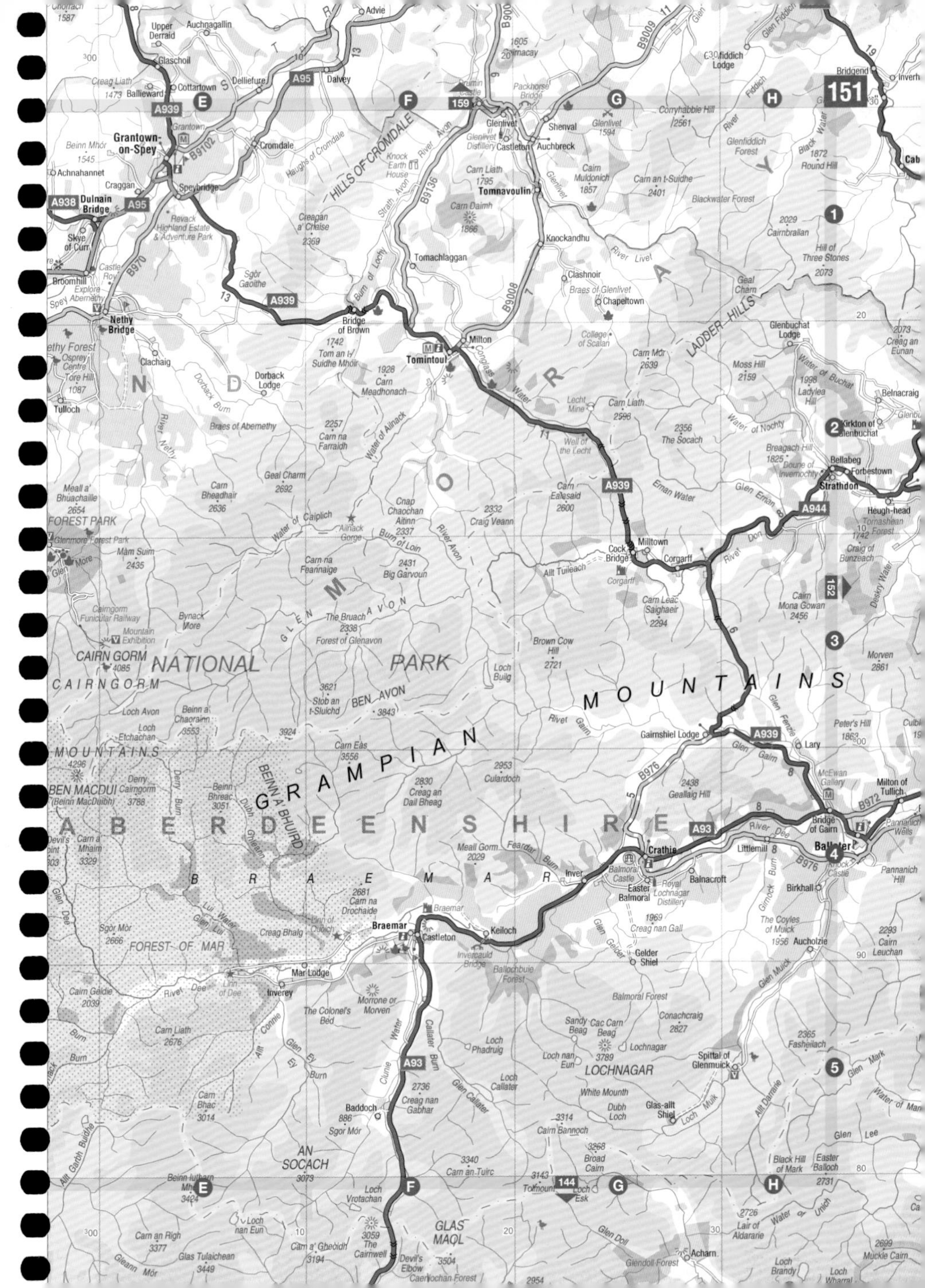

151
Advie
Upper Derraid
Auchnagallin
Glaschoil
Creag Liath 1473
Ballieward
Cottartown
Dellefure
A95
Dalvey
1605 Carn Daimh
B9009
Glen Fiddich
Glenfiddich Lodge
Bridgend
Inverharnie
A939
E
F
G
H
159
Glenlivet
Packhorse Bridge
Shenval
Glenlivet 1594
Corryhabbie Hill 2561
River Fiddich
Glenfiddich Forest
Black Water
1872 Round Hill
Grantown-on-Spey
Beinn Mhór 1545
Cromdale
Haughs of Cromdale
HILLS OF CROMDALE
Knock Earth House
River Avon
Glenlivet Distillery
Castleton
Auchbreck
Achnahannet
Craggan
A B9102
Speybridge
Carn Liath 1795
Tomnavoulin
Cairn Muldonich 1857
Carn an t-Suidhe 2401
Blackwater Forest
A938
Dulnain Bridge
A95
Revack Highland Estate & Adventure Park
Strath Avon
B9136
Carn Daimh 1866
Creagan a' Chaise 2369
Knockandhu
2029 Cairnbrallan
Hill of Three Stones 2073
Skye of Curr
River Livet
Tomachlaggan
Castle Roy
B970
Sgòr Gaoithe
Clashnoir
Broomhill
Explore Abernethy
Braes of Glenlivet
Chapeltown
Geal Charn
Spey
Nethy Bridge
A939
13
Burn of Lochy
Bridge of Brown
B9008
LADDER HILLS
Glenbuchat Lodge
Milton
College of Scalan
Abernethy Forest
Osprey Centre
Tore Hill 1087
Clachaig
1742 Tom an t-Suidhe Mhòr
Tomintoul
Conglass Water
Carn Mòr 2639
Moss Hill 2159
Water of Buchat
1998 Ladylea Hill
Belnacraig
1928 Carn Meadhonach
Dorback Lodge
Dorback Burn
Tulloch
N
D
Lecht Mine
Carn Liath 2598
Braes of Abernethy
River Nethy
2257 Carn na Farraidh
Water of Ailnack
Well of the Lecht
2356 The Socach
Water of Nochty
Kirkton of Glenbuchat
Breagach Hill 1825
Bellabeg
Forbestown
Doune of Invernochty
Strathdon
Geal Charn 2692
Carn Bheadhair 2636
Carn Ealasaid 2600
Eman Water
Glen Ernan
A944
Heugh-head
Tornashean Forest
Meall a' Bhuachaille 2654
FOREST PARK
Glenmore Forest Park
Water of Caiplich
Ailnack Gorge
Cnap Chaochan Aitinn 2337
Burn of Loin
2332 Craig Veann
River Avon
Milltown
Cock Bridge
Corgarff
River Don
1742 Craig of Bunzeach
Màm Suim 2435
Glen More
Carn na Feannaige
2431 Big Garvoun
Allt Tuileach
152
Deskry Water
Cairn Mona Gowan 2456
Carn Leac Saighaeir 2294
Cairngorm Funicular Railway
Bynack More
GLEN AVON
The Bruach 2338
Forest of Glenavon
Mountain Exhibition
Brown Cow Hill 2721
CAIRN GORM 4085
NATIONAL
PARK
Loch Builg
Morven 2861
CAIRNGORM
3621 Stob an t-Sluichd
BEN AVON 3843
MOUNTAINS
Loch Avon
Beinn a' Chaorainn 3553
Loch Etchachan
3924
River Gairn
Gairnshiel Lodge
A939
Lary
Peter's Hill 1863
Carn Eas 3556
MOUNTAINS
4296
GRAMPIAN
2953 Culardoch
Glen Gairn
Glen Fenzie
B976
2438 Geallaig Hill
McEwan Gallery
Milton of Tullich
Derry Cairngorm 3788
BEN MACDUI (Beinn MacDuibh)
Derry Burn
Beinn Bhreac 3051
Dubh Ghleann
BEINN A' BHUIRD
2830 Creag an Dail Bheag
B972
Bridge of Gairn
ABERDEENSHIRE
A93
River Dee
Littlemill
Ballater
Pannanich Wells
Devil's Point 3303
Carn a' Mhaim 3329
Meall Gorm 2029
Feardar Burn
Crathie
Balmoral Castle
Balnacroft
B976
Knock Castle
Pannanich Hill
BRAEMAR
Inver
Easter Balmoral
Royal Lochnagar Distillery
Birkhall
2681 Carn na Drochaide
Glen Dee
Lui Water
Glen Lui
Linn of Quoich
Braemar
1969 Creag nan Gall
Gairnock Burn
The Coyles of Muick 1956
2293 Cairn Leuchan
Sgòr Mòr 2666
FOREST OF MAR
Creag Bhalg
Castleton
Keiloch
Glen Gelder
Gelder Shiel
Aucholzie
Invercauld Bridge
Ballochbuie Forest
Mar Lodge
Linn of Dee
Inverey
River Dee
Morrone or Morven
Glen Muick
Cairn Geldie 2039
The Colonel's Bed
Balmoral Forest
Conachcraig 2827
Carn Liath 2676
Allt Connie
Callater Burn
Clunie Water
Loch Phadruig
Sandy Beag
Cac Carn Beag
Lochnagar
3789
2365 Fasheilach
Glen Ey
Ey Burn
A93
Loch nan Eun
LOCHNAGAR
Spittal of Glenmuick
5
Glen Mark
Carn Bhac 3014
2736 Creag nan Gabhar
Glen Callater
Loch Callater
White Mounth
Dubh Loch
Glas-allt Shiel
Loch Muick
Allt Darrarie
Water of Mark
Baddoch
886 Sgor Mòr
3314 Cairn Bannoch
Glen Lee
Allt Garbh Buidhe
AN SOCACH 3073
3340 Carn an Tuirc
3268 Broad Cairn
Black Hill of Mark
Easter Balloch 2731
Beinn Iutharn Mhòr 3424
Loch Vrotachan
3143 Tolmount
144
Loch Esk
Water of Unich
Loch nan Eun
Carn an Righ 3377
3059 The Cairnwell
GLAS MAOL
Glen Doll
2726 Lair of Aldararie
Carn a' Gheoidh 3194
Glas Tulaichean 3449
Gleann Mòr
Devil's Elbow
3504
Caenlochan Forest
Glendoll Forest
Acharn
Loch Brandy
2699 Muckle Cairn
Loch Wharral
2954

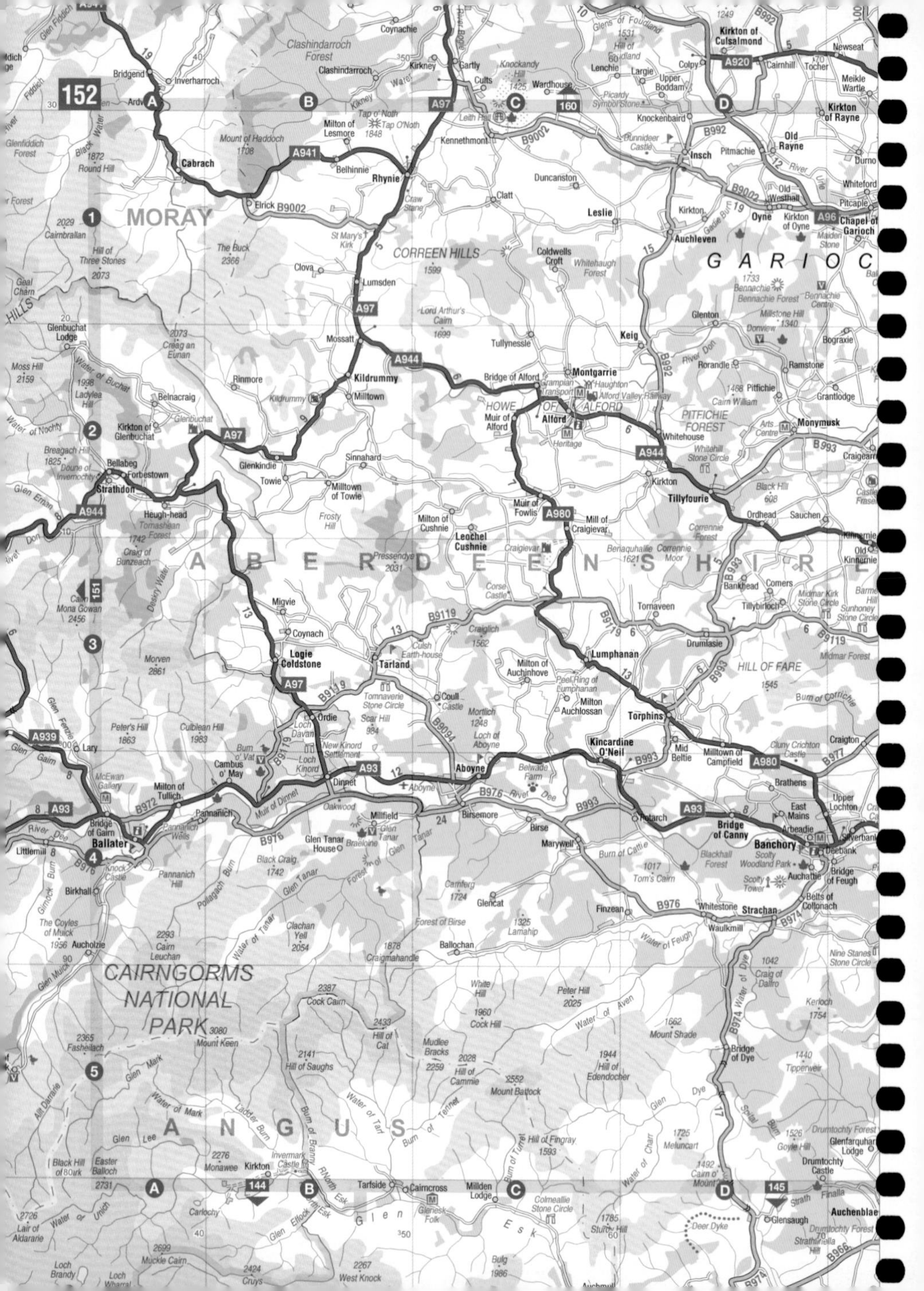

152
MORAY
GARIOC
ABERDEENSHIRE
ANGUS
CAIRNGORMS NATIONAL PARK
A941
A97
A944
A980
A939
A93
A920
A96
B9002
B992
B993
B9119
B9094
B976
B972
B974
B977
B966
160
151
144
145
Glen Fiddich
Bridgend
Inverharroch
Ardwell
Cabrach
Mount of Haddoch
1708
Black Water
Glenfiddich Forest
1872
Round Hill
Clashindarroch Forest
Clashindarroch
Coynachie
Kirkney
Gartly
Cults
Knockandy Hill
1425
Wardhouse
Milton of Lesmore
Tap o' Noth
1848
Belhinnie
Rhynie
Kennethmont
Leith Hall
Elrick
Craw Stane
St Mary's Kirk
CORREEN HILLS
1599
Clatt
Duncanston
Leslie
Coldwells Croft
Whitehaugh Forest
Glens of Foudland
1531
Hill of Foudland
Lenchie
Largie
Upper Boddam
Picardy Symbol Stone
Knockenbaird
Dunnideer Castle
Insch
Pitmachie
Colpy
Kirkton of Culsalmond
Cairnhill
Tocher
Newseat
Meikle Wartle
Kirkton of Rayne
Old Rayne
Durno
Old Westhall
Whiteford
Pitcaple
Chapel of Garioch
Kirkton of Oyne
Oyne
Maiden Stone
Kirkton
Auchleven
Gadie Burn
River Urie
2029
Cairnbrallan
Hill of Three Stones
2073
The Buck
2366
Clova
Lumsden
Geal Charn
HILLS
Glenbuchat Lodge
Moss Hill
2159
Water of Buchat
1998
Ladylea Hill
Water of Nochty
Breagach Hill
1825
Doune of Invernochty
Bellabeg
Forbestown
Strathdon
Glen Ernan
River Don
Kirkton of Glenbuchat
Glenbuchat
Belnacraig
Rinmore
2073
Creag an Eunan
Mossatt
Kildrummy
Milltown
Lord Arthur's Cairn
1699
Tullynessle
Bridge of Alford
Montgarrie
Grampian Transport
Haughton
Alford Valley Railway
HOWE OF ALFORD
Muir of Alford
Alford
Heritage
Keig
Glenton
1733
Bennachie
Bennachie Forest
Bennachie Centre
Millstone Hill
1340
Donview
Bograxie
River Don
Rorandle
Ramstone
1468
Pitfichie
Cairn William
Grantlodge
PITFICHIE FOREST
Arts Centre
Monymusk
Whitehouse
Whitehill Stone Circle
Craigearn
Glenkindie
Towie
Sinnahard
Milltown of Towie
Heugh-head
Tornashean Forest
1742
Craig of Bunzeach
Deskry Water
Frosty Hill
Milton of Cushnie
Leochel Cushnie
Muir of Fowlis
Mill of Craigievar
Craigievar
Kirkton
Tillyfourie
Black Hill
608
Ordhead
Sauchen
Corrennie Forest
Benaquhallie
1621
Corrennie Moor
Kinnernie
Old Kinnernie
Pressendye
2031
Corse Castle
Cairn Mona Gowan
2456
Migvie
Coynach
Logie Coldstone
Craiglich
1562
Cush Earth-house
Tarland
Bankhead
Corners
Tornaveen
Tillybirloch
Midmar Kirk Stone Circle
Sunhoney Stone Circle
Barmekin Hill
Drumlasie
HILL OF FARE
Midmar Forest
1545
Burn of Corrichie
Morven
2861
Lumphanan
Milton of Auchinhove
Peel Ring of Lumphanan
Milton Auchlossan
Torphins
Glen Fenzie
Tomnaverie Stone Circle
Scar Hill
984
Coull Castle
Mortlich
1248
Loch of Aboyne
Ordie
Loch Davan
New Kinord Settlement
Loch Kinord
Burn o' Vat
Cambus o' May
Dinnet
Aboyne
Belwade Farm
River Dee
Kincardine O'Neil
Mid Beltie
Milltown of Campfield
Cluny Crichton Castle
Craigton
Brathens
Upper Lochton
Peter's Hill
1863
Culblean Hill
1983
Lary
Glen Gairn
McEwan Gallery
Milton of Tullich
Pannanich
Muir of Dinnet
Oakwood
Millfield
Glen Tanar
Braeloine
Birsemore
Birse
Potarch
Bridge of Canny
Banchory
East Mains
Arbeadie
Silverbank
Deebank
Bridge of Gairn
Ballater
Pannanich Wells
Littlemill
Knock Castle
River Dee
Pannanich Hill
Black Craig
1742
Glen Tanar House
Forest of Glen Tanar
Marywell
Burn of Cattie
1017
Tom's Cairn
Blackhall Forest
Scolty Woodland Park
Scolty Tower
Auchattie
Bridge of Feugh
Belts of Collonach
Birkhall
Gairnock Burn
Pollagach Burn
Carnferg
1724
Glencat
Finzean
Whitestone
Strachan
Waulkmill
The Coyles of Muick
1956
Aucholzie
Glen Muick
2293
Cairn Leuchan
Water of Tanar
Clachan Yell
2054
Forest of Birse
1325
Lamahip
Ballochan
1878
Craigmahandle
Water of Feugh
1042
Craig of Dalfro
Nine Stanes Stone Circle
2387
Cock Cairn
White Hill
1960
Cock Hill
Peter Hill
2025
Water of Aven
1662
Mount Shade
Kerloch
1754
2365
Fasheilach
3080
Mount Keen
2433
Hill of Cat
2141
Hill of Saughs
Mudlee Bracks
2259
2028
Hill of Cammie
2552
Mount Battock
1944
Hill of Edendocher
Water of Dye
Bridge of Dye
1440
Tipperweir
Glen Mark
Water of Mark
Ladder Burn
Allt Darrarie
Burn of Branny
Water of Tarf
Burn of Tennet
Burn of Turret
Water of Charr
Glen Dye
Spital Burn
Glen Lee
Black Hill of Mark
Easter Balloch
2731
2276
Monawee
Kirkton
Invermark Castle
Hill of Fingray
1593
1725
Meluncart
1526
Goyle Hill
Drumtochty Forest
Glenfarquhar Lodge
Drumtochty Castle
1492
Cairn o' Mount
Tarfside
Cairncross
Glenesk Folk
Millden Lodge
Colmeallie Stone Circle
River North Esk
Glen Effock
Glen Esk
Carlochy
2726
Lair of Aldararie
Water of Unich
Strath Finella
Glensaugh
Auchenblae
Deer Dyke
1785
Sturdy Hill
Strathfinella Hill
2699
Muckle Cairn
2424
Cruys
2267
West Knock
Bulg
1986
Loch Brandy
Loch Wharral
Auchmull

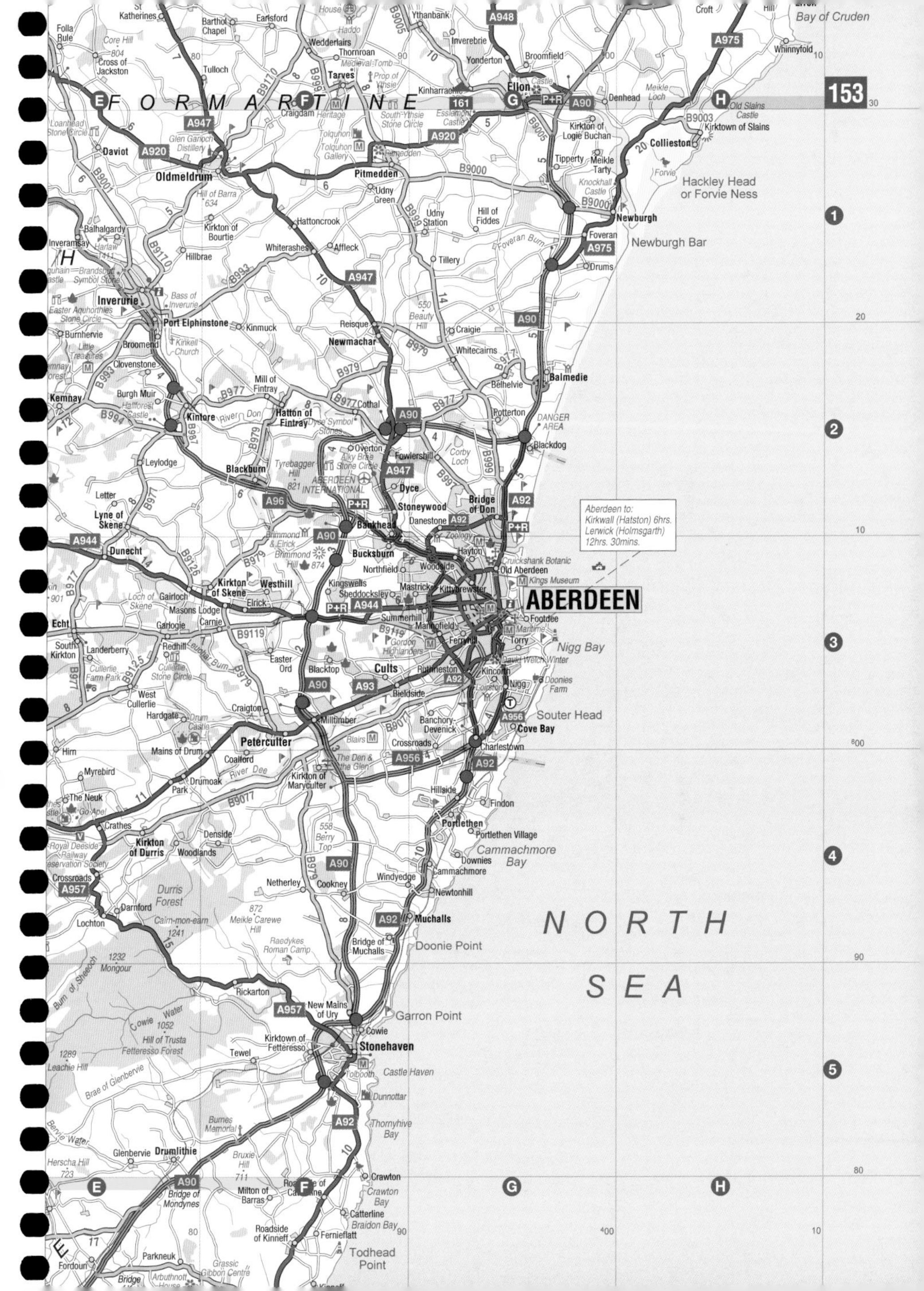
FORMARTINE
ABERDEEN
NORTH SEA
Bay of Cruden
Whinnyfold
Ellon
Oldmeldrum
Pitmedden
Tarves
Newburgh
Collieston
Kirktown of Slains
Hackley Head or Forvie Ness
Newburgh Bar
Foveran
Drums
Inverurie
Port Elphinstone
Kintore
Kemnay
Newmachar
Balmedie
Blackdog
Hatton of Fintray
Blackburn
Dyce
Stoneywood
Bridge of Don
Bankhead
Bucksburn
Westhill
Kirkton of Skene
Dunecht
Echt
Aberdeen to:
Kirkwall (Hatston) 6hrs.
Lerwick (Holmsgarth) 12hrs. 30mins.
Old Aberdeen
Footdee
Torry
Nigg Bay
Cults
Bieldside
Peterculter
Milltimber
Cove Bay
Souter Head
Charlestown
Portlethen
Portlethen Village
Cammachmore Bay
Newtonhill
Muchalls
Doonie Point
Garron Point
Stonehaven
Cowie
Castle Haven
Dunnottar
Thornyhive Bay
Crawton
Crawton Bay
Catterline
Braidon Bay
Fernieflatt
Todhead Point
Drumlithie
Glenbervie
Fordoun
Durris Forest
Kirkton of Durris
Crathes
A90
A92
A93
A96
A944
A947
A920
A948
A975
A956
A957
161

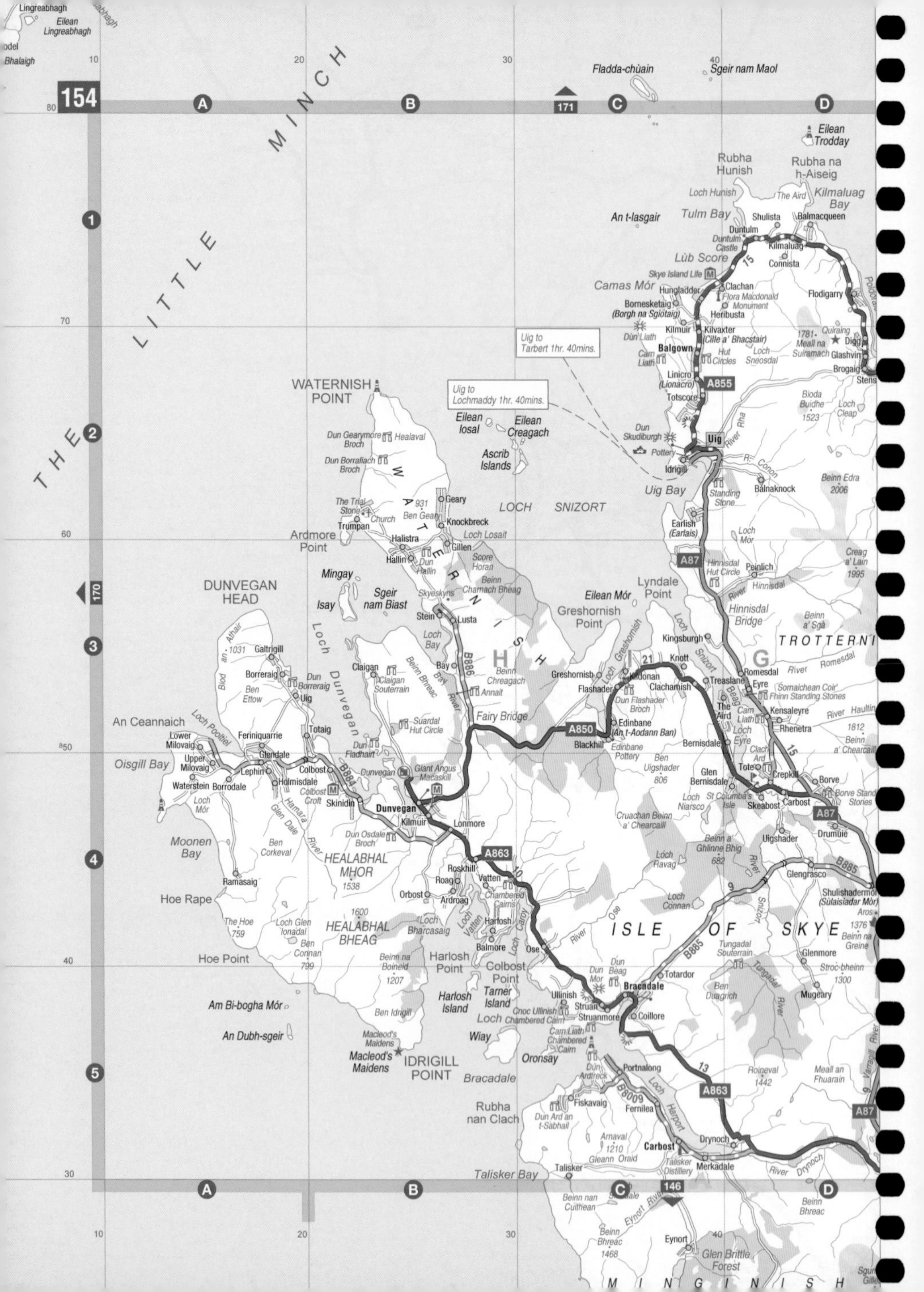

THE LITTLE MINCH
Uig to Tarbert 1hr. 40mins.
Uig to Lochmaddy 1hr. 40mins.
WATERNISH POINT
DUNVEGAN HEAD
Fladda-chùain
Sgeir nam Maol
Eilean Trodday
Rubha Hunish
Rubha na h-Aiseig
Kilmaluag Bay
Tulm Bay
An t-Iasgair
Duntulm
Shulista
Balmacqueen
Kilmaluag
Lùb Score
Camas Mór
Flodigarry
Quiraing
Uig
Uig Bay
Balgown
LOCH SNIZORT
Eilean Iosal
Eilean Creagach
Ascrib Islands
WATERNISH
Ardmore Point
Mingay
Isay
Sgeir nam Biast
Lyndale Point
Greshornish Point
Eilean Mór
TROTTERNISH
Dunvegan
Oisgill Bay
Moonen Bay
Hoe Rape
Hoe Point
HEALABHAL MHOR
HEALABHAL BHEAG
Harlosh Point
Harlosh Island
Colbost Point
Tarner Island
Am Bi-bogha Mór
An Dubh-sgeir
Macleod's Maidens
IDRIGILL POINT
Wiay
Oronsay
Bracadale
Rubha nan Clach
ISLE OF SKYE
Bracadale
Carbost
Talisker Bay
Glen Brittle Forest
MINGINISH
A87
A850
A855
A863
B884
B885
B886
B8009
171
170
146

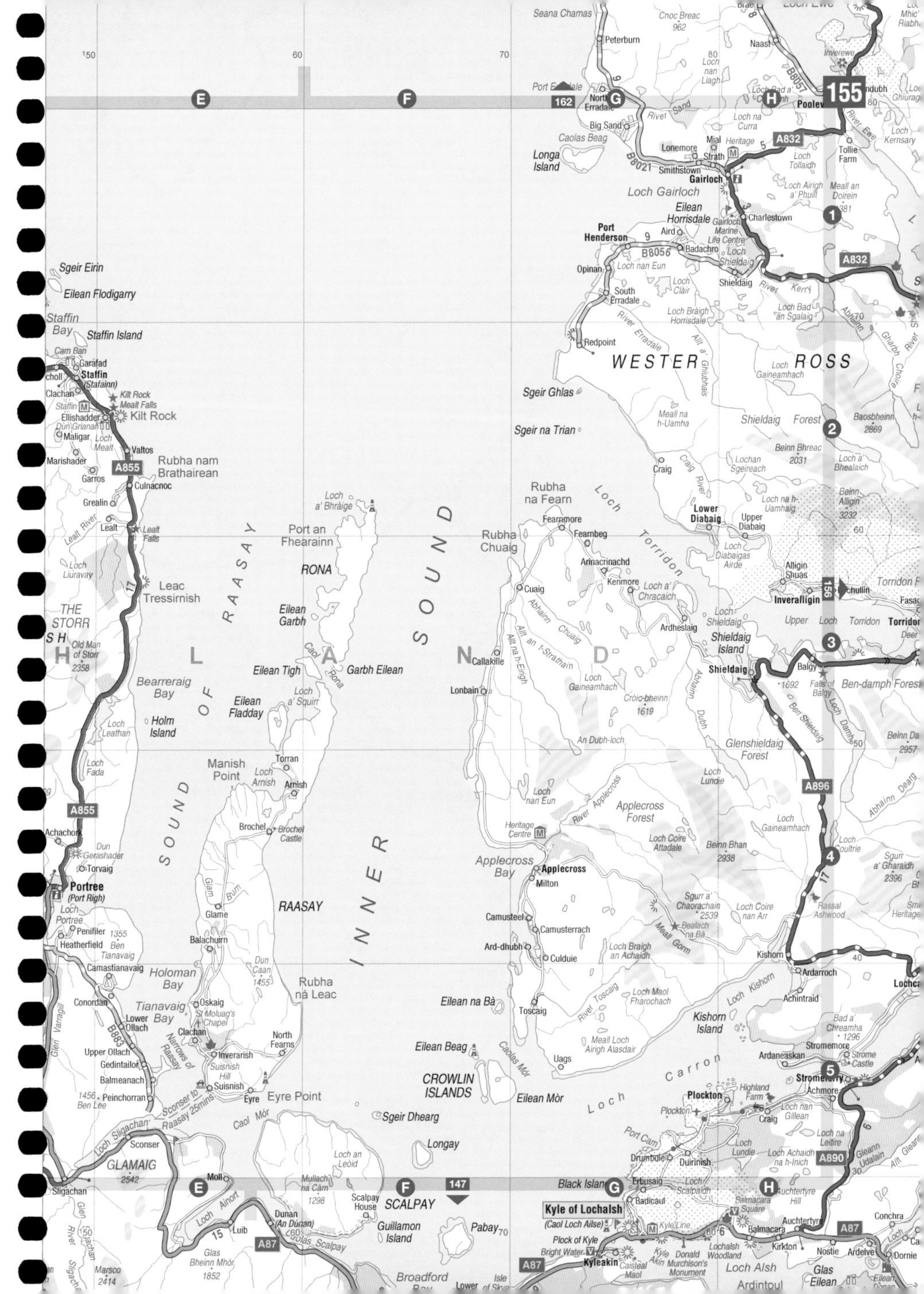

155
150
60
70
E
F
G
H
162
147
Seana Chamas
Cnoc Breac
962
Peterburn
Naast
Loch Ewe
Inverewe
80
Loch nan Liagh
B8057
Port Erradale
North Erradale
Big Sand
River Sand
Loch Bad a' Chrotha
Poolewe
Loch na Curra
Caolas Beag
Mial
Heritage
A832
Longa Island
Lonemore
Strath
Tollie Farm
B8021
Smithstown
Gairloch
Loch Tollaidh
Loch Gairloch
Loch Airigh a' Phuill
Meall an Doirein
Eilean Horrisdale
Gairloch Marine Life Centre
Charlestown
Port Henderson
Aird
B8056
Badachro
Loch Shieldaig
Opinan
Loch nan Eun
A832
South Erradale
Loch Clàir
Shieldaig
River Kerry
Loch Bràigh Horrisdale
Loch Bad an Sgalaig
Redpoint
River Erradale
Allt a' Ghiubhais
WESTER ROSS
Loch Gaineamhach
Sgeir Eirin
Eilean Flodigarry
Staffin Bay
Staffin Island
Garafad
Staffin (Stafainn)
Clachan
Kilt Rock
Mealt Falls
Ellishadder
Dùn Grianan
Maligar
Loch Mealt
Valtos
Marishader
A855
Rubha nam Brathairean
Garros
Culnacnoc
Grealin
Lealt
Lealt Falls
Lealt River
Loch Liuravay
Leac Tressirnish
THE STORR
Old Man of Storr
2358
Bearreraig Bay
Holm Island
Loch Leathan
Loch Fada
A855
Achachork
Dun Gerashader
Torvaig
Portree (Port Rìgh)
Loch Portree
Penifiler
1355 Ben Tianavaig
Heatherfield
Camastianavaig
Holoman Bay
Tianavaig Bay
Conordan
Lower Ollach
B883
Upper Ollach
Gedintailor
Balmeanach
1456 Ben Lee
Peinchorran
Glen Varragill
Loch Sligachan
Sconser
GLAMAIG
2542
Sligachan
Sconser to Raasay 25mins
Narrows of Raasay
Loch a' Bhràige
Port an Fhearainn
RONA
Eilean Garbh
Caol Rona
Eilean Tigh
Garbh Eilean
Loch a' Squirr
Eilean Fladday
SOUND OF RAASAY
Manish Point
Torran
Loch Arnish
Arnish
Brochel
Brochel Castle
Glam
Burn
Glame
RAASAY
Balachuirn
Dun Caan
1455
Rubha na Leac
Oskaig
St Moluag's Chapel
Clachan
Inverarish
Suisnish Hill
North Fearns
Suisnish
Eyre
Eyre Point
Caol Mòr
Moll
Loch Ainort
Luib
Glas Bheinn Mhòr
1852
A87
Marsco
2414
Dunan (An Dùnan)
Mullach na Càrn
1298
Loch an Leòid
Scalpay House
SCALPAY
Guillamon Island
Pabay
Broadford Bay
HIGHLAND
INNER SOUND
Sgeir Ghlas
Sgeir na Trian
Meall na h-Uamha
Shieldaig Forest
Craig
Craig River
Lochan Sgeireach
Beinn Bhreac
2031
Rubha na Fearn
Loch Torridon
Lower Diabaig
Upper Diabaig
Loch na h-Uamhaig
Beinn Alligin
3232
Fearnmore
Fearnbeg
Rubha Chuaig
Arinacrinachd
Kenmore
Loch a' Chracaich
Loch Diabaigas Airde
Alligin Shuas
Inveralligin
156
Torridon
Upper Loch Torridon
Cuaig
Abhainn Chuaig
Ardheslaig
Loch Shieldaig
Shieldaig Island
Shieldaig
Balgy
Falls of Balgy
Ben-damph Forest
Callakille
Allt na h-Eirigh
Allt an t-Strathain
Lonbain
Loch Gaineamhach
Croic-bheinn
1619
An Dubh-loch
Abhainn Dubh
Glenshieldaig Forest
Ben Shieldaig
Loch Damh
Loch Lundie
A896
Loch nan Eun
River Applecross
Applecross Forest
Heritage Centre
Loch Coire Attadale
Beinn Bhan
2938
Loch Gaineamhach
Loch Coultrie
Applecross Bay
Applecross
Milton
Sgurr a' Chaorachain
2539
Loch Coire nan Arr
Rassal Ashwood
Camusteel
Camusterrach
Bealach na Bà
Ard-dhubh
Culduie
Loch Braigh an Achaidh
Meall Gorm
Kishorn
Ardarroch
Eilean na Bà
Toscaig
River Toscaig
Loch Maol Fharochach
Achintraid
Loch Kishorn
Kishorn Island
Bad a' Chreamha
1296
Eilean Beag
Caolas Mòr
Meall Loch Airigh Alasdair
Uags
Stromemore
Strome Castle
Ardaneaskan
Loch Carron
Stromeferry
Achmore
CROWLIN ISLANDS
Eilean Mòr
Plockton
Highland Farm
Craig
Loch nan Gillean
Sgeir Dhearg
Longay
Port Cam
Loch Lundie
Loch Achaidh na h-Inich
Loch na Leitire
A890
Drumbuie
Duirinish
Black Island
Erbusaig
Loch Scalpaidh
Balmacara Square
Auchtertyre Hill
Badicaul
Kyle of Lochalsh (Caol Loch Aillse)
Kyle Line
Plock of Kyle
Bright Water
Kyleakin
Caisteal Maol
Kyle Akin
Donald Murchison's Monument
Lochalsh Woodland
Balmacara
Auchtertyre
Kirkton
Nostie
Ardelve
Dornie
Conchra
A87
Loch Alsh
Ardintoul
Glas Eilean
Baosbheinn
2869
Beinn Dearg
2957
Abhainn Dearg
Sgurr a' Gharaidh
2396
Torridon
Tollie
Kernsary
Abhainn Gharbh Choire
Gleann Udalain

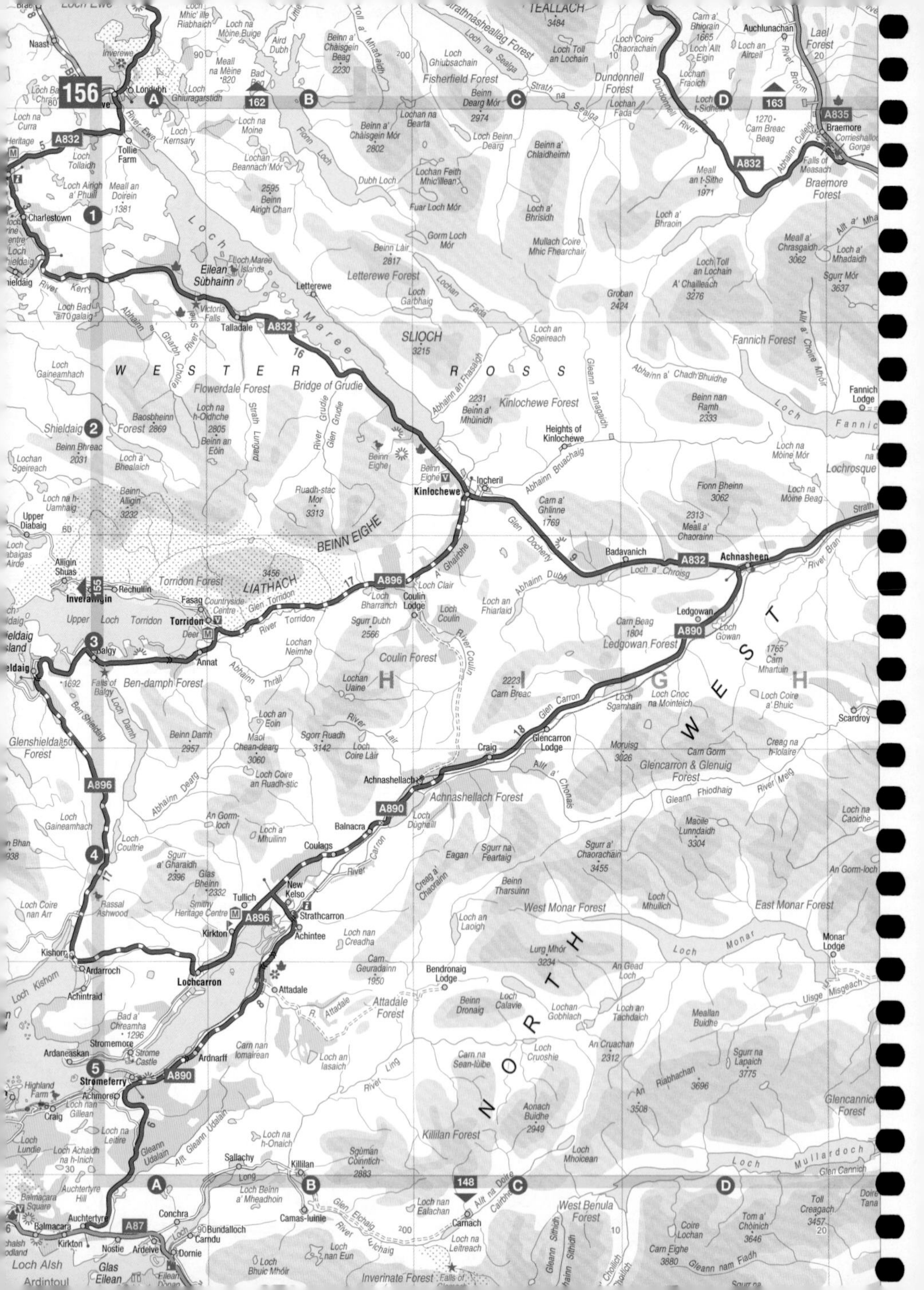
156
162
163
148
155
A
B
C
D
1
2
3
4
5
Loch Ewe
Naast
Inverewe
Londubh
Loch na Curra
A832
Tollie Farm
Loch Tollaidh
Loch Airigh a' Phuill
Meall an Doirein
1381
Charlestown
Loch Mhic' ille Riabhaich
Loch na Mòine Buige
Meall na Mèine
820
Bad Bog
Loch Ghiuragarstidh
Loch Kernsary
Loch na Moine
Lochan Beannach Mór
River Ewe
Aird Dubh
Beinn a' Chàisgein Beag
2230
Toll a' Mhadaidh
Fionn Loch
Beinn a' Chàisgein Mór
2802
Lochan na Bearta
Dubh Loch
Strathnasheallag Forest
Loch na Sealga
Loch Ghiubsachain
Fisherfield Forest
Beinn Dearg Mór
2974
Loch Beinn Dearg
Lochan Feith Mhic'illean
Fuar Loch Mór
Gorm Loch Mór
TEALLACH
3484
Loch Toll an Lochain
Loch Coire Chaorachain
Dundonnell Forest
Strath na Sealga
Lochan Fada
Dundonnell River
Beinn a' Chlaidheimh
Loch a' Bhrisidh
Mullach Coire Mhic Fhearchair
Cam a' Bhiorain
1665
Loch Allt Eigin
Lochan Fraoich
Loch t-Sidhein
Auchlunachan
Loch an Airceil
River Broom
Lael Forest
A835
Braemore
Corrieshalloch Gorge
Falls of Measach
1270
Carn Breac Beag
Meall an t-Sithe
1971
Braemore Forest
Abhainn Cuileig
Loch a' Bhraoin
Meall a' Chrasgaidh
3062
Loch a' Mhadaidh
Sgurr Mór
3637
Loch Toll an Lochain
A' Chailleach
3276
Groban
2424
Fannich Forest
Allt a' Choire Mhóir
2595
Beinn Airigh Charr
Loch Maree
Eilean Sùbhainn
Loch Maree Islands
Letterewe
Beinn Làir
2817
Letterewe Forest
Loch Garbhaig
Lochan Fada
SLIOCH
3215
Loch an Sgeireach
Gleann Tanagaidh
Abhainn a' Chadh'Bhuidhe
Beinn nan Ramh
2333
Loch Fannich
Fannich Lodge
Charlestown
Shieldaig
River Kerry
Loch Bad a' Ghaill
Victoria Falls
Talladale
Abhainn Ghairbh
Slattadale
16
W E S T E R
R O S S
Loch Gaineamhach
Flowerdale Forest
Bridge of Grudie
River Grudie
Glen Grudie
Baosbheinn
Forest
2869
Loch na h-Oidhche
2805
Beinn an Eòin
Strath Lungard
Abhainn an Fhasaigh
2231
Beinn a' Mhùinidh
Kinlochewe Forest
Heights of Kinlochewe
Abhainn Bruachaig
Beinn Bhreac
2031
Lochan Sgeireach
Loch a' Bhealaich
Beinn Alligin
3232
Loch na h-Uamhaig
Upper Diabaig
Beinn Eighe
Incheril
Kinlochewe
Ruadh-stac Mor
3313
BEINN EIGHE
Carn a' Ghlinne
1769
Glen Docherty
Loch na Mòine Mór
Lochrosque
Fionn Bheinn
3062
Loch na Mòine Beag
2313
Meall a' Chaorainn
Badavanich
A832
Achnasheen
Loch a' Chroisg
River Bran
Strath
Alligin Shuas
Inveralligin
Rechullin
Torridon Forest
LIATHACH
3456
Fasag
Countryside Centre
Glen Torridon
17
A896
Loch Clair
A' Ghairbhe
Loch Bharranch
Coulin Lodge
Loch Coulin
Loch an Fhiarlaid
Abhainn Dubh
Upper Loch Torridon
Torridon
Deer
River Torridon
Sgurr Dubh
2566
Lochan Neimhe
River Coulin
Coulin Forest
Carn Beag
1804
Ledgowan
Loch Gowan
A890
Ledgowan Forest
1765
Carn Mhartuin
Balgy
Annat
Shieldaig
Falls of Balgy
1692
Ben-damph Forest
Abhainn Thrail
Loch Damh
Ben Shieldaig
Lochan Uaine
H I G H
Loch an Eoin
River Lair
2223
Carn Breac
Glen Carron
Loch Sgamhain
Loch Cnoc na Mointeich
Loch Coire a' Bhuic
Scardroy
Glenshieldaig Forest
Beinn Damh
2957
Maol Chean-dearg
3060
Sgorr Ruadh
3142
Loch Coire Làir
18
Craig
Glencarron Lodge
Moruisg
3026
Carn Gorm
Glencarron & Glenuig Forest
Creag na h-Iolaire
Loch Coire an Ruadh-stic
Achnashellach
Achnashellach Forest
Allt a' Chonais
Gleann Fhiodhaig
River Meig
Abhainn Dearg
An Gorm-loch
A890
Loch Dùghaill
Loch na Caoidhe
Loch Gaineamhach
Loch a' Mhuilinn
Balnacra
Maoile Lunndaidh
3304
Loch Coultrie
Coulags
Eagan
Sgurr na Feartaig
Sgurr a' Chaorachain
3455
An Gorm-loch
Sgurr a' Gharaidh
2396
Glas Bheinn
2332
River Carron
Creag a' Chaorainn
Beinn Tharsuinn
New Kelso
Loch Mhuilich
Loch Coire nan Arr
Rassal Ashwood
Smithy Heritage Centre
Tullich
West Monar Forest
East Monar Forest
A896
Strathcarron
Kirkton
Achintee
Loch an Laoigh
Loch nan Creadha
Loch Monar
Monar Lodge
Kishorn
Ardarroch
Lochcarron
Carn Geuradainn
1950
Bendronaig Lodge
Lurg Mhór
3234
An Gead Loch
Loch Kishorn
Achintraid
Attadale
Uisge Misgeach
Bad a' Chreamha
1296
Attadale Forest
R. Attadale
Beinn Dronaig
Loch Calavie
Lochan Gobhlach
Loch an Tachdaich
Meallan Buidhe
Stromemore
Strome Castle
Ardaneaskan
Ardnarff
Carn nan Iomairean
Loch an Iasaich
Carn na Sean-luibe
Loch Cruoshie
An Cruachan
2312
Sgurr na Lapaich
3775
Stromeferry
A890
River Ling
An Riabhachan
3696
3508
Glencannich Forest
Highland Farm
Achmore
Loch nan Gillean
Craig
Loch na Leitire
Aonach Buidhe
2949
N O R T H
W E S T
Loch Lundie
Loch Achaidh na h-Inich
Gleann Udalain
Allt Gleann Udalain
Loch na h-Onaich
Sallachy
Killilan
Sgùman Còinntich
2883
Killilan Forest
Loch Mhoicean
Loch Mullardoch
Glen Cannich
Auchtertyre Hill
Balmacara Square
Long
Loch Beinn a' Mheadhoin
Camas-luinie
Glen Elchaig
Loch nan Ealachan
Carnach
Allt na Doire
West Benula Forest
Coire Lochan
Tom a' Chòinich
3646
Toll Creagach
3457
Balmacara
Kirkton
Auchtertyre
A87
Conchra
Bundalloch
Carndu
Nostie
Ardelve
Dornie
Loch Long
River Elchaig
Loch na Leitreach
Gleann Sithidh
Carn Eighe
3880
Gleann nam Fiadh
Loch Alsh
Glas Eilean
Ardintoul
Loch Bhuic Mhóir
Loch nan Eun
Inverinate Forest
Falls of

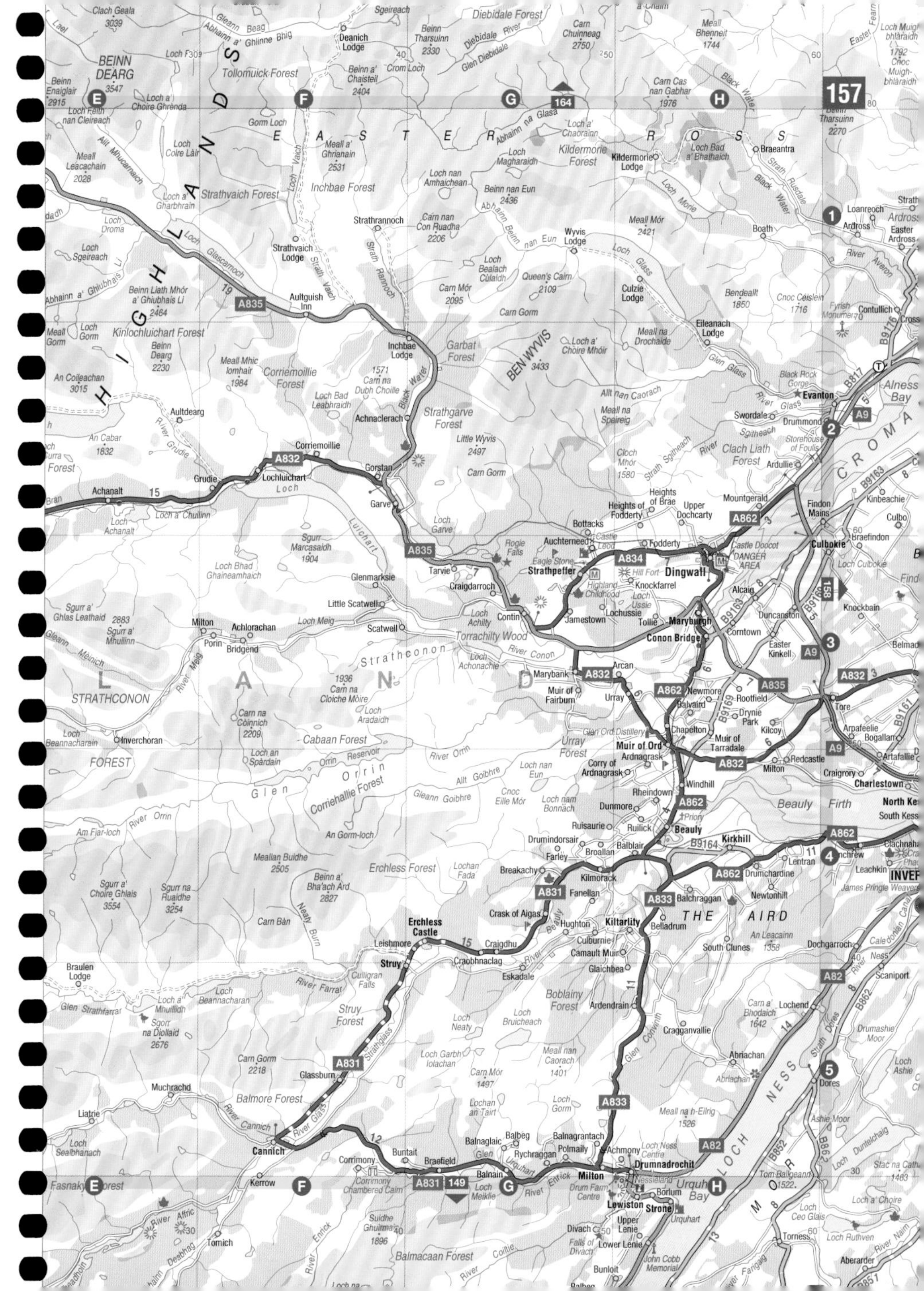
157
164
149
E
F
G
H
1
2
3
4
5
HIGHLANDS
EASTER ROSS
LAND
FOREST
CROMA
THE AIRD
LOCH NESS
MOR
Clach Geala 3039
Gleann Beag
Abhainn a' Ghlinne Bhig
Sgeireach
Deanich Lodge
Diebidale Forest
Diebidale River
Glen Diebidale
Beinn Tharsuinn 2330
Carn Chuinneag 2750
Meall Bhenneit 1744
BEINN DEARG 3547
Loch F
Tollomuick Forest
Crom Loch
Beinn a' Chaisteil 2404
Carn Cas nan Gabhar 1976
Black Water
Beinn Enaiglair 2915
Loch a' Choire Ghrànda
Loch Feith nan Cleireach
Gorm Loch
Abhainn na Glasa
Loch a' Chaorainn
Beinn Tharsuinn 2270
Loch Coire Làir
Meall Leacachain 2028
Allt Mhucarnaich
Meall a' Ghrianain 2531
Loch Magharaidh
Kildermorie Forest
Kildermorie Lodge
Loch Bad a' Bhathaich
Braeantra
Strath Rusdale
Loch Vaich
Inchbae Forest
Loch nan Amhaichean
Beinn nan Eun 2436
Loch Morie
Loch a' Gharbhrain
Strathvaich Forest
Abhainn Beinn nan Eun
Loch Droma
Strathrannoch
Carn nan Con Ruadha 2206
Meall Mór 2421
Loanreoch
Ardross
Boath
Easter Ardross
Loch Sgeireach
Strathvaich Lodge
Strath Vaich
Strath Rannoch
Wyvis Lodge
Loch Glass
River Averon
Loch Glascarnoch
Loch Bealach Cùlaidh
Queen's Cairn 2109
Culzie Lodge
Bendeallt 1850
Cnoc Céislein 1716
Fyrish Monument
Contullich
Abhainn a' Ghiubhais Li
Beinn Liath Mhór a' Ghiubhais Li 2464
A835
Aultguish Inn
Carn Mór 2095
Carn Gorm
Meall Gorm
Loch Gorm
Kinlochluichart Forest
Eileanach Lodge
Inchbae Lodge
Garbat Forest
BEN WYVIS 3433
Loch a' Choire Mhóir
Meall na Drochaide
Beinn Dearg 2230
Meall Mhic Iomhair 1984
Corriemoillie Forest
1571 Carn na Dubh Choille
Glen Glass
B817
Black Rock Gorge
Evanton
Alness Bay
An Coileachan 3015
Loch Bad Leabhraidh
Black Water
Allt nan Caorach
River Glass
Swordale
Drummond
A9
Aultdearg
Achnaclerach
Strathgarve Forest
Meall na Speireig
Sgitheach
Storehouse of Foulis
River Grudie
An Cabar 1832
Little Wyvis 2497
Cloch Mhór 1580
Strath Sgitheach
Clach Liath Forest
Ardullie
A832
Corriemoillie
Gorstan
Carn Gorm
B9163
Grudie
Lochluichart
Loch Luichart
Achanalt
Garve
Heights of Brae
Heights of Fodderty
Upper Dochcarty
Mountgerald
Findon Mains
Kinbeachie
Culbo
Loch a' Chuilinn
Loch Achanalt
Loch Garve
Bottacks
A862
Braefindon
Sgurr Marcasaidh 1904
Auchterneed
Castle Leod
Fodderty
Castle Doocot
DANGER AREA
Culbokie
A834
Rogie Falls
Eagle Stone
Hill Fort
Loch Bhad Ghaineamhaich
Tarvie
Strathpeffer
Dingwall
Loch Culbokie
Glenmarksie
Craigdarroch
Highland Childhood
Knockfarrel
Alcaig
Little Scatwell
Loch Ussie
Knockbain
Sgurr a' Ghlas Leathaid 2883
Sgurr a' Mhuilinn
Milton
Achlorachan
Loch Meig
Loch Achilty
Contin
Jamestown
Lochussie
Maryburgh
Duncanston
Porin
Bridgend
Scatwell
Torrachilty Wood
Tollie
Conon Bridge
Corntown
Gleann Meinich
Strathconon
River Conon
Loch Achonachie
Easter Kinkell
River Meig
STRATHCONON
1936 Carn na Cloiche Mòire
Marybank
Arcan
A835
Muir of Fairburn
Urray
Newmore
Rootfield
Tore
Loch Aradaidh
Balvaird
B9169
Drynie Park
Carn na Còinnich 2209
Glen Ord Distillery
Chapelton
Kilcoy
Arpafeelie
Bogallan
B9161
Loch Beannacharain
Inverchoran
Cabaan Forest
Urray Forest
Muir of Ord
Muir of Tarradale
Loch an Spàrdain
Orrin Reservoir
River Orrin
Loch nan Eun
Ardnagrask
Redcastle
Artafallie
Glen Orrin
Allt Goibhre
Corry of Ardnagrask
Milton
Craigrory
Charlestown
Corriehallie Forest
Gleann Goibhre
Cnoc Eille Mór
Loch nam Bonnach
Windhill
Rheindown
North Kessock
South Kessock
Beauly Firth
Am Fiar-loch
River Orrin
Dunmore
Ruisaurie
Ruilick
Priory
Beauly
An Gorm-loch
Drumindorsair
Balblair
B9164
Kirkhill
Lentran
Farley
Broallan
Meallan Buidhe 2505
Erchless Forest
Lochan Fada
Breakachy
Kilmorack
Drumchardine
Leachkin
Inchrew
Clachnaharry
INVERNESS
Beinn a' Bha'ach Ard 2827
A831
Fanellan
Newtonhill
James Pringle Weavers
Sgurr a' Choire Ghlais 3554
Sgurr na Ruaidhe 3254
A833
Balchraggan
Crask of Aigas
Kiltarlity
Belladrum
Carn Bàn
Neaty Burn
Erchless Castle
Hughton
Culburnie
An Leacainn 1358
South Clunes
Dochgarroch
Caledonian Canal
Leishmore
Craigdhu
Camault Muir
Braulen Lodge
Struy
Craobhnaclag
River Beauly
Glaichbea
Ness
Culligran Falls
Eskadale
A82
Scaniport
River Farrar
Loch Beannacharan
Loch a' Mhuillidh
Glen Strathfarrar
Boblainy Forest
Carn a' Bhodaich 1642
Lochend
Struy Forest
Loch Neaty
Loch Bruicheach
Ardendrain
Sgorr na Diollaid 2676
Drumashie Moor
Strath Dores
Cragganvallie
Glen Convinth
Loch Garbh Iolachan
Meall nan Caorach 1401
Carn Mór 1497
Carn Gorm 2218
Strathglass
Abriachan
Loch Ashie
Glassburn
Lochan an Tairt
Dores
Muchrachd
Balmore Forest
Loch Gorm
Meall na h-Eilrig 1526
Liatrie
River Cannich
River Glass
Ashie Moor
Loch Sealbhanach
Balbeg
Balnagrantach
Loch Duntelchaig
Cannich
Buntait
Balnaglaic
Polmaily
Achmony
Loch Ness Centre
B852
B862
Stac na Cathaig 1463
Corrimony
Braefield
Glen Urquhart
Rychraggan
Drumnadrochit
Corrimony Chambered Cairn
Tom Bailgeann 1522
Fasnakyle Forest
Kerrow
Balnain
Milton
Nessieland
Urquhart Bay
Loch Meikle
River Enrick
Drum Farm Centre
Borlum
Lewiston
Strone
Urquhart
Loch Ceo Glais
Loch a' Choire
River Affric
Tomich
Suidhe Ghuirmain 1896
Upper Lenie
Divach
Falls of Divach
Lower Lenie
Torness
Loch Ruthven
River Nairn
Aberarder
Balmacaan Forest
River Coiltie
River Enrick
John Cobb Memorial
River Fangaig
Bunloit
Abhainn Deabhag
B851

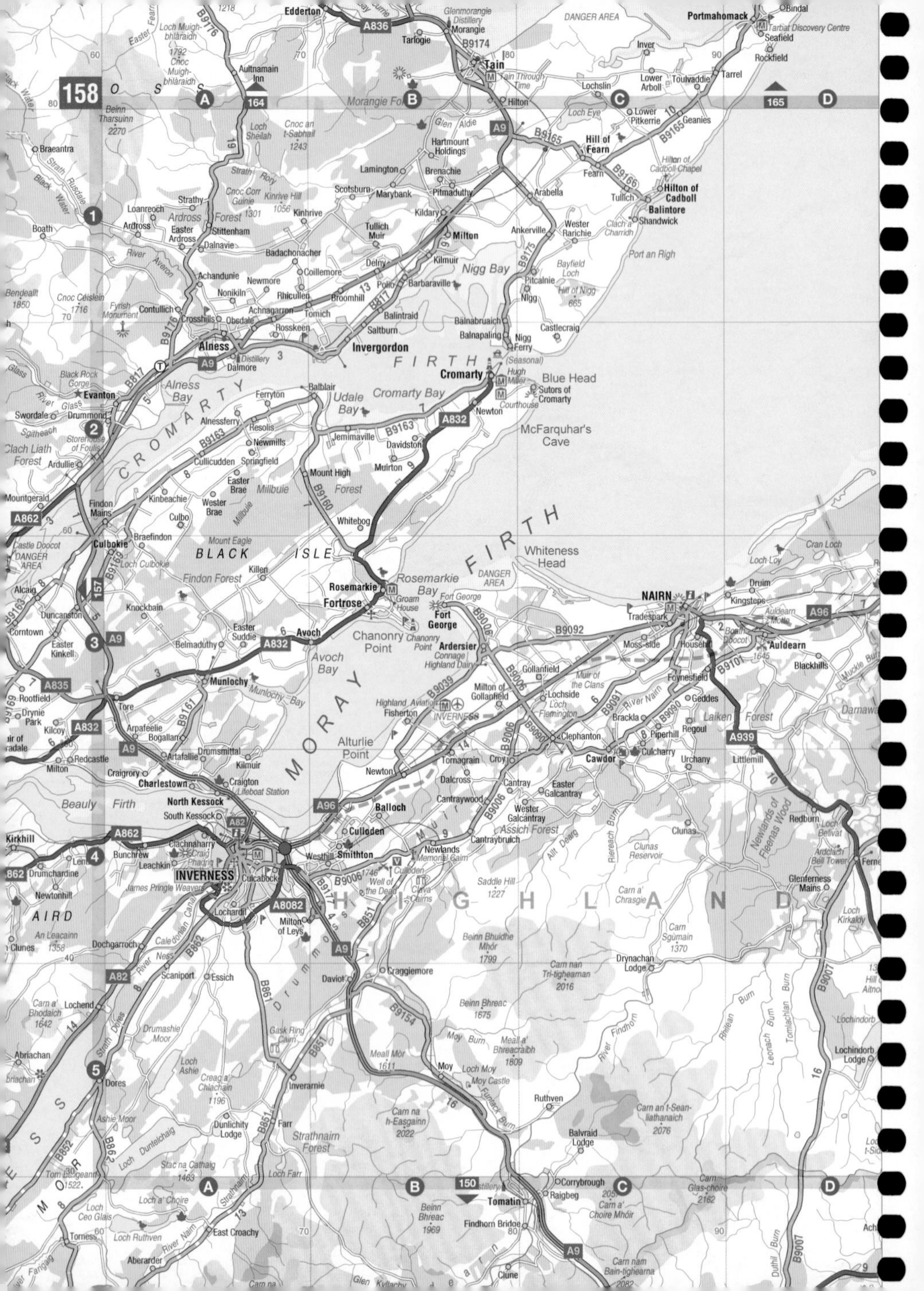
Edderton
A836
Glenmorangie Distillery
Morangie
Tarlogie
B9174
Tain
Tain Through Time
DANGER AREA
Portmahomack
Bindal
Tarbat Discovery Centre
Seafield
Rockfield
Inver
Lower Arboll
Toulvaddie
Tarrel
Lochslin
Hilton
Loch Eye
Lower Pitkerrie
Geanies
Aultnamain Inn
164
165
Morangie Forest
Beinn Tharsuinn 2270
Loch Muigh-bhlàraidh
Cnoc Muigh-bhlàraidh 1792
Easter Fearn
Braeantra
Strath Rusdale
Black Water
Loch Sheilah
Cnoc an t-Sabhail 1243
Glen Aldie
A9
B9165
Hill of Fearn
Fearn
Hartmount Holdings
Lamington
Brenachie
Pitmaduthy
Scotsburn
Marybank
Arabella
B9166
Hilton of Cadboll Chapel
Hilton of Cadboll
Balintore
Shandwick
Tullich
Strath Rory
Cnoc Corr Guinie
Kinrive Hill 1056
Ardross Forest 1301
Strathy
Loanreoch
Ardross
Easter Ardross
Stittenham
Dalnavie
Kinhrive
Kildary
Tullich Muir
Milton
Ankerville
Wester Rarichie
Clach a' Charridh
Port an Righ
Boath
River Averon
Badachonacher
Coillemore
Delny
Kilmuir
Nigg Bay
B9175
Bayfield Loch
Achandunie
Newmore
Nonikiln
Rhicullen
Polio
Barbaraville
Pitcalnie
Nigg
Hill of Nigg 665
Bendeallt 1850
Cnoc Céislein 1716
Fyrish Monument
Contullich
Crosshills
Obsdale
Achnagarron
Tomich
Broomhill
B817
Balintraid
Rosskeen
Saltburn
Balnabruaich
Balnapaling
Nigg Ferry
Castlecraig
B9176
Alness
Distillery
Dalmore
Invergordon
FIRTH
(Seasonal)
Cromarty
Hugh Miller
Blue Head
Sutors of Cromarty
Courthouse
Black Rock Gorge
Evanton
Alness Bay
Ferryton
Balblair
Udale Bay
Cromarty Bay
Newton
A832
River Glass
Swordale
Drummond
Storehouse of Foulis
Sgitheach
Alnessferry
Resolis
Jemimaville
B9163
Davidston
McFarquhar's Cave
CROMARTY
Newmills
Clach Liath Forest
Ardullie
Cullicudden
Springfield
Mount High
Muirton
Easter Brae
Millbuie Forest
Mountgerald
Findon Mains
Kinbeachie
Wester Brae
B9160
A862
Culbo
Whitebog
Castle Doocot DANGER AREA
Culbokie
Braefindon
Loch Culbokie
Mount Eagle
BLACK ISLE
FIRTH
Whiteness Head
Cran Loch
Loch Loy
Killen
Findon Forest
Rosemarkie
Rosemarkie Bay
DANGER AREA
Alcaig
157
Fortrose
Groam House
Fort George
NAIRN
Druim
Kingsteps
B9163
Duncanston
Knockbain
Easter Suddie
Avoch
Chanonry Point
B9006
B9092
Tradespark
A96
Auldearn Motte
Boath Doocot
Auldearn
Corntown
Easter Kinkell
Belmaduthy
A832
Avoch Bay
Ardersier
Connage Highland Dairy
Moss-side
Househill
Gollanfield
B9101
Blackhills
Muckle Burn
A835
Munlochy
Munlochy Bay
MORAY
B9039
Milton of Gollanfield
Muir of the Clans
Foynesfield
Rootfield
Drynie Park
Tore
B9161
Highland Aviation
Fisherton
INVERNESS
Lochside
Loch Flemington
B9091
River Nairn
Geddes
Laiken Forest
Darnaway
Kilcoy
Arpafeelie
Bogallan
Alturlie Point
B9006
B9090
Clephanton
Brackla
Piperhill
Regoul
A939
Muir of Ord
Redcastle
Drumsmittal
Kilmuir
Artafallie
Tornagrain
Croy
Cawdor
Culcharry
Urchany
Littlemill
Milton
Craigrory
Charlestown
Craigton
Lifeboat Station
Newton
Dalcross
Cantray
Easter Galcantray
Beauly Firth
North Kessock
A96
Balloch
Cantraywood
Wester Galcantray
Redburn
Loch Belivat
South Kessock
A82
Assich Forest
Newlands of Fleenas Wood
Kirkhill
A862
Clachnaharry
Culloden
Cantraybruich
Allt Dearg
Rireach Burn
Clunas
Bunchrew
Craig Phadrig
Westhill
Smithton
Newlands
Memorial Cairn
Clunas Reservoir
Ardclach Bell Tower
Lentran
Leachkin
Culloden
Drumchardine
INVERNESS
Culcabock
B9006
Well of the Dead
Clava Cairns
Saddle Hill 1227
Glenferness Mains
James Pringle Weavers
B9177
Carn a' Chrasgie
Newtonhill
HIGHLAND
Loch Kirkaldy
AIRD
A8082
B851
Lochardil
Milton of Leys
An Leacainn 1358
Clunes
Dochgarroch
Caledonian Canal
River Ness
B862
A9
Beinn Bhuidhe Mhòr 1799
Carn Sgùmain 1370
Carn nan Tri-tigheaman 2016
Drynachan Lodge
Scaniport
Essich
Daviot
Craggiemore
A82
B861
Carn a' Bhodaich 1642
Lochend
B9154
Beinn Bhreac 1675
B9007
Hill of Aitnoch
Lochindorb
Drumashie Moor
Gask Ring Cairn
Moy Burn
Meall a' Bhreacraibh 1809
River Findhorn
Rhilean Burn
Leonach Burn
Tomlachlan Burn
Abriachan
Loch Ashie
Meall Mòr 1611
Moy
Loch Moy
Moy Castle
Lochindorb Lodge
Dores
Creag a' Chlachain 1196
B851
Inverarnie
Strath Dores
Funtack Burn
Ruthven
Carn an t-Sean-liathanaich 2076
Ashie Moor
Dunlichity Lodge
Farr
Carn na h-Easgainn 2022
Strathnairn Forest
Balvraid Lodge
B852
B862
Loch Duntelchaig
Stac na Cathalg 1463
Tom Bailgeann 1522
Loch Farr
Corrybrough
Raigbeg
Carn a' Choire Mhóir 2057
Carn Glas-choire 2162
150
Distillery
Tomatin
Loch a' Choire
Strathnairn
Loch Ceo Glais
Beinn Bhreac 1969
Findhorn Bridge
Torness
Loch Ruthven
River Nairn
East Croachy
Aberarder
River Fangaig
Carn na
Glen Kyllachy
Clune
Carn nam Bain-tighearna 2082
Dulnain Burn
B9007
A9
Ach
Ferness

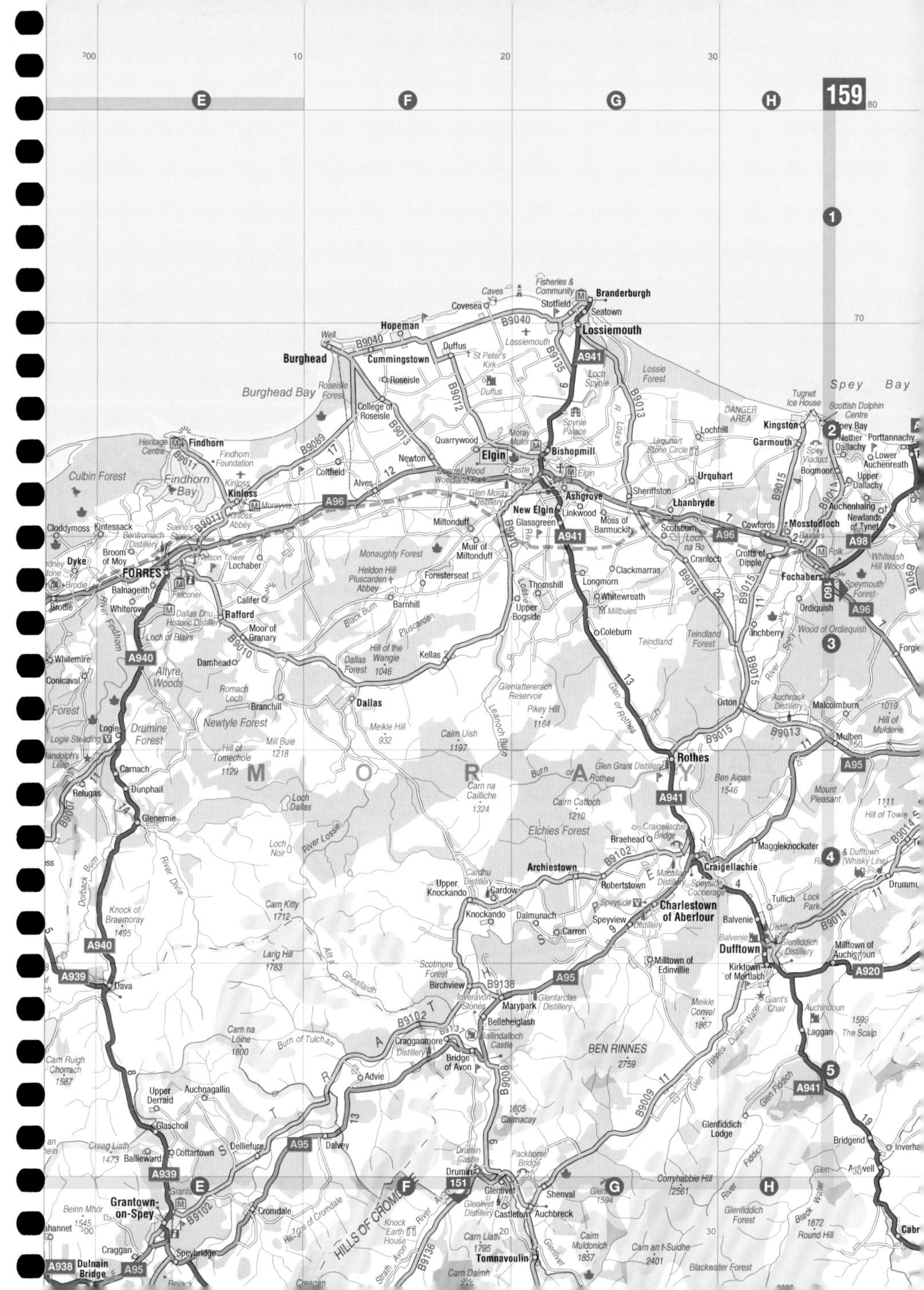

300
10
20
30
E
F
G
H
80
70
1
2
3
4
5
Fisheries & Community
Branderburgh
Caves
Covesea
Stotfield
Seatown
Hopeman
Lossiemouth
B9040
Well
Burghead
Cummingstown
Duffus
St Peter's Kirk
A941
Roseisle
Duffus
Burghead Bay
Roseisle Forest
B9012
Loch Spynie
Lossie Forest
Spey Bay
College of Roseisle
B9013
Spynie Palace
DANGER AREA
Tugnet Ice House
Scottish Dolphin Centre
Kingston
Spey Bay
Lochhill
Heritage Centre
Findhorn
B9089
Quarrywood
Moray Motor
Garmouth
Nether Dallachy
Porttannachy
B9011
Findhorn Foundation
Newton
Elgin
Bishopmill
Urquhart Stone Circle
Spey Viaduct
Lower Auchenreath
Culbin Forest
Findhorn Bay
Coltfield
Quarrel Wood Woodland Park
Castle
Elgin
Urquhart
Bogmoor
Upper Dallachy
Kinloss
Alves
12
17
Glen Moray Distillery
Ashgrove
Sheriffston
B9015
B9014
Morayvia
A96
Kinloss Abbey
New Elgin
Lhanbryde
Auchenhalrig
Cloddymoss
Kintessack
Benromach Distillery
Sueno's Stone
Miltonduff
Linkwood
Glassgreen
Moss of Barmuckity
Scotsburn
Cowfords
Mosstodloch
Newlands of Tynet
Dyke
Broom of Moy
Nelson Tower
Monaughty Forest
Muir of Miltonduff
A941
Loch na Bo
Baxters
A98
Brodie
FORRES
Lochaber
Heldon Hill
Pluscarden Abbey
Foresterseat
Clackmarras
Cranloch
Crofts of Dipple
Folk
Whiteash Hill Wood
Balnageith
Falconer
Califer
Barnhill
Longmorn
Thornshill
Fochabers
Speymouth Forest
Brodie
Whiterow
Dallas Dhu Historic Distillery
Rafford
Black Burn
Whitewreath
Millbuies
160
Ordiquish
River Findhorn
Loch of Blairs
Moor of Granary
Upper Bogside
A96
B9010
Coleburn
Inchberry
Wood of Ordiequish
Hill of the Wangie 1046
Teindland
Teindland Forest
Forgie
Whitemire
A940
Damhead
Kellas
Dallas Forest
Conicaval
Altyre Woods
Glenlatterach Reservoir
Romach Loch
Branchill
Dallas
Pikey Hill 1164
Glen of Rothes
Orton
Auchroisk Distillery
Malcolmburn
1019 Hill of Mulderie
Forest
Newtyle Forest
Logie
Drumine Forest
Meikle Hill 932
Cairn Uish 1197
Leanoch Burn
B9015
B9013
Mulben
Logie Steading
Hill of Tomechole 1129
Mill Buie 1218
Rothes
Glen Grant Distillery
A95
Carnach
M
O
R
A
Y
Burn of Rothes
Ben Aigan 1546
Mount Pleasant
Relugas
Dunphail
Carn na Cailliche 1324
A941
1111 Hill of Towie
Loch Dallas
Cairn Cattoch 1210
B9007
Glenernie
Elchies Forest
Craigellachie Bridge
Braehead
Loch Noir
River Lossie
Maggieknockater
River Divie
Archiestown
B9102
Craigellachie
& Dufftown (Whisky Line)
Dorback Burn
Cardhu Distillery
Upper Knockando
Gardow
Robertstown
Macallan Distillery
Speyside Cooperage
Drummu
Knock of Braemoray 1495
Carn Kitty 1712
Speyside
Charlestown of Aberlour
Tullich
Lock Park
Knockando
Dalmunach
Speyview
Balvenie
B9014
Carron
Distillery
Balvenie
Glenfiddich Distillery
A940
Larig Hill 1783
Allt a Gheallaidh
Milltown of Edinvillie
Dufftown
Milltown of Auchindoun
A939
Scotmore Forest
Birchview
B9138
A95
Kirktown of Mortlach
A920
Dava
Inveravon Stones
Marypark
Glenfarclas Distillery
Giant's Chair
Auchindoun
Belleheiglash
Meikle Conval 1867
1599 The Scalp
Carn na Loine 1800
Burn of Tulchan
B9102
Cragganmore Distillery
Ballindalloch Castle
Laggan
Carn Ruigh Chorrach 1587
Bridge of Avon
BEN RINNES 2759
Dullan Water
Advie
B9008
Glen Rinnes
Glen Fiddich
A941
Upper Derraid
Auchnagallin
B9009
Glenfiddich Lodge
1605 Cairnacay
Glaschoil
Bridgend
Inverha
Creag Liath 1473
Cottartown
Delliefure
A95
Dalvey
Drumin Castle
Packhorse Bridge
Fiddich
Balliewar
A939
Drumin
Glenlivet
Shenval
Corryhabbie Hill 2561
River
Glen
Black Water
Grantown-on-Spey
151
Glen 1594
Glenfiddich Forest
Beinn Mhór 1545
B9102
Cromdale
Hills of Cromdale
HILLS OF CROMDALE
Knock Earth House
Glenlivet Distillery
Castleton
Auchbreck
1872 Round Hill
Cabr
Craggan
Speybridge
Carn Liath 1795
Cairn Muldonich 1857
Carn an t-Suidhe 2401
A938
Dulnain Bridge
A95
B9136
Strath Avon
Tomnavoulin
Blackwater Forest
Carn Daimh
Creagan

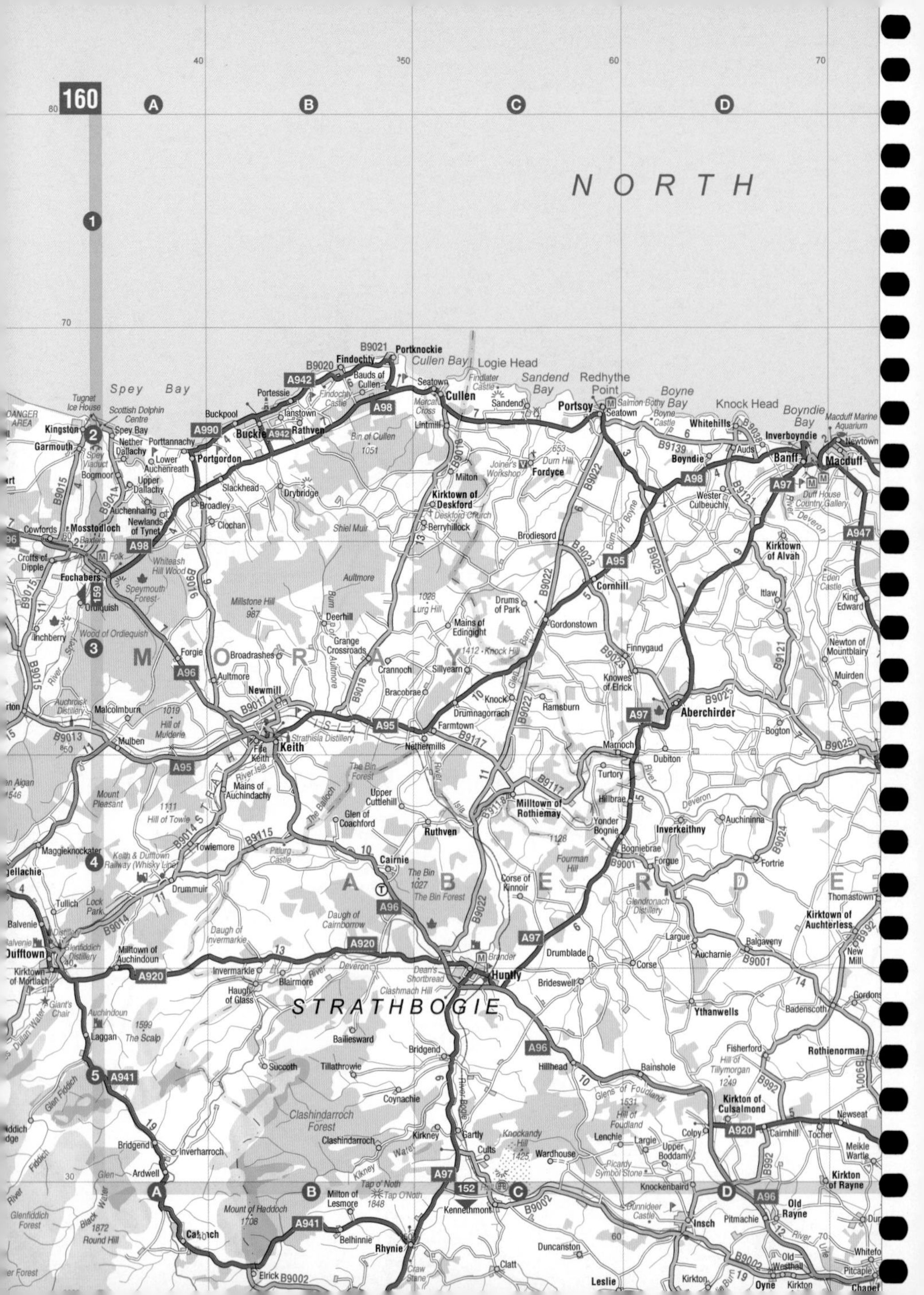

A   B   C   D

1

NORTH

Spey Bay

Tugnet Ice House
Scottish Dolphin Centre
Spey Bay
Kingston
Garmouth
Bogmoor
Nether Dallachy
Lower Auchenreath
Upper Dallachy
Slackhead
Broadley
Clochan

Portknockie
Findochty
B9021
B9020
Portessie
A942
Bauds of Cullen
Findochty Castle
Ianstown
Portgordon
Buckie
A990
A942
Rathven
Buckpool

Cullen Bay
Logie Head
Sandend Bay
Redhythe Point
Boyne Bay
Knock Head
Boyndie Bay
Macduff Marine Aquarium

Marcus Cross
Cullen
A98
Seatown
Findlater Castle
Sandend
Portsoy
Boyne Castle
Whitehills
Auds
Inverboyndie
Banff
Macduff
Duff House Country Gallery

Limhill
Fordyce
Milton
Joiner's Workshop
B9139
Boyndie
A98
Wester Culbeuchly
B9121
A97
Devron

Kirktown of Deskford
Deskford Church
Berryhillock
Brodiesord

Kirktown of Alva
Itlaw
Eden Castle
King Edward
Newton of Mountblairy
Muirden
B9121

Cowfords
Mosstodloch
A98
Crofts of Dipple
Fochabers
Ordiquish
Inchberry
Wood of Ordiequish

Shiel Muir
Aultmore
Millstone Hill
987
Deerhill
Lurg Hill
Mains of Edingight
Drums of Park
Gordonstown

Cornhill
B9022
B9023
A95
Finnygaud
Knowes of Elrick
B9023
Aberchirder
B9025

M O R A Y
Forgie
Broadrashes
Aultmore
A96
Newmill
B9011
Strathisla Distillery
Keith
Fife Keith
A95
Mains of Auchindachy
The Balloch

Grange Crossroads
Crannoch
Sillyearn
Bracobrae
Knock
Drumnagorrach
Farmtown
Nethermills
B9117

Ramsburn
Marnoch
A97
Dubiton
Turtory
Hillbrae
Milltown of Rothiemay
Yonder Bognie
Inverkeithny
Forgue
B9001
Bogniebrae
Fourman Hill
1128
Auchininna
Fortrie
B9025
Thomastown

B9117
Upper Cuttlehill
Glen of Coachford
Ruthven
The Bin Wood

Maggieknockater
Keith & Dufftown Railway (Whisky Line)
Towiemore
Drummuir
Cairnie
The Bin
1027
The Bin Forest
Corse of Kinnoir
Glendronach Distillery

A B E R D E E N S H I R E
Kirktown of Auchterless
New Mill

Tullich
Lock Park
Balvenie
Balvenie Distillery
Dufftown
Kirktown of Mortlach

Drummuir
Daugh of Invermarkie
Daugh of Cairnborrow
Dean's Shortbread
Clashmach Hill
Brander
Huntly
Drumblade
Brideswell
Corse
Aucharnie
Largue
Balgaveny
Gordons

Giant's Chair
Miltown of Auchindoun
A920
Invermarkie
Blairmore
Haugh of Glass
S T R A T H B O G I E
Bailiesward
Bridgend
Tillathrowie

A97
Ythanwells
Badenscoth

Kirkton of Culsalmond
Fisherford
Hill of Tillymorgan
1249
Rothienorman

Auchindoun
1599
The Scalp
Laggan
Clashindarroch Forest
Clashindarroch
Succoth
Coynachie
A96
Hillhead
Kirkney
Gartly
Cuts
Bainshole
Lenchie
Largie
Colpy
Upper Boddam
Picardy Symbol Stone
Cairnhill
A920
Tocher
Newseat
Meikle Wartle
Kirkton of Rayne

A941
Bridgend
Inverharroch
Ardwell
Glenfiddich Forest
Round Hill
1872
Cabrach
Mount of Haddoch
1708
A941
Belhinnie
Rhynie
Milton of Lesmore
1848
Tap o' Noth
Tap O'Noth
Kennethmont
152
A97
Duncanston
Leslie
Clatt
Craw Stane
Elrick B9002
Knockandy Hill
1425
Wardhouse
Knockenbaird
Old Rayne
Insch
Pitmachie
A96
Old Westhall
B9002
Oyne
Kirkton
Chapel
Dunnideer Castle
A920
Whiteho
Pitcaple

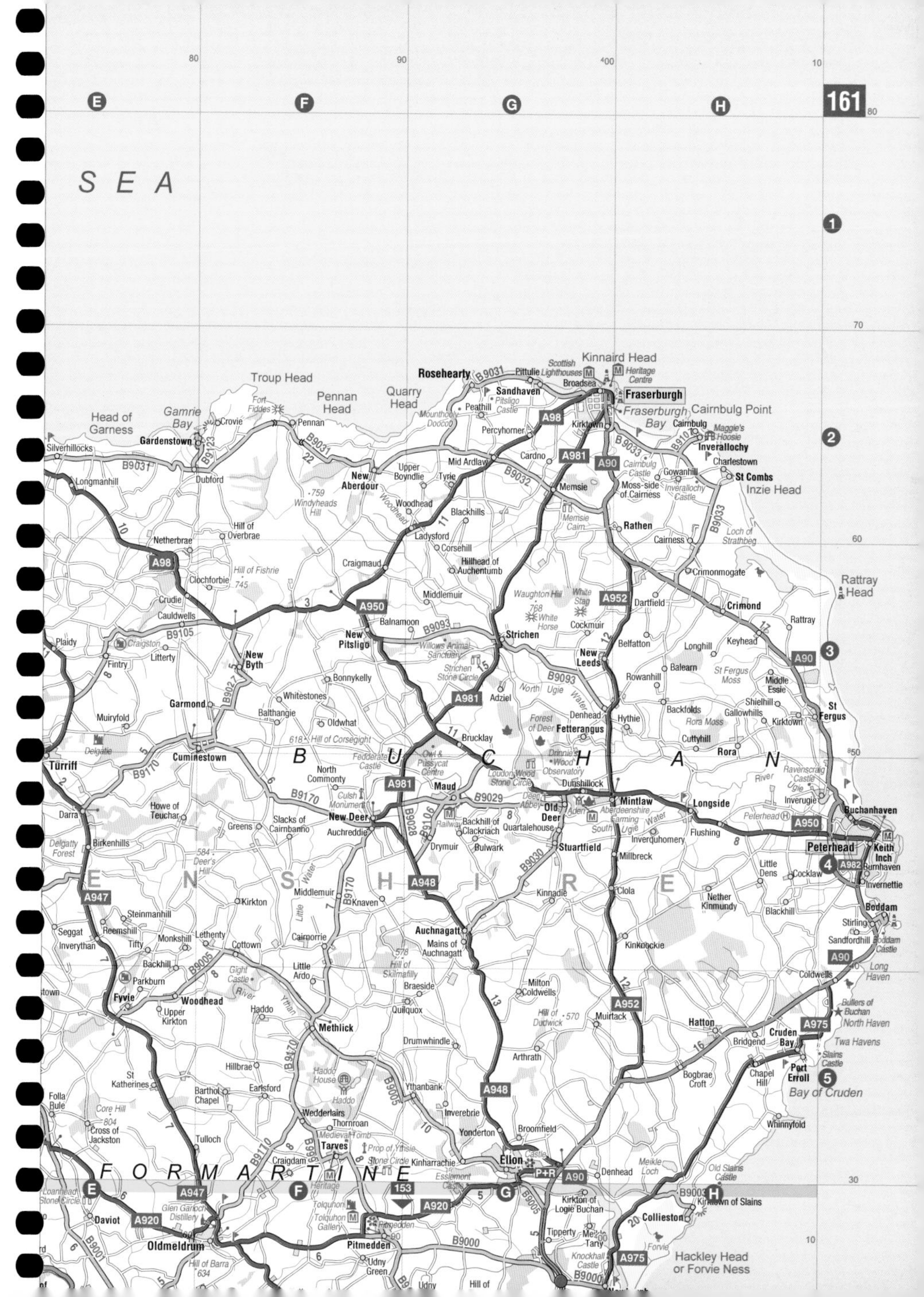
SEA
Troup Head
Pennan Head
Quarry Head
Kinnaird Head
Head of Garness
Gamrie Bay
Rosehearty
Sandhaven
Fraserburgh
Fraserburgh Bay
Cairnbulg Point
Inverallochy
St Combs
Inzie Head
Gardenstown
Crovie
Pennan
New Aberdour
Memsie
Rathen
Loch of Strathbeg
Rattray Head
Crimond
New Pitsligo
Strichen
New Byth
New Leeds
St Fergus
Turriff
Cuminestown
Maud
Mintlaw
Longside
Old Deer
Fetterangus
New Deer
Peterhead
Buchanhaven
Keith Inch
Boddam
Stuartfield
Auchnagatt
Fyvie
Methlick
Woodhead
Cruden Bay
Port Erroll
Bay of Cruden
Hatton
Ellon
Tarves
Oldmeldrum
Pitmedden
Collieston
Hackley Head or Forvie Ness
BUCHAN
ENSHIRE
FORMARTINE
A98
A981
A90
A950
A952
A947
A948
A920
A975
A982
B9031
B9032
B9033
B9093
B9105
B9170
B9029
B9030
B9005
B9000
153

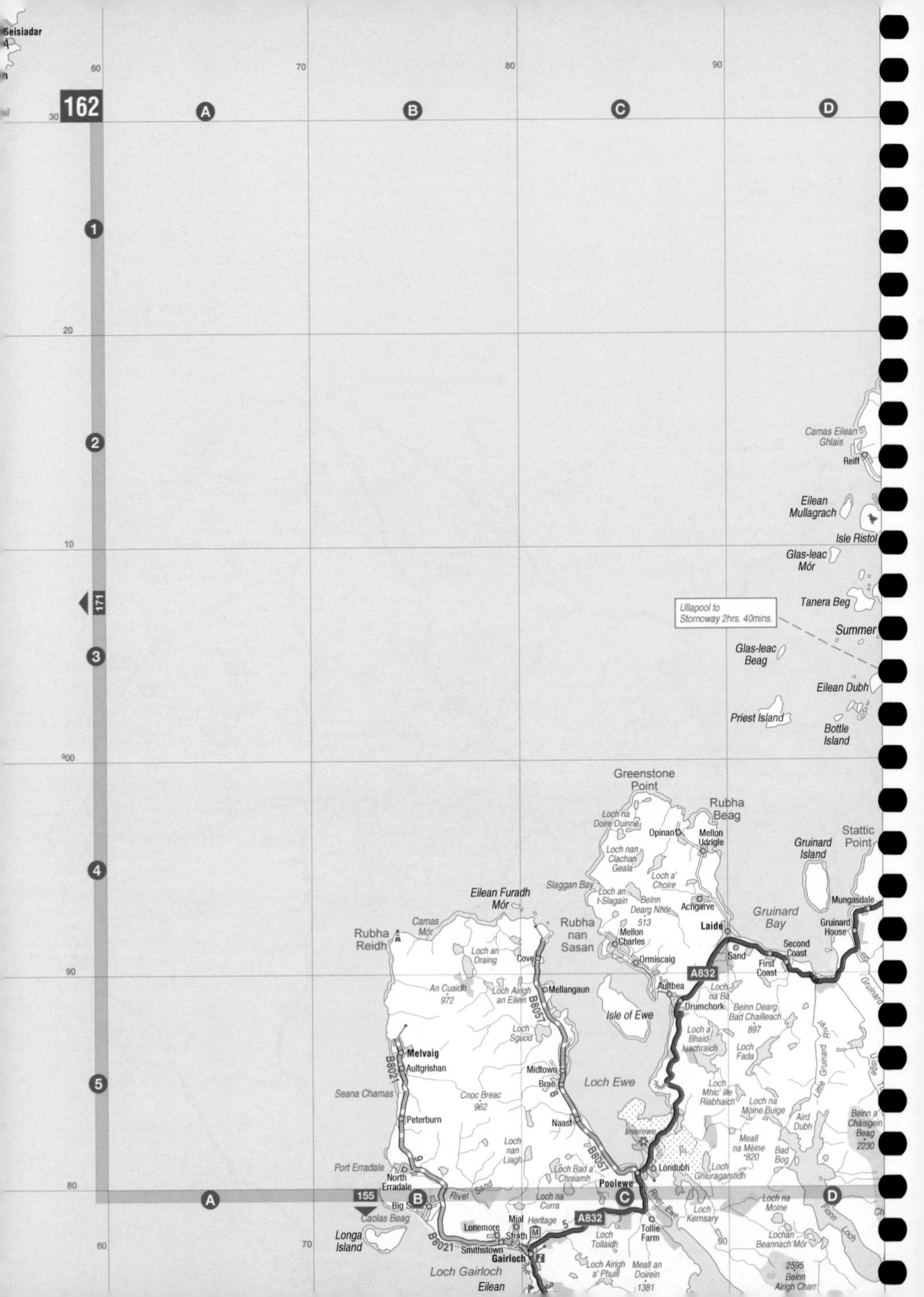

Seisiadar

60 · 70 · 80 · 90

A · **B** · **C** · **D**

30

20

10

171

00

90

80

60 · 70

Camas Eilean Ghlais
Reiff
Eilean Mullagrach
Isle Ristol
Glas-leac Mór
Tanera Beg
Summer

Ullapool to
Stornoway 2hrs. 40mins.

Glas-leac Beag
Eilean Dubh
Priest Island
Bottle Island

Greenstone Point
Rubha Beag
Stattic Point
Gruinard Island

Loch na Doire Duinne
Opinan
Mellon Udrigle
Loch nan Clachan Geala
Loch a' Choire
Slaggan Bay
Loch an t-Slagain
Beinn Dearg Mhór
Achgarve
Gruinard Bay
Mungasdale
Eilean Furadh Mór
513
Mellon Charles
Laide
Gruinard House
Rubha nan Sasan
Second Coast
Rubha Reidh
Camas Mór
Loch an Draing
Cove
Ormiscaig
Sand
First Coast
A832
Mellangaun
Aultbea
Loch na Bà
An Cuaidh 972
Loch Airigh an Eilein
Drumchork
Beinn Dearg Bad Chailleach 897
Isle of Ewe
Loch a' Bhaid luachraich
Loch Fada
Usge
Melvaig
Aultgrishan
Midtown
Brae
Loch Ewe
Loch Mhic 'ille Riabhaich
Loch na Mòine Buige
Aird Dubh
Beinn a' Chàisgein Beag 2230
Seana Chamas
Cnoc Breac 962
Loch Sguod
Naast
Inverewe
Bad Bog
Peterburn
Loch nan Liagh
Loridubh
Loch Ghiuragarstidh
Meall na Mèine 820
Port Erradale
North Erradale
Loch Bad a' Chreamh
Poolewe
A832
Loch na Mòine
Lochan Beannach Mór
Longa Island
Caolas Beag
Big Sand
Rivei
Sand
Loch na Curra
Mial
Heritage
A832
Tollie Farm
Loch Kernsary
155
Lonemore
Smithstown
Gairloch
Loch Tollaidh
2595 Beinn Airigh Charr
Loch Gairloch
Eilean
Meall an Doirein 1381
Loch Airigh Charr a' Phuill

1 2 3 4 5

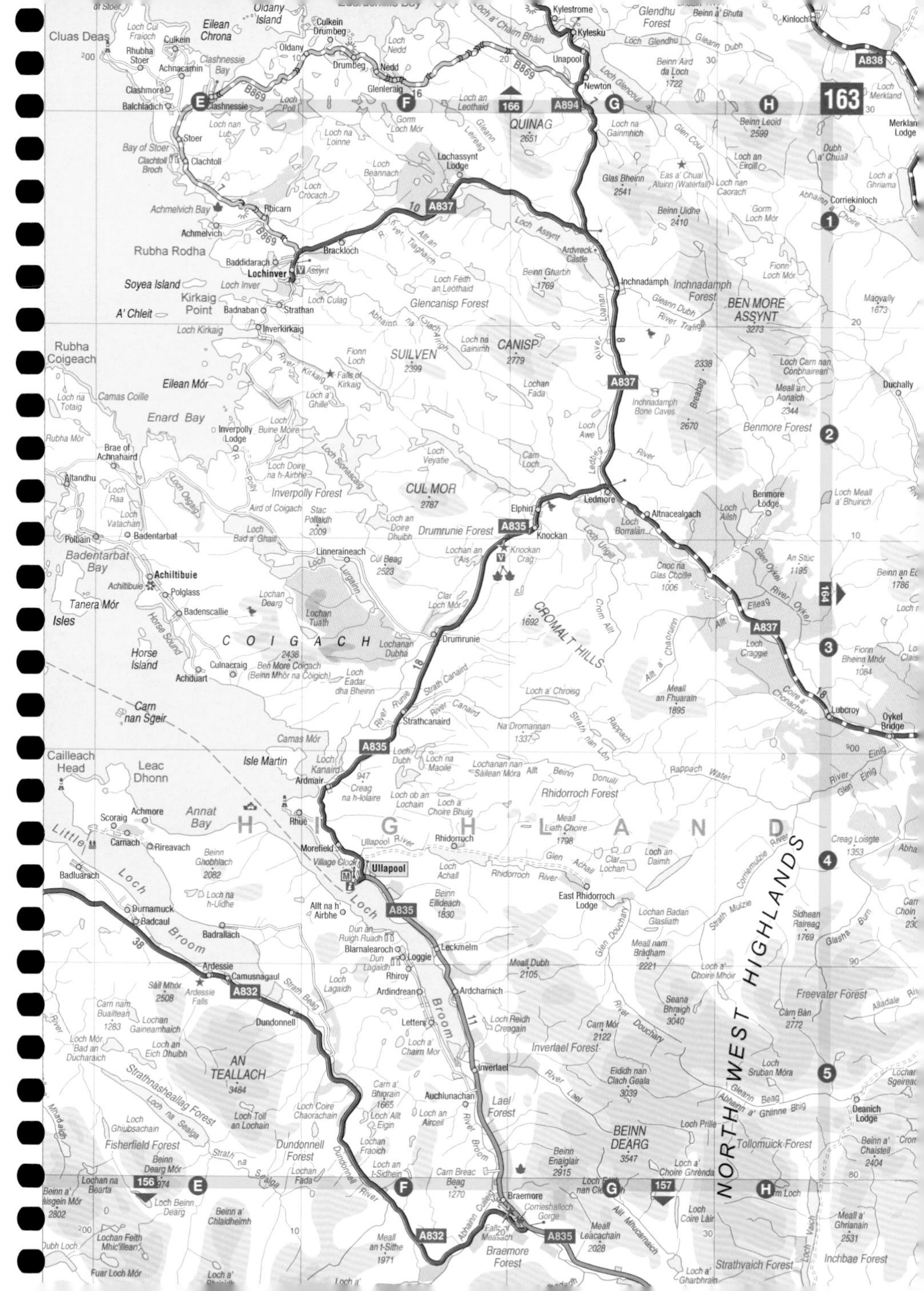

163
Kylestrome
Kylesku
Loch a' Chàirn Bhàin
Glendhu Forest
Beinn a' Bhuta
Kinloch
A838
Oldany Island
Eilean Chrona
Cluas Deas
Loch Cùl Fraioch
Culkein
Culkein Drumbeg
Rhubha Stoer
Achnacarnin
Clashnessie Bay
Clashmore
Balchladich
Clashnessie
B869
Oldany
Drumbeg
Loch Nedd
Nedd
Glenleraig
Unapool
Loch Glendhu
Gleann Dubh
Beinn Aird da Loch 1722
Newton
Loch Glencoul
Loch Merkland
Merkland Lodge
Loch Poll
Loch an Leothaid
166
A894
E
F
G
H
QUINAG 2651
Loch na Gainmhich
Glen Coul
Beinn Leoid 2599
Dubh a' Chuail
Loch nan Lub
Stoer
Bay of Stoer
Clachtoll Broch
Clachtoll
Gorm Loch Mór
Loch na Loinne
Gleann Leireag
Lochassynt Lodge
Loch Beannach
Glas Bheinn 2541
Eas a' Chual Aluinn (Waterfall)
Loch nan Caorach
Loch an Eircill
Loch a' Ghriama
Loch Crocach
Achmelvich Bay
Rhicarn
A837
Beinn Uidhe 2410
Gorm Loch Mór
Corriekinloch
Achmelvich
Loch Assynt
Allt an Tiaghaich
Brackloch
Rubha Rodha
Baddidarach
Lochinver
Assynt
Ardvreck Castle
Beinn Gharbh 1769
Fionn Loch Mór
Soyea Island
Loch Inver
Loch Feith an Leothaid
Inchnadamph
Inchnadamph Forest
Kirkaig Point
Loch Culag
Glencanisp Forest
Gleann Dubh
BEN MORE ASSYNT 3273
Maovally 1673
A' Chleit
Badnaban
Strathan
River Traligill
Loch Kirkaig
Inverkirkaig
Abhainn na Clach Airigh
Loch na Gainimh
CANISP 2779
Rubha Coigeach
Fionn Loch
SUILVEN 2399
2338
Loch Carn nan Conbhairean
Falls of Kirkaig
River Kirkaig
Duchally
Eilean Mór
A837
Loch a' Ghille
Lochan Fada
Meall an Aonaich 2344
Loch na Totaig
Camas Coille
Inchnadamph Bone Caves
Breabag
Enard Bay
Inverpolly Lodge
Loch Buine Mòire
Loch Awe
2670
Benmore Forest
Rubha Mòr
Brae of Achnahaird
Loch Veyatie
Loch Sionascaig
Cam Loch
Altandhu
Loch Doire nan h-Airbhe
Ledbeg
Loch Raa
Loch Osgaig
Inverpolly Forest
CUL MOR 2787
Ledmore
Benmore Lodge
Loch Meall a' Bhuirich
Loch Vatachan
Aird of Coigach
Stac Pollaidh 2009
Elphin
Altnacealgach
Loch Ailsh
Polbain
Badentarbat
Loch Bad a' Ghaill
Loch an Doire Dhuibh
Drumrunie Forest
A835
Knockan
Loch Borralan
Loch Urigill
Badentarbat Bay
Linneraineach
Cùl Beag 2523
Lochan an Ais
Knockan Crag
Cnoc na Glas Choille 1006
Glen Oykel
An Stùc 1195
Beinn an Eo 1786
Achiltibuie
Polglass
Loch Lurgainn
Tanera Mór
Isles
Lochan Dearg
Badenscallie
Lochan Tuath
Clar Loch Mór
CROMALT HILLS
Crom Allt
River Oykel
164
Horse Sound
1692
Allt Eileag
Loch Craggie
Horse Island
C O I G A C H
Lochanan Dubha
Drumrunie
Culnacraig
Achduart
2438
Ben More Coigach (Beinn Mhòr na Coigich)
Loch Eadar dha Bheinn
Allt a' Chaorainn
Fionn Bheinn Mhòr 1084
Strath Canaird
Loch a' Chroisg
Coire a' Chonachair
Carn nan Sgeir
River Runie
River Canaird
Meall an Fhuarain 1895
Lubcroy
Oykel Bridge
Strathcanaird
Na Dromannan 1337
Strath nan Lòn
Rappach
Camas Mór
A835
Cailleach Head
Leac Dhonn
Isle Martin
Loch Kanaird
Loch Dubh
Loch na Maoile
Lochanan nan Sàilean Móra
Allt Beinn Donuill
Rappach Water
River Einig
Glen Einig
Ardmair
947 Creag na h-Iolaire
Rhidorroch Forest
Scoraig
Achmore
Annat Bay
Loch ob an Lochain
Loch a' Choire Bhuig
Rhue
Meall Liath Choire 1798
Creag Loisgte 1353
Carnach
Rireavach
H I G H L A N D
Little Loch Broom
Beinn Ghobhlach 2082
Morefield
Ullapool River
Rhidorroch
Glen Achall
Clar Lochan
Loch an Daimh
Corriemulzie River
Badluarach
Village Clock
Ullapool
Loch Achall
Rhidorroch River
East Rhidorroch Lodge
Loch na h-Uidhe
Beinn Eilideach 1830
Lochan Badan Glasliath
Strath Mulzie
Sidhean Raireag 1769
Dundonnell
Durnamuck
Badcaul
Allt na h' Airbhe
A835
Loch Broom
Dun an Ruigh Ruadh
Badrallach
Glen Douchary
Meall nam Bràdham 2221
Glasha Burn
Blarnalearoch
Loggie
Dun Lagaidh
Leckmelm
Ardessie
Camusnagaul
Strath Beag
Meall Dubh 2105
Loch a' Choire Mhòir
Sàil Mhòr 2508
Ardessie Falls
A832
Loch Lagaidh
Rhiroy
Ardindrean
Ardcharnich
Seana Bhraigh 3040
Freevater Forest
Carn nam Buailtean 1283
Lochan Gaineamhaich
Letters
Loch Reidh Creagain
Carn Mór 2122
River Douchary
Carn Bàn 2772
Alladale River
Loch Mór Bad an Ducharaich
Loch an Eich Dhuibh
Loch a' Chairn Mor
Inverlael Forest
AN TEALLACH 3484
Inverlael
Eididh nan Clach Geala 3039
Loch Sruban Móra
NORTHWEST HIGHLANDS
Strathnasheallag Forest
Carn a' Bhiorain 1665
Auchlunachan
River Lael
Gleann Beag
Abhainn a' Ghlinne Bhig
Loch Sgeireach
Loch na Sealga
Loch Coire Chaorachain
Loch an Aircail
Lael Forest
Deanich Lodge
Loch Ghiubsachain
Loch Toll an Lochain
Loch Allt Eigin
BEINN DEARG 3547
Loch Prille
Fisherfield Forest
Dundonnell Forest
Lochan Fraoich
River Broom
Tollomuick Forest
Beinn a' Chaisteil 2404
Beinn Dearg Mòr
Strath na Sealga
Loch an t-Sidhein
Carn Breac Beag 1270
Beinn Enaiglair 2915
Loch a' Choire Ghrànda
Lochan na Bearta
156
Lochan Fada
Dundonnell River
Braemore
157
Beinn a' Chlaidheimh
Loch Beinn Dearg
Abhainn Cuileig
Corrieshalloch Gorge
Meall Leacachain 2028
Allt Mhucarnaich
Loch Coire Làir
Meall a' Ghrianain 2531
Falls of Measach
A832
A835
Lochan Feith Mhic'illean
Meall an t-Sithe 1971
Braemore Forest
Loch Vach
Inchbae Forest
Fuar Loch Mór
Strathvaich Forest
Loch a' Gharbhrain

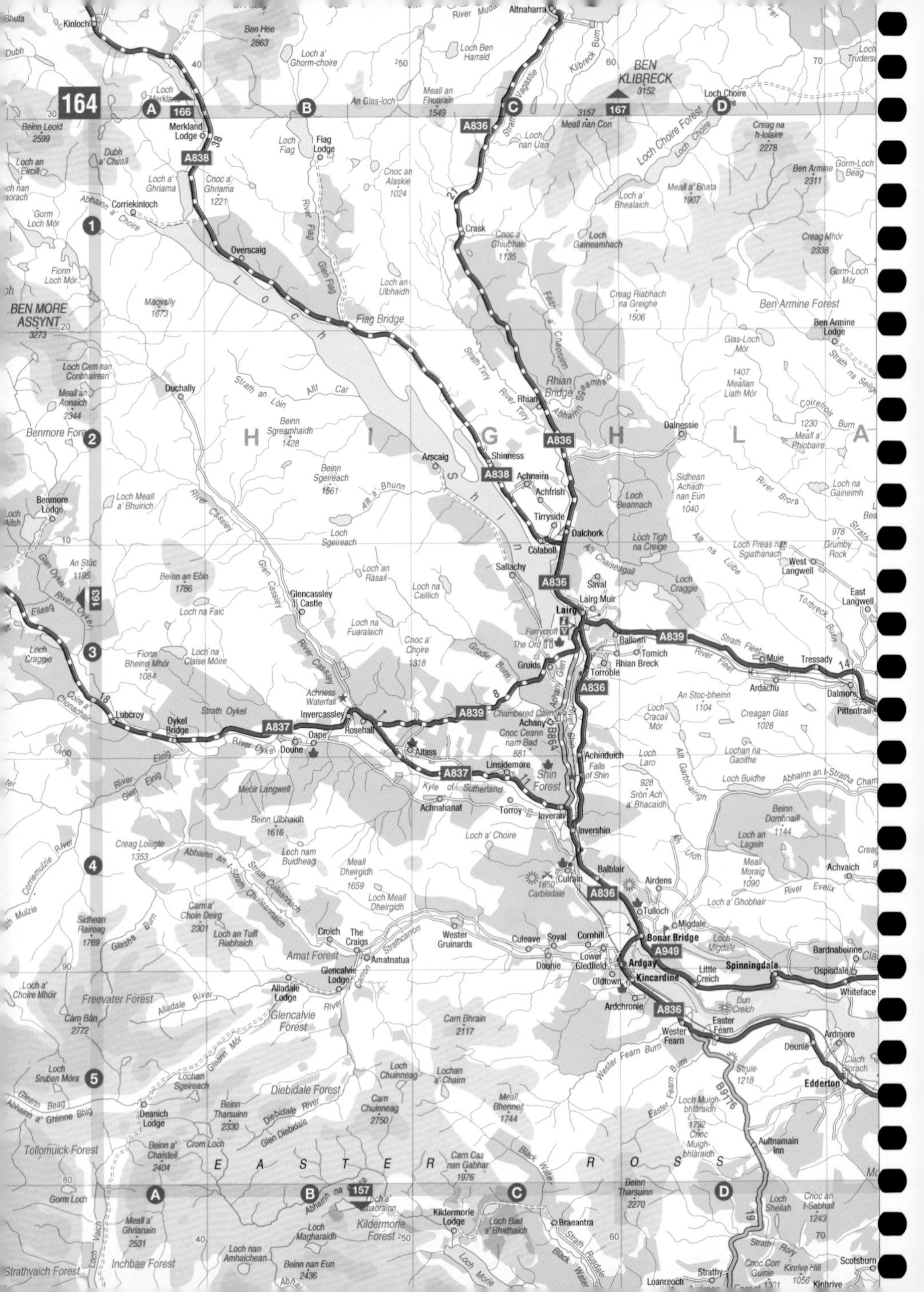
164
Kinloch
Ben Hee
2863
River Mudale
Altnaharra
Loch Ben Harrald
Loch a' Ghorm-choire
Kilbreck Burn
BEN KLIBRECK
3152
Loch Merkland
166
Merkland Lodge
An Glas-loch
Meall an Fhuarain
1549
A836
Strath Vagastie
3157
167
Meall nan Con
Loch Choire
Loch Choire Forest
Creag na h-Iolaire
2278
Beinn Leoid
2599
Loch an Eircill
Dubh a' Chuail
A838
Loch Fiag
Fiag Lodge
Loch nan Uan
Cnoc an Alaskie
1024
Loch a' Ghriama
Cnoc a' Ghriama
1221
Meall a' Bhata
1907
Ben Armine
2311
Gorm-Loch Beag
Corriekinloch
Abhainn a' Choire
Gorm Loch Mór
River Fiag
Loch a' Bhealaich
Crask
Cnoc a' Ghiubhais
1135
Loch Gaineamhach
Creag Mhór
2338
Overscaig
Glen Fiag
Fionn Loch Mór
Loch an Ulbhaidh
Gorm-Loch Mór
Creag Riabhach na Greighe
1506
BEN MORE ASSYNT
3273
Maovally
1673
Fiag Bridge
Ben Armine Forest
Ben Armine Lodge
Loch Cam nan Conbhairean
Meall an Aonaich
2344
Glas-Loch Mór
Strath Tirry
River Tirry
Rhian Bridge
Abhainn Sgeamhaidh
Strath na Seilge
Duchally
Strath an Lòin
Allt Car
Rhian
1407
Meallan Liath Mór
Coirefrois Burn
1230
Meall a' Phiobaire
Benmore Forest
H I G H L A
Beinn Sgreamhaidh
1428
A836
Dalnessie
Shinness
Arscaig
A838
Achnairn
Achfrish
Beinn Sgeireach
1561
Allt a' Bhunn
Sidhean Achadh nan Eun
1040
River Brora
Loch na Gaineimh
Benmore Lodge
Loch Meall a' Bhuirich
River Cassley
Loch Beannach
Tirryside
Dalchork
Loch Tigh na Creige
Colaboll
Loch Sgeireach
Loch Preas nan Sgiathanach
978
Grumby Rock
West Langwell
An Stùc
1195
Beinn an Eòin
1786
Glen Cassley
Loch an Ràsail
Sallachy
Allt Chaiseagail
Saval
Allt na Lùibe
Loch Craggie
Glen Oykel
River Oykel
163
Glencassley Castle
Loch na Caillich
A836
Lairg Muir
East Langwell
Loch na Faic
Loch na Fuaralaich
Lairg
Torbreck Burn
Elleag
Ferrycroft
The Ord
Balloan
A839
Strath Fleet
Loch Craggie
Fionn Bheinn Mhór
1084
Loch na Claise Móire
Cnoc a' Choire
1318
Grudie Burn
Gruids
Tomich
Rhian Breck
River Fleet
Muie
Tressady
River Cassley
Achany Glen
Torroble
Ardachu
Dalmore
Pittentrail
Coire a' Chonachair
Achness Waterfall
A836
An Stoc-bheinn
1104
Lubcroy
Strath Oykel
Oykel Bridge
Invercassley
A839
Chambered Cairn
Achany
Loch Cracail Mór
Creagan Glas
1028
A837
Oape
Rosehall
Cnoc Ceann nam Bad
881
B864
River Shin
River Oykel
Doune
Altass
Achinduich
Loch Laro
Lochan na Gaoithe
River Einig
Glen Einig
Linsidemore
Falls of Shin
Allt Garbh-airigh
A837
Shin Forest
928
Loch Buidhe
Abhainn an t-Stratha Chaml
Meòir Langwell
Kyle of Sutherland
Sròn Ach a' Bhacaidh
Achnahanat
Torroy
Inveran
Beinn Domhnaill
1144
Beinn Ulbhaidh
1616
Invershin
Loch a' Choire
Loch an Lagain
Creag Loisgte
1353
Abhainn an t-Strath Chuileannaich
Corriemulzie River
Loch nam Buidheag
Meall Dheirgidh
1659
Balblair
Airdens
Meall Moraig
1090
Achvaich
Culrain
1650
Carbisdale
A836
River Evelix
Strath Cuileannach
Loch Meall Dheirgidh
Loch a' Ghobhair
Strath Mulzie
Sidhean Raireag
1769
Carn a' Choin Deirg
2301
Loch an Tuill Riabhaich
Tulloch
Migdale
Glasha Burn
Croich
The Craigs
Strathcarron
Wester Gruinards
Culeave
Soyal
Cornhill
Bonar Bridge
Loch Migdale
Bardnabeinne
Amat Forest
Amatnatua
Lower Gledfield
A949
Donnie
Ardgay
Little Creich
Spinningdale
Ospisdale
Glencalvie Lodge
Kincardine
Oldtown
Whiteface
Loch a' Choire Mhóir
Freevater Forest
Alladale River
Alladale Lodge
River Carron
Ardchronie
A836
Bun Creich
Carn Bàn
2772
Glencalvie Forest
Carn Bhrain
2117
Wester Fearn
Easter Fearn
Ardmore
Dounie
Gleann Mór
Wester Fearn Burn
Struie
1218
Clach Biorach
Loch Sruban Móra
Lochan Sgeireach
Loch Chuinneag
Lochan a' Chairn
Edderton
Gleann Beag
Abhainn a' Ghlinne Bhig
Diebidale Forest
Carn Chuinneag
2750
Meall Bhenneit
1744
Easter Fearn Burn
Loch Muigh-bhlàraidh
Deanich Lodge
Beinn Tharsuinn
2330
Diebidale River
Glen Diebidale
B9176
1792
Cnoc Muigh-bhlàraidh
Tollomuick Forest
Crom Loch
Beinn a' Chaisteil
2404
Carn Cas nan Gabhar
1976
Black Water
Aultnamain Inn
E A S T E R R O S S
Beinn Tharsuinn
2270
Gorm Loch
Abhainn na
157
Loch a' Chaorainn
Loch Sheilah
Cnoc an t-Sabhail
1243
Meall a' Ghrianain
2531
Loch Magharaidh
Kildermorie Forest
Kildermorie Lodge
Loch Bad a' Bhathaich
Braeantra
Strath Rusdale
Strath Rory
Loch Vaich
Loch nan Amhaichean
Loch Morie
Black Water
Cnoc Corr Guinie
Kinrive Hill
1056
Scotsburn
Strathvaich Forest
Inchbae Forest
Beinn nan Eun
2436
Strathy
Loanreoch
Kinrive

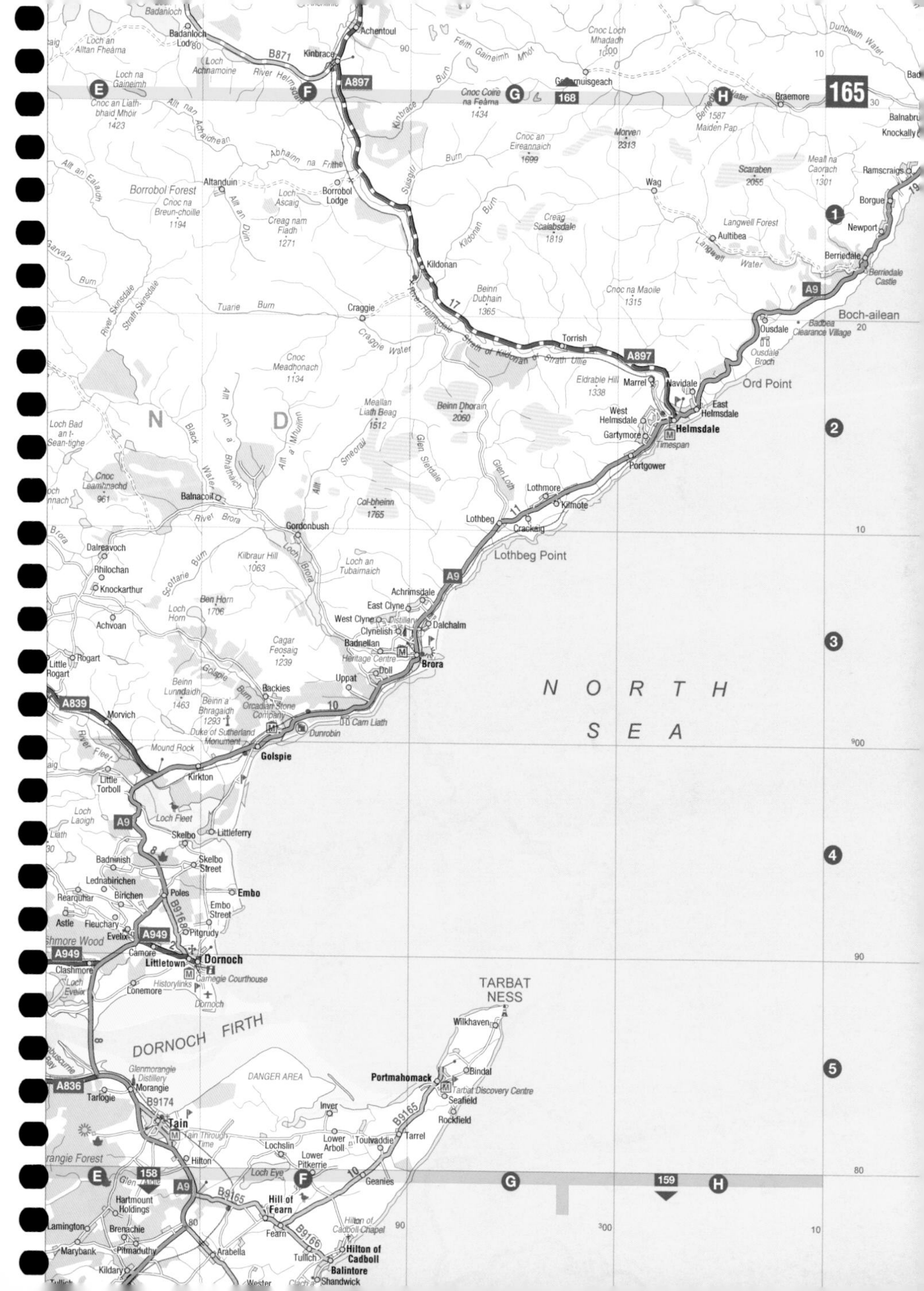

Badanloch
Badanloch Lodge
Loch an Alltan Fhearna
Achentoul
Kinbrace
B871
A897
Loch Achnamoine
River Helmsdale
Loch na Gaineimh
Cnoc an Liath-bhaid Mhòir 1423
Allt nan Achaidhean
Cnoc Coire na Feàrna 1434
Feith Gaineimh Mhòr
Cnoc Loch Mhadadh
Braemore
Maiden Pap
Morven 2313
Cnoc an Eireannaich 1699
Scaraben 2055
Meall na Caorach 1301
Ramscraig
Borgue
Newport
Wag
Abhainn na Frithe
Borrobol Forest
Altanduin
Borrobol Lodge
Loch Ascaig
Cnoc na Breun-choille 1194
Creag nam Fiadh 1271
Allt an Dùin
Creag Scalabsdale 1819
Langwell Forest
Aultibea
Langwell Water
Berriedale
Berriedale Castle
Kildonan
Kildonan Burn
Beinn Dubhain 1365
Cnoc na Maoile 1315
A9
Boch-ailean
Ousdale
Badbea Clearance Village
Ousdale Broch
Strath Skinsdale
River Skinsdale
Tuarie Burn
Craggie
Craggie Water
River Helmsdale
Torrish
Strath of Kildonan
Strath Ullie
Cnoc Meadhonach 1134
Eldrable Hill 1338
Marrel
Navidale
Ord Point
East Helmsdale
Helmsdale
West Helmsdale
Gartymore
Timespan
Portgower
Meallan Liath Beag 1512
Beinn Dhorain 2060
Glen Sletdale
Glen Loth
Loch Bad an t-Sean-tighe
Black Water
Allt a' Mhuilinn
Cnoc Leamhnachd 961
Balnacoil
River Brora
Gordonbush
Col-bheinn 1765
Lothmore
Kilmote
Lothbeg
Crackaig
Lothbeg Point
Dalreavoch
Rhilochan
Knockarthur
Kilbraur Hill 1063
Scottarie Burn
Loch Brora
Loch an Tubairnaich
Achrimsdale
East Clyne
West Clyne
Distillery
Clynelish
Dalchalm
Achvoan
Loch Horn
Ben Horn 1706
Cagar Feosaig 1239
Badnellan
Heritage Centre
Doll
Brora
Rogart
Little Rogart
Uppat
NORTH SEA
A839
Morvich
Beinn Lunndaidh 1463
Beinn a' Bhragaidh 1293
Backies
Orcadian Stone Company
Duke of Sutherland Monument
Dunrobin
Cam Liath
River Fleet
Mound Rock
Golspie
Little Torboll
Kirkton
Loch Laoigh
Loch Fleet
Skelbo
Littleferry
Badninish
Skelbo Street
Lednabirichen
Rearquhar
Birichen
Poles
Embo
Embo Street
Astle
Fleuchary
Evelix
B9168
Pitgrudy
A949
Camore
Littletown
Dornoch
Clashmore
Loch Evelix
Carnegie Courthouse
Historylinks
Lonemore
TARBAT NESS
Wilkhaven
DORNOCH FIRTH
Glenmorangie Distillery
A836
Tarlogie
Morangie
DANGER AREA
Portmahomack
Bindal
Tarbat Discovery Centre
Seafield
Rockfield
B9174
Tain
Tain Through Time
Inver
Lower Arboll
Toulvaddie
Tarrel
B9165
Lochslin
Hilton
Lower Pitkerrie
Geanies
Loch Eye
158
159
168
Hartmount Holdings
Hill of Fearn
Lamington
Brenachie
Fearn
Hilton of Cadboll Chapel
B9166
Marybank
Pitmaduthy
Arabella
Tullich
Hilton of Cadboll
Balintore
Kildary
Shandwick

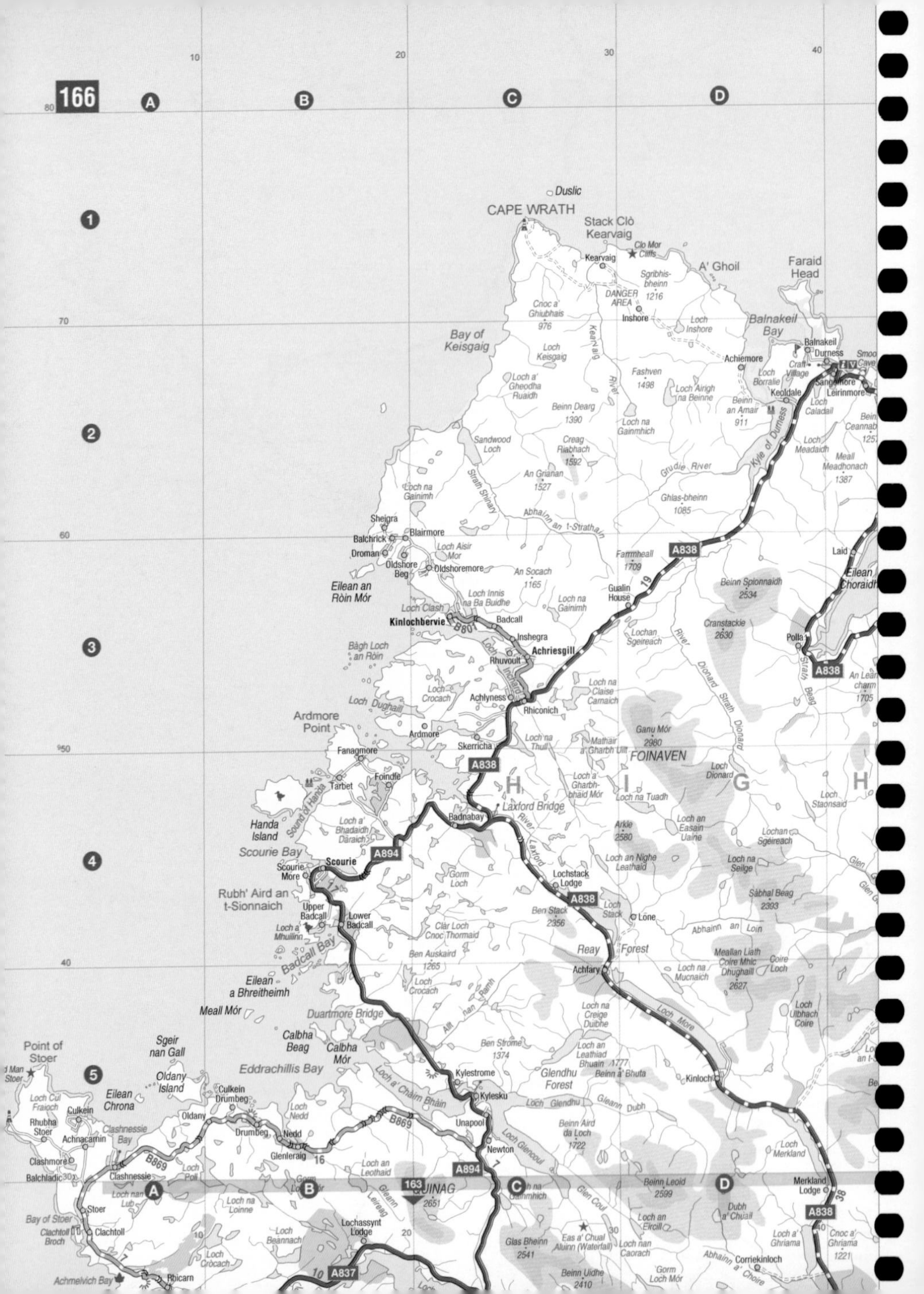

166
A
B
C
D
10
20
30
40
80
70
60
50
40
1
2
3
4
5
Duslic
CAPE WRATH
Stack Clò
Kearvaig
Clò Mor Cliffs
Kearvaig
Sgribhis-bheinn
1216
A' Ghoil
Faraid Head
DANGER AREA
Inshore
Cnoc a' Ghiubhais
976
Loch Inshore
Balnakeil Bay
Balnakeil
Durness
Smoo Cave
Bay of Keisgaig
Loch Keisgaig
Kearvaig River
Achiemore
Craft Village
Loch Borralie
Sangomore
Leirinmore
Fashven
1498
Loch Airigh na Beinne
Keoldale
Loch a' Gheodha Ruaidh
Beinn Dearg
1390
Beinn an Amair
911
Loch Caladail
Loch na Gainmhich
Kyle of Durness
Sandwood Loch
Creag Riabhach
1592
Loch Meadaidh
Meall Meadhonach
1387
An Grianan
1527
Grudie River
Strath Shinary
Loch na Gainimh
Ghlas-bheinn
1085
Abhainn an t-Strathain
Sheigra
Balchrick
Blairmore
Droman
Loch Aisir Mor
Oldshore Beg
Oldshoremore
An Socach
1165
Farrmheall
1709
A838
Laid
Eilean Choraidh
Eilean an Ròin Mór
Loch Innis na Ba Buidhe
Loch na Gainimh
Gualin House
19
Beinn Spionnaidh
2534
Loch Clash
Kinlochbervie
Badcall
B801
Inshegra
Achriesgill
Lochan Sgeireach
River Dionard
Cranstackie
2630
Polla
Strath Beag
Bàgh Loch an Ròin
Loch Inchard
Rhuvoult
Loch Crocach
Achlyness
Loch na Claise Carnaich
Rhiconich
An Lean charn
1705
Loch Dughaill
Ardmore Point
Ardmore
Skerricha
Loch na Thull
Mathair a' Gharbh Uilt
Ganu Mór
2980
FOINAVEN
Strath Dionard
Fanagmore
Tarbet
Foindle
Sound of Handa
Loch a' Gharbh-bhaid Mór
Loch na Tuadh
Loch Dionard
H
I
G
H
Loch Staonsaid
Handa Island
Laxford Bridge
Badnabay
Loch a' Bhadaidh Daraich
River Laxford
Arkle
2580
Loch an Easain Uaine
Lochan Sgéireach
Scourie Bay
A894
Scourie
Scourie More
Gorm Loch
Loch an Nighe Leathaid
Loch na Seilge
Rubh' Aird an t-Sionnaich
Lochstack Lodge
Sàbhal Beag
2393
Upper Badcall
Lower Badcall
Loch a' Mhuilinn
Ben Stack
2356
Loch Stack
Lone
Abhainn an Loin
Clàr Loch
Cnoc Thormaid
Badcall Bay
Reay Forest
Ben Auskaird
1265
Achfary
Loch na Mucnaich
Meallan Liath Coire Mhic Dhughaill
2627
Coire Loch
Eilean a Bhreitheimh
Loch Crocach
Allt nan Ramh
Loch Ulbhach Coire
Meall Mór
Duartmore Bridge
Loch na Creige Duibhe
Loch More
Point of Stoer
Sgeir nan Gall
Calbha Beag
Calbha Mór
Ben Strome
1374
Loch an Leathiad Bhuain
1777
Beinn a' Bhuta
Eddrachillis Bay
Oldany Island
Kylestrome
Glendhu Forest
Kinloch
Loch Cùl Fraioch
Eilean Chrona
Culkein Drumbeg
Loch Nedd
Loch a' Chàirn Bhàin
Kylesku
Culkein
Rhubha Stoer
Oldany
Loch Glendhu
Gleann Dubh
Clashnessie Bay
Drumbeg
Nedd
B869
Unapool
Achnacarnin
Beinn Aird da Loch
1722
Clashmore
Glenleraig
16
Newton
Loch Glencoul
Loch Merkland
Balchladich
Clashnessie
Loch Poll
Loch an Leothaid
A894
7
Loch nan Lub
163
QUINAG
2651
Beinn Leòid
2599
Merkland Lodge
Gleann Leireag
Loch na Loinne
Glen Coul
Dubh a' Chuail
A838
38
Stoer
Bay of Stoer
Clachtoll Broch
Clachtoll
Lochassynt Lodge
Loch Beannach
Eas a' Chual Aluinn (Waterfall)
Loch an Eircill
Loch a' Ghriama
Cnoc a' Ghriama
1221
Loch Cròcach
Glas Bheinn
2541
Loch nan Caorach
Corriekinloch
Abhainn a' Choire
Achmelvich Bay
Rhicarn
A837
10
Beinn Uidhe
2410
Gorm Loch Mór

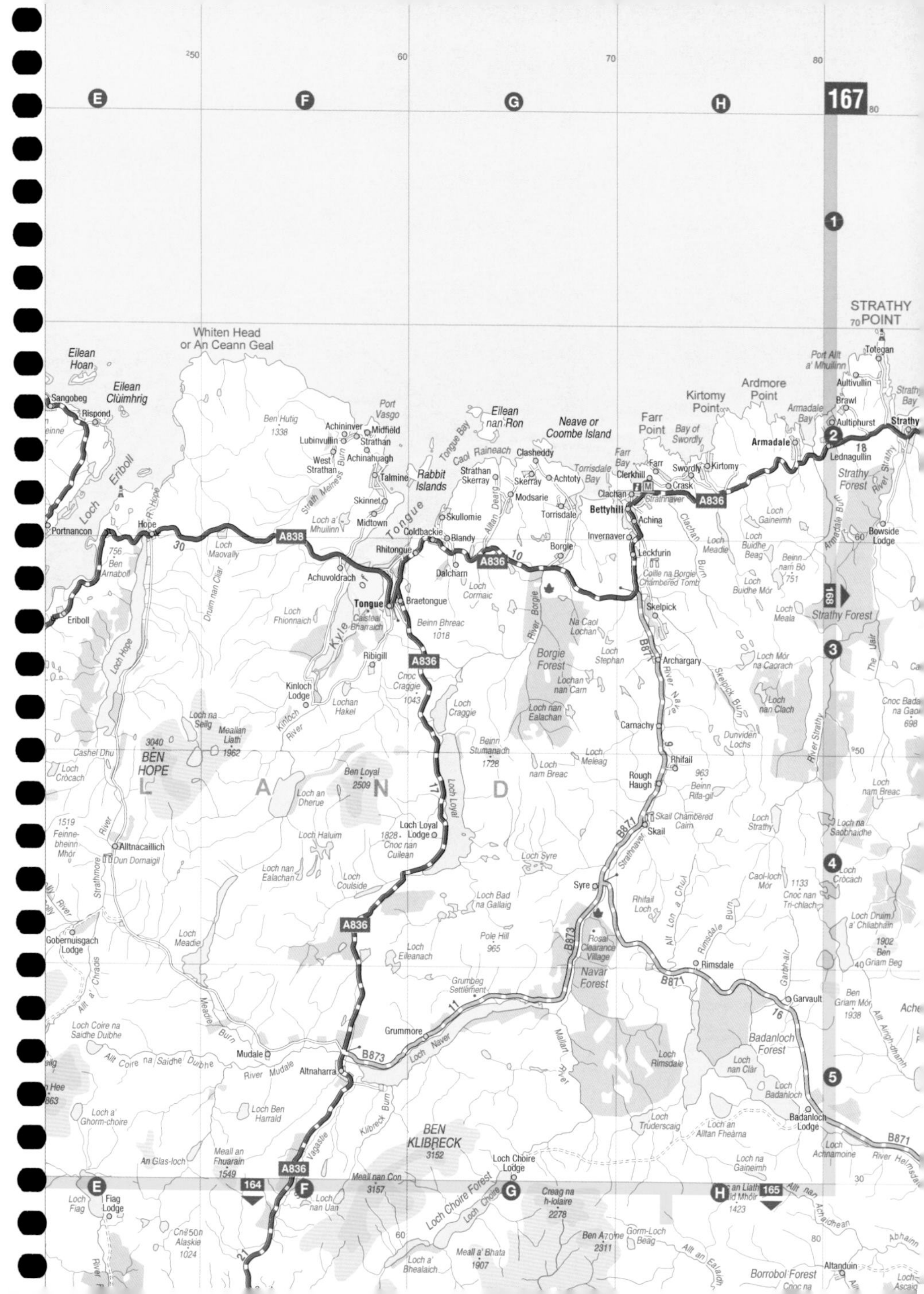

167
STRATHY POINT
Whiten Head
or An Ceann Geal
Eilean
Hoan
Eilean
Clùimhrig
Sangobeg
Rispond
Loch Eriboll
Portnancon
Hope
Eriboll
Ben Hutig
1338
Port
Vasgo
Achininver
Midfield
Lubinvullin
Strathan
West
Strathan
Achinahuagh
Talmine
Skinnet
Midtown
Tongue Bay
Eilean
nan Ron
Caol Raineach
Rabbit
Islands
Kyle of Tongue
Neave or
Coombe Island
Clasheddy
Strathan
Skerray
Skerray
Achtoty
Modsarie
Torrisdale
Torrisdale
Bay
Farr
Point
Farr
Bay
Farr
Clerkhill
Bay of
Swordly
Swordly
Kirtomy
Kirtomy
Point
Ardmore
Point
Armadale
Bay
Armadale
Port Allt
a' Mhuilinn
Totegan
Aultivullin
Brawl
Aultiphurst
Strathy
Strathy
Bay
Lednagullin
Strathy
Forest
Clachan
Crask
Bettyhill
Achina
Invernaver
Strathnaver
Skullomie
Coldbackie
Blandy
Rhitongue
Borgie
Dalcharn
Achuvoldrach
Tongue
Braetongue
Caisteal
Bharraich
Ribigill
Kinloch
Lodge
Lochan
Hakel
A838
A836
B871
B873
Loch
Maovally
756
Ben
Arnaboll
Loch Hope
Druim nan Clar
Loch
Fhionnaich
Beinn Bhreac
1018
Cnoc
Craggie
1043
Loch
Craggie
Loch
Cormaic
Borgie
Forest
River Borgie
Na Caol
Lochan
Loch
Stephan
Lochan
nan Carn
Loch nan
Ealachan
Leckfurin
Coille na Borgie
Chambered Tomb
Skelpick
Archargary
River Naver
Carnachy
Rhifail
Rough
Haugh
Skail
Skail Chambered
Cairn
Loch
Gaineimh
Loch
Buidhe
Beag
Beinn
nam Bò
751
Loch
Buidhe Mòr
Loch
Meala
Strathy Forest
168
Loch Mòr
na Caorach
Loch
nan Clach
Dunviden
Lochs
Skelpick Burn
Clachan Burn
Bowside
Lodge
Armadale Burn
River Strathy
Cnoc Bada
na Gaoi
698
Loch
nam Breac
Loch
Strathy
Loch na
Saobhaidhe
Loch
Cròcach
Caol-loch
Mòr
1133
Cnoc nan
Tri-chlach
Loch Druim
a' Chliabhain
1902
Ben
Griam Beg
Ben
Griam Mòr
1938
Garvault
Rimsdale
Badanloch
Forest
Loch
nan Clàr
Loch
Badanloch
Badanloch
Lodge
Loch
Achnamoine
River Helmsdale
Loch na
Gaineimh
Loch an
Alltan Fhearna
Loch
Truderscaig
Loch
Rimsdale
Navar
Forest
Rosal
Clearance
Village
Syre
Rhifail
Loch
Allt Lon a Chuil
Rimsdale Burn
Loch Syre
Loch Bad
na Gallaig
Pole Hill
965
Loch
Eileanach
Grumbeg
Settlement
Grummore
Loch Naver
Mallart River
Mudale
River Mudale
Altnaharra
Loch Ben
Harrald
Kilbreck Burn
BEN
KLIBRECK
3152
Loch Choire
Lodge
Loch Choire Forest
Meall nan Con
3157
Creag na
h-Iolaire
2278
Meall an
Fhuarain
1549
An Glas-loch
Loch a'
Ghorm-choire
Loch Coire na
Saidhe Duibhe
Allt Coire na Saidhe Duibhe
Meadie Burn
Loch
Meadie
Gobernuisgach
Lodge
Allt a' Chraois
Strathmore River
Alltnacaillich
Dun Dornaigil
1519
Feinne-
bheinn
Mhòr
Loch
Cròcach
Cashel Dhu
3040
BEN
HOPE
Loch na
Seilg
Meallan
Liath
1962
Kinloch River
L A N D
Ben Loyal
2509
Loch an
Dherue
Loch Haluim
1828
Cnoc nan
Cuilean
Loch Loyal
Lodge
Loch Loyal
Loch nan
Ealachan
Loch
Coulside
Beinn
Stumanadh
1728
Loch
nam Breac
Loch
Meleag
963
Beinn
Rifa-gil
Loch
Fiag
Fiag
Lodge
164
165
Loch
nan Uan
Alaskie
1024
Loch a'
Bhealaich
Meall a' Bhata
1907
Ben Armine
2311
Gorm-Loch
Beag
Allt an Ealaidh
Borrobol Forest
Altanduin
Allt nan Achaidhean

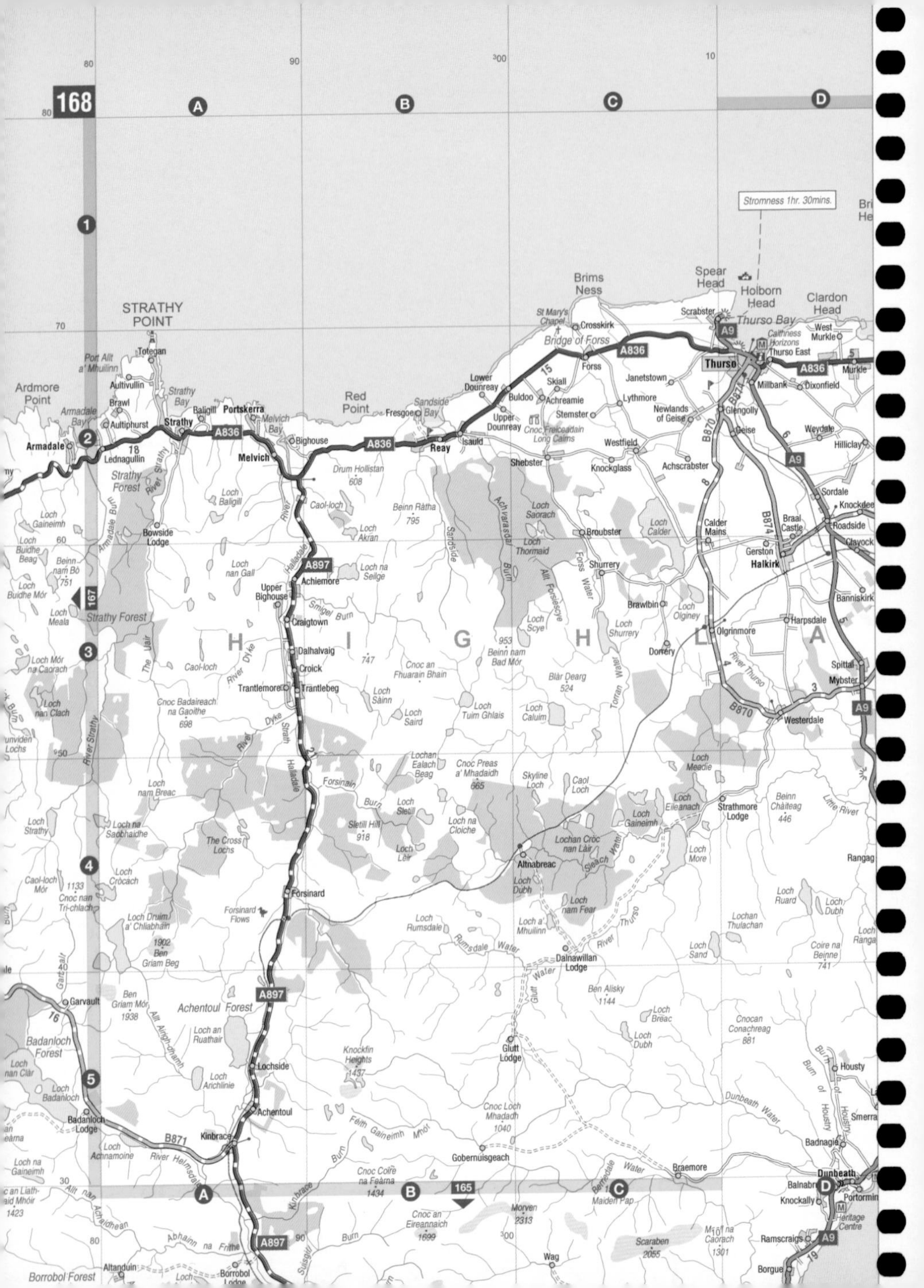

168
80
90
300
10
A
B
C
D
1
2
3
4
5
Stromness 1hr. 30mins.
STRATHY POINT
Ardmore Point
Port Allt a' Mhuilinn
Totegan
Aultivullin
Brawl
Armadale Bay
Aultiphurst
Strathy Bay
Strathy
Baligill
Portskerra
Melvich Bay
Bighouse
Armadale
Lednagullin
18
A836
Melvich
Red Point
Fresgoe
Sandside Bay
Reay
Isauld
Brims Ness
St Mary's Chapel
Crosskirk
Bridge of Forss
Forss
15
Lower Dounreay
Skiall
Buldoo
Achreamie
Upper Dounreay
Cnoc Freiceadain Long Cairns
Stemster
Lythmore
Janetstown
Newlands of Geise
Westfield
Shebster
Knockglass
Achscrabster
Spear Head
Holborn Head
Scrabster
Thurso Bay
Clardon Head
A9
Caithness Horizons
Thurso East
Thurso
West Murkle
Murkle
Millbank
Dixonfield
Glengolly
B874
B870
Geise
Weydale
Hilliclay
6
Sordale
Knockdee
Braal Castle
Roadside
Calder Mains
Gerston
Halkirk
Clayock
Banniskirk
Harpsdale
Olgrinmore
Spittal
Mybster
3
Westerdale
Strathy Forest
Loch Baligill
Loch Gaineimh
Bowside Lodge
Loch Buidhe Beag
Beinn nam Bò 751
Loch Buidhe Mór
167
Loch Meala
Strathy Forest
Drum Hollistan 608
Caol-loch
Beinn Ràtha 795
Loch Akran
Loch nan Gall
Halladale
A897
Achiemore
Loch na Seilge
Upper Bighouse
Craigtown
Smigel Burn
Achvarasdal Burn
Sandside
Loch Saorach
Loch Thormaid
Broubster
Loch Calder
Shurrery
Forss Water
Allt Forsiescye
Brawlbin
Loch Olginey
Loch Scye
Loch Shurrery
Dorrery
953 Beinn nam Bad Mór
Blàr Dearg 524
Torran Water
River Thurso
H
I
G
H
L
A
Loch Mór na Caorach
The Uair
Caol-loch
River Dyke
Dalhalvaig
Croick
747
Cnoc an Fhuarain Bhain
Trantlemore
Trantlebeg
Loch nan Clach
Cnoc Badaireach na Gaoithe 698
Loch Sàinn
Loch Saird
Loch Tuim Ghlais
Loch Caluim
River Strathy
50
Strath Halladale
Forsinain
Lochan Ealach Beag
Cnoc Preas a' Mhadaidh 665
Skyline Loch
Caol Loch
Loch Meadie
Loch nam Breac
Loch Sletill
Sletill Hill 918
Loch na Cloiche
Loch Eileanach
Strathmore Lodge
Loch Gaineimh
Beinn Châiteag 446
Little River
Loch Strathy
Loch na Saobhaidhe
The Cross Lochs
Loch Leir
Lochan Cròc nan Làir
Sleach Water
Altnabreac
Loch More
Rangag
Loch Cròcach
Caol-loch Mór
1133 Cnoc nan Tri-chlach
Forsinard
Loch Dubh
Loch nam Fear
Loch Ruard
Loch Dubh
Forsinard Flows
Loch Druim a' Chliabhain
1902 Ben Griam Beg
Loch Rumsdale
Rumsdale Water
Loch a' Mhuilinn
Dalnawillan Lodge
Loch Sand
Lochan Thulachan
Coire na Beinne 741
Loch Rangag
Garvault
Gartsalt
40
16
Ben Griam Mór 1938
Allt Aingh-dhamh
Achentoul Forest
Glutt Water
Ben Alisky 1144
Loch Breac
Cnocan Conachreag 881
Badanloch Forest
Loch an Ruathair
Knockfin Heights 1437
Glutt Lodge
Loch Dubh
Burn of Houstry
Housty
Loch nan Clàr
Lochside
Loch Arichlinie
Loch Badanloch
Achentoul
Cnoc Loch Mhadadh 1040
Dunbeath Water
Smerral
Badanloch Lodge
B871
Kinbrace
Féith Gaineimh Mhór
Badnagie
Loch Achnamoine
River Helmsdale
Gobernuisgeach
Braemore
Dunbeath
Loch na Gaineimh
30
Allt nan Achraidhean
Cnoc Coire na Feàrna 1434
165
Berriedale Water
Maiden Pap
Balnabruich
Portormin
Knockally
Heritage Centre
Cnoc an Liath-baid Mhòir 1423
Kinbrace Burn
Cnoc an Eireannaich 1699
Morven 2313
Scaraben 2055
Meall na Caorach 1301
Ramscraigs
19
Abhainn na Frithe
80
90
300
Borrobol Forest
Altanduin
Borrobol Lodge
Wag
Borgue

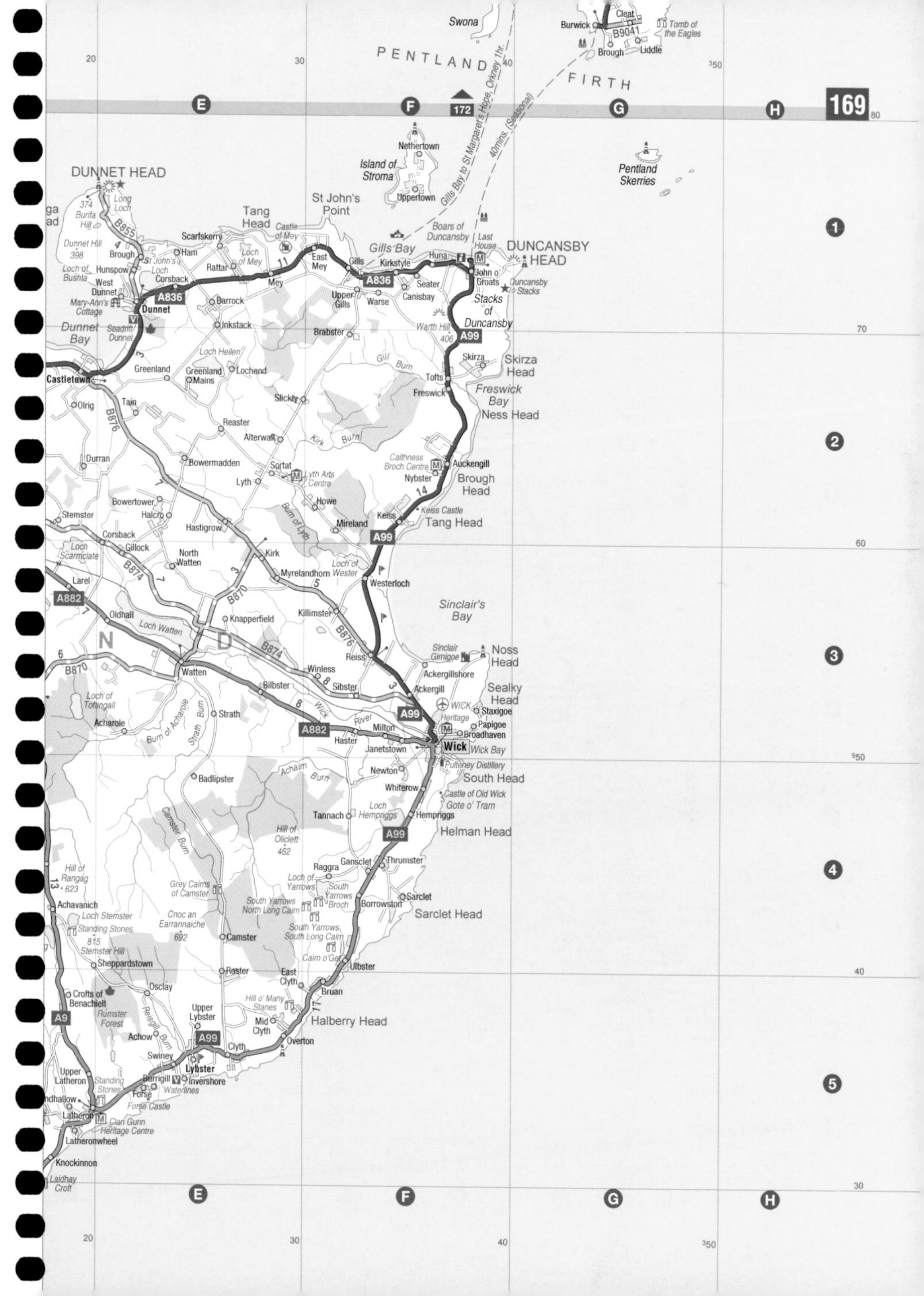
Swona
Cleat
Burwick
B9041
Tomb of the Eagles
Brough
Liddle
PENTLAND FIRTH
Gills Bay to St Margaret's Hope, Orkney 1hr. 40mins. (Seasonal)
20
30
40
350
E
F
172
G
H
80
Nethertown
Island of Stroma
Uppertown
Pentland Skerries
DUNNET HEAD
374
Burifa Hill
Long Loch
B855
Dunnet Hill 398
Brough
Loch of Bushta
Hunspow
West Dunnet
Mary-Ann's Cottage
Dunnet
Dunnet Bay
Seadrift Dunnet
St John's Loch
Corsback
A836
Ham
Scarfskerry
Tang Head
Rattar
Loch of Mey
Castle of Mey
St John's Point
Mey
East Mey
Gills
Gills Bay
Boars of Duncansby
Last House
DUNCANSBY HEAD
Huna
Kirkstyle
John o' Groats
Duncansby Stacks
Stacks of Duncansby
Seater
Canisbay
Upper Gills
Warse
Barrock
Inkstack
Brabster
Warth Hill 406
A99
70
Loch Heilen
Greenland
Greenland Mains
Lochend
Gill Burn
Skirza
Skirza Head
Tofts
Freswick
Freswick Bay
Ness Head
Castletown
Olrig
Tain
B876
Slickly
Reaster
Alterwall
Kirk Burn
Durran
Bowermadden
Sortat
Lyth Arts Centre
Lyth
Caithness Broch Centre
Auckengill
Nybster
Brough Head
Bowertower
Halcro
Howe
Burn of Lyth
Keiss
Keiss Castle
Tang Head
Stemster
Hastigrow
Mireland
Corsback
Gillock
Loch Scarmclate
North Watten
Kirk
60
B874
Myrelandhorn
Loch of Wester
Westerloch
Larel
A882
B870
Knapperfield
Killimster
Sinclair's Bay
Oldhall
Loch Watten
N
D
Reiss
Sinclair Girnigoe
Noss Head
Watten
Winless
Ackergillshore
Bilbster
Sibster
Ackergill
Sealky Head
Loch of Toftingall
Strath
Strath Burn
Burn of Acharole
Acharole
Wick River
WICK Heritage
Staxigoe
Papigoe
Broadhaven
Milton
Haster
Janetstown
Wick
Wick Bay
950
Pulteney Distillery
South Head
Badlipster
Achairn Burn
Newton
Whiterow
Castle of Old Wick
Gote o' Tram
Tannach
Loch Hempriggs
Hempriggs
Camster Burn
Hill of Oliclett 462
Helman Head
Hill of Rangag 623
Gansclet
Thrumster
Raggra
Loch of Yarrows
South Yarrows Broch
Grey Cairns of Camster
Achavanich
South Yarrows North Long Cairn
Borrowston
Sarclet
Sarclet Head
Loch Stemster
Standing Stones
815
Stemster Hill
Cnoc an Earrannaiche 692
Camster
South Yarrows South Long Cairn
Cairn o'Get
Sheppardstown
Ulbster
40
Roster
East Clyth
Osclay
Bruan
Crofts of Benachielt
Rumster Forest
Reisgill Burn
Hill o' Many Stanes
A9
Upper Lybster
Mid Clyth
Halberry Head
Achow
Clyth
Overton
Swiney
Lybster
Upper Latheron
Standing Stones
Burrigill
Inver
Forse
Waterlines
Forse Castle
Latheron
Clan Gunn Heritage Centre
Latheronwheel
Knockinnon
Laidhay Croft
30
1
2
3
4
5
13
14
11

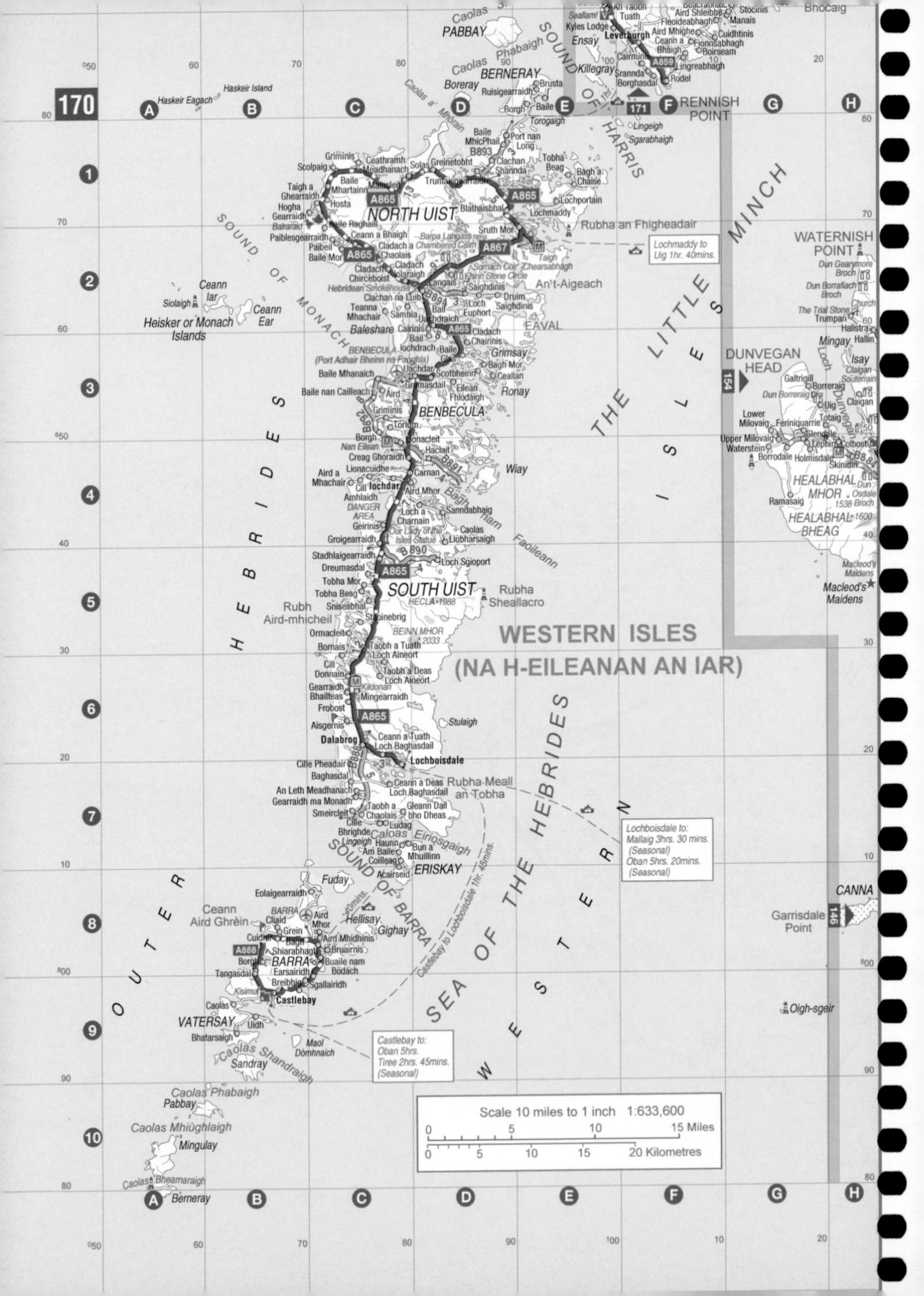

170
WESTERN ISLES
(NA H-EILEANAN AN IAR)
NORTH UIST
BENBECULA
SOUTH UIST
BARRA
VATERSAY
ERISKAY
BERNERAY
PABBAY
OUTER HEBRIDES
SOUND OF MONACH
SOUND OF HARRIS
SOUND OF BARRA
THE LITTLE MINCH
SEA OF THE HEBRIDES
WESTERN
Lochmaddy
Lochboisdale
Castlebay
Leverburgh
Balivanich
Heisker or Monach Islands
Haskeir Island
Haskeir Eagach
Ceann Ear
Ceann Iar
Baleshare
Grimsay
Ronay
Wiay
Fuday
Hellisay
Gighay
Sandray
Mingulay
Berneray
Caolas Phabaigh
Caolas Mhiùghlaigh
Caolas Shandraigh
Caolas Bhearnaraigh
Rubha an Fhigheadair
Rubha Sheallacro
Rubha-Meall an Tobha
Rubh Aird-mhicheil
Ceann Aird Ghrèin
EAVAL
HECLA 1988
BEINN MHOR 2033
Lochmaddy to Uig 1hr. 40mins.
Lochboisdale to: Mallaig 3hrs. 30 mins. (Seasonal) Oban 5hrs. 20mins. (Seasonal)
Castlebay to: Oban 5hrs. Tiree 2hrs. 45mins. (Seasonal)
Castlebay to Lochboisdale 1hr. 45mins.
WATERNISH POINT
DUNVEGAN HEAD
HEALABHAL MHOR
HEALABHAL BHEAG
Macleod's Maidens
CANNA
Garrisdale Point
Oigh-sgeir
RENNISH POINT
A865
A867
A888
A859
B893
B894
B892
B891
B890
B888
171
154
146
Scale 10 miles to 1 inch 1:633,600
0 5 10 15 Miles
0 5 10 15 20 Kilometres

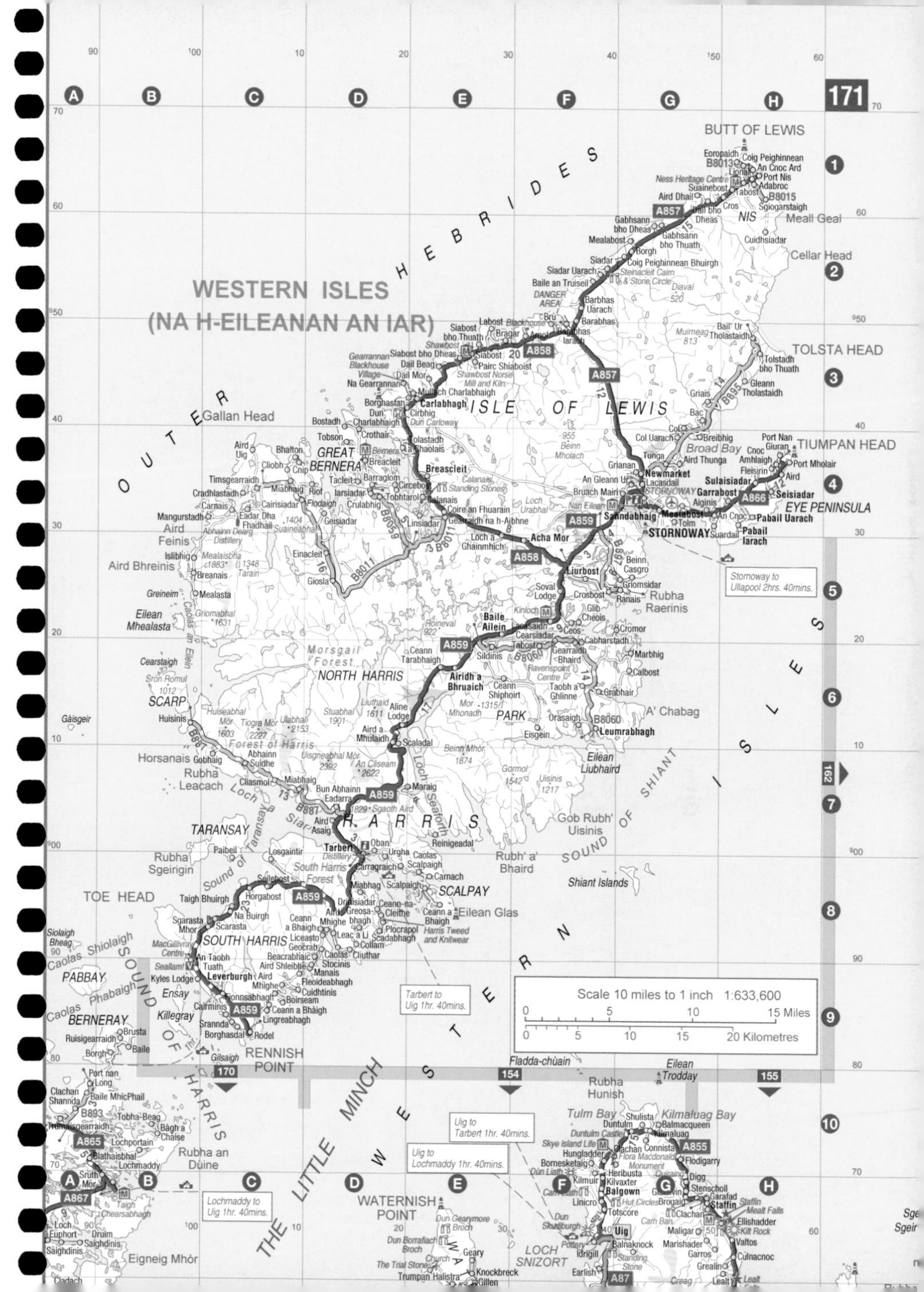

WESTERN ISLES
(NA H-EILEANAN AN IAR)
OUTER HEBRIDES
WESTERN ISLES
THE LITTLE MINCH
BUTT OF LEWIS
Eoropaidh
Coig Peighinnean
An Cnoc Ard
Port Nis
Adabroc
Lional
Ness Heritage Centre
Suainebost
Tabost
B8013
B8015
Sgiogarstaigh
Aird Dhail
Dail bho Dheas
Cros
NIS
Meall Geal
A857
Gabhsann bho Dheas
Gabhsann bho Thuath
Mealabost
Borgh
Cuidhsiadar
Cellar Head
Siadar
Coig Peighinnean Bhuirgh
Siadar Uarach
Steinacleit Cairn & Stone Circle
Baile an Truiseil
Diaval 520
DANGER AREA
Barbhas Uarach
Brù
Barabhas
Labost
Blackhouse
Siabost bho Thuath
Bragar
Arnol
Barabhas Iarach
Muirneag 813
Bail' Ur Tholastaidh
TOLSTA HEAD
Shawbost
Siabost bho Dheas
Siabost
A858
Gearrannan Blackhouse Village
Dail Beag
Pairc Shiaboist
Shawbost Norse Mill and Kiln
Dail Mor
Na Gearrannan
Mullach Charlabhaigh
Carlabhagh
Borghastan
Dun
Cirbhig
Dun Carloway
ISLE OF LEWIS
Tolstadh bho Thuath
Gleann Tholastaidh
Griais
B895
Gallan Head
Bostadh
Charlabhaigh
Bac
Col
Col Uarach
Breibhig
Broad Bay
Port Nan Giuran
TIUMPAN HEAD
Tobson
Crothair
Tolastadh a Chaolais
955 Beinn Mholach
Tunga
Aird Thunga
Cnoc Amhlaigh
Port Mholair
Aird Uig
Bhaltos
Cliobh
Cnip
GREAT BERNERA
Bernera
Breacleit
Breascleit
Grianan
Newmarket
Lacasdail
Fleisirin
Aird
Timsgearraidh
Miabhaig
Riof
Tacleit
Barraglom
Circebost
Calanais Standing Stones
An Gleann Ur
Bruach Mairi
STORNOWAY
Sulaisiadar
Garrabost
Seisiadar
Cradhlastadh
Carnais
Cairisiadar
Iarsiadar
Tobhtarol
Calanais
Coire an Fhuarain
Loch Urabhal
Nan Eilean
Aiginis
A866
EYE PENINSULA
Flodaigh
Crulabhig
Mangurstadh
Eadar Dha Fhadhail
1404 Suaineabhal
Geisiadar
B8059
Linsiadar
Gearraidh na h-Aibhne
Sanndabhaig
Mealabost
Tolm
An Cnoc
Pabail Uarach
Aird Feinis
Abhainn Dearg Distillery
A859
STORNOWAY
Suardail
Pabail Iarach
Loch a Ghainmhich
Acha Mor
Islibhig
Mealaisbhal 1883
1348 Tarain
Einacleit
B8011
A858
Beinn Casgro
Aird Bhreinis
Breanais
Liurbost
B897
Stornoway to Ullapool 2hrs. 40mins.
Giosla
Soval Lodge
Griomsidar
Ranais
Greineim
Mealasta
Crosbost
Rubha Raerinis
Caolas an Eilein
Griomabhal 1631
Kinloch
Glib Cheois
Eilean Mhealasta
Baile Ailein
Lacasaidh
Cromor
Roineval 922
Cearsiadar
Ceos
Morsgail Forest
A859
Tabost
Cabharstadh
Sildinis
Gearraidh Bhaird
Marbhig
Cearstaigh
Ceann Tarabhaigh
B8060
Ravenspoint Centre
Sron Romul 1012
NORTH HARRIS
Airidh a Bhruaich
Calbost
Ceann Shiphoirt
Taobh a Ghlinne
Grabhair
SCARP
Huisinis
Huiseabhal Mòr
Tiogra Mòr 2227
Ulabhal 2153
Stuabhal 1901
Liuthaid 1611
Aline Lodge
Mor Mhonadh 1315
PARK
Orasaigh
A' Chabag
Gàisgeir
B887
Forest of Harris
Aird a Mhulaidh
Scaladal
Eisgein
B8060
Leumrabhagh
Horsanais
Gobhaig
Abhainn Suidhe
Uisgneabhal Mòr 2392
An Cliseam 2622
Beinn Mhòr 1874
Eilean Liubhaird
Rubha Leacach
Cliasmol
Gormol 1542
Uisinis 1217
Loch a Siar
Miabhaig
Bun Abhainn Eadarra
A859
Loch Seaforth
Maraig
SOUND OF SHIANT
Sgaoth Aird
1829
HARRIS
Aird Asaig
TARANSAY
Gob Rubh' Uisinis
Sound of Taransay
Paibeil
Losgaintir
Tarbert
Distillery
Oban
Urgha
Reinigeadal
Rubh' a' Bhaird
Caolas Scalpaigh
Rubha Sgeirigin
South Harris Forest
Carragraich
Carnach
Shiant Islands
Seilebost
A859
Miabhag
Scalpaigh
SCALPAY
TOE HEAD
Taigh Bhuirgh
Horgabost
Drinisiadar
Ceann-na-Cleithe
Eilean Glas
Na Buirgh
Aird Mhighe
Greosabhagh
Ceann a Bhaigh
Sgarasta Mhor
Scarasta
Ceann a Bhaigh
Plocrapol
Harris Tweed and Knitwear
Siolaigh Bheag
Caolas Shiolaigh
SOUTH HARRIS
Liceasto
Geocrab
Leac a Li
Scadabhagh
Collam
Cliuthar
MacGillivray Centre
An Taobh Tuath
Beacrabhaic
Caolas Stocinis
Seallam!
Aird Shleibhe
Manais
PABBAY
Kyles Lodge
Leverburgh
Aird Mhighe
Fleoideabhagh
Cuidhtinis
SOUND OF HARRIS
Ensay
Caolas Phabaigh
Fionnsabhagh
Boirseam
Tarbert to Uig 1hr. 40mins.
Killegray
Cairminis
A859
Ceann a Bhàigh
Lingreabhagh
BERNERAY
Srannda
Borghasdal
Rodel
Brusta
Ruisigearraidh
Baile
Borgh
RENNISH POINT
Gilsaigh
Scale 10 miles to 1 inch 1:633,600
0 5 10 15 Miles
0 5 10 15 20 Kilometres
170
154
155
162
Fladda-chùain
Eilean Trodday
Rubha Hunish
Port nan Long
Clachan Shannda
Baile MhicPhail
B893
Trumaisgearraidh
Tobha-Beag
Bàgh a Chaise
A865
Lochportain
Rubha an Dùine
Blathaisbhal
Lochmaddy
Sruth Mòr
A867
Taigh Chearsabhagh
Lochmaddy to Uig 1hr. 40mins.
Uig to Tarbert 1hr. 40mins.
Uig to Lochmaddy 1hr. 40mins.
Tulm Bay
Shulista
Kilmaluag Bay
Duntulm
Duntulm Castle
Balmacqueen
Kilmaluag
Skye Island Life
Hungladder
Connista
A855
Flora Macdonald Monument
Flodigarry
Bornesketaig
Heribusta
Dùn Liath
Kilmuir
Kilvaxter
Quiraing
Digg
Stenscholl
Balgown
Glenvin
Garafad
WATERNISH POINT
Linicro
Hut Circles
Brogaig
Staffin
Staffin
Dun Gearymore Broch
Totscore
Clachan
Mealt Falls
Carn Ban
Ellishadder
Kilt Rock
Dun Skudiburgh
Uig
Maligar
Valtos
Dun Borrafiach Broch
Pottery
Balnaknock
Marishader
Geary
Church
Idrigill
Standing Stone
Garros
Culnacnoc
The Trial Stone
LOCH SNIZORT
Grealin
Knockbreck
Trumpan
Halistra
Gillen
Earlish
A87
Creag
Lealt
Loch Euphort
Druim
Saighdinis
Saighdinis
Eigneig Mhòr
Cladach
Sge
Sgeir

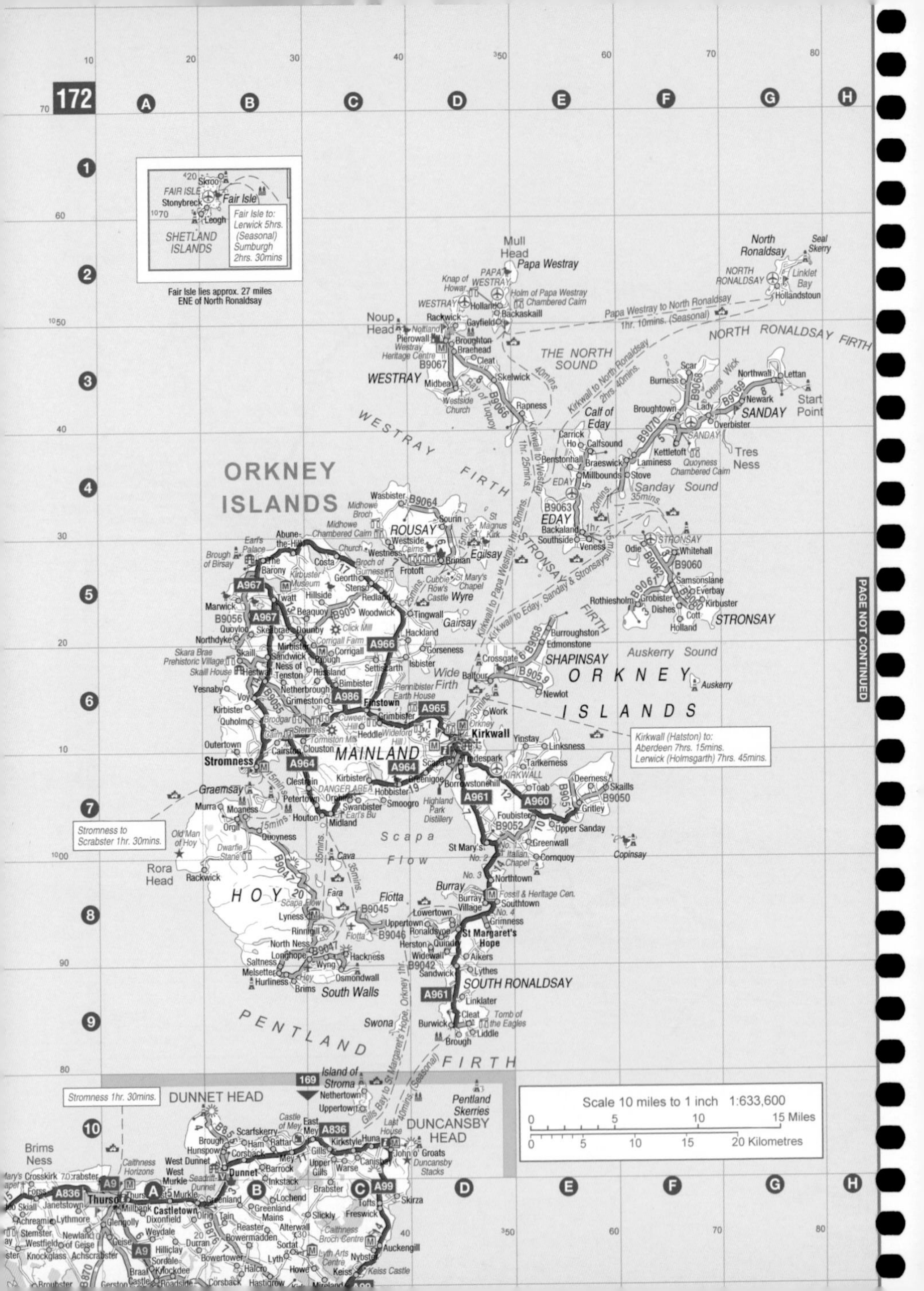

172
ORKNEY ISLANDS
Fair Isle
FAIR ISLE
Skroo
Stonybreck
Leogh
SHETLAND ISLANDS
Fair Isle to: Lerwick 5hrs. (Seasonal) Sumburgh 2hrs. 30mins
Fair Isle lies approx. 27 miles ENE of North Ronaldsay
North Ronaldsay
Seal Skerry
NORTH RONALDSAY
Linklet Bay
Hollandstoun
Papa Westray to North Ronaldsay 1hr. 10mins. (Seasonal)
NORTH RONALDSAY FIRTH
Mull Head
Papa Westray
PAPA WESTRAY
Knap of Howar
Holm of Papa Westray Chambered Cairn
Holland
Backaskaill
Noup Head
Noltland
Rackwick
Gayfield
Pierowall
Broughton
Braehead
Westray Heritage Centre
Cleat
B9067
WESTRAY
Midbea
Westside Church
Bay of Tuquoy
Skelwick
B9066
Rapness
THE NORTH SOUND
Kirkwall to North Ronaldsay 2hrs. 40mins.
Kirkwall to Westray 1hr. 25mins.
WESTRAY FIRTH
Scar
Burness
B9068
Otters Wick
Northwall
Lettan
Newark
Start Point
SANDAY
Lady
B9069
Broughtown
B9070
Overbister
Calf of Eday
Carrick Ho
Calfsound
Kettletoft
Tres Ness
Benstonhall
Braeswick
Laminess
Millbounds
Stove
Quoyness Chambered Cairn
EDAY
Sanday Sound
B9063
Backaland
Southside
Veness
Wasbister
B9064
Midhowe Broch
Midhowe Chambered Cairn
ROUSAY
Sourin
St Magnus Kirk
Westside
Westness
Brinian
Egilsay
Frotoft
Cubbie Row's Castle
St Mary's Chapel
Wyre
Gairsay
Tingwall
Kirkwall to Papa Westray 1hr. 50mins.
STRONSAY FIRTH
Kirkwall to Eday, Sanday & Stronsay
STRONSAY
Odie
Whitehall
B9060
B9062
Samsonslane
Everbay
Kirbuster
Rothiesholm
Grobister
Dishes
Cott
Holland
Earl's Palace
Brough of Birsay
Abune-the-Hill
The Barony
Costa
Kirbuster Museum
Broch of Gurness
Church
Georth
Stenso
Redland
A967
Twatt
Hillside
Marwick
Beaquoy
B9057
Woodwick
B9056
Quoyloo
Skelbrae
Dounby
Click Mill
Hackland
Northdyke
Mirbister
Corrigall Farm
Corrigall
A966
Gorseness
Burroughston
Edmonstone
B9058
Skara Brae Prehistoric Village
Skaill
Sandwick
Rusland
Ness of Tenston
Settiscarth
Isbister
Auskerry Sound
Crossgate
SHAPINSAY
Skaill House
Hestwall
Bimbister
Wide Firth
Balfour
B9059
ORKNEY ISLANDS
Auskerry
Yesnaby
Voy
Netherbrough
Rennibister Earth House
Newlot
B9055
Grimeston
A986
Finstown
Grimbister
A965
Work
Kirbister
Quholm
Brodgar
Stenness
Cuween Hill
Heddle
Wideford Hill
Orkney
Kirkwall
Outertown
Tormiston Mill
Yinstay
Linksness
Stromness
Cairston
Clouston
MAINLAND
Scapa
Hatston
Kirkwall (Hatston) to: Aberdeen 7hrs. 15mins. Lerwick (Holmsgarth) 7hrs. 45mins.
Tankerness
A964
Kirbister
Greenigoe
Deerness
Skaills
Clestrain
Hobbister
Borrowstonehill
KIRKWALL
Toab
B9051
B9050
Graemsay
DANGER AREA
A961
A960
Gritley
Murra
Moaness
Petertown
Orphir
Swanbister
Smoogro
Highland Park Distillery
Foubister
Upper Sandav
Stromness to Scrabster 1hr. 30mins.
Orgil
Houton
Midland
Earl's Bu
B9052
Old Man of Hoy
Quoyness
Greenwall
Scapa Flow
Copinsay
Dwarfie Stane
St Mary's
No. 2
Italian Chapel
Cornquoy
Rora Head
Rackwick
B9047
Cava
No. 3
Northtown
HOY
Burray
Burray Village
Fossil & Heritage Cen.
Fara
Flotta
Southtown
Lyness
B9045
Lowertown
No. 4
Grimness
Rinnigill
Uppertown
B9046
Ronaldsvoe
St Margaret's Hope
North Ness
Herston
Quindry
Longhope
Hackness
Widewall
Aikers
Saltness
Wyng
B9042
Lythes
Melsetter
Osmondwall
Sandwick
Hurliness
SOUTH RONALDSAY
Brims
South Walls
Orkney 1hr.
Linklater
PENTLAND FIRTH
Swona
Cleat
Tomb of the Eagles
Burwick
Liddle
Brough
Gills Bay to St Margaret's Hope 40mins. (Seasonal)
Island of Stroma
169
Nethertown
Uppertown
Pentland Skerries
Stromness 1hr. 30mins.
DUNNET HEAD
Scale 10 miles to 1 inch 1:633,600
15 Miles
20 Kilometres
Castle of Mey
East Mey
A836
Last House
DUNCANSBY HEAD
Brims Ness
Scarfskerry
Ham
Rattar
Brough
Hunspow
Corsback
Kirkstyle
Huna
John o' Groats
Duncansby Stacks
Caithness Horizons
West Dunnet
Mey
Gills
Canisbay
Dunnet
Seadrift Dunnet
Barrock
Upper Gills
Warse
Crosskirk
Scrabster
Forss
A9
Murkle
Inkstack
Brabster
A99
A836
Thurso
Castletown
Greenland
Lochend
Skirza
Skiall
Janetstown
Millbank
Greenland Mains
Tofts
Freswick
Achreamie
Lythmore
Glengolly
Dixonfield
Olrig
Tain
Slickly
Stemster
Newlands of Geise
Geise
Weydale
Reaster
Alterwall
Caithness Broch Centre
Westfield
Bowermadden
Knockglass
Achscrabster
A9
Hilliclay
Durran
Sordale
Bowertower
Sortat
Lyth
Lyth Arts Centre
Nybster
Auckengill
Braal
Knockdee
Halcro
Howe
Keiss
Keiss Castle
Broubster
Gerston
Castle
Roadside
Corsback
Hastigrow
Mireland
B870
B876
PAGE NOT CONTINUED

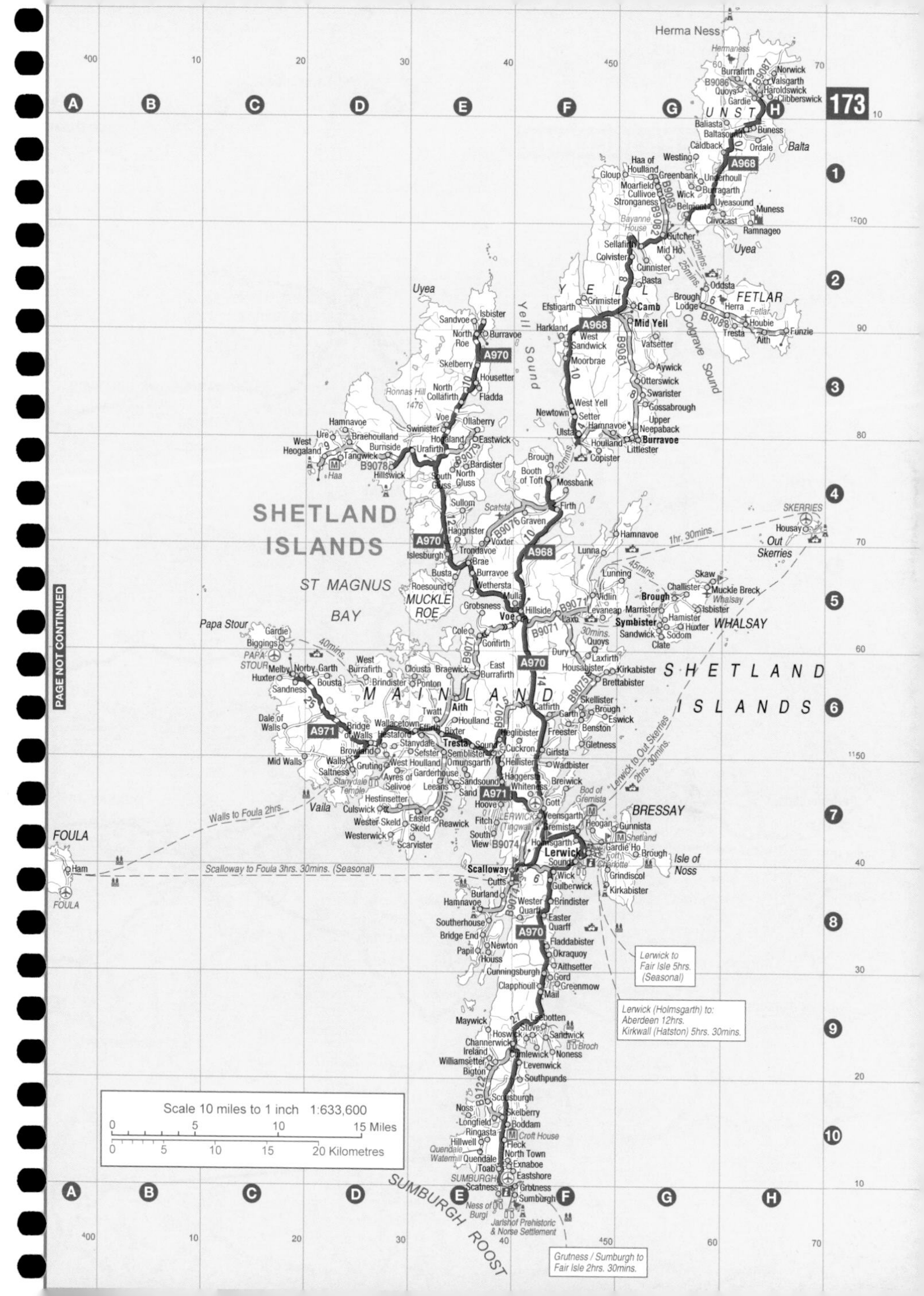
PAGE NOT CONTINUED
SHETLAND ISLANDS
SHETLAND ISLANDS
MAINLAND
UNST
YELL
FETLAR
WHALSAY
BRESSAY
FOULA
MUCKLE ROE
ST MAGNUS BAY
Yell Sound
Colgrave Sound
SUMBURGH ROOST
Herma Ness
Balta
Uyea
Uyea
Papa Stour
Vaila
Isle of Noss
Out Skerries
SKERRIES
Housay
Scale 10 miles to 1 inch 1:633,600
0 5 10 15 Miles
0 5 10 15 20 Kilometres
Walls to Foula 2hrs.
Scalloway to Foula 3hrs. 30mins. (Seasonal)
Lerwick to Out Skerries 2hrs. 30mins.
Lerwick to Fair Isle 5hrs. (Seasonal)
Lerwick (Holmsgarth) to: Aberdeen 12hrs. Kirkwall (Hatston) 5hrs. 30mins.
Grutness / Sumburgh to Fair Isle 2hrs. 30mins.
1hr. 30mins.
45mins.
40mins.
30mins.
25mins.
20mins.
Lerwick
Scalloway
Voe
Brae
Mid Yell
Camb
Burravoe
Symbister
Brough
Aith
Tresta
Sumburgh
Jarlshof Prehistoric & Norse Settlement
Croft House
Quendale Watermill
Stanydale Temple
Ronnas Hill 1476
Bayanne House
Haa
A968
A970
A971
B9074
B9071
B9081
B9082
B9083
B9086
B9087
B9088
B9075
B9076
B9078
B9079
B9122

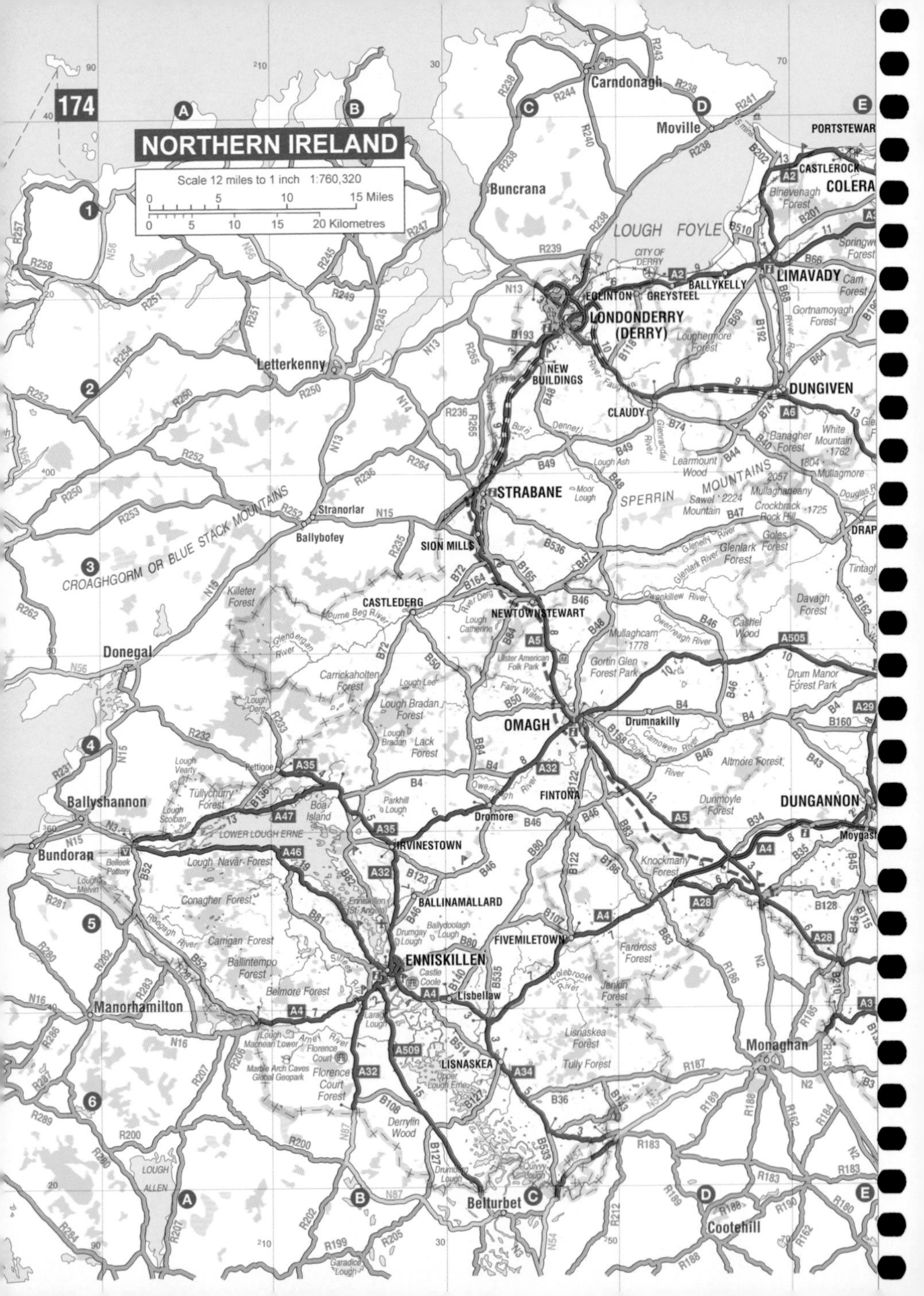
174
NORTHERN IRELAND
Scale 12 miles to 1 inch 1:760,320
0 5 10 15 Miles
0 5 10 15 20 Kilometres
Carndonagh
Moville
PORTSTEWAR
CASTLEROCK
COLERA
Buncrana
LOUGH FOYLE
CITY OF DERRY
Binevenagh Forest
Springwell Forest
LIMAVADY
Cam Forest
BALLYKELLY
GREYSTEEL
EGLINTON
LONDONDERRY (DERRY)
Gortnamoyagh Forest
Loughermore Forest
Letterkenny
NEW BUILDINGS
DUNGIVEN
CLAUDY
Banagher Forest
White Mountain 1762
Learmount Wood
Mullagmore
Lough Ash
SPERRIN MOUNTAINS
Mullaghaneany
Sawel Mountain 2224
Crockbrack Rock Hill 1725
STRABANE
Moor Lough
CROAGHGORM OR BLUE STACK MOUNTAINS
Stranorlar
Ballybofey
SION MILLS
Glenlark Forest
Goles Forest
Killeter Forest
CASTLEDERG
NEWTOWNSTEWART
Davagh Forest
Cashel Wood
Mourne Beg River
Lough Catherine
Mullaghcarn 1778
Donegal
Ulster American Folk Park
Gortin Glen Forest Park
Drum Manor Forest Park
Carrickaholten Forest
Lough Lee
Fairy Water
Lough Bradan Forest
Lough Derg
OMAGH
Drumnakilly
Lack Forest
Altmore Forest
Lough Vearty
Pettigoe
Tullychurry Forest
Ballyshannon
Lough Scolban
Boa Island
Parkhill Lough
Dromore
FINTONA
Dunmoyle Forest
DUNGANNON
LOWER LOUGH ERNE
IRVINESTOWN
Moygashel
Bundoran
Belleek Pottery
Lough Navar Forest
Knockmany Forest
Lough Melvin
Conagher Forest
BALLINAMALLARD
Enniskillen
Ballydoolagh Lough
Drumgay Lough
Carrigan Forest
FIVEMILETOWN
Fardross Forest
Ballintempo Forest
ENNISKILLEN
Castle Coole
Jenkin Forest
Belmore Forest
Lisbellaw
Manorhamilton
Lough Macnean Lower
Florence Court
Lisnaskea Forest
Monaghan
Marble Arch Caves Global Geopark
Florence Court Forest
LISNASKEA
Tully Forest
Upper Lough Erne
Derrylin Wood
LOUGH ALLEN
Drumlane Lough
Quivvy Lough
Belturbet
Cootehill
Garadice Lough

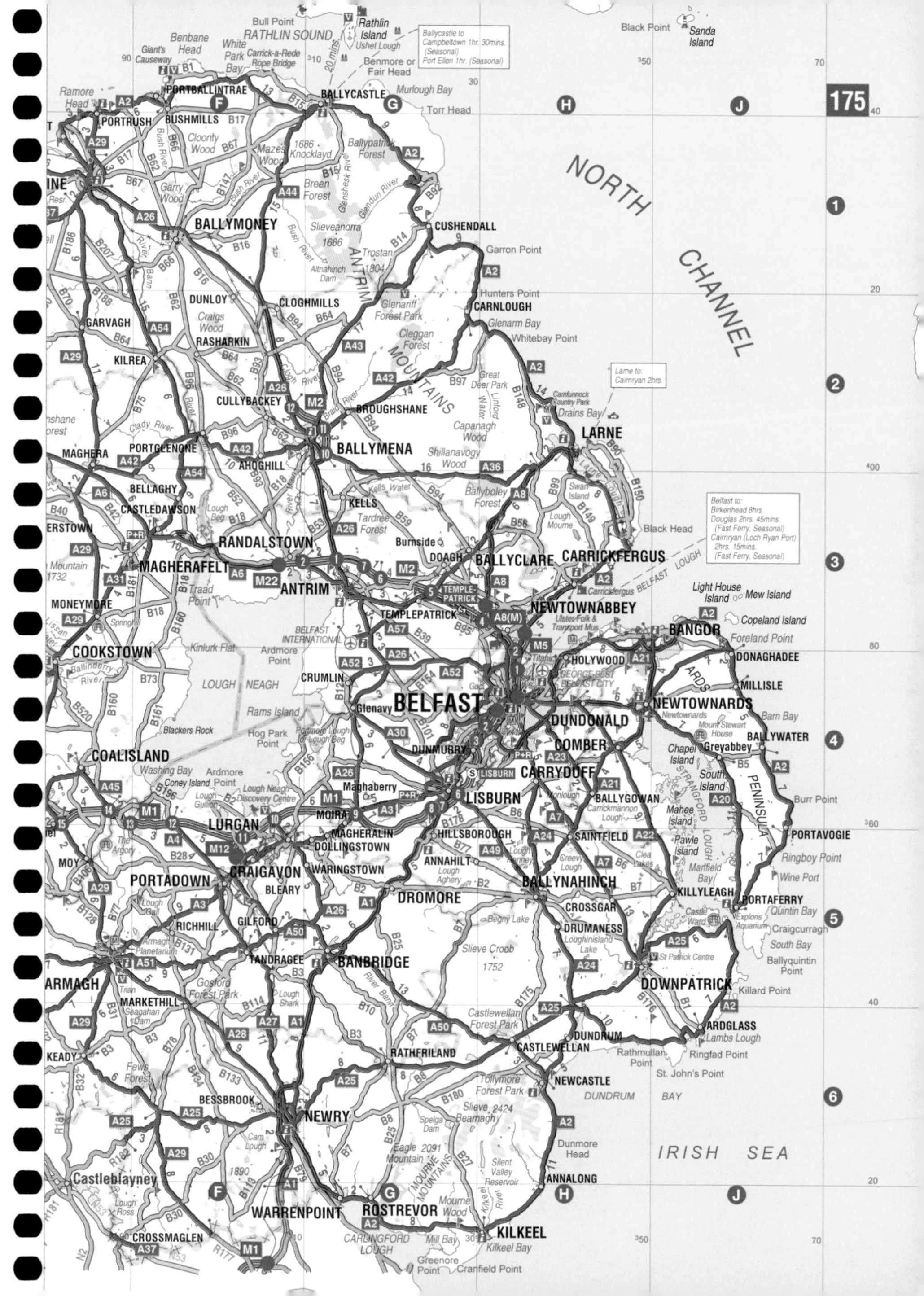
Bull Point
RATHLIN SOUND
Rathlin Island
Ushet Lough
Ballycastle to Campbeltown 1hr. 30mins. (Seasonal)
Port Ellen 1hr. (Seasonal)
Black Point
Sanda Island
Benbane Head
Giant's Causeway
White Park Bay
Carrick-a-Rede Rope Bridge
20 mins
Benmore or Fair Head
Murlough Bay
Torr Head
Ramore Head
PORTBALLINTRAE
BALLYCASTLE
PORTRUSH
BUSHMILLS
Cloonty Wood
Mazes Wood
1686 Knocklayd
Ballypatrick Forest
NORTH CHANNEL
Garry Wood
Breen Forest
Glenshesk River
Glendun River
BALLYMONEY
CUSHENDALL
Slieveanorra 1666
Bush River
Trostan 1804
Garron Point
Altnahinch Dam
ANTRIM MOUNTAINS
Hunters Point
CARNLOUGH
DUNLOY
CLOGHMILLS
Glenariff Forest Park
Glenarm Bay
Whitebay Point
GARVAGH
Craigs Wood
Cleggan Forest
RASHARKIN
KILREA
Larne to: Cairnryan 2hrs.
Great Deer Park
Linford Water
Carnfunnock Country Park
Drains Bay
CULLYBACKEY
BROUGHSHANE
Clady River
Braid River
Capanagh Wood
LARNE
PORTGLENONE
BALLYMENA
Shillanavogy Wood
MAGHERA
AHOGHILL
Kells Water
Ballyboley Forest
Swan Island
BELLAGHY
KELLS
CASTLEDAWSON
Lough Beg
Tardree Forest
Lough Mourne
Black Head
Belfast to: Birkenhead 8hrs. Douglas 2hrs. 45mins. (Fast Ferry, Seasonal) Cairnryan (Loch Ryan Port) 2hrs. 15mins. (Fast Ferry, Seasonal)
Burnside
RANDALSTOWN
DOAGH
BALLYCLARE
CARRICKFERGUS
BELFAST LOUGH
MAGHERAFELT
ANTRIM
TEMPLEPATRICK
NEWTOWNABBEY
Light House Island
Mew Island
Traad Point
MONEYMORE
Ulster Folk & Transport Mus.
Copeland Island
BANGOR
BELFAST INTERNATIONAL
Foreland Point
COOKSTOWN
Kinlurk Flat
Ardmore Point
HOLYWOOD
DONAGHADEE
Ballinderry River
GEORGE BEST BELFAST CITY
CRUMLIN
LOUGH NEAGH
MILLISLE
NEWTOWNARDS
BELFAST
Glenavy
ARDS
Rams Island
DUNDONALD
Barn Bay
Blackers Rock
Hog Park Point
Portmore Lough
Lough Beg
Mount Stewart House
BALLYWATER
DUNMURRY
COMBER
COALISLAND
Greyabbey
Chapel Island
Washing Bay
Coney Island
Ardmore Point
LISBURN
CARRYDUFF
South Island
Lough Neagh Discovery Centre
Maghaberry
STRANGFORD LOUGH
PENINSULA
Burr Point
Lough Gullion
BALLYGOWAN
Carrickmannon Lough
Mahee Island
MOIRA
LURGAN
MAGHERALIN
HILLSBOROUGH
SAINTFIELD
Pawle Island
PORTAVOGIE
The Argory
DOLLINGSTOWN
ANNAHILT
Creevy Lough
Clea Lakes
Ringboy Point
MOY
CRAIGAVON
WARINGSTOWN
Lough Aghery
Marlfield Bay
Wine Port
PORTADOWN
BLEARY
DROMORE
BALLYNAHINCH
KILLYLEAGH
Lough Gall
CROSSGAR
PORTAFERRY
Quintin Bay
RICHHILL
GILFORD
Begny Lake
Castle Ward
Exploris Aquarium
Craigcurragh
DRUMANESS
Loughinisland Lake
South Bay
Armagh Planetarium
TANDRAGEE
BANBRIDGE
Slieve Croob 1752
St Patrick Centre
Ballyquintin Point
ARMAGH
Gosford Forest Park
DOWNPATRICK
Killard Point
MARKETHILL
Seagahan Dam
Lough Shark
River Bann
Castlewellan Forest Park
ARDGLASS
DUNDRUM
Lambs Lough
RATHFRILAND
CASTLEWELLAN
Rathmullan Point
Ringfad Point
KEADY
Fews Forest
St. John's Point
NEWCASTLE
Tollymore Forest Park
DUNDRUM BAY
BESSBROOK
NEWRY
Slieve Beamagh 2424
Spelga Dam
Camlough
Dunmore Head
Eagle Mountain 2091
MOURNE MOUNTAINS
IRISH SEA
Silent Valley Reservoir
Castleblayney
1890
ANNALONG
WARRENPOINT
ROSTREVOR
Mourne Wood
Kilkeel River
Lough Ross
KILKEEL
CROSSMAGLEN
CARLINGFORD LOUGH
Mill Bay
Kilkeel Bay
Greenore Point
Cranfield Point

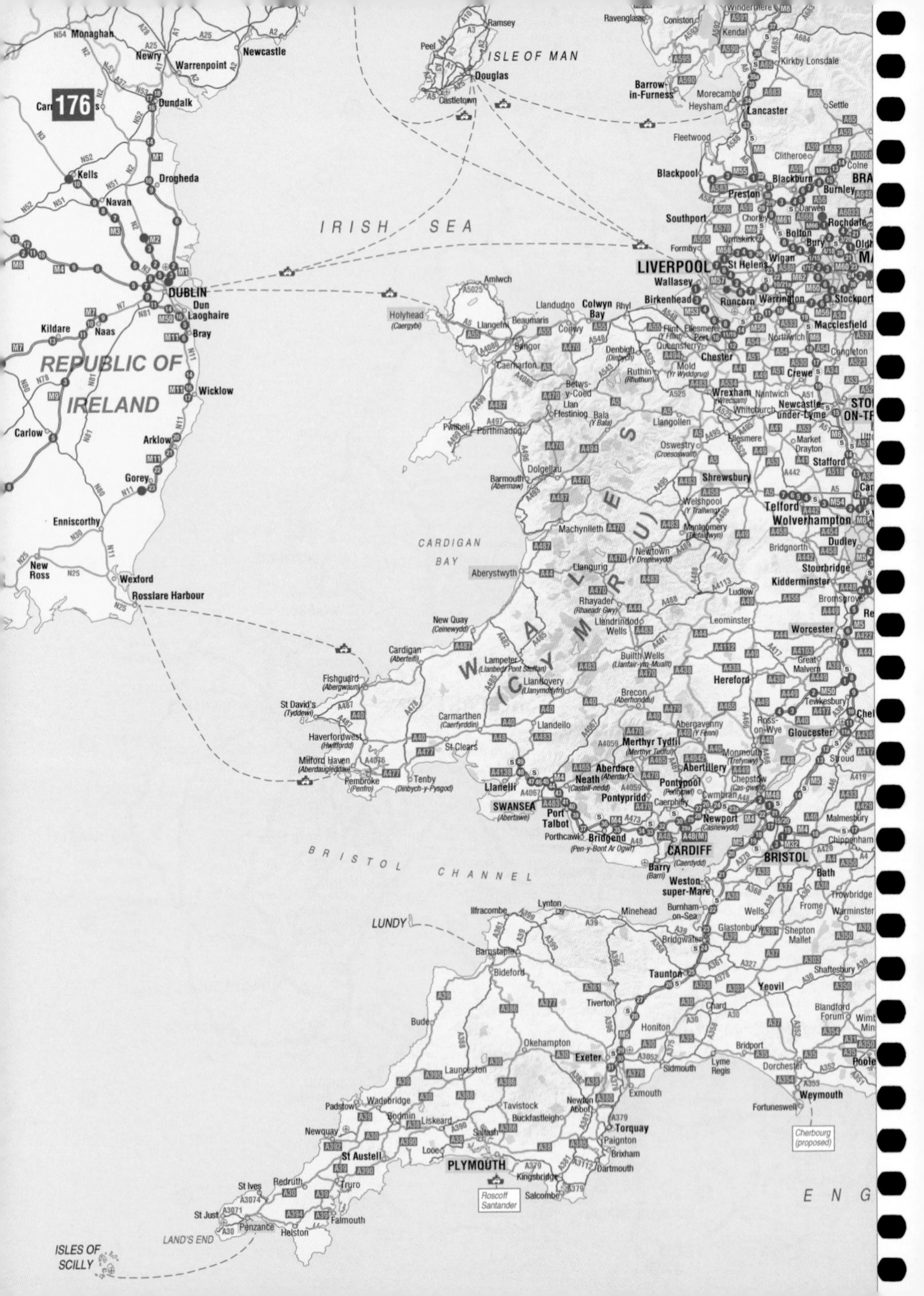

176
IRISH SEA
ISLE OF MAN
REPUBLIC OF IRELAND
WALES (CYMRU)
CARDIGAN BAY
BRISTOL CHANNEL
LUNDY
LAND'S END
ISLES OF SCILLY
E N G
Monaghan
Newry
Warrenpoint
Newcastle
Dundalk
Kells
Drogheda
Navan
DUBLIN
Dun Laoghaire
Bray
Kildare
Naas
Wicklow
Carlow
Arklow
Gorey
Enniscorthy
New Ross
Wexford
Rosslare Harbour
Ramsey
Peel
Douglas
Castletown
Ravenglass
Coniston
Kendal
Kirkby Lonsdale
Barrow-in-Furness
Morecambe
Heysham
Lancaster
Settle
Fleetwood
Clitheroe
Colne
Blackpool
Blackburn
Burnley
Preston
Darwen
Southport
Chorley
Rochdale
Ormskirk
Bolton
Bury
Formby
St Helens
Wigan
LIVERPOOL
Wallasey
Birkenhead
Runcorn
Warrington
Stockport
Macclesfield
Amlwch
Holyhead
(Caergybi)
Llandudno
Colwyn Bay
Rhyl
Beaumaris
Llangefni
Conwy
Flint
(Y Fflint)
Ellesmere Port
Bangor
Denbigh
(Dinbych)
Queensferry
Chester
Northwich
Congleton
Caernarfon
Ruthin
(Rhuthun)
Mold
(Yr Wyddgrug)
Crewe
Betws-y-Coed
Wrexham
(Wrecsam)
Nantwich
Llan Ffestiniog
Bala
(Y Bala)
Whitchurch
Newcastle-under-Lyme
Pwllheli
Porthmadog
Llangollen
Oswestry
(Croesoswallt)
Ellesmere
Market Drayton
Stafford
Barmouth
(Abermaw)
Dolgellau
Shrewsbury
Telford
Welshpool
(Y Trallwng)
Wolverhampton
Machynlleth
Montgomery
(Trefaldwyn)
Dudley
Newtown
(Y Drenewydd)
Bridgnorth
Aberystwyth
Llangurig
Stourbridge
Kidderminster
Ludlow
Rhayader
(Rhaeadr Gwy)
Bromsgrove
Llandrindod Wells
Leominster
New Quay
(Ceinewydd)
Worcester
Cardigan
(Aberteifi)
Builth Wells
(Llanfair-ym-Muallt)
Great Malvern
Lampeter
(Llanbedr Pont Steffan)
Hereford
Fishguard
(Abergwaun)
Llandovery
(Llanymddyfri)
Tewkesbury
St David's
(Tyddewi)
Brecon
(Aberhonddu)
Carmarthen
(Caerfyrddin)
Abergavenny
(Y Fenni)
Ross-on-Wye
Gloucester
Llandeilo
Haverfordwest
(Hwlffordd)
St Clears
Merthyr Tydfil
(Merthyr Tudful)
Monmouth
(Trefynwy)
Stroud
Milford Haven
(Aberdaugleddau)
Aberdare
(Aberdar)
Abertillery
Chepstow
(Cas-gwent)
Pembroke
(Penfro)
Tenby
(Dinbych-y-Pysgod)
Neath
(Castell-nedd)
Pontypool
(Pontypwl)
Llanelli
Pontypridd
Cwmbran
Caerphilly
SWANSEA
(Abertawe)
Port Talbot
Newport
(Casnewydd)
Malmesbury
Porthcawl
Bridgend
(Pen-y-Bont Ar Ogwr)
Chippenham
CARDIFF
(Caerdydd)
BRISTOL
Bath
Barry
(Barri)
Weston-super-Mare
Trowbridge
Lynton
Minehead
Burnham-on-Sea
Wells
Frome
Warminster
Ilfracombe
Glastonbury
Shepton Mallet
Barnstaple
Bridgwater
Bideford
Taunton
Shaftesbury
Yeovil
Tiverton
Chard
Blandford Forum
Bude
Honiton
Okehampton
Bridport
Exeter
Sidmouth
Lyme Regis
Dorchester
Poole
Launceston
Exmouth
Weymouth
Padstow
Wadebridge
Newton Abbot
Fortuneswell
Bodmin
Tavistock
Cherbourg
(proposed)
Liskeard
Buckfastleigh
Torquay
Newquay
Saltash
Paignton
St Austell
Looe
Brixham
PLYMOUTH
Dartmouth
Kingsbridge
St Ives
Redruth
Truro
Roscoff
Santander
Salcombe
St Just
Penzance
Falmouth
Helston

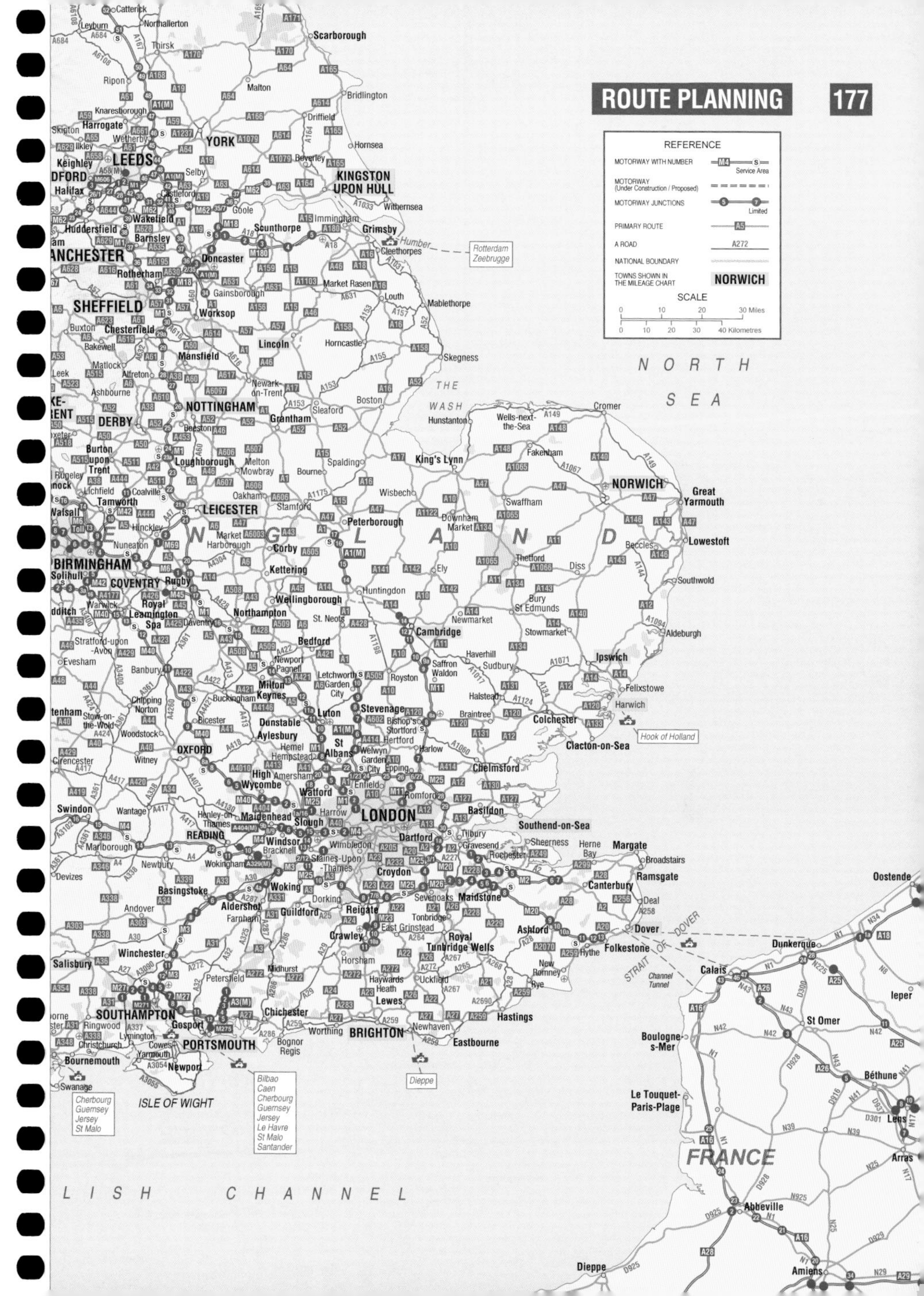
ROUTE PLANNING
177
REFERENCE
MOTORWAY WITH NUMBER
M4
S
Service Area
MOTORWAY (Under Construction / Proposed)
MOTORWAY JUNCTIONS
5
7
Limited
PRIMARY ROUTE
A5
A ROAD
A272
NATIONAL BOUNDARY
TOWNS SHOWN IN THE MILEAGE CHART
NORWICH
SCALE
0 10 20 30 Miles
0 10 20 30 40 Kilometres
NORTH SEA
THE WASH
ENGLAND
ENGLISH CHANNEL
STRAIT OF DOVER
FRANCE
ISLE OF WIGHT
Rotterdam
Zeebrugge
Hook of Holland
Dieppe
Bilbao
Caen
Cherbourg
Guernsey
Jersey
Le Havre
St Malo
Santander
Cherbourg
Guernsey
Jersey
St Malo
Channel Tunnel
Scarborough
Bridlington
YORK
LEEDS
KINGSTON UPON HULL
Grimsby
Doncaster
SHEFFIELD
Lincoln
NOTTINGHAM
DERBY
LEICESTER
BIRMINGHAM
COVENTRY
Northampton
Cambridge
NORWICH
Great Yarmouth
Lowestoft
Ipswich
Colchester
OXFORD
READING
LONDON
Dover
Canterbury
Maidstone
SOUTHAMPTON
PORTSMOUTH
BRIGHTON
Hastings
Eastbourne
Calais
Dunkerque
Boulogne-s-Mer
Abbeville
Amiens
Dieppe

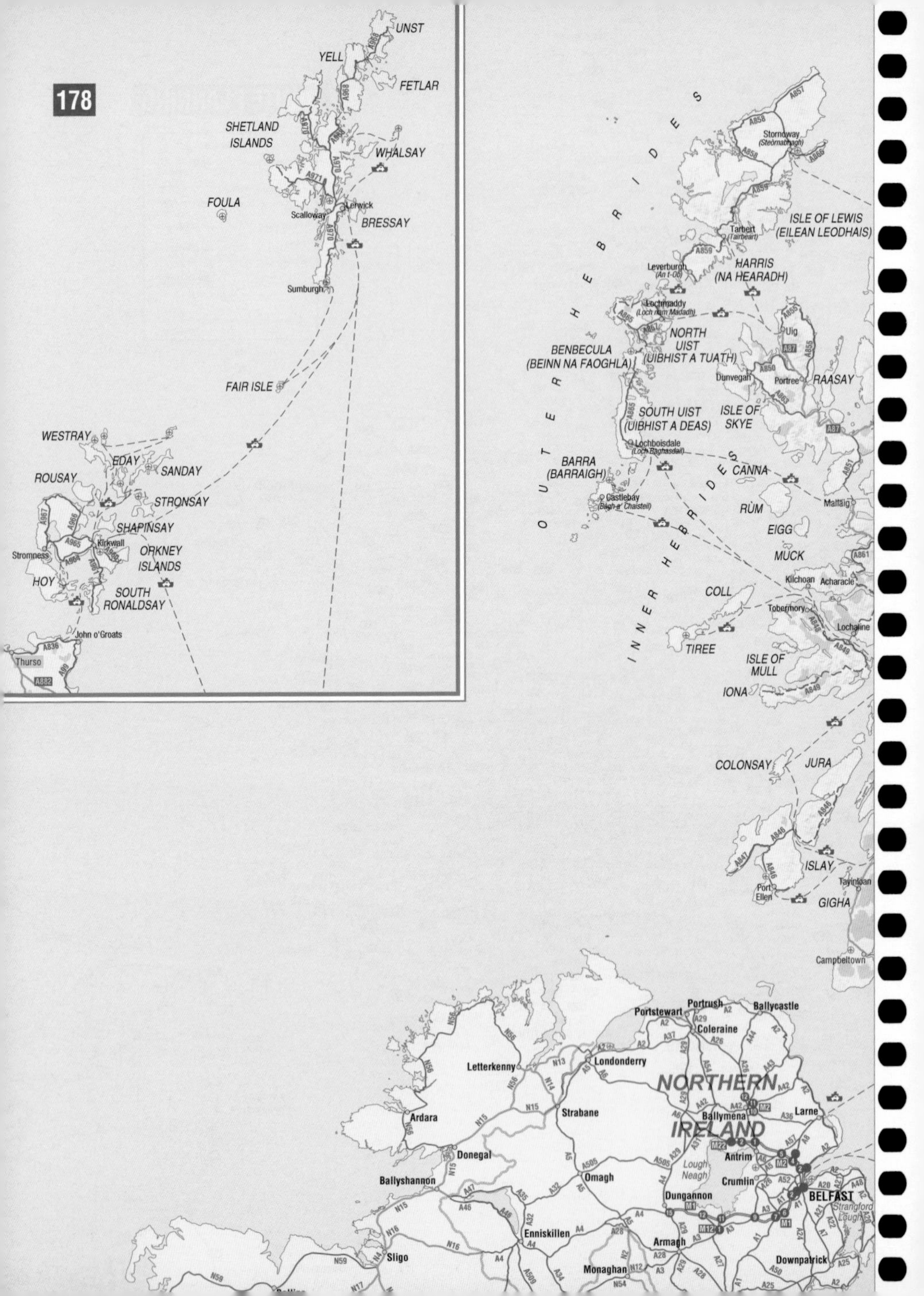
UNST
YELL
FETLAR
SHETLAND
ISLANDS
WHALSAY
FOULA
Lerwick
Scalloway
BRESSAY
Sumburgh
FAIR ISLE
WESTRAY
EDAY
SANDAY
ROUSAY
STRONSAY
SHAPINSAY
Kirkwall
Stromness
ORKNEY
ISLANDS
HOY
SOUTH
RONALDSAY
John o'Groats
Thurso
OUTER HEBRIDES
Stornoway
(Steòrnabhagh)
ISLE OF LEWIS
(EILEAN LEODHAIS)
Tarbert
(Tairbeart)
Leverburgh
(An t-Ob)
HARRIS
(NA HEARADH)
Lochmaddy
(Loch nam Madadh)
NORTH
UIST
(UIBHIST A TUATH)
BENBECULA
(BEINN NA FAOGHLA)
Uig
Dunvegan
Portree
RAASAY
SOUTH UIST
(UIBHIST A DEAS)
ISLE OF
SKYE
Lochboisdale
(Loch Baghasdail)
BARRA
(BARRAIGH)
Castlebay
(Bagh a' Chaisteil)
CANNA
RÙM
Mallaig
EIGG
MUCK
INNER HEBRIDES
Kilchoan
Acharacle
COLL
Tobermory
Lochaline
TIREE
ISLE OF
MULL
IONA
COLONSAY
JURA
ISLAY
Port
Ellen
Tayinloan
GIGHA
Campbeltown
Portstewart
Portrush
Ballycastle
Coleraine
Londonderry
Letterkenny
NORTHERN
IRELAND
Ballymena
Larne
Strabane
Ardara
Antrim
Donegal
Lough
Neagh
Omagh
Crumlin
Ballyshannon
Dungannon
BELFAST
Strangford
Lough
Enniskillen
Armagh
Sligo
Monaghan
Downpatrick

Stromness
Scrabster
John o'Groats
Thurso
Tongue
Wick
Scourie
Lochinver
NORTH SEA
Helmsdale
Lairg
Ullapool
Bonar Bridge
Tain
Poolewe
Moray Firth
Lossiemouth
Fraserburgh
Banff
Kinlochewe
Cromarty
Dingwall
Achnasheen
Nairn
Elgin
Keith
Shieldaig
Strathcarron
Inverness
Peterhead
Huntly
Dufftown
Kyle of Lochalsh
(Caol Loch Ailse)
Grantown-on-Spey
Loch Ness
Oldmeldrum
Inverurie
Invermoriston
Aviemore
ABERDEEN
Invergarry
Newtonmore
Peterculter
Ballater
Banchory
Braemar
Spean Bridge
Stonehaven
SCOTLAND
Fort William
Brechin
Glencoe
Pitlochry
Montrose
Blairgowrie
Forfar
Dunkeld
Arbroath
Dundee
Carnoustie
Oban
Perth
Crianlarich
Crieff
St Andrews
Inveraray
Kinross
Glenrothes
Pittenweem
Loch Lomond
Doune
Dunblane
Stirling
Lochgilphead
Dunfermline
Kirkcaldy
Cowdenbeath
Firth of Forth
North Berwick
Dunbar
Dunoon
GLASGOW
Falkirk
EDINBURGH
Greenock
Clydebank
Airdrie
Musselburgh
Rothesay
Livingston
Dalkeith
Eyemouth
Kennacraig
Paisley
Largs
ISLE OF BUTE
Hamilton
Motherwell
Penicuik
Duns
East Kilbride
Berwick-upon-Tweed
NORTH SEA
Ardrossan
Lauder
Irvine
Peebles
Galashiels
Brodick
Kilmarnock
Troon
Biggar
Coldstream
Kelso
Prestwick
ISLE OF ARRAN
Selkirk
Wooler
Ayr
Cumnock
Jedburgh
Hawick
Alnwick
Sanquhar
Moffat
Amble
Girvan
Ashington
Lockerbie
Langholm
Morpeth
Blyth
New Galloway
NEWCASTLE UPON TYNE
Whitley Bay
Amsterdam
Tynemouth
Dumfries
South Shields
Newton Stewart
Castle Douglas
Annan
Brampton
Hexham
Corbridge
Gateshead
Washington
Stranraer
Dalbeattie
Solway Firth
Carlisle
SUNDERLAND
Kirkcudbright
Consett
Alston
Seaham
Durham
Whithorn
Peterlee
Cockermouth
Penrith
HARTLEPOOL
Workington
Bishop Auckland
STOCKTON-ON-TEES
Keswick
Whitehaven
Brough
Barnard Castle
MIDDLESBROUGH
Whitby
Egremont
Darlington
Richmond
Ambleside
Windermere
Ravenglass
Coniston
Catterick
Ramsey
Kendal
Leyburn
Northallerton

INDEX TO CITIES, TOWNS, VILLAGES, HAMLETS & AIRPORTS

(1) A strict alphabetical order is used e.g. An Dùnan follows Andreas but precedes Andwell.

(2) The map reference given refers to the actual map square in which the town spot or built-up area is located and not to the place name.

(3) Where two or more places of the same name occur in the same County or Unitary Authority, the nearest large town is also given;
e.g. Achiemore. *High* nr. Durness . . . .2D **166** indicates that Achiemore is located in square 2D on page **166** and is situated near Durness in the Unitary Authority of Highland.

(4) Only one reference is given although due to page overlaps the place may appear on more than one page.

(5) Major towns and destinations are shown in bold, i.e. **Aberdeen.** *Aber* 3G **153**

COUNTIES and UNITARY AUTHORITIES with the abbreviations used in this index

Aberdeen : *Aber*
Aberdeenshire : *Abers*
Angus : *Ang*
Antrim & Newtownabbey : *Ant*
Ards & North Down : *Ards*
Argyll & Bute : *Arg*
Armagh, Banbridge & Craigavon : *Arm*
Bath & N E Somerset : *Bath*
Bedford : *Bed*
Belfast : *Bel*
Blackburn with Darwen : *Bkbn*
Blackpool : *Bkpl*
Blaenau Gwent : *Blae*
Bournemouth : *Bour*
Bracknell Forest : *Brac*
Bridgend : *B'end*
Brighton & Hove : *Brig*
Bristol : *Bris*
Buckinghamshire : *Buck*
Caerphilly : *Cphy*
Cambridgeshire : *Cambs*
Cardiff : *Card*
Carmarthenshire : *Carm*
Causeway Coast & Glens : *Caus*
Central Bedfordshire : *C Beds*
Ceredigion : *Cdgn*
Cheshire East : *Ches E*
Cheshire West & Chester : *Ches W*
Clackmannanshire : *Clac*
Conwy : *Cnwy*
Cornwall : *Corn*
Cumbria : *Cumb*
Darlington : *Darl*
Denbighshire : *Den*
Derby : *Derb*
Derbyshire : *Derbs*
Derry & Strabane : *Derr*
Devon : *Devn*
Dorset : *Dors*
Dumfries & Galloway : *Dum*
Dundee : *D'dee*
Durham : *Dur*
East Ayrshire : *E Ayr*
East Dunbartonshire : *E Dun*
East Lothian : *E Lot*
East Renfrewshire : *E Ren*
East Riding of Yorkshire : *E Yor*
East Sussex : *E Sus*
Edinburgh : *Edin*
Essex : *Essx*
Falkirk : *Falk*
Fermanagh & Omagh : *Ferm*
Fife : *Fife*
Flintshire : *Flin*
Glasgow : *Glas*
Gloucestershire : *Glos*
Greater London : *G Lon*
Greater Manchester : *G Man*
Gwynedd : *Gwyn*
Halton : *Hal*
Hampshire : *Hants*
Hartlepool : *Hart*
Herefordshire : *Here*
Hertfordshire : *Herts*
Highland : *High*
Inverclyde : *Inv*
Isle of Anglesey : *IOA*
Isle of Man : *IOM*
Isle of Wight : *IOW*
Isles of Scilly : *IOS*
Kent : *Kent*
Kingston upon Hull : *Hull*
Lancashire : *Lanc*
Leicester : *Leic*
Leicestershire : *Leics*
Lincolnshire : *Linc*
Lisburn & Castlereagh : *Lis*
Luton : *Lutn*
Medway : *Medw*
Merseyside : *Mers*
Merthyr Tydfil : *Mer T*
Mid & East Antrim : *ME Ant*
Middlesbrough : *Midd*
Midlothian : *Midl*
Mid Ulster : *M Ulst*
Milton Keynes : *Mil*
Monmouthshire : *Mon*
Moray : *Mor*
Neath Port Talbot : *Neat*
Newport : *Newp*
Newry, Mourne & Down : *New M*
Norfolk : *Norf*
Northamptonshire : *Nptn*
North Ayrshire : *N Ayr*
North East Lincolnshire : *NE Lin*
North Lanarkshire : *N Lan*
North Lincolnshire : *N Lin*
North Somerset : *N Som*
Northumberland : *Nmbd*
North Yorkshire : *N Yor*
Nottingham : *Nott*
Nottinghamshire : *Notts*
Orkney : *Orkn*
Oxfordshire : *Oxon*
Pembrokeshire : *Pemb*
Perth & Kinross : *Per*
Peterborough : *Pet*
Plymouth : *Plym*
Poole : *Pool*
Portsmouth : *Port*
Powys : *Powy*
Reading : *Read*
Redcar & Cleveland : *Red C*
Renfrewshire : *Ren*
Rhondda Cynon Taff : *Rhon*
Rutland : *Rut*
Scottish Borders : *Bord*
Shetland : *Shet*
Shropshire : *Shrp*
Slough : *Slo*
Somerset : *Som*
Southampton : *Sotn*
South Ayrshire : *S Ayr*
Southend-on-Sea : *S'end*
South Gloucestershire : *S Glo*
South Lanarkshire : *S Lan*
South Yorkshire : *S Yor*
Staffordshire : *Staf*
Stirling : *Stir*
Stockton-on-Tees : *Stoc T*
Stoke-on-Trent : *Stoke*
Suffolk : *Suff*
Surrey : *Surr*
Swansea : *Swan*
Swindon : *Swin*
Telford & Wrekin : *Telf*
Thurrock : *Thur*
Torbay : *Torb*
Torfaen : *Torf*
Tyne & Wear : *Tyne*
Vale of Glamorgan, The : *V Glam*
Warrington : *Warr*
Warwickshire : *Warw*
West Berkshire : *W Ber*
West Dunbartonshire : *W Dun*
Western Isles : *W Isl*
West Lothian : *W Lot*
West Midlands : *W Mid*
West Sussex : *W Sus*
West Yorkshire : *W Yor*
Wiltshire : *Wilts*
Windsor & Maidenhead : *Wind*
Wokingham : *Wok*
Worcestershire : *Worc*
Wrexham : *Wrex*
York : *York*

INDEX

A

Abbas Combe. *Som* 4C **22**
Abberley. *Worc* 4B **60**
Abberley Common. *Worc* 4B **60**
Abberton. *Essx* 4D **54**
Abberton. *Worc* 5D **61**
Abberwick. *Nmbd* 3F **121**
Abbess Roding. *Essx* 4F **53**
Abbey. *Devn* 1E **13**
Abbey-cwm-hir. *Powy* 3C **58**
Abbeydale. *S Yor* 2H **85**
Abbeydale Park. *S Yor* 2H **85**
Abbey Dore. *Here* 2G **47**
Abbey Gate. *Devn* 3F **13**
Abbey Hulton. *Stoke* 1D **72**
Abbey St Bathans. *Bord* 3D **130**
Abbeystead. *Lanc* 4E **97**
Abbeytown. *Cumb* 4C **112**
Abbey Village. *Lanc* 2E **91**
Abbey Wood. *G Lon* 3F **39**
Abbots Bickington. *Devn* 1D **11**
Abbots Bromley. *Staf* 3E **73**
Abbotsbury. *Dors* 4A **14**
Abbotsham. *Devn* 4E **19**
Abbotskerswell. *Devn* 2E **9**
Abbots Langley. *Herts* 5A **52**
Abbots Leigh. *N Som* 4A **34**
Abbotsley. *Cambs* 5B **64**
Abbots Morton. *Worc* 5E **61**
Abbots Ripton. *Cambs* 3B **64**
Abbot's Salford. *Warw* 5E **61**
Abbotstone. *Hants* 3D **24**
Abbots Worthy. *Hants* 3C **24**
Abbotts Ann. *Hants* 2B **24**
Abcott. *Shrp* 3F **59**
Abdon. *Shrp* 2H **59**
Abenhall. *Glos* 4B **48**
Aber. *Cdgn* 1E **45**
Aberaeron. *Cdgn* 4D **56**
Aberafan. *Neat* 3G **31**
Aberaman. *Rhon* 5D **46**
Aberangell. *Gwyn* 4H **69**
Aberarad. *Carm* 1H **43**
Aberarder. *High* 1A **150**
Aberargie. *Per* 2D **136**
Aberarth. *Cdgn* 4D **57**
Aberavon. *Neat* 3G **31**
Aber-banc. *Cdgn* 1D **44**
Aberbargoed. *Cphy* 2E **33**
Aberbechan. *Powy* 1D **58**
Aberbeeg. *Blae* 5F **47**
Aberbowlan. *Carm* 2G **45**
Aberbran. *Powy* 3C **46**
Abercanaid. *Mer T* 5D **46**
Abercarn. *Cphy* 2F **33**
Abercastle. *Pemb* 1C **42**
Abercegir. *Powy* 5H **69**
Aberchalder. *High* 3F **149**
Aberchirder. *Abers* 3D **160**
Aberchwiler. *Den* 4C **82**
Abercorn. *W Lot* 2D **129**
Abercraf. *Powy* 4B **46**
Abercregan. *Neat* 2B **32**
Abercrombie. *Fife* 3H **137**
Abercwmboi. *Rhon* 2D **32**
Abercych. *Pemb* 1C **44**
Abercynon. *Rhon* 2D **32**
Aber-Cywarch. *Gwyn* 4A **70**
Aberdalgie. *Per* 1C **136**
Aberdar. *Rhon* 5C **46**
Aberdare. *Rhon* 5C **46**
Aberdaron. *Gwyn* 3A **68**
Aberdaugleddau. *Pemb* 4D **42**
Aberdeen. *Aber* 3G **153**
Aberdeen International
Airport. *Aber* 2F **153**
Aberdesach. *Gwyn* 5D **80**
Aberdour. *Fife* 1E **129**
Aberdovey. *Gwyn* 1F **57**
Aberdulais. *Neat* 5A **46**
Aberdyfi. *Gwyn* 1F **57**
Aberedw. *Powy* 1D **46**
Abereiddy. *Pemb* 1B **42**
Abererch. *Gwyn* 2C **68**
Aberfan. *Mer T* 5D **46**
Aberfeldy. *Per* 4F **143**
Aberffraw. *IOA* 4C **80**
Aberffrwd. *Cdgn* 3F **57**
Aberford. *W Yor* 1E **93**
Aberfoyle. *Stir* 3E **135**
Abergarw. *B'end* 3C **32**
Abergarwed. *Neat* 5B **46**
Abergavenny. *Mon* 4G **47**
Abergele. *Cnwy* 3B **82**
Aber-Giâr. *Carm* 1F **45**
Abergorlech. *Carm* 2F **45**
Abergwaun. *Pemb* 1D **42**
Abergwesyn. *Powy* 5A **58**
Abergwili. *Carm* 3E **45**
Abergwynfi. *Neat* 2B **32**
Abergwyngregyn. *Gwyn* 3F **81**
Abergynolwyn. *Gwyn* 5F **69**
Aberhafesp. *Powy* 1C **58**
Aberhonddu. *Powy* 3D **46**
Aberhosan. *Powy* 1H **57**
Aberkenfig. *B'end* 3B **32**
Aberlady. *E Lot* 1A **130**
Aberlemno. *Ang* 3E **145**
Aberllefenni. *Gwyn* 5G **69**
Abermaw. *Gwyn* 4F **69**
Abermeurig. *Cdgn* 5E **57**
Aber-miwl. *Powy* 1D **58**
Abermule. *Powy* 1D **58**
Abernant. *Carm* 2H **43**
Abernant. *Rhon* 5D **46**
Abernethy. *Per* 2D **136**
Abernyte. *Per* 5B **144**
Aber-oer. *Wrex* 1E **71**
Aberpennar. *Rhon* 2D **32**
Aberporth. *Cdgn* 5B **56**
Aberriw. *Powy* 5D **70**
Abersoch. *Gwyn* 3C **68**
Abersychan. *Torf* 5F **47**
Abertawe. *Swan* 3F **31**
Aberteifi. *Cdgn* 1B **44**
Aberthin. *V Glam* 4D **32**
Abertillery. *Blae* 5F **47**
Abertridwr. *Cphy* 3E **32**
Abertyleri. *Blae* 5F **47**
Abertysswg. *Cphy* 5E **47**
Aberuthven. *Per* 2B **136**
Aber Village. *Powy* 3E **46**
Aberwheeler. *Den* 4C **82**
Aberyscir. *Powy* 3C **46**
Aberystwyth. *Cdgn* 2E **57**
Abhainn Suidhe. *W Isl* 7C **171**
Abingdon-on-Thames.
Oxon 2C **36**
Abinger Common. *Surr* 1C **26**
Abinger Hammer. *Surr* 1B **26**
Abington. *S Lan* 2B **118**
Abington Pigotts. *Cambs* 1D **52**
Ab Kettleby. *Leics* 3E **74**
Ab Lench. *Worc* 5E **61**
Ablington. *Glos* 5G **49**
Ablington. *Wilts* 2G **23**
Abney. *Derbs* 3F **85**
Aboyne. *Abers* 4C **152**
Abram. *G Man* 4E **90**
Abriachan. *High* 5H **157**
Abridge. *Essx* 1F **39**
Abronhill. *N Lan* 2A **128**
Abson. *S Glo* 4C **34**
Abthorpe. *Nptn* 1E **51**
Abune-the-Hill. *Orkn* 5B **172**
Aby. *Linc* 3D **88**
Acairseid. *W Isl* 8C **170**
Acaster Malbis. *York* 5H **99**

Acaster Selby. N Yor 5H 99
Accott. Devn 3G 19
Accrington. Lanc 2F 91
Acha. Arg 3C 138
Achachork. High 4D 155
Achadh a' Chuirn. High 1E 147
Achahoish. Arg 2F 125
Achaleven. Arg 5D 140
Achallader. Arg 4H 141
Acha Mor. W Isl 5F 171
Achanalt. Arg 2E 157
Achandunie. High 1A 158
Ach'an Todhair. High 1E 141
Achany. High 3C 164
Achaphubuil. High 1E 141
Acharacle. High 2A 140
Acharn. Ang 1B 144
Acharn. Per 4E 143
Acharole. High 3E 168
Achateny. High 2G 139
Achavanich. High 4D 169
Achdalieu. High 1E 141
Achduart. High 3E 163
Achentoul. High 5A 168
Achfary. High 5C 166
Achfrish. High 2C 164
Achgarve. High 4C 162
Achiemore. High
  nr. Durness 2D 166
  nr. Thurso 3A 168
A' Chill. High 3A 146
Achiltibuie. High 3E 163
Achina. High 2H 167
Achinahuagh. High 2F 167
Achindarroch. High 3E 141
Achinduich. High 3C 164
Achinduin. Arg 5C 140
Achininver. High 2F 167
Achintee. High 4B 156
Achintraid. High 5H 155
Achleck. Arg 4F 139
Achlorachan. High 3F 157
Achluachrach. High 5E 149
Achlyness. High 3C 166
Achmelvich. High 1E 163
Achmony. High 5H 157
Achmore. High
  nr. Stromeferry 5A 156
  nr. Ullapool 4E 163
Achnacarnin. High 1E 163
Achnacarry. High 5D 148
Achnaclerach. High 2G 157
Achnacloich. High 3D 147
Ach na Cloiche. High 3D 147
Achnaconeran. High 2G 149
Achnacroish. Arg 4C 140
Achnafalnich. Arg 1B 134
Achnagarron. High 1A 158
Achnagoul. Arg 3H 133
Achnaha. High 2F 139
Achnahanat. High 4D 164
Achnahannet. High 1D 151
Achnairn. High 2C 164
Achnamara. Arg 1F 125
Achnanellan. High 5C 148
Achnasheen. High 3D 156
Achnashellach. High 5B 156
Achosnich. High 2F 139
Achow. High 5E 169
Achranich. High 4B 140
Achreamie. High 2C 168
Achriabhach. High 2F 141
Achriesgill. High 3C 166
Achrimsdale. High 3G 165
Achscrabster. High 2C 168
Achtoty. High 2G 167
Achurch. Nptn 2H 63
Achuvoldrach. High 3F 167
Achvaich. High 4E 164
Achvoan. High 3E 165
Ackenthwaite. Cumb 1E 97
Ackergill. High 3F 169
Ackergillshore. High 3F 169
Acklam. Midd 3B 106

Acklam. N Yor 3B 100
Ackleton. Shrp 1B 60
Acklington. Nmbd 4G 121
Ackton. W Yor 2E 93
Ackworth Moor Top.
  W Yor 3E 93
Acle. Norf 4G 79
Acocks Green. W Mid 2F 61
Acol. Kent 4H 41
Acomb. Nmbd 3C 114
Acomb. York 4H 99
Aconbury. Here 2A 48
Acre. G Man 4H 91
Acre. Lanc 2F 91
Acrefair. Wrex 1E 71
Acrise. Kent 1F 29
Acton. Ches E 5A 84
Acton. Dors 5E 15
Acton. G Lon 2C 38
Acton. Shrp 2F 59
Acton. Staf 1C 72
Acton. Suff 1B 54
Acton. Worc 4C 60
Acton. Wrex 5F 83
Acton Beauchamp. Here 5A 60
Acton Bridge. Ches W 3H 83
Acton Burnell. Shrp 5H 71
Acton Green. Here 5A 60
Acton Pigott. Shrp 5H 71
Acton Round. Shrp 1A 60
Acton Scott. Shrp 2G 59
Acton Trussell. Staf 4D 72
Acton Turville. S Glo 3D 34
Adabroc. W Isl 1H 171
Adam's Hill. Worc 3D 60
Adbaston. Staf 3B 72
Adber. Dors 4B 22
Adderbury. Oxon 2C 50
Adderley. Shrp 2A 72
Adderstone. Nmbd 1F 121
Addiewell. W Lot 3C 128
Addingham. W Yor 5C 98
Addington. Buck 3F 51
Addington. G Lon 4E 39
Addington. Kent 5A 40
Addinston. Bord 4B 130
Addiscombe. G Lon 4E 39
Addlestone. Surr 4B 38
Addlethorpe. Linc 4E 89
Adeney. Telf 4B 72
Adfa. Powy 5C 70
Adforton. Here 3G 59
Adgestone. IOW 4D 16
Adisham. Kent 5G 41
Adlestrop. Glos 3H 49
Adlingfleet. E Yor 2B 94
Adlington. Ches E 2D 84
Adlington. Lanc 3E 90
Admaston. Staf 3E 73
Admaston. Telf 4A 72
Admington. Warw 1H 49
Adpar. Cdgn 1D 44
Adsborough. Som 4F 21
Adstock. Buck 2F 51
Adstone. Nptn 5C 62
Adversane. W Sus 3B 26
Advie. High 5F 159
Adwalton. W Yor 2C 92
Adwell. Oxon 2E 37
Adwick le Street. S Yor 4F 93
Adwick upon Dearne.
  S Yor 4E 93
Adziel. Abers 3G 161
Ae. Dum 1A 112
Affleck. Abers 1F 153
Affpuddle. Dors 3D 14
Affric Lodge. High 1D 148
Afon-wen. Flin 3D 82
Agglethorpe. N Yor 1C 98
Aglionby. Cumb 4F 113
Ahoghill. ME Ant 2F 15
Aigburth. Mers 2F 83
Aiginis. W Isl 4G 171
Aike. E Yor 5E 101

Aikers. Orkn 8D 172
Aiketgate. Cumb 5F 113
Aikhead. Cumb 5D 112
Aikton. Cumb 4D 112
Ailey. Here 1G 47
Ailsworth. Pet 1A 64
Ainderby Quernhow. N Yor 1F 99
Ainderby Steeple. N Yor 5A 106
Aingers Green. Essx 3E 54
Ainsdale. Mers 3B 90
Ainsdale-on-Sea. Mers 3B 90
Ainstable. Cumb 5G 113
Ainsworth. G Man 3F 91
Ainthorpe. N Yor 4E 107
Aintree. Mers 1F 83
Aird. Arg 3E 133
Aird. Dum 3F 109
Aird. High
  nr. Port Henderson 1G 155
  nr. Tarskavaig 3D 147
Aird. W Isl
  on Benbecula 3C 170
  on Isle of Lewis 4H 171
The Aird. High 3D 154
Aird a Bhasair. High 3E 147
Aird a Mhachair. W Isl 4C 170
Aird a Mhulaidh. W Isl 6D 171
Aird Asaig. W Isl 7D 171
Aird Dhail. W Isl 1G 171
Airdens. High 4D 164
Airdeny. Arg 1G 133
Aird Mhidhinis. W Isl 8C 170
Aird Mhighe. W Isl
  nr. Ceann a Bhaigh 8D 171
  nr. Fionnsabhagh 9C 171
Aird Mhor. W Isl\on Barra 8C 170
  on South Uist 4D 170
Airdrie. N Lan 3A 128
Aird Shleibhe. W Isl 9D 171
Aird Thunga. W Isl 4G 171
Aird Uig. W Isl 4C 171
Airedale. W Yor 2E 93
Airidh a Bhruaich. W Isl 6E 171
Airies. Dum 3E 109
Airmyn. E Yor 2H 93
Airntully. Per 5H 143
Airor. High 3F 147
Airth. Falk 1C 128
Airton. N Yor 4B 98
Aisby. Linc
  nr. Gainsborough 1F 87
  nr. Grantham 2H 75
Aisgernis. W Isl 6C 170
Aish. Devn
  nr. Buckfastleigh 2C 8
  nr. Totnes 3E 9
Aisholt. Som 3E 21
Aiskew. N Yor 1E 99
Aislaby. N Yor
  nr. Pickering 1B 100
  nr. Whitby 4F 107
Aislaby. Stoc T 3B 106
Aisthorpe. Linc 2G 87
Aith. Shet
  on Fetlar 3H 173
  on Mainland 6E 173
Aithsetter. Shet 8F 173
Akeld. Nmbd 2D 120
Akeley. Buck 2F 51
Akenham. Suff 1E 55
Albaston. Corn 5E 11
Alberbury. Shrp 4F 71
Albert Town. Pemb 3D 42
Albert Village. Leics 4H 73
Albourne. W Sus 4D 26
Albrighton. Shrp
  nr. Shrewsbury 4G 71
  nr. Telford 5C 72
Alburgh. Norf 2E 67
Albury. Herts 3E 53
Albury. Surr 1B 26
Albyfield. Cumb 4G 113
Alby Hill. Norf 2D 78
Alcaig. High 3H 157

Alcaston. Shrp 2G 59
Alcester. Warw 5E 61
Alciston. E Sus 5G 27
Alcombe. Som 2C 20
Alconbury. Cambs 3A 64
Alconbury Weston. Cambs 3A 64
Aldborough. Norf 2D 78
Aldborough. N Yor 3G 99
Aldbourne. Wilts 4A 36
Aldbrough. E Yor 1F 95
Aldbrough St John. N Yor 3F 105
Aldbury. Herts 4H 51
Aldcliffe. Lanc 3D 96
Aldclune. Per 2G 143
Aldeburgh. Suff 5G 67
Aldeby. Norf 1G 67
Aldenham. Herts 1C 38
Alderbury. Wilts 4G 23
Aldercar. Derbs 1B 74
Alderford. Norf 4D 78
Alderholt. Dors 1G 15
Alderley. Glos 2C 34
Alderley Edge. Ches E 3C 84
Aldermaston. W Ber 5D 36
Aldermaston Soke. Hants 5E 36
Aldermaston Wharf. W Ber 5E 36
Alderminster. Warw 1H 49
Alder Moor. Staf 3G 73
Aldersey Green. Ches W 5G 83
Aldershot. Hants 1G 25
Alderton. Glos 2F 49
Alderton. Nptn 1F 51
Alderton. Shrp 3G 71
Alderton. Suff 1G 55
Alderton. Wilts 3D 34
Alderton Fields. Glos 2F 49
Alderwasley. Derbs 5H 85
Aldfield. N Yor 3E 99
Aldford. Ches W 5G 83
Aldgate. Rut 5G 75
Aldham. Essx 3C 54
Aldham. Suff 1D 54
Aldie. High 5D 164
Aldingbourne. W Sus 5A 26
Aldingham. Cumb 2B 96
Aldington. Kent 2E 29
Aldington. Worc 1F 49
Aldington Frith. Kent 2E 29
Aldochlay. Arg 4C 134
Aldon. Shrp 3G 59
Aldoth. Cumb 5C 112
Aldreth. Cambs 3D 64
Aldridge. W Mid 5E 73
Aldringham. Suff 4G 67
Aldsworth. Glos 4G 49
Aldwark. Derbs 5G 85
Aldwark. N Yor 3G 99
Aldwick. W Sus 3H 17
Aldwincle. Nptn 2H 63
Aldworth. W Ber 4D 36
Alexandria. W Dun 1E 127
Aley. Som 3E 21
Aley Green. C Beds 4A 52
Alfardisworthy. Devn 1C 10
Alfington. Devn 3E 12
Alfold. Surr 2B 26
Alfold Bars. W Sus 2B 26
Alfold Crossways. Surr 2B 26
Alford. Abers 2C 152
Alford. Linc 3D 88
Alford. Som 3B 22
Alfreton. Derbs 5B 86
Alfrick. Worc 5B 60
Alfrick Pound. Worc 5B 60
Algarkirk. Linc 2B 76
Alhampton. Som 3B 22
Aline Lodge. W Isl 6D 171
Alkborough. N Lin 2B 94
Alkerton. Oxon 1B 50
Alkham. Kent 1G 29
Alkington. Shrp 2H 71
Alkmonton. Derbs 2F 73
Alladale Lodge. High 5B 164

Allaleigh. Devn 3E 9
Allanbank. N Lan 4B 128
Allanton. N Lan 4B 128
Allanton. Bord 4E 131
Allaston. Glos 5B 48
Allbrook. Hants 4C 24
All Cannings. Wilts 5F 35
Allendale Town. Nmbd 4B 114
Allen End. Warw 1F 61
Allenheads. Nmbd 5B 114
Allensford. Dur 5D 115
Allen's Green. Herts 4E 53
Allensmore. Here 2H 47
Allenton. Derb 2A 74
Aller. Som 4H 21
Allerby. Cumb 1B 102
Allercombe. Devn 3D 12
Allerford. Som 2C 20
Allerston. N Yor 1C 100
Allerthorpe. E Yor 5B 100
Allerton. Mers 2G 83
Allerton. W Yor 1B 92
Allerton Bywater. W Yor 2E 93
Allerton Mauleverer. N Yor 4G 99
Allesley. W Mid 2G 61
Allestree. Derb 2H 73
Allet. Corn 4B 6
Allexton. Leics 5F 75
Allgreave. Ches E 4D 84
Allhallows. Medw 3C 40
Allhallows-on-Sea. Medw 3C 40
Alligin Shuas. High 3H 155
Allimore Green. Staf 4C 72
Allington. Kent 5B 40
Allington. Linc 1F 75
Allington. Wilts
  nr. Amesbury 3H 23
  nr. Devizes 5F 35
Allithwaite. Cumb 2C 96
Alloa. Clac 4A 136
Allonby. Cumb 5B 112
Allostock. Ches W 3B 84
Alloway. S Ayr 3C 116
Allowenshay. Som 1G 13
All Saints South Elmham.
  Suff 2F 67
Allscott. Shrp 1B 60
Allscott. Telf 4A 72
All Stretton. Shrp 1G 59
Allt. Carm 5F 45
Alltami. Flin 4E 83
Alltgobhlach. N Ayr 5G 125
Alltmawr. Powy 1D 46
Alltnacaillich. High 4E 167
Allt na h' Airbhe. High 4F 163
Alltour. High 5E 148
Alltsigh. High 2G 149
Alltwalis. Carm 2E 45
Alltwen. Neat 5H 45
Alltyblacca. Cdgn 1F 45
Allt-y-goed. Pemb 1B 44
Almeley. Here 5F 59
Almeley Wootton. Here 5F 59
Almer. Dors 3E 15
Almholme. S Yor 4F 93
Almington. Staf 2B 72
Alminstone Cross. Devn 4D 18
Almodington. W Sus 3G 17
Almondbank. Per 1C 136
Almondbury. W Yor 3B 92
Almondsbury. S Glo 3B 34
Alne. N Yor 3G 99
Alness. High 2A 158
Alnessferry. High 2A 158
Alnham. Nmbd 3D 121
Alnmouth. Nmbd 3G 121
Alnwick. Nmbd 3F 121
Alphamstone. Essx 2B 54
Alpheton. Suff 5A 66
Alphington. Devn 3C 12
Alpington. Norf 5E 79
Alport. Derbs 4G 85
Alport. Powy 1E 59
Alpraham. Ches E 5H 83

Alresford. *Essx* 3D 54
Alrewas. *Staf* 4F 73
Alsager. *Ches E* 5B 84
Alsagers Bank. *Staf* 1C 72
Alsop en le Dale. *Derbs* 5F 85
Alston. *Cumb* 5A 114
Alston. *Devn* 2G 13
Alstone. *Glos* 2E 49
Alstone. *Som* 2G 21
Alstonefield. *Staf* 5F 85
Alston Sutton. *Som* 1H 21
Alswear. *Devn* 4H 19
Altandhu. *High* 2D 163
Altanduin. *High* 1F 165
Altarnun. *Corn* 4C 10
Altass. *High* 3B 164
Alterwall. *High* 2E 169
Altgaltraig. *Arg* 2B 126
Altham. *Lanc* 1F 91
Althorne. *Essx* 1D 40
Althorpe. *N Lin* 4B 94
Altnabreac. *High* 4C 168
Altnacealgach. *High* 2G 163
Altnafeadh. *High* 3G 141
Altnaharra. *High* 5F 167
Altofts. *W Yor* 2D 93
Alton. *Derbs* 4A 86
Alton. *Hants* 3F 25
Alton. *Staf* 1E 73
Alton Barnes. *Wilts* 5G 35
Altonhill. *E Ayr* 1D 116
Alton Pancras. *Dors* 2C 14
Alton Priors. *Wilts* 5G 35
Altrincham. *G Man* 2B 84
Altrua. *High* 4E 149
Alva. *Clac* 4A 136
Alvanley. *Ches W* 3G 83
Alvaston. *Derb* 2A 74
Alvechurch. *Worc* 3E 61
Alvecote. *Warw* 5G 73
Alvediston. *Wilts* 4E 23
Alveley. *Shrp* 2B 60
Alverdiscott. *Devn* 4F 19
Alverstoke. *Hants* 3D 16
Alverstone. *IOW* 4D 16
Alverthorpe. *W Yor* 2D 92
Alverton. *Notts* 1E 75
Alves. *Mor* 2F 159
Alvescot. *Oxon* 5A 50
Alveston. *S Glo* 3B 34
Alveston. *Warw* 5G 61
Alvie. *High* 3C 150
Alvingham. *Linc* 1C 88
Alvington. *Glos* 5B 48
Alwalton. *Cambs* 1A 64
Alweston. *Dors* 1B 14
Alwington. *Devn* 4E 19
Alwinton. *Nmbd* 4D 120
Alwoodley. *W Yor* 5E 99
Alyth. *Per* 4B 144
Amatnatua. *High* 4B 164
Am Baile. *W Isl* 7C 170
Ambaston. *Derbs* 2B 74
Ambergate. *Derbs* 5H 85
Amber Hill. *Linc* 1B 76
Amberley. *Glos* 5D 48
Amberley. *W Sus* 4B 26
Amble. *Nmbd* 4G 121
Amblecote. *W Mid* 2C 60
Ambler Thorn. *W Yor* 2A 92
Ambleside. *Cumb* 4E 103
Ambleston. *Pemb* 2E 43
Ambrosden. *Oxon* 4E 50
Amcotts. *N Lin* 3B 94
Amersham. *Buck* 1A 38
Amerton. *Staf* 3D 73
Amesbury. *Wilts* 2G 23
Amisfield. *Dum* 1B 112
Amlwch. *IOA* 1D 80
Amlwch Port. *IOA* 1D 80
Ammanford. *Carm* 4G 45
Amotherby. *N Yor* 2B 100
Ampfield. *Hants* 4B 24
Ampleforth. *N Yor* 2H 99
Ampleforth College. *N Yor* 2H 99
Ampney Crucis. *Glos* 5F 49
Ampney St Mary. *Glos* 5F 49
Ampney St Peter. *Glos* 5F 49
Amport. *Hants* 2A 24
Ampthill. *C Beds* 2A 52
Ampton. *Suff* 3A 66
Amroth. *Pemb* 4F 43
Amulree. *Per* 5G 143
Amwell. *Herts* 4B 52
Anaheilt. *High* 2C 140
An Aird. *High* 3D 147
An Camus Darach. *High* 4E 147
Ancaster. *Linc* 1G 75
Anchor. *Shrp* 2D 58
Anchorsholme. *Lanc* 5C 96
Anchor Street. *Norf* 3F 79
An Cnoc. *W Isl* 4G 171
An Cnoc Ard. *W Isl* 1H 171
An Coroghon. *High* 3A 146
Ancroft. *Nmbd* 5G 131
Ancrum. *Bord* 2A 120
Ancton. *W Sus* 5A 26
Anderby. *Linc* 3E 89
Anderby Creek. *Linc* 3E 89
Anderson. *Dors* 3D 15
Anderton. *Ches W* 3A 84
Andertons Mill. *Lanc* 3D 90
Andover. *Hants* 2B 24
Andover Down. *Hants* 2B 24
Andoversford. *Glos* 4F 49
Andreas. *IOM* 2D 108
An Dùnan. *High* 1D 147
Andwell. *Hants* 1E 25
Anelog. *Gwyn* 3A 68
Anfield. *Mers* 1F 83
Angarrack. *Corn* 3C 4
Angelbank. *Shrp* 3H 59
Angersleigh. *Som* 1E 13
Angerton. *Cumb* 4D 112
Angle. *Pemb* 4C 42
An Gleann Ur. *W Isl* 4G 171
Angmering. *W Sus* 5B 26
Angmering-on-Sea. *W Sus* 5B 26
Angram. *N Yor*
nr. Keld 5B 104
nr. York 5H 99
Anick. *Nmbd* 3C 114
Ankerbold. *Derbs* 4A 86
Ankerville. *High* 1C 158
Anlaby. *E Yor* 2D 94
Anlaby Park. *Hull* 2D 94
An Leth Meadhanach. *W Isl* 7C 170
Anmer. *Norf* 3G 77
Anmore. *Hants* 1E 17
Annahilt. *Lis* 5G 175
Annalong. *New M* 6H 175
Annan. *Dum* 3D 112
Annaside. *Cumb* 1A 96
Annat. *Arg* 1H 133
Annat. *High* 3A 156
Annathill. *N Lan* 2A 128
Anna Valley. *Hants* 2B 24
Annbank. *S Ayr* 2D 116
Annesley. *Notts* 5C 86
Annesley Woodhouse. *Notts* 5C 86
Annfield Plain. *Dur* 4E 115
Annscroft. *Shrp* 5G 71
An Sailean. *High* 2A 140
Ansdell. *Lanc* 2B 90
Ansford. *Som* 3B 22
Ansley. *Warw* 1G 61
Anslow. *Staf* 3G 73
Anslow Gate. *Staf* 3F 73
Ansteadbrook. *Surr* 2A 26
Anstey. *Herts* 2E 53
Anstey. *Leics* 5C 74
Anston. *S Lan* 5D 128
Anstruther Easter. *Fife* 3H 137
Anstruther Wester. *Fife* 3H 137
Ansty. *Warw* 2A 62
Ansty. *W Sus* 3D 27
Ansty. *Wilts* 4E 23
An Taobh Tuath. *W Isl* 1E 170
An t-Aodann Ban. *High* 3C 154
An t Ath Leathann. *High* 1E 147
An Teanga. *High* 3E 147
Anthill Common. *Hants* 1E 17
Anthorn. *Cumb* 4C 112
Antingham. *Norf* 2E 79
An t-Ob. *W Isl* 9C 171
Anton's Gowt. *Linc* 1B 76
Antony. *Corn* 3A 8
An t-Òrd. *High* 2E 147
Antrim. *Ant* 3G 175
Antrobus. *Ches W* 3A 84
Anvil Corner. *Devn* 2D 10
Anwick. *Linc* 5A 88
Anwoth. *Dum* 4C 110
Apethorpe. *Nptn* 1H 63
Apeton. *Staf* 4C 72
Apley. *Linc* 3A 88
Apperknowle. *Derbs* 3A 86
Apperley. *Glos* 3D 48
Apperley Dene. *Nmbd* 4D 114
Appersett. *N Yor* 5B 104
Appin. *Arg* 4D 140
Appleby. *N Lin* 3C 94
Appleby-in-Westmorland.
Cumb 2H 103
Appleby Magna. *Leics* 5H 73
Appleby Parva. *Leics* 5H 73
Applecross. *High* 4G 155
Appledore. *Devn*
nr. Bideford 3E 19
nr. Tiverton 1D 12
Appledore. *Kent* 3D 28
Appledore Heath. *Kent* 2D 28
Appleford. *Oxon* 2D 36
Applegarthtown. *Dum* 1C 112
Applemore. *Hants* 2B 16
Appleshaw. *Hants* 2B 24
Applethwaite. *Cumb* 2D 102
Appleton. *Hal* 2H 83
Appleton. *Oxon* 5C 50
Appleton-le-Moors. *N Yor* 1B 100
Appleton-le-Street. *N Yor* 2B 100
Appleton Roebuck. *N Yor* 5H 99
Appleton Thorn. *Warr* 2A 84
Appleton Wiske. *N Yor* 4A 106
Appletree. *Nptn* 1C 50
Appletreehall. *Bord* 3H 119
Appletreewick. *N Yor* 3C 98
Appley. *Som* 4D 20
Appley Bridge. *Lanc* 3D 90
Apse Heath. *IOW* 4D 16
Apsley End. *C Beds* 2B 52
Apuldram. *W Sus* 2G 17
Arabella. *High* 1C 158
Arasaig. *High* 5E 147
Arbeadie. *Abers* 4D 152
Arberth. *Pemb* 3F 43
Arbirlot. *Ang* 4F 145
Arborfield. *Wok* 5F 37
Arborfield Cross. *Wok* 5F 37
Arborfield Garrison. *Wok* 5F 37
Arbourthorne. *S Yor* 2A 86
Arbroath. *Ang* 4F 145
Arbuthnott. *Abers* 1H 145
Arcan. *High* 3H 157
Archargary. *High* 3H 167
Archdeacon Newton. *Darl* 3F 105
Archiestown. *Mor* 4G 159
Arclid. *Ches E* 4B 84
Arclid Green. *Ches E* 4B 84
Ardachu. *High* 3D 164
Ardalanish. *Arg* 2A 132
Ardaneaskan. *High* 5H 155
Ardarroch. *High* 5H 155
Ardbeg. *Arg*
nr. Dunoon 1C 126
on Islay 5C 124
on Isle of Bute 3B 126
Ardcharnich. *High* 5F 163
Ardchiavaig. *Arg* 2A 132
Ardchonnell. *Arg* 2G 133
Ardchrishnish. *Arg* 1B 132
Ardchronie. *High* 5D 164
Ardchullarie. *Stir* 2E 135
Ardchyle. *Stir* 1E 135
Ard-dhubh. *High* 4G 155
Arddleen. *Powy* 4E 71
Arddlîn. *Powy* 4E 71
Ardechive. *High* 4D 148
Ardeley. *Herts* 3D 52
Ardelve. *High* 1A 148
Arden. *Arg* 1E 127
Ardendrain. *High* 5H 157
Arden Hall. *N Yor* 5C 106
Ardens Grafton. *Warw* 5F 61
Ardentinny. *Arg* 1C 126
Ardeonaig. *Stir* 5D 142
Ardersier. *High* 3B 158
Ardery. *High* 2B 140
Ardessie. *High* 5E 163
Ardfern. *Arg* 3F 133
Ardfernal. *Arg* 2D 124
Ardfin. *Arg* 3C 124
Ardgartan. *Arg* 3B 134
Ardgay. *High* 4D 164
Ardglass. *New M* 6J 175
Ardgour. *High* 2E 141
Ardheslaig. *High* 3G 155
Ardindrean. *High* 5F 163
Ardingly. *W Sus* 3E 27
Ardington. *Oxon* 3C 36
Ardlamont House. *Arg* 3A 126
Ardleigh. *Essx* 3D 54
Ardler. *Per* 4B 144
Ardley. *Oxon* 3D 50
Ardlui. *Arg* 2C 134
Ardlussa. *Arg* 1E 125
Ardmair. *High* 4F 163
Ardmay. *Arg* 3B 134
Ardminish. *Arg* 5E 125
Ardmolich. *High* 1B 140
Ardmore. *High*
nr. Kinlochbervie 3C 166
nr. Tain 5E 164
Ardnacross. *Arg* 4G 139
Ardnadam. *Arg* 1C 126
Ardnagrask. *High* 4H 157
Ardnamurach. *High* 4G 147
Ardnarff. *High* 5A 156
Ardnastang. *High* 2C 140
Ardoch. *Per* 5H 143
Ardochy House. *High* 3E 148
Ardpatrick. *Arg* 3F 125
Ardrishaig. *Arg* 1G 125
Ardroag. *High* 4B 154
Ardross. *High* 1A 158
Ardrossan. *N Ayr* 5D 126
Ardshealach. *High* 2A 140
Ardsley. *S Yor* 4D 93
Ardslignish. *High* 2G 139
Ardtalla. *Arg* 4C 124
Ardtalnaig. *Per* 5E 142
Ardtoe. *High* 1A 140
Arduaine. *Arg* 2E 133
Ardullie. *High* 2H 157
Ardvasar. *High* 3E 147
Ardvorlich. *Per* 1F 135
Ardwell. *Dum* 5G 109
Ardwell. *Mor* 5A 160
Arean. *High* 1A 140
Areley Common. *Worc* 3C 60
Areley Kings. *Worc* 3C 60
Arford. *Hants* 3G 25
Argoed. *Cphy* 2E 33
Argoed Mill. *Powy* 4B 58
Aridhglas. *Arg* 2B 132
Arinacrinachd. *High* 3G 155
Arinagour. *Arg* 3D 138
Arisaig. *High* 5E 147
Ariundle. *High* 2C 140
Arivegaig. *High* 2A 140
Arkendale. *N Yor* 3F 99
Arkesden. *Essx* 2E 53
Arkholme. *Lanc* 2E 97
Arkle Town. *N Yor* 4D 104
Arkley. *G Lon* 1D 38
Arksey. *S Yor* 4F 93
Arkwright Town. *Derbs* 3B 86
Arlecdon. *Cumb* 3B 102
Arlescote. *Warw* 1B 50
Arlesey. *C Beds* 2B 52
Arleston. *Telf* 4A 72
Arley. *Ches E* 2A 84
Arlingham. *Glos* 4C 48
Arlington. *Devn* 2G 19
Arlington. *E Sus* 5G 27
Arlington. *Glos* 5G 49
Arlington Beccott. *Devn* 2G 19
Armadail. *High* 3E 147
Armadale. *High*
nr. Isleornsay 3E 147
nr. Strathy 2H 167
Armadale. *W Lot* 3C 128
Armagh. *Arm* 5E 175
Armathwaite. *Cumb* 5G 113
Arminghall. *Norf* 5E 79
Armitage. *Staf* 4E 73
Armitage Bridge. *W Yor* 3B 92
Armley. *W Yor* 1C 92
The Arms. *Norf* 1A 66
Armscote. *Warw* 1H 49
Armston. *Nptn* 2H 63
Armthorpe. *S Yor* 4G 93
Arncliffe. *N Yor* 2B 98
Arncliffe Cote. *N Yor* 2B 98
Arncroach. *Fife* 3H 137
Arne. *Dors* 4E 15
Arnesby. *Leics* 1D 62
Arnicle. *Arg* 2B 122
Arnisdale. *High* 2G 147
Arnish. *High* 4E 155
Arniston. *Midl* 3G 129
Arnol. *W Isl* 3F 171
Arnold. *E Yor* 5F 101
Arnold. *Notts* 1C 74
Arnprior. *Stir* 4F 135
Arnside. *Cumb* 2D 96
Aros Mains. *Arg* 4G 139
Arpafeelie. *High* 3A 158
Arrad Foot. *Cumb* 1C 96
Arram. *E Yor* 5E 101
Arras. *E Yor* 5D 100
Arrathorne. *N Yor* 5E 105
Arreton. *IOW* 4D 16
Arrington. *Cambs* 5C 64
Arrochar. *Arg* 3B 134
Arrow. *Warw* 5E 61
Arscaig. *High* 2C 164
Artafallie. *High* 4A 158
Arthington. *W Yor* 5E 99
Arthingworth. *Nptn* 2E 63
Arthog. *Gwyn* 4F 69
Arthrath. *Abers* 5G 161
Arthurstone. *Per* 4B 144
Artington. *Surr* 1A 26
Arundel. *W Sus* 5B 26
Asby. *Cumb* 2B 102
Ascog. *Arg* 3C 126
Ascot. *Wind* 4A 38
Ascott-under-Wychwood.
Oxon 4B 50
Asenby. *N Yor* 2F 99
Asfordby. *Leics* 4E 74
Asfordby Hill. *Leics* 4E 74
Asgarby. *Linc*
nr. Horncastle 4C 88
nr. Sleaford 1A 76
Ash. *Devn* 4E 9
Ash. *Dors* 1D 14
Ash. *Kent*
nr. Sandwich 5G 41
nr. Swanley 4H 39
Ash. *Som* 4H 21
Ash. *Surr* 1G 25
Ashampstead. *W Ber* 4D 36
Ashbocking. *Suff* 5D 66
Ashbourne. *Derbs* 1F 73
Ashbrittle. *Som* 4D 20
Ashbrook. *Shrp* 1G 59
Ashburton. *Devn* 2D 8
Ashbury. *Devn* 3F 11

Ashbury. Oxon 3A 36
Ashby. N Lin 4B 94
Ashby by Partney. Linc 4D 88
Ashby cum Fenby. NE Lin 4F 95
Ashby de la Launde. Linc 5H 87
Ashby-de-la-Zouch. Leics 4A 74
Ashby Folville. Leics 4E 74
Ashby Magna. Leics 1C 62
Ashby Parva. Leics 2C 62
Ashby Puerorum. Linc 3C 88
Ashby St Ledgars. Nptn 4C 62
Ashby St Mary. Norf 5F 79
Ashchurch. Glos 2E 49
Ashcombe. Devn 5C 12
Ashcott. Som 3H 21
Ashdon. Essx 1F 53
Ashe. Hants 2D 24
Asheldham. Essx 5C 54
Ashen. Essx 1H 53
Ashendon. Buck 4F 51
Ashey. IOW 4D 16
Ashfield. Hants 1B 16
Ashfield. Here 3A 48
Ashfield. Shrp 2H 59
Ashfield. Stir 3G 135
Ashfield. Suff 4E 66
Ashfield Green. Suff 3E 67
Ashfold Crossways. W Sus 3D 26
Ashford. Devn
  nr. Barnstaple 3F 19
  nr. Kingsbridge 4C 8
Ashford. Kent 1E 28
Ashford. Surr 3B 38
Ashford Bowdler. Shrp 3H 59
Ashford Carbonel. Shrp 3H 59
Ashford Hill. Hants 5D 36
Ashford in the Water.
  Derbs 4F 85
Ashgill. S Lan 5A 128
Ash Green. Warw 2H 61
Ashgrove. Mor 2G 159
Ashill. Devn 1D 12
Ashill. Norf 5A 78
Ashill. Som 1G 13
Ashingdon. Essx 1C 40
Ashington. Nmbd 1F 115
Ashington. W Sus 4C 26
Ashkirk. Bord 2G 119
Ashleworth. Glos 3D 48
Ashley. Cambs 4F 65
Ashley. Ches E 2B 84
Ashley. Dors 2G 15
Ashley. Glos 2E 35
Ashley. Hants
  nr. New Milton 3A 16
  nr. Winchester 3B 24
Ashley. Kent 1H 29
Ashley. Nptn 1E 63
Ashley. Staf 2B 72
Ashley. Wilts 5D 34
Ashley Green. Buck 5H 51
Ashley Heath. Dors 2G 15
Ashley Heath. Staf 2B 72
Ashley Moor. Here 4G 59
Ash Magna. Shrp 2H 71
Ashmanhaugh. Norf 3F 79
Ashmansworth. Hants 1C 24
Ashmansworthy. Devn 1D 10
Ashmead Green. Glos 2C 34
Ash Mill. Devn 4A 20
Ashmill. Devn 3D 11
Ashmore. Dors 1E 15
Ashmore Green. W Ber 5D 36
Ashorne. Warw 5H 61
Ashover. Derbs 4A 86
Ashow. Warw 3H 61
Ash Parva. Shrp 2H 71
Ashperton. Here 1B 48
Ashprington. Devn 3E 9
Ash Priors. Som 4E 21
Ashreigney. Devn 1G 11
Ash Street. Suff 1D 54
Ashtead. Surr 5C 38

Ash Thomas. Devn 1D 12
Ashton. Corn 4D 4
Ashton. Here 4H 59
Ashton. Inv 2D 126
Ashton. Nptn
  nr. Oundle 2H 63
  nr. Roade 1F 51
Ashton. Pet 5A 76
Ashton Common. Wilts 1D 23
Ashton Hayes. Ches W 4H 83
Ashton-in-Makerfield.
  G Man 1H 83
Ashton Keynes. Wilts 2F 35
Ashton under Hill. Worc 2E 49
Ashton-under-Lyne. G Man 1D 84
Ashton upon Mersey.
  G Man 1B 84
Ashurst. Hants 1B 16
Ashurst. Kent 2G 27
Ashurst. Lanc 4C 90
Ashurst. W Sus 4C 26
Ashurst Wood. W Sus 2F 27
Ash Vale. Surr 1G 25
Ashwater. Devn 3D 11
Ashwell. Herts 2C 52
Ashwell. Rut 4F 75
Ashwellthorpe. Norf 1D 66
Ashwick. Som 2B 22
Ashwicken. Norf 4G 77
Ashwood. Staf 2C 60
Askam in Furness. Cumb 2B 96
Askern. S Yor 3F 93
Askerswell. Dors 3A 14
Askett. Buck 5G 51
Askham. Cumb 2G 103
Askham. Notts 3E 87
Askham Bryan. York 5H 99
Askham Richard. York 5H 99
Askrigg. N Yor 5C 104
Askwith. N Yor 5D 98
Aslackby. Linc 2H 75
Aslacton. Norf 1D 66
Aslockton. Notts 1E 75
Aspatria. Cumb 5C 112
Aspenden. Herts 3D 52
Asperton. Linc 2B 76
Aspley Guise. C Beds 2H 51
Aspley Heath. C Beds 2H 51
Aspull. G Man 4E 90
Asselby. E Yor 2H 93
Assington. Suff 2C 54
Assington Green. Suff 5G 65
Astbury. Ches E 4C 84
Astcote. Nptn 5D 62
Asterby. Linc 3B 88
Asterley. Shrp 5F 71
Asterton. Shrp 1F 59
Asthall. Oxon 4A 50
Asthall Leigh. Oxon 4B 50
Astle. High 4E 165
Astley. G Man 4F 91
Astley. Shrp 4H 71
Astley. Warw 2H 61
Astley. Worc 4B 60
Astley Abbotts. Shrp 1B 60
Astley Bridge. G Man 3F 91
Astley Cross. Worc 4C 60
Aston. Ches E 1A 72
Aston. Ches W 3H 83
Aston. Derbs
  nr. Hope 2F 85
  nr. Sudbury 2F 73
Aston. Flin 4F 83
Aston. Here 4G 59
Aston. Herts 3C 52
Aston. Oxon 5B 50
Aston. Shrp
  nr. Bridgnorth 1C 60
  nr. Wem 3H 71
Aston. S Yor 2B 86
Aston. Staf 1B 72
Aston. Telf 5A 72
Aston. W Mid 1E 61
Aston. Wok 3F 37

Aston Abbotts. Buck 3G 51
Aston Botterell. Shrp 2A 60
Aston-by-Stone. Staf 2D 72
Aston Cantlow. Warw 5F 61
Aston Clinton. Buck 4G 51
Aston Crews. Here 3B 48
Aston End. Herts 3C 52
Aston Eyre. Shrp 1A 60
Aston Fields. Worc 4D 60
Aston Flamville. Leics 1B 62
Aston Ingham. Here 3B 48
Aston juxta Mondrum.
  Ches E 5A 84
Astonlane. Shrp 1A 60
Aston le Walls. Nptn 5B 62
Aston Magna. Glos 2G 49
Aston Munslow. Shrp 2H 59
Aston on Carrant. Glos 2E 49
Aston on Clun. Shrp 2F 59
Aston-on-Trent. Derbs 3B 74
Aston Pigott. Shrp 5F 71
Aston Rogers. Shrp 5F 71
Aston Rowant. Oxon 2F 37
Aston Sandford. Buck 5F 51
Aston Somerville. Worc 2F 49
Aston Subedge. Glos 1G 49
Aston Tirrold. Oxon 3D 36
Aston Upthorpe. Oxon 3D 36
Astrop. Nptn 2D 50
Astwick. C Beds 2C 52
Astwood. Mil 1H 51
Astwood Bank. Worc 4E 61
Aswarby. Linc 2H 75
Aswardby. Linc 3C 88
Atcham. Shrp 5H 71
Atch Lench. Worc 5E 61
Athelhampton. Dors 3C 14
Athelington. Suff 3E 66
Athelney. Som 4G 21
Athelstaneford. E Lot 2B 130
Atherfield Green. IOW 5C 16
Atherington. Devn 4F 19
Atherington. W Sus 5B 26
Athersley. S Yor 4D 92
Atherstone. Warw 1H 61
Atherstone on Stour. Warw 5G 61
Atherton. G Man 4E 91
Ath-Tharracail. High 2A 140
Atlow. Derbs 1G 73
Attadale. High 5B 156
Attenborough. Notts 2C 74
Atterby. Linc 1G 87
Atterley. Shrp 1A 60
Atterton. Leics 1A 62
Attleborough. Norf 1C 66
Attleborough. Warw 1A 62
Attlebridge. Norf 4D 78
Atwick. E Yor 4F 101
Atworth. Wilts 5D 34
Auberrow. Here 1H 47
Aubourn. Linc 4G 87
Aucharnie. Abers 4D 160
Auchattie. Abers 4D 152
Auchavan. Ang 2A 144
Auchbreck. Mor 1G 151
Auchenback. E Ren 4G 127
Auchenblae. Abers 1G 145
Auchenbrack. Dum 5G 117
Auchenbreck. Arg 1B 126
Auchencairn. Dum
  nr. Dalbeattie 4E 111
  nr. Dumfries 1A 112
Auchencarroch. W Dun 1F 127
Auchencrow. Bord 3E 131
Auchendennan. Arg 1E 127
Auchendinny. Midl 3F 129
Auchengray. S Lan 4C 128
Auchenhalrig. Mor 2A 160
Auchenheath. S Lan 5B 128
Auchenlochan. Arg 2A 126
Auchenmade. N Ayr 5E 127
Auchenmalg. Dum 4H 109
Auchentiber. N Ayr 5E 127

Auchenvennel. Arg 1D 126
Auchindrain. Arg 3H 133
Auchininna. Abers 4D 160
Auchinleck. Dum 2E 117
Auchinleck. E Ayr 2E 117
Auchinloch. N Lan 2H 127
Auchinstarry. N Lan 2A 128
Auchleven. Abers 1D 152
Auchlochan. S Lan 1H 117
Auchlunachan. High 5F 163
Auchmillan. E Ayr 2E 117
Auchmithie. Ang 4F 145
Auchmuirbridge. Fife 3E 136
Auchmull. Ang 1E 145
Auchnacree. Ang 2D 144
Auchnafree. Per 5F 143
Auchnagallin. High 5E 159
Auchnagatt. Abers 4G 161
Aucholzie. Abers 4H 151
Auchreddie. Abers 4F 161
Auchterarder. Per 2B 136
Auchteraw. High 3F 149
Auchterderran. Fife 4E 136
Auchterhouse. Ang 5C 144
Auchtermuchty. Fife 2E 137
Auchterneed. High 3G 157
Auchtertool. Fife 4E 136
Auchtertyre. High 1G 147
Auchtubh. Stir 1E 135
Auckengill. High 2F 169
Auckley. S Yor 4G 93
Audenshaw. G Man 1D 84
Audlem. Ches E 1A 72
Audley. Staf 5B 84
Audley End. Essx 2F 53
Audmore. Staf 3C 72
Auds. Abers 2D 160
Aughertree. Cumb 1D 102
Aughton. E Yor 1H 93
Aughton. Lanc
  nr. Lancaster 3E 97
  nr. Ormskirk 4B 90
Aughton. S Yor 2B 86
Aughton. Wilts 1H 23
Aughton Park. Lanc 4C 90
Auldearn. High 3D 158
Aulden. Here 5G 59
Auldgirth. Dum 1G 111
Auldhouse. S Lan 4H 127
Ault a' chruinn. High 1B 148
Aultbea. High 5C 162
Aultgrishan. High 5B 162
Aultguish Inn. High 1F 157
Aultibea. High 1H 165
Aultiphurst. High 2A 168
Aultivullin. High 2A 168
Aultmore. Mor 3B 160
Aultnamain Inn. High 5D 164
Aunby. Linc 4H 75
Aunsby. Linc 2H 75
Aust. S Glo 3A 34
Austerfield. S Yor 1D 86
Austin Fen. Linc 1C 88
Austrey. Warw 5G 73
Austwick. N Yor 3G 97
Authorpe. Linc 2D 88
Authorpe Row. Linc 3E 89
Avebury. Wilts 5G 35
Avebury Trusloe. Wilts 5F 35
Aveley. Thur 2G 39
Avening. Glos 2D 35
Averham. Notts 5E 87
Aveton Gifford. Devn 4C 8
Avielochan. High 2D 150
Aviemore. High 2C 150
Avington. Hants 3D 24
Avoch. High 3B 158
Avon. Hants 3G 15
Avon Dassett. Warw 5B 62
Avonbridge. Falk 2C 128
Avonmouth. Bris 4A 34
Avonwick. Devn 3D 8

Awbridge. Hants 4B 24
Awliscombe. Devn 2E 13
Awre. Glos 5C 48
Awsworth. Notts 1B 74
Axbridge. Som 1H 21
Axford. Hants 2E 24
Axford. Wilts 5H 35
Axminster. Devn 3G 13
Axmouth. Devn 3F 13
Aycliffe Village. Dur 2F 105
Aydon. Nmbd 3D 114
Aykley Heads. Dur 5F 115
Aylburton. Glos 5B 48
Aylburton Common. Glos 5B 48
Ayle. Nmbd 5A 114
Aylesbeare. Devn 3D 12
Aylesbury. Buck 4G 51
Aylesby. NE Lin 4F 95
Aylescott. Devn 1G 11
Aylesford. Kent 5B 40
Aylesham. Kent 5G 41
Aylestone. Leic 5C 74
Aylmerton. Norf 2D 78
Aylsham. Norf 3D 78
Aylton. Here 2B 48
Aylworth. Glos 3G 49
Aymestrey. Here 4G 59
Aynho. Nptn 2D 50
Ayot Green. Herts 4C 52
Ayot St Lawrence. Herts 4B 52
Ayot St Peter. Herts 4C 52
Ayr. S Ayr 2C 116
Ayres of Selivoe. Shet 7D 173
Ayreville. Torb 2C 9
Aysgarth. N Yor 1C 98
Ayshford. Devn 1D 12
Ayside. Cumb 1C 96
Ayston. Rut 5F 75
Ayton. Bord 3F 131
Aywick. Shet 3G 173
Azerley. N Yor 2E 99

B

Babbacombe. Torb 2F 9
Babbinswood. Shrp 2F 71
Babbs Green. Herts 4D 53
Babcary. Som 4A 22
Babel. Carm 2B 46
Babell. Flin 3D 82
Babingley. Norf 3F 77
Bablock Hythe. Oxon 5C 50
Babraham. Cambs 5E 65
Babworth. Notts 2D 86
Bac. W Isl 3G 171
Bachau. IOA 2C 80
Bacheldre. Powy 1E 59
Bachymbyd Fawr. Den 4C 82
Backaland. Orkn 4E 172
Backaskaill. Orkn 2D 172
Backbarrow. Cumb 1C 96
Backe. Carm 3G 43
Backfolds. Abers 3H 161
Backford. Ches W 3G 83
Backhill. Abers 5E 161
Backhill of Clackriach.
  Abers 4G 161
Backies. High 3F 165
Backmuir of New Gilston.
  Fife 3G 137
Back of Keppoch. High 5E 147
Back Street. Suff 5G 65
Backwell. N Som 5H 33
Backworth. Tyne 2G 115
Bacon End. Essx 4G 53
Baconsthorpe. Norf 2D 78
Bacton. Here 2G 47
Bacton. Norf 2F 79
Bacton. Suff 4C 66
Bacton Green. Norf 2F 79
Bacup. Lanc 2G 91
Badachonacher. High 1A 158
Badachro. High 1G 155

Badanloch Lodge. *High* 5H 167
Badavanich. *High* 3D 156
Badbury. *Swin* 3G 35
Badby. *Nptn* 5C 62
Badcall. *High* 3C 166
Badcaul. *High* 4E 163
Baddeley Green. *Stoke* 5D 84
Baddesley Clinton. *W Mid* 3G 61
Baddesley Ensor. *Warw* 1G 61
Baddidarach. *High* 1E 163
Baddoch. *Abers* 5F 151
Badenscallie. *High* 3E 163
Badenscoth. *Abers* 5E 160
Badentarbat. *High* 2E 163
Badgall. *Corn* 4C 10
Badgers Mount. *Kent* 4F 39
Badgeworth. *Glos* 4E 49
Badgworth. *Som* 1G 21
Badicaul. *High* 1F 147
Badingham. *Suff* 4F 67
Badlesmere. *Kent* 5E 40
Badlipster. *High* 4E 169
Badluarach. *High* 4D 163
Badminton. *S Glo* 3D 34
Badnaban. *High* 1E 163
Badnabay. *High* 4C 166
Badnagie. *High* 5D 168
Badnellan. *High* 3F 165
Badninish. *High* 4E 165
Badrallach. *High* 4E 163
Badsey. *Worc* 1F 49
Badshot Lea. *Surr* 2G 25
Badsworth. *W Yor* 3E 93
Badwell Ash. *Suff* 4B 66
Bae Cinmel. *Cnwy* 2B 82
Bae Colwyn. *Cnwy* 3A 82
Bae Penrhyn. *Cnwy* 2H 81
Bagby. *N Yor* 1G 99
Bag Enderby. *Linc* 3C 88
Bagendon. *Glos* 5F 49
Bagginswood. *Shrp* 2A 60
Bàgh a Chàise. *W Isl* 1E 170
Bàgh a' Chaisteil. *W Isl* 9B 170
Bagham. *Kent* 5E 41
Baghasdal. *W Isl* 7C 170
Bagh Mor. *W Isl* 3D 170
Bagh Shiarabhagh. *W Isl* 8C 170
Bagillt. *Flin* 3E 82
Baginton. *Warw* 3H 61
Baglan. *Neat* 2A 32
Bagley. *Shrp* 3G 71
Bagley. *Som* 2H 21
Bagnall. *Staf* 5D 84
Bagnor. *W Ber* 5C 36
Bagshot. *Surr* 4A 38
Bagshot. *Wilts* 5B 36
Bagstone. *S Glo* 3B 34
Bagthorpe. *Norf* 2G 77
Bagthorpe. *Notts* 5B 86
Bagworth. *Leics* 5B 74
Bagwy Llydiart. *Here* 3H 47
Baildon. *W Yor* 1B 92
Baildon Green. *W Yor* 1B 92
Baile. *W Isl* 1E 170
Baile Ailein. *W Isl* 5E 171
Baile an Truiseil. *W Isl* 2F 171
Baile Boidheach. *Arg* 2F 125
Baile Glas. *W Isl* 3D 170
Bailemeonach. *Arg* 4A 140
Baile Mhanaich. *W Isl* 3C 170
Baile Mhartainn. *W Isl* 1C 170
Baile MhicPhail. *W Isl* 1D 170
Baile Mor. *W Isl* 2C 170
Baile Mòr. *Arg* 2A 132
Baile nan Cailleach. *W Isl* 3C 170
Baile Raghaill. *W Isl* 2C 170
Bailey Green. *Hants* 4E 25
Baileyhead. *Cumb* 1G 113
Bailiesward. *Abers* 5B 160
Bail' Iochdrach. *W Isl* 3D 170
Baillieston. *Glas* 3H 127
Bailrigg. *Lanc* 4D 97
Bail Uachdraich. *W Isl* 2D 170
Bail' Ur Tholastaidh. *W Isl* 3H 171
Bainbridge. *N Yor* 5C 104
Bainsford. *Falk* 1B 128
Bainshole. *Abers* 5D 160
Bainton. *E Yor* 4D 100
Bainton. *Oxon* 3D 50
Bainton. *Pet* 5H 75
Baintown. *Fife* 3F 137
Baker Street. *Thur* 2H 39
Bakewell. *Derbs* 4G 85
Bala. *Gwyn* 2B 70
Y Bala. *Gwyn* 2B 70
Balachuirn. *High* 4E 155
Balbeg. *High*
nr. Cannich 5G 157
nr. Loch Ness 1G 149
Balbeggie. *Per* 1D 136
Balblair. *High*
nr. Bonar Bridge 4C 164
nr. Invergordon 2B 158
nr. Inverness 4H 157
Balby. *S Yor* 4F 93
Balcathie. *Ang* 5F 145
Balchladich. *High* 1E 163
Balchraggan. *High* 4H 157
Balchrick. *High* 3B 166
Balcombe. *W Sus* 2E 27
Balcombe Lane. *W Sus* 2E 27
Balcurvie. *Fife* 3F 137
Baldersby. *N Yor* 2F 99
Baldersby St James. *N Yor* 2F 99
Balderstone. *Lanc* 1E 91
Balderton. *Ches W* 4F 83
Balderton. *Notts* 5F 87
Baldinnie. *Fife* 2G 137
Baldock. *Herts* 2C 52
Baldrine. *IOM* 3D 108
Baldslow. *E Sus* 4C 28
Baldwin. *IOM* 3C 108
Baldwinholme. *Cumb* 4E 113
Baldwin's Gate. *Staf* 2B 72
Bale. *Norf* 2C 78
Balearn. *Abers* 3H 161
Balemartine. *Arg* 4A 138
Balephetrish. *Arg* 4B 138
Balephuil. *Arg* 4A 138
Balerno. *Edin* 3E 129
Balevullin. *Arg* 4A 138
Balfield. *Ang* 2E 145
Balfour. *Orkn* 6D 172
Balfron. *Stir* 1G 127
Balgaveny. *Abers* 4D 160
Balgonar. *Fife* 4C 136
Balgowan. *High* 4A 150
Balgown. *High* 2C 154
Balgrochan. *E Dun* 2H 127
Balgy. *High* 3H 155
Balhalgardy. *Abers* 1E 153
Baliasta. *Shet* 1H 173
Baligill. *High* 2A 168
Balintore. *Ang* 3B 144
Balintore. *High* 1C 158
Balintraid. *High* 1B 158
Balk. *N Yor* 1G 99
Balkeerie. *Ang* 4C 144
Balkholme. *E Yor* 2A 94
Ball. *Shrp* 3F 71
Ballabeg. *IOM* 4B 108
Ballacannell. *IOM* 3D 108
Ballacarnane Beg. *IOM* 3C 108
Ballachulish. *High* 3E 141
Ballagyr. *IOM* 3B 108
Ballajora. *IOM* 2D 108
Ballaleigh. *IOM* 3C 108
Ballamodha. *IOM* 4B 108
Ballantrae. *S Ayr* 1F 109
Ballards Gore. *Essx* 1D 40
Ballasalla. *IOM*
nr. Castletown 4B 108
nr. Kirk Michael 2C 108
Ballater. *Abers* 4A 152
Ballaugh. *IOM* 2C 108
Ballencrieff. *E Lot* 2A 130
Ballencrieff Toll. *W Lot* 2C 128
Ballentoul. *Per* 2F 143
Ball Hill. *Hants* 5C 36
Ballidon. *Derbs* 5G 85
Balliemore. *Arg*
nr. Dunoon 1B 126
nr. Oban 1F 133
Ballieward. *High* 5E 159
Ballig. *IOM* 3B 108
Ballimore. *Stir* 2E 135
Ballinamallard. *Ferm* 5B 174
Ballingdon. *Suff* 1B 54
Ballinger Common. *Buck* 5H 51
Ballingham. *Here* 2A 48
Ballingry. *Fife* 4D 136
Ballinluig. *Per* 3G 143
Ballintuim. *Per* 3A 144
Balliveolan. *Arg* 4C 140
Balloan. *High* 3C 164
Balloch. *High* 4B 158
Balloch. *N Lan* 2A 128
Balloch. *Per* 2H 135
Balloch. *W Dun* 1E 127
Ballochan. *Abers* 4C 152
Ballochgoy. *Arg* 3B 126
Ballochmyle. *E Ayr* 2E 117
Ballochroy. *Arg* 4F 125
Balls Cross. *W Sus* 3A 26
Ball's Green. *E Sus* 2F 27
Ballycastle. *Caus* 1G 175
Ballyclare. *Ant* 3G 175
Ballygowan. *Ards* 4H 175
Ballygown. *Arg* 4F 139
Ballygrant. *Arg* 3B 124
Ballykelly. *Caus* 1D 174
Ballymena. *ME Ant* 2G 175
Ballymichael. *N Ayr* 2D 122
Ballymoney. *Caus* 1F 175
Ballynahinch. *New M* 5H 175
Ballywater. *Ards* 4J 175
Balmacara. *High* 1G 147
Balmaclellan. *Dum* 2D 110
Balmacqueen. *High* 1D 154
Balmaha. *Stir* 4D 134
Balmalcolm. *Fife* 3F 137
Balmalloch. *N Lan* 2A 128
Balmeanach. *High* 5E 155
Balmedie. *Abers* 2G 153
Balmerino. *Fife* 1F 137
Balmerlawn. *Hants* 2B 16
Balmore. *E Dun* 2H 127
Balmore. *High* 4B 154
Balmullo. *Fife* 1G 137
Balmurrie. *Dum* 3H 109
Balnaboth. *Ang* 2C 144
Balnabruaich. *High* 1B 158
Balnabruich. *High* 5D 168
Balnacoil. *High* 2F 165
Balnacra. *High* 4B 156
Balnacroft. *Abers* 4G 151
Balnageith. *Mor* 3E 159
Balnaglaic. *High* 5G 157
Balnagrantach. *High* 5G 157
Balnaguard. *Per* 3G 143
Balnahard. *Arg* 4B 132
Balnain. *High* 5G 157
Balnakeil. *High* 2D 166
Balnaknock. *High* 2D 154
Balnamoon. *Abers* 3G 161
Balnamoon. *Ang* 2E 145
Balnapaling. *High* 2B 158
Balornock. *Glas* 3H 127
Balquhidder. *Stir* 1E 135
Balsall. *W Mid* 3G 61
Balsall Common. *W Mid* 3G 61
Balscote. *Oxon* 1B 50
Balsham. *Cambs* 5E 65
Balstonia. *Thur* 2A 40
Baltasound. *Shet* 1H 173
Balterley. *Staf* 5B 84
Baltersan. *Dum* 3B 110
Balthangie. *Abers* 3F 161
Baltonsborough. *Som* 3A 22
Balvaird. *High* 3H 157
Balvaird. *Per* 2D 136
Balvenie. *Mor* 4H 159
Balvicar. *Arg* 2E 133
Balvraid. *High* 2G 147
Balvraid Lodge. *High* 5C 158
Bamber Bridge. *Lanc* 2D 90
Bamber's Green. *Essx* 3F 53
Bamburgh. *Nmbd* 1F 121
Bamford. *Derbs* 2G 85
Bamfurlong. *G Man* 4D 90
Bampton. *Cumb* 3G 103
Bampton. *Devn* 4C 20
Bampton. *Oxon* 5B 50
Bampton Grange. *Cumb* 3G 103
Banavie. *High* 1F 141
Banbridge. *Arm* 5G 175
Banbury. *Oxon* 1C 50
Bancffosfelen. *Carm* 4E 45
Banchory. *Abers* 4D 152
Banchory-Devenick.
Abers 3G 153
Bancycapel. *Carm* 4E 45
Bancyfelin. *Carm* 3H 43
Banc-y-ffordd. *Carm* 2E 45
Banff. *Abers* 2D 160
Bangor. *Ards* 3J 175
Bangor. *Gwyn* 3E 81
Bangor-is-y-coed. *Wrex* 1F 71
Bangors. *Corn* 3C 10
Bangor's Green. *Lanc* 4B 90
Banham. *Norf* 2C 66
Bank. *Hants* 2A 16
The Bank. *Ches E* 5C 84
The Bank. *Shrp* 1A 60
Bankend. *Dum* 3B 112
Bankfoot. *Per* 5H 143
Bankglen. *E Ayr* 3F 117
Bankhead. *Aber* 2F 153
Bankhead. *Abers* 3D 152
Bankhead. *S Lan* 5B 128
Bankland. *Som* 4G 21
Bank Newton. *N Yor* 4B 98
Banknock. *Falk* 2A 128
Banks. *Cumb* 3G 113
Banks. *Lanc* 2B 90
Bankshill. *Dum* 1C 112
Bank Street. *Worc* 4A 60
Bank Top. *Lanc* 4D 90
Banners Gate. *W Mid* 1E 61
Banningham. *Norf* 3E 78
Banniskirk. *High* 3D 168
Bannister Green. *Essx* 3G 53
Bannockburn. *Stir* 4H 135
Banstead. *Surr* 5D 38
Bantham. *Devn* 4C 8
Banton. *N Lan* 2A 128
Banwell. *N Som* 1G 21
Banyard's Green. *Suff* 3F 67
Bapchild. *Kent* 4D 40
Bapton. *Wilts* 3E 23
Barabhas. *W Isl* 2F 171
Barabhas Iarach. *W Isl* 3F 171
Baramore. *High* 1A 140
Barassie. *S Ayr* 1C 116
Baravullin. *Arg* 4D 140
Barbaraville. *High* 1B 158
Barber Booth. *Derbs* 2F 85
Barber Green. *Cumb* 1C 96
Barbhas Uarach. *W Isl* 2F 171
Barbieston. *S Ayr* 3D 116
Barbon. *Cumb* 1F 97
Barbourne. *Worc* 5C 60
Barbridge. *Ches E* 5A 84
Barbrook. *Devn* 2H 19
Barby. *Nptn* 3C 62
Barby Nortoft. *Nptn* 3C 62
Barcaldine. *Arg* 4D 140
Barcheston. *Warw* 2A 50
Barclose. *Cumb* 3F 113
Barcombe. *E Sus* 4F 27
Barcombe Cross. *E Sus* 4F 27
Barden. *N Yor* 5E 105
Barden Scale. *N Yor* 4C 98
Bardfield End Green. *Essx* 2G 53
Bardfield Saling. *Essx* 3G 53
Bardister. *Shet* 4E 173
Bardnabeinne. *High* 4E 164
Bardney. *Linc* 4A 88
Bardon. *Leics* 4B 74
Bardon Mill. *Nmbd* 3A 114
Bardowie. *E Dun* 2G 127
Bardrainney. *Inv* 2E 127
Bardsea. *Cumb* 2C 96
Bardsey. *W Yor* 5F 99
Bardsley. *G Man* 4H 91
Bardwell. *Suff* 3B 66
Bare. *Lanc* 3D 96
Barelees. *Nmbd* 1C 120
Barewood. *Here* 5F 59
Barford. *Hants* 3G 25
Barford. *Norf* 5D 78
Barford. *Warw* 4G 61
Barford St John. *Oxon* 2C 50
Barford St Martin. *Wilts* 3F 23
Barford St Michael. *Oxon* 2C 50
Barfrestone. *Kent* 5G 41
Bargeddie. *N Lan* 3H 127
Bargod. *Cphy* 2E 33
Bargoed. *Cphy* 2E 33
Bargrennan. *Dum* 2A 110
Barham. *Cambs* 3A 64
Barham. *Kent* 5G 41
Barham. *Suff* 5D 66
Barharrow. *Dum* 4D 110
Bar Hill. *Cambs* 4C 64
Barholm. *Linc* 4H 75
Barkby. *Leics* 5D 74
Barkestone-le-Vale. *Leics* 2E 75
Barkham. *Wok* 5F 37
Barking. *G Lon* 2F 39
Barking. *Suff* 5C 66
Barkingside. *G Lon* 2F 39
Barking Tye. *Suff* 5C 66
Barkisland. *W Yor* 3A 92
Barkston. *Linc* 1G 75
Barkston Ash. *N Yor* 1E 93
Barkway. *Herts* 2D 53
Barlanark. *Glas* 3H 127
Barlaston. *Staf* 2C 72
Barlavington. *W Sus* 4A 26
Barlborough. *Derbs* 3B 86
Barlby. *N Yor* 1G 93
Barlestone. *Leics* 5B 74
Barley. *Herts* 2D 53
Barley. *Lanc* 5H 97
Barley Mow. *Tyne* 4F 115
Barleythorpe. *Rut* 5F 75
Barling. *Essx* 2D 40
Barlings. *Linc* 3H 87
Barlow. *Derbs* 3H 85
Barlow. *N Yor* 2G 93
Barlow. *Tyne* 3E 115
Barmby Moor. *E Yor* 5B 100
Barmby on the Marsh.
E Yor 2G 93
Barmer. *Norf* 2H 77
Barming. *Kent* 5B 40
Barming Heath. *Kent* 5B 40
Barmoor. *Nmbd* 1E 121
Barmouth. *Gwyn* 4F 69
Barmpton. *Darl* 3A 106
Barmston. *E Yor* 4F 101
Barmulloch. *Glas* 3H 127
Barnack. *Pet* 5H 75
Barnacle. *Warw* 2A 62
Barnard Castle. *Dur* 3D 104
Barnard Gate. *Oxon* 4C 50
Barnardiston. *Suff* 1H 53
Barnbarroch. *Dum* 4F 111
Barnburgh. *S Yor* 4E 93
Barnby. *Suff* 2G 67
Barnby Dun. *S Yor* 4G 93
Barnby in the Willows.
Notts 5F 87
Barnby Moor. *Notts* 2D 86
Barnes. *G Lon* 3D 38
Barnes Street. *Kent* 1H 27
Barnet. *G Lon* 1D 38
Barnetby le Wold. *N Lin* 4D 94
Barney. *Norf* 2B 78

Barnham. Suff 3A 66
Barnham. W Sus 5A 26
Barnham Broom. Norf 5C 78
Barnhead. Ang 3F 145
Barnhill. D'dee 5D 145
Barnhill. Mor 3F 159
Barnhill. Per 1D 136
Barnhills. Dum 2E 109
Barningham. Dur 3D 105
Barningham. Suff 3B 66
Barnoldby le Beck. NE Lin 4F 95
Barnoldswick. Lanc 5A 98
Barns Green. W Sus 3C 26
Barnsley. Glos 5F 49
Barnsley. Shrp 1B 60
Barnsley. S Yor 4D 92
Barnstaple. Devn 3F 19
Barnston. Essx 4G 53
Barnston. Mers 2E 83
Barnstone. Notts 2E 75
Barnt Green. Worc 3E 61
Barnton. Ches W 3A 84
Barnwell. Cambs 5D 64
Barnwell. Nptn 2H 63
Barnwood. Glos 4D 48
Barons Cross. Here 5G 59
The Barony. Orkn 5B 172
Barr. Dum 4G 117
Barr. S Ayr 5B 116
Barra Airport. W Isl 8B 170
Barrachan. Dum 5A 110
Barraglom. W Isl 4D 171
Barrahormid. Arg 1F 125
Barrapol. Arg 4A 138
Barrasford. Nmbd 2C 114
Barravullin. Arg 3F 133
Barregarrow. IOM 3C 108
Barrhead. E Ren 4G 127
Barrhill. S Ayr 1H 109
Barri. V Glam 5E 32
Barrington. Cambs 1D 53
Barrington. Som 1G 13
Barripper. Corn 3D 4
Barrmill. N Ayr 4E 127
Barrock. High 1E 169
Barrow. Lanc 1F 91
Barrow. Rut 4F 75
Barrow. Shrp 5A 72
Barrow. Som 3C 22
Barrow. Suff 4G 65
Barroway Drove. Norf 5E 77
Barrow Bridge. G Man 3E 91
Barrowburn. Nmbd 3C 120
Barrowby. Linc 2F 75
Barrowcliff. N Yor 1E 101
Barrow Common. N Som 5A 34
Barrowden. Rut 5G 75
Barrowford. Lanc 1G 91
Barrow Gurney. N Som 5A 34
Barrow Haven. N Lin 2D 94
Barrow Hill. Derbs 3B 86
Barrow-in-Furness. Cumb 3B 96
Barrow Nook. Lanc 4C 90
Barrow's Green. Hal 2H 83
Barrows Green. Cumb 1E 97
Barrow Street. Wilts 3D 22
Barrow upon Humber. N Lin 2D 94
Barrow upon Soar. Leics 4C 74
Barrow upon Trent. Derbs 3A 74
Barry. Ang 5E 145
Barry. V Glam 5E 32
Barry Island. V Glam 5E 32
Barsby. Leics 4D 74
Barsham. Suff 2F 67
Barston. W Mid 3G 61
Bartestree. Here 1A 48
Barthol Chapel. Abers 5F 161
Bartholomew Green. Essx 3H 53
Barthomley. Ches E 5B 84
Bartley. Hants 1B 16
Bartley Green. W Mid 2E 61
Bartlow. Cambs 1F 53
Barton. Cambs 5D 64
Barton. Ches W 5G 83
Barton. Cumb 2F 103
Barton. Glos 3G 49
Barton. IOW 4D 16
Barton. Lanc
nr. Ormskirk 4B 90
nr. Preston 1D 90
Barton. N Som 1G 21
Barton. N Yor 4F 105
Barton. Oxon 5D 50
Barton. Torb 2F 9
Barton. Warw 5F 61
Barton Bendish. Norf 5G 77
Barton Gate. Staf 4F 73
Barton Green. Staf 4F 73
Barton Hartshorn. Buck 2E 51
Barton Hill. N Yor 3B 100
Barton in Fabis. Notts 2C 74
Barton in the Beans. Leics 5A 74
Barton-le-Clay. C Beds 2A 52
Barton-le-Street. N Yor 2B 100
Barton-le-Willows. N Yor 3B 100
Barton Mills. Suff 3G 65
Barton on Sea. Hants 3H 15
Barton-on-the-Heath. Warw 2A 50
Barton St David. Som 3A 22
Barton Seagrave. Nptn 3F 63
Barton Stacey. Hants 2C 24
Barton Town. Devn 2G 19
Barton Turf. Norf 3F 79
Barton-Under-Needwood. Staf 4F 73
Barton-upon-Humber. N Lin 2D 94
Barton Waterside. N Lin 2D 94
Barugh Green. S Yor 4D 92
Barway. Cambs 3E 65
Barwell. Leics 1B 62
Barwick. Herts 4D 53
Barwick. Som 1A 14
Barwick in Elmet. W Yor 1D 93
Baschurch. Shrp 3G 71
Bascote. Warw 4B 62
Basford Green. Staf 5D 85
Bashall Eaves. Lanc 5F 97
Bashall Town. Lanc 5G 97
Bashley. Hants 3H 15
Basildon. Essx 2B 40
Basingstoke. Hants 1E 25
Baslow. Derbs 3G 85
Bason Bridge. Som 2G 21
Bassaleg. Newp 3F 33
Bassendean. Bord 5C 130
Bassenthwaite. Cumb 1D 102
Bassett. Sotn 1C 16
Bassingbourn. Cambs 1D 52
Bassingfield. Notts 2D 74
Bassingham. Linc 4G 87
Bassingthorpe. Linc 3G 75
Bassus Green. Herts 3D 52
Basta. Shet 2G 173
Baston. Linc 4A 76
Bastonford. Worc 5C 60
Bastwick. Norf 4G 79
Batchley. Worc 4E 61
Batchworth. Herts 1B 38
Batcombe. Dors 2B 14
Batcombe. Som 3B 22
Bate Heath. Ches E 3A 84
Bath. Bath 5C 34
Bathampton. Bath 5C 34
Bathealton. Som 4D 20
Batheaston. Bath 5C 34
Bathford. Bath 5C 34
Bathgate. W Lot 3C 128
Bathley. Notts 5E 87
Bathpool. Corn 5C 10
Bathpool. Som 4F 21
Bathville. W Lot 3C 128
Bathway. Som 1A 22
Batley. W Yor 2C 92
Batsford. Glos 2G 49
Batson. Devn 5D 8
Battersby. N Yor 4C 106
Battersea. G Lon 3D 39
Battisborough Cross. Devn 4C 8
Battisford. Suff 5C 66
Battisford Tye. Suff 5C 66
Battle. E Sus 4B 28
Battle. Powy 2D 46
Battleborough. Som 1G 21
Battledown. Glos 3E 49
Battlefield. Shrp 4H 71
Battlesbridge. Essx 1B 40
Battlesden. C Beds 3H 51
Battlesea Green. Suff 3E 66
Battleton. Som 4C 20
Battram. Leics 5B 74
Battramsley. Hants 3B 16
Batt's Corner. Surr 2G 25
Bauds of Cullen. Mor 2B 160
Baugh. Arg 4B 138
Baughton. Worc 1D 49
Baughurst. Hants 5D 36
Baulking. Oxon 2B 36
Baumber. Linc 3B 88
Baunton. Glos 5F 49
Baverstock. Wilts 3F 23
Bawburgh. Norf 5D 78
Bawdeswell. Norf 3C 78
Bawdrip. Som 3G 21
Bawdsey. Suff 1G 55
Bawsey. Norf 4F 77
Bawtry. S Yor 1D 86
Baxenden. Lanc 2F 91
Baxterley. Warw 1G 61
Baxter's Green. Suff 5G 65
Bay. High 3B 154
Baybridge. Hants 4D 24
Baybridge. Nmbd 4C 114
Baycliff. Cumb 2B 96
Baydon. Wilts 4A 36
Bayford. Herts 5D 52
Bayford. Som 4C 22
Bayles. Cumb 5A 114
Baylham. Suff 5D 66
Baynard's Green. Oxon 3D 50
Bayston Hill. Shrp 5G 71
Baythorne End. Essx 1H 53
Baythorpe. Linc 1B 76
Bayton. Worc 3A 60
Bayton Common. Worc 3B 60
Bayworth. Oxon 5D 50
Beach. S Glo 4C 34
Beachampton. Buck 2F 51
Beachamwell. Norf 5G 77
Beachley. Glos 2A 34
Beacon. Devn 2E 13
Beacon End. Essx 3C 54
Beacon Hill. Surr 3G 25
Beacon's Bottom. Buck 2F 37
Beaconsfield. Buck 1A 38
Beacrabhaic. W Isl 8D 171
Beadlam. N Yor 1A 100
Beadnell. Nmbd 2G 121
Beaford. Devn 1F 11
Beal. Nmbd 5G 131
Beal. N Yor 2F 93
Bealsmill. Corn 5D 10
Beam Hill. Staf 3G 73
Beamhurst. Staf 2E 73
Beaminster. Dors 2H 13
Beamish. Dur 4F 115
Beamond End. Buck 1A 38
Beamsley. N Yor 4C 98
Bean. Kent 3G 39
Beanacre. Wilts 5E 35
Beanley. Nmbd 3E 121
Beaquoy. Orkn 5C 172
Beardwood. Bkbn 2E 91
Beare Green. Surr 1C 26
Bearley. Warw 4F 61
Bearpark. Dur 5F 115
Bearsbridge. Nmbd 4A 114
Bearsden. E Dun 2G 127
Bearsted. Kent 5B 40
Bearstone. Shrp 2B 72
Bearwood. Pool 3F 15
Bearwood. W Mid 2E 61
Beattock. Dum 4C 118
Beauchamp Roding. Essx 4F 53
Beauchief. S Yor 2H 85
Beaufort. Blae 4E 47
Beaulieu. Hants 2B 16
Beauly. High 4H 157
Beaumaris. IOA 3F 81
Beaumont. Cumb 4E 113
Beaumont. Essx 3E 55
Beaumont Hill. Darl 3F 105
Beaumont Leys. Leic 5C 74
Beausale. Warw 3G 61
Beauvale. Notts 1B 74
Beauworth. Hants 4D 24
Beaworthy. Devn 3E 11
Beazley End. Essx 3H 53
Bebington. Mers 2F 83
Bebside. Nmbd 1F 115
Beccles. Suff 2G 67
Becconsall. Lanc 2C 90
Beckbury. Shrp 5B 72
Beckenham. G Lon 4E 39
Beckermet. Cumb 4B 102
Beckett End. Norf 1G 65
Beck Foot. Cumb 5H 103
Beckfoot. Cumb
nr. Broughton in Furness 1A 96
nr. Seascale 4C 102
nr. Silloth 5B 112
Beckford. Worc 2E 49
Beckhampton. Wilts 5F 35
Beck Hole. N Yor 4F 107
Beckingham. Linc 5F 87
Beckingham. Notts 1E 87
Beckington. Som 1D 22
Beckley. E Sus 3C 28
Beckley. Hants 3H 15
Beckley. Oxon 4D 50
Beck Row. Suff 3F 65
Beck Side. Cumb
nr. Cartmel 1C 96
nr. Ulverston 1B 96
Beckside. Cumb 1F 97
Beckton. G Lon 2F 39
Beckwithshaw. N Yor 4E 99
Becontree. G Lon 2F 39
Bedale. N Yor 1E 99
Bedburn. Dur 1E 105
Bedchester. Dors 1D 14
Beddau. Rhon 3D 32
Beddgelert. Gwyn 1E 69
Beddingham. E Sus 5F 27
Beddington. G Lon 4E 39
Bedfield. Suff 4E 66
Bedford. Bed 1A 52
Bedford. G Man 1A 84
Bedham. W Sus 3B 26
Bedhampton. Hants 2F 17
Bedingfield. Suff 4D 66
Bedingham Green. Norf 1E 67
Bedlam. N Yor 3E 99
Bedlar's Green. Essx 3F 53
Bedlington. Nmbd 1F 115
Bedlinog. Mer T 5D 46
Bedminster. Bris 4A 34
Bedmond. Herts 5A 52
Bednall. Staf 4D 72
Bedrule. Bord 3A 120
Bedstone. Shrp 3F 59
Bedwas. Cphy 3E 33
Bedwellty. Cphy 5E 47
Bedworth. Warw 2A 62
Beeby. Leics 5D 74
Beech. Hants 3E 25
Beech. Staf 2C 72
Beechcliffe. W Yor 5C 98
Beech Hill. W Ber 5E 37
Beechingstoke. Wilts 1F 23
Beedon. W Ber 4C 36
Beeford. E Yor 4F 101
Beeley. Derbs 4G 85
Beelsby. NE Lin 4F 95
Beenham. W Ber 5D 36
Beeny. Corn 3B 10
Beer. Devn 4F 13
Beer. Som 3H 21
Beercrocombe. Som 4G 21
Beer Hackett. Dors 1B 14
Beesands. Devn 4E 9
Beesby. Linc 2D 88
Beeson. Devn 4E 9
Beeston. C Beds 1B 52
Beeston. Ches W 5H 83
Beeston. Norf 4B 78
Beeston. Notts 2C 74
Beeston. W Yor 1C 92
Beeston Regis. Norf 1D 78
Beeswing. Dum 3F 111
Beetham. Cumb 2D 97
Beetham. Som 1F 13
Beetley. Norf 4B 78
Beffcote. Staf 4C 72
Began. Card 3F 33
Begbroke. Oxon 4C 50
Begdale. Cambs 5D 76
Begelly. Pemb 4F 43
Beggar Hill. Essx 5G 53
Beggar's Bush. Powy 4E 59
Beggearn Huish. Som 3D 20
Beguildy. Powy 3D 58
Beighton. Norf 5F 79
Beighton. S Yor 2B 86
Beighton Hill. Derbs 5G 85
Beinn Casgro. W Isl 5G 171
Beith. N Ayr 4E 127
Bekesbourne. Kent 5F 41
Belaugh. Norf 4E 79
Belbroughton. Worc 3D 60
Belchalwell. Dors 2C 14
Belchalwell Street. Dors 2C 14
Belchamp Otten. Essx 1B 54
Belchamp St Paul. Essx 1A 54
Belchamp Walter. Essx 1B 54
Belchford. Linc 3B 88
Belfast. Bel 4H 175
Belfast City George Best Airport. Bel 4H 175
Belfast International Airport. Ant 3G 175
Belfatton. Abers 3H 161
Belford. Nmbd 1F 121
Belgrano. Cnwy 3B 82
Belhaven. E Lot 2C 130
Belhelvie. Abers 2G 153
Belhinnie. Abers 1B 152
Bellabeg. Abers 2A 152
Belladrum. High 4H 157
Bellaghy. M Ulst 3F 175
Bellamore. S Ayr 1H 109
Bellanoch. Arg 4F 133
Bell Busk. N Yor 4B 98
Belleau. Linc 3D 88
Belleheiglash. Mor 5F 159
Bell End. Worc 3D 60
Bellerby. N Yor 5E 105
Bellerby Camp. N Yor 5D 105
Bellever. Devn 5G 11
Belle Vue. Cumb 1C 102
Belle Vue. Shrp 4G 71
Bellfield. S Lan 1H 117
Belliehill. Ang 2E 145
Bellingdon. Buck 5H 51
Bellingham. Nmbd 1B 114
Bellmount. Norf 3E 77
Bellochantuy. Arg 2A 122
Bellsbank. E Ayr 4D 117
Bell's Cross. Suff 5D 66
Bellshill. N Lan 4A 128
Bellshill. Nmbd 1F 121
Bellside. N Lan 4B 128
Bellspool. Bord 1D 118
Bellsquarry. W Lot 3D 128
Bells Yew Green. E Sus 2H 27
Belmaduthy. High 3A 158
Belmesthorpe. Rut 4H 75
Belmont. Bkbn 3E 91

Belmont. *Shet* 1G **173**
Belmont. *S Ayr* 2C **116**
Belnacraig. *Abers* 2A **152**
Belnie. *Linc* 2B **76**
Belowda. *Corn* 2D **6**
Belper. *Derbs* 1A **74**
Belper Lane End. *Derbs* 1H **73**
Belph. *Derbs* 3C **86**
Belsay. *Nmbd* 2E **115**
Belsford. *Devn* 3D **8**
Belsize. *Herts* 5A **52**
Belstead. *Suff* 1E **55**
Belston. *S Ayr* 2C **116**
Belstone. *Devn* 3G **11**
Belstone Corner. *Devn* 3G **11**
Belthorn. *Lanc* 2F **91**
Beltinge. *Kent* 4F **41**
Beltoft. *N Lin* 4B **94**
Belton. *Leics* 3B **74**
Belton. *Linc* 2G **75**
Belton. *Norf* 5G **79**
Belton. *N Lin* 4A **94**
Belton-in-Rutland. *Rut* 5F **75**
Beltring. *Kent* 1A **28**
Belts of Collonach. *Abers* 4D **152**
Belvedere. *G Lon* 3F **39**
Belvoir. *Leics* 2F **75**
Bembridge. *IOW* 4E **17**
Bemersyde. *Bord* 1H **119**
Bemerton. *Wilts* 3G **23**
Bempton. *E Yor* 2F **101**
Benacre. *Suff* 2H **67**
Ben Alder Lodge. *High* 1C **142**
Ben Armine Lodge. *High* 2E **164**
Benbecula Airport. *W Isl* 3C **170**
Benbuie. *Dum* 5G **117**
Benchill. *G Man* 2C **84**
Benderloch. *Arg* 5D **140**
Bendish. *Herts* 3B **52**
Bendronaig Lodge. *High* 5C **156**
Benenden. *Kent* 2C **28**
Benfieldside. *Dur* 4D **115**
Bengate. *Norf* 3F **79**
Bengeworth. *Worc* 1F **49**
Benhall Green. *Suff* 4F **67**
Benholm. *Abers* 2H **145**
Beningbrough. *N Yor* 4H **99**
Benington. *Herts* 3C **52**
Benington. *Linc* 1C **76**
Benington Sea End. *Linc* 1D **76**
Benllech. *IOA* 2E **81**
Benmore Lodge. *High* 2H **163**
Bennacott. *Corn* 3C **10**
Bennah. *Devn* 4B **12**
Bennecarrigan. *N Ayr* 3D **122**
Bennethead. *Cumb* 2F **103**
Benniworth. *Linc* 2B **88**
Benover. *Kent* 1B **28**
Benson. *Oxon* 2E **36**
Benston. *Shet* 6F **173**
Benstonhall. *Orkn* 4E **172**
Bent. *Abers* 1F **145**
Benthall. *Shrp* 5A **72**
Bentham. *Glos* 4E **49**
Bentlawnt. *Shrp* 5F **71**
Bentley. *E Yor* 1D **94**
Bentley. *Hants* 2F **25**
Bentley. *S Yor* 4F **93**
Bentley. *Suff* 2E **54**
Bentley. *Warw* 1G **61**
Bentley. *W Mid* 1D **61**
Bentley Heath. *Herts* 1D **38**
Bentley Heath. *W Mid* 3F **61**
Bentpath. *Dum* 5F **119**
Bents. *W Lot* 3C **128**
Bentworth. *Hants* 2E **25**
Benvie. *D'dee* 5C **144**
Benville. *Dors* 2A **14**
Benwell. *Tyne* 3F **115**
Benwick. *Cambs* 1C **64**
Beoley. *Worc* 4E **61**
Beoraidbeg. *High* 4E **147**
Bepton. *W Sus* 1G **17**
Berden. *Essx* 3E **53**
Bere Alston. *Devn* 2A **8**
Bere Ferrers. *Devn* 2A **8**
Berepper. *Corn* 4D **4**
Bere Regis. *Dors* 3D **14**
Bergh Apton. *Norf* 5F **79**
Berinsfield. *Oxon* 2D **36**
Berkeley. *Glos* 2B **34**
Berkhamsted. *Herts* 5H **51**
Berkley. *Som* 2D **22**
Berkswell. *W Mid* 3G **61**
Bermondsey. *G Lon* 3E **39**
Bernera. *High* 1G **147**
Bernice. *Arg* 4A **134**
Bernisdale. *High* 3D **154**
Berrick Salome. *Oxon* 2E **36**
Berriedale. *High* 1H **165**
Berrier. *Cumb* 2E **103**
Berriew. *Powy* 5D **70**
Berrington. *Nmbd* 5G **131**
Berrington. *Shrp* 5H **71**
Berrington. *Worc* 4H **59**
Berrington Green. *Worc* 4H **59**
Berrington Law. *Nmbd* 5F **131**
Berrow. *Som* 1G **21**
Berrow Green. *Worc* 5B **60**
Berry Cross. *Devn* 1E **11**
Berry Down Cross. *Devn* 2F **19**
Berry Hill. *Glos* 4A **48**
Berry Hill. *Pemb* 1A **44**
Berryhillock. *Mor* 2C **160**
Berrynarbor. *Devn* 2F **19**
Berry Pomeroy. *Devn* 2E **9**
Berryscaur. *Dum* 5D **118**
Berry's Green. *G Lon* 5F **39**
Bersham. *Wrex* 1F **71**
Berthengam. *Flin* 3D **82**
Berwick. *E Sus* 5G **27**
Berwick Bassett. *Wilts* 4G **35**
Berwick Hill. *Nmbd* 2E **115**
Berwick St James. *Wilts* 3F **23**
Berwick St John. *Wilts* 4E **23**
Berwick St Leonard. *Wilts* 3E **23**
Berwick-upon-Tweed.
Nmbd 4F **131**
Berwyn. *Den* 1D **70**
Bescaby. *Leics* 3F **75**
Bescar. *Lanc* 3B **90**
Besford. *Worc* 1E **49**
Bessacarr. *S Yor* 4G **93**
Bessbrook. *New M* 6F **175**
Bessels Leigh. *Oxon* 5C **50**
Bessingby. *E Yor* 3F **101**
Bessingham. *Norf* 2D **78**
Best Beech Hill. *E Sus* 2H **27**
Besthorpe. *Norf* 1C **66**
Besthorpe. *Notts* 4F **87**
Bestwood Village. *Notts* 1C **74**
Beswick. *E Yor* 5E **101**
Betchworth. *Surr* 5D **38**
Bethania. *Cdgn* 4E **57**
Bethania. *Gwyn*
nr. Blaenau Ffestiniog 1G **69**
nr. Caernarfon 5F **81**
Bethel. *Gwyn*
nr. Bala 2B **70**
nr. Caernarfon 4E **81**
Bethel. *IOA* 3C **80**
Bethersden. *Kent* 1D **28**
Bethesda. *Gwyn* 4F **81**
Bethesda. *Pemb* 3E **43**
Bethlehem. *Carm* 3G **45**
Bethnal Green. *G Lon* 2E **39**
Betley. *Staf* 1B **72**
Betsham. *Kent* 3H **39**
Betteshanger. *Kent* 5H **41**
Bettiscombe. *Dors* 3H **13**
Bettisfield. *Wrex* 2G **71**
Betton. *Shrp* 2A **72**
Betton Strange. *Shrp* 5H **71**
Bettws. *B'end* 3C **32**
Bettws. *Newp* 2F **33**
Bettws Bledrws. *Cdgn* 5E **57**
Bettws Cedewain. *Powy* 1D **58**
Bettws Gwerfil Goch. *Den* 1C **70**
Bettws Ifan. *Cdgn* 1D **44**
Bettws Newydd. *Mon* 5G **47**
Bettyhill. *High* 2H **167**
Betws. *Carm* 4G **45**
Betws Garmon. *Gwyn* 5E **81**
Betws-y-Coed. *Cnwy* 5G **81**
Betws-yn-Rhos. *Cnwy* 3B **82**
Beulah. *Cdgn* 1C **44**
Beulah. *Powy* 5B **58**
Beul an Atha. *Arg* 3B **124**
Bevendean. *Brig* 5E **27**
Bevercotes. *Notts* 3E **86**
Beverley. *E Yor* 1D **94**
Beverston. *Glos* 2D **34**
Bevington. *Glos* 2B **34**
Bewaldeth. *Cumb* 1D **102**
Bewcastle. *Cumb* 2G **113**
Bewdley. *Worc* 3B **60**
Bewerley. *N Yor* 3D **98**
Bewholme. *E Yor* 4F **101**
Bexfield. *Norf* 3C **78**
Bexhill. *E Sus* 5B **28**
Bexley. *G Lon* 3F **39**
Bexleyheath. *G Lon* 3F **39**
Bexleyhill. *W Sus* 3A **26**
Bexwell. *Norf* 5F **77**
Beyton. *Suff* 4B **66**
Bhalton. *W Isl* 4C **171**
Bhatarsaigh. *W Isl* 9B **170**
Bibbington. *Derbs* 3E **85**
Bibury. *Glos* 5G **49**
Bicester. *Oxon* 3D **50**
Bickenhall. *Som* 1F **13**
Bickenhill. *W Mid* 2F **61**
Bicker. *Linc* 2B **76**
Bicker Bar. *Linc* 2B **76**
Bicker Gauntlet. *Linc* 2B **76**
Bickershaw. *G Man* 4E **91**
Bickerstaffe. *Lanc* 4C **90**
Bickerton. *Ches E* 5H **83**
Bickerton. *Nmbd* 4D **121**
Bickerton. *N Yor* 4G **99**
Bickford. *Staf* 4C **72**
Bickington. *Devn*
nr. Barnstaple 3F **19**
nr. Newton Abbot 5A **12**
Bickleigh. *Devn*
nr. Plymouth 2B **8**
nr. Tiverton 2C **12**
Bickleton. *Devn* 3F **19**
Bickley. *N Yor* 5G **107**
Bickley Moss. *Ches W* 1H **71**
Bickmarsh. *Worc* 1G **49**
Bicknacre. *Essx* 5A **54**
Bicknoller. *Som* 3E **20**
Bicknor. *Kent* 5C **40**
Bickton. *Hants* 1G **15**
Bicton. *Here* 4G **59**
Bicton. *Shrp*
nr. Bishop's Castle 2E **59**
nr. Shrewsbury 4G **71**
Bicton Heath. *Shrp* 4G **71**
Bidborough. *Kent* 1G **27**
Biddenden. *Kent* 2C **28**
Biddenden Green. *Kent* 1C **28**
Biddenham. *Bed* 5H **63**
Biddestone. *Wilts* 4D **34**
Biddisham. *Som* 1G **21**
Biddlesden. *Buck* 1E **51**
Biddlestone. *Nmbd* 4D **120**
Biddulph. *Staf* 5C **84**
Biddulph Moor. *Staf* 5D **84**
Bideford. *Devn* 4E **19**
Bidford-on-Avon. *Warw* 5E **61**
Bidlake. *Devn* 4F **11**
Bidston. *Mers* 2E **83**
Bielby. *E Yor* 5B **100**
Bieldside. *Aber* 3F **153**
Bierley. *IOW* 5D **16**
Bierley. *W Yor* 1B **92**
Bierton. *Buck* 4G **51**
Bigbury. *Devn* 4C **8**
Bigbury-on-Sea. *Devn* 4C **8**
Bigby. *Linc* 4D **94**
Biggar. *Cumb* 3A **96**
Biggar. *S Lan* 1C **118**
Biggin. *Derbs*
nr. Hartington 5F **85**
nr. Hulland 1G **73**
Biggin. *N Yor* 1F **93**
Biggings. *Shet* 5C **173**
Biggin Hill. *G Lon* 5F **39**
Biggleswade. *C Beds* 1B **52**
Bighouse. *High* 2A **168**
Bighton. *Hants* 3E **24**
Biglands. *Cumb* 4D **112**
Bignall End. *Staf* 5C **84**
Bignor. *W Sus* 4A **26**
Bigrigg. *Cumb* 3B **102**
Big Sand. *High* 1G **155**
Bigton. *Shet* 9E **173**
Bilberry. *Corn* 3E **6**
Bilborough. *Nott* 1C **74**
Bilbrook. *Som* 2D **20**
Bilbrook. *Staf* 5C **72**
Bilbrough. *N Yor* 5H **99**
Bilbster. *High* 3E **169**
Bilby. *Notts* 2D **86**
Bildershaw. *Dur* 2F **105**
Bildeston. *Suff* 1C **54**
Billericay. *Essx* 1A **40**
Billesdon. *Leics* 5E **74**
Billesley. *Warw* 5F **61**
Billingborough. *Linc* 2A **76**
Billinge. *Mers* 4D **90**
Billingford. *Norf*
nr. Dereham 3C **78**
nr. Diss 3D **66**
Billingham. *Stoc T* 2B **106**
Billinghay. *Linc* 5A **88**
Billingley. *S Yor* 4E **93**
Billingshurst. *W Sus* 3B **26**
Billingsley. *Shrp* 2B **60**
Billington. *C Beds* 3H **51**
Billington. *Lanc* 1F **91**
Billington. *Staf* 3C **72**
Billockby. *Norf* 4G **79**
Billy Row. *Dur* 1E **105**
Bilsborrow. *Lanc* 5E **97**
Bilsby. *Linc* 3D **88**
Bilsham. *W Sus* 5A **26**
Bilsington. *Kent* 2E **29**
Bilson Green. *Glos* 4B **48**
Bilsthorpe. *Notts* 4D **86**
Bilston. *Midl* 3F **129**
Bilston. *W Mid* 1D **60**
Bilstone. *Leics* 5A **74**
Bilting. *Kent* 1E **29**
Bilton. *E Yor* 1E **95**
Bilton. *Nmbd* 3G **121**
Bilton. *N Yor* 4F **99**
Bilton. *Warw* 3B **62**
Bilton in Ainsty. *N Yor* 5G **99**
Bimbister. *Orkn* 6C **172**
Binbrook. *Linc* 1B **88**
Binchester. *Dur* 1F **105**
Bincombe. *Dors* 4B **14**
Bindal. *High* 5G **165**
Binegar. *Som* 2B **22**
Bines Green. *W Sus* 4C **26**
Binfield. *Brac* 4G **37**
Binfield Heath. *Oxon* 4F **37**
Bingfield. *Nmbd* 2C **114**
Bingham. *Notts* 2E **74**
Bingham's Melcombe.
Dors 2C **14**
Bingley. *W Yor* 1B **92**
Bings Heath. *Shrp* 4H **71**
Binham. *Norf* 2B **78**
Binley. *Hants* 1C **24**
Binley. *W Mid* 3A **62**
Binnegar. *Dors* 4D **15**
Binniehill. *Falk* 2B **128**
Binsoe. *N Yor* 2E **99**
Binstead. *IOW* 3D **16**
Binsted. *Hants* 2F **25**
Binsted. *W Sus* 5A **26**
Binton. *Warw* 5F **61**
Bintree. *Norf* 3C **78**
Binweston. *Shrp* 5F **71**
Birch. *Essx* 4C **54**
Birch. *G Man* 4G **91**
Birchall. *Staf* 5D **85**
Bircham Newton. *Norf* 2G **77**
Bircham Tofts. *Norf* 2G **77**
Birchanger. *Essx* 3F **53**
Birchburn. *N Ayr* 3D **122**
Birch Cross. *Staf* 2F **73**
Bircher. *Here* 4G **59**
Birch Green. *Essx* 4C **54**
Birchgrove. *Card* 3E **33**
Birchgrove. *Swan* 3G **31**
Birch Heath. *Ches W* 4H **83**
Birch Hill. *Ches W* 3H **83**
Birchill. *Devn* 2G **13**
Birchington. *Kent* 4G **41**
Birchley Heath. *Warw* 1G **61**
Birchmoor. *Warw* 5G **73**
Birchmoor Green. *C Beds* 2H **51**
Birchover. *Derbs* 4G **85**
Birch Vale. *Derbs* 2E **85**
Birchview. *Mor* 5F **159**
Birchwood. *Linc* 4G **87**
Birchwood. *Som* 1F **13**
Birchwood. *Warr* 1A **84**
Bircotes. *Notts* 1D **86**
Birdbrook. *Essx* 1H **53**
Birdham. *W Sus* 2G **17**
Birdholme. *Derbs* 4A **86**
Birdingbury. *Warw* 4B **62**
Birdlip. *Glos* 4E **49**
Birdsall. *N Yor* 3C **100**
Birds Edge. *W Yor* 4C **92**
Birds Green. *Essx* 5F **53**
Birdsgreen. *Shrp* 2B **60**
Birdsmoorgate. *Dors* 2G **13**
Birdston. *E Dun* 2H **127**
Birdwell. *S Yor* 4D **92**
Birdwood. *Glos* 4C **48**
Birgham. *Bord* 1B **120**
Birichen. *High* 4E **165**
Birkby. *Cumb* 1B **102**
Birkby. *N Yor* 4A **106**
Birkdale. *Mers* 3B **90**
Birkenhead. *Mers* 2F **83**
Birkenhills. *Abers* 4E **161**
Birkenshaw. *N Lan* 3H **127**
Birkenshaw. *W Yor* 2C **92**
Birkhall. *Abers* 4H **151**
Birkhill. *Ang* 5C **144**
Birkholme. *Linc* 3G **75**
Birkin. *N Yor* 2F **93**
Birley. *Here* 5G **59**
Birling. *Kent* 4A **40**
Birling. *Nmbd* 4G **121**
Birling Gap. *E Sus* 5G **27**
Birlingham. *Worc* 1E **49**
Birmingham. *W Mid* 2E **61**
Birmingham Airport.
W Mid 2F **61**
Birnam. *Per* 4H **143**
Birse. *Abers* 4C **152**
Birsemore. *Abers* 4C **152**
Birstall. *Leics* 5C **74**
Birstall. *W Yor* 2C **92**
Birstall Smithies. *W Yor* 2C **92**
Birstwith. *N Yor* 4E **99**
Birthorpe. *Linc* 2A **76**
Birtle. *G Man* 3G **91**
Birtley. *Here* 4F **59**
Birtley. *Nmbd* 2B **114**
Birtley. *Tyne* 4F **115**
Birtsmorton. *Worc* 2D **48**
Birts Street. *Worc* 2C **48**
Bisbrooke. *Rut* 1F **63**
Bisham. *Wind* 3G **37**
Bishampton. *Worc* 5D **61**
Bish Mill. *Devn* 4H **19**
Bishop Auckland. *Dur* 2F **105**
Bishopbridge. *Linc* 1H **87**
Bishopbriggs. *E Dun* 2H **127**
Bishop Burton. *E Yor* 1C **94**

Bishopdown. *Wilts* 3G 23
Bishop Middleham. *Dur* 1A 106
Bishopmill. *Mor* 2G 159
Bishop Monkton. *N Yor* 3F 99
Bishop Norton. *Linc* 1G 87
Bishopsbourne. *Kent* 5F 41
Bishops Cannings. *Wilts* 5F 35
Bishop's Castle. *Shrp* 2F 59
Bishop's Caundle. *Dors* 1B 14
Bishop's Cleeve. *Glos* 3E 49
Bishop's Down. *Dors* 1B 14
Bishop's Frome. *Here* 1B 48
Bishop's Green. *Essx* 4G 53
Bishop's Green. *Hants* 5D 36
Bishop's Hull. *Som* 4F 21
Bishop's Itchington. *Warw* 5A 62
Bishops Lydeard. *Som* 4E 21
Bishop's Norton. *Glos* 3D 48
Bishop's Nympton. *Devn* 4A 20
Bishop's Offley. *Staf* 3B 72
Bishop's Stortford. *Herts* 3E 53
Bishop's Sutton. *Hants* 3E 24
Bishop's Tachbrook. *Warw* 4H 61
Bishop's Tawton. *Devn* 3F 19
Bishopsteignton. *Devn* 5C 12
Bishopstoke. *Hants* 1C 16
Bishopston. *Swan* 4E 31
Bishopstone. *Buck* 4G 51
Bishopstone. *E Sus* 5F 27
Bishopstone. *Here* 1H 47
Bishopstone. *Swin* 3H 35
Bishopstone. *Wilts* 4F 23
Bishopstrow. *Wilts* 2D 23
Bishop Sutton. *Bath* 1A 22
Bishop's Waltham. *Hants* 1D 16
Bishops Wood. *Staf* 5C 72
Bishopswood. *Som* 1F 13
Bishopsworth. *Bris* 5A 34
Bishop Thornton. *N Yor* 3E 99
Bishopthorpe. *York* 5H 99
Bishopton. *Darl* 2A 106
Bishopton. *Dum* 5B 110
Bishopton. *N Yor* 2E 99
Bishopton. *Ren* 2F 127
Bishopton. *Warw* 5F 61
Bishop Wilton. *E Yor* 4B 100
Bishton. *Newp* 3G 33
Bishton. *Staf* 3E 73
Bisley. *Glos* 5E 49
Bisley. *Surr* 5A 38
Bispham. *Bkpl* 5C 96
Bispham Green. *Lanc* 3C 90
Bissoe. *Corn* 4B 6
Bisterne. *Hants* 2G 15
Bisterne Close. *Hants* 2H 15
Bitchfield. *Linc* 3G 75
Bittadon. *Devn* 2F 19
Bittaford. *Devn* 3C 8
Bittering. *Norf* 4B 78
Bitterley. *Shrp* 3H 59
Bitterne. *Sotn* 1C 16
Bitteswell. *Leics* 2C 62
Bitton. *S Glo* 5B 34
Bix. *Oxon* 3F 37
Bixter. *Shet* 6E 173
Blaby. *Leics* 1C 62
Blackawton. *Devn* 3E 9
Black Bank. *Cambs* 2E 65
Black Barn. *Linc* 3D 76
Blackborough. *Devn* 2D 12
Blackborough. *Norf* 4F 77
Blackborough End. *Norf* 4F 77
Black Bourton. *Oxon* 5A 50
Blackboys. *E Sus* 3G 27
Blackbrook. *Derbs* 1H 73
Blackbrook. *Mers* 1H 83
Blackbrook. *Staf* 2B 72
Blackbrook. *Surr* 1C 26
Blackburn. *Abers* 2F 153
Blackburn. *Bkbn* 2E 91
Blackburn. *W Lot* 3C 128
Black Callerton. *Tyne* 3E 115
Black Carr. *Norf* 1C 66
Black Clauchrie. *S Ayr* 1H 109
Black Corries. *High* 3G 141
Black Crofts. *Arg* 5D 140
Black Cross. *Corn* 2D 6
Blackden Heath. *Ches E* 3B 84
Blackditch. *Oxon* 5C 50
Black Dog. *Devn* 2B 12
Blackdog. *Abers* 2G 153
Blackdown. *Dors* 2G 13
Blackdyke. *Cumb* 4C 112
Blacker Hill. *S Yor* 4D 92
Blackfen. *G Lon* 3F 39
Blackfield. *Hants* 2C 16
Blackford. *Cumb* 3E 113
Blackford. *Per* 3A 136
Blackford. *Shrp* 2H 59
Blackford. *Som*
nr. Burnham-on-Sea 2H 21
nr. Wincanton 4B 22
Blackfordby. *Leics* 4H 73
Blackgang. *IOW* 5C 16
Blackhall. *Edin* 2F 129
Blackhall. *Ren* 3F 127
Blackhall Colliery. *Dur* 1B 106
Blackhall Mill. *Tyne* 4E 115
Blackhall Rocks. *Dur* 1B 106
Blackham. *E Sus* 2F 27
Blackheath. *Essx* 3D 54
Blackheath. *G Lon* 3E 39
Blackheath. *Suff* 3G 67
Blackheath. *Surr* 1B 26
Blackheath. *W Mid* 2D 61
Black Heddon. *Nmbd* 2D 115
Black Hill. *Warw* 5G 61
Blackhill. *Abers* 4H 161
Blackhill. *High* 3C 154
Blackhills. *Abers* 2G 161
Blackhills. *High* 3D 158
Blackjack. *Linc* 2B 76
Blackland. *Wilts* 5F 35
Black Lane. *G Man* 4F 91
Blackleach. *Lanc* 1C 90
Blackley. *G Man* 4G 91
Blackley. *W Yor* 3B 92
Blacklunans. *Per* 2A 144
Blackmill. *B'end* 3C 32
Blackmoor. *G Man* 4E 91
Blackmoor. *Hants* 3F 25
Blackmoor Gate. *Devn* 2G 19
Blackmore. *Essx* 5G 53
Blackmore End. *Essx* 2H 53
Blackmore End. *Herts* 4B 52
Black Mount. *Arg* 4G 141
Blackness. *Falk* 2D 128
Blacknest. *Hants* 2F 25
Blackney. *Dors* 3H 13
Blacknoll. *Dors* 4D 14
Black Notley. *Essx* 3A 54
Blacko. *Lanc* 5A 98
Black Pill. *Swan* 3F 31
Blackpool. *Bkpl* 1B 90
Blackpool. *Devn* 4E 9
Blackpool Corner. *Dors* 3G 13
Blackpool Gate. *Cumb* 2G 113
Blackridge. *W Lot* 3B 128
Blackrock. *Arg* 3B 124
Blackrock. *Mon* 4F 47
Blackrod. *G Man* 3E 90
Blackshaw. *Dum* 3B 112
Blackshaw Head. *W Yor* 2H 91
Blackshaw Moor. *Staf* 5E 85
Blacksmith's Green. *Suff* 4D 66
Blacksnape. *Bkbn* 2F 91
Blackstone. *W Sus* 4D 26
Black Street. *Suff* 2H 67
Black Tar. *Pemb* 4D 43
Blackthorn. *Oxon* 4E 50
Blackthorpe. *Suff* 4B 66
Blacktoft. *E Yor* 2B 94
Blacktop. *Aber* 3F 153
Black Torrington. *Devn* 2E 11
Blacktown. *Newp* 3F 33
Blackwall Tunnel. *G Lon* 2E 39
Blackwater. *Corn* 4B 6
Blackwater. *Hants* 1G 25
Blackwater. *IOW* 4D 16
Blackwater. *Som* 1F 13
Blackwaterfoot. *N Ayr* 3C 122
Blackwell. *Darl* 3F 105
Blackwell. *Derbs*
nr. Alfreton 5B 86
nr. Buxton 3F 85
Blackwell. *Som* 4D 20
Blackwell. *Warw* 1H 49
Blackwell. *Worc* 3D 61
Blackwood. *Cphy* 2E 33
Blackwood. *Dum* 1G 111
Blackwood. *S Lan* 5A 128
Blackwood Hill. *Staf* 5D 84
Blacon. *Ches W* 4F 83
Bladnoch. *Dum* 4B 110
Bladon. *Oxon* 4C 50
Blaenannerch. *Cdgn* 1C 44
Blaenau Dolwyddelan.
Cnwy 5F 81
Blaenau Ffestiniog. *Gwyn* 1G 69
Blaenavon. *Torf* 5F 47
Blaenawey. *Mon* 4F 47
Blaen Celyn. *Cdgn* 5C 56
Blaen Clydach. *Rhon* 2C 32
Blaencwm. *Rhon* 2C 32
Blaendulais. *Neat* 5B 46
Blaenffos. *Pemb* 1F 43
Blaengarw. *B'end* 2C 32
Blaen-geuffordd. *Cdgn* 2F 57
Blaengwrach. *Neat* 5B 46
Blaengwynfi. *Neat* 2B 32
Blaenllechau. *Rhon* 2C 32
Blaenpennal. *Cdgn* 4F 57
Blaenplwyf. *Cdgn* 3E 57
Blaenporth. *Cdgn* 1C 44
Blaenrhondda. *Rhon* 5C 46
Blaenwaun. *Carm* 2G 43
Blaen-y-coed. *Carm* 2H 43
Blagdon. *N Som* 1A 22
Blagdon. *Torb* 2E 9
Blagdon Hill. *Som* 1F 13
Blagill. *Cumb* 5A 114
Blaguegate. *Lanc* 4C 90
Blaich. *High* 1E 141
Blain. *High* 2A 140
Blaina. *Blae* 5F 47
Blair Atholl. *Per* 2F 143
Blair Drummond. *Stir* 4G 135
Blairgowrie. *Per* 4A 144
Blairhall. *Fife* 1D 128
Blairingone. *Per* 4B 136
Blairlogie. *Stir* 4H 135
Blairmore. *Abers* 5B 160
Blairmore. *Arg* 1C 126
Blairmore. *High* 3B 166
Blairquhanan. *W Dun* 1F 127
Blaisdon. *Glos* 4C 48
Blakebrook. *Worc* 3C 60
Blakedown. *Worc* 3C 60
Blake End. *Essx* 3H 53
Blakemere. *Here* 1G 47
Blakeney. *Glos* 5B 48
Blakeney. *Norf* 1C 78
Blakenhall. *Ches E* 1B 72
Blakeshall. *Worc* 2C 60
Blakesley. *Nptn* 5D 62
Blanchland. *Nmbd* 4C 114
Blandford Camp. *Dors* 2E 15
Blandford Forum. *Dors* 2D 15
Blandford St Mary. *Dors* 2D 15
Bland Hill. *N Yor* 4E 98
Blandy. *High* 2G 167
Blanefield. *Stir* 2G 127
Blankney. *Linc* 4H 87
Blantyre. *S Lan* 4H 127
Blarmachfoldach. *High* 2E 141
Blarnalearoch. *High* 4F 163
Blashford. *Hants* 2G 15
Blaston. *Leics* 1F 63
Blatchbridge. *Som* 2C 22
Blathaisbhal. *W Isl* 1D 170
Blatherwycke. *Nptn* 1G 63
Blawith. *Cumb* 1B 96
Blaxhall. *Suff* 5F 67
Blaxton. *S Yor* 4G 93
Blaydon. *Tyne* 3E 115
Bleadney. *Som* 2H 21
Bleadon. *N Som* 1G 21
Blean. *Kent* 4F 41
Bleary. *Arm* 5F 175
Bleasby. *Linc* 2A 88
Bleasby. *Notts* 1E 74
Bleasby Moor. *Linc* 2A 88
Blebocraigs. *Fife* 2G 137
Bleddfa. *Powy* 4E 58
Bledington. *Glos* 3H 49
Bledlow. *Buck* 5F 51
Bledlow Ridge. *Buck* 2F 37
Blencarn. *Cumb* 1H 103
Blencogo. *Cumb* 5C 112
Blendworth. *Hants* 1F 17
Blennerhasset. *Cumb* 5C 112
Bletchingdon. *Oxon* 4D 50
Bletchingley. *Surr* 5E 39
Bletchley. *Mil* 2G 51
Bletchley. *Shrp* 2A 72
Bletherston. *Pemb* 2E 43
Bletsoe. *Bed* 5H 63
Blewbury. *Oxon* 3D 36
Blickling. *Norf* 3D 78
Blidworth. *Notts* 5C 86
Blindburn. *Nmbd* 3C 120
Blindcrake. *Cumb* 1C 102
Blindley Heath. *Surr* 1E 27
Blindmoor. *Som* 1F 13
Blisland. *Corn* 5B 10
Blissford. *Hants* 1G 15
Bliss Gate. *Worc* 3B 60
Blists Hill. *Telf* 5A 72
Blisworth. *Nptn* 5E 63
Blithbury. *Staf* 3E 73
Blitterlees. *Cumb* 4C 112
Blockley. *Glos* 2G 49
Blofield. *Norf* 5F 79
Blofield Heath. *Norf* 4F 79
Blo' Norton. *Norf* 3C 66
Bloomfield. *Bord* 2H 119
Blore. *Staf* 1F 73
Blount's Green. *Staf* 2E 73
Bloxham. *Oxon* 2C 50
Bloxholm. *Linc* 5H 87
Bloxwich. *W Mid* 5D 73
Bloxworth. *Dors* 3D 15
Blubberhouses. *N Yor* 4D 98
Blue Anchor. *Som* 2D 20
Blue Anchor. *Swan* 3E 31
Blue Bell Hill. *Kent* 4B 40
Blue Row. *Essx* 4D 54
Bluetown. *Kent* 5D 40
Blundeston. *Suff* 1H 67
Blunham. *C Beds* 5A 64
Blunsdon St Andrew.
Swin 3G 35
Bluntington. *Worc* 3C 60
Bluntisham. *Cambs* 3C 64
Blunts. *Corn* 2H 7
Blurton. *Stoke* 1C 72
Blyborough. *Linc* 1G 87
Blyford. *Suff* 3G 67
Blymhill. *Staf* 4C 72
Blymhill Lawns. *Staf* 4C 72
Blyth. *Nmbd* 1G 115
Blyth. *Notts* 2D 86
Blyth. *Bord* 5E 129
Blyth Bank. *Bord* 5E 129
Blyth Bridge. *Bord* 5E 129
Blythburgh. *Suff* 3G 67
The Blythe. *Staf* 3E 73
Blythe Bridge. *Staf* 1D 72
Blythe Marsh. *Staf* 1D 72
Blyton. *Linc* 1F 87
Boarhills. *Fife* 2H 137
Boarhunt. *Hants* 2E 16
Boar's Head. *G Man* 4D 90
Boarshead. *E Sus* 2G 27
Boars Hill. *Oxon* 5C 50
Boarstall. *Buck* 4E 51
Boasley Cross. *Devn* 3F 11
Boath. *High* 1H 157
Boat of Garten. *High* 2D 150
Bobbing. *Kent* 4C 40
Bobbington. *Staf* 1C 60
Bobbingworth. *Essx* 5F 53
Bocaddon. *Corn* 3F 7
Bocking. *Essx* 3A 54
Bocking Churchstreet.
Essx 3A 54
Boddam. *Abers* 4H 161
Boddam. *Shet* 10E 173
Boddington. *Glos* 3D 49
Bodedern. *IOA* 2C 80
Bodelwyddan. *Den* 3C 82
Bodenham. *Here* 5H 59
Bodenham. *Wilts* 4G 23
Bodewryd. *IOA* 1C 80
Bodfari. *Den* 3C 82
Bodffordd. *IOA* 3D 80
Bodham. *Norf* 1D 78
Bodiam. *E Sus* 3B 28
Bodicote. *Oxon* 2C 50
Bodieve. *Corn* 1D 6
Bodinnick. *Corn* 3F 7
Bodle Street Green. *E Sus* 4A 28
Bodmin. *Corn* 2E 7
Bodnant. *Cnwy* 3H 81
Bodney. *Norf* 1H 65
Bodorgan. *IOA* 4C 80
Bodrane. *Corn* 2G 7
Bodsham. *Kent* 1F 29
Boduan. *Gwyn* 2C 68
Bodymoor Heath. *Warw* 1F 61
The Bog. *Shrp* 1F 59
Bogallan. *High* 3A 158
Bogbrae Croft. *Abers* 5H 161
Bogend. *S Ayr* 1C 116
Boghall. *Midl* 3F 129
Boghall. *W Lot* 3C 128
Boghead. *S Lan* 5A 128
Bogindollo. *Ang* 3D 144
Bogmoor. *Mor* 2A 160
Bogniebrae. *Abers* 4C 160
Bognor Regis. *W Sus* 3H 17
Bograxie. *Abers* 2E 152
Bogside. *N Lan* 4B 128
Bogton. *Abers* 3D 160
Bogue. *Dum* 1D 110
Bohenie. *High* 5E 149
Bohortha. *Corn* 5C 6
Boirseam. *W Isl* 9C 171
Bokiddick. *Corn* 2E 7
Bolam. *Dur* 2E 105
Bolam. *Nmbd* 1D 115
Bolberry. *Devn* 5C 8
Bold Heath. *Mers* 2H 83
Boldon. *Tyne* 3G 115
Boldon Colliery. *Tyne* 3G 115
Boldre. *Hants* 3B 16
Boldron. *Dur* 3D 104
Bole. *Notts* 2E 87
Bolehall. *Staf* 5G 73
Bolehill. *Derbs* 5G 85
Bolenowe. *Corn* 5A 6
Boleside. *Bord* 1G 119
Bolham. *Devn* 1C 12
Bolham Water. *Devn* 1E 13
Bolingey. *Corn* 3B 6
Bollington. *Ches E* 3D 84
Bolney. *W Sus* 3D 26
Bolnhurst. *Bed* 5H 63
Bolshan. *Ang* 3F 145
Bolsover. *Derbs* 3B 86
Bolsterstone. *S Yor* 1G 85
Bolstone. *Here* 2A 48
Boltachan. *Per* 3F 143
Boltby. *N Yor* 1G 99
Bolton. *Cumb* 2H 103
Bolton. *E Lot* 2B 130
Bolton. *E Yor* 4B 100
Bolton. *G Man* 4F 91
Bolton. *Nmbd* 3F 121
Bolton Abbey. *N Yor* 4C 98

Bolton-by-Bowland—Braehead

Bolton-by-Bowland. Lanc 5G 97
Boltonfellend. Cumb 3F 113
Boltongate. Cumb 5D 112
Bolton Green. Lanc 3D 90
Bolton-le-Sands. Lanc 3D 97
Bolton Low Houses. Cumb 5D 112
Bolton New Houses. Cumb 5D 112
Bolton-on-Swale. N Yor 5F 105
Bolton Percy. N Yor 5H 99
Bolton Town End. Lanc 3D 97
Bolton upon Dearne. S Yor 4E 93
Bolton Wood Lane. Cumb 5D 112
Bolventor. Corn 5B 10
Bomarsund. Nmbd 1F 115
Bomere Heath. Shrp 4G 71
Bonar Bridge. High 4D 164
Bonawe. Arg 5E 141
Bonby. N Lin 3D 94
Boncath. Pemb 1G 43
Bonchester Bridge. Bord 3H 119
Bonchurch. IOW 5D 16
Bond End. Staf 4F 73
Bondleigh. Devn 2G 11
Bonds. Lanc 5D 97
Bonehill. Devn 5H 11
Bonehill. Staf 5F 73
Bo'ness. Falk 1C 128
Boney Hay. Staf 4E 73
Bonham. Wilts 3C 22
Bonhill. W Dun 2E 127
Boningale. Shrp 5C 72
Bonjedward. Bord 2A 120
Bonkle. N Lan 4B 128
Bonnington. Ang 5E 145
Bonnington. Edin 3E 129
Bonnington. Kent 2E 29
Bonnybank. Fife 3F 137
Bonnybridge. Falk 1B 128
Bonnykelly. Abers 3F 161
Bonnyrigg. Midl 3G 129
Bonnyton. Ang 5C 144
Bonnytown. Fife 2H 137
Bonsall. Derbs 5G 85
Bont. Mon 4G 47
Bontddu. Gwyn 4F 69
Bont Dolgadfan. Powy 5A 70
Y Bont-Faen. V Glam 4C 32
Bontgoch. Cdgn 2F 57
Bonthorpe. Linc 3D 89
Bont Newydd. Gwyn 1G 69
Bont-newydd. Cnwy 3C 82
Bontnewydd. Cdgn 4F 57
Bontnewydd. Gwyn 4D 81
Bontuchel. Den 5C 82
Bonvilston. V Glam 4D 32
Bon-y-maen. Swan 3F 31
Booker. Buck 2G 37
Booley. Shrp 3H 71
Boorley Green. Hants 1D 16
Boosbeck. Red C 3D 106
Boot. Cumb 4C 102
Booth. W Yor 2A 92
Boothby Graffoe. Linc 5G 87
Boothby Pagnell. Linc 2G 75
Booth Green. Ches E 2D 84
Booth of Toft. Shet 4F 173
Boothstown. G Man 4F 91
Boothville. Nptn 4E 63
Bootle. Cumb 1A 96
Bootle. Mers 1F 83
Booton. Norf 3D 78
Booze. N Yor 4D 104
Boquhan. Stir 1G 127
Boraston. Shrp 3A 60
Borden. Kent 4C 40
Borden. W Sus 4G 25
Bordlands. Bord 5E 129
Bordley. N Yor 3B 98
Bordon. Hants 3F 25
Boreham. Essx 5A 54
Boreham. Wilts 2D 23
Boreham Street. E Sus 4A 28
Borehamwood. Herts 1C 38
Boreland. Dum 5D 118
Boreston. Devn 3D 8
Borestone Brae. Stir 4G 135
Boreton. Shrp 5H 71
Borgh. W Isl
on Barra 8B 170
on Benbecula 3C 170
on Berneray 1E 170
on Isle of Lewis 2G 171
Borghasdal. W Isl 9C 171
Borghastan. W Isl 3D 171
Borgh na Sgiotaig. High 1C 154
Borgie. High 3G 167
Borgue. Dum 5D 110
Borgue. High 1H 165
Borley. Essx 1B 54
Borley Green. Essx 1B 54
Borley Green. Suff 4B 66
Borlum. High 1H 149
Bornais. W Isl 6C 170
Bornesketaig. High 1C 154
Boroughbridge. N Yor 3F 99
Borough Green. Kent 5H 39
Borreraig. High 3A 154
Borrobol Lodge. High 1F 165
Borrodale. High 4A 154
Borrowash. Derbs 2B 74
Borrowby. N Yor
nr. Northallerton 1G 99
nr. Whitby 3E 107
Borrowston. High 4F 169
Borrowstonehill. Orkn 7D 172
Borrowstoun. Falk 1C 128
Borstal. Medw 4B 40
Borth. Cdgn 2F 57
Borthwick. Midl 4G 129
Borth-y-Gest. Gwyn 2E 69
Borve. High 4D 154
Borwick. Lanc 2E 97
Bosbury. Here 1B 48
Boscastle. Corn 3A 10
Boscombe. Bour 3G 15
Boscombe. Wilts 3H 23
Boscoppa. Corn 3E 7
Bosham. W Sus 2G 17
Bosherston. Pemb 5D 42
Bosley. Ches E 4D 84
Bossall. N Yor 3B 100
Bossiney. Corn 4A 10
Bossingham. Kent 1F 29
Bossington. Som 2B 20
Bostadh. W Isl 3D 171
Bostock Green. Ches W 4A 84
Boston. Linc 1C 76
Boston Spa. W Yor 5G 99
Boswarthen. Corn 3B 4
Boswinger. Corn 4D 6
Botallack. Corn 3A 4
Botany Bay. G Lon 1D 39
Botcheston. Leics 5B 74
Botesdale. Suff 3C 66
Bothal. Nmbd 1F 115
Bothampstead. W Ber 4D 36
Bothamsall. Notts 3D 86
Bothel. Cumb 1C 102
Bothenhampton. Dors 3H 13
Bothwell. S Lan 4A 128
Botley. Buck 5H 51
Botley. Hants 1D 16
Botley. Oxon 5C 50
Botloe's Green. Glos 3C 48
Botolph Claydon. Buck 3F 51
Botolphs. W Sus 5C 26
Bottacks. High 2G 157
Bottesford. Leics 2F 75
Bottesford. N Lin 4B 94
Bottisham. Cambs 4E 65
Bottlesford. Wilts 1G 23
Bottomcraig. Fife 1F 137
Bottom o' th' Moor. G Man 3E 91
Botton. N Yor 4D 107
Botton Head. Lanc 3F 97
Bottreaux Mill. Devn 4B 20
Botus Fleming. Corn 2A 8
Botwnnog. Gwyn 2B 68
Bough Beech. Kent 1F 27
Boughrood. Powy 2E 47
Boughspring. Glos 2A 34
Boughton. Norf 5F 77
Boughton. Nptn 4E 63
Boughton. Notts 4D 86
Boughton Aluph. Kent 1E 29
Boughton Green. Kent 5B 40
Boughton Lees. Kent 1E 28
Boughton Malherbe. Kent 1C 28
Boughton Monchelsea. Kent 5B 40
Boughton under Blean. Kent 5E 41
Boulby. Red C 3E 107
Bouldnor. IOW 4B 16
Bouldon. Shrp 2H 59
Boulmer. Nmbd 3G 121
Boulston. Pemb 3D 42
Boultham. Linc 4G 87
Boulton. Derb 2A 74
Boundary. Staf 1D 73
Bounds. Here 2B 48
Bourn. Cambs 5C 64
Bournbrook. W Mid 2E 61
Bourne. Linc 3H 75
The Bourne. Surr 2G 25
Bourne End. Bed 4H 63
Bourne End. Buck 3G 37
Bourne End. C Beds 1H 51
Bourne End. Herts 5A 52
Bournemouth. Bour 3F 15
Bournemouth Airport. Dors 3G 15
Bournes Green. Glos 5E 49
Bournes Green. S'end 2D 40
Bournheath. Worc 3D 60
Bournmoor. Dur 4G 115
Bournville. W Mid 2E 61
Bourton. Dors 3C 22
Bourton. N Som 5G 33
Bourton. Oxon 3H 35
Bourton. Shrp 1H 59
Bourton. Wilts 5F 35
Bourton on Dunsmore. Warw 3B 62
Bourton-on-the-Hill. Glos 2G 49
Bourton-on-the-Water. Glos 3G 49
Bousd. Arg 2D 138
Bousta. Shet 6D 173
Boustead Hill. Cumb 4D 112
Bouth. Cumb 1C 96
Bouthwaite. N Yor 2D 98
Boveney. Buck 3A 38
Boveridge. Dors 1F 15
Boverton. V Glam 5C 32
Bovey Tracey. Devn 5B 12
Bovingdon. Herts 5A 52
Bovingdon Green. Buck 3G 37
Bovinger. Essx 5F 53
Bovington Camp. Dors 4D 14
Bow. Devn 2H 11
Bowbank. Dur 2C 104
Bow Brickhill. Mil 2H 51
Bowbridge. Glos 5D 48
Bowburn. Dur 1A 106
Bowcombe. IOW 4C 16
Bowd. Devn 4E 12
Bowden. Devn 4E 9
Bowden. Bord 1H 119
Bowden Hill. Wilts 5E 35
Bowdens. Som 4H 21
Bowderdale. Cumb 4H 103
Bowdon. G Man 2B 84
Bower. Nmbd 1A 114
Bowerchalke. Wilts 4F 23
Bowerhill. Wilts 5E 35
Bower Hinton. Som 1H 13
Bowermadden. High 2E 169
Bowers. Staf 2C 72
Bowers Gifford. Essx 2B 40
Bowershall. Fife 4C 136
Bowertower. High 2E 169
Bowes. Dur 3C 104
Bowgreave. Lanc 5D 97
Bowhousebog. N Lan 4B 128
Bowithick. Corn 4B 10
Bowland Bridge. Cumb 1D 96
Bowlees. Dur 2C 104
Bowley. Here 5H 59
Bowlhead Green. Surr 2A 26
Bowling. W Dun 2F 127
Bowling. W Yor 1B 92
Bowling Bank. Wrex 1F 71
Bowling Green. Worc 5C 60
Bowlish. Som 2B 22
Bowmanstead. Cumb 5E 102
Bowmore. Arg 4B 124
Bowness-on-Solway. Cumb 3D 112
Bowness-on-Windermere. Cumb 5F 103
Bow of Fife. Fife 2F 137
Bowriefauld. Ang 4E 145
Bowscale. Cumb 1E 103
Bowsden. Nmbd 5F 131
Bowside Lodge. High 2A 168
Bowston. Cumb 5F 103
Bow Street. Cdgn 2F 57
Bowthorpe. Norf 5D 78
Box. Glos 5D 48
Box. Wilts 5D 34
Boxbush. Glos 3B 48
Box End. Bed 1A 52
Boxford. Suff 1C 54
Boxford. W Ber 4C 36
Boxgrove. W Sus 5A 26
Box Hill. Wilts 5D 34
Boxley. Kent 5B 40
Boxmoor. Herts 5A 52
Box's Shop. Corn 2C 10
Boxted. Essx 2C 54
Boxted. Suff 5H 65
Boxted Cross. Essx 2D 54
Boxworth. Cambs 4C 64
Boxworth End. Cambs 4C 64
Boyden End. Suff 5G 65
Boyden Gate. Kent 4G 41
Boylestone. Derbs 2F 73
Boylestonfield. Derbs 2F 73
Boyndie. Abers 2D 160
Boynton. E Yor 3F 101
Boys Hill. Dors 1B 14
Boythorpe. Derbs 4A 86
Boyton. Corn 3D 10
Boyton. Suff 1G 55
Boyton. Wilts 3E 23
Boyton Cross. Essx 5G 53
Boyton End. Essx 2G 53
Boyton End. Suff 1H 53
Bozeat. Nptn 5G 63
Braaid. IOM 4C 108
Braal Castle. High 3D 168
Brabling Green. Suff 4E 67
Brabourne. Kent 1F 29
Brabourne Lees. Kent 1E 29
Brabster. High 2F 169
Bracadale. High 5C 154
Bracara. High 4F 147
Braceborough. Linc 4H 75
Bracebridge. Linc 4G 87
Bracebridge Heath. Linc 4G 87
Braceby. Linc 2H 75
Bracewell. Lanc 5A 98
Brackenber. Cumb 3A 104
Brackenfield. Derbs 5A 86
Brackenlands. Cumb 5D 112
Brackenthwaite. Cumb 5D 112
Brackenthwaite. N Yor 4E 99
Brackla. B'end 4C 32
Brackla. High 3C 158
Bracklesham. W Sus 3G 17
Brackletter. High 5D 148
Brackley. Nptn 2D 50
Brackley Hatch. Nptn 1E 51
Brackloch. High 1F 163
Bracknell. Brac 5G 37
Braco. Per 3H 135
Bracobrae. Mor 3C 160
Bracon. N Lin 4A 94
Bracon Ash. Norf 1D 66
Bradbourne. Derbs 5G 85
Bradbury. Dur 2A 106
Bradda. IOM 4A 108
Bradden. Nptn 1E 51
Bradenham. Buck 2G 37
Bradenham. Norf 5B 78
Bradenstoke. Wilts 4F 35
Bradfield. Essx 2E 55
Bradfield. Norf 2E 79
Bradfield. W Ber 4E 36
Bradfield Combust. Suff 5A 66
Bradfield Green. Ches E 5A 84
Bradfield Heath. Essx 3E 55
Bradfield St Clare. Suff 5B 66
Bradfield St George. Suff 4B 66
Bradford. Derbs 4G 85
Bradford. Devn 2E 11
Bradford. Nmbd 1F 121
Bradford. W Yor 1B 92
Bradford Abbas. Dors 1A 14
Bradford Barton. Devn 1B 12
Bradford Leigh. Wilts 5D 34
Bradford-on-Avon. Wilts 5D 34
Bradford-on-Tone. Som 4E 21
Bradford Peverell. Dors 3B 14
Bradiford. Devn 3F 19
Brading. IOW 4E 16
Bradley. Ches W 3H 83
Bradley. Derbs 1G 73
Bradley. Glos 2C 34
Bradley. Hants 2E 25
Bradley. NE Lin 4F 95
Bradley. N Yor 1C 98
Bradley. Staf 4C 72
Bradley. W Mid 1D 60
Bradley. W Yor 2B 92
Bradley. Wrex 5F 83
Bradley Cross. Som 1H 21
Bradley Green. Ches W 1H 71
Bradley Green. Som 3F 21
Bradley Green. Warw 5G 73
Bradley Green. Worc 4D 61
Bradley in the Moors. Staf 1E 73
Bradley Mount. Ches E 3D 84
Bradley Stoke. S Glo 3B 34
Bradlow. Here 2C 48
Bradmore. Notts 2C 74
Bradmore. W Mid 1C 60
Bradninch. Devn 2D 12
Bradnop. Staf 5E 85
Bradpole. Dors 3H 13
Bradshaw. G Man 3F 91
Bradstone. Devn 4D 11
Bradwall Green. Ches E 4B 84
Bradway. S Yor 2H 85
Bradwell. Derbs 2F 85
Bradwell. Essx 3B 54
Bradwell. Mil 2G 51
Bradwell. Norf 5H 79
Bradwell-on-Sea. Essx 5D 54
Bradwell Waterside. Essx 5C 54
Bradworthy. Devn 1D 10
Brae. High 5C 162
Brae. Shet 5E 173
Braeantra. High 1H 157
Braefield. High 5G 157
Braefindon. High 3A 158
Braegrum. Per 1C 136
Braehead. Ang 3F 145
Braehead. Dum 4B 110
Braehead. Mor 4G 159
Braehead. Orkn 3D 172
Braehead. S Lan
nr. Coalburn 1H 117
nr. Forth 4C 128

Braehoulland. *Shet* 4D 173
Braemar. *Abers* 4F 151
Braemore. *High*
  nr. Dunbeath 5C 168
  nr. Ullapool 1D 156
Brae of Achnahaird. *High* ...2E 163
Brae Roy Lodge. *High* 4F 149
Braeside. *Abers* 5G 161
Braeside. *Inv* 2D 126
Braes of Coul. *Ang* 3B 144
Braeswick. *Orkn* 4F 172
Braetongue. *High* 3F 167
Braeval. *Stir* 3E 135
Braevallich. *Arg* 3G 133
Braewick. *Shet* 6E 173
Brafferton. *Darl* 2F 105
Brafferton. *N Yor* 2G 99
Brafield-on-the-Green.
  Nptn 5F 63
Bragar. *W Isl* 3E 171
Bragbury End. *Herts* 3C 52
Bragleenbeg. *Arg* 1G 133
Braichmelyn. *Gwyn* 4F 81
Braides. *Lanc* 4D 96
Braidwood. *S Lan* 5B 128
Braigo. *Arg* 3A 124
Brailsford. *Derbs* 1G 73
Braintree. *Essx* 3A 54
Braiseworth. *Suff* 3D 66
Braishfield. *Hants* 4B 24
Braithwaite. *Cumb* 2D 102
Braithwaite. *S Yor* 3G 93
Braithwaite. *W Yor* 5C 98
Braithwell. *S Yor* 1C 86
Brakefield Green. *Norf* 5C 78
Bramber. *W Sus* 4C 26
Brambridge. *Hants* 4C 24
Bramcote. *Notts* 2C 74
Bramcote. *Warw* 2B 62
Bramdean. *Hants* 4E 24
Bramerton. *Norf* 5E 79
Bramfield. *Herts* 4C 52
Bramfield. *Suff* 3F 67
Bramford. *Suff* 1E 54
Bramhall. *G Man* 2C 84
Bramham. *W Yor* 1G 99
Bramhope. *W Yor* 5E 99
Bramley. *Hants* 1E 25
Bramley. *S Yor* 1B 86
Bramley. *Surr* 1B 26
Bramley. *W Yor* 1C 92
Bramley Green. *Hants* 1E 25
Bramley Head. *N Yor* 4D 98
Bramley Vale. *Derbs* 4B 86
Bramling. *Kent* 5G 41
Brampford Speke. *Devn* ...3C 12
Brampton. *Cambs* 3B 64
Brampton. *Cumb*
  nr. Appleby-in-Westmorland
  ....2H 103
  nr. Carlisle 3G 113
Brampton. *Linc* 3F 87
Brampton. *Norf* 3E 78
Brampton. *S Yor* 4E 93
Brampton. *Suff* 2G 67
Brampton Abbotts. *Here* 3B 48
Brampton Ash. *Nptn* 2E 63
Brampton Bryan. *Here* 3F 59
Brampton en le Morthen.
  S Yor 2B 86
Bramshall. *Staf* 2E 73
Bramshaw. *Hants* 1A 16
Bramshill. *Hants* 5F 37
Bramshott. *Hants* 3G 25
Branault. *High* 2G 139
Brancaster. *Norf* 1G 77
Brancaster Staithe. *Norf* 1G 77
Brancepeth. *Dur* 1F 105
Branch End. *Nmbd* 3D 114
Branchill. *Mor* 3E 159
Brand End. *Linc* 1C 76
Branderburgh. *Mor* 1G 159
Brandesburton. *E Yor* 5F 101
Brandeston. *Suff* 4E 67

Brand Green. *Glos* 3C 48
Brandhill. *Shrp* 3G 59
Brandis Corner. *Devn* 2E 11
Brandish Street. *Som* 2C 20
Brandiston. *Norf* 3D 78
Brandon. *Dur* 1F 105
Brandon. *Linc* 1G 75
Brandon. *Nmbd* 3E 121
Brandon. *Suff* 2G 65
Brandon. *Warw* 3B 62
Brandon Bank. *Cambs* 2F 65
Brandon Creek. *Norf* 1F 65
Brandon Parva. *Norf* 5C 78
Brandsby. *N Yor* 2H 99
Brandy Wharf. *Linc* 1H 87
Brane. *Corn* 4B 4
Bran End. *Essx* 3G 53
Branksome. *Pool* 3F 15
Bransbury. *Hants* 2C 24
Bransby. *Linc* 3F 87
Branscombe. *Devn* 4E 13
Bransford. *Worc* 5B 60
Bransgore. *Hants* 3G 15
Bransholme. *Hull* 1E 94
Bransley. *Shrp* 3A 60
Branston. *Leics* 3F 75
Branston. *Linc* 4H 87
Branston. *Staf* 3G 73
Branston Booths. *Linc* 4H 87
Branstone. *IOW* 4D 16
Bransty. *Cumb* 3A 102
Brant Broughton. *Linc* 5G 87
Brantham. *Suff* 2E 54
Branthwaite. *Cumb*
  nr. Caldbeck 1D 102
  nr. Workington 2B 102
Brantingham. *E Yor* 2C 94
Branton. *Nmbd* 3E 121
Branton. *S Yor* 4G 93
Branton Green. *N Yor* 3G 99
Branxholme. *Bord* 3G 119
Branxton. *Nmbd* 1C 120
Brassington. *Derbs* 5G 85
Brasted. *Kent* 5F 39
Brasted Chart. *Kent* 5F 39
The Bratch. *Staf* 1C 60
Brathens. *Abers* 4D 152
Bratoft. *Linc* 4D 88
Brattleby. *Linc* 2G 87
Bratton. *Som* 2C 20
Bratton. *Telf* 4A 72
Bratton. *Wilts* 1E 23
Bratton Clovelly. *Devn* 3E 11
Bratton Fleming. *Devn* 3G 19
Bratton Seymour. *Som* 4B 22
Braughing. *Herts* 3D 53
Braulen Lodge. *High* 5E 157
Braunston. *Nptn* 4C 62
Braunstone Town. *Leics* 5C 74
Braunston-in-Rutland. *Rut* ...5F 75
Braunton. *Devn* 3E 19
Brawby. *N Yor* 2B 100
Brawl. *High* 2A 168
Brawlbin. *High* 3C 168
Bray. *Wind* 3A 38
Braybrooke. *Nptn* 2E 63
Brayford. *Devn* 3G 19
Bray Shop. *Corn* 5D 10
Braystones. *Cumb* 4B 102
Brayton. *N Yor* 1G 93
Bray Wick. *Wind* 4G 37
Brazacott. *Corn* 3C 10
Brea. *Corn* 4A 6
Breach. *W Sus* 2F 17
Breachwood Green. *Herts* ...3B 52
Breacleit. *W Isl* 4D 171
Breaden Heath. *Shrp* 2G 71
Breadsall. *Derbs* 1A 74
Breadstone. *Glos* 5C 48
Breage. *Corn* 4D 4
Breakachy. *High* 4G 157
Breakish. *High* 1E 147
Bream. *Glos* 5B 48
Breamore. *Hants* 1G 15

Bream's Meend. *Glos* 5B 48
Brean. *Som* 1F 21
Breanais. *W Isl* 5B 171
Brearton. *N Yor* 3F 99
Breascleit. *W Isl* 4E 171
Breaston. *Derbs* 2B 74
Brecais Ard. *High* 1E 147
Brecais Iosal. *High* 1E 147
Brechfa. *Carm* 2F 45
Brechin. *Ang* 3F 145
Breckles. *Norf* 1B 66
Brecon. *Powy* 3D 46
Bredbury. *G Man* 1D 84
Brede. *E Sus* 4C 28
Bredenbury. *Here* 5A 60
Bredfield. *Suff* 5E 67
Bredgar. *Kent* 4C 40
Bredhurst. *Kent* 4B 40
Bredicot. *Worc* 5D 60
Bredon. *Worc* 2E 49
Bredon's Norton. *Worc* 2E 49
Bredwardine. *Here* 1G 47
Breedon on the Hill. *Leics* ...3B 74
Breibhig. *W Isl*
  on Barra 9B 170
  on Isle of Lewis 4G 171
Breich. *W Lot* 3C 128
Breightmet. *G Man* 4F 91
Breighton. *E Yor* 1H 93
Breinton. *Here* 2H 47
Breinton Common. *Here* ...2H 47
Breiwick. *Shet* 7F 173
Brelston Green. *Here* 3A 48
Bremhill. *Wilts* 4E 35
Brenachie. *High* 1B 158
Brenchley. *Kent* 1A 28
Brendon. *Devn* 2A 20
Brent Cross. *G Lon* 2D 38
Brent Eleigh. *Suff* 1C 54
Brentford. *G Lon* 3C 38
Brentingby. *Leics* 4E 75
Brent Knoll. *Som* 1G 21
Brent Pelham. *Herts* 2E 53
Brentwood. *Essx* 1G 39
Brenzett. *Kent* 3E 28
Brereton. *Staf* 4E 73
Brereton Cross. *Staf* 4E 73
Brereton Green. *Ches E* 4B 84
Brereton Heath. *Ches E* 4C 84
Bressingham. *Norf* 2C 66
Bretby. *Derbs* 3G 73
Bretford. *Warw* 3B 62
Bretforton. *Worc* 1F 49
Bretherdale Head. *Cumb* ...4G 103
Bretherton. *Lanc* 2C 90
Brettabister. *Shet* 6F 173
Brettenham. *Norf* 2B 66
Brettenham. *Suff* 5B 66
Bretton. *Flin* 4F 83
Bretton. *Pet* 5A 76
Brewlands Bridge. *Ang* 2A 144
Brewood. *Staf* 5C 72
Briantspuddle. *Dors* 3D 14
Bricket Wood. *Herts* 5B 52
Bricklehampton. *Worc* 1E 49
Bride. *IOM* 1D 108
Bridekirk. *Cumb* 1C 102
Bridell. *Pemb* 1B 44
Bridestowe. *Devn* 4F 11
Brideswell. *Abers* 5C 160
Bridford. *Devn* 4B 12
Bridge. *Corn* 4A 6
Bridge. *Kent* 5F 41
Bridge. *Som* 2G 13
Bridge End. *Bed* 5H 63
Bridge End. *Cumb*
  nr. Broughton in Furness
  ....5D 102
  nr. Dalston 5E 113
Bridge End. *Linc* 2A 76
Bridge End. *Shet* 8E 173
Bridgefoot. *Ang* 5C 144
Bridgefoot. *Cumb* 2B 102
Bridge Green. *Essx* 2E 53

Bridgehampton. *Som* 4A 22
Bridge Hewick. *N Yor* 2F 99
Bridgehill. *Dur* 4D 115
Bridgemary. *Hants* 2D 16
Bridgemere. *Ches E* 1B 72
Bridgemont. *Derbs* 2E 85
Bridgend. *Abers*
  nr. Huntly 5C 160
  nr. Peterhead 5H 161
Bridgend. *Ang*
  nr. Brechin 2E 145
  nr. Kirriemuir 4C 144
Bridgend. *Arg*
  nr. Lochgilphead 4F 133
  on Islay 3B 124
Bridgend. *B'end* 3C 32
Bridgend. *Cumb* 3E 103
Bridgend. *Devn* 4B 8
Bridgend. *Fife* 2F 137
Bridgend. *High* 3F 157
Bridgend. *Mor* 5A 160
Bridgend. *Per* 1D 136
Bridgend. *W Lot* 2D 128
Bridgend of Lintrathen.
  Ang 3B 144
Bridgeness. *Falk* 1D 128
Bridge of Alford. *Abers* 2C 152
Bridge of Allan. *Stir* 4G 135
Bridge of Avon. *Mor* 5F 159
Bridge of Awe. *Arg* 1H 133
Bridge of Balgie. *Per* 4C 142
Bridge of Brown. *High* 1F 151
Bridge of Cally. *Per* 3A 144
Bridge of Canny. *Abers* 4D 152
Bridge of Dee. *Dum* 3E 111
Bridge of Don. *Aber* 2G 153
Bridge of Dun. *Ang* 3F 145
Bridge of Dye. *Abers* 5D 152
Bridge of Earn. *Per* 2D 136
Bridge of Ericht. *Per* 3C 142
Bridge of Feugh. *Abers* 4E 152
Bridge of Gairn. *Abers* 4A 152
Bridge of Gaur. *Per* 3C 142
Bridge of Muchalls.
  Abers 4F 153
Bridge of Oich. *High* 3F 149
Bridge of Orchy. *Arg* 5H 141
Bridge of Walls. *Shet* 6D 173
Bridge of Weir. *Ren* 3E 127
Bridge Reeve. *Devn* 1G 11
Bridgerule. *Devn* 2C 10
Bridge Sollers. *Here* 1H 47
Bridge Street. *Suff* 1B 54
Bridgetown. *Devn* 2E 9
Bridgetown. *Som* 3C 20
Bridge Trafford. *Ches W* 3G 83
Bridgeyate. *S Glo* 4B 34
Bridgham. *Norf* 2B 66
Bridgnorth. *Shrp* 1B 60
Bridgtown. *Staf* 5D 73
Bridgwater. *Som* 3G 21
Bridlington. *E Yor* 3F 101
Bridport. *Dors* 3H 13
Bridstow. *Here* 3A 48
Brierfield. *Lanc* 1G 91
Brierley. *Glos* 4B 48
Brierley. *Here* 5G 59
Brierley. *S Yor* 3E 93
Brierley Hill. *W Mid* 2D 60
Brierton. *Hart* 1B 106
Briestfield. *W Yor* 3C 92
Brigg. *N Lin* 4D 94
Briggate. *Norf* 3F 79
Briggswath. *N Yor* 4F 107
Brigham. *Cumb* 1B 102
Brigham. *E Yor* 4E 101
Brighouse. *W Yor* 2B 92
Brighstone. *IOW* 4C 16
Brightgate. *Derbs* 5G 85
Brighthampton. *Oxon* 5B 50
Brightholmlee. *S Yor* 1G 85
Brightley. *Devn* 3G 11
Brightling. *E Sus* 3A 28

Brightlingsea. *Essx* 4D 54
Brighton. *Brig* 5E 27
Brighton. *Corn* 3D 6
Brighton Hill. *Hants* 2E 24
Brightons. *Falk* 2C 128
Brightwalton. *W Ber* 4C 36
Brightwalton Green.
  W Ber 4C 36
Brightwell. *Suff* 1F 55
Brightwell Baldwin. *Oxon* ...2E 37
Brightwell-cum-Sotwell.
  Oxon 2D 36
Brigmerston. *Wilts* 2G 23
Brignall. *Dur* 3D 104
Brig o' Turk. *Stir* 3E 135
Brigsley. *NE Lin* 4F 95
Brigsteer. *Cumb* 1D 97
Brigstock. *Nptn* 2G 63
Brill. *Buck* 4E 51
Brill. *Corn* 4E 5
Brilley. *Here* 1F 47
Brimaston. *Pemb* 2D 42
Brimfield. *Here* 4H 59
Brimington. *Derbs* 3B 86
Brimley. *Devn* 5B 12
Brimpsfield. *Glos* 4E 49
Brimpton. *W Ber* 5D 36
Brims. *Orkn* 9B 172
Brimscombe. *Glos* 5D 48
Brimstage. *Mers* 2F 83
Brincliffe. *S Yor* 2H 85
Brind. *E Yor* 1H 93
Brindister. *Shet*
  nr. West Burrafirth ...6D 173
  nr. West Lerwick 8F 173
Brindle. *Lanc* 2D 90
Brindley. *Ches E* 5H 83
Brindley Ford. *Stoke* 5C 84
Brineton. *Staf* 4C 72
Bringhurst. *Leics* 1F 63
Bringsty Common. *Here* 5A 60
Brington. *Cambs* 3H 63
Brinian. *Orkn* 5D 172
Briningham. *Norf* 2C 78
Brinkhill. *Linc* 3C 88
Brinkley. *Cambs* 5F 65
Brinklow. *Warw* 3B 62
Brinkworth. *Wilts* 3F 35
Brinscall. *Lanc* 2E 91
Brinscombe. *Som* 1H 21
Brinsley. *Notts* 1B 74
Brinsworth. *S Yor* 2B 86
Brinton. *Norf* 2C 78
Brisco. *Cumb* 4F 113
Brisley. *Norf* 3B 78
Brislington. *Bris* 4B 34
Brissenden Green. *Kent* 2D 28
Bristol. *Bris* 4A 34
Bristol Airport. *N Som* 5A 34
Briston. *Norf* 2C 78
Britannia. *Lanc* 2G 91
Britford. *Wilts* 4G 23
Brithdir. *Cphy* 5E 47
Brithdir. *Cdgn* 1D 44
Brithdir. *Gwyn* 4G 69
Briton Ferry. *Neat* 3G 31
Britwell Salome. *Oxon* 2E 37
Brixham. *Torb* 3F 9
Brixton. *Devn* 3B 8
Brixton. *G Lon* 3E 39
Brixton Deverill. *Wilts* 3D 22
Brixworth. *Nptn* 3E 63
Brize Norton. *Oxon* 5B 50
The Broad. *Here* 4G 59
Broad Alley. *Worc* 4C 60
Broad Blunsdon. *Swin* 2G 35
Broadbottom. *G Man* 1D 85
Broadbridge. *W Sus* 2G 17
Broadbridge Heath.
  W Sus 2C 26
Broad Campden. *Glos* 2G 49
Broad Chalke. *Wilts* 4F 23
Broadclyst. *Devn* 3C 12
Broadfield. *Inv* 2E 127

Broadfield. Pemb 4F 43
Broadfield. W Sus 2D 26
Broadford. High 1E 147
Broadford Bridge. W Sus 3B 26
Broadgate. Cumb 1A 96
Broad Green. Cambs 5F 65
Broad Green. C Beds 1H 51
Broad Green. Worc
nr. Bromsgrove 3D 61
nr. Worcester 5B 60
Broad Haven. Pemb 3C 42
Broadhaven. High 3F 169
Broad Heath. Staf 3C 72
Broadheath. G Man 2B 84
Broadheath. Worc 4A 60
Broadheath Common. Worc 5C 60
Broadhembury. Devn 2E 12
Broadhempston. Devn 2E 9
Broad Hill. Cambs 3E 65
Broad Hinton. Wilts 4G 35
Broadholme. Derbs 1A 74
Broadholme. Linc 3F 87
Broadlay. Carm 5D 44
Broad Laying. Hants 5C 36
Broadley. Lanc 3G 91
Broadley. Mor 2A 160
Broadley Common. Essx 5E 53
Broad Marston. Worc 1G 49
Broadmayne. Dors 4C 14
Broadmere. Hants 2E 24
Broadmoor. Pemb 4E 43
Broad Oak. Carm 3F 45
Broad Oak. Cumb 5C 102
Broad Oak. Devn 3D 12
Broad Oak. Dors 1C 14
Broad Oak. E Sus
nr. Hastings 4C 28
nr. Heathfield 3H 27
Broad Oak. Here 3H 47
Broad Oak. Kent 4F 41
Broadoak. Dors 3H 13
Broadoak. Glos 4B 48
Broadoak. Hants 1D 16
Broadrashes. Mor 3B 160
Broadsea. Abers 2G 161
Broad's Green. Essx 4G 53
Broadshard. Som 1H 13
Broadstairs. Kent 4H 41
Broadstone. Pool 3F 15
Broadstone. Shrp 2H 59
Broad Street. E Sus 4C 28
Broad Street. Kent
nr. Ashford 1F 29
nr. Maidstone 5C 40
Broad Street Green. Essx 5B 54
Broad Town. Wilts 4F 35
Broadwas. Worc 5B 60
Broadwath. Cumb 4F 113
Broadway. Carm
nr. Kidwelly 5D 45
nr. Laugharne 4G 43
Broadway. Pemb 3C 42
Broadway. Som 1G 13
Broadway. Suff 3F 67
Broadway. Worc 2F 49
Broadwell. Glos
nr. Cinderford 4A 48
nr. Stow-on-the-Wold 3H 49
Broadwell. Oxon 5A 50
Broadwell. Warw 4B 62
Broadwell House. Nmbd 4C 114
Broadwey. Dors 4B 14
Broadwindsor. Dors 2H 13
Broadwoodkelly. Devn 2G 11
Broadwoodwidger. Devn 4E 11
Broallan. High 4G 157
Brobury. Here 1G 47
Brochel. High 4E 155
Brockamin. Worc 5B 60
Brockbridge. Hants 1E 16
Brockdish. Norf 3E 66
Brockencote. Worc 3C 60
Brockenhurst. Hants 2A 16
Brocketsbrae. S Lan 1H 117
Brockford Street. Suff 4D 66
Brockhall. Nptn 4D 62
Brockham. Surr 1C 26
Brockhampton. Glos
nr. Bishop's Cleeve 3E 49
nr. Sevenhampton 3F 49
Brockhampton. Here 2A 48
Brockhill. Bord 2F 119
Brockholes. W Yor 3B 92
Brockhurst. Hants 2D 16
Brocklesby. Linc 3E 95
Brockley. N Som 5H 33
Brockley Corner. Suff 3H 65
Brockley Green. Suff
nr. Bury St Edmunds 1H 53
nr. Haverhill 5H 65
Brockleymoor. Cumb 1F 103
Brockmoor. W Mid 2D 60
Brockton. Shrp
nr. Bishop's Castle 2F 59
nr. Madeley 5B 72
nr. Much Wenlock 1H 59
nr. Pontesbury 5F 71
Brockton. Staf 2C 72
Brockton. Telf 4B 72
Brockweir. Glos 5A 48
Brockworth. Glos 4D 49
Brocton. Staf 4D 72
Brodick. N Ayr 2E 123
Brodie. Mor 3D 159
Brodiesord. Abers 3C 160
Brodsworth. S Yor 4F 93
Brogaig. High 2D 154
Brogborough. C Beds 2H 51
Brokenborough. Wilts 3E 35
Broken Cross. Ches E 3C 84
Bromborough. Mers 2F 83
Bromdon. Shrp 2A 60
Brome. Suff 3D 66
Brome Street. Suff 3D 66
Bromeswell. Suff 5F 67
Bromfield. Cumb 5C 112
Bromfield. Shrp 3G 59
Bromford. W Mid 1F 61
Bromham. Bed 5H 63
Bromham. Wilts 5E 35
Bromley. G Lon 4F 39
Bromley. Herts 3E 53
Bromley. Shrp 1B 60
Bromley Cross. G Man 3F 91
Bromley Green. Kent 2D 28
Bromley Wood. Staf 3F 73
Brompton. Medw 4B 40
Brompton. N Yor
nr. Northallerton 5A 106
nr. Scarborough 1D 100
Brompton. Shrp 5H 71
Brompton-on-Swale. N Yor 5F 105
Brompton Ralph. Som 3D 20
Brompton Regis. Som 3C 20
Bromsash. Here 3B 48
Bromsberrow. Glos 2C 48
Bromsberrow Heath. Glos 2C 48
Bromsgrove. Worc 3D 60
Bromstead Heath. Staf 4B 72
Bromyard. Here 5A 60
Bromyard Downs. Here 5A 60
Bronaber. Gwyn 2G 69
Broncroft. Shrp 2H 59
Brongest. Cdgn 1D 44
Brongwyn. Cdgn 1C 44
Bronington. Wrex 2G 71
Bronllys. Powy 2E 47
Bronnant. Cdgn 4F 57
Bronwydd Arms. Carm 3E 45
Bronydd. Powy 1F 47
Bronygarth. Shrp 2E 71
Brook. Carm 4G 43
Brook. Hants
nr. Cadnam 1A 16
nr. Romsey 4B 24
Brook. IOW 4B 16
Brook. Kent 1E 29
Brook. Surr
nr. Guildford 1B 26
nr. Haslemere 2A 26
Brooke. Norf 1E 67
Brooke. Rut 5F 75
Brookenby. Linc 1B 88
Brook End. Worc 1D 48
Brookend. Glos 5B 48
Brookfield. Lanc 1D 90
Brookfield. Ren 3F 127
Brookhouse. Lanc 3E 97
Brookhouse. S Yor 2C 86
Brookhouse Green. Ches E 4C 84
Brookhouses. Staf 1D 73
Brookhurst. Mers 2F 83
Brookland. Kent 3D 28
Brooklands. G Man 1B 84
Brooklands. Shrp 1H 71
Brookmans Park. Herts 5C 52
Brooks. Powy 1D 58
Brooksby. Leics 4D 74
Brooks Green. W Sus 3C 26
Brook Street. Essx 1G 39
Brook Street. Kent 2D 28
Brook Street. W Sus 3E 27
Brookthorpe. Glos 4D 48
Brookville. Norf 1G 65
Brookwood. Surr 5A 38
Broom. C Beds 1B 52
Broom. Fife 3F 137
Broom. Warw 5E 61
Broome. Norf 1F 67
Broome. Shrp
nr. Cardington 1H 59
nr. Craven Arms 2G 59
Broome. Worc 3D 60
Broomedge. Warr 2B 84
Broomend. Abers 2E 153
Broomer's Corner. W Sus 3C 26
Broomfield. Abers 5G 161
Broomfield. Essx 4H 53
Broomfield. Kent
nr. Herne Bay 4F 41
nr. Maidstone 5C 40
Broomfield. Som 3F 21
Broomfleet. E Yor 2B 94
Broom Green. Norf 3B 78
Broomhall. Ches E 1A 72
Broomhall. Wind 4A 38
Broomhaugh. Nmbd 3D 114
Broom Hill. Dors 2F 15
Broom Hill. Worc 3D 60
Broomhill. High
nr. Grantown-on-Spey 1D 151
nr. Invergordon 1B 158
Broomhill. Norf 5F 77
Broomhill. S Yor 4E 93
Broomhillbank. Dum 5D 118
Broomholm. Norf 2F 79
Broomlands. Dum 4C 118
Broomley. Nmbd 3D 114
Broom of Moy. Mor 3E 159
Broompark. Dur 5F 115
Broom's Green. Glos 2C 48
Brora. High 3G 165
Broseley. Shrp 5A 72
Brotherhouse Bar. Linc 4B 76
Brotheridge Green. Worc 1D 48
Brotherlee. Dur 1C 104
Brothertoft. Linc 1B 76
Brotherton. N Yor 2E 93
Brotton. Red C 3D 107
Broubster. High 2C 168
Brough. Cumb 3A 104
Brough. Derbs 2F 85
Brough. E Yor 2C 94
Brough. High 1E 169
Brough. Notts 5F 87
Brough. Orkn
nr. Finstown 6C 172
nr. St Margaret's Hope 9D 172
Brough. Shet
nr. Benston 6F 173
nr. Booth of Toft 4F 173
on Bressay 7G 173
on Whalsay 5G 173
Broughall. Shrp 1H 71
Brougham. Cumb 2G 103
Brough Lodge. Shet 2G 173
Broughshane. ME Ant 2G 175
Brough Sowerby. Cumb 3A 104
Broughton. Cambs 3B 64
Broughton. Flin 4F 83
Broughton. Hants 3B 24
Broughton. Lanc 1D 90
Broughton. Mil 2G 51
Broughton. Nptn 3F 63
Broughton. N Lin 4C 94
Broughton. N Yor
nr. Malton 2B 100
nr. Skipton 4B 98
Broughton. Orkn 3D 172
Broughton. Oxon 2C 50
Broughton. Bord 1D 118
Broughton. Staf 2B 72
Broughton. V Glam 4C 32
Broughton Astley. Leics 1C 62
Broughton Beck. Cumb 1B 96
Broughton Cross. Cumb 1B 102
Broughton Gifford. Wilts 5D 35
Broughton Green. Worc 4D 60
Broughton Hackett. Worc 5D 60
Broughton in Furness. Cumb 1B 96
Broughton Mills. Cumb 5D 102
Broughton Moor. Cumb 1B 102
Broughton Park. G Man 4G 91
Broughton Poggs. Oxon 5H 49
Broughtown. Orkn 3F 172
Broughty Ferry. D'dee 5D 144
Browland. Shet 6D 173
Brownbread Street. E Sus 4A 28
Brown Candover. Hants 3D 24
Brown Edge. Lanc 3B 90
Brown Edge. Staf 5D 84
Brownhill. Bkbn 1E 91
Brownhill. Shrp 3G 71
Brownhills. Shrp 2A 72
Brownhills. W Mid 5E 73
Brown Knowl. Ches W 5G 83
Brownlow. Ches E 4C 84
Brownlow Heath. Ches E 4C 84
Brown's Green. W Mid 1E 61
Brownshill. Glos 5D 49
Brownston. Devn 3C 8
Brownstone. Devn 2A 12
Browston Green. Norf 5G 79
Broxa. N Yor 5G 107
Broxbourne. Herts 5D 52
Broxburn. E Lot 2C 130
Broxburn. W Lot 2D 128
Broxholme. Linc 3G 87
Broxted. Essx 3F 53
Broxton. Ches W 5G 83
Broxwood. Here 5F 59
Broyle Side. E Sus 4F 27
Brù. W Isl 3F 171
Bruach Mairi. W Isl 4G 171
Bruairnis. W Isl 8C 170
Bruan. High 5F 169
Bruar Lodge. Per 1F 143
Brucehill. W Dun 2E 127
Brucklay. Abers 3G 161
Bruera. Ches W 4G 83
Bruern Abbey. Oxon 3A 50
Bruichladdich. Arg 3A 124
Bruisyard. Suff 4F 67
Bruisyard Street. Suff 4F 67
Brund. Staf 4F 85
Brundall. Norf 5F 79
Brundish. Norf 1F 67
Brundish. Suff 4E 67
Brundish Street. Suff 3E 67
Brunery. High 1B 140
Brunswick Village. Tyne 2F 115
Brunthwaite. W Yor 5C 98
Bruntingthorpe. Leics 1D 62
Brunton. Fife 1F 137
Brunton. Nmbd 2G 121
Brunton. Wilts 1H 23
Brushford. Devn 2G 11
Brushford. Som 4C 20
Brusta. W Isl 1E 170
Bruton. Som 3B 22
Bryanston. Dors 2D 14
Bryant's Bottom. Buck 2G 37
Brydekirk. Dum 2C 112
Brymbo. Cnwy 3H 81
Brymbo. Wrex 5E 83
Brympton D'Evercy. Som 1A 14
Bryn. Carm 5F 45
Bryn. G Man 4D 90
Bryn. Neat 2B 32
Bryn. Shrp 2E 59
Brynamman. Carm 4H 45
Brynberian. Pemb 1F 43
Brynbryddan. Neat 2A 32
Bryncae. Rhon 3C 32
Bryncethin. B'end 3C 32
Bryncir. Gwyn 1D 69
Bryncoch. Neat 3G 31
Bryncroes. Gwyn 2B 68
Bryncrug. Gwyn 5F 69
Bryn Du. IOA 3C 80
Bryn Eden. Gwyn 3G 69
Bryn Eglwys. Gwyn 4F 81
Bryneglwys. Den 1D 70
Brynford. Flin 3D 82
Bryn Gates. G Man 4D 90
Bryn Golau. Rhon 3D 32
Bryngwran. IOA 3C 80
Bryngwyn. Mon 5G 47
Bryngwyn. Powy 1E 47
Bryn-henllan. Pemb 1E 43
Brynhoffnant. Cdgn 5C 56
Bryn-llwyn. Den 2C 82
Brynllywarch. Powy 2D 58
Bryn-mawr. Gwyn 2B 68
Brynmawr. Blae 4E 47
Brynmenyn. B'end 3C 32
Brynmill. Swan 3F 31
Brynna. Rhon 3C 32
Brynrefail. Gwyn 4E 81
Brynrefail. IOA 2D 81
Brynsadler. Rhon 3D 32
Bryn-Saith Marchog. Den 5C 82
Brynsiencyn. IOA 4D 81
Brynteg. IOA 2D 81
Brynteg. Wrex 5F 83
Brynygwenyn. Mon 4G 47
Bryn-y-maen. Cnwy 3H 81
Buaile nam Bodach. W Isl 8C 170
Bualintur. High 1C 146
Bubbenhall. Warw 3A 62
Bubwith. E Yor 1H 93
Buccleuch. Bord 3F 119
Buchanan Smithy. Stir 1F 127
Buchanhaven. Abers 4H 161
Buchanty. Per 1B 136
Buchany. Stir 3G 135
Buchley. E Dun 2G 127
Buchlyvie. Stir 4E 135
Buckabank. Cumb 5E 113
Buckden. Cambs 4A 64
Buckden. N Yor 2B 98
Buckenham. Norf 5F 79
Buckerell. Devn 2E 12
Buckfast. Devn 2D 8
Buckfastleigh. Devn 2D 8
Buckhaven. Fife 4F 137
Buckholm. Bord 1G 119
Buckholt. Here 4A 48
Buckhorn Weston. Dors 4C 22
Buckhurst Hill. Essx 1F 39
Buckie. Mor 2B 160
Buckingham. Buck 2E 51
Buckland. Buck 4G 51
Buckland. Glos 2F 49
Buckland. Here 5H 59

Buckland—Bwcle

Buckland. *Herts* 2D 52
Buckland. *Kent* 1H 29
Buckland. *Oxon* 2B 36
Buckland. *Surr* 5D 38
Buckland Brewer. *Devn* 4E 19
Buckland Common. *Buck* 5H 51
Buckland Dinham. *Som* 1C 22
Buckland Filleigh. *Devn* 2E 11
Buckland in the Moor. *Devn* 5H 11
Buckland Monachorum.
Devn 2A 8
Buckland Newton. *Dors* 2B 14
Buckland Ripers. *Dors* 4B 14
Buckland St Mary. *Som* 1F 13
Buckland-tout-Saints. *Devn* 4D 8
Bucklebury. *W Ber* 4D 36
Bucklegate. *Linc* 2C 76
Buckleigh. *Devn* 4E 19
Buckler's Hard. *Hants* 3C 16
Bucklesham. *Suff* 1F 55
Buckley. *Flin* 4E 83
Buckley Green. *Warw* 4F 61
Buckley Hill. *Mers* 1F 83
Bucklow Hill. *Ches E* 2B 84
Buckminster. *Leics* 3F 75
Bucknall. *Linc* 4A 88
Bucknall. *Stoke* 1D 72
Bucknell. *Oxon* 3D 50
Bucknell. *Shrp* 3F 59
Buckpool. *Mor* 2B 160
Bucksburn. *Aber* 3F 153
Buck's Cross. *Devn* 4D 18
Bucks Green. *W Sus* 2B 26
Buckshaw Village. *Lanc* 2D 90
Bucks Hill. *Herts* 5A 52
Bucks Horn Oak. *Hants* 2G 25
Buck's Mills. *Devn* 4D 18
Buckton. *E Yor* 2F 101
Buckton. *Here* 3F 59
Buckton. *Nmbd* 1E 121
Buckton Vale. *G Man* 4H 91
Buckworth. *Cambs* 3A 64
Budby. *Notts* 4D 86
Bude. *Corn* 2C 10
Budge's Shop. *Corn* 3H 7
Budlake. *Devn* 2C 12
Budle. *Nmbd* 1F 121
Budleigh Salterton. *Devn* 4D 12
Budock Water. *Corn* 5B 6
Buerton. *Ches E* 1A 72
Buffler's Holt. *Buck* 2E 51
Bugbrooke. *Nptn* 5D 62
Buglawton. *Ches E* 4C 84
Bugle. *Corn* 3E 6
Bugthorpe. *E Yor* 4B 100
Buildwas. *Shrp* 5A 72
Builth Road. *Powy* 5C 58
Builth Wells. *Powy* 5C 58
Bulbourne. *Herts* 4H 51
Bulby. *Linc* 3H 75
Bulcote. *Notts* 1D 74
Buldoo. *High* 2B 168
Bulford. *Wilts* 2G 23
Bulford Camp. *Wilts* 2G 23
Bulkeley. *Ches E* 5H 83
Bulkington. *Warw* 2A 62
Bulkington. *Wilts* 1E 23
Bulkworthy. *Devn* 1D 11
Bullamoor. *N Yor* 5A 106
Bull Bay. *IOA* 1D 80
Bullbridge. *Derbs* 5A 86
Bullgill. *Cumb* 1B 102
Bull Hill. *Hants* 3B 16
Bullinghope. *Here* 2A 48
Bull's Green. *Herts* 4C 52
Bullwood. *Arg* 2C 126
Bulmer. *Essx* 1B 54
Bulmer. *N Yor* 3A 100
Bulmer Tye. *Essx* 2B 54
Bulphan. *Thur* 2H 39
Bulverhythe. *E Sus* 5B 28
Bulwark. *Abers* 4G 161
Bulwell. *Nott* 1C 74
Bulwick. *Nptn* 1G 63
Bumble's Green. *Essx* 5E 53
Bun Abhainn Eadarra.
W Isl 7D 171
Bunacaimb. *High* 5E 147
Bun a' Mhuillinn. *W Isl* 7C 170
Bunarkaig. *High* 5D 148
Bunbury. *Ches E* 5H 83
Bunchrew. *High* 4A 158
Bundalloch. *High* 1A 148
Buness. *Shet* 1H 173
Bunessan. *Arg* 1A 132
Bungay. *Suff* 2F 67
Bunkegivie. *High* 2H 149
Bunker's Hill. *Cambs* 5D 76
Bunker's Hill. *Suff* 5H 79
Bunkers Hill. *Linc* 5B 88
Bunloit. *High* 1H 149
Bunnahabhain. *Arg* 2C 124
Bunny. *Notts* 3C 74
Bunoich. *High* 3F 149
Bunree. *High* 2E 141
Bunroy. *High* 5E 149
Buntait. *High* 5G 157
Buntingford. *Herts* 3D 52
Bunting's Green. *Essx* 2B 54
Bunwell. *Norf* 1D 66
Burbage. *Derbs* 3E 85
Burbage. *Leics* 1B 62
Burbage. *Wilts* 5H 35
Burcher. *Here* 4F 59
Burchett's Green. *Wind* 3G 37
Burcombe. *Wilts* 3F 23
Burcot. *Oxon* 2D 36
Burcot. *Worc* 3D 61
Burcote. *Shrp* 1B 60
Burcott. *Buck* 3G 51
Burcott. *Som* 2A 22
Burdale. *N Yor* 3C 100
Burdrop. *Oxon* 2B 50
Bures. *Suff* 2C 54
The Burf. *Worc* 4C 60
Burford. *Oxon* 4A 50
Burford. *Shrp* 4H 59
Burg. *Arg* 4E 139
Burgate Great Green. *Suff* 3C 66
Burgate Little Green. *Suff* 3C 66
Burgess Hill. *W Sus* 4E 27
Burgh. *Suff* 5E 67
Burgh by Sands. *Cumb* 4E 113
Burgh Castle. *Norf* 5G 79
Burghclere. *Hants* 5C 36
Burghead. *Mor* 2F 159
Burghfield. *W Ber* 5E 37
Burghfield Common. *W Ber* 5E 37
Burghfield Hill. *W Ber* 5E 37
Burgh Heath. *Surr* 5D 38
Burghill. *Here* 1H 47
Burgh le Marsh. *Linc* 4E 89
Burgh Muir. *Abers* 2E 153
Burgh next Aylsham. *Norf* 3E 78
Burgh on Bain. *Linc* 2B 88
Burgh St Margaret. *Norf* 4G 79
Burgh St Peter. *Norf* 1G 67
Burghwallis. *S Yor* 3F 93
Burham. *Kent* 4B 40
Buriton. *Hants* 4F 25
Burland. *Ches E* 5A 84
Burland. *Shet* 8E 173
Burlawn. *Corn* 2D 6
Burleigh. *Glos* 5D 48
Burleigh. *Wind* 4G 37
Burlescombe. *Devn* 1D 12
Burleston. *Dors* 3C 14
Burlestone. *Devn* 4E 9
Burley. *Hants* 2H 15
Burley. *Rut* 4F 75
Burley. *W Yor* 1C 92
Burleydam. *Ches E* 1A 72
Burley Gate. *Here* 1A 48
Burley in Wharfedale.
W Yor 5D 98
Burley Street. *Hants* 2H 15
Burley Woodhead. *W Yor* 5D 98
Burlingjobb. *Powy* 5E 59
Burlington. *Shrp* 4B 72
Burlton. *Shrp* 3G 71
Burmantofts. *W Yor* 1D 92
Burmarsh. *Kent* 2F 29
Burmington. *Warw* 2A 50
Burn. *N Yor* 2F 93
Burnage. *G Man* 1C 84
Burnaston. *Derbs* 2G 73
Burnbanks. *Cumb* 3G 103
Burnby. *E Yor* 5C 100
Burncross. *S Yor* 1H 85
Burneside. *Cumb* 5G 103
Burness. *Orkn* 3F 172
Burneston. *N Yor* 1F 99
Burnett. *Bath* 5B 34
Burnfoot. *E Ayr* 4D 116
Burnfoot. *Per* 3B 136
Burnfoot. *Bord*
nr. Hawick 3H 119
nr. Roberton 3G 119
Burngreave. *S Yor* 2A 86
Burnham. *Buck* 2A 38
Burnham. *N Lin* 3D 94
Burnham Deepdale. *Norf* 1H 77
Burnham Green. *Herts* 4C 52
Burnham Market. *Norf* 1H 77
Burnham Norton. *Norf* 1H 77
Burnham-on-Crouch. *Essx* 1D 40
Burnham-on-Sea. *Som* 2G 21
Burnham Overy Staithe.
Norf 1H 77
Burnham Overy Town.
Norf 1H 77
Burnham Thorpe. *Norf* 1A 78
Burnhaven. *Abers* 4H 161
Burnhead. *Dum* 5A 118
Burnhervie. *Abers* 2E 153
Burnhill Green. *Staf* 5B 72
Burnhope. *Dur* 5E 115
Burnhouse. *N Ayr* 4E 127
Burniston. *N Yor* 5H 107
Burnlee. *W Yor* 4B 92
Burnley. *Lanc* 1G 91
Burnmouth. *Bord* 3F 131
Burn Naze. *Lanc* 5C 96
Burn of Cambus. *Stir* 3G 135
Burnopfield. *Dur* 4E 115
Burnsall. *N Yor* 3C 98
Burnside. *Ang* 3E 145
Burnside. *Ant* 3G 175
Burnside. *E Ayr* 3E 117
Burnside. *Per* 3D 136
Burnside. *Shet* 4D 173
Burnside. *S Lan* 4H 127
Burnside. *W Lot*
nr. Broxburn 2D 129
nr. Winchburgh 2D 128
Burntcommon. *Surr* 5B 38
Burnt Heath. *Essx* 3D 54
Burntheath. *Derbs* 2G 73
Burnt Hill. *W Ber* 4D 36
Burnt Houses. *Dur* 2E 105
Burntisland. *Fife* 1F 129
Burnt Oak. *G Lon* 1D 38
Burnton. *E Ayr* 4D 117
Burntstalk. *Norf* 2G 77
Burntwood. *Staf* 5E 73
Burntwood Green. *Staf* 5E 73
Burnt Yates. *N Yor* 3E 99
Burnwynd. *Edin* 3E 129
Burpham. *Surr* 5B 38
Burpham. *W Sus* 5B 26
Burradon. *Nmbd* 4D 121
Burradon. *Tyne* 2F 115
Burrafirth. *Shet* 1H 173
Burragarth. *Shet* 1G 173
Burras. *Corn* 5A 6
Burraton. *Corn* 3A 8
Burravoe. *Shet*
nr. North Roe 3E 173
on Mainland 5E 173
on Yell 4G 173
Burray Village. *Orkn* 8D 172
Burrells. *Cumb* 3H 103
Burrelton. *Per* 5A 144
Burridge. *Hants* 1D 16
Burridge. *Som* 2G 13
Burrigill. *High* 5E 169
Burrill. *N Yor* 1E 99
Burringham. *N Lin* 4B 94
Burrington. *Devn* 1G 11
Burrington. *Here* 3G 59
Burrington. *N Som* 1H 21
Burrough End. *Cambs* 5F 65
Burrough Green. *Cambs* 5F 65
Burrough on the Hill.
Leics 4E 75
Burroughston. *Orkn* 5E 172
Burrow. *Devn* 4D 12
Burrow. *Som* 2C 20
Burrowbridge. *Som* 4G 21
Burrowhill. *Surr* 4A 38
Burry. *Swan* 3D 30
Burry Green. *Swan* 3D 30
Burry Port. *Carm* 5E 45
Burscough. *Lanc* 3C 90
Burscough Bridge. *Lanc* 3C 90
Bursea. *E Yor* 1B 94
Burshill. *E Yor* 5E 101
Bursledon. *Hants* 2C 16
Burslem. *Stoke* 1C 72
Burstall. *Suff* 1D 54
Burstock. *Dors* 2H 13
Burston. *Devn* 2H 11
Burston. *Norf* 2D 66
Burston. *Staf* 2D 72
Burstow. *Surr* 1E 27
Burstwick. *E Yor* 2F 95
Burtersett. *N Yor* 1A 98
Burtholme. *Cumb* 3G 113
Burthorpe. *Suff* 4G 65
Burthwaite. *Cumb* 5F 113
Burtle. *Som* 2H 21
Burtoft. *Linc* 2B 76
Burton. *Ches W*
nr. Kelsall 4H 83
nr. Neston 3F 83
Burton. *Dors*
nr. Christchurch 3G 15
nr. Dorchester 3B 14
Burton. *Nmbd* 1F 121
Burton. *Pemb* 4D 43
Burton. *Som* 2E 21
Burton. *Wilts*
nr. Chippenham 4D 34
nr. Warminster 3D 22
Burton. *Wrex* 5F 83
Burton Agnes. *E Yor* 3F 101
Burton Bradstock. *Dors* 4H 13
Burton-by-Lincoln. *Linc* 3G 87
Burton Coggles. *Linc* 3G 75
Burton Constable. *E Yor* 1E 95
Burton Corner. *Linc* 1C 76
Burton End. *Cambs* 1G 53
Burton End. *Essx* 3F 53
Burton Fleming. *E Yor* 2E 101
Burton Green. *Warw* 3G 61
Burton Green. *Wrex* 5F 83
Burton Hastings. *Warw* 2B 62
Burton-in-Kendal. *Cumb* 2E 97
Burton in Lonsdale. *N Yor* 2F 97
Burton Joyce. *Notts* 1D 74
Burton Latimer. *Nptn* 3G 63
Burton Lazars. *Leics* 4E 75
Burton Leonard. *N Yor* 3F 99
Burton on the Wolds.
Leics 3C 74
Burton Overy. *Leics* 1D 62
Burton Pedwardine. *Linc* 1A 76
Burton Pidsea. *E Yor* 1F 95
Burton Salmon. *N Yor* 2E 93
Burton's Green. *Essx* 3B 54
Burton Stather. *N Lin* 3B 94
Burton upon Stather.
N Lin 3B 94
Burton upon Trent. *Staf* 3G 73
Burton Wolds. *Leics* 3D 74
Burtonwood. *Warr* 1H 83
Burwardsley. *Ches W* 5H 83
Burwarton. *Shrp* 2A 60
Burwash. *E Sus* 3A 28
Burwash Common. *E Sus* 3H 27
Burwash Weald. *E Sus* 3A 28
Burwell. *Cambs* 4E 65
Burwell. *Linc* 3C 88
Burwen. *IOA* 1D 80
Burwick. *Orkn* 9D 172
Bury. *Cambs* 2B 64
Bury. *G Man* 3G 91
Bury. *Som* 4C 20
Bury. *W Sus* 4B 26
Burybank. *Staf* 2C 72
Bury End. *Worc* 2F 49
Bury Green. *Herts* 3E 53
Bury St Edmunds. *Suff* 4H 65
Burythorpe. *N Yor* 3B 100
Busbridge. *Surr* 1A 26
Busby. *E Ren* 4G 127
Busby. *Per* 1C 136
Buscot. *Oxon* 2H 35
Bush. *Corn* 2C 10
Bush Bank. *Here* 5G 59
Bushbury. *W Mid* 5D 72
Bushby. *Leics* 5D 74
Bushey. *Dors* 4E 15
Bushey. *Herts* 1C 38
Bushey Heath. *Herts* 1C 38
Bush Green. *Norf*
nr. Attleborough 1C 66
nr. Harleston 2E 66
Bush Green. *Suff* 5B 66
Bushley. *Worc* 2D 49
Bushley Green. *Worc* 2D 48
Bushmead. *Bed* 4A 64
Bushmills. *Caus* 1F 175
Bushmoor. *Shrp* 2G 59
Bushton. *Wilts* 4F 35
Bushy Common. *Norf* 4B 78
Busk. *Cumb* 5H 113
Buslingthorpe. *Linc* 2H 87
Bussage. *Glos* 5D 49
Bussex. *Som* 3G 21
Busta. *Shet* 5E 173
Butcher's Cross. *E Sus* 3G 27
Butcombe. *N Som* 5A 34
Bute Town. *Cphy* 5E 46
Butleigh. *Som* 3A 22
Butleigh Wootton. *Som* 3A 22
Butlers Marston. *Warw* 1B 50
Butley. *Suff* 5F 67
Butley High Corner. *Suff* 1G 55
Butlocks Heath. *Hants* 2C 16
Butterburn. *Cumb* 2H 113
Buttercrambe. *N Yor* 4B 100
Butterknowle. *Dur* 2E 105
Butterleigh. *Devn* 2C 12
Buttermere. *Cumb* 3C 102
Buttermere. *Wilts* 5B 36
Buttershaw. *W Yor* 2B 92
Butterstone. *Per* 4H 143
Butterton. *Staf*
nr. Leek 5E 85
nr. Stoke-on-Trent 1C 72
Butterwick. *Dur* 2A 106
Butterwick. *Linc* 1C 76
Butterwick. *N Yor*
nr. Malton 2B 100
nr. Weaverthorpe 2D 101
Butteryhaugh. *Nmbd* 5A 120
Butt Green. *Ches E* 5A 84
Buttington. *Powy* 5E 71
Buttonbridge. *Shrp* 3B 60
Buttonoak. *Shrp* 3B 60
Buttsash. *Hants* 2C 16
Butt's Green. *Essx* 5A 54
Butt Yeats. *Lanc* 3E 97
Buxhall. *Suff* 5C 66
Buxted. *E Sus* 3F 27
Buxton. *Derbs* 3E 85
Buxton. *Norf* 3E 79
Buxworth. *Derbs* 2E 85
Bwcle. *Flin* 4E 83

Bwlch. *Powy* 3E **47**
Bwlchderwin. *Gwyn* 1D **68**
Bwlchgwyn. *Wrex* 5E **83**
Bwlch-Llan. *Cdgn* 5E **57**
Bwlchnewydd. *Carm* 3D **44**
Bwlchtocyn. *Gwyn* 3C **68**
Bwlch-y-cibau. *Powy* 4D **70**
Bwlchyddar. *Powy* 3D **70**
Bwlch-y-fadfa. *Cdgn* 1E **45**
Bwlch-y-ffridd. *Powy* 1C **58**
Bwlch y Garreg. *Powy* 1C **58**
Bwlch-y-groes. *Pemb* 1G **43**
Bwlch-y-sarnau. *Powy* 3C **58**
Bybrook. *Kent* 1E **28**
Byermoor. *Tyne* 4E **115**
Byers Garth. *Dur* 5G **115**
Byers Green. *Dur* 1F **105**
Byfield. *Nptn* 5C **62**
Byfleet. *Surr* 4B **38**
Byford. *Here* 1G **47**
Bygrave. *Herts* 2C **52**
Byker. *Tyne* 3F **115**
Byland Abbey. *N Yor* 2H **99**
Bylchau. *Cnwy* 4B **82**
Byley. *Ches W* 4B **84**
Bynea. *Carm* 3E **31**
Byram. *N Yor* 2E **93**
Byrness. *Nmbd* 4B **120**
Bystock. *Devn* 4D **12**
Bythorn. *Cambs* 3H **63**
Byton. *Here* 4F **59**
Bywell. *Nmbd* 3D **114**
Byworth. *W Sus* 3A **26**

C

Cabharstadh. *W Isl* 6F **171**
Cabourne. *Linc* 4E **95**
Cabrach. *Arg* 3C **124**
Cabrach. *Mor* 1A **152**
Cabus. *Lanc* 5D **97**
Cadbury. *Devn* 2C **12**
Cadder. *E Dun* 2H **127**
Caddington. *C Beds* 4A **52**
Caddonfoot. *Bord* 1G **119**
Cadeby. *Leics* 5B **74**
Cadeby. *S Yor* 4F **93**
Cadeleigh. *Devn* 2C **12**
Cade Street. *E Sus* 3H **27**
Cadgwith. *Corn* 5E **5**
Cadham. *Fife* 3E **137**
Cadishead. *G Man* 1B **84**
Cadle. *Swan* 3F **31**
Cadley. *Lanc* 1D **90**
Cadley. *Wilts*
nr. Ludgershall 1H **23**
nr. Marlborough 5H **35**
Cadmore End. *Buck* 2F **37**
Cadnam. *Hants* 1A **16**
Cadney. *N Lin* 4D **94**
Cadole. *Flin* 4E **82**
Cadoxton-juxta-Neath. *Neat* 2A **32**
Cadwell. *Herts* 2B **52**
Cadwst. *Den* 2C **70**
Caeathro. *Gwyn* 4E **81**
Caehopkin. *Powy* 4B **46**
Caenby. *Linc* 2H **87**
Caerau. *B'end* 2B **32**
Caerau. *Card* 4E **33**
Cae'r-bont. *Powy* 4B **46**
Cae'r-bryn. *Carm* 4F **45**
Caerdeon. *Gwyn* 4F **69**
Caerdydd. *Card* 4E **33**
Caerfarchell. *Pemb* 2B **42**
Caerffili. *Cphy* 3E **33**
Caerfyrddin. *Carm* 4E **45**
Caergeiliog. *IOA* 3C **80**
Caergwrle. *Flin* 5F **83**
Caergybi. *IOA* 2B **80**
Caerlaverock. *Per* 2A **136**
Caerleon. *Newp* 2G **33**
Caerlleon. *Carm* 2G **43**
Caerllion. *Newp* 2G **33**
Caernarfon. *Gwyn* 4D **81**
Caerphilly. *Cphy* 3E **33**
Caersws. *Powy* 1C **58**
Caerwedros. *Cdgn* 5C **56**
Caerwent. *Mon* 2H **33**
Caerwys. *Flin* 3D **82**
Caim. *IOA* 2F **81**
Caio. *Carm* 2G **45**
Cairinis. *W Isl* 2D **170**
Cairisiadar. *W Isl* 4C **171**
Cairminis. *W Isl* 9C **171**
Cairnbaan. *Arg* 4F **133**
Cairnbulg. *Abers* 2H **161**
Cairncross. *Ang* 1D **145**
Cairndow. *Arg* 2A **134**
Cairness. *Abers* 2H **161**
Cairneyhill. *Fife* 1D **128**
Cairngarroch. *Dum* 5F **109**
Cairnhill. *Abers* 5D **160**
Cairnie. *Abers* 4B **160**
Cairnorrie. *Abers* 4F **161**
Cairnryan. *Dum* 3F **109**
Cairston. *Orkn* 6B **172**
Caister-on-Sea. *Norf* 4H **79**
Caistor. *Linc* 4E **94**
Caistor St Edmund. *Norf* 5E **79**
Caistron. *Nmbd* 4D **121**
Cakebole. *Worc* 3C **60**
Calais Street. *Suff* 1C **54**
Calanais. *W Isl* 4E **171**
Calbost. *W Isl* 6G **171**
Calbourne. *IOW* 4C **16**
Calceby. *Linc* 3C **88**
Calcot. *Glos* 4F **49**
Calcot Row. *W Ber* 4E **37**
Calcott. *Kent* 4F **41**
Calcott. *Shrp* 4G **71**
Caldback. *Shet* 1H **173**
Caldbeck. *Cumb* 1E **102**
Caldbergh. *N Yor* 1C **98**
Caldecote. *Cambs*
nr. Cambridge 5C **64**
nr. Peterborough 2A **64**
Caldecote. *Herts* 2C **52**
Caldecote. *Nptn* 5D **62**
Caldecote. *Warw* 1A **62**
Caldecott. *Nptn* 4G **63**
Caldecott. *Oxon* 2C **36**
Caldecott. *Rut* 1F **63**
Calderbank. *N Lan* 3A **128**
Calder Bridge. *Cumb* 4B **102**
Calderbrook. *G Man* 3H **91**
Caldercruix. *N Lan* 3B **128**
Calder Grove. *W Yor* 3D **92**
Calder Mains. *High* 3C **168**
Caldermill. *S Lan* 5H **127**
Calder Vale. *Lanc* 5E **97**
Calderwood. *S Lan* 4H **127**
Caldicot. *Mon* 3H **33**
Caldwell. *Derbs* 4G **73**
Caldwell. *N Yor* 3E **105**
Caldy. *Mers* 2E **83**
Calebrack. *Cumb* 1E **103**
Calf Heath. *Staf* 5D **72**
Calford Green. *Suff* 1G **53**
Calfsound. *Orkn* 4E **172**
Calgary. *Arg* 3E **139**
Califer. *Mor* 3E **159**
California. *Cambs* 2E **65**
California. *Falk* 2C **128**
California. *Norf* 4H **79**
California. *Suff* 1E **55**
Calke. *Derbs* 3A **74**
Callakille. *High* 3F **155**
Callaly. *Nmbd* 4E **121**
Callander. *Stir* 3F **135**
Callaughton. *Shrp* 1A **60**
Callendoun. *Arg* 1E **127**
Callestick. *Corn* 3B **6**
Calligarry. *High* 3E **147**
Callington. *Corn* 2H **7**
Callingwood. *Staf* 3F **73**
Callow. *Here* 2H **47**
Callowell. *Glos* 5D **48**
Callow End. *Worc* 1D **48**
Callow Hill. *Wilts* 3F **35**
Callow Hill. *Worc*
nr. Bewdley 3B **60**
nr. Redditch 4E **61**
Calmore. *Hants* 1B **16**
Calmsden. *Glos* 5F **49**
Calne. *Wilts* 4E **35**
Calow. *Derbs* 3B **86**
Calshot. *Hants* 2C **16**
Calstock. *Corn* 2A **8**
Calstone Wellington. *Wilts* 5F **35**
Calthorpe. *Norf* 2D **78**
Calthorpe Street. *Norf* 3G **79**
Calthwaite. *Cumb* 5F **113**
Calton. *N Yor* 4B **98**
Calton. *Staf* 5F **85**
Calveley. *Ches E* 5H **83**
Calver. *Derbs* 3G **85**
Calverhall. *Shrp* 2A **72**
Calverleigh. *Devn* 1C **12**
Calverley. *W Yor* 1C **92**
Calvert. *Buck* 3E **51**
Calverton. *Mil* 2F **51**
Calverton. *Notts* 1D **74**
Calvine. *Per* 2F **143**
Calvo. *Cumb* 4C **112**
Cam. *Glos* 2C **34**
Camaghael. *High* 1F **141**
Camas-luinie. *High* 1B **148**
Camasnacroise. *High* 3C **140**
Camastianavaig. *High* 5E **155**
Camasunary. *High* 2D **146**
Camault Muir. *High* 4H **157**
Camb. *Shet* 2G **173**
Camber. *E Sus* 4D **28**
Camberley. *Surr* 5G **37**
Camberwell. *G Lon* 3E **39**
Camblesforth. *N Yor* 2G **93**
Cambo. *Nmbd* 1D **114**
Cambois. *Nmbd* 1G **115**
Camborne. *Corn* 5A **6**
Cambourne. *Cambs* 5C **64**
Cambridge. *Cambs* 5D **64**
Cambridge. *Glos* 5C **48**
Cambrose. *Corn* 4A **6**
Cambus. *Clac* 4A **136**
Cambusbarron. *Stir* 4G **135**
Cambuskenneth. *Stir* 4H **135**
Cambuslang. *S Lan* 3H **127**
Cambusnethan. *N Lan* 4B **128**
Cambus o' May. *Abers* 4B **152**
Camden Town. *G Lon* 2D **39**
Cameley. *Bath* 1B **22**
Camelford. *Corn* 4B **10**
Camelon. *Falk* 1B **128**
Camelsdale. *W Sus* 3G **25**
Camer's Green. *Worc* 2C **48**
Camerton. *Bath* 1B **22**
Camerton. *Cumb* 1B **102**
Camerton. *E Yor* 2F **95**
Camghouran. *Per* 3C **142**
Camlough. *New M* 6F **175**
Cammachmore. *Abers* 4G **153**
Cammeringham. *Linc* 2G **87**
Camore. *High* 4E **165**
The Camp. *Glos* 5E **49**
Campbelton. *N Ayr* 4C **126**
Campbeltown. *Arg* 3B **122**
Campbeltown Airport. *Arg* 3A **122**
Cample. *Dum* 5A **118**
Campmuir. *Per* 5B **144**
Campsall. *S Yor* 3F **93**
Campsea Ashe. *Suff* 5F **67**
Camps End. *Cambs* 1G **53**
Campton. *C Beds* 2B **52**
Camptoun. *E Lot* 2B **130**
Camptown. *Bord* 3A **120**
Camrose. *Pemb* 2D **42**
Camserney. *Per* 4F **143**
Camster. *High* 4E **169**
Camus Croise. *High* 2E **147**
Camuscross. *High* 2E **147**
Camusdarach. *High* 4E **147**
Camusnagaul. *High*
nr. Fort William 1E **141**
nr. Little Loch Broom 5E **163**
Camusteel. *High* 4G **155**
Camusterrach. *High* 4G **155**
Camusvrachan. *Per* 4D **142**
Canada. *Hants* 1A **16**
Canadia. *E Sus* 4B **28**
Canaston Bridge. *Pemb* 3E **43**
Candlesby. *Linc* 4D **88**
Candle Street. *Suff* 3C **66**
Candy Mill. *S Lan* 5D **128**
Cane End. *Oxon* 4E **37**
Canewdon. *Essx* 1D **40**
Canford Cliffs. *Pool* 4F **15**
Canford Heath. *Pool* 3F **15**
Canford Magna. *Pool* 3F **15**
Cangate. *Norf* 4F **79**
Canham's Green. *Suff* 4C **66**
Canholes. *Derbs* 3E **85**
Canisbay. *High* 1F **169**
Canley. *W Mid* 3H **61**
Cann. *Dors* 4D **22**
Cann Common. *Dors* 4D **23**
Cannich. *High* 5F **157**
Cannington. *Som* 3F **21**
Cannock. *Staf* 4D **73**
Cannock Wood. *Staf* 4E **73**
Canonbie. *Dum* 2E **113**
Canon Bridge. *Here* 1H **47**
Canon Frome. *Here* 1B **48**
Canon Pyon. *Here* 1H **47**
Canons Ashby. *Nptn* 5C **62**
Canonstown. *Corn* 3C **4**
Canterbury. *Kent* 5F **41**
Cantley. *Norf* 5F **79**
Cantley. *S Yor* 4G **93**
Cantlop. *Shrp* 5H **71**
Canton. *Card* 4E **33**
Cantray. *High* 4B **158**
Cantraybruich. *High* 4B **158**
Cantraywood. *High* 4B **158**
Cantsdam. *Fife* 4D **136**
Cantsfield. *Lanc* 2F **97**
Canvey Island. *Essx* 2B **40**
Canwick. *Linc* 4G **87**
Canworthy Water. *Corn* 3C **10**
Caol. *High* 1F **141**
Caolas. *Arg* 4B **138**
Caolas. *W Isl* 9B **170**
Caolas Liubharsaigh. *W Isl* 4D **170**
Caolas Scalpaigh. *W Isl* 8E **171**
Caolas Stocinis. *W Isl* 8D **171**
Caol Ila. *Arg* 2C **124**
Caol Loch Ailse. *High* 1F **147**
Caol Reatha. *High* 1F **147**
Capel. *Kent* 1H **27**
Capel. *Surr* 1C **26**
Capel Bangor. *Cdgn* 2F **57**
Capel Betws Lleucu. *Cdgn* 5F **57**
Capel Coch. *IOA* 2D **80**
Capel Curig. *Cnwy* 5G **81**
Capel Cynon. *Cdgn* 1D **45**
Capel Dewi. *Carm* 3E **45**
Capel Dewi. *Cdgn*
nr. Aberystwyth 2F **57**
nr. Llandysul 1E **45**
Capel Garmon. *Cnwy* 5H **81**
Capel Green. *Suff* 1G **55**
Capel Gwyn. *IOA* 3C **80**
Capel Gwynfe. *Carm* 3H **45**
Capel Hendre. *Carm* 4F **45**
Capel Isaac. *Carm* 3F **45**
Capel Iwan. *Carm* 1G **43**
Capel-le-Ferne. *Kent* 2G **29**
Capel Llanilltern. *Card* 4D **32**
Capel Mawr. *IOA* 3D **80**
Capel Newydd. *Pemb* 1G **43**
Capel St Andrew. *Suff* 1G **55**
Capel St Mary. *Suff* 2D **54**
Capel Seion. *Carm* 4F **45**
Capel Seion. *Cdgn* 3F **57**
Capel Uchaf. *Gwyn* 1D **68**
Capel-y-ffin. *Powy* 2F **47**
Capenhurst. *Ches W* 3F **83**
Capernwray. *Lanc* 2E **97**
Capheaton. *Nmbd* 1D **114**
Cappercleuch. *Bord* 2E **119**
Capplegill. *Dum* 4D **118**
Capton. *Devn* 3E **9**
Capton. *Som* 3D **20**
Caputh. *Per* 5H **143**
Caradon Town. *Corn* 5C **10**
Carbis Bay. *Corn* 3C **4**
Carbost. *High*
nr. Loch Harport 5C **154**
nr. Portree 4D **154**
Carbrook. *S Yor* 2A **86**
Carbrooke. *Norf* 5B **78**
Carburton. *Notts* 3D **86**
Carcluie. *S Ayr* 3C **116**
Car Colston. *Notts* 1E **74**
Carcroft. *S Yor* 4F **93**
Cardenden. *Fife* 4E **136**
Cardeston. *Shrp* 4F **71**
Cardewlees. *Cumb* 4E **113**
Cardiff. *Card* 4E **33**
Cardiff Airport. *V Glam* 5D **32**
Cardigan. *Cdgn* 1B **44**
Cardinal's Green. *Cambs* 1G **53**
Cardington. *Bed* 1A **52**
Cardington. *Shrp* 1H **59**
Cardinham. *Corn* 2F **7**
Cardno. *Abers* 2G **161**
Cardow. *Mor* 4F **159**
Cardross. *Arg* 2E **127**
Cardurnock. *Cumb* 4C **112**
Careby. *Linc* 4H **75**
Careston. *Ang* 2E **145**
Carew. *Pemb* 4E **43**
Carew Cheriton. *Pemb* 4E **43**
Carew Newton. *Pemb* 4E **43**
Carey. *Here* 2A **48**
Carfin. *N Lan* 4A **128**
Carfrae. *Bord* 4B **130**
Cargate Green. *Norf* 4F **79**
Cargenbridge. *Dum* 2G **111**
Cargill. *Per* 5A **144**
Cargo. *Cumb* 4E **113**
Cargreen. *Corn* 2A **8**
Carham. *Nmbd* 1C **120**
Carhampton. *Som* 2D **20**
Carharrack. *Corn* 4B **6**
Carie. *Per*
nr. Loch Rannah 3D **142**
nr. Loch Tay 5D **142**
Carisbrooke. *IOW* 4C **16**
Cark. *Cumb* 2C **96**
Carkeel. *Corn* 2A **8**
Carlabhagh. *W Isl* 3E **171**
Carland Cross. *Corn* 3C **6**
Carlbury. *Darl* 3F **105**
Carlby. *Linc* 4H **75**
Carlecotes. *S Yor* 4B **92**
Carleen. *Corn* 4D **4**
Carlesmoor. *N Yor* 2D **98**
Carleton. *Cumb*
nr. Carlisle 4F **113**
nr. Egremont 4B **102**
nr. Penrith 2G **103**
Carleton. *Lanc* 5C **96**
Carleton. *N Yor* 5B **98**
Carleton. *W Yor* 2E **93**
Carleton Forehoe. *Norf* 5C **78**
Carleton Rode. *Norf* 1D **66**
Carleton St Peter. *Norf* 5F **79**
Carlidnack. *Corn* 4E **5**
Carlingcott. *Bath* 1B **22**
Carlin How. *Red C* 3E **107**
Carlisle. *Cumb* 4F **113**
Carloonan. *Arg* 2H **133**
Carlops. *Bord* 4E **129**
Carlton. *Bed* 5G **63**

Carlton. *Cambs* 5F 65
Carlton. *Leics* 5A 74
Carlton. *N Yor*
nr. Helmsley 1A 100
nr. Middleham 1C 98
nr. Selby 2G 93
Carlton. *Notts* 1D 74
Carlton. *S Yor* 3D 92
Carlton. *Stoc T* 2A 106
Carlton. *Suff* 4F 67
Carlton. *W Yor* 2D 92
Carlton Colville. *Suff* 1H 67
Carlton Curlieu. *Leics* 1D 62
Carlton Husthwaite. *N Yor* 2G 99
Carlton in Cleveland.
N Yor 4C 106
Carlton in Lindrick. *Notts* 2C 86
Carlton-le-Moorland. *Linc* 5G 87
Carlton Miniott. *N Yor* 1F 99
Carlton-on-Trent. *Notts* 4F 87
Carlton Scroop. *Linc* 1G 75
Carluke. *S Lan* 4B 128
Carlyon Bay. *Corn* 3E 7
Carmarthen. *Carm* 4E 45
Carmel. *Carm* 4F 45
Carmel. *Flin* 3D 82
Carmel. *Gwyn* 5D 81
Carmel. *IOA* 2C 80
Carmichael. *S Lan* 1B 118
Carmunnock. *Glas* 4H 127
Carmyle. *Glas* 3H 127
Carmyllie. *Ang* 4E 145
Carnaby. *E Yor* 3F 101
Carnach. *High*
nr. Lochcarron 1C 148
nr. Ullapool 4E 163
Carnach. *Mor* 4E 159
Carnach. *W Isl* 8E 171
Carnachy. *High* 3H 167
Carnain. *Arg* 3B 124
Carnais. *W Isl* 4C 171
Carnan. *Arg* 4B 138
Carnan. *W Isl* 4C 170
Carnbee. *Fife* 3H 137
Carnbo. *Per* 3C 136
Carn Brea Village. *Corn* 4A 6
Carndu. *High* 1A 148
Carne. *Corn* 5D 6
Carnell. *S Ayr* 1D 116
Carnforth. *Lanc* 2E 97
Carn-gorm. *High* 1B 148
Carnhedryn. *Pemb* 2C 42
Carnhell Green. *Corn* 3D 4
Carnie. *Abers* 3F 153
Carnkie. *Corn*
nr. Falmouth 5B 6
nr. Redruth 5A 6
Carnkief. *Corn* 3B 6
Carno. *Powy* 1B 58
Carnock. *Fife* 1D 128
Carnon Downs. *Corn* 4B 6
Carnoustie. *Ang* 5E 145
Carntyne. *Glas* 3H 127
Carnwath. *S Lan* 5C 128
Carnyorth. *Corn* 3A 4
Carol Green. *W Mid* 3G 61
Carpalla. *Corn* 3D 6
Carperby. *N Yor* 1C 98
Carradale. *Arg* 2C 122
Carragraich. *W Isl* 8D 171
Carrbridge. *High* 1D 150
Carr Cross. *Lanc* 3B 90
Carreglefn. *IOA* 2C 80
Carrhouse. *N Lin* 4A 94
Carrick Castle. *Arg* 4A 134
Carrickfergus. *ME Ant* 3H 175
Carrick Ho. *Orkn* 4E 172
Carriden. *Falk* 1D 128
Carrington. *G Man* 1B 84
Carrington. *Linc* 5C 88
Carrington. *Midl* 3G 129
Carrog. *Cnwy* 1G 69
Carrog. *Den* 1D 70
Carron. *Falk* 1B 128
Carron. *Mor* 4G 159
Carronbridge. *Dum* 5A 118
Carronshore. *Falk* 1B 128
Carrow Hill. *Mon* 2H 33
Carr Shield. *Nmbd* 5B 114
Carrutherstown. *Dum* 2C 112
Carr Vale. *Derbs* 4B 86
Carrville. *Dur* 5G 115
Carryduff. *Lis* 4H 175
Carsaig. *Arg* 1C 132
Carscreugh. *Dum* 3H 109
Carsegowan. *Dum* 4B 110
Carse House. *Arg* 3F 125
Carseriggan. *Dum* 3A 110
Carsethorn. *Dum* 4A 112
Carshalton. *G Lon* 4D 39
Carsington. *Derbs* 5G 85
Carskiey. *Arg* 5A 122
Carsluith. *Dum* 4B 110
Carsphairn. *Dum* 5E 117
Carstairs. *S Lan* 5C 128
Carstairs Junction. *S Lan* 5C 128
Cartbridge. *Surr* 5B 38
Carterhaugh. *Ang* 4D 144
Carter's Clay. *Hants* 4B 24
Carterton. *Oxon* 5A 50
Carterway Heads. *Nmbd* 4D 114
Carthew. *Corn* 3E 6
Carthorpe. *N Yor* 1F 99
Cartington. *Nmbd* 4E 121
Cartland. *S Lan* 5B 128
Cartmel. *Cumb* 2C 96
Cartmel Fell. *Cumb* 1D 96
Cartworth. *W Yor* 4B 92
Carwath. *Cumb* 5E 112
Carway. *Carm* 5E 45
Carwinley. *Cumb* 2F 113
Cascob. *Powy* 4E 59
Cas-gwent. *Mon* 2A 34
Cash Feus. *Fife* 3E 136
Cashlie. *Per* 4B 142
Cashmoor. *Dors* 1E 15
Cas-Mael. *Pemb* 2E 43
Casnewydd. *Newp* 3G 33
Cassington. *Oxon* 4C 50
Cassop. *Dur* 1A 106
Castell. *Cnwy* 4G 81
Castell. *Den* 4D 82
Castell Hendre. *Pemb* 2E 43
Castell-Nedd. *Neat* 2A 32
Castell Newydd Emlyn.
Carm 1D 44
Castell-y-bwch. *Torf* 2F 33
Casterton. *Cumb* 2F 97
Castle. *Som* 2A 22
Castle Acre. *Norf* 4H 77
Castle Ashby. *Nptn* 5F 63
Castlebay. *W Isl* 9B 170
Castle Bolton. *N Yor* 5D 104
Castle Bromwich. *W Mid* 2F 61
Castle Bytham. *Linc* 4G 75
Castlebythe. *Pemb* 2E 43
Castle Caereinion. *Powy* 5D 70
Castle Camps. *Cambs* 1G 53
Castle Carrock. *Cumb* 4G 113
Castle Cary. *Som* 3B 22
Castlecary. *N Lan* 2A 128
Castle Combe. *Wilts* 4D 34
Castlecraig. *High* 2C 158
Castledawson. *M Ulst* 3F 175
Castlederg. *Derr* 3B 174
Castle Donington. *Leics* 3B 74
Castle Douglas. *Dum* 3E 111
Castle Eaton. *Swin* 2G 35
Castle Eden. *Dur* 1B 106
Castleford. *W Yor* 2E 93
Castle Frome. *Here* 1B 48
Castle Green. *Surr* 4A 38
Castle Green. *Warw* 3G 61
Castle Gresley. *Derbs* 4G 73
Castle Heaton. *Nmbd* 5F 131
Castle Hedingham. *Essx* 2A 54
Castle Hill. *Kent* 1A 28
Castle Hill. *Suff* 1E 55
Castlehill. *Per* 5B 144
Castlehill. *S Lan* 4B 128
Castlehill. *W Dun* 2E 127
Castle Kennedy. *Dum* 4G 109
Castle Lachlan. *Arg* 4H 133
Castlemartin. *Pemb* 5D 42
Castlemilk. *Glas* 4H 127
Castlemorris. *Pemb* 1D 42
Castlemorton. *Worc* 2C 48
Castle O'er. *Dum* 5E 119
Castle Park. *N Yor* 3F 107
Castlerigg. *Cumb* 2D 102
Castle Rising. *Norf* 3F 77
Castlerock. *Caus* 1E 174
Castleside. *Dur* 5D 115
Castlethorpe. *Mil* 1F 51
Castleton. *Abers* 4F 151
Castleton. *Arg* 1G 125
Castleton. *Derbs* 2F 85
Castleton. *G Man* 3G 91
Castleton. *Mor* 1F 151
Castleton. *Newp* 3F 33
Castleton. *N Yor* 4D 107
Castleton. *Per* 2B 136
Castletown. *Cumb* 1G 103
Castletown. *Dors* 5B 14
Castletown. *High* 2D 169
Castletown. *IOM* 5B 108
Castletown. *Tyne* 4G 115
Castlewellan. *New M* 6H 175
Castley. *N Yor* 5E 99
Caston. *Norf* 1B 66
Castor. *Pet* 1A 64
Caswell. *Swan* 4E 31
Catacol. *N Ayr* 5H 125
Catbrook. *Mon* 5A 48
Catchems End. *Worc* 3B 60
Catchgate. *Dur* 4E 115
Catcleugh. *Nmbd* 4B 120
Catcliffe. *S Yor* 2B 86
Catcott. *Som* 3G 21
Caterham. *Surr* 5E 39
Catfield. *Norf* 3F 79
Catfield Common. *Norf* 3F 79
Catfirth. *Shet* 6F 173
Catford. *G Lon* 3E 39
Catforth. *Lanc* 1C 90
Cathcart. *Glas* 3G 127
Cathedine. *Powy* 3E 47
Catherine-de-Barnes.
W Mid 2F 61
Catherington. *Hants* 1E 17
Catherston Leweston.
Dors 3G 13
Catherton. *Shrp* 3A 60
Catisfield. *Hants* 2D 16
Catlodge. *High* 4A 150
Catlowdy. *Cumb* 2F 113
Catmore. *W Ber* 3C 36
Caton. *Devn* 5A 12
Caton. *Lanc* 3E 97
Catrine. *E Ayr* 2E 117
Cat's Ash. *Newp* 2G 33
Catsfield. *E Sus* 4B 28
Catsgore. *Som* 4A 22
Catshill. *Worc* 3D 60
Cattal. *N Yor* 4G 99
Cattawade. *Suff* 2E 54
Catterall. *Lanc* 5E 97
Catterick. *N Yor* 5F 105
Catterick Bridge. *N Yor* 5F 105
Catterick Garrison.
N Yor 5E 105
Catterlen. *Cumb* 1F 103
Catterline. *Abers* 1H 145
Catterton. *N Yor* 5H 99
Catteshall. *Surr* 1A 26
Catthorpe. *Leics* 3C 62
Cattistock. *Dors* 3A 14
Catton. *Nmbd* 4B 114
Catton. *N Yor* 2F 99
Catwick. *E Yor* 5F 101
Catworth. *Cambs* 3H 63
Caudle Green. *Glos* 4E 49
Caulcott. *Oxon* 3D 50
Cauldhame. *Stir* 4F 135
Cauldmill. *Bord* 3H 119
Cauldon. *Staf* 1E 73
Cauldon Lowe. *Staf* 1E 73
Cauldwells. *Abers* 3E 161
Caulkerbush. *Dum* 4G 111
Caulside. *Dum* 1F 113
Caunsall. *Worc* 2C 60
Caunton. *Notts* 4E 87
Causewayend. *S Lan* 1C 118
Causewayhead. *Stir* 4H 135
Causey Park. *Nmbd* 5F 121
Caute. *Devn* 1E 11
Cautley. *Cumb* 5H 103
Cavendish. *Suff* 1B 54
Cavendish Bridge. *Leics* 3B 74
Cavenham. *Suff* 3G 65
Caversfield. *Oxon* 3D 50
Caversham. *Read* 4F 37
Caversham Heights.
Read 4F 37
Caverswall. *Staf* 1D 72
Cawdor. *High* 3C 158
Cawkwell. *Linc* 2B 88
Cawood. *N Yor* 1F 93
Cawsand. *Corn* 3A 8
Cawston. *Norf* 3D 78
Cawston. *Warw* 3B 62
Cawthorne. *N Yor* 1B 100
Cawthorne. *S Yor* 4C 92
Cawthorpe. *Linc* 3H 75
Cawton. *N Yor* 2A 100
Caxton. *Cambs* 5C 64
Caynham. *Shrp* 3H 59
Caythorpe. *Linc* 1G 75
Caythorpe. *Notts* 1D 74
Cayton. *N Yor* 1E 101
Ceallan. *W Isl* 3D 170
Ceann a Bhaigh. *W Isl*
on North Uist 2C 170
on Scalpay 8E 171
on South Harris 8D 171
Ceann a Bhàigh. *W Isl* 9C 171
Ceannacroc Lodge. *High* 2E 149
Ceann a Deas Loch Baghasdail.
W Isl 7C 170
Ceann an Leothaid. *High* 5E 147
Ceann a Tuath Loch
Baghasdail. *W Isl* 6C 170
Ceann Loch Ailleart. *High* 5F 147
Ceann Loch Muideirt.
High 1B 140
Ceann-na-Cleithe. *W Isl* 8D 171
Ceann Shiphoirt. *W Isl* 6E 171
Ceann Tarabhaigh. *W Isl* 6E 171
Cearsiadar. *W Isl* 5F 171
Ceathramh Meadhanach.
W Isl 1D 170
Cefn Berain. *Cnwy* 4B 82
Cefn-brith. *Cnwy* 5B 82
Cefn-bryn-brain. *Carm* 4H 45
Cefn Bychan. *Cphy* 2F 33
Cefn-bychan. *Flin* 4D 82
Cefncaeau. *Carm* 3E 31
Cefn Canol. *Powy* 2E 71
Cefn Coch. *Powy* 5C 70
Cefn-coch. *Powy* 3D 70
Cefn-coed-y-cymmer.
Mer T 5D 46
Cefn Cribwr. *B'end* 3B 32
Cefn-ddwysarn. *Gwyn* 2B 70
Cefn Einion. *Shrp* 2E 59
Cefneithin. *Carm* 4F 45
Cefn Glas. *B'end* 3B 32
Cefngorwydd. *Powy* 1C 46
Cefn Llwyd. *Cdgn* 2F 57
Cefn-mawr. *Wrex* 1E 71
Cefn-y-bedd. *Flin* 5F 83
Cefn-y-coed. *Powy* 1D 58
Cefn-y-pant. *Carm* 2F 43
Cegidfa. *Powy* 4E 70
Ceinewydd. *Cdgn* 5C 56
Cellan. *Cdgn* 1G 45
Cellardyke. *Fife* 3H 137
Cellarhead. *Staf* 1D 72
Cemaes. *IOA* 1C 80
Cemmaes. *Powy* 5H 69
Cemmaes Road. *Powy* 5H 69
Cenarth. *Cdgn* 1C 44
Cenin. *Gwyn* 1D 68
Ceos. *W Isl* 5F 171
Ceres. *Fife* 2G 137
Ceri. *Powy* 2D 58
Cerist. *Powy* 2B 58
Cerne Abbas. *Dors* 2B 14
Cerney Wick. *Glos* 2F 35
Cerrigceinwen. *IOA* 3D 80
Cerrigydrudion. *Cnwy* 1B 70
Cess. *Norf* 4G 79
Cessford. *Bord* 2B 120
Ceunant. *Gwyn* 4E 81
Chaceley. *Glos* 2D 48
Chacewater. *Corn* 4B 6
Chackmore. *Buck* 2E 51
Chacombe. *Nptn* 1C 50
Chadderton. *G Man* 4H 91
Chaddesden. *Derb* 2A 74
Chaddesden Common.
Derb 2A 74
Chaddesley Corbett. *Worc* 3C 60
Chaddlehanger. *Devn* 5E 11
Chaddleworth. *W Ber* 4C 36
Chadlington. *Oxon* 3B 50
Chadshunt. *Warw* 5H 61
Chadstone. *Nptn* 5F 63
Chad Valley. *W Mid* 2E 61
Chadwell. *Leics* 3E 75
Chadwell. *Shrp* 4B 72
Chadwell Heath. *G Lon* 2F 39
Chadwell St Mary. *Thur* 3H 39
Chadwick End. *W Mid* 3G 61
Chadwick Green. *Mers* 1H 83
Chaffcombe. *Som* 1G 13
Chafford Hundred. *Thur* 3H 39
Chagford. *Devn* 4H 11
Chailey. *E Sus* 4E 27
Chain Bridge. *Linc* 1C 76
Chainbridge. *Cambs* 5D 76
Chainhurst. *Kent* 1B 28
Chalbury. *Dors* 2F 15
Chalbury Common. *Dors* 2F 15
Chaldon. *Surr* 5E 39
Chaldon Herring. *Dors* 4C 14
Chale. *IOW* 5C 16
Chale Green. *IOW* 5C 16
Chalfont Common. *Buck* 1B 38
Chalfont St Giles. *Buck* 1A 38
Chalfont St Peter. *Buck* 2B 38
Chalford. *Glos* 5D 49
Chalgrove. *Oxon* 2E 37
Chalk. *Kent* 3A 40
Chalk End. *Essx* 4G 53
Chalk Hill. *Glos* 3G 49
Challaborough. *Devn* 4C 8
Challacombe. *Devn* 2G 19
Challister. *Shet* 5G 173
Challoch. *Dum* 3A 110
Challock. *Kent* 5E 40
Chalton. *C Beds*
nr. Bedford 5A 64
nr. Luton 3A 52
Chalton. *Hants* 1F 17
Chalvington. *E Sus* 5G 27
Champany. *Falk* 2D 128
Chance Inn. *Fife* 2F 137
Chancery. *Cdgn* 3E 57
Chandler's Cross. *Herts* 1B 38
Chandler's Cross. *Worc* 2C 48
Chandler's Ford. *Hants* 4C 24
Chanlockfoot. *Dum* 4G 117
Channel's End. *Bed* 5A 64
Channel Tunnel. *Kent* 2F 29
Channerwick. *Shet* 9F 173
Chantry. *Som* 2C 22
Chantry. *Suff* 1E 55
Chapel. *Cumb* 1D 102
Chapel. *Fife* 4E 137

Chapel Allerton. *Som* 1H 21
Chapel Allerton. *W Yor* 1C 92
Chapel Amble. *Corn* 1D 6
Chapel Brampton. *Nptn* 4E 63
Chapelbridge. *Cambs* 1B 64
Chapel Chorlton. *Staf* 2C 72
Chapel Cleeve. *Som* 2D 20
Chapel End. *C Beds* 1A 52
Chapel-en-le-Frith. *Derbs* 2E 85
Chapelfield. *Abers* 2G 145
Chapelgate. *Linc* 3D 76
Chapel Green. *Warw*
nr. Coventry 2G 61
nr. Southam 4B 62
Chapel Haddlesey. *N Yor* 2F 93
Chapelhall. *N Lan* 3A 128
Chapel Hill. *Abers* 5H 161
Chapel Hill. *Linc* 5B 88
Chapel Hill. *Mon* 5A 48
Chapelhill. *Per*
nr. Glencarse 1E 136
nr. Harrietfield 5H 143
Chapelknowe. *Dum* 2E 112
Chapel Lawn. *Shrp* 3F 59
Chapel le Dale. *N Yor* 2G 97
Chapel Milton. *Derbs* 2E 85
Chapel of Garioch. *Abers* 1E 152
Chapel Row. *W Ber* 5D 36
Chapels. *Cumb* 1B 96
Chapel St Leonards. *Linc* 3E 89
Chapel Stile. *Cumb* 4E 102
Chapelthorpe. *W Yor* 3D 92
Chapelton. *Ang* 4F 145
Chapelton. *Devn* 4F 19
Chapelton. *High*
nr. Grantown-on-Spey 2D 150
nr. Inverness 3H 157
Chapelton. *S Lan* 5H 127
Chapel Town. *Corn* 3C 6
Chapeltown. *Bkbn* 3F 91
Chapeltown. *Mor* 1G 151
Chapeltown. *S Yor* 1A 86
Chapmanslade. *Wilts* 2D 22
Chapmans Well. *Devn* 3D 10
Chapmore End. *Herts* 4D 52
Chappel. *Essx* 3B 54
Chard. *Som* 2G 13
Chard Junction. *Dors* 2G 13
Chardstock. *Devn* 2G 13
Charfield. *S Glo* 2C 34
Charing. *Kent* 1D 28
Charing Heath. *Kent* 1D 28
Charing Hill. *Kent* 5D 40
Charingworth. *Glos* 2H 49
Charlbury. *Oxon* 4B 50
Charlcombe. *Bath* 5C 34
Charlcutt. *Wilts* 4E 35
Charlecote. *Warw* 5G 61
Charles. *Devn* 3G 19
Charlesfield. *Dum* 3C 112
Charleshill. *Surr* 2G 25
Charleston. *Ang* 4C 144
Charleston. *Ren* 3F 127
Charlestown. *Aber* 3G 153
Charlestown. *Abers* 2H 161
Charlestown. *Corn* 3E 7
Charlestown. *Dors* 5B 14
Charlestown. *Fife* 1D 128
Charlestown. *G Man* 4G 91
Charlestown. *High*
nr. Gairloch 1H 155
nr. Inverness 4A 158
Charlestown. *W Yor* 2H 91
Charlestown of Aberlour. *Mor* 4G 159
Charles Tye. *Suff* 5C 66
Charlesworth. *Derbs* 1E 85
Charlton. *G Lon* 3F 39
Charlton. *Hants* 2B 24
Charlton. *Herts* 3B 52
Charlton. *Nptn* 2D 50
Charlton. *Nmbd* 1B 114
Charlton. *Oxon* 3C 36
Charlton. *Som*
nr. Radstock 1B 22
nr. Shepton Mallet 2B 22
nr. Taunton 4F 21
Charlton. *Telf* 4H 71
Charlton. *W Sus* 1G 17
Charlton. *Wilts*
nr. Malmesbury 3E 35
nr. Pewsey 1G 23
nr. Shaftesbury 4E 23
Charlton. *Worc*
nr. Evesham 1F 49
nr. Stourport-on-Severn 3C 60
Charlton Abbots. *Glos* 3F 49
Charlton Adam. *Som* 4A 22
Charlton All Saints. *Wilts* 4G 23
Charlton Down. *Dors* 3B 14
Charlton Horethorne. *Som* 4B 22
Charlton Kings. *Glos* 3E 49
Charlton Mackrell. *Som* 4A 22
Charlton Marshall. *Dors* 2E 15
Charlton Musgrove. *Som* 4C 22
Charlton-on-Otmoor. *Oxon* 4D 50
Charlton on the Hill. *Dors* 2D 15
Charlwood. *Hants* 3E 25
Charlwood. *Surr* 1D 26
Charlynch. *Som* 3F 21
Charminster. *Dors* 3B 14
Charmouth. *Dors* 3G 13
Charndon. *Buck* 3E 51
Charney Bassett. *Oxon* 2B 36
Charnock Green. *Lanc* 3D 90
Charnock Richard. *Lanc* 3D 90
Charsfield. *Suff* 5E 67
The Chart. *Kent* 5F 39
Chart Corner. *Kent* 5B 40
Charter Alley. *Hants* 1D 24
Charterhouse. *Som* 1H 21
Charterville Allotments. *Oxon* 4B 50
Chartham. *Kent* 5F 41
Chartham Hatch. *Kent* 5F 41
Chartridge. *Buck* 5H 51
Chart Sutton. *Kent* 5B 40
Charvil. *Wok* 4F 37
Charwelton. *Nptn* 5C 62
Chase Terrace. *Staf* 5E 73
Chasetown. *Staf* 5E 73
Chastleton. *Oxon* 3H 49
Chasty. *Devn* 2D 10
Chatburn. *Lanc* 5G 97
Chatcull. *Staf* 2B 72
Chatham. *Medw* 4B 40
Chatham Green. *Essx* 4H 53
Chathill. *Nmbd* 2F 121
Chatley. *Worc* 4C 60
Chattenden. *Medw* 3B 40
Chatteris. *Cambs* 2C 64
Chattisham. *Suff* 1D 54
Chatton. *Nmbd* 2E 121
Chatwall. *Shrp* 1H 59
Chaulden. *Herts* 5A 52
Chaul End. *C Beds* 3A 52
Chawleigh. *Devn* 1H 11
Chawley. *Oxon* 5C 50
Chawston. *Bed* 5A 64
Chawton. *Hants* 3F 25
Chaxhill. *Glos* 4C 48
Cheadle. *G Man* 2C 84
Cheadle. *Staf* 1E 73
Cheadle Hulme. *G Man* 2C 84
Cheam. *G Lon* 4D 38
Cheapside. *Wind* 4A 38
Chearsley. *Buck* 4F 51
Chebsey. *Staf* 3C 72
Checkendon. *Oxon* 3E 37
Checkley. *Ches E* 1B 72
Checkley. *Here* 2A 48
Checkley. *Staf* 2E 73
Chedburgh. *Suff* 5G 65
Cheddar. *Som* 1H 21
Cheddington. *Buck* 4H 51
Cheddleton. *Staf* 5D 84
Cheddon Fitzpaine. *Som* 4F 21
Chedglow. *Wilts* 2E 35
Chedgrave. *Norf* 1F 67
Chedington. *Dors* 2H 13
Chediston. *Suff* 3F 67
Chediston Green. *Suff* 3F 67
Chedworth. *Glos* 4F 49
Chedzoy. *Som* 3G 21
Cheeseman's Green. *Kent* 2E 29
Cheetham Hill. *G Man* 4G 91
Cheglinch. *Devn* 2F 19
Cheldon. *Devn* 1H 11
Chelford. *Ches E* 3C 84
Chellaston. *Derb* 2A 74
Chellington. *Bed* 5G 63
Chelmarsh. *Shrp* 2B 60
Chelmick. *Shrp* 1G 59
Chelmondiston. *Suff* 2F 55
Chelmorton. *Derbs* 4F 85
Chelmsford. *Essx* 5H 53
Chelsea. *G Lon* 3D 38
Chelsfield. *G Lon* 4F 39
Chelsham. *Surr* 5E 39
Chelston. *Som* 4E 21
Chelsworth. *Suff* 1C 54
Cheltenham. *Glos* 3E 49
Chelveston. *Nptn* 4G 63
Chelvey. *N Som* 5H 33
Chelwood. *Bath* 5B 34
Chelwood Common. *E Sus* 3F 27
Chelwood Gate. *E Sus* 3F 27
Chelworth. *Wilts* 2E 35
Chelworth Lower Green. *Wilts* 2F 35
Chelworth Upper Green. *Wilts* 2F 35
Chelynch. *Som* 2B 22
Cheney Longville. *Shrp* 2G 59
Chenies. *Buck* 1B 38
Chepstow. *Mon* 2A 34
Chequerfield. *W Yor* 2E 93
Chequers Corner. *Norf* 5D 77
Cherhill. *Wilts* 4F 35
Cherington. *Glos* 2E 35
Cherington. *Warw* 2A 50
Cheriton. *Devn* 2H 19
Cheriton. *Hants* 4D 24
Cheriton. *Kent* 2G 29
Cheriton. *Pemb* 5D 43
Cheriton. *Swan* 3D 30
Cheriton Bishop. *Devn* 3A 12
Cheriton Cross. *Devn* 3A 12
Cheriton Fitzpaine. *Devn* 2B 12
Cherrington. *Telf* 3A 72
Cherrybank. *Per* 1D 136
Cherry Burton. *E Yor* 5D 101
Cherry Green. *Herts* 3D 52
Cherry Hinton. *Cambs* 5D 65
Cherry Willingham. *Linc* 3H 87
Chertsey. *Surr* 4B 38
Cheselbourne. *Dors* 3C 14
Chesham. *Buck* 5H 51
Chesham. *G Man* 3G 91
Chesham Bois. *Buck* 1A 38
Cheshunt. *Herts* 5D 52
Cheslyn Hay. *Staf* 5D 73
Chessetts Wood. *Warw* 3F 61
Chessington. *G Lon* 4C 38
Chester. *Ches W* 4G 83
Chesterblade. *Som* 2B 22
Chesterfield. *Derbs* 3A 86
Chesterfield. *Staf* 5F 73
Chesterhope. *Nmbd* 1B 114
Chester-le-Street. *Dur* 4F 115
Chester Moor. *Dur* 5F 115
Chesters. *Bord* 3A 120
Chesterton. *Cambs*
nr. Cambridge 4D 64
nr. Peterborough 1A 64
Chesterton. *Glos* 5F 49
Chesterton. *Oxon* 3D 50
Chesterton. *Shrp* 1B 60
Chesterton. *Staf* 1C 72
Chesterton Green. *Warw* 5H 61
Chesterwood. *Nmbd* 3B 114
Chestfield. *Kent* 4F 41
Cheston. *Devn* 3C 8
Cheswardine. *Shrp* 2B 72
Cheswell. *Telf* 4B 72
Cheswick. *Nmbd* 5G 131
Cheswick Green. *W Mid* 3F 61
Chetnole. *Dors* 2B 14
Chettiscombe. *Devn* 1C 12
Chettisham. *Cambs* 2E 65
Chettle. *Dors* 1E 15
Chetton. *Shrp* 1A 60
Chetwode. *Buck* 3E 51
Chetwynd Aston. *Telf* 4B 72
Cheveley. *Cambs* 4F 65
Chevening. *Kent* 5F 39
Chevington. *Suff* 5G 65
Chevithorne. *Devn* 1C 12
Chew Magna. *Bath* 5A 34
Chew Moor. *G Man* 4E 91
Chew Stoke. *Bath* 5A 34
Chewton Keynsham. *Bath* 5B 34
Chewton Mendip. *Som* 1A 22
Chichacott. *Devn* 3G 11
Chicheley. *Mil* 1H 51
Chichester. *W Sus* 2G 17
Chickerell. *Dors* 4B 14
Chickering. *Suff* 3E 66
Chicklade. *Wilts* 3E 23
Chicksands. *C Beds* 2B 52
Chickward. *Here* 5E 59
Chidden. *Hants* 1E 17
Chiddingfold. *Surr* 2A 26
Chiddingly. *E Sus* 4G 27
Chiddingstone. *Kent* 1G 27
Chiddingstone Causeway. *Kent* 1G 27
Chiddingstone Hoath. *Kent* 1F 27
Chideock. *Dors* 3H 13
Chidgley. *Som* 3D 20
Chidham. *W Sus* 2F 17
Chieveley. *W Ber* 4C 36
Chignal St James. *Essx* 5G 53
Chignal Smealy. *Essx* 4G 53
Chigwell. *Essx* 1F 39
Chigwell Row. *Essx* 1F 39
Chilbolton. *Hants* 2B 24
Chilcomb. *Hants* 4D 24
Chilcombe. *Dors* 3A 14
Chilcompton. *Som* 1B 22
Chilcote. *Leics* 4G 73
Childer Thornton. *Ches W* 3F 83
Child Okeford. *Dors* 1D 14
Childrey. *Oxon* 3B 36
Child's Ercall. *Shrp* 3A 72
Childswickham. *Worc* 2F 49
Childwall. *Mers* 2G 83
Childwick Green. *Herts* 4B 52
Chilfrome. *Dors* 3A 14
Chilgrove. *W Sus* 1G 17
Chilham. *Kent* 5E 41
Chilhampton. *Wilts* 3F 23
Chilla. *Devn* 2E 11
Chilland. *Hants* 3D 24
Chillaton. *Devn* 4E 11
Chillenden. *Kent* 5G 41
Chillerton. *IOW* 4C 16
Chillesford. *Suff* 5F 67
Chillingham. *Nmbd* 2E 121
Chillington. *Devn* 4D 9
Chillington. *Som* 1G 13
Chilmark. *Wilts* 3E 23
Chilmington Green. *Kent* 1D 28
Chilson. *Oxon* 4B 50
Chilsworthy. *Corn* 5E 11
Chilsworthy. *Devn* 2D 10
Chiltern Green. *C Beds* 4B 52
Chilthorne Domer. *Som* 1A 14
Chilton. *Buck* 4E 51
Chilton. *Devn* 2B 12
Chilton. *Dur* 2F 105
Chilton. *Oxon* 3C 36
Chilton Candover. *Hants* 2D 24
Chilton Cantelo. *Som* 4A 22
Chilton Foliat. *Wilts* 4B 36
Chilton Lane. *Dur* 1A 106
Chilton Polden. *Som* 3G 21
Chilton Street. *Suff* 1A 54
Chilton Trinity. *Som* 3F 21
Chilwell. *Notts* 2C 74
Chilworth. *Hants* 1C 16
Chilworth. *Surr* 1B 26
Chimney. *Oxon* 5B 50
Chimney Street. *Suff* 1H 53
Chineham. *Hants* 1E 25
Chingford. *G Lon* 1E 39
Chinley. *Derbs* 2E 85
Chinnor. *Oxon* 5F 51
Chipley. *Som* 4E 20
Chipnall. *Shrp* 2B 72
Chippenham. *Cambs* 4F 65
Chippenham. *Wilts* 4E 35
Chipperfield. *Herts* 5A 52
Chipping. *Herts* 2D 52
Chipping. *Lanc* 5F 97
Chipping Campden. *Glos* 2G 49
Chipping Hill. *Essx* 4B 54
Chipping Norton. *Oxon* 3B 50
Chipping Ongar. *Essx* 5F 53
Chipping Sodbury. *S Glo* 3C 34
Chipping Warden. *Nptn* 1C 50
Chipstable. *Som* 4D 20
Chipstead. *Kent* 5G 39
Chipstead. *Surr* 5D 38
Chirbury. *Shrp* 1E 59
Chirk. *Wrex* 2E 71
Chirmorie. *S Ayr* 2H 109
Chirnside. *Bord* 4E 131
Chirnsidebridge. *Bord* 4E 131
Chirton. *Wilts* 1F 23
Chisbridge Cross. *Buck* 3G 37
Chisbury. *Wilts* 5A 36
Chiselborough. *Som* 1H 13
Chiseldon. *Swin* 4G 35
Chiselhampton. *Oxon* 2D 36
Chiserley. *W Yor* 2A 92
Chislehurst. *G Lon* 3F 39
Chislet. *Kent* 4G 41
Chiswell. *Dors* 5B 14
Chiswell Green. *Herts* 5B 52
Chiswick. *G Lon* 3D 38
Chisworth. *Derbs* 1D 85
Chitcombe. *E Sus* 3C 28
Chithurst. *W Sus* 4G 25
Chittering. *Cambs* 4D 65
Chitterley. *Devn* 2C 12
Chitterne. *Wilts* 2E 23
Chittlehamholt. *Devn* 4G 19
Chittlehampton. *Devn* 4G 19
Chittoe. *Wilts* 5E 35
Chivelstone. *Devn* 5D 9
Chivenor. *Devn* 3F 19
Chobham. *Surr* 4A 38
Cholderton. *Wilts* 2H 23
Cholesbury. *Buck* 5H 51
Chollerford. *Nmbd* 2C 114
Chollerton. *Nmbd* 2C 114
Cholsey. *Oxon* 3D 36
Cholstrey. *Here* 5G 59
Chop Gate. *N Yor* 5C 106
Choppington. *Nmbd* 1F 115
Chopwell. *Tyne* 4E 115
Chorley. *Ches E* 5H 83
Chorley. *Lanc* 3D 90
Chorley. *Shrp* 2A 60
Chorley. *Staf* 4E 73
Chorleywood. *Herts* 1B 38
Chorlton. *Ches E* 5B 84
Chorlton-cum-Hardy. *G Man* 1C 84
Chorlton Lane. *Ches W* 1G 71
Choulton. *Shrp* 2F 59
Chrishall. *Essx* 2E 53
Christchurch. *Cambs* 1D 65
Christchurch. *Dors* 3G 15
Christchurch. *Glos* 4A 48
Christian Malford. *Wilts* 4E 35
Christleton. *Ches W* 4G 83

Christmas Common. Oxon 2F 37
Christon. N Som 1G 21
Christon Bank. Nmbd 2G 121
Christow. Devn 4B 12
Chryston. N Lan 2H 127
Chuck Hatch. E Sus 2F 27
Chudleigh. Devn 5B 12
Chudleigh Knighton. Devn ..5B 12
Chulmleigh. Devn 1G 11
Chunal. Derbs 1E 85
Churcham. Glos 4C 48
Church. Lanc 2F 91
Church Aston. Telf 4B 72
Church Brampton. Nptn ...4E 62
Church Brough. Cumb 3A 104
Church Broughton. Derbs ..2G 73
Church Corner. Suff 2G 67
Church Crookham. Hants ..1G 25
Churchdown. Glos 3D 49
Church Eaton. Staf 4C 72
Church End. Cambs
  nr. Cambridge 5D 65
  nr. Over 3C 64
  nr. Sawtry 2B 64
  nr. Wisbech 5C 76
Church End. C Beds
  nr. Stotfold 2B 52
  nr. Totternhoe 3H 51
Church End. E Yor 4E 101
Church End. Essx
  nr. Braintree 3H 53
  nr. Great Dunmow 3G 53
  nr. Saffron Walden ...1F 53
Church End. Glos 5C 48
Church End. Hants 1E 25
Church End. Linc
  nr. Donington 2B 76
  nr. North Somercotes .1D 88
Church End. Norf 4E 77
Church End. Warw
  nr. Coleshill 1G 61
  nr. Nuneaton 1G 61
Church End. Wilts 4F 35
Churchend. Essx 1E 40
Church Enstone. Oxon ...3B 50
Church Fenton. N Yor ...1F 93
Church Green. Devn 3E 13
Church Gresley. Derbs ..4G 73
Church Hanborough. Oxon .4C 50
Church Hill. Ches W 4A 84
Church Hill. Worc 4E 61
Church Hougham. Kent ...1G 29
Church Houses. N Yor ...5D 106
Churchill. Devn
  nr. Axminster 2G 13
  nr. Barnstaple 3F 19
Churchill. N Som 1H 21
Churchill. Oxon 3A 50
Churchill. Worc
  nr. Kidderminster 3C 60
  nr. Worcester 5D 60
Churchinford. Som 1F 13
Church Knowle. Dors 4E 15
Church Laneham. Notts ..3F 87
Church Langley. Essx ...5E 53
Church Langton. Leics ..1E 62
Church Lawford. Warw ...3B 62
Church Lawton. Ches E ..5C 84
Church Leigh. Staf 2E 73
Church Lench. Worc 5E 61
Church Mayfield. Staf ..1F 73
Church Minshull. Ches E .4A 84
Church Norton. W Sus ...3G 17
Churchover. Warw 2C 62
Church Preen. Shrp 1H 59
Church Pulverbatch. Shrp .5G 71
Churchstanton. Som 1E 13
Church Stoke. Powy 1E 59
Churchstow. Devn 4D 8
Church Stowe. Nptn 5D 62
Church Street. Kent 3B 40
Church Stretton. Shrp ..1G 59
Church Town. Leics 4A 74
Church Town. N Lin 4A 94

Churchtown. Cumb 5E 113
Churchtown. Derbs 4G 85
Churchtown. Devn 2G 19
Churchtown. IOM 2D 108
Churchtown. Lanc 5D 97
Churchtown. Mers 3B 90
Churchtown. Shrp 2E 59
Church Village. Rhon ..3D 32
Church Warsop. Notts ..4C 86
Church Westcote. Glos ..3H 49
Church Wilne. Derbs ...2B 74
Churnsike Lodge. Nmbd ..2H 113
Churston Ferrers. Torb ..3F 9
Churt. Surr 3G 25
Churton. Ches W 5G 83
Churwell. W Yor 2C 92
Chute Standen. Wilts ..1B 24
Chwilog. Gwyn 2D 68
Chwitffordd. Flin 3D 82
Chyandour. Corn 3B 4
Cilan Uchaf. Gwyn 3B 68
Cilcain. Flin 4D 82
Cilcennin. Cdgn 4E 57
Cilfrew. Neat 5A 46
Cilfynydd. Rhon 2D 32
Cilgerran. Pemb 1B 44
Cilgeti. Pemb 4F 43
Cilgwyn. Carm 3H 45
Cilgwyn. Pemb 1E 43
Ciliau Aeron. Cdgn 5D 57
Cill Amhlaidh. W Isl ..4C 170
Cill Donnain. W Isl ...6C 170
Cille a' Bhacstair. High ..2C 154
Cille Bhrighde. W Isl ..7C 170
Cille Pheadair. W Isl ..7C 170
Cilmaengwyn. Neat 5H 45
Cilmeri. Powy 5C 58
Cilmery. Powy 5C 58
Cilrhedyn. Pemb 1G 43
Cilsan. Carm 3F 45
Ciltalgarth. Gwyn 1A 70
Ciltwrch. Powy 1E 47
Cilybebyll. Neat 5H 45
Cilycwm. Carm 1A 46
Cimla. Neat 2A 32
Cinderford. Glos 4B 48
Cinderhill. Derbs 1A 74
Cippenham. Slo 2A 38
Cippyn. Pemb 1B 44
Cirbhig. W Isl 3D 171
Circebost. W Isl 4D 171
Cirencester. Glos 5F 49
City. Powy 1E 58
City. V Glam 4C 32
The City. Buck 2F 37
City Airport. G Lon ...2F 39
City Centre. Stoke 1C 72
City Dulas. IOA 2D 80
City of Derry Airport. Derr .1D 174
City of London. G Lon ..2E 39
Clabhach. Arg 3C 138
Clachaig. Arg 1C 126
Clachaig. High
  nr. Kinlochleven 3F 141
  nr. Nethy Bridge 2E 151
Clachamish. High 3C 154
Clachan. Arg
  on Kintyre 4F 125
  on Lismore 4C 140
Clachan. High
  nr. Bettyhill 2H 167
  nr. Staffin 2D 155
  nr. Uig 1D 154
  on Raasay 5E 155
Clachan Farm. Arg 2A 134
Clachan na Luib. W Isl ..2D 170
Clachan of Campsie.
  E Dun 2H 127
Clachan of Glendaruel.
  Arg 1A 126
Clachan-Seil. Arg 2E 133
Clachan Shannda. W Isl ..1D 170
Clachan Strachur. Arg ..3H 133
Clachbreck. Arg 2F 125

Clachnaharry. High 4A 158
Clachtoll. High 1E 163
Clackmannan. Clac 4B 136
Clackmannanshire Bridge.
  Clac 1C 128
Clackmarras. Mor 3G 159
Clacton-on-Sea. Essx ..4E 55
Cladach a Chaolais. W Isl ..2C 170
Cladach Chairinis. W Isl ..3D 170
Cladach Chirceboist. W Isl ..2C 170
Cladach Iolaraigh. W Isl ..2C 170
Cladich. Arg 1H 133
Cladswell. Worc 5E 61
Claggan. High
  nr. Fort William 1F 141
  nr. Lochaline 3B 140
Claigan. High 3B 154
Clandown. Bath 1B 22
Clanfield. Hants 1E 17
Clanfield. Oxon 5A 50
Clanville. Hants 2B 24
Clanville. Som 3B 22
Claonaig. Arg 4G 125
Clappate. Dors 2F 15
Clapgate. Herts 3E 53
Clapham. Bed 5H 63
Clapham. Devn 4B 12
Clapham. G Lon 3D 39
Clapham. N Yor 3G 97
Clapham. W Sus 5B 26
Clap Hill. Kent 2E 29
Clappers. Bord 4F 131
Clappersgate. Cumb 4E 103
Clapphoull. Shet 9F 173
Clapton. Som
  nr. Crewkerne 2H 13
  nr. Radstock 1B 22
Clapton in Gordano.
  N Som 4H 33
Clapton-on-the-Hill. Glos ..4G 49
Clapworthy. Devn 4G 19
Clara Vale. Tyne 3E 115
Clarbeston. Pemb 2E 43
Clarbeston Road. Pemb ..2E 43
Clarborough. Notts 2E 87
Clare. Suff 1A 54
Clarebrand. Dum 3E 111
Clarencefield. Dum 3B 112
Clarilaw. Bord 3H 119
Clark's Green. Surr ...2C 26
Clark's Hill. Linc 3C 76
Clarkston. E Ren 4G 127
Clasheddy. High 2G 167
Clashindarroch. Abers ..5B 160
Clashmore. High
  nr. Dornoch 5E 165
  nr. Stoer 1E 163
Clashnessie. High 5A 166
Clashnoir. Mor 1G 151
Clate. Shet 5G 173
Clathick. Per 1H 135
Clathy. Per 2B 136
Clatt. Abers 1C 152
Clatter. Powy 1B 58
Clatterford. IOW 4C 16
Clatworthy. Som 3D 20
Claudy. Derr 2D 174
Claughton. Lanc
  nr. Caton 3E 97
  nr. Garstang 5E 97
Claughton. Mers 2E 83
Claverdon. Warw 4F 61
Claverham. N Som 5H 33
Clavering. Essx 2E 53
Claverley. Shrp 1B 60
Claverton. Bath 5C 34
Clawdd-côch. V Glam ...4D 32
Clawdd-newydd. Den 5C 82
Clawson Hill. Leics ...3E 75
Clawton. Devn 3D 10
Claxby. Linc
  nr. Alford 3D 88
  nr. Market Rasen 1A 88
Claxton. Norf 5F 79

Claxton. N Yor 3A 100
Claybrooke Magna. Leics ..2B 62
Claybrooke Parva. Leics ..2B 62
Clay Common. Suff 2G 67
Clay Coton. Nptn 3C 62
Clay Cross. Derbs 4A 86
Claydon. Oxon 5B 62
Claydon. Suff 5D 66
Clay End. Herts 3D 52
Claygate. Dum 2E 113
Claygate. Kent 1B 28
Claygate. Surr 4C 38
Claygate Cross. Kent ..5H 39
Clayhall. Hants 3E 16
Clayhanger. Devn 4D 20
Clayhanger. W Mid 5E 73
Clayhidon. Devn 1E 13
Clay Hill. Bris 4B 34
Clayhill. E Sus 3C 28
Clayhill. Hants 2B 16
Clayhithe. Cambs 4E 65
Clayholes. Ang 5E 145
Clay Lake. Linc 3B 76
Clayock. High 3D 168
Claypits. Glos 5C 48
Claypole. Linc 1F 75
Claythorpe. Linc 3D 88
Clayton. G Man 1C 84
Clayton. S Yor 4E 93
Clayton. Staf 1C 72
Clayton. W Sus 4E 27
Clayton. W Yor 1B 92
Clayton Green. Lanc ...2D 90
Clayton-le-Moors. Lanc ..1F 91
Clayton-le-Woods. Lanc ..2D 90
Clayton West. W Yor ...3C 92
Clayworth. Notts 2E 87
Cleadale. High 5C 146
Cleadon. Tyne 3G 115
Clearbrook. Devn 2B 8
Clearwell. Glos 5A 48
Cleasby. N Yor 3F 105
Cleat. Orkn
  nr. Braehead 3D 172
  nr. St Margaret's Hope
  ....9D 172
Cleatlam. Dur 3E 105
Cleator. Cumb 3B 102
Cleator Moor. Cumb 3B 102
Cleckheaton. W Yor 2B 92
Cleedownton. Shrp 2H 59
Cleehill. Shrp 3H 59
Cleekhimin. N Lan 4A 128
Clee St Margaret. Shrp ..2H 59
Cleestanton. Shrp 3H 59
Cleethorpes. NE Lin ...4G 95
Cleeton St Mary. Shrp ..3A 60
Cleeve. N Som 5H 33
Cleeve. Oxon 3E 36
Cleeve Hill. Glos 3E 49
Cleeve Prior. Worc 1F 49
Clehonger. Here 2H 47
Cleigh. Arg 1F 133
Cleish. Per 4C 136
Cleland. N Lan 4B 128
Clench Common. Wilts ..5G 35
Clenchwarton. Norf 3E 77
Clennell. Nmbd 4D 120
Clent. Worc 3D 60
Cleobury Mortimer. Shrp ..3A 60
Cleobury North. Shrp ..2A 60
Clephanton. High 3C 158
Clerkhill. High 2H 167
Clestrain. Orkn 7C 172
Clevancy. Wilts 4F 35
Clevedon. N Som 4H 33
Cleveley. Oxon 3B 50
Cleveleys. Lanc 5C 96
Clevelode. Worc 1D 48
Cleverton. Wilts 3E 35
Clewer. Som 1H 21
Cley next the Sea. Norf ..1C 78
Cliaid. W Isl 8B 170
Cliasmol. W Isl 7C 171

Clibberswick. Shet 1H 173
Cliburn. Cumb 2G 103
Cliddesden. Hants 2E 25
Clieves Hills. Lanc ...4B 90
Cliff. Warw 1G 61
Cliffburn. Ang 4F 145
Cliffe. Medw 3B 40
Cliffe. N Yor
  nr. Darlington 3F 105
  nr. Selby 1G 93
Cliff End. E Sus 4C 28
Cliffe Woods. Medw 3B 40
Clifford. Here 1F 47
Clifford. W Yor 5G 99
Clifford Chambers. Warw ..5F 61
Clifford's Mesne. Glos ..3C 48
Cliffsend. Kent 4H 41
Clifton. Bris 4A 34
Clifton. C Beds 2B 52
Clifton. Cumb 2G 103
Clifton. Derbs 1F 73
Clifton. Devn 3B 92
Clifton. G Man 4F 91
Clifton. Lanc 1C 90
Clifton. Nmbd 1F 115
Clifton. N Yor 5D 98
Clifton. Nott 2C 74
Clifton. Oxon 2C 50
Clifton. S Yor 1C 86
Clifton. Stir 5H 141
Clifton. W Yor 2B 92
Clifton. Worc 1D 48
Clifton. York 4H 99
Clifton Campville. Staf ..4G 73
Clifton Hampden. Oxon ..2D 36
Clifton Hill. Worc 4B 60
Clifton Reynes. Mil ...5G 63
Clifton upon Dunsmore.
  Warw 3C 62
Clifton upon Teme. Worc ..4B 60
Cliftonville. Kent 3H 41
Cliftonville. Norf 2F 79
Climping. W Sus 5A 26
Climpy. S Lan 4C 128
Clink. Som 2C 22
Clint. N Yor 4E 99
Clint Green. Norf 4C 78
Clintmains. Bord 1A 120
Cliobh. W Isl 4C 171
Clipiau. Gwyn 4H 69
Clippesby. Norf 4G 79
Clippings Green. Norf ..4C 78
Clipsham. Rut 4G 75
Clipston. Nptn 2E 62
Clipston. Notts 2D 74
Clipstone. Notts 4C 86
Clitheroe. Lanc 5G 97
Cliuthar. W Isl 8D 171
Clive. Shrp 3H 71
Clivocast. Shet 1G 173
Clixby. Linc 4D 94
Cloatley. Wilts 3E 35
Clochan. Mor 2B 160
Clochforbie. Abers 3F 161
Clock Face. Mers 1H 83
Cloddiau. Powy 5E 70
Clodock. Here 3G 47
Cloford. Som 2C 22
Cloghmills. Caus 2F 175
Clola. Abers 4H 161
Clophill. C Beds 2A 52
Clopton. Nptn 2H 63
Clopton Corner. Suff ..5E 66
Clopton Green. Suff ...5G 65
Closeburn. Dum 5A 118
Close Clark. IOM 4B 108
Closworth. Som 1A 14
Clothall. Herts 2C 52
Clotton. Ches W 4H 83
Clough. G Man 3H 91
Clough. W Yor 3A 92
Clough Foot. W Yor ...2H 91
Cloughton. N Yor 5H 107

… 5H **107**
… 6E **173**
… 6B **172**
… 1B **152**
… 1C **144**
…n 4D **18**
…rds. *Bord* 1G **119**
…enstone. *Abers* 2E **153**
Clovullin. *High* 2E **141**
Clowne. *Derbs* 3B **86**
Clows Top. *Worc* 3B **60**
Cloy. *Wrex* 1F **71**
Cluanie Inn. *High* 2C **148**
Cluanie Lodge. *High* 2C **148**
Cluddley. *Telf* 4A **72**
Clun. *Shrp* 2F **59**
Y Clun. *Neat* 5B **46**
Clunas. *High* 4C **158**
Clunbury. *Shrp* 2F **59**
Clunderwen. *Pemb* 3F **43**
Clune. *High* 1B **150**
Clunes. *High* 5E **148**
Clungunford. *Shrp* 3F **59**
Clunie. *Per* 4A **144**
Clunton. *Shrp* 2F **59**
Cluny. *Fife* 4E **137**
Clutton. *Bath* 1B **22**
Clutton. *Ches W* 5G **83**
Clwt-y-bont. *Gwyn* 4E **81**
Clwydfagwyr. *Mer T* 5D **46**
Clydach. *Mon* 4F **47**
Clydach. *Swan* 5G **45**
Clydach Vale. *Rhon* 2C **32**
Clydebank. *W Dun* 3G **127**
Clydey. *Pemb* 1G **43**
Clyffe Pypard. *Wilts* 4F **35**
Clynder. *Arg* 1D **126**
Clyne. *Neat* 5B **46**
Clynelish. *High* 3F **165**
Clynnog-fawr. *Gwyn* 1D **68**
Clyro. *Powy* 1F **47**
Clyst Honiton. *Devn* 3C **12**
Clyst Hydon. *Devn* 2D **12**
Clyst St George. *Devn* 4C **12**
Clyst St Lawrence. *Devn* 2D **12**
Clyst St Mary. *Devn* 3C **12**
Clyth. *High* 5E **169**
Cnip. *W Isl* 4C **171**
Cnoc Amhlaigh. *W Isl* 4H **171**
Cnwcau. *Pemb* 1C **44**
Cnwch Coch. *Cdgn* 3F **57**
Coad's Green. *Corn* 5C **10**
Coal Aston. *Derbs* 3A **86**
Coalbrookdale. *Telf* 5A **72**
Coalbrookvale. *Blae* 5E **47**
Coalburn. *S Lan* 1H **117**
Coalburns. *Tyne* 3E **115**
Coalcleugh. *Nmbd* 5B **114**
Coaley. *Glos* 5C **48**
Coalford. *Abers* 4F **153**
Coalhall. *E Ayr* 3D **116**
Coalhill. *Essx* 1B **40**
Coalisland. *M Ulst* 4E **175**
Coalpit Heath. *S Glo* 3B **34**
Coal Pool. *W Mid* 5E **73**
Coalport. *Telf* 5B **72**
Coalsnaughton. *Clac* 4B **136**
Coaltown of Balgonie. *Fife* 4F **137**
Coaltown of Wemyss. *Fife* 4F **137**
Coalville. *Leics* 4B **74**
Coalway. *Glos* 4A **48**
Coanwood. *Nmbd* 4H **113**
Coat. *Som* 4H **21**
Coatbridge. *N Lan* 3A **128**
Coatdyke. *N Lan* 3A **128**
Coate. *Swin* 3G **35**
Coate. *Wilts* 5F **35**
Coates. *Cambs* 1C **64**
Coates. *Glos* 5E **49**
Coates. *Linc* 2G **87**
Coates. *W Sus* 4A **26**
Coatham. *Red C* 2C **106**
Coatham Mundeville. *Darl* 2F **105**
Cobbaton. *Devn* 4G **19**
Coberley. *Glos* 4E **49**
Cobhall Common. *Here* 2H **47**
Cobham. *Kent* 4A **40**
Cobham. *Surr* 5C **38**
Cobnash. *Here* 4G **59**
Coburg. *Devn* 5B **12**
Cockayne. *N Yor* 5D **106**
Cockayne Hatley. *C Beds* 1C **52**
Cock Bank. *Wrex* 1F **71**
Cock Bridge. *Abers* 3G **151**
Cockburnspath. *Bord* 2D **130**
Cock Clarks. *Essx* 5B **54**
Cockenzie and Port Seton. *E Lot* 2H **129**
Cockerham. *Lanc* 4D **96**
Cockermouth. *Cumb* 1C **102**
Cockernhoe. *Herts* 3B **52**
Cockfield. *Dur* 2E **105**
Cockfield. *Suff* 5B **66**
Cockfosters. *G Lon* 1D **39**
Cock Gate. *Here* 4G **59**
Cock Green. *Essx* 4G **53**
Cocking. *W Sus* 1G **17**
Cocking Causeway. *W Sus* 1G **17**
Cockington. *Torb* 2E **9**
Cocklake. *Som* 2H **21**
Cocklaw. *Abers* 4H **161**
Cocklaw. *Nmbd* 2C **114**
Cockley Beck. *Cumb* 4D **102**
Cockley Cley. *Norf* 5G **77**
Cockmuir. *Abers* 3G **161**
Cockpole Green. *Wok* 3F **37**
Cockshutford. *Shrp* 2H **59**
Cockshutt. *Shrp* 3G **71**
Cockthorpe. *Norf* 1B **78**
Cockwood. *Devn* 4C **12**
Cockyard. *Derbs* 3E **85**
Cockyard. *Here* 2H **47**
Codda. *Corn* 5B **10**
Coddenham. *Suff* 5D **66**
Coddenham Green. *Suff* 5D **66**
Coddington. *Ches W* 5G **83**
Coddington. *Here* 1C **48**
Coddington. *Notts* 5F **87**
Codford. *Wilts* 3E **23**
Codicote. *Herts* 4C **52**
Codmore Hill. *W Sus* 3B **26**
Codnor. *Derbs* 1B **74**
Codrington. *S Glo* 4C **34**
Codsall. *Staf* 5C **72**
Codsall Wood. *Staf* 5C **72**
Coed Duon. *Cphy* 2E **33**
Coedely. *Rhon* 3D **32**
Coedglasson. *Powy* 4C **58**
Coedkernew. *Newp* 3F **33**
Coed Morgan. *Mon* 4G **47**
Coedpoeth. *Wrex* 5E **83**
Coedway. *Powy* 4F **71**
Coed-y-bryn. *Cdgn* 1D **44**
Coed-y-paen. *Mon* 2G **33**
Coed Ystumgwern. *Gwyn* 3E **69**
Coelbren. *Powy* 4B **46**
Coffinswell. *Devn* 2E **9**
Cofton Hackett. *Worc* 3E **61**
Cogan. *V Glam* 4E **33**
Cogenhoe. *Nptn* 4F **63**
Cogges. *Oxon* 5B **50**
Coggeshall. *Essx* 3B **54**
Coggeshall Hamlet. *Essx* 3B **54**
Coggins Mill. *E Sus* 3G **27**
Coignafearn Lodge. *High* 2A **150**
Coig Peighinnean. *W Isl* 1H **171**
Coig Peighinnean Bhuirgh. *W Isl* 2G **171**
Coilleag. *W Isl* 7C **170**
Coillemore. *High* 1A **158**
Coillore. *High* 5C **154**
Coire an Fhuarain. *W Isl* 4E **171**
Coity. *B'end* 3C **32**
Cokhay Green. *Derbs* 3G **73**
Col. *W Isl* 3G **171**
Colaboll. *High* 2C **164**
Colan. *Corn* 2C **6**
Colaton Raleigh. *Devn* 4D **12**
Colbost. *High* 4B **154**
Colburn. *N Yor* 5E **105**
Colby. *Cumb* 2H **103**
Colby. *IOM* 4B **108**
Colby. *Norf* 2E **78**
Colchester. *Essx* 3D **54**
Cold Ash. *W Ber* 5D **36**
Cold Ashby. *Nptn* 3D **62**
Cold Ashton. *S Glo* 4C **34**
Cold Aston. *Glos* 4G **49**
Coldbackie. *High* 3G **167**
Cold Blow. *Pemb* 3F **43**
Cold Brayfield. *Mil* 5G **63**
Cold Cotes. *N Yor* 2G **97**
Coldean. *Brig* 5E **27**
Coldeast. *Devn* 5B **12**
Colden. *W Yor* 2H **91**
Colden Common. *Hants* 4C **24**
Coldfair Green. *Suff* 4G **67**
Coldham. *Cambs* 5D **76**
Coldham. *Staf* 5C **72**
Cold Hanworth. *Linc* 2H **87**
Cold Harbour. *Dors* 3E **15**
Coldharbour. *Corn* 4B **6**
Coldharbour. *Glos* 5A **48**
Coldharbour. *Kent* 5G **39**
Coldharbour. *Surr* 1C **26**
Cold Hatton. *Telf* 3A **72**
Cold Hatton Heath. *Telf* 3A **72**
Cold Hesledon. *Dur* 5H **115**
Cold Hiendley. *W Yor* 3D **92**
Cold Higham. *Nptn* 5D **62**
Coldingham. *Bord* 3F **131**
Cold Kirby. *N Yor* 1H **99**
Coldmeece. *Staf* 2C **72**
Cold Northcott. *Corn* 4C **10**
Cold Norton. *Essx* 5B **54**
Cold Overton. *Leics* 4F **75**
Coldrain. *Per* 3C **136**
Coldred. *Kent* 1G **29**
Coldridge. *Devn* 2G **11**
Cold Row. *Lanc* 5C **96**
Coldstream. *Bord* 5E **131**
Coldwaltham. *W Sus* 4B **26**
Coldwell. *Here* 2H **47**
Coldwells. *Abers* 5H **161**
Coldwells Croft. *Abers* 1C **152**
Cole. *Shet* 5E **173**
Cole. *Som* 3B **22**
Colebatch. *Shrp* 2F **59**
Colebrook. *Devn* 2D **12**
Colebrooke. *Devn* 3A **12**
Coleburn. *Mor* 3G **159**
Coleby. *Linc* 4G **87**
Coleby. *N Lin* 3B **94**
Cole End. *Warw* 2G **61**
Coleford. *Devn* 2A **12**
Coleford. *Glos* 4A **48**
Coleford. *Som* 2B **22**
Colegate End. *Norf* 2D **66**
Cole Green. *Herts* 4C **52**
Cole Henley. *Hants* 1C **24**
Colehill. *Dors* 2F **15**
Coleman Green. *Herts* 4B **52**
Coleman's Hatch. *E Sus* 2F **27**
Colemere. *Shrp* 2G **71**
Colemore. *Hants* 3F **25**
Colemore Green. *Shrp* 1B **60**
Coleorton. *Leics* 4B **74**
Coleraine. *Caus* 1E **175**
Colerne. *Wilts* 4D **34**
Colesbourne. *Glos* 4F **49**
Colesden. *Bed* 5A **64**
Coles Green. *Worc* 5B **60**
Coleshill. *Buck* 1A **38**
Coleshill. *Oxon* 2H **35**
Coleshill. *Warw* 2G **61**
Colestocks. *Devn* 2D **12**
Colethrop. *Glos* 4D **48**
Coley. *Bath* 1A **22**
Colgate. *W Sus* 2D **26**
Colinsburgh. *Fife* 3G **137**
Colinton. *Edin* 3F **129**
Colintraive. *Arg* 2B **126**
Colkirk. *Norf* 3B **78**
Collace. *Per* 5B **144**
Collam. *W Isl* 8D **171**
Collaton. *Devn* 5D **8**
Collaton St Mary. *Torb* 2E **9**
College of Roseisle. *Mor* 2F **159**
Collessie. *Fife* 2E **137**
Collier Row. *G Lon* 1F **39**
Colliers End. *Herts* 3D **52**
Collier Street. *Kent* 1B **28**
Colliery Row. *Tyne* 5G **115**
Collieston. *Abers* 1H **153**
Collin. *Dum* 2B **112**
Collingbourne Ducis. *Wilts* 1H **23**
Collingbourne Kingston. *Wilts* 1H **23**
Collingham. *Notts* 4F **87**
Collingham. *W Yor* 5F **99**
Collingtree. *Nptn* 5E **63**
Collins Green. *Warr* 1H **83**
Collins Green. *Worc* 5B **60**
Colliston. *Ang* 4F **145**
Colliton. *Devn* 2D **12**
Collydean. *Fife* 3E **137**
Collyweston. *Nptn* 5G **75**
Colmonell. *S Ayr* 1G **109**
Colmworth. *Bed* 5A **64**
Colnbrook. *Slo* 3B **38**
Colne. *Cambs* 3C **64**
Colne. *Lanc* 5A **98**
Colne Engaine. *Essx* 2B **54**
Colney. *Norf* 5D **78**
Colney Heath. *Herts* 5C **52**
Colney Street. *Herts* 5B **52**
Coln Rogers. *Glos* 5F **49**
Coln St Aldwyns. *Glos* 5G **49**
Coln St Dennis. *Glos* 4F **49**
Colpitts Grange. *Nmbd* 4C **114**
Colpy. *Abers* 5D **160**
Colscott. *Devn* 1D **10**
Colsterdale. *N Yor* 1D **98**
Colsterworth. *Linc* 3G **75**
Colston Bassett. *Notts* 2E **74**
Colstoun House. *E Lot* 2B **130**
Coltfield. *Mor* 2F **159**
Colthouse. *Cumb* 5E **103**
Coltishall. *Norf* 4E **79**
Coltness. *N Lan* 4B **128**
Colton. *Cumb* 1C **96**
Colton. *Norf* 5D **78**
Colton. *N Yor* 5H **99**
Colton. *Staf* 3E **73**
Colton. *W Yor* 1D **92**
Colt's Hill. *Kent* 1H **27**
Col Uarach. *W Isl* 4G **171**
Colvend. *Dum* 4F **111**
Colvister. *Shet* 2G **173**
Colwall. *Here* 1C **48**
Colwall Green. *Here* 1C **48**
Colwell. *Nmbd* 2C **114**
Colwich. *Staf* 3E **73**
Colwick. *Notts* 1D **74**
Colwinston. *V Glam* 4C **32**
Colworth. *W Sus* 5A **26**
Colwyn Bay. *Cnwy* 3A **82**
Colyford. *Devn* 3F **13**
Colyton. *Devn* 3F **13**
Combe. *Devn* 2D **8**
Combe. *Here* 4F **59**
Combe. *Oxon* 4C **50**
Combe. *W Ber* 5B **36**
Combe Almer. *Dors* 3E **15**
Combebow. *Devn* 4E **11**
Combe Down. *Bath* 5C **34**
Combe Fishacre. *Devn* 2E **9**
Combe Florey. *Som* 3E **21**
Combe Hay. *Bath* 5C **34**
Combeinteignhead. *Devn* 5C **12**
Combe Martin. *Devn* 2F **19**
Combe Moor. *Here* 4F **59**
Comber. *Ards* 4H **175**
Combe Raleigh. *Devn* 2E **13**
Comberbach. *Ches W* 3A **84**
Comberford. *Staf* 5F **73**
Comberton. *Cambs* 5C **64**
Comberton. *Here* 4G **59**
Combe St Nicholas. *Som* 1G **13**
Combpyne. *Devn* 3F **13**
Combridge. *Staf* 2E **73**
Combrook. *Warw* 5H **61**
Combs. *Derbs* 3E **85**
Combs. *Suff* 5C **66**
Combs Ford. *Suff* 5C **66**
Combwich. *Som* 2F **21**
Comers. *Abers* 3D **152**
Comhampton. *Worc* 4C **60**
Comins Coch. *Cdgn* 2F **57**
Comley. *Shrp* 1G **59**
Commercial End. *Cambs* 4E **65**
Commins. *Powy* 3D **70**
Commins Coch. *Powy* 5H **69**
The Common. *Wilts*
nr. Salisbury 3H **23**
nr. Swindon 3F **35**
Commondale. *N Yor* 3D **106**
Common End. *Cumb* 2B **102**
Common Hill. *Here* 2A **48**
Common Moor. *Corn* 2G **7**
Common Side. *Derbs* 3H **85**
Commonside. *Ches W* 3H **83**
Commonside. *Derbs* 1G **73**
Compstall. *G Man* 1D **84**
Compton. *Devn* 2E **9**
Compton. *Hants* 4C **24**
Compton. *Staf* 2C **60**
Compton. *Surr* 1A **26**
Compton. *W Ber* 4D **36**
Compton. *W Sus* 1F **17**
Compton. *Wilts* 1G **23**
Compton Abbas. *Dors* 1D **15**
Compton Abdale. *Glos* 4F **49**
Compton Bassett. *Wilts* 4F **35**
Compton Beauchamp. *Oxon* 3A **36**
Compton Bishop. *Som* 1G **21**
Compton Chamberlayne. *Wilts* 4F **23**
Compton Dando. *Bath* 5B **34**
Compton Dundon. *Som* 3H **21**
Compton Greenfield. *S Glo* 3A **34**
Compton Martin. *Bath* 1A **22**
Compton Pauncefoot. *Som* 4B **22**
Compton Valence. *Dors* 3A **14**
Comrie. *Fife* 1D **128**
Comrie. *Per* 1G **135**
Conaglen. *High* 2E **141**
Conchra. *Arg* 1B **126**
Conchra. *High* 1A **148**
Conder Green. *Lanc* 4D **96**
Conderton. *Worc* 2E **49**
Condicote. *Glos* 3G **49**
Condorrat. *N Lan* 2A **128**
Condover. *Shrp* 5G **71**
Coneyhurst. *W Sus* 3C **26**
Coneysthorpe. *N Yor* 2B **100**
Coneythorpe. *N Yor* 4F **99**
Coney Weston. *Suff* 3B **66**
Conford. *Hants* 3G **25**
Congdon's Shop. *Corn* 5C **10**
Congerstone. *Leics* 5A **74**
Congham. *Norf* 3G **77**
Congleton. *Ches E* 4C **84**
Congl-y-wal. *Gwyn* 1G **69**
Congresbury. *N Som* 5H **33**
Congreve. *Staf* 4D **72**
Conham. *S Glo* 4B **34**
Conicaval. *Mor* 3D **159**
Coningsby. *Linc* 5B **88**
Conington. *Cambs*
nr. Fenstanton 4C **64**
nr. Sawtry 2A **64**
Conisbrough. *S Yor* 1C **86**
Conisby. *Arg* 3A **124**
Conisholme. *Linc* 1D **88**
Coniston. *Cumb* 5E **102**
Coniston. *E Yor* 1E **95**
Coniston Cold. *N Yor* 4B **98**

Conistone. N Yor ...3B 98
Connah's Quay. Flin ...3E 83
Connel. Arg ...5D 140
Connel Park. E Ayr ...3F 117
Connista. High ...1D 154
Connor Downs. Corn ...3C 4
Conock. Wilts ...1F 23
Conon Bridge. High ...3H 157
Cononley. N Yor ...5B 98
Cononsyth. Ang ...4E 145
Conordan. High ...5E 155
Consall. Staf ...1D 73
Consett. Dur ...4E 115
Constable Burton. N Yor ...5E 105
Constantine. Corn ...4C 5
Constantine Bay. Corn ...1C 6
Contin. High ...3G 157
Contullich. High ...1A 158
Conwy. Cnwy ...3G 81
Conyer. Kent ...4D 40
Conyer's Green. Suff ...4A 66
Cooden. E Sus ...5B 28
Cooil. IOM ...4C 108
Cookbury. Devn ...2E 11
Cookbury Wick. Devn ...2D 11
Cookham. Wind ...3G 37
Cookham Dean. Wind ...3G 37
Cookham Rise. Wind ...3G 37
Cookhill. Worc ...5E 61
Cookley. Suff ...3F 67
Cookley. Worc ...2C 60
Cookley Green. Oxon ...2E 37
Cookney. Abers ...4F 153
Cooksbridge. E Sus ...4F 27
Cooksey Green. Worc ...4D 60
Cookshill. Staf ...1D 72
Cooksmill Green. Essx ...5G 53
Cookstown. M Ulst ...4E 175
Coolham. W Sus ...3C 26
Cooling. Medw ...3B 40
Cooling Street. Medw ...3B 40
Coombe. Corn
  nr. Bude ...1C 10
  nr. St Austell ...3D 6
  nr. Truro ...4C 6
Coombe. Devn
  nr. Sidmouth ...3E 12
  nr. Teignmouth ...5C 12
Coombe. Glos ...2C 34
Coombe. Hants ...4E 25
Coombe. Wilts ...1G 23
Coombe Bissett. Wilts ...4G 23
Coombe Hill. Glos ...3D 49
Coombe Keynes. Dors ...4D 14
Coombes. W Sus ...5C 26
Coopersale. Essx ...5E 53
Coopersale Street. Essx ...5E 53
Cooper's Corner. Kent ...1F 27
Cooper Street. Kent ...5H 41
Cootham. W Sus ...4B 26
Copalder Corner. Cambs ...1C 64
Copdock. Suff ...1E 54
Copford. Essx ...3C 54
Copford Green. Essx ...3C 54
Copgrove. N Yor ...3F 99
Copister. Shet ...4F 173
Cople. Bed ...1B 52
Copley. Dur ...2D 105
Coplow Dale. Derbs ...3F 85
Copmanthorpe. York ...5H 99
Copp. Lanc ...1C 90
Coppathorne. Corn ...2C 10
Coppenhall. Ches E ...5B 84
Coppenhall. Staf ...4D 72
Coppenhall Moss. Ches E ...5B 84
Copperhouse. Corn ...3C 4
Coppicegate. Shrp ...2B 60
Coppingford. Cambs ...2A 64
Copplestone. Devn ...2A 12
Coppull. Lanc ...3D 90
Coppull Moor. Lanc ...3D 90
Copsale. W Sus ...3C 26
Copshaw Holm. Bord ...1F 113
Copster Green. Lanc ...1E 91

Copston Magna. Warw ...2B 62
Copt Green. Warw ...4F 61
Copthall Green. Essx ...5E 53
Copt Heath. W Mid ...3F 61
Copt Hewick. N Yor ...2F 99
Copthill. Dur ...5B 114
Copthorne. W Sus ...2E 27
Coptiviney. Shrp ...2G 71
Copy's Green. Norf ...2B 78
Copythorne. Hants ...1B 16
Corbridge. Nmbd ...3C 114
Corby. Nptn ...2F 63
Corby Glen. Linc ...3G 75
Cordon. N Ayr ...2E 123
Coreley. Shrp ...3A 60
Corfe. Som ...1F 13
Corfe Castle. Dors ...4E 15
Corfe Mullen. Dors ...3E 15
Corfton. Shrp ...2G 59
Corgarff. Abers ...3G 151
Corhampton. Hants ...4E 24
Corlae. Dum ...5F 117
Corlannau. Neat ...2A 32
Corley. Warw ...2H 61
Corley Ash. Warw ...2G 61
Corley Moor. Warw ...2G 61
Cormiston. S Lan ...1C 118
Cornaa. IOM ...3D 108
Cornaigbeg. Arg ...4A 138
Cornaigmore. Arg
  on Coll ...2D 138
  on Tiree ...4A 138
Corner Row. Lanc ...1C 90
Corney. Cumb ...5C 102
Cornforth. Dur ...1A 106
Cornhill. Abers ...3C 160
Cornhill. High ...4C 164
Cornhill-on-Tweed. Nmbd ...1C 120
Cornholme. W Yor ...2H 91
Cornish Hall End. Essx ...2G 53
Cornquoy. Orkn ...7E 172
Cornriggs. Dur ...5B 114
Cornsay. Dur ...5E 115
Cornsay Colliery. Dur ...5E 115
Corntown. Nmbd ...3H 157
Corntown. V Glam ...4C 32
Cornwall Airport Newquay.
  Corn ...2C 6
Cornwell. Oxon ...3A 50
Cornwood. Devn ...3C 8
Cornworthy. Devn ...3E 9
Corpach. High ...1E 141
Corpusty. Norf ...3D 78
Corra. Dum ...3F 111
Corran. High
  nr. Arnisdale ...2E 141
  nr. Fort William ...3A 148
Corrany. IOM ...3D 108
Corribeg. High ...1D 141
Corrie. N Ayr ...5B 126
Corrie Common. Dum ...1D 112
Corriecravie. N Ayr ...3D 122
Corriekinloch. High ...1A 164
Corriemoillie. High ...2F 157
Corrievarkie Lodge. Per ...1C 142
Corrievorrie. High ...1B 150
Corrigall. Orkn ...6C 172
Corrimony. High ...5F 157
Corringham. Linc ...1F 87
Corringham. Thur ...2B 40
Corris. Gwyn ...5G 69
Corris Uchaf. Gwyn ...5G 69
Corrour Shooting Lodge.
  High ...2B 142
Corry. High ...1E 147
Corrybrough. High ...1C 150
Corrygills. N Ayr ...2E 123
Corry of Ardnagrask. High ...4H 157
Corsback. High
  nr. Dunnet ...1E 169
  nr. Halkirk ...3E 169
Corscombe. Dors ...2A 14
Corse. Abers ...4D 160
Corse. Glos ...3C 48

Corsehill. Abers ...3G 161
Corse Lawn. Worc ...2D 48
Corse of Kinnoir. Abers ...4C 160
Corsham. Wilts ...4D 34
Corsley. Wilts ...2D 22
Corsley Heath. Wilts ...2D 22
Corsock. Dum ...2E 111
Corston. Bath ...5B 34
Corston. Wilts ...3E 35
Corstorphine. Edin ...2F 129
Cortachy. Ang ...3C 144
Corton. Suff ...1H 67
Corton. Wilts ...2E 23
Corton Denham. Som ...4B 22
Corwar House. S Ayr ...1H 109
Corwen. Den ...1C 70
Coryates. Dors ...4B 14
Coryton. Devn ...4E 11
Coryton. Thur ...2B 40
Cosby. Leics ...1C 62
Coscote. Oxon ...3D 36
Coseley. W Mid ...1D 60
Cosgrove. Nptn ...1F 51
Cosham. Port ...2E 17
Cosheston. Pemb ...4E 43
Coskills. N Lin ...3D 94
Cosmeston. V Glam ...5E 33
Cossall. Notts ...1B 74
Cossington. Leics ...4D 74
Cossington. Som ...2G 21
Costa. Orkn ...5C 172
Costessey. Norf ...4D 78
Costock. Notts ...3C 74
Coston. Leics ...3F 75
Coston. Norf ...5C 78
Cote. Oxon ...5B 50
Cotebrook. Ches W ...4H 83
Cotehill. Cumb ...4F 113
Cotes. Cumb ...1D 97
Cotes. Leics ...3C 74
Cotes. Staf ...2C 72
Cotesbach. Leics ...2C 62
Cotes Heath. Staf ...2C 72
Cotford St Luke. Som ...4E 21
Cotgrave. Notts ...2D 74
Cothal. Abers ...2F 153
Cotham. Notts ...1E 75
Cothelstone. Som ...3E 21
Cotheridge. Worc ...5B 60
Cotherstone. Dur ...3D 104
Cothill. Oxon ...2C 36
Cotland. Mon ...5A 48
Cotleigh. Devn ...2F 13
Cotmanhay. Derbs ...1B 74
Coton. Cambs ...5D 64
Coton. Nptn ...3D 62
Coton. Staf
  nr. Gnosall ...3C 72
  nr. Stone ...2D 72
  nr. Tamworth ...5F 73
Coton Clanford. Staf ...3C 72
Coton Hayes. Staf ...2D 73
Coton Hill. Shrp ...4G 71
Coton in the Clay. Staf ...3F 73
Coton in the Elms. Derbs ...4G 73
Cotonwood. Shrp ...2H 71
Cotonwood. Staf ...3C 72
Cott. Devn ...2D 9
Cott. Orkn ...5F 172
Cottam. E Yor ...3D 101
Cottam. Lanc ...1D 90
Cottam. Notts ...3E 87
Cottartown. High ...5E 159
Cottarville. Nptn ...4E 63
Cottenham. Cambs ...4D 64
Cotterdale. N Yor ...5B 104
Cottered. Herts ...3D 52
Cotterstock. Nptn ...1H 63
Cottesbrooke. Nptn ...3E 62
Cottesmore. Rut ...4G 75
Cotteylands. Devn ...1C 12
Cottingham. E Yor ...1D 94
Cottingham. Nptn ...1F 63
Cottingley. W Yor ...1B 92

Cottisford. Oxon ...2D 50
Cotton. Staf ...1E 73
Cotton. Suff ...4C 66
Cotton End. Bed ...1A 52
Cottown. Abers ...4F 161
Cotts. Devn ...2A 8
Cotwalton. Staf ...2D 72
Couch's Mill. Corn ...3F 7
Coughton. Here ...3A 48
Coughton. Warw ...4E 61
Coulags. High ...4B 156
Coulby Newham. Midd ...3C 106
Coulderton. Cumb ...4A 102
Coulin Lodge. High ...3C 156
Coull. Abers ...3C 152
Coulport. Arg ...1D 126
Coulsdon. G Lon ...5D 39
Coulston. Wilts ...1E 23
Coulter. S Lan ...1C 118
Coultings. Som ...2F 21
Coulton. N Yor ...2A 100
Cound. Shrp ...5H 71
Coundon. Dur ...2F 105
Coundon Grange. Dur ...2F 105
Countersett. N Yor ...1B 98
Countess. Wilts ...2G 23
Countess Cross. Essx ...2B 54
Countesthorpe. Leics ...1C 62
Countisbury. Devn ...2H 19
Coupar Angus. Per ...4B 144
Coupe Green. Lanc ...2D 90
Coupland. Cumb ...3A 104
Coupland. Nmbd ...1D 120
Cour. Arg ...5G 125
Courance. Dum ...5C 118
Court-at-Street. Kent ...2E 29
Courteachan. High ...4E 147
Courteenhall. Nptn ...5E 63
Court Henry. Carm ...3F 45
Courtsend. Essx ...1E 41
Courtway. Som ...3F 21
Cousland. Midl ...3G 129
Cousley Wood. E Sus ...2A 28
Coustonn. Arg ...2B 126
Cove. Arg ...1D 126
Cove. Devn ...1C 12
Cove. Hants ...1G 25
Cove. High ...4C 162
Cove. Bord ...2D 130
Cove Bay. Aber ...3G 153
Covehithe. Suff ...2H 67
Coven. Staf ...5D 72
Coveney. Cambs ...2D 65
Covenham St Bartholomew.
  Linc ...1C 88
Covenham St Mary. Linc ...1C 88
Coven Heath. Staf ...5D 72
Coventry. W Mid ...3H 61
Coverack. Corn ...5E 5
Coverham. N Yor ...1D 98
Covesea. Mor ...1F 159
Covingham. Swin ...3G 35
Covington. Cambs ...3H 63
Covington. S Lan ...1B 118
Cowan Bridge. Lanc ...2F 97
Cowan Head. Cumb ...5F 103
Cowbar. Red C ...3E 107
Cowbeech. E Sus ...4H 27
Cowbit. Linc ...4B 76
Cowbridge. V Glam ...4C 32
Cowden. Kent ...1F 27
Cowdenbeath. Fife ...4D 136
Cowdenburn. Bord ...4F 129
Cowdenend. Fife ...4D 136
Cowers Lane. Derbs ...1H 73
Cowes. IOW ...3C 16
Cowesby. N Yor ...1G 99
Cowesby. W Sus ...3D 26
Cowfolds. Mor ...2H 159
Cowgill. Cumb ...1G 97
Cowie. Abers ...5F 153
Cowie. Stir ...1B 128
Cowlam. E Yor ...3D 100
Cowley. Devn ...3C 12

Cowley. G Lon ...
Cowley. Glos ...
Cowley. Oxon ...
Cowley. Staf ...
Cowleymoor. Devn ...1C 12
Cowling. Lanc ...3D 90
Cowling. N Yor
  nr. Bedale ...1E 99
  nr. Glusburn ...5B 98
Cowlinge. Suff ...5G 65
Cowmes. W Yor ...3B 92
Cowpe. Lanc ...2G 91
Cowpen. Nmbd ...1F 115
Cowpen Bewley. Stoc T ...2B 106
Cowplain. Hants ...1E 17
Cowshill. Dur ...5B 114
Cowslip Green. N Som ...5H 33
Cowstrandburn. Fife ...4C 136
Cowthorpe. N Yor ...4G 99
Coxall. Here ...3F 59
Coxbank. Ches E ...1A 72
Coxbench. Derbs ...1A 74
Cox Common. Suff ...2G 67
Coxford. Norf ...3H 77
Cox Green. Surr ...2B 26
Cox Green. Tyne ...4G 115
Coxgreen. Staf ...2C 60
Coxheath. Kent ...5B 40
Coxhoe. Dur ...1A 106
Coxley. Som ...2A 22
Coxwold. N Yor ...2H 99
Coychurch. B'end ...3C 32
Coylton. S Ayr ...3D 116
Coylumbridge. High ...2D 150
Coynach. Abers ...3B 152
Coynachie. Abers ...5B 160
Coytrahen. B'end ...3B 32
Crabbs Cross. Worc ...4E 61
Crabgate. Norf ...3C 78
Crab Orchard. Dors ...2F 15
Crabtree. W Sus ...3D 26
Crabtree Green. Wrex ...1F 71
Crackaig. High ...2G 165
Crackenthorpe. Cumb ...2H 103
Crackington Haven. Corn ...3B 10
Crackley. Staf ...5C 84
Crackley. Warw ...3G 61
Crackleybank. Shrp ...4B 72
Crackpot. N Yor ...5C 104
Cracoe. N Yor ...3B 98
Craddock. Devn ...1D 12
Cradhlastadh. W Isl ...4C 171
Cradley. Here ...1C 48
Cradley. W Mid ...2D 60
Cradoc. Powy ...2D 46
Crafthole. Corn ...3H 7
Cragabus. Arg ...5B 124
Crag Foot. Lanc ...2D 97
Craggan. High ...1E 151
Cragganmore. Mor ...5F 159
Cragganvallie. High ...5H 157
Craggie. High ...2F 165
Craggiemore. High ...5B 158
Cragg Vale. W Yor ...2A 92
Craghead. Dur ...4F 115
Crai. Powy ...3B 46
Craichie. Ang ...4E 145
Craig. Arg ...5E 141
Craig. Dum ...2D 111
Craig. High
  nr. Achnashellach ...4C 156
  nr. Lower Diabaig ...2G 155
  nr. Stromeferry ...5H 155
Craiganour Lodge. Per ...3D 142
Craigavon. Arm ...5F 175
Craigbrack. Arg ...4A 134
Craig-Cefn-Parc. Swan ...5G 45
Craigdallie. Per ...1E 137
Craigdam. Abers ...5F 161
Craigdarroch. E Ayr ...4F 117
Craigdarroch. High ...3G 157
Craighu. High ...4G 157
Craigearn. Abers ...2E 152

...3C 130
...1D 108
...2B 6
...1H 75
...1G 65
Cranworth. Norf ...5B 78
...3E 129
...2H 137
...3D 124
...2G 153
...5D 144

nr. Blairgowrie ...4A 144
nr. Perth ...1D 136
Craigie. S Ayr ...1D 116
Craiglelaw. E Lot ...2A 130
Craiglemine. Dum ...5B 110
Craig-llwyn. Shrp ...3E 71
Craiglockhart. Edin ...2F 129
Craig Lodge. Arg ...2B 126
Craigmalloch. E Ayr ...5D 117
Craigmaud. Abers ...3F 161
Craigmill. Stir ...4H 135
Craigmillar. Edin ...2F 129
Craigmore. Arg ...3C 126
Craigmuie. Dum ...1E 111
Craignair. Dum ...3F 111
Craignant. Shrp ...2E 71
Craigneuk. N Lan
  nr. Airdrie ...3A 128
  nr. Motherwell ...4A 128
Craignure. Arg ...5B 140
Craigo. Ang ...2F 145
Craigrory. High ...4A 158
Craigrothie. Fife ...2F 137
Craigs. Dum ...2D 112
The Craigs. High ...4B 164
Craigshill. W Lot ...3D 128
Craigton. Aber ...3F 153
Craigton. Abers ...3E 152
Craigton. Ang
  nr. Carnoustie ...5E 145
  nr. Kirriemuir ...3C 144
Craigton. High ...4A 158
Craigtown. High ...3A 168
Craig-y-Duke. Neat ...5H 45
Craig-y-nos. Powy ...4B 46
Craik. Bord ...4F 119
Crail. Fife ...3H 137
Crailing. Bord ...2A 120
Crailinghall. Bord ...2A 120
Crakehill. N Yor ...2G 99
Crakemarsh. Staf ...2E 73
Crambe. N Yor ...3B 100
Crambeck. N Yor ...3B 100
Cramlington. Nmbd ...2F 115
Cramond. Edin ...2E 129
Cramond Bridge. Edin ...2E 129
Cranage. Ches E ...4B 84
Cranberry. Staf ...2C 72
Cranborne. Dors ...1F 15
Cranbourne. Brac ...3A 38
Cranbrook. Devn ...3D 12
Cranbrook. Kent ...2B 28
Cranbrook Common. Kent ...2B 28
Crane Moor. S Yor ...4D 92
Crane's Corner. Norf ...4B 78
Cranfield. C Beds ...1H 51
Cranford. G Lon ...3C 38
Cranford St Andrew. Nptn ...3G 63
Cranford St John. Nptn ...3G 63
Cranham. Glos ...4D 49
Cranham. G Lon ...2G 39
Crank. Mers ...1H 83
Cranleigh. Surr ...2B 26
Cranley. Suff ...3D 66
Cranloch. Mor ...3G 159
Cranmer Green. Suff ...3C 66
Cranmore. IOW ...3C 16
Cranmore. Linc ...5A 76
Crannich. Arg ...4G 139
Crannoch. Mor ...3B 160
Cranoe. Leics ...1E 63
Cransford. Suff ...4F 67

Creswell. Derbs ...3C 86
Creswell Green. Staf ...4E 73
Cretingham. Suff ...4E 67
Crewe. Ches E ...5B 84
Crewe-by-Farndon. Ches W ...5G 83
Crewgreen. Powy ...4F 71
Crewkerne. Som ...2H 13
Crews Hill. G Lon ...5D 52
Crewton. Derb ...2A 74
Crianlarich. Stir ...1C 134
Cribbs Causeway. S Glo ...3A 34
Cribyn. Cdgn ...5E 57
Criccieth. Gwyn ...2D 69
Crich. Derbs ...5A 86
Crichton. Midl ...3G 129
Crick. Mon ...2H 33
Crick. Nptn ...3C 62
Crickadarn. Powy ...1D 46
Cricket Hill. Hants ...5G 37
Cricket Malherbie. Som ...1G 13
Cricket St Thomas. Som ...2G 13
Crickham. Som ...2H 21
Crickheath. Shrp ...3E 71
Crickhowell. Powy ...4F 47
Cricklade. Wilts ...2G 35
Cricklewood. G Lon ...2D 38
Cridling Stubbs. N Yor ...2F 93
Crieff. Per ...1A 136
Criftins. Shrp ...2F 71
Criggion. Powy ...4E 71
Crigglestone. W Yor ...3D 92
Crimchard. Som ...2G 13
Crimdon Park. Dur ...1B 106
Crimond. Abers ...3H 161
Crimonmogate. Abers ...3H 161
Crimplesham. Norf ...5F 77
Crinan. Arg ...4E 133
Cringleford. Norf ...5D 78
Crinow. Pemb ...3F 43
Cripplesease. Corn ...3C 4
Cripplestyle. Dors ...1F 15
Cripp's Corner. E Sus ...3B 28
Croanford. Corn ...5A 10
Crockenhill. Kent ...4G 39
Crocker End. Oxon ...3F 37
Crockerhill. Hants ...2D 16
Crockernwell. Devn ...3A 12
Crocker's Ash. Here ...4A 48
Crockerton. Wilts ...2D 22
Crocketford. Dum ...2F 111
Crockey Hill. York ...5A 100
Crockham Hill. Kent ...5F 39
Crockhurst Street. Kent ...1H 27
Crockleford Heath. Essx ...3D 54
Croeserw. Neat ...2B 32
Croes-Goch. Pemb ...1C 42
Croes Hywel. Mon ...4G 47
Croes-lan. Cdgn ...1D 45
Croesor. Gwyn ...1F 69
Croesoswallt. Shrp ...3E 71
Croesyceiliog. Carm ...4E 45
Croesyceiliog. Torf ...2G 33
Croes-y-mwyalch. Torf ...2G 33
Croeswaun. Gwyn ...5E 81
Croford. Som ...4E 20
Croft. Leics ...1C 62
Croft. Linc ...4E 89
Croft. Warr ...1A 84
Croftamie. Stir ...1F 127
Croftfoot. Glas ...3G 127
Croftmill. Per ...5F 143
Crofton. Cumb ...4E 112
Crofton. W Yor ...3D 93
Crofton. Wilts ...5A 36
Croft-on-Tees. N Yor ...4F 105
Crofts. Dum ...2E 111
Crofts of Benachtie. High ...5B 169
Crofts of Dipple. Mor ...3H 159
Crofty. Swan ...3E 31
Croggan. Arg ...1E 132
Croglin. Cumb ...5G 113
Croich. High ...4B 164
Croick. High ...3A 168

Croig. Arg ...3E 139
Cromarty. High ...2B 158
Crombie. Fife ...1D 128
Cromdale. High ...1E 151
Cromer. Herts ...3C 52
Cromer. Norf ...1E 78
Cromford. Derbs ...5G 85
Cromhall. S Glo ...2B 34
Cromor. W Isl ...5G 171
Cromra. High ...5H 149
Cromwell. Notts ...4E 87
Cronberry. E Ayr ...2F 117
Crondall. Hants ...2F 25
The Cronk. IOM ...2C 108
Cronk-y-Voddy. IOM ...3C 108
Cronton. Mers ...2G 83
Crook. Cumb ...5F 103
Crook. Dur ...1E 105
Crookdake. Cumb ...5C 112
Crooke. G Man ...4D 90
Crookedholm. E Ayr ...1D 116
Crooked Soley. Wilts ...4B 36
Crookes. S Yor ...2H 85
Crookgate Bank. Dur ...4E 115
Crookhall. Dur ...4E 115
Crookham. Nmbd ...1D 120
Crookham. W Ber ...5D 36
Crookham Village. Hants ...1F 25
Crooklands. Cumb ...1E 97
Crook of Devon. Per ...3C 136
Crookston. Glas ...3G 127
Cropredy. Oxon ...1C 50
Cropston. Leics ...4C 74
Cropthorne. Worc ...1E 49
Cropton. N Yor ...1B 100
Cropwell Bishop. Notts ...2D 74
Cropwell Butler. Notts ...2D 74
Cros. W Isl ...1H 171
Crosbie. N Yor ...4D 126
Crosbost. W Isl ...5F 171
Crosby. Cumb ...1B 102
Crosby. IOM ...4C 108
Crosby. Mers ...1F 83
Crosby. N Lin ...3B 94
Crosby Court. N Yor ...5A 106
Crosby Garrett. Cumb ...4A 104
Crosby Ravensworth.
  Cumb ...3H 103
Crosby Villa. Cumb ...1B 102
Croscombe. Som ...2A 22
Crosland Moor. W Yor ...3B 92
Cross. Som ...1H 21
Crossaig. Arg ...4G 125
Crossapol. Arg ...4A 138
Cross Ash. Mon ...4H 47
Cross-at-Hand. Kent ...1B 28
Crossbush. W Sus ...5B 26
Crosscanonby. Cumb ...1B 102
Crossdale Street. Norf ...2E 79
Cross End. Essx ...2B 54
Crossens. Mers ...2B 90
Crossford. Fife ...1D 128
Crossford. S Lan ...5B 128
Cross Foxes. Gwyn ...4G 69
Crossgar. New M ...5H 175
Crossgate. Orkn ...6D 172
Crossgate. Staf ...2D 72
Crossgatehall. E Lot ...3G 129
Cross Gates. W Yor ...1D 92
Crossgates. Fife ...1E 129
Crossgates. N Yor ...1E 101
Crossgates. Powy ...4C 58
Crossgill. Lanc ...3E 97
Cross Green. Devn ...4D 11
Cross Green. Staf ...5D 72
Cross Green. Suff
  nr. Cockfield ...5A 66
  nr. Hitcham ...5B 66
Cross Hands. Carm ...4F 45
Crosshands. E Ayr ...1D 117
Crosshands. S Ayr ...1D 117
Cross Hill. Derbs ...1B 74
Cross Hill. Glos ...2A 34
Crosshill. E Ayr ...2D 117

Crosshill. Fife ...4D 136
Crosshill. S Ayr ...4C 116
Cross Hills. N Yor ...5C 98
Crosshills. High ...1A 158
Cross Holme. N Yor ...5C 106
Crosshouse. E Ayr ...1C 116
Cross Houses. Shrp ...5H 71
Crossings. Cumb ...2G 113
Cross in Hand. E Sus ...3G 27
Cross Inn. Cdgn
  nr. Aberaeron ...4E 57
  nr. New Quay ...5C 56
Cross Inn. Rhon ...3D 32
Crosskeys. Cphy ...2F 33
Crosskirk. High ...2C 168
Crosslands. Cumb ...1C 96
Cross Lane Head. Shrp ...1B 60
Cross Lanes. Corn ...4D 5
Cross Lanes. Dur ...3D 104
Cross Lanes. N Yor ...3H 99
Cross Lanes. Wrex ...1F 71
Crosslanes. Shrp ...4F 71
Crosslee. Ren ...3F 127
Crossmaglen. New M ...6F 175
Crossmichael. Dum ...3E 111
Crossmoor. Lanc ...1C 90
Cross Oak. Powy ...3E 46
Cross of Jackston. Abers ...5E 161
Cross o' th' Hands. Derbs ...1G 73
Crossroads. Abers
  nr. Aberdeen ...3G 153
  nr. Banchory ...4E 153
Crossroads. E Ayr ...1D 116
Cross Side. Devn ...4B 20
Cross Street. Suff ...3D 66
Crosston. Ang ...3E 145
Cross Town. Ches E ...3B 84
Crossway. Mon ...4H 47
Crossway. Powy ...5C 58
Crossway Green. Mon ...2A 34
Crossway Green. Worc ...4C 60
Crossways. Dors ...4C 14
Crosswell. Pemb ...1F 43
Crosswood. Cdgn ...3F 57
Crosthwaite. Cumb ...5F 103
Croston. Lanc ...3C 90
Crostwick. Norf ...4E 79
Crostwight. Norf ...3F 79
Crothair. W Isl ...4D 171
Crouch. Kent ...5H 39
Croucheston. Wilts ...4F 23
Crouch Hill. Dors ...1C 14
Croughton. Nptn ...2D 50
Crovie. Abers ...2F 161
Crow. Hants ...2G 15
Crowan. Corn ...3D 4
Crowborough. E Sus ...2G 27
Crowcombe. Som ...3E 21
Crowcroft. Worc ...5B 60
Crowdecote. Derbs ...4F 85
Crowden. Derbs ...1E 85
Crowden. Devn ...3E 11
Crowdhill. Hants ...1C 16
Crowdon. N Yor ...5G 107
Crow Edge. S Yor ...4B 92
Crow End. Cambs ...5C 64
Crowfield. Nptn ...1E 50
Crowfield. Suff ...5D 66
Crow Green. Essx ...1G 39
Crow Hill. Here ...3B 48
Crowhurst. E Sus ...4B 28
Crowhurst. Surr ...1E 27
Crowhurst Lane End. Surr ...1E 27
Crowland. Linc ...4B 76
Crowland. Suff ...3C 66
Crowlas. Corn ...3C 4
Crowle. N Lin ...3A 94
Crowle. Worc ...5D 60
Crowmarsh Gifford. Oxon ...3E 36
Crown Corner. Suff ...3E 67
Crownthorpe. Norf ...5C 78
Crowntown. Corn ...3D 4
Crows-an-wra. Corn ...4A 4

Crowshill—Darnford

Crowshill. Norf 5B 78
Crowthorne. Brac 5G 37
Crowton. Ches W 3H 83
Croxall. Staf 4F 73
Croxby. Linc 1A 88
Croxdale. Dur 1F 105
Croxden. Staf 2E 73
Croxley Green. Herts 1B 38
Croxton. Cambs 4B 64
Croxton. Norf
nr. Fakenham 2B 78
nr. Thetford 2A 66
Croxton. N Lin 3D 94
Croxton. Staf 2B 72
Croxtonbank. Staf 2B 72
Croxton Green. Ches E 5H 83
Croxton Kerrial. Leics 3F 75
Croy. High 4B 158
Croy. N Lan 2A 128
Croyde. Devn 3E 19
Croydon. Cambs 1D 52
Croydon. G Lon 4E 39
Crubenbeg. High 4A 150
Crubenmore Lodge. High 4A 150
Cruckmeole. Shrp 5G 71
Cruckton. Shrp 4G 71
Cruden Bay. Abers 5H 161
Crudgington. Telf 4A 72
Crudie. Abers 3E 161
Crudwell. Wilts 2E 35
Cruft. Devn 3F 11
Crug. Powy 3D 58
Crughywel. Powy 4F 47
Crugmeer. Corn 1D 6
Crugybar. Carm 2G 45
Crug-y-byddar. Powy 2D 58
Crulabhig. W Isl 4D 171
Crumlin. Ant 4G 175
Crumlin. Cphy 2F 33
Crumpsall. G Man 4G 91
Crumpsbrook. Shrp 3A 60
Crundale. Kent 1E 29
Crundale. Pemb 3D 42
Cruwys Morchard. Devn 1B 12
Crux Easton. Hants 1C 24
Cruxton. Dors 3B 14
Crwbin. Carm 4E 45
Cryers Hill. Buck 2G 37
Crymych. Pemb 1F 43
Crynant. Neat 5A 46
Crystal Palace. G Lon 3E 39
Cuaich. High 5A 150
Cuaig. High 3G 155
Cuan. Arg 2E 133
Cubbington. Warw 4H 61
Cubert. Corn 3B 6
Cubley. S Yor 4C 92
Cubley Common. Derbs 2F 73
Cublington. Buck 3G 51
Cublington. Here 2G 47
Cuckfield. W Sus 3E 27
Cucklington. Som 4C 22
Cuckney. Notts 3C 86
Cuckron. Shet 6F 173
Cuddesdon. Oxon 5E 50
Cuddington. Buck 4F 51
Cuddington. Ches W 3A 84
Cuddington Heath. Ches W 1G 71
Cuddy Hill. Lanc 1C 90
Cudham. G Lon 5F 39
Cudlipptown. Devn 5F 11
Cudworth. Som 1G 13
Cudworth. S Yor 4D 93
Cudworth. Surr 1D 26
Cuerdley Cross. Warr 2H 83
Cuffley. Herts 5D 52
Cuidhir. W Isl 8B 170
Cuidhsiadar. W Isl 2H 171
Cuidhtinis. W Isl 9C 171
Culbo. High 2A 158
Culbokie. High 3A 158
Culburnie. High 4G 157
Culcabock. High 4A 158
Culcharry. High 3C 158
Culcheth. Warr 1A 84
Culduie. High 4G 155
Culeave. High 4C 164
Culford. Suff 3H 65
Culgaith. Cumb 2H 103
Culham. Oxon 2D 36
Culkein. High 1E 163
Culkein Drumbeg. High 5B 166
Culkerton. Glos 2E 35
Cullen. Mor 2C 160
Cullercoats. Tyne 2G 115
Cullicudden. High 2A 158
Cullingworth. W Yor 1A 92
Cullipool. Arg 2E 133
Cullivoe. Shet 1G 173
Culloch. Per 2G 135
Culloden. High 4B 158
Cullompton. Devn 2D 12
Cullybackey. ME Ant 2F 175
Culm Davy. Devn 1E 13
Culmington. Shrp 2G 59
Culmstock. Devn 1E 12
Cul na Caepaich. High 5E 147
Culnacnoc. High 2E 155
Culnacraig. High 3E 163
Culrain. High 4C 164
Culross. Fife 1C 128
Culroy. S Ayr 3C 116
Culswick. Shet 7D 173
Cults. Aber 3F 153
Cults. Abers 5C 160
Cults. Fife 3F 137
Cultybraggan Camp. Per 1G 135
Culver. Devn 3B 12
Culverlane. Devn 2D 8
Culverstone Green. Kent 4H 39
Culverthorpe. Linc 1H 75
Culworth. Nptn 1D 50
Culzie Lodge. High 1H 157
Cumberlow Green. Herts 2D 52
Cumbernauld. N Lan 2A 128
Cumbernauld Village.
N Lan 2A 128
Cumberworth. Linc 3E 89
Cumdivock. Cumb 5E 113
Cuminestown. Abers 3F 161
Cumledge Mill. Bord 4D 130
Cumlewick. Shet 9F 173
Cummersdale. Cumb 4E 113
Cummertrees. Dum 3C 112
Cummingstown. Mor 2F 159
Cumnock. E Ayr 2E 117
Cumnor. Oxon 5C 50
Cumrew. Cumb 4G 113
Cumwhinton. Cumb 4F 113
Cumwhitton. Cumb 4G 113
Cundall. N Yor 2G 99
Cunninghamhead. N Ayr 5E 127
Cunning Park. S Ayr 3C 116
Cunningsburgh. Shet 9F 173
Cunnister. Shet 2G 173
Cupar. Fife 2F 137
Cupar Muir. Fife 2F 137
Cupernham. Hants 4B 24
Curbar. Derbs 3G 85
Curborough. Staf 4F 73
Curbridge. Hants 1D 16
Curbridge. Oxon 5B 50
Curdridge. Hants 1D 16
Curdworth. Warw 1F 61
Curland. Som 1F 13
Curland Common. Som 1F 13
Curridge. W Ber 4C 36
Currie. Edin 3E 129
Curry Mallet. Som 4G 21
Curry Rivel. Som 4G 21
Curtisden Green. Kent 1B 28
Curtisknowle. Devn 3D 8
Cury. Corn 4D 5
Cusgarne. Corn 4B 6
Cushendall. Caus 1G 175
Cusop. Here 1F 47
Cusworth. S Yor 4F 93
Cutcombe. Som 3C 20
Cuthill. E Lot 2G 129
Cutiau. Gwyn 4F 69
Cutlers Green. Essx 2F 53
Cutmadoc. Corn 2E 7
Cutnall Green. Worc 4C 60
Cutsdean. Glos 2F 49
Cutthorpe. Derbs 3H 85
Cuttiford's Door. Som 1G 13
Cuttivett. Corn 2H 7
Cutts. Shet 8E 173
Cuttybridge. Pemb 3D 42
Cuttyhill. Abers 3H 161
Cuxham. Oxon 2E 37
Cuxton. Medw 4B 40
Cuxwold. Linc 4E 95
Cwm. Blae 5E 47
Cwm. Den 3C 82
Cwm. Powy 1E 59
Cwmafan. Neat 2A 32
Cwmaman. Rhon 2C 32
Cwmann. Carm 1F 45
Cwmbach. Carm 2G 43
Cwmbach. Powy 2E 47
Cwmbach. Rhon 5D 46
Cwmbach Llechrhyd.
Powy 5C 58
Cwmbelan. Powy 2B 58
Cwmbran. Torf 2F 33
Cwmbrwyno. Cdgn 2G 57
Cwm Capel. Carm 5E 45
Cwmcarn. Cphy 2F 33
Cwmcarvan. Mon 5H 47
Cwm-celyn. Blae 5F 47
Cwmcerdinen. Swan 5G 45
Cwm-Cewydd. Gwyn 4A 70
Cwm-cou. Cdgn 1C 44
Cwmcych. Pemb 1G 43
Cwmdare. Rhon 5C 46
Cwmdu. Carm 2G 45
Cwmdu. Powy 3E 47
Cwmduad. Carm 2D 45
Cwm Dulais. Swan 5G 45
Cwmerfyn. Cdgn 2F 57
Cwmfelin. B'end 3B 32
Cwmfelin Boeth. Carm 3F 43
Cwmfelinfach. Cphy 2E 33
Cwmfelin Mynach. Carm 2G 43
Cwmffrwd. Carm 4E 45
Cwmgiedd. Powy 4A 46
Cwmgors. Neat 4H 45
Cwmgwili. Carm 4F 45
Cwmgwrach. Neat 5B 46
Cwmhiraeth. Carm 1H 43
Cwmifor. Carm 3G 45
Cwmisfael. Carm 4E 45
Cwm-Llinau. Powy 5H 69
Cwmllynfell. Neat 4H 45
Cwm-mawr. Carm 4F 45
Cwm-miles. Carm 2F 43
Cwmorgan. Carm 1G 43
Cwmparc. Rhon 2C 32
Cwm Penmachno. Cnwy 1G 69
Cwmpennar. Rhon 5D 46
Cwm Plysgog. Pemb 1B 44
Cwmrhos. Powy 3E 47
Cwmsychpant. Cdgn 1E 45
Cwmsyfiog. Cphy 5E 47
Cwmsymlog. Cdgn 2F 57
Cwmtillery. Blae 5F 47
Cwm-twrch Isaf. Powy 5A 46
Cwm-twrch Uchaf. Powy 4A 46
Cwmwysg. Powy 3B 46
Cwm-y-glo. Gwyn 4E 81
Cwmyoy. Mon 3G 47
Cwmystwyth. Cdgn 3G 57
Cwrt. Gwyn 5F 69
Cwrtnewydd. Cdgn 1E 45
Cwrt-y-Cadno. Carm 1G 45
Cydweli. Carm 5E 45
Cyffylliog. Den 5C 82
Cymau. Flin 5E 83
Cymer. Neat 2B 32
Cymmer. Neat 2B 32
Cymmer. Rhon 2D 32
Cyncoed. Card 3E 33
Cynghordy. Carm 2B 46
Cynheidre. Carm 5E 45
Cynonville. Neat 2B 32
Cynwyd. Den 1C 70
Cynwyl Elfed. Carm 3D 44
Cywarch. Gwyn 4A 70

D

Dacre. Cumb 2F 103
Dacre. N Yor 3D 98
Dacre Banks. N Yor 3D 98
Daddry Shield. Dur 1B 104
Dadford. Buck 2E 51
Dadlington. Leics 1B 62
Dafen. Carm 5F 45
Daffy Green. Norf 5B 78
Dagdale. Staf 2E 73
Dagenham. G Lon 2F 39
Daggons. Dors 1G 15
Daglingworth. Glos 5E 49
Dagnall. Buck 4H 51
Dagtail End. Worc 4E 61
Dail. Arg 5E 141
Dail Beag. W Isl 3E 171
Dail bho Dheas. W Isl 1G 171
Dailly. S Ayr 4B 116
Dail Mor. W Isl 3E 171
Dairsie. Fife 2G 137
Daisy Bank. W Mid 1E 61
Daisy Hill. G Man 4E 91
Daisy Hill. W Yor 1B 92
Dalabrog. W Isl 6C 170
Dalavich. Arg 2G 133
Dalbeattie. Dum 3F 111
Dalblair. E Ayr 3F 117
Dalbury. Derbs 2G 73
Dalby. IOM 4B 108
Dalby Wolds. Leics 3D 74
Dalchalm. High 3G 165
Dalcharn. High 3G 167
Dalchork. High 2C 164
Dalchreichart. High 2E 149
Dalchruin. Per 2G 135
Dalcross. High 4B 158
Dalderby. Linc 4B 88
Dale. Cumb 5G 113
Dale. Pemb 4C 42
Dale Abbey. Derbs 2B 74
Dalebank. Derbs 4A 86
Dale Bottom. Cumb 2D 102
Dale Head. Cumb 3F 103
Dalehouse. N Yor 3E 107
Dalelia. High 2B 140
Dale of Walls. Shet 6C 173
Dalgarven. N Ayr 5D 126
Dalgety Bay. Fife 1E 129
Dalginross. Per 1G 135
Dalguise. Per 4G 143
Dalhalvaig. High 3A 168
Dalham. Suff 4G 65
Dalintart. Arg 1F 133
Dalkeith. Midl 3G 129
Dallas. Mor 3F 159
Dalleagles. E Ayr 3E 117
Dall House. Per 3C 142
Dallinghoo. Suff 5E 67
Dallington. E Sus 4A 28
Dallow. N Yor 2D 98
Dalmally. Arg 1A 134
Dalmarnock. Glas 3H 127
Dalmellington. E Ayr 4D 117
Dalmeny. Edin 2E 129
Dalmigavie. High 2B 150
Dalmilling. S Ayr 2C 116
Dalmore. High
nr. Alness 2A 158
nr. Rogart 3E 164
Dalmuir. W Dun 2F 127
Dalmunach. Mor 4G 159
Dalnabreck. High 2B 140
Dalnacardoch Lodge. Per 1E 142
Dalnamein Lodge. Per 2E 143
Dalnaspidal Lodge. Per 1D 142
Dalnatrat. High 3D 140
Dalnavie. High 1A 158
Dalnawillan Lodge. High 4C 168
Dalness. High 3F 141
Dalnessie. High 2D 164
Dalqueich. Per 3C 136
Dalquhairn. S Ayr 5C 116
Dalreavoch. High 3E 165
Dalreoch. Per 2C 136
Dalry. Edin 2F 129
Dalry. N Ayr 5D 126
Dalrymple. E Ayr 3C 116
Dalscote. Nptn 5D 62
Dalserf. S Lan 4B 128
Dalsmirren. Arg 4A 122
Dalston. Cumb 4E 113
Dalswinton. Dum 1G 111
Dalton. Dum 2C 112
Dalton. Lanc 4C 90
Dalton. Nmbd
nr. Hexham 4C 114
nr. Ponteland 2E 115
Dalton. N Yor
nr. Richmond 4E 105
nr. Thirsk 2G 99
Dalton. S Lan 4H 127
Dalton. S Yor 1B 86
Dalton-in-Furness. Cumb 2B 96
Dalton-le-Dale. Dur 5H 115
Dalton Magna. S Yor 1B 86
Dalton-on-Tees. N Yor 4F 105
Dalton Piercy. Hart 1B 106
Daltot. Arg 1F 125
Dalvey. High 5F 159
Dalwhinnie. High 5A 150
Dalwood. Devn 2F 13
Damerham. Hants 1G 15
Damgate. Norf
nr. Acle 5G 79
nr. Martham 4G 79
Dam Green. Norf 2C 66
Damhead. Mor 3E 159
Danaway. Kent 4C 40
Danbury. Essx 5A 54
Danby. N Yor 4E 107
Danby Botton. N Yor 4D 107
Danby Wiske. N Yor 5A 106
Danderhall. Midl 3G 129
Danebank. Ches E 2D 85
Danebridge. Ches E 4D 84
Dane End. Herts 3D 52
Danehill. E Sus 3F 27
Danesford. Shrp 1B 60
Daneshill. Hants 1E 25
Danesmoor. Derbs 4B 86
Danestone. Aber 2G 153
Dangerous Corner. Lanc 3D 90
Daniel's Water. Kent 1D 28
Dan's Castle. Dur 1E 105
Danzey Green. Warw 4F 61
Dapple Heath. Staf 3E 73
Daren. Powy 4F 47
Darenth. Kent 3G 39
Daresbury. Hal 2H 83
Darfield. S Yor 4E 93
Dargate. Kent 4E 41
Dargill. Per 2A 136
Darite. Corn 2G 7
Darlaston. W Mid 1D 61
Darley. N Yor 4E 98
Darley Abbey. Derb 2H 73
Darley Bridge. Derbs 4G 85
Darley Dale. Derbs 4G 85
Darley Head. N Yor 4D 98
Darlingscott. Warw 1H 49
Darlington. Darl 3F 105
Darliston. Shrp 2H 71
Darlton. Notts 3E 87
Darmsden. Suff 5C 66
Darnall. S Yor 2A 86
Darnford. Abers 4E 153
Darnford. Staf 5F 73

Darnhall. Ches W 4A 84
Darnick. Bord 1H 119
Darowen. Powy 5H 69
Darra. Abers 4E 161
Darracott. Devn 3E 19
Darras Hall. Nmbd 2E 115
Darrington. W Yor 2E 93
Darrow Green. Norf 2E 67
Darsham. Suff 4G 67
Dartfield. Abers 3H 161
Dartford. Kent 3G 39
**Dartford-Thurrock
  River Crossing.** Kent 3G 39
Dartington. Devn 2D 9
Dartmeet. Devn 5G 11
Dartmouth. Devn 3E 9
Darton. S Yor 3D 92
Darvel. E Ayr 1E 117
Darwen. Bkbn 2E 91
Dassels. Herts 3D 53
Datchet. Wind 3A 38
Datchworth. Herts 4C 52
Datchworth Green. Herts ..4C 52
Daubhill. G Man 4F 91
Dauntsey. Wilts 3E 35
Dauntsey Green. Wilts 3E 35
Dauntsey Lock. Wilts 3E 35
Dava. Mor 5E 159
Davenham. Ches W 3A 84
Daventry. Nptn 4C 62
Davidson's Mains. Edin ..2F 129
Davidston. High 2B 158
Davidstow. Corn 4B 10
David's Well. Powy 3C 58
Davington. Dum 4E 119
Daviot. Abers 1E 153
Daviot. High 5B 158
Davyhulme. G Man 1B 84
Daw Cross. N Yor 4F 99
Dawdon. Dur 5H 115
Dawesgreen. Surr 1D 26
Dawley. Telf 5A 72
Dawlish. Devn 5C 12
Dawlish Warren. Devn 5C 12
Dawn. Cnwy 3A 82
Daws Heath. Essx 2C 40
Dawshill. Worc 5C 60
Daw's House. Corn 4D 10
Dawsmere. Linc 2D 76
Dayhills. Staf 2D 72
Dayhouse Bank. Worc 3D 60
Daylesford. Glos 3H 49
Daywall. Shrp 2E 71
Ddol. Flin 3D 82
Ddol Cownwy. Powy 4C 70
Deadman's Cross. C Beds ..1B 52
Deadwater. Nmbd 5A 120
Deaf Hill. Dur 1A 106
Deal. Kent 5H 41
Dean. Cumb 2B 102
Dean. Devn
  nr. Combe Martin 2G 19
  nr. Lynton 2H 19
Dean. Dors 1E 15
Dean. Hants
  nr. Bishop's Waltham 1D 16
  nr. Winchester 3C 24
Dean. Oxon 3B 50
Dean. Som 2B 22
Dean Bank. Dur 1F 105
Deanburnhaugh. Bord 3F 119
Dean Cross. Devn 2F 19
Deane. Hants 1D 24
Deanich Lodge. High 5A 164
Deanland. Dors 1E 15
Deanlane End. W Sus 1F 17
Dean Park. Shrp 4A 60
Dean Prior. Devn 2D 8
Dean Row. Ches E 2C 84
Deans. W Lot 3D 128
Deanscales. Cumb 2B 102
Deanshanger. Nptn 1F 51
Deanston. Stir 3G 135
Dearham. Cumb 1B 102

Dearne Valley. S Yor 4D 93
Debach. Suff 5E 67
Debden. Essx 2F 53
Debden Green. Essx
  nr. Loughton 1F 39
  nr. Saffron Walden 2F 53
Debenham. Suff 4D 66
Dechmont. W Lot 2D 128
Deddington. Oxon 2C 50
Dedham. Essx 2D 54
Dedham Heath. Essx 2D 54
Deebank. Abers 4D 152
Deene. Nptn 1G 63
Deenethorpe. Nptn 1G 63
Deepcar. S Yor 1G 85
Deepcut. Surr 5A 38
Deepdale. Cumb 1G 97
Deepdale. N Lin 3D 94
Deepdale. N Yor 2A 98
Deeping Gate. Pet 5A 76
Deeping St James. Linc ...4A 76
Deeping St Nicholas. Linc ..4B 76
Deerhill. Mor 3B 160
Deerhurst. Glos 3D 48
Deerhurst Walton. Glos ...3D 49
Deerness. Orkn 7E 172
Defford. Worc 1E 49
Defynnog. Powy 3C 46
Deganwy. Cnwy 3G 81
Deighton. N Yor 4A 106
Deighton. W Yor 3B 92
Deighton. York 5A 100
Deiniolen. Gwyn 4E 81
Delabole. Corn 4A 10
Delamere. Ches W 4H 83
Delfour. High 3C 150
The Dell. Suff 1G 67
Delliefure. High 5E 159
Delly End. Oxon 4B 50
Delny. High 1B 158
Delph. G Man 4H 91
Delves. Dur 5E 115
The Delves. W Mid 1E 61
Delvin End. Essx 2A 54
Dembleby. Linc 2H 75
Demelza. Corn 2D 6
The Den. N Ayr 4E 127
Denaby Main. S Yor 1B 86
Denbeath. Fife 4F 137
Denbigh. Den 4C 82
Denbury. Devn 2E 9
Denby. Derbs 1A 74
Denby Common. Derbs ...1B 74
Denby Dale. W Yor 4C 92
Denchworth. Oxon 2B 36
Dendron. Cumb 2B 96
Deneside. Dur 5H 115
Denford. Nptn 3G 63
Dengie. Essx 5C 54
Denham. Buck 2B 38
Denham. Suff
  nr. Bury St Edmunds 4G 65
  nr. Eye 3D 66
Denham Green. Buck 2B 38
Denham Street. Suff 3D 66
Denhead. Abers
  nr. Ellon 5G 161
  nr. Strichen 3G 161
Denhead. Fife 2G 137
Denholm. Bord 3H 119
Denholme. W Yor 1A 92
Denholme Clough. W Yor ..1A 92
Denholme Gate. W Yor ...1A 92
Denio. Gwyn 2C 68
Denmead. Hants 1E 17
Dennington. Suff 4E 67
Denny. Falk 1B 128
Denny End. Cambs 4D 65
Dennyloanhead. Falk 1B 128
Den of Lindores. Fife ...2E 137
Denshaw. G Man 3H 91
Denside. Abers 4F 153
Densole. Kent 1G 29
Denston. Suff 5G 65

Denstone. Staf 1F 73
Denstroude. Kent 4F 41
Dent. Cumb 1G 97
Denton. Cambs 2A 64
Denton. Darl 3F 105
Denton. E Sus 5F 27
Denton. G Man 1D 84
Denton. Kent 1G 29
Denton. Linc 2F 75
Denton. Norf 2E 67
Denton. Nptn 5F 63
Denton. N Yor 5D 98
Denton. Oxon 5D 50
Denver. Norf 5F 77
Denwick. Nmbd 3G 121
Deopham. Norf 5C 78
Deopham Green. Norf 1C 66
Depden. Suff 5G 65
Depden Green. Suff 5G 65
Deptford. G Lon 3E 39
Deptford. Wilts 3F 23
Derby. Derb 2A 74
Derbyhaven. IOM 5B 108
Derculich. Per 3F 143
Dereham. Norf 4B 78
Deri. Cphy 5E 47
Derril. Devn 2D 10
Derry. Derr 2C 174
Derringstone. Kent 1G 29
Derrington. Shrp 1A 60
Derrington. Staf 3C 72
Derriton. Devn 2D 10
Derryguaig. Arg 5F 139
Derry Hill. Wilts 4E 35
Derrythorpe. N Lin 4B 94
Dersingham. Norf 2F 77
Dervaig. Arg 3F 139
Derwen. Den 5C 82
Derwen Gam. Cdgn 5D 56
Derwenlas. Powy 1G 57
Desborough. Nptn 2F 63
Desford. Leics 5B 74
Detchant. Nmbd 1E 121
Dethick. Derbs 5H 85
Detling. Kent 5B 40
Deuchar. Ang 2D 144
Deuddwr. Powy 4E 71
Devauden. Mon 2H 33
Devil's Bridge. Cdgn ...3G 57
Devitts Green. Warw 1G 61
Devizes. Wilts 5F 35
Devonport. Plym 3A 8
Devonside. Clac 4B 136
Devoran. Corn 5B 6
Dewartown. Midl 3G 129
Dewlish. Dors 3C 14
Dewsall Court. Here 2H 47
Dewsbury. W Yor 2C 92
Dexbeer. Devn 2C 10
Dhoon. IOM 3D 108
Dhoor. IOM 2D 108
Dhowin. IOM 1D 108
Dial Green. W Sus 3A 26
Dial Post. W Sus 4C 26
Dibberford. Dors 2H 13
Dibden. Hants 2C 16
Dibden Purlieu. Hants ...2C 16
Dickleburgh. Norf 2D 66
Didbrook. Glos 2F 49
Didcot. Oxon 2D 36
Diddington. Cambs 4A 64
Diddlebury. Shrp 2H 59
Didley. Here 2H 47
Didling. W Sus 1G 17
Didmarton. Glos 3D 34
Didsbury. G Man 1C 84
Didworthy. Devn 2C 8
Digby. Linc 5H 87
Digg. High 2D 154
Diggle. G Man 4A 92
Digmoor. Lanc 4C 90
Digswell. Herts 4C 52
Dihewyd. Cdgn 5D 57
Dilham. Norf 3F 79

Dilhorne. Staf 1D 72
Dillarburn. S Lan 5B 128
Dillington. Cambs 4A 64
Dilston. Nmbd 3C 114
Dilton Marsh. Wilts 2D 22
Dilwyn. Here 5G 59
Dimmer. Som 3B 22
Dimple. B Lan 3F 91
Dinas. Carm 1G 43
Dinas. Gwyn
  nr. Caernarfon 5D 81
  nr. Tudweiliog 2B 68
Dinas Cross. Pemb 1E 43
Dinas Dinlle. Gwyn 5D 80
Dinas Mawddwy. Gwyn 4A 70
Dinas Powys. V Glam 4E 33
Dinbych. Den 4C 82
Dinbych-y-Pysgod. Pemb ..4F 43
Dinckley. Lanc 1E 91
Dinder. Som 2A 22
Dinedor. Here 2A 48
Dinedor Cross. Here 2A 48
Dingestow. Mon 4H 47
Dingle. Mers 2F 83
Dingleden. Kent 2C 28
Dingleton. Bord 1H 119
Dingley. Nptn 2E 63
Dingwall. High 3H 157
Dinmael. Cnwy 1C 70
Dinnet. Abers 4B 152
Dinnington. Som 1H 13
Dinnington. S Yor 2C 86
Dinnington. Tyne 2F 115
Dinorwig. Gwyn 4E 81
Dinton. Buck 4F 51
Dinton. Wilts 3F 23
Dinworthy. Devn 1D 10
Dipley. Hants 1F 25
Dippen. Arg 2B 122
Dippenhall. Surr 2G 25
Dippertown. Devn 4E 11
Dippin. N Ayr 3E 123
Dipple. S Ayr 4B 116
Diptford. Devn 3D 8
Dipton. Dur 4E 115
Dirleton. E Lot 1B 130
Dirt Pot. Nmbd 5B 114
Discoed. Powy 4E 59
Diseworth. Leics 3B 74
Dishes. Orkn 5F 172
Dishforth. N Yor 2F 99
Disley. Ches E 2D 85
Diss. Norf 3D 66
Disserth. Powy 5C 58
Distington. Cumb 2B 102
Ditchampton. Wilts 3F 23
Ditcheat. Som 3B 22
Ditchingham. Norf 1F 67
Ditchling. E Sus 4E 27
Ditteridge. Wilts 5D 34
Dittisham. Devn 3E 9
Ditton. Hal 2G 83
Ditton. Kent 5B 40
Ditton Green. Cambs 5F 65
Ditton Priors. Shrp 2A 60
Divach. High 1G 149
Dixonfield. High 2D 168
Dixton. Glos 2E 49
Dixton. Mon 4A 48
Dizzard. Corn 3B 10
Doagh. Ant 3G 175
Dobcross. G Man 4H 91
Dobs Hill. Flin 4F 83
Dobson's Bridge. Shrp ...2G 71
Dobwalls. Corn 2G 7
Doccombe. Devn 4A 12
Dochgarroch. High 4A 158
Docking. Norf 2G 77
Docklow. Here 5H 59
Dockray. Cumb 2E 103
Doc Penfro. Pemb 4D 42
Dodbrooke. Devn 4D 8
Doddenham. Worc 5B 60
Doddinghurst. Essx 1G 39

Doddington. Cambs 1C 64
Doddington. Kent 5D 40
Doddington. Linc 3G 87
Doddington. Nmbd 1D 121
Doddington. Shrp 3A 60
Doddiscombsleigh. Devn ..4B 12
Doddshill. Norf 2G 77
Dodford. Nptn 4D 62
Dodford. Worc 3D 60
Dodington. Som 2E 21
Dodington. S Glo 3C 34
Dodleston. Ches W 4F 83
Dods Leigh. Staf 2E 73
Dodworth. S Yor 4D 92
Doe Lea. Derbs 4B 86
Dogdyke. Linc 5B 88
Dogmersfield. Hants 1F 25
Dogsthorpe. Pet 5B 76
Dog Village. Devn 3C 12
Dolanog. Powy 4C 70
Dolau. Powy 4D 58
Dolau. Rhon 3D 32
Dolbenmaen. Gwyn 1E 69
Doley. Staf 3B 72
Dol-fâch. Powy 5B 70
Dolfach. Powy 3B 58
Dolfor. Powy 2D 58
Dolgarrog. Cnwy 4G 81
Dolgellau. Gwyn 4G 69
Dolgoch. Gwyn 5F 69
Dol-gran. Carm 2E 45
Dolhelfa. Powy 3B 58
Doll. High 3F 165
Dollar. Clac 4B 136
Dolley Green. Powy 4E 59
Dollingstown. Arm 5G 175
Dollwen. Cdgn 2F 57
Dolphin. Flin 3D 82
Dolphinholme. Lanc 4E 97
Dolphinton. S Lan 5E 129
Dolton. Devn 1F 11
Dolwen. Cnwy 3A 82
Dolwyddelan. Cnwy 5G 81
Dol-y-Bont. Cdgn 2F 57
Domgay. Powy 4E 71
Donaghadee. Ards 4J 175
Doncaster. S Yor 4F 93
Doncaster Sheffield Airport.
  S Yor 1D 86
Donhead St Andrew. Wilts ..4E 23
Donhead St Mary. Wilts ...4E 23
Doniford. Som 2D 20
Donington. Linc 2B 76
Donington. Shrp 5C 72
Donington Eaudike. Linc ..2B 76
Donington le Heath. Leics ..4B 74
Donington on Bain. Linc ..2B 88
Donington South Ing. Linc ..2B 76
Donisthorpe. Leics 4H 73
Donkey Street. Kent 2F 29
Donkey Town. Surr 4A 38
Donna Nook. Linc 1D 88
Donnington. Glos 3G 49
Donnington. Here 2C 48
Donnington. Shrp 5H 71
Donnington. Telf 4B 72
Donnington. W Ber 5C 36
Donnington. W Sus 2G 17
Donyatt. Som 1G 13
Doomsday Green. W Sus ..3C 26
Doonfoot. S Ayr 3C 116
Doonholm. S Ayr 3C 116
Dorback Lodge. High 2E 151
Dorchester. Dors 3B 14
Dorchester on Thames.
  Oxon 2D 36
Dordon. Warw 5G 73
Dore. S Yor 2H 85
Dores. High 5H 157
Dorking. Surr 1C 26
Dorking Tye. Suff 2C 54
Dormansland. Surr 1F 27
Dormans Park. Surr 1E 27

Dormanstown. *Red C* 2C 106
Dormington. *Here* 1A 48
Dormston. *Worc* 5D 61
Dorn. *Glos* 2H 49
Dorney. *Buck* 3A 38
Dornie. *High* 1A 148
Dornoch. *High* 5E 165
Dornock. *Dum* 3D 112
Dorrery. *High* 3C 168
Dorridge. *W Mid* 3F 61
Dorrington. *Linc* 5H 87
Dorrington. *Shrp* 5G 71
Dorsington. *Warw* 1G 49
Dorstone. *Here* 1G 47
Dorton. *Buck* 4E 51
Dosthill. *Staf* 5G 73
Dotham. *IOA* 3C 80
Dottery. *Dors* 3H 13
Doublebois. *Corn* 2F 7
Dougarie. *N Ayr* 2C 122
Doughton. *Glos* 2D 35
Douglas. *IOM* 4C 108
Douglas. *S Lan* 1H 117
Douglastown. *Ang* 4D 144
Douglas Water. *S Lan* 1A 118
Doulting. *Som* 2B 22
Dounby. *Orkn* 5B 172
Doune. *High*
nr. Kingussie 2C 150
nr. Lairg 3B 164
Doune. *Stir* 3G 135
Dounie. *High*
nr. Bonar Bridge 4C 164
nr. Tain 5D 164
Dounreay, Upper & Lower. *High* 2B 168
Doura. *N Ayr* 5E 127
Dousland. *Devn* 2B 8
Dovaston. *Shrp* 3F 71
Dove Holes. *Derbs* 3E 85
Dovenby. *Cumb* 1B 102
Dover. *Kent* 1H 29
Dovercourt. *Essx* 2F 55
Doverdale. *Worc* 4C 60
Doveridge. *Derbs* 2F 73
Doversgreen. *Surr* 1D 26
Dowally. *Per* 4H 143
Dowbridge. *Lanc* 1C 90
Dowdeswell. *Glos* 4F 49
Dowlais. *Mer T* 5D 46
Dowland. *Devn* 1F 11
Dowlands. *Devn* 3F 13
Dowles. *Worc* 3B 60
Dowlesgreen. *Wok* 5G 37
Dowlish Wake. *Som* 1G 13
The Down. *Shrp* 1A 60
Downall Green. *Mers* 4D 90
Down Ampney. *Glos* 2G 35
Downderry. *Corn*
nr. Looe 3H 7
nr. St Austell 3D 6
Downe. *G Lon* 4F 39
Downend. *IOW* 4D 16
Downend. *S Glo* 4B 34
Downend. *W Ber* 4C 36
Down Field. *Cambs* 3F 65
Downfield. *D'dee* 5C 144
Downgate. *Corn*
nr. Kelly Bray 5D 10
nr. Upton Cross 5C 10
Downham. *Essx* 1B 40
Downham. *Lanc* 5G 97
Downham. *Nmbd* 1C 120
Downham Market. *Norf* 5F 77
Down Hatherley. *Glos* 3D 48
Downhead. *Som*
nr. Frome 2B 22
nr. Yeovil 4A 22
Downholland Cross. *Lanc* 4B 90
Downholme. *N Yor* 5E 105
Downies. *Abers* 4G 153
Downley. *Buck* 2G 37
Downpatrick. *New M* 5H 175
Down St Mary. *Devn* 2H 11
Downside. *Som*
nr. Chilcompton 1B 22
nr. Shepton Mallet 2B 22
Downside. *Surr* 5C 38
Down Thomas. *Devn* 3B 8
Downton. *Hants* 3A 16
Downton. *Wilts* 4G 23
Downton on the Rock. *Here* 3G 59
Dowsby. *Linc* 3A 76
Dowsdale. *Linc* 4B 76
Dowthwaitehead. *Cumb* 2E 103
Doxey. *Staf* 3D 72
Doxford. *Nmbd* 2F 121
Doynton. *S Glo* 4C 34
Drabblegate. *Norf* 3E 78
Draethen. *Cphy* 3F 33
Draffan. *S Lan* 5A 128
Dragonby. *N Lin* 3C 94
Dragon's Green. *W Sus* 3C 26
Drakelow. *Worc* 2C 60
Drakemyre. *N Ayr* 4D 126
Drakes Broughton. *Worc* 1E 49
Drakes Cross. *Worc* 3E 61
Drakewalls. *Corn* 5E 11
Draperstown. *M Ulst* 3E 174
Draughton. *Nptn* 3E 63
Draughton. *N Yor* 4C 98
Drax. *N Yor* 2G 93
Draycot. *Oxon* 5E 51
Draycote. *Warw* 3B 62
Draycot Foliat. *Swin* 4G 35
Draycott. *Derbs* 2B 74
Draycott. *Glos* 2G 49
Draycott. *Shrp* 1C 60
Draycott. *Som*
nr. Cheddar 1H 21
nr. Yeovil 4A 22
Draycott. *Worc* 1D 48
Draycott in the Clay. *Staf* 3F 73
Draycott in the Moors. *Staf* 1D 73
Drayford. *Devn* 1A 12
Drayton. *Leics* 1F 63
Drayton. *Linc* 2B 76
Drayton. *Norf* 4D 78
Drayton. *Nptn* 4C 62
Drayton. *Oxon*
nr. Abingdon 2C 36
nr. Banbury 1C 50
Drayton. *Port* 2E 17
Drayton. *Som* 4H 21
Drayton. *Warw* 5F 61
Drayton. *Worc* 3D 60
Drayton Bassett. *Staf* 5F 73
Drayton Beauchamp. *Buck* 4H 51
Drayton Parslow. *Buck* 3G 51
Drayton St Leonard. *Oxon* 2D 36
Drebley. *N Yor* 4C 98
Dreenhill. *Pemb* 3D 42
Y Dref. *Gwyn* 2D 69
Drefach. *Carm*
nr. Meidrim 4F 45
nr. Newcastle Emlyn 2D 44
nr. Tumble 2G 43
Drefach. *Cdgn* 1E 45
Dreghorn. *N Ayr* 1C 116
Drellingore. *Kent* 1G 29
Drem. *E Lot* 2B 130
Y Drenewydd. *Powy* 1D 58
Dreumasdal. *W Isl* 5C 170
Drewsteignton. *Devn* 3H 11
Driby. *Linc* 3C 88
Driffield. *E Yor* 4E 101
Driffield. *Glos* 2F 35
Drift. *Corn* 4B 4
Drigg. *Cumb* 5B 102
Drighlington. *W Yor* 2C 92
Drimnin. *High* 3G 139
Drimpton. *Dors* 2H 13
Dringhoe. *E Yor* 4F 101
Drinisiadar. *W Isl* 8D 171
Drinkstone. *Suff* 4B 66
Drinkstone Green. *Suff* 4B 66
Drointon. *Staf* 3E 73
Droitwich Spa. *Worc* 4C 60
Droman. *High* 3B 166
Dromore. *Arm* 5G 175
Dromore. *Ferm* 4C 174
Dron. *Per* 2D 136
Dronfield. *Derbs* 3A 86
Dronfield Woodhouse. *Derbs* 3H 85
Drongan. *E Ayr* 3D 116
Dronley. *Ang* 5C 144
Droop. *Dors* 2C 14
Drope. *V Glam* 4E 32
Droxford. *Hants* 1E 16
Droylsden. *G Man* 1C 84
Druggers End. *Worc* 2C 48
Druid. *Den* 1C 70
Druid's Heath. *W Mid* 5E 73
Druidston. *Pemb* 3C 42
Druim. *High* 3D 158
Druimarbin. *High* 1E 141
Druim Fhearna. *High* 2E 147
Druimindarroch. *High* 5E 147
Druim Saighdinis. *W Isl* 2D 170
Drum. *Per* 3C 136
Drumaness. *New M* 5H 175
Drumbeg. *High* 5B 166
Drumblade. *Abers* 4C 160
Drumbuie. *Dum* 1C 110
Drumbuie. *High* 5G 155
Drumburgh. *Cumb* 4D 112
Drumburn. *Dum* 3A 112
Drumchapel. *Glas* 2G 127
Drumchardine. *High* 4H 157
Drumchork. *High* 5C 162
Drumclog. *S Lan* 1F 117
Drumeldrie. *Fife* 3G 137
Drumelzier. *Bord* 1D 118
Drumfearn. *High* 2E 147
Drumgask. *High* 4A 150
Drumgelloch. *N Lan* 3A 128
Drumgley. *Ang* 3D 144
Drumguish. *High* 4B 150
Drumin. *Mor* 5F 159
Drumindorsair. *High* 4G 157
Drumlamford House. *S Ayr* 2H 109
Drumlasie. *Abers* 3D 152
Drumlemble. *Arg* 4A 122
Drumlithie. *Abers* 5E 153
Drummoddie. *Dum* 5A 110
Drummond. *High* 2A 158
Drummore. *Dum* 5E 109
Drummuir. *Mor* 4A 160
Drumnadrochit. *High* 5H 157
Drumnagorrach. *Mor* 3C 160
Drumnakilly. *Ferm* 4D 174
Drumoak. *Abers* 4E 153
Drumrunie. *High* 3F 163
Drumry. *W Dun* 2G 127
Drums. *Abers* 1G 153
Drumsleet. *Dum* 2G 111
Drumsmittal. *High* 4A 158
Drums of Park. *Abers* 3C 160
Drumsturdy. *Ang* 5D 145
Drumtochty Castle. *Abers* 5D 152
Drumuie. *High* 4D 154
Drumuillie. *High* 1D 150
Drumvaich. *Stir* 3F 135
Drumwhindle. *Abers* 5G 161
Drunkendub. *Ang* 4F 145
Drury. *Flin* 4E 83
Drury Square. *Norf* 4B 78
Drybeck. *Cumb* 3H 103
Drybridge. *Mor* 2B 160
Drybridge. *N Ayr* 1C 116
Drybrook. *Glos* 4B 48
Drybrook. *Here* 4A 48
Dryburgh. *Bord* 1H 119
Dry Doddington. *Linc* 1F 75
Dry Drayton. *Cambs* 4C 64
Drym. *Corn* 3D 4
Drymen. *Stir* 1F 127
Drymuir. *Abers* 4G 161
Drynachan Lodge. *High* 5C 158
Drynie Park. *High* 3H 157
Drynoch. *High* 5D 154
Dry Sandford. *Oxon* 5C 50
Dryslwyn. *Carm* 3F 45
Dry Street. *Essx* 2A 40
Dryton. *Shrp* 5H 71
Dubford. *Abers* 2E 161
Dubiton. *Abers* 3D 160
Dubton. *Ang* 3E 145
Duchally. *High* 2A 164
Duck End. *Essx* 3G 53
Duckington. *Ches W* 5G 83
Ducklington. *Oxon* 5B 50
Duckmanton. *Derbs* 3B 86
Duck Street. *Hants* 2B 24
Dudbridge. *Glos* 5D 48
Duddenhoe End. *Essx* 2E 53
Duddingston. *Edin* 2F 129
Duddington. *Nptn* 5G 75
Duddleswell. *E Sus* 3F 27
Duddo. *Nmbd* 5F 131
Duddon. *Ches W* 4H 83
Duddon Bridge. *Cumb* 1A 96
Dudleston. *Shrp* 2F 71
Dudleston Heath. *Shrp* 2F 71
Dudley. *Tyne* 2F 115
Dudley. *W Mid* 2D 60
Dudston. *Shrp* 1E 59
Dudwells. *Pemb* 2D 42
Duffield. *Derbs* 1H 73
Duffryn. *Neat* 2B 32
Dufftown. *Mor* 4H 159
Duffus. *Mor* 2F 159
Dufton. *Cumb* 2H 103
Duggleby. *N Yor* 3C 100
Duirinish. *High* 5G 155
Duisdalemore. *High* 2E 147
Duisdeil Mòr. *High* 2E 147
Duisky. *High* 1E 141
Dukesfield. *Nmbd* 4C 114
Dukestown. *Blae* 5E 47
Dukinfield. *G Man* 1D 84
Dulas. *IOA* 2D 81
Dulcote. *Som* 2A 22
Dulford. *Devn* 2D 12
Dull. *Per* 4F 143
Dullatur. *N Lan* 2A 128
Dullingham. *Cambs* 5F 65
Dullingham Ley. *Cambs* 5F 65
Dulnain Bridge. *High* 1D 151
Duloe. *Bed* 4A 64
Duloe. *Corn* 3G 7
Dulverton. *Som* 4C 20
Dulwich. *G Lon* 3E 39
Dumbarton. *W Dun* 2F 127
Dumbleton. *Glos* 2F 49
Dumfin. *Arg* 1E 127
Dumfries. *Dum* 2A 112
Dumgoyne. *Stir* 1G 127
Dummer. *Hants* 2D 24
Dumpford. *W Sus* 4G 25
Dun. *Ang* 2F 145
Dunagoil. *Arg* 4B 126
Dunalastair. *Per* 3E 142
Dunan. *High* 1D 147
Dunball. *Som* 2G 21
Dunbar. *E Lot* 2C 130
Dunbeath. *High* 5D 168
Dunbeg. *Arg* 5C 140
Dunblane. *Stir* 3G 135
Dunbog. *Fife* 2E 137
Dunbridge. *Hants* 4B 24
Duncanston. *Abers* 1C 152
Duncanston. *High* 3H 157
Dun Charlabhaigh. *W Isl* 3D 171
Dunchideock. *Devn* 4B 12
Dunchurch. *Warw* 3B 62
Duncote. *Nptn* 5D 62
Duncow. *Dum* 1A 112
Duncrievie. *Per* 3D 136
Duncton. *W Sus* 4A 26
Dundee. *D'dee* 5D 144
Dundee Airport. *D'dee* 1F 137
Dundon. *Som* 3H 21
Dundonald. *Lis* 4H 175
Dundonald. *S Ayr* 1C 116
Dundonnell. *High* 5E 163
Dundraw. *Cumb* 5D 112
Dundreggan. *High* 2F 149
Dundrennan. *Dum* 5E 111
Dundridge. *Hants* 1D 16
Dundrum. *New M* 6H 175
Dundry. *N Som* 5A 34
Dunecht. *Abers* 3E 153
Dunfermline. *Fife* 1D 129
Dunford Bridge. *S Yor* 4B 92
Dungannon. *M Ulst* 4E 174
Dungate. *Kent* 5D 40
Dunge. *Wilts* 1D 23
Dungeness. *Kent* 4E 29
Dungiven. *Caus* 2D 174
Dungworth. *S Yor* 2G 85
Dunham-on-the-Hill. *Ches W* 3G 83
Dunham-on-Trent. *Notts* 3F 87
Dunhampton. *Worc* 4C 60
Dunham Town. *G Man* 2B 84
Dunham Woodhouses. *G Man* 2B 84
Dunholme. *Linc* 3H 87
Dunino. *Fife* 2H 137
Dunipace. *Falk* 1B 128
Dunira. *Per* 1G 135
Dunkeld. *Per* 4H 143
Dunkerton. *Bath* 1C 22
Dunkeswell. *Devn* 2E 13
Dunkeswick. *N Yor* 5F 99
Dunkirk. *Kent* 5E 41
Dunkirk. *S Glo* 3C 34
Dunkirk. *Staf* 5C 84
Dunkirk. *Wilts* 5E 35
Dunk's Green. *Kent* 5H 39
Dunlappie. *Ang* 2E 145
Dunley. *Hants* 1C 24
Dunley. *Worc* 4B 60
Dunlichity Lodge. *High* 5A 158
Dunlop. *E Ayr* 5F 127
Dunloy. *Caus* 2F 175
Dunmaglass Lodge. *High* 1H 149
Dunmore. *Arg* 3F 125
Dunmore. *Falk* 1B 128
Dunmore. *High* 4H 157
Dunmurry. *Bel* 4G 175
Dunnet. *High* 1E 169
Dunnichen. *Ang* 4E 145
Dunning. *Per* 2C 136
Dunnington. *E Yor* 4F 101
Dunnington. *Warw* 5E 61
Dunnington. *York* 4A 100
Dunningwell. *Cumb* 1A 96
Dunnockshaw. *Lanc* 2G 91
Dunoon. *Arg* 2C 126
Dunphail. *Mor* 4E 159
Dunragit. *Dum* 4G 109
Dunrostan. *Arg* 1F 125
Duns. *Bord* 4D 130
Dunsby. *Linc* 3A 76
Dunscar. *G Man* 3F 91
Dunscore. *Dum* 1F 111
Dunscroft. *S Yor* 4G 93
Dunsdale. *Red C* 3D 106
Dunsden Green. *Oxon* 4F 37
Dunsfold. *Surr* 2B 26
Dunsford. *Devn* 4B 12
Dunshalt. *Fife* 2E 137
Dunshillock. *Abers* 4G 161
Dunsley. *N Yor* 3F 107
Dunsley. *Staf* 2C 60
Dunsmore. *Buck* 5G 51
Dunsop Bridge. *Lanc* 4F 97
Dunstable. *C Beds* 3A 52
Dunstal. *Staf* 3E 73
Dunstall. *Staf* 3F 73
Dunstall Green. *Suff* 4G 65
Dunstall Hill. *W Mid* 5D 72
Dunstan. *Nmbd* 3G 121

Dunster—East Markham

Dunster. Som 2C 20
Duns Tew. Oxon 3C 50
Dunston. Linc 4H 87
Dunston. Norf 5E 79
Dunston. Staf 4D 72
Dunston. Tyne 3F 115
Dunstone. Devn 3B 8
Dunston Heath. Staf 4D 72
Dunsville. S Yor 4G 93
Dunswell. E Yor 1D 94
Dunsyre. S Lan 5D 128
Dunterton. Devn 5D 11
Duntisbourne Abbots. Glos 5E 49
Duntisbourne Leer. Glos 5E 49
Duntisbourne Rouse. Glos 5E 49
Duntish. Dors 2B 14
Duntocher. W Dun 2F 127
Dunton. Buck 3G 51
Dunton. C Beds 1C 52
Dunton. Norf 2A 78
Dunton Bassett. Leics 1C 62
Dunton Green. Kent 5G 39
Dunton Patch. Norf 2A 78
Duntulm. High 1D 154
Dunure. S Ayr 3B 116
Dunvant. Swan 3E 31
Dunvegan. High 4B 154
Dunwich. Suff 3G 67
Dunwood. Staf 5D 84
Durdar. Cumb 4F 113
Durgates. E Sus 2H 27
Durham. Dur 5F 115
Durham Tees Valley Airport. Darl 3A 106
Durisdeer. Dum 4A 118
Durisdeermill. Dum 4A 118
Durkar. W Yor 3D 92
Durleigh. Som 3F 21
Durley. Hants 1D 16
Durley. Wilts 5H 35
Durley Street. Hants 1D 16
Durlow Common. Here 2B 48
Durnamuck. High 4E 163
Durness. High 2E 166
Durno. Abers 1E 152
Durns Town. Hants 3A 16
Duror. High 3D 141
Durran. Arg 3G 133
Durran. High 2D 169
Durrant Green. Kent 2C 28
Durrants. Hants 1F 17
Durrington. W Sus 5C 26
Durrington. Wilts 2G 23
Dursley. Glos 2C 34
Dursley Cross. Glos 4B 48
Durston. Som 4F 21
Durweston. Dors 2D 14
Dury. Shet 6F 173
Duston. Nptn 4E 63
Duthil. High 1D 150
Dutlas. Powy 3E 58
Duton Hill. Essx 3G 53
Dutson. Corn 4D 10
Dutton. Ches W 3H 83
Duxford. Cambs 1E 53
Duxford. Oxon 2B 36
Dwygyfylchi. Cnwy 3G 81
Dwyran. IOA 4D 80
Dyce. Aber 2F 153
Dyffryn. B'end 2B 32
Dyffryn. Carm 2H 43
Dyffryn. Pemb 1D 42
Dyffryn. V Glam 4D 32
Dyffryn Ardudwy. Gwyn 3E 69
Dyffryn Castell. Cdgn 2G 57
Dyffryn Ceidrych. Carm 3H 45
Dyffryn Cellwen. Neat 5B 46
Dyke. Linc 3A 76
Dyke. Mor 3D 159
Dykehead. Ang 2C 144
Dykehead. N Lan 3B 128
Dykehead. Stir 4E 135
Dykend. Ang 3B 144
Dykesfield. Cumb 4E 112
Dylife. Powy 1A 58
Dymchurch. Kent 3F 29
Dymock. Glos 2C 48
Dyrham. S Glo 4C 34
Dysart. Fife 4F 137
Dyserth. Den 3C 82

E

Eachwick. Nmbd 2E 115
Eadar Dha Fhadhail. W Isl 4C 171
Eagland Hill. Lanc 5D 96
Eagle. Linc 4F 87
Eagle Barnsdale. Linc 4F 87
Eagle Moor. Linc 4F 87
Eaglescliffe. Stoc T 3B 106
Eaglesfield. Cumb 2B 102
Eaglesfield. Dum 2D 112
Eaglesham. E Ren 4G 127
Eaglethorpe. Nptn 1H 63
Eagley. G Man 3F 91
Eairy. IOM 4B 108
Eakley Lanes. Mil 5F 63
Eakring. Notts 4D 86
Ealand. N Lin 3A 94
Ealing. G Lon 2C 38
Eallabus. Arg 3B 124
Eals. Nmbd 4H 113
Eamont Bridge. Cumb 2G 103
Earby. Lanc 5B 98
Earcroft. Bkbn 2E 91
Eardington. Shrp 1B 60
Eardisland. Here 5G 59
Eardisley. Here 1G 47
Eardiston. Shrp 3F 71
Eardiston. Worc 4A 60
Earith. Cambs 3C 64
Earlais. High 2C 154
Earle. Nmbd 2D 121
Earlesfield. Linc 2G 75
Earlestown. Mers 1H 83
Earley. Wok 4F 37
Earlham. Norf 5D 78
Earlish. High 2C 154
Earls Barton. Nptn 4F 63
Earls Colne. Essx 3B 54
Earls Common. Worc 5D 60
Earl's Croome. Worc 1D 48
Earlsdon. W Mid 3H 61
Earlsferry. Fife 3G 137
Earlsford. Abers 5F 161
Earl's Green. Suff 4C 66
Earlsheaton. W Yor 2C 92
Earl Shilton. Leics 1B 62
Earl Soham. Suff 4E 67
Earl Sterndale. Derbs 4E 85
Earlston. E Ayr 1D 116
Earlston. Bord 1H 119
Earl Stonham. Suff 5D 66
Earlstoun. Dum 1D 110
Earlswood. Mon 2H 33
Earlswood. Warw 3F 61
Earlyvale. Bord 4F 129
Earnley. W Sus 3G 17
Earsairidh. W Isl 9C 170
Earsdon. Tyne 2G 115
Earsham. Norf 2F 67
Earsham Street. Suff 3E 67
Earswick. York 4A 100
Eartham. W Sus 5A 26
Earthcott Green. S Glo 3B 34
Easby. N Yor
nr. Great Ayton 4C 106
nr. Richmond 4E 105
Easdale. Arg 2E 133
Easebourne. W Sus 4G 25
Easenhall. Warw 3B 62
Eashing. Surr 1A 26
Easington. Buck 4E 51
Easington. Dur 5H 115
Easington. E Yor 3G 95
Easington. Nmbd 1F 121
Easington. Oxon
nr. Banbury 2C 50
nr. Watlington 2E 37
Easington. Red C 3E 107
Easington Colliery. Dur 5H 115
Easington Lane. Tyne 5G 115
Easingwold. N Yor 2H 99
Eassie. Ang 4C 144
Eassie and Nevay. Ang 4C 144
East Aberthaw. V Glam 5D 32
Eastacombe. Devn 4F 19
Eastacott. Devn 4G 19
East Allington. Devn 4D 8
East Anstey. Devn 4B 20
East Anton. Hants 2B 24
East Appleton. N Yor 5F 105
East Ardsley. W Yor 2D 92
East Ashley. Devn 1G 11
East Ashling. W Sus 2G 17
East Aston. Hants 2C 24
East Ayton. N Yor 1D 101
East Barkwith. Linc 2A 88
East Barnby. N Yor 3F 107
East Barnet. G Lon 1D 39
East Barns. E Lot 2D 130
East Barsham. Norf 2B 78
East Beach. W Sus 3G 17
East Beckham. Norf 2D 78
East Bedfont. G Lon 3B 38
East Bennan. N Ayr 3D 123
East Bergholt. Suff 2D 54
East Bierley. W Yor 2C 92
East Bilney. Norf 4B 78
East Blatchington. E Sus 5F 27
East Bloxworth. Dors 3D 15
East Boldre. Hants 2B 16
East Bolton. Nmbd 3F 121
Eastbourne. Darl 3F 105
Eastbourne. E Sus 5H 27
East Brent. Som 1G 21
East Bridge. Suff 4G 67
East Bridgford. Notts 1D 74
East Briscoe. Dur 3C 104
East Buckland. Devn
nr. Barnstaple 3G 19
nr. Thurlestone 4C 8
East Budleigh. Devn 4D 12
Eastburn. W Yor 5C 98
East Burnham. Buck 2A 38
East Burrafirth. Shet 6E 173
East Burton. Dors 4D 14
Eastbury. Herts 1B 38
Eastbury. W Ber 4B 36
East Butsfield. Dur 5E 115
East Butterleigh. Devn 2C 12
East Butterwick. N Lin 4B 94
Eastby. N Yor 4C 98
East Calder. W Lot 3D 129
East Carleton. Norf 5D 78
East Carlton. Nptn 2F 63
East Carlton. W Yor 5E 98
East Chaldon. Dors 4C 14
East Challow. Oxon 3B 36
East Charleton. Devn 4D 8
East Chelborough. Dors 2A 14
East Chiltington. E Sus 4E 27
East Chinnock. Som 1H 13
East Chisenbury. Wilts 1G 23
Eastchurch. Kent 3D 40
East Clandon. Surr 5B 38
East Claydon. Buck 3F 51
East Clevedon. N Som 4H 33
East Clyne. High 3F 165
East Clyth. High 5E 169
East Coker. Som 1A 14
East Combe. Som 3E 21
Eastcombe. Glos 5D 49
East Common. N Yor 1G 93
East Compton. Som 2B 22
East Cornworthy. Devn 3E 9
Eastcote. G Lon 2C 38
Eastcote. Nptn 5D 62
Eastcote. W Mid 3F 61
Eastcott. Corn 1C 10
Eastcott. Wilts 1F 23
East Cottingwith. E Yor 5B 100
Eastcourt. Wilts
nr. Pewsey 5H 35
nr. Tetbury 2E 35
East Cowes. IOW 3D 16
East Cowick. E Yor 2G 93
East Cowton. N Yor 4A 106
East Cramlington. Nmbd 2F 115
East Cranmore. Som 2B 22
East Creech. Dors 4E 15
East Croachy. High 1A 150
East Dean. E Sus 5G 27
East Dean. Glos 3B 48
East Dean. Hants 4A 24
East Dean. W Sus 4A 26
East Down. Devn 2G 19
East Drayton. Notts 3E 87
East Dundry. N Som 5A 34
East Ella. Hull 2D 94
East End. Cambs 3C 64
East End. Dors 3E 15
East End. E Yor
nr. Ulrome 4F 101
nr. Withernsea 2F 95
East End. Hants
nr. Lymington 3B 16
nr. Newbury 5C 36
East End. Herts 3E 53
East End. Kent
nr. Minster 3D 40
nr. Tenterden 2C 28
East End. N Som 4H 33
East End. Oxon 4B 50
East End. Som 1A 22
East End. Suff 2E 54
Easter Ardross. High 1A 158
Easter Balgedie. Per 3D 136
Easter Balmoral. Abers 4G 151
Easter Brae. High 2A 158
Easter Buckieburn. Stir 1A 128
Easter Compton. S Glo 3A 34
Easter Fearn. High 5D 164
Easter Galcantray. High 4C 158
Eastergate. W Sus 5A 26
Easterhouse. Glas 3H 127
Easter Howgate. Midl 3F 129
Easter Kinkell. High 3H 157
Easter Lednathie. Ang 2C 144
Easter Ogil. Ang 2D 144
Easter Ord. Abers 3F 153
Easter Quarff. Shet 8F 173
Easter Rhynd. Per 2D 136
Easter Skeld. Shet 7E 173
Easter Suddie. High 3A 158
Easterton. Wilts 1F 23
Eastertown. Som 1G 21
Easter Tulloch. Abers 1G 145
East Everleigh. Wilts 1H 23
East Farleigh. Kent 5B 40
East Farndon. Nptn 2E 62
East Ferry. Linc 1F 87
Eastfield. N Lan
nr. Caldercruix 3B 128
nr. Harthill 3B 128
Eastfield. N Yor 1E 101
Eastfield. S Lan 3H 127
Eastfield Hall. Nmbd 4G 121
East Fortune. E Lot 2B 130
East Garforth. W Yor 1E 93
East Garston. W Ber 4B 36
Eastgate. Dur 1C 104
Eastgate. Norf 3D 78
East Ginge. Oxon 3C 36
East Gores. Essx 3B 54
East Goscote. Leics 4D 74
East Grafton. Wilts 5A 36
East Green. Suff 5F 65
East Grimstead. Wilts 4H 23
East Grinstead. W Sus 2E 27
East Guldeford. E Sus 3D 28
East Haddon. Nptn 4D 62
East Hagbourne. Oxon 3D 36
East Halton. N Lin 2E 95
East Ham. G Lon 2F 39
Eastham. Mers 2F 83
Eastham. Worc 4A 60
Eastham Ferry. Mers 2F 83
Easthampstead. Brac 5G 37
Easthampton. Here 4G 59
East Hanney. Oxon 2C 36
East Hanningfield. Essx 5A 54
East Hardwick. W Yor 3E 93
East Harling. Norf 2B 66
East Harlsey. N Yor 5B 106
East Harptree. Bath 1A 22
East Hartford. Nmbd 2F 115
East Harting. W Sus 1G 17
East Hatch. Wilts 4E 23
East Hatley. Cambs 5B 64
Easthaugh. Norf 4C 78
East Hauxwell. N Yor 5E 105
East Haven. Ang 5E 145
Eastheath. Wok 5G 37
East Heckington. Linc 1A 76
East Hedleyhope. Dur 5E 115
East Helmsdale. High 2H 165
East Hendred. Oxon 3C 36
East Heslerton. N Yor 2D 100
East Hoathly. E Sus 4G 27
East Holme. Dors 4D 15
Easthope. Shrp 1H 59
Easthorpe. Essx 3C 54
Easthorpe. Leics 2F 75
East Horrington. Som 2A 22
East Horsley. Surr 5B 38
East Horton. Nmbd 1E 121
Easthouses. Midl 3G 129
East Howe. Bour 3F 15
East Huntspill. Som 2G 21
East Hyde. C Beds 4B 52
East Ilsley. W Ber 3C 36
Eastington. Devn 2H 11
Eastington. Glos
nr. Northleach 4G 49
nr. Stonehouse 5C 48
East Keal. Linc 4C 88
East Kennett. Wilts 5G 35
East Keswick. W Yor 5F 99
East Kilbride. S Lan 4H 127
East Kirkby. Linc 4C 88
East Knapton. N Yor 2C 100
East Knighton. Dors 4D 14
East Knowstone. Devn 4B 20
East Knoyle. Wilts 3D 23
East Kyloe. Nmbd 1E 121
East Lambrook. Som 1H 13
East Langdon. Kent 1H 29
East Langton. Leics 1E 63
East Langwell. High 3E 164
East Lavant. W Sus 2G 17
East Lavington. W Sus 4A 26
East Layton. N Yor 4E 105
Eastleach Martin. Glos 5H 49
Eastleach Turville. Glos 5G 49
East Leake. Notts 3C 74
East Learmouth. Nmbd 1C 120
East Leigh. Devn
nr. Crediton 2G 11
nr. Modbury 3C 8
Eastleigh. Devn 4E 19
Eastleigh. Hants 1C 16
East Lexham. Norf 4A 78
East Lilburn. Nmbd 2E 121
Eastling. Kent 5D 40
East Linton. E Lot 2B 130
East Liss. Hants 4F 25
East Lockinge. Oxon 3C 36
East Looe. Corn 3G 7
East Lound. N Lin 1E 87
East Lulworth. Dors 4D 14
East Lutton. N Yor 3D 100
East Lydford. Som 3A 22
East Lyng. Som 4G 21
East Mains. Abers 4D 152
East Malling. Kent 5B 40
East Marden. W Sus 1G 17
East Markham. Notts 3E 87

East Marton—Elstone

East Marton. *N Yor* 4B **98**
East Meon. *Hants* 4E **25**
East Mersea. *Essx* 4D **54**
East Mey. *High* 1F **169**
East Midlands Airport. *Leics* 3B **74**
East Molesey. *Surr* 4C **38**
Eastmoor. *Norf* 5G **77**
East Morden. *Dors* 3E **15**
East Morton. *W Yor* 5D **98**
East Ness. *N Yor* 2A **100**
East Newton. *E Yor* 1F **95**
East Newton. *N Yor* 2A **100**
Eastney. *Port* 3E **17**
Eastnor. *Here* 2C **48**
East Norton. *Leics* 5E **75**
East Nynehead. *Som* 4E **21**
East Oakley. *Hants* 1D **24**
Eastoft. *N Lin* 3B **94**
East Ogwell. *Devn* 5B **12**
Easton. *Cambs* 3A **64**
Easton. *Cumb*
  nr. Burgh by Sands 4D **112**
  nr. Longtown 2F **113**
Easton. *Devn* 4H **11**
Easton. *Dors* 5B **14**
Easton. *Hants* 3D **24**
Easton. *Linc* 3G **75**
Easton. *Norf* 4D **78**
Easton. *Som* 2A **22**
Easton. *Suff* 5E **67**
Easton. *Wilts* 4D **35**
Easton Grey. *Wilts* 3D **35**
Easton-in-Gordano. *N Som* 4A **34**
Easton Maudit. *Nptn* 5F **63**
Easton on the Hill. *Nptn* 5H **75**
Easton Royal. *Wilts* 5H **35**
East Orchard. *Dors* 1D **14**
East Ord. *Nmbd* 4F **131**
East Panson. *Devn* 3D **10**
East Peckham. *Kent* 1A **28**
East Pennard. *Som* 3A **22**
East Perry. *Cambs* 4A **64**
East Pitcorthie. *Fife* 3H **137**
East Portlemouth. *Devn* 5D **8**
East Prawle. *Devn* 5D **9**
East Preston. *W Sus* 5B **26**
East Putford. *Devn* 1D **10**
East Quantoxhead. *Som* 2E **21**
East Rainton. *Tyne* 5G **115**
East Ravendale. *NE Lin* 1B **88**
East Raynham. *Norf* 3A **78**
Eastrea. *Cambs* 1B **64**
East Rhidorroch Lodge. *High* 4G **163**
Eastriggs. *Dum* 3D **112**
East Rigton. *W Yor* 5F **99**
Eastrington. *E Yor* 2A **94**
East Rounton. *N Yor* 4B **106**
East Row. *N Yor* 3F **107**
East Rudham. *Norf* 3H **77**
East Runton. *Norf* 1D **78**
East Ruston. *Norf* 3F **79**
Eastry. *Kent* 5H **41**
East Saltoun. *E Lot* 3A **130**
East Shaws. *Dur* 3D **105**
East Shefford. *W Ber* 4B **36**
Eastshore. *Shet* 10E **173**
East Sleekburn. *Nmbd* 1F **115**
East Somerton. *Norf* 4G **79**
East Stockwith. *Linc* 1E **87**
East Stoke. *Dors* 4D **14**
East Stoke. *Notts* 1E **75**
East Stoke. *Som* 1H **13**
East Stour. *Dors* 4D **22**
East Stourmouth. *Kent* 4G **41**
East Stowford. *Devn* 4G **19**
East Stratton. *Hants* 2D **24**
East Studdal. *Kent* 1H **29**
East Taphouse. *Corn* 2F **7**
East-the-Water. *Devn* 4E **19**
East Thirston. *Nmbd* 5F **121**
East Tilbury. *Thur* 3A **40**
East Tisted. *Hants* 3F **25**
East Torrington. *Linc* 2A **88**
East Tuddenham. *Norf* 4C **78**
East Tytherley. *Hants* 4A **24**
East Tytherton. *Wilts* 4E **35**
East Village. *Devn* 2B **12**
Eastville. *Linc* 5D **88**
East Wall. *Shrp* 1H **59**
East Walton. *Norf* 4G **77**
East Week. *Devn* 3G **11**
Eastwell. *Leics* 3E **75**
East Wellow. *Hants* 4B **24**
East Wemyss. *Fife* 4F **137**
East Whitburn. *W Lot* 3C **128**
Eastwick. *Herts* 4E **53**
Eastwick. *Shet* 4E **173**
East Williamston. *Pemb* 4E **43**
East Winch. *Norf* 4F **77**
East Winterslow. *Wilts* 3H **23**
East Wittering. *W Sus* 3F **17**
East Witton. *N Yor* 1D **98**
Eastwood. *Notts* 1B **74**
Eastwood. *S'end* 2C **40**
East Woodburn. *Nmbd* 1C **114**
Eastwood End. *Cambs* 1D **64**
East Woodhay. *Hants* 5C **36**
East Woodlands. *Som* 2C **22**
East Worldham. *Hants* 3F **25**
East Worlington. *Devn* 1A **12**
East Wretham. *Norf* 1B **66**
East Youlstone. *Devn* 1C **10**
Eathorpe. *Warw* 4A **62**
Eaton. *Ches E* 4C **84**
Eaton. *Ches W* 4H **83**
Eaton. *Leics* 3E **75**
Eaton. *Norf*
  nr. Heacham 2F **77**
  nr. Norwich 5E **78**
Eaton. *Notts* 3E **86**
Eaton. *Oxon* 5C **50**
Eaton. *Shrp*
  nr. Bishop's Castle 2F **59**
  nr. Church Stretton 2H **59**
Eaton Bishop. *Here* 2H **47**
Eaton Bray. *C Beds* 3H **51**
Eaton Constantine. *Shrp* 5H **71**
Eaton Hastings. *Oxon* 2A **36**
Eaton Socon. *Cambs* 5A **64**
Eaton upon Tern. *Shrp* 3A **72**
Eau Brink. *Norf* 4E **77**
Eaves Green. *W Mid* 2G **61**
Ebberley Hill. *Devn* 1F **11**
Ebberston. *N Yor* 1C **100**
Ebbesbourne Wake. *Wilts* 4E **23**
Ebblake. *Dors* 2G **15**
Ebbsfleet. *Kent* 3H **39**
Ebbw Vale. *Blae* 5E **47**
Ebchester. *Dur* 4E **115**
Ebernoe. *W Sus* 3A **26**
Ebford. *Devn* 4C **12**
Ebley. *Glos* 5D **48**
Ebnal. *Ches W* 1G **71**
Ebrington. *Glos* 1G **49**
Ecchinswell. *Hants* 1D **24**
Ecclefechan. *Dum* 2C **112**
Eccles. *G Man* 1B **84**
Eccles. *Kent* 4B **40**
Eccles. *Bord* 5D **130**
Ecclesall. *S Yor* 2H **85**
Ecclesfield. *S Yor* 1A **86**
Eccles Green. *Here* 1G **47**
Eccleshall. *Staf* 3C **72**
Eccleshill. *W Yor* 1B **92**
Ecclesmachan. *W Lot* 2D **128**
Eccles on Sea. *Norf* 3G **79**
Eccles Road. *Norf* 1C **66**
Eccleston. *Ches W* 4G **83**
Eccleston. *Lanc* 3D **90**
Eccleston. *Mers* 1G **83**
Eccup. *W Yor* 5E **99**
Echt. *Abers* 3E **153**
Eckford. *Bord* 2B **120**
Eckington. *Derbs* 3B **86**
Eckington. *Worc* 1E **49**
Ecton. *Nptn* 4F **63**
Edale. *Derbs* 2F **85**
Eday Airport. *Orkn* 4E **172**
Edburton. *W Sus* 4D **26**
Edderside. *Cumb* 5C **112**
Edderton. *High* 5E **164**
Eddington. *Kent* 4F **41**
Eddington. *W Ber* 5B **36**
Eddleston. *Bord* 5F **129**
Eddlewood. *S Lan* 4A **128**
Edenbridge. *Kent* 1F **27**
Edendonich. *Arg* 1A **134**
Edenfield. *Lanc* 3F **91**
Edenhall. *Cumb* 1G **103**
Edenham. *Linc* 3H **75**
Edensor. *Derbs* 3G **85**
Edentaggart. *Arg* 4C **134**
Edenthorpe. *S Yor* 4G **93**
Eden Vale. *Dur* 1B **106**
Edern. *Gwyn* 2B **68**
Edgarley. *Som* 3A **22**
Edgbaston. *W Mid* 2E **61**
Edgcott. *Buck* 3E **51**
Edgcott. *Som* 3B **20**
Edge. *Glos* 5D **48**
Edge. *Shrp* 5F **71**
Edgebolton. *Shrp* 3H **71**
Edge End. *Glos* 4A **48**
Edgefield. *Norf* 2C **78**
Edgefield Street. *Norf* 2C **78**
Edge Green. *Ches W* 5G **83**
Edgehead. *Midl* 3G **129**
Edgeley. *Shrp* 1H **71**
Edgeside. *Lanc* 2G **91**
Edgeworth. *Glos* 5E **49**
Edgiock. *Worc* 4E **61**
Edgmond. *Telf* 4B **72**
Edgmond Marsh. *Telf* 3B **72**
Edgton. *Shrp* 2F **59**
Edgware. *G Lon* 1C **38**
Edgworth. *Bkbn* 3F **91**
Edinbane. *High* 3C **154**
Edinburgh. *Edin* 2F **129**
Edinburgh Airport. *Edin* 2E **129**
Edingale. *Staf* 4G **73**
Edingley. *Notts* 5D **86**
Edingthorpe. *Norf* 2F **79**
Edington. *Som* 3G **21**
Edington. *Wilts* 1E **23**
Edingworth. *Som* 1G **21**
Edistone. *Devn* 4C **18**
Edithmead. *Som* 2G **21**
Edith Weston. *Rut* 5G **75**
Edlaston. *Derbs* 1F **73**
Edlesborough. *Buck* 4H **51**
Edlingham. *Nmbd* 4F **121**
Edlington. *Linc* 3B **88**
Edmondsham. *Dors* 1F **15**
Edmondsley. *Dur* 5F **115**
Edmondthorpe. *Leics* 4F **75**
Edmonstone. *Orkn* 5E **172**
Edmonton. *Corn* 1D **6**
Edmonton. *G Lon* 1E **39**
Edmundbyers. *Dur* 4D **114**
Ednam. *Bord* 1B **120**
Ednaston. *Derbs* 1G **73**
Edney Common. *Essx* 5G **53**
Edrom. *Bord* 4E **131**
Edstaston. *Shrp* 2H **71**
Edstone. *Warw* 4F **61**
Edwalton. *Notts* 2C **74**
Edwardstone. *Suff* 1C **54**
Edwardsville. *Mer T* 2D **32**
Edwinsford. *Carm* 2G **45**
Edwinstowe. *Notts* 4D **86**
Edworth. *C Beds* 1C **52**
Edwyn Ralph. *Here* 5A **60**
Edzell. *Ang* 2F **145**
Efail-fach. *Neat* 2A **32**
Efail Isaf. *Rhon* 3D **32**
Efailnewydd. *Gwyn* 2C **68**
Efail-rhyd. *Powy* 3D **70**
Efailwen. *Carm* 2F **43**
Efenechtyd. *Den* 5D **82**
Effingham. *Surr* 5C **38**
Effingham Common. *Surr* 5C **38**
Effirth. *Shet* 6E **173**
Efflinch. *Staf* 4F **73**
Efford. *Devn* 2B **12**
Efstigarth. *Shet* 2F **173**
Egbury. *Hants* 1C **24**
Egdon. *Worc* 5D **60**
Egerton. *G Man* 3F **91**
Egerton. *Kent* 1D **28**
Egerton Forstal. *Kent* 1C **28**
Eggborough. *N Yor* 2F **93**
Eggbuckland. *Plym* 3A **8**
Eggesford. *Devn* 1G **11**
Eggington. *C Beds* 3H **51**
Egginton. *Derbs* 3G **73**
Egglescliffe. *Stoc T* 3B **106**
Eggleston. *Dur* 2C **104**
Egham. *Surr* 3B **38**
Egham Hythe. *Surr* 3B **38**
Egleton. *Rut* 5F **75**
Eglingham. *Nmbd* 3F **121**
Eglinton. *Derr* 1D **174**
Egloshayle. *Corn* 5A **10**
Egloskerry. *Corn* 4C **10**
Eglwysbach. *Cnwy* 3H **81**
Eglwys-Brewis. *V Glam* 5D **32**
Eglwys Fach. *Cdgn* 1F **57**
Eglwyswrw. *Pemb* 1F **43**
Egmanton. *Notts* 4E **87**
Egmere. *Norf* 2B **78**
Egremont. *Cumb* 3B **102**
Egremont. *Mers* 1F **83**
Egton. *N Yor* 4F **107**
Egton Bridge. *N Yor* 4F **107**
Egypt. *Buck* 2A **38**
Egypt. *Hants* 2C **24**
Eight Ash Green. *Essx* 3C **54**
Eight Mile Burn. *Midl* 4E **129**
Eignaig. *High* 4B **140**
Eilanreach. *High* 2G **147**
Eildon. *Bord* 1H **119**
Eileanach Lodge. *High* 2H **157**
Eilean Fhlodaigh. *W Isl* 3D **170**
Eilean Iarmain. *High* 2F **147**
Einacleit. *W Isl* 5D **171**
Eisgein. *W Isl* 6F **171**
Eisingrug. *Gwyn* 2F **69**
Elan Village. *Powy* 4B **58**
Elberton. *S Glo* 3B **34**
Elbridge. *W Sus* 5A **26**
Elburton. *Plym* 3B **8**
Elcho. *Per* 1D **136**
Elcombe. *Swin* 3G **35**
Elcot. *W Ber* 5B **36**
Eldernell. *Cambs* 1C **64**
Eldersfield. *Worc* 2D **48**
Elderslie. *Ren* 3F **127**
Elder Street. *Essx* 2F **53**
Eldon. *Dur* 2F **105**
Eldroth. *N Yor* 3G **97**
Eldwick. *W Yor* 5D **98**
Elfhowe. *Cumb* 5F **103**
Elford. *Nmbd* 1F **121**
Elford. *Staf* 4F **73**
Elford Closes. *Cambs* 3D **65**
Elgin. *Mor* 2G **159**
Elgol. *High* 2D **146**
Elham. *Kent* 1F **29**
Elie. *Fife* 3G **137**
Eling. *Hants* 1B **16**
Eling. *W Ber* 4D **36**
Elishaw. *Nmbd* 5C **120**
Elizafield. *Dum* 2B **112**
Elkesley. *Notts* 3D **86**
Elkington. *Nptn* 3D **62**
Elkins Green. *Essx* 5G **53**
Elkstone. *Glos* 4E **49**
Ellan. *High* 1C **150**
Elland. *W Yor* 2B **92**
Ellary. *Arg* 2F **125**
Ellastone. *Staf* 1F **73**
Ellbridge. *Corn* 2A **8**
Ellel. *Lanc* 4D **97**
Ellemford. *Bord* 3D **130**
Ellenabeich. *Arg* 2E **133**
Ellenborough. *Cumb* 1B **102**
Ellenbrook. *Herts* 5C **52**
Ellenhall. *Staf* 3C **72**
Ellen's Green. *Surr* 2B **26**
Ellerbeck. *N Yor* 5B **106**
Ellerburn. *N Yor* 1C **100**
Ellerby. *N Yor* 3E **107**
Ellerdine. *Telf* 3A **72**
Ellerdine Heath. *Telf* 3A **72**
Ellerhayes. *Devn* 2C **12**
Elleric. *Arg* 4E **141**
Ellerker. *E Yor* 2C **94**
Ellerton. *E Yor* 1H **93**
Ellerton. *Shrp* 3B **72**
Ellerton-on-Swale. *N Yor* 5F **105**
Ellesborough. *Buck* 5G **51**
Ellesmere. *Shrp* 2G **71**
Ellesmere Port. *Ches W* 3G **83**
Ellingham. *Hants* 2G **15**
Ellingham. *Norf* 1F **67**
Ellingham. *Nmbd* 2F **121**
Ellingstring. *N Yor* 1D **98**
Ellington. *Cambs* 3A **64**
Ellington. *Nmbd* 5G **121**
Ellington Thorpe. *Cambs* 3A **64**
Elliot. *Ang* 5F **145**
Ellisfield. *Hants* 2E **25**
Ellishadder. *High* 2E **155**
Ellistown. *Leics* 4B **74**
Ellon. *Abers* 5G **161**
Ellonby. *Cumb* 1F **103**
Ellough. *Suff* 2G **67**
Elloughton. *E Yor* 2C **94**
Ellwood. *Glos* 5A **48**
Elm. *Cambs* 5D **76**
Elmbridge. *Glos* 4D **48**
Elmbridge. *Worc* 4D **60**
Elmdon. *Essx* 2E **53**
Elmdon. *W Mid* 2F **61**
Elmdon Heath. *W Mid* 2F **61**
Elmesthorpe. *Leics* 1B **62**
Elmfield. *IOW* 3E **16**
Elm Hill. *Dors* 4D **22**
Elmhurst. *Staf* 4F **73**
Elmley Castle. *Worc* 1E **49**
Elmley Lovett. *Worc* 4C **60**
Elmore. *Glos* 4C **48**
Elmore Back. *Glos* 4C **48**
Elm Park. *G Lon* 2G **39**
Elmscott. *Devn* 4C **18**
Elmsett. *Suff* 1D **54**
Elmstead. *Essx* 3D **54**
Elmstead Heath. *Essx* 3D **54**
Elmstead Market. *Essx* 3D **54**
Elmsted. *Kent* 1F **29**
Elmstone. *Kent* 4G **41**
Elmstone Hardwicke. *Glos* 3E **49**
Elmswell. *E Yor* 4D **101**
Elmswell. *Suff* 4B **66**
Elmton. *Derbs* 3C **86**
Elphin. *High* 2G **163**
Elphinstone. *E Lot* 2G **129**
Elrick. *Abers* 3F **153**
Elrick. *Mor* 1B **152**
Elrig. *Dum* 5A **110**
Elsdon. *Nmbd* 5D **120**
Elsecar. *S Yor* 1A **86**
Elsenham. *Essx* 3F **53**
Elsfield. *Oxon* 4D **50**
Elsham. *N Lin* 3D **94**
Elsing. *Norf* 4C **78**
Elslack. *N Yor* 5B **98**
Elsrickle. *S Lan* 5D **128**
Elstead. *Surr* 1A **26**
Elsted. *W Sus* 1G **17**
Elsted Marsh. *W Sus* 4G **25**
Elsthorpe. *Linc* 3H **75**
Elstob. *Dur* 2A **106**
Elston. *Devn* 2A **12**
Elston. *Lanc* 1E **90**
Elston. *Notts* 1E **75**
Elston. *Wilts* 2F **23**
Elstone. *Devn* 1G **11**

Elstow. Bed ...1A 52
Elstree. Herts ...1C 38
Elstronwick. E Yor ...1F 95
Elswick. Lanc ...1C 90
Elswick. Tyne ...3F 115
Elsworth. Cambs ...4C 64
Elterwater. Cumb ...4E 103
Eltham. G Lon ...3F 39
Eltisley. Cambs ...5B 64
Elton. Cambs ...1H 63
Elton. Ches W ...3G 83
Elton. Derbs ...4G 85
Elton. Glos ...4C 48
Elton. G Man ...3F 91
Elton. Here ...3G 59
Elton. Notts ...2E 75
Elton. Stoc T ...3B 106
Elton Green. Ches W ...3G 83
Eltringham. Nmbd ...3D 115
Elvanfoot. S Lan ...3B 118
Elvaston. Derbs ...2B 74
Elveden. Suff ...3H 65
Elvetham Heath. Hants ...1F 25
Elvingston. E Lot ...2A 130
Elvington. Kent ...5G 41
Elvington. York ...5B 100
Elwick. Hart ...1B 106
Elwick. Nmbd ...1F 121
Elworth. Ches E ...4B 84
Elworth. Dors ...4A 14
Elworthy. Som ...3D 20
Ely. Cambs ...2E 65
Ely. Card ...4E 33
Emberton. Mil ...1G 51
Embleton. Cumb ...1C 102
Embleton. Hart ...2B 106
Embleton. Nmbd ...2G 121
Embo. High ...4F 165
Emborough. Som ...1B 22
Embo Street. High ...4F 165
Embsay. N Yor ...4C 98
Emery Down. Hants ...2A 16
Emley. W Yor ...3C 92
Emmbrook. Wok ...5F 37
Emmer Green. Read ...4F 37
Emmington. Oxon ...5F 51
Emneth. Norf ...5D 77
Emneth Hungate. Norf ...5E 77
Empingham. Rut ...5G 75
Empshott. Hants ...3F 25
Emsworth. Hants ...2F 17
Enborne. W Ber ...5C 36
Enborne Row. W Ber ...5C 36
Enchmarsh. Shrp ...1H 59
Enderby. Leics ...1C 62
Endmoor. Cumb ...1E 97
Endon. Staf ...5D 84
Endon Bank. Staf ...5D 84
Enfield. G Lon ...1E 39
Enfield Wash. G Lon ...1E 39
Enford. Wilts ...1G 23
Engine Common. S Glo ...3B 34
Englefield. W Ber ...4E 37
Englefield Green. Surr ...3A 38
Englesea-brook. Ches E ...5B 84
English Bicknor. Glos ...4A 48
Englishcombe. Bath ...5C 34
English Frankton. Shrp ...3G 71
Enham Alamein. Hants ...2B 24
Enmore. Som ...3F 21
Ennerdale Bridge. Cumb ...3B 102
Enniscaven. Corn ...3D 6
Enniskillen. Ferm ...5B 174
Enoch. Dum ...4A 118
Enochdhu. Per ...2H 143
Ensay. Arg ...4E 139
Ensbury. Bour ...3F 15
Ensdon. Shrp ...4G 71
Ensis. Devn ...4F 19
Enson. Staf ...3D 72
Enstone. Oxon ...3B 50
Enterkinfoot. Dum ...4A 118
Enville. Staf ...2C 60
Eolaigearraidh. W Isl ...8C 170

Eorabus. Arg ...1A 132
Eoropaidh. W Isl ...1H 171
Epney. Glos ...4C 48
Epperstone. Notts ...1D 74
Epping. Essx ...5E 53
Epping Green. Essx ...5E 53
Epping Green. Herts ...5C 52
Eppleby. N Yor ...3E 105
Eppleworth. E Yor ...1D 94
Epsom. Surr ...4D 38
Epwell. Oxon ...1B 50
Epworth. N Lin ...4A 94
Epworth Turbary. N Lin ...4A 94
Erbistock. Wrex ...1F 71
Erbusaig. High ...1F 147
Erchless Castle. High ...4G 157
Erdington. W Mid ...1F 61
Eredine. Arg ...3G 133
Eriboll. High ...3E 167
Ericstane. Dum ...3C 118
Eridge Green. E Sus ...2G 27
Erines. Arg ...2G 125
Eriswell. Suff ...3G 65
Erith. G Lon ...3G 39
Erlestoke. Wilts ...1E 23
Ermine. Linc ...3G 87
Ermington. Devn ...3C 8
Ernesettle. Plym ...3A 8
Erpingham. Norf ...2D 78
Erriott Wood. Kent ...5D 40
Errogie. High ...1H 149
Errol. Per ...1E 137
Errol Station. Per ...1E 137
Erskine. Ren ...2F 127
Erskine Bridge. Ren ...2F 127
Ervie. Dum ...3F 109
Erwarton. Suff ...2F 55
Erwood. Powy ...1D 46
Eryholme. N Yor ...4A 106
Eryrys. Den ...5E 82
Escalls. Corn ...4A 4
Escomb. Dur ...1E 105
Escrick. N Yor ...5A 100
Esgair. Carm
　nr. Carmarthen ...3D 45
　nr. St Clears ...3G 43
Esgairgeiliog. Powy ...5G 69
Esh. Dur ...5E 115
Esher. Surr ...4C 38
Esholt. W Yor ...5D 98
Eshott. Nmbd ...5G 121
Eshton. N Yor ...4B 98
Esh Winning. Dur ...5E 115
Eskadale. High ...5G 157
Eskbank. Midl ...3G 129
Eskdale Green. Cumb ...4C 102
Eskdalemuir. Dum ...5E 119
Eskham. Linc ...1C 88
Esknish. Arg ...3B 124
Esk Valley. N Yor ...4F 107
Eslington Hall. Nmbd ...3E 121
Esprick. Lanc ...1C 90
Essendine. Rut ...4H 75
Essendon. Herts ...5C 52
Essich. High ...5A 158
Essington. Staf ...5D 72
Eston. Red C ...3C 106
Estover. Plym ...3B 8
Eswick. Shet ...6F 173
Etal. Nmbd ...1D 120
Etchilhampton. Wilts ...5F 35
Etchingham. E Sus ...3B 28
Etchinghill. Kent ...2F 29
Etchinghill. Staf ...4E 73
Etherley Dene. Dur ...2E 105
Ethie Haven. Ang ...4F 145
Etling Green. Norf ...4C 78
Etloe. Glos ...5B 48
Eton. Wind ...3A 38
Eton Wick. Wind ...3A 38
Etteridge. High ...4A 150
Ettersgill. Dur ...2B 104
Ettiley Heath. Ches E ...4B 84

Ettington. Warw ...1A 50
Etton. E Yor ...5D 101
Etton. Pet ...5A 76
Ettrick. Bord ...3E 119
Ettrickbridge. Bord ...2F 119
Etwall. Derbs ...2G 73
Eudon Burnell. Shrp ...2B 60
Eudon George. Shrp ...2A 60
Euston. Suff ...3A 66
Euxton. Lanc ...3D 90
Evanstown. B'end ...3C 32
Evanton. High ...2A 158
Evedon. Linc ...1H 75
Evelix. High ...4E 165
Evendine. Here ...1C 48
Evenjobb. Powy ...4E 59
Evenley. Nptn ...2D 50
Evenlode. Glos ...3H 49
Even Swindon. Swin ...3G 35
Evenwood. Dur ...2E 105
Evenwood Gate. Dur ...2E 105
Everbay. Orkn ...5F 172
Evercreech. Som ...3B 22
Everdon. Nptn ...5C 62
Everingham. E Yor ...5C 100
Everleigh. Wilts ...1H 23
Everley. N Yor ...1D 100
Eversholt. C Beds ...2H 51
Evershot. Dors ...2A 14
Eversley. Hants ...5F 37
Eversley Centre. Hants ...5F 37
Eversley Cross. Hants ...5F 37
Everthorpe. E Yor ...1C 94
Everton. C Beds ...5B 64
Everton. Hants ...3A 16
Everton. Mers ...1F 83
Everton. Notts ...1D 86
Evertown. Dum ...2E 113
Evesbatch. Here ...1B 48
Evesham. Worc ...1F 49
Evington. Leic ...5D 74
Ewden Village. S Yor ...1G 85
Ewdness. Shrp ...1B 60
Ewell. Surr ...4D 38
Ewell Minnis. Kent ...1G 29
Ewelme. Oxon ...2E 37
Ewen. Glos ...2F 35
Ewenny. V Glam ...4C 32
Ewerby. Linc ...1A 76
Ewes. Dum ...5F 119
Ewesley. Nmbd ...5E 121
Ewhurst. Surr ...1B 26
Ewhurst Green. E Sus ...3B 28
Ewhurst Green. Surr ...2B 26
Ewlo. Flin ...4E 83
Ewloe. Flin ...4E 83
Ewood Bridge. Lanc ...2F 91
Eworthy. Devn ...3E 11
Ewshot. Hants ...1G 25
Ewyas Harold. Here ...3G 47
Exbourne. Devn ...2G 11
Exbury. Hants ...2C 16
Exceat. E Sus ...5G 27
Exebridge. Som ...4C 20
Exelby. N Yor ...1E 99
Exeter. Devn ...3C 12
Exeter Airport. Devn ...3D 12
Exford. Som ...3B 20
Exfords Green. Shrp ...5G 71
Exhall. Warw ...5F 61
Exlade Street. Oxon ...3E 37
Exminster. Devn ...4C 12
Exmouth. Devn ...4D 12
Exnaboe. Shet ...10E 173
Exning. Suff ...4F 65
Exton. Devn ...4C 12
Exton. Hants ...4E 24
Exton. Rut ...4G 75
Exton. Som ...3C 20
Exwick. Devn ...3C 12
Eyam. Derbs ...3G 85
Eydon. Nptn ...5C 62
Eye. Here ...4G 59
Eye. Pet ...5B 76

Eye. Suff ...3D 66
Eye Green. Pet ...5B 76
Eyemouth. Bord ...3F 131
Eyeworth. C Beds ...1C 52
Eyhorne Street. Kent ...5C 40
Eyke. Suff ...5F 67
Eynesbury. Cambs ...5A 64
Eynort. High ...1B 146
Eynsford. Kent ...4G 39
Eynsham. Oxon ...5C 50
Eyre. High
　on Isle of Skye ...3D 154
　on Raasay ...5E 155
Eythorne. Kent ...1G 29
Eyton. Here ...4G 59
Eyton. Shrp
　nr. Bishop's Castle ...2F 59
　nr. Shrewsbury ...4F 71
Eyton. Wrex ...1F 71
Eyton on Severn. Shrp ...5H 71
Eyton upon the Weald
　Moors. Telf ...4A 72

F

Faccombe. Hants ...1B 24
Faceby. N Yor ...4B 106
Faddiley. Ches E ...5H 83
Fadmoor. N Yor ...1A 100
Fagwyr. Swan ...5G 45
Faichem. High ...3E 149
Faifley. W Dun ...2G 127
Fail. S Ayr ...2D 116
Failand. N Som ...4A 34
Failford. S Ayr ...2D 116
Failsworth. G Man ...4H 91
Fairbourne. Gwyn ...4F 69
Fairbourne Heath. Kent ...5C 40
Fairburn. N Yor ...2E 93
Fairfield. Derbs ...3E 85
Fairfield. Kent ...3D 28
Fairfield. Worc
　nr. Bromsgrove ...3D 60
　nr. Evesham ...1F 49
Fairford. Glos ...5G 49
Fair Green. Norf ...4F 77
Fair Hill. Cumb ...1G 103
Fairhill. S Lan ...4A 128
Fair Isle Airport. Shet ...1B 172
Fairlands. Surr ...5A 38
Fairlie. N Ayr ...4D 126
Fairlight. E Sus ...4C 28
Fairlight Cove. E Sus ...4C 28
Fairmile. Devn ...3D 12
Fairmile. Surr ...4C 38
Fairmilehead. Edin ...3F 129
Fair Oak. Devn ...1D 12
Fair Oak. Hants
　nr. Eastleigh ...1C 16
　nr. Kingsclere ...5D 36
Fairoak. Staf ...2B 72
Fair Oak Green. Hants ...5E 37
Fairseat. Kent ...4H 39
Fairstead. Essx ...4A 54
Fairstead. Norf ...4F 77
Fairwarp. E Sus ...3F 27
Fairwater. Card ...4E 33
Fairy Cross. Devn ...4E 19
Fakenham. Norf ...2B 78
Fakenham Magna. Suff ...3B 66
Fala. Midl ...3H 129
Fala Dam. Midl ...3H 129
Falcon. Here ...2B 48
Faldingworth. Linc ...2H 87
Falfield. S Glo ...2B 34
Y Fali. IOA ...3B 80
Falkenham. Suff ...2F 55
Falkirk. Falk ...1B 128
Falkland. Fife ...3E 137
Fallin. Stir ...4H 135
Fallowfield. G Man ...1C 84
Falmer. E Sus ...5E 27
Falmouth. Corn ...5C 6

Falsgrave. N Yor ...1E 101
Falstone. Nmbd ...1A 114
Fanagmore. High ...4B 166
Fancott. C Beds ...3A 52
Fanellan. High ...4G 157
Fangdale Beck. N Yor ...5C 106
Fangfoss. E Yor ...4B 100
Fankerton. Falk ...1A 128
Fanmore. Arg ...4F 139
Fanner's Green. Essx ...4G 53
Fannich Lodge. High ...2E 156
Fans. Bord ...5C 130
Farcet. Cambs ...1B 64
Far Cotton. Nptn ...5E 63
Fareham. Hants ...2D 16
Farewell. Staf ...4E 73
Far Forest. Worc ...3B 60
Farforth. Linc ...3C 88
Far Green. Glos ...5C 48
Far Hoarcross. Staf ...3F 73
Faringdon. Oxon ...2A 36
Farington. Lanc ...2D 90
Farlam. Cumb ...4G 113
Farleigh. N Som ...5H 33
Farleigh. Surr ...4E 39
Farleigh Hungerford. Som ...1D 22
Farleigh Wallop. Hants ...2E 24
Farleigh Wick. Wilts ...5D 34
Farlesthorpe. Linc ...3D 88
Farleton. Cumb ...1E 97
Farleton. Lanc ...3E 97
Farley. High ...4G 157
Farley. Shrp
　nr. Shrewsbury ...5F 71
　nr. Telford ...5A 72
Farley. Staf ...1E 73
Farley. Wilts ...4H 23
Farley Green. Suff ...5G 65
Farley Green. Surr ...1B 26
Farley's End. Glos ...4C 48
Farlington. N Yor ...3A 100
Farlington. Port ...2E 17
Farlow. Shrp ...2A 60
Farmborough. Bath ...5B 34
Farmcote. Glos ...3F 49
Farmcote. Shrp ...1B 60
Farmington. Glos ...4G 49
Far Moor. G Man ...4D 90
Farmoor. Oxon ...5C 50
Farmtown. Mor ...3C 160
Farnah Green. Derbs ...1H 73
Farnborough. G Lon ...4F 39
Farnborough. Hants ...1G 25
Farnborough. Warw ...1C 50
Farnborough. W Ber ...3C 36
Farncombe. Surr ...1A 26
Farndish. Bed ...4G 63
Farndon. Ches W ...5G 83
Farndon. Notts ...5E 87
Farnell. Ang ...3F 145
Farnham. Dors ...1E 15
Farnham. Essx ...3E 53
Farnham. N Yor ...3F 99
Farnham. Suff ...4F 67
Farnham. Surr ...2G 25
Farnham Common.
　Buck ...2A 38
Farnham Green. Essx ...3E 53
Farnham Royal. Buck ...2A 38
Farnhill. N Yor ...5C 98
Farningham. Kent ...4G 39
Farnley. N Yor ...5E 98
Farnley Tyas. W Yor ...3B 92
Farnsfield. Notts ...5D 86
Farnworth. G Man ...4F 91
Farnworth. Hal ...2H 83
Far Oakridge. Glos ...5E 49
Farr. High
　nr. Bettyhill ...2H 167
　nr. Inverness ...5A 158
　nr. Kingussie ...3C 150
Farraline. High ...1H 149
Farringdon. Devn ...3D 12

Farrington. *Dors* 1D 14
Farrington Gurney. *Bath* 1B 22
Far Sawrey. *Cumb* 5E 103
Farsley. *W Yor* 1C 92
Farthinghoe. *Nptn* 2D 50
Farthingstone. *Nptn* 5D 62
Farthorpe. *Linc* 3B 88
Fartown. *W Yor* 3B 92
Farway. *Devn* 3E 13
Fasag. *High* 3A 156
Fascadale. *High* 1G 139
Fasnacloich. *Arg* 4E 141
Fassfern. *High* 1E 141
Fatfield. *Tyne* 4G 115
Faugh. *Cumb* 4G 113
Fauld. *Staf* 3F 73
Fauldhouse. *W Lot* 3C 128
Faulkbourne. *Essx* 4A 54
Faulkland. *Som* 1C 22
Fauls. *Shrp* 2H 71
Faverdale. *Darl* 3F 105
Faversham. *Kent* 4E 40
Fawdington. *N Yor* 2G 99
Fawfieldhead. *Staf* 4E 85
Fawkham Green. *Kent* 4G 39
Fawler. *Oxon* 4B 50
Fawley. *Buck* 3F 37
Fawley. *Hants* 2C 16
Fawley. *W Ber* 3B 36
Fawley Chapel. *Here* 3A 48
Fawton. *Corn* 2F 7
Faxfleet. *E Yor* 2B 94
Faygate. *W Sus* 2D 26
Fazakerley. *Mers* 1F 83
Fazeley. *Staf* 5F 73
Feagour. *High* 4H 149
Fearann Dhomhnaill. *High* 3E 147
Fearby. *N Yor* 1D 98
Fearn. *High* 1C 158
Fearnan. *Per* 4E 142
Fearnbeg. *High* 3G 155
Fearnhead. *Warr* 1A 84
Fearnmore. *High* 2G 155
Featherstone. *Staf* 5D 72
Featherstone. *W Yor* 2E 93
Featherstone Castle. *Nmbd* 3H 113
Feckenham. *Worc* 4E 61
Feering. *Essx* 3B 54
Feetham. *N Yor* 5C 104
Feizor. *N Yor* 3G 97
Felbridge. *Surr* 2E 27
Felbrigg. *Norf* 2E 78
Felcourt. *Surr* 1E 27
Felden. *Herts* 5A 52
Felhampton. *Shrp* 2G 59
Felindre. *Carm*
  nr. Llandeilo 3F 45
  nr. Llandovery 2G 45
  nr. Newcastle Emlyn 2D 44
Felindre. *Powy* 2D 58
Felindre. *Swan* 5G 45
Felindre Farchog. *Pemb* 1F 43
Felinfach. *Cdgn* 5E 57
Felinfach. *Powy* 2D 46
Felinfoel. *Carm* 5F 45
Felingwmisaf. *Carm* 3F 45
Felingwmuchaf. *Carm* 3F 45
Y Felinheli. *Gwyn* 4E 81
Felin Newydd. *Powy*
  nr. Newtown 5C 70
  nr. Oswestry 3E 70
Felin Wnda. *Cdgn* 1D 44
Felinwynt. *Cdgn* 5B 56
Felixkirk. *N Yor* 1G 99
Felixstowe. *Suff* 2F 55
Felixstowe Ferry. *Suff* 2G 55
Felkington. *Nmbd* 5F 131
Fell End. *Cumb* 5A 104
Felling. *Tyne* 3F 115
Fell Side. *Cumb* 1E 102
Felmersham. *Bed* 5G 63
Felmingham. *Norf* 3E 79
Felpham. *W Sus* 3H 17
Felsham. *Suff* 5B 66
Felsted. *Essx* 3G 53
Feltham. *G Lon* 3C 38
Felthamhill. *Surr* 3B 38
Felthorpe. *Norf* 4D 78
Felton. *Here* 1A 48
Felton. *N Som* 5A 34
Felton. *Nmbd* 4F 121
Felton Butler. *Shrp* 4F 71
Feltwell. *Norf* 1G 65
Fenay Bridge. *W Yor* 3B 92
Fence. *Lanc* 1G 91
Fence Houses. *Tyne* 4G 115
Fencott. *Oxon* 4D 50
Fen Ditton. *Cambs* 4D 65
Fen Drayton. *Cambs* 4C 64
Fen End. *Linc* 3B 76
Fen End. *W Mid* 3G 61
Fenham. *Nmbd* 5G 131
Fenham. *Tyne* 3F 115
Fenhouses. *Linc* 1B 76
Feniscowles. *Bkbn* 2E 91
Feniton. *Devn* 3D 12
Fenn Green. *Shrp* 2B 60
Y Fenni. *Mon* 4G 47
Fenn's Bank. *Wrex* 2H 71
Fenn Street. *Medw* 3B 40
Fenny Bentley. *Derbs* 5F 85
Fenny Bridges. *Devn* 3E 12
Fenny Compton. *Warw* 5B 62
Fenny Drayton. *Leics* 1H 61
Fenny Stratford. *Mil* 2G 51
Fenrother. *Nmbd* 5F 121
Fenstanton. *Cambs* 4C 64
Fen Street. *Norf* 1C 66
Fenton. *Cambs* 3C 64
Fenton. *Cumb* 4G 113
Fenton. *Linc*
  nr. Caythorpe 5F 87
  nr. Saxilby 3F 87
Fenton. *Nmbd* 1D 120
Fenton. *Notts* 2E 87
Fenton. *Stoke* 1C 72
Fentonadle. *Corn* 5A 10
Fenton Barns. *E Lot* 1B 130
Fenwick. *E Ayr* 5F 127
Fenwick. *Nmbd*
  nr. Berwick-upon-Tweed 5G 131
  nr. Hexham 2D 114
Fenwick. *S Yor* 3F 93
Feochaig. *Arg* 4B 122
Feock. *Corn* 5C 6
Feolin Ferry. *Arg* 3C 124
Feorlan. *Arg* 5A 122
Ferindonald. *High* 3E 147
Feriniquarrie. *High* 3A 154
Fern. *Ang* 2D 145
Ferndale. *Rhon* 2C 32
Ferndown. *Dors* 2F 15
Ferness. *High* 4D 158
Fernham. *Oxon* 2A 36
Fernhill. *W Sus* 1E 27
Fernhill Heath. *Worc* 5C 60
Fernhurst. *W Sus* 4G 25
Fernieflatt. *Abers* 1H 145
Ferniegair. *S Lan* 4A 128
Fernilea. *High* 5C 154
Fernilee. *Derbs* 3E 85
Ferrensby. *N Yor* 3F 99
Ferriby Sluice. *N Lin* 2C 94
Ferring. *W Sus* 5B 26
Ferrybridge. *W Yor* 2E 93
Ferryden. *Ang* 3G 145
Ferry Hill. *Cambs* 2C 64
Ferryhill. *Aber* 3G 153
Ferryhill. *Dur* 1F 105
Ferryhill Station. *Dur* 1A 106
Ferryside. *Carm* 4D 44
Ferryton. *High* 2A 158
Fersfield. *Norf* 2C 66
Fersit. *High* 1A 142
Y Ferwig. *Cdgn* 1B 44
Feshiebridge. *High* 3C 150
Fetcham. *Surr* 5C 38
Fetterangus. *Abers* 3G 161
Fettercairn. *Abers* 1F 145
Fewcott. *Oxon* 3D 50
Fewston. *N Yor* 4D 98
Ffairfach. *Carm* 3G 45
Ffair Rhos. *Cdgn* 4G 57
Ffaldybrenin. *Carm* 1G 45
Ffarmers. *Carm* 1G 45
Ffawyddog. *Powy* 4F 47
Y Fflint. *Flin* 3E 83
Ffodun. *Powy* 5E 71
Ffont-y-gari. *V Glam* 5D 32
Y Ffor. *Gwyn* 2C 68
Fforest. *Carm* 5F 45
Fforest-fach. *Swan* 3F 31
Fforest Goch. *Neat* 5H 45
Ffostrasol. *Cdgn* 1D 44
Ffos-y-ffin. *Cdgn* 4D 56
Ffrith. *Flin* 5E 83
Ffwl-y-mwn. *V Glam* 5D 32
Ffynnon-ddrain. *Carm* 3E 45
Ffynnongroyw. *Flin* 2D 82
Ffynnon Gynydd. *Powy* 1E 47
Ffynnon-oer. *Cdgn* 5E 57
Fiag Lodge. *High* 1B 164
Fidden. *Arg* 2B 132
Fiddington. *Glos* 2E 49
Fiddington. *Som* 2F 21
Fiddleford. *Dors* 1D 14
Fiddlers Hamlet. *Essx* 5E 53
Field. *Staf* 2E 73
Field Assarts. *Oxon* 4B 50
Field Broughton. *Cumb* 1C 96
Field Dalling. *Norf* 2C 78
Field Head. *Leics* 5B 74
Fieldhead. *Cumb* 1F 103
Fifehead Magdalen. *Dors* 4C 22
Fifehead Neville. *Dors* 1C 14
Fifehead St Quintin. *Dors* 1C 14
Fife Keith. *Mor* 3B 160
Fifield. *Oxon* 4H 49
Fifield. *Wilts* 1G 23
Fifield. *Wind* 3A 38
Fifield Bavant. *Wilts* 4F 23
Figheldean. *Wilts* 2G 23
Filby. *Norf* 4G 79
Filey. *N Yor* 1F 101
Filford. *Dors* 3H 13
Filgrave. *Mil* 1G 51
Filkins. *Oxon* 5H 49
Filleigh. *Devn*
  nr. Crediton 1H 11
  nr. South Molton 4G 19
Fillingham. *Linc* 2G 87
Fillongley. *Warw* 2G 61
Filton. *S Glo* 4B 34
Fimber. *E Yor* 3C 100
Finavon. *Ang* 3D 145
Fincham. *Norf* 5F 77
Finchampstead. *Wok* 5F 37
Fincharn. *Arg* 3G 133
Finchdean. *Hants* 1F 17
Finchingfield. *Essx* 2G 53
Finchley. *G Lon* 1D 38
Findern. *Derbs* 2H 73
Findhorn. *Mor* 2E 159
Findhorn Bridge. *High* 1C 150
Findochty. *Mor* 2B 160
Findo Gask. *Per* 1C 136
Findon. *Abers* 4G 153
Findon. *W Sus* 5C 26
Findon Mains. *High* 2A 158
Findon Valley. *W Sus* 5C 26
Finedon. *Nptn* 3G 63
Fingal Street. *Suff* 3E 66
Fingest. *Buck* 2F 37
Finghall. *N Yor* 1D 98
Fingland. *Cumb* 4D 112
Fingland. *Dum* 3G 117
Finglesham. *Kent* 5H 41
Fingringhoe. *Essx* 3D 54
Finiskaig. *High* 4A 148
Finmere. *Oxon* 2E 51
Finnart. *Per* 3C 142
Finningham. *Suff* 4C 66
Finningley. *S Yor* 1D 86
Finnygaud. *Abers* 3D 160
Finsbury. *G Lon* 2E 39
Finstall. *Worc* 4D 61
Finsthwaite. *Cumb* 1C 96
Finstock. *Oxon* 4B 50
Finstown. *Orkn* 6C 172
Fintona. *Ferm* 4C 174
Fintry. *Abers* 3E 161
Fintry. *D'dee* 5D 144
Fintry. *Stir* 1H 127
Finwood. *Warw* 4F 61
Finzean. *Abers* 4D 152
Fionnphort. *Arg* 2B 132
Fionnsabhagh. *W Isl* 9C 171
Firbeck. *S Yor* 2C 86
Firby. *N Yor*
  nr. Bedale 1E 99
  nr. Malton 3B 100
Firgrove. *G Man* 3H 91
Firle. *E Sus* 5F 27
Firsby. *Linc* 4D 88
Firsdown. *Wilts* 3H 23
First Coast. *High* 4D 162
Firth. *Shet* 4F 173
Fir Tree. *Dur* 1E 105
Fishbourne. *IOW* 3D 16
Fishbourne. *W Sus* 2G 17
Fishburn. *Dur* 1A 106
Fishcross. *Clac* 4A 136
Fisherford. *Abers* 5D 160
Fisherrow. *E Lot* 2G 129
Fisher's Pond. *Hants* 4C 24
Fisher's Row. *Lanc* 5D 96
Fisherstreet. *W Sus* 2A 26
Fisherton. *High* 3B 158
Fisherton. *S Ayr* 3B 116
Fisherton de la Mere. *Wilts* 3E 23
Fishguard. *Pemb* 1D 42
Fishlake. *S Yor* 3G 93
Fishley. *Norf* 4G 79
Fishnish. *Arg* 4A 140
Fishpond Bottom. *Dors* 3G 13
Fishponds. *Bris* 4B 34
Fishpool. *Glos* 3B 48
Fishpool. *G Man* 3G 91
Fishpools. *Powy* 4D 58
Fishtoft. *Linc* 1C 76
Fishtoft Drove. *Linc* 1C 76
Fishwick. *Bord* 4F 131
Fiskavaig. *High* 5C 154
Fiskerton. *Linc* 3H 87
Fiskerton. *Notts* 5E 87
Fitch. *Shet* 7E 173
Fitling. *E Yor* 1F 95
Fittleton. *Wilts* 2G 23
Fittleworth. *W Sus* 4B 26
Fitton End. *Cambs* 4D 76
Fitz. *Shrp* 4G 71
Fitzhead. *Som* 4E 20
Fitzwilliam. *W Yor* 3E 93
Fiunary. *High* 4A 140
Five Ash Down. *E Sus* 3F 27
Five Ashes. *E Sus* 3G 27
Five Bells. *Som* 2D 20
Five Bridges. *Here* 1B 48
Fivehead. *Som* 4G 21
Fivelanes. *Corn* 4C 10
Fivemiletown. *M Ulst* 5C 174
Five Oak Green. *Kent* 1H 27
Five Oaks. *W Sus* 3B 26
Five Roads. *Carm* 5E 45
Five Ways. *Warw* 3G 61
Flack's Green. *Essx* 4A 54
Flackwell Heath. *Buck* 3G 37
Fladbury. *Worc* 1E 49
Fladda. *Shet* 3E 173
Fladdabister. *Shet* 8F 173
Flagg. *Derbs* 4F 85
Flamborough. *E Yor* 2G 101
Flamstead. *Herts* 4A 52
Flansham. *W Sus* 5A 26
Flasby. *N Yor* 4B 98
Flash. *Staf* 4E 85
Flashader. *High* 3C 154
The Flatt. *Cumb* 2G 113
Flaunden. *Herts* 5A 52
Flawborough. *Notts* 1E 75
Flawith. *N Yor* 3G 99
Flax Bourton. *N Som* 5A 34
Flaxby. *N Yor* 4F 99
Flaxholme. *Derbs* 1H 73
Flaxley. *Glos* 4B 48
Flaxley Green. *Staf* 4E 73
Flaxpool. *Som* 3E 21
Flaxton. *N Yor* 3A 100
Fleck. *Shet* 10E 173
Fleckney. *Leics* 1D 62
Flecknoe. *Warw* 4C 62
Fledborough. *Notts* 3F 87
Fleet. *Dors* 4B 14
Fleet. *Hants*
  nr. Farnborough 1G 25
Fleet. *Hants*
  nr. South Hayling 2F 17
Fleet. *Linc* 3C 76
Fleet Hargate. *Linc* 3C 76
Fleetville. *Herts* 5B 52
Fleetwood. *Lanc* 5C 96
Fleggburgh. *Norf* 4G 79
Fleisirin. *W Isl* 4H 171
Flemingston. *V Glam* 5D 32
Flemington. *S Lan*
  nr. Glasgow 3H 127
  nr. Strathaven 5A 128
Flempton. *Suff* 4H 65
Fleoideabhagh. *W Isl* 9C 171
Fletcher's Green. *Kent* 1G 27
Fletchertown. *Cumb* 5D 112
Fletching. *E Sus* 3F 27
Fleuchary. *High* 4E 165
Flexbury. *Corn* 2C 10
Flexford. *Surr* 1A 26
Flimby. *Cumb* 1B 102
Flimwell. *E Sus* 2B 28
Flint. *Flin* 3E 83
Flintham. *Notts* 1E 75
Flint Mountain. *Flin* 3E 83
Flinton. *E Yor* 1F 95
Flintsham. *Here* 5F 59
Flishinghurst. *Kent* 2B 28
Flitcham. *Norf* 3G 77
Flitton. *C Beds* 2A 52
Flitwick. *C Beds* 2A 52
Flixborough. *N Lin* 3B 94
Flixton. *G Man* 1B 84
Flixton. *N Yor* 2E 101
Flixton. *Suff* 2F 67
Flockton. *W Yor* 3C 92
Flodden. *Nmbd* 1D 120
Flodigarry. *High* 1D 154
Flood's Ferry. *Cambs* 1C 64
Flookburgh. *Cumb* 2C 96
Flordon. *Norf* 1D 66
Flore. *Nptn* 4D 62
Flotterton. *Nmbd* 4D 121
Flowton. *Suff* 1D 54
Flushing. *Abers* 4H 161
Flushing. *Corn* 5C 6
Fluxton. *Devn* 3D 12
Flyford Flavell. *Worc* 5D 61
Fobbing. *Thur* 2B 40
Fochabers. *Mor* 3H 159
Fochriw. *Cphy* 5E 46
Fockerby. *N Lin* 3B 94
Fodderty. *High* 3H 157
Foddington. *Som* 4A 22
Foel. *Powy* 4B 70
Foffarty. *Ang* 4D 144
Foggathorpe. *E Yor* 1A 94
Fogo. *Bord* 5D 130
Fogorig. *Bord* 5D 130
Foindle. *High* 4B 166
Folda. *Ang* 2A 144

Fole. *Staf* 2E 73
Foleshill. *W Mid* 2A 62
Foley Park. *Worc* 3C 60
Folke. *Dors* 1B 14
Folkestone. *Kent* 2G 29
Folkingham. *Linc* 2H 75
Folkington. *E Sus* 5G 27
Folksworth. *Cambs* 2A 64
Folkton. *N Yor* 2E 101
Folla Rule. *Abers* 5E 161
Follifoot. *N Yor* 4F 99
The Folly. *Herts* 4B 52
Folly Cross. *Devn* 2E 11
Folly Gate. *Devn* 3F 11
Fonmon. *V Glam* 5D 32
Fonthill Bishop. *Wilts* 3E 23
Fonthill Gifford. *Wilts* 3E 23
Fontmell Magna. *Dors* 1D 14
Fontwell. *W Sus* 5A 26
Font-y-gary. *V Glam* 5D 32
Foodieash. *Fife* 2F 137
Foolow. *Derbs* 3F 85
Footdee. *Aber* 3G 153
Footherley. *Staf* 5F 73
Foots Cray. *G Lon* 3F 39
Forbestown. *Abers* 2A 152
Force Forge. *Cumb* 5E 103
Force Mills. *Cumb* 5E 103
Forcett. *N Yor* 3E 105
Ford. *Arg* 3F 133
Ford. *Buck* 5F 51
Ford. *Derbs* 2B 86
Ford. *Devn*
  nr. Bideford 4E 19
  nr. Holbeton 3C 8
  nr. Salcombe 4D 9
Ford. *Glos* 3F 49
Ford. *Nmbd* 1D 120
Ford. *Plym* 3A 8
Ford. *Shrp* 4G 71
Ford. *Som*
  nr. Wells 1A 22
  nr. Wiveliscombe 4D 20
Ford. *Staf* 5E 85
Ford. *W Sus* 5B 26
Ford. *Wilts*
  nr. Chippenham 4D 34
  nr. Salisbury 3G 23
Forda. *Devn* 3E 19
Ford Barton. *Devn* 1C 12
Fordcombe. *Kent* 1G 27
Fordell. *Fife* 1E 129
Forden. *Powy* 5E 71
Ford End. *Essx* 4G 53
Forder Green. *Devn* 2D 9
Ford Green. *Lanc* 5D 97
Fordham. *Cambs* 3F 65
Fordham. *Essx* 3C 54
Fordham. *Norf* 1F 65
Ford Heath. *Essx* 3C 54
Ford Heath. *Shrp* 4G 71
Fordie. *Per* 1G 135
Fordhouses. *W Mid* 5D 72
Fordingbridge. *Hants* 1G 15
Fordington. *Linc* 3D 88
Fordon. *E Yor* 2E 101
Fordoun. *Abers* 1G 145
Ford Street. *Essx* 3C 54
Ford Street. *Som* 1E 13
Fordton. *Devn* 3B 12
Fordwells. *Oxon* 4B 50
Fordwich. *Kent* 5F 41
Fordyce. *Abers* 2C 160
Forebridge. *Staf* 3D 72
Foremark. *Derbs* 3H 73
Forest. *N Yor* 4F 105
Forestburn Gate. *Nmbd* 5E 121
Foresterseat. *Mor* 3F 159
Forest Green. *Glos* 2D 34
Forest Green. *Surr* 1C 26
Forest Hall. *Cumb* 4G 103
Forest Head. *Cumb* 4G 113
Forest Hill. *Oxon* 5D 50
Forest-in-Teesdale. *Dur* 2B 104

Forest Lodge. *Per* 1G 143
Forest Mill. *Clac* 4B 136
Forest Row. *E Sus* 2F 27
Forestside. *W Sus* 1F 17
Forest Town. *Notts* 4C 86
Forfar. *Ang* 3D 144
Forgandenny. *Per* 2C 136
Forge. *Powy* 1G 57
Forge Side. *Torf* 5F 47
Forgewood. *N Lan* 4A 128
Forgie. *Mor* 3A 160
Forgue. *Abers* 4D 160
Formby. *Mers* 4B 90
Forncett End. *Norf* 1D 66
Forncett St Mary. *Norf* 1D 66
Forncett St Peter. *Norf* 1D 66
Forneth. *Per* 4H 143
Fornham All Saints. *Suff* 4H 65
Fornham St Martin. *Suff* 4A 66
Forres. *Mor* 3E 159
Forrestfield. *N Lan* 3B 128
Forrest Lodge. *Dum* 1C 110
Forsbrook. *Staf* 1D 72
Forse. *High* 5E 169
Forsinard. *High* 4A 168
Forss. *High* 2C 168
Forston. *Dors* 3B 14
Fort Augustus. *High* 3F 149
Forteviot. *Per* 2C 136
Fort George. *High* 3B 158
Forth. *S Lan* 4C 128
Forthampton. *Glos* 2D 48
Forthay. *Glos* 2C 34
Fortingall. *Per* 4E 143
Fort Matilda. *Inv* 2D 126
Forton. *Hants* 2C 24
Forton. *Lanc* 4D 97
Forton. *Shrp* 4G 71
Forton. *Som* 2G 13
Forton. *Staf* 3B 72
Fortrie. *Abers* 4D 160
Fortrose. *High* 3B 158
Fortuneswell. *Dors* 5B 14
Fort William. *High* 1F 141
Forty Green. *Buck* 1A 38
Forty Hill. *G Lon* 1E 39
Forward Green. *Suff* 5C 66
Fosbury. *Wilts* 1B 24
Foscot. *Oxon* 3H 49
Fosdyke. *Linc* 2C 76
Foss. *Per* 3E 143
Fossebridge. *Glos* 4F 49
Foster Street. *Essx* 5E 53
Foston. *Derbs* 2F 73
Foston. *Leics* 1D 62
Foston. *Linc* 1F 75
Foston. *N Yor* 3A 100
Foston on the Wolds.
  E Yor 4F 101
Fotherby. *Linc* 1C 88
Fothergill. *Cumb* 1B 102
Fotheringhay. *Nptn* 1H 63
Foubister. *Orkn* 7E 172
Foula Airport. *Shet* 8A 173
Foul Anchor. *Cambs* 4D 76
Foulbridge. *Cumb* 5F 113
Foulden. *Norf* 1G 65
Foulden. *Bord* 4F 131
Foul Mile. *E Sus* 4A 28
Foulridge. *Lanc* 5A 98
Foulsham. *Norf* 3C 78
Fountainhall. *Bord* 5H 129
The Four Alls. *Shrp* 2A 72
Four Ashes. *Staf*
  nr. Cannock 5D 72
  nr. Kinver 2C 60
Four Ashes. *Suff* 3C 66
Four Crosses. *Powy*
  nr. Llanerfyl 5C 70
  nr. Llanymynech 4E 71
Four Crosses. *Staf* 5D 72

Four Elms. *Kent* 1F 27
Four Forks. *Som* 3F 21
Four Gotes. *Cambs* 4D 76
Four Lane End. *S Yor* 4C 92
Four Lane Ends. *Lanc* 4E 97
Four Lanes. *Corn* 5A 6
Fourlanes End. *Ches E* 5C 84
Four Marks. *Hants* 3E 25
Four Mile Bridge. *IOA* 3B 80
Four Oaks. *E Sus* 3C 28
Four Oaks. *Glos* 3B 48
Four Oaks. *W Mid* 2G 61
Four Roads. *Carm* 5E 45
Four Roads. *IOM* 5B 108
Fourstones. *Nmbd* 3B 114
Four Throws. *Kent* 3B 28
Fovant. *Wilts* 4F 23
Foveran. *Abers* 1G 153
Fowey. *Corn* 3F 7
Fowlershill. *Aber* 2G 153
Fowley Common. *Warr* 1A 84
Fowlis. *Ang* 5C 144
Fowlis Wester. *Per* 1B 136
Fowlmere. *Cambs* 1E 53
Fownhope. *Here* 2A 48
Fox Corner. *Surr* 5A 38
Foxcote. *Glos* 4F 49
Foxcote. *Som* 1C 22
Foxdale. *IOM* 4B 108
Foxearth. *Essx* 1B 54
Foxfield. *Cumb* 1B 96
Foxham. *Wilts* 4E 35
Fox Hatch. *Essx* 1G 39
Foxhole. *Corn* 3D 6
Foxholes. *N Yor* 2E 101
Foxhunt Green. *E Sus* 4G 27
Fox Lane. *Hants* 1G 25
Foxley. *Norf* 3C 78
Foxley. *Nptn* 5D 62
Foxley. *Wilts* 3D 35
Foxlydiate. *Worc* 4E 61
Fox Street. *Essx* 3D 54
Foxt. *Staf* 1E 73
Foxton. *Cambs* 1E 53
Foxton. *Dur* 2A 106
Foxton. *Leics* 2D 62
Foxton. *N Yor* 5B 106
Foxup. *N Yor* 2A 98
Foxwist Green. *Ches W* 4A 84
Foxwood. *Shrp* 3A 60
Foy. *Here* 3A 48
Foyers. *High* 1G 149
Foynesfield. *High* 3C 158
Fraddam. *Corn* 3C 4
Fraddon. *Corn* 3D 6
Fradley. *Staf* 4F 73
Fradley South. *Staf* 4F 73
Fradswell. *Staf* 2D 73
Fraisthorpe. *E Yor* 3F 101
Framfield. *E Sus* 3F 27
Framingham Earl. *Norf* 5E 79
Framingham Pigot. *Norf* 5E 79
Framlingham. *Suff* 4E 67
Frampton. *Dors* 3B 14
Frampton. *Linc* 2C 76
Frampton Cotterell. *S Glo* 3B 34
Frampton Mansell. *Glos* 5E 49
Frampton on Severn. *Glos* 5C 48
Frampton West End. *Linc* 1B 76
Framsden. *Suff* 5D 66
Framwellgate Moor. *Dur* 5F 115
Franche. *Worc* 3C 60
Frandley. *Ches W* 3A 84
Frankby. *Mers* 2E 83
Frankfort. *Norf* 3F 79
Frankley. *Worc* 2D 61
Frank's Bridge. *Powy* 5D 58
Frankton. *Warw* 3B 62
Frankwell. *Shrp* 4G 71
Frant. *E Sus* 2G 27
Fraserburgh. *Abers* 2G 161
Frating Green. *Essx* 3D 54
Fratton. *Port* 2E 17
Freathy. *Corn* 3A 8

Freckenham. *Suff* 3F 65
Freckleton. *Lanc* 2C 90
Freeby. *Leics* 3F 75
Freefolk Priors. *Hants* 2C 24
Freehay. *Staf* 1E 73
Freeland. *Oxon* 4C 50
Freester. *Shet* 6F 173
Freethorpe. *Norf* 5G 79
Freiston. *Linc* 1C 76
Freiston Shore. *Linc* 1C 76
Fremington. *Devn* 3F 19
Fremington. *N Yor* 5D 104
Frenchay. *S Glo* 4B 34
Frenchbeer. *Devn* 4G 11
Frenich. *Stir* 3D 134
Frensham. *Surr* 2G 25
Frenze. *Norf* 2D 66
Fresgoe. *High* 2B 168
Freshfield. *Mers* 4A 90
Freshford. *Bath* 5C 34
Freshwater. *IOW* 4B 16
Freshwater Bay. *IOW* 4B 16
Freshwater East. *Pemb* 5E 43
Fressingfield. *Suff* 3E 67
Freston. *Suff* 2E 55
Freswick. *High* 2F 169
Fretherne. *Glos* 5C 48
Frettenham. *Norf* 4E 79
Freuchie. *Fife* 3E 137
Freystrop. *Pemb* 3D 42
Friar's Gate. *E Sus* 2F 27
Friar Waddon. *Dors* 4B 14
Friday Bridge. *Cambs* 5D 76
Friday Street. *E Sus* 5H 27
Friday Street. *Surr* 1C 26
Fridaythorpe. *E Yor* 4C 100
Friden. *Derbs* 4F 85
Friern Barnet. *G Lon* 1D 39
Friesthorpe. *Linc* 2H 87
Frieston. *Linc* 1G 75
Frieth. *Buck* 2F 37
Friezeland. *Notts* 5B 86
Frilford. *Oxon* 2C 36
Frilsham. *W Ber* 4D 36
Frimley. *Surr* 1G 25
Frimley Green. *Surr* 1G 25
Frindsbury. *Medw* 4B 40
Fring. *Norf* 2G 77
Fringford. *Oxon* 3E 50
Frinsted. *Kent* 5C 40
Frinton-on-Sea. *Essx* 4F 55
Friockheim. *Ang* 4E 145
Friog. *Gwyn* 4F 69
Frisby. *Leics* 5E 74
Frisby on the Wreake.
  Leics 4D 74
Friskney. *Linc* 5D 88
Friskney Eaudyke. *Linc* 5D 88
Friston. *E Sus* 5G 27
Friston. *Suff* 4G 67
Fritchley. *Derbs* 5A 86
Fritham. *Hants* 1H 15
Frith Bank. *Linc* 1C 76
Frith Common. *Worc* 4A 60
Frithelstock. *Devn* 1E 11
Frithelstock Stone. *Devn* 1E 11
Frithsden. *Herts* 5A 52
Frithville. *Linc* 1C 76
Frittenden. *Kent* 1C 28
Frittiscombe. *Devn* 4E 9
Fritton. *Norf*
  nr. Great Yarmouth 5G 79
  nr. Long Stratton 1E 67
Fritwell. *Oxon* 3D 50
Frizinghall. *W Yor* 1B 92
Frizington. *Cumb* 3B 102
Frobost. *W Isl* 6C 170
Frocester. *Glos* 5C 48
Frochas. *Powy* 5D 70
Frodesley. *Shrp* 5H 71
Frodingham. *N Lin* 3C 94
Frodsham. *Ches W* 3H 83
Froggatt. *Derbs* 3G 85
Froghall. *Staf* 1E 73

Frogham. *Hants* 1G 15
Frogham. *Kent* 5G 41
Frogmore. *Devn* 4D 8
Frogmore. *Hants* 5G 37
Frogmore. *Herts* 5B 52
Frognall. *Linc* 4A 76
Frogshall. *Norf* 2E 79
Frogwell. *Corn* 2H 7
Frolesworth. *Leics* 1C 62
Frome. *Som* 2C 22
Fromefield. *Som* 2C 22
Frome St Quintin. *Dors* 2A 14
Fromes Hill. *Here* 1B 48
Fron. *Gwyn* 2C 68
Fron. *Powy*
  nr. Llandrindod Wells
      . . . . .4C 58
  nr. Newtown 1D 58
  nr. Welshpool 5E 71
Y Fron. *Gwyn* 5E 81
Froncysyllte. *Wrex* 1E 71
Frongoch. *Gwyn* 2B 70
Fron Isaf. *Wrex* 1E 71
Fronoleu. *Gwyn* 2G 69
Frosterley. *Dur* 1D 104
Froxfield. *C Beds* 2H 51
Froxfield. *Wilts* 5A 36
Froxfield Green. *Hants* 4F 25
Fryern Hill. *Hants* 4C 24
Fryerning. *Essx* 5G 53
Fryton. *N Yor* 2A 100
Fugglestone St Peter.
  Wilts 3G 23
Fulbeck. *Linc* 5G 87
Fulbourn. *Cambs* 5E 65
Fulbrook. *Oxon* 4A 50
Fulflood. *Hants* 3C 24
Fulford. *Som* 4F 21
Fulford. *Staf* 2D 72
Fulford. *York* 5A 100
Fulham. *G Lon* 3D 38
Fulking. *W Sus* 4D 26
Fuller's Moor. *Ches W* 5G 83
Fuller Street. *Essx* 4H 53
Fullerton. *Hants* 3B 24
Fulletby. *Linc* 3B 88
Full Sutton. *E Yor* 4B 100
Fullwood. *E Ayr* 4F 127
Fulmer. *Buck* 2A 38
Fulmodestone. *Norf* 2B 78
Fulnetby. *Linc* 3H 87
Fulney. *Linc* 3B 76
Fulstow. *Linc* 1C 88
Fulthorpe. *Stoc T* 2B 106
Fulwell. *Tyne* 4G 115
Fulwood. *Lanc* 1D 90
Fulwood. *Notts* 5B 86
Fulwood. *Som* 1F 13
Fulwood. *S Yor* 2G 85
Fundenhall. *Norf* 1D 66
Funtington. *W Sus* 2G 17
Funtley. *Hants* 2D 16
Funzie. *Shet* 2H 173
Furley. *Devn* 2F 13
Furnace. *Arg* 3H 133
Furnace. *Carm* 5F 45
Furnace. *Cdgn* 1F 57
Furner's Green. *E Sus* 3F 27
Furness Vale. *Derbs* 2E 85
Furneux Pelham. *Herts* 3E 53
Furzebrook. *Dors* 4E 15
Furzehill. *Devn* 2H 19
Furzehill. *Dors* 2F 15
Furzeley Corner. *Hants* 1E 17
Furzey Lodge. *Hants* 2B 16
Furzley. *Hants* 1A 16
Fyfield. *Essx* 5F 53
Fyfield. *Glos* 5H 49
Fyfield. *Hants* 2A 24
Fyfield. *Oxon* 2C 36
Fyfield. *Wilts* 5G 35
The Fylde. *Lanc* 1B 90
Fylingthorpe. *N Yor* 4G 107

Fyning. *W Sus* 4G 25
Fyvie. *Abers* 5E 161

G

Gabhsann bho Dheas. *W Isl* 2G 171
Gabhsann bho Thuath. *W Isl* 2G 171
Gabroc Hill. *E Ayr* 4F 127
Gadbrook. *Surr* 1D 26
Gaddesby. *Leics* 4D 74
Gadfa. *IOA* 2D 80
Gadgirth. *S Ayr* 2D 116
Gaer. *Powy* 3E 47
Gaerwen. *IOA* 3D 81
Gagingwell. *Oxon* 3C 50
Gaick Lodge. *High* 5B 150
Gailey. *Staf* 4D 72
Gainford. *Dur* 3E 105
Gainsborough. *Linc* 1F 87
Gainsborough. *Suff* 1E 55
Gainsford End. *Essx* 2H 53
Gairletter. *Arg* 1C 126
Gairloch. *Abers* 3E 153
Gairloch. *High* 1H 155
Gairlochy. *High* 5D 148
Gairney Bank. *Per* 4D 136
Gairnshiel Lodge. *Abers* 3G 151
Gaisgill. *Cumb* 4H 103
Gaitsgill. *Cumb* 5E 113
Galashiels. *Bord* 1G 119
Galgate. *Lanc* 4D 97
Galhampton. *Som* 4B 22
Gallatown. *Fife* 4E 137
Galley Common. *Warw* 1H 61
Galleyend. *Essx* 5H 53
Galleywood. *Essx* 5H 53
Gallin. *Per* 4C 142
Gallowfauld. *Ang* 4D 144
Gallowhill. *Per* 5A 144
Gallowhill. *Ren* 3F 127
Gallowhills. *Abers* 3H 161
Gallows Green. *Staf* 1E 73
Gallows Green. *Worc* 4D 60
Gallowstree Common. *Oxon* 3E 37
Galltair. *High* 1G 147
Gallt Melyd. *Den* 2C 82
Galmington. *Som* 4F 21
Galmisdale. *High* 5C 146
Galmpton. *Devn* 4C 8
Galmpton. *Torb* 3E 9
Galmpton Warborough. *Torb* 3E 9
Galphay. *N Yor* 2E 99
Galston. *E Ayr* 1D 117
Galton. *Dors* 4C 14
Galtrigill. *High* 3A 154
Gamblesby. *Cumb* 1H 103
Gamelsby. *Cumb* 4D 112
Gamesley. *Derbs* 1E 85
Gamlingay. *Cambs* 5B 64
Gamlingay Cinques. *Cambs* 5B 64
Gamlingay Great Heath. *Cambs* 5B 64
Gammaton. *Devn* 4E 19
Gammersgill. *N Yor* 1C 98
Gamston. *Notts*
nr. Nottingham 2D 74
nr. Retford 3E 86
Ganarew. *Here* 4A 48
Ganavan. *Arg* 5C 140
Ganborough. *Glos* 3G 49
Gang. *Corn* 2H 7
Ganllwyd. *Gwyn* 3G 69
Gannochy. *Ang* 1E 145
Gannochy. *Per* 1D 136
Gansclet. *High* 4F 169
Ganstead. *E Yor* 1E 95
Ganthorpe. *N Yor* 2A 100
Ganton. *N Yor* 2D 101
Gants Hill. *G Lon* 2F 39
Gappah. *Devn* 5B 12
Garafad. *High* 2D 155
Garboldisham. *Norf* 2C 66
Garden City. *Flin* 4F 83
Gardeners Green. *Wok* 5G 37
Gardenstown. *Abers* 2F 161
Garden Village. *S Yor* 1G 85
Garden Village. *Swan* 3E 31
Garderhouse. *Shet* 7E 173
Gardham. *E Yor* 5D 100
Gardie. *Shet*
on Papa Stour 5C 173
on Unst 1H 173
Gardie Ho. *Shet* 7F 173
Gare Hill. *Wilts* 2C 22
Garelochhead. *Arg* 4B 134
Garford. *Oxon* 2C 36
Garforth. *W Yor* 1E 93
Gargrave. *N Yor* 4B 98
Gargunnock. *Stir* 4G 135
Garleffin. *S Ayr* 1F 109
Garlieston. *Dum* 5B 110
Garlinge Green. *Kent* 5F 41
Garlogie. *Abers* 3E 153
Garmelow. *Staf* 3B 72
Garmond. *Abers* 3F 161
Garmondsway. *Dur* 1A 106
Garmony. *Arg* 4A 140
Garmouth. *Mor* 2H 159
Garmston. *Shrp* 5A 72
Garnant. *Carm* 4G 45
Garndiffaith. *Torf* 5F 47
Garndolbenmaen. *Gwyn* 1D 69
Garnett Bridge. *Cumb* 5G 103
Garnfadryn. *Gwyn* 2B 68
Garnkirk. *N Lan* 3H 127
Garnlydan. *Blae* 4E 47
Garnsgate. *Linc* 3D 76
Garnswllt. *Swan* 5G 45
Garn yr Erw. *Torf* 4F 47
Garrabost. *W Isl* 4H 171
Garrallan. *E Ayr* 3E 117
Garras. *Corn* 4E 5
Garreg. *Gwyn* 1F 69
Garrigill. *Cumb* 5A 114
Garriston. *N Yor* 5E 105
Garrogie Lodge. *High* 2H 149
Garros. *High* 2D 155
Garrow. *Per* 4F 143
Garsdale. *Cumb* 1G 97
Garsdale Head. *Cumb* 5A 104
Garsdon. *Wilts* 3E 35
Garshall Green. *Staf* 2D 72
Garsington. *Oxon* 5D 50
Garstang. *Lanc* 5D 97
Garston. *Mers* 2G 83
Garswood. *Mers* 1H 83
Gartcosh. *N Lan* 3H 127
Garth. *B'end* 2B 32
Garth. *Cdgn* 2F 57
Garth. *Gwyn* 2E 69
Garth. *IOM* 4C 108
Garth. *Powy*
nr. Builth Wells 1C 46
nr. Knighton 3E 59
Garth. *Shet*
nr. Sandness 6D 173
nr. Skellister 6F 173
Garth. *Wrex* 1E 71
Garthamlock. *Glas* 3H 127
Garthbrengy. *Powy* 2D 46
Gartheli. *Cdgn* 5E 57
Garthmyl. *Powy* 1D 58
Garthorpe. *Leics* 3F 75
Garthorpe. *N Lin* 3B 94
Garth Owen. *Powy* 1D 58
Garth Place. *Cphy* 3E 33
Garth Row. *Cumb* 5G 103
Gartly. *Abers* 5C 160
Gartmore. *Stir* 4E 135
Gartness. *N Lan* 3A 128
Gartness. *Stir* 1G 127
Gartocharn. *W Dun* 1F 127
Garton. *E Yor* 1F 95
Garton-on-the-Wolds. *E Yor* 4D 101
Gartsherrie. *N Lan* 3A 128
Gartymore. *High* 2H 165
Garvagh. *Caus* 2E 175
Garvald. *E Lot* 2B 130
Garvamore. *High* 4H 149
Garvard. *Arg* 4A 132
Garvault. *High* 5H 167
Garve. *High* 2F 157
Garvestone. *Norf* 5C 78
Garvie. *Arg* 4H 133
Garvock. *Abers* 1G 145
Garvock. *Inv* 2D 126
Garway. *Here* 3H 47
Garway Common. *Here* 3H 47
Garway Hill. *Here* 3H 47
Garwick. *Linc* 1A 76
Gaskan. *High* 1C 140
Gasper. *Wilts* 3C 22
Gastard. *Wilts* 5D 35
Gasthorpe. *Norf* 2B 66
Gatcombe. *IOW* 4C 16
Gateacre. *Mers* 2G 83
Gatebeck. *Cumb* 1E 97
Gate Burton. *Linc* 2F 87
Gateforth. *N Yor* 2F 93
Gatehead. *E Ayr* 1C 116
Gate Helmsley. *N Yor* 4A 100
Gatehouse. *Nmbd* 1A 114
Gatehouse of Fleet. *Dum* 4D 110
Gatelawbridge. *Dum* 5B 118
Gateley. *Norf* 3B 78
Gatenby. *N Yor* 1F 99
Gatesgarth. *Cumb* 3C 102
Gateshead. *Tyne* 3F 115
Gatesheath. *Ches W* 4G 83
Gateside. *Ang*
nr. Forfar 4D 144
nr. Kirriemuir 4C 144
Gateside. *Fife* 3D 136
Gateside. *N Ayr* 4E 127
Gathurst. *G Man* 4D 90
Gatley. *G Man* 2C 84
Gatton. *Surr* 5D 39
Gattonside. *Bord* 1H 119
Gatwick Airport. *W Sus* 1D 26
Gaufron. *Powy* 4B 58
Gaulby. *Leics* 5D 74
Gauldry. *Fife* 1F 137
Gaultree. *Norf* 5D 77
Gaunt's Common. *Dors* 2F 15
Gaunt's Earthcott. *S Glo* 3B 34
Gautby. *Linc* 3A 88
Gavinton. *Bord* 4D 130
Gawber. *S Yor* 4D 92
Gawcott. *Buck* 2E 51
Gawsworth. *Ches E* 4C 84
Gawthorpe. *W Yor* 2C 92
Gawthrop. *Cumb* 1F 97
Gawthwaite. *Cumb* 1B 96
Gay Bowers. *Essx* 5A 54
Gaydon. *Warw* 5A 62
Gayfield. *Orkn* 2D 172
Gayhurst. *Mil* 1G 51
Gayle. *N Yor* 1A 98
Gayles. *N Yor* 4E 105
Gay Street. *W Sus* 3B 26
Gayton. *Mers* 2E 83
Gayton. *Norf* 4G 77
Gayton. *Nptn* 5E 62
Gayton. *Staf* 3D 73
Gayton le Marsh. *Linc* 2D 88
Gayton le Wold. *Linc* 2B 88
Gayton Thorpe. *Norf* 4G 77
Gaywood. *Norf* 3F 77
Gazeley. *Suff* 4G 65
Geanies. *High* 1C 158
Gearraidh Bhailteas. *W Isl* 6C 170
Gearraidh Bhaird. *W Isl* 6F 171
Gearraidh ma Monadh. *W Isl* 7C 170
Gearraidh na h-Aibhne. *W Isl* 4E 171
Geary. *High* 2B 154
Geddes. *High* 3C 158
Gedding. *Suff* 5B 66
Geddington. *Nptn* 2F 63
Gedintailor. *High* 5E 155
Gedling. *Notts* 1D 74
Gedney. *Linc* 3D 76
Gedney Broadgate. *Linc* 3D 76
Gedney Drove End. *Linc* 3D 76
Gedney Dyke. *Linc* 3D 76
Gedney Hill. *Linc* 4C 76
Gee Cross. *G Man* 1D 84
Geeston. *Rut* 5G 75
Geilston. *Arg* 2E 127
Geirinis. *W Isl* 4C 170
Geise. *High* 2D 168
Geisiadar. *W Isl* 4D 171
Gelder Shiel. *Abers* 5G 151
Geldeston. *Norf* 1F 67
Gell. *Cnwy* 4A 82
Gelli. *Pemb* 3E 43
Gelli. *Rhon* 2C 32
Gellifor. *Den* 4D 82
Gelligaer. *Cphy* 2E 33
Y Gelli Gandryll. *Powy* 1F 47
Gellilydan. *Gwyn* 2F 69
Gellinudd. *Neat* 5H 45
Gellyburn. *Per* 5H 143
Gellywen. *Carm* 2G 43
Gelston. *Dum* 4E 111
Gelston. *Linc* 1G 75
Gembling. *E Yor* 4F 101
Geneva. *Cdgn* 5D 56
Gentleshaw. *Staf* 4E 73
Geocrab. *W Isl* 8D 171
George Best Belfast City Airport. *Bel* 4H 175
George Green. *Buck* 2A 38
Georgeham. *Devn* 3E 19
George Nympton. *Devn* 4H 19
Georgetown. *Blae* 5E 47
Georgetown. *Ren* 3F 127
Georth. *Orkn* 5C 172
Gerlan. *Gwyn* 4F 81
Germansweek. *Devn* 3E 11
Germoe. *Corn* 4C 4
Gerrans. *Corn* 5C 6
Gerrard's Bromley. *Staf* 2B 72
Gerrards Cross. *Buck* 2A 38
Gerston. *High* 3D 168
Gestingthorpe. *Essx* 2B 54
Gethsemane. *Pemb* 1A 44
Geuffordd. *Powy* 4E 70
Gibraltar. *Buck* 4F 51
Gibraltar. *Linc* 5E 89
Gibraltar. *Suff* 5D 66
Gibsmere. *Notts* 1E 74
Giddeahall. *Wilts* 4D 34
Gidea Park. *G Lon* 2G 39
Gidleigh. *Devn* 4G 11
Giffnock. *E Ren* 4G 127
Gifford. *E Lot* 3B 130
Giffordtown. *Fife* 2E 137
Giggetty. *Staf* 1C 60
Giggleswick. *N Yor* 3H 97
Gignog. *Pemb* 2C 42
Gilberdyke. *E Yor* 2B 94
Gilbert's End. *Worc* 1D 48
Gilbert's Green. *Warw* 3F 61
Gilchriston. *E Lot* 3A 130
Gilcrux. *Cumb* 1C 102
Gildersome. *W Yor* 2C 92
Gildingwells. *S Yor* 2C 86
Gilesgate Moor. *Dur* 5F 115
Gileston. *V Glam* 5D 32
Gilfach. *Cphy* 2E 33
Gilfach Goch. *Rhon* 3C 32
Gilfachreda. *Cdgn* 5D 56
Gilford. *Arm* 5F 175
Gilgarran. *Cumb* 2B 102
Gillamoor. *N Yor* 5D 107
Gillan. *Corn* 4E 5
Gillar's Green. *Mers* 1G 83
Gillen. *High* 3B 154
Gilling East. *N Yor* 2A 100
Gillingham. *Dors* 4D 22
Gillingham. *Medw* 4B 40
Gillingham. *Norf* 1G 67
Gilling West. *N Yor* 4E 105
Gillock. *High* 3E 169
Gillow Heath. *Staf* 5C 84
Gills. *High* 1F 169
Gill's Green. *Kent* 2B 28
Gilmanscleuch. *Bord* 2F 119
Gilmerton. *Edin* 3F 129
Gilmerton. *Per* 1A 136
Gilmonby. *Dur* 3C 104
Gilmorton. *Leics* 2C 62
Gilsland. *Nmbd* 3H 113
Gilsland Spa. *Cumb* 3H 113
Gilston. *Bord* 4H 129
Giltbrook. *Notts* 1B 74
Gilwern. *Mon* 4F 47
Gimingham. *Norf* 2E 79
Giosla. *W Isl* 5D 171
Gipping. *Suff* 4C 66
Gipsey Bridge. *Linc* 1B 76
Gipton. *W Yor* 1D 92
Girdle Toll. *N Ayr* 5E 127
Girlsta. *Shet* 6F 173
Girsby. *N Yor* 4A 106
Girthon. *Dum* 4D 110
Girton. *Cambs* 4D 64
Girton. *Notts* 4F 87
Girvan. *S Ayr* 5A 116
Gisburn. *Lanc* 5H 97
Gisleham. *Suff* 2H 67
Gislingham. *Suff* 3C 66
Gissing. *Norf* 2D 66
Gittisham. *Devn* 3E 13
Gladestry. *Powy* 5E 59
Gladsmuir. *E Lot* 2A 130
Glaichbea. *High* 5H 157
Glais. *Swan* 5H 45
Glaisdale. *N Yor* 4E 107
Glame. *High* 4E 155
Glamis. *Ang* 4C 144
Glanaman. *Carm* 4G 45
Glan-Conwy. *Cnwy* 5H 81
Glandford. *Norf* 1C 78
Glan Duar. *Carm* 1F 45
Glandwr. *Blae* 5F 47
Glandwr. *Pemb* 2F 43
Glan-Dwyfach. *Gwyn* 1D 69
Glandy Cross. *Carm* 2F 43
Glandyfi. *Cdgn* 1F 57
Glangrwyney. *Powy* 4F 47
Glanmule. *Powy* 1D 58
Glan-rhyd. *Pemb* 1F 43
Glan-rhyd. *Powy* 5A 46
Glanrhyd. *Gwyn* 2B 68
Glanrhyd. *Pemb* 1B 44
Glanton. *Nmbd* 3E 121
Glanton Pyke. *Nmbd* 3E 121
Glanvilles Wootton. *Dors* 2B 14
Glan-y-don. *Flin* 3D 82
Glan-y-nant. *Powy* 2B 58
Glan-yr-afon. *Gwyn* 1C 70
Glan-yr-afon. *IOA* 2F 81
Glan-yr-afon. *Powy* 5C 70
Glan-y-wern. *Gwyn* 2F 69
Glapthorn. *Nptn* 1H 63
Glapwell. *Derbs* 4B 86
Glas Aird. *Arg* 4A 132
Glas-allt Shiel. *Abers* 5G 151
Glasbury. *Powy* 2E 47
Glaschoil. *High* 5E 159
Glascoed. *Den* 3B 82
Glascoed. *Mon* 5G 47
Glascote. *Staf* 5G 73
Glascwm. *Powy* 5D 58
Glasfryn. *Cnwy* 5B 82
Glasgow. *Glas* 3G 127
Glasgow Airport. *Ren* 3F 127
Glasgow Prestwick Airport. *S Ayr* 2C 116
Glashvin. *High* 2D 154
Glasinfryn. *Gwyn* 4E 81

Glas na Cardaich. High 4E **147**
Glasnacardoch. High 4E **147**
Glasnakille. High 2D **146**
Glaspwll. Cdgn 1G **57**
Glassburn. High 5F **157**
Glassenbury. Kent 2B **28**
Glasserton. Dum 5B **110**
Glassford. S Lan 5A **128**
Glassgreen. Mor 2G **159**
Glasshouse. Glos 3C **48**
Glasshouses. N Yor 3D **98**
Glasson. Cumb 3D **112**
Glasson. Lanc 4D **96**
Glassonby. Cumb 1G **103**
Glasterlaw. Ang 3E **145**
Glaston. Rut 5F **75**
Glastonbury. Som 3H **21**
Glatton. Cambs 2A **64**
Glazebrook. Warr 1A **84**
Glazebury. Warr 1A **84**
Glazeley. Shrp 2B **60**
Gleadless. S Yor 2A **86**
Gleadsmoss. Ches E 4C **84**
Gleann Dail bho Dheas.
W Isl 7C **170**
Gleann Tholastaidh. W Isl 3H **171**
Gleann Uige. High 1A **140**
Gleaston. Cumb 2B **96**
Glecknabae. Arg 3B **126**
Gledrid. Shrp 2E **71**
Gleiniant. Powy 1B **58**
Glemsford. Suff 1B **54**
Glen. Dum 4C **110**
Glenancross. High 4E **147**
Glen Auldyn. IOM 2D **108**
Glenavy. Lis 4G **175**
Glenbarr. Arg 2A **122**
Glenbeg. High 2G **139**
Glen Bernisdale. High 4D **154**
Glenbervie. Abers 5E **153**
Glenboig. N Lan 3A **128**
Glenborrodale. High 2A **140**
Glenbranter. Arg 4A **134**
Glenbreck. Bord 2C **118**
Glenbrein Lodge. High 2G **149**
Glenbrittle. High 1C **146**
Glenbuchat Lodge. Abers 2H **151**
Glenbuck. E Ayr 2G **117**
Glenburn. Ren 3F **127**
Glencalvie Lodge. High 5B **164**
Glencaple. Dum 3A **112**
Glencarron Lodge. High 3C **156**
Glencarse. Per 1D **136**
Glencassley Castle. High 3B **164**
Glencat. Abers 4C **152**
Glencoe. High 3F **141**
Glen Cottage. High 5E **147**
Glencraig. Fife 4D **136**
Glendale. High 4A **154**
Glendevon. Per 3B **136**
Glendoebeg. High 3G **149**
Glendoick. Per 1E **136**
Glendoune. S Ayr 5A **116**
Glenduckie. Fife 2E **137**
Gleneagles. Per 3B **136**
Glenegedale. Arg 4B **124**
Glenegedale Lots. Arg 4B **124**
Glenelg. High 2G **147**
Glenernie. Mor 4E **159**
Glenesslin. Dum 1F **111**
Glenfarg. Per 2D **136**
Glenfarquhar Lodge.
Abers 5E **152**
Glenferness Mains. High 4D **158**
Glenfeshie Lodge. High 4C **150**
Glenfiddich Lodge. Mor 5H **159**
Glenfield. Leics 5C **74**
Glenfinnan. High 5B **148**
Glenfintaig Lodge. High 5E **148**
Glenfoot. Per 2D **136**
Glenfyne Lodge. Arg 2B **134**
Glengap. Dum 4D **110**
Glengarnock. N Ayr 4E **126**
Glengolly. High 2D **168**
Glengorm Castle. Arg 3F **139**
Glengrasco. High 4D **154**
Glenhead Farm. Ang 2B **144**
Glenholm. Bord 1D **118**
Glen House. Bord 1E **119**
Glenhurich. High 2C **140**
Glenkerry. Bord 3E **119**
Glenkiln. Dum 2F **111**
Glenkindie. Abers 2B **152**
Glenkinglass Lodge. Arg 5F **141**
Glenkirk. Bord 2C **118**
Glenlean. Arg 1B **126**
Glenlee. Dum 1D **110**
Glenleraig. High 5B **166**
Glenlichorn. Per 2G **135**
Glenlivet. Mor 1F **151**
Glenlochar. Dum 3E **111**
Glenlochsie Lodge. Per 1H **143**
Glenluce. Dum 4G **109**
Glenmarksie. High 3F **157**
Glenmassan. Arg 1C **126**
Glenmavis. N Lan 3A **128**
Glen Maye. IOM 4B **108**
Glenmazeran Lodge. High 1B **150**
Glenmidge. Dum 1F **111**
Glen Mona. IOM 3D **108**
Glenmore. High
nr. Glenborrodale 2G **139**
nr. Kingussie 3D **151**
on Isle of Skye 4D **154**
Glenmoy. Ang 2D **144**
Glennoe. Arg 5E **141**
Glen of Coachford. Abers 4B **160**
Glenogil. Ang 2D **144**
Glen Parva. Leics 1C **62**
Glenprosen Village. Ang 2C **144**
Glenree. N Ayr 3D **122**
Glenridding. Cumb 3E **103**
Glenrosa. N Ayr 2E **123**
Glenrothes. Fife 3E **137**
Glensanda. High 4C **140**
Glensaugh. Abers 1F **145**
Glenshero Lodge. High 4H **149**
Glensluain. Arg 4H **133**
Glenstockadale. Dum 3F **109**
Glenstriven. Arg 2B **126**
Glen Tanar House. Abers 4B **152**
Glentham. Linc 1H **87**
Glenton. Abers 1D **152**
Glentress. Bord 1E **119**
Glentromie Lodge. High 4B **150**
Glentrool Lodge. Dum 1B **110**
Glentrool Village. Dum 2A **110**
Glentruim House. High 4A **150**
Glentworth. Linc 2G **87**
Glenuig. High 1A **140**
Glen Village. Falk 2B **128**
Glen Vine. IOM 4C **108**
Glenwhilly. Dum 2G **109**
Glenzierfoot. Dum 2E **113**
Glespin. S Lan 2H **117**
Gletness. Shet 6F **173**
Glewstone. Here 3A **48**
Glib Cheois. W Isl 5F **171**
Glinton. Pet 5A **76**
Glooston. Leics 1E **63**
Glossop. Derbs 1E **85**
Gloster Hill. Nmbd 4G **121**
Gloucester. Glos 4D **48**
Gloucestershire Airport.
Glos 3D **49**
Gloup. Shet 1G **173**
Glusburn. N Yor 5C **98**
Glutt Lodge. High 5B **168**
Glutton Bridge. Derbs 4E **85**
Gluvian. Corn 2D **6**
Glympton. Oxon 3C **50**
Glyn. Cnwy 3A **82**
Glynarthen. Cdgn 1D **44**
Glynbrochan. Powy 2B **58**
Glyn Ceiriog. Wrex 2E **70**
Glyncoch. Rhon 2D **32**
Glyncorrwg. Neat 2B **32**
Glynde. E Sus 5F **27**
Glyndebourne. E Sus 4F **27**
Glyndyfrdwy. Den 1D **70**
Glyn Ebwy. Blae 5E **47**
Glynllan. B'end 3C **32**
Glyn-neath. Neat 5B **46**
Glynogwr. B'end 3C **32**
Glyntaff. Rhon 3D **32**
Glyntawe. Powy 4B **46**
Glynteg. Carm 2D **44**
Gnosall. Staf 3C **72**
Gnosall Heath. Staf 3C **72**
Goadby. Leics 1E **63**
Goadby Marwood. Leics 3E **75**
Goatacre. Wilts 4F **35**
Goathill. Dors 1B **14**
Goathland. N Yor 4F **107**
Goathurst. Som 3F **21**
Goathurst Common. Kent 5F **39**
Goat Lees. Kent 1E **28**
Gobernuisgach Lodge.
High 4E **167**
Gobernuisgeach. High 5B **168**
Gobhaig. W Isl 7C **171**
Gobowen. Shrp 2F **71**
Godalming. Surr 1A **26**
Goddard's Corner. Suff 4E **67**
Goddard's Green. Kent
nr. Benenden 2C **28**
nr. Cranbrook 2B **28**
Goddards' Green. W Sus 3D **27**
Godford Cross. Devn 2E **13**
Godleybrook. Staf 1D **73**
Godmanchester. Cambs 3B **64**
Godmanstone. Dors 3B **14**
Godmersham. Kent 5E **41**
Godolphin Cross. Corn 3D **4**
Godre'r-graig. Neat 5A **46**
Godshill. Hants 1G **15**
Godshill. IOW 4D **16**
Godstone. Staf 2E **73**
Godstone. Surr 5E **39**
Goetre. Mon 5G **47**
Goff's Oak. Herts 5D **52**
Gogar. Edin 2E **129**
Goginan. Cdgn 2F **57**
Golan. Gwyn 1E **69**
Golant. Corn 3F **7**
Golberdon. Corn 5D **10**
Golborne. G Man 1A **84**
Golcar. W Yor 3A **92**
Goldcliff. Newp 3G **33**
Golden Cross. E Sus 4G **27**
Golden Green. Kent 1H **27**
Golden Grove. Carm 4F **45**
Golden Grove. N Yor 4F **107**
Golden Hill. Pemb 2D **43**
Goldenhill. Stoke 5C **84**
Golden Pot. Hants 2F **25**
Golden Valley. Glos 3E **49**
Golders Green. G Lon 2D **38**
Goldhanger. Essx 5C **54**
Gold Hill. Norf 1E **65**
Golding. Shrp 5H **71**
Goldington. Bed 5H **63**
Goldsborough. N Yor
nr. Harrogate 4F **99**
nr. Whitby 3F **107**
Goldsithney. Corn 3C **4**
Goldstone. Kent 4G **41**
Goldstone. Shrp 3B **72**
Goldthorpe. S Yor 4E **93**
Goldworthy. Devn 4D **19**
Golfa. Powy 3D **70**
Gollanfield. High 3C **158**
Gollinglith Foot. N Yor 1D **98**
Golsoncott. Som 3D **20**
Golspie. High 4F **165**
Gomeldon. Wilts 3G **23**
Gomersal. W Yor 2C **92**
Gometra House. Arg 4E **139**
Gomshall. Surr 1B **26**
Gonalston. Notts 1D **74**
Gonerby Hill Foot. Linc 2G **75**
Gonfirth. Shet 5E **173**
Good Easter. Essx 4G **53**
Gooderstone. Norf 5G **77**
Goodleigh. Devn 3G **19**
Goodmanham. E Yor 5C **100**
Goodmayes. G Lon 2F **39**
Goodnestone. Kent
nr. Aylesham 5G **41**
nr. Faversham 4E **41**
Goodrich. Here 4A **48**
Goodrington. Torb 3E **9**
Goodshaw. Lanc 2G **91**
Goodshaw Fold. Lanc 2G **91**
Goodstone. Devn 5A **12**
Goodwick. Pemb 1D **42**
Goodworth Clatford. Hants 2B **24**
Goole. E Yor 2H **93**
Goom's Hill. Worc 5E **61**
Goonabarn. Corn 3D **6**
Goonbell. Corn 4B **6**
Goonhavern. Corn 3B **6**
Goonlaze. Corn 5B **6**
Goonvrea. Corn 4B **6**
Goose Green. Cumb 1E **97**
Goose Green. S Glo 3C **34**
Gooseham. Corn 1C **10**
Goosewell. Plym 3B **8**
Goosey. Oxon 2B **36**
Goosnargh. Lanc 1D **90**
Goostrey. Ches E 3B **84**
Gorcott Hill. Warw 4E **61**
Gord. Shet 9F **173**
Gordon. Bord 5C **130**
Gordonbush. High 3F **165**
Gordonstown. Abers
nr. Cornhill 3C **160**
nr. Fyvie 5E **160**
Gorebridge. Midl 3G **129**
Gorefield. Cambs 4D **76**
Gores. Wilts 1G **23**
Gorgie. Edin 2F **129**
Goring. Oxon 3E **36**
Goring-by-Sea. W Sus 5C **26**
Goring Heath. Oxon 4E **37**
Gorleston-on-Sea. Norf 5H **79**
Gornalwood. W Mid 1D **60**
Gorran Churchtown. Corn 4D **6**
Gorran Haven. Corn 4E **6**
Gorran High Lanes. Corn 4D **6**
Gors. Cdgn 3F **57**
Gorsedd. Flin 3D **82**
Gorseinon. Swan 3E **31**
Gorseness. Orkn 6D **172**
Gorseybank. Derbs 5G **85**
Gorsgoch. Cdgn 5D **57**
Gorslas. Carm 4F **45**
Gorsley. Glos 3B **48**
Gorsley Common. Here 3B **48**
Gorstan. High 2F **157**
Gorstella. Ches W 4F **83**
Gorsty Common. Here 2H **47**
Gorsty Hill. Staf 3F **73**
Gortantaoid. Arg 2B **124**
Gorteneorn. High 2A **140**
Gortenfern. High 2A **140**
Gorton. G Man 1C **84**
Gosbeck. Suff 5D **66**
Gosberton. Linc 2B **76**
Gosberton Cheal. Linc 3B **76**
Gosberton Clough. Linc 3A **76**
Goseley Dale. Derbs 3H **73**
Gosfield. Essx 3A **54**
Gosford. Oxon 4D **50**
Gosforth. Cumb 4B **102**
Gosforth. Tyne 3F **115**
Gosmore. Herts 3B **52**
Gospel End. Staf 1C **60**
Gosport. Hants 3E **16**
Gossabrough. Shet 3G **173**
Gossington. Glos 5C **48**
Gossops Green. W Sus 2D **26**
Goswick. Nmbd 5G **131**
Gotham. Notts 2C **74**
Gotherington. Glos 3E **49**
Gott. Arg 4B **138**
Gott. Shet 7F **173**
Goudhurst. Kent 2B **28**
Goulceby. Linc 3B **88**
Gourdon. Abers 1H **145**
Gourock. Inv 2D **126**
Govan. Glas 3G **127**
Govanhill. Glas 3G **127**
Goverton. Notts 1E **74**
Goveton. Devn 4D **8**
Govilon. Mon 4F **47**
Gowanhill. Abers 2H **161**
Gowdall. E Yor 2G **93**
Gowerton. Swan 3E **31**
Gowkhall. Fife 1D **128**
Gowthorpe. E Yor 4B **100**
Goxhill. E Yor 5F **101**
Goxhill. N Lin 2E **94**
Goxhill Haven. N Lin 2E **94**
Goytre. Neat 3A **32**
Grabhair. W Isl 6F **171**
Graby. Linc 3H **75**
Graffham. W Sus 4A **26**
Grafham. Cambs 4A **64**
Grafham. Surr 1B **26**
Grafton. Here 2H **47**
Grafton. N Yor 3G **99**
Grafton. Oxon 5A **50**
Grafton. Shrp 4G **71**
Grafton. Worc
nr. Evesham 2E **49**
nr. Leominster 4H **59**
Grafton Flyford. Worc 5D **60**
Grafton Regis. Nptn 1F **51**
Grafton Underwood. Nptn 2G **63**
Grafty Green. Kent 1C **28**
Graianrhyd. Den 5E **82**
Graig. Carm 5E **45**
Graig. Cnwy 3H **81**
Graig. Den 3C **82**
Graig-fechan. Den 5D **82**
Graig Penllyn. V Glam 4C **32**
Grain. Medw 3C **40**
Grainsby. Linc 1B **88**
Grainthorpe. Linc 1C **88**
Grainthorpe Fen. Linc 1C **88**
Graiselound. N Lin 1E **87**
Gramasdail. W Isl 3D **170**
Grampound. Corn 4D **6**
Grampound Road. Corn 3D **6**
Granborough. Buck 3F **51**
Granby. Notts 2E **75**
Grandborough. Warw 4B **62**
Grandpont. Oxon 5D **50**
Grandtully. Per 3G **143**
Grange. Cumb 3D **102**
Grange. E Ayr 1D **116**
Grange. Here 3G **59**
Grange. Mers 2E **82**
Grange. Per 1E **137**
The Grange. N Yor 5C **106**
Grange Crossroads. Mor 3B **160**
Grange Hill. Essx 1F **39**
Grangemill. Derbs 5G **85**
Grange Moor. W Yor 3C **92**
Grangemouth. Falk 1C **128**
Grange of Lindores. Fife 2E **137**
Grange-over-Sands. Cumb 2D **96**
Grangepans. Falk 1D **128**
Grangetown. Card 4E **33**
Grangetown. Red C 2C **106**
Grange Villa. Dur 4F **115**
Granish. High 2C **150**
Gransmoor. E Yor 4F **101**
Granston. Pemb 1C **42**
Grantchester. Cambs 5D **64**
Grantham. Linc 2G **75**
Grantley. N Yor 3E **99**
Grantlodge. Abers 2E **152**
Granton. Edin 2F **129**
Grantown-on-Spey. High 1E **151**
Grantshouse. Bord 3E **130**
Grappenhall. Warr 2A **84**
Grasby. Linc 4D **94**
Grasmere. Cumb 4E **103**

Grasscroft—Grindle

Grasscroft. *G Man* 4H 91
Grassendale. *Mers* 2F 83
Grassgarth. *Cumb* 5E 113
Grassholme. *Dur* 2C 104
Grassington. *N Yor* 3C 98
Grassmoor. *Derbs* 4B 86
Grassthorpe. *Notts* 4E 87
Grateley. *Hants* 2A 24
Gratton. *Devn* 1D 11
Gratton. *Staf* 5D 84
Gratwich. *Staf* 2E 73
Graveley. *Cambs* 4B 64
Graveley. *Herts* 3C 52
Gravelhill. *Shrp* 4G 71
Gravel Hole. *G Man* 4H 91
Gravelly Hill. *W Mid* 1F 61
Graven. *Shet* 4F 173
Graveney. *Kent* 4E 41
Gravesend. *Kent* 3H 39
Grayingham. *Linc* 1G 87
Grayrigg. *Cumb* 5G 103
Grays. *Thur* 3H 39
Grayshott. *Hants* 3G 25
Grayson Green. *Cumb* 2A 102
Grayswood. *Surr* 2A 26
Graythorp. *Hart* 2C 106
Grazeley. *Wok* 5E 37
Grealin. *High* 2E 155
Greasbrough. *S Yor* 1B 86
Greasby. *Mers* 2E 83
Great Abington. *Cambs* 1F 53
Great Addington. *Nptn* 3G 63
Great Alne. *Warw* 5F 61
Great Altcar. *Lanc* 4B 90
Great Amwell. *Herts* 4D 52
Great Asby. *Cumb* 3H 103
Great Ashfield. *Suff* 4B 66
Great Ayton. *N Yor* 3C 106
Great Baddow. *Essx* 5H 53
Great Bardfield. *Essx* 2G 53
Great Barford. *Bed* 5A 64
Great Barr. *W Mid* 1E 61
Great Barrington. *Glos* 4H 49
Great Barrow. *Ches W* 4G 83
Great Barton. *Suff* 4A 66
Great Barugh. *N Yor* 2B 100
Great Bavington. *Nmbd* 1C 114
Great Bealings. *Suff* 1F 55
Great Bedwyn. *Wilts* 5A 36
Great Bentley. *Essx* 3E 54
Great Billing. *Nptn* 4F 63
Great Bircham. *Norf* 2G 77
Great Blakenham. *Suff* 5D 66
Great Blencow. *Cumb* 1F 103
Great Bolas. *Telf* 3A 72
Great Bookham. *Surr* 5C 38
Great Bosullow. *Corn* 3B 4
Great Bourton. *Oxon* 1C 50
Great Bowden. *Leics* 2E 63
Great Bradley. *Suff* 5F 65
Great Braxted. *Essx* 4B 54
Great Bricett. *Suff* 5C 66
Great Brickhill. *Buck* 2H 51
Great Bridgeford. *Staf* 3C 72
Great Brington. *Nptn* 4D 62
Great Bromley. *Essx* 3D 54
Great Broughton. *Cumb* 1B 102
Great Broughton. *N Yor* 4C 106
Great Budworth. *Ches W* 3A 84
Great Burdon. *Darl* 3A 106
Great Burstead. *Essx* 1A 40
Great Busby. *N Yor* 4C 106
Great Canfield. *Essx* 4F 53
Great Carlton. *Linc* 2D 88
Great Casterton. *Rut* 5G 75
Great Chalfield. *Wilts* 5D 34
Great Chart. *Kent* 1D 28
Great Chatwell. *Staf* 4B 72
Great Chesterford. *Essx* 1F 53
Great Cheverell. *Wilts* 1E 23
Great Chilton. *Dur* 1F 105
Great Chishill. *Cambs* 2E 53
Great Clacton. *Essx* 4E 55
Great Cliff. *W Yor* 3D 92
Great Clifton. *Cumb* 2B 102
Great Coates. *NE Lin* 3F 95
Great Comberton. *Worc* 1E 49
Great Corby. *Cumb* 4F 113
Great Cornard. *Suff* 1B 54
Great Cowden. *E Yor* 5G 101
Great Coxwell. *Oxon* 2A 36
Great Crakehall. *N Yor* 5F 105
Great Cransley. *Nptn* 3F 63
Great Cressingham. *Norf* 5A 78
Great Crosby. *Mers* 4B 90
Great Cubley. *Derbs* 2F 73
Great Dalby. *Leics* 4E 75
Great Doddington. *Nptn* 4F 63
Great Doward. *Here* 4A 48
Great Dunham. *Norf* 4A 78
Great Dunmow. *Essx* 3G 53
Great Durnford. *Wilts* 3G 23
Great Easton. *Essx* 3G 53
Great Easton. *Leics* 1F 63
Great Eccleston. *Lanc* 5D 96
Great Edstone. *N Yor* 1B 100
Great Ellingham. *Norf* 1C 66
Great Elm. *Som* 2C 22
Great Eppleton. *Tyne* 5G 115
Great Eversden. *Cambs* 5C 64
Great Fencote. *N Yor* 5F 105
Great Finborough. *Suff* 5C 66
Greatford. *Linc* 4H 75
Great Fransham. *Norf* 4A 78
Great Gaddesden. *Herts* 4A 52
Great Gate. *Staf* 1E 73
Great Gidding. *Cambs* 2A 64
Great Givendale. *E Yor* 4C 100
Great Glemham. *Suff* 4F 67
Great Glen. *Leics* 1D 62
Great Gonerby. *Linc* 2F 75
Great Gransden. *Cambs* 5B 64
Great Green. *Norf* 2E 67
Great Green. *Suff*
nr. Lavenham 5B 66
nr. Palgrave 3D 66
Great Habton. *N Yor* 2B 100
Great Hale. *Linc* 1A 76
Great Hallingbury. *Essx* 4F 53
Greatham. *Hants* 3F 25
Greatham. *Hart* 2B 106
Greatham. *W Sus* 4B 26
Great Hampden. *Buck* 5G 51
Great Harrowden. *Nptn* 3F 63
Great Harwood. *Lanc* 1F 91
Great Haseley. *Oxon* 5E 51
Great Hatfield. *E Yor* 5F 101
Great Haywood. *Staf* 3D 73
Great Heath. *W Mid* 2H 61
Great Heck. *N Yor* 2F 93
Great Henny. *Essx* 2B 54
Great Hinton. *Wilts* 1E 23
Great Hockham. *Norf* 1B 66
Great Holland. *Essx* 4F 55
Great Horkesley. *Essx* 2C 54
Great Hormead. *Herts* 2E 53
Great Horton. *W Yor* 1B 92
Great Horwood. *Buck* 2F 51
Great Houghton. *Nptn* 5E 63
Great Houghton. *S Yor* 4E 93
Great Hucklow. *Derbs* 3F 85
Great Kelk. *E Yor* 4F 101
Great Kendale. *E Yor* 3E 101
Great Kimble. *Buck* 5G 51
Great Kingshill. *Buck* 2G 37
Great Langdale. *Cumb* 4D 102
Great Langton. *N Yor* 5F 105
Great Leighs. *Essx* 4H 53
Great Limber. *Linc* 4E 95
Great Linford. *Mil* 1G 51
Great Livermere. *Suff* 3A 66
Great Longstone. *Derbs* 3G 85
Great Lumley. *Dur* 5F 115
Great Lyth. *Shrp* 5G 71
Great Malvern. *Worc* 1C 48
Great Maplestead. *Essx* 2B 54
Great Marton. *Bkpl* 1B 90
Great Massingham. *Norf* 3G 77
Great Melton. *Norf* 5D 78
Great Milton. *Oxon* 5E 51
Great Missenden. *Buck* 5G 51
Great Mitton. *Lanc* 1F 91
Great Mongeham. *Kent* 5H 41
Great Moulton. *Norf* 1D 66
Great Munden. *Herts* 3D 52
Great Musgrave. *Cumb* 3A 104
Great Ness. *Shrp* 4F 71
Great Notley. *Essx* 3H 53
Great Oak. *Mon* 5G 47
Great Oakley. *Essx* 3E 55
Great Oakley. *Nptn* 2F 63
Great Offley. *Herts* 3B 52
Great Ormside. *Cumb* 3A 104
Great Orton. *Cumb* 4E 113
Great Ouseburn. *N Yor* 3G 99
Great Oxendon. *Nptn* 2E 63
Great Oxney Green. *Essx* 5G 53
Great Parndon. *Essx* 5E 53
Great Paxton. *Cambs* 4B 64
Great Plumpton. *Lanc* 1B 90
Great Plumstead. *Norf* 4F 79
Great Ponton. *Linc* 2G 75
Great Potheridge. *Devn* 1F 11
Great Preston. *W Yor* 2E 93
Great Raveley. *Cambs* 2B 64
Great Rissington. *Glos* 4G 49
Great Rollright. *Oxon* 2B 50
Great Ryburgh. *Norf* 3B 78
Great Ryle. *Nmbd* 3E 121
Great Ryton. *Shrp* 5G 71
Great Saling. *Essx* 3H 53
Great Salkeld. *Cumb* 1G 103
Great Sampford. *Essx* 2G 53
Great Sankey. *Warr* 2H 83
Great Saredon. *Staf* 5D 72
Great Saxham. *Suff* 4G 65
Great Shefford. *W Ber* 4B 36
Great Shelford. *Cambs* 5D 64
Great Shoddesden. *Hants* 2A 24
Great Smeaton. *N Yor* 4A 106
Great Snoring. *Norf* 2B 78
Great Somerford. *Wilts* 3E 35
Great Stainton. *Darl* 2A 106
Great Stambridge. *Essx* 1C 40
Great Staughton. *Cambs* 4A 64
Great Steeping. *Linc* 4D 88
Great Stonar. *Kent* 5H 41
Greatstone-on-Sea. *Kent* 3E 29
Great Strickland. *Cumb* 2G 103
Great Stukeley. *Cambs* 3B 64
Great Sturton. *Linc* 3B 88
Great Sutton. *Ches W* 3F 83
Great Sutton. *Shrp* 2H 59
Great Swinburne. *Nmbd* 2C 114
Great Tew. *Oxon* 3B 50
Great Tey. *Essx* 3B 54
Great Thirkleby. *N Yor* 2G 99
Great Thorness. *IOW* 3C 16
Great Thurlow. *Suff* 5F 65
Great Torr. *Devn* 4C 8
Great Torrington. *Devn* 1E 11
Great Tosson. *Nmbd* 4E 121
Great Totham North. *Essx* 4B 54
Great Totham South. *Essx* 4B 54
Great Tows. *Linc* 1B 88
Great Urswick. *Cumb* 2B 96
Great Wakering. *Essx* 2D 40
Great Waldingfield. *Suff* 1C 54
Great Walsingham. *Norf* 2B 78
Great Waltham. *Essx* 4G 53
Great Warley. *Essx* 1G 39
Great Washbourne. *Glos* 2E 49
Great Wenham. *Suff* 2D 54
Great Whelnetham. *Suff* 5A 66
Great Whittington. *Nmbd* 2D 114
Great Wigborough. *Essx* 4C 54
Great Wilbraham. *Cambs* 5E 65
Great Wilne. *Derbs* 2B 74
Great Wishford. *Wilts* 3F 23
Great Witchingham. *Norf* 3D 78
Great Witcombe. *Glos* 4E 49
Great Witley. *Worc* 4B 60
Great Wolford. *Warw* 2H 49
Greatworth. *Nptn* 1D 50
Great Wratting. *Suff* 1G 53
Great Wymondley. *Herts* 3C 52
Great Wyrley. *Staf* 5D 73
Great Wytheford. *Shrp* 4H 71
Great Yarmouth. *Norf* 5H 79
Great Yeldham. *Essx* 2A 54
Grebby. *Linc* 4D 88
Greeba Castle. *IOM* 3C 108
The Green. *Cumb* 1A 96
The Green. *Wilts* 3D 22
Greenbank. *Shet* 1G 173
Greenbottom. *Corn* 4B 6
Greenburn. *W Lot* 3C 128
Greencroft. *Dur* 4E 115
Greendown. *Som* 1A 22
Greendykes. *Nmbd* 2E 121
Green End. *Bed*
nr. Bedford 1A 52
nr. Little Staughton 4A 64
Green End. *Herts*
nr. Buntingford 2D 52
nr. Stevenage 3D 52
Green End. *N Yor* 4F 107
Green End. *Warw* 2G 61
Greenfield. *Arg* 4B 134
Greenfield. *C Beds* 2A 52
Greenfield. *Flin* 3D 82
Greenfield. *G Man* 4H 91
Greenfield. *Oxon* 2F 37
Greenfoot. *N Lan* 3A 128
Greenford. *G Lon* 2C 38
Greengairs. *N Lan* 2A 128
Greengate. *Norf* 4C 78
Greengill. *Cumb* 1C 102
Greenhalgh. *Lanc* 1C 90
Greenham. *Dors* 2H 13
Greenham. *Som* 4D 20
Greenham. *W Ber* 5C 36
Green Hammerton. *N Yor* 4G 99
Greenhaugh. *Nmbd* 1A 114
Greenhead. *Nmbd* 3H 113
Green Heath. *Staf* 4D 73
Greenhill. *Dum* 2C 112
Greenhill. *Falk* 2B 128
Greenhill. *Kent* 4F 41
Greenhill. *S Yor* 2H 85
Greenhill. *Worc* 3C 60
Greenhills. *N Ayr* 4E 127
Greenhithe. *Kent* 3G 39
Greenholm. *E Ayr* 1E 117
Greenhow Hill. *N Yor* 3D 98
Greenigoe. *Orkn* 7D 172
Greenland. *High* 2E 169
Greenland Mains. *High* 2E 169
Greenlands. *Worc* 4E 61
Green Lane. *Shrp* 3A 72
Green Lane. *Worc* 4E 61
Greenlaw. *Bord* 5D 130
Greenlea. *Dum* 2B 112
Greenloaning. *Per* 3H 135
Greenmount. *G Man* 3F 91
Greenmow. *Shet* 9F 173
Greenock. *Inv* 2D 126
Greenock Mains. *E Ayr* 2F 117
Greenodd. *Cumb* 1C 96
Green Ore. *Som* 1A 22
Greenrow. *Cumb* 4C 112
Greens. *Abers* 4F 161
Greensgate. *Norf* 4D 78
Greenside. *Tyne* 3E 115
Greensidehill. *Nmbd* 3D 121
Greens Norton. *Nptn* 1E 51
Greenstead Green. *Essx* 3B 54
Greensted Green. *Essx* 5F 53
Green Street. *Herts* 1C 38
Green Street. *Suff* 3D 66
Green Street Green. *G Lon* 4F 39
Green Street Green. *Kent* 3G 39
Greenstreet Green. *Suff* 1D 54
Green Tye. *Herts* 4E 53
Greenwall. *Orkn* 7E 172
Greenway. *Pemb* 1E 43
Greenway. *V Glam* 4D 32
Greenwell. *Cumb* 4G 113
Greenwich. *G Lon* 3E 39
Greet. *Glos* 2F 49
Greete. *Shrp* 3H 59
Greetham. *Linc* 3C 88
Greetham. *Rut* 4G 75
Greetland. *W Yor* 2A 92
Gregson Lane. *Lanc* 2D 90
Grein. *W Isl* 8B 170
Greinetobht. *W Isl* 1D 170
Greinton. *Som* 3H 21
Gremista. *Shet* 7F 173
Grenaby. *IOM* 4B 108
Grendon. *Nptn* 4F 63
Grendon. *Warw* 1G 61
Grendon Common. *Warw* 1G 61
Grendon Green. *Here* 5H 59
Grendon Underwood. *Buck* 3E 51
Grenofen. *Devn* 5E 11
Grenoside. *S Yor* 1H 85
Greosabhagh. *W Isl* 8D 171
Gresford. *Wrex* 5F 83
Gresham. *Norf* 2D 78
Greshornish. *High* 3C 154
Gressenhall. *Norf* 4B 78
Gressingham. *Lanc* 3E 97
Greta Bridge. *Dur* 3D 105
Gretna. *Dum* 3E 112
Gretna Green. *Dum* 3E 112
Gretton. *Glos* 2F 49
Gretton. *Nptn* 1G 63
Gretton. *Shrp* 1H 59
Grewelthorpe. *N Yor* 2E 99
Greyabbey. *Ards* 4J 175
Greygarth. *N Yor* 2D 98
Grey Green. *N Lin* 4A 94
Greylake. *Som* 3G 21
Greysouthen. *Cumb* 2B 102
Greysteel. *Caus* 1D 174
Greystoke. *Cumb* 1F 103
Greystoke Gill. *Cumb* 2F 103
Greystone. *Ang* 4E 145
Greystones. *S Yor* 2H 85
Greywell. *Hants* 1F 25
Griais. *W Isl* 3G 171
Grianan. *W Isl* 4G 171
Gribthorpe. *E Yor* 1A 94
Gribun. *Arg* 5F 139
Griff. *Warw* 2A 62
Griffithstown. *Torf* 2F 33
Griffydam. *Leics* 4B 74
Griggs Green. *Hants* 3G 25
Grimbister. *Orkn* 6C 172
Grimeford Village. *Lanc* 3E 90
Grimeston. *Orkn* 6C 172
Grimethorpe. *S Yor* 4E 93
Griminis. *W Isl*
on Benbecula 3C 170
on North Uist 1C 170
Grimister. *Shet* 2F 173
Grimley. *Worc* 4C 60
Grimness. *Orkn* 8D 172
Grimoldby. *Linc* 2C 88
Grimpo. *Shrp* 3F 71
Grimsargh. *Lanc* 1D 90
Grimsbury. *Oxon* 1C 50
Grimsby. *NE Lin* 4F 95
Grimscote. *Nptn* 5D 62
Grimscott. *Corn* 2C 10
Grimshaw. *Bkbn* 2F 91
Grimshaw Green. *Lanc* 3C 90
Grimsthorpe. *Linc* 3H 75
Grimston. *E Yor* 1F 95
Grimston. *Leics* 3D 74
Grimston. *Norf* 3G 77
Grimston. *York* 4A 100
Grimstone. *Dors* 3B 14
Grimstone End. *Suff* 4B 66
Grinacombe Moor. *Devn* 3E 11
Grindale. *E Yor* 2F 101
Grindhill. *Devn* 3E 11
Grindiscol. *Shet* 8F 173
Grindle. *Shrp* 5B 72

Grindleford. *Derbs* 3G 85
Grindleton. *Lanc* 5G 97
Grindley. *Staf* 3E 73
Grindley Brook. *Shrp* 1H 71
Grindlow. *Derbs* 3F 85
Grindon. *Nmbd* 5F 131
Grindon. *Staf* 5E 85
Gringley on the Hill. *Notts* 1E 87
Grinsdale. *Cumb* 4E 113
Grinshill. *Shrp* 3H 71
Grinton. *N Yor* 5D 104
Griomsidar. *W Isl* 5G 171
Grishipoll. *Arg* 3C 138
Grisling Common. *E Sus* 3F 27
Gristhorpe. *N Yor* 1E 101
Griston. *Norf* 1B 66
Gritley. *Orkn* 7E 172
Grittenham. *Wilts* 3F 35
Grittleton. *Wilts* 3D 34
Grizebeck. *Cumb* 1B 96
Grizedale. *Cumb* 5E 103
Grobister. *Orkn* 5F 172
Grobsness. *Shet* 5E 173
Groby. *Leics* 5C 74
Groes. *Cnwy* 4C 82
Groes. *Neat* 3A 32
Groes-faen. *Rhon* 3D 32
Groesffordd. *Gwyn* 2B 68
Groesffordd. *Powy* 3D 46
Groeslon. *Gwyn* 5D 81
Groes-lwyd. *Powy* 4E 70
Groes-wen. *Cphy* 3E 33
Grogport. *Arg* 5G 125
Groigearraidh. *W Isl* 4C 170
Gromford. *Suff* 5F 67
Gronant. *Flin* 2C 82
Groombridge. *E Sus* 2G 27
Grosmont. *Mon* 3H 47
Grosmont. *N Yor* 4F 107
Groton. *Suff* 1C 54
Grove. *Dors* 5B 14
Grove. *Kent* 4G 41
Grove. *Notts* 3E 87
Grove. *Oxon* 2B 36
The Grove. *Dum* 2A 112
The Grove. *Worc* 1D 48
Grovehill. *E Yor* 1D 94
Grove Park. *G Lon* 3F 39
Grovesend. *Swan* 5F 45
Grub Street. *Staf* 3B 72
Grudie. *High* 2F 157
Gruids. *High* 3C 164
Gruinard House. *High* 4D 162
Gruinart. *Arg* 3A 124
Grulinbeg. *Arg* 3A 124
Gruline. *Arg* 4G 139
Grummore. *High* 5G 167
Grundisburgh. *Suff* 5E 66
Gruting. *Shet* 7D 173
Grutness. *Shet* 10F 173
Gualachulain. *High* 4F 141
Gualin House. *High* 3D 166
Guardbridge. *Fife* 2G 137
Guarlford. *Worc* 1D 48
Guay. *Per* 4H 143
Gubblecote. *Herts* 4H 51
Guestling Green. *E Sus* 4C 28
Guestling Thorn. *E Sus* 4C 28
Guestwick. *Norf* 3C 78
Guestwick Green. *Norf* 3C 78
Guide. *Bkbn* 2F 91
Guide Post. *Nmbd* 1F 115
Guilden Down. *Shrp* 2F 59
Guilden Morden. *Cambs* 1C 52
Guilden Sutton. *Ches W* 4G 83
Guildford. *Surr* 1A 26
Guildtown. *Per* 5A 144
Guilsborough. *Nptn* 3D 62
Guilsfield. *Powy* 4E 70
Guineaford. *Devn* 3F 19
Guisborough. *Red C* 3D 106
Guiseley. *W Yor* 5D 98
Guist. *Norf* 3B 78
Guiting Power. *Glos* 3F 49
Gulberwick. *Shet* 8F 173
Gullane. *E Lot* 1A 130
Gulling Green. *Suff* 5H 65
Gulval. *Corn* 3B 4
Gulworthy. *Devn* 5E 11
Gumfreston. *Pemb* 4F 43
Gumley. *Leics* 1D 62
Gunby. *E Yor* 1H 93
Gunby. *Linc* 3G 75
Gundleton. *Hants* 3E 24
Gun Green. *Kent* 2B 28
Gun Hill. *E Sus* 4G 27
Gunn. *Devn* 3G 19
Gunnerside. *N Yor* 5C 104
Gunnerton. *Nmbd* 2C 114
Gunness. *N Lin* 3B 94
Gunnislake. *Corn* 5E 11
Gunnista. *Shet* 7F 173
Gunsgreenhill. *Bord* 3F 131
Gunstone. *Staf* 5C 72
Gunthorpe. *Norf* 2C 78
Gunthorpe. *N Lin* 1F 87
Gunthorpe. *Notts* 1D 74
Gunthorpe. *Pet* 5A 76
Gunville. *IOW* 4C 16
Gupworthy. *Som* 3C 20
Gurnard. *IOW* 3C 16
Gurney Slade. *Som* 2B 22
Gurnos. *Powy* 5A 46
Gussage All Saints. *Dors* 1F 15
Gussage St Andrew. *Dors* 1E 15
Gussage St Michael. *Dors* 1E 15
Guston. *Kent* 1H 29
Gutcher. *Shet* 2G 173
Guthram Gowt. *Linc* 3A 76
Guthrie. *Ang* 3E 145
Guyhirn. *Cambs* 5D 76
Guyhirn Gull. *Cambs* 5C 76
Guy's Head. *Linc* 3D 77
Guy's Marsh. *Dors* 4D 22
Guyzance. *Nmbd* 4G 121
Gwaelod-y-garth. *Card* 3E 32
Gwaenynog Bach. *Den* 4C 82
Gwaenysgor. *Flin* 2C 82
Gwalchmai. *IOA* 3C 80
Gwastad. *Pemb* 2E 43
Gwaun-Cae-Gurwen. *Neat* 4H 45
Gwbert. *Cdgn* 1B 44
Gweek. *Corn* 4E 5
Gwehelog. *Mon* 5G 47
Gwenddwr. *Powy* 1D 46
Gwennap. *Corn* 4B 6
Gwenter. *Corn* 5E 5
Gwernaffield. *Flin* 4E 82
Gwernesney. *Mon* 5H 47
Gwernogle. *Carm* 2F 45
Gwern-y-go. *Powy* 1E 58
Gwernymynydd. *Flin* 4E 82
Gwersyllt. *Wrex* 5F 83
Gwespyr. *Flin* 2D 82
Gwinear. *Corn* 3C 4
Gwithian. *Corn* 2C 4
Gwredog. *IOA* 2D 80
Gwyddelwern. *Den* 1C 70
Gwyddgrug. *Carm* 2E 45
Gwynfryn. *Wrex* 5E 83
Gwystre. *Powy* 4C 58
Gwytherin. *Cnwy* 4A 82
Gyfelia. *Wrex* 1F 71
Gyffin. *Cnwy* 3G 81

H

Haa of Houlland. *Shet* 1G 173
Habberley. *Shrp* 5G 71
Habblesthorpe. *Notts* 2E 87
Habergham. *Lanc* 1G 91
Habin. *W Sus* 4G 25
Habrough. *NE Lin* 3E 95
Haceby. *Linc* 2H 75
Hacheston. *Suff* 5F 67
Hackenthorpe. *S Yor* 2B 86
Hackford. *Norf* 5C 78
Hackforth. *N Yor* 5F 105
Hackland. *Orkn* 5C 172
Hackleton. *Nptn* 5F 63
Hackman's Gate. *Worc* 3C 60
Hackness. *N Yor* 5G 107
Hackness. *Orkn* 8C 172
Hackney. *G Lon* 2E 39
Hackthorn. *Linc* 2G 87
Hackthorpe. *Cumb* 2G 103
Haclait. *W Isl* 4D 170
Haconby. *Linc* 3A 76
Hadden. *Bord* 1B 120
Haddenham. *Buck* 5F 51
Haddenham. *Cambs* 3D 64
Haddenham End Field. *Cambs* 3D 64
Haddington. *E Lot* 2B 130
Haddington. *Linc* 4G 87
Haddiscoe. *Norf* 1G 67
Haddo. *Abers* 5F 161
Haddon. *Cambs* 1A 64
Hademore. *Staf* 5F 73
Hadfield. *Derbs* 1E 85
Hadham Cross. *Herts* 4E 53
Hadham Ford. *Herts* 3E 53
Hadleigh. *Essx* 2C 40
Hadleigh. *Suff* 1D 54
Hadleigh Heath. *Suff* 1C 54
Hadley. *Telf* 4A 72
Hadley. *Worc* 4C 60
Hadley End. *Staf* 3F 73
Hadley Wood. *G Lon* 1D 38
Hadlow. *Kent* 1H 27
Hadlow Down. *E Sus* 3G 27
Hadnall. *Shrp* 3H 71
Hadstock. *Essx* 1F 53
Hadston. *Nmbd* 4G 121
Hady. *Derbs* 3A 86
Hadzor. *Worc* 4D 60
Haffenden Quarter. *Kent* 1C 28
Haggate. *Lanc* 1G 91
Haggbeck. *Cumb* 2F 113
Haggersta. *Shet* 7E 173
Haggerston. *Nmbd* 5G 131
Haggrister. *Shet* 4E 173
Hagley. *Here* 1A 48
Hagley. *Worc* 2D 60
Hagnaby. *Linc* 4C 88
Hagworthingham. *Linc* 4C 88
Haigh. *G Man* 4E 90
Haigh Moor. *W Yor* 2C 92
Haighton Green. *Lanc* 1D 90
Haile. *Cumb* 4B 102
Hailes. *Glos* 2F 49
Hailey. *Herts* 4D 52
Hailey. *Oxon* 4B 50
Hailsham. *E Sus* 5G 27
Hail Weston. *Cambs* 4A 64
Hainault. *G Lon* 1F 39
Hainford. *Norf* 4E 78
Hainton. *Linc* 2A 88
Hainworth. *W Yor* 1A 92
Haisthorpe. *E Yor* 3F 101
Hakin. *Pemb* 4C 42
Halam. *Notts* 5D 86
Halbeath. *Fife* 1E 129
Halberton. *Devn* 1D 12
Halcro. *High* 2E 169
Hale. *Cumb* 2E 97
Hale. *G Man* 2B 84
Hale. *Hal* 2G 83
Hale. *Hants* 1G 15
Hale. *Surr* 2G 25
Hale Bank. *Hal* 2G 83
Halebarns. *G Man* 2B 84
Hales. *Norf* 1F 67
Hales. *Staf* 2B 72
Halesgate. *Linc* 3C 76
Hales Green. *Derbs* 1F 73
Halesowen. *W Mid* 2D 60
Hale Street. *Kent* 1A 28
Halesworth. *Suff* 3F 67
Halewood. *Mers* 2G 83
Halford. *Shrp* 2G 59
Halford. *Warw* 1A 50
Halfpenny. *Cumb* 1E 97
Halfpenny Furze. *Carm* 3G 43
Halfpenny Green. *Staf* 1C 60
Halfway. *Carm*
nr. Llandeilo 2G 45
nr. Llandovery 2B 46
Halfway. *S Yor* 2B 86
Halfway. *W Ber* 5C 36
Halfway House. *Shrp* 4F 71
Halfway Houses. *Kent* 3D 40
Halgabron. *Corn* 4A 10
Halifax. *W Yor* 2A 92
Halistra. *High* 3B 154
Halket. *E Ayr* 4F 127
Halkirk. *High* 3D 168
Halkyn. *Flin* 3E 82
Hall. *E Ren* 4F 127
Hallam Fields. *Derbs* 1B 74
Halland. *E Sus* 4G 27
The Hallands. *N Lin* 2D 94
Hallaton. *Leics* 1E 63
Hallatrow. *Bath* 1B 22
Hallbank. *Cumb* 5H 103
Hallbankgate. *Cumb* 4G 113
Hall Dunnerdale. *Cumb* 5D 102
Hallen. *S Glo* 3A 34
Hall End. *Bed* 1A 52
Hallgarth. *Dur* 5G 115
Hall Green. *Ches E* 5C 84
Hall Green. *Norf* 2D 66
Hall Green. *W Mid* 2F 61
Hall Green. *W Yor* 3D 92
Hall Green. *Wrex* 1G 71
Halliburton. *Bord* 5C 130
Hallin. *High* 3B 154
Halling. *Medw* 4B 40
Hallington. *Linc* 2C 88
Hallington. *Nmbd* 2C 114
Halloughton. *Notts* 5D 86
Hallow. *Worc* 5C 60
Hallow Heath. *Worc* 5C 60
Hallowsgate. *Ches W* 4H 83
Hallsands. *Devn* 5E 9
Hall's Green. *Herts* 3C 52
Hallspill. *Devn* 4E 19
Hallthwaites. *Cumb* 1A 96
Hall Waberthwaite. *Cumb* 5C 102
Hallwood Green. *Glos* 2B 48
Hallworthy. *Corn* 4B 10
Hallyne. *Bord* 5E 129
Halmer End. *Staf* 1C 72
Halmond's Frome. *Here* 1B 48
Halmore. *Glos* 5B 48
Halnaker. *W Sus* 5A 26
Halsall. *Lanc* 3B 90
Halse. *Nptn* 1D 50
Halse. *Som* 4E 21
Halsetown. *Corn* 3C 4
Halsham. *E Yor* 2F 95
Halsinger. *Devn* 3F 19
Halstead. *Essx* 2B 54
Halstead. *Kent* 4F 39
Halstead. *Leics* 5E 75
Halstock. *Dors* 2A 14
Halsway. *Som* 3E 21
Haltcliff Bridge. *Cumb* 1E 103
Haltham. *Linc* 4B 88
Haltoft End. *Linc* 1C 76
Halton. *Buck* 5G 51
Halton. *Hal* 2H 83
Halton. *Lanc* 3E 97
Halton. *Nmbd* 3C 114
Halton. *W Yor* 1D 92
Halton. *Wrex* 2F 71
Halton East. *N Yor* 4C 98
Halton Fenside. *Linc* 4D 88
Halton Gill. *N Yor* 2A 98
Halton Holegate. *Linc* 4D 88
Halton Lea Gate. *Nmbd* 4H 113
Halton Moor. *W Yor* 1D 92
Halton Shields. *Nmbd* 3D 114
Halton West. *N Yor* 4H 97
Haltwhistle. *Nmbd* 3A 114
Halvergate. *Norf* 5G 79
Halwell. *Devn* 3D 9
Halwill. *Devn* 3E 11
Halwill Junction. *Devn* 3E 11
Ham. *Devn* 2F 13
Ham. *Glos* 2B 34
Ham. *G Lon* 3C 38
Ham. *High* 1E 169
Ham. *Kent* 5H 41
Ham. *Plym* 3A 8
Ham. *Shet* 8A 173
Ham. *Som*
nr. Ilminster 1F 13
nr. Taunton 4F 21
nr. Wellington 4E 21
Ham. *Wilts* 5B 36
Hambleden. *Buck* 3F 37
Hambledon. *Hants* 1E 17
Hambledon. *Surr* 2A 26
Hamble-le-Rice. *Hants* 2C 16
Hambleton. *Lanc* 5C 96
Hambleton. *N Yor* 1F 93
Hambridge. *Som* 4G 21
Hambrook. *S Glo* 4B 34
Hambrook. *W Sus* 2F 17
Ham Common. *Dors* 4D 22
Hameringham. *Linc* 4C 88
Hamerton. *Cambs* 3A 64
Ham Green. *Here* 1C 48
Ham Green. *Kent* 4C 40
Ham Green. *N Som* 4A 34
Ham Green. *Worc* 4E 61
Ham Hill. *Kent* 4A 40
Hamilton. *Leic* 5D 74
Hamilton. *S Lan* 4A 128
Hamister. *Shet* 5G 173
Hammer. *W Sus* 3G 25
Hammersmith. *G Lon* 3D 38
Hammerwich. *Staf* 5E 73
Hammerwood. *E Sus* 2F 27
Hammill. *Kent* 5G 41
Hammond Street. *Herts* 5D 52
Hammoon. *Dors* 1D 14
Hamnavoe. *Shet*
nr. Braehoulland 3D 173
nr. Burland 8E 173
nr. Lunna 4F 173
on Yell 3F 173
Hamp. *Som* 3G 21
Hampden Park. *E Sus* 5G 27
Hampen. *Glos* 4F 49
Hamperden End. *Essx* 2F 53
Hamperley. *Shrp* 2G 59
Hampnett. *Glos* 4F 49
Hampole. *S Yor* 3F 93
Hampreston. *Dors* 3F 15
Hampstead. *G Lon* 2D 38
Hampstead Norreys. *W Ber* 4D 36
Hampsthwaite. *N Yor* 4E 99
Hampton. *Devn* 3F 13
Hampton. *G Lon* 3C 38
Hampton. *Kent* 4F 41
Hampton. *Shrp* 2B 60
Hampton. *Swin* 2G 35
Hampton. *Worc* 1F 49
Hampton Bishop. *Here* 2A 48
Hampton Fields. *Glos* 2D 35
Hampton Hargate. *Pet* 1A 64
Hampton Heath. *Ches W* 1H 71
Hampton in Arden. *W Mid* 2G 61
Hampton Loade. *Shrp* 2B 60
Hampton Lovett. *Worc* 4C 60
Hampton Lucy. *Warw* 5G 61
Hampton Magna. *Warw* 4G 61
Hampton on the Hill. *Warw* 4G 61
Hampton Poyle. *Oxon* 4D 50
Hampton Wick. *G Lon* 4C 38
Hamptworth. *Wilts* 1H 15
Hamrow. *Norf* 3B 78
Hamsey. *E Sus* 4F 27
Hamsey Green. *Surr* 5E 39
Hamstall Ridware. *Staf* 4F 73

Hamstead. IOW 3C 16
Hamstead. W Mid 1E 61
Hamstead Marshall. W Ber 5C 36
Hamsterley. Dur
 nr. Consett 4E 115
 nr. Wolsingham 1E 105
Hamsterley Mill. Dur 4E 115
Ham Street. Som 3A 22
Hamstreet. Kent 2E 28
Hamworthy. Pool 3E 15
Hanbury. Staf 3F 73
Hanbury. Worc 4D 60
Hanbury Woodend. Staf 3F 73
Hanby. Linc 2H 75
Hanchurch. Staf 1C 72
Hand and Pen. Devn 3D 12
Handbridge. Ches W 4G 83
Handcross. W Sus 2D 26
Handforth. Ches E 2C 84
Handley. Ches W 5G 83
Handley. Derbs 4A 86
Handsacre. Staf 4E 73
Handsworth. S Yor 2B 86
Handsworth. W Mid 1E 61
Handy Cross. Buck 2G 37
Hanford. Dors 1D 14
Hanford. Stoke 1C 72
Hangersley. Hants 2G 15
Hanging Houghton. Nptn 3E 63
Hanging Langford. Wilts 3F 23
Hangleton. Brig 5D 26
Hangleton. W Sus 5B 26
Hanham. S Glo 4B 34
Hanham Green. S Glo 4B 34
Hankelow. Ches E 1A 72
Hankerton. Wilts 2E 35
Hankham. E Sus 5H 27
Hanley. Stoke 1C 72
Hanley Castle. Worc 1D 48
Hanley Childe. Worc 4A 60
Hanley Swan. Worc 1D 48
Hanley William. Worc 4A 60
Hanlith. N Yor 3B 98
Hanmer. Wrex 2G 71
Hannaborough. Devn 2F 11
Hannaford. Devn 4G 19
Hannah. Linc 3E 89
Hannington. Hants 1D 24
Hannington. Nptn 3F 63
Hannington. Swin 2G 35
Hannington Wick. Swin 2G 35
Hanscombe End. C Beds 2B 52
Hanslope. Mil 1G 51
Hanthorpe. Linc 3H 75
Hanwell. G Lon 2C 38
Hanwell. Oxon 1C 50
Hanwood. Shrp 5G 71
Hanworth. G Lon 3C 38
Hanworth. Norf 2D 78
Happas. Ang 4D 144
Happendon. S Lan 1A 118
Happisburgh. Norf 2F 79
Happisburgh Common. Norf 3F 79
Hapsford. Ches W 3G 83
Hapton. Lanc 1F 91
Hapton. Norf 1D 66
Harberton. Devn 3D 9
Harbertonford. Devn 3D 9
Harbledown. Kent 5F 41
Harborne. W Mid 2E 61
Harborough Magna. Warw 3B 62
Harbottle. Nmbd 4D 120
Harbourneford. Devn 2D 8
Harbours Hill. Worc 4D 60
Harbridge. Hants 1G 15
Harbury. Warw 4A 62
Harby. Leics 2E 75
Harby. Notts 3F 87
Harcombe. Devn 3E 13
Harcombe Bottom. Devn 3G 13
Harcourt. Corn 5C 6
Harden. W Yor 1A 92
Hardenhuish. Wilts 4E 35
Hardgate. Abers 3E 153
Hardgate. Dum 3F 111
Hardham. W Sus 4B 26
Hardingham. Norf 5C 78
Hardingstone. Nptn 5E 63
Hardings Wood. Staf 5C 84
Hardington. Som 1C 22
Hardington Mandeville. Som 1A 14
Hardington Marsh. Som 2A 14
Hardington Moor. Som 1A 14
Hardley. Hants 2C 16
Hardley Street. Norf 5F 79
Hardmead. Mil 1H 51
Hardraw. N Yor 5B 104
Hardstoft. Derbs 4B 86
Hardway. Hants 2E 16
Hardway. Som 3C 22
Hardwick. Buck 4G 51
Hardwick. Cambs 5C 64
Hardwick. Norf 2E 66
Hardwick. Nptn 4F 63
Hardwick. Oxon
 nr. Bicester 3D 50
 nr. Witney 5B 50
Hardwick. Shrp 1F 59
Hardwick. S Yor 2B 86
Hardwick. Stoc T 2B 106
Hardwick. W Mid 1E 61
Hardwicke. Glos
 nr. Cheltenham 3E 49
 nr. Gloucester 4C 48
Hardwicke. Here 1F 47
Hardwick Village. Notts 3D 86
Hardy's Green. Essx 3C 54
Hare. Som 1F 13
Hareby. Linc 4C 88
Hareden. Lanc 4F 97
Harefield. G Lon 1B 38
Hare Green. Essx 3D 54
Hare Hatch. Wok 4G 37
Harehill. Derbs 2F 73
Harehills. W Yor 1D 92
Harehope. Nmbd 2E 121
Harelaw. Dum 2F 113
Harelaw. Dur 4E 115
Hareplain. Kent 2C 28
Haresceugh. Cumb 5H 113
Harescombe. Glos 4D 48
Haresfield. Glos 4D 48
Haresfinch. Mers 1H 83
Hareshaw. N Lan 3B 128
Hare Street. Essx 5E 53
Hare Street. Herts 3D 53
Harewood. W Yor 5F 99
Harewood End. Here 3A 48
Harford. Devn 3C 8
Hargate. Norf 1D 66
Hargatewall. Derbs 3F 85
Hargrave. Ches W 4G 83
Hargrave. Nptn 3H 63
Hargrave. Suff 5G 65
Harker. Cumb 3E 113
Harkland. Shet 3F 173
Harkstead. Suff 2E 55
Harlaston. Staf 4G 73
Harlaxton. Linc 2F 75
Harlech. Gwyn 2E 69
Harlequin. Notts 2D 74
Harlescott. Shrp 4H 71
Harleston. Devn 4D 9
Harleston. Norf 2E 67
Harleston. Suff 4C 66
Harlestone. Nptn 4E 62
Harley. Shrp 5H 71
Harley. S Yor 1A 86
Harling Road. Norf 2B 66
Harlington. C Beds 2A 52
Harlington. G Lon 3B 38
Harlington. S Yor 4E 93
Harlosh. High 4B 154
Harlow. Essx 4E 53
Harlow Hill. Nmbd 3D 115
Harlsey Castle. N Yor 5B 106
Harlthorpe. E Yor 1H 93
Harlton. Cambs 5C 64
Harlyn Bay. Corn 1C 6
Harman's Cross. Dors 4E 15
Harmby. N Yor 1D 98
Harmer Green. Herts 4C 52
Harmer Hill. Shrp 3G 71
Harmondsworth. G Lon 3B 38
Harmston. Linc 4G 87
Harnage. Shrp 5H 71
Harnham. Nmbd 1D 115
Harnham. Wilts 4G 23
Harnhill. Glos 5F 49
Harold Hill. G Lon 1G 39
Haroldston West. Pemb 3C 42
Haroldswick. Shet 1H 173
Harold Wood. G Lon 1G 39
Harome. N Yor 1A 100
Harpenden. Herts 4B 52
Harpford. Devn 3D 12
Harpham. E Yor 3E 101
Harpley. Norf 3G 77
Harpley. Worc 4A 60
Harpole. Nptn 4D 62
Harpsdale. High 3D 168
Harpsden. Oxon 3F 37
Harpswell. Linc 2G 87
Harpurhey. G Man 4G 91
Harpur Hill. Derbs 3E 85
Harraby. Cumb 4F 113
Harracott. Devn 4F 19
Harrapool. High 1E 147
Harrapul. High 1E 147
Harrietfield. Per 1B 136
Harrietsham. Kent 5C 40
Harrington. Cumb 2A 102
Harrington. Linc 3C 88
Harrington. Nptn 2E 63
Harringworth. Nptn 1G 63
Harriseahead. Staf 5C 84
Harriston. Cumb 5C 112
Harrogate. N Yor 4F 99
Harrold. Bed 5G 63
Harrop Dale. G Man 4A 92
Harrow. G Lon 2C 38
Harrowbarrow. Corn 2H 7
Harrowden. Bed 1A 52
Harrowgate Hill. Darl 3F 105
Harrow on the Hill. G Lon 2C 38
Harrow Weald. G Lon 1C 38
Harry Stoke. S Glo 4B 34
Harston. Cambs 5D 64
Harston. Leics 2F 75
Harswell. E Yor 5C 100
Hart. Hart 1B 106
Hartburn. Nmbd 1D 115
Hartburn. Stoc T 3B 106
Hartest. Suff 5H 65
Hartfield. E Sus 2F 27
Hartford. Cambs 3B 64
Hartford. Ches W 3A 84
Hartford. Som 4C 20
Hartford Bridge. Hants 1F 25
Hartford End. Essx 4G 53
Harthill. Ches W 5H 83
Harthill. N Lan 3C 128
Harthill. S Yor 2B 86
Hartington. Derbs 4F 85
Hartland. Devn 4C 18
Hartland Quay. Devn 4C 18
Hartle. Worc 3D 60
Hartlebury. Worc 3C 60
Hartlepool. Hart 1C 106
Hartley. Cumb 4A 104
Hartley. Kent
 nr. Cranbrook 2B 28
 nr. Dartford 4H 39
Hartley. Nmbd 2G 115
Hartley Green. Staf 3D 73
Hartley Mauditt. Hants 3F 25
Hartley Wespall. Hants 1E 25
Hartley Wintney. Hants 1F 25
Hartlip. Kent 4C 40
Hartmount Holdings. High 1B 158
Hartoft End. N Yor 5E 107
Harton. N Yor 3B 100
Harton. Shrp 2G 59
Harton. Tyne 3G 115
Hartpury. Glos 3D 48
Hartshead. W Yor 2B 92
Hartshill. Warw 1H 61
Hartshorne. Derbs 3H 73
Hartsop. Cumb 3F 103
Hart Station. Hart 1B 106
Hartswell. Som 4D 20
Hartwell. Nptn 5E 63
Hartwood. Lanc 3D 90
Hartwood. N Lan 4B 128
Harvel. Kent 4A 40
Harvington. Worc
 nr. Evesham 1F 49
 nr. Kidderminster 3C 60
Harwell. Oxon 3C 36
Harwich. Essx 2F 55
Harwood. Dur 1B 104
Harwood. G Man 3F 91
Harwood Dale. N Yor 5G 107
Harworth. Notts 1D 86
Hascombe. Surr 2A 26
Haselbech. Nptn 3E 62
Haselbury Plucknett. Som 1H 13
Haseley. Warw 4G 61
Hasfield. Glos 3D 48
Hasguard. Pemb 4C 42
Haskayne. Lanc 4B 90
Hasketon. Suff 5E 67
Hasland. Derbs 4A 86
Haslemere. Surr 2A 26
Haslingden. Lanc 2F 91
Haslingfield. Cambs 5D 64
Haslington. Ches E 5B 84
Hassall. Ches E 5B 84
Hassall Green. Ches E 5B 84
Hassell Street. Kent 1E 29
Hassendean. Bord 2H 119
Hassingham. Norf 5F 79
Hassness. Cumb 3C 102
Hassocks. W Sus 4E 27
Hassop. Derbs 3G 85
Haster. High 3F 169
Hasthorpe. Linc 4D 89
Hastigrow. High 2E 169
Hastingleigh. Kent 1E 29
Hastings. E Sus 5C 28
Hastingwood. Essx 5E 53
Hastoe. Herts 5H 51
Haston. Shrp 3H 71
Haswell. Dur 5G 115
Haswell Plough. Dur 5G 115
Hatch. C Beds 1B 52
Hatch Beauchamp. Som 4G 21
Hatch End. G Lon 1C 38
Hatch Green. Som 1G 13
Hatching Green. Herts 4B 52
Hatchmere. Ches W 3H 83
Hatch Warren. Hants 2E 24
Hatcliffe. NE Lin 4F 95
Hatfield. Here 5H 59
Hatfield. Herts 5C 52
Hatfield. S Yor 4G 93
Hatfield. Worc 5C 60
Hatfield Broad Oak. Essx 4F 53
Hatfield Garden Village. Herts 5C 52
Hatfield Heath. Essx 4F 53
Hatfield Hyde. Herts 4C 52
Hatfield Peverel. Essx 4A 54
Hatfield Woodhouse. S Yor 4G 93
Hatford. Oxon 2B 36
Hatherden. Hants 1B 24
Hatherleigh. Devn 2F 11
Hathern. Leics 3B 74
Hatherop. Glos 5G 49
Hathersage. Derbs 2G 85
Hathersage Booths. Derbs 2G 85
Hatherton. Ches E 1A 72
Hatherton. Staf 4D 72
Hatley St George. Cambs 5B 64
Hatt. Corn 2H 7
Hattersley. G Man 1D 85
Hattingley. Hants 3E 25
Hatton. Abers 5H 161
Hatton. Derbs 2G 73
Hatton. G Lon 3B 38
Hatton. Linc 3A 88
Hatton. Shrp 1G 59
Hatton. Warr 2A 84
Hatton. Warw 4G 61
Hattoncrook. Abers 1F 153
Hatton Heath. Ches W 4G 83
Hatton of Fintray. Abers 2F 153
Haugh. E Ayr 2D 117
Haugh. Linc 3D 88
Haugham. Linc 2C 88
Haugh Head. Nmbd 2E 121
Haughley. Suff 4C 66
Haughley Green. Suff 4C 66
Haugh of Ballechin. Per 3G 143
Haugh of Glass. Mor 5B 160
Haugh of Urr. Dum 3F 111
Haughton. Ches E 5H 83
Haughton. Notts 3D 86
Haughton. Shrp
 nr. Bridgnorth 1A 60
 nr. Oswestry 3F 71
 nr. Shifnal 5B 72
 nr. Shrewsbury 4H 71
Haughton. Staf 3C 72
Haughton Green. G Man 1D 84
Haughton le Skerne. Darl 3A 106
Haultwick. Herts 3D 52
Haunn. Arg 4E 139
Haunn. W Isl 7C 170
Haunton. Staf 4G 73
Hauxton. Cambs 5D 64
Havannah. Ches E 4C 84
Havant. Hants 2F 17
Haven. Here 5G 59
The Haven. W Sus 2B 26
Haven Bank. Linc 5B 88
Havenstreet. IOW 3D 16
Havercroft. W Yor 3D 93
Haverfordwest. Pemb 3D 42
Haverhill. Suff 1G 53
Haverigg. Cumb 2A 96
Havering-Atte-Bower. G Lon 1G 39
Havering's Grove. Essx 1A 40
Haversham. Mil 1G 51
Haverthwaite. Cumb 1C 96
Haverton Hill. Stoc T 2B 106
Havyatt. Som 3A 22
Hawarden. Flin 4F 83
Hawbridge. Worc 1E 49
Hawcoat. Cumb 2B 96
Hawcross. Glos 2C 48
Hawen. Cdgn 1D 44
Hawes. N Yor 1A 98
Hawes Green. Norf 1E 67
Hawick. Bord 3H 119
Hawkchurch. Devn 2G 13
Hawkedon. Suff 5G 65
Hawkenbury. Kent 1C 28
Hawkeridge. Wilts 1D 22
Hawkerland. Devn 4D 12
Hawkesbury. S Glo 3C 34
Hawkesbury. Warw 2A 62
Hawkesbury Upton. S Glo 3C 34
Hawkes End. W Mid 2G 61
Hawk Green. G Man 2D 84
Hawkhurst. Kent 2B 28
Hawkhurst Common. E Sus 4G 27
Hawkinge. Kent 1G 29
Hawkley. Hants 4F 25
Hawkridge. Som 3B 20
Hawksdale. Cumb 5E 113
Hawkshaw. G Man 3F 91
Hawkshead. Cumb 5E 103

Hawkshead Hill. Cumb . . . 5E 103
Hawkswick. N Yor . . . 2B 98
Hawksworth. Notts . . . 1E 75
Hawksworth. W Yor . . . 5D 98
Hawkwell. Essx . . . 1C 40
Hawley. Hants . . . 1G 25
Hawley. Kent . . . 3G 39
Hawling. Glos . . . 3F 49
Hawnby. N Yor . . . 1H 99
Haworth. W Yor . . . 1A 92
Hawstead. Suff . . . 5A 66
Hawthorn. Dur . . . 5H 115
Hawthorn Hill. Brac . . . 4G 37
Hawthorn Hill. Linc . . . 5B 88
Hawthorpe. Linc . . . 3H 75
Hawton. Notts . . . 5E 87
Haxby. York . . . 4A 100
Haxey. N Lin . . . 1E 87
Haybridge. Shrp . . . 3A 60
Haybridge. Som . . . 2A 22
Haydock. Mers . . . 1H 83
Haydon. Bath . . . 1B 22
Haydon. Dors . . . 1B 14
Haydon. Som . . . 4F 21
Haydon Bridge. Nmbd . . . 3B 114
Haydon Wick. Swin . . . 3G 35
Haye. Corn . . . 2H 7
Hayes. G Lon
nr. Bromley . . . 4F 39
Hayes. G Lon
nr. Uxbridge . . . 2B 38
Hayfield. Derbs . . . 2E 85
Hay Green. Norf . . . 4E 77
Hayhill. E Ayr . . . 3D 116
Haylands. IOW . . . 3D 16
Hayle. Corn . . . 3C 4
Hayley Green. W Mid . . . 2D 60
Hayling Island. Hants . . . 3F 17
Hayne. Devn . . . 2B 12
Haynes. C Beds . . . 1A 52
Haynes West End. C Beds . . . 1A 52
Hay-on-Wye. Powy . . . 1F 47
Hayscastle. Pemb . . . 2C 42
Hayscastle Cross. Pemb . . . 2D 42
Hayshead. Ang . . . 4F 145
Hay Street. Herts . . . 3D 53
Hayton. Aber . . . 3G 153
Hayton. Cumb
nr. Aspatria . . . 5C 112
nr. Brampton . . . 4G 113
Hayton. E Yor . . . 5C 100
Hayton. Notts . . . 2E 87
Hayton's Bent. Shrp . . . 2H 59
Haytor Vale. Devn . . . 5A 12
Haytown. Devn . . . 1D 11
Haywards Heath. W Sus . . . 3E 27
Haywood. S Lan . . . 4C 128
Hazelbank. S Lan . . . 5B 128
Hazelbury Bryan. Dors . . . 2C 14
Hazeleigh. Essx . . . 5B 54
Hazeley. Hants . . . 1F 25
Hazel Grove. G Man . . . 2D 84
Hazelhead. S Yor . . . 4B 92
Hazelslade. Staf . . . 4E 73
Hazel Street. Kent . . . 2A 28
Hazelton Walls. Fife . . . 1F 137
Hazelwood. Derbs . . . 1H 73
Hazlemere. Buck . . . 2G 37
Hazler. Shrp . . . 1G 59
Hazlerigg. Tyne . . . 2F 115
Hazles. Staf . . . 1E 73
Hazleton. Glos . . . 4F 49
Hazon. Nmbd . . . 4F 121
Heacham. Norf . . . 2F 77
Headbourne Worthy. Hants . . . 3C 24
Headcorn. Kent . . . 1C 28
Headingley. W Yor . . . 1C 92
Headington. Oxon . . . 5D 50
Headlam. Dur . . . 3E 105
Headless Cross. Worc . . . 4E 61
Headley. Hants
nr. Haslemere . . . 3G 25
nr. Kingsclere . . . 5D 36
Headley. Surr . . . 5D 38
Headley Down. Hants . . . 3G 25
Headley Heath. Worc . . . 3E 61
Headley Park. Bris . . . 5A 34
Head of Muir. Falk . . . 1B 128
Headon. Notts . . . 3E 87
Heads Nook. Cumb . . . 4F 113
Heage. Derbs . . . 5A 86
Healaugh. N Yor
nr. Grinton . . . 5D 104
nr. York . . . 5H 99
Heald Green. G Man . . . 2C 84
Heale. Devn . . . 2G 19
Healey. G Man . . . 3G 91
Healey. Nmbd . . . 4D 114
Healey. N Yor . . . 1D 98
Healeyfield. Dur . . . 5D 114
Healing. NE Lin . . . 3F 95
Heamoor. Corn . . . 3B 4
Heanish. Arg . . . 4B 138
Heanor. Derbs . . . 1B 74
Heanton Punchardon. Devn . . . 3F 19
Heapham. Linc . . . 2F 87
Heartsease. Powy . . . 4D 58
Heasley Mill. Devn . . . 3H 19
Heaste. High . . . 2E 147
Heath. Derbs . . . 4B 86
The Heath. Norf
nr. Buxton . . . 3E 79
nr. Fakenham . . . 3B 78
nr. Hevingham . . . 3D 78
The Heath. Staf . . . 2E 73
The Heath. Suff . . . 2E 55
Heath and Reach. C Beds . . . 3H 51
Heath Common. W Sus . . . 4C 26
Heathcote. Derbs . . . 4F 85
Heath Cross. Devn . . . 3H 11
Heathencote. Nptn . . . 1F 51
Heath End. Hants . . . 5D 36
Heath End. Leics . . . 3A 74
Heath End. W Mid . . . 5E 73
Heather. Leics . . . 4A 74
Heatherfield. High . . . 4D 155
Heatherton. Derb . . . 2H 73
Heathfield. Cambs . . . 1E 53
Heathfield. Cumb . . . 5C 112
Heathfield. Devn . . . 5B 12
Heathfield. E Sus . . . 3G 27
Heathfield. Ren . . . 3E 126
Heathfield. Som
nr. Lydeard St Lawrence . . . 3E 21
nr. Norton Fitzwarren . . . 4E 21
Heath Green. Worc . . . 3E 61
Heathhall. Dum . . . 2A 112
Heath Hayes. Staf . . . 4E 73
Heath Hill. Shrp . . . 4B 72
Heath House. Som . . . 2H 21
Heathrow Airport. G Lon . . . 3B 38
Heathstock. Devn . . . 2F 13
Heathton. Shrp . . . 1C 60
Heathtop. Derbs . . . 2G 73
Heath Town. W Mid . . . 1D 60
Heatley. Staf . . . 3E 73
Heatley. Warr . . . 2B 84
Heaton. Lanc . . . 3D 96
Heaton. Staf . . . 4D 84
Heaton. Tyne . . . 3F 115
Heaton. W Yor . . . 1B 92
Heaton Moor. G Man . . . 1C 84
Heaton's Bridge. Lanc . . . 3C 90
Heaverham. Kent . . . 5G 39
Heavitree. Devn . . . 3C 12
Hebburn. Tyne . . . 3G 115
Hebden. N Yor . . . 3C 98
Hebden Bridge. W Yor . . . 2H 91
Hebden Green. Ches W . . . 4A 84
Hebing End. Herts . . . 3D 52
Hebron. Carm . . . 2F 43
Hebron. Nmbd . . . 1E 115
Heck. Dum . . . 1B 112
Heckdyke. Notts . . . 1E 87
Heckfield. Hants . . . 5F 37
Heckfield Green. Suff . . . 3D 66
Heckfordbridge. Essx . . . 3C 54
Heckington. Linc . . . 1A 76
Heckmondwike. W Yor . . . 2C 92
Heddington. Wilts . . . 5E 35
Heddle. Orkn . . . 6C 172
Heddon. Devn . . . 4G 19
Heddon-on-the-Wall. Nmbd . . . 3E 115
Hedenham. Norf . . . 1F 67
Hedge End. Hants . . . 1C 16
Hedgerley. Buck . . . 2A 38
Hedging. Som . . . 4G 21
Hedley on the Hill. Nmbd . . . 4D 115
Hednesford. Staf . . . 4E 73
Hedon. E Yor . . . 2E 95
Hegdon Hill. Here . . . 5H 59
Heglibister. Shet . . . 6E 173
Heighington. Darl . . . 2F 105
Heighington. Linc . . . 4H 87
Heightington. Worc . . . 3B 60
Heights of Brae. High . . . 2H 157
Heights of Fodderty. High . . . 2H 157
Heights of Kinlochewe. High . . . 2C 156
Heiton. Bord . . . 1B 120
Hele. Devn
nr. Exeter . . . 2C 12
nr. Holsworthy . . . 3D 10
nr. Ilfracombe . . . 2F 19
Hele. Torb . . . 2F 9
Helensburgh. Arg . . . 1D 126
Helford. Corn . . . 4E 5
Helhoughton. Norf . . . 3A 78
Helions Bumpstead. Essx . . . 1G 53
Helland. Corn . . . 5A 10
Helland. Som . . . 4G 21
Hellandbridge. Corn . . . 5A 10
Hellesdon. Norf . . . 4E 78
Hellesveor. Corn . . . 2C 4
Hellidon. Nptn . . . 5C 62
Hellifield. N Yor . . . 4A 98
Hellingly. E Sus . . . 4G 27
Hellington. Norf . . . 5F 79
Hellister. Shet . . . 7E 173
Helmdon. Nptn . . . 1D 50
Helmingham. Suff . . . 5D 66
Helmington Row. Dur . . . 1E 105
Helmsdale. High . . . 2H 165
Helmshore. Lanc . . . 2F 91
Helmsley. N Yor . . . 1A 100
Helperby. N Yor . . . 3G 99
Helperthorpe. N Yor . . . 2D 100
Helpringham. Linc . . . 1A 76
Helpston. Pet . . . 5A 76
Helsby. Ches W . . . 3G 83
Helsey. Linc . . . 3E 89
Helston. Corn . . . 4D 4
Helstone. Corn . . . 4A 10
Helton. Cumb . . . 2G 103
Helwith. N Yor . . . 4D 105
Helwith Bridge. N Yor . . . 3H 97
Helygain. Flin . . . 3E 82
The Hem. Shrp . . . 5B 72
Hemblington. Norf . . . 4F 79
Hemel Hempstead. Herts . . . 5A 52
Hemerdon. Devn . . . 3B 8
Hemingbrough. N Yor . . . 1G 93
Hemingby. Linc . . . 3B 88
Hemingfield. S Yor . . . 4D 93
Hemingford Abbots. Cambs . . . 3B 64
Hemingford Grey. Cambs . . . 3B 64
Hemingstone. Suff . . . 5D 66
Hemington. Leics . . . 3B 74
Hemington. Nptn . . . 2H 63
Hemington. Som . . . 1C 22
Hemley. Suff . . . 1F 55
Hemlington. Midd . . . 3B 106
Hempholme. E Yor . . . 4E 101
Hempnall. Norf . . . 1E 67
Hempnall Green. Norf . . . 1E 67
Hempriggs. High . . . 4F 169
Hemp's Green. Essx . . . 3C 54
Hempstead. Essx . . . 2G 53
Hempstead. Medw . . . 4B 40
Hempstead. Norf
nr. Holt . . . 2D 78
nr. Stalham . . . 3G 79
Hempsted. Glos . . . 4D 48
Hempton. Norf . . . 3B 78
Hempton. Oxon . . . 2C 50
Hemsby. Norf . . . 4G 79
Hemswell. Linc . . . 1G 87
Hemswell Cliff. Linc . . . 2G 87
Hemsworth. Dors . . . 2E 15
Hemsworth. W Yor . . . 3E 93
Hemyock. Devn . . . 1E 13
Henallt. Carm . . . 3E 45
Henbury. Bris . . . 4A 34
Henbury. Ches E . . . 3C 84
Hendomen. Powy . . . 1E 58
Hendon. G Lon . . . 2D 38
Hendon. Tyne . . . 4H 115
Hendra. Corn . . . 3D 6
Hendre. B'end . . . 3C 32
Hendreforgan. Rhon . . . 3C 32
Hendy. Carm . . . 5F 45
Heneglwys. IOA . . . 3D 80
Henfeddau Fawr. Pemb . . . 1G 43
Henfield. S Glo . . . 4B 34
Henfield. W Sus . . . 4D 26
Henford. Devn . . . 3D 10
Hengoed. Cphy . . . 2E 33
Hengoed. Shrp . . . 2E 71
Hengrave. Suff . . . 4H 65
Henham. Essx . . . 3F 53
Heniarth. Powy . . . 5D 70
Henlade. Som . . . 4F 21
Henley. Dors . . . 2B 14
Henley. Shrp
nr. Church Stretton . . . 2G 59
nr. Ludlow . . . 3H 59
Henley. Som . . . 3H 21
Henley. Suff . . . 5D 66
Henley. W Sus . . . 4G 25
Henley Down. E Sus . . . 4B 28
Henley-in-Arden. Warw . . . 4F 61
Henley-on-Thames. Oxon . . . 3F 37
Henley Street. Kent . . . 4A 40
Henllan. Cdgn . . . 1D 44
Henllan. Den . . . 4C 82
Henllan. Mon . . . 3F 47
Henllan Amgoed. Carm . . . 3F 43
Henllys. Torf . . . 2F 33
Henlow. C Beds . . . 2B 52
Hennock. Devn . . . 4B 12
Henny Street. Essx . . . 2B 54
Henryd. Cnwy . . . 3G 81
Henry's Moat. Pemb . . . 2E 43
Hensall. N Yor . . . 2F 93
Henshaw. Nmbd . . . 3A 114
Hensingham. Cumb . . . 3A 102
Henstead. Suff . . . 2G 67
Hensting. Hants . . . 4C 24
Henstridge. Som . . . 1C 14
Henstridge Ash. Som . . . 4C 22
Henstridge Bowden. Som . . . 4B 22
Henstridge Marsh. Som . . . 4C 22
Henton. Oxon . . . 5F 51
Henton. Som . . . 2H 21
Henwood. Corn . . . 5C 10
Heogan. Shet . . . 7F 173
Heolgerrig. Mer T . . . 5D 46
Heol Senni. Powy . . . 3C 46
Heol-y-Cyw. B'end . . . 3C 32
Hepburn. Nmbd . . . 2E 121
Hepple. Nmbd . . . 4D 121
Hepscott. Nmbd . . . 1F 115
Heptonstall. W Yor . . . 2H 91
Hepworth. Suff . . . 3B 66
Hepworth. W Yor . . . 4B 92
Herbrandston. Pemb . . . 4C 42
Hereford. Here . . . 2A 48
Heribusta. High . . . 1D 154
Heriot. Bord . . . 4H 129
Hermiston. Edin . . . 2E 129
Hermitage. Dors . . . 2B 14
Hermitage. Bord . . . 5H 119
Hermitage. W Ber . . . 4D 36
Hermitage. W Sus . . . 2F 17
Hermon. Carm
nr. Llandeilo . . . 3G 45
nr. Newcastle Emlyn . . . 2D 44
Hermon. IOA . . . 4C 80
Hermon. Pemb . . . 1G 43
Herne. Kent . . . 4F 41
Herne Bay. Kent . . . 4F 41
Herne Common. Kent . . . 4F 41
Herne Pound. Kent . . . 5A 40
Herner. Devn . . . 4F 19
Hernhill. Kent . . . 4E 41
Herodsfoot. Corn . . . 2G 7
Heronden. Kent . . . 5G 41
Herongate. Essx . . . 1H 39
Heronsford. S Ayr . . . 1G 109
Heronsgate. Herts . . . 1B 38
Heron's Ghyll. E Sus . . . 3F 27
Herra. Shet . . . 2H 173
Herriard. Hants . . . 2E 25
Herringfleet. Suff . . . 1G 67
Herringswell. Suff . . . 4G 65
Herrington. Tyne . . . 4G 115
Hersden. Kent . . . 4G 41
Hersham. Corn . . . 2C 10
Hersham. Surr . . . 4C 38
Herstmonceux. E Sus . . . 4H 27
Herston. Dors . . . 5F 15
Herston. Orkn . . . 8D 172
Hertford. Herts . . . 4D 52
Hertford Heath. Herts . . . 4D 52
Hertingfordbury. Herts . . . 4D 52
Hesketh. Lanc . . . 2C 90
Hesketh Bank. Lanc . . . 2C 90
Hesketh Lane. Lanc . . . 5F 97
Hesket Newmarket. Cumb . . . 1E 103
Heskin Green. Lanc . . . 3D 90
Hesleden. Dur . . . 1B 106
Hesleyside. Nmbd . . . 1B 114
Heslington. York . . . 4A 100
Hessay. York . . . 4H 99
Hessenford. Corn . . . 3H 7
Hessett. Suff . . . 4B 66
Hessilhead. N Ayr . . . 4E 127
Hessle. E Yor . . . 2D 94
Hestaford. Shet . . . 6D 173
Hest Bank. Lanc . . . 3D 96
Hester's Way. Glos . . . 3E 49
Hestinsetter. Shet . . . 7D 173
Heston. G Lon . . . 3C 38
Hestwall. Orkn . . . 6B 172
Heswall. Mers . . . 2E 83
Hethe. Oxon . . . 3D 50
Hethelpit Cross. Glos . . . 3C 48
Hethersett. Norf . . . 5D 78
Hethersgill. Cumb . . . 3F 113
Hetherside. Cumb . . . 3F 113
Hethpool. Nmbd . . . 2C 120
Hett. Dur . . . 1F 105
Hetton. N Yor . . . 4B 98
Hetton-le-Hole. Tyne . . . 5G 115
Hetton Steads. Nmbd . . . 1E 121
Heugh. Nmbd . . . 2D 115
Heugh-head. Abers . . . 2A 152
Heveningham. Suff . . . 3F 67
Hever. Kent . . . 1F 27
Heversham. Cumb . . . 1D 97
Hevingham. Norf . . . 3D 78
Hewas Water. Corn . . . 4D 6
Hewelsfield. Glos . . . 5A 48
Hewish. N Som . . . 5H 33
Hewish. Som . . . 2H 13
Hewood. Dors . . . 2G 13
Heworth. York . . . 4A 100
Hexham. Nmbd . . . 3C 114
Hextable. Kent . . . 3G 39
Hexton. Herts . . . 2B 52
Hexworthy. Devn . . . 5G 11
Heybridge. Essx
nr. Brentwood . . . 1H 39
nr. Maldon . . . 5B 54
Heybridge Basin. Essx . . . 5B 54
Heybrook Bay. Devn . . . 4A 8
Heydon. Cambs . . . 1E 53

Heydon—Hodson

Heydon. *Norf* 3D **78**
Heydour. *Linc* 2H **75**
Heylipol. *Arg* 4A **138**
Heyop. *Powy* 3E **59**
Heysham. *Lanc* 3D **96**
Heyshott. *W Sus* 1G **17**
Heytesbury. *Wilts* 2E **23**
Heythrop. *Oxon* 3B **50**
Heywood. *G Man* 3G **91**
Heywood. *Wilts* 1D **22**
Hibaldstow. *N Lin* 4C **94**
Hickleton. *S Yor* 4E **93**
Hickling. *Norf* 3G **79**
Hickling. *Notts* 3D **74**
Hickling Green. *Norf* 3G **79**
Hickling Heath. *Norf* 3G **79**
Hickstead. *W Sus* 3D **26**
Hidcote Bartrim. *Glos* 1G **49**
Hidcote Boyce. *Glos* 1G **49**
Higford. *Shrp* 5B **72**
High Ackworth. *W Yor* 3E **93**
Higham. *Derbs* 5A **86**
Higham. *Kent* 3B **40**
Higham. *Lanc* 1G **91**
Higham. *S Yor* 4D **92**
Higham. *Suff*
nr. Ipswich 2D **54**
nr. Newmarket 4G **65**
Higham Dykes. *Nmbd* 2E **115**
Higham Ferrers. *Nptn* 4G **63**
Higham Gobion. *C Beds* 2B **52**
Higham on the Hill. *Leics* 1A **62**
Highampton. *Devn* 2E **11**
Higham Wood. *Kent* 1H **27**
High Angerton. *Nmbd* 1D **115**
High Auldgirth. *Dum* 1G **111**
High Bankhill. *Cumb* 5G **113**
High Banton. *N Lan* 1A **128**
High Barnet. *G Lon* 1D **38**
High Beech. *Essx* 1F **39**
High Bentham. *N Yor* 3F **97**
High Bickington. *Devn* 4G **19**
High Biggins. *Cumb* 2E **97**
High Birkwith. *N Yor* 2G **97**
High Blantyre. *S Lan* 4H **127**
High Bonnybridge. *Falk* 2B **128**
High Borrans. *Cumb* 4F **103**
High Bradfield. *S Yor* 1G **85**
High Bray. *Devn* 3G **19**
Highbridge. *Cumb* 5E **113**
Highbridge. *High* 5E **148**
Highbridge. *Som* 2G **21**
Highbrook. *W Sus* 2E **27**
High Brooms. *Kent* 1G **27**
High Bullen. *Devn* 4F **19**
Highburton. *W Yor* 3B **92**
Highbury. *Som* 2B **22**
High Buston. *Nmbd* 4G **121**
High Callerton. *Nmbd* 2E **115**
High Carlingill. *Cumb* 4H **103**
High Catton. *E Yor* 4B **100**
High Church. *Nmbd* 1E **115**
Highclere. *Hants* 5C **36**
Highcliffe. *Dors* 3H **15**
High Cogges. *Oxon* 5B **50**
High Common. *Norf* 5B **78**
High Coniscliffe. *Darl* 3F **105**
High Crosby. *Cumb* 4F **113**
High Cross. *Hants* 4F **25**
High Cross. *Herts* 4D **52**
High Easter. *Essx* 4G **53**
High Eggborough. *N Yor* 2F **93**
High Ellington. *N Yor* 1D **98**
Higher Alham. *Som* 2B **22**
Higher Ansty. *Dors* 2C **14**
Higher Ashton. *Devn* 4B **12**
Higher Ballam. *Lanc* 1B **90**
Higher Bartle. *Lanc* 1D **90**
Higher Bockhampton. *Dors* 3C **14**
Higher Bojewyan. *Corn* 3A **4**
High Ercall. *Telf* 4H **71**
Higher Cheriton. *Devn* 2E **12**
Higher Clovelly. *Devn* 4D **18**
Higher Compton. *Plym* 3A **8**
Higher Dean. *Devn* 2D **8**
Higher Dinting. *Derbs* 1E **85**
Higher Dunstone. *Devn* 5H **11**
Higher End. *G Man* 4D **90**
Higherford. *Lanc* 5A **98**
Higher Gabwell. *Devn* 2F **9**
Higher Halstock Leigh. *Dors* 2A **14**
Higher Heysham. *Lanc* 3D **96**
Higher Hurdsfield. *Ches E* 3D **84**
Higher Kingcombe. *Dors* 3A **14**
Higher Kinnerton. *Flin* 4F **83**
Higher Melcombe. *Dors* 2C **14**
Higher Penwortham. *Lanc* 2D **90**
Higher Porthpean. *Corn* 3E **7**
Higher Poynton. *Ches E* 2D **84**
Higher Shotton. *Flin* 4F **83**
Higher Shurlach. *Ches W* 3A **84**
Higher Slade. *Devn* 2F **19**
Higher Tale. *Devn* 2D **12**
Higher Town. *IOS* 1B **4**
Higher Town. *Som* 2C **20**
Highertown. *Corn* 4C **6**
Higher Vexford. *Som* 3E **20**
Higher Walton. *Lanc* 2D **90**
Higher Walton. *Warr* 2H **83**
Higher Whatcombe. *Dors* 2D **14**
Higher Wheelton. *Lanc* 2E **90**
Higher Whiteleigh. *Corn* 3C **10**
Higher Whitley. *Ches W* 2A **84**
Higher Wincham. *Ches W* 3A **84**
Higher Wraxall. *Dors* 2A **14**
Higher Wych. *Ches W* 1G **71**
Higher Yalberton. *Torb* 3E **9**
High Etherley. *Dur* 2E **105**
High Ferry. *Linc* 1C **76**
Highfield. *E Yor* 1H **93**
Highfield. *N Ayr* 4E **126**
Highfield. *Tyne* 4E **115**
Highfields Caldecote.
Cambs 5C **64**
High Gallowhill. *E Dun* 2H **127**
High Garrett. *Essx* 3A **54**
Highgate. *G Lon* 2D **39**
Highgate. *N Ayr* 4E **127**
Highgate. *Powy* 1D **58**
High Grange. *Dur* 1E **105**
High Green. *Cumb* 4F **103**
High Green. *Norf* 5D **78**
High Green. *Shrp* 2B **60**
High Green. *S Yor* 1H **85**
High Green. *W Yor* 3B **92**
High Green. *Worc* 1D **49**
Highgreen Manor. *Nmbd* 5C **120**
High Halden. *Kent* 2C **28**
High Halstow. *Medw* 3B **40**
High Ham. *Som* 3H **21**
High Harrington. *Cumb* 2B **102**
High Haswell. *Dur* 5G **115**
High Hatton. *Shrp* 3A **72**
High Hawsker. *N Yor* 4G **107**
High Hesket. *Cumb* 5F **113**
High Hesleden. *Dur* 1B **106**
High Hoyland. *S Yor* 3C **92**
High Hunsley. *E Yor* 1C **94**
High Hurstwood. *E Sus* 3F **27**
High Hutton. *N Yor* 3B **100**
High Ireby. *Cumb* 1D **102**
High Keil. *Arg* 5A **122**
High Kelling. *Norf* 2D **78**
High Kilburn. *N Yor* 2H **99**
High Knipe. *Cumb* 3G **103**
High Lands. *Dur* 2E **105**
The Highlands. *Shrp* 2A **60**
High Lane. *G Man* 2D **84**
High Lane. *Worc* 4A **60**
Highlane. *Ches E* 4C **84**
Highlane. *Derbs* 2B **86**
High Laver. *Essx* 5F **53**
Highlaws. *Cumb* 5C **112**
Highleadon. *Glos* 3C **48**
High Legh. *Ches E* 2B **84**
Highleigh. *W Sus* 3G **17**
High Leven. *Stoc T* 3B **106**
Highley. *Shrp* 2B **60**
High Littleton. *Bath* 1B **22**
High Longthwaite. *Cumb* 5D **112**
High Lorton. *Cumb* 2C **102**
High Marishes. *N Yor* 2C **100**
High Marnham. *Notts* 3F **87**
High Melton. *S Yor* 4F **93**
High Mickley. *Nmbd* 3D **115**
High Moor. *Lanc* 3D **90**
Highmoor. *Cumb* 5D **112**
Highmoor. *Oxon* 3F **37**
Highmoor Cross. *Oxon* 3F **37**
Highmoor Hill. *Mon* 3H **33**
Highnam. *Glos* 4C **48**
High Newport. *Tyne* 4G **115**
High Newton. *Cumb* 1D **96**
High Newton-by-the-Sea.
Nmbd 2G **121**
High Nibthwaite. *Cumb* 1B **96**
High Offley. *Staf* 3B **72**
High Ongar. *Essx* 5F **53**
High Onn. *Staf* 4C **72**
High Orchard. *Glos* 4D **48**
High Park. *Mers* 3B **90**
High Roding. *Essx* 4G **53**
High Row. *Cumb* 1E **103**
High Salvington. *W Sus* 5C **26**
High Scales. *Cumb* 5C **112**
High Shaw. *N Yor* 5B **104**
High Shincliffe. *Dur* 5F **115**
High Side. *Cumb* 1D **102**
High Spen. *Tyne* 3E **115**
Highsted. *Kent* 4D **40**
High Stoop. *Dur* 5E **115**
High Street. *Corn* 3D **6**
High Street. *Suff*
nr. Aldeburgh 5G **67**
nr. Bungay 2F **67**
nr. Yoxford 3G **67**
High Street Green. *Suff* 5C **66**
Highstreet Green. *Essx* 2A **54**
Highstreet Green. *Surr* 2A **26**
Hightae. *Dum* 2B **112**
High Throston. *Hart* 1B **106**
High Town. *Staf* 4D **73**
Hightown. *Ches E* 4C **84**
Hightown. *Mers* 4A **90**
Hightown Green. *Suff* 5B **66**
High Toynton. *Linc* 4B **88**
High Trewhitt. *Nmbd* 4E **121**
High Valleyfield. *Fife* 1D **128**
Highway. *Here* 1H **47**
Highweek. *Devn* 5B **12**
High Westwood. *Dur* 4E **115**
Highwood. *Staf* 2E **73**
Highwood. *Worc* 4A **60**
High Worsall. *N Yor* 4A **106**
Highworth. *Swin* 2H **35**
High Wray. *Cumb* 5E **103**
High Wych. *Herts* 4E **53**
High Wycombe. *Buck* 2G **37**
Hilborough. *Norf* 5H **77**
Hilcott. *Wilts* 1G **23**
Hildenborough. *Kent* 1G **27**
Hildersham. *Cambs* 1F **53**
Hilderstone. *Staf* 2D **72**
Hilderthorpe. *E Yor* 3F **101**
Hilfield. *Dors* 2B **14**
Hilgay. *Norf* 1F **65**
Hill. *S Glo* 2B **34**
Hill. *Warw* 4B **62**
Hill. *Worc* 1E **49**
The Hill. *Cumb* 1A **96**
Hillam. *N Yor* 2F **93**
Hillbeck. *Cumb* 3A **104**
Hillberry. *IOM* 4C **108**
Hillborough. *Kent* 4G **41**
Hillbourne. *Pool* 3F **15**
Hillbrae. *Abers*
nr. Aberchirder 4D **160**
nr. Inverurie 1E **153**
nr. Methlick 5F **161**
Hill Brow. *Hants* 4F **25**
Hillbutts. *Dors* 2E **15**
Hillcliffane. *Derbs* 1G **73**
Hillcommon. *Som* 4E **21**
Hill Deverill. *Wilts* 2D **22**
Hilldyke. *Linc* 1C **76**
Hill End. *Dur* 1D **104**
Hill End. *Fife* 4C **136**
Hill End. *N Yor* 4C **98**
Hillend. *Fife* 1E **129**
Hillend. *N Lan* 3B **128**
Hillend. *Shrp* 1C **60**
Hillend. *Swan* 3D **30**
Hillersland. *Glos* 4A **48**
Hillerton. *Devn* 3H **11**
Hillesden. *Buck* 3E **51**
Hillesley. *Glos* 3C **34**
Hillfarrance. *Som* 4E **21**
Hill Gate. *Here* 3H **47**
Hill Green. *Essx* 2E **53**
Hill Green. *W Ber* 4C **36**
Hill Head. *Hants* 2D **16**
Hillhead. *Abers* 5C **160**
Hillhead. *Devn* 3F **9**
Hillhead. *S Ayr* 3D **116**
Hillhead of Auchentumb.
Abers 3G **161**
Hilliard's Cross. *Staf* 4F **73**
Hilliclay. *High* 2D **168**
Hillingdon. *G Lon* 2B **38**
Hillington. *Glas* 3G **127**
Hillington. *Norf* 3G **77**
Hillmorton. *Warw* 3C **62**
Hill of Beath. *Fife* 4D **136**
Hill of Fearn. *High* 1C **158**
Hill of Fiddes. *Abers* 1G **153**
Hill of Keillor. *Ang* 4B **144**
Hill of Overbrae. *Abers* 2F **161**
Hill Ridware. *Staf* 4E **73**
Hillsborough. *Lis* 5G **175**
Hillsborough. *S Yor* 1H **85**
Hill Side. *W Yor* 3B **92**
Hillside. *Abers* 4G **153**
Hillside. *Ang* 2G **145**
Hillside. *Devn* 2D **8**
Hillside. *Mers* 3B **90**
Hillside. *Orkn* 5C **172**
Hillside. *Shet* 5F **173**
Hillside. *Shrp* 2A **60**
Hillside. *Worc* 4B **60**
Hillside of Prieston. *Ang* 5C **144**
Hill Somersal. *Derbs* 2F **73**
Hillstown. *Derbs* 4B **86**
Hillstreet. *Hants* 1B **16**
Hillswick. *Shet* 4D **173**
Hill Top. *Dur*
nr. Barnard Castle 2C **104**
nr. Durham 5F **115**
nr. Stanley 4E **115**
Hill View. *Dors* 3E **15**
Hillwell. *Shet* 10E **173**
Hill Wootton. *Warw* 4H **61**
Hillyland. *Per* 1C **136**
Hilmarton. *Wilts* 4F **35**
Hilperton. *Wilts* 1D **22**
Hilperton Marsh. *Wilts* 1D **22**
Hilsea. *Port* 2E **17**
Hilston. *E Yor* 1F **95**
Hiltingbury. *Hants* 4C **24**
Hilton. *Cambs* 4B **64**
Hilton. *Cumb* 2A **104**
Hilton. *Derbs* 2G **73**
Hilton. *Dors* 2C **14**
Hilton. *Dur* 2E **105**
Hilton. *High* 5E **165**
Hilton. *Shrp* 1B **60**
Hilton. *Staf* 5E **73**
Hilton. *Stoc T* 3B **106**
Hilton of Cadboll. *High* 1C **158**
Himbleton. *Worc* 5D **60**
Himley. *Staf* 1C **60**
Hincaster. *Cumb* 1E **97**
Hinchwick. *Glos* 3G **49**
Hinckley. *Leics* 1B **62**
Hinderclay. *Suff* 3C **66**
Hinderwell. *N Yor* 3E **107**
Hindford. *Shrp* 2F **71**
Hindhead. *Surr* 3G **25**
Hindley. *G Man* 4E **90**
Hindley. *Nmbd* 4D **114**
Hindley Green. *G Man* 4E **91**
Hindlip. *Worc* 5C **60**
Hindolveston. *Norf* 3C **78**
Hindon. *Wilts* 3E **23**
Hindringham. *Norf* 2B **78**
Hingham. *Norf* 5C **78**
Hinksford. *Staf* 2C **60**
Hinstock. *Shrp* 3A **72**
Hintlesham. *Suff* 1D **54**
Hinton. *Hants* 3H **15**
Hinton. *Here* 2G **47**
Hinton. *Nptn* 5C **62**
Hinton. *Shrp* 5G **71**
Hinton. *S Glo* 4C **34**
Hinton Ampner. *Hants* 4D **24**
Hinton Blewett. *Bath* 1A **22**
Hinton Charterhouse. *Bath* 1C **22**
Hinton-in-the-Hedges. *Nptn* 2D **50**
Hinton Martell. *Dors* 2F **15**
Hinton on the Green. *Worc* 1F **49**
Hinton Parva. *Swin* 3H **35**
Hinton St George. *Som* 1H **13**
Hinton St Mary. *Dors* 1C **14**
Hinton Waldrist. *Oxon* 2B **36**
Hints. *Shrp* 3A **60**
Hints. *Staf* 5F **73**
Hinwick. *Bed* 4G **63**
Hinxhill. *Kent* 1E **29**
Hinxton. *Cambs* 1E **53**
Hinxworth. *Herts* 1C **52**
Hipley. *Hants* 1E **16**
Hipperholme. *W Yor* 2B **92**
Hipsburn. *Nmbd* 3G **121**
Hipswell. *N Yor* 5E **105**
Hiraeth. *Carm* 2F **43**
Hirn. *Abers* 3E **153**
Hirnant. *Powy* 3C **70**
Hirst. *N Lan* 3B **128**
Hirst. *Nmbd* 1F **115**
Hirst Courtney. *N Yor* 2G **93**
Hirwaen. *Den* 4D **82**
Hirwaun. *Rhon* 5C **46**
Hiscott. *Devn* 4F **19**
Histon. *Cambs* 4D **64**
Hitcham. *Suff* 5B **66**
Hitchin. *Herts* 3B **52**
Hittisleigh. *Devn* 3H **11**
Hittisleigh Barton. *Devn* 3H **11**
Hive. *E Yor* 1B **94**
Hixon. *Staf* 3E **73**
Hoaden. *Kent* 5G **41**
Hoar Cross. *Staf* 3F **73**
Hoarwithy. *Here* 3A **48**
Hoath. *Kent* 4G **41**
Yr Hôb. *Flin* 5F **83**
Hobarris. *Shrp* 3F **59**
Hobbister. *Orkn* 7C **172**
Hobbles Green. *Suff* 5G **65**
Hobbs Cross. *Essx* 1F **39**
Hobkirk. *Bord* 3H **119**
Hobson. *Dur* 4E **115**
Hoby. *Leics* 4D **74**
Hockering. *Norf* 4C **78**
Hockering Heath. *Norf* 4C **78**
Hockerton. *Notts* 5E **86**
Hockley. *Essx* 1C **40**
Hockley. *Staf* 5G **73**
Hockley. *W Mid* 3G **61**
Hockley Heath. *W Mid* 3F **61**
Hockliffe. *C Beds* 3H **51**
Hockwold cum Wilton.
Norf 2G **65**
Hockworthy. *Devn* 1D **12**
Hoddesdon. *Herts* 5D **52**
Hoddlesden. *Bkbn* 2F **91**
Hoddomcross. *Dum* 2C **112**
Hodgeston. *Pemb* 5E **43**
Hodley. *Powy* 1D **58**
Hodnet. *Shrp* 3A **72**
Hodsoll Street. *Kent* 4H **39**
Hodson. *Swin* 3G **35**

Hodthorpe—Houghton

Hodthorpe. *Derbs* 3C 86
Hoe. *Norf* 4B 78
The Hoe. *Plym* 3A 8
Hoe Gate. *Hants* 1E 17
Hoff. *Cumb* 3H 103
Hoffleet Stow. *Linc* 2B 76
Hogaland. *Shet* 4E 173
Hogben's Hill. *Kent* 5E 41
Hoggard's Green. *Suff* 5A 66
Hoggeston. *Buck* 3G 51
Hoggrill's End. *Warw* 1G 61
Hogha Gearraidh. *W Isl* 1C 170
Hoghton. *Lanc* 2E 90
Hoghton Bottoms. *Lanc* 2E 91
Hognaston. *Derbs* 5G 85
Hogsthorpe. *Linc* 3E 89
Hogstock. *Dors* 2E 15
Holbeach. *Linc* 3C 76
Holbeach Bank. *Linc* 3C 76
Holbeach Clough. *Linc* 3C 76
Holbeach Drove. *Linc* 4C 76
Holbeach Hurn. *Linc* 3C 76
Holbeach St Johns. *Linc* 4C 76
Holbeach St Marks. *Linc* 2C 76
Holbeach St Matthew. *Linc* 2D 76
Holbeck. *Notts* 3C 86
Holbeck. *W Yor* 1C 92
Holbeck Woodhouse. *Notts* 3C 86
Holberrow Green. *Worc* 5E 61
Holbeton. *Devn* 3C 8
Holborn. *G Lon* 2E 39
Holbrook. *Derbs* 1A 74
Holbrook. *S Yor* 2B 86
Holbrook. *Suff* 2E 55
Holburn. *Nmbd* 1E 121
Holbury. *Hants* 2C 16
Holcombe. *Devn* 5C 12
Holcombe. *G Man* 3F 91
Holcombe. *Som* 2B 22
Holcombe Brook. *G Man* 3F 91
Holcombe Rogus. *Devn* 1D 12
Holcot. *Nptn* 4E 63
Holden. *Lanc* 5G 97
Holdenby. *Nptn* 4D 62
Holder's Green. *Essx* 3G 53
Holdgate. *Shrp* 2H 59
Holdingham. *Linc* 1H 75
Holditch. *Dors* 2G 13
Holemoor. *Devn* 2E 11
Hole Street. *W Sus* 4C 26
Holford. *Som* 2E 21
Holker. *Cumb* 2C 96
Holkham. *Norf* 1A 78
Hollacombe. *Devn* 2D 11
Holland. *Orkn*
on Papa Westray 2D 172
on Stronsay 5F 172
Holland Fen. *Linc* 1B 76
Holland Lees. *Lanc* 4D 90
Holland-on-Sea. *Essx* 4F 55
Holland Park. *W Mid* 5E 73
Hollandstoun. *Orkn* 2G 172
Hollesley. *Suff* 1G 55
Hollinfare. *Warr* 1A 84
Hollingbourne. *Kent* 5C 40
Hollingbury. *Brig* 5E 27
Hollingdon. *Buck* 3G 51
Hollingrove. *E Sus* 3A 28
Hollington. *Derbs* 2G 73
Hollington. *E Sus* 4B 28
Hollington. *Staf* 2E 73
Hollington Grove. *Derbs* 2G 73
Hollingworth. *G Man* 1E 85
Hollins. *Derbs* 3H 85
Hollins. *G Man*
nr. Bury 4G 91
nr. Middleton 4G 91
Hollinsclough. *Staf* 4E 85
Hollinswood. *Telf* 5B 72
Hollinthorpe. *W Yor* 1D 93
Hollinwood. *G Man* 4H 91
Hollinwood. *Shrp* 2H 71
Hollocombe. *Devn* 1G 11
Holloway. *Derbs* 5H 85
Hollowell. *Nptn* 3D 62
Hollow Meadows. *S Yor* 2G 85
Hollows. *Dum* 2E 113
Hollybush. *Cphy* 5E 47
Hollybush. *E Ayr* 3C 116
Hollybush. *Worc* 2C 48
Holly End. *Norf* 5D 77
Holly Hill. *N Yor* 4E 105
Hollyhurst. *Shrp* 1H 71
Hollym. *E Yor* 2G 95
Hollywood. *Worc* 3E 61
Holmacott. *Devn* 4F 19
Holmbridge. *W Yor* 4B 92
Holmbury St Mary. *Surr* 1C 26
Holmbush. *Corn* 3E 7
Holmcroft. *Staf* 3D 72
Holme. *Cambs* 2A 64
Holme. *Cumb* 2E 97
Holme. *N Lin* 4C 94
Holme. *N Yor* 1F 99
Holme. *Notts* 5F 87
Holme. *W Yor* 4B 92
Holmebridge. *Dors* 4D 15
Holme Chapel. *Lanc* 2G 91
Holme Hale. *Norf* 5A 78
Holme Lacy. *Here* 2A 48
Holme Marsh. *Here* 5F 59
Holmend. *Dum* 4C 118
Holme next the Sea. *Norf* 1G 77
Holme-on-Spalding-Moor.
E Yor 1B 94
Holme on the Wolds. *E Yor* 5D 100
Holme Pierrepont. *Notts* 2D 74
Holmer. *Here* 1A 48
Holmer Green. *Buck* 1A 38
Holmes. *Lanc* 3C 90
Holme St Cuthbert. *Cumb* 5C 112
Holmes Chapel. *Ches E* 4B 84
Holmesfield. *Derbs* 3H 85
Holmeswood. *Lanc* 3C 90
Holmewood. *Derbs* 4B 86
Holmfirth. *W Yor* 4B 92
Holmhead. *E Ayr* 2E 117
Holmisdale. *High* 4A 154
Holm of Drumlanrig. *Dum* 5H 117
Holmpton. *E Yor* 2G 95
Holmrook. *Cumb* 5B 102
Holmsgarth. *Shet* 7F 173
Holmside. *Dur* 5F 115
Holmwrangle. *Cumb* 5G 113
Holne. *Devn* 2D 8
Holsworthy. *Devn* 2D 10
Holsworthy Beacon. *Devn* 2D 10
Holt. *Dors* 2F 15
Holt. *Norf* 2C 78
Holt. *Wilts* 5D 34
Holt. *Worc* 4C 60
Holt. *Wrex* 5G 83
Holtby. *York* 4A 100
Holt End. *Hants* 3E 25
Holt End. *Worc* 4E 61
Holt Fleet. *Worc* 4C 60
Holt Green. *Lanc* 4B 90
Holt Heath. *Dors* 2F 15
Holt Heath. *Worc* 4C 60
Holton. *Oxon* 5D 50
Holton. *Som* 4B 22
Holton. *Suff* 3F 67
Holton cum Beckering. *Linc* 2A 88
Holton Heath. *Dors* 3E 15
Holton le Clay. *Linc* 4F 95
Holton le Moor. *Linc* 1H 87
Holton St Mary. *Suff* 2D 54
Holt Pound. *Hants* 2G 25
Holtsmere End. *Herts* 4A 52
Holtye. *E Sus* 2F 27
Holwell. *Dors* 1C 14
Holwell. *Herts* 2B 52
Holwell. *Leics* 3E 75
Holwell. *Oxon* 5H 49
Holwell. *Som* 2C 22
Holwick. *Dur* 2C 104
Holworth. *Dors* 4C 14
Holybourne. *Hants* 2F 25
Holy City. *Devn* 2G 13
Holy Cross. *Worc* 3D 60
Holyfield. *Essx* 5D 53
Holyhead. *IOA* 2B 80
Holy Island. *Nmbd* 5H 131
Holymoorside. *Derbs* 4H 85
Holyport. *Wind* 4G 37
Holystone. *Nmbd* 4D 120
Holytown. *N Lan* 3A 128
Holywell. *Cambs* 3C 64
Holywell. *Corn* 3B 6
Holywell. *Dors* 2A 14
Holywell. *Flin* 3D 82
Holywell. *Glos* 2C 34
Holywell. *Nmbd* 2G 115
Holywell. *Warw* 4F 61
Holywell Green. *W Yor* 3A 92
Holywell Lake. *Som* 4E 20
Holywell Row. *Suff* 3G 65
Holywood. *Ards* 4H 175
Holywood. *Dum* 1G 111
Homer. *Shrp* 5A 72
Homer Green. *Mers* 4B 90
Homersfield. *Suff* 2E 67
Hom Green. *Here* 3A 48
Homington. *Wilts* 4G 23
Honeyborough. *Pemb* 4D 42
Honeybourne. *Worc* 1G 49
Honeychurch. *Devn* 2G 11
Honeydon. *Bed* 5A 64
Honey Hill. *Kent* 4F 41
Honey Street. *Wilts* 5G 35
Honey Tye. *Suff* 2C 54
Honeywick. *C Beds* 3H 51
Honiley. *Warw* 3G 61
Honing. *Norf* 3F 79
Honingham. *Norf* 4D 78
Honington. *Linc* 1G 75
Honington. *Suff* 3B 66
Honington. *Warw* 1A 50
Honiton. *Devn* 2E 13
Honley. *W Yor* 3B 92
Honnington. *Telf* 4B 72
Hoo. *Suff* 5E 67
Hoobrook. *Worc* 3C 60
Hood Green. *S Yor* 4D 92
Hooe. *E Sus* 5A 28
Hooe. *Plym* 3B 8
Hooe Common. *E Sus* 4A 28
Hoo Green. *Ches E* 2B 84
Hoohill. *Bkpl* 1B 90
Hook. *Cambs* 1D 64
Hook. *E Yor* 2A 94
Hook. *G Lon* 4C 38
Hook. *Hants*
nr. Basingstoke 1F 25
nr. Fareham 2D 16
Hook. *Pemb* 3D 43
Hook. *Wilts* 3F 35
Hook-a-Gate. *Shrp* 5G 71
Hook Bank. *Worc* 1D 48
Hooke. *Dors* 2A 14
Hooker Gate. *Tyne* 4E 115
Hookgate. *Staf* 2B 72
Hook Green. *Kent*
nr. Lamberhurst 2A 28
nr. Meopham 4H 39
nr. Southfleet 3H 39
Hook Norton. *Oxon* 2B 50
Hook's Cross. *Herts* 3C 52
Hook Street. *Glos* 2B 34
Hookway. *Devn* 3B 12
Hookwood. *Surr* 1D 26
Hoole. *Ches W* 4G 83
Hooley. *Surr* 5D 39
Hooley Bridge. *G Man* 3G 91
Hooley Brow. *G Man* 3G 91
Hoo St Werburgh. *Medw* 3B 40
Hooton. *Ches W* 3F 83
Hooton Levitt. *S Yor* 1C 86
Hooton Pagnell. *S Yor* 4E 93
Hooton Roberts. *S Yor* 1B 86
Hoove. *Shet* 7E 173
Hope. *Derbs* 2F 85
Hope. *Flin* 5F 83
Hope. *High* 2E 167
Hope. *Powy* 5E 71
Hope. *Shrp* 5F 71
Hope. *Staf* 5F 85
Hope Bagot. *Shrp* 3H 59
Hope Bowdler. *Shrp* 1G 59
Hopedale. *Staf* 5F 85
Hope Green. *Ches E* 2D 84
Hopeman. *Mor* 2F 159
Hope Mansell. *Here* 4B 48
Hopesay. *Shrp* 2F 59
Hope's Green. *Essx* 2B 40
Hopetown. *W Yor* 2D 93
Hope under Dinmore. *Here* 5H 59
Hopley's Green. *Here* 5F 59
Hopperton. *N Yor* 4G 99
Hop Pole. *Linc* 4A 76
Hopstone. *Shrp* 1B 60
Hopton. *Derbs* 5G 85
Hopton. *Powy* 1E 59
Hopton. *Shrp*
nr. Oswestry 3F 71
nr. Wem 3H 71
Hopton. *Staf* 3D 72
Hopton. *Suff* 3B 66
Hopton Cangeford. *Shrp* 2H 59
Hopton Castle. *Shrp* 3F 59
Hopton Heath. *Staf* 3D 72
Hoptonheath. *Shrp* 3F 59
Hopton on Sea. *Norf* 5H 79
Hopton Wafers. *Shrp* 3A 60
Hopwas. *Staf* 5F 73
Hopwood. *Worc* 3E 61
Horam. *E Sus* 4G 27
Horbling. *Linc* 2A 76
Horbury. *W Yor* 3C 92
Horcott. *Glos* 5G 49
Horden. *Dur* 5H 115
Horderley. *Shrp* 2G 59
Hordle. *Hants* 3A 16
Hordley. *Shrp* 2F 71
Horeb. *Carm*
nr. Brechfa 3F 45
nr. Llanelli 5E 45
Horeb. *Cdgn* 1D 45
Horfield. *Bris* 4A 34
Horgabost. *W Isl* 8C 171
Horham. *Suff* 3E 66
Horkstow. *N Lin* 3C 94
Horley. *Oxon* 1C 50
Horley. *Surr* 1D 27
Horn Ash. *Dors* 2G 13
Hornblotton Green. *Som* 3A 22
Hornby. *Lanc* 3E 97
Hornby. *N Yor*
nr. Appleton Wiske 4A 106
nr. Catterick Garrison 5F 105
Horncastle. *Linc* 4B 88
Hornchurch. *G Lon* 2G 39
Horncliffe. *Nmbd* 5F 131
Horndean. *Hants* 1F 17
Horndean. *Bord* 5E 131
Horndon. *Devn* 4F 11
Horndon on the Hill. *Thur* 2A 40
Horne. *Surr* 1E 27
Horner. *Som* 2C 20
Horning. *Norf* 4F 79
Horninghold. *Leics* 1F 63
Horninglow. *Staf* 3G 73
Horningsea. *Cambs* 4D 65
Horningsham. *Wilts* 2D 22
Horningtoft. *Norf* 3B 78
Hornsbury. *Som* 1G 13
Hornsby. *Cumb* 4G 113
Hornsbygate. *Cumb* 4G 113
Horns Corner. *Kent* 3B 28
Horns Cross. *Devn* 4D 19
Hornsea. *E Yor* 5G 101
Hornsea Burton. *E Yor* 5G 101
Hornsey. *G Lon* 2E 39
Hornton. *Oxon* 1B 50
Horpit. *Swin* 3H 35
Horrabridge. *Devn* 2B 8
Horringer. *Suff* 4H 65
Horringford. *IOW* 4D 16
Horrocks Fold. *G Man* 3F 91
Horrocksford. *Lanc* 5G 97
Horsbrugh Ford. *Bord* 1E 119
Horsebridge. *Devn* 5E 11
Horsebridge. *Hants* 3B 24
Horsebrook. *Staf* 4C 72
Horsecastle. *N Som* 5H 33
Horsehay. *Telf* 5A 72
Horseheath. *Cambs* 1G 53
Horsehouse. *N Yor* 1C 98
Horsell. *Surr* 5A 38
Horseman's Green. *Wrex* 1G 71
Horsenden. *Buck* 5F 51
Horseway. *Cambs* 2D 64
Horsey. *Norf* 3G 79
Horsey. *Som* 3G 21
Horsford. *Norf* 4D 78
Horsforth. *W Yor* 1C 92
Horsham. *W Sus* 2C 26
Horsham. *Worc* 5B 60
Horsham St Faith. *Norf* 4E 78
Horsington. *Linc* 4A 88
Horsington. *Som* 4C 22
Horsley. *Derbs* 1A 74
Horsley. *Glos* 2D 34
Horsley. *Nmbd*
nr. Prudhoe 3D 115
nr. Rochester 5C 120
Horsley Cross. *Essx* 3E 54
Horsleycross Street. *Essx* 3E 54
Horsleyhill. *Bord* 3H 119
Horsleyhope. *Dur* 5D 114
Horsley Woodhouse.
Derbs 1A 74
Horsmonden. *Kent* 1A 28
Horspath. *Oxon* 5D 50
Horstead. *Norf* 4E 79
Horsted Keynes. *W Sus* 3E 27
Horton. *Buck* 4H 51
Horton. *Dors* 2F 15
Horton. *Lanc* 4A 98
Horton. *Nptn* 5F 63
Horton. *Shrp* 2G 71
Horton. *Som* 1G 13
Horton. *S Glo* 3C 34
Horton. *Staf* 5D 84
Horton. *Swan* 4D 30
Horton. *Wilts* 5F 35
Horton. *Wind* 3B 38
Horton Cross. *Som* 1G 13
Horton-cum-Studley. *Oxon* 4D 50
Horton Grange. *Nmbd* 2F 115
Horton Green. *Ches W* 1G 71
Horton Heath. *Hants* 1C 16
Horton in Ribblesdale.
N Yor 2H 97
Horton Kirby. *Kent* 4G 39
Hortonwood. *Telf* 4A 72
Horwich. *G Man* 3E 91
Horwich End. *Derbs* 2E 85
Horwood. *Devn* 4F 19
Hoscar. *Lanc* 3C 90
Hose. *Leics* 3E 75
Hosh. *Per* 1A 136
Hosta. *W Isl* 1C 170
Hoswick. *Shet* 9F 173
Hotham. *E Yor* 1B 94
Hothfield. *Kent* 1D 28
Hoton. *Leics* 3C 74
Houbie. *Shet* 2H 173
Hough. *Arg* 4A 138
Hough. *Ches E*
nr. Crewe 5B 84
nr. Wilmslow 3C 84
Hougham. *Linc* 1F 75
Hough Green. *Hal* 2G 83
Hough-on-the-Hill. *Linc* 1G 75
Houghton. *Cambs* 3B 64
Houghton. *Cumb* 4F 113
Houghton. *Hants* 3B 24
Houghton. *Nmbd* 3E 115

Houghton—Ingoldisthorpe

Houghton. Pemb 4D 43
Houghton. W Sus 4B 26
Houghton Bank. Darl 2F 105
Houghton Conquest. C Beds 1A 52
Houghton Green. E Sus 3D 28
Houghton-le-Side. Darl 2F 105
Houghton-le-Spring. Tyne 4G 115
Houghton on the Hill. Leics 5D 74
Houghton Regis. C Beds 3A 52
Houghton St Giles. Norf 2B 78
Houlland. Shet
on Mainland 6E 173
on Yell 4G 173
Houlsyke. N Yor 4E 107
Houlton. Warw 3C 62
Hound. Hants 2C 16
Hound Green. Hants 1F 25
Houndslow. Bord 5C 130
Houndsmoor. Som 4E 21
Houndwood. Bord 3E 131
Hounsdown. Hants 1B 16
Hounslow. G Lon 3C 38
Housabister. Shet 6F 173
Housay. Shet 4H 173
Househill. High 3C 158
Housetter. Shet 3E 173
Houss. Shet 8E 173
Houston. Ren 3F 127
Housty. High 5D 168
Houton. Orkn 7C 172
Hove. Brig 5D 27
Hoveringham. Notts 1D 74
Hoveton. Norf 4F 79
Hovingham. N Yor 2A 100
How. Cumb 4G 113
How Caple. Here 2B 48
Howden. E Yor 2H 93
Howden-le-Wear. Dur 1E 105
Howe. High 2F 169
Howe. Norf 5E 79
Howe. N Yor 1F 99
The Howe. Cumb 1D 96
The Howe. IOM 5A 108
Howe Green. Essx 5H 53
Howe Green. Warw 2H 61
Howegreen. Essx 5B 54
Howell. Linc 1A 76
How End. C Beds 1A 52
Howe of Teuchar. Abers 4E 161
Howes. Dum 3C 112
Howe Street. Essx
nr. Chelmsford 4G 53
nr. Finchingfield 2G 53
Howey. Powy 5C 58
Howgate. Midl 4F 129
Howgill. Lanc 5H 97
Howgill. N Yor 4C 98
How Green. Kent 1F 27
How Hill. Norf 4F 79
Howick. Nmbd 3G 121
Howle. Telf 3A 72
Howle Hill. Here 3B 48
Howleigh. Som 1F 13
Howlett End. Essx 2F 53
Howley. Som 2F 13
Howley. Warr 2A 84
Hownam. Bord 3B 120
Howsham. N Lin 4D 94
Howsham. N Yor 3B 100
Howtel. Nmbd 1C 120
Howt Green. Kent 4C 40
Howton. Here 3H 47
Howwood. Ren 3E 127
Hoxne. Suff 3D 66
Hoylake. Mers 2E 82
Hoyland. S Yor 4D 92
Hoylandswaine. S Yor 4C 92
Hoyle. W Sus 4A 26
Hubberholme. N Yor 2B 98
Hubberston. Pemb 4C 42
Hubbert's Bridge. Linc 1B 76
Huby. N Yor
nr. Harrogate 5E 99
nr. York 3H 99
Hucclecote. Glos 4D 48
Hucking. Kent 5C 40
Hucknall. Notts 1C 74
Huddersfield. W Yor 3B 92
Huddington. Worc 5D 60
Huddlesford. Staf 5F 73
Hudswell. N Yor 4E 105
Huggate. E Yor 4C 100
Hugglescote. Leics 4B 74
Hughenden Valley. Buck 2G 37
Hughley. Shrp 1H 59
Hughton. High 4G 157
Hugh Town. IOS 1B 4
Hugus. Corn 4B 6
Huish. Devn 1F 11
Huish. Wilts 5G 35
Huish Champflower. Som 4D 20
Huish Episcopi. Som 4H 21
Huisinis. W Isl 6B 171
Hulcote. Nptn 1F 51
Hulcott. Buck 4G 51
Hulham. Devn 4D 12
Hull. Hull 2E 94
Hulland. Derbs 1G 73
Hulland Moss. Derbs 1G 73
Hulland Ward. Derbs 1G 73
Hullavington. Wilts 3D 35
Hullbridge. Essx 1C 40
Hulme. G Man 1C 84
Hulme. Staf 1D 72
Hulme End. Staf 5F 85
Hulme Walfield. Ches E 4C 84
Hulverstone. IOW 4B 16
Hulver Street. Suff 2G 67
Humber. Devn 5C 12
Humber. Here 5H 59
Humber Bridge. N Lin 2D 94
Humberside Airport. N Lin 3D 94
Humberston. NE Lin 4G 95
Humberstone. Leic 5D 74
Humbie. E Lot 3A 130
Humbleton. E Yor 1F 95
Humbleton. Nmbd 2D 121
Humby. Linc 2H 75
Hume. Bord 5D 130
Humshaugh. Nmbd 2C 114
Huna. High 1F 169
Huncoat. Lanc 1F 91
Huncote. Leics 1C 62
Hundall. Derbs 3A 86
Hunderthwaite. Dur 2C 104
Hundleby. Linc 4C 88
Hundle Houses. Linc 5B 88
Hundleton. Pemb 4D 42
Hundon. Suff 1H 53
The Hundred. Here 4H 59
Hundred Acres. Hants 1D 16
Hundred House. Powy 5D 58
Hungarton. Leics 5D 74
Hungerford. Hants 1G 15
Hungerford. Shrp 2H 59
Hungerford. Som 2D 20
Hungerford. W Ber 5B 36
Hungerford Newtown.
W Ber 4B 36
Hunger Hill. G Man 4E 91
Hungerton. Linc 2F 75
Hungladder. High 1C 154
Hungryhatton. Shrp 3A 72
Hunmanby. N Yor 2E 101
Hunmanby Sands. N Yor 2F 101
Hunningham. Warw 4A 62
Hunnington. Worc 2D 60
Hunny Hill. IOW 4C 16
Hunsdon. Herts 4E 53
Hunsdonbury. Herts 4E 53
Hunsingore. N Yor 4G 99
Hunslet. W Yor 1D 92
Hunslet Carr. W Yor 1D 92
Hunsonby. Cumb 1G 103
Hunspow. High 1E 169
Hunstanton. Norf 1F 77
Hunstanworth. Dur 5C 114
Hunston. Suff 4B 66
Hunston. W Sus 2G 17
Hunstrete. Bath 5B 34
Hunt End. Worc 4E 61
Hunterfield. Midl 3G 129
Hunters Forstal. Kent 4F 41
Hunter's Quay. Arg 2C 126
Huntham. Som 4G 21
Hunthill Lodge. Ang 1D 144
Huntingdon. Cambs 3B 64
Huntingfield. Suff 3F 67
Huntingford. Wilts 4D 22
Huntington. Ches W 4G 83
Huntington. E Lot 2A 130
Huntington. Here 5E 59
Huntington. Staf 4D 72
Huntington. Telf 5A 72
Huntington. York 4A 100
Huntingtower. Per 1C 136
Huntley. Glos 4C 48
Huntley. Staf 1E 73
Huntly. Abers 5C 160
Huntlywood. Bord 5C 130
Hunton. Hants 3C 24
Hunton. Kent 1B 28
Hunton. N Yor 5E 105
Hunton Bridge. Herts 1B 38
Hunt's Corner. Norf 2C 66
Huntscott. Som 2C 20
Hunt's Cross. Mers 2G 83
Hunts Green. Warw 1F 61
Huntsham. Devn 4D 20
Huntshaw. Devn 4F 19
Huntspill. Som 2G 21
Huntstile. Som 3F 21
Huntworth. Som 3G 21
Hunwick. Dur 1E 105
Hunworth. Norf 2C 78
Hurcott. Som
nr. Ilminster 1G 13
nr. Somerton 4A 22
Hurdcott. Wilts 3G 23
Hurdley. Powy 1E 59
Hurdsfield. Ches E 3D 84
Hurlet. Glas 3G 127
Hurley. Warw 1G 61
Hurley. Wind 3G 37
Hurlford. E Ayr 1D 116
Hurliness. Orkn 9B 172
Hurlston Green. Lanc 3C 90
Hurn. Dors 3G 15
Hursey. Dors 2H 13
Hursley. Hants 4C 24
Hurst. G Man 4H 91
Hurst. N Yor 4D 104
Hurst. Som 1H 13
Hurst. Wok 4F 37
Hurstbourne Priors. Hants 2C 24
Hurstbourne Tarrant. Hants 1B 24
Hurst Green. Ches E 1H 71
Hurst Green. E Sus 3B 28
Hurst Green. Essx 4D 54
Hurst Green. Lanc 1E 91
Hurst Green. Surr 5E 39
Hurstley. Here 1G 47
Hurstpierpoint. W Sus 4D 27
Hurstway Common. Here 1G 47
Hurst Wickham. W Sus 4D 27
Hurstwood. Lanc 1G 91
Hurtmore. Surr 1A 26
Hurworth-on-Tees. Darl 3A 106
Hurworth Place. Darl 4F 105
Hury. Dur 3C 104
Husbands Bosworth. Leics 2D 62
Husborne Crawley. C Beds 2H 51
Husthwaite. N Yor 2H 99
Hutcherleigh. Devn 3D 9
Hut Green. N Yor 2F 93
Huthwaite. Notts 5B 86
Huttoft. Linc 3E 89
Hutton. Cumb 2F 103
Hutton. E Yor 4E 101
Hutton. Essx 1H 39
Hutton. Lanc 2C 90
Hutton. N Som 1G 21
Hutton. Bord 4F 131
Hutton Bonville. N Yor 4A 106
Hutton Buscel. N Yor 1D 100
Hutton Conyers. N Yor 2F 99
Hutton Cranswick. E Yor 4E 101
Hutton End. Cumb 1F 103
Hutton Gate. Red C 3C 106
Hutton Henry. Dur 1B 106
Hutton-le-Hole. N Yor 1B 100
Hutton Magna. Dur 3E 105
Hutton Mulgrave. N Yor 4F 107
Hutton Roof. Cumb
nr. Kirkby Lonsdale 2E 97
nr. Penrith 1E 103
Hutton Rudby. N Yor 4B 106
Huttons Ambo. N Yor 3B 100
Hutton Sessay. N Yor 2G 99
Hutton Village. Red C 3D 106
Hutton Wandesley. N Yor 4H 99
Huxham. Devn 3C 12
Huxham Green. Som 3A 22
Huxley. Ches W 4H 83
Huxter. Shet
on Mainland 6C 173
on Whalsay 5G 173
Huyton. Mers 1G 83
Hwlffordd. Pemb 3D 42
Hycemoor. Cumb 1A 96
Hyde. Glos
nr. Stroud 5D 49
nr. Winchcombe 3F 49
Hyde. G Man 1D 84
Hyde Heath. Buck 5H 51
Hyde Lea. Staf 4D 72
Hyde Park. S Yor 4F 93
Hydestile. Surr 1A 26
Hyndford Bridge. S Lan 5C 128
Hynish. Arg 5A 138
Hyssington. Powy 1F 59
Hythe. Hants 2C 16
Hythe. Kent 2F 29
Hythe End. Wind 3B 38
Hythie. Abers 3H 161
Hyton. Cumb 1A 96

I

Ianstown. Mor 2B 160
Iarsiadar. W Isl 4D 171
Ibberton. Dors 2C 14
Ible. Derbs 5G 85
Ibrox. Glas 3G 127
Ibsley. Hants 2G 15
Ibstock. Leics 4B 74
Ibstone. Buck 2F 37
Ibthorpe. Hants 1B 24
Iburndale. N Yor 4F 107
Ibworth. Hants 1D 24
Icelton. N Som 5G 33
Ichrachan. Arg 5E 141
Ickburgh. Norf 1H 65
Ickenham. G Lon 2B 38
Ickenthwaite. Cumb 1C 96
Ickford. Buck 5E 51
Ickham. Kent 5G 41
Ickleford. Herts 2B 52
Icklesham. E Sus 4C 28
Ickleton. Cambs 1E 53
Icklingham. Suff 3G 65
Ickwell. C Beds 1B 52
Icomb. Glos 3H 49
Idbury. Oxon 4H 49
Iddesleigh. Devn 2F 11
Ide. Devn 3B 12
Ideford. Devn 5B 12
Ide Hill. Kent 5F 39
Iden. E Sus 3D 28
Iden Green. Kent
nr. Benenden 2C 28
nr. Goudhurst 2B 28
Idle. W Yor 1B 92
Idless. Corn 4C 6
Idlicote. Warw 1A 50
Idmiston. Wilts 3G 23
Idole. Carm 4E 45
Idridgehay. Derbs 1G 73
Idrigill. High 2C 154
Idstone. Oxon 3A 36
Iffley. Oxon 5D 50
Ifield. W Sus 2D 26
Ifieldwood. W Sus 2D 26
Ifold. W Sus 2B 26
Iford. E Sus 5F 27
Ifton Heath. Shrp 2F 71
Ightfield. Shrp 2H 71
Ightham. Kent 5G 39
Iken. Suff 5G 67
Ilam. Staf 5F 85
Ilchester. Som 4A 22
Ilderton. Nmbd 2E 121
Ilford. G Lon 2F 39
Ilford. Som 1G 13
Ilfracombe. Devn 2F 19
Ilkeston. Derbs 1B 74
Ilketshall St Andrew. Suff 2F 67
Ilketshall St Lawrence. Suff 2F 67
Ilketshall St Margaret. Suff 2F 67
Ilkley. W Yor 5D 98
Illand. Corn 5C 10
Illey. W Mid 2D 61
Illidge Green. Ches E 4B 84
Illington. Norf 2B 66
Illingworth. W Yor 2A 92
Illogan. Corn 4A 6
Illogan Highway. Corn 4A 6
Illston on the Hill. Leics 1E 62
Ilmer. Buck 5F 51
Ilmington. Warw 1H 49
Ilminster. Som 1G 13
Ilsington. Devn 5A 12
Ilsington. Dors 3C 14
Ilston. Swan 3E 31
Ilton. N Yor 2D 98
Ilton. Som 1G 13
Imachar. N Ayr 5G 125
Imber. Wilts 2E 23
Immingham. NE Lin 3E 95
Immingham Dock. NE Lin 3F 95
Impington. Cambs 4D 64
Ince. Ches W 3G 83
Ince Blundell. Mers 4B 90
Ince-in-Makerfield. G Man 4D 90
Inchbae Lodge. High 2G 157
Inchbare. Ang 2F 145
Inchberry. Mor 3H 159
Inchbraoch. Ang 3G 145
Inchbrook. Glos 5D 48
Incheril. High 2C 156
Inchinnan. Ren 3F 127
Inchlaggan. High 3D 148
Inchmichael. Per 1E 137
Inchnadamph. High 1G 163
Inchree. High 2E 141
Inchture. Per 1E 137
Inchyra. Per 1D 136
Indian Queens. Corn 3D 6
Ingatestone. Essx 1H 39
Ingbirchworth. S Yor 4C 92
Ingestre. Staf 3D 73
Ingham. Linc 2G 87
Ingham. Norf 3F 79
Ingham. Suff 3A 66
Ingham Corner. Norf 3F 79
Ingleborough. Norf 4D 76
Ingleby. Derbs 3H 73
Ingleby Arncliffe. N Yor 4B 106
Ingleby Barwick. Stoc T 3B 106
Ingleby Greenhow. N Yor 4C 106
Ingleigh Green. Devn 2G 11
Inglemire. Hull 1D 94
Inglesbatch. Bath 5C 34
Ingleton. Dur 2E 105
Ingleton. N Yor 2F 97
Inglewhite. Lanc 5E 97
Ingoe. Nmbd 2D 114
Ingol. Lanc 1D 90
Ingoldisthorpe. Norf 2F 77

Ingoldmells. Linc 4E 89
Ingoldsby. Linc 2H 75
Ingon. Warw 5G 61
Ingram. Nmbd 3E 121
Ingrave. Essx 1H 39
Ingrow. W Yor 1A 92
Ings. Cumb 5F 103
Ingst. S Glo 3A 34
Ingthorpe. Rut 5G 75
Ingworth. Norf 3D 78
Inkberrow. Worc 5E 61
Inkford. Worc 3E 61
Inkpen. W Ber 5B 36
Inkstack. High 1E 169
Innellan. Arg 3C 126
Inner Hope. Devn 5C 8
Innerleith. Fife 2E 137
Innerleithen. Bord 1F 119
Innerleven. Fife 3F 137
Innermessan. Dum 3F 109
Innerwick. E Lot 2D 130
Innerwick. Per 4C 142
Innsworth. Glos 3D 48
Insch. Abers 1D 152
Insh. High 3C 150
Inshegra. High 3C 166
Inshore. High 1D 166
Inskip. Lanc 1C 90
Instow. Devn 3E 19
Intwood. Norf 5D 78
Inver. Abers 4G 151
Inver. High 5F 165
Inver. Per 4H 143
Inverailort. High 5F 147
Inveralligin. High 3H 155
Inverallochy. Abers 2H 161
Inveramsay. Abers 1E 153
Inveran. High 4C 164
Inveraray. Arg 3H 133
Inverarish. High 5E 155
Inverarity. Ang 4D 144
Inverarnan. Stir 2C 134
Inverarnie. High 5A 158
Inverbeg. Arg 4C 134
Inverbervie. Abers 1H 145
Inverboyndie. Abers 2D 160
Invercassley. High 3B 164
Invercharnan. High 4F 141
Inverchoran. High 3E 157
Invercreran. Arg 4E 141
Inverdruie. High 2D 150
Inverebrie. Abers 5G 161
Invereck. Arg 1C 126
Inveresk. E Lot 2G 129
Inveresragan. Arg 5D 141
Inverey. Abers 5E 151
Inverfarigaig. High 1H 149
Invergarry. High 3F 149
Invergeldie. Per 1G 135
Invergordon. High 2B 158
Invergowrie. Per 5C 144
Inverguseran. High 3F 147
Inverharroch. Mor 5A 160
Inverie. High 3F 147
Inverinan. Arg 2G 133
Inverinate. High 1B 148
Inverkeilor. Ang 4F 145
Inverkeithing. Fife 1E 129
Inverkeithny. Abers 4D 160
Inverkip. Inv 2D 126
Inverkirkaig. High 2E 163
Inverlael. High 5F 163
Inverliever Lodge. Arg 3F 133
Inverliver. Arg 5E 141
Inverlochlarig. Stir 2D 134
Inverlochy. High 1F 141
Inverlussa. Arg 1E 125
Inver Mallie. High 5D 148
Invermarkie. Abers 5B 160
Invermoriston. High 2G 149
Invernaver. High 2H 167
Inverneil House. Arg 1G 125
Inverness. High 4A 158
Inverness Airport. High 3B 158
Invernettie. Abers 4H 161
Inverpolly Lodge. High 2E 163
Inverquhomery. Abers 4H 161
Inverroy. High 5E 149
Inversanda. High 3D 140
Invershiel. High 2B 148
Invershin. High 4C 164
Invershore. High 5E 169
Inversnaid. Stir 3C 134
Inverugie. Abers 4H 161
Inveruglas. Arg 3C 134
Inverurie. Abers 1E 153
Invervar. Per 4D 142
Inverythan. Abers 4E 161
Inwardleigh. Devn 3F 11
Inworth. Essx 4B 54
Iochdar. W Isl 4C 170
Iping. W Sus 4G 25
Ipplepen. Devn 2E 9
Ipsden. Oxon 3E 37
Ipstones. Staf 1E 73
Ipswich. Suff 1E 55
Irby. Mers 2E 83
Irby in the Marsh. Linc 4D 88
Irby upon Humber. NE Lin 4E 95
Irchester. Nptn 4G 63
Ireby. Cumb 1D 102
Ireby. Lanc 2F 97
Ireland. Shet 9E 173
Ireleth. Cumb 2B 96
Ireshopeburn. Dur 1B 104
Ireton Wood. Derbs 1G 73
Irlam. G Man 1B 84
Irnham. Linc 3H 75
Iron Acton. S Glo 3B 34
Iron Bridge. Cambs 1D 65
Ironbridge. Telf 5A 72
Iron Cross. Warw 5E 61
Ironville. Derbs 5B 86
Irstead. Norf 3F 79
Irthington. Cumb 3F 113
Irthlingborough. Nptn 3G 63
Irton. N Yor 1E 101
Irvine. N Ayr 1C 116
Irvine Mains. N Ayr 1C 116
Irvinestown. Ferm 5B 174
Isabella Pit. Nmbd 1G 115
Isauld. High 2B 168
Isbister. Orkn 6C 172
Isbister. Shet
on Mainland 2E 173
on Whalsay 5G 173
Isfield. E Sus 4F 27
Isham. Nptn 3F 63
Island Carr. N Lin 4C 94
Islay Airport. Arg 4B 124
Isle Abbotts. Som 4G 21
Isle Brewers. Som 4G 21
Isleham. Cambs 3F 65
Isle of Man Airport. IOM 5B 108
Isle of Thanet. Kent 4H 41
Isle of Whithorn. Dum 5B 110
Isle of Wight. IOW 4C 16
Isleornsay. High 2F 147
Islesburgh. Shet 5E 173
Isles of Scilly Airport. IOS 1B 4
Islesteps. Dum 2A 112
Isleworth. G Lon 3C 38
Isley Walton. Leics 3B 74
Islibhig. W Isl 5B 171
Islington. G Lon 2E 39
Islington. Telf 3B 72
Islip. Nptn 3G 63
Islip. Oxon 4D 50
Isombridge. Telf 4A 72
Istead Rise. Kent 4H 39
Itchen. Sotn 1C 16
Itchen Abbas. Hants 3D 24
Itchenor. W Sus 2F 17
Itchen Stoke. Hants 3D 24
Itchingfield. W Sus 3C 26
Itchington. S Glo 3B 34
Itlaw. Abers 3D 160
Itteringham. Norf 2D 78
Itteringham Common. Norf 3D 78
Itton. Devn 3G 11
Itton Common. Mon 2H 33
Ivegill. Cumb 5F 113
Ivelet. N Yor 5C 104
Iverchaolain. Arg 2B 126
Iver Heath. Buck 2B 38
Iveston. Dur 4E 115
Ivetsey Bank. Staf 4C 72
Ivinghoe. Buck 4H 51
Ivinghoe Aston. Buck 4H 51
Ivington. Here 5G 59
Ivington Green. Here 5G 59
Ivybridge. Devn 3C 8
Ivychurch. Kent 3E 29
Ivy Hatch. Kent 5G 39
Ivy Todd. Norf 5A 78
Iwade. Kent 4D 40
Iwerne Courtney. Dors 1D 14
Iwerne Minster. Dors 1D 14
Ixworth. Suff 3B 66
Ixworth Thorpe. Suff 3B 66

J

Jackfield. Shrp 5A 72
Jack Hill. N Yor 4D 98
Jacksdale. Notts 5B 86
Jackton. S Lan 4G 127
Jacobstow. Corn 3B 10
Jacobstowe. Devn 2F 11
Jacobs Well. Surr 5A 38
Jameston. Pemb 5E 43
Jamestown. Dum 5F 119
Jamestown. Fife 1E 129
Jamestown. High 3G 157
Jamestown. W Dun 1E 127
Janetstown. High
nr. Thurso 2C 168
nr. Wick 3F 169
Jarrow. Tyne 3G 115
Jarvis Brook. E Sus 3G 27
Jasper's Green. Essx 3H 53
Jaywick. Essx 4E 55
Jedburgh. Bord 2A 120
Jeffreyston. Pemb 4E 43
Jemimaville. High 2B 158
Jenkins Park. High 3F 149
Jersey Marine. Neat 3G 31
Jesmond. Tyne 3F 115
Jevington. E Sus 5G 27
Jingle Street. Mon 4H 47
Jockey End. Herts 4A 52
Jodrell Bank. Ches E 3B 84
Johnby. Cumb 1F 103
John O'Gaunts. W Yor 2D 92
John o' Groats. High 1F 169
John's Cross. E Sus 3B 28
Johnshaven. Abers 2G 145
Johnson Street. Norf 4F 79
Johnston. Pemb 3D 42
Johnstone. Ren 3F 127
Johnstonebridge. Dum 5C 118
Johnstown. Carm 4E 45
Johnstown. Wrex 1F 71
Joppa. Edin 2G 129
Joppa. S Ayr 3D 116
Jordan Green. Norf 3C 78
Jordans. Buck 1A 38
Jordanston. Pemb 1D 42
Jump. S Yor 4D 93
Jumpers Common. Dors 3G 15
Juniper. Nmbd 4C 114
Juniper Green. Edin 3E 129
Jurby East. IOM 2C 108
Jurby West. IOM 2C 108
Jury's Gap. E Sus 4D 28

K

Kaber. Cumb 3A 104
Kaimend. S Lan 5C 128
Kaimes. Edin 3F 129
Kaimrig End. Bord 5D 129
Kames. Arg 2A 126
Kames. E Ayr 2F 117
Kea. Corn 4C 6
Keadby. N Lin 3B 94
Keady. Arm 6E 175
Keal Cotes. Linc 4C 88
Kearsley. G Man 4F 91
Kearsney. Kent 1G 29
Kearstwick. Cumb 1F 97
Kearton. N Yor 5C 104
Kearvaig. High 1C 166
Keasden. N Yor 3G 97
Keason. Corn 2H 7
Keckwick. Hal 2H 83
Keddington. Linc 2C 88
Keddington Corner. Linc 2C 88
Kedington. Suff 1H 53
Kedleston. Derbs 1H 73
Kedlock Feus. Fife 2F 137
Keekle. Cumb 3B 102
Keelby. Linc 3E 95
Keele. Staf 1C 72
Keeley Green. Bed 1A 52
Keeston. Pemb 3D 42
Keevil. Wilts 1E 23
Kegworth. Leics 3B 74
Kehelland. Corn 2D 4
Keig. Abers 2D 152
Keighley. W Yor 5C 98
Keilarsbrae. Clac 4A 136
Keillmore. Arg 1E 125
Keillor. Per 4B 144
Keillour. Per 1B 136
Keills. Arg 3C 124
Keiloch. Abers 4F 151
Keils. Arg 3D 124
Keinton Mandeville. Som 3A 22
Keir Mill. Dum 5A 118
Keirsleywell Row. Nmbd 4A 114
Keisby. Linc 3H 75
Keisley. Cumb 2A 104
Keiss. High 2F 169
Keith. Mor 3B 160
Keith Inch. Abers 4H 161
Kelbrook. Lanc 5B 98
Kelby. Linc 1H 75
Keld. Cumb 3G 103
Keld. N Yor 4B 104
Keldholme. N Yor 1B 100
Kelfield. N Lin 4B 94
Kelfield. N Yor 1F 93
Kelham. Notts 5E 87
Kellacott. Devn 4E 11
Kellan. Arg 4G 139
Kellas. Ang 5D 144
Kellas. Mor 3F 159
Kellaton. Devn 5E 9
Kelleth. Cumb 4H 103
Kelling. Norf 1C 78
Kellingley. N Yor 2F 93
Kellington. N Yor 2F 93
Kelloe. Dur 1A 106
Kelloholm. Dum 3G 117
Kells. Cumb 3A 102
Kells. ME Ant 3G 175
Kelly. Devn 4D 11
Kelly Bray. Corn 5D 10
Kelmarsh. Nptn 3E 63
Kelmscott. Oxon 2H 35
Kelsale. Suff 4F 67
Kelsall. Ches W 4H 83
Kelshall. Herts 2D 52
Kelsick. Cumb 4C 112
Kelso. Bord 1B 120
Kelstedge. Derbs 4H 85
Kelstern. Linc 1B 88
Kelsterton. Flin 3E 83
Kelston. Bath 5C 34
Keltneyburn. Per 4E 143
Kelton. Dum 2A 112
Kelton Hill. Dum 4E 111
Kelty. Fife 4D 136
Kelvedon. Essx 4B 54
Kelvedon Hatch. Essx 1G 39
Kelvinside. Glas 3G 127
Kelynack. Corn 3A 4
Kemback. Fife 2G 137
Kemberton. Shrp 5B 72
Kemble. Glos 2E 35
Kemerton. Worc 2E 49
Kemeys Commander. Mon 5G 47
Kemnay. Abers 2E 153
Kempe's Corner. Kent 1E 29
Kempley. Glos 3B 48
Kempley Green. Glos 3B 48
Kempsey. Worc 1D 48
Kempsford. Glos 2G 35
Kemps Green. Warw 3F 61
Kempshott. Hants 2E 24
Kempston. Bed 1A 52
Kempston Hardwick. Bed 1A 52
Kempton. Shrp 2F 59
Kemp Town. Brig 5E 27
Kemsing. Kent 5G 39
Kemsley. Kent 4D 40
Kenardington. Kent 2D 28
Kenchester. Here 1H 47
Kencot. Oxon 5A 50
Kendal. Cumb 5G 103
Kendleshire. S Glo 4B 34
Kendray. S Yor 4D 92
Kenfig. B'end 3B 32
Kenfig Hill. B'end 3B 32
Kengharair. Arg 4F 139
Kenilworth. Warw 3G 61
Kenknock. Stir 5B 142
Kenley. G Lon 5E 39
Kenley. Shrp 5H 71
Kenmore. High 3G 155
Kenmore. Per 4E 143
Kenn. Devn 4C 12
Kenn. N Som 5H 33
Kennacraig. Arg 3G 125
Kenneggy Downs. Corn 4C 4
Kennerleigh. Devn 2B 12
Kennet. Clac 4B 136
Kennethmont. Abers 1C 152
Kennett. Cambs 4G 65
Kennford. Devn 4C 12
Kenninghall. Norf 2C 66
Kennington. Kent 1E 28
Kennington. Oxon 5D 50
Kennoway. Fife 3F 137
Kennyhill. Suff 3F 65
Kennythorpe. N Yor 3B 100
Kenovay. Arg 4A 138
Kensaleyre. High 3D 154
Kensington. G Lon 3D 38
Kenstone. Shrp 3H 71
Kensworth. C Beds 4A 52
Kensworth Common. C Beds 4A 52
Kentallen. High 3E 141
Kentchurch. Here 3H 47
Kentford. Suff 4G 65
Kentisbeare. Devn 2D 12
Kentisbury. Devn 2G 19
Kentisbury Ford. Devn 2G 19
Kentmere. Cumb 4F 103
Kenton. Devn 4C 12
Kenton. G Lon 2C 38
Kenton. Suff 4D 66
Kenton Bankfoot. Tyne 3F 115
Kentra. High 2A 140
Kentrigg. Cumb 5G 103
Kents Bank. Cumb 2C 96
Kent's Green. Glos 3C 48
Kent's Oak. Hants 4B 24
Kent Street. E Sus 4B 28
Kent Street. Kent 5A 40
Kent Street. W Sus 3D 26
Kenwick. Shrp 2G 71
Kenwyn. Corn 4C 6
Kenyon. Warr 1A 84
Keoldale. High 2D 166

Keppoch. High 1B 148
Kepwick. N Yor 5B 106
Keresley. W Mid 2H 61
Keresley Newland. Warw 2H 61
Keristal. IOM 4C 108
Kerne Bridge. Here 4A 48
Kerridge. Ches E 3D 84
Kerris. Corn 4B 4
Kerrow. High 5F 157
Kerry. Powy 2D 58
Kerrycroy. Arg 3C 126
Kerry's Gate. Here 2G 47
Kersall. Notts 4E 86
Kersbrook. Devn 4D 12
Kerse. Ren 4E 127
Kersey. Suff 1D 54
Kershopefoot. Cumb 1F 113
Kersoe. Worc 1E 49
Kerswell. Devn 2D 12
Kerswell Green. Worc 1D 48
Kesgrave. Suff 1F 55
Kessingland. Suff 2H 67
Kessingland Beach. Suff 2H 67
Kestle. Corn 4D 6
Kestle Mill. Corn 3C 6
Keston. G Lon 4F 39
Keswick. Cumb 2D 102
Keswick. Norf
nr. North Walsham 2F 79
nr. Norwich 5E 78
Ketsby. Linc 3C 88
Kettering. Nptn 3F 63
Ketteringham. Norf 5D 78
Kettins. Per 5B 144
Kettlebaston. Suff 5B 66
Kettlebridge. Fife 3F 137
Kettlebrook. Staf 5G 73
Kettleburgh. Suff 4E 67
Kettleholm. Dum 2C 112
Kettleness. N Yor 3F 107
Kettleshulme. Ches E 3D 85
Kettlesing. N Yor 4E 98
Kettlesing Bottom. N Yor 4E 99
Kettlestone. Norf 2B 78
Kettlethorpe. Linc 3F 87
Kettletoft. Orkn 4F 172
Kettlewell. N Yor 2B 98
Ketton. Rut 5G 75
Kew. G Lon 3C 38
Kewaigue. IOM 4C 108
Kewstoke. N Som 5G 33
Kexbrough. S Yor 4C 92
Kexby. Linc 2F 87
Kexby. York 4B 100
Keyford. Som 2C 22
Key Green. Ches E 4C 84
Key Green. N Yor 4F 107
Keyham. Leics 5D 74
Keyhaven. Hants 3B 16
Keyhead. Abers 3H 161
Keyingham. E Yor 2F 95
Keymer. W Sus 4E 27
Keynsham. Bath 5B 34
Keysoe. Bed 4H 63
Keysoe Row. Bed 4H 63
Key's Toft. Linc 5D 89
Keyston. Cambs 3H 63
Key Street. Kent 4C 40
Keyworth. Notts 2D 74
Kibblesworth. Tyne 4F 115
Kibworth Beauchamp. Leics 1D 62
Kibworth Harcourt. Leics 1D 62
Kidbrooke. G Lon 3F 39
Kidburngill. Cumb 2B 102
Kiddemore Green. Staf 5C 72
Kidderminster. Worc 3C 60
Kiddington. Oxon 3C 50
Kidd's Moor. Norf 5D 78
Kidlington. Oxon 4C 50
Kidmore End. Oxon 4E 37
Kidnal. Ches W 1G 71
Kidsgrove. Staf 5C 84
Kidstones. N Yor 1B 98
Kidwelly. Carm 5E 45
Kiel Crofts. Arg 5D 140
Kielder. Nmbd 5A 120
Kilbagie. Fife 4B 136
Kilbarchan. Ren 3F 127
Kilbeg. High 3E 147
Kilberry. Arg 3F 125
Kilbirnie. N Ayr 4E 126
Kilbride. Arg 1F 133
Kilbride. High 1D 147
Kilbucho Place. Bord 1C 118
Kilburn. Derbs 1A 74
Kilburn. G Lon 2D 38
Kilburn. N Yor 2H 99
Kilby. Leics 1D 62
Kilchattan. Arg 4A 132
Kilchattan Bay. Arg 4C 126
Kilchenzie. Arg 3A 122
Kilcheran. Arg 5C 140
Kilchiaran. Arg 3A 124
Kilchoan. High
nr. Inverie 4F 147
nr. Tobermory 2F 139
Kilchoman. Arg 3A 124
Kilchrenan. Arg 1H 133
Kilconquhar. Fife 3G 137
Kilcot. Glos 3B 48
Kilcoy. High 3H 157
Kilcreggan. Arg 1D 126
Kildale. N Yor 4D 106
Kildary. High 1B 158
Kildermorie Lodge. High 1H 157
Kildonan. Dum 4F 109
Kildonan. High
nr. Helmsdale 1G 165
on Isle of Skye 3C 154
Kildonan. N Ayr 3E 123
Kildonnan. High 5C 146
Kildrummy. Abers 2B 152
Kildwick. N Yor 5C 98
Kilfillan. Dum 4H 109
Kilfinan. Arg 2H 125
Kilfinnan. High 4E 149
Kilgetty. Pemb 4F 43
Kilgour. Fife 3E 136
Kilgrammie. S Ayr 4B 116
Kilham. E Yor 3E 101
Kilham. Nmbd 1C 120
Kilkeel. New M 6H 175
Kilkenneth. Arg 4A 138
Kilkhampton. Corn 1C 10
Killamarsh. Derbs 2B 86
Killandrist. Arg 4C 140
Killay. Swan 3F 31
Killean. Arg 5E 125
Killearn. Stir 1G 127
Killellan. Arg 4A 122
Killen. High 3A 158
Killerby. Darl 3E 105
Killichonan. Per 3C 142
Killiechronan. Arg 4G 139
Killiecrankie. Per 2G 143
Killilan. High 5B 156
Killimster. High 3F 169
Killin. Stir 5C 142
Killinghall. N Yor 4E 99
Killington. Cumb 1F 97
Killingworth. Tyne 2F 115
Killin Lodge. High 3H 149
Killinochonoch. Arg 4F 133
Killochyett. Bord 5A 130
Killundine. High 4G 139
Killyleagh. New M 5J 175
Kilmacolm. Inv 3E 127
Kilmahog. Stir 3F 135
Kilmahumaig. Arg 4E 133
Kilmalieu. High 3C 140
Kilmaluag. High 1D 154
Kilmany. Fife 1F 137
Kilmarie. High 2D 146
Kilmarnock. E Ayr 1D 116
Kilmaron. Fife 2F 137
Kilmartin. Arg 4F 133
Kilmaurs. E Ayr 5F 127
Kilmelford. Arg 2F 133
Kilmeny. Arg 3B 124
Kilmersdon. Som 1B 22
Kilmeston. Hants 4D 24
Kilmichael Glassary. Arg 4F 133
Kilmichael of Inverlussa.
Arg 1F 125
Kilmington. Devn 3F 13
Kilmington. Wilts 3C 22
Kilmoluaig. Arg 4A 138
Kilmorack. High 4G 157
Kilmore. Arg 1F 133
Kilmore. High 3E 147
Kilmory. Arg 2F 125
Kilmory. High
nr. Kilchoan 1G 139
on Rùm 3B 146
Kilmory. N Ayr 3D 122
Kilmory Lodge. Arg 3E 132
Kilmote. High 2G 165
Kilmuir. High
nr. Dunvegan 4B 154
nr. Invergordon 1B 158
nr. Inverness 4A 158
nr. Uig 1C 154
Kilmun. Arg 1C 126
Kilnave. Arg 2A 124
Kilncadzow. S Lan 5B 128
Kilndown. Kent 2B 28
Kiln Green. Here 4B 48
Kiln Green. Wok 4G 37
Kilnhill. Cumb 1D 102
Kilnhurst. S Yor 1B 86
Kilninian. Arg 4E 139
Kilninver. Arg 1F 133
Kiln Pit Hill. Nmbd 4D 114
Kilnsea. E Yor 3H 95
Kilnsey. N Yor 3B 98
Kilnwick. E Yor 5D 101
Kiloran. Arg 4A 132
Kilpatrick. N Ayr 3D 122
Kilpeck. Here 2H 47
Kilpin. E Yor 2A 94
Kilpin Pike. E Yor 2A 94
Kilrea. Caus 2F 175
Kilrenny. Fife 3H 137
Kilsby. Nptn 3C 62
Kilspindie. Per 1E 136
Kilsyth. N Lan 2A 128
Kiltarlity. High 4H 157
Kilton. Som 2E 21
Kilton Thorpe. Red C 3D 107
Kilvaxter. High 2C 154
Kilve. Som 2E 21
Kilvington. Notts 1F 75
Kilwinning. N Ayr 5D 126
Kimberley. Norf 5C 78
Kimberley. Notts 1B 74
Kimblesworth. Dur 5F 115
Kimble Wick. Buck 5G 51
Kimbolton. Cambs 4H 63
Kimbolton. Here 4H 59
Kimcote. Leics 2C 62
Kimmeridge. Dors 5E 15
Kimmerston. Nmbd 1D 120
Kimpton. Hants 2A 24
Kimpton. Herts 4B 52
Kinbeachie. High 2A 158
Kinbrace. High 5A 168
Kinbuck. Stir 3G 135
Kincaple. Fife 2G 137
Kincardine. Fife 1C 128
Kincardine. High 5D 164
Kincardine Bridge. Falk 1C 128
Kincardine O'Neil. Abers 4C 152
Kinchrackine. Arg 1A 134
Kincorth. Aber 3G 153
Kincraig. High 3C 150
Kincraigie. Per 4G 143
Kindallachan. Per 3G 143
Kineton. Glos 3F 49
Kineton. Warw 5H 61
Kinfauns. Per 1D 136
Kingairloch. High 3C 140
Kingarth. Arg 4B 126
Kingcoed. Mon 5H 47
King Edward. Abers 3E 160
Kingerby. Linc 1H 87
Kingham. Oxon 3A 50
Kingholm Quay. Dum 2A 112
Kinghorn. Fife 1F 129
Kingie. High 3D 148
Kinglassie. Fife 4E 137
Kingledores. Bord 2D 118
King o' Muirs. Clac 4A 136
Kingoodie. Per 1F 137
King's Acre. Here 1H 47
Kingsand. Corn 3A 8
Kingsash. Buck 5G 51
Kingsbarns. Fife 2H 137
Kingsbridge. Devn 4D 8
Kingsbridge. Som 3C 20
King's Bromley. Staf 4F 73
Kingsburgh. High 3C 154
Kingsbury. G Lon 2C 38
Kingsbury. Warw 1G 61
Kingsbury Episcopi. Som 4H 21
Kings Caple. Here 3A 48
Kingscavil. W Lot 2D 128
Kingsclere. Hants 1D 24
King's Cliffe. Nptn 1H 63
Kings Clipstone. Notts 4D 86
Kingscote. Glos 2D 34
Kingscott. Devn 1F 11
Kings Coughton. Warw 5E 61
Kingscross. N Ayr 3E 123
Kingsdon. Som 4A 22
Kingsdown. Kent 1H 29
Kingsdown. Swin 3G 35
Kingsdown. Wilts 5D 34
Kingseat. Fife 4D 136
Kingsey. Buck 5F 51
Kingsfold. Lanc 2D 90
Kingsfold. W Sus 2C 26
Kingsford. E Ayr 5F 127
Kingsford. Worc 2C 60
Kingsforth. N Lin 3D 94
Kingsgate. Kent 3H 41
King's Green. Glos 2C 48
Kingshall Street. Suff 4B 66
Kingsheanton. Devn 3F 19
King's Heath. W Mid 2E 61
Kings Hill. Kent 5A 40
Kingsholm. Glos 4D 48
Kingshouse. High 3G 141
Kingshouse. Stir 1E 135
Kingshurst. W Mid 2F 61
Kingskerswell. Devn 2E 9
Kingskettle. Fife 3F 137
Kingsland. Here 4G 59
Kingsland. IOA 2B 80
Kings Langley. Herts 5A 52
Kingsley. Ches W 3H 83
Kingsley. Hants 3F 25
Kingsley. Staf 1E 73
Kingsley Green. W Sus 3G 25
Kingsley Holt. Staf 1E 73
King's Lynn. Norf 3F 77
King's Meaburn. Cumb 2H 103
Kings Moss. Mers 4D 90
Kings Muir. Bord 1E 119
Kingsmuir. Ang 4D 145
Kingsmuir. Fife 3H 137
King's Newnham. Warw 3B 62
King's Newton. Derbs 3A 74
Kingsnorth. Kent 2E 28
Kingsnorth. Medw 3C 40
King's Norton. Leics 5D 74
Kings Norton. W Mid 3E 61
Kings Nympton. Devn 1G 11
King's Pyon. Here 5G 59
Kings Ripton. Cambs 3B 64
King's Somborne. Hants 3B 24
King's Stag. Dors 1C 14
King's Stanley. Glos 5D 48
King's Sutton. Nptn 2C 50
Kingstanding. W Mid 1E 61
Kingsteignton. Devn 5B 12
Kingsteps. High 3D 158
King Sterndale. Derbs 3E 85
King's Thorn. Here 2A 48
Kingsthorpe. Nptn 4E 63
Kingston. Cambs 5C 64
Kingston. Devn 4C 8
Kingston. Dors
nr. Sturminster Newton 2C 14
nr. Swanage 5E 15
Kingston. E Lot 1B 130
Kingston. Hants 2G 15
Kingston. IOW 4C 16
Kingston. Kent 5F 41
Kingston. Mor 2H 159
Kingston. W Sus 5B 26
Kingston Bagpuize. Oxon 2C 36
Kingston Blount. Oxon 2F 37
Kingston by Sea. W Sus 5D 26
Kingston Deverill. Wilts 3D 22
Kingstone. Here 2H 47
Kingstone. Som 1G 13
Kingstone. Staf 3E 73
Kingston Lisle. Oxon 3B 36
Kingston Maurward. Dors 3C 14
Kingston near Lewes. E Sus 5E 27
Kingston on Soar. Notts 3C 74
Kingston Russell. Dors 3A 14
Kingston St Mary. Som 4F 21
Kingston Seymour. N Som 5H 33
Kingston Stert. Oxon 5F 51
Kingston upon Hull. Hull 2E 94
Kingston upon Thames.
G Lon 4C 38
King's Walden. Herts 3B 52
Kingswear. Devn 3E 9
Kingswells. Aber 3F 153
Kingswinford. W Mid 2C 60
Kingswood. Buck 4E 51
Kingswood. Glos 2C 34
Kingswood. Here 5E 59
Kingswood. Kent 5C 40
Kingswood. Per 5H 143
Kingswood. Powy 5E 71
Kingswood. Som 3E 20
Kingswood. S Glo 4B 34
Kingswood. Surr 5D 38
Kingswood. Warw 3F 61
Kingswood Common. Staf 5C 72
Kings Worthy. Hants 3C 24
Kingthorpe. Linc 3A 88
Kington. Here 5E 59
Kington. S Glo 2B 34
Kington. Worc 5D 61
Kington Langley. Wilts 4E 35
Kington Magna. Dors 4C 22
Kington St Michael. Wilts 4E 35
Kingussie. High 3B 150
Kingweston. Som 3A 22
Kinharrachie. Abers 5G 161
Kinhrive. High 1A 158
Kinkell Bridge. Per 2B 136
Kinknockie. Abers 4H 161
Kinkry Hill. Cumb 2G 113
Kinlet. Shrp 2B 60
Kinloch. High
nr. Lochaline 3A 140
nr. Loch More 5D 166
on Rùm 4B 146
Kinloch. Per 4A 144
Kinlochard. Stir 3D 134
Kinlochbervie. High 3C 166
Kinlocheil. High 1D 140
Kinlochewe. High 2C 156
Kinloch Hourn. High 3B 148
Kinloch Laggan. High 5H 149
Kinlochleven. High 2F 141
Kinloch Lodge. High 3F 167
Kinlochmoidart. High 1B 140
Kinlochmore. High 2F 141
Kinloch Rannoch. Per 3D 142
Kinlochspelve. Arg 1D 132
Kinloid. High 5E 147
Kinloss. Mor 2E 159
Kinmel Bay. Cnwy 2B 82

Kinmuck. *Abers* 2F **153**
Kinnadie. *Abers* 4G **161**
Kinnaird. *Per* 1E **137**
Kinneff. *Abers* 1H **145**
Kinnelhead. *Dum* 4C **118**
Kinnell. *Ang* 3F **145**
Kinnerley. *Shrp* 3F **71**
Kinnernie. *Abers* 3E **152**
Kinnersley. *Here* 1G **47**
Kinnersley. *Worc* 1D **48**
Kinnerton. *Powy* 4E **59**
Kinnerton. *Shrp* 1F **59**
Kinnesswood. *Per* 3D **136**
Kinninvie. *Dur* 2D **104**
Kinnordy. *Ang* 3C **144**
Kinoulton. *Notts* 2D **74**
Kinross. *Per* 3D **136**
Kinrossie. *Per* 5A **144**
Kinsbourne Green. *Herts* 4B **52**
Kinsey Heath. *Ches E* 1A **72**
Kinsham. *Here* 4F **59**
Kinsham. *Worc* 2E **49**
Kinsley. *W Yor* 3E **93**
Kinson. *Bour* 3F **15**
Kintbury. *W Ber* 5B **36**
Kintessack. *Mor* 2E **159**
Kintillo. *Per* 2D **136**
Kinton. *Here* 3G **59**
Kinton. *Shrp* 4F **71**
Kintore. *Abers* 2E **153**
Kintour. *Arg* 4C **124**
Kintra. *Arg* 2B **132**
Kintraw. *Arg* 3F **133**
Kinveachy. *High* 2D **150**
Kinver. *Staf* 2C **60**
Kinwarton. *Warw* 5F **61**
Kiplingcotes. *E Yor* 5D **100**
Kippax. *W Yor* 1E **93**
Kippen. *Stir* 4F **135**
Kippford. *Dum* 4F **111**
Kipping's Cross. *Kent* 1H **27**
Kirbister. *Orkn*
nr. Hobbister 7C **172**
nr. Quholm 6B **172**
Kirbuster. *Orkn* 5F **172**
Kirby Bedon. *Norf* 5E **79**
Kirby Bellars. *Leics* 4E **74**
Kirby Cane. *Norf* 1F **67**
Kirby Cross. *Essx* 3F **55**
Kirby Fields. *Leics* 5C **74**
Kirby Green. *Norf* 1F **67**
Kirby Grindalythe. *N Yor* 3D **100**
Kirby Hill. *N Yor*
nr. Richmond 4E **105**
nr. Ripon 3F **99**
Kirby Knowle. *N Yor* 1G **99**
Kirby-le-Soken. *Essx* 3F **55**
Kirby Misperton. *N Yor* 2B **100**
Kirby Muxloe. *Leics* 5C **74**
Kirby Sigston. *N Yor* 5B **106**
Kirby Underdale. *E Yor* 4C **100**
Kirby Wiske. *N Yor* 1F **99**
Kirdford. *W Sus* 3B **26**
Kirk. *High* 3E **169**
Kirkabister. *Shet*
on Bressay 8F **173**
on Mainland 6F **173**
Kirkandrews. *Dum* 5D **110**
Kirkandrews-on-Eden.
Cumb 4E **113**
Kirkapol. *Arg* 4B **138**
Kirkbampton. *Cumb* 4E **112**
Kirkbean. *Dum* 4A **112**
Kirk Bramwith. *S Yor* 3G **93**
Kirkbride. *Cumb* 4D **112**
Kirkbridge. *N Yor* 5F **105**
Kirkbuddo. *Ang* 4E **145**
Kirkburn. *E Yor* 4D **101**
Kirkburton. *W Yor* 3B **92**
Kirkby. *Linc* 1H **87**
Kirkby. *Mers* 1G **83**
Kirkby. *N Yor* 4C **106**
Kirkby Fenside. *Linc* 4C **88**
Kirkby Fleetham. *N Yor* 5F **105**
Kirkby Green. *Linc* 5H **87**
Kirkby-in-Ashfield. *Notts* 5C **86**
Kirkby-in-Furness. *Cumb* 1B **96**
Kirkby la Thorpe. *Linc* 1A **76**
Kirkby Lonsdale. *Cumb* 2F **97**
Kirkby Malham. *N Yor* 3A **98**
Kirkby Mallory. *Leics* 5B **74**
Kirkby Malzeard. *N Yor* 2E **99**
Kirkby Mills. *N Yor* 1B **100**
Kirkbymoorside. *N Yor* 1A **100**
Kirkby on Bain. *Linc* 4B **88**
Kirkby Overblow. *N Yor* 5F **99**
Kirkby Stephen. *Cumb* 4A **104**
Kirkby Thore. *Cumb* 2H **103**
Kirkby Underwood. *Linc* 3H **75**
Kirkby Wharfe. *N Yor* 5H **99**
Kirkcaldy. *Fife* 4E **137**
Kirkcambeck. *Cumb* 3G **113**
Kirkcolm. *Dum* 3F **109**
Kirkconnel. *Dum* 3G **117**
Kirkconnell. *Dum* 3A **112**
Kirkcowan. *Dum* 3A **110**
Kirkcudbright. *Dum* 4D **111**
Kirkdale. *Mers* 1F **83**
Kirk Deighton. *N Yor* 4F **99**
Kirk Ella. *E Yor* 2D **94**
Kirkfieldbank. *S Lan* 5B **128**
Kirkforthar Feus. *Fife* 3E **137**
Kirkgunzeon. *Dum* 3F **111**
Kirk Hallam. *Derbs* 1B **74**
Kirkham. *Lanc* 1C **90**
Kirkham. *N Yor* 3B **100**
Kirkhamgate. *W Yor* 2C **92**
Kirk Hammerton. *N Yor* 4G **99**
Kirkharle. *Nmbd* 1D **114**
Kirkheaton. *Nmbd* 2D **114**
Kirkheaton. *W Yor* 3B **92**
Kirkhill. *Ang* 2F **145**
Kirkhill. *High* 4H **157**
Kirkhope. *S Lan* 4B **118**
Kirkhouse. *Bord* 1F **119**
Kirkibost. *High* 2D **146**
Kirkinch. *Ang* 4C **144**
Kirkinner. *Dum* 4B **110**
Kirkintilloch. *E Dun* 2H **127**
Kirk Ireton. *Derbs* 5G **85**
Kirkland. *Cumb*
nr. Cleator Moor 3B **102**
nr. Penrith 1H **103**
nr. Wigton 5D **112**
Kirkland. *Dum*
nr. Kirkconnel 3G **117**
nr. Moniaive 5H **117**
Kirkland Guards. *Cumb* 5C **112**
Kirk Langley. *Derbs* 2G **73**
Kirklauchline. *Dum* 4F **109**
Kirkleatham. *Red C* 2C **106**
Kirklevington. *Stoc T* 4B **106**
Kirkley. *Suff* 1H **67**
Kirklington. *N Yor* 1F **99**
Kirklington. *Notts* 5D **86**
Kirklinton. *Cumb* 3F **113**
Kirkliston. *Edin* 2E **129**
Kirkmabreck. *Dum* 4B **110**
Kirkmaiden. *Dum* 5E **109**
Kirk Merrington. *Dur* 1F **105**
Kirk Michael. *IOM* 2C **108**
Kirkmichael. *Per* 2H **143**
Kirkmichael. *S Ayr* 4C **116**
Kirkmuirhill. *S Lan* 5A **128**
Kirknewton. *Nmbd* 1D **120**
Kirknewton. *W Lot* 3E **129**
Kirkney. *Abers* 5C **160**
Kirk of Shotts. *N Lan* 3B **128**
Kirkoswald. *Cumb* 5G **113**
Kirkoswald. *S Ayr* 4B **116**
Kirkpatrick. *Dum* 5B **118**
Kirkpatrick Durham. *Dum* 2E **111**
Kirkpatrick-Fleming. *Dum* 2D **112**
Kirk Sandall. *S Yor* 4G **93**
Kirksanton. *Cumb* 1A **96**
Kirk Smeaton. *N Yor* 3F **93**
Kirkstall. *W Yor* 1C **92**
Kirkstile. *Dum* 5F **119**
Kirkstyle. *High* 1F **169**
Kirkthorpe. *W Yor* 2D **92**
Kirkton. *Abers*
nr. Alford 2D **152**
nr. Insch 1D **152**
nr. Turriff 4F **161**
Kirkton. *Ang*
nr. Dundee 5D **144**
nr. Forfar 4D **144**
nr. Tarfside 5B **152**
Kirkton. *Dum* 1A **112**
Kirkton. *Fife* 1F **137**
Kirkton. *High*
nr. Golspie 4E **165**
nr. Kyle of Lochalsh 1G **147**
nr. Lochcarron 4B **156**
Kirkton. *Bord* 3H **119**
Kirkton. *S Lan* 2B **118**
Kirktonhill. *W Dun* 2E **127**
Kirkton Manor. *Bord* 1E **118**
Kirkton of Airlie. *Ang* 3C **144**
Kirkton of Auchterhouse.
Ang 5C **144**
Kirkton of Bourtie. *Abers* 1F **153**
Kirkton of Collace. *Per* 5A **144**
Kirkton of Craig. *Ang* 3G **145**
Kirkton of Culsalmond.
Abers 5D **160**
Kirkton of Durris. *Abers* 4E **153**
Kirkton of Glenbuchat.
Abers 2A **152**
Kirkton of Glenisla. *Ang* 2B **144**
Kirkton of Kingoldrum. *Ang* 3C **144**
Kirkton of Largo. *Fife* 3G **137**
Kirkton of Lethendy. *Per* 4A **144**
Kirkton of Logie Buchan.
Abers 1G **153**
Kirkton of Maryculter.
Abers 4F **153**
Kirkton of Menmuir. *Ang* 2E **145**
Kirkton of Monikie. *Ang* 5E **145**
Kirkton of Oyne. *Abers* 1D **152**
Kirkton of Rayne. *Abers* 5D **160**
Kirkton of Skene. *Abers* 3F **153**
Kirktown. *Abers*
nr. Fraserburgh 2G **161**
nr. Peterhead 3H **161**
Kirktown of Alvah. *Abers* 2D **160**
Kirktown of Auchterless.
Abers 4E **160**
Kirktown of Deskford. *Mor* 2C **160**
Kirktown of Fetteresso.
Abers 5F **153**
Kirktown of Mortlach. *Mor* 5H **159**
Kirktown of Slains. *Abers* 1H **153**
Kirkurd. *Bord* 5E **129**
Kirkwall. *Orkn* 6D **172**
Kirkwall Airport. *Orkn* 7D **172**
Kirkwhelpington. *Nmbd* 1C **114**
Kirk Yetholm. *Bord* 2C **120**
Kirmington. *N Lin* 3E **94**
Kirmond le Mire. *Linc* 1A **88**
Kirn. *Arg* 2C **126**
Kirriemuir. *Ang* 3C **144**
Kirstead Green. *Norf* 1E **67**
Kirtlebridge. *Dum* 2D **112**
Kirtleton. *Dum* 2D **112**
Kirtling. *Cambs* 5F **65**
Kirtling Green. *Cambs* 5F **65**
Kirtlington. *Oxon* 4D **50**
Kirtomy. *High* 2H **167**
Kirton. *Linc* 2C **76**
Kirton. *Notts* 4D **86**
Kirton. *Suff* 2F **55**
Kirton End. *Linc* 1B **76**
Kirton Holme. *Linc* 1B **76**
Kirton in Lindsey. *N Lin* 1G **87**
Kishorn. *High* 4H **155**
Kislingbury. *Nptn* 5D **62**
Kites Hardwick. *Warw* 4B **62**
Kittisford. *Som* 4D **20**
Kittle. *Swan* 4E **31**
Kittybrewster. *Aber* 3G **153**
Kitwood. *Hants* 3E **25**
Kivernoll. *Here* 2H **47**
Kiveton Park. *S Yor* 2B **86**
Knaith. *Linc* 2F **87**
Knaith Park. *Linc* 2F **87**
Knaphill. *Surr* 5A **38**
Knapp. *Hants* 4C **24**
Knapp. *Per* 5B **144**
Knapp. *Som* 4G **21**
Knapperfield. *High* 3E **169**
Knapton. *Norf* 2F **79**
Knapton. *York* 4H **99**
Knapton Green. *Here* 5G **59**
Knapwell. *Cambs* 4C **64**
Knaresborough. *N Yor* 4F **99**
Knarsdale. *Nmbd* 4H **113**
Knatts Valley. *Kent* 4G **39**
Knaven. *Abers* 4F **161**
Knayton. *N Yor* 1G **99**
Knebworth. *Herts* 3C **52**
Knedlington. *E Yor* 2H **93**
Kneesall. *Notts* 4E **86**
Kneesworth. *Cambs* 1D **52**
Kneeton. *Notts* 1E **74**
Knelston. *Swan* 4D **30**
Knenhall. *Staf* 2D **72**
Knightacott. *Devn* 3G **19**
Knightcote. *Warw* 5B **62**
Knightcott. *N Som* 1G **21**
Knightley. *Staf* 3C **72**
Knightley Dale. *Staf* 3C **72**
Knightlow Hill. *Warw* 3B **62**
Knighton. *Devn* 4B **8**
Knighton. *Dors* 1B **14**
Knighton. *Leic* 5C **74**
Knighton. *Powy* 3E **59**
Knighton. *Som* 2E **21**
Knighton. *Staf*
nr. Eccleshall 3B **72**
nr. Woore 1B **72**
Knighton. *Wilts* 4A **36**
Knighton. *Worc* 5E **61**
Knighton Common. *Worc* 3A **60**
Knight's End. *Cambs* 1D **64**
Knightswood. *Glas* 3G **127**
Knightwick. *Worc* 5B **60**
Knill. *Here* 4E **59**
Knipton. *Leics* 2F **75**
Knitsley. *Dur* 5E **115**
Kniveton. *Derbs* 5G **85**
Knock. *Arg* 5G **139**
Knock. *Cumb* 2H **103**
Knock. *Mor* 3C **160**
Knockally. *High* 5D **168**
Knockan. *Arg* 1B **132**
Knockan. *High* 2G **163**
Knockandhu. *Mor* 1G **151**
Knockando. *Mor* 4F **159**
Knockarthur. *High* 3E **165**
Knockbain. *High* 3A **158**
Knockbreck. *High* 2B **154**
Knockdee. *High* 2D **168**
Knockdolian. *S Ayr* 1G **109**
Knockdon. *S Ayr* 3C **116**
Knockdown. *Glos* 3D **34**
Knockenbaird. *Abers* 1D **152**
Knockenkelly. *N Ayr* 3E **123**
Knockentiber. *E Ayr* 1C **116**
Knockfarrel. *High* 3H **157**
Knockglass. *High* 2C **168**
Knockholt. *Kent* 5F **39**
Knockholt Pound. *Kent* 5F **39**
Knockie Lodge. *High* 2G **149**
Knockin. *Shrp* 3F **71**
Knockinlaw. *E Ayr* 1D **116**
Knockinnon. *High* 5D **169**
Knockrome. *Arg* 2D **124**
Knocksharry. *IOM* 3B **108**
Knockshinnoch. *E Ayr* 3D **116**
Knockvennie. *Dum* 2E **111**
Knockvologan. *Arg* 3B **132**
Knodishall. *Suff* 4G **67**
Knole. *Som* 4H **21**
Knollbury. *Mon* 3H **33**
Knolls Green. *Ches E* 3C **84**
Knolton. *Wrex* 2F **71**
Knook. *Wilts* 2E **23**
Knossington. *Leics* 5F **75**
Knott. *High* 3C **154**
Knott End-on-Sea. *Lanc* 5C **96**
Knotting. *Bed* 4H **63**
Knotting Green. *Bed* 4H **63**
Knottingley. *W Yor* 2E **93**
Knotts. *Cumb* 2F **103**
Knotty Ash. *Mers* 1G **83**
Knotty Green. *Buck* 1A **38**
Knowbury. *Shrp* 3H **59**
Knowe. *Dum* 2A **110**
Knowefield. *Cumb* 4F **113**
Knowehead. *Dum* 5F **117**
Knowes. *E Lot* 2C **130**
Knowesgate. *Nmbd* 1C **114**
Knoweside. *S Ayr* 3B **116**
Knowes of Elrick. *Abers* 3D **160**
Knowle. *Bris* 4B **34**
Knowle. *Devn*
nr. Braunton 3E **19**
nr. Budleigh Salterton 4D **12**
nr. Crediton 2A **12**
Knowle. *Shrp* 3H **59**
Knowle. *W Mid* 3F **61**
Knowle Green. *Lanc* 1E **91**
Knowle St Giles. *Som* 1G **13**
Knowlesands. *Shrp* 1B **60**
Knowle Village. *Hants* 2D **16**
Knowl Hill. *Wind* 4G **37**
Knowlton. *Kent* 5G **41**
Knowsley. *Mers* 1G **83**
Knowstone. *Devn* 4B **20**
Knucklas. *Powy* 3E **59**
Knuston. *Nptn* 4G **63**
Knutsford. *Ches E* 3B **84**
Knypersley. *Staf* 5C **84**
Krumlin. *W Yor* 3A **92**
Kuggar. *Corn* 5E **5**
Kyleakin. *High* 1F **147**
Kyle of Lochalsh. *High* 1F **147**
Kylerhea. *High* 1F **147**
Kylesku. *High* 5C **166**
Kyles Lodge. *W Isl* 1E **170**
Kylesmorar. *High* 4G **147**
Kylestrome. *High* 5C **166**
Kymin. *Mon* 4A **48**
Kynaston. *Here* 2B **48**
Kynaston. *Shrp* 3F **71**
Kynnersley. *Telf* 4A **72**
Kyre Green. *Worc* 4A **60**
Kyre Park. *Worc* 4A **60**
Kyrewood. *Worc* 4A **60**

L

Labost. *W Isl* 3E **171**
Lacasaidh. *W Isl* 5F **171**
Lacasdail. *W Isl* 4G **171**
Laceby. *NE Lin* 4F **95**
Lacey Green. *Buck* 5G **51**
Lach Dennis. *Ches W* 3B **84**
Lache. *Ches W* 4F **83**
Lackford. *Suff* 3G **65**
Lacock. *Wilts* 5E **35**
Ladbroke. *Warw* 5B **62**
Laddingford. *Kent* 1A **28**
Lade Bank. *Linc* 5C **88**
Ladock. *Corn* 3C **6**
Lady. *Orkn* 3F **172**
Ladybank. *Fife* 2F **137**
Ladycross. *Corn* 4D **10**
Lady Green. *Mers* 4B **90**
Lady Hall. *Cumb* 1A **96**
Ladykirk. *Bord* 5E **131**
Ladysford. *Abers* 2G **161**
Ladywood. *W Mid* 2E **61**
Ladywood. *Worc* 4C **60**
Laga. *High* 2A **140**
Lagavulin. *Arg* 5C **124**
Lagg. *Arg* 2D **125**
Lagg. *N Ayr* 3D **122**

Laggan. *Arg* 4A 124
Laggan. *High*
nr. Fort Augustus 4E 149
nr. Newtonmore 4A 150
Laggan. *Mor* 5H 159
Lagganlia. *High* 3C 150
Lagganulva. *Arg* 4F 139
Laglingarten. *Arg* 3A 134
Lagness. *W Sus* 2G 17
Laid. *High* 3E 166
Laide. *High* 4C 162
Laigh Fenwick. *E Ayr* 5F 127
Laindon. *Essx* 2A 40
Lairg. *High* 3C 164
Lairg Muir. *High* 3C 164
Laithes. *Cumb* 1F 103
Laithkirk. *Dur* 2C 104
Lake. *Devn* 3F 19
Lake. *IOW* 4D 16
Lake. *Wilts* 3G 23
Lakenham. *Norf* 5E 79
Lakenheath. *Suff* 2G 65
Lakesend. *Norf* 1E 65
Lakeside. *Cumb* 1C 96
Laleham. *Surr* 4B 38
Laleston. *B'end* 3B 32
Lamancha. *Bord* 4F 129
Lamarsh. *Essx* 2B 54
Lamas. *Norf* 3E 79
Lamb Corner. *Essx* 2D 54
Lambden. *Bord* 5D 130
Lamberhead Green. *G Man* 4D 90
Lamberhurst. *Kent* 2A 28
Lamberhurst Quarter. *Kent* 2A 28
Lamberton. *Bord* 4F 131
Lambeth. *G Lon* 3E 39
Lambfell Moar. *IOM* 3B 108
Lambhill. *Glas* 3G 127
Lambley. *Nmbd* 4H 113
Lambley. *Notts* 1D 74
Lambourn. *W Ber* 4B 36
Lambourne End. *Essx* 1F 39
Lambourn Woodlands. *W Ber* 4B 36
Lambs Green. *Dors* 3E 15
Lambs Green. *W Sus* 2D 26
Lambston. *Pemb* 3D 42
Lamellion. *Corn* 2G 7
Lamerton. *Devn* 5E 11
Lamesley. *Tyne* 4F 115
Laminess. *Orkn* 4F 172
Lamington. *High* 1B 158
Lamington. *S Lan* 1B 118
Lamlash. *N Ayr* 2E 123
Lamonby. *Cumb* 1F 103
Lamorick. *Corn* 2E 7
Lamorna. *Corn* 4B 4
Lamorran. *Corn* 4C 6
Lampeter. *Cdgn* 1F 45
Lampeter Velfrey. *Pemb* 3F 43
Lamphey. *Pemb* 4E 43
Lamplugh. *Cumb* 2B 102
Lamport. *Nptn* 3E 63
Lamyatt. *Som* 3B 22
Lana. *Devn*
nr. Ashwater 3D 10
nr. Holsworthy 2D 10
Lanark. *S Lan* 5B 128
Lanarth. *Corn* 4E 5
Lancaster. *Lanc* 3D 97
Lanchester. *Dur* 5E 115
Lancing. *W Sus* 5C 26
Landbeach. *Cambs* 4D 65
Landcross. *Devn* 4E 19
Landerberry. *Abers* 3E 153
Landford. *Wilts* 1A 16
Land Gate. *G Man* 4D 90
Landhallow. *High* 5D 169
Landimore. *Swan* 3D 30
Landkey. *Devn* 3F 19
Landkey Newland. *Devn* 3F 19
Landore. *Swan* 3F 31
Landport. *Port* 2E 17
Landrake. *Corn* 2H 7
Landscove. *Devn* 2D 9
Land's End Airport. *Corn* 4A 4
Landshipping. *Pemb* 3E 43
Landulph. *Corn* 2A 8
Landywood. *Staf* 5D 73
Lane. *Corn* 2C 6
Laneast. *Corn* 4C 10
Lane Bottom. *Lanc* 1G 91
Lane End. *Buck* 2G 37
Lane End. *Hants* 4D 24
Lane End. *IOW* 4E 17
Lane End. *Wilts* 2D 22
Lane Ends. *Derbs* 2G 73
Lane Ends. *Dur* 1E 105
Lane Ends. *Lanc* 4G 97
Laneham. *Notts* 3F 87
Lane Head. *Dur*
nr. Hutton Magna 3E 105
nr. Woodland 2D 105
Lane Head. *G Man* 1A 84
Lane Head. *W Yor* 4B 92
Lanehead. *Dur* 5B 114
Lanehead. *Nmbd* 1A 114
Lane Heads. *Lanc* 1C 90
Lanercost. *Cumb* 3G 113
Laneshaw Bridge. *Lanc* 5B 98
Laney Green. *Staf* 5D 72
Langais. *W Isl* 2D 170
Langal. *High* 2B 140
Langar. *Notts* 2E 74
Langbank. *Ren* 2E 127
Langbar. *N Yor* 4C 98
Langburnshiels. *Bord* 4H 119
Langcliffe. *N Yor* 3H 97
Langdale End. *N Yor* 5G 107
Langdon. *Corn* 3C 10
Langdon Beck. *Dur* 1B 104
Langdon Cross. *Corn* 4D 10
Langdon Hills. *Essx* 2A 40
Langdown. *Hants* 2C 16
Langdyke. *Fife* 3F 137
Langenhoe. *Essx* 4D 54
Langford. *C Beds* 1B 52
Langford. *Devn* 2D 12
Langford. *Essx* 5B 54
Langford. *Notts* 5F 87
Langford. *Oxon* 5H 49
Langford. *Som* 4F 21
Langford Budville. *Som* 4E 20
Langham. *Dors* 4C 22
Langham. *Essx* 2D 54
Langham. *Norf* 1C 78
Langham. *Rut* 4F 75
Langham. *Suff* 4B 66
Langho. *Lanc* 1F 91
Langholm. *Dum* 1E 113
Langland. *Swan* 4F 31
Langleeford. *Nmbd* 2D 120
Langley. *Ches E* 3D 84
Langley. *Derbs* 1B 74
Langley. *Essx* 2E 53
Langley. *Glos* 3F 49
Langley. *Hants* 2C 16
Langley. *Herts* 3C 52
Langley. *Kent* 5C 40
Langley. *Nmbd* 3B 114
Langley. *Slo* 3B 38
Langley. *Som* 4D 20
Langley. *Warw* 4F 61
Langley. *W Sus* 4G 25
Langley Burrell. *Wilts* 4E 35
Langleybury. *Herts* 5A 52
Langley Common. *Derbs* 2G 73
Langley Green. *Derbs* 2G 73
Langley Green. *Norf* 5F 79
Langley Green. *Warw* 4F 61
Langley Green. *W Sus* 2D 26
Langley Heath. *Kent* 5C 40
Langley Marsh. *Som* 4D 20
Langley Moor. *Dur* 5F 115
Langley Park. *Dur* 5F 115
Langley Street. *Norf* 5F 79
Langney. *E Sus* 5H 27
Langold. *Notts* 2C 86
Langore. *Corn* 4C 10
Langport. *Som* 4H 21
Langrick. *Linc* 1B 76
Langridge. *Bath* 5C 34
Langridgeford. *Devn* 4F 19
Langrigg. *Cumb* 5C 112
Langrish. *Hants* 4F 25
Langsett. *S Yor* 4C 92
Langshaw. *Bord* 1H 119
Langstone. *Hants* 2F 17
Langthorne. *N Yor* 5F 105
Langthorpe. *N Yor* 3F 99
Langthwaite. *N Yor* 4D 104
Langtoft. *E Yor* 3E 101
Langtoft. *Linc* 4A 76
Langton. *Dur* 3E 105
Langton. *Linc*
nr. Horncastle 4B 88
nr. Spilsby 3C 88
Langton. *N Yor* 3B 100
Langton by Wragby. *Linc* 3A 88
Langton Green. *Kent* 2G 27
Langton Herring. *Dors* 4B 14
Langton Long Blandford. *Dors* 2D 15
Langton Matravers. *Dors* 5E 15
Langtree. *Devn* 1E 11
Langwathby. *Cumb* 1G 103
Langwith. *Derbs* 3C 86
Langworth. *Linc* 3H 87
Lanivet. *Corn* 2E 7
Lanjeth. *Corn* 3D 6
Lank. *Corn* 5A 10
Lanlivery. *Corn* 3E 7
Lanner. *Corn* 5B 6
Lanreath. *Corn* 3F 7
Lansallos. *Corn* 3F 7
Lansdown. *Bath* 5C 34
Lansdown. *Glos* 3E 49
Lanteglos Highway. *Corn* 3F 7
Lanton. *Nmbd* 1D 120
Lanton. *Bord* 2A 120
Lapford. *Devn* 2H 11
Lapford Cross. *Devn* 2H 11
Laphroaig. *Arg* 5B 124
Lapley. *Staf* 4C 72
Lapworth. *Warw* 3F 61
Larachbeg. *High* 4A 140
Larbert. *Falk* 1B 128
Larden Green. *Ches E* 5H 83
Larel. *High* 3D 169
Largie. *Abers* 5D 160
Largiemore. *Arg* 1H 125
Largoward. *Fife* 3G 137
Largs. *N Ayr* 4D 126
Largue. *Abers* 4D 160
Largybeg. *N Ayr* 3E 123
Largymeanoch. *N Ayr* 3E 123
Largymore. *N Ayr* 3E 123
Larkfield. *Inv* 2D 126
Larkfield. *Kent* 5B 40
Larkhall. *Bath* 5C 34
Larkhall. *S Lan* 4A 128
Larkhill. *Wilts* 2G 23
Larling. *Norf* 2B 66
Larne. *ME Ant* 2H 175
Larport. *Here* 2A 48
Lartington. *Dur* 3D 104
Lary. *Abers* 3H 151
Lasham. *Hants* 2E 25
Lashenden. *Kent* 1C 28
Lasswade. *Midl* 3G 129
Lastingham. *N Yor* 5E 107
Latchford. *Herts* 3D 53
Latchford. *Oxon* 5E 51
Latchingdon. *Essx* 5B 54
Latchley. *Corn* 5E 11
Latchmere Green. *Hants* 1E 25
Lathbury. *Mil* 1G 51
Latheron. *High* 5D 169
Latheronwheel. *High* 5D 169
Lathom. *Lanc* 4C 90
Lathones. *Fife* 3G 137
Latimer. *Buck* 1B 38
Latteridge. *S Glo* 3B 34
Lattiford. *Som* 4B 22
Latton. *Wilts* 2F 35
Laudale House. *High* 3B 140
Lauder. *Bord* 5B 130
Laugharne. *Carm* 3H 43
Laughterton. *Linc* 3F 87
Laughton. *E Sus* 4G 27
Laughton. *Leics* 2D 62
Laughton. *Linc*
nr. Gainsborough 1F 87
nr. Grantham 2H 75
Laughton Common. *S Yor* 2C 86
Laughton en le Morthen. *S Yor* 2C 86
Launcells. *Corn* 2C 10
Launceston. *Corn* 4D 10
Launcherley. *Som* 2A 22
Launton. *Oxon* 3E 50
Laurencekirk. *Abers* 1G 145
Laurieston. *Dum* 3D 111
Laurieston. *Falk* 2C 128
Lavendon. *Mil* 5G 63
Lavenham. *Suff* 1C 54
Laverhay. *Dum* 5D 118
Laversdale. *Cumb* 3F 113
Laverstock. *Wilts* 3G 23
Laverstoke. *Hants* 2C 24
Laverton. *Glos* 2F 49
Laverton. *N Yor* 2E 99
Laverton. *Som* 1C 22
Lavister. *Wrex* 5F 83
Law. *S Lan* 4B 128
Lawers. *Per* 5D 142
Lawford. *Essx* 2D 54
Lawhitton. *Corn* 4D 10
Lawkland. *N Yor* 3G 97
Lawley. *Telf* 5A 72
Lawnhead. *Staf* 3C 72
Lawrenny. *Pemb* 4E 43
Lawshall. *Suff* 5A 66
Lawton. *Here* 5G 59
Laxey. *IOM* 3D 108
Laxfield. *Suff* 3E 67
Laxfirth. *Shet* 6F 173
Laxo. *Shet* 5F 173
Laxton. *E Yor* 2A 94
Laxton. *Nptn* 1G 63
Laxton. *Notts* 4E 86
Laycock. *W Yor* 5C 98
Layer Breton. *Essx* 4C 54
Layer-de-la-Haye. *Essx* 3C 54
Layer Marney. *Essx* 4C 54
Laymore. *Dors* 2G 13
Laysters Pole. *Here* 4H 59
Layter's Green. *Buck* 1A 38
Laytham. *E Yor* 1H 93
Lazenby. *Red C* 3C 106
Lazonby. *Cumb* 1G 103
Lea. *Derbs* 5H 85
Lea. *Here* 3B 48
Lea. *Linc* 2F 87
Lea. *Shrp*
nr. Bishop's Castle 2F 59
nr. Shrewsbury 5G 71
Lea. *Wilts* 3E 35
Leabrooks. *Derbs* 5B 86
Leac a Li. *W Isl* 8D 171
Leachd. *Arg* 4H 133
Leachkin. *High* 4A 158
Leachpool. *Pemb* 3D 42
Leadburn. *Midl* 4F 129
Leadenham. *Linc* 5G 87
Leaden Roding. *Essx* 4F 53
Leaderfoot. *Bord* 1H 119
Leadgate. *Cumb* 5A 114
Leadgate. *Dur* 4E 115
Leadgate. *Nmbd* 4E 115
Leadhills. *S Lan* 3A 118
Leadingcross Green. *Kent* 5C 40
Lea End. *Worc* 3E 61
Leafield. *Oxon* 4B 50
Leagrave. *Lutn* 3A 52
Lea Hall. *W Mid* 2F 61
Lea Heath. *Staf* 3E 73
Leake. *N Yor* 5B 106
Leake Common Side. *Linc* 5C 88
Leake Fold Hill. *Linc* 5D 88
Leake Hurn's End. *Linc* 1D 76
Lealholm. *N Yor* 4E 107
Lealt. *Arg* 4D 132
Lealt. *High* 2E 155
Leam. *Derbs* 3G 85
Lea Marston. *Warw* 1G 61
Leamington Hastings. *Warw* 4B 62
Leamington Spa, Royal. *Warw* 4H 61
Leamonsley. *Staf* 5F 73
Leamside. *Dur* 5G 115
Leargybreck. *Arg* 2D 124
Lease Rigg. *N Yor* 4F 107
Leasgill. *Cumb* 1D 97
Leasingham. *Linc* 1H 75
Leasingthorne. *Dur* 1F 105
Leasowe. *Mers* 1E 83
Leatherhead. *Surr* 5C 38
Leathley. *N Yor* 5E 99
Leaths. *Dum* 3E 111
Leaton. *Shrp* 4G 71
Leaton. *Telf* 4A 72
Lea Town. *Lanc* 1C 90
Leaveland. *Kent* 5E 40
Leavenheath. *Suff* 2C 54
Leavening. *N Yor* 3B 100
Leaves Green. *G Lon* 4F 39
Lea Yeat. *Cumb* 1G 97
Leazes. *Dur* 4E 115
Lebberston. *N Yor* 1E 101
Lechlade on Thames. *Glos* 2H 35
Leck. *Lanc* 2F 97
Leckford. *Hants* 3B 24
Leckfurin. *High* 3H 167
Leckgruinart. *Arg* 3A 124
Leckhampstead. *Buck* 2F 51
Leckhampstead. *W Ber* 4C 36
Leckhampton. *Glos* 4E 49
Leckmelm. *High* 4F 163
Leckwith. *V Glam* 4E 33
Leconfield. *E Yor* 5E 101
Ledaig. *Arg* 5D 140
Ledburn. *Buck* 3H 51
Ledbury. *Here* 2C 48
Ledgemoor. *Here* 5G 59
Ledgowan. *High* 3D 156
Ledicot. *Here* 4G 59
Ledmore. *High* 2G 163
Lednabirichen. *High* 4E 165
Lednagullin. *High* 2A 168
Ledsham. *Ches W* 3F 83
Ledsham. *W Yor* 2E 93
Ledston. *W Yor* 2E 93
Ledstone. *Devn* 4D 8
Ledwell. *Oxon* 3C 50
Lee. *Devn*
nr. Ilfracombe 2E 19
nr. South Molton 4B 20
Lee. *G Lon* 3E 39
Lee. *Hants* 1B 16
Lee. *Lanc* 4E 97
Lee. *Shrp* 2G 71
The Lee. *Buck* 5H 51
Leeans. *Shet* 7E 173
Leebotten. *Shet* 9F 173
Leebotwood. *Shrp* 1G 59
Lee Brockhurst. *Shrp* 3H 71
Leece. *Cumb* 3B 96
Leechpool. *Mon* 3A 34
Lee Clump. *Buck* 5H 51
Leeds. *Kent* 5C 40
Leeds. *W Yor* 1C 92
Leeds Bradford Airport. *W Yor* 5E 99
Leedstown. *Corn* 3D 4
Leegomery. *Telf* 4A 72
Lee Head. *Derbs* 1E 85
Leek. *Staf* 5D 85
Leekbrook. *Staf* 5D 85
Leek Wootton. *Warw* 4G 61

Lee Mill. *Devn* 3B 8
Leeming. *N Yor* 1E 99
Leeming Bar. *N Yor* 5F 105
Lee Moor. *Devn* 2B 8
Lee Moor. *W Yor* 2D 92
Lee-on-the-Solent. *Hants* 2D 16
Lees. *Derbs* 2G 73
Lees. *G Man* 4H 91
Lees. *W Yor* 1A 92
The Lees. *Kent* 5E 40
Leeswood. *Flin* 4E 83
Leetown. *Per* 1E 136
Leftwich. *Ches W* 3A 84
Legbourne. *Linc* 2C 88
Legburthwaite. *Cumb* 3E 102
Legerwood. *Bord* 5B 130
Legsby. *Linc* 2A 88
Leicester. *Leic* 5C 74
Leicester Forest East. *Leics* 5C 74
Leigh. *Dors* 2B 14
Leigh. *G Man* 4E 91
Leigh. *Kent* 1G 27
Leigh. *Shrp* 5F 71
Leigh. *Surr* 1D 26
Leigh. *Wilts* 2F 35
Leigh. *Worc* 5B 60
The Leigh. *Glos* 3D 48
Leigham. *Plym* 3B 8
Leigh Beck. *Essx* 2C 40
Leigh Common. *Som* 4C 22
Leigh Delamere. *Wilts* 4D 35
Leigh Green. *Kent* 2D 28
Leighland Chapel. *Som* 3D 20
Leigh-on-Sea. *S'end* 2C 40
Leigh Park. *Hants* 2F 17
Leigh Sinton. *Worc* 5B 60
Leighterton. *Glos* 2D 34
Leighton. *N Yor* 2D 98
Leighton. *Powy* 5E 71
Leighton. *Shrp* 5A 72
Leighton. *Som* 2C 22
Leighton Bromswold. *Cambs* 3A 64
Leighton Buzzard. *C Beds* 3H 51
Leigh-upon-Mendip. *Som* 2B 22
Leinthall Earls. *Here* 4G 59
Leinthall Starkes. *Here* 4G 59
Leintwardine. *Here* 3G 59
Leire. *Leics* 1C 62
Leirinmore. *High* 2E 166
Leishmore. *High* 4G 157
Leiston. *Suff* 4G 67
Leitfie. *Per* 4B 144
Leith. *Edin* 2F 129
Leitholm. *Bord* 5D 130
Lelant. *Corn* 3C 4
Lelant Downs. *Corn* 3C 4
Lelley. *E Yor* 1F 95
Lem Hill. *Shrp* 3B 60
Lemington. *Tyne* 3E 115
Lempitlaw. *Bord* 1B 120
Lemsford. *Herts* 4C 52
Lenacre. *Cumb* 1F 97
Lenchie. *Abers* 5C 160
Lenchwick. *Worc* 1F 49
Lendalfoot. *S Ayr* 1G 109
Lendrick. *Stir* 3E 135
Lewes. *E Sus* 4F 27
Lenham. *Kent* 5C 40
Lenham Heath. *Kent* 1D 28
Lenimore. *N Ayr* 5G 125
Lennel. *Bord* 5E 131
Lennoxtown. *E Dun* 2H 127
Lenton. *Linc* 2H 75
Lentran. *High* 4H 157
Lenwade. *Norf* 4C 78
Lenzie. *E Dun* 2H 127
Leochel Cushnie. *Abers* 2C 152
Leogh. *Shet* 1B 172
Leominster. *Here* 5G 59
Leonard Stanley. *Glos* 5D 48
Lepe. *Hants* 3C 16
Lephenstrath. *Arg* 5A 122
Lephin. *High* 4A 154
Lephinchapel. *Arg* 4G 133
Lephinmore. *Arg* 4G 133
Leppington. *N Yor* 3B 100
Lepton. *W Yor* 3C 92
Lerryn. *Corn* 3F 7
Lerwick. *Shet* 7F 173
Lerwick (Tingwall) Airport. *Shet* 7F 173
Lesbury. *Nmbd* 3G 121
Leslie. *Abers* 1C 152
Leslie. *Fife* 3E 137
Lesmahagow. *S Lan* 1H 117
Lesnewth. *Corn* 3B 10
Lessingham. *Norf* 3F 79
Lessonhall. *Cumb* 4D 112
Leswalt. *Dum* 3F 109
Letchmore Heath. *Herts* 1C 38
Letchworth Garden City. *Herts* 2C 52
Letcombe Bassett. *Oxon* 3B 36
Letcombe Regis. *Oxon* 3B 36
Letham. *Ang* 4E 145
Letham. *Falk* 1B 128
Letham. *Fife* 2F 137
Lethanhill. *E Ayr* 3D 116
Lethenty. *Abers* 4F 161
Letheringham. *Suff* 5E 67
Letheringsett. *Norf* 2C 78
Lettaford. *Devn* 4H 11
Lettan. *Orkn* 3G 172
Letter. *Abers* 2E 153
Letterewe. *High* 1B 156
Letterfearn. *High* 1A 148
Lettermore. *Arg* 4F 139
Letters. *High* 5F 163
Letterston. *Pemb* 2D 42
Letton. *Here*
nr. Kington 1G 47
nr. Leintwardine 3F 59
Letty Green. *Herts* 4C 52
Letwell. *S Yor* 2C 86
Leuchars. *Fife* 1G 137
Leumrabhagh. *W Isl* 6F 171
Leusdon. *Devn* 5H 11
Levaneap. *Shet* 5F 173
Levedale. *Staf* 4C 72
Leven. *E Yor* 5F 101
Leven. *Fife* 3F 137
Levencorroch. *N Ayr* 3E 123
Levenhall. *E Lot* 2G 129
Levens. *Cumb* 1D 97
Levens Green. *Herts* 3D 52
Levenshulme. *G Man* 1C 84
Levenwick. *Shet* 9F 173
Leverburgh. *W Isl* 9C 171
Leverington. *Cambs* 4D 76
Leverton. *Linc* 1C 76
Leverton. *W Ber* 4B 36
Leverton Lucasgate. *Linc* 1D 76
Leverton Outgate. *Linc* 1D 76
Levington. *Suff* 2F 55
Levisham. *N Yor* 5F 107
Levishie. *High* 2G 149
Lew. *Oxon* 5B 50
Lewaigue. *IOM* 2D 108
Lewannick. *Corn* 4C 10
Lewdown. *Devn* 4E 11
Lewes. *E Sus* 4F 27
Leweston. *Pemb* 2D 42
Lewisham. *G Lon* 3E 39
Lewiston. *High* 1H 149
Lewistown. *B'end* 3C 32
Lewknor. *Oxon* 2F 37
Leworthy. *Devn*
nr. Barnstaple 3G 19
nr. Holsworthy 2D 10
Lewson Street. *Kent* 4D 40
Lewthorn Cross. *Devn* 5A 12
Lewtrenchard. *Devn* 4E 11
Ley. *Corn* 2F 7
Leybourne. *Kent* 5A 40
Leyburn. *N Yor* 5E 105
Leycett. *Staf* 1B 72
Leyfields. *Staf* 5G 73
Ley Green. *Herts* 3B 52
Ley Hill. *Buck* 5H 51
Leyland. *Lanc* 2D 90
Leylodge. *Abers* 2E 153
Leymoor. *W Yor* 3B 92
Leys. *Per* 5B 144
Leysdown-on-Sea. *Kent* 3E 41
Leysmill. *Ang* 4F 145
Leyton. *G Lon* 2E 39
Leytonstone. *G Lon* 2F 39
Lezant. *Corn* 5D 10
Leziate. *Norf* 4F 77
Lhanbryde. *Mor* 2G 159
The Lhen. *IOM* 1C 108
Liatrie. *High* 5E 157
Libanus. *Powy* 3C 46
Libberton. *S Lan* 5C 128
Libbery. *Worc* 5D 60
Liberton. *Edin* 3F 129
Liceasto. *W Isl* 8D 171
Lichfield. *Staf* 5F 73
Lickey. *Worc* 3D 61
Lickey End. *Worc* 3D 60
Lickfold. *W Sus* 3A 26
Liddaton. *Devn* 4E 11
Liddington. *Swin* 3H 35
Liddle. *Orkn* 9D 172
Lidgate. *Suff* 5G 65
Lidgett. *Notts* 4D 86
Lidham Hill. *E Sus* 4C 28
Lidlington. *C Beds* 2H 51
Lidsey. *W Sus* 5A 26
Lidstone. *Oxon* 3B 50
Lienassie. *High* 1B 148
Liff. *Ang* 5C 144
Lifford. *W Mid* 2E 61
Lifton. *Devn* 4D 11
Liftondown. *Devn* 4D 10
Lighthorne. *Warw* 5H 61
Light Oaks. *Stoke* 5D 84
Lightwater. *Surr* 4A 38
Lightwood. *Staf* 1E 73
Lightwood. *Stoke* 1D 72
Lightwood Green. *Ches E* 1A 72
Lightwood Green. *Wrex* 1F 71
Lilbourne. *Nptn* 3C 62
Lilburn Tower. *Nmbd* 2E 121
Lillesdon. *Som* 4G 21
Lilleshall. *Telf* 4B 72
Lilley. *Herts* 3B 52
Lilliesleaf. *Bord* 2H 119
Lillingstone Dayrell. *Buck* 2F 51
Lillingstone Lovell. *Buck* 1F 51
Lillington. *Dors* 1B 14
Lilstock. *Som* 2E 21
Lilybank. *Inv* 2E 126
Lilyhurst. *Shrp* 4B 72
Limavady. *Caus* 1D 174
Limbrick. *Lanc* 3E 90
Limbury. *Lutn* 3A 52
Limekilnburn. *S Lan* 4A 128
Limekilns. *Fife* 1D 129
Limerigg. *Falk* 2B 128
Limestone Brae. *Nmbd* 5A 114
Lime Street. *Worc* 2D 48
Limington. *Som* 4A 22
Limpenhoe. *Norf* 5F 79
Limpley Stoke. *Wilts* 5C 34
Limpsfield. *Surr* 5F 39
Limpsfield Chart. *Surr* 5F 39
Linburn. *W Lot* 3E 129
Linby. *Notts* 5C 86
Linchmere. *W Sus* 3G 25
Lincluden. *Dum* 2A 112
Lincoln. *Linc* 3G 87
Lincomb. *Worc* 4C 60
Lindale. *Cumb* 1D 96
Lindal in Furness. *Cumb* 2B 96
Lindean. *Bord* 1G 119
Linden. *Glos* 4D 48
Lindfield. *W Sus* 3E 27
Lindford. *Hants* 3G 25
Lindores. *Fife* 2E 137
Lindridge. *Worc* 4A 60
Lindsell. *Essx* 3G 53
Lindsey. *Suff* 1C 54
Lindsey Tye. *Suff* 1C 54
Linford. *Hants* 2G 15
Linford. *Thur* 3A 40
Lingague. *IOM* 4B 108
Lingdale. *Red C* 3D 106
Lingen. *Here* 4F 59
Lingfield. *Surr* 1E 27
Lingreabhagh. *W Isl* 9C 171
Lingwood. *Norf* 5F 79
Lingy Close. *Cumb* 4E 113
Linicro. *High* 2C 154
Linkend. *Worc* 2D 48
Linkenholt. *Hants* 1B 24
Linkinhorne. *Corn* 5D 10
Linklater. *Orkn* 9D 172
Linksness. *Orkn* 6E 172
Linktown. *Fife* 4E 137
Linkwood. *Mor* 2G 159
Linley. *Shrp*
nr. Bishop's Castle 1F 59
nr. Bridgnorth 1A 60
Linley Green. *Here* 5A 60
Linlithgow. *W Lot* 2C 128
Linlithgow Bridge. *Falk* 2C 128
Linneraineach. *High* 3F 163
Linshiels. *Nmbd* 4C 120
Linsiadar. *W Isl* 4E 171
Linsidemore. *High* 4C 164
Linslade. *C Beds* 3H 51
Linstead Parva. *Suff* 3F 67
Linstock. *Cumb* 4F 113
Linthwaite. *W Yor* 3B 92
Lintlaw. *Bord* 4E 131
Lintmill. *Mor* 2C 160
Linton. *Cambs* 1F 53
Linton. *Derbs* 4G 73
Linton. *Here* 3B 48
Linton. *Kent* 1B 28
Linton. *N Yor* 3B 98
Linton. *Bord* 2B 120
Linton. *W Yor* 5F 99
Linton Colliery. *Nmbd* 5G 121
Linton Hill. *Here* 3B 48
Linton-on-Ouse. *N Yor* 3G 99
Lintzford. *Dur* 4E 115
Lintzgarth. *Dur* 5C 114
Linwood. *Hants* 2G 15
Linwood. *Linc* 2A 88
Linwood. *Ren* 3F 127
Lionacleit. *W Isl* 4C 170
Lionacro. *High* 2C 154
Lionacuidhe. *W Isl* 4C 170
Lional. *W Isl* 1H 171
Liphook. *Hants* 3G 25
Lipley. *Shrp* 2B 72
Lipyeate. *Som* 1B 22
Liquo. *N Lan* 4B 128
Lisbellaw. *Ferm* 5C 174
Lisburn. *Lis* 4G 175
Liscard. *Mers* 1F 83
Liscombe. *Som* 3B 20
Liskeard. *Corn* 2G 7
Lisle Court. *Hants* 3B 16
Lisnaskea. *Ferm* 6C 174
Liss. *Hants* 4F 25
Lissett. *E Yor* 4F 101
Liss Forest. *Hants* 4F 25
Lissington. *Linc* 2A 88
Liston. *Essx* 1B 54
Lisvane. *Card* 3E 33
Liswerry. *Newp* 3G 33
Litcham. *Norf* 4A 78
Litchard. *B'end* 3C 32
Litchborough. *Nptn* 5D 62
Litchfield. *Hants* 1C 24
Litherland. *Mers* 1F 83
Litlington. *Cambs* 1D 52
Litlington. *E Sus* 5G 27
Littemill. *Nmbd* 3G 121
Litterty. *Abers* 3E 161
Little Abington. *Cambs* 1F 53
Little Addington. *Nptn* 3G 63
Little Airmyn. *N Yor* 2H 93
Little Alne. *Warw* 4F 61
Little Ardo. *Abers* 5F 161
Little Asby. *Cumb* 4H 103
Little Aston. *Staf* 5E 73
Little Atherfield. *IOW* 4C 16
Little Ayton. *N Yor* 3C 106
Little Baddow. *Essx* 5A 54
Little Badminton. *S Glo* 3D 34
Little Ballinluig. *Per* 3G 143
Little Bampton. *Cumb* 4D 112
Little Bardfield. *Essx* 2G 53
Little Barford. *Bed* 5A 64
Little Barningham. *Norf* 2D 78
Little Barrington. *Glos* 4H 49
Little Barrow. *Ches W* 4G 83
Little Barugh. *N Yor* 2B 100
Little Bavington. *Nmbd* 2C 114
Little Bealings. *Suff* 1F 55
Littlebeck. *Cumb* 3H 103
Little Bedwyn. *Wilts* 5A 36
Little Bentley. *Essx* 3E 54
Little Berkhamsted. *Herts* 5C 52
Little Billing. *Nptn* 4F 63
Little Billington. *C Beds* 3H 51
Little Birch. *Here* 2A 48
Little Bispham. *Bkpl* 5C 96
Little Blakenham. *Suff* 1E 54
Little Blencow. *Cumb* 1F 103
Little Bognor. *W Sus* 3B 26
Little Bolas. *Shrp* 3A 72
Little Bollington. *Ches E* 2B 84
Little Bookham. *Surr* 5C 38
Littleborough. *Devn* 1B 12
Littleborough. *G Man* 3H 91
Littleborough. *Notts* 2F 87
Littlebourne. *Kent* 5G 41
Little Bourton. *Oxon* 1C 50
Little Bowden. *Leics* 2E 63
Little Bradley. *Suff* 5F 65
Little Brampton. *Shrp* 2F 59
Little Brechin. *Ang* 2E 145
Littlebredy. *Dors* 4A 14
Little Brickhill. *Mil* 2H 51
Little Bridgeford. *Staf* 3C 72
Little Brington. *Nptn* 4D 62
Little Bromley. *Essx* 3D 54
Little Broughton. *Cumb* 1B 102
Little Budworth. *Ches W* 4H 83
Little Burstead. *Essx* 1A 40
Little Burton. *E Yor* 5F 101
Littlebury. *Essx* 2F 53
Littlebury Green. *Essx* 2E 53
Little Bytham. *Linc* 4H 75
Little Canfield. *Essx* 3F 53
Little Canford. *Dors* 3F 15
Little Carlton. *Linc* 2C 88
Little Carlton. *Notts* 5E 87
Little Casterton. *Rut* 5H 75
Little Catwick. *E Yor* 5F 101
Little Catworth. *Cambs* 3A 64
Little Cawthorpe. *Linc* 2C 88
Little Chalfont. *Buck* 1A 38
Little Chart. *Kent* 1D 28
Little Chesterford. *Essx* 1F 53
Little Cheverell. *Wilts* 1E 23
Little Chishill. *Cambs* 2E 53
Little Clacton. *Essx* 4E 55
Little Clanfield. *Oxon* 5A 50
Little Clifton. *Cumb* 2B 102
Little Coates. *NE Lin* 4F 95
Little Comberton. *Worc* 1E 49
Little Common. *E Sus* 5B 28
Little Compton. *Warw* 2A 50
Little Cornard. *Suff* 2B 54
Littlecote. *Buck* 3G 51
Littlecott. *Wilts* 1G 23
Little Cowarne. *Here* 5A 60
Little Coxwell. *Oxon* 2A 36
Little Crakehall. *N Yor* 5F 105
Little Crawley. *Mil* 1H 51
Little Creich. *High* 5D 164
Little Cressingham. *Norf* 5A 78
Little Crosby. *Mers* 4B 90
Little Crosthwaite. *Cumb* 2D 102
Little Cubley. *Derbs* 2F 73

Little Dalby. Leics 4E 75
Little Dawley. Telf 5A 72
Littledean. Glos 4B 48
Little Dens. Abers 4H 161
Little Dewchurch. Here 2A 48
Little Ditton. Cambs 5F 65
Little Down. Hants 1B 24
Little Downham. Cambs 2E 65
Little Drayton. Shrp 2A 72
Little Driffield. E Yor 4E 101
Little Dunham. Norf 4A 78
Little Dunkeld. Per 4H 143
Little Dunmow. Essx 3G 53
Little Easton. Essx 3G 53
Little Eaton. Derbs 1A 74
Little Eccleston. Lanc 5D 96
Little Ellingham. Norf 1C 66
Little Elm. Som 2C 22
Little End. Essx 5F 53
Little Everdon. Nptn 5C 62
Little Eversden. Cambs 5C 64
Little Faringdon. Oxon 5H 49
Little Fencote. N Yor 5F 105
Little Fenton. N Yor 1F 93
Littleferry. High 4F 165
Little Fransham. Norf 4B 78
Little Gaddesden. Herts 4H 51
Little Garway. Here 3H 47
Little Gidding. Cambs 2A 64
Little Glemham. Suff 5F 67
Little Glenshee. Per 5G 143
Little Gransden. Cambs 5B 64
Little Green. Suff 3C 66
Little Green. Wrex 1G 71
Little Grimsby. Linc 1C 88
Little Habton. N Yor 2B 100
Little Hadham. Herts 3E 53
Little Hale. Linc 1A 76
Little Hallingbury. Essx 4E 53
Littleham. Devn
nr. Bideford 4E 19
nr. Exmouth 4D 12
Little Hampden. Buck 5G 51
Littlehampton. W Sus 5B 26
Little Haresfield. Glos 5D 48
Little Harrowden. Nptn 3F 63
Little Haseley. Oxon 5E 51
Little Hatfield. E Yor 5F 101
Little Hautbois. Norf 3E 79
Little Haven. Pemb 3C 42
Little Hay. Staf 5F 73
Little Hayfield. Derbs 2E 85
Little Haywood. Staf 3E 73
Little Heath. W Mid 2H 61
Little Heck. N Yor 2F 93
Littlehempston. Devn 2E 9
Little Herbert's. Glos 4E 49
Little Hereford. Here 4H 59
Little Horkesley. Essx 2C 54
Little Hormead. Herts 3D 53
Little Horsted. E Sus 4F 27
Little Horton. W Yor 1B 92
Little Horwood. Buck 2F 51
Little Houghton. Nptn 5F 63
Little Houghton. S Yor 4E 93
Littlehoughton. Nmbd 3G 121
Little Hucklow. Derbs 3F 85
Little Hulton. G Man 4F 91
Little Irchester. Nptn 4G 63
Little Kelk. E Yor 3E 101
Little Kimble. Buck 5G 51
Little Kineton. Warw 5H 61
Little Kingshill. Buck 2G 37
Little Langdale. Cumb 4E 102
Little Langford. Wilts 3F 23
Little Laver. Essx 5F 53
Little Lawford. Warw 3B 62
Little Leigh. Ches W 3A 84
Little Leighs. Essx 4H 53
Little Leven. E Yor 5E 101
Little Lever. G Man 4F 91
Little Linford. Mil 1G 51
Little London. Buck 4E 51
Little London. E Sus 4G 27
Little London. Hants
nr. Andover 2B 24
nr. Basingstoke 1E 24
Little London. Linc
nr. Long Sutton 3D 76
nr. Spalding 3B 76
Little London. Norf
nr. North Walsham 2E 79
nr. Northwold 1G 65
nr. Saxthorpe 2D 78
nr. Southery 1F 65
Little London. Powy 2C 58
Little Longstone. Derbs 3F 85
Little Malvern. Worc 1C 48
Little Maplestead. Essx 2B 54
Little Marcle. Here 2B 48
Little Marlow. Buck 3G 37
Little Massingham. Norf 3G 77
Little Melton. Norf 5D 78
Little Mill. Mon 5G 47
Littlemill. Abers 4H 151
Littlemill. E Ayr 3D 116
Littlemill. High 4D 158
Little Milton. Oxon 5E 50
Little Missenden. Buck 1A 38
Littlemoor. Derbs 4A 86
Littlemoor. Dors 4B 14
Littlemore. Oxon 5D 50
Little Mountain. Flin 4E 83
Little Musgrave. Cumb 3A 104
Little Ness. Shrp 4G 71
Little Neston. Ches W 3E 83
Little Newcastle. Pemb 2D 43
Little Newsham. Dur 3E 105
Little Oakley. Essx 3F 55
Little Oakley. Nptn 2F 63
Little Onn. Staf 4C 72
Little Ormside. Cumb 3A 104
Little Orton. Cumb 4E 113
Little Orton. Leics 5H 73
Little Ouse. Cambs 2F 65
Little Ouseburn. N Yor 3G 99
Littleover. Derb 2H 73
Little Packington. Warw 2G 61
Little Paxton. Cambs 4A 64
Little Petherick. Corn 1D 6
Little Plumpton. Lanc 1B 90
Little Plumstead. Norf 4F 79
Little Ponton. Linc 2G 75
Littleport. Cambs 2E 65
Little Posbrook. Hants 2D 16
Little Potheridge. Devn 1F 11
Little Preston. Nptn 5C 62
Little Raveley. Cambs 3B 64
Little Reynoldston. Swan 4D 31
Little Ribston. N Yor 4F 99
Little Rissington. Glos 4G 49
Little Rogart. High 3E 165
Little Rollright. Oxon 2A 50
Little Ryburgh. Norf 3B 78
Little Ryle. Nmbd 3E 121
Little Ryton. Shrp 5G 71
Little Salkeld. Cumb 1G 103
Little Sampford. Essx 2G 53
Little Sandhurst. Brac 5G 37
Little Saredon. Staf 5D 72
Little Saxham. Suff 4G 65
Little Scatwell. High 3F 157
Little Shelford. Cambs 5D 64
Little Shoddesden. Hants 2A 24
Little Singleton. Lanc 1B 90
Little Smeaton. N Yor 3F 93
Little Snoring. Norf 2B 78
Little Sodbury. S Glo 3C 34
Little Somborne. Hants 3B 24
Little Somerford. Wilts 3E 35
Little Soudley. Shrp 3B 72
Little Stainforth. N Yor 3H 97
Little Stainton. Darl 3A 106
Little Stanney. Ches W 3G 83
Little Staughton. Bed 4A 64
Little Steeping. Linc 4D 88
Littlester. Shet 3G 173
Little Stoke. Staf 2D 72
Littlestone-on-Sea. Kent 3E 29
Little Stonham. Suff 4D 66
Little Stretton. Leics 5D 74
Little Stretton. Shrp 1G 59
Little Strickland. Cumb 3G 103
Little Stukeley. Cambs 3B 64
Little Sugnall. Staf 2C 72
Little Sutton. Ches W 3F 83
Little Sutton. Linc 3D 76
Little Swinburne. Nmbd 2C 114
Little Tew. Oxon 3B 50
Little Tey. Essx 3B 54
Little Thetford. Cambs 3E 65
Little Thirkleby. N Yor 2G 99
Little Thornage. Norf 2C 78
Little Thornton. Lanc 5C 96
Little Thorpe. W Yor 2B 92
Littlethorpe. Leics 1C 62
Littlethorpe. N Yor 3F 99
Little Thurlow. Suff 5F 65
Little Thurrock. Thur 3H 39
Littleton. Ches W 4G 83
Littleton. Hants 3C 24
Littleton. Som 3H 21
Littleton. Surr
nr. Guildford 1A 26
nr. Staines 4B 38
Littleton Drew. Wilts 3D 34
Littleton Pannell. Wilts 1F 23
Littleton-upon-Severn. S Glo 3A 34
Little Torboll. High 4E 165
Little Torrington. Devn 1E 11
Little Totham. Essx 4B 54
Little Town. Cumb 3D 102
Little Town. Lanc 1E 91
Littletown. Dur 5G 115
Littletown. High 5E 165
Little Twycross. Leics 5H 73
Little Urswick. Cumb 2B 96
Little Wakering. Essx 2D 40
Little Walden. Essx 1F 53
Little Waldingfield. Suff 1C 54
Little Walsingham. Norf 2B 78
Little Waltham. Essx 4H 53
Little Warley. Essx 1H 39
Little Weighton. E Yor 1C 94
Little Wenham. Suff 2D 54
Little Wenlock. Telf 5A 72
Little Whelnetham. Suff 4A 66
Little Whittingham Green. Suff 3E 67
Littlewick Green. Wind 4G 37
Little Wilbraham. Cambs 5E 65
Littlewindsor. Dors 2H 13
Little Wisbeach. Linc 2A 76
Little Witcombe. Glos 4E 49
Little Witley. Worc 4B 60
Little Wittenham. Oxon 2D 36
Little Wolford. Warw 2A 50
Littleworth. Bed 1A 52
Littleworth. Glos 2G 49
Littleworth. Oxon 2B 36
Littleworth. Staf
nr. Cannock 4E 73
nr. Eccleshall 3B 72
nr. Stafford 3D 72
Littleworth. W Sus 3C 26
Littleworth. Worc
nr. Redditch 4D 61
nr. Worcester 5C 60
Little Wratting. Suff 1G 53
Little Wymondley. Herts 3C 52
Little Wyrley. Staf 5E 73
Little Yeldham. Essx 2A 54
Littley Green. Essx 4G 53
Litton. Derbs 3F 85
Litton. N Yor 2B 98
Litton. Som 1A 22
Litton Cheney. Dors 3A 14
Liurbost. W Isl 5F 171
Liverpool. Mers 1F 83
Liverpool John Lennon Airport. Mers 2G 83
Liversedge. W Yor 2B 92
Liverton. Devn 5B 12
Liverton. Red C 3E 107
Liverton Mines. Red C 3E 107
Livingston. W Lot 3D 128
Livingston Village. W Lot 3D 128
Lixwm. Flin 3D 82
Lizard. Corn 5E 5
Llaingoch. IOA 2B 80
Llaithddu. Powy 2C 58
Llampha. V Glam 4C 32
Llan. Powy 5A 70
Llanaber. Gwyn 4F 69
Llanaelhaearn. Gwyn 1C 68
Llanaeron. Cdgn 4D 57
Llanafan. Cdgn 3F 57
Llanafan-fawr. Powy 5B 58
Llanafan-fechan. Powy 5B 58
Llanallgo. IOA 2D 81
Llanandras. Powy 4F 59
Llananno. Powy 3C 58
Llanarmon. Gwyn 2D 68
Llanarmon Dyffryn Ceiriog. Wrex 2D 70
Llanarmon-yn-Ial. Den 5D 82
Llanarth. Cdgn 5D 56
Llanarth. Mon 4G 47
Llanarthne. Carm 3F 45
Llanasa. Flin 2D 82
Llanbabo. IOA 2C 80
Llanbadarn Fawr. Cdgn 2F 57
Llanbadarn Fynydd. Powy 3D 58
Llanbadarn-y-garreg. Powy 1E 46
Llanbadoc. Mon 5G 47
Llanbadrig. IOA 1C 80
Llanbeder. Newp 2G 33
Llanbedr. Gwyn 3E 69
Llanbedr. Powy
nr. Crickhowell 3F 47
nr. Hay-on-Wye 1E 47
Llanbedr-Dyffryn-Clwyd. Den 5D 82
Llanbedrgoch. IOA 2E 81
Llanbedrog. Gwyn 2C 68
Llanbedr Pont Steffan. Cdgn 1F 45
Llanbedr-y-cennin. Cnwy 4G 81
Llanberis. Gwyn 4E 81
Llanbethery. V Glam 5D 32
Llanbister. Powy 3D 58
Llanblethian. V Glam 4C 32
Llanboidy. Carm 2G 43
Llanbradach. Cphy 2E 33
Llanbrynmair. Powy 5A 70
Llanbydderi. V Glam 5D 32
Llancadle. V Glam 5D 32
Llancarfan. V Glam 4D 32
Llancatal. V Glam 5D 32
Llancayo. Mon 5G 47
Llancloudy. Here 3H 47
Llancoch. Powy 3E 58
Llancynfelyn. Cdgn 1F 57
Llandaff. Card 4E 33
Llandanwg. Gwyn 3E 69
Llandarcy. Neat 3G 31
Llandawke. Carm 3G 43
Llanddaniel Fab. IOA 3D 81
Llanddarog. Carm 4F 45
Llanddeiniol. Cdgn 3E 57
Llanddeiniolen. Gwyn 4E 81
Llandderfel. Gwyn 2B 70
Llanddeusant. Carm 3A 46
Llanddeusant. IOA 2C 80
Llanddew. Powy 2D 46
Llanddewi. Swan 4D 30
Llanddewi Brefi. Cdgn 5F 57
Llanddewi'r Cwm. Powy 1D 46
Llanddewi Rhydderch. Mon 4G 47
Llanddewi Velfrey. Pemb 3F 43
Llanddewi Ystradenni. Powy 4D 58
Llanddoged. Cnwy 4H 81
Llanddona. IOA 3E 81
Llanddowror. Carm 3G 43
Llanddulas. Cnwy 3B 82
Llanddwywe. Gwyn 3E 69
Llanddyfnan. IOA 3E 81
Llandecwyn. Gwyn 2F 69
Llandefaelog Fach. Powy 2D 46
Llandefaelog-tre'r-graig. Powy 2E 47
Llandefalle. Powy 2E 46
Llandegfan. IOA 3E 81
Llandegla. Den 5D 82
Llandegley. Powy 4D 58
Llandegveth. Mon 2G 33
Llandeilo. Carm 3G 45
Llandeilo Graban. Powy 1D 46
Llandeilo'r Fan. Powy 2B 46
Llandeloy. Pemb 2C 42
Llandenny. Mon 5H 47
Llandevaud. Newp 2H 33
Llandevenny. Mon 3H 33
Llandilo. Pemb 2F 43
Llandinabo. Here 3A 48
Llandinam. Powy 2C 58
Llandissilio. Pemb 2F 43
Llandogo. Mon 5A 48
Llandough. V Glam
nr. Cowbridge 4C 32
nr. Penarth 4E 33
Llandovery. Carm 2A 46
Llandow. V Glam 4C 32
Llandre. Cdgn 2F 57
Llandrillo. Den 2C 70
Llandrillo-yn-Rhos. Cnwy 2H 81
Llandrindod. Powy 4C 58
Llandrindod Wells. Powy 4C 58
Llandrinio. Powy 4E 71
Llandudno. Cnwy 2G 81
Llandudno Junction. Cnwy 3G 81
Llandudoch. Pemb 1B 44
Llandw. V Glam 4C 32
Llandwrog. Gwyn 5D 80
Llandybie. Carm 4G 45
Llandyfaelog. Carm 4E 45
Llandyfan. Carm 4G 45
Llandyfriog. Cdgn 1D 44
Llandyfrydog. IOA 2D 80
Llandygai. Gwyn 3F 81
Llandygwydd. Cdgn 1C 44
Llandynan. Den 1D 70
Llandyrnog. Den 4D 82
Llandysilio. Powy 4E 71
Llandyssil. Powy 1D 58
Llandysul. Cdgn 1E 45
Llanedeyrn. Card 3F 33
Llaneglwys. Powy 2D 46
Llanegryn. Gwyn 5F 69
Llanegwad. Carm 3F 45
Llaneilian. IOA 1D 80
Llanelian-yn-Rhos. Cnwy 3A 82
Llanelidan. Den 5D 82
Llanelieu. Powy 2E 47
Llanellen. Mon 4G 47
Llanelli. Carm 3E 31
Llanelltyd. Gwyn 4G 69
Llanelly. Mon 4F 47
Llanelly Hill. Mon 4F 47
Llanelwedd. Powy 5C 58
Llan-Elwy. Den 3C 82
Llanenddwyn. Gwyn 3E 69
Llanengan. Gwyn 3B 68
Llanerch. Powy 1F 59
Llanerchymedd. IOA 2D 80
Llanerfyl. Powy 5C 70
Llaneuddog. IOA 2D 80
Llanfachraeth. IOA 2C 80
Llanfachreth. Gwyn 3G 69
Llanfaelog. IOA 3C 80
Llanfaelrhys. Gwyn 3B 68
Llanfaenor. Mon 4H 47
Llanfaes. IOA 3F 81
Llanfaes. Powy 3D 46
Llanfaethlu. IOA 2C 80
Llanfaglan. Gwyn 4D 80
Llanfair. Gwyn 3E 69
Llanfair. Here 1F 47
Llanfair Caereinion. Powy 5D 70

Llanfair Clydogau. *Cdgn* . . . 5F **57**
Llanfair Dyffryn Clwyd. *Den* . . . 5D **82**
Llanfairfechan. *Cnwy* . . . 3F **81**
Llanfair-Nant-Gwyn. *Pemb* . . . 1F **43**
Llanfair Pwllgwyngyll. *IOA* . . . 3E **81**
Llanfair Talhaiarn. *Cnwy* . . . 3B **82**
Llanfair Waterdine. *Shrp* . . . 3E **59**
Llanfair-ym-Muallt. *Powy* . . . 5C **58**
Llanfairyneubwll. *IOA* . . . 3C **80**
Llanfairynghornwy. *IOA* . . . 1C **80**
Llanfallteg. *Carm* . . . 3F **43**
Llanfallteg West. *Carm* . . . 3F **43**
Llanfaredd. *Powy* . . . 5C **58**
Llanfarian. *Cdgn* . . . 3E **57**
Llanfechain. *Powy* . . . 3D **70**
Llanfechell. *IOA* . . . 1C **80**
Llanfendigaid. *Gwyn* . . . 5E **69**
Llanferres. *Den* . . . 4D **82**
Llan Ffestiniog. *Gwyn* . . . 1G **69**
Llanfflewyn. *IOA* . . . 2C **80**
Llanfihangel-ar-Arth. *Carm* . . . 2E **45**
Llanfihangel Glyn Myfyr. *Cnwy* . . . 1B **70**
Llanfihangel Nant Bran. *Powy* . . . 2C **46**
Llanfihangel-Nant-Melan. *Powy* . . . 5D **58**
Llanfihangel near Rogiet. *Mon* . . . 3H **33**
Llanfihangel Rhydithon. *Powy* . . . 4D **58**
Llanfihangel Tal-y-llyn. *Powy* . . . 3E **46**
Llanfihangel-uwch-Gwili. *Carm* . . . 3E **45**
Llanfihangel-y-Creuddyn. *Cdgn* . . . 3F **57**
Llanfihangel-yng-Ngwynfa. *Powy* . . . 4C **70**
Llanfihangel yn Nhowyn. *IOA* . . . 3C **80**
Llanfihangel-y-pennant. *Gwyn*
  nr. Golan . . . 1E **69**
  nr. Tywyn . . . 5F **69**
Llanfihangel-y-traethau. *Gwyn* . . . 2E **69**
Llanfilo. *Powy* . . . 2E **46**
Llanfleiddan. *V Glam* . . . 4C **32**
Llanfoist. *Mon* . . . 4F **47**
Llanfor. *Gwyn* . . . 2B **70**
Llanfrechfa. *Torf* . . . 2G **33**
Llanfrothen. *Gwyn* . . . 1F **69**
Llanfrynach. *Powy* . . . 3D **46**
Llanfwrog. *Den* . . . 5D **82**
Llanfwrog. *IOA* . . . 2C **80**
Llanfyllin. *Powy* . . . 4D **70**
Llanfynydd. *Carm* . . . 3F **45**
Llanfynydd. *Flin* . . . 5E **83**
Llanfyrnach. *Pemb* . . . 1G **43**
Llangadfan. *Powy* . . . 4C **70**
Llangadog. *Carm*
  nr. Llandovery . . . 3H **45**
  nr. Llanelli . . . 5E **45**
Llangadwaladr. *IOA* . . . 4C **80**
Llangadwaladr. *Powy* . . . 2D **70**
Llangaffo. *IOA* . . . 4D **80**
Llangain. *Carm* . . . 4D **45**
Llangammarch Wells. *Powy* . . . 1C **46**
Llangan. *V Glam* . . . 4C **32**
Llangarron. *Here* . . . 3A **48**
Llangasty-Talyllyn. *Powy* . . . 3E **47**
Llangathen. *Carm* . . . 3F **45**
Llangattock. *Powy* . . . 4F **47**
Llangattock Lingoed. *Mon* . . . 3G **47**
Llangattock-Vibon-Avel. *Mon* . . . 4H **47**
Llangedwyn. *Powy* . . . 3D **70**
Llangefni. *IOA* . . . 3D **80**
Llangeinor. *B'end* . . . 3C **32**
Llangeitho. *Cdgn* . . . 5F **57**
Llangeler. *Carm* . . . 2D **44**
Llangelynin. *Gwyn* . . . 5E **69**
Llangendeirne. *Carm* . . . 4E **45**
Llangennech. *Carm* . . . 5F **45**
Llangennith. *Swan* . . . 3D **30**
Llangenny. *Powy* . . . 4F **47**
Llangernyw. *Cnwy* . . . 4A **82**
Llangian. *Gwyn* . . . 3B **68**
Llangiwg. *Neat* . . . 5H **45**
Llangloffan. *Pemb* . . . 1D **42**
Llanglydwen. *Carm* . . . 2F **43**
Llangoed. *IOA* . . . 3F **81**
Llangoedmor. *Cdgn* . . . 1B **44**
Llangollen. *Den* . . . 1E **70**
Llangolman. *Pemb* . . . 2F **43**
Llangorse. *Powy* . . . 3E **47**
Llangorwen. *Cdgn* . . . 2F **57**
Llangovan. *Mon* . . . 5H **47**
Llangower. *Gwyn* . . . 2B **70**
Llangranog. *Cdgn* . . . 5C **56**
Llangristiolus. *IOA* . . . 3D **80**
Llangrove. *Here* . . . 4A **48**
Llangua. *Mon* . . . 3G **47**
Llangunllo. *Powy* . . . 3E **58**
Llangunnor. *Carm* . . . 3E **45**
Llangurig. *Powy* . . . 3B **58**
Llangwm. *Cnwy* . . . 1B **70**
Llangwm. *Mon* . . . 5H **47**
Llangwm. *Pemb* . . . 4D **43**
Llangwm-isaf. *Mon* . . . 5H **47**
Llangwnnadl. *Gwyn* . . . 2B **68**
Llangwyfan. *Den* . . . 4D **82**
Llangwyfan-isaf. *IOA* . . . 4C **80**
Llangwyllog. *IOA* . . . 3D **80**
Llangwyryfon. *Cdgn* . . . 3F **57**
Llangybi. *Cdgn* . . . 5F **57**
Llangybi. *Gwyn* . . . 1D **68**
Llangybi. *Mon* . . . 2G **33**
Llangyfelach. *Swan* . . . 3F **31**
Llangynhafal. *Den* . . . 4D **82**
Llangynidr. *Powy* . . . 4E **47**
Llangynin. *Carm* . . . 3G **43**
Llangynog. *Carm* . . . 3H **43**
Llangynog. *Powy* . . . 3C **70**
Llangynwyd. *B'end* . . . 3B **32**
Llanhamlach. *Powy* . . . 3D **46**
Llanharan. *Rhon* . . . 3D **32**
Llanharry. *Rhon* . . . 3D **32**
Llanhennock. *Mon* . . . 2G **33**
Llanhilleth. *Blae* . . . 5F **47**
Llanidloes. *Powy* . . . 2B **58**
Llaniestyn. *Gwyn* . . . 2B **68**
Llanigon. *Powy* . . . 1F **47**
Llanilar. *Cdgn* . . . 3F **57**
Llanilid. *Rhon* . . . 3C **32**
Llanilltud Fawr. *V Glam* . . . 5C **32**
Llanishen. *Card* . . . 3E **33**
Llanishen. *Mon* . . . 5H **47**
Llanllawddog. *Carm* . . . 3E **45**
Llanllechid. *Gwyn* . . . 4F **81**
Llanllowell. *Mon* . . . 2G **33**
Llanllugan. *Powy* . . . 5C **70**
Llanllwch. *Carm* . . . 4D **45**
Llanllwchaiarn. *Powy* . . . 1D **58**
Llanllwni. *Carm* . . . 2E **45**
Llanllyfni. *Gwyn* . . . 5D **80**
Llanmadoc. *Swan* . . . 3D **30**
Llanmaes. *V Glam* . . . 5C **32**
Llanmartin. *Newp* . . . 3G **33**
Llanmerwig. *Powy* . . . 1D **58**
Llanmihangel. *V Glam* . . . 4C **32**
Llan-mill. *Pemb* . . . 3F **43**
Llanmiloe. *Carm* . . . 4G **43**
Llanmorlais. *Swan* . . . 3E **31**
Llannefydd. *Cnwy* . . . 3B **82**
Llan-non. *Cdgn* . . . 4E **57**
Llannon. *Carm* . . . 5F **45**
Llannor. *Gwyn* . . . 2C **68**
Llanover. *Mon* . . . 5G **47**
Llanpumsaint. *Carm* . . . 3E **45**
Llanrhaeadr. *Den* . . . 4C **82**
Llanrhaeadr-ym-Mochnant. *Powy* . . . 3D **70**
Llanrhian. *Pemb* . . . 1C **42**
Llanrhidian. *Swan* . . . 3D **31**
Llanrhos. *Cnwy* . . . 2G **81**
Llanrhyddlad. *IOA* . . . 2C **80**
Llanrhystud. *Cdgn* . . . 4E **57**
Llanrothal. *Here* . . . 4H **47**
Llanrug. *Gwyn* . . . 4E **81**
Llanrumney. *Card* . . . 3F **33**
Llanrwst. *Cnwy* . . . 4G **81**
Llansadurnen. *Carm* . . . 3G **43**
Llansadwrn. *Carm* . . . 2G **45**
Llansadwrn. *IOA* . . . 3E **81**
Llansaint. *Carm* . . . 5D **45**
Llansamlet. *Swan* . . . 3F **31**
Llansanffraid Glan Conwy. *Cnwy* . . . 3H **81**
Llansannan. *Cnwy* . . . 4B **82**
Llansannor. *V Glam* . . . 4C **32**
Llansantffraed. *Cdgn* . . . 4E **57**
Llansantffraed. *Powy* . . . 3E **46**
Llansantffraed Cwmdeuddwr. *Powy* . . . 4B **58**
Llansantffraed-in-Elwel. *Powy* . . . 5C **58**
Llansantffraid-ym-Mechain. *Powy* . . . 3E **70**
Llansawel. *Carm* . . . 2G **45**
Llansawel. *Neat* . . . 3G **31**
Llansilin. *Powy* . . . 3E **70**
Llansoy. *Mon* . . . 5H **47**
Llanspyddid. *Powy* . . . 3D **46**
Llanstadwell. *Pemb* . . . 4D **42**
Llansteffan. *Carm* . . . 4D **44**
Llanstephan. *Powy* . . . 1E **46**
Llantarnam. *Torf* . . . 2G **33**
Lanteg. *Pemb* . . . 3F **43**
Llanthony. *Mon* . . . 3F **47**
Llantilio Crossenny. *Mon* . . . 4G **47**
Llantilio Pertholey. *Mon* . . . 4G **47**
Llantood. *Pemb* . . . 1B **44**
Llantrisant. *Mon* . . . 2G **33**
Llantrisant. *Rhon* . . . 3D **32**
Llantrithyd. *V Glam* . . . 4D **32**
Llantwit Fardre. *Rhon* . . . 3D **32**
Llantwit Major. *V Glam* . . . 5C **32**
Llanuwchllyn. *Gwyn* . . . 2A **70**
Llanvaches. *Newp* . . . 2H **33**
Llanvair Discoed. *Mon* . . . 2H **33**
Llanvapley. *Mon* . . . 4G **47**
Llanvetherine. *Mon* . . . 4G **47**
Llanveynoe. *Here* . . . 2G **47**
Llanvihangel Crucorney. *Mon* . . . 3G **47**
Llanvihangel Gobion. *Mon* . . . 5G **47**
Llanvihangel Ystern-Llewern. *Mon* . . . 4H **47**
Llanwarne. *Here* . . . 3A **48**
Llanwddyn. *Powy* . . . 4C **70**
Llanwenarth. *Mon* . . . 4F **47**
Llanwenog. *Cdgn* . . . 1E **45**
Llanwern. *Newp* . . . 3G **33**
Llanwinio. *Carm* . . . 2G **43**
Llanwnda. *Gwyn* . . . 5D **80**
Llanwnda. *Pemb* . . . 1D **42**
Llanwnnen. *Cdgn* . . . 1F **45**
Llanwnog. *Powy* . . . 1C **58**
Llanwrda. *Carm* . . . 2H **45**
Llanwrin. *Powy* . . . 5G **69**
Llanwrthwl. *Powy* . . . 4B **58**
Llanwrtud. *Powy* . . . 1B **46**
Llanwrtyd. *Powy* . . . 1B **46**
Llanwrtyd Wells. *Powy* . . . 1B **46**
Llanwyddelan. *Powy* . . . 5C **70**
Llanyblodwel. *Shrp* . . . 3E **71**
Llanybri. *Carm* . . . 3H **43**
Llanybydder. *Carm* . . . 1F **45**
Llanycefn. *Pemb* . . . 2E **43**
Llanychaer. *Pemb* . . . 1D **43**
Llanycil. *Gwyn* . . . 2B **70**
Llanymawddwy. *Gwyn* . . . 4B **70**
Llanymddyfri. *Carm* . . . 2A **46**
Llanymynech. *Powy* . . . 3E **71**
Llanynghenedl. *IOA* . . . 2C **80**
Llanynys. *Den* . . . 4D **82**
Llan-y-pwll. *Wrex* . . . 5F **83**
Llanyrafon. *Torf* . . . 2G **33**
Llanyre. *Powy* . . . 4C **58**
Llanystumdwy. *Gwyn* . . . 2D **68**
Llanywern. *Powy* . . . 3E **46**
Llawhaden. *Pemb* . . . 3E **43**
Llawndy. *Flin* . . . 2D **82**
Llawnt. *Shrp* . . . 2E **71**
Llawr Dref. *Gwyn* . . . 3B **68**
Llawryglyn. *Powy* . . . 1B **58**
Llay. *Wrex* . . . 5F **83**
Llechfaen. *Powy* . . . 3D **46**
Llechryd. *Cphy* . . . 5E **46**
Llechryd. *Cdgn* . . . 1C **44**
Llechrydau. *Wrex* . . . 2E **71**
Lledrod. *Cdgn* . . . 3F **57**
Llethrid. *Swan* . . . 3E **31**
Llidiad-Nenog. *Carm* . . . 2F **45**
Llidiardau. *Gwyn* . . . 2A **70**
Llidiart y Parc. *Den* . . . 1D **70**
Llithfaen. *Gwyn* . . . 1C **68**
Lloc. *Flin* . . . 3D **82**
Llong. *Flin* . . . 4E **83**
Llowes. *Powy* . . . 1E **47**
Lloyney. *Powy* . . . 3E **59**
Llundain-fach. *Cdgn* . . . 5E **57**
Llwydcoed. *Rhon* . . . 5C **46**
Llwyncelyn. *Cdgn* . . . 5D **56**
Llwyncelyn. *Swan* . . . 5G **45**
Llwyndafydd. *Cdgn* . . . 5C **56**
Llwynderw. *Powy* . . . 5E **70**
Llwyn-du. *Mon* . . . 4F **47**
Llwyngwril. *Gwyn* . . . 5E **69**
Llwynhendy. *Carm* . . . 3E **31**
Llwynmawr. *Wrex* . . . 2E **71**
Llwyn-on Village. *Mer T* . . . 4D **46**
Llwyn-têg. *Carm* . . . 5F **45**
Llwyn-y-brain. *Carm* . . . 3F **43**
Llwynygog. *Powy* . . . 1A **58**
Llwyn-y-groes. *Cdgn* . . . 5E **57**
Llwynypia. *Rhon* . . . 2C **32**
Llynclys. *Shrp* . . . 3E **71**
Llynfaes. *IOA* . . . 3D **80**
Llysfaen. *Cnwy* . . . 3A **82**
Llyswen. *Powy* . . . 2E **47**
Llysworney. *V Glam* . . . 4C **32**
Llys-y-fran. *Pemb* . . . 2E **43**
Llywel. *Powy* . . . 2B **46**
Llywernog. *Cdgn* . . . 2G **57**
Loan. *Falk* . . . 2C **128**
Loanend. *Nmbd* . . . 4F **131**
Loanhead. *Midl* . . . 3F **129**
Loaningfoot. *Dum* . . . 4A **112**
Loanreoch. *High* . . . 1A **158**
Loans. *S Ayr* . . . 1C **116**
Loansdean. *Nmbd* . . . 1E **115**
Lobb. *Devn* . . . 3E **19**
Lobhillcross. *Devn* . . . 4E **11**
Lochaber. *Mor* . . . 3E **159**
Loch a Charnain. *W Isl* . . . 4D **170**
Loch a Ghainmhich. *W Isl* . . . 5E **171**
Lochailort. *High* . . . 5F **147**
Lochaline. *High* . . . 4A **140**
Lochans. *Dum* . . . 4F **109**
Locharbriggs. *Dum* . . . 1A **112**
Lochardil. *High* . . . 4A **158**
Lochassynt Lodge. *High* . . . 1F **163**
Lochavich. *Arg* . . . 2G **133**
Lochawe. *Arg* . . . 1A **134**
Loch Baghasdail. *W Isl* . . . 7C **170**
Lochboisdale. *W Isl* . . . 7C **170**
Lochbuie. *Arg* . . . 1D **132**
Lochcarron. *High* . . . 5A **156**
Loch Choire Lodge. *High* . . . 5G **167**
Lochdochart House. *Stir* . . . 1D **134**
Lochdon. *Arg* . . . 5B **140**
Lochearnhead. *Stir* . . . 1E **135**
Lochee. *D'dee* . . . 5C **144**
Lochend. *High*
  nr. Inverness . . . 5H **157**
  nr. Thurso . . . 2E **169**
Locherben. *Dum* . . . 5B **118**
Loch Euphort. *W Isl* . . . 2D **170**
Lochfoot. *Dum* . . . 2F **111**
Lochgair. *Arg* . . . 4G **133**
Lochgarthside. *High* . . . 2H **149**
Lochgelly. *Fife* . . . 4D **136**
Lochgilphead. *Arg* . . . 1G **125**
Lochgoilhead. *Arg* . . . 3A **134**
Loch Head. *Dum* . . . 5A **110**
Lochhill. *Mor* . . . 2G **159**
Lochindorb Lodge. *High* . . . 5D **158**
Lochinver. *High* . . . 1E **163**
Lochlane. *Per* . . . 1H **135**
Loch Lomond. *Arg* . . . 3C **134**
Loch Loyal Lodge. *High* . . . 4G **167**
Lochluichart. *High* . . . 2F **157**
Lochmaben. *Dum* . . . 1B **112**
Lochmaddy. *W Isl* . . . 2E **170**
Loch nam Madadh. *W Isl* . . . 2E **170**
Lochore. *Fife* . . . 4D **136**
Lochportain. *W Isl* . . . 1E **170**
Lochranza. *N Ayr* . . . 4H **125**
Loch Sgioport. *W Isl* . . . 5D **170**
Lochside. *Abers* . . . 2G **145**
Lochside. *High*
  nr. Achentoul . . . 5A **168**
  nr. Nairn . . . 3C **158**
Lochslin. *High* . . . 5F **165**
Lochstack Lodge. *High* . . . 4C **166**
Lochton. *Abers* . . . 4E **153**
Lochty. *Fife* . . . 3H **137**
Lochuisge. *High* . . . 3B **140**
Lochussie. *High* . . . 3G **157**
Lochwinnoch. *Ren* . . . 4E **127**
Lochyside. *High* . . . 1F **141**
Lockengate. *Corn* . . . 2E **7**
Lockerbie. *Dum* . . . 1C **112**
Lockeridge. *Wilts* . . . 5G **35**
Lockerley. *Hants* . . . 4A **24**
Lockhills. *Cumb* . . . 5G **113**
Locking. *N Som* . . . 1G **21**
Lockington. *E Yor* . . . 5D **101**
Lockington. *Leics* . . . 3B **74**
Lockleywood. *Shrp* . . . 3A **72**
Locksgreen. *IOW* . . . 3C **16**
Locks Heath. *Hants* . . . 2D **16**
Lockton. *N Yor* . . . 5F **107**
Loddington. *Leics* . . . 5E **75**
Loddington. *Nptn* . . . 3F **63**
Loddiswell. *Devn* . . . 4D **8**
Loddon. *Norf* . . . 1F **67**
Lode. *Cambs* . . . 4E **65**
Loders. *Dors* . . . 3H **13**
Lodsworth. *W Sus* . . . 3A **26**
Lofthouse. *N Yor* . . . 2D **98**
Lofthouse. *W Yor* . . . 2D **92**
Lofthouse Gate. *W Yor* . . . 2D **92**
Loftus. *Red C* . . . 3E **107**
Logan. *E Ayr* . . . 2E **117**
Loganlea. *W Lot* . . . 3C **128**
Logaston. *Here* . . . 5F **59**
Loggerheads. *Den* . . . 4D **82**
Loggerheads. *Staf* . . . 2B **72**
Loggie. *High* . . . 4F **163**
Logie. *Ang* . . . 2F **145**
Logie. *Fife* . . . 1G **137**
Logie. *Mor* . . . 3E **159**
Logie Coldstone. *Abers* . . . 3B **152**
Logie Pert. *Ang* . . . 2F **145**
Logierait. *Per* . . . 3G **143**
Login. *Carm* . . . 2F **43**
Lolworth. *Cambs* . . . 4C **64**
Lonbain. *High* . . . 3F **155**
Londesborough. *E Yor* . . . 5C **100**
London. *G Lon* . . . 2E **39**
London Apprentice. *Corn* . . . 3E **6**
London Ashford Airport. *Kent* . . . 3E **29**
London City Airport. *G Lon* . . . 2F **39**
London Colney. *Herts* . . . 5B **52**
Londonderry. *Derr* . . . 2C **174**
Londonderry. *N Yor* . . . 1F **99**
London Gatwick Airport. *W Sus* . . . 1D **26**
London Heathrow Airport. *G Lon* . . . 3B **38**
London Luton Airport. *Lutn* . . . 3B **52**
London Southend Airport. *Essx* . . . 2C **40**
London Stansted Airport. *Essx* . . . 3F **53**
Londonthorpe. *Linc* . . . 2G **75**
Londubh. *High* . . . 5C **162**
Lone. *High* . . . 4D **166**
Lonemore. *High*
  nr. Dornoch . . . 5E **165**
  nr. Gairloch . . . 1G **155**

Long Ashton. *N Som* 4A **34**
Long Bank. *Worc* 3B **60**
Longbar. *N Ayr* 4E **127**
Long Bennington. *Linc* 1F **75**
Longbenton. *Tyne* 3F **115**
Longborough. *Glos* 3G **49**
Long Bredy. *Dors* 3A **14**
Longbridge. *Warw* 4G **61**
Longbridge. *W Mid* 3E **61**
Longbridge Deverill. *Wilts* 2D **22**
Long Buckby. *Nptn* 4D **62**
Long Buckby Wharf. *Nptn* 4D **62**
Longburgh. *Cumb* 4E **112**
Longburton. *Dors* 1B **14**
Long Clawson. *Leics* 3E **74**
Longcliffe. *Derbs* 5G **85**
Long Common. *Hants* 1D **16**
Long Compton. *Staf* 3C **72**
Long Compton. *Warw* 2A **50**
Longcot. *Oxon* 2A **36**
Long Crendon. *Buck* 5E **51**
Long Crichel. *Dors* 1E **15**
Longcroft. *Cumb* 4D **112**
Longcroft. *Falk* 2A **128**
Longcross. *Surr* 4A **38**
Longdale. *Cumb* 4H **103**
Longdales. *Cumb* 5G **113**
Longden. *Shrp* 5G **71**
Longden Common. *Shrp* 5G **71**
Long Ditton. *Surr* 4C **38**
Longdon. *Staf* 4E **73**
Longdon. *Worc* 2D **48**
Longdon Green. *Staf* 4E **73**
Longdon on Tern. *Telf* 4A **72**
Longdown. *Devn* 3B **12**
Longdowns. *Corn* 5B **6**
Long Drax. *N Yor* 2G **93**
Long Duckmanton. *Derbs* 3B **86**
Long Eaton. *Derbs* 2B **74**
Longfield. *Kent* 4H **39**
Longfield. *Shet* 10E **173**
Longfield Hill. *Kent* 4H **39**
Longford. *Derbs* 2G **73**
Longford. *Glos* 3D **48**
Longford. *G Lon* 3B **38**
Longford. *Shrp* 2A **72**
Longford. *Telf* 4B **72**
Longford. *W Mid* 2A **62**
Longforgan. *Per* 5C **144**
Longformacus. *Bord* 4C **130**
Longframlington. *Nmbd* 4F **121**
Long Gardens. *Essx* 2B **54**
Long Green. *Ches W* 3G **83**
Long Green. *Worc* 2D **48**
Longham. *Dors* 3F **15**
Longham. *Norf* 4B **78**
Long Hanborough. *Oxon* 4C **50**
Longhedge. *Wilts* 2D **22**
Longhill. *Abers* 3H **161**
Longhirst. *Nmbd* 1F **115**
Longhope. *Glos* 4B **48**
Longhope. *Orkn* 8C **172**
Longhorsley. *Nmbd* 5F **121**
Longhoughton. *Nmbd* 3G **121**
Long Itchington. *Warw* 4B **62**
Longlands. *Cumb* 1D **102**
Long Lane. *Telf* 4A **72**
Longlane. *Derbs* 2G **73**
Longlane. *W Ber* 4C **36**
Long Lawford. *Warw* 3B **62**
Long Lease. *N Yor* 4G **107**
Longley Green. *Worc* 5B **60**
Long Load. *Som* 4H **21**
Longmanhill. *Abers* 2E **161**
Long Marston. *Herts* 4G **51**
Long Marston. *N Yor* 4H **99**
Long Marston. *Warw* 1G **49**
Long Marton. *Cumb* 2H **103**
Long Meadow. *Cambs* 4E **65**
Long Meadowend. *Shrp* 2G **59**
Long Melford. *Suff* 1B **54**
Longmoor Camp. *Hants* 3F **25**
Longmorn. *Mor* 3G **159**
Longmoss. *Ches E* 3C **84**
Long Newnton. *Glos* 2E **35**
Long Newton. *Stoc T* 3A **106**
Longnewton. *Bord* 2H **119**
Longney. *Glos* 4C **48**
Longniddry. *E Lot* 2H **129**
Longnor. *Shrp* 5G **71**
Longnor. *Staf*
nr. Leek 4E **85**
nr. Stafford 4C **72**
Longparish. *Hants* 2C **24**
Longpark. *Cumb* 3F **113**
Long Preston. *N Yor* 4H **97**
Longridge. *Lanc* 1E **90**
Longridge. *Staf* 4D **72**
Longridge. *W Lot* 3C **128**
Longriggend. *N Lan* 2B **128**
Long Riston. *E Yor* 5F **101**
Longrock. *Corn* 3C **4**
Longsdon. *Staf* 5D **84**
Longshaw. *G Man* 4D **90**
Longshaw. *Staf* 1E **73**
Longside. *Abers* 4H **161**
Longslow. *Shrp* 2A **72**
Longstanton. *Cambs* 4C **64**
Longstock. *Hants* 3B **24**
Longstowe. *Cambs* 5C **64**
Long Stratton. *Norf* 1D **66**
Long Street. *Mil* 1F **51**
Longstreet. *Wilts* 1G **23**
Long Sutton. *Hants* 2F **25**
Long Sutton. *Linc* 3D **76**
Long Sutton. *Som* 4H **21**
Longthorpe. *Pet* 1A **64**
Long Thurlow. *Suff* 4C **66**
Longthwaite. *Cumb* 2F **103**
Longton. *Lanc* 2C **90**
Longton. *Stoke* 1D **72**
Longtown. *Cumb* 3E **113**
Longtown. *Here* 3G **47**
Longville in the Dale. *Shrp* 1H **59**
Long Whatton. *Leics* 3B **74**
Longwick. *Buck* 5F **51**
Long Wittenham. *Oxon* 2D **36**
Longwitton. *Nmbd* 1D **115**
Longworth. *Oxon* 2B **36**
Longyester. *E Lot* 3B **130**
Lonmore. *High* 4B **154**
Looe. *Corn* 3G **7**
Loose. *Kent* 5B **40**
Loosegate. *Linc* 3C **76**
Loosley Row. *Buck* 5G **51**
Lopcombe Corner. *Wilts* 3A **24**
Lopen. *Som* 1H **13**
Loppington. *Shrp* 3G **71**
Lorbottle. *Nmbd* 4E **121**
Lordington. *W Sus* 2F **17**
Loscoe. *Derbs* 1B **74**
Loscombe. *Dors* 3A **14**
Losgaintir. *W Isl* 8C **171**
Lossiemouth. *Mor* 2G **159**
Lossit. *Arg* 4A **124**
Lostock Gralam. *Ches W* 3A **84**
Lostock Green. *Ches W* 3A **84**
Lostock Hall. *Lanc* 2D **90**
Lostock Junction. *G Man* 4E **91**
Lostwithiel. *Corn* 3F **7**
Lothbeg. *High* 2G **165**
Lothersdale. *N Yor* 5B **98**
Lothianbridge. *Midl* 3G **129**
Lothianburn. *Midl* 3F **129**
Lothmore. *High* 2G **165**
Lottisham. *Som* 3A **22**
Loudwater. *Buck* 1A **38**
Loughborough. *Leics* 4C **74**
Loughor. *Swan* 3E **31**
Loughton. *Essx* 1F **39**
Loughton. *Mil* 2G **51**
Loughton. *Shrp* 2A **60**
Lound. *Linc* 4H **75**
Lound. *Notts* 2D **86**
Lound. *Suff* 1H **67**
Lount. *Leics* 4A **74**
Louth. *Linc* 2C **88**
Love Clough. *Lanc* 2G **91**
Lovedean. *Hants* 1E **17**
Lover. *Wilts* 4H **23**
Loversall. *S Yor* 1C **86**
Loves Green. *Essx* 5G **53**
Loveston. *Pemb* 4E **43**
Lovington. *Som* 3A **22**
Low Ackworth. *W Yor* 3E **93**
Low Angerton. *Nmbd* 1D **115**
Low Ardwell. *Dum* 5F **109**
Low Ballochdowan. *S Ayr* 2F **109**
Lowbands. *Glos* 2C **48**
Low Barlings. *Linc* 3H **87**
Low Bell End. *N Yor* 5E **107**
Low Bentham. *N Yor* 3F **97**
Low Borrowbridge. *Cumb* 4H **103**
Low Bradfield. *S Yor* 1G **85**
Low Bradley. *N Yor* 5C **98**
Low Braithwaite. *Cumb* 5F **113**
Low Brunton. *Nmbd* 2C **114**
Low Burnham. *N Lin* 4A **94**
Lowca. *Cumb* 2A **102**
Low Catton. *E Yor* 4B **100**
Low Coniscliffe. *Darl* 3F **105**
Low Coylton. *S Ayr* 3D **116**
Low Crosby. *Cumb* 4F **113**
Low Dalby. *N Yor* 1C **100**
Lowdham. *Notts* 1D **74**
Low Dinsdale. *Darl* 3A **106**
Lowe. *Shrp* 2H **71**
Low Ellington. *N Yor* 1E **98**
Lower Amble. *Corn* 1D **6**
Lower Ansty. *Dors* 2C **14**
Lower Arboll. *High* 5F **165**
Lower Arncott. *Oxon* 4E **50**
Lower Ashton. *Devn* 4B **12**
Lower Assendon. *Oxon* 3F **37**
Lower Auchenreath. *Mor* 2A **160**
Lower Badcall. *High* 4B **166**
Lower Ballam. *Lanc* 1B **90**
Lower Basildon. *W Ber* 4E **36**
Lower Beeding. *W Sus* 3D **26**
Lower Benefield. *Nptn* 2G **63**
Lower Bentley. *Worc* 4D **61**
Lower Beobridge. *Shrp* 1B **60**
Lower Bockhampton. *Dors* 3C **14**
Lower Boddington. *Nptn* 5B **62**
Lower Bordean. *Hants* 4E **25**
Lower Brailes. *Warw* 2B **50**
Lower Breakish. *High* 1E **147**
Lower Broadheath. *Worc* 5C **60**
Lower Brynamman. *Neat* 4H **45**
Lower Bullingham. *Here* 2A **48**
Lower Bullington. *Hants* 2C **24**
Lower Burgate. *Hants* 1G **15**
Lower Cam. *Glos* 5C **48**
Lower Catesby. *Nptn* 5C **62**
Lower Chapel. *Powy* 2D **46**
Lower Cheriton. *Devn* 2E **12**
Lower Chicksgrove. *Wilts* 3E **23**
Lower Chute. *Wilts* 1B **24**
Lower Clopton. *Warw* 5F **61**
Lower Common. *Hants* 2E **25**
Lower Crossings. *Derbs* 2E **85**
Lower Cumberworth. *W Yor* 4C **92**
Lower Darwen. *Bkbn* 2E **91**
Lower Dean. *Bed* 4H **63**
Lower Dean. *Devn* 2D **8**
Lower Diabaig. *High* 2G **155**
Lower Dicker. *E Sus* 4G **27**
Lower Dounreay. *High* 2B **168**
Lower Down. *Shrp* 2F **59**
Lower Dunsforth. *N Yor* 3G **99**
Lower East Carleton. *Norf* 5D **78**
Lower Egleton. *Here* 1B **48**
Lower Ellastone. *Staf* 1F **73**
Lower End. *Nptn* 4F **63**
Lower Everleigh. *Wilts* 1G **23**
Lower Eype. *Dors* 3H **13**
Lower Failand. *N Som* 4A **34**
Lower Faintree. *Shrp* 2A **60**
Lower Farringdon. *Hants* 3F **25**
Lower Foxdale. *IOM* 4B **108**
Lower Frankton. *Shrp* 2F **71**
Lower Froyle. *Hants* 2F **25**
Lower Gabwell. *Devn* 2F **9**
Lower Gledfield. *High* 4C **164**
Lower Godney. *Som* 2H **21**
Lower Gravenhurst. *C Beds* 2B **52**
Lower Green. *Essx* 2E **53**
Lower Green. *Norf* 2B **78**
Lower Green. *W Ber* 5B **36**
Lower Halstow. *Kent* 4C **40**
Lower Hardres. *Kent* 5F **41**
Lower Hardwick. *Here* 5G **59**
Lower Hartshay. *Derbs* 5A **86**
Lower Hawthwaite. *Cumb* 1B **96**
Lower Haysden. *Kent* 1G **27**
Lower Hayton. *Shrp* 2H **59**
Lower Hergest. *Here* 5E **59**
Lower Heyford. *Oxon* 3C **50**
Lower Heysham. *Lanc* 3D **96**
Lower Higham. *Kent* 3B **40**
Lower Holbrook. *Suff* 2E **55**
Lower Holditch. *Dors* 2G **13**
Lower Hordley. *Shrp* 3F **71**
Lower Horncroft. *W Sus* 4B **26**
Lower Horsebridge. *E Sus* 4G **27**
Lower Kilcott. *Glos* 3C **34**
Lower Killeyan. *Arg* 5A **124**
Lower Kingcombe. *Dors* 3A **14**
Lower Kingswood. *Surr* 5D **38**
Lower Kinnerton. *Ches W* 4F **83**
Lower Langford. *N Som* 5H **33**
Lower Largo. *Fife* 3G **137**
Lower Layham. *Suff* 1D **54**
Lower Ledwyche. *Shrp* 3H **59**
Lower Leigh. *Staf* 2E **73**
Lower Lemington. *Glos* 2H **49**
Lower Lenie. *High* 1H **149**
Lower Ley. *Glos* 4C **48**
Lower Llanfadog. *Powy* 4B **58**
Lower Lode. *Glos* 2D **49**
Lower Lovacott. *Devn* 4F **19**
Lower Loxhore. *Devn* 3G **19**
Lower Loxley. *Staf* 2E **73**
Lower Lydbrook. *Glos* 4A **48**
Lower Lye. *Here* 4G **59**
Lower Machen. *Newp* 3F **33**
Lower Maes-coed. *Here* 2G **47**
Lower Meend. *Glos* 5A **48**
Lower Midway. *Derbs* 3H **73**
Lower Milovaig. *High* 3A **154**
Lower Moor. *Worc* 1E **49**
Lower Morton. *S Glo* 2B **34**
Lower Mountain. *Flin* 5F **83**
Lower Nazeing. *Essx* 5D **53**
Lower Netchwood. *Shrp* 1A **60**
Lower Nyland. *Dors* 4C **22**
Lower Oakfield. *Fife* 4D **136**
Lower Oddington. *Glos* 3H **49**
Lower Ollach. *High* 5E **155**
Lower Penarth. *V Glam* 5E **33**
Lower Penn. *Staf* 1C **60**
Lower Pennington. *Hants* 3B **16**
Lower Peover. *Ches W* 3B **84**
Lower Pilsley. *Derbs* 4B **86**
Lower Pitkerrie. *High* 1C **158**
Lower Place. *G Man* 3H **91**
Lower Quinton. *Warw* 1G **49**
Lower Rainham. *Medw* 4C **40**
Lower Raydon. *Suff* 2D **54**
Lower Seagry. *Wilts* 3E **35**
Lower Shelton. *C Beds* 1H **51**
Lower Shiplake. *Oxon* 4F **37**
Lower Shuckburgh. *Warw* 4B **62**
Lower Sketty. *Swan* 3F **31**
Lower Slade. *Devn* 2F **19**
Lower Slaughter. *Glos* 3G **49**
Lower Soudley. *Glos* 4B **48**
Lower Stanton St Quintin.
Wilts 3E **35**
Lower Stoke. *Medw* 3C **40**
Lower Stondon. *C Beds* 2B **52**
Lower Stonnall. *Staf* 5E **73**
Lower Stow Bedon. *Norf* 1B **66**
Lower Street. *Norf* 2E **79**
Lower Strensham. *Worc* 1E **49**
Lower Sundon. *C Beds* 3A **52**
Lower Swanwick. *Hants* 2C **16**
Lower Swell. *Glos* 3G **49**
Lower Tale. *Devn* 2D **12**
Lower Tean. *Staf* 2E **73**
Lower Thurlton. *Norf* 1G **67**
Lower Thurnham. *Lanc* 4D **96**
Lower Thurvaston. *Derbs* 2G **73**
Lower Town. *Here* 1B **48**
Lower Town. *IOS* 1B **4**
Lower Town. *Pemb* 1D **42**
Lowertown. *Corn* 4D **4**
Lowertown. *Orkn* 8D **172**
Lower Tysoe. *Warw* 1B **50**
Lower Upham. *Hants* 1D **16**
Lower Upnor. *Medw* 3B **40**
Lower Vexford. *Som* 3E **20**
Lower Walton. *Warr* 2A **84**
Lower Wear. *Devn* 4C **12**
Lower Weare. *Som* 1H **21**
Lower Welson. *Here* 5E **59**
Lower Whatcombe. *Dors* 2D **14**
Lower Whitley. *Ches W* 3A **84**
Lower Wield. *Hants* 2E **25**
Lower Withington. *Ches E* 4C **84**
Lower Woodend. *Buck* 3G **37**
Lower Woodford. *Wilts* 3G **23**
Lower Wraxall. *Dors* 2A **14**
Lower Wych. *Ches W* 1G **71**
Lower Wyche. *Worc* 1C **48**
Lowesby. *Leics* 5E **74**
Lowestoft. *Suff* 1H **67**
Loweswater. *Cumb* 2C **102**
Low Etherley. *Dur* 2E **105**
Lowfield Heath. *W Sus* 1D **26**
Lowford. *Hants* 1C **16**
Low Fulney. *Linc* 3B **76**
Low Gate. *Nmbd* 3C **114**
Lowgill. *Cumb* 5H **103**
Lowgill. *Lanc* 3F **97**
Low Grantley. *N Yor* 2E **99**
Low Green. *N Yor* 4E **98**
Low Habberley. *Worc* 3C **60**
Low Ham. *Som* 4H **21**
Low Hameringham. *Linc* 4C **88**
Low Hawsker. *N Yor* 4G **107**
Low Hesket. *Cumb* 5F **113**
Low Hesleyhurst. *Nmbd* 5E **121**
Lowick. *Cumb* 1B **96**
Lowick. *Nptn* 2G **63**
Lowick. *Nmbd* 1E **121**
Lowick Bridge. *Cumb* 1B **96**
Lowick Green. *Cumb* 1B **96**
Low Knipe. *Cumb* 2G **103**
Low Leighton. *Derbs* 2E **85**
Low Lorton. *Cumb* 2C **102**
Low Marishes. *N Yor* 2C **100**
Low Marnham. *Notts* 4F **87**
Low Mill. *N Yor* 5D **106**
Low Moor. *Lanc* 5G **97**
Low Moor. *W Yor* 2B **92**
Low Moorsley. *Tyne* 5G **115**
Low Newton-by-the-Sea.
Nmbd 2G **121**
Lownie Moor. *Ang* 4D **145**
Lowood. *Bord* 1H **119**
Low Row. *Cumb*
nr. Brampton 3G **113**
nr. Wigton 5C **112**
Low Row. *N Yor* 5C **104**
Lowsonford. *Warw* 4F **61**
Low Street. *Norf* 5C **78**
Lowther. *Cumb* 2G **103**
Lowthorpe. *E Yor* 3E **101**
Lowton. *Devn* 2G **11**
Lowton. *G Man* 1A **84**
Lowton. *Som* 1E **13**
Lowton Common. *G Man* 1A **84**
Low Torry. *Fife* 1D **128**
Low Toynton. *Linc* 3B **88**
Low Valleyfield. *Fife* 1C **128**
Low Westwood. *Dur* 4E **115**
Low Whinnow. *Cumb* 4E **112**
Low Wood. *Cumb* 1C **96**
Low Worsall. *N Yor* 4A **106**

Low Wray—Mardu

Low Wray. Cumb 4E 103
Loxbeare. Devn 1C 12
Loxhill. Surr 2B 26
Loxhore. Devn 3G 19
Loxley. S Yor 2H 85
Loxley. Warw 5G 61
Loxley Green. Staf 2E 73
Loxton. N Som 1G 21
Loxwood. W Sus 2B 26
Lubcroy. High 3A 164
Lubenham. Leics 2E 62
Lubinvullin. High 2F 167
Luccombe. Som 2C 20
Luccombe Village. IOW 4D 16
Lucker. Nmbd 1F 121
Luckett. Corn 5D 11
Luckington. Wilts 3D 34
Lucklawhill. Fife 1G 137
Luckwell Bridge. Som 3C 20
Lucton. Here 4G 59
Ludag. W Isl 7C 170
Ludborough. Linc 1B 88
Ludchurch. Pemb 3F 43
Luddenden. W Yor 2A 92
Luddenden Foot. W Yor 2A 92
Luddenham. Kent 4D 40
Ludderburn. Cumb 5F 103
Luddesdown. Kent 4A 40
Luddington. N Lin 3B 94
Luddington. Warw 5F 61
Luddington in the Brook. Nptn 2A 64
Ludford. Linc 2A 88
Ludford. Shrp 3H 59
Ludgershall. Buck 4E 51
Ludgershall. Wilts 1A 24
Ludgvan. Corn 3C 4
Ludham. Norf 4F 79
Ludlow. Shrp 3H 59
Ludstone. Shrp 1C 60
Ludwell. Wilts 4E 23
Ludworth. Dur 5G 115
Luffenhall. Herts 3C 52
Luffincott. Devn 3D 10
Lugar. E Ayr 2E 117
Luggate Burn. E Lot 2C 130
Lugg Green. Here 4G 59
Luggiebank. N Lan 2A 128
Lugton. E Ayr 4F 127
Lugwardine. Here 1A 48
Luib. High 1D 146
Luib. Stir 1D 135
Lulham. Here 1H 47
Lullington. Derbs 4G 73
Lullington. E Sus 5G 27
Lullington. Som 1C 22
Lulsgate Bottom. N Som 5A 34
Lulsley. Worc 5B 60
Lulworth Camp. Dors 4D 14
Lumb. Lanc 2G 91
Lumby. N Yor 1E 93
Lumphanan. Abers 3C 152
Lumphinnans. Fife 4D 136
Lumsdaine. Bord 3E 131
Lumsden. Abers 1B 152
Lunan. Ang 3F 145
Lunanhead. Ang 3D 145
Luncarty. Per 1C 136
Lund. E Yor 5D 100
Lund. N Yor 1G 93
Lundie. Ang 5B 144
Lundin Links. Fife 3G 137
Lundy Green. Norf 1E 67
Lunna. Shet 5F 173
Lunning. Shet 5G 173
Lunnon. Swan 4E 31
Lunsford. Kent 5A 40
Lunsford's Cross. E Sus 4B 28
Lunt. Mers 4B 90
Luppitt. Devn 2E 13
Lupridge. Devn 3D 8
Lupset. W Yor 3D 92
Lupton. Cumb 1E 97
Lurgan. Arm 5F 175
Lurgashall. W Sus 3A 26
Lurley. Devn 1C 12
Lusby. Linc 4C 88
Luscombe. Devn 3D 9
Luson. Devn 4C 8
Luss. Arg 4C 134
Lussagiven. Arg 1E 125
Lusta. High 3B 154
Lustleigh. Devn 4A 12
Luston. Here 4G 59
Luthermuir. Abers 2F 145
Luthrie. Fife 2F 137
Lutley. Staf 2C 60
Luton. Devn
nr. Honiton 2D 12
nr. Teignmouth 5C 12
Luton. Lutn 3A 52
Luton Airport. Lutn 3B 52
Lutterworth. Leics 2C 62
Lutton. Devn
nr. Ivybridge 3B 8
nr. South Brent 2C 8
Lutton. Linc 3D 76
Lutton. Nptn 2A 64
Lutton Gowts. Linc 3D 76
Lutworthy. Devn 1A 12
Luxborough. Som 3C 20
Luxley. Glos 3B 48
Luxulyan. Corn 3E 7
Lybster. High 5E 169
Lydbury North. Shrp 2F 59
Lydcott. Devn 3G 19
Lydd. Kent 3E 29
Lydd Airport. Kent 3E 29
Lydden. Kent
nr. Dover 1G 29
nr. Margate 4H 41
Lyddington. Rut 1F 63
Lydd-on-Sea. Kent 3E 29
Lydeard St Lawrence. Som 3E 21
Lyde Green. Hants 1F 25
Lydford. Devn 4F 11
Lydford Fair Place. Som 3A 22
Lydgate. G Man 4H 91
Lydgate. W Yor 2H 91
Lydham. Shrp 1F 59
Lydiard Millicent. Wilts 3F 35
Lydiate. Mers 4B 90
Lydiate Ash. Worc 3D 61
Lydlinch. Dors 1C 14
Lydmarsh. Som 2G 13
Lydney. Glos 5B 48
Lydstep. Pemb 5E 43
Lye. W Mid 2D 60
The Lye. Shrp 1A 60
Lye Green. Buck 5H 51
Lye Green. E Sus 2G 27
Lye Head. Worc 3B 60
Lyford. Oxon 2B 36
Lyham. Nmbd 1E 121
Lylestone. N Ayr 5E 127
Lymbridge Green. Kent 1F 29
Lyme Regis. Dors 3G 13
Lyminge. Kent 1F 29
Lymington. Hants 3B 16
Lyminster. W Sus 5B 26
Lymm. Warr 2A 84
Lymore. Hants 3A 16
Lympne. Kent 2F 29
Lympsham. Som 1G 21
Lympstone. Devn 4C 12
Lynaberack Lodge. High 4B 150
Lynbridge. Devn 2H 19
Lynch. Som 2C 20
Lynchat. High 3B 150
Lynch Green. Norf 5D 78
Lyndhurst. Hants 2B 16
Lyndon. Rut 5G 75
Lyne. Bord 5F 129
Lyne. Surr 4B 38
Lyneal. Shrp 2G 71
Lyne Down. Here 2B 48
Lyneham. Oxon 3A 50
Lyneham. Wilts 4F 35
Lyneholmeford. Cumb 2G 113
Lynemouth. Nmbd 5G 121
Lyne of Gorthleck. High 1H 149
Lyne of Skene. Abers 2E 153
Lynesack. Dur 2D 105
Lyness. Orkn 8C 172
Lyng. Norf 4C 78
Lyngate. Norf
nr. North Walsham 2E 79
nr. Worstead 3F 79
Lynmouth. Devn 2H 19
Lynn. Staf 5E 73
Lynn. Telf 4B 72
Lynsted. Kent 4D 40
Lynstone. Corn 2C 10
Lynton. Devn 2H 19
Lynwilg. High 2C 150
Lyon's Gate. Dors 2B 14
Lyonshall. Here 5F 59
Lytchett Matravers. Dors 3E 15
Lytchett Minster. Dors 3E 15
Lyth. High 2E 169
Lytham. Lanc 2B 90
Lytham St Anne's. Lanc 2B 90
Lythe. N Yor 3F 107
Lythes. Orkn 9D 172
Lythmore. High 2C 168

M

Mabe Burnthouse. Corn 5B 6
Mabie. Dum 2A 112
Mablethorpe. Linc 2E 89
Macbiehill. Bord 4E 129
Macclesfield. Ches E 3D 84
Macclesfield Forest. Ches E 3D 84
Macduff. Abers 2E 160
Machan. S Lan 4A 128
Macharioch. Arg 5B 122
Machen. Cphy 3F 33
Machrie. N Ayr 2C 122
Machrihanish. Arg 3A 122
Machroes. Gwyn 3C 68
Machynlleth. Powy 5G 69
Mackerye End. Herts 4B 52
Mackworth. Derb 2H 73
Macmerry. E Lot 2H 129
Madderty. Per 1B 136
Maddington. Wilts 2F 23
Maddiston. Falk 2C 128
Madehurst. W Sus 4A 26
Madeley. Staf 1B 72
Madeley. Telf 5A 72
Madeley Heath. Staf 1B 72
Madeley Heath. Worc 3D 60
Madford. Devn 1E 13
Madingley. Cambs 4C 64
Madley. Here 2H 47
Madresfield. Worc 1D 48
Madron. Corn 3B 4
Maenaddwyn. IOA 2D 80
Maenclochog. Pemb 2E 43
Maendy. V Glam 4D 32
Maenporth. Corn 4E 5
Maentwrog. Gwyn 1F 69
Maen-y-groes. Cdgn 5C 56
Maer. Staf 2B 72
Maerdy. Carm 3G 45
Maerdy. Cnwy 1C 70
Maerdy. Rhon 2C 32
Maesbrook. Shrp 3F 71
Maesbury. Shrp 3F 71
Maesbury Marsh. Shrp 3F 71
Maes-glas. Flin 3D 82
Maesgwyn-Isaf. Powy 4D 70
Maeshafn. Den 4E 82
Maes Llyn. Cdgn 1D 44
Maesmynis. Powy 1D 46
Maesteg. B'end 2B 32
Maestir. Cdgn 1F 45
Maesybont. Carm 4F 45
Maesycrugiau. Carm 1E 45
Maesycwmmer. Cphy 2E 33
Maesyrhandir. Powy 1C 58
Magdalen Laver. Essx 5F 53
Maggieknockater. Mor 4H 159
Maghaberry. Lis 4G 175
Magham Down. E Sus 4H 27
Maghera. M Ulst 2E 175
Magherafelt. M Ulst 3E 175
Magheralin. Arm 5G 175
Maghull. Mers 4B 90
Magna Park. Leics 2C 62
Magor. Mon 3H 33
Magpie Green. Suff 3C 66
Magwyr. Mon 3H 33
Maidenbower. W Sus 2D 27
Maiden Bradley. Wilts 3D 22
Maidencombe. Torb 2F 9
Maidenhayne. Devn 3F 13
Maidenhead. Wind 3G 37
Maiden Law. Dur 5E 115
Maiden Newton. Dors 3A 14
Maidens. S Ayr 4B 116
Maiden's Green. Brac 4G 37
Maidensgrove. Oxon 3F 37
Maidenwell. Corn 5B 10
Maidenwell. Linc 3C 88
Maiden Wells. Pemb 5D 42
Maidford. Nptn 5D 62
Maids Moreton. Buck 2F 51
Maidstone. Kent 5B 40
Maidwell. Nptn 3E 63
Mail. Shet 9F 173
Maindee. Newp 3G 33
Mainsforth. Dur 1A 106
Mains of Auchindachy. Mor 4B 160
Mains of Auchnagatt. Abers 4G 161
Mains of Drum. Abers 4F 153
Mains of Edingight. Mor 3C 160
Mainsriddle. Dum 4G 111
Mainstone. Shrp 2E 59
Maisemore. Glos 3D 48
Major's Green. Worc 3F 61
Makeney. Derbs 1A 74
Makerstoun. Bord 1A 120
Malacleit. W Isl 1C 170
Malaig. High 4E 147
Malaig Bheag. High 4E 147
Malborough. Devn 5D 8
Malcoff. Derbs 2E 85
Malcolmburn. Mor 3A 160
Malden Rushett. G Lon 4C 38
Maldon. Essx 5B 54
Malham. N Yor 3B 98
Maligar. High 2D 155
Malinslee. Telf 5A 72
Mallaig. High 4E 147
Malleny Mills. Edin 3E 129
Mallows Green. Essx 3E 53
Malltraeth. IOA 4D 80
Mallwyd. Gwyn 4A 70
Malmesbury. Wilts 3E 35
Malmsmead. Devn 2A 20
Malpas. Ches W 1G 71
Malpas. Corn 4C 6
Malpas. Newp 2G 33
Malswick. Glos 3C 48
Maltby. S Yor 1C 86
Maltby. Stoc T 3B 106
Maltby le Marsh. Linc 2D 88
Malt Lane. Arg 3H 133
Maltman's Hill. Kent 1D 28
Malton. N Yor 2B 100
Malvern Link. Worc 1C 48
Malvern Wells. Worc 1C 48
Mamble. Worc 3A 60
Mamhilad. Mon 5G 47
Manaccan. Corn 4E 5
Manafon. Powy 5D 70
Manais. W Isl 9D 171
Manaton. Devn 4A 12
Manby. Linc 2C 88
Mancetter. Warw 1H 61
Manchester. G Man 1C 84
Manchester Airport. G Man 2C 84
Mancot. Flin 4F 83
Manea. Cambs 2D 65
Maney. W Mid 1F 61
Manfield. N Yor 3F 105
Mangotsfield. S Glo 4B 34
Mangurstadh. W Isl 4C 171
Mankinholes. W Yor 2H 91
Manley. Ches W 3H 83
Manmoel. Cphy 5E 47
Mannal. Arg 4A 138
Mannerston. Falk 2D 128
Manningford Bohune. Wilts 1G 23
Manningford Bruce. Wilts 1G 23
Manningham. W Yor 1B 92
Mannings Heath. W Sus 3D 26
Mannington. Dors 2F 15
Manningtree. Essx 2E 54
Mannofield. Aber 3G 153
Manorbier. Pemb 5E 43
Manorbier Newton. Pemb 5E 43
Manordeilo. Carm 3G 45
Manorowen. Pemb 1D 42
Manor Park. G Lon 2F 39
Mansell Gamage. Here 1G 47
Mansell Lacy. Here 1H 47
Mansergh. Cumb 1F 97
Mansewood. Glas 3G 127
Mansfield. E Ayr 3F 117
Mansfield. Notts 4C 86
Mansfield Woodhouse. Notts 4C 86
Mansriggs. Cumb 1B 96
Manston. Dors 1D 14
Manston. Kent 4H 41
Manston. W Yor 1D 92
Manswood. Dors 2E 15
Manthorpe. Linc
nr. Bourne 4H 75
nr. Grantham 2G 75
Manton. N Lin 4C 94
Manton. Notts 3C 86
Manton. Rut 5F 75
Manton. Wilts 5G 35
Manuden. Essx 3E 53
Maperton. Som 4B 22
Maplebeck. Notts 4E 86
Maple Cross. Herts 1B 38
Mapledurham. Oxon 4E 37
Mapledurwell. Hants 1E 25
Maplehurst. W Sus 3C 26
Maplescombe. Kent 4G 39
Mapleton. Derbs 1F 73
Mapperley. Derbs 1B 74
Mapperley. Nott 1C 74
Mapperley Park. Nott 1C 74
Mapperton. Dors
nr. Beaminster 3A 14
nr. Poole 3E 15
Mappleborough Green. Warw 4E 61
Mappleton. E Yor 5G 101
Mapplewell. S Yor 4D 92
Mappowder. Dors 2C 14
Maraig. W Isl 7E 171
Marazion. Corn 3C 4
Marbhig. W Isl 6G 171
Marbury. Ches E 1H 71
March. Cambs 1D 64
Marcham. Oxon 2C 36
Marchamley. Shrp 3H 71
Marchington. Staf 2F 73
Marchington Woodlands. Staf 3F 73
Marchwiel. Wrex 1F 71
Marchwood. Hants 1B 16
Marcross. V Glam 5C 32
Marden. Here 1A 48
Marden. Kent 1B 28
Marden. Wilts 1F 23
Marden Beech. Kent 1B 28
Marden Thorn. Kent 1B 28
Mardu. Shrp 2E 59

Mardy. Mon 4G 47
Marefield. Leics 5E 75
Mareham le Fen. Linc 4B 88
Mareham on the Hill. Linc 4B 88
Marehay. Derbs 1B 74
Marehill. W Sus 4B 26
Maresfield. E Sus 3F 27
Marfleet. Hull 2E 95
Marford. Wrex 5F 83
Margam. Neat 3A 32
Margaret Marsh. Dors 1D 14
Margaret Roding. Essx 4F 53
Margaretting. Essx 5G 53
Margaretting Tye. Essx 5G 53
Margate. Kent 3H 41
Margery. Surr 5D 38
Margnaheglish. N Ayr 2E 123
Marham. Norf 5G 77
Marhamchurch. Corn 2C 10
Marholm. Pet 5A 76
Marian Cwm. Den 3C 82
Mariandyrys. IOA 2F 81
Marian-glas. IOA 2E 81
Mariansleigh. Devn 4H 19
Marian-y-de. Gwyn 2C 68
Marian-y-mor. Gwyn 2C 68
Marine Town. Kent 3D 40
Marishader. High 2D 155
Marjoriebanks. Dum 1B 112
Mark. Dum 4G 109
Mark. Som 2G 21
Markbeech. Kent 1F 27
Markby. Linc 3D 89
Mark Causeway. Som 2G 21
Mark Cross. E Sus 2G 27
Markeaton. Derb 2H 73
Market Bosworth. Leics 5B 74
Market Deeping. Linc 4A 76
Market Drayton. Shrp 2A 72
Market End. Warw 2H 61
Market Harborough. Leics 2E 63
Markethill. Arm 6F 175
Markethill. Per 5B 144
Market Lavington. Wilts 1F 23
Market Overton. Rut 4F 75
Market Rasen. Linc 2A 88
Market Stainton. Linc 2B 88
Market Weighton. E Yor 5C 100
Market Weston. Suff 3B 66
Markfield. Leics 4B 74
Markham. Cphy 5E 47
Markinch. Fife 3E 137
Markington. N Yor 3E 99
Marksbury. Bath 5B 34
Mark's Corner. IOW 3C 16
Marks Tey. Essx 3C 54
Markwell. Corn 3H 7
Markyate. Herts 4A 52
Marlborough. Wilts 5G 35
Marlcliff. Warw 5E 61
Marldon. Devn 2E 9
Marle Green. E Sus 4G 27
Marlesford. Suff 5F 67
Marley Green. Ches E 1H 71
Marley Hill. Tyne 4F 115
Marlingford. Norf 5D 78
Mar Lodge. Abers 5E 151
Marloes. Pemb 4B 42
Marlow. Buck 3G 37
Marlow. Here 3F 59
Marlow Bottom. Buck 3G 37
Marlow Common. Buck 3G 37
Marlpit Hill. Kent 1F 27
Marlpits. E Sus 3F 27
Marlpool. Derbs 1B 74
Marnhull. Dors 1C 14
Marnoch. Abers 3C 160
Marnock. N Lan 3A 128
Marple. G Man 2D 84
Marr. S Yor 4F 93
Marrel. High 2H 165
Marrick. N Yor 5D 105
Marrister. Shet 5G 173
Marros. Carm 4G 43
Marsden. Tyne 3G 115
Marsden. W Yor 3A 92
Marsett. N Yor 1B 98
Marsh. Buck 5G 51
Marsh. Devn 1F 13
The Marsh. Powy 1F 59
The Marsh. Shrp 3A 72
Marshall Meadows. Nmbd 4F 131
Marshalsea. Dors 2G 13
Marshalswick. Herts 5B 52
Marsham. Norf 3D 78
Marshaw. Lanc 4E 97
Marsh Baldon. Oxon 2D 36
Marsh Benham. W Ber 5C 36
Marshborough. Kent 5H 41
Marshbrook. Shrp 2G 59
Marshchapel. Linc 1C 88
Marshfield. Newp 3F 33
Marshfield. S Glo 4C 34
Marshgate. Corn 3B 10
Marsh Gibbon. Buck 3E 51
Marsh Green. Devn 3D 12
Marsh Green. Kent 1F 27
Marsh Green. Staf 5C 84
Marsh Green. Telf 4A 72
Marsh Lane. Derbs 3B 86
Marsh Side. Norf 1G 77
Marshside. Kent 4G 41
Marshside. Mers 3B 90
Marsh Street. Som 2C 20
Marshwood. Dors 3G 13
Marske. N Yor 4E 105
Marske-by-the-Sea.
Red C 2D 106
Marston. Ches W 3A 84
Marston. Here 5F 59
Marston. Linc 1F 75
Marston. Oxon 5D 50
Marston. Staf
nr. Stafford 3D 72
nr. Wheaton Aston 4C 72
Marston. Warw 1G 61
Marston. Wilts 1E 23
Marston Doles. Warw 5B 62
Marston Green. W Mid 2F 61
Marston Hill. Glos 2G 35
Marston Jabbett. Warw 2A 62
Marston Magna. Som 4A 22
Marston Meysey. Wilts 2G 35
Marston Montgomery.
Derbs 2F 73
Marston Moretaine. C Beds 1H 51
Marston on Dove. Derbs 3G 73
Marston St Lawrence. Nptn 1D 50
Marston Stannett. Here 5H 59
Marston Trussell. Nptn 2D 62
Marstow. Here 4A 48
Marsworth. Buck 4H 51
Marten. Wilts 1A 24
Marthall. Ches E 3C 84
Martham. Norf 4G 79
Marthwaite. Cumb 5H 103
Martin. Hants 1F 15
Martin. Kent 1H 29
Martin. Linc
nr. Horncastle 4B 88
nr. Metheringham 5A 88
Martindale. Cumb 3F 103
Martin Dales. Linc 4A 88
Martin Drove End. Hants 4F 23
Martinhoe. Devn 2G 19
Martinhoe Cross. Devn 2G 19
Martin Hussingtree. Worc 4C 60
Martin Mill. Kent 1H 29
Martinscroft. Warr 2A 84
Martin's Moss. Ches E 4C 84
Martinstown. Dors 4B 14
Martlesham. Suff 1F 55
Martlesham Heath. Suff 1F 55
Martletwy. Pemb 3E 43
Martley. Worc 4B 60
Martock. Som 1H 13
Marton. Ches E 4C 84
Marton. Cumb 2B 96
Marton. E Yor
nr. Bridlington 3G 101
nr. Hull 1E 95
Marton. Linc 2F 87
Marton. Midd 3C 106
Marton. N Yor
nr. Boroughbridge 3G 99
nr. Pickering 1B 100
Marton. Shrp
nr. Myddle 3G 71
nr. Worthen 5E 71
Marton. Warw 4B 62
Marton Abbey. N Yor 3H 99
Marton-le-Moor. N Yor 2F 99
Martyr's Green. Surr 5B 38
Martyr Worthy. Hants 3D 24
Marwick. Orkn 5B 172
Marwood. Devn 3F 19
Marybank. High
nr. Dingwall 3G 157
nr. Invergordon 1B 158
Maryburgh. High 3H 157
Maryfield. Corn 3A 8
Maryhill. Glas 3G 127
Marykirk. Abers 2F 145
Marylebone. G Lon 2D 39
Marylebone. G Man 4D 90
Marypark. Mor 5F 159
Maryport. Cumb 1B 102
Maryport. Dum 5E 109
Marystow. Devn 4E 11
Mary Tavy. Devn 5F 11
Maryton. Ang
nr. Kirriemuir 3C 144
nr. Montrose 3F 145
Marywell. Abers 4C 152
Marywell. Ang 4F 145
Masham. N Yor 1E 98
Mashbury. Essx 4G 53
Masongill. N Yor 2F 97
Masons Lodge. Abers 3F 153
Mastin Moor. Derbs 3B 86
Mastrick. Aber 3G 153
Matching. Essx 4F 53
Matching Green. Essx 4F 53
Matching Tye. Essx 4F 53
Matfen. Nmbd 2D 114
Matfield. Kent 1A 28
Mathern. Mon 2A 34
Mathon. Here 1C 48
Mathry. Pemb 1C 42
Matlaske. Norf 2D 78
Matlock. Derbs 5G 85
Matlock Bath. Derbs 5G 85
Matterdale End. Cumb 2E 103
Mattersey. Notts 2D 86
Mattersey Thorpe. Notts 2D 86
Mattingley. Hants 1F 25
Mattishall. Norf 4C 78
Mattishall Burgh. Norf 4C 78
Mauchline. E Ayr 2D 117
Maud. Abers 4G 161
Maudlin. Corn 2E 7
Maugersbury. Glos 3G 49
Maughold. IOM 2D 108
Maulden. C Beds 2A 52
Maulds Meaburn. Cumb 3H 103
Maunby. N Yor 1F 99
Maund Bryan. Here 5H 59
Mautby. Norf 4G 79
Mavesyn Ridware. Staf 4E 73
Mavis Enderby. Linc 4C 88
Mawbray. Cumb 5B 112
Mawdesley. Lanc 3C 90
Mawdlam. B'end 3B 32
Mawgan. Corn 4E 5
Mawgan Porth. Corn 2C 6
Maw Green. Ches E 5B 84
Mawla. Corn 4B 6
Mawnan. Corn 4E 5
Mawnan Smith. Corn 4E 5
Mawsley Village. Nptn 3E 63
Mawthorpe. Linc 3D 88
Maxey. Pet 5A 76
Maxstoke. Warw 2G 61
Maxted Street. Kent 1F 29
Maxton. Kent 1G 29
Maxton. Bord 1A 120
Maxwellheugh. Bord 1B 120
Maxwelltown. Dum 2A 112
Maxworthy. Corn 3C 10
Mayals. Swan 4F 31
Maybole. S Ayr 3C 116
Maybush. Sotn 1B 16
Mayes Green. Surr 2C 26
Mayfield. E Sus 3G 27
Mayfield. Midl 3G 129
Mayfield. Per 1C 136
Mayfield. Staf 1F 73
Mayford. Surr 5A 38
Mayhill. Swan 3F 31
Mayland. Essx 5C 54
Maylandsea. Essx 5C 54
Maynard's Green. E Sus 4G 27
Maypole. IOS 1B 4
Maypole. Kent 4G 41
Maypole. Mon 4H 47
Maypole Green. Norf 1G 67
Maypole Green. Suff 5B 66
Maywick. Shet 9E 173
Mead. Devn 1C 10
Meadgate. Bath 1B 22
Meadle. Buck 5G 51
Meadowbank. Ches W 4A 84
Meadowfield. Dur 1F 105
Meadow Green. Here 5B 60
Meadowmill. E Lot 2H 129
Meadows. Nott 2C 74
Meadowtown. Shrp 5F 71
Meadwell. Devn 4E 11
Meaford. Staf 2C 72
Mealabost. W Isl nr. Borgh 2G 171
nr. Stornoway 4G 171
Mealasta. W Isl 5B 171
Meal Bank. Cumb 5G 103
Mealrigg. Cumb 5C 112
Mealsgate. Cumb 5D 112
Meanwood. W Yor 1C 92
Mearbeck. N Yor 3H 97
Meare. Som 2H 21
Meare Green. Som
nr. Curry Mallet 4F 21
nr. Stoke St Gregory 4G 21
Mears Ashby. Nptn 4F 63
Measham. Leics 4H 73
Meath Green. Surr 1D 27
Meathop. Cumb 1D 96
Meaux. E Yor 1D 94
Meavy. Devn 2B 8
Medbourne. Leics 1E 63
Medburn. Nmbd 2E 115
Meddon. Devn 1C 10
Meden Vale. Notts 4C 86
Medlam. Linc 5C 88
Medlicott. Shrp 1G 59
Medmenham. Buck 3G 37
Medomsley. Dur 4E 115
Medstead. Hants 3E 25
Medway Towns. Medw 4B 40
Meerbrook. Staf 4D 85
Meer End. W Mid 3G 61
Meers Bridge. Linc 2D 89
Meesden. Herts 2E 53
Meeson. Telf 3A 72
Meeth. Devn 2F 11
Meeting Green. Suff 5G 65
Meeting House Hill. Norf 3F 79
Meidrim. Carm 2G 43
Meifod. Powy 4D 70
Meigle. Per 4B 144
Meikle Earnock. S Lan 4A 128
Meikle Kilchattan Butts. Arg 4B 126
Meikleour. Per 5A 144
Meikle Tarty. Abers 1G 153
Meikle Wartle. Abers 5E 160
Meinciau. Carm 4E 45
Meir. Stoke 1D 72
Meir Heath. Staf 1D 72
Melbourn. Cambs 1D 53
Melbourne. Derbs 3A 74
Melbourne. E Yor 5B 100
Melbury Abbas. Dors 4D 23
Melbury Bubb. Dors 2A 14
Melbury Osmond. Dors 2A 14
Melbury Sampford. Dors 2A 14
Melby. Shet 6C 173
Melchbourne. Bed 4H 63
Melcombe Bingham. Dors 2C 14
Melcombe Regis. Dors 4B 14
Meldon. Devn 3F 11
Meldon. Nmbd 1E 115
Meldreth. Cambs 1D 53
Melfort. Arg 2F 133
Melgarve. High 4G 149
Meliden. Den 2C 82
Melinbyrhedyn. Powy 1H 57
Melincourt. Neat 5B 46
Melin-y-coed. Cnwy 4H 81
Melin-y-ddol. Powy 5C 70
Melin-y-wig. Den 1C 70
Melkington. Nmbd 5E 131
Melkinthorpe. Cumb 2G 103
Melkridge. Nmbd 3A 114
Melksham. Wilts 5E 35
Mellangaun. High 5C 162
Melldalloch. Arg 2H 125
Mellguards. Cumb 5F 113
Melling. Lanc 2E 97
Melling. Mers 4B 90
Melling Mount. Mers 4C 90
Mellis. Suff 3C 66
Mellon Charles. High 4C 162
Mellon Udrigle. High 4C 162
Mellor. G Man 2D 85
Mellor. Lanc 1E 91
Mellor Brook. Lanc 1E 91
Mells. Som 2C 22
Melmerby. Cumb 1H 103
Melmerby. N Yor
nr. Middleham 1C 98
nr. Ripon 2F 99
Melplash. Dors 3H 13
Melrose. Bord 1H 119
Melsetter. Orkn 9B 172
Melsonby. N Yor 4E 105
Meltham. W Yor 3B 92
Meltham Mills. W Yor 3B 92
Melton. E Yor 2C 94
Melton. Suff 5E 67
Meltonby. E Yor 4B 100
Melton Constable. Norf 2C 78
Melton Mowbray. Leics 4E 75
Melton Ross. N Lin 3D 94
Melvaig. High 5B 162
Melverley. Shrp 4F 71
Melverley Green. Shrp 4F 71
Melvich. High 2A 168
Membury. Devn 2F 13
Memsie. Abers 2G 161
Memus. Ang 3D 144
Menabilly. Corn 3E 7
Menai Bridge. IOA 3E 81
Mendham. Suff 2E 67
Mendlesham. Suff 4D 66
Mendlesham Green. Suff 4C 66
Menethorpe. N Yor 3B 100
Menheniot. Corn 2G 7
Menithwood. Worc 4B 60
Menna. Corn 3D 6
Mennock. Dum 4H 117
Menston. W Yor 5D 98
Menstrie. Clac 4H 135
Menthorpe. N Yor 1H 93
Mentmore. Buck 4H 51
Meole Brace. Shrp 4G 71
Meols. Mers 1E 83
Meon. Hants 2D 16
Meonstoke. Hants 1E 16
Meopham. Kent 4H 39
Meopham Green. Kent 4H 39
Meopham Station. Kent 4H 39
Mepal. Cambs 2D 64

Meppershall. *C Beds* 2B 52
Merbach. *Here* 1G 47
Mercaston. *Derbs* 1G 73
Merchiston. *Edin* 2F 129
Mere. *Ches E* 2B 84
Mere. *Wilts* 3D 22
Mere Brow. *Lanc* 3C 90
Mereclough. *Lanc* 1G 91
Mere Green. *W Mid* 1F 61
Mere Green. *Worc* 4D 60
Mere Heath. *Ches W* 3A 84
Mereside. *Bkpl* 1B 90
Meretown. *Staf* 3B 72
Mereworth. *Kent* 5A 40
Meriden. *W Mid* 2G 61
Merkadale. *High* 5C 154
Merkland. *S Ayr* 5B 116
Merkland Lodge. *High* 1A 164
Merley. *Pool* 3F 15
Merlin's Bridge. *Pemb* 3D 42
Merridge. *Som* 3F 21
Merrington. *Shrp* 3G 71
Merrion. *Pemb* 5D 42
Merriott. *Som* 1H 13
Merrivale. *Devn* 5F 11
Merrow. *Surr* 5B 38
Merrybent. *Darl* 3F 105
Merry Lees. *Leics* 5B 74
Merrymeet. *Corn* 2G 7
Mersham. *Kent* 2E 29
Merstham. *Surr* 5D 39
Merston. *W Sus* 2G 17
Merstone. *IOW* 4D 16
Merther. *Corn* 4C 6
Merthyr. *Carm* 3D 44
Merthyr Cynog. *Powy* 2C 46
Merthyr Dyfan. *V Glam* 4E 32
Merthyr Mawr. *B'end* 4B 32
Merthyr Tudful. *Mer T* 5D 46
Merthyr Tydfil. *Mer T* 5D 46
Merthyr Vale. *Mer T* 2D 32
Merton. *Devn* 1F 11
Merton. *G Lon* 4D 38
Merton. *Norf* 1B 66
Merton. *Oxon* 4D 50
Meshaw. *Devn* 1A 12
Messing. *Essx* 4B 54
Messingham. *N Lin* 4B 94
Metcombe. *Devn* 3D 12
Metfield. *Suff* 2E 67
Metherell. *Corn* 2A 8
Metheringham. *Linc* 4H 87
Methil. *Fife* 4F 137
Methilhill. *Fife* 4F 137
Methley. *W Yor* 2D 93
Methley Junction. *W Yor* 2D 93
Methlick. *Abers* 5F 161
Methven. *Per* 1C 136
Methwold. *Norf* 1G 65
Methwold Hythe. *Norf* 1G 65
Mettingham. *Suff* 2F 67
Metton. *Norf* 2D 78
Mevagissey. *Corn* 4E 6
Mexborough. *S Yor* 4E 93
Mey. *High* 1E 169
Meysey Hampton. *Glos* 2G 35
Miabhag. *W Isl* 8D 171
Miabhaig. *W Isl*
nr. Cliasmol 7C 171
nr. Timsgearraidh 4C 171
Mial. *High* 1G 155
Michaelchurch. *Here* 3A 48
Michaelchurch Escley. *Here* 2G 47
Michaelchurch-on-Arrow. *Powy* 5E 59
Michaelston-le-Pit. *V Glam* 4E 33
Michaelston-y-Fedw. *Newp* 3F 33
Michaelstow. *Corn* 5A 10
Michelcombe. *Devn* 2C 8
Micheldever. *Hants* 3D 24
Micheldever Station. *Hants* 2D 24
Michelmersh. *Hants* 4B 24
Mickfield. *Suff* 4D 66
Micklebring. *S Yor* 1C 86
Mickleby. *N Yor* 3F 107
Micklefield. *W Yor* 1E 93
Micklefield Green. *Herts* 1B 38
Mickleham. *Surr* 5C 38
Mickleover. *Derb* 2H 73
Micklethwaite. *Cumb* 4D 112
Micklethwaite. *W Yor* 5D 98
Mickleton. *Dur* 2C 104
Mickleton. *Glos* 1G 49
Mickletown. *W Yor* 2D 93
Mickle Trafford. *Ches W* 4G 83
Mickley. *N Yor* 2E 99
Mickley Green. *Suff* 5H 65
Mickley Square. *Nmbd* 3D 115
Mid Ardlaw. *Abers* 2G 161
Midbea. *Orkn* 3D 172
Mid Beltie. *Abers* 3D 152
Mid Calder. *W Lot* 3D 129
Mid Clyth. *High* 5E 169
Middle Assendon. *Oxon* 3F 37
Middle Aston. *Oxon* 3C 50
Middle Barton. *Oxon* 3C 50
Middlebie. *Dum* 2D 112
Middle Chinnock. *Som* 1H 13
Middle Claydon. *Buck* 3F 51
Middlecliffe. *S Yor* 4E 93
Middlecott. *Devn* 4H 11
Middle Drums. *Ang* 3E 145
Middle Duntisbourne. *Glos* 5E 49
Middle Essie. *Abers* 3H 161
Middleforth Green. *Lanc* 2D 90
Middleham. *N Yor* 1D 98
Middle Handley. *Derbs* 3B 86
Middle Harling. *Norf* 2B 66
Middlehope. *Shrp* 2G 59
Middle Littleton. *Worc* 1F 49
Middle Maes-coed. *Here* 2G 47
Middlemarsh. *Dors* 2B 14
Middle Marwood. *Devn* 3F 19
Middle Mayfield. *Staf* 1F 73
Middlemoor. *Devn* 5E 11
Middlemuir. *Abers*
nr. New Deer 4F 161
nr. Strichen 3G 161
Middle Rainton. *Tyne* 5G 115
Middle Rasen. *Linc* 2H 87
The Middles. *Dur* 4F 115
Middlesbrough. *Midd* 3B 106
Middlesceugh. *Cumb* 5E 113
Middleshaw. *Cumb* 1E 97
Middlesmoor. *N Yor* 2C 98
Middlestone. *Dur* 1F 105
Middlestone Moor. *Dur* 1F 105
Middle Stoughton. *Som* 2H 21
Middlestown. *W Yor* 3C 92
Middle Street. *Glos* 5C 48
Middle Taphouse. *Corn* 2F 7
Middleton. *Ang* 4E 145
Middleton. *Arg* 4A 138
Middleton. *Cumb* 1F 97
Middleton. *Derbs*
nr. Bakewell 4F 85
nr. Wirksworth 5G 85
Middleton. *Essx* 2B 54
Middleton. *G Man* 4G 91
Middleton. *Hants* 2C 24
Middleton. *Hart* 1C 106
Middleton. *Here* 4H 59
Middleton. *IOW* 4B 16
Middleton. *Lanc* 4D 96
Middleton. *Midl* 4G 129
Middleton. *Norf* 4F 77
Middleton. *Nptn* 2F 63
Middleton. *Nmbd*
nr. Belford 1F 121
nr. Morpeth 1D 114
Middleton. *N Yor*
nr. Ilkley 5D 98
nr. Pickering 1B 100
Middleton. *Per* 3D 136
Middleton. *Shrp*
nr. Ludlow 3H 59
nr. Oswestry 3F 71
Middleton. *Suff* 4G 67
Middleton. *Swan* 4D 30
Middleton. *Warw* 1F 61
Middleton. *W Yor* 2C 92
Middleton Cheney. *Nptn* 1D 50
Middleton Green. *Staf* 2D 73
Middleton-in-Teesdale. *Dur* 2C 104
Middleton One Row. *Darl* 3A 106
Middleton-on-Leven. *N Yor* 4B 106
Middleton-on-Sea. *W Sus* 5A 26
Middleton on the Hill. *Here* 4H 59
Middleton-on-the-Wolds. *E Yor* 5D 100
Middleton Priors. *Shrp* 1A 60
Middleton Quernhow. *N Yor* 2F 99
Middleton St George. *Darl* 3A 106
Middleton Scriven. *Shrp* 2A 60
Middleton Stoney. *Oxon* 3D 50
Middleton Tyas. *N Yor* 4F 105
Middle Town. *IOS* 1B 4
Middletown. *Cumb* 4A 102
Middletown. *Powy* 4F 71
Middle Tysoe. *Warw* 1B 50
Middle Wallop. *Hants* 3A 24
Middlewich. *Ches E* 4B 84
Middle Winterslow. *Wilts* 3H 23
Middlewood. *Corn* 5C 10
Middlewood. *S Yor* 1H 85
Middle Woodford. *Wilts* 3G 23
Middlewood Green. *Suff* 4C 66
Middleyard. *Glos* 5D 48
Middlezoy. *Som* 3G 21
Middridge. *Dur* 2F 105
Midelney. *Som* 4H 21
Midfield. *High* 2F 167
Midford. *Bath* 5C 34
Mid Garrary. *Dum* 2C 110
Midge Hall. *Lanc* 2D 90
Midgeholme. *Cumb* 4H 113
Midgham. *W Ber* 5D 36
Midgley. *W Yor*
nr. Halifax 2A 92
nr. Horbury 3C 92
Mid Ho. *Shet* 2G 173
Midhopestones. *S Yor* 1G 85
Midhurst. *W Sus* 4G 25
Mid Kirkton. *N Ayr* 4C 126
Mid Lambrook. *Som* 1H 13
Midland. *Orkn* 7C 172
Mid Lavant. *W Sus* 2G 17
Midlem. *Bord* 2H 119
Midney. *Som* 4A 22
Midsomer Norton. *Bath* 1B 22
Midton. *Inv* 2D 126
Midtown. *High*
nr. Poolewe 5C 162
nr. Tongue 2F 167
Midville. *Linc* 5C 88
Mid Walls. *Shet* 7C 173
Mid Yell. *Shet* 2G 173
Migdale. *High* 4D 164
Migvie. *Abers* 3B 152
Milborne Port. *Som* 1B 14
Milborne St Andrew. *Dors* 3D 14
Milborne Wick. *Som* 4B 22
Milbourne. *Nmbd* 2E 115
Milbourne. *Wilts* 3E 35
Milburn. *Cumb* 2H 103
Milbury Heath. *S Glo* 2B 34
Milby. *N Yor* 3G 99
Milcombe. *Oxon* 2C 50
Milden. *Suff* 1C 54
Mildenhall. *Suff* 3G 65
Mildenhall. *Wilts* 5H 35
Milebrook. *Powy* 3F 59
Milebush. *Kent* 1B 28
Mile End. *Cambs* 2F 65
Mile End. *Essx* 3C 54
Mileham. *Norf* 4B 78
Mile Oak. *Brig* 5D 26
Miles Green. *Staf* 5C 84
Miles Hope. *Here* 4H 59
Milesmark. *Fife* 1D 128
Mile Town. *Kent* 3D 40
Milfield. *Nmbd* 1D 120
Milford. *Derbs* 1A 74
Milford. *Devn* 4C 18
Milford. *Powy* 1C 58
Milford. *Staf* 3D 72
Milford. *Surr* 1A 26
Milford Haven. *Pemb* 4D 42
Milford on Sea. *Hants* 3A 16
Milkwall. *Glos* 5A 48
Milkwell. *Wilts* 4E 23
Milland. *W Sus* 4G 25
Mill Bank. *W Yor* 2A 92
Millbank. *High* 2D 168
Millbeck. *Cumb* 2D 102
Millbounds. *Orkn* 4E 172
Millbreck. *Abers* 4H 161
Millbridge. *Surr* 2G 25
Millbrook. *C Beds* 2A 52
Millbrook. *Corn* 3A 8
Millbrook. *G Man* 1D 85
Millbrook. *Sotn* 1B 16
Mill Common. *Suff* 2G 67
Mill Corner. *E Sus* 3C 28
Milldale. *Staf* 5F 85
Millden Lodge. *Ang* 1E 145
Milldens. *Ang* 3E 145
Millearn. *Per* 2B 136
Mill End. *Buck* 3F 37
Mill End. *Cambs* 5F 65
Mill End. *Glos* 4G 49
Mill End. *Herts* 2D 52
Millend. *Glos* 2C 34
Millerhill. *Midl* 3G 129
Miller's Dale. *Derbs* 3F 85
Millers Green. *Derbs* 5G 85
Millerston. *Glas* 3H 127
Millfield. *Abers* 4B 152
Millfield. *Pet* 5A 76
Millgate. *Lanc* 3G 91
Mill Green. *Essx* 5G 53
Mill Green. *Norf* 2D 66
Mill Green. *Shrp* 3A 72
Mill Green. *Staf* 3E 73
Mill Green. *Suff* 1C 54
Millhalf. *Here* 1F 47
Millhall. *E Ren* 4G 127
Millhayes. *Devn*
nr. Honiton 2F 13
nr. Wellington 1E 13
Millhead. *Lanc* 2D 97
Millheugh. *S Lan* 4A 128
Mill Hill. *Bkbn* 2E 91
Mill Hill. *G Lon* 1D 38
Millholme. *Cumb* 5G 103
Millhouse. *Arg* 2A 126
Millhouse. *Cumb* 1E 103
Millhousebridge. *Dum* 1C 112
Millhouses. *S Yor* 2H 85
Millikenpark. *Ren* 3F 127
Millington. *E Yor* 4C 100
Millington Green. *Derbs* 1G 73
Millisle. *Ards* 4J 175
Mill Knowe. *Arg* 3B 122
Mill Lane. *Hants* 1F 25
Millmeece. *Staf* 2C 72
Mill of Craigievar. *Abers* 2C 152
Mill of Fintray. *Abers* 2F 153
Mill of Haldane. *W Dun* 1F 127
Millom. *Cumb* 1A 96
Millow. *C Beds* 1C 52
Millpool. *Corn* 5B 10
Millport. *N Ayr* 4C 126
Mill Side. *Cumb* 1D 96
Mill Street. *Norf*
nr. Lyng 4C 78
nr. Swanton Morley 4C 78
Millthorpe. *Derbs* 3H 85
Millthorpe. *Linc* 2A 76
Millthrop. *Cumb* 5H 103
Milltimber. *Aber* 3F 153
Milltown. *Abers*
nr. Corgarff 3G 151
nr. Lumsden 2B 152
Milltown. *Corn* 3F 7
Milltown. *Derbs* 4A 86
Milltown. *Devn* 3F 19
Milltown. *Dum* 2E 113
Milltown of Aberdalgie. *Per* 1C 136
Milltown of Auchindoun. *Mor* 4A 160
Milltown of Campfield. *Abers* 3D 152
Milltown of Edinvillie. *Mor* 4G 159
Milltown of Rothiemay. *Mor* 4C 160
Milltown of Towie. *Abers* 2B 152
Milnacraig. *Ang* 3B 144
Milnathort. *Per* 3D 136
Milngavie. *E Dun* 2G 127
Milnholm. *Stir* 1A 128
Milnrow. *G Man* 3H 91
Milnthorpe. *Cumb* 1D 97
Milnthorpe. *W Yor* 3D 92
Milson. *Shrp* 3A 60
Milstead. *Kent* 5D 40
Milston. *Wilts* 2G 23
Milthorpe. *Nptn* 1D 50
Milton. *Ang* 4C 144
Milton. *Cambs* 4D 65
Milton. *Cumb*
nr. Brampton 3G 113
nr. Crooklands 1E 97
Milton. *Derbs* 3H 73
Milton. *Dum*
nr. Crocketford 2F 111
nr. Glenluce 4H 109
Milton. *Glas* 3G 127
Milton. *High*
nr. Achnasheen 3F 157
nr. Applecross 4G 155
nr. Drumnadrochit 5G 157
nr. Invergordon 1B 158
nr. Inverness 4H 157
nr. Wick 3F 169
Milton. *Mor*
nr. Cullen 2C 160
nr. Tomintoul 2F 151
Milton. *N Som* 5G 33
Milton. *Notts* 3E 86
Milton. *Oxon*
nr. Bloxham 2C 50
nr. Didcot 2C 36
Milton. *Pemb* 4E 43
Milton. *Port* 3E 17
Milton. *Som* 4H 21
Milton. *S Ayr* 2D 116
Milton. *Stir*
nr. Aberfoyle 3E 135
nr. Drymen 4D 134
Milton. *Stoke* 5D 84
Milton. *W Dun* 2F 127
Milton Abbas. *Dors* 2D 14
Milton Abbot. *Devn* 5E 11
Milton Auchlossan. *Abers* 3C 152
Milton Bridge. *Midl* 3F 129
Milton Bryan. *C Beds* 2H 51
Milton Clevedon. *Som* 3B 22
Milton Coldwells. *Abers* 5G 161
Milton Combe. *Devn* 2A 8
Milton Common. *Oxon* 5E 51
Milton Damerel. *Devn* 1D 11
Miltonduff. *Mor* 2F 159
Milton End. *Glos* 5G 49
Milton Ernest. *Bed* 5H 63
Milton Green. *Ches W* 5G 83
Milton Hill. *Devn* 5C 12
Milton Hill. *Oxon* 2C 36
Milton Keynes. *Mil* 2G 51
Milton Keynes Village. *Mil* 2G 51
Milton Lilbourne. *Wilts* 5G 35
Milton Malsor. *Nptn* 5E 63
Milton Morenish. *Per* 5D 142
Milton of Auchinhove. *Abers* 3C 152
Milton of Balgonie. *Fife* 3F 137
Milton of Barras. *Abers* 1H 145
Milton of Campsie. *E Dun* 2H 127
Milton of Cultoquhey. *Per* 1A 136
Milton of Cushnie. *Abers* 2C 152

Milton of Finavon. *Ang* 3D 145
Milton of Gollanfield. *High* 3B 158
Milton of Lesmore. *Abers* 1B 152
Milton of Leys. *High* 4A 158
Milton of Tullich. *Abers* 4A 152
Milton on Stour. *Dors* 4C 22
Milton Regis. *Kent* 4C 40
Milton Street. *E Sus* 5G 27
Milton-under-Wychwood. *Oxon* 4A 50
Milverton. *Som* 4E 20
Milverton. *Warw* 4H 61
Milwich. *Staf* 2D 72
Mimbridge. *Surr* 4A 38
Minard. *Arg* 4G 133
Minchington. *Dors* 1E 15
Minchinhampton. *Glos* 5D 48
Mindrum. *Nmbd* 1C 120
Minehead. *Som* 2C 20
Minera. *Wrex* 5E 83
Minety. *Wilts* 2F 35
Minffordd. *Gwyn* 2E 69
Mingarrypark. *High* 2A 140
Mingary. *High* 2G 139
Mingearraidh. *W Isl* 6C 170
Miningsby. *Linc* 4C 88
Minions. *Corn* 5C 10
Minishant. *S Ayr* 3C 116
Minllyn. *Gwyn* 4A 70
Minnigaff. *Dum* 3B 110
Minorca. *IOM* 3D 108
Minskip. *N Yor* 3F 99
Minstead. *Hants* 1A 16
Minsted. *W Sus* 4G 25
Minster. *Kent*
nr. Ramsgate 4H 41
Minster. *Kent*
nr. Sheerness 3D 40
Minsteracres. *Nmbd* 4D 114
Minsterley. *Shrp* 5F 71
Minster Lovell. *Oxon* 4B 50
Minsterworth. *Glos* 4C 48
Minterne Magna. *Dors* 2B 14
Minterne Parva. *Dors* 2B 14
Minting. *Linc* 3A 88
Mintlaw. *Abers* 4H 161
Minto. *Bord* 2H 119
Minton. *Shrp* 1G 59
Minwear. *Pemb* 3E 43
Minworth. *W Mid* 1F 61
Miodar. *Arg* 4B 138
Mirbister. *Orkn* 5C 172
Mirehouse. *Cumb* 3A 102
Mireland. *High* 2F 169
Mirfield. *W Yor* 3C 92
Miserden. *Glos* 5E 49
Miskin. *Rhon* 3D 32
Misson. *Notts* 1D 86
Misterton. *Leics* 2C 62
Misterton. *Notts* 1E 87
Misterton. *Som* 2H 13
Mistley. *Essx* 2E 54
Mistley Heath. *Essx* 2E 55
Mitcham. *G Lon* 4D 39
Mitcheldean. *Glos* 4B 48
Mitchell. *Corn* 3C 6
Mitchel Troy. *Mon* 4H 47
Mitcheltroy Common. *Mon* 5H 47
Mitford. *Nmbd* 1E 115
Mithian. *Corn* 3B 6
Mitton. *Staf* 4C 72
Mixbury. *Oxon* 2E 50
Mixenden. *W Yor* 2A 92
Mixon. *Staf* 5E 85
Moaness. *Orkn* 7B 172
Moarfield. *Shet* 1G 173
Moat. *Cumb* 2F 113
Moats Tye. *Suff* 5C 66
Mobberley. *Ches E* 3B 84
Mobberley. *Staf* 1E 73
Moccas. *Here* 1G 47
Mochdre. *Cnwy* 3H 81
Mochdre. *Powy* 2C 58
Mochrum. *Dum* 5A 110
Mockbeggar. *Hants* 2G 15
Mockerkin. *Cumb* 2B 102
Modbury. *Devn* 3C 8
Moddershall. *Staf* 2D 72
Modsarie. *High* 2G 167
Moelfre. *Cnwy* 3B 82
Moelfre. *IOA* 2E 81
Moelfre. *Powy* 3D 70
Moffat. *Dum* 4C 118
Moggerhanger. *C Beds* 1B 52
Mogworthy. *Devn* 1B 12
Moira. *Leics* 4H 73
Moira. *Lis* 4G 175
Molash. *Kent* 5E 41
Mol-chlach. *High* 2C 146
Mold. *Flin* 4E 83
Molehill Green. *Essx* 3F 53
Molescroft. *E Yor* 5E 101
Molesden. *Nmbd* 1E 115
Molesworth. *Cambs* 3H 63
Moll. *High* 1D 146
Molland. *Devn* 4B 20
Mollington. *Ches W* 3F 83
Mollington. *Oxon* 1C 50
Mollinsburn. *N Lan* 2A 128
Monachty. *Cdgn* 4E 57
Monachyle. *Stir* 2D 135
Monar Lodge. *High* 4E 156
Monaughty. *Powy* 4E 59
Monewden. *Suff* 5E 67
Moneydie. *Per* 1C 136
Moneymore. *M Ulst* 3E 175
Moneyrow Green. *Wind* 4G 37
Moniaive. *Dum* 5G 117
Monifieth. *Ang* 5E 145
Monikie. *Ang* 5E 145
Monimail. *Fife* 2E 137
Monington. *Pemb* 1B 44
Monk Bretton. *S Yor* 4D 92
Monken Hadley. *G Lon* 1D 38
Monk Fryston. *N Yor* 2F 93
Monk Hesleden. *Dur* 1B 106
Monkhide. *Here* 1B 48
Monkhill. *Cumb* 4E 113
Monkhopton. *Shrp* 1A 60
Monkland. *Here* 5G 59
Monkleigh. *Devn* 4E 19
Monknash. *V Glam* 4C 32
Monkokehampton. *Devn* 2F 11
Monkseaton. *Tyne* 2G 115
Monks Eleigh. *Suff* 1C 54
Monk's Gate. *W Sus* 3D 26
Monk's Heath. *Ches E* 3C 84
Monk Sherborne. *Hants* 1E 24
Monkshill. *Abers* 4E 161
Monksilver. *Som* 3D 20
Monks Kirby. *Warw* 2B 62
Monk Soham. *Suff* 4E 66
Monk Soham Green. *Suff* 4E 66
Monkspath. *W Mid* 3F 61
Monks Risborough. *Buck* 5G 51
Monksthorpe. *Linc* 4D 88
Monk Street. *Essx* 3G 53
Monkswood. *Mon* 5G 47
Monkton. *Devn* 2E 13
Monkton. *Kent* 4G 41
Monkton. *Pemb* 4D 42
Monkton. *S Ayr* 2C 116
Monkton Combe. *Bath* 5C 34
Monkton Deverill. *Wilts* 3D 22
Monkton Farleigh. *Wilts* 5D 34
Monkton Heathfield. *Som* 4F 21
Monktonhill. *S Ayr* 2C 116
Monkton Up Wimborne. *Dors* 1F 15
Monkton Wyld. *Dors* 3G 13
Monkwearmouth. *Tyne* 4G 115
Monkwood. *Dors* 3H 13
Monkwood. *Hants* 3E 25
Monmarsh. *Here* 1A 48
Monmouth. *Mon* 4A 48
Monnington on Wye. *Here* 1G 47
Monreith. *Dum* 5A 110
Montacute. *Som* 1H 13
Montford. *Arg* 3C 126
Montford. *Shrp* 4G 71
Montford Bridge. *Shrp* 4G 71
Montgarrie. *Abers* 2C 152
Montgarswood. *E Ayr* 2E 117
Montgomery. *Powy* 1E 58
Montgreenan. *N Ayr* 5E 127
Montrave. *Fife* 3F 137
Montrose. *Ang* 3G 145
Monxton. *Hants* 2B 24
Monyash. *Derbs* 4F 85
Monymusk. *Abers* 2D 152
Monzie. *Per* 1A 136
Moodiesburn. *N Lan* 2H 127
Moon's Green. *Kent* 3C 28
Moonzie. *Fife* 2F 137
Moor. *Som* 1H 13
The Moor. *Kent* 3B 28
Moor Allerton. *W Yor* 1C 92
Moorbath. *Dors* 3H 13
Moorbrae. *Shet* 3F 173
Moorby. *Linc* 4B 88
Moorcot. *Here* 5F 59
Moor Crichel. *Dors* 2E 15
Moor Cross. *Devn* 3C 8
Moordown. *Bour* 3F 15
Moore. *Hal* 2H 83
Moor End. *E Yor* 1B 94
Moorend. *Dum* 2D 112
Moorend. *Glos*
nr. Dursley 5C 48
nr. Gloucester 4D 48
Moorends. *S Yor* 3G 93
Moorgate. *S Yor* 1B 86
Moor Green. *Wilts* 5D 34
Moorgreen. *Hants* 1C 16
Moorgreen. *Notts* 1B 74
Moorhaigh. *Notts* 4C 86
Moorhall. *Derbs* 3H 85
Moorhampton. *Here* 1G 47
Moorhouse. *Cumb*
nr. Carlisle 4E 113
nr. Wigton 4D 112
Moorhouse. *Notts* 4E 87
Moorhouse. *Surr* 5F 39
Moorhouses. *Linc* 5B 88
Moorland. *Som* 3G 21
Moorlinch. *Som* 3H 21
Moor Monkton. *N Yor* 4H 99
Moor of Granary. *Mor* 3E 159
Moor Row. *Cumb*
nr. Whitehaven 3B 102
nr. Wigton 5D 112
Moorsholm. *Red C* 3D 107
Moorside. *Dors* 1C 14
Moorside. *G Man* 4H 91
Moortown. *Devn* 3D 10
Moortown. *Hants* 2G 15
Moortown. *IOW* 4C 16
Moortown. *Linc* 1H 87
Moortown. *Telf* 4A 72
Moortown. *W Yor* 1D 92
Morangie. *High* 5E 165
Morar. *High* 4E 147
Morborne. *Cambs* 1A 64
Morchard Bishop. *Devn* 2A 12
Morcombelake. *Dors* 3H 13
Morcott. *Rut* 5G 75
Morda. *Shrp* 3E 71
Morden. *G Lon* 4D 38
Mordiford. *Here* 2A 48
Mordon. *Dur* 2A 106
More. *Shrp* 1F 59
Morebath. *Devn* 4C 20
Morebattle. *Bord* 2B 120
Morecambe. *Lanc* 3D 96
Morefield. *High* 4F 163
Moreleigh. *Devn* 3D 8
Morenish. *Per* 5C 142
Moresby Parks. *Cumb* 3A 102
Morestead. *Hants* 4D 24
Moreton. *Dors* 4D 14
Moreton. *Essx* 5F 53
Moreton. *Here* 4H 59
Moreton. *Mers* 1E 83
Moreton. *Oxon* 5E 51
Moreton. *Staf* 4B 72
Moreton Corbet. *Shrp* 3H 71
Moretonhampstead. *Devn* 4A 12
Moreton-in-Marsh. *Glos* 2H 49
Moreton Jeffries. *Here* 1B 48
Moreton Morrell. *Warw* 5H 61
Moreton on Lugg. *Here* 1A 48
Moreton Pinkney. *Nptn* 1D 50
Moreton Say. *Shrp* 2A 72
Moreton Valence. *Glos* 5C 48
Morfa. *Cdgn* 5C 56
Morfa Bach. *Carm* 4D 44
Morfa Bychan. *Gwyn* 2E 69
Morfa Glas. *Neat* 5B 46
Morfa Nefyn. *Gwyn* 1B 68
Morganstown. *Card* 3E 33
Morgan's Vale. *Wilts* 4G 23
Morham. *E Lot* 2B 130
Moriah. *Cdgn* 3F 57
Morland. *Cumb* 2G 103
Morley. *Ches E* 2C 84
Morley. *Derbs* 1A 74
Morley. *Dur* 2E 105
Morley. *W Yor* 2C 92
Morley St Botolph. *Norf* 1C 66
Morningside. *Edin* 2F 129
Morningside. *N Lan* 4B 128
Morningthorpe. *Norf* 1E 66
Morpeth. *Nmbd* 1F 115
Morrey. *Staf* 4F 73
Morridge Side. *Staf* 5E 85
Morridge Top. *Staf* 4E 85
Morrington. *Dum* 1F 111
Morris Green. *Essx* 2H 53
Morriston. *Swan* 3F 31
Morston. *Norf* 1C 78
Mortehoe. *Devn* 2E 19
Morthen. *S Yor* 2B 86
Mortimer. *W Ber* 5E 37
Mortimer's Cross. *Here* 4G 59
Mortimer West End. *Hants* 5E 37
Mortomley. *S Yor* 1H 85
Morton. *Cumb*
nr. Calthwaite 1F 103
nr. Carlisle 4E 113
Morton. *Derbs* 4B 86
Morton. *Linc*
nr. Bourne 3H 75
nr. Gainsborough 1F 87
nr. Lincoln 4F 87
Morton. *Norf* 4D 78
Morton. *Notts* 5E 87
Morton. *Shrp* 3E 71
Morton. *S Glo* 2B 34
Morton Bagot. *Warw* 4F 61
Morton Mill. *Shrp* 3H 71
Morton-on-Swale. *N Yor* 5A 106
Morton Tinmouth. *Dur* 2E 105
Morvah. *Corn* 3B 4
Morval. *Corn* 3G 7
Morvich. *High*
nr. Golspie 3E 165
nr. Shiel Bridge 1B 148
Morvil. *Pemb* 1E 43
Morville. *Shrp* 1A 60
Morwenstow. *Corn* 1C 10
Morwick. *Nmbd* 4G 121
Mosborough. *S Yor* 2B 86
Moscow. *E Ayr* 5F 127
Mose. *Shrp* 1B 60
Mosedale. *Cumb* 1E 103
Moseley. *W Mid*
nr. Birmingham 2E 61
nr. Wolverhampton 5D 72
Moseley. *Worc* 5C 60
Moss. *Arg* 4A 138
Moss. *High* 2A 140
Moss. *S Yor* 3F 93
Moss. *Wrex* 5F 83
Mossatt. *Abers* 2B 152
Moss Bank. *Mers* 1H 83
Mossbank. *Shet* 4F 173
Mossblown. *S Ayr* 2D 116
Mossbrow. *G Man* 2B 84
Mossburnford. *Bord* 3A 120
Mossdale. *Dum* 2D 110
Mossedge. *Cumb* 3F 113
Mossend. *N Lan* 3A 128
Mossgate. *Staf* 2D 72
Moss Lane. *Ches E* 3D 84
Mossley. *Ches E* 4C 84
Mossley. *G Man* 4H 91
Mossley Hill. *Mers* 2F 83
Moss of Barmuckity. *Mor* 2G 159
Mosspark. *Glas* 3G 127
Mosspaul. *Bord* 5G 119
Moss Side. *Cumb* 4C 112
Moss Side. *G Man* 1C 84
Moss Side. *Lanc*
nr. Blackpool 1B 90
nr. Preston 2D 90
Moss Side. *Mers* 4B 90
Moss-side. *High* 3C 158
Moss-side of Cairness. *Abers* 2H 161
Mosstodloch. *Mor* 2H 159
Mosswood. *Nmbd* 4D 114
Mossy Lea. *Lanc* 3D 90
Mosterton. *Dors* 2H 13
Moston. *Shrp* 3H 71
Moston Green. *Ches E* 4B 84
Mostyn. *Flin* 2D 82
Mostyn Quay. *Flin* 2D 82
Motcombe. *Dors* 4D 22
Mothecombe. *Devn* 4C 8
Motherby. *Cumb* 2F 103
Motherwell. *N Lan* 4A 128
Mottingham. *G Lon* 3F 39
Mottisfont. *Hants* 4B 24
Mottistone. *IOW* 4C 16
Mottram in Longdendale. *G Man* 1D 85
Mottram St Andrew. *Ches E* 3C 84
Mott's Mill. *E Sus* 2G 27
Mouldsworth. *Ches W* 3H 83
Moulin. *Per* 3G 143
Moulsecoomb. *Brig* 5E 27
Moulsford. *Oxon* 3D 36
Moulsoe. *Mil* 1H 51
Moulton. *Ches W* 4A 84
Moulton. *Linc* 3C 76
Moulton. *Nptn* 4E 63
Moulton. *N Yor* 4F 105
Moulton. *Suff* 4F 65
Moulton. *V Glam* 4D 32
Moulton Chapel. *Linc* 4B 76
Moulton Eaugate. *Linc* 4C 76
Moulton St Mary. *Norf* 5F 79
Moulton Seas End. *Linc* 3C 76
Mount. *Corn*
nr. Bodmin 2F 7
nr. Newquay 3B 6
Mountain Ash. *Rhon* 2D 32
Mountain Cross. *Bord* 5E 129
Mountain Street. *Kent* 5E 41
Mountain Water. *Pemb* 2D 42
Mount Ambrose. *Corn* 4B 6
Mountbenger. *Bord* 2F 119
Mountblow. *W Dun* 2F 127
Mount Bures. *Essx* 2C 54
Mountfield. *E Sus* 3B 28
Mountgerald. *High* 2H 157
Mount Hawke. *Corn* 4B 6
Mount High. *High* 2A 158
Mountjoy. *Corn* 2C 6
Mount Lothian. *Midl* 4F 129
Mountnessing. *Essx* 1H 39
Mounton. *Mon* 2A 34
Mount Pleasant. *Buck* 2E 51
Mount Pleasant. *Ches E* 5C 84
Mount Pleasant. *Derbs*
nr. Derby 1H 73
nr. Swadlincote 4G 73
Mount Pleasant. *E Sus* 4F 27
Mount Pleasant. *Hants* 3A 16
Mount Pleasant. *Norf* 1B 66

Mount Skippett. Oxon 4B 50
Mountsorrel. Leics 4C 74
Mount Stuart. Arg 4C 126
Mousehole. Corn 4B 4
Mouswald. Dum 2B 112
Mow Cop. Ches E 5C 84
Mowden. Darl 3F 105
Mowhaugh. Bord 2C 120
Mowmacre Hill. Leic 5C 74
Mowsley. Leics 2D 62
Moy. High 5B 158
Moy. M Ulst 5E 175
Moygashel. M Ulst 4E 175
Moylgrove. Pemb 1B 44
Moy Lodge. High 5G 149
Muasdale. Arg 5E 125
Muchalls. Abers 4G 153
Much Birch. Here 2A 48
Much Cowarne. Here 1B 48
Much Dewchurch. Here 2H 47
Muchelney. Som 4H 21
Muchelney Ham. Som 4H 21
Much Hadham. Herts 4E 53
Much Hoole. Lanc 2C 90
Muchlarnick. Corn 3G 7
Much Marcle. Here 2B 48
Muchrachd. High 5E 157
Much Wenlock. Shrp 5A 72
Mucking. Thur 2A 40
Muckle Breck. Shet 5G 173
Muckleford. Dors 3B 14
Mucklestone. Staf 2B 72
Muckleton. Norf 2H 77
Muckleton. Shrp 3H 71
Muckley. Shrp 1A 60
Muckley Corner. Staf 5E 73
Muckton. Linc 2C 88
Mudale. High 5F 167
Muddiford. Devn 3F 19
Mudeford. Dors 3G 15
Mudford. Som 1A 14
Mudgley. Som 2H 21
Mugdock. Stir 2G 127
Mugeary. High 5D 154
Muggington. Derbs 1G 73
Muggintonlane End. Derbs 1G 73
Muggleswick. Dur 4D 114
Mugswell. Surr 5D 38
Muie. High 3D 164
Muirden. Abers 3E 160
Muirdrum. Ang 5E 145
Muiredge. Per 1E 137
Muirend. Glas 3G 127
Muirhead. Ang 5C 144
Muirhead. Fife 3E 137
Muirhead. N Lan 3H 127
Muirhouses. Falk 1D 128
Muirkirk. E Ayr 2F 117
Muir of Alford. Abers 2C 152
Muir of Fairburn. High 3G 157
Muir of Fowlis. Abers 2C 152
Muir of Miltonduff. Mor 3F 159
Muir of Ord. High 3H 157
Muir of Tarradale. High 3H 157
Muirshearlich. High 5D 148
Muirtack. Abers 5G 161
Muirton. High 2B 158
Muirton. Per 1D 136
Muirton of Ardblair. Per 4A 144
Muirtown. Per 2B 136
Muiryfold. Abers 3E 161
Muker. N Yor 5C 104
Mulbarton. Norf 5D 78
Mulben. Mor 3A 160
Mulindry. Arg 4B 124
Mulla. Shet 5F 173
Mullach Charlabhaigh. W Isl 3E 171
Mullacott. Devn 2F 19
Mullion. Corn 5D 5
Mullion Cove. Corn 5D 4
Mumbles. Swan 4F 31
Mumby. Linc 3E 89
Munderfield Row. Here 5A 60
Munderfield Stocks. Here 5A 60
Mundesley. Norf 2F 79
Mundford. Norf 1H 65
Mundham. Norf 1F 67
Mundon. Essx 5B 54
Munerigie. High 3E 149
Muness. Shet 1H 173
Mungasdale. High 4D 162
Mungrisdale. Cumb 1E 103
Munlochy. High 3A 158
Munsley. Here 1B 48
Munslow. Shrp 2H 59
Murchington. Devn 4G 11
Murcot. Worc 1F 49
Murcott. Oxon 4D 50
Murdishaw. Hal 2H 83
Murieston. W Lot 3D 128
Murkle. High 2D 168
Murlaggan. High 4C 148
Murra. Orkn 7B 172
The Murray. S Lan 4H 127
Murrayfield. Edin 2F 129
Murrell Green. Hants 1F 25
Murroes. Ang 5D 144
Murrow. Cambs 5C 76
Mursley. Buck 3G 51
Murthly. Per 5H 143
Murton. Cumb 2A 104
Murton. Dur 5G 115
Murton. Nmbd 5F 131
Murton. Swan 4E 31
Murton. York 4A 100
Musbury. Devn 3F 13
Muscoates. N Yor 1A 100
Muscott. Nptn 4D 62
Musselburgh. E Lot 2G 129
Muston. Leics 2F 75
Muston. N Yor 2E 101
Mustow Green. Worc 3C 60
Muswell Hill. G Lon 2D 39
Mutehill. Dum 5D 111
Mutford. Suff 2G 67
Muthill. Per 2A 136
Mutterton. Devn 2D 12
Muxton. Telf 4B 72
Mwmbwls. Swan 4F 31
Mybster. High 3D 168
Myddfai. Carm 2A 46
Myddle. Shrp 3G 71
Mydroilyn. Cdgn 5D 56
Myerscough. Lanc 1C 90
Mylor Bridge. Corn 5C 6
Mylor Churchtown. Corn 5C 6
Mynachlog-ddu. Pemb 1F 43
Mynydd-bach. Mon 2H 33
Mynydd Isa. Flin 4E 83
Mynyddislwyn. Cphy 2E 33
Mynydd Llandegai. Gwyn 4F 81
Mynydd Mechell. IOA 1C 80
Mynydd-y-briw. Powy 3D 70
Mynyddygarreg. Carm 5E 45
Mynytho. Gwyn 2C 68
Myrebird. Abers 4E 153
Myrelandhorn. High 3E 169
Mytchett. Surr 1G 25
The Mythe. Glos 2D 49
Mytholmroyd. W Yor 2A 92
Myton-on-Swale. N Yor 3G 99
Mytton. Shrp 4G 71

N

Naast. High 5C 162
Na Buirgh. W Isl 8C 171
Naburn. York 5H 99
Nab Wood. W Yor 1B 92
Nackington. Kent 5F 41
Nacton. Suff 1F 55
Nafferton. E Yor 4E 101
Na Gearrannan. W Isl 3D 171
Nailbridge. Glos 4B 48
Nailsbourne. Som 4F 21
Nailsea. N Som 4H 33
Nailstone. Leics 5B 74
Nailsworth. Glos 2D 34
Nairn. High 3C 158
Nalderswood. Surr 1D 26
Nancegollan. Corn 3D 4
Nancledra. Corn 3B 4
Nangreaves. G Man 3G 91
Nanhyfer. Pemb 1E 43
Nannerch. Flin 4D 82
Nanpantan. Leics 4C 74
Nanpean. Corn 3D 6
Nanstallon. Corn 2E 7
Nant-ddu. Powy 4D 46
Nanternis. Cdgn 5C 56
Nantgaredig. Carm 3E 45
Nantgarw. Rhon 3E 33
Nant Glas. Powy 4B 58
Nantglyn. Den 4C 82
Nantgwyn. Powy 3B 58
Nantile. Gwyn 5E 81
Nantmawr. Shrp 3E 71
Nantmel. Powy 4C 58
Nantmor. Gwyn 1F 69
Nant Peris. Gwyn 5F 81
Nantwich. Ches E 5A 84
Nant-y-bai. Carm 1A 46
Nant-y-bwch. Blae 4E 47
Nant-y-Derry. Mon 5G 47
Nant-y-dugoed. Powy 4B 70
Nant-y-felin. Cnwy 3F 81
Nantyffyllon. B'end 2B 32
Nantyglo. Blae 4E 47
Nant-y-meichiaid. Powy 4D 70
Nant-y-moel. B'end 2C 32
Nant-y-pandy. Cnwy 3F 81
Naphill. Buck 2G 37
Nappa. N Yor 4A 98
Napton on the Hill. Warw 4B 62
Narberth. Pemb 3F 43
Narberth Bridge. Pemb 3F 43
Narborough. Leics 1C 62
Narborough. Norf 4G 77
Narkurs. Corn 3H 7
The Narth. Mon 5A 48
Narthwaite. Cumb 5A 104
Nasareth. Gwyn 5D 80
Naseby. Nptn 3D 62
Nash. Buck 2F 51
Nash. Here 4F 59
Nash. Kent 5G 41
Nash. Newp 3G 33
Nash. Shrp 3A 60
Nash Lee. Buck 5G 51
Nassington. Nptn 1H 63
Nasty. Herts 3D 52
Natcott. Devn 4C 18
Nateby. Cumb 4A 104
Nateby. Lanc 5D 96
Nately Scures. Hants 1F 25
Natland. Cumb 1E 97
Naughton. Suff 1D 54
Naunton. Glos 3G 49
Naunton. Worc 2D 49
Naunton Beauchamp. Worc 5D 60
Navenby. Linc 5G 87
Navestock. Essx 1G 39
Navestock Side. Essx 1G 39
Navidale. High 2H 165
Nawton. N Yor 1A 100
Nayland. Suff 2C 54
Nazeing. Essx 5E 53
Neacroft. Hants 3G 15
Nealhouse. Cumb 4E 113
Neal's Green. Warw 2H 61
Near Sawrey. Cumb 5E 103
Neasden. G Lon 2D 38
Neasham. Darl 3A 106
Neath. Neat 2A 32
Neath Abbey. Neat 3G 31
Neatishead. Norf 3F 79
Neaton. Norf 5B 78
Nebo. Cdgn 4E 57
Nebo. Cnwy 5H 81
Nebo. Gwyn 5D 81
Nebo. IOA 1D 80
Necton. Norf 5A 78
Nedd. High 5B 166
Nedderton. Nmbd 1F 115
Nedging. Suff 1D 54
Nedging Tye. Suff 1D 54
Needham. Norf 2E 67
Needham Market. Suff 5C 66
Needham Street. Suff 4G 65
Needingworth. Cambs 3C 64
Needwood. Staf 3F 73
Neen Savage. Shrp 3A 60
Neen Sollars. Shrp 3A 60
Neenton. Shrp 2A 60
Nefyn. Gwyn 1C 68
Neilston. E Ren 4F 127
Neithrop. Oxon 1C 50
Nelly Andrews Green. Powy 5E 71
Nelson. Cphy 2E 32
Nelson. Lanc 1G 91
Nelson Village. Nmbd 2F 115
Nemphlar. S Lan 5B 128
Nempnett Thrubwell. Bath 5A 34
Nene Terrace. Linc 5B 76
Nenthall. Cumb 5A 114
Nenthead. Cumb 5A 114
Nenthorn. Bord 1A 120
Nercwys. Flin 4E 83
Neribus. Arg 4A 124
Nerston. S Lan 4H 127
Nesbit. Nmbd 1D 121
Nesfield. N Yor 5C 98
Ness. Ches W 3F 83
Nesscliffe. Shrp 4F 71
Ness of Tenston. Orkn 6B 172
Neston. Ches W 3E 83
Neston. Wilts 5D 34
Nethanfoot. S Lan 5B 128
Nether Alderley. Ches E 3C 84
Netheravon. Wilts 2G 23
Nether Blainslie. Bord 5B 130
Netherbrae. Abers 3E 161
Netherbrough. Orkn 6C 172
Nether Broughton. Leics 3D 74
Netherburn. S Lan 5B 128
Nether Burrow. Lanc 2F 97
Netherbury. Dors 3H 13
Netherby. Cumb 2E 113
Nether Careston. Ang 3E 145
Nether Cerne. Dors 3B 14
Nether Compton. Dors 1A 14
Nethercote. Glos 3G 49
Nethercote. Warw 4C 62
Nethercott. Devn 3E 19
Nethercott. Oxon 3C 50
Nether Dallachy. Mor 2A 160
Nether Durdie. Per 1E 136
Nether End. Derbs 3G 85
Netherend. Glos 5A 48
Nether Exe. Devn 2C 12
Netherfield. E Sus 4B 28
Netherfield. Notts 1D 74
Nethergate. Norf 3C 78
Netherhampton. Wilts 4G 23
Nether Handley. Derbs 3B 86
Nether Haugh. S Yor 1B 86
Nether Heage. Derbs 5A 86
Nether Heyford. Nptn 5D 62
Netherhouses. Cumb 1B 96
Nether Howcleugh. S Lan 3C 118
Nether Kellet. Lanc 3E 97
Nether Kinmundy. Abers 4H 161
Netherland Green. Staf 2F 73
Nether Langwith. Notts 3C 86
Netherlaw. Dum 5E 111
Netherley. Abers 4F 153
Nethermill. Dum 1B 112
Nethermills. Mor 3C 160
Nether Moor. Derbs 4A 86
Nether Padley. Derbs 3G 85
Netherplace. E Ren 4G 127
Nether Poppleton. York 4H 99
Netherseal. Derbs 4G 73
Nether Silton. N Yor 5B 106
Nether Stowey. Som 3E 21
Nether Street. Essx 4F 53
Netherstreet. Wilts 5E 35
Netherthird. E Ayr 3E 117
Netherthong. W Yor 4B 92
Netherton. Ang 3E 145
Netherton. Cumb 1B 102
Netherton. Devn 5B 12
Netherton. Hants 1B 24
Netherton. Here 3A 48
Netherton. Mers 1F 83
Netherton. N Lan 4A 128
Netherton. Nmbd 4D 121
Netherton. Per 3A 144
Netherton. Shrp 2B 60
Netherton. Stir 2G 127
Netherton. W Mid 2D 60
Netherton. W Yor
  nr. Armitage Bridge 3B 92
  nr. Horbury 3C 92
Netherton. Worc 1E 49
Nethertown. Cumb 4A 102
Nethertown. High 1F 169
Nethertown. Staf 4F 73
Nether Urquhart. Fife 3D 136
Nether Wallop. Hants 3B 24
Nether Wasdale. Cumb 4C 102
Nether Welton. Cumb 5E 113
Nether Westcote. Glos 3H 49
Nether Whitacre. Warw 1G 61
Nether Winchendon. Buck 4F 51
Netherwitton. Nmbd 5F 121
Nether Worton. Oxon 2C 50
Nethy Bridge. High 1E 151
Netley. Shrp 5G 71
Netley Abbey. Hants 2C 16
Netley Marsh. Hants 1B 16
Nettlebed. Oxon 3F 37
Nettlebridge. Som 2B 22
Nettlecombe. Dors 3A 14
Nettlecombe. IOW 5D 16
Nettleden. Herts 4A 52
Nettleham. Linc 3H 87
Nettlestead. Kent 5A 40
Nettlestead Green. Kent 5A 40
Nettlestone. IOW 3E 16
Nettlesworth. Dur 5F 115
Nettleton. Linc 4E 94
Nettleton. Wilts 4D 34
Netton. Devn 4B 8
Netton. Wilts 3G 23
Neuadd. Powy 5C 70
The Neuk. Abers 4E 153
Nevendon. Essx 1B 40
Nevern. Pemb 1E 43
New Abbey. Dum 3A 112
New Aberdour. Abers 2F 161
New Addington. G Lon 4E 39
Newall. W Yor 5E 98
New Alresford. Hants 3D 24
New Alyth. Per 4B 144
Newark. Orkn 3G 172
Newark. Pet 5B 76
Newark-on-Trent. Notts 5E 87
New Arley. Warw 2G 61
Newarthill. N Lan 4A 128
New Ash Green. Kent 4H 39
New Balderton. Notts 5F 87
New Barn. Kent 4H 39
New Barnetby. N Lin 3D 94
Newbattle. Midl 3G 129
New Bewick. Nmbd 2E 121
Newbie. Dum 3C 112
Newbiggin. Cumb
  nr. Appleby 2H 103
  nr. Barrow-in-Furness 3B 96
  nr. Cumrew 5G 113
  nr. Penrith 2F 103
  nr. Seascale 5B 102
Newbiggin. Dur
  nr. Consett 5E 115
  nr. Holwick 2C 104
Newbiggin. Nmbd 5C 114

Newbiggin—Newtown

Newbiggin. *N Yor*
nr. Askrigg .5C 104
nr. Filey .1F 101
nr. Thoralby .1B 98
Newbiggin-by-the-Sea. *Nmbd* .1G 115
Newbigging. *Ang*
nr. Monikie .5D 145
nr. Newtyle .4B 144
nr. Tealing .5D 144
Newbigging. *Edin* .2E 129
Newbigging. *S Lan* .5D 128
Newbiggin-on-Lune. *Cumb* .4A 104
Newbold. *Derbs* .3A 86
Newbold. *Leics* .4B 74
Newbold on Avon. *Warw* .3B 62
Newbold on Stour. *Warw* .1H 49
Newbold Pacey. *Warw* .5G 61
Newbold Verdon. *Leics* .5B 74
New Bolingbroke. *Linc* .5C 88
Newborough. *IOA* .4D 80
Newborough. *Pet* .5B 76
Newborough. *Staf* .3F 73
Newbottle. *Nptn* .2D 50
Newbottle. *Tyne* .4G 115
New Boultham. *Linc* .3G 87
Newbourne. *Suff* .1F 55
New Brancepeth. *Dur* .5F 115
New Bridge. *Dum* .2G 111
Newbridge. *Cphy* .2F 33
Newbridge. *Cdgn* .5E 57
Newbridge. *Corn* .3B 4
Newbridge. *Edin* .2E 129
Newbridge. *Hants* .1A 16
Newbridge. *IOW* .4C 16
Newbridge. *N Yor* .1C 100
Newbridge. *Pemb* .1D 42
Newbridge. *Wrex* .1E 71
Newbridge Green. *Worc* .2D 48
Newbridge-on-Usk. *Mon* .2G 33
Newbridge on Wye. *Powy* .5C 58
New Brighton. *Flin* .4E 83
New Brighton. *Hants* .2F 17
New Brighton. *Mers* .1F 83
New Brinsley. *Notts* .5B 86
Newbrough. *Nmbd* .3B 114
New Broughton. *Wrex* .5F 83
New Buckenham. *Norf* .1C 66
New Buildings. *Derr* .2C 174
Newbuildings. *Devn* .2A 12
Newburgh. *Abers* .1G 153
Newburgh. *Fife* .2E 137
Newburgh. *Lanc* .3C 90
Newburn. *Tyne* .3E 115
Newbury. *W Ber* .5C 36
Newbury. *Wilts* .2D 22
Newby. *Cumb* .2G 103
Newby. *N Yor*
nr. Ingleton .2G 97
nr. Scarborough .1E 101
nr. Stokesley .3C 106
Newby Bridge. *Cumb* .1C 96
Newby Cote. *N Yor* .2G 97
Newby East. *Cumb* .4F 113
Newby Head. *Cumb* .2G 103
New Byth. *Abers* .3F 161
Newby West. *Cumb* .4E 113
Newby Wiske. *N Yor* .1F 99
Newcastle. *B'end* .3B 32
Newcastle. *Mon* .4H 47
Newcastle. *New M* .6H 175
Newcastle. *Shrp* .2E 59
Newcastle Emlyn. *Carm* .1D 44
Newcastle International Airport. *Tyne* .2E 115
Newcastleton. *Bord* .1F 113
Newcastle-under-Lyme. *Staf* .1C 72
Newcastle upon Tyne. *Tyne* .3F 115
Newchapel. *Pemb* .1G 43
Newchapel. *Powy* .2B 58
Newchapel. *Staf* .5C 84
Newchapel. *Surr* .1E 27
New Cheriton. *Hants* .4D 24
Newchurch. *Carm* .3D 45
Newchurch. *Here* .5F 59
Newchurch. *IOW* .4D 16
Newchurch. *Kent* .2E 29
Newchurch. *Lanc* .2G 91
Newchurch. *Mon* .2H 33
Newchurch. *Powy* .5E 58
Newchurch. *Staf* .3F 73
Newchurch in Pendle. *Lanc* .1G 91
New Costessey. *Norf* .4D 78
Newcott. *Devn* .2F 13
New Cowper. *Cumb* .5C 112
Newcraighall. *Edin* .2G 129
New Crofton. *W Yor* .3D 93
New Cross. *Cdgn* .3F 57
New Cross. *Som* .1H 13
New Cumnock. *E Ayr* .3F 117
New Deer. *Abers* .4F 161
New Denham. *Buck* .2B 38
Newdigate. *Surr* .1C 26
New Duston. *Nptn* .4E 62
New Earswick. *York* .4A 100
New Edlington. *S Yor* .1C 86
New Elgin. *Mor* .2G 159
New Ellerby. *E Yor* .1E 95
Newell Green. *Brac* .4G 37
New Eltham. *G Lon* .3F 39
New End. *Warw* .4F 61
New End. *Worc* .5E 61
Newenden. *Kent* .3C 28
New England. *Essx* .1H 53
New England. *Pet* .5A 76
Newent. *Glos* .3C 48
New Ferry. *Mers* .2F 83
Newfield. *Dur*
nr. Chester-le-Street .4F 115
nr. Willington .1F 105
Newfound. *Hants* .1D 24
New Fryston. *W Yor* .2E 93
Newgale. *Pemb* .2C 42
New Galloway. *Dum* .2D 110
Newgate. *Norf* .1C 78
Newgate Street. *Herts* .5D 52
New Greens. *Herts* .5B 52
New Grimsby. *IOS* .1A 4
New Hainford. *Norf* .4E 78
Newhall. *Ches E* .1A 72
Newhall. *Derbs* .3G 73
Newham. *Nmbd* .2F 121
New Hartley. *Nmbd* .2G 115
Newhaven. *Derbs* .4F 85
Newhaven. *E Sus* .5F 27
Newhaven. *Edin* .2F 129
New Haw. *Surr* .4B 38
New Hedges. *Pemb* .4F 43
New Herrington. *Tyne* .4G 115
Newhey. *G Man* .3H 91
New Holkham. *Norf* .2A 78
New Holland. *N Lin* .2D 94
Newholm. *N Yor* .3F 107
New Houghton. *Derbs* .4C 86
New Houghton. *Norf* .3G 77
Newhouse. *N Lan* .3A 128
New Houses. *N Yor* .2H 97
New Hutton. *Cumb* .5G 103
New Hythe. *Kent* .5B 40
Newick. *E Sus* .3F 27
Newingreen. *Kent* .2F 29
Newington. *Edin* .2F 129
Newington. *Kent*
nr. Folkestone .2F 29
nr. Sittingbourne .4C 40
Newington. *Notts* .1D 86
Newington. *Oxon* .2E 36
Newington Bagpath. *Glos* .2D 34
New Inn. *Carm* .2E 45
New Inn. *Mon* .5H 47
New Inn. *N Yor* .2H 97
New Inn. *Torf* .2G 33
New Invention. *Shrp* .3E 59
New Kelso. *High* .4B 156
New Lanark. *S Lan* .5B 128
Newland. *Glos* .5A 48
Newland. *Hull* .1D 94
Newland. *N Yor* .2G 93
Newland. *Som* .3B 20
Newland. *Worc* .1C 48
Newlandrig. *Midl* .3G 129
Newlands. *Cumb* .1E 103
Newlands. *High* .4B 158
Newlands. *Nmbd* .4D 115
Newlands. *Staf* .3E 73
Newlands of Geise. *High* .2C 168
Newlands of Tynet. *Mor* .2A 160
Newlands Park. *IOA* .2B 80
New Lane. *Lanc* .3C 90
New Lane End. *Warr* .1A 84
New Langholm. *Dum* .1E 113
New Leake. *Linc* .5D 88
New Leeds. *Abers* .3G 161
New Lenton. *Nott* .2C 74
New Longton. *Lanc* .2D 90
Newlot. *Orkn* .6E 172
New Luce. *Dum* .3G 109
Newlyn. *Corn* .4B 4
Newmachar. *Abers* .2F 153
Newmains. *N Lan* .4B 128
New Mains of Ury. *Abers* .5F 153
New Malden. *G Lon* .4D 38
Newman's Green. *Suff* .1B 54
Newmarket. *Suff* .4F 65
Newmarket. *W Isl* .4G 171
New Marske. *Red C* .2D 106
New Marton. *Shrp* .2F 71
New Micklefield. *W Yor* .1E 93
New Mill. *Abers* .4E 160
New Mill. *Corn* .3B 4
New Mill. *Herts* .4H 51
New Mill. *W Yor* .4B 92
New Mill. *Wilts* .5G 35
Newmill. *Mor* .3B 160
Newmill. *Bord* .3G 119
Newmillerdam. *W Yor* .3D 92
New Mills. *Corn* .3C 6
New Mills. *Derbs* .2E 85
New Mills. *Mon* .5A 48
New Mills. *Powy* .5C 70
Newmills. *Fife* .1D 128
Newmills. *High* .2A 158
Newmiln. *Per* .5A 144
Newmilns. *E Ayr* .1E 117
New Milton. *Hants* .3H 15
New Mistley. *Essx* .2E 54
New Moat. *Pemb* .2E 43
Newmore. *High*
nr. Dingwall .3H 157
nr. Invergordon .1A 158
Newnham. *Cambs* .5D 64
Newnham. *Glos* .4B 48
Newnham. *Hants* .1F 25
Newnham. *Herts* .2C 52
Newnham. *Kent* .5D 40
Newnham. *Nptn* .5C 62
Newnham. *Warw* .4F 61
Newnham Bridge. *Worc* .4A 60
New Ollerton. *Notts* .4D 86
New Oscott. *W Mid* .1E 61
New Park. *N Yor* .4E 99
Newpark. *Fife* .2G 137
New Pitsligo. *Abers* .3F 161
New Polzeath. *Corn* .1D 6
Newport. *Corn* .4D 10
Newport. *Devn* .3F 19
Newport. *E Yor* .1B 94
Newport. *Essx* .2F 53
Newport. *Glos* .2B 34
Newport. *High* .1H 165
Newport. *IOW* .4D 16
Newport. *Newp* .3G 33
Newport. *Norf* .4H 79
Newport. *Pemb* .1E 43
Newport. *Som* .4G 21
Newport. *Telf* .4B 72
Newport-on-Tay. *Fife* .1G 137
Newport Pagnell. *Mil* .1G 51
Newpound Common. *W Sus* .3B 26
New Prestwick. *S Ayr* .2C 116
New Quay. *Cdgn* .5C 56
Newquay. *Corn* .2C 6
Newquay Cornwall Airport. *Corn* .2C 6
New Rackheath. *Norf* .4E 79
New Radnor. *Powy* .4E 58
New Rent. *Cumb* .1F 103
New Ridley. *Nmbd* .4D 114
New Romney. *Kent* .3E 29
New Rossington. *S Yor* .1D 86
New Row. *Cdgn* .3G 57
Newry. *New M* .6F 175
New Sauchie. *Clac* .4A 136
Newsbank. *Ches E* .4C 84
Newseat. *Abers* .5E 160
Newsham. *Lanc* .1D 90
Newsham. *Nmbd* .2G 115
Newsham. *N Yor*
nr. Richmond .3E 105
nr. Thirsk .1F 99
New Sharlston. *W Yor* .2D 93
Newsholme. *E Yor* .2H 93
Newsholme. *Lanc* .4H 97
New Shoreston. *Nmbd* .1F 121
New Springs. *G Man* .4D 90
Newstead. *Notts* .5C 86
Newstead. *Bord* .1H 119
New Stevenston. *N Lan* .4A 128
New Street. *Here* .5F 59
Newstreet Lane. *Shrp* .2A 72
New Swanage. *Dors* .4F 15
New Swannington. *Leics* .4B 74
Newthorpe. *N Yor* .1E 93
Newthorpe. *Notts* .1B 74
Newton. *Arg* .4H 133
Newton. *B'end* .4B 32
Newton. *Cambs*
nr. Cambridge .1E 53
nr. Wisbech .4D 76
Newton. *Ches W*
nr. Chester .4G 83
nr. Tattenhall .5H 83
Newton. *Cumb* .2B 96
Newton. *Derbs* .5B 86
Newton. *Dors* .1C 14
Newton. *Dum*
nr. Annan .2D 112
nr. Moffat .5D 118
Newton. *G Man* .1D 84
Newton. *Here*
nr. Ewyas Harold .2G 47
nr. Leominster .5H 59
Newton. *High*
nr. Cromarty .2B 158
nr. Inverness .4B 158
nr. Kylestrome .5C 166
nr. Wick .4F 169
Newton. *Lanc*
nr. Blackpool .1B 90
nr. Carnforth .2E 97
nr. Clitheroe .4F 97
Newton. *Linc* .2H 75
Newton. *Mers* .2E 83
Newton. *Mor* .2F 159
Newton. *Norf* .4H 77
Newton. *Nptn* .2F 63
Newton. *Nmbd* .3D 114
Newton. *Notts* .1D 74
Newton. *Bord* .2A 120
Newton. *Shet* .8E 173
Newton. *Shrp*
nr. Bridgnorth .1B 60
nr. Wem .2G 71
Newton. *Som* .3E 20
Newton. *S Lan*
nr. Glasgow .3H 127
nr. Lanark .1B 118
Newton. *Staf* .3E 73
Newton. *Suff* .1C 54
Newton. *Swan* .4F 31
Newton. *Warw* .3C 62
Newton. *W Lot* .2D 129
Newton. *Wilts* .4H 23
Newton Abbot. *Devn* .5B 12
Newtonairds. *Dum* .1F 111
Newton Arlosh. *Cumb* .4D 112
Newton Aycliffe. *Dur* .2F 105
Newton Bewley. *Hart* .2B 106
Newton Blossomville. *Mil* .5G 63
Newton Bromswold. *Nptn* .4G 63
Newton Burgoland. *Leics* .5A 74
Newton by Toft. *Linc* .2H 87
Newton Ferrers. *Devn* .4B 8
Newton Flotman. *Norf* .1E 66
Newtongrange. *Midl* .3G 129
Newton Green. *Mon* .2A 34
Newton Hall. *Dur* .5F 115
Newton Hall. *Nmbd* .3D 114
Newton Harcourt. *Leics* .1D 62
Newton Heath. *G Man* .4G 91
Newton Hill. *W Yor* .2D 92
Newtonhill. *Abers* .4G 153
Newtonhill. *High* .4H 157
Newton Ketton. *Darl* .2A 106
Newton Kyme. *N Yor* .5G 99
Newton-le-Willows. *Mers* .1H 83
Newton-le-Willows. *N Yor* .1E 98
Newton Longville. *Buck* .2G 51
Newton Mearns. *E Ren* .4G 127
Newtonmore. *High* .4B 150
Newton Morrell. *N Yor* .4F 105
Newton Mulgrave. *N Yor* .3E 107
Newton of Ardtoe. *High* .1A 140
Newton of Balcanquhal. *Per* .2D 136
Newton of Beltrees. *Ren* .4E 127
Newton of Falkland. *Fife* .3E 137
Newton of Mountblairy. *Abers* .3D 160
Newton of Pitcairns. *Per* .2C 136
Newton-on-Ouse. *N Yor* .4H 99
Newton-on-Rawcliffe. *N Yor* .5F 107
Newton on the Hill. *Shrp* .3G 71
Newton-on-the-Moor. *Nmbd* .4F 121
Newton on Trent. *Linc* .3F 87
Newton Poppleford. *Devn* .4D 12
Newton Purcell. *Oxon* .2E 51
Newton Regis. *Warw* .5G 73
Newton Reigny. *Cumb* .1F 103
Newton Rigg. *Cumb* .1F 103
Newton St Cyres. *Devn* .3B 12
Newton St Faith. *Norf* .4E 78
Newton St Loe. *Bath* .5C 34
Newton St Petrock. *Devn* .1E 11
Newton Solney. *Derbs* .3G 73
Newton Stacey. *Hants* .2C 24
Newton Stewart. *Dum* .3B 110
Newton Toney. *Wilts* .2H 23
Newton Tony. *Wilts* .2H 23
Newton Tracey. *Devn* .4F 19
Newton under Roseberry. *Red C* .3C 106
Newton upon Ayr. *S Ayr* .2C 116
Newton upon Derwent. *E Yor* .5B 100
Newton Valence. *Hants* .3F 25
Newton-with-Scales. *Lanc* .1C 90
New Town. *Dors* .1E 15
New Town. *E Lot* .2H 129
New Town. *Lutn* .3A 52
New Town. *W Yor* .2E 93
Newtown. *Abers* .2E 160
Newtown. *Cambs* .4H 63
Newtown. *Corn* .5C 10
Newtown. *Cumb*
nr. Aspatria .5B 112
nr. Brampton .3G 113
nr. Penrith .2G 103
Newtown. *Derbs* .2D 85
Newtown. *Devn* .4A 20
Newtown. *Dors* .2H 13
Newtown. *Falk* .1C 128
Newtown. *Glos*
nr. Lydney .5B 48
nr. Tewkesbury .2E 49

Newtown. *Hants*
nr. Bishop's Waltham 1D **16**
nr. Liphook 3G **25**
nr. Lyndhurst 1A **16**
nr. Newbury 5C **36**
nr. Romsey 4B **24**
nr. Warsash 2C **16**
nr. Wickham 1E **16**
Newtown. *Here*
nr. Little Dewchurch 2A **48**
nr. Stretton Grandison 1B **48**
Newtown. *High* 3F **149**
Newtown. *IOM* 4C **108**
Newtown. *IOW* 3C **16**
Newtown. *Lanc* 3D **90**
Newtown. *Nmbd*
nr. Rothbury 4E **121**
nr. Wooler 2E **121**
Newtown. *Pool* 3F **15**
Newtown. *Powy* 1D **58**
Newtown. *Rhon* 2D **32**
Newtown. *Shet* 3F **173**
Newtown. *Shrp* 2G **71**
Newtown. *Som* 1F **13**
Newtown. *Staf*
nr. Biddulph 4D **84**
nr. Cannock 5D **73**
nr. Longnor 4E **85**
Newtown. *Wilts* 4E **23**
Newtownabbey. *Ant* 3H **175**
Newtownards. *Ards* 4H **175**
Newtown-in-St Martin. *Corn* 4E **5**
Newtown Linford. *Leics* 5C **74**
Newtown St Boswells. *Bord* . . . 1H **119**
Newtownstewart. *Derr* 3C **174**
Newtown Unthank. *Leics* 5B **74**
New Tredegar. *Cphy* 5E **47**
Newtyle. *Ang* 4B **144**
New Village. *E Yor* 1D **94**
New Village. *S Yor* 4F **93**
New Walsoken. *Cambs* 5D **76**
New Waltham. *NE Lin* 4F **95**
New Winton. *E Lot* 2H **129**
New World. *Cambs* 1C **64**
New Yatt. *Oxon* 4B **50**
Newyears Green. *G Lon* 2B **38**
New York. *Linc* 5B **88**
New York. *Tyne* 2G **115**
Nextend. *Here* 5F **59**
Neyland. *Pemb* 4D **42**
Nib Heath. *Shrp* 4G **71**
Nicholashayne. *Devn* 1E **12**
Nicholaston. *Swan* 4E **31**
Nidd. *N Yor* 3F **99**
Niddrie. *Edin* 2G **129**
Niddry. *W Lot* 2D **129**
Nigg. *Aber* 3G **153**
Nigg. *High* 1C **158**
Nigg Ferry. *High* 2B **158**
Nightcott. *Som* 4B **20**
Nimmer. *Som* 1G **13**
Nine Ashes. *Essx* 5F **53**
Ninebanks. *Nmbd* 4A **114**
Nine Elms. *Swin* 3G **35**
Ninemile Bar. *Dum* 2F **111**
Nine Mile Burn. *Midl* 4E **129**
Ninfield. *E Sus* 4B **28**
Ningwood. *IOW* 4C **16**
Nisbet. *Bord* 2A **120**
Nisbet Hill. *Bord* 4D **130**
Niton. *IOW* 5D **16**
Nitshill. *Glas* 3G **127**
Niwbwrch. *IOA* 4D **80**
Noak Hill. *G Lon* 1G **39**
Nobold. *Shrp* 4G **71**
Nobottle. *Nptn* 4D **62**
Nocton. *Linc* 4H **87**
Nogdam End. *Norf* 5F **79**
Noke. *Oxon* 4D **50**
Nolton. *Pemb* 3C **42**
Nolton Haven. *Pemb* 3C **42**
No Man's Heath. *Ches W* 1H **71**
No Man's Heath. *Warw* 5G **73**
Nomansland. *Devn* 1B **12**
Nomansland. *Wilts* 1A **16**
Noneley. *Shrp* 3G **71**
Noness. *Shet* 9F **173**
Nonikiln. *High* 1A **158**
Nonington. *Kent* 5G **41**
Nook. *Cumb*
nr. Longtown 2F **113**
nr. Milnthorpe 1E **97**
Noranside. *Ang* 2D **144**
Norbreck. *Bkpl* 5C **96**
Norbridge. *Here* 1C **48**
Norbury. *Ches E* 1H **71**
Norbury. *Derbs* 1F **73**
Norbury. *Shrp* 1F **59**
Norbury. *Staf* 3B **72**
Norby. *N Yor* 1G **99**
Norby. *Shet* 6C **173**
Norcross. *Lanc* 5C **96**
Nordelph. *Norf* 5E **77**
Norden. *G Man* 3G **91**
Nordley. *Shrp* 1A **60**
Norham. *Nmbd* 5F **131**
Norland Town. *W Yor* 2A **92**
Norley. *Ches W* 3H **83**
Norleywood. *Hants* 3B **16**
Normanby. *N Lin* 3B **94**
Normanby. *N Yor* 1B **100**
Normanby. *Red C* 3C **106**
Normanby-by-Spital. *Linc* 2H **87**
Normanby le Wold. *Linc* 1A **88**
Norman Cross. *Cambs* 1A **64**
Normandy. *Surr* 5A **38**
Norman's Bay. *E Sus* 5A **28**
Norman's Green. *Devn* 2D **12**
Normanton. *Derb* 2H **73**
Normanton. *Leics* 1F **75**
Normanton. *Notts* 5E **86**
Normanton. *W Yor* 2D **93**
Normanton le Heath. *Leics* 4A **74**
Normanton-on-Cliffe. *Linc* 1G **75**
Normanton on Soar. *Notts* 3C **74**
Normanton-on-the-Wolds.
Notts 2D **74**
Normanton on Trent. *Notts* 4E **87**
Normoss. *Lanc* 1B **90**
Norrington Common. *Wilts* 5D **35**
Norris Green. *Mers* 1F **83**
Norris Hill. *Leics* 4H **73**
Norristhorpe. *W Yor* 2C **92**
Northacre. *Norf* 1B **66**
Northall. *Buck* 3H **51**
Northallerton. *N Yor* 5A **106**
Northam. *Devn* 4E **19**
Northam. *Sotn* 1C **16**
Northampton. *Nptn* 4E **63**
North Anston. *S Yor* 2C **86**
North Ascot. *Brac* 4A **38**
North Aston. *Oxon* 3C **50**
Northaw. *Herts* 5C **52**
Northay. *Som* 1F **13**
North Baddesley. *Hants* 4B **24**
North Balfern. *Dum* 4B **110**
North Ballachulish. *High* 2E **141**
North Barrow. *Som* 4B **22**
North Barsham. *Norf* 2B **78**
Northbeck. *Linc* 1H **75**
North Benfleet. *Essx* 2B **40**
North Bersted. *W Sus* 5A **26**
North Berwick. *E Lot* 1B **130**
North Bitchburn. *Dur* 1E **105**
North Blyth. *Nmbd* 1G **115**
North Boarhunt. *Hants* 1E **16**
North Bockhampton. *Dors* 3G **15**
Northborough. *Pet* 5A **76**
Northbourne. *Kent* 5H **41**
Northbourne. *Oxon* 3D **36**
North Bovey. *Devn* 4H **11**
North Bowood. *Dors* 3H **13**
North Bradley. *Wilts* 1D **22**
North Brentor. *Devn* 4E **11**
North Brewham. *Som* 3C **22**
Northbrook. *Oxon* 3C **50**
North Brook End. *Cambs* 1C **52**
North Broomhill. *Nmbd* 4G **121**
North Buckland. *Devn* 2E **19**
North Burlingham. *Norf* 4F **79**
North Cadbury. *Som* 4B **22**
North Carlton. *Linc* 3G **87**
North Cave. *E Yor* 1B **94**
North Cerney. *Glos* 5F **49**
North Chailey. *E Sus* 3E **27**
Northchapel. *W Sus* 3A **26**
North Charford. *Hants* 1G **15**
North Charlton. *Nmbd* 2F **121**
North Cheriton. *Som* 4B **22**
North Chideock. *Dors* 3H **13**
Northchurch. *Herts* 5H **51**
North Cliffe. *E Yor* 1B **94**
North Clifton. *Notts* 3F **87**
North Close. *Dur* 1F **105**
North Cockerington. *Linc* 1C **88**
North Coker. *Som* 1A **14**
North Collafirth. *Shet* 3E **173**
North Common. *E Sus* 3E **27**
North Commonty. *Abers* 4F **161**
North Coombe. *Devn* 1B **12**
North Cornelly. *B'end* 3B **32**
North Cotes. *Linc* 4G **95**
Northcott. *Devn*
nr. Boyton 3D **10**
nr. Culmstock 1D **12**
Northcourt. *Oxon* 2D **36**
North Cove. *Suff* 2G **67**
North Cowton. *N Yor* 4F **105**
North Craigo. *Ang* 2F **145**
North Crawley. *Mil* 1H **51**
North Cray. *G Lon* 3F **39**
North Creake. *Norf* 2A **78**
North Curry. *Som* 4G **21**
North Dalton. *E Yor* 4D **100**
North Deighton. *N Yor* 4F **99**
North Dronley. *Ang* 5C **144**
North Duffield. *N Yor* 1G **93**
Northdyke. *Orkn* 5B **172**
Northedge. *Derbs* 4A **86**
North Elkington. *Linc* 1B **88**
North Elmham. *Norf* 3B **78**
North Elmsall. *W Yor* 3E **93**
North End. *E Yor* 1F **95**
North End. *Essx*
nr. Great Dunmow 4G **53**
nr. Great Yeldham 2A **54**
North End. *Hants* 5C **36**
North End. *Leics* 4C **74**
North End. *Linc* 1B **76**
North End. *Norf* 1B **66**
North End. *N Som* 5H **33**
North End. *Port* 2E **17**
North End. *W Sus* 5C **26**
North End. *Wilts* 2F **35**
Northend. *Buck* 2F **37**
Northend. *Warw* 5A **62**
North Erradale. *High* 5B **162**
North Evington. *Leic* 5D **74**
North Fambridge. *Essx* 1C **40**
North Fearns. *High* 5E **155**
North Featherstone. *W Yor* 2E **93**
North Feorline. *N Ayr* 3D **122**
North Ferriby. *E Yor* 2C **94**
Northfield. *Aber* 3F **153**
Northfield. *E Yor* 2D **94**
Northfield. *Som* 3F **21**
Northfield. *W Mid* 3E **61**
Northfleet. *Kent* 3H **39**
North Frodingham. *E Yor* 4F **101**
Northgate. *Linc* 3A **76**
North Gluss. *Shet* 4E **173**
North Gorley. *Hants* 1G **15**
North Green. *Norf* 2E **66**
North Green. *Suff*
nr. Framlingham 4F **67**
nr. Halesworth 3F **67**
nr. Saxmundham 4F **67**
North Greetwell. *Linc* 3H **87**
North Grimston. *N Yor* 3C **100**
North Halling. *Medw* 4B **40**
North Hayling. *Hants* 2F **17**
North Hazelrigg. *Nmbd* 1E **121**
North Heasley. *Devn* 3H **19**
North Heath. *W Sus* 3B **26**
North Hill. *Corn* 5C **10**
North Holmwood. *Surr* 1C **26**
North Huish. *Devn* 3D **8**
North Hykeham. *Linc* 4G **87**
Northiam. *E Sus* 3C **28**
Northill. *C Beds* 1B **52**
Northington. *Hants* 3D **24**
North Kelsey. *Linc* 4D **94**
North Kelsey Moor. *Linc* 4D **94**
North Kessock. *High* 4A **158**
North Killingholme. *N Lin* 3E **95**
North Kilvington. *N Yor* 1G **99**
North Kilworth. *Leics* 2D **62**
North Kyme. *Linc* 5A **88**
North Lancing. *W Sus* 5C **26**
Northlands. *Linc* 5C **88**
Northleach. *Glos* 4G **49**
North Lee. *Buck* 5G **51**
North Lees. *N Yor* 2E **99**
North Leigh. *Kent* 1F **29**
North Leigh. *Oxon* 4B **50**
Northleigh. *Devn*
nr. Barnstaple 3G **19**
nr. Honiton 3E **13**
North Leverton. *Notts* 2E **87**
Northlew. *Devn* 3F **11**
North Littleton. *Worc* 1F **49**
North Lopham. *Norf* 2C **66**
North Luffenham. *Rut* 5G **75**
North Marden. *W Sus* 1G **17**
North Marston. *Buck* 3F **51**
North Middleton. *Midl* 4G **129**
North Middleton. *Nmbd* 2E **121**
North Molton. *Devn* 4H **19**
North Moor. *N Yor* 1D **100**
Northmoor. *Oxon* 5C **50**
Northmoor Green. *Som* 3G **21**
North Moreton. *Oxon* 3D **36**
Northmuir. *Ang* 3C **144**
North Mundham. *W Sus* 2G **17**
North Murie. *Per* 1E **137**
North Muskham. *Notts* 5E **87**
North Ness. *Orkn* 8C **172**
North Newbald. *E Yor* 1C **94**
North Newington. *Oxon* 2C **50**
North Newnton. *Wilts* 1G **23**
North Newton. *Som* 3F **21**
Northney. *Hants* 2F **17**
North Nibley. *Glos* 2C **34**
North Oakley. *Hants* 1D **24**
North Ockendon. *G Lon* 2G **39**
Northolt. *G Lon* 2C **38**
Northop. *Flin* 4E **83**
Northop Hall. *Flin* 4E **83**
North Ormesby. *Midd* 3C **106**
North Ormsby. *Linc* 1B **88**
Northorpe. *Linc*
nr. Bourne 4H **75**
nr. Donington 2B **76**
nr. Gainsborough 1F **87**
North Otterington. *N Yor* 1F **99**
Northover. *Som*
nr. Glastonbury 3H **21**
nr. Yeovil 4A **22**
North Owersby. *Linc* 1H **87**
Northowram. *W Yor* 2B **92**
North Perrott. *Som* 2H **13**
North Petherton. *Som* 3F **21**
North Petherwin. *Corn* 4C **10**
North Pickenham. *Norf* 5A **78**
North Piddle. *Worc* 5D **60**
North Poorton. *Dors* 3A **14**
North Port. *Arg* 1H **133**
Northport. *Dors* 4E **15**
North Queensferry. *Fife* 1E **129**
North Radworthy. *Devn* 3A **20**
North Rauceby. *Linc* 1H **75**
Northrepps. *Norf* 2E **79**
North Rigton. *N Yor* 5E **99**
North Rode. *Ches E* 4C **84**
North Roe. *Shet* 3E **173**
North Ronaldsay Airport.
Orkn 2G **172**
North Row. *Cumb* 1D **102**
North Runcton. *Norf* 4F **77**
North Sannox. *N Ayr* 5B **126**
North Scale. *Cumb* 2A **96**
North Scarle. *Linc* 4F **87**
North Seaton. *Nmbd* 1F **115**
North Seaton Colliery.
Nmbd 1F **115**
North Sheen. *G Lon* 3C **38**
North Shian. *Arg* 4D **140**
North Shields. *Tyne* 3G **115**
North Shoebury. *S'end* 2D **40**
North Shore. *Bkpl* 1B **90**
North Side. *Cumb* 2B **102**
North Skelton. *Red C* 3D **106**
North Somercotes. *Linc* 1D **88**
North Stainley. *N Yor* 2E **99**
North Stainmore. *Cumb* 3B **104**
North Stifford. *Thur* 2H **39**
North Stoke. *Bath* 5C **34**
North Stoke. *Oxon* 3E **36**
North Stoke. *W Sus* 4B **26**
Northstowe. *Cambs* 4D **64**
North Street. *Hants* 3E **25**
North Street. *Kent* 5E **40**
North Street. *Medw* 3C **40**
North Street. *W Ber* 4E **37**
North Sunderland. *Nmbd* 1G **121**
North Tamerton. *Corn* 3D **10**
North Tawton. *Devn* 2G **11**
North Thoresby. *Linc* 1B **88**
North Tidworth. *Wilts* 2H **23**
North Town. *Devn* 2F **11**
North Town. *Shet* 10E **173**
Northtown. *Orkn* 8D **172**
North Tuddenham. *Norf* 4C **78**
North Walbottle. *Tyne* 3E **115**
Northwall. *Orkn* 3G **172**
North Walney. *Cumb* 3A **96**
North Walsham. *Norf* 2E **79**
North Waltham. *Hants* 2D **24**
North Warnborough. *Hants* 1F **25**
North Water Bridge. *Ang* 2F **145**
North Watten. *High* 3E **169**
Northway. *Glos* 2E **49**
Northway. *Swan* 4E **31**
North Weald Bassett. *Essx* 5F **53**
North Weston. *N Som* 4H **33**
North Weston. *Oxon* 5E **51**
North Wheatley. *Notts* 2E **87**
North Whilborough. *Devn* 2E **9**
Northwich. *Ches W* 3A **84**
North Wick. *Bath* 5A **34**
Northwick. *Som* 2G **21**
Northwick. *S Glo* 3A **34**
North Widcombe. *Bath* 1A **22**
North Willingham. *Linc* 2A **88**
North Wingfield. *Derbs* 4B **86**
North Witham. *Linc* 3G **75**
Northwold. *Norf* 1G **65**
Northwood. *Derbs* 4G **85**
Northwood. *G Lon* 1B **38**
Northwood. *IOW* 3C **16**
Northwood. *Kent* 4H **41**
Northwood. *Shrp* 2G **71**
Northwood. *Stoke* 1C **72**
Northwood Green. *Glos* 4C **48**
North Wootton. *Dors* 1B **14**
North Wootton. *Norf* 3F **77**
North Wootton. *Som* 2A **22**
North Wraxall. *Wilts* 4D **34**
North Wroughton. *Swin* 3G **35**
North Yardhope. *Nmbd* 4D **120**
Norton. *Devn* 3E **9**
Norton. *Glos* 3D **48**
Norton. *Hal* 2H **83**
Norton. *Herts* 2C **52**
Norton. *IOW* 4B **16**
Norton. *Mon* 3H **47**
Norton. *Nptn* 4D **62**
Norton. *Notts* 3C **86**
Norton. *Powy* 4F **59**

Norton—Ormsaigmore

Norton. *Shrp*
nr. Ludlow 2G 59
nr. Madeley 5B 72
nr. Shrewsbury 5H 71
Norton. *S Yor*
nr. Askern 3F 93
nr. Sheffield 2A 86
Norton. *Stoc T* 2B 106
Norton. *Suff* 4B 66
Norton. *Swan* 4F 31
Norton. *W Sus*
nr. Selsey 3G 17
nr. Westergate 5A 26
Norton. *Wilts* 3D 35
Norton. *Worc*
nr. Evesham 1F 49
nr. Worcester 5C 60
Norton Bavant. *Wilts* 2E 23
Norton Bridge. *Staf* 2C 72
Norton Canes. *Staf* 5E 73
Norton Canon. *Here* 1G 47
Norton Corner. *Norf* 3C 78
Norton Disney. *Linc* 5F 87
Norton East. *Staf* 5E 73
Norton Ferris. *Wilts* 3C 22
Norton Fitzwarren. *Som* 4F 21
Norton Green. *IOW* 4B 16
Norton Green. *Stoke* 5D 84
Norton Hawkfield. *Bath* 5A 34
Norton Heath. *Essx* 5F 53
Norton in Hales. *Shrp* 2B 72
Norton in the Moors. *Stoke* 5C 84
Norton-Juxta-Twycross. *Leics* 5H 73
Norton-le-Clay. *N Yor* 2G 99
Norton Lindsey. *Warw* 4G 61
Norton Little Green. *Suff* 4B 66
Norton Malreward. *Bath* 5B 34
Norton Mandeville. *Essx* 5F 53
Norton-on-Derwent. *N Yor* 2B 100
Norton St Philip. *Som* 1C 22
Norton Subcourse. *Norf* 1G 67
Norton sub Hamdon. *Som* 1H 13
Norton Woodseats. *S Yor* 2A 86
Norwell. *Notts* 4E 87
Norwell Woodhouse. *Notts* 4E 87
Norwich. *Norf* 5E 79
Norwich Airport. *Norf* 4E 79
Norwick. *Shet* 1H 173
Norwood. *Derbs* 2B 86
Norwood Green. *W Yor* 2B 92
Norwood Hill. *Surr* 1D 26
Norwood Park. *Som* 3A 22
Norwoodside. *Cambs* 1D 64
Noseley. *Leics* 1E 63
Noss. *Shet* 10E 173
Noss Mayo. *Devn* 4B 8
Nosterfield. *N Yor* 1E 99
Nostie. *High* 1A 148
Notgrove. *Glos* 3G 49
Nottage. *B'end* 4B 32
Nottingham. *Nott* 1C 74
Nottington. *Dors* 4B 14
Notton. *Dors* 3B 14
Notton. *W Yor* 3D 92
Notton. *Wilts* 5E 35
Nounsley. *Essx* 4A 54
Noutard's Green. *Worc* 4B 60
Nox. *Shrp* 4G 71
Noyadd Trefawr. *Cdgn* 1C 44
Nuffield. *Oxon* 3E 37
Nunburnholme. *E Yor* 5C 100
Nuncargate. *Notts* 5C 86
Nunclose. *Cumb* 5F 113
Nuneaton. *Warw* 1A 62
Nuneham Courtenay. *Oxon* 2D 36
Nun Monkton. *N Yor* 4H 99
Nunnerie. *S Lan* 3B 118
Nunney. *Som* 2C 22
Nunnington. *N Yor* 2A 100
Nunnykirk. *Nmbd* 5E 121
Nunsthorpe. *NE Lin* 4F 95
Nunthorpe. *Midd* 3C 106
Nunthorpe. *York* 4H 99
Nunton. *Wilts* 4G 23
Nunwick. *Nmbd* 2B 114
Nunwick. *N Yor* 2F 99
Nupend. *Glos* 5C 48
Nursling. *Hants* 1B 16
Nursted. *Hants* 4F 25
Nursteed. *Wilts* 5F 35
Nurston. *V Glam* 5D 32
Nutbourne. *W Sus*
nr. Chichester 2F 17
nr. Pulborough 4B 26
Nutfield. *Surr* 5E 39
Nuthall. *Notts* 1C 74
Nuthampstead. *Herts* 2E 53
Nuthurst. *Warw* 3F 61
Nuthurst. *W Sus* 3C 26
Nutley. *E Sus* 3F 27
Nuttall. *G Man* 3F 91
Nutwell. *S Yor* 4G 93
Nybster. *High* 2F 169
Nyetimber. *W Sus* 3G 17
Nyewood. *W Sus* 4G 25
Nymet Rowland. *Devn* 2H 11
Nymet Tracey. *Devn* 2H 11
Nympsfield. *Glos* 5D 48
Nynehead. *Som* 4E 21
Nyton. *W Sus* 5A 26

O

Oadby. *Leics* 5D 74
Oad Street. *Kent* 4C 40
Oakamoor. *Staf* 1E 73
Oakbank. *Arg* 5B 140
Oakbank. *W Lot* 3D 129
Oakdale. *Cphy* 2E 33
Oakdale. *Pool* 3F 15
Oake. *Som* 4E 21
Oaken. *Staf* 5C 72
Oakenclough. *Lanc* 5E 97
Oakengates. *Telf* 4A 72
Oakenholt. *Flin* 3E 83
Oakenshaw. *Dur* 1F 105
Oakenshaw. *W Yor* 2B 92
Oakerthorpe. *Derbs* 5A 86
Oakford. *Cdgn* 5D 56
Oakford. *Devn* 4C 20
Oakfordbridge. *Devn* 4C 20
Oakgrove. *Ches E* 4D 84
Oakham. *Rut* 5F 75
Oakhanger. *Ches E* 5B 84
Oakhanger. *Hants* 3F 25
Oakhill. *Som* 2B 22
Oakington. *Cambs* 4D 64
Oaklands. *Powy* 5C 58
Oakle Street. *Glos* 4C 48
Oakley. *Bed* 5H 63
Oakley. *Buck* 4E 51
Oakley. *Fife* 1D 128
Oakley. *Hants* 1D 24
Oakley. *Suff* 3D 66
Oakley Green. *Wind* 3A 38
Oakley Park. *Powy* 2B 58
Oakmere. *Ches W* 4H 83
Oakridge Lynch. *Glos* 5E 49
Oaks. *Shrp* 5G 71
Oaksey. *Wilts* 2E 35
Oaks Green. *Derbs* 2F 73
Oakshaw Ford. *Cumb* 2G 113
Oakshott. *Hants* 4F 25
Oakthorpe. *Leics* 4H 73
Oak Tree. *Darl* 3A 106
Oakwood. *Derb* 2A 74
Oakwood. *W Yor* 1D 92
Oakwoodhill. *Surr* 2C 26
Oakworth. *W Yor* 1A 92
Oape. *High* 3B 164
Oare. *Kent* 4E 40
Oare. *Som* 2B 20
Oare. *W Ber* 4D 36
Oare. *Wilts* 5G 35
Oareford. *Som* 2B 20
Oasby. *Linc* 2H 75
Oath. *Som* 4G 21
Oathlaw. *Ang* 3D 145
Oatlands. *N Yor* 4F 99
Oban. *Arg* 1F 133
Oban. *W Isl* 7D 171
Oborne. *Dors* 1B 14
Obsdale. *High* 2A 158
Obthorpe. *Linc* 4H 75
Occlestone Green. *Ches W* 4A 84
Occold. *Suff* 3D 66
Ochiltree. *E Ayr* 2E 117
Ochtermuthill. *Per* 2H 135
Ochtertyre. *Per* 1H 135
Ockbrook. *Derbs* 2B 74
Ockeridge. *Worc* 4B 60
Ockham. *Surr* 5B 38
Ockle. *High* 1G 139
Ockley. *Surr* 1C 26
Ocle Pychard. *Here* 1A 48
Octofad. *Arg* 4A 124
Octomore. *Arg* 4A 124
Octon. *E Yor* 3E 101
Odcombe. *Som* 1A 14
Odd Down. *Bath* 5C 34
Oddingley. *Worc* 5D 60
Oddington. *Oxon* 4D 50
Oddsta. *Shet* 2G 173
Odell. *Bed* 5G 63
Odie. *Orkn* 5F 172
Odiham. *Hants* 1F 25
Odsey. *Cambs* 2C 52
Odstock. *Wilts* 4G 23
Odstone. *Leics* 5A 74
Offchurch. *Warw* 4A 62
Offenham. *Worc* 1F 49
Offenham Cross. *Worc* 1F 49
Offerton. *G Man* 2D 84
Offerton. *Tyne* 4G 115
Offham. *E Sus* 4E 27
Offham. *Kent* 5A 40
Offham. *W Sus* 5B 26
Offleyhay. *Staf* 3C 72
Offley Hoo. *Herts* 3B 52
Offleymarsh. *Staf* 3B 72
Offord Cluny. *Cambs* 4B 64
Offord D'Arcy. *Cambs* 4B 64
Offton. *Suff* 1D 54
Offwell. *Devn* 3E 13
Ogbourne Maizey. *Wilts* 4G 35
Ogbourne St Andrew. *Wilts* 4G 35
Ogbourne St George. *Wilts* 4H 35
Ogden. *G Man* 3H 91
Ogle. *Nmbd* 2E 115
Ogmore. *V Glam* 4B 32
Ogmore-by-Sea. *V Glam* 4B 32
Ogmore Vale. *B'end* 2C 32
Okeford Fitzpaine. *Dors* 1D 14
Okehampton. *Devn* 3F 11
Okehampton Camp. *Devn* 3F 11
Okraquoy. *Shet* 8F 173
Okus. *Swin* 3G 35
Old. *Nptn* 3E 63
Old Aberdeen. *Aber* 3G 153
Old Alresford. *Hants* 3D 24
Oldany. *High* 5B 166
Old Arley. *Warw* 1G 61
Old Basford. *Nott* 1C 74
Old Basing. *Hants* 1E 25
Oldberrow. *Warw* 4F 61
Old Bewick. *Nmbd* 2E 121
Old Bexley. *G Lon* 3F 39
Old Blair. *Per* 2F 143
Old Bolingbroke. *Linc* 4C 88
Oldborough. *Devn* 2A 12
Old Brampton. *Derbs* 3H 85
Old Bridge of Tilt. *Per* 2F 143
Old Bridge of Urr. *Dum* 3E 111
Old Brumby. *N Lin* 4B 94
Old Buckenham. *Norf* 1C 66
Old Burghclere. *Hants* 1C 24
Oldbury. *Shrp* 1B 60
Oldbury. *Warw* 1H 61
Oldbury. *W Mid* 2D 61
Oldbury-on-Severn. *S Glo* 2B 34
Oldbury on the Hill. *Glos* 3D 34
Old Byland. *N Yor* 1H 99
Old Cassop. *Dur* 1A 106
Oldcastle. *Mon* 3G 47
Oldcastle Heath. *Ches W* 1G 71
Old Catton. *Norf* 4E 79
Old Clee. *NE Lin* 4F 95
Old Cleeve. *Som* 2D 20
Old Colwyn. *Cnwy* 3A 82
Oldcotes. *Notts* 2C 86
Old Coulsdon. *G Lon* 5E 39
Old Dailly. *S Ayr* 5B 116
Old Dalby. *Leics* 3D 74
Old Dam. *Derbs* 3F 85
Old Deer. *Abers* 4G 161
Old Dilton. *Wilts* 2D 22
Old Down. *S Glo* 3B 34
Oldeamere. *Cambs* 1C 64
Old Edlington. *S Yor* 1C 86
Old Eldon. *Dur* 2F 105
Old Ellerby. *E Yor* 1E 95
Old Fallings. *W Mid* 5D 72
Oldfallow. *Staf* 4D 73
Old Felixstowe. *Suff* 2G 55
Oldfield. *Shrp* 2A 60
Oldfield. *Worc* 4C 60
Old Fletton. *Pet* 1A 64
Oldford. *Som* 1C 22
Old Forge. *Here* 4A 48
Old Glossop. *Derbs* 1E 85
Old Goole. *E Yor* 2H 93
Old Gore. *Here* 3B 48
Old Graitney. *Dum* 3E 112
Old Grimsby. *IOS* 1A 4
Oldhall. *High* 3E 169
Old Hall Street. *Norf* 2F 79
Oldham. *G Man* 4H 91
Oldhamstocks. *E Lot* 2D 130
Old Heathfield. *E Sus* 3G 27
Old Hill. *W Mid* 2D 60
Old Hunstanton. *Norf* 1F 77
Oldhurst. *Cambs* 3B 64
Old Hutton. *Cumb* 1E 97
Old Kea. *Corn* 4C 6
Old Kilpatrick. *W Dun* 2F 127
Old Kinnernie. *Abers* 3E 152
Old Knebworth. *Herts* 3C 52
Oldland. *S Glo* 4B 34
Old Laxey. *IOM* 3D 108
Old Leake. *Linc* 5D 88
Old Lenton. *Nott* 2C 74
Old Llanberis. *Gwyn* 5F 81
Old Malton. *N Yor* 2B 100
Oldmeldrum. *Abers* 1F 153
Old Micklefield. *W Yor* 1E 93
Old Mill. *Corn* 5D 10
Oldmixon. *N Som* 1G 21
Old Monkland. *N Lan* 3A 128
Old Newton. *Suff* 4C 66
Old Park. *Telf* 5A 72
Old Pentland. *Midl* 3F 129
Old Philpstoun. *W Lot* 2D 128
Old Quarrington. *Dur* 1A 106
Old Radnor. *Powy* 5E 59
Old Rayne. *Abers* 1D 152
Oldridge. *Devn* 3B 12
Old Romney. *Kent* 3E 29
Old Scone. *Per* 1D 136
Oldshore Beg. *High* 3B 166
Oldshoremore. *High* 3C 166
Old Snydale. *W Yor* 2E 93
Old Sodbury. *S Glo* 3C 34
Old Somerby. *Linc* 2G 75
Old Spital. *Dur* 3C 104
Oldstead. *N Yor* 1H 99
Old Stratford. *Nptn* 1F 51
Old Swan. *Mers* 1F 83
Old Swarland. *Nmbd* 4F 121
Old Tebay. *Cumb* 4H 103
Old Town. *Cumb* 5F 113
Old Town. *E Sus* 5G 27
Old Town. *IOS* 1B 4
Old Town. *Nmbd* 5C 120
Oldtown. *High* 5C 164
Old Trafford. *G Man* 1C 84
Old Tupton. *Derbs* 4A 86
Oldwall. *Cumb* 3F 113
Oldwalls. *Swan* 3D 31
Old Warden. *C Beds* 1B 52
Oldways End. *Som* 4B 20
Old Westhall. *Abers* 1D 152
Old Weston. *Cambs* 3H 63
Oldwhat. *Abers* 3F 161
Old Windsor. *Wind* 3A 38
Old Wives Lees. *Kent* 5E 41
Old Woking. *Surr* 5B 38
Oldwood Common. *Worc* 4H 59
Old Woodstock. *Oxon* 4C 50
Olgrinmore. *High* 3C 168
Oliver's Battery. *Hants* 4C 24
Ollaberry. *Shet* 3E 173
Ollerton. *Ches E* 3B 84
Ollerton. *Notts* 4D 86
Ollerton. *Shrp* 3A 72
Olmarch. *Cdgn* 5F 57
Olmstead Green. *Cambs* 1G 53
Olney. *Mil* 5F 63
Olrig. *High* 2D 169
Olton. *W Mid* 2F 61
Olveston. *S Glo* 3B 34
Omagh. *Ferm* 4C 174
Ombersley. *Worc* 4C 60
Ompton. *Notts* 4D 86
Omunsgarth. *Shet* 7E 173
Onchan. *IOM* 4D 108
Onecote. *Staf* 5E 85
Onehouse. *Suff* 5C 66
Onen. *Mon* 4H 47
Ongar Hill. *Norf* 3E 77
Ongar Street. *Here* 4F 59
Onibury. *Shrp* 3G 59
Onich. *High* 2E 141
Onllwyn. *Neat* 4B 46
Onneley. *Staf* 1B 72
Onslow Green. *Essx* 4G 53
Onslow Village. *Surr* 1A 26
Onthank. *E Ayr* 1D 116
Openwoodgate. *Derbs* 1A 74
Opinan. *High*
nr. Gairloch 1G 155
nr. Laide 4C 162
Orasaigh. *W Isl* 6F 171
Orbost. *High* 4B 154
Orby. *Linc* 4D 89
Orchard Hill. *Devn* 4E 19
Orchard Portman. *Som* 4F 21
Orcheston. *Wilts* 2F 23
Orcop. *Here* 3H 47
Orcop Hill. *Here* 3H 47
Ord. *High* 2E 147
Ordale. *Shet* 1H 173
Ordhead. *Abers* 2D 152
Ordie. *Abers* 3B 152
Ordiquish. *Mor* 3H 159
Ordley. *Nmbd* 4C 114
Ordsall. *Notts* 3E 86
Ore. *E Sus* 4C 28
Oreton. *Shrp* 2A 60
Orford. *Suff* 1H 55
Orford. *Warr* 1A 84
Organford. *Dors* 3E 15
Orgil. *Orkn* 7B 172
Orgreave. *Staf* 4F 73
Oridge Street. *Glos* 3C 48
Orlestone. *Kent* 2D 28
Orleton. *Here* 4G 59
Orleton. *Worc* 4A 60
Orleton Common. *Here* 4G 59
Orlingbury. *Nptn* 3F 63
Ormacleit. *W Isl* 5C 170
Ormathwaite. *Cumb* 2D 102
Ormesby. *Red C* 3C 106
Ormesby St Margaret. *Norf* 4G 79
Ormesby St Michael. *Norf* 4G 79
Ormiscaig. *High* 4C 162
Ormiston. *E Lot* 3H 129
Ormsaigbeg. *High* 2F 139
Ormsaigmore. *High* 2F 139

Ormsary. *Arg* 2F **125**
Ormsgill. *Cumb* 2A **96**
Ormskirk. *Lanc* 4C **90**
Orphir. *Orkn* 7C **172**
Orpington. *G Lon* 4F **39**
Orrell. *G Man* 4D **90**
Orrell. *Mers* 1F **83**
Orrisdale. *IOM* 2C **108**
Orsett. *Thur* 2H **39**
Orslow. *Staf* 4C **72**
Orston. *Notts* 1E **75**
Orthwaite. *Cumb* 1D **102**
Orton. *Cumb* 4H **103**
Orton. *Mor* 3H **159**
Orton. *Nptn* 3F **63**
Orton. *Staf* 1C **60**
Orton Longueville. *Pet* 1A **64**
Orton-on-the-Hill. *Leics* 5H **73**
Orton Waterville. *Pet* 1A **64**
Orton Wistow. *Pet* 1A **64**
Orwell. *Cambs* 5C **64**
Osbaldeston. *Lanc* 1E **91**
Osbaldwick. *York* 4A **100**
Osbaston. *Leics* 5B **74**
Osbaston. *Shrp* 3F **71**
Osbournby. *Linc* 2H **75**
Osclay. *High* 5E **169**
Oscroft. *Ches W* 4H **83**
Ose. *High* 4C **154**
Osgathorpe. *Leics* 4B **74**
Osgodby. *Linc* 1H **87**
Osgodby. *N Yor*
nr. Scarborough 1E **101**
nr. Selby 1G **93**
Oskaig. *High* 5E **155**
Oskamull. *Arg* 5F **139**
Osleston. *Derbs* 2G **73**
Osmaston. *Derb* 2A **74**
Osmaston. *Derbs* 1G **73**
Osmington. *Dors* 4C **14**
Osmington Mills. *Dors* 4C **14**
Osmondthorpe. *W Yor* 1D **92**
Osmondwall. *Orkn* 9C **172**
Osmotherley. *N Yor* 5B **106**
Osnaburgh. *Fife* 2G **137**
Ospisdale. *High* 5E **164**
Ospringe. *Kent* 4E **40**
Ossett. *W Yor* 2C **92**
Ossington. *Notts* 4E **87**
Ostend. *Essx* 1D **40**
Ostend. *Norf* 2F **79**
Osterley. *G Lon* 3C **38**
Oswaldkirk. *N Yor* 2A **100**
Oswaldtwistle. *Lanc* 2F **91**
Oswestry. *Shrp* 3E **71**
Otby. *Linc* 1A **88**
Otford. *Kent* 5G **39**
Otham. *Kent* 5B **40**
Otherton. *Staf* 4D **72**
Othery. *Som* 3G **21**
Otley. *Suff* 5E **66**
Otley. *W Yor* 5E **98**
Otterbourne. *Hants* 4C **24**
Otterburn. *Nmbd* 5C **120**
Otterburn. *N Yor* 4A **98**
Otterburn Camp. *Nmbd* 5C **120**
Otterburn Hall. *Nmbd* 5C **120**
Otter Ferry. *Arg* 1H **125**
Otterford. *Som* 1F **13**
Otterham. *Corn* 3B **10**
Otterhampton. *Som* 2F **21**
Otterham Quay. *Medw* 4C **40**
Ottershaw. *Surr* 4B **38**
Otterspool. *Mers* 2F **83**
Otterswick. *Shet* 3G **173**
Otterton. *Devn* 4D **12**
Otterwood. *Hants* 2C **16**
Ottery St Mary. *Devn* 3D **12**
Ottinge. *Kent* 1F **29**
Ottringham. *E Yor* 2F **95**
Oughterby. *Cumb* 4D **112**
Oughtershaw. *N Yor* 1A **98**
Oughterside. *Cumb* 5C **112**
Oughtibridge. *S Yor* 1H **85**
Oughtrington. *Warr* 2A **84**
Oulston. *N Yor* 2H **99**
Oulton. *Cumb* 4D **112**
Oulton. *Norf* 3D **78**
Oulton. *Staf*
nr. Gnosall Heath 3B **72**
nr. Stone 2D **72**
Oulton. *Suff* 1H **67**
Oulton. *W Yor* 2D **92**
Oulton Broad. *Suff* 1H **67**
Oulton Street. *Norf* 3D **78**
Oundle. *Nptn* 2H **63**
Ousby. *Cumb* 1H **103**
Ousdale. *High* 2H **165**
Ousden. *Suff* 5G **65**
Ousefleet. *E Yor* 2B **94**
Ouston. *Dur* 4F **115**
Ouston. *Nmbd*
nr. Bearsbridge 4A **114**
nr. Stamfordham 2D **114**
Outer Hope. *Devn* 4C **8**
Outertown. *Orkn* 6B **172**
Outgate. *Cumb* 5E **103**
Outhgill. *Cumb* 4A **104**
Outlands. *Staf* 2B **72**
Outlane. *W Yor* 3A **92**
Out Newton. *E Yor* 2G **95**
Out Rawcliffe. *Lanc* 5D **96**
Outwell. *Norf* 5E **77**
Outwick. *Hants* 1G **15**
Outwood. *Surr* 1E **27**
Outwood. *W Yor* 2D **92**
Outwood. *Worc* 3D **60**
Outwoods. *Leics* 4B **74**
Outwoods. *Staf* 4B **72**
Ouzlewell Green. *W Yor* 2D **92**
Ovenden. *W Yor* 2A **92**
Over. *Cambs* 3C **64**
Over. *Ches W* 4A **84**
Over. *Glos* 4D **48**
Over. *S Glo* 3A **34**
Overbister. *Orkn* 3F **172**
Over Burrows. *Derbs* 2G **73**
Overbury. *Worc* 2E **49**
Overcombe. *Dors* 4B **14**
Over Compton. *Dors* 1A **14**
Over End. *Cambs* 1H **63**
Over Finlarg. *Ang* 4D **144**
Over Green. *Warw* 1F **61**
Overgreen. *Derbs* 3H **85**
Over Haddon. *Derbs* 4G **85**
Over Hulton. *G Man* 4E **91**
Over Kellet. *Lanc* 2E **97**
Over Kiddington. *Oxon* 3C **50**
Overleigh. *Som* 3H **21**
Overley. *Staf* 4F **73**
Over Monnow. *Mon* 4A **48**
Over Norton. *Oxon* 3B **50**
Over Peover. *Ches E* 3B **84**
Overpool. *Ches W* 3F **83**
Overscaig. *High* 1B **164**
Overseal. *Derbs* 4G **73**
Over Silton. *N Yor* 5B **106**
Oversland. *Kent* 5E **41**
Overstone. *Nptn* 4F **63**
Over Stowey. *Som* 3E **21**
Overstrand. *Norf* 1E **79**
Over Stratton. *Som* 1H **13**
Over Street. *Wilts* 3F **23**
Overthorpe. *Nptn* 1C **50**
Overton. *Aber* 2F **153**
Overton. *Ches W* 3H **83**
Overton. *Hants* 2D **24**
Overton. *High* 5E **169**
Overton. *Lanc* 4D **96**
Overton. *N Yor* 4H **99**
Overton. *Shrp*
nr. Bridgnorth 2A **60**
nr. Ludlow 3H **59**
Overton. *Swan* 4D **30**
Overton. *W Yor* 3C **92**
Overton. *Wrex* 1F **71**
Overtown. *Lanc* 2F **97**
Overtown. *N Lan* 4B **128**
Overtown. *Swin* 4G **35**
Over Wallop. *Hants* 3A **24**
Over Whitacre. *Warw* 1G **61**
Over Worton. *Oxon* 3C **50**
Oving. *Buck* 3F **51**
Oving. *W Sus* 5A **26**
Ovingdean. *Brig* 5E **27**
Ovingham. *Nmbd* 3D **115**
Ovington. *Dur* 3E **105**
Ovington. *Essx* 1A **54**
Ovington. *Hants* 3D **24**
Ovington. *Norf* 5B **78**
Ovington. *Nmbd* 3D **114**
Owen's Bank. *Staf* 3G **73**
Ower. *Hants*
nr. Holbury 2C **16**
nr. Totton 1B **16**
Owermoigne. *Dors* 4C **14**
Owlbury. *Shrp* 1F **59**
Owler Bar. *Derbs* 3G **85**
Owlerton. *S Yor* 1H **85**
Owlsmoor. *Brac* 5G **37**
Owlswick. *Buck* 5F **51**
Owmby. *Linc* 4D **94**
Owmby-by-Spital. *Linc* 2H **87**
Ownham. *W Ber* 4C **36**
Owrytn. *Wrex* 1F **71**
Owslebury. *Hants* 4D **24**
Owston. *Leics* 5E **75**
Owston. *S Yor* 3F **93**
Owston Ferry. *N Lin* 4B **94**
Owstwick. *E Yor* 1F **95**
Owthorne. *E Yor* 2G **95**
Owthorpe. *Notts* 2D **74**
Owton Manor. *Hart* 2B **106**
Oxborough. *Norf* 5G **77**
Oxbridge. *Dors* 3H **13**
Oxcombe. *Linc* 3C **88**
Oxen End. *Essx* 3G **53**
Oxenhall. *Glos* 3C **48**
Oxenholme. *Cumb* 5G **103**
Oxenhope. *W Yor* 1A **92**
Oxen Park. *Cumb* 1C **96**
Oxenpill. *Som* 2H **21**
Oxenton. *Glos* 2E **49**
Oxenwood. *Wilts* 1B **24**
Oxford. *Oxon* 5D **50**
Oxgangs. *Edin* 3F **129**
Oxhey. *Herts* 1C **38**
Oxhill. *Warw* 1B **50**
Oxley. *W Mid* 5D **72**
Oxley Green. *Essx* 4C **54**
Oxley's Green. *E Sus* 3A **28**
Oxlode. *Cambs* 2D **65**
Oxnam. *Bord* 3B **120**
Oxshott. *Surr* 4C **38**
Oxspring. *S Yor* 4C **92**
Oxted. *Surr* 5E **39**
Oxton. *Mers* 2F **83**
Oxton. *N Yor* 5H **99**
Oxton. *Notts* 5D **86**
Oxton. *Bord* 4A **130**
Oxwich. *Swan* 4D **31**
Oxwich Green. *Swan* 4D **31**
Oxwick. *Norf* 3B **78**
Oykel Bridge. *High* 3A **164**
Oyne. *Abers* 1D **152**
Oystermouth. *Swan* 4F **31**
Ozleworth. *Glos* 2C **34**

P

Pabail Iarach. *W Isl* 4H **171**
Pabail Uarach. *W Isl* 4H **171**
Pachesham Park. *Surr* 5C **38**
Packers Hill. *Dors* 1C **14**
Packington. *Leics* 4A **74**
Packmoor. *Stoke* 5C **84**
Packmores. *Warw* 4G **61**
Packwood. *W Mid* 3F **61**
Packwood Gullet. *W Mid* 3F **61**
Padanaram. *Ang* 3D **144**
Padbury. *Buck* 2F **51**
Paddington. *G Lon* 2D **38**
Paddington. *Warr* 2A **84**
Paddlesworth. *Kent* 2F **29**
Paddock. *Kent* 5D **40**
Paddockhole. *Dum* 1D **112**
Paddock Wood. *Kent* 1A **28**
Paddolgreen. *Shrp* 2H **71**
Padeswood. *Flin* 4E **83**
Padiham. *Lanc* 1F **91**
Padside. *N Yor* 4D **98**
Padson. *Devn* 3F **11**
Padstow. *Corn* 1D **6**
Padworth. *W Ber* 5E **36**
Page Bank. *Dur* 1F **105**
Pagham. *W Sus* 3G **17**
Paglesham Churchend. *Essx* 1D **40**
Paglesham Eastend. *Essx* 1D **40**
Paibeil. *W Isl*
on North Uist 2C **170**
on Taransay 8C **171**
Paiblesgearraidh. *W Isl* 2C **170**
Paignton. *Torb* 2E **9**
Pailton. *Warw* 2B **62**
Paine's Corner. *E Sus* 3H **27**
Painleyhill. *Staf* 2E **73**
Painscastle. *Powy* 1E **47**
Painshawfield. *Nmbd* 3D **114**
Painsthorpe. *E Yor* 4C **100**
Painswick. *Glos* 5D **48**
Painter's Forstal. *Kent* 5D **40**
Painthorpe. *W Yor* 3D **92**
Pairc Shiaboist. *W Isl* 3E **171**
Paisley. *Ren* 3F **127**
Pakefield. *Suff* 1H **67**
Pakenham. *Suff* 4B **66**
Pale. *Gwyn* 2B **70**
Palehouse Common. *E Sus* 4F **27**
Palestine. *Hants* 2A **24**
Paley Street. *Wind* 4G **37**
Palgowan. *Dum* 1A **110**
Palgrave. *Suff* 3D **66**
Pallington. *Dors* 3C **14**
Palmarsh. *Kent* 2F **29**
Palmer Moor. *Derbs* 2F **73**
Palmers Cross. *W Mid* 5C **72**
Palmerstown. *V Glam* 5E **33**
Palnackie. *Dum* 4F **111**
Palnure. *Dum* 3B **110**
Palterton. *Derbs* 4B **86**
Pamber End. *Hants* 1E **24**
Pamber Green. *Hants* 1E **24**
Pamber Heath. *Hants* 5E **36**
Pamington. *Glos* 2E **49**
Pamphill. *Dors* 2E **15**
Pampisford. *Cambs* 1E **53**
Panborough. *Som* 2H **21**
Panbride. *Ang* 5E **145**
Pancrasweek. *Devn* 2C **10**
Pandy. *Gwyn*
nr. Bala 2A **70**
nr. Tywyn 5F **69**
Pandy. *Mon* 3G **47**
Pandy. *Powy* 5B **70**
Pandy. *Wrex* 2D **70**
Pandy Tudur. *Cnwy* 4A **82**
Panfield. *Essx* 3H **53**
Pangbourne. *W Ber* 4E **37**
Pannal. *N Yor* 4F **99**
Pannal Ash. *N Yor* 4E **99**
Pannanich. *Abers* 4A **152**
Pant. *Shrp* 3E **71**
Pant. *Wrex* 1E **71**
Pantasaph. *Flin* 3D **82**
Pant Glas. *Gwyn* 1D **68**
Pant-glas. *Shrp* 2E **71**
Pantgwyn. *Carm* 3F **45**
Pantgwyn. *Cdgn* 1C **44**
Pant-lasau. *Swan* 5G **45**
Panton. *Linc* 3A **88**
Pant-pastynog. *Den* 4C **82**
Pantperthog. *Gwyn* 5G **69**
Pant-teg. *Carm* 3E **45**
Pant-y-Caws. *Carm* 2F **43**
Pant-y-dwr. *Powy* 3B **58**
Pant-y-ffridd. *Powy* 5D **70**
Pantyffynnon. *Carm* 4G **45**
Pantygasseg. *Torf* 5F **47**
Pant-y-llyn. *Carm* 4G **45**
Pant-yr-awel. *B'end* 3C **32**
Pant y Wacco. *Flin* 3D **82**
Panxworth. *Norf* 4F **79**
Papa Stour Airport. *Shet* 6C **173**
Papa Westray Airport.
Orkn 2D **172**
Papcastle. *Cumb* 1C **102**
Papigoe. *High* 3F **169**
Papil. *Shet* 8E **173**
Papple. *E Lot* 2B **130**
Papplewick. *Notts* 5C **86**
Papworth Everard. *Cambs* 4B **64**
Papworth St Agnes. *Cambs* 4B **64**
Par. *Corn* 3E **7**
Paramour Street. *Kent* 4G **41**
Parbold. *Lanc* 3C **90**
Parbrook. *Som* 3A **22**
Parbrook. *W Sus* 3B **26**
Parc. *Gwyn* 2A **70**
Parcllyn. *Cdgn* 5B **56**
Parc-Seymour. *Newp* 2H **33**
Pardown. *Hants* 2D **24**
Pardshaw. *Cumb* 2B **102**
Parham. *Suff* 4F **67**
Park. *Abers* 4E **153**
Park. *Arg* 4D **140**
Park. *Dum* 5B **118**
Park Bottom. *Corn* 4A **6**
Parkburn. *Abers* 5E **161**
Park Corner. *E Sus* 2G **27**
Park Corner. *Oxon* 3E **37**
Park End. *Nmbd* 2B **114**
Parkend. *Glos* 5B **48**
Parkeston. *Essx* 2F **55**
Parkfield. *Corn* 2H **7**
Park Gate. *Hants* 2D **16**
Park Gate. *Worc* 3D **60**
Parkgate. *Ches W* 3E **83**
Parkgate. *Cumb* 5D **112**
Parkgate. *Dum* 1B **112**
Parkgate. *Surr* 1D **26**
Parkhall. *W Dun* 2F **127**
Parkham. *Devn* 4D **19**
Parkham Ash. *Devn* 4D **18**
Parkhead. *Cumb* 5E **113**
Parkhead. *Glas* 3H **127**
Park Hill. *Mers* 4C **90**
Parkhouse. *Mon* 5A **48**
Parkhurst. *IOW* 3C **16**
Park Lane. *G Man* 4F **91**
Park Lane. *Staf* 5C **72**
Park Mill. *W Yor* 3C **92**
Parkmill. *Swan* 4E **31**
Parkneuk. *Abers* 1G **145**
Parkside. *N Lan* 4B **128**
Parkstone. *Pool* 3F **15**
Park Street. *Herts* 5B **52**
Park Street. *W Sus* 2C **26**
Park Town. *Oxon* 5D **50**
Park Village. *Nmbd* 3H **113**
Parkway. *Here* 2C **48**
Parley Cross. *Dors* 3F **15**
Parmoor. *Buck* 3F **37**
Parr. *Mers* 1H **83**
Parracombe. *Devn* 2G **19**
Parrog. *Pemb* 1E **43**
Parsonage Green. *Essx* 4H **53**
Parsonby. *Cumb* 1C **102**
Parson Cross. *S Yor* 1H **85**
Parson Drove. *Cambs* 5C **76**
Partick. *Glas* 3G **127**
Partington. *G Man* 1B **84**
Partney. *Linc* 4D **88**
Parton. *Cumb*
nr. Whitehaven 2A **102**
nr. Wigton 4D **112**
Parton. *Dum* 2D **111**
Partridge Green. *W Sus* 4C **26**
Parwich. *Derbs* 5F **85**
Passenham. *Nptn* 2F **51**

Passfield. *Hants* 3G **25**
Passingford Bridge. *Essx* 1G **39**
Paston. *Norf* 2F **79**
Pasturefields. *Staf* 3D **73**
Patchacott. *Devn* 3E **11**
Patcham. *Brig* 5E **27**
Patchetts Green. *Herts* 1C **38**
Patching. *W Sus* 5B **26**
Patchole. *Devn* 2G **19**
Patchway. *S Glo* 3B **34**
Pateley Bridge. *N Yor* 3D **98**
Pathe. *Som* 3G **21**
Pathfinder Village. *Devn* 3B **12**
Pathhead. *Abers* 2G **145**
Pathhead. *E Ayr* 3F **117**
Pathhead. *Fife* 4E **137**
Pathhead. *Midl* 3G **129**
Pathlow. *Warw* 5F **61**
Path of Condie. *Per* 2C **136**
Pathstruie. *Per* 2C **136**
Patmore Heath. *Herts* 3E **53**
Patna. *E Ayr* 3D **116**
Patney. *Wilts* 1F **23**
Patrick. *IOM* 3B **108**
Patrick Brompton. *N Yor* 5F **105**
Patrington. *E Yor* 2G **95**
Patrington Haven. *E Yor* 2G **95**
Patrixbourne. *Kent* 5F **41**
Patterdale. *Cumb* 3E **103**
Pattiesmuir. *Fife* 1D **129**
Pattingham. *Staf* 1C **60**
Pattishall. *Nptn* 5D **62**
Pattiswick. *Essx* 3B **54**
Patton Bridge. *Cumb* 5G **103**
Paul. *Corn* 4B **4**
Paulerspury. *Nptn* 1F **51**
Paull. *E Yor* 2E **95**
Paulton. *Bath* 1B **22**
Pauperhaugh. *Nmbd* 5F **121**
Pave Lane. *Telf* 4B **72**
Pavenham. *Bed* 5G **63**
Pawlett. *Som* 2F **21**
Pawston. *Nmbd* 1C **120**
Paxford. *Glos* 2G **49**
Paxton. *Bord* 4F **131**
Payhembury. *Devn* 2D **12**
Paythorne. *Lanc* 4H **97**
Payton. *Som* 4E **20**
Peacehaven. *E Sus* 5F **27**
Peak Dale. *Derbs* 3E **85**
Peak Forest. *Derbs* 3F **85**
Peak Hill. *Linc* 4B **76**
Peakirk. *Pet* 5A **76**
Pearsie. *Ang* 3C **144**
Peasedown St John. *Bath* 1C **22**
Peaseland Green. *Norf* 4C **78**
Peasemore. *W Ber* 4C **36**
Peasenhall. *Suff* 4F **67**
Pease Pottage. *W Sus* 2D **26**
Peaslake. *Surr* 1B **26**
Peasley Cross. *Mers* 1H **83**
Peasmarsh. *E Sus* 3C **28**
Peasmarsh. *Som* 1G **13**
Peasmarsh. *Surr* 1A **26**
Peaston. *E Lot* 3H **129**
Peastonbank. *E Lot* 3H **129**
Peathill. *Abers* 2G **161**
Peat Inn. *Fife* 3G **137**
Peatling Magna. *Leics* 1C **62**
Peatling Parva. *Leics* 2C **62**
Peaton. *Arg* 1D **126**
Peaton. *Shrp* 2H **59**
Peats Corner. *Suff* 4D **66**
Pebmarsh. *Essx* 2B **54**
Pebworth. *Worc* 1G **49**
Pecket Well. *W Yor* 2H **91**
Peckforton. *Ches E* 5H **83**
Peckham Bush. *Kent* 5A **40**
Peckleton. *Leics* 5B **74**
Pedair-ffordd. *Powy* 3D **70**
Pedham. *Norf* 4F **79**
Pedlinge. *Kent* 2F **29**
Pedmore. *W Mid* 2D **60**
Pedwell. *Som* 3H **21**
Peebles. *Bord* 5F **129**
Peel. *IOM* 3B **108**
Peel. *Bord* 1G **119**
Peel Common. *Hants* 2D **16**
Peening Quarter. *Kent* 3C **28**
Peggs Green. *Leics* 4B **74**
Pegsdon. *C Beds* 2B **52**
Pegswood. *Nmbd* 1F **115**
Peinchorran. *High* 5E **155**
Peinlich. *High* 3D **154**
Pelaw. *Tyne* 3F **115**
Pelcomb Bridge. *Pemb* 3D **42**
Pelcomb Cross. *Pemb* 3D **42**
Peldon. *Essx* 4C **54**
Pelsall. *W Mid* 5E **73**
Pelton. *Dur* 4F **115**
Pelutho. *Cumb* 5C **112**
Pelynt. *Corn* 3G **7**
Pemberton. *Carm* 5F **45**
Pembrey. *Carm* 5E **45**
Pembridge. *Here* 5F **59**
Pembroke. *Pemb* 4D **43**
Pembroke Dock. *Pemb* 4D **42**
Pembroke Ferry. *Pemb* 4D **42**
Pembury. *Kent* 1H **27**
Penallt. *Mon* 4A **48**
Penally. *Pemb* 5F **43**
Penalt. *Here* 3A **48**
Penalum. *Pemb* 5F **43**
Penare. *Corn* 4D **6**
Penarth. *V Glam* 4E **33**
Penbeagle. *Corn* 3C **4**
Penberth. *Corn* 4B **4**
Pen-bont Rhydybeddau.
Cdgn 2F **57**
Penbryn. *Cdgn* 5B **56**
Pencader. *Carm* 2E **45**
Pen-cae. *Cdgn* 5D **56**
Pencaenewydd. *Gwyn* 1D **68**
Pencaerau. *Neat* 3G **31**
Pencaitland. *E Lot* 3H **129**
Pencarnisiog. *IOA* 3C **80**
Pencarreg. *Carm* 1F **45**
Pencarrow. *Corn* 4B **10**
Pencelli. *Powy* 3D **46**
Pen-clawdd. *Swan* 3E **31**
Pencoed. *B'end* 3C **32**
Pencombe. *Here* 5H **59**
Pencraig. *Here* 3A **48**
Pencraig. *Powy* 3C **70**
Pendeen. *Corn* 3A **4**
Pendeford. *W Mid* 5C **72**
Penderyn. *Rhon* 5C **46**
Pendine. *Carm* 4G **43**
Pendlebury. *G Man* 4F **91**
Pendleton. *G Man* 1C **84**
Pendleton. *Lanc* 1F **91**
Pendock. *Worc* 2C **48**
Pendoggett. *Corn* 5A **10**
Pendomer. *Som* 1A **14**
Pendoylan. *V Glam* 4D **32**
Pendre. *B'end* 3C **32**
Penegoes. *Powy* 5G **69**
Penelewey. *Corn* 4C **6**
Penffordd. *Pemb* 2E **43**
Penffordd-Lâs. *Powy* 1A **58**
Penfro. *Pemb* 4D **43**
Pengam. *Cphy* 2E **33**
Pengam. *Card* 4F **33**
Penge. *G Lon* 4E **39**
Pengelly. *Corn* 4A **10**
Pengenffordd. *Powy* 2E **47**
Pengersick. *Corn* 4C **4**
Pengorffwysfa. *IOA* 1D **80**
Pengover Green. *Corn* 2G **7**
Pengwern. *Den* 3C **82**
Penhale. *Corn*
nr. Mullion 5D **5**
nr. St Austell 3D **6**
Penhale Camp. *Corn* 3B **6**
Penhallow. *Corn* 3B **6**
Penhalvean. *Corn* 5B **6**
Penhelig. *Gwyn* 1F **57**
Penhill. *Swin* 3G **35**
Penhow. *Newp* 2H **33**
Penhurst. *E Sus* 4A **28**
Peniarth. *Gwyn* 5F **69**
Penicuik. *Midl* 3F **129**
Peniel. *Carm* 3E **45**
Penifiler. *High* 4D **155**
Peninver. *Arg* 3B **122**
Penisa'r Waun. *Gwyn* 4E **81**
Penistone. *S Yor* 4C **92**
Penketh. *Warr* 2H **83**
Penkill. *S Ayr* 5B **116**
Penkridge. *Staf* 4D **72**
Penley. *Wrex* 2G **71**
Penllech. *Gwyn* 2B **68**
Penllergaer. *Swan* 3F **31**
Pen-llyn. *IOA* 2C **80**
Penmachno. *Cnwy* 5G **81**
Penmaen. *Swan* 4E **31**
Penmaenmawr. *Cnwy* 3G **81**
Penmaenpool. *Gwyn* 4F **69**
Penmaen Rhos. *Cnwy* 3A **82**
Pen-marc. *V Glam* 5D **32**
Penmark. *V Glam* 5D **32**
Penmarth. *Corn* 5B **6**
Penmon. *IOA* 2F **81**
Penmorfa. *Gwyn* 1E **69**
Penmynydd. *IOA* 3E **81**
Penn. *Buck* 1A **38**
Penn. *Dors* 3G **13**
Penn. *W Mid* 1C **60**
Pennal. *Gwyn* 5G **69**
Pennan. *Abers* 2F **161**
Pennant. *Cdgn* 4E **57**
Pennant. *Den* 2C **70**
Pennant. *Gwyn* 3B **70**
Pennant. *Powy* 1A **58**
Pennant Melangell. *Powy* 3C **70**
Pennar. *Pemb* 4D **42**
Pennard. *Swan* 4E **31**
Pennerley. *Shrp* 1F **59**
Pennington. *Cumb* 2B **96**
Pennington. *G Man* 1A **84**
Pennington. *Hants* 3B **16**
Pennorth. *Powy* 3E **46**
Penn Street. *Buck* 1A **38**
Pennsylvania. *Devn* 3C **12**
Pennsylvania. *S Glo* 4C **34**
Penny Bridge. *Cumb* 1C **96**
Pennycross. *Plym* 3A **8**
Pennygate. *Norf* 3F **79**
Pennyghael. *Arg* 1C **132**
Penny Hill. *Linc* 3C **76**
Pennylands. *Lanc* 4C **90**
Pennymoor. *Devn* 1B **12**
Pennyvenie. *E Ayr* 4D **117**
Pennywell. *Tyne* 4G **115**
Penparc. *Cdgn* 1C **44**
Penparcau. *Cdgn* 2E **57**
Pen-pedair-heol. *Cphy* 2E **33**
Penperlleni. *Mon* 5G **47**
Penpillick. *Corn* 3E **7**
Penpol. *Corn* 5C **6**
Penpoll. *Corn* 3F **7**
Penponds. *Corn* 3D **4**
Penpont. *Corn* 5A **10**
Penpont. *Dum* 5H **117**
Penpont. *Powy* 3C **46**
Penprysg. *B'end* 3C **32**
Penquit. *Devn* 3C **8**
Penrherber. *Carm* 1G **43**
Penrhiw. *Pemb* 1C **44**
Penrhiwceiber. *Rhon* 2D **32**
Pen-Rhiw-fawr. *Neat* 4H **45**
Penrhiw-llan. *Cdgn* 1D **44**
Penrhiw-pal. *Cdgn* 1D **44**
Penrhos. *Gwyn* 2C **68**
Penrhos. *Here* 5F **59**
Penrhos. *IOA* 2B **80**
Penrhos. *Mon* 4H **47**
Penrhos. *Powy* 4B **46**
Penrhos Garnedd. *Gwyn* 3E **81**
Penrhyn. *IOA* 1C **80**
Penrhyn Bay. *Cnwy* 2H **81**
Penrhyn-coch. *Cdgn* 2F **57**
Penrhyndeudraeth. *Gwyn* 2F **69**
Penrhyn-side. *Cnwy* 2H **81**
Penrice. *Swan* 4D **31**
Penrith. *Cumb* 2G **103**
Penrose. *Corn* 1C **6**
Penruddock. *Cumb* 2F **103**
Penryn. *Corn* 5B **6**
Pen-sarn. *Carm* 4E **45**
Pen-sarn. *Gwyn* 3E **69**
Pensax. *Worc* 4B **60**
Pensby. *Mers* 2E **83**
Penselwood. *Som* 3C **22**
Pensford. *Bath* 5B **34**
Pensham. *Worc* 1E **49**
Penshaw. *Tyne* 4G **115**
Penshurst. *Kent* 1G **27**
Pensilva. *Corn* 2G **7**
Pensnett. *W Mid* 2D **60**
Penston. *E Lot* 2H **129**
Penstone. *Devn* 2A **12**
Pentewan. *Corn* 4E **6**
Pentir. *Gwyn* 4E **81**
Pentire. *Corn* 2B **6**
Pentlepoir. *Pemb* 4F **43**
Pentlow. *Essx* 1B **54**
Pentney. *Norf* 4G **77**
Penton Mewsey. *Hants* 2B **24**
Pentraeth. *IOA* 3E **81**
Pentre. *Powy*
nr. Church Stoke 1E **59**
nr. Kerry 2D **58**
nr. Mochdre 2C **58**
Pentre. *Rhon* 2C **32**
Pentre. *Shrp* 4F **71**
Pentre. *Wrex*
nr. Chirk 1E **71**
nr. Llanarmon Dyffryn Ceiriog
2D **70**
Pentre-bach. *Cdgn* 1F **45**
Pentre-bach. *Powy* 2C **46**
Pentrebach. *Carm* 2B **46**
Pentrebach. *Mer T* 5D **46**
Pentrebach. *Swan* 5G **45**
Pentre Berw. *IOA* 3D **80**
Pentre-bont. *Cnwy* 5G **81**
Pentrecagal. *Carm* 1D **44**
Pentre-celyn. *Den* 5D **82**
Pentre-clawdd. *Shrp* 2E **71**
Pentreclwydau. *Neat* 5B **46**
Pentre-cwrt. *Carm* 2D **45**
Pentre Dolau Honddu.
Powy 1C **46**
Pentre-dwr. *Swan* 3F **31**
Pentrefelin. *Carm* 3F **45**
Pentrefelin. *Cdgn* 1G **45**
Pentrefelin. *Cnwy* 3H **81**
Pentrefelin. *Gwyn* 2E **69**
Pentrefoelas. *Cnwy* 5A **82**
Pentre Galar. *Pemb* 1F **43**
Pentregat. *Cdgn* 5C **56**
Pentre Gwenlais. *Carm* 4G **45**
Pentre Gwynfryn. *Gwyn* 3E **69**
Pentre Halkyn. *Flin* 3E **82**
Pentre Hodre. *Shrp* 3F **59**
Pentre-Llanrhaeadr. *Den* 4C **82**
Pentre Llifior. *Powy* 1D **58**
Pentrellwyn. *IOA* 2E **81**
Pentre-llwyn-llwyd. *Powy* 5B **58**
Pentre-llyn-cymmer. *Cnwy* 5B **82**
Pentre Meyrick. *V Glam* 4C **32**
Pentre-piod. *Gwyn* 2A **70**
Pentre-poeth. *Newp* 3F **33**
Pentre'r beirdd. *Powy* 4D **70**
Pentre'r-felin. *Powy* 2C **46**
Pentre-tafarn-y-fedw.
Cnwy 4H **81**
Pentre-ty-gwyn. *Carm* 2B **46**
Pentre-uchaf. *Gwyn* 2C **68**
Pentrich. *Derbs* 5A **86**
Pentridge. *Dors* 1F **15**
Pen-twyn. *Cphy* 5F **47**
Pentwyn. *Cphy* 5E **46**
Pentwyn. *Card* 3F **33**
Pentyrch. *Card* 3E **32**
Pentywyn. *Carm* 4G **43**
Penuwch. *Cdgn* 4E **57**
Penwithick. *Corn* 3E **7**
Penwyllt. *Powy* 4B **46**
Pen-y-banc. *Carm* 3G **45**
Penybanc. *Carm* 4G **45**
Pen-y-bont. *Carm* 2H **43**
Pen-y-bont. *Powy* 3E **70**
Penybont. *Powy* 4D **58**
Pen-y-Bont Ar Ogwr.
B'end 3C **32**
Penybontfawr. *Powy* 3C **70**
Pen-y-bryn. *Pemb* 1B **44**
Pen-y-bryn. *Wrex* 1E **71**
Penybryn. *Cphy* 2E **33**
Pen-y-cae. *Powy* 4B **46**
Penycae. *Wrex* 1E **71**
Pen-y-cae mawr. *Mon* 2H **33**
Penycaerau. *Gwyn* 3A **68**
Pen-y-cefn. *Flin* 3D **82**
Pen-y-clawdd. *Mon* 5H **47**
Pen-y-coedcae. *Rhon* 3D **32**
Penycwm. *Pemb* 2C **42**
Pen-y-Darren. *Mer T* 5D **46**
Pen-y-fai. *B'end* 3B **32**
Pen-y-ffordd. *Flin* 2D **82**
Penyffordd. *Flin* 4F **83**
Penyffridd. *Gwyn* 5E **81**
Pen-y-garn. *Cdgn* 2F **57**
Pen-y-garnedd. *IOA* 3E **81**
Penygarnedd. *Powy* 3D **70**
Pen-y-graig. *Gwyn* 2B **68**
Penygraig. *Rhon* 2C **32**
Penygraigwen. *IOA* 2D **80**
Pen-y-groes. *Carm* 4F **45**
Penygroes. *Gwyn* 5D **80**
Penygroes. *Pemb* 1F **43**
Pen-y-Mynydd. *Carm* 5E **45**
Penymynydd. *Flin* 4F **83**
Pen-yr-heol. *Mon* 4H **47**
Penyrheol. *Cphy* 3E **33**
Penyrheol. *Swan* 3E **31**
Penysarn. *IOA* 1D **80**
Pen-y-stryt. *Den* 5D **82**
Penywaun. *Rhon* 5C **46**
Penzance. *Corn* 3B **4**
Peopleton. *Worc* 5D **60**
Peover Heath. *Ches E* 3B **84**
Peper Harow. *Surr* 1A **26**
Peplow. *Shrp* 3A **72**
Pepper Arden. *N Yor* 4F **105**
Perceton. *N Ayr* 5E **127**
Percyhorner. *Abers* 2G **161**
Perham Down. *Wilts* 2A **24**
Periton. *Som* 2C **20**
Perkinsville. *Dur* 4F **115**
Perlethorpe. *Notts* 3D **86**
Perranarworthal. *Corn* 5B **6**
Perranporth. *Corn* 3B **6**
Perranuthnoe. *Corn* 4C **4**
Perranwell. *Corn* 5B **6**
Perranzabuloe. *Corn* 3B **6**
Perrott's Brook. *Glos* 5F **49**
Perry. *W Mid* 1E **61**
Perry Barr. *W Mid* 1E **61**
Perry Crofts. *Staf* 5G **73**
Perry Green. *Essx* 3B **54**
Perry Green. *Herts* 4E **53**
Perry Green. *Wilts* 3E **35**
Perry Street. *Kent* 3H **39**
Perry Street. *Som* 2G **13**
Perrywood. *Kent* 5E **41**
Pershall. *Staf* 3C **72**
Pershore. *Worc* 1E **49**
Pertenhall. *Bed* 4H **63**
Perth. *Per* 1D **136**
Perthy. *Shrp* 2F **71**
Perton. *Staf* 1C **60**
Pertwood. *Wilts* 3D **23**
Peterborough. *Pet* 1A **64**
Peterburn. *High* 5B **162**
Peterchurch. *Here* 2G **47**
Peterculter. *Aber* 3F **153**
Peterhead. *Abers* 4H **161**

Peterlee. *Dur* 5H 115
Petersfield. *Hants* 4F 25
Petersfinger. *Wilts* 4G 23
Peters Green. *Herts* 4B 52
Peters Marland. *Devn* 1E 11
Peterstone Wentlooge. *Newp* 3F 33
Peterston-super-Ely. *V Glam* 4D 32
Peterstow. *Here* 3A 48
Peters Village. *Kent* 4B 40
Peter Tavy. *Devn* 5F 11
Petertown. *Orkn* 7C 172
Petham. *Kent* 5F 41
Petherwin Gate. *Corn* 4C 10
Petrockstowe. *Devn* 2F 11
Petsoe End. *Mil* 1G 51
Pett. *E Sus* 4C 28
Pettaugh. *Suff* 5D 66
Pett Bottom. *Kent* 5F 41
Petteridge. *Kent* 1A 28
Pettinain. *S Lan* 5C 128
Pettistree. *Suff* 5E 67
Petton. *Devn* 4D 20
Petton. *Shrp* 3G 71
Petts Wood. *G Lon* 4F 39
Pettycur. *Fife* 1F 129
Pettywell. *Norf* 3C 78
Petworth. *W Sus* 3A 26
Pevensey. *E Sus* 5H 27
Pevensey Bay. *E Sus* 5A 28
Pewsey. *Wilts* 5G 35
Pheasants Hill. *Buck* 3F 37
Philadelphia. *Tyne* 4G 115
Philham. *Devn* 4C 18
Philiphaugh. *Bord* 2G 119
Phillack. *Corn* 3C 4
Philleigh. *Corn* 5C 6
Philpstoun. *W Lot* 2D 128
Phocle Green. *Here* 3B 48
Phoenix Green. *Hants* 1F 25
Pibsbury. *Som* 4H 21
Pibwrlwyd. *Carm* 4E 45
Pica. *Cumb* 2B 102
Piccadilly. *Warw* 1G 61
Piccadilly Corner. *Norf* 2E 67
Piccotts End. *Herts* 5A 52
Pickering. *N Yor* 1B 100
Picket Piece. *Hants* 2B 24
Picket Post. *Hants* 2G 15
Pickford. *W Mid* 2G 61
Pickhill. *N Yor* 1F 99
Picklenash. *Glos* 3C 48
Picklescott. *Shrp* 1G 59
Pickletillem. *Fife* 1G 137
Pickmere. *Ches E* 3A 84
Pickstock. *Telf* 3B 72
Pickwell. *Devn* 2E 19
Pickwell. *Leics* 4E 75
Pickworth. *Linc* 2H 75
Pickworth. *Rut* 4G 75
Picton. *Ches W* 3G 83
Picton. *Flin* 2D 82
Picton. *N Yor* 4B 106
Pict's Hill. *Som* 4H 21
Piddinghoe. *E Sus* 5F 27
Piddington. *Buck* 2G 37
Piddington. *Nptn* 5F 63
Piddington. *Oxon* 4E 51
Piddlehinton. *Dors* 3C 14
Piddletrenthide. *Dors* 2C 14
Pidley. *Cambs* 3C 64
Pidney. *Dors* 2C 14
Pie Corner. *Here* 4A 60
Piercebridge. *Darl* 3F 105
Pierowall. *Orkn* 3D 172
Pigdon. *Nmbd* 1E 115
Pightley. *Som* 3F 21
Pikehall. *Derbs* 5F 85
Pikeshill. *Hants* 2A 16
Pilford. *Dors* 2F 15
Pilgrims Hatch. *Essx* 1G 39
Pilham. *Linc* 1F 87
Pill. *N Som* 4A 34
The Pill. *Mon* 3H 33
Pillaton. *Corn* 2H 7
Pillaton. *Staf* 4D 72
Pillerton Hersey. *Warw* 1B 50
Pillerton Priors. *Warw* 1A 50
Pilleth. *Powy* 4E 59
Pilley. *Hants* 3B 16
Pilley. *S Yor* 4D 92
Pillgwenlly. *Newp* 3G 33
Pilling. *Lanc* 5D 96
Pilling Lane. *Lanc* 5C 96
Pillowell. *Glos* 5B 48
Pillwell. *Dors* 1C 14
Pilning. *S Glo* 3A 34
Pilsbury. *Derbs* 4F 85
Pilsdon. *Dors* 3H 13
Pilsgate. *Pet* 5H 75
Pilsley. *Derbs*
nr. Bakewell 3G 85
nr. Clay Cross 4B 86
Pilson Green. *Norf* 4F 79
Piltdown. *E Sus* 3F 27
Pilton. *Edin* 2F 129
Pilton. *Nptn* 2H 63
Pilton. *Rut* 5G 75
Pilton. *Som* 2A 22
Pilton Green. *Swan* 4D 30
Pimperne. *Dors* 2E 15
Pinchbeck. *Linc* 3B 76
Pinchbeck Bars. *Linc* 3A 76
Pinchbeck West. *Linc* 3B 76
Pinfold. *Lanc* 3B 90
Pinford End. *Suff* 5H 65
Pinged. *Carm* 5E 45
Pinhoe. *Devn* 3C 12
Pinkerton. *E Lot* 2D 130
Pinkneys Green. *Wind* 3G 37
Pinley. *W Mid* 3A 62
Pinley Green. *Warw* 4G 61
Pinmill. *Suff* 2F 55
Pinmore. *S Ayr* 5B 116
Pinner. *G Lon* 2C 38
Pins Green. *Worc* 1C 48
Pinsley Green. *Ches E* 1H 71
Pinvin. *Worc* 1E 49
Pinwherry. *S Ayr* 1G 109
Pinxton. *Derbs* 5B 86
Pipe and Lyde. *Here* 1A 48
Pipe Aston. *Here* 3G 59
Pipe Gate. *Shrp* 1B 72
Pipehill. *Staf* 5E 73
Piperhill. *High* 3C 158
Pipe Ridware. *Staf* 4E 73
Pipers Pool. *Corn* 4C 10
Pipewell. *Nptn* 2F 63
Pippacott. *Devn* 3F 19
Pipton. *Powy* 2E 47
Pirbright. *Surr* 5A 38
Pirnmill. *N Ayr* 5G 125
Pirton. *Herts* 2B 52
Pirton. *Worc* 1D 49
Pisgah. *Stir* 3G 135
Pishill. *Oxon* 3F 37
Pistyll. *Gwyn* 1C 68
Pitagowan. *Per* 2F 143
Pitcairn. *Per* 3F 143
Pitcairngreen. *Per* 1C 136
Pitcalnie. *High* 1C 158
Pitcaple. *Abers* 1E 152
Pitchcombe. *Glos* 5D 48
Pitchcott. *Buck* 3F 51
Pitchford. *Shrp* 5H 71
Pitch Green. *Buck* 5F 51
Pitch Place. *Surr* 5A 38
Pitcombe. *Som* 3B 22
Pitcox. *E Lot* 2C 130
Pitcur. *Per* 5B 144
Pitfichie. *Abers* 2D 152
Pitgrudy. *High* 4E 165
Pitkennedy. *Ang* 3E 145
Pitlessie. *Fife* 3F 137
Pitlochry. *Per* 3G 143
Pitmachie. *Abers* 1D 152
Pitmaduthy. *High* 1B 158
Pitmedden. *Abers* 1F 153
Pitminster. *Som* 1F 13
Pitnacree. *Per* 3G 143
Pitney. *Som* 4H 21
Pitroddie. *Per* 1E 136
Pitscottie. *Fife* 2G 137
Pitsea. *Essx* 2B 40
Pitsford. *Nptn* 4E 63
Pitsford Hill. *Som* 3E 20
Pitsmoor. *S Yor* 2A 86
Pitstone. *Buck* 4H 51
Pitt. *Hants* 4C 24
Pitt Court. *Glos* 2C 34
Pittentrail. *High* 3E 164
Pittenweem. *Fife* 3H 137
Pittington. *Dur* 5G 115
Pitton. *Swan* 4D 30
Pitton. *Wilts* 3H 23
Pittswood. *Kent* 1H 27
Pittulie. *Abers* 2G 161
Pittville. *Glos* 3E 49
Pitversie. *Per* 2D 136
Pity Me. *Dur* 5F 115
Pityme. *Corn* 1D 6
Pixey Green. *Suff* 3E 67
Pixley. *Here* 2B 48
Place Newton. *N Yor* 2C 100
Plaidy. *Abers* 3E 161
Plaidy. *Corn* 3G 7
Plain Dealings. *Pemb* 3E 43
Plains. *N Lan* 3A 128
Plainsfield. *Som* 3E 21
Plaish. *Shrp* 1H 59
Plaistow. *Here* 2B 48
Plaistow. *W Sus* 2B 26
Plaitford. *Wilts* 1A 16
Plastow Green. *Hants* 5D 36
Plas yn Cefn. *Den* 3C 82
The Platt. *E Sus* 2G 27
Platt Bridge. *G Man* 4E 90
Platt Lane. *Shrp* 2H 71
Platts Common. *S Yor* 4D 92
Platt's Heath. *Kent* 5C 40
Plawsworth. *Dur* 5F 115
Plaxtol. *Kent* 5H 39
Playden. *E Sus* 3D 28
Playford. *Suff* 1F 55
Play Hatch. *Oxon* 4F 37
Playing Place. *Corn* 4C 6
Playley Green. *Glos* 2C 48
Plealey. *Shrp* 5G 71
Plean. *Stir* 1B 128
Pleasington. *Bkbn* 2E 91
Pleasley. *Derbs* 4C 86
Pledgdon Green. *Essx* 3F 53
Plenmeller. *Nmbd* 3A 114
Pleshey. *Essx* 4G 53
Plockton. *High* 5H 155
Plocrapol. *W Isl* 8D 171
Ploughfield. *Here* 1G 47
Plowden. *Shrp* 2F 59
Ploxgreen. *Shrp* 5F 71
Pluckley. *Kent* 1D 28
Plucks Gutter. *Kent* 4G 41
Plumbland. *Cumb* 1C 102
Plumgarths. *Cumb* 5F 103
Plumley. *Ches E* 3B 84
Plummers Plain. *W Sus* 3D 26
Plumpton. *Cumb* 1F 103
Plumpton. *E Sus* 4E 27
Plumpton. *Nptn* 1D 50
Plumpton Foot. *Cumb* 1F 103
Plumpton Green. *E Sus* 4E 27
Plumpton Head. *Cumb* 1G 103
Plumstead. *G Lon* 3F 39
Plumstead. *Norf* 2D 78
Plumtree. *Notts* 2D 74
Plumtree Park. *Notts* 2D 74
Plungar. *Leics* 2E 75
Plush. *Dors* 2C 14
Plushabridge. *Corn* 5D 10
Plwmp. *Cdgn* 5C 56
Plymouth. *Plym* 3A 8
Plympton. *Plym* 3B 8
Plymstock. *Plym* 3B 8
Plymtree. *Devn* 2D 12
Pockley. *N Yor* 1A 100
Pocklington. *E Yor* 5C 100
Pode Hole. *Linc* 3B 76
Podimore. *Som* 4A 22
Podington. *Bed* 4G 63
Podmore. *Staf* 2B 72
Poffley End. *Oxon* 4B 50
Point Clear. *Essx* 4D 54
Pointon. *Linc* 2A 76
Pokesdown. *Bour* 3G 15
Polbae. *Dum* 2H 109
Polbain. *High* 3E 163
Polbathic. *Corn* 3H 7
Polbeth. *W Lot* 3D 128
Polbrock. *Corn* 2E 6
Polchar. *High* 3C 150
Polebrook. *Nptn* 2H 63
Pole Elm. *Worc* 1D 48
Polegate. *E Sus* 5G 27
Pole Moor. *W Yor* 3A 92
Poles. *High* 4E 165
Polesworth. *Warw* 5G 73
Polglass. *High* 3E 163
Polgooth. *Corn* 3D 6
Poling. *W Sus* 5B 26
Poling Corner. *W Sus* 5B 26
Polio. *High* 1B 158
Polkerris. *Corn* 3E 7
Polla. *High* 3D 166
Pollard Street. *Norf* 2F 79
Pollicott. *Buck* 4F 51
Pollington. *E Yor* 3G 93
Polloch. *High* 2B 140
Pollok. *Glas* 3G 127
Pollokshaws. *Glas* 3G 127
Pollokshields. *Glas* 3G 127
Polmaily. *High* 5G 157
Polmassick. *Corn* 4D 6
Polmont. *Falk* 2C 128
Polnessan. *E Ayr* 3D 116
Polnish. *High* 5F 147
Polperro. *Corn* 3G 7
Polruan. *Corn* 3F 7
Polscoe. *Corn* 2F 7
Polsham. *Som* 2A 22
Polskeoch. *Dum* 4F 117
Polstead. *Suff* 2C 54
Polstead Heath. *Suff* 1C 54
Poltesco. *Corn* 5E 5
Poltimore. *Devn* 3C 12
Polton. *Midl* 3F 129
Polwarth. *Bord* 4D 130
Polyphant. *Corn* 4C 10
Polzeath. *Corn* 1D 6
Ponde. *Powy* 2E 46
Pondersbridge. *Cambs* 1B 64
Ponders End. *G Lon* 1E 39
Pond Street. *Essx* 2E 53
Pondtail. *Hants* 1G 25
Ponsanooth. *Corn* 5B 6
Ponsongath. *Corn* 5E 5
Ponsworthy. *Devn* 5H 11
Pontamman. *Carm* 4G 45
Pontantwn. *Carm* 4E 45
Pontardawe. *Neat* 5H 45
Pontarddulais. *Swan* 5F 45
Pontarfynach. *Cdgn* 3G 57
Pont-ar-gothi. *Carm* 3F 45
Pont ar Hydfer. *Powy* 3B 46
Pontarllechau. *Carm* 3H 45
Pontarsais. *Carm* 3E 45
Pontblyddyn. *Flin* 4E 83
Pontbren Llwyd. *Rhon* 5C 46
Pont-Cyfyng. *Cnwy* 5G 81
Pontdolgoch. *Powy* 1C 58
Pontefract. *W Yor* 2E 93
Ponteland. *Nmbd* 2E 115
Ponterwyd. *Cdgn* 2G 57
Pontesbury. *Shrp* 5G 71
Pontesford. *Shrp* 5G 71
Pontfadog. *Wrex* 2E 71
Pont-Faen. *Shrp* 2E 71
Pont-faen. *Powy* 2C 46
Pontfaen. *Pemb* 1E 43
Pontgarreg. *Cdgn* 5C 56
Pont-Henri. *Carm* 5E 45
Ponthir. *Torf* 2G 33
Ponthirwaun. *Cdgn* 1C 44
Pont-iets. *Carm* 5E 45
Pontllanfraith. *Cphy* 2E 33
Pontlliw. *Swan* 5G 45
Pont Llogel. *Powy* 4C 70
Pontllyfni. *Gwyn* 5D 80
Pontlottyn. *Cphy* 5E 46
Pontneddfechan. *Powy* 5C 46
Pont-newydd. *Carm* 5E 45
Pont-newydd. *Flin* 4D 82
Pontnewydd. *Torf* 2F 33
Ponton. *Shet* 6E 173
Pont Pen-y-benglog. *Gwyn* 4F 81
Pontrhydfendigaid. *Cdgn* 4G 57
Pont Rhyd-y-cyff. *B'end* 3B 32
Pontrhydyfen. *Neat* 2A 32
Pont-rhyd-y-groes. *Cdgn* 3G 57
Pontrhydyrun. *Torf* 2F 33
Pont-Rhythallt. *Gwyn* 4E 81
Pontrilas. *Here* 3G 47
Pontrilas Road. *Here* 3G 47
Pontrobert. *Powy* 4D 70
Pont-rug. *Gwyn* 4E 81
Ponts Green. *E Sus* 4A 28
Pontshill. *Here* 3B 48
Pont-Sian. *Cdgn* 1E 45
Pontsticill. *Mer T* 4D 46
Pont-Walby. *Neat* 5B 46
Pontwelly. *Carm* 2E 45
Pontwgan. *Cnwy* 3G 81
Pontyates. *Carm* 5E 45
Pontyberem. *Carm* 4F 45
Pontybodkin. *Flin* 5E 83
Pontyclun. *Rhon* 3D 32
Pontycymer. *B'end* 2C 32
Pontyglazier. *Pemb* 1F 43
Pontygwaith. *Rhon* 2D 32
Pont-y-pant. *Cnwy* 5G 81
Pontypool. *Torf* 2F 33
Pontypridd. *Rhon* 3D 32
Pontypwl. *Torf* 2F 33
Pontywaun. *Cphy* 2F 33
Pooksgreen. *Hants* 1B 16
Pool. *Corn* 4A 6
Pool. *W Yor* 5E 99
Poole. *N Yor* 2E 93
Poole. *Pool* 3F 15
Poole. *Som* 4E 21
Poole Keynes. *Glos* 2E 35
Poolend. *Staf* 5D 84
Poolewe. *High* 5C 162
Pooley Bridge. *Cumb* 2F 103
Poolfold. *Staf* 5C 84
Pool Head. *Here* 5H 59
Pool Hey. *Lanc* 3B 90
Poolhill. *Glos* 3C 48
Poolmill. *Here* 3A 48
Pool o' Muckhart. *Clac* 3C 136
Pool Quay. *Powy* 4E 71
Poolsbrook. *Derbs* 3B 86
Pool Street. *Essx* 2A 54
Pootings. *Kent* 1F 27
Pope Hill. *Pemb* 3D 42
Pope's Hill. *Glos* 4B 48
Popeswood. *Brac* 5G 37
Popham. *Hants* 2D 24
Poplar. *G Lon* 2E 39
Popley. *Hants* 1E 25
Porchfield. *IOW* 3C 16
Porin. *High* 3F 157
Poringland. *Norf* 5E 79
Porkellis. *Corn* 5A 6
Porlock. *Som* 2B 20
Porlock Weir. *Som* 2B 20
Portachoillan. *Arg* 4F 125
Port Adhair Bheinn na Faoghla. *W Isl* 3C 170
Port Adhair Thirlodh. *Arg* 4B 138
Portadown. *Arm* 5F 175

Portaferry. *Ards* 5J 175
Port Ann. *Arg* 1H 125
Port Appin. *Arg* 4D 140
Port Asgaig. *Arg* 3C 124
Port Askaig. *Arg* 3C 124
Portavadie. *Arg* 3H 125
Portavogie. *Ards* 4J 175
Portballintrae. *Caus* 1F 175
Port Bannatyne. *Arg* 3B 126
Portbury. *N Som* 4A 34
Port Carlisle. *Cumb* 3D 112
Port Charlotte. *Arg* 4A 124
Portchester. *Hants* 2E 16
Port Clarence. *Stoc T* 2B 106
Port Driseach. *Arg* 2A 126
Port Dundas. *Glas* 3G 127
Port Ellen. *Arg* 5B 124
Port Elphinstone. *Abers* 1E 153
Portencalzie. *Dum* 2F 109
Portencross. *N Ayr* 5C 126
Port Erin. *IOM* 5A 108
Port Erroll. *Abers* 5H 161
Porter's Fen Corner. *Norf* 5E 77
Portesham. *Dors* 4B 14
Portessie. *Mor* 2B 160
Port e Vullen. *IOM* 2D 108
Port-Eynon. *Swan* 4D 30
Portfield. *Som* 4H 21
Portfield Gate. *Pemb* 3D 42
Portgate. *Devn* 4E 11
Port Gaverne. *Corn* 4A 10
Port Glasgow. *Inv* 2E 127
Portglenone. *ME Ant* 2F 175
Portgordon. *Mor* 2A 160
Portgower. *High* 2H 165
Porth. *Corn* 2C 6
Porth. *Rhon* 2D 32
Porthaethwy. *IOA* 3E 81
Porthallow. *Corn*
nr. Looe 3G 7
nr. St Keverne 4E 5
Porthcawl. *B'end* 4B 32
Porthceri. *V Glam* 5D 32
Porthcothan. *Corn* 1C 6
Porthcurno. *Corn* 4A 4
Port Henderson. *High* 1G 155
Porthgain. *Pemb* 1C 42
Porthgwarra. *Corn* 4A 4
Porthill. *Shrp* 4G 71
Porthkerry. *V Glam* 5D 32
Porthleven. *Corn* 4D 4
Porthllechog. *IOA* 1D 80
Porthmadog. *Gwyn* 2E 69
Porthmeor. *Corn* 3B 4
Porth Navas. *Corn* 4E 5
Portholland. *Corn* 4D 6
Porthoustock. *Corn* 4F 5
Porthtowan. *Corn* 4A 6
Porth Tywyn. *Carm* 5E 45
Porth-y-felin. *IOA* 2B 80
Porthyrhyd. *Carm*
nr. Carmarthen 4F 45
nr. Llandovery 2H 45
Porth-y-waen. *Shrp* 3E 71
Portincaple. *Arg* 4B 134
Portington. *E Yor* 1A 94
Portinnisherrich. *Arg* 2G 133
Portinscale. *Cumb* 2D 102
Port Isaac. *Corn* 1D 6
Portishead. *N Som* 4H 33
Portknockie. *Mor* 2B 160
Port Lamont. *Arg* 2B 126
Portlethen. *Abers* 4G 153
Portlethen Village. *Abers* 4G 153
Portling. *Dum* 4F 111
Port Lion. *Pemb* 4D 43
Portloe. *Corn* 5D 6
Port Logan. *Dum* 5F 109
Portmahomack. *High* 5G 165
Portmead. *Swan* 3F 31
Portmeirion. *Gwyn* 2E 69
Portmellon. *Corn* 4E 6
Port Mholair. *W Isl* 4H 171
Port Mor. *High* 1F 139
Portmore. *Hants* 3B 16
Port Mulgrave. *N Yor* 3E 107
Portnacroish. *Arg* 4D 140
Portnahaven. *Arg* 4A 124
Portnalong. *High* 5C 154
Portnaluchaig. *High* 5E 147
Portnancon. *High* 2E 167
Port Nan Giuran. *W Isl* 4H 171
Port nan Long. *W Isl* 1D 170
Port Nis. *W Isl* 1H 171
Portobello. *Edin* 2G 129
Portobello. *W Yor* 3D 92
Port of Menteith. *Stir* 3E 135
Porton. *Wilts* 3G 23
Portormin. *High* 5D 168
Portpatrick. *Dum* 4F 109
Port Quin. *Corn* 1D 6
Port Ramsay. *Arg* 4C 140
Portreath. *Corn* 4A 6
Portree. *High* 4D 155
Port Righ. *High* 4D 155
Portrush. *Caus* 1E 175
Port St Mary. *IOM* 5B 108
Portscatho. *Corn* 5C 6
Portsea. *Port* 2E 17
Port Seton. *E Lot* 2H 129
Portskerra. *High* 2A 168
Portskewett. *Mon* 3A 34
Portslade-by-Sea. *Brig* 5D 26
Portsmouth. *Port* 2E 17
Portsmouth. *W Yor* 2H 91
Port Soderick. *IOM* 4C 108
Port Solent. *Port* 2E 17
Portsonachan. *Arg* 1H 133
Portsoy. *Abers* 2C 160
Portstewart. *Caus* 1E 175
Port Sunlight. *Mers* 2F 83
Portswood. *Sotn* 1C 16
Port Talbot. *Neat* 3A 32
Porttannachy. *Mor* 2A 160
Port Tennant. *Swan* 3F 31
Portuairk. *High* 2F 139
Portway. *Here* 1H 47
Portway. *Worc* 3E 61
Port Wemyss. *Arg* 4A 124
Port William. *Dum* 5A 110
Portwrinkle. *Corn* 3H 7
Poslingford. *Suff* 1A 54
Postbridge. *Devn* 5G 11
Postcombe. *Oxon* 2F 37
Post Green. *Dors* 3E 15
Postling. *Kent* 2F 29
Postlip. *Glos* 3F 49
Post-Mawr. *Cdgn* 5D 56
Postwick. *Norf* 5E 79
Potarch. *Abers* 4D 152
Potsgrove. *C Beds* 3H 51
Potten End. *Herts* 5A 52
Potter Brompton. *N Yor* 2D 101
Pottergate Street. *Norf* 1D 66
Potterhanworth. *Linc* 4H 87
Potterhanworth Booths. *Linc* 4H 87
Potter Heigham. *Norf* 4G 79
Potter Hill. *Leics* 3E 75
The Potteries. *Stoke* 1C 72
Potterne. *Wilts* 1E 23
Potterne Wick. *Wilts* 1F 23
Potternewton. *W Yor* 1D 92
Potters Bar. *Herts* 5C 52
Potters Brook. *Lanc* 4D 97
Potter's Cross. *Staf* 2C 60
Potters Crouch. *Herts* 5B 52
Potter Somersal. *Derbs* 2F 73
Potterspury. *Nptn* 1F 51
Potter Street. *Essx* 5E 53
Potterton. *Abers* 2G 153
Potthorpe. *Norf* 3B 78
Pottle Street. *Wilts* 2D 22
Potto. *N Yor* 4B 106
Potton. *C Beds* 1C 52
Pott Row. *Norf* 3G 77
Pott Shrigley. *Ches E* 3D 84
Poughill. *Corn* 2C 10
Poughill. *Devn* 2B 12
Poulner. *Hants* 2G 15
Poulshot. *Wilts* 1E 23
Poulton. *Glos* 5G 49
Poulton-le-Fylde. *Lanc* 1B 90
Pound Bank. *Worc* 3B 60
Poundbury. *Dors* 3B 14
Poundfield. *E Sus* 2G 27
Poundgate. *E Sus* 3F 27
Pound Green. *E Sus* 3G 27
Pound Green. *Suff* 5G 65
Pound Hill. *W Sus* 2D 27
Poundland. *S Ayr* 1G 109
Poundon. *Buck* 3E 51
Poundsgate. *Devn* 5H 11
Poundstock. *Corn* 3C 10
Pound Street. *Hants* 5C 36
Pounsley. *E Sus* 3G 27
Powburn. *Nmbd* 3E 121
Powderham. *Devn* 4C 12
Powerstock. *Dors* 3A 14
Powfoot. *Dum* 3C 112
Powick. *Worc* 5C 60
Powmill. *Per* 4C 136
Poxwell. *Dors* 4C 14
Poyle. *Slo* 3B 38
Poynings. *W Sus* 4D 26
Poyntington. *Dors* 4B 22
Poynton. *Ches E* 2D 84
Poynton. *Telf* 4H 71
Poynton Green. *Telf* 4H 71
Poystreet Green. *Suff* 5B 66
Praa Sands. *Corn* 4C 4
Pratt's Bottom. *G Lon* 4F 39
Praze-an-Beeble. *Corn* 3D 4
Prees. *Shrp* 2H 71
Preesall. *Lanc* 5C 96
Preesall Park. *Lanc* 5C 96
Prees Green. *Shrp* 2H 71
Prees Higher Heath. *Shrp* 2H 71
Prendergast. *Pemb* 3D 42
Prendwick. *Nmbd* 3E 121
Pren-gwyn. *Cdgn* 1E 45
Prenteg. *Gwyn* 1E 69
Prenton. *Mers* 2F 83
Prescot. *Mers* 1G 83
Prescott. *Devn* 1D 12
Prescott. *Shrp* 3G 71
Preshute. *Wilts* 5G 35
Pressen. *Nmbd* 1C 120
Prestatyn. *Den* 2C 82
Prestbury. *Ches E* 3D 84
Prestbury. *Glos* 3E 49
Presteigne. *Powy* 4F 59
Presthope. *Shrp* 1H 59
Prestleigh. *Som* 2B 22
Preston. *Brig* 5E 27
Preston. *Devn* 5B 12
Preston. *Dors* 4C 14
Preston. *E Lot*
nr. East Linton 2B 130
nr. Prestonpans 2G 129
Preston. *E Yor* 1E 95
Preston. *Glos* 5F 49
Preston. *Herts* 3B 52
Preston. *Kent*
nr. Canterbury 4G 41
nr. Faversham 4E 41
Preston. *Lanc* 2D 90
Preston. *Nmbd* 2F 121
Preston. *Rut* 5F 75
Preston. *Bord* 4D 130
Preston. *Shrp* 4H 71
Preston. *Suff* 5B 66
Preston. *Wilts*
nr. Aldbourne 4A 36
nr. Lyneham 4F 35
Preston Bagot. *Warw* 4F 61
Preston Bissett. *Buck* 3E 51
Preston Bowyer. *Som* 4E 21
Preston Brockhurst. *Shrp* 3H 71
Preston Brook. *Hal* 2H 83
Preston Candover. *Hants* 2E 24
Preston Capes. *Nptn* 5C 62
Preston Cross. *Glos* 2B 48
Preston Gubbals. *Shrp* 4G 71
Preston-le-Skerne. *Dur* 2A 106
Preston Marsh. *Here* 1A 48
Prestonmill. *Dum* 4A 112
Preston on Stour. *Warw* 1H 49
Preston on the Hill. *Hal* 2H 83
Preston on Wye. *Here* 1G 47
Prestonpans. *E Lot* 2G 129
Preston Plucknett. *Som* 1A 14
Preston-under-Scar. *N Yor* 5D 104
Preston upon the Weald Moors. *Telf* 4A 72
Preston Wynne. *Here* 1A 48
Prestwich. *G Man* 4G 91
Prestwick. *Nmbd* 2E 115
Prestwick. *S Ayr* 2C 116
Prestwold. *Leics* 3C 74
Prestwood. *Buck* 5G 51
Prestwood. *Staf* 1F 73
Price Town. *B'end* 2C 32
Prickwillow. *Cambs* 2E 65
Priddy. *Som* 1A 22
Priestcliffe. *Derbs* 3F 85
Priesthill. *Glas* 3G 127
Priest Hutton. *Lanc* 2E 97
Priestland. *E Ayr* 1E 117
Priest Weston. *Shrp* 1E 59
Priestwood. *Brac* 4G 37
Priestwood. *Kent* 4A 40
Primethorpe. *Leics* 1C 62
Primrose Green. *Norf* 4C 78
Primrose Hill. *Glos* 5B 48
Primrose Hill. *Lanc* 4B 90
Primrose Valley. *N Yor* 2F 101
Primsidemill. *Bord* 2C 120
Princes Gate. *Pemb* 3F 43
Princes Risborough. *Buck* 5G 51
Princethorpe. *Warw* 3B 62
Princetown. *Devn* 5F 11
Prinsted. *W Sus* 2F 17
Prion. *Den* 4C 82
Prior Muir. *Fife* 2H 137
Prior's Frome. *Here* 2A 48
Priors Halton. *Shrp* 3G 59
Priors Hardwick. *Warw* 5B 62
Priorslee. *Telf* 4B 72
Priors Marston. *Warw* 5B 62
Prior's Norton. *Glos* 3D 48
The Priory. *W Ber* 5B 36
Priory Wood. *Here* 1F 47
Priston. *Bath* 5B 34
Pristow Green. *Norf* 2D 66
Prittlewell. *S'end* 2C 40
Privett. *Hants* 4E 25
Prixford. *Devn* 3F 19
Probus. *Corn* 4C 6
Prospect. *Cumb* 5C 112
Prospect Village. *Staf* 4E 73
Provanmill. *Glas* 3H 127
Prudhoe. *Nmbd* 3D 115
Publow. *Bath* 5B 34
Puckeridge. *Herts* 3D 53
Puckington. *Som* 1G 13
Pucklechurch. *S Glo* 4B 34
Puckrup. *Glos* 2D 49
Puddinglake. *Ches W* 4B 84
Puddington. *Ches W* 3F 83
Puddington. *Devn* 1B 12
Puddlebrook. *Glos* 4B 48
Puddledock. *Norf* 1C 66
Puddletown. *Dors* 3C 14
Pudleston. *Here* 5H 59
Pudsey. *W Yor* 1C 92
Pulborough. *W Sus* 4B 26
Puleston. *Telf* 3B 72
Pulford. *Ches W* 5F 83
Pulham. *Dors* 2C 14
Pulham Market. *Norf* 2D 66
Pulham St Mary. *Norf* 2E 66
Pulley. *Shrp* 5G 71
Pulloxhill. *C Beds* 2A 52
Pulpit Hill. *Arg* 1F 133
Pulverbatch. *Shrp* 5G 71
Pumpherston. *W Lot* 3D 128
Pumsaint. *Carm* 1G 45
Puncheston. *Pemb* 2E 43
Puncknowle. *Dors* 4A 14
Punnett's Town. *E Sus* 3H 27
Purbrook. *Hants* 2E 17
Purfleet. *Thur* 3G 39
Puriton. *Som* 2G 21
Purleigh. *Essx* 5B 54
Purley. *G Lon* 4E 39
Purley on Thames. *W Ber* 4E 37
Purlogue. *Shrp* 3E 59
Purl's Bridge. *Cambs* 2D 65
Purse Caundle. *Dors* 1B 14
Purslow. *Shrp* 2F 59
Purston Jaglin. *W Yor* 3E 93
Purtington. *Som* 2G 13
Purton. *Glos*
nr. Lydney 5B 48
nr. Sharpness 5B 48
Purton. *Wilts* 3F 35
Purton Stoke. *Wilts* 2F 35
Pury End. *Nptn* 1F 51
Pusey. *Oxon* 2B 36
Putley. *Here* 2B 48
Putney. *G Lon* 3D 38
Putsborough. *Devn* 2E 19
Puttenham. *Herts* 4G 51
Puttenham. *Surr* 1A 26
Puttock End. *Essx* 1B 54
Puttock's End. *Essx* 4F 53
Puxey. *Dors* 1C 14
Puxton. *N Som* 5H 33
Pwll. *Carm* 5E 45
Pwll. *Powy* 5D 70
Pwllcrochan. *Pemb* 4D 42
Pwll-glas. *Den* 5D 82
Pwllgloyw. *Powy* 2D 46
Pwllheli. *Gwyn* 2C 68
Pwllmeyric. *Mon* 2A 34
Pwlltrap. *Carm* 3G 43
Pwll-y-glaw. *Neat* 2A 32
Pyecombe. *W Sus* 4D 27
Pye Corner. *Herts* 4E 53
Pye Corner. *Newp* 3G 33
Pye Green. *Staf* 4D 73
Pyewipe. *NE Lin* 3F 95
Pyle. *B'end* 3B 32
Pyle. *IOW* 5C 16
Pyle Hill. *Surr* 5A 38
Pylle. *Som* 3B 22
Pymoor. *Cambs* 2D 65
Pymore. *Dors* 3H 13
Pyrford. *Surr* 5B 38
Pyrford Village. *Surr* 5B 38
Pyrton. *Oxon* 2E 37
Pytchley. *Nptn* 3F 63
Pyworthy. *Devn* 2D 10

Q

Quabbs. *Shrp* 2E 58
Quadring. *Linc* 2B 76
Quadring Eaudike. *Linc* 2B 76
Quainton. *Buck* 3F 51
Quaking Houses. *Dur* 4E 115
Quarley. *Hants* 2A 24
Quarndon. *Derbs* 1H 73
Quarrendon. *Buck* 4G 51
Quarrier's Village. *Inv* 3E 127
Quarrington. *Linc* 1H 75
Quarrington Hill. *Dur* 1A 106
The Quarry. *Glos* 2C 34
Quarry Bank. *W Mid* 2D 60
Quarrywood. *Mor* 2F 159
Quartalehouse. *Abers* 4G 161
Quarter. *N Ayr* 3C 126
Quarter. *S Lan* 4A 128
Quatford. *Shrp* 1B 60
Quatt. *Shrp* 2B 60
Quebec. *Dur* 5E 115
Quedgeley. *Glos* 4D 48
Queen Adelaide. *Cambs* 2E 65

Queenborough. *Kent* 3D 40
Queen Camel. *Som* 4A 22
Queen Charlton. *Bath* 5B 34
Queen Dart. *Devn* 1B 12
Queenhill. *Worc* 2D 48
Queen Oak. *Dors* 3C 22
Queensbury. *W Yor* 1B 92
Queensferry. *Flin* 4F 83
Queensferry Crossing.
Edin 2E 129
Queenstown. *Bkpl* 1B 90
Queen Street. *Kent* 1A 28
Queenzieburn. *N Lan* 2H 127
Quemerford. *Wilts* 5F 35
Quendale. *Shet* 10E 173
Quendon. *Essx* 2F 53
Queniborough. *Leics* 4D 74
Quenington. *Glos* 5G 49
Quernmore. *Lanc* 3E 97
Quethiock. *Corn* 2H 7
Quholm. *Orkn* 6B 172
Quick's Green. *W Ber* 4D 36
Quidenham. *Norf* 2C 66
Quidhampton. *Hants* 1D 24
Quidhampton. *Wilts* 3G 23
Quilquox. *Abers* 5G 161
Quina Brook. *Shrp* 2H 71
Quindry. *Orkn* 8D 172
Quine's Hill. *IOM* 4C 108
Quinton. *Nptn* 5E 63
Quinton. *W Mid* 2D 61
Quintrell Downs. *Corn* 2C 6
Quixhill. *Staf* 1F 73
Quoditch. *Devn* 3E 11
Quorn. *Leics* 4C 74
Quorndon. *Leics* 4C 74
Quothquan. *S Lan* 1B 118
Quoyloo. *Orkn* 5B 172
Quoyness. *Orkn* 7B 172
Quoys. *Shet*
on Mainland 5F 173
on Unst 1H 173

R

Rableyheath. *Herts* 4C 52
Raby. *Cumb* 4C 112
Raby. *Mers* 3F 83
Rachan Mill. *Bord* 1D 118
Rachub. *Gwyn* 4F 81
Rack End. *Oxon* 5C 50
Rackenford. *Devn* 1B 12
Rackham. *W Sus* 4B 26
Rackheath. *Norf* 4E 79
Racks. *Dum* 2B 112
Rackwick. *Orkn*
on Hoy 8B 172
on Westray 3D 172
Radbourne. *Derbs* 2G 73
Radcliffe. *G Man* 4F 91
Radcliffe. *Nmbd* 4G 121
Radcliffe on Trent. *Notts* 2D 74
Radclive. *Buck* 2E 51
Radernie. *Fife* 3G 137
Radfall. *Kent* 4F 41
Radford. *Bath* 1B 22
Radford. *Nott* 1C 74
Radford. *Oxon* 3C 50
Radford. *W Mid* 2H 61
Radford. *Worc* 5E 61
Radford Semele. *Warw* 4H 61
Radipole. *Dors* 4B 14
Radlett. *Herts* 1C 38
Radley. *Oxon* 2D 36
Radnage. *Buck* 2F 37
Radstock. *Bath* 1B 22
Radstone. *Nptn* 1D 50
Radway. *Warw* 1B 50
Radway Green. *Ches E* 5B 84
Radwell. *Bed* 5H 63
Radwell. *Herts* 2C 52
Radwinter. *Essx* 2G 53
Radyr. *Card* 3E 33
RAF Coltishall. *Norf* 3E 79
Rafford. *Mor* 3E 159
Ragdale. *Leics* 4D 74
Ragdon. *Shrp* 1G 59
Ragged Appleshaw. *Hants* 2B 24
Raggra. *High* 4F 169
Raglan. *Mon* 5H 47
Ragnall. *Notts* 3F 87
Raigbeg. *High* 1C 150
Rainford. *Mers* 4C 90
Rainford Junction. *Mers* 4C 90
Rainham. *G Lon* 2G 39
Rainham. *Medw* 4C 40
Rainhill. *Mers* 1G 83
Rainow. *Ches E* 3D 84
Rainton. *N Yor* 2F 99
Rainworth. *Notts* 5C 86
Raisbeck. *Cumb* 4H 103
Raise. *Cumb* 5A 114
Rait. *Per* 1E 137
Raithby. *Linc* 2C 88
Raithby by Spilsby. *Linc* 4C 88
Raithwaite. *N Yor* 3F 107
Rake. *W Sus* 4G 25
Rake End. *Staf* 4E 73
Rakeway. *Staf* 1E 73
Rakewood. *G Man* 3H 91
Ralia. *High* 4B 150
Ram Alley. *Wilts* 5H 35
Ramasaig. *High* 4A 154
Rame. *Corn*
nr. Millbrook 4A 8
nr. Penryn 5B 6
Ram Lane. *Kent* 1D 28
Ramnageo. *Shet* 1H 173
Rampisham. *Dors* 2A 14
Rampside. *Cumb* 3B 96
Rampton. *Cambs* 4D 64
Rampton. *Notts* 3E 87
Ramsbottom. *G Man* 3F 91
Ramsburn. *Mor* 3C 160
Ramsbury. *Wilts* 4A 36
Ramscraigs. *High* 1H 165
Ramsdean. *Hants* 4F 25
Ramsdell. *Hants* 1D 24
Ramsden. *Oxon* 4B 50
Ramsden. *Worc* 1E 49
Ramsden Bellhouse. *Essx* 1B 40
Ramsden Heath. *Essx* 1B 40
Ramsey. *Cambs* 2B 64
Ramsey. *Essx* 2F 55
Ramsey. *IOM* 2D 108
Ramsey Forty Foot. *Cambs* 2C 64
Ramsey Heights. *Cambs* 2B 64
Ramsey Island. *Essx* 5C 54
Ramsey Mereside. *Cambs* 2B 64
Ramsey St Mary's. *Cambs* 2B 64
Ramsgate. *Kent* 4H 41
Ramsgill. *N Yor* 2D 98
Ramshaw. *Dur* 5C 114
Ramshorn. *Staf* 1E 73
Ramsley. *Devn* 3G 11
Ramsnest Common. *Surr* 2A 26
Ramstone. *Abers* 2D 152
Ranais. *W Isl* 5G 171
Ranby. *Linc* 3B 88
Ranby. *Notts* 2D 86
Rand. *Linc* 3A 88
Randalstown. *Ant* 3F 175
Randwick. *Glos* 5D 48
Ranfurly. *Ren* 3E 127
Rangag. *High* 4D 169
Rangemore. *Staf* 3F 73
Rangeworthy. *S Glo* 3B 34
Rankinston. *E Ayr* 3D 116
Rank's Green. *Essx* 4H 53
Ranmore Common. *Surr* 5C 38
Rannoch Station. *Per* 3B 142
Ranochan. *High* 5G 147
Ranskill. *Notts* 2D 86
Ranton. *Staf* 3C 72
Ranton Green. *Staf* 3C 72
Ranworth. *Norf* 4F 79
Raploch. *Stir* 4G 135
Rapness. *Orkn* 3E 172
Rapps. *Som* 1G 13
Rascal Moor. *E Yor* 1B 94
Rascarrel. *Dum* 5E 111
Rasharkin. *Caus* 2F 175
Rashfield. *Arg* 1C 126
Rashwood. *Worc* 4D 60
Raskelf. *N Yor* 2G 99
Rassau. *Blae* 4E 47
Rastrick. *W Yor* 2B 92
Ratagan. *High* 2B 148
Ratby. *Leics* 5C 74
Ratcliffe Culey. *Leics* 1H 61
Ratcliffe on Soar. *Notts* 3B 74
Ratcliffe on the Wreake.
Leics 4D 74
Rathen. *Abers* 2H 161
Rathfriland. *Arm* 6G 175
Rathillet. *Fife* 1F 137
Rathmell. *N Yor* 3H 97
Ratho. *Edin* 2E 129
Ratho Station. *Edin* 2E 129
Rathven. *Mor* 2B 160
Ratley. *Hants* 4B 24
Ratley. *Warw* 1B 50
Ratlinghope. *Shrp* 1G 59
Rattar. *High* 1E 169
Ratten Row. *Cumb* 5E 113
Ratten Row. *Lanc* 5D 96
Rattery. *Devn* 2D 8
Rattlesden. *Suff* 5B 66
Ratton Village. *E Sus* 5G 27
Rattray. *Abers* 3H 161
Rattray. *Per* 4A 144
Raughton. *Cumb* 5E 113
Raughton Head. *Cumb* 5E 113
Raunds. *Nptn* 3G 63
Ravenfield. *S Yor* 1B 86
Ravenfield Common. *S Yor* 1B 86
Ravenglass. *Cumb* 5B 102
Ravenhills Green. *Worc* 5B 60
Raveningham. *Norf* 1F 67
Ravenscar. *N Yor* 4G 107
Ravensdale. *IOM* 2C 108
Ravensden. *Bed* 5H 63
Ravenseat. *N Yor* 4B 104
Ravenshead. *Notts* 5C 86
Ravensmoor. *Ches E* 5A 84
Ravensthorpe. *Nptn* 3D 62
Ravensthorpe. *W Yor* 2C 92
Ravenstone. *Leics* 4B 74
Ravenstone. *Mil* 5F 63
Ravenstonedale. *Cumb* 4A 104
Ravenstown. *Cumb* 2C 96
Ravenstruther. *S Lan* 5C 128
Ravensworth. *N Yor* 4E 105
Raw. *N Yor* 4G 107
Rawcliffe. *E Yor* 2G 93
Rawcliffe. *York* 4H 99
Rawcliffe Bridge. *E Yor* 2G 93
Rawdon. *W Yor* 1C 92
Rawgreen. *Nmbd* 4C 114
Rawmarsh. *S Yor* 1B 86
Rawnsley. *Staf* 4E 73
Rawreth. *Essx* 1B 40
Rawridge. *Devn* 2F 13
Rawson Green. *Derbs* 1A 74
Rawtenstall. *Lanc* 2G 91
Raydon. *Suff* 2D 54
Raylees. *Nmbd* 5D 120
Rayleigh. *Essx* 1C 40
Raymond's Hill. *Devn* 3G 13
Rayne. *Essx* 3H 53
Rayners Lane. *G Lon* 2C 38
Reach. *Cambs* 4E 65
Read. *Lanc* 1F 91
Reading. *Read* 4F 37
Reading Green. *Suff* 3D 66
Reading Street. *Kent* 2D 28
Readymoney. *Corn* 3F 7
Reagill. *Cumb* 3H 103
Rearquhar. *High* 4E 165
Rearsby. *Leics* 4D 74
Reasby. *Linc* 3H 87
Reaseheath. *Ches E* 5A 84
Reaster. *High* 2E 169
Reawick. *Shet* 7E 173
Reay. *High* 2B 168
Rechullin. *High* 3A 156
Reculver. *Kent* 4G 41
Redberth. *Pemb* 4E 43
Redbourn. *Herts* 4B 52
Redbourne. *N Lin* 4C 94
Redbrook. *Glos* 5A 48
Redbrook. *Wrex* 1H 71
Redburn. *High* 4D 158
Redburn. *Nmbd* 3A 114
Redcar. *Red C* 2D 106
Redcastle. *High* 4H 157
Redcliffe Bay. *N Som* 4H 33
Red Dial. *Cumb* 5D 112
Redding. *Falk* 2C 128
Reddingmuirhead. *Falk* 2C 128
The Reddings. *Glos* 3E 49
Reddish. *G Man* 1C 84
Redditch. *Worc* 4E 61
Rede. *Suff* 5H 65
Redenhall. *Norf* 2E 67
Redesdale Camp. *Nmbd* 5C 120
Redesmouth. *Nmbd* 1B 114
Redford. *Ang* 4E 145
Redford. *Dur* 1D 105
Redford. *W Sus* 4G 25
Redfordgreen. *Bord* 3F 119
Redgate. *Corn* 2G 7
Redgrave. *Suff* 3C 66
Red Hill. *Warw* 5F 61
Red Hill. *W Yor* 2E 93
Redhill. *Abers* 3E 153
Redhill. *Herts* 2C 52
Redhill. *N Som* 5A 34
Redhill. *Shrp* 4B 72
Redhill. *Surr* 5D 39
Redhouses. *Arg* 3B 124
Redisham. *Suff* 2G 67
Redland. *Bris* 4A 34
Redland. *Orkn* 5C 172
Redlingfield. *Suff* 3D 66
Red Lodge. *Suff* 3F 65
Redlynch. *Som* 3C 22
Redlynch. *Wilts* 4H 23
Redmain. *Cumb* 1C 102
Redmarley. *Worc* 4B 60
Redmarley D'Abitot. *Glos* 2C 48
Redmarshall. *Stoc T* 2A 106
Redmile. *Leics* 2E 75
Redmire. *N Yor* 5D 104
Rednal. *Shrp* 3F 71
Redpath. *Bord* 1H 119
Redpoint. *High* 2G 155
Red Post. *Corn* 2C 10
Red Rock. *G Man* 4D 90
Red Roses. *Carm* 3G 43
Red Row. *Nmbd* 5G 121
Redruth. *Corn* 4B 6
Red Street. *Staf* 5C 84
Redvales. *G Man* 4G 91
Red Wharf Bay. *IOA* 2E 81
Redwick. *Newp* 3H 33
Redwick. *S Glo* 3A 34
Redworth. *Darl* 2F 105
Reed. *Herts* 2D 52
Reed End. *Herts* 2D 52
Reedham. *Linc* 5B 88
Reedham. *Norf* 5G 79
Reedness. *E Yor* 2B 94
Reeds Beck. *Linc* 4B 88
Reemshill. *Abers* 4E 161
Reepham. *Linc* 3H 87
Reepham. *Norf* 3C 78
Reeth. *N Yor* 5D 104
Regaby. *IOM* 2D 108
Regil. *N Som* 5A 34
Regoul. *High* 3C 158
Reiff. *High* 2D 162
Reigate. *Surr* 5D 38
Reighton. *N Yor* 2F 101
Reilth. *Shrp* 2E 59
Reinigeadal. *W Isl* 7E 171
Reisque. *Abers* 2F 153
Reiss. *High* 3F 169
Rejerrah. *Corn* 3B 6
Releath. *Corn* 5A 6
Relubbus. *Corn* 3C 4
Relugas. *Mor* 4D 159
Remenham. *Wok* 3F 37
Remenham Hill. *Wok* 3F 37
Rempstone. *Notts* 3C 74
Rendcomb. *Glos* 5F 49
Rendham. *Suff* 4F 67
Rendlesham. *Suff* 5F 67
Renfrew. *Ren* 3G 127
Renhold. *Bed* 5H 63
Renishaw. *Derbs* 3B 86
Rennington. *Nmbd* 3G 121
Renton. *W Dun* 2E 127
Renwick. *Cumb* 5G 113
Repps. *Norf* 4G 79
Repton. *Derbs* 3H 73
Rescassa. *Corn* 4D 6
Rescobie. *Ang* 3E 145
Rescorla. *Corn*
nr. Penwithick 3E 7
nr. Sticker 4D 6
Resipole. *High* 2B 140
Resolfen. *Neat* 5B 46
Resolis. *High* 2A 158
Resolven. *Neat* 5B 46
Rest and be thankful. *Arg* 3B 134
Reston. *Bord* 3E 131
Restrop. *Wilts* 3F 35
Retford. *Notts* 2E 86
Retire. *Corn* 2E 6
Rettendon. *Essx* 1B 40
Revesby. *Linc* 4B 88
Rew. *Devn* 5D 8
Rewe. *Devn* 3C 12
Rew Street. *IOW* 3C 16
Rexon. *Devn* 4E 11
Reybridge. *Wilts* 5E 35
Reydon. *Suff* 3H 67
Reymerston. *Norf* 5C 78
Reynalton. *Pemb* 4E 43
Reynoldston. *Swan* 4D 31
Rezare. *Corn* 5D 10
Rhadyr. *Mon* 5G 47
Rhaeadr Gwy. *Powy* 4B 58
Rhandirmwyn. *Carm* 1A 46
Rhayader. *Powy* 4B 58
Rheindown. *High* 4H 157
Rhemore. *High* 3G 139
Rhenetra. *High* 3D 154
Rhewl. *Den*
nr. Llangollen 1D 70
nr. Ruthin 4D 82
Rhewl. *Shrp* 2F 71
Rhewl-Mostyn. *Flin* 2D 82
Rhian. *High* 2C 164
Rhian Breck. *High* 3C 164
Rhicarn. *High* 1E 163
Rhiconich. *High* 3C 166
Rhicullen. *High* 1A 158
Rhidorroch. *High* 4F 163
Rhifail. *High* 4H 167
Rhigos. *Rhon* 5C 46
Rhilochan. *High* 3E 165
Rhiroy. *High* 5F 163
Rhitongue. *High* 3G 167
Rhiw. *Gwyn* 3B 68
Rhiwabon. *Wrex* 1F 71
Rhiwbina. *Card* 3E 33
Rhiwbryfdir. *Gwyn* 1F 69
Rhiwderin. *Newp* 3F 33
Rhiwlas. *Gwyn*
nr. Bala 2B 70
nr. Bangor 4E 81
Rhiwlas. *Powy* 2D 70
Rhodes. *G Man* 4G 91
Rhodesia. *Notts* 2C 86
Rhodes Minnis. *Kent* 1F 29
Rhodiad-y-Brenin. *Pemb* 2B 42
Rhondda. *Rhon* 2C 32

Rhonehouse. *Dum* 4E **111**
Rhoose. *V Glam* 5D **32**
Rhos. *Carm* 2D **45**
Rhos. *Neat* 5H **45**
The Rhos. *Pemb* 3E **43**
Rhosaman. *Carm* 4H **45**
Rhoscefnhir. *IOA* 3E **81**
Rhoscolyn. *IOA* 3B **80**
Rhos Common. *Powy* 4E **71**
Rhoscrowther. *Pemb* 4D **42**
Rhos-ddu. *Gwyn* 2B **68**
Rhosdylluan. *Gwyn* 3A **70**
Rhosesmor. *Flin* 4E **82**
Rhos-fawr. *Gwyn* 2C **68**
Rhosgadfan. *Gwyn* 5E **81**
Rhosgoch. *IOA* 2D **80**
Rhosgoch. *Powy* 1E **47**
Rhos Haminiog. *Cdgn* 4E **57**
Rhos-hill. *Pemb* 1B **44**
Rhoshirwaun. *Gwyn* 3A **68**
Rhoslan. *Gwyn* 1D **69**
Rhoslefain. *Gwyn* 5E **69**
Rhosllanerchrugog. *Wrex* 1E **71**
Rhôs Lligwy. *IOA* 2D **81**
Rhosmaen. *Carm* 3G **45**
Rhosmeirch. *IOA* 3D **80**
Rhosneigr. *IOA* 3C **80**
Rhôs-on-Sea. *Cnwy* 2H **81**
Rhossili. *Swan* 4D **30**
Rhosson. *Pemb* 2B **42**
Rhostrenwfa. *IOA* 3D **80**
Rhostryfan. *Gwyn* 5D **81**
Rhostyllen. *Wrex* 1F **71**
Rhoswiel. *Shrp* 2E **71**
Rhosybol. *IOA* 2D **80**
Rhos-y-brithdir. *Powy* 3D **70**
Rhos-y-garth. *Cdgn* 3F **57**
Rhos-y-gwaliau. *Gwyn* 2B **70**
Rhos-y-llan. *Gwyn* 2B **68**
Rhos-y-meirch. *Powy* 4E **59**
Rhu. *Arg* 1D **126**
Rhuallt. *Den* 3C **82**
Rhubha Stoer. *High* 1E **163**
Rhubodach. *Arg* 2B **126**
Rhuddall Heath. *Ches W* 4H **83**
Rhuddlan. *Cdgn* 1E **45**
Rhuddlan. *Den* 3C **82**
Rhue. *High* 4E **163**
Rhulen. *Powy* 1E **47**
Rhunahaorine. *Arg* 5F **125**
Rhuthun. *Den* 5D **82**
Rhuvoult. *High* 3C **166**
Y Rhws. *V Glam* 5D **32**
Rhyd. *Gwyn* 1F **69**
Rhydaman. *Carm* 4G **45**
Rhydargaeau. *Carm* 3E **45**
Rhydcymerau. *Carm* 2F **45**
Rhydd. *Worc* 1D **48**
Rhyd-Ddu. *Gwyn* 5E **81**
Rhydding. *Neat* 3G **31**
Rhydfudr. *Cdgn* 4E **57**
Rhydlanfair. *Cnwy* 5H **81**
Rhydlewis. *Cdgn* 1D **44**
Rhydlios. *Gwyn* 2A **68**
Rhydlydan. *Cnwy* 5A **82**
Rhyd-meirionydd. *Cdgn* 2F **57**
Rhydowen. *Cdgn* 1E **45**
Rhyd-Rosser. *Cdgn* 4E **57**
Rhydspence. *Here* 1F **47**
Rhydtalog. *Flin* 5E **83**
Rhyd-uchaf. *Gwyn* 2B **70**
Rhydwyn. *IOA* 2C **80**
Rhyd-y-clafdy. *Gwyn* 2C **68**
Rhydycroesau. *Powy* 2E **71**
Rhydyfelin. *Cdgn* 3E **57**
Rhydyfelin. *Rhon* 3D **32**
Rhyd-y-foel. *Cnwy* 3B **82**
Rhyd-y-fro. *Neat* 5H **45**
Rhydymain. *Gwyn* 3H **69**
Rhyd-y-meudwy. *Den* 5D **82**
Rhydymwyn. *Flin* 4E **82**
Rhyd-yr-onen. *Gwyn* 5F **69**
Rhyd-y-sarn. *Gwyn* 1F **69**
Rhyl. *Den* 2C **82**
Rhymney. *Cphy* 5E **46**
Rhymni. *Cphy* 5E **46**
Rhynd. *Per* 1D **136**
Rhynie. *Abers* 1B **152**
Ribbesford. *Worc* 3B **60**
Ribbleton. *Lanc* 1D **90**
Ribby. *Lanc* 1C **90**
Ribchester. *Lanc* 1E **91**
Riber. *Derbs* 5H **85**
Ribigill. *High* 3F **167**
Riby. *Linc* 4E **95**
Riccall. *N Yor* 1G **93**
Riccarton. *E Ayr* 1D **116**
Richards Castle. *Here* 4G **59**
Richborough Port. *Kent* 4H **41**
Richhill. *Arm* 5F **175**
Richings Park. *Buck* 3B **38**
Richmond. *G Lon* 3C **38**
Richmond. *N Yor* 4E **105**
Rickarton. *Abers* 5F **153**
Rickerby. *Cumb* 4F **113**
Rickerscote. *Staf* 3D **72**
Rickford. *N Som* 1H **21**
Rickham. *Devn* 5D **8**
Rickinghall. *Suff* 3C **66**
Rickleton. *Tyne* 4F **115**
Rickling. *Essx* 2E **53**
Rickling Green. *Essx* 3F **53**
Rickmansworth. *Herts* 1B **38**
Riddings. *Derbs* 5B **86**
Riddlecombe. *Devn* 1G **11**
Riddlesden. *W Yor* 5C **98**
Ridge. *Dors* 4E **15**
Ridge. *Herts* 5C **52**
Ridge. *Wilts* 3E **23**
Ridgebourne. *Powy* 4C **58**
Ridge Lane. *Warw* 1G **61**
Ridgeway. *Derbs*
nr. Alfreton 5A **86**
nr. Sheffield 2B **86**
Ridgeway. *Staf* 5C **84**
Ridgeway Cross. *Here* 1C **48**
Ridgeway Moor. *Derbs* 2B **86**
Ridgewell. *Essx* 1H **53**
Ridgewood. *E Sus* 3F **27**
Ridgmont. *C Beds* 2H **51**
Ridgwardine. *Shrp* 2A **72**
Riding Mill. *Nmbd* 3D **114**
Ridley. *Kent* 4H **39**
Ridley. *Nmbd* 3A **114**
Ridlington. *Norf* 2F **79**
Ridlington. *Rut* 5F **75**
Ridsdale. *Nmbd* 1C **114**
Riemore Lodge. *Per* 4H **143**
Rievaulx. *N Yor* 1H **99**
Rift House. *Hart* 1B **106**
Rigg. *Dum* 3D **112**
Riggend. *N Lan* 2A **128**
Rigsby. *Linc* 3D **88**
Rigside. *S Lan* 1A **118**
Riley Green. *Lanc* 2E **90**
Rileyhill. *Staf* 4F **73**
Rilla Mill. *Corn* 5C **10**
Rillington. *N Yor* 2C **100**
Rimington. *Lanc* 5H **97**
Rimpton. *Som* 4B **22**
Rimsdale. *High* 4H **167**
Rimswell. *E Yor* 2G **95**
Ringasta. *Shet* 10E **173**
Ringford. *Dum* 4D **111**
Ringing Hill. *Leics* 4B **74**
Ringinglow. *S Yor* 2G **85**
Ringland. *Norf* 4D **78**
Ringlestone. *Kent* 5C **40**
Ringmer. *E Sus* 4F **27**
Ringmore. *Devn*
nr. Kingsbridge 4C **8**
nr. Teignmouth 5C **12**
Ring o' Bells. *Lanc* 3C **90**
Ring's End. *Cambs* 5C **76**
Ringsfield. *Suff* 2G **67**
Ringsfield Corner. *Suff* 2G **67**
Ringshall. *Buck* 4H **51**
Ringshall. *Suff* 5C **66**
Ringshall Stocks. *Suff* 5C **66**
Ringstead. *Norf* 1G **77**
Ringstead. *Nptn* 3G **63**
Ringwood. *Hants* 2G **15**
Ringwould. *Kent* 1H **29**
Rinmore. *Abers* 2B **152**
Rinnigill. *Orkn* 8C **172**
Rinsey. *Corn* 4C **4**
Riof. *W Isl* 4D **171**
Ripe. *E Sus* 4G **27**
Ripley. *Derbs* 5B **86**
Ripley. *Hants* 3G **15**
Ripley. *N Yor* 3E **99**
Ripley. *Surr* 5B **38**
Riplingham. *E Yor* 1C **94**
Ripon. *N Yor* 2F **99**
Rippingale. *Linc* 3H **75**
Ripple. *Kent* 1H **29**
Ripple. *Worc* 2D **48**
Ripponden. *W Yor* 3A **92**
Rireavach. *High* 4E **163**
Risabus. *Arg* 5B **124**
Risbury. *Here* 5H **59**
Risby. *E Yor* 1D **94**
Risby. *N Lin* 3C **94**
Risby. *Suff* 4G **65**
Risca. *Cphy* 2F **33**
Rise. *E Yor* 5F **101**
Riseden. *E Sus* 2H **27**
Riseden. *Kent* 2B **28**
Rise End. *Derbs* 5G **85**
Risegate. *Linc* 3B **76**
Riseholme. *Linc* 3G **87**
Riseley. *Bed* 4H **63**
Riseley. *Wok* 5F **37**
Rishangles. *Suff* 4D **66**
Rishton. *Lanc* 1F **91**
Rishworth. *W Yor* 3A **92**
Risley. *Derbs* 2B **74**
Risley. *Warr* 1A **84**
Risplith. *N Yor* 3E **99**
Rispond. *High* 2E **167**
Rivar. *Wilts* 5B **36**
Rivenhall. *Essx* 4B **54**
Rivenhall End. *Essx* 4B **54**
River. *Kent* 1G **29**
River. *W Sus* 3A **26**
River Bank. *Cambs* 4E **65**
Riverhead. *Kent* 5G **39**
Rivington. *Lanc* 3E **91**
Roach Bridge. *Lanc* 2D **90**
Roachill. *Devn* 4B **20**
Roade. *Nptn* 5E **63**
Road Green. *Norf* 1E **67**
Roadhead. *Cumb* 2G **113**
Roadmeetings. *S Lan* 5B **128**
Roadside. *High* 2D **168**
Roadside of Catterline. *Abers* 1H **145**
Roadside of Kinneff. *Abers* 1H **145**
Roadwater. *Som* 3D **20**
Road Weedon. *Nptn* 5D **62**
Roag. *High* 4B **154**
Roa Island. *Cumb* 3B **96**
Roath. *Card* 4E **33**
Roberton. *Bord* 3G **119**
Roberton. *S Lan* 2B **118**
Robertsbridge. *E Sus* 3B **28**
Robertstown. *Mor* 4G **159**
Robertstown. *Rhon* 5C **46**
Roberttown. *W Yor* 2B **92**
Robeston Back. *Pemb* 3E **43**
Robeston Wathen. *Pemb* 3E **43**
Robeston West. *Pemb* 4C **42**
Robin Hood. *Lanc* 3D **90**
Robin Hood. *W Yor* 2D **92**
Robinhood End. *Essx* 2H **53**
Robin Hood's Bay. *N Yor* 4G **107**
Roborough. *Devn*
nr. Great Torrington 1F **11**
nr. Plymouth 2B **8**
Rob Roy's House. *Arg* 2A **134**
Roby Mill. *Lanc* 4D **90**
Rocester. *Staf* 2F **73**
Roch. *Pemb* 2C **42**
Rochdale. *G Man* 3G **91**
Roche. *Corn* 2D **6**
Rochester. *Medw* 4B **40**
Rochester. *Nmbd* 5C **120**
Rochford. *Essx* 1C **40**
Rock. *Corn* 1D **6**
Rock. *Nmbd* 2G **121**
Rock. *W Sus* 4C **26**
Rock. *Worc* 3B **60**
Rockbeare. *Devn* 3D **12**
Rockbourne. *Hants* 1G **15**
Rockcliffe. *Cumb* 3E **113**
Rockcliffe. *Dum* 4F **111**
Rockcliffe Cross. *Cumb* 3E **113**
Rock Ferry. *Mers* 2F **83**
Rockfield. *High* 5G **165**
Rockfield. *Mon* 4H **47**
Rockford. *Hants* 2G **15**
Rockgreen. *Shrp* 3H **59**
Rockhampton. *S Glo* 2B **34**
Rockhead. *Corn* 4A **10**
Rockingham. *Nptn* 1F **63**
Rockland All Saints. *Norf* 1B **66**
Rockland St Mary. *Norf* 5F **79**
Rockland St Peter. *Norf* 1B **66**
Rockley. *Wilts* 4G **35**
Rockwell End. *Buck* 3F **37**
Rockwell Green. *Som* 1E **13**
Rodborough. *Glos* 5D **48**
Rodbourne. *Wilts* 3E **35**
Rodd. *Here* 4F **59**
Roddam. *Nmbd* 2E **121**
Rodden. *Dors* 4B **14**
Roddenloft. *E Ayr* 2D **117**
Roddymoor. *Dur* 1E **105**
Rode. *Som* 1D **22**
Rode Heath. *Ches E* 5C **84**
Rodeheath. *Ches E* 4C **84**
Rodel. *W Isl* 9C **171**
Roden. *Telf* 4H **71**
Rodhuish. *Som* 3D **20**
Rodington. *Telf* 4H **71**
Rodington Heath. *Telf* 4H **71**
Rodley. *Glos* 4C **48**
Rodmarton. *Glos* 2E **35**
Rodmell. *E Sus* 5F **27**
Rodmersham. *Kent* 4D **40**
Rodmersham Green. *Kent* 4D **40**
Rodney Stoke. *Som* 2H **21**
Rodsley. *Derbs* 1G **73**
Rodway. *Som* 3F **21**
Rodway. *Telf* 4A **72**
Rodwell. *Dors* 5B **14**
Roecliffe. *N Yor* 3F **99**
Roe Green. *Herts* 2D **52**
Roehampton. *G Lon* 3D **38**
Roesound. *Shet* 5E **173**
Roffey. *W Sus* 2C **26**
Rogart. *High* 3E **165**
Rogate. *W Sus* 4G **25**
Roger Ground. *Cumb* 5E **103**
Rogerstone. *Newp* 3F **33**
Rogiet. *Mon* 3H **33**
Rogue's Alley. *Cambs* 5C **76**
Roke. *Oxon* 2E **37**
Rokemarsh. *Oxon* 2E **36**
Roker. *Tyne* 4H **115**
Rollesby. *Norf* 4G **79**
Rolleston. *Leics* 5E **75**
Rolleston. *Notts* 5E **87**
Rolleston on Dove. *Staf* 3G **73**
Rolston. *E Yor* 5G **101**
Rolvenden. *Kent* 2C **28**
Rolvenden Layne. *Kent* 2C **28**
Romaldkirk. *Dur* 2C **104**
Roman Bank. *Shrp* 1H **59**
Romanby. *N Yor* 5A **106**
Romannobridge. *Bord* 5E **129**
Romansleigh. *Devn* 4H **19**
Romers Common. *Worc* 4H **59**
Romesdal. *High* 3D **154**
Romford. *Dors* 2F **15**
Romford. *G Lon* 2G **39**
Romiley. *G Man* 1D **84**
Romsey. *Hants* 4B **24**
Romsley. *Shrp* 2B **60**
Romsley. *Worc* 3D **60**
Ronague. *IOM* 4B **108**
Ronaldsvoe. *Orkn* 8D **172**
Rookby. *Cumb* 3B **104**
Rookhope. *Dur* 5C **114**
Rooking. *Cumb* 3F **103**
Rookley. *IOW* 4D **16**
Rooks Bridge. *Som* 1G **21**
Rooksey Green. *Suff* 5B **66**
Rook's Nest. *Som* 3D **20**
Rookwood. *W Sus* 3F **17**
Roos. *E Yor* 1F **95**
Roosebeck. *Cumb* 3B **96**
Roosecote. *Cumb* 3B **96**
Rootfield. *High* 3H **157**
Rootham's Green. *Bed* 5A **64**
Rootpark. *S Lan* 4C **128**
Ropley. *Hants* 3E **25**
Ropley Dean. *Hants* 3E **25**
Ropsley. *Linc* 2G **75**
Rora. *Abers* 3H **161**
Rorandle. *Abers* 2D **152**
Rorrington. *Shrp* 5F **71**
Rose. *Corn* 3B **6**
Roseacre. *Lanc* 1C **90**
Rose Ash. *Devn* 4A **20**
Rosebank. *S Lan* 5B **128**
Rosebush. *Pemb* 2E **43**
Rosedale Abbey. *N Yor* 5E **107**
Roseden. *Nmbd* 2E **121**
Rose Green. *Essx* 3B **54**
Rose Green. *Suff* 1C **54**
Rosehall. *High* 3B **164**
Rosehearty. *Abers* 2G **161**
Rose Hill. *E Sus* 4F **27**
Rose Hill. *Lanc* 1G **91**
Rosehill. *Shrp*
nr. Market Drayton 2A **72**
nr. Shrewsbury 4G **71**
Roseisle. *Mor* 2F **159**
Rosemarket. *Pemb* 4D **42**
Rosemarkie. *High* 3B **158**
Rosemary Lane. *Devn* 1E **13**
Rosemount. *Per* 4A **144**
Rosenannon. *Corn* 2D **6**
Roser's Cross. *E Sus* 3G **27**
Rosevean. *Corn* 3E **6**
Rosewell. *Midl* 3F **129**
Roseworth. *Stoc T* 2B **106**
Roseworthy. *Corn* 3D **4**
Rosgill. *Cumb* 3G **103**
Roshven. *High* 1B **140**
Roskhill. *High* 4B **154**
Roskorwell. *Corn* 4E **5**
Rosley. *Cumb* 5E **112**
Roslin. *Midl* 3F **129**
Rosliston. *Derbs* 4G **73**
Rosneath. *Arg* 1D **126**
Ross. *Dum* 5D **110**
Ross. *Nmbd* 1F **121**
Ross. *Per* 1G **135**
Ross. *Bord* 3F **131**
Rossendale. *Lanc* 2F **91**
Rossett. *Wrex* 5F **83**
Rossington. *S Yor* 1D **86**
Rosskeen. *High* 2A **158**
Rossland. *Ren* 2F **127**
Ross-on-Wye. *Here* 3B **48**
Roster. *High* 5E **169**
Rostherne. *Ches E* 2B **84**
Rostholme. *S Yor* 4F **93**
Rosthwaite. *Cumb* 3D **102**
Roston. *Derbs* 1F **73**
Rostrevor. *New M* 6G **175**
Rosudgeon. *Corn* 4C **4**
Rosyth. *Fife* 1E **129**
Rothbury. *Nmbd* 4E **121**
Rotherby. *Leics* 4D **74**
Rotherfield. *E Sus* 3G **27**
Rotherfield Greys. *Oxon* 3F **37**
Rotherfield Peppard. *Oxon* 3F **37**

Rotherham. *S Yor* 1B 86
Rothersthorpe. *Nptn* 5E 62
Rotherwick. *Hants* 1F 25
Rothes. *Mor* 4G 159
Rothesay. *Arg* 3B 126
Rothienorman. *Abers* 5E 160
Rothiesholm. *Orkn* 5F 172
Rothley. *Leics* 4C 74
Rothley. *Nmbd* 1D 114
Rothwell. *Linc* 1A 88
Rothwell. *Nptn* 2F 63
Rothwell. *W Yor* 2D 92
Rotsea. *E Yor* 4E 101
Rottal. *Ang* 2C 144
Rotten End. *Suff* 4F 67
Rotten Row. *Norf* 4C 78
Rotten Row. *W Ber* 4D 36
Rotten Row. *W Mid* 3F 61
Rottingdean. *Brig* 5E 27
Rottington. *Cumb* 3A 102
Roud. *IOW* 4D 16
Rougham. *Norf* 3H 77
Rougham. *Suff* 4B 66
Rough Close. *Staf* 2D 72
Rough Common. *Kent* 5F 41
Roughcote. *Staf* 1D 72
Rough Haugh. *High* 4H 167
Rough Hay. *Staf* 3G 73
Roughlee. *Lanc* 5H 97
Roughley. *W Mid* 1F 61
Roughsike. *Cumb* 2G 113
Roughton. *Linc* 4B 88
Roughton. *Norf* 2E 78
Roughton. *Shrp* 1B 60
Roundbush Green. *Essx* 4F 53
Roundham. *Som* 2H 13
Roundhay. *W Yor* 1D 92
Round Hill. *Torb* 2E 9
Roundhurst. *W Sus* 2A 26
Round Maple. *Suff* 1C 54
Round Oak. *Shrp* 2F 59
Roundstreet Common. *W Sus* 3B 26
Roundthwaite. *Cumb* 4H 103
Roundway. *Wilts* 5F 35
Roundyhill. *Ang* 3C 144
Rousdon. *Devn* 3F 13
Rousham. *Oxon* 3C 50
Rous Lench. *Worc* 5E 61
Routh. *E Yor* 5E 101
Rout's Green. *Buck* 2F 37
Row. *Corn* 5A 10
Row. *Cumb*
nr. Kendal 1D 96
nr. Penrith 1H 103
The Row. *Lanc* 2D 96
Rowanburn. *Dum* 2F 113
Rowanhill. *Abers* 3H 161
Rowardennan. *Stir* 4C 134
Rowarth. *Derbs* 2E 85
Row Ash. *Hants* 1D 16
Rowberrow. *Som* 1H 21
Rowde. *Wilts* 5E 35
Rowden. *Devn* 3G 11
Rowen. *Cnwy* 3G 81
Rowfoot. *Nmbd* 3H 113
Row Green. *Essx* 3H 53
Row Heath. *Essx* 4E 55
Rowhedge. *Essx* 3D 54
Rowhook. *W Sus* 2C 26
Rowington. *Warw* 4G 61
Rowland. *Derbs* 3G 85
Rowlands Castle. *Hants* 1F 17
Rowlands Gill. *Tyne* 4E 115
Rowledge. *Hants* 2G 25
Rowley. *Dur* 5D 115
Rowley. *E Yor* 1C 94
Rowley. *Shrp* 5F 71
Rowley Hill. *W Yor* 3B 92
Rowley Regis. *W Mid* 2D 60
Rowlstone. *Here* 3G 47
Rowly. *Surr* 1B 26
Rowner. *Hants* 2D 16
Rowney Green. *Worc* 3E 61
Rownhams. *Hants* 1B 16
Rowrah. *Cumb* 3B 102
Rowsham. *Buck* 4G 51
Rowsley. *Derbs* 4G 85
Rowstock. *Oxon* 3C 36
Rowston. *Linc* 5H 87
Rowthorne. *Derbs* 4B 86
Rowton. *Ches W* 4G 83
Rowton. *Shrp*
nr. Ludlow 2G 59
nr. Shrewsbury 4F 71
Rowton. *Telf* 4A 72
Row Town. *Surr* 4B 38
Roxburgh. *Bord* 1B 120
Roxby. *N Lin* 3C 94
Roxby. *N Yor* 3E 107
Roxton. *Bed* 5A 64
Roxwell. *Essx* 5G 53
Royal Leamington Spa. *Warw* 4H 61
Royal Oak. *Darl* 2F 105
Royal Oak. *Lanc* 4C 90
Royal Oak. *N Yor* 2F 101
Royal's Green. *Ches E* 1A 72
Royal Sutton Coldfield. *W Mid* 1F 61
Royal Tunbridge Wells. *Kent* 2G 27
Royal Wootton Bassett. *Wilts* 3F 35
Roybridge. *High* 5E 149
Roydon. *Essx* 4E 53
Roydon. *Norf*
nr. Diss 2C 66
nr. King's Lynn 3G 77
Roydon Hamlet. *Essx* 5E 53
Royston. *Herts* 1D 52
Royston. *S Yor* 3D 92
Royston Water. *Som* 1F 13
Royton. *G Man* 4H 91
Ruabon. *Wrex* 1F 71
Ruaig. *Arg* 4B 138
Ruan High Lanes. *Corn* 5D 6
Ruan Lanihorne. *Corn* 4C 6
Ruan Major. *Corn* 5E 5
Ruan Minor. *Corn* 5E 5
Ruarach. *High* 1B 148
Ruardean. *Glos* 4B 48
Ruardean Hill. *Glos* 4B 48
Ruardean Woodside. *Glos* 4B 48
Rubery. *Worc* 3D 61
Ruchazie. *Glas* 3H 127
Ruckcroft. *Cumb* 5G 113
Ruckinge. *Kent* 2E 29
Ruckland. *Linc* 3C 88
Rucklers Lane. *Herts* 5A 52
Ruckley. *Shrp* 5H 71
Rudbaxton. *Pemb* 2D 42
Rudby. *N Yor* 4B 106
Ruddington. *Notts* 2C 74
Rudford. *Glos* 3C 48
Rudge. *Shrp* 1C 60
Rudge. *Wilts* 1D 22
Rudge Heath. *Shrp* 1B 60
Rudgeway. *S Glo* 3B 34
Rudgwick. *W Sus* 2B 26
Rudhall. *Here* 3B 48
Rudheath. *Ches W* 3A 84
Rudley Green. *Essx* 5B 54
Rudloe. *Wilts* 4D 34
Rudry. *Cphy* 3F 33
Rudston. *E Yor* 3E 101
Rudyard. *Staf* 5D 84
Rufford. *Lanc* 3C 90
Rufforth. *York* 4H 99
Rugby. *Warw* 3C 62
Rugeley. *Staf* 4E 73
Ruglen. *S Ayr* 4B 116
Ruilick. *High* 4H 157
Ruisaurie. *High* 4G 157
Ruishton. *Som* 4F 21
Ruisigearraidh. *W Isl* 1E 170
Ruislip. *G Lon* 2B 38
Ruislip Common. *G Lon* 2B 38
Rumbling Bridge. *Per* 4C 136
Rumburgh. *Suff* 2F 67
Rumford. *Corn* 1C 6
Rumford. *Falk* 2C 128
Rumney. *Card* 4F 33
Rumwell. *Som* 4E 21
Runcorn. *Hal* 2H 83
Runcton. *W Sus* 2G 17
Runcton Holme. *Norf* 5F 77
Rundlestone. *Devn* 5F 11
Runfold. *Surr* 2G 25
Runhall. *Norf* 5C 78
Runham. *Norf* 4G 79
Runnington. *Som* 4E 20
Runshaw Moor. *Lanc* 3D 90
Runswick. *N Yor* 3F 107
Runtaleave. *Ang* 2B 144
Runwell. *Essx* 1B 40
Ruscombe. *Wok* 4F 37
Rushall. *Here* 2B 48
Rushall. *Norf* 2D 66
Rushall. *W Mid* 5E 73
Rushall. *Wilts* 1G 23
Rushbrooke. *Suff* 4A 66
Rushbury. *Shrp* 1H 59
Rushden. *Herts* 2D 52
Rushden. *Nptn* 4G 63
Rushenden. *Kent* 3D 40
Rushford. *Devn* 5E 11
Rushford. *Suff* 2B 66
Rush Green. *Herts* 3C 52
Rushlake Green. *E Sus* 4H 27
Rushmere. *Suff* 2G 67
Rushmere St Andrew. *Suff* 1F 55
Rushmoor. *Surr* 2G 25
Rushock. *Worc* 3C 60
Rusholme. *G Man* 1C 84
Rushton. *Ches W* 4H 83
Rushton. *Nptn* 2F 63
Rushton. *Shrp* 5A 72
Rushton Spencer. *Staf* 4D 84
Rushwick. *Worc* 5C 60
Rushyford. *Dur* 2F 105
Ruskie. *Stir* 3F 135
Ruskington. *Linc* 5H 87
Rusland. *Cumb* 1C 96
Rusper. *W Sus* 2D 26
Ruspidge. *Glos* 4B 48
Russell's Water. *Oxon* 3F 37
Russel's Green. *Suff* 3E 67
Russ Hill. *Surr* 1D 26
Russland. *Orkn* 6C 172
Rusthall. *Kent* 2G 27
Rustington. *W Sus* 5B 26
Ruston. *N Yor* 1D 100
Ruston Parva. *E Yor* 3E 101
Ruswarp. *N Yor* 4F 107
Rutherglen. *S Lan* 3H 127
Ruthernbridge. *Corn* 2E 6
Ruthin. *Den* 5D 82
Ruthin. *V Glam* 4C 32
Ruthrieston. *Aber* 3G 153
Ruthven. *Abers* 4C 160
Ruthven. *Ang* 4B 144
Ruthven. *High*
nr. Inverness 5C 158
nr. Kingussie 4B 150
Ruthvoes. *Corn* 2D 6
Ruthwaite. *Cumb* 1D 102
Ruthwell. *Dum* 3C 112
Ruxton Green. *Here* 4A 48
Ruyton-XI-Towns. *Shrp* 3F 71
Ryal. *Nmbd* 2D 114
Ryall. *Dors* 3H 13
Ryall. *Worc* 1D 48
Ryarsh. *Kent* 5A 40
Rychraggan. *High* 5G 157
Rydal. *Cumb* 4E 103
Ryde. *IOW* 3D 16
Rye. *E Sus* 3D 28
Ryecroft Gate. *Staf* 4D 84
Ryeford. *Here* 3B 48
Rye Foreign. *E Sus* 3D 28
Rye Harbour. *E Sus* 4D 28
Ryehill. *E Yor* 2F 95
Rye Street. *Worc* 2C 48
Ryhall. *Rut* 4H 75
Ryhill. *W Yor* 3D 93
Ryhope. *Tyne* 4H 115
Ryhope Colliery. *Tyne* 4H 115
Rylands. *Notts* 2C 74
Rylstone. *N Yor* 4B 98
Ryme Intrinseca. *Dors* 1A 14
Ryther. *N Yor* 1F 93
Ryton. *Glos* 2C 48
Ryton. *N Yor* 2B 100
Ryton. *Shrp* 5B 72
Ryton. *Tyne* 3E 115
Ryton. *Warw* 2B 62
Ryton-on-Dunsmore. *Warw* 3A 62
Ryton Woodside. *Tyne* 3E 115

S

Saasaig. *High* 3E 147
Sabden. *Lanc* 1F 91
Sacombe. *Herts* 4D 52
Sacriston. *Dur* 5F 115
Sadberge. *Darl* 3A 106
Saddell. *Arg* 2B 122
Saddington. *Leics* 1D 62
Saddle Bow. *Norf* 4F 77
Saddlescombe. *W Sus* 4D 26
Saddleworth. *G Man* 4H 91
Sadgill. *Cumb* 4F 103
Saffron Walden. *Essx* 2F 53
Sageston. *Pemb* 4E 43
Saham Hills. *Norf* 5B 78
Saham Toney. *Norf* 5A 78
Saighdinis. *W Isl* 2D 170
Saighton. *Ches W* 4G 83
Sain Dunwyd. *V Glam* 5C 32
Sain Hilari. *V Glam* 4D 32
St Abbs. *Bord* 3F 131
St Agnes. *Corn* 3B 6
St Albans. *Herts* 5B 52
St Allen. *Corn* 3C 6
St Andrews. *Fife* 2H 137
St Andrews Major. *V Glam* 4E 33
St Anne's. *Lanc* 2B 90
St Ann's. *Dum* 5C 118
St Ann's Chapel. *Corn* 5E 11
St Ann's Chapel. *Devn* 4C 8
St Anthony. *Corn* 5C 6
St Anthony-in-Meneage. *Corn* 4E 5
St Arvans. *Mon* 2A 34
St Asaph. *Den* 3C 82
Sain Tathan. *V Glam* 5D 32
St Athan. *V Glam* 5D 32
St Austell. *Corn* 3E 6
St Bartholomew's Hill. *Wilts* 4E 23
St Bees. *Cumb* 3A 102
St Blazey. *Corn* 3E 7
St Blazey Gate. *Corn* 3E 7
St Boswells. *Bord* 1H 119
St Breock. *Corn* 1D 6
St Breward. *Corn* 5A 10
St Briavels. *Glos* 5A 48
St Brides. *Pemb* 3B 42
St Brides Major. *V Glam* 4B 32
St Bride's Netherwent. *Mon* 3H 33
St Bride's-super-Ely. *V Glam* 4D 32
St Brides Wentlooge. *Newp* 3F 33
St Budeaux. *Plym* 3A 8
Saintbury. *Glos* 2G 49
St Buryan. *Corn* 4B 4
St Catherine. *Bath* 4C 34
St Catherines. *Arg* 3A 134
St Clears. *Carm* 3G 43
St Cleer. *Corn* 2G 7
St Clement. *Corn* 4C 6
St Clether. *Corn* 4C 10
St Colmac. *Arg* 3B 126
St Columb Major. *Corn* 2D 6
St Columb Minor. *Corn* 2C 6
St Columb Road. *Corn* 3D 6
St Combs. *Abers* 2H 161
St Cross. *Hants* 4C 24
St Cross South Elmham. *Suff* 2E 67
St Cyrus. *Abers* 2G 145
St David's. *Per* 1B 136
St Davids. *Pemb* 2B 42
St Day. *Corn* 4B 6
St Dennis. *Corn* 3D 6
St Dogmaels. *Pemb* 1B 44
St Dominick. *Corn* 2H 7
St Donat's. *V Glam* 5C 32
St Edith's Marsh. *Wilts* 5E 35
St Endellion. *Corn* 1D 6
St Enoder. *Corn* 3C 6
St Erme. *Corn* 4C 6
St Erney. *Corn* 3H 7
St Erth. *Corn* 3C 4
St Erth Praze. *Corn* 3C 4
St Ervan. *Corn* 1C 6
St Eval. *Corn* 2C 6
St Ewe. *Corn* 4D 6
St Fagans. *Card* 4E 32
St Fergus. *Abers* 3H 161
Saintfield. *New M* 5H 175
St Fillans. *Per* 1F 135
St Florence. *Pemb* 4E 43
St Gennys. *Corn* 3B 10
St George. *Cnwy* 3B 82
St George's. *N Som* 5G 33
St Georges. *V Glam* 4D 32
St George's Hill. *Surr* 4B 38
St Germans. *Corn* 3H 7
St Giles in the Wood. *Devn* 1F 11
St Giles on the Heath. *Devn* 3D 10
St Giles's Hill. *Hants* 4C 24
St Gluvias. *Corn* 5B 6
St Harmon. *Powy* 3B 58
St Helena. *Warw* 5G 73
St Helen Auckland. *Dur* 2E 105
St Helen's. *E Sus* 4C 28
St Helens. *Cumb* 1B 102
St Helens. *IOW* 4E 17
St Helens. *Mers* 1H 83
St Hilary. *Corn* 3C 4
St Hilary. *V Glam* 4D 32
Saint Hill. *Devn* 2D 12
Saint Hill. *W Sus* 2E 27
St Illtyd. *Blae* 5F 47
St Ippolyts. *Herts* 3B 52
St Ishmael. *Carm* 5D 44
St Ishmael's. *Pemb* 4C 42
St Issey. *Corn* 1D 6
St Ive. *Corn* 2H 7
St Ives. *Cambs* 3C 64
St Ives. *Corn* 2C 4
St Ives. *Dors* 2G 15
St James' End. *Nptn* 4E 63
St James South Elmham. *Suff* 2F 67
St Jidgey. *Corn* 2D 6
St John. *Corn* 3A 8
St John's. *IOM* 3B 108
St John's. *Worc* 5C 60
St John's Chapel. *Devn* 4F 19
St John's Chapel. *Dur* 1B 104
St John's Fen End. *Norf* 4E 77
St John's Town of Dalry. *Dum* 1D 110
St Judes. *IOM* 2C 108
St Just. *Corn* 3A 4
St Just in Roseland. *Corn* 5C 6
St Katherines. *Abers* 5E 161
St Keverne. *Corn* 4E 5
St Kew. *Corn* 5A 10
St Kew Highway. *Corn* 5A 10
St Keyne. *Corn* 2G 7
St Lawrence. *Corn* 2E 7
St Lawrence. *Essx* 5C 54
St Lawrence. *IOW* 5D 16
St Leonards. *Buck* 5H 51
St Leonards. *Dors* 2G 15
St Leonards. *E Sus* 5B 28
St Levan. *Corn* 4A 4
St Lythans. *V Glam* 4E 32

St Mabyn. *Corn* 5A 10
St Madoes. *Per* 1D 136
St Margaret's. *Herts* 4A 52
St Margaret's. *Wilts* 5H 35
St Margarets. *Here* 2G 47
St Margarets. *Herts* 4D 53
St Margaret's at Cliffe. *Kent* 1H 29
St Margaret's Hope. *Orkn* 8D 172
St Margaret South Elmham. *Suff* 2F 67
St Mark's. *IOM* 4B 108
St Martin. *Corn*
nr. Helston 4E 5
nr. Looe 3G 7
St Martin's. *Shrp* 2F 71
St Martins. *Per* 5A 144
St Mary Bourne. *Hants* 1C 24
St Mary Church. *V Glam* 4D 32
St Marychurch. *Torb* 2F 9
St Mary Cray. *G Lon* 4F 39
St Mary Hill. *V Glam* 4C 32
St Mary Hoo. *Medw* 3C 40
St Mary in the Marsh. *Kent* 3E 29
St Mary's. *Orkn* 7D 172
St Mary's Airport. *IOS* 1B 4
St Mary's Bay. *Kent* 3E 29
St Marys Platt. *Kent* 5H 39
St Maughan's Green. *Mon* 4H 47
St Mawes. *Corn* 5C 6
St Mawgan. *Corn* 2C 6
St Mellion. *Corn* 2H 7
St Mellons. *Card* 3F 33
St Merryn. *Corn* 1C 6
St Mewan. *Corn* 3D 6
St Michael Caerhays. *Corn* 4D 6
St Michael Penkevil. *Corn* 4C 6
St Michaels. *Kent* 2C 28
St Michaels. *Torb* 3E 9
St Michaels. *Worc* 4H 59
St Michael's on Wyre. *Lanc* 5D 96
St Michael South Elmham. *Suff* 2F 67
St Minver. *Corn* 1D 6
St Monans. *Fife* 3H 137
St Neot. *Corn* 2F 7
St Neots. *Cambs* 4A 64
St Newlyn East. *Corn* 3C 6
St Nicholas. *Pemb* 1C 42
St Nicholas. *V Glam* 4D 32
St Nicholas at Wade. *Kent* 4G 41
St Nicholas South Elmham. *Suff* 2F 67
St Ninians. *Stir* 4G 135
St Olaves. *Norf* 1G 67
St Osyth. *Essx* 4E 54
St Osyth Heath. *Essx* 4E 55
St Owen's Cross. *Here* 3A 48
St Paul's Cray. *G Lon* 4F 39
St Paul's Walden. *Herts* 3B 52
St Peter's. *Kent* 4H 41
St Peter The Great. *Worc* 5C 60
St Petrox. *Pemb* 5D 42
St Pinnock. *Corn* 2G 7
St Quivox. *S Ayr* 2C 116
St Ruan. *Corn* 5E 5
St Stephen. *Corn* 3D 6
St Stephens. *Corn*
nr. Launceston 4D 10
nr. Saltash 3A 8
St Teath. *Corn* 4A 10
St Thomas. *Devn* 3C 12
St Thomas. *Swan* 3F 31
St Tudy. *Corn* 5A 10
St Twynnells. *Pemb* 5D 42
St Veep. *Corn* 3F 7
St Vigeans. *Ang* 4F 145
St Wenn. *Corn* 2D 6
St Weonards. *Here* 3H 47
St Winnolls. *Corn* 3H 7
St Winnow. *Corn* 3F 7
Salcombe. *Devn* 5D 8
Salcombe Regis. *Devn* 4E 13
Salcott. *Essx* 4C 54
Sale. *G Man* 1B 84
Saleby. *Linc* 3D 88
Sale Green. *Worc* 5D 60
Salehurst. *E Sus* 3B 28
Salem. *Carm* 3G 45
Salem. *Cdgn* 2F 57
Salen. *Arg* 4G 139
Salen. *High* 2A 140
Salesbury. *Lanc* 1E 91
Saleway. *Worc* 5D 60
Salford. *C Beds* 2H 51
Salford. *G Man* 1C 84
Salford. *Oxon* 3A 50
Salford Priors. *Warw* 5E 61
Salfords. *Surr* 1D 27
Salhouse. *Norf* 4F 79
Saligo. *Arg* 3A 124
Saline. *Fife* 4C 136
Salisbury. *Wilts* 3G 23
Salkeld Dykes. *Cumb* 1G 103
Sallachan. *High* 2D 141
Sallachy. *High*
nr. Lairg 3C 164
nr. Stromeferry 5B 156
Salle. *Norf* 3D 78
Salmonby. *Linc* 3C 88
Salmond's Muir. *Ang* 5E 145
Salperton. *Glos* 3F 49
Salph End. *Bed* 5H 63
Salsburgh. *N Lan* 3B 128
Salt. *Staf* 3D 72
Salta. *Cumb* 5B 112
Saltaire. *W Yor* 1B 92
Saltash. *Corn* 3A 8
Saltburn. *High* 2B 158
Saltburn-by-the-Sea. *Red C* 2D 106
Saltby. *Leics* 3F 75
Saltcoats. *Cumb* 5B 102
Saltcoats. *N Ayr* 5D 126
Saltdean. *Brig* 5E 27
Salt End. *E Yor* 2E 95
Salter. *Lanc* 3F 97
Salterforth. *Lanc* 5A 98
Salters Lode. *Norf* 5E 77
Salterswall. *Ches W* 4A 84
Salterton. *Wilts* 3G 23
Saltfleet. *Linc* 1D 88
Saltfleetby All Saints. *Linc* 1D 88
Saltfleetby St Clements. *Linc* 1D 88
Saltfleetby St Peter. *Linc* 2D 88
Saltford. *Bath* 5B 34
Salthouse. *Norf* 1C 78
Saltmarshe. *E Yor* 2A 94
Saltness. *Orkn* 9B 172
Saltness. *Shet* 7D 173
Saltney. *Flin* 4F 83
Salton. *N Yor* 2B 100
Saltrens. *Devn* 4E 19
Saltwick. *Nmbd* 2E 115
Saltwood. *Kent* 2F 29
Salum. *Arg* 4B 138
Salwarpe. *Worc* 4C 60
Salwayash. *Dors* 3H 13
Samalaman. *High* 1A 140
Sambourne. *Warw* 4E 61
Sambourne. *Wilts* 2D 22
Sambrook. *Telf* 3B 72
Samhia. *W Isl* 2C 170
Samlesbury. *Lanc* 1D 90
Samlesbury Bottoms. *Lanc* 2E 90
Sampford Arundel. *Som* 1E 12
Sampford Brett. *Som* 2D 20
Sampford Courtenay. *Devn* 2G 11
Sampford Peverell. *Devn* 1D 12
Sampford Spiney. *Devn* 5F 11
Samsonslane. *Orkn* 5F 172
Samuelston. *E Lot* 2A 130
Sanaigmore. *Arg* 2A 124
Sancreed. *Corn* 4B 4
Sancton. *E Yor* 1C 94
Sand. *High* 4D 162
Sand. *Shet* 7E 173
Sand. *Som* 2H 21
Sandaig. *Arg* 4A 138
Sandaig. *High* 3F 147
Sandale. *Cumb* 5D 112
Sandal Magna. *W Yor* 3D 92
Sandavore. *High* 5C 146
Sanday Airport. *Orkn* 3F 172
Sandbach. *Ches E* 4B 84
Sandbank. *Arg* 1C 126
Sandbanks. *Pool* 4F 15
Sandend. *Abers* 2C 160
Sanderstead. *G Lon* 4E 39
Sandfields. *Neat* 3G 31
Sandford. *Cumb* 3A 104
Sandford. *Devn* 2B 12
Sandford. *Dors* 4E 15
Sandford. *Hants* 2G 15
Sandford. *IOW* 4D 16
Sandford. *N Som* 1H 21
Sandford. *Shrp*
nr. Oswestry 3F 71
nr. Whitchurch 2H 71
Sandford. *S Lan* 5A 128
Sandfordhill. *Abers* 4H 161
Sandford-on-Thames. *Oxon* 5D 50
Sandford Orcas. *Dors* 4B 22
Sandford St Martin. *Oxon* 3C 50
Sandgate. *Kent* 2F 29
Sandgreen. *Dum* 4C 110
Sandhaven. *Abers* 2G 161
Sandhead. *Dum* 4F 109
Sandhill. *Cambs* 2E 65
Sandhills. *Dors* 1B 14
Sandhills. *Oxon* 5D 50
Sandhills. *Surr* 2A 26
Sandhoe. *Nmbd* 3C 114
Sand Hole. *E Yor* 1B 94
Sandholme. *E Yor* 1B 94
Sandholme. *Linc* 2C 76
Sandhurst. *Brac* 5G 37
Sandhurst. *Glos* 3D 48
Sandhurst. *Kent* 3B 28
Sandhurst Cross. *Kent* 3B 28
Sand Hutton. *N Yor* 4A 100
Sandhutton. *N Yor* 1F 99
Sandiacre. *Derbs* 2B 74
Sandilands. *Linc* 2E 89
Sandiway. *Ches W* 3A 84
Sandleheath. *Hants* 1G 15
Sandling. *Kent* 5B 40
Sandlow Green. *Ches E* 4B 84
Sandness. *Shet* 6C 173
Sandon. *Essx* 5H 53
Sandon. *Herts* 2D 52
Sandon. *Staf* 3D 72
Sandonbank. *Staf* 3D 72
Sandown. *IOW* 4D 16
Sandplace. *Corn* 3G 7
Sandridge. *Herts* 4B 52
Sandringham. *Norf* 3F 77
The Sands. *Surr* 2G 25
Sandsend. *N Yor* 3F 107
Sandside. *Cumb* 2C 96
Sandsound. *Shet* 7E 173
Sandtoft. *N Lin* 4H 93
Sandvoe. *Shet* 2E 173
Sandway. *Kent* 5C 40
Sandwich. *Kent* 5H 41
Sandwick. *Cumb* 3F 103
Sandwick. *Orkn*
on Mainland 6B 172
on South Ronaldsay 9D 172
Sandwick. *Shet*
on Mainland 9F 173
on Whalsay 5G 173
Sandwith. *Cumb* 3A 102
Sandy. *Carm* 5E 45
Sandy. *C Beds* 1B 52
Sandy Bank. *Linc* 5B 88
Sandycroft. *Flin* 4F 83
Sandy Cross. *Here* 5A 60
Sandygate. *Devn* 5B 12
Sandygate. *IOM* 2C 108
Sandy Haven. *Pemb* 4C 42
Sandyhills. *Dum* 4F 111
Sandylands. *Lanc* 3D 96
Sandy Lane. *Wilts* 5E 35
Sandylane. *Swan* 4E 31
Sandystones. *Bord* 2H 119
Sandyway. *Here* 3H 47
Sangobeg. *High* 2E 167
Sangomore. *High* 2E 166
Sankyn's Green. *Worc* 4B 60
Sanna. *High* 2F 139
Sanndabhaig. *W Isl*
on Isle of Lewis 4G 171
on South Uist 4D 170
Sannox. *N Ayr* 5B 126
Sanquhar. *Dum* 3G 117
Santon. *Cumb* 4B 102
Santon Bridge. *Cumb* 4C 102
Santon Downham. *Suff* 2H 65
Sapcote. *Leics* 1B 62
Sapey Common. *Here* 4B 60
Sapiston. *Suff* 3B 66
Sapley. *Cambs* 3B 64
Sapperton. *Derbs* 2F 73
Sapperton. *Glos* 5E 49
Sapperton. *Linc* 2H 75
Saracen's Head. *Linc* 3C 76
Sarclet. *High* 4F 169
Sardis. *Carm* 5F 45
Sardis. *Pemb*
nr. Milford Haven 4D 42
nr. Tenby 4F 43
Sarisbury Green. *Hants* 2D 16
Sarn. *B'end* 3C 32
Sarn. *Powy* 1E 58
Sarnau. *Carm* 3E 45
Sarnau. *Cdgn* 5C 56
Sarnau. *Gwyn* 2B 70
Sarnau. *Powy*
nr. Brecon 2D 46
nr. Welshpool 4E 71
Sarn Bach. *Gwyn* 3C 68
Sarnesfield. *Here* 5F 59
Sarn Meyllteyrn. *Gwyn* 2B 68
Saron. *Carm*
nr. Ammanford 4G 45
nr. Newcastle Emlyn 2D 45
Saron. *Gwyn*
nr. Bethel 4E 81
nr. Bontnewydd 5D 80
Sarratt. *Herts* 1B 38
Sarre. *Kent* 4G 41
Sarsden. *Oxon* 3A 50
Satley. *Dur* 5E 115
Satron. *N Yor* 5C 104
Satterleigh. *Devn* 4G 19
Satterthwaite. *Cumb* 5E 103
Satwell. *Oxon* 3F 37
Sauchen. *Abers* 2D 152
Saucher. *Per* 5A 144
Saughall. *Ches W* 3F 83
Saughtree. *Bord* 5H 119
Saul. *Glos* 5C 48
Saundby. *Notts* 2E 87
Saundersfoot. *Pemb* 4F 43
Saunderton. *Buck* 5F 51
Saunderton Lee. *Buck* 2G 37
Saunton. *Devn* 3E 19
Sausthorpe. *Linc* 4C 88
Saval. *High* 3C 164
Saverley Green. *Staf* 2D 72
Sawbridge. *Warw* 4C 62
Sawbridgeworth. *Herts* 4E 53
Sawdon. *N Yor* 1D 100
Sawley. *Derbs* 2B 74
Sawley. *Lanc* 5G 97
Sawley. *N Yor* 3E 99
Sawston. *Cambs* 1E 53
Sawtry. *Cambs* 2A 64
Saxby. *Leics* 3F 75
Saxby. *Linc* 2H 87
Saxby All Saints. *N Lin* 3C 94
Saxelby. *Leics* 3D 74
Saxelbye. *Leics* 3D 74
Saxham Street. *Suff* 4C 66
Saxilby. *Linc* 3F 87
Saxlingham. *Norf* 2C 78
Saxlingham Green. *Norf* 1E 67
Saxlingham Nethergate. *Norf* 1E 67
Saxlingham Thorpe. *Norf* 1E 66
Saxmundham. *Suff* 4F 67
Saxondale. *Notts* 1D 74
Saxon Street. *Cambs* 5F 65
Saxtead. *Suff* 4E 67
Saxtead Green. *Suff* 4E 67
Saxthorpe. *Norf* 2D 78
Saxton. *N Yor* 1E 93
Sayers Common. *W Sus* 4D 26
Scackleton. *N Yor* 2A 100
Scadabhagh. *W Isl* 8D 171
Scaftworth. *Notts* 1D 86
Scagglethorpe. *N Yor* 2C 100
Scaitcliffe. *Lanc* 2F 91
Scaladal. *W Isl* 6D 171
Scalasaig. *Arg* 4A 132
Scalby. *E Yor* 2B 94
Scalby. *N Yor* 5H 107
Scalby Mills. *N Yor* 5H 107
Scaldwell. *Nptn* 3E 63
Scaleby. *Cumb* 3F 113
Scaleby Hill. *Cumb* 3F 113
Scale Houses. *Cumb* 5G 113
Scales. *Cumb*
nr. Barrow-in-Furness 2B 96
nr. Keswick 2E 103
Scalford. *Leics* 3E 75
Scaling. *N Yor* 3E 107
Scaling Dam. *Red C* 3E 107
Scalloway. *Shet* 8F 173
Scalpaigh. *W Isl* 8E 171
Scalpay House. *High* 1E 147
Scamblesby. *Linc* 3B 88
Scamodale. *High* 1C 140
Scampston. *N Yor* 2C 100
Scampton. *Linc* 3G 87
Scaniport. *High* 5A 158
Scapa. *Orkn* 7D 172
Scapegoat Hill. *W Yor* 3A 92
Scar. *Orkn* 3F 172
Scarasta. *W Isl* 8C 171
Scarborough. *N Yor* 1E 101
Scarcliffe. *Derbs* 4B 86
Scarcroft. *W Yor* 5F 99
Scardroy. *High* 3E 156
Scarfskerry. *High* 1E 169
Scargill. *Dur* 3D 104
Scarinish. *Arg* 4B 138
Scarisbrick. *Lanc* 3B 90
Scarning. *Norf* 4B 78
Scarrington. *Notts* 1E 75
Scarth Hill. *Lanc* 4C 90
Scartho. *NE Lin* 4F 95
Scarvister. *Shet* 7E 173
Scatness. *Shet* 10E 173
Scatwell. *High* 3F 157
Scaur. *Dum* 4F 111
Scawby. *N Lin* 4C 94
Scawby Brook. *N Lin* 4C 94
Scawsby. *S Yor* 4F 93
Scawton. *N Yor* 1H 99
Scaynes Hill. *W Sus* 3E 27
Scethrog. *Powy* 3E 46
Scholar Green. *Ches E* 5C 84
Scholes. *G Man* 4D 90
Scholes. *W Yor*
nr. Bradford 2B 92
nr. Holmfirth 4B 92
nr. Leeds 1D 93
Scholey Hill. *W Yor* 2D 93
School Aycliffe. *Darl* 2F 105
School Green. *Ches W* 4A 84
School Green. *Essx* 2H 53
Scissett. *W Yor* 3C 92
Scleddau. *Pemb* 1D 42
Scofton. *Notts* 2D 86
Scole. *Norf* 3D 66
Scolpaig. *W Isl* 1C 170
Scolton. *Pemb* 2D 43
Scone. *Per* 1D 136
Sconser. *High* 5E 155
Scoonie. *Fife* 3F 137
Scopwick. *Linc* 5H 87

Scoraig. *High* .4E **163**
Scorborough. *E Yor* .5E **101**
Scorrier. *Corn* .4B **6**
Scorriton. *Devn* .2D **8**
Scorton. *Lanc* .5E **97**
Scorton. *N Yor* .4F **105**
Sco Ruston. *Norf* .3E **79**
Scotbheinn. *W Isl* .3D **170**
Scotby. *Cumb* .4F **113**
Scotch Corner. *N Yor* .4F **105**
Scotforth. *Lanc* .3D **97**
Scot Hay. *Staf* .1C **72**
Scothern. *Linc* .3H **87**
Scotland End. *Oxon* .2B **50**
Scotlandwell. *Per* .3D **136**
Scot Lane End. *G Man* .4E **91**
Scotsburn. *High* .1B **158**
Scotsburn. *Mor* .2G **159**
Scotsdike. *Cumb* .2E **113**
Scot's Gap. *Nmbd* .1D **114**
Scotstoun. *Glas* .3G **127**
Scotstown. *High* .2C **140**
Scotswood. *Tyne* .3F **115**
Scottas. *High* .3F **147**
Scotter. *Linc* .4B **94**
Scotterthorpe. *Linc* .4B **94**
Scottlethorpe. *Linc* .3H **75**
Scotton. *Linc* .1F **87**
Scotton. *N Yor*
nr. Catterick Garrison .5E **105**
nr. Harrogate .4F **99**
Scottow. *Norf* .3E **79**
Scoulton. *Norf* .5B **78**
Scounslow Green. *Staf* .3E **73**
Scourie. *High* .4B **166**
Scourie More. *High* .4B **166**
Scousburgh. *Shet* .10E **173**
Scout Green. *Cumb* .4G **103**
Scouthead. *G Man* .4H **91**
Scrabster. *High* .1C **168**
Scrafield. *Linc* .4C **88**
Scrainwood. *Nmbd* .4D **121**
Scrane End. *Linc* .1C **76**
Scraptoft. *Leics* .5D **74**
Scratby. *Norf* .4H **79**
Scrayingham. *N Yor* .3B **100**
Scredington. *Linc* .1H **75**
Scremby. *Linc* .4D **88**
Scremerston. *Nmbd* .5G **131**
Screveton. *Notts* .1E **75**
Scrivelsby. *Linc* .4B **88**
Scriven. *N Yor* .4F **99**
Scronkey. *Lanc* .5D **96**
Scrooby. *Notts* .1D **86**
Scropton. *Derbs* .2F **73**
Scrub Hill. *Linc* .5B **88**
Scruton. *N Yor* .5F **105**
Scuggate. *Cumb* .2F **113**
Sculamus. *High* .1E **147**
Sculcoates. *Hull* .1D **94**
Sculthorpe. *Norf* .2B **78**
Scunthorpe. *N Lin* .3B **94**
Scurlage. *Swan* .4D **30**
Sea. *Som* .1G **13**
Seaborough. *Dors* .2H **13**
Seabridge. *Staf* .1C **72**
Seabrook. *Kent* .2F **29**
Seaburn. *Tyne* .3H **115**
Seacombe. *Mers* .1F **83**
Seacroft. *Linc* .4E **89**
Seacroft. *W Yor* .1D **92**
Seadyke. *Linc* .2C **76**
Seafield. *High* .5G **165**
Seafield. *Midl* .3F **129**
Seafield. *S Ayr* .2C **116**
Seafield. *W Lot* .3D **128**
Seaford. *E Sus* .5F **27**
Seaforth. *Mers* .1F **83**
Seagrave. *Leics* .4D **74**
Seaham. *Dur* .5H **115**
Seahouses. *Nmbd* .1G **121**
Seal. *Kent* .5G **39**
Sealand. *Flin* .4F **83**
Seale. *Surr* .2G **25**
Seamer. *N Yor*
nr. Scarborough .1E **101**
nr. Stokesley .3B **106**
Seamill. *N Ayr* .5D **126**
Sea Mills. *Bris* .4A **34**
Sea Palling. *Norf* .3G **79**
Searby. *Linc* .4D **94**
Seasalter. *Kent* .4E **41**
Seascale. *Cumb* .4B **102**
Seaside. *Per* .1E **137**
Seater. *High* .1F **169**
Seathorne. *Linc* .4E **89**
Seathwaite. *Cumb*
nr. Buttermere .3D **102**
nr. Ulpha .5D **102**
Seatle. *Cumb* .1C **96**
Seatoller. *Cumb* .3D **102**
Seaton. *Corn* .3H **7**
Seaton. *Cumb* .1B **102**
Seaton. *Devn* .3F **13**
Seaton. *Dur* .4G **115**
Seaton. *E Yor* .5F **101**
Seaton. *Nmbd* .2G **115**
Seaton. *Rut* .1G **63**
Seaton Burn. *Tyne* .2F **115**
Seaton Carew. *Hart* .2C **106**
Seaton Delaval. *Nmbd* .2G **115**
Seaton Junction. *Devn* .3F **13**
Seaton Ross. *E Yor* .5B **100**
Seaton Sluice. *Nmbd* .2G **115**
Seatown. *Abers* .2C **160**
Seatown. *Dors* .3H **13**
Seatown. *Mor*
nr. Cullen .2C **160**
nr. Lossiemouth .1G **159**
Seave Green. *N Yor* .4C **106**
Seaview. *IOW* .3E **17**
Seaville. *Cumb* .4C **112**
Seavington St Mary. *Som* .1H **13**
Seavington St Michael. *Som* .1H **13**
Seawick. *Essx* .4E **55**
Sebastopol. *Torf* .2F **33**
Sebergham. *Cumb* .5E **113**
Seckington. *Warw* .5G **73**
Second Coast. *High* .4D **162**
Sedbergh. *Cumb* .5H **103**
Sedbury. *Glos* .2A **34**
Sedbusk. *N Yor* .5B **104**
Sedgeberrow. *Worc* .2F **49**
Sedgebrook. *Linc* .2F **75**
Sedgefield. *Dur* .2A **106**
Sedgeford. *Norf* .2G **77**
Sedgehill. *Wilts* .4D **22**
Sedgley. *W Mid* .1D **60**
Sedgwick. *Cumb* .1E **97**
Sedlescombe. *E Sus* .4B **28**
Seend. *Wilts* .5E **35**
Seend Cleeve. *Wilts* .5E **35**
Seer Green. *Buck* .1A **38**
Seething. *Norf* .1F **67**
Sefster. *Shet* .6E **173**
Sefton. *Mers* .4B **90**
Sefton Park. *Mers* .2F **83**
Segensworth. *Hants* .2D **16**
Seggat. *Abers* .4E **161**
Seghill. *Nmbd* .2F **115**
Seifton. *Shrp* .2G **59**
Seighford. *Staf* .3C **72**
Seilebost. *W Isl* .8C **171**
Seisdon. *Staf* .1C **60**
Seisiadar. *W Isl* .4H **171**
Selattyn. *Shrp* .2E **71**
Selborne. *Hants* .3F **25**
Selby. *N Yor* .1G **93**
Selham. *W Sus* .3A **26**
Selkirk. *Bord* .2G **119**
Sellack. *Here* .3A **48**
Sellafirth. *Shet* .2G **173**
Sellick's Green. *Som* .1F **13**
Sellindge. *Kent* .2F **29**
Selling. *Kent* .5E **41**
Sells Green. *Wilts* .5E **35**
Selly Oak. *W Mid* .2E **61**
Selmeston. *E Sus* .5G **27**
Selsdon. *G Lon* .4E **39**
Selsey. *W Sus* .3G **17**
Selsfield Common. *W Sus* .2E **27**
Selside. *Cumb* .5G **103**
Selside. *N Yor* .2G **97**
Selsley. *Glos* .5D **48**
Selsted. *Kent* .1G **29**
Selston. *Notts* .5B **86**
Selworthy. *Som* .2C **20**
Semblister. *Shet* .6E **173**
Semer. *Suff* .1D **54**
Semington. *Wilts* .5D **35**
Semley. *Wilts* .4D **23**
Sempringham. *Linc* .2A **76**
Send. *Surr* .5B **38**
Send Marsh. *Surr* .5B **38**
Senghenydd. *Cphy* .2E **32**
Sennen. *Corn* .4A **4**
Sennen Cove. *Corn* .4A **4**
Sennybridge. *Powy* .3C **46**
Serlby. *Notts* .2D **86**
Sessay. *N Yor* .2G **99**
Setchey. *Norf* .4F **77**
Setley. *Hants* .2B **16**
Setter. *Shet* .3F **173**
Settiscarth. *Orkn* .6C **172**
Settle. *N Yor* .3H **97**
Settrington. *N Yor* .2C **100**
Seven Ash. *Som* .3E **21**
Sevenhampton. *Glos* .3F **49**
Sevenhampton. *Swin* .2H **35**
Sevenoaks. *Kent* .5G **39**
Sevenoaks Weald. *Kent* .5G **39**
Seven Sisters. *Neat* .5B **46**
Seven Springs. *Glos* .4E **49**
Severn Beach. *S Glo* .3A **34**
Severn Stoke. *Worc* .1D **48**
Sevington. *Kent* .1E **29**
Sewards End. *Essx* .2F **53**
Sewardstone. *Essx* .1E **39**
Sewell. *C Beds* .3H **51**
Sewerby. *E Yor* .3G **101**
Seworgan. *Corn* .5B **6**
Sewstern. *Leics* .3F **75**
Sgallairidh. *W Isl* .9B **170**
Sgarasta Mhor. *W Isl* .8C **171**
Sgiogarstaigh. *W Isl* .1H **171**
Sgreadan. *Arg* .4A **132**
Shabbington. *Buck* .5E **51**
Shackerley. *Shrp* .5C **72**
Shackerstone. *Leics* .5A **74**
Shackleford. *Surr* .1A **26**
Shadforth. *Dur* .5G **115**
Shadingfield. *Suff* .2G **67**
Shadoxhurst. *Kent* .2D **28**
Shadsworth. *Bkbn* .2F **91**
Shadwell. *Norf* .2B **66**
Shadwell. *W Yor* .1D **92**
Shaftesbury. *Dors* .4D **22**
Shafton. *S Yor* .3D **93**
Shafton Two Gates. *S Yor* .3D **93**
Shaggs. *Dors* .4D **14**
Shakesfield. *Glos* .2B **48**
Shalbourne. *Wilts* .5B **36**
Shalcombe. *IOW* .4B **16**
Shalden. *Hants* .2E **25**
Shaldon. *Devn* .5C **12**
Shalfleet. *IOW* .4C **16**
Shalford. *Essx* .3H **53**
Shalford. *Surr* .1B **26**
Shalford Green. *Essx* .3H **53**
Shallowford. *Devn* .2H **19**
Shallowford. *Staf* .3C **72**
Shalmsford Street. *Kent* .5E **41**
Shalstone. *Buck* .2E **51**
Shamley Green. *Surr* .1B **26**
Shandon. *Arg* .1D **126**
Shandwick. *High* .1C **158**
Shangton. *Leics* .1E **62**
Shankhouse. *Nmbd* .2F **115**
Shanklin. *IOW* .4D **16**
Shannochie. *N Ayr* .3D **123**
Shap. *Cumb* .3G **103**
Shapwick. *Dors* .2E **15**
Shapwick. *Som* .3H **21**
Sharcott. *Wilts* .1G **23**
Shardlow. *Derbs* .2B **74**
Shareshill. *Staf* .5D **72**
Sharlston. *W Yor* .3D **93**
Sharlston Common. *W Yor* .3D **93**
Sharnal Street. *Medw* .3B **40**
Sharnbrook. *Bed* .5G **63**
Sharneyford. *Lanc* .2G **91**
Sharnford. *Leics* .1B **62**
Sharnhill Green. *Dors* .2C **14**
Sharoe Green. *Lanc* .1D **90**
Sharow. *N Yor* .2F **99**
Sharpenhoe. *C Beds* .2A **52**
Sharperton. *Nmbd* .4D **120**
Sharpness. *Glos* .5B **48**
Sharp Street. *Norf* .3F **79**
Sharpthorne. *W Sus* .2E **27**
Sharrington. *Norf* .2C **78**
Shatterford. *Worc* .2B **60**
Shatton. *Derbs* .2F **85**
Shaugh Prior. *Devn* .2B **8**
Shavington. *Ches E* .5B **84**
Shaw. *G Man* .4H **91**
Shaw. *W Ber* .5C **36**
Shaw. *Wilts* .5D **35**
Shawbirch. *Telf* .4A **72**
Shawbury. *Shrp* .3H **71**
Shawell. *Leics* .2C **62**
Shawford. *Hants* .4C **24**
Shawforth. *Lanc* .2G **91**
Shaw Green. *Lanc* .3D **90**
Shawhead. *Dum* .2F **111**
Shaw Mills. *N Yor* .3E **99**
Shawwood. *E Ayr* .2E **117**
Shearington. *Dum* .3B **112**
Shearsby. *Leics* .1D **62**
Shearston. *Som* .3F **21**
Shebbear. *Devn* .2E **11**
Shebdon. *Staf* .3B **72**
Shebster. *High* .2C **168**
Sheddocksley. *Aber* .3F **153**
Shedfield. *Hants* .1D **16**
Shedog. *N Ayr* .2D **122**
Sheen. *Staf* .4F **85**
Sheepbridge. *Derbs* .3A **86**
Sheep Hill. *Dur* .4E **115**
Sheepscar. *W Yor* .1D **92**
Sheepscombe. *Glos* .4D **49**
Sheepstor. *Devn* .2B **8**
Sheepwash. *Devn* .2E **11**
Sheepwash. *Nmbd* .1F **115**
Sheepway. *N Som* .4H **33**
Sheepy Magna. *Leics* .5H **73**
Sheepy Parva. *Leics* .5H **73**
Sheering. *Essx* .4F **53**
Sheerness. *Kent* .3D **40**
Sheerwater. *Surr* .4B **38**
Sheet. *Hants* .4F **25**
Sheffield. *S Yor* .2A **86**
Sheffield Bottom. *W Ber* .5E **37**
Sheffield Green. *E Sus* .3F **27**
Shefford. *C Beds* .2B **52**
Shefford Woodlands. *W Ber* .4B **36**
Sheigra. *High* .2B **166**
Sheinton. *Shrp* .5A **72**
Shelderton. *Shrp* .3G **59**
Sheldon. *Derbs* .4F **85**
Sheldon. *Devn* .2E **12**
Sheldon. *W Mid* .2F **61**
Sheldwich. *Kent* .5E **40**
Sheldwich Lees. *Kent* .5E **40**
Shelf. *W Yor* .2B **92**
Shelfanger. *Norf* .2D **66**
Shelfield. *Warw* .4F **61**
Shelfield. *W Mid* .5E **73**
Shelford. *Notts* .1D **74**
Shelford. *Warw* .2B **62**
Shell. *Worc* .5D **60**
Shelley. *Suff* .2D **54**
Shelley. *W Yor* .3C **92**
Shell Green. *Hal* .2H **83**
Shellingford. *Oxon* .2B **36**
Shellow Bowells. *Essx* .5G **53**
Shelsley Beauchamp. *Worc* .4B **60**
Shelsley Walsh. *Worc* .4B **60**
Shelthorpe. *Leics* .4C **74**
Shelton. *Bed* .4H **63**
Shelton. *Norf* .1E **67**
Shelton. *Notts* .1E **75**
Shelton. *Shrp* .4G **71**
Shelton Green. *Norf* .1E **67**
Shelton Lock. *Derb* .2A **74**
Shelve. *Shrp* .1F **59**
Shelwick. *Here* .1A **48**
Shelwick Green. *Here* .1A **48**
Shenfield. *Essx* .1H **39**
Shenington. *Oxon* .1B **50**
Shenley. *Herts* .5B **52**
Shenley Brook End. *Mil* .2G **51**
Shenleybury. *Herts* .5B **52**
Shenley Church End. *Mil* .2G **51**
Shenmore. *Here* .2G **47**
Shennanton. *Dum* .3A **110**
Shenstone. *Staf* .5F **73**
Shenstone. *Worc* .3C **60**
Shenstone Woodend. *Staf* .5F **73**
Shenton. *Leics* .5A **74**
Shenval. *Mor* .1G **151**
Shepeau Stow. *Linc* .4C **76**
Shephall. *Herts* .3C **52**
Shepherd's Bush. *G Lon* .2D **38**
Shepherd's Gate. *Norf* .4E **77**
Shepherd's Green. *Oxon* .3F **37**
Shepherd's Port. *Norf* .2F **77**
Shepherdswell. *Kent* .1G **29**
Shepley. *W Yor* .4B **92**
Sheppardstown. *High* .4D **169**
Shepperdine. *S Glo* .2B **34**
Shepperton. *Surr* .4B **38**
Shepreth. *Cambs* .1D **53**
Shepshed. *Leics* .4B **74**
Shepton Beauchamp. *Som* .1H **13**
Shepton Mallet. *Som* .2B **22**
Shepton Montague. *Som* .3B **22**
Shepway. *Kent* .5B **40**
Sheraton. *Dur* .1B **106**
Sherborne. *Dors* .1B **14**
Sherborne. *Glos* .4G **49**
Sherborne. *Som* .1A **22**
Sherborne Causeway. *Dors* .4D **22**
Sherborne St John. *Hants* .1E **24**
Sherbourne. *Warw* .4G **61**
Sherburn. *Dur* .5G **115**
Sherburn. *N Yor* .2D **100**
Sherburn Hill. *Dur* .5G **115**
Sherburn in Elmet. *N Yor* .1E **93**
Shere. *Surr* .1B **26**
Shereford. *Norf* .3A **78**
Sherfield English. *Hants* .4A **24**
Sherfield on Loddon. *Hants* .1E **25**
Sherford. *Devn* .4D **9**
Sherford. *Dors* .3E **15**
Sheriffhales. *Shrp* .4B **72**
Sheriff Hutton. *N Yor* .3A **100**
Sheriffston. *Mor* .2G **159**
Sheringham. *Norf* .1D **78**
Sherington. *Mil* .1G **51**
Shermanbury. *W Sus* .4D **26**
Shernal Green. *Worc* .4D **60**
Shernborne. *Norf* .2G **77**
Sherrington. *Wilts* .3E **23**
Sherston. *Wilts* .3D **34**
Sherwood. *Nott* .1C **74**
Sherwood Green. *Devn* .4F **19**
Shettleston. *Glas* .3H **127**
Shevington. *G Man* .4D **90**
Shevington Moor. *G Man* .3D **90**
Shevington Vale. *G Man* .4D **90**
Sheviock. *Corn* .3H **7**
Shide. *IOW* .4C **16**
Shiel Bridge. *High* .2B **148**
Shieldaig. *High*
nr. Charlestown .1H **155**
nr. Torridon .3H **155**
Shieldhill. *Dum* .1B **112**
Shieldhill. *Falk* .2B **128**
Shieldhill. *S Lan* .5D **128**

Shieldmuir. N Lan 4A 128
Shielfoot. High 1A 140
Shielhill. Abers 3H 161
Shielhill. Ang 3D 144
Shifnal. Shrp 5B 72
Shilbottle. Nmbd 4F 121
Shilbottle Grange. Nmbd 4G 121
Shildon. Dur 2F 105
Shillford. E Ren 4F 127
Shillingford. Devn 4C 20
Shillingford. Oxon 2D 36
Shillingford St George. Devn 4C 12
Shillingstone. Dors 1D 14
Shillington. C Beds 2B 52
Shillmoor. Nmbd 4C 120
Shilton. Oxon 5A 50
Shilton. Warw 2B 62
Shilvinghampton. Dors 4B 14
Shilvington. Nmbd 1E 115
Shimpling. Norf 2D 66
Shimpling. Suff 5A 66
Shimpling Street. Suff 5A 66
Shincliffe. Dur 5F 115
Shiney Row. Tyne 4G 115
Shinfield. Wok 5F 37
Shingay. Cambs 1D 52
Shingham. Norf 5G 77
Shingle Street. Suff 1G 55
Shinner's Bridge. Devn 2D 9
Shinness. High 2C 164
Shipbourne. Kent 5G 39
Shipdham. Norf 5B 78
Shipham. Som 1H 21
Shiphay. Torb 2E 9
Shiplake. Oxon 4F 37
Shipley. Derbs 1B 74
Shipley. Nmbd 3F 121
Shipley. Shrp 1C 60
Shipley. W Sus 3C 26
Shipley. W Yor 1B 92
Shipley Bridge. Surr 1E 27
Shipmeadow. Suff 2F 67
Shippon. Oxon 2C 36
Shipston-on-Stour. Warw 1A 50
Shipton. Buck 3F 51
Shipton. Glos 4F 49
Shipton. N Yor 4H 99
Shipton. Shrp 1H 59
Shipton Bellinger. Hants 2H 23
Shipton Gorge. Dors 3H 13
Shipton Green. W Sus 3G 17
Shipton Moyne. Glos 3D 35
Shipton-on-Cherwell. Oxon 4C 50
Shiptonthorpe. E Yor 5C 100
Shipton-under-Wychwood. Oxon 4A 50
Shirburn. Oxon 2E 37
Shirdley Hill. Lanc 3B 90
Shire. Cumb 1H 103
Shirebrook. Derbs 4C 86
Shiregreen. S Yor 1A 86
Shirehampton. Bris 4A 34
Shiremoor. Tyne 2G 115
Shirenewton. Mon 2H 33
Shireoaks. Notts 2C 86
Shires Mill. Fife 1D 128
Shirkoak. Kent 2D 28
Shirland. Derbs 5A 86
Shirley. Derbs 1G 73
Shirley. Sotn 1B 16
Shirley. W Mid 3F 61
Shirleywich. Staf 3D 73
Shirl Heath. Here 5G 59
Shirrell Heath. Hants 1D 16
Shirwell. Devn 3F 19
Shiskine. N Ayr 3D 122
Shobdon. Here 4F 59
Shobnall. Staf 3G 73
Shobrooke. Devn 2B 12
Shoby. Leics 3D 74
Shocklach. Ches W 1G 71
Shoeburyness. S'end 2D 40
Sholden. Kent 5H 41
Sholing. Sotn 1C 16
Sholver. G Man 4H 91
Shoot Hill. Shrp 4G 71
Shop. Corn
nr. Bude 1C 10
nr. Padstow 1C 6
Shop. Devn 1D 11
Shopford. Cumb 2G 113
Shoreditch. G Lon 2E 39
Shoreditch. Som 4F 21
Shoregill. Cumb 4A 104
Shoreham. Kent 4G 39
Shoreham-by-Sea. W Sus 5D 26
Shoresdean. Nmbd 5F 131
Shoreswood. Nmbd 5F 131
Shorncote. Glos 2F 35
Shorne. Kent 3A 40
Shorne Ridgeway. Kent 3A 40
Shortacombe. Devn 4F 11
Shortbridge. E Sus 3F 27
Shortgate. E Sus 4F 27
Short Green. Norf 2C 66
Shorthampton. Oxon 3B 50
Short Heath. Derbs 4H 73
Short Heath. W Mid
nr. Erdington 1E 61
nr. Wednesfield 5D 73
Shortlanesend. Corn 4C 6
Shorton. Torb 2E 9
Shortstown. Bed 1A 52
Shortwood. S Glo 4B 34
Shorwell. IOW 4C 16
Shoscombe. Bath 1C 22
Shotesham. Norf 1E 67
Shotgate. Essx 1B 40
Shotley. Suff 2F 55
Shotley Bridge. Dur 4D 115
Shotleyfield. Nmbd 4D 114
Shotley Gate. Suff 2F 55
Shottenden. Kent 5E 41
Shottermill. Surr 3G 25
Shottery. Warw 5F 61
Shotteswell. Warw 1C 50
Shottisham. Suff 1G 55
Shottle. Derbs 1H 73
Shotton. Dur
nr. Peterlee 1B 106
nr. Sedgefield 2A 106
Shotton. Flin 4F 83
Shotton. Nmbd
nr. Morpeth 2F 115
nr. Town Yetholm 1C 120
Shotton Colliery. Dur 5G 115
Shotts. N Lan 3B 128
Shotwick. Ches W 3F 83
Shouldham. Norf 5F 77
Shouldham Thorpe. Norf 5F 77
Shoulton. Worc 5C 60
Shrawardine. Shrp 4G 71
Shrawley. Worc 4C 60
Shreding Green. Buck 2B 38
Shrewley. Warw 4G 61
Shrewsbury. Shrp 4G 71
Shrewton. Wilts 2F 23
Shripney. W Sus 5A 26
Shrivenham. Oxon 3H 35
Shropham. Norf 1B 66
Shroton. Dors 1D 14
Shrub End. Essx 3C 54
Shucknall. Here 1A 48
Shudy Camps. Cambs 1G 53
Shulishadermor. High 4D 155
Shulista. High 1D 154
Shurdington. Glos 4E 49
Shurlock Row. Wind 4G 37
Shurrery. High 3C 168
Shurton. Som 2F 21
Shustoke. Warw 1G 61
Shute. Devn
nr. Axminster 3F 13
nr. Crediton 2B 12
Shutford. Oxon 1B 50
Shut Heath. Staf 3C 72
Shuthonger. Glos 2D 49
Shutlanehead. Staf 1C 72
Shutlanger. Nptn 1F 51
Shutt Green. Staf 5C 72
Shuttington. Warw 5G 73
Shuttlewood. Derbs 3B 86
Shuttleworth. G Man 3G 91
Siabost. W Isl 3E 171
Siabost bho Dheas. W Isl 3E 171
Siabost bho Thuath. W Isl 3E 171
Siadar. W Isl 2F 171
Siadar Uarach. W Isl 2F 171
Sibbaldbie. Dum 1C 112
Sibbertoft. Nptn 2D 62
Sibdon Carwood. Shrp 2G 59
Sibertswold. Kent 1G 29
Sibford Ferris. Oxon 2B 50
Sibford Gower. Oxon 2B 50
Sible Hedingham. Essx 2A 54
Sibsey. Linc 5C 88
Sibsey Fen Side. Linc 5C 88
Sibson. Cambs 1H 63
Sibson. Leics 5A 74
Sibster. High 3F 169
Sibthorpe. Notts 1E 75
Sibton. Suff 4F 67
Sicklesmere. Suff 4A 66
Sicklinghall. N Yor 5F 99
Sid. Devn 4E 13
Sidbury. Devn 3E 13
Sidbury. Shrp 2A 60
Sidcot. N Som 1H 21
Sidcup. G Lon 3F 39
Siddick. Cumb 1B 102
Siddington. Ches E 3C 84
Siddington. Glos 2F 35
Side of the Moor. G Man 3F 91
Sidestrand. Norf 2E 79
Sidford. Devn 3E 13
Sidlesham. W Sus 3G 17
Sidley. E Sus 5B 28
Sidlow. Surr 1D 26
Sidmouth. Devn 4E 13
Sigford. Devn 5A 12
Sigglesthorne. E Yor 5F 101
Sighthill. Edin 2E 129
Sigingstone. V Glam 4C 32
Signet. Oxon 4H 49
Silchester. Hants 5E 37
Sildinis. W Isl 6E 171
Sileby. Leics 4D 74
Silecroft. Cumb 1A 96
Silfield. Norf 1D 66
Silian. Cdgn 5E 57
Silkstone. S Yor 4C 92
Silkstone Common. S Yor 4C 92
Silksworth. Tyne 4G 115
Silk Willoughby. Linc 1H 75
Silloth. Cumb 4C 112
Sills. Nmbd 4C 120
Sillyearn. Mor 3C 160
Silpho. N Yor 5G 107
Silsden. W Yor 5C 98
Silsoe. C Beds 2A 52
Silverbank. Abers 4E 152
Silverburn. Midl 3F 129
Silverdale. Lanc 2D 96
Silverdale. Staf 1C 72
Silverdale Green. Lanc 2D 96
Silver End. Essx 4B 54
Silver End. W Mid 2D 60
Silvergate. Norf 3D 78
Silver Green. Norf 1E 67
Silverhillocks. Abers 2E 161
Silverley's Green. Suff 3E 67
Silverstone. Nptn 1E 51
Silverton. Devn 2C 12
Silverton. W Dun 2F 127
Silvington. Shrp 3A 60
Simm's Cross. Hal 2H 83
Simm's Lane End. Mers 4D 90
Simonburn. Nmbd 2B 114
Simonsbath. Som 3A 20
Simonstone. Lanc 1F 91
Simprim. Bord 5E 131
Simpson. Pemb 3C 42
Simpson Cross. Pemb 3C 42
Sinclairston. E Ayr 3D 116
Sinclairtown. Fife 4E 137
Sinderby. N Yor 1F 99
Sinderhope. Nmbd 4B 114
Sindlesham. Wok 5F 37
Sinfin. Derb 2H 73
Singleborough. Buck 2F 51
Singleton. Kent 1D 28
Singleton. Lanc 1B 90
Singleton. W Sus 1G 17
Singlewell. Kent 3A 40
Sinkhurst Green. Kent 1C 28
Sinnahard. Abers 2B 152
Sinnington. N Yor 1B 100
Sinton Green. Worc 4C 60
Sion Mills. Derr 3C 174
Sipson. G Lon 3B 38
Sirhowy. Blae 4E 47
Sisland. Norf 1F 67
Sissinghurst. Kent 2B 28
Siston. S Glo 4B 34
Sithney. Corn 4D 4
Sittingbourne. Kent 4D 40
Six Ashes. Staf 2B 60
Six Bells. Blae 5F 47
Six Hills. Leics 3D 74
Sixhills. Linc 2A 88
Six Mile Bottom. Cambs 5E 65
Sixpenny Handley. Dors 1E 15
Sizewell. Suff 4G 67
Skail. High 4H 167
Skaill. Orkn 6B 172
Skaills. Orkn 7E 172
Skares. E Ayr 3E 117
Skateraw. E Lot 2D 130
Skaw. Shet 5G 173
Skeabost. High 4D 154
Skeabrae. Orkn 5B 172
Skeeby. N Yor 4E 105
Skeffington. Leics 5E 75
Skeffling. E Yor 3G 95
Skegby. Notts
nr. Mansfield 4B 86
nr. Tuxford 3E 87
Skegness. Linc 4E 89
Skelberry. Shet
nr. Boddam 10E 173
nr. Housetter 3E 173
Skelbo. High 4E 165
Skelbo Street. High 4E 165
Skelbrooke. S Yor 3F 93
Skeldyke. Linc 2C 76
Skelfhill. Bord 4G 119
Skellingthorpe. Linc 3G 87
Skellister. Shet 6F 173
Skellorn Green. Ches E 2D 84
Skellow. S Yor 3F 93
Skelmanthorpe. W Yor 3C 92
Skelmersdale. Lanc 4C 90
Skelmorlie. N Ayr 3C 126
Skelpick. High 3H 167
Skelton. Cumb 1F 103
Skelton. E Yor 2A 94
Skelton. N Yor
nr. Richmond 4D 105
nr. Ripon 3F 99
Skelton. Red C 3D 106
Skelton. York 4H 99
Skelton Green. Red C 3D 106
Skelwick. Orkn 3D 172
Skelwith Bridge. Cumb 4E 103
Skendleby. Linc 4D 88
Skendleby Psalter. Linc 3D 88
Skenfrith. Mon 3H 47
Skerne. E Yor 4E 101
Skeroblingarry. Arg 3B 122
Skerray. High 2G 167
Skerricha. High 3C 166
Skerries Airport. Shet 4H 173
Skerton. Lanc 3D 97
Sketchley. Leics 1B 62
Sketty. Swan 3F 31
Skewen. Neat 3G 31
Skewsby. N Yor 2A 100
Skeyton. Norf 3E 79
Skeyton Corner. Norf 3E 79
Skiall. High 2C 168
Skidbrooke. Linc 1D 88
Skidbrooke North End. Linc 1D 88
Skidby. E Yor 1D 94
Skilgate. Som 4C 20
Skillington. Linc 3F 75
Skinburness. Cumb 4C 112
Skinflats. Falk 1C 128
Skinidin. High 4B 154
Skinnet. High 2F 167
Skinningrove. Red C 3E 107
Skipness. Arg 4G 125
Skippool. Lanc 5C 96
Skiprigg. Cumb 5E 113
Skipsea. E Yor 4F 101
Skipsea Brough. E Yor 4F 101
Skipton. N Yor 4B 98
Skipton-on-Swale. N Yor 2F 99
Skipwith. N Yor 1G 93
Skirbeck. Linc 1C 76
Skirbeck Quarter. Linc 1C 76
Skirlaugh. E Yor 1E 95
Skirling. Bord 1C 118
Skirmett. Buck 2F 37
Skirpenbeck. E Yor 4B 100
Skirwith. Cumb 1H 103
Skirwith. N Yor 2G 97
Skirza. High 2F 169
Skitby. Cumb 3F 113
Skitham. Lanc 5D 96
Skittle Green. Buck 5F 51
Skroo. Shet 1B 172
Skulamus. High 1E 147
Skullomie. High 2G 167
Skyborry Green. Shrp 3E 59
Skye Green. Essx 3B 54
Skye of Curr. High 1D 151
Slack. W Yor 2H 91
The Slack. Dur 2E 105
Slackhall. Derbs 2E 85
Slack Head. Cumb 2D 97
Slackhead. Mor 2B 160
Slackholme End. Linc 3E 89
Slacks of Cairnbanno. Abers 4F 161
Slad. Glos 5D 48
Slade. Swan 4D 31
The Slade. W Ber 5D 36
Slade End. Oxon 2D 36
Slade Field. Cambs 2C 64
Slade Green. G Lon 3G 39
Slade Heath. Staf 5D 72
Slade Hooton. S Yor 2C 86
Sladesbridge. Corn 5A 10
Slaggyford. Nmbd 4H 113
Slaidburn. Lanc 4G 97
Slaid Hill. W Yor 5F 99
Slaithwaite. W Yor 3A 92
Slaley. Derbs 5G 85
Slaley. Nmbd 4C 114
Slamannan. Falk 2B 128
Slapton. Buck 3H 51
Slapton. Devn 4E 9
Slapton. Nptn 1E 51
Slattocks. G Man 4G 91
Slaugham. W Sus 3D 26
Slaughterbridge. Corn 4B 10
Slaughterford. Wilts 4D 34
Slawston. Leics 1E 63
Sleaford. Hants 3G 25
Sleaford. Linc 1H 75
Sleagill. Cumb 3G 103
Sleap. Shrp 3G 71
Sledmere. E Yor 3D 100
Sleightholme. Dur 3C 104
Sleights. N Yor 4F 107
Slepe. Dors 3E 15
Slickly. High 2E 169
Sliddery. N Ayr 3D 122
Sligachan. High 1C 146
Slimbridge. Glos 5C 48

Slindon. *Staf* 2C 72
Slindon. *W Sus* 5A 26
Slinfold. *W Sus* 2C 26
Slingsby. *N Yor* 2A 100
Slip End. *C Beds* 4A 52
Slipton. *Nptn* 3G 63
Slitting Mill. *Staf* 4E 73
Slochd. *High* 1C 150
Slockavullin. *Arg* 4F 133
Sloley. *Norf* 3E 79
Sloncombe. *Devn* 4H 11
Sloothby. *Linc* 3D 89
Slough. *Slo* 3A 38
Slough Green. *Som* 4F 21
Slough Green. *W Sus* 3D 27
Sluggan. *High* 1C 150
Slyne. *Lanc* 3D 97
Smailholm. *Bord* 1A 120
Smallbridge. *G Man* 3H 91
Smallbrook. *Devn* 3B 12
Smallburgh. *Norf* 3F 79
Smallburn. *E Ayr* 2F 117
Smalldale. *Derbs* 3E 85
Small Dole. *W Sus* 4D 26
Smalley. *Derbs* 1B 74
Smallfield. *Surr* 1E 27
Small Heath. *W Mid* 2E 61
Smallholm. *Dum* 2C 112
Small Hythe. *Kent* 2C 28
Smallrice. *Staf* 2D 72
Smallridge. *Devn* 2G 13
Smallwood Hey. *Lanc* 5C 96
Smallworth. *Norf* 2C 66
Smannell. *Hants* 2B 24
Smardale. *Cumb* 4A 104
Smarden. *Kent* 1C 28
Smarden Bell. *Kent* 1C 28
Smart's Hill. *Kent* 1G 27
Smeatharpe. *Devn* 1F 13
Smeeth. *Kent* 2E 29
The Smeeth. *Norf* 4E 77
Smeeton Westerby. *Leics* 1D 62
Smeircleit. *W Isl* 7C 170
Smerral. *High* 5D 168
Smestow. *Staf* 1C 60
Smethwick. *W Mid* 2E 61
Smirisary. *High* 1A 140
Smisby. *Derbs* 4H 73
Smitham Hill. *Bath* 1A 22
Smith End Green. *Worc* 5B 60
Smithfield. *Cumb* 3F 113
Smith Green. *Lanc* 4D 97
The Smithies. *Shrp* 1A 60
Smithincott. *Devn* 1D 12
Smith's Green. *Essx* 3F 53
Smithstown. *High* 1G 155
Smithton. *High* 4B 158
Smithwood Green. *Suff* 5B 66
Smithy Bridge. *G Man* 3H 91
Smithy Green. *Ches E* 3B 84
Smithy Lane Ends. *Lanc* 3C 90
Smockington. *Leics* 2B 62
Smoogro. *Orkn* 7C 172
Smythe's Green. *Essx* 4C 54
Snaigow House. *Per* 4H 143
Snailbeach. *Shrp* 5F 71
Snailwell. *Cambs* 4F 65
Snainton. *N Yor* 1D 100
Snaith. *E Yor* 2G 93
Snape. *N Yor* 1E 99
Snape. *Suff* 5F 67
Snape Green. *Lanc* 3B 90
Snapper. *Devn* 3F 19
Snarestone. *Leics* 5H 73
Snarford. *Linc* 2H 87
Snargate. *Kent* 3D 28
Snave. *Kent* 3E 28
Sneachill. *Worc* 5D 60
Snead. *Powy* 1F 59
Snead Common. *Worc* 4B 60
Sneaton. *N Yor* 4F 107
Sneatonthorpe. *N Yor* 4G 107
Snelland. *Linc* 2H 87
Snelston. *Derbs* 1F 73
Snetterton. *Norf* 1B 66
Snettisham. *Norf* 2F 77
Snibston. *Leics* 4B 74
Sniseabhal. *W Isl* 5C 170
Snitter. *Nmbd* 4E 121
Snitterby. *Linc* 1G 87
Snitterfield. *Warw* 5G 61
Snitton. *Shrp* 3H 59
Snodhill. *Here* 1G 47
Snodland. *Kent* 4B 40
Snods Edge. *Nmbd* 4D 114
Snowshill. *Glos* 2F 49
Snow Street. *Norf* 2C 66
Snydale. *W Yor* 2E 93
Soake. *Hants* 1E 17
Soar. *Carm* 3G 45
Soar. *Gwyn* 2F 69
Soar. *IOA* 3C 80
Soar. *Powy* 2C 46
Soberton. *Hants* 1E 16
Soberton Heath. *Hants* 1E 16
Sockbridge. *Cumb* 2G 103
Sockburn. *Darl* 4A 106
Sodom. *Den* 3C 82
Sodom. *Shet* 5G 173
Soham. *Cambs* 3E 65
Soham Cotes. *Cambs* 3E 65
Solas. *W Isl* 1D 170
Soldon Cross. *Devn* 1D 10
Soldridge. *Hants* 3E 25
Solent Breezes. *Hants* 2D 16
Sole Street. *Kent*
nr. Meopham 4A 40
nr. Waltham 1E 29
Solihull. *W Mid* 2F 61
Sollers Dilwyn. *Here* 5G 59
Sollers Hope. *Here* 2B 48
Sollom. *Lanc* 3C 90
Solva. *Pemb* 2B 42
Somerby. *Leics* 4E 75
Somerby. *Linc* 4D 94
Somercotes. *Derbs* 5B 86
Somerford. *Dors* 3G 15
Somerford. *Staf* 5C 72
Somerford Keynes. *Glos* 2F 35
Somerley. *W Sus* 3G 17
Somerleyton. *Suff* 1G 67
Somersal Herbert. *Derbs* 2F 73
Somersby. *Linc* 3C 88
Somersham. *Cambs* 3C 64
Somersham. *Suff* 1D 54
Somerton. *Oxon* 3C 50
Somerton. *Som* 4H 21
Somerton. *Suff* 5H 65
Sompting. *W Sus* 5C 26
Sonning. *Wok* 4F 37
Sonning Common. *Oxon* 3F 37
Sonning Eye. *Oxon* 4F 37
Sookholme. *Notts* 4C 86
Sopley. *Hants* 3G 15
Sopworth. *Wilts* 3D 34
Sorbie. *Dum* 5B 110
Sordale. *High* 2D 168
Sorisdale. *Arg* 2D 138
Sorn. *E Ayr* 2E 117
Sornhill. *E Ayr* 1E 117
Sortat. *High* 2E 169
Sotby. *Linc* 3B 88
Sots Hole. *Linc* 4A 88
Sotterley. *Suff* 2G 67
Soudley. *Shrp*
nr. Church Stretton 1G 59
nr. Market Drayton 3B 72
Soughton. *Flin* 4E 83
Soulbury. *Buck* 3G 51
Soulby. *Cumb*
nr. Appleby 3A 104
nr. Penrith 2F 103
Souldern. *Oxon* 2D 50
Souldrop. *Bed* 4G 63
Sound. *Ches E* 1A 72
Sound. *Shet*
nr. Lerwick 7F 173
nr. Tresta 6E 173
Soundwell. *S Glo* 4B 34
Sourhope. *Bord* 2C 120
Sourin. *Orkn* 4D 172
Sour Nook. *Cumb* 5E 113
Sourton. *Devn* 3F 11
Soutergate. *Cumb* 1B 96
South Acre. *Norf* 4H 77
Southall. *G Lon* 3C 38
South Allington. *Devn* 5D 9
South Alloa. *Falk* 4A 136
Southam. *Glos* 3E 49
Southam. *Warw* 4B 62
South Ambersham. *W Sus* 3A 26
Southampton. *Sotn* 1C 16
Southampton Airport. *Hants* 1C 16
Southannan. *N Ayr* 4D 126
South Anston. *S Yor* 2C 86
South Ascot. *Wind* 4A 38
South Baddesley. *Hants* 3B 16
South Balfern. *Dum* 4B 110
South Ballachulish. *High* 3E 141
South Bank. *Red C* 2C 106
South Barrow. *Som* 4B 22
South Benfleet. *Essx* 2B 40
South Bents. *Tyne* 3H 115
South Bersted. *W Sus* 5A 26
Southborough. *Kent* 1G 27
Southbourne. *Bour* 3G 15
Southbourne. *W Sus* 2F 17
South Bowood. *Dors* 3H 13
South Brent. *Devn* 3C 8
South Brewham. *Som* 3C 22
South Broomage. *Falk* 1B 128
South Broomhill. *Nmbd* 5G 121
Southburgh. *Norf* 5B 78
South Burlingham. *Norf* 5F 79
Southburn. *E Yor* 4D 101
South Cadbury. *Som* 4B 22
South Carlton. *Linc* 3G 87
South Cave. *E Yor* 1C 94
South Cerney. *Glos* 2F 35
South Chailey. *E Sus* 4E 27
South Chard. *Som* 2G 13
South Charlton. *Nmbd* 2F 121
South Cheriton. *Som* 4B 22
South Church. *Dur* 2F 105
Southchurch. *S'end* 2D 40
South Cleatlam. *Dur* 3E 105
South Cliffe. *E Yor* 1B 94
South Clifton. *Notts* 3F 87
South Clunes. *High* 4H 157
South Cockerington. *Linc* 2C 88
South Common. *Devn* 2G 13
South Cornelly. *B'end* 3B 32
Southcott. *Devn*
nr. Great Torrington 1E 11
nr. Okehampton 3F 11
Southcott. *Wilts* 1G 23
Southcourt. *Buck* 4G 51
South Cove. *Suff* 2G 67
South Creagan. *Arg* 4D 141
South Creake. *Norf* 2A 78
South Crosland. *W Yor* 3B 92
South Croxton. *Leics* 4D 74
South Dalton. *E Yor* 5D 100
South Darenth. *Kent* 4G 39
Southdean. *Bord* 4A 120
Southdown. *Bath* 5C 34
South Duffield. *N Yor* 1G 93
Southease. *E Sus* 5F 27
South Elkington. *Linc* 2B 88
South Elmsall. *W Yor* 3E 93
South End. *Cumb* 3B 96
South End. *N Lin* 2E 94
Southend. *Arg* 5A 122
Southend. *Glos* 2C 34
Southend. *W Ber* 4D 36
Southend Airport. *Essx* 2C 40
Southend-on-Sea. *S'end* 2C 40
Southerfield. *Cumb* 5C 112
Southerhouse. *Shet* 8E 173
Southerly. *Devn* 4F 11
Southernden. *Kent* 1C 28
Southerndown. *V Glam* 4B 32
Southerness. *Dum* 4A 112
South Erradale. *High* 1G 155
Southerton. *Devn* 3D 12
Southery. *Norf* 1F 65
Southey Green. *Essx* 2A 54
South Fambridge. *Essx* 1C 40
South Fawley. *W Ber* 3B 36
South Feorline. *N Ayr* 3D 122
South Ferriby. *N Lin* 2C 94
South Field. *E Yor* 2D 94
Southfleet. *Kent* 3H 39
South Garvan. *High* 1D 141
Southgate. *Cdgn* 2E 57
Southgate. *G Lon* 1E 39
Southgate. *Norf*
nr. Aylsham 3D 78
nr. Fakenham 2A 78
Southgate. *Swan* 4E 31
South Gluss. *Shet* 4E 173
South Godstone. *Surr* 1E 27
South Gorley. *Hants* 1G 15
South Green. *Essx*
nr. Billericay 1A 40
nr. Colchester 4D 54
South Green. *Kent* 4C 40
South Hanningfield. *Essx* 1B 40
South Harting. *W Sus* 1F 17
South Hayling. *Hants* 3F 17
South Hazelrigg. *Nmbd* 1E 121
South Heath. *Buck* 5H 51
South Heath. *Essx* 4E 54
South Heighton. *E Sus* 5F 27
South Hetton. *Dur* 5G 115
South Hiendley. *W Yor* 3D 93
South Hill. *Corn* 5D 10
South Hill. *Som* 4H 21
South Hinksey. *Oxon* 5D 50
South Hole. *Devn* 4C 18
South Holme. *N Yor* 2B 100
South Holmwood. *Surr* 1C 26
South Hornchurch. *G Lon* 2G 39
South Huish. *Devn* 4C 8
South Hykeham. *Linc* 4G 87
South Hylton. *Tyne* 4G 115
Southill. *C Beds* 1B 52
Southington. *Hants* 2D 24
South Kelsey. *Linc* 1H 87
South Kessock. *High* 4A 158
South Killingholme. *N Lin* 3E 95
South Kilvington. *N Yor* 1G 99
South Kilworth. *Leics* 2D 62
South Kirkby. *W Yor* 3E 93
South Kirkton. *Abers* 3E 153
South Knighton. *Devn* 5B 12
South Kyme. *Linc* 1A 76
South Lancing. *W Sus* 5C 26
South Ledaig. *Arg* 5D 140
South Leigh. *Oxon* 5B 50
Southleigh. *Devn* 3F 13
South Leverton. *Notts* 2E 87
South Littleton. *Worc* 1F 49
South Lopham. *Norf* 2C 66
South Luffenham. *Rut* 5G 75
South Malling. *E Sus* 4F 27
South Marston. *Swin* 3G 35
South Middleton. *Nmbd* 2D 121
South Milford. *N Yor* 1E 93
South Milton. *Devn* 4D 8
South Mimms. *Herts* 5C 52
Southminster. *Essx* 1D 40
South Molton. *Devn* 4H 19
South Moor. *Dur* 4E 115
Southmoor. *Oxon* 2B 36
South Moreton. *Oxon* 3D 36
South Mundham. *W Sus* 2G 17
South Muskham. *Notts* 5E 87
South Newbald. *E Yor* 1C 94
South Newington. *Oxon* 2C 50
South Newsham. *Nmbd* 2G 115
South Newton. *N Ayr* 4H 125
South Newton. *Wilts* 3F 23
South Normanton. *Derbs* 5B 86
South Norwood. *G Lon* 4E 39
South Nutfield. *Surr* 1E 27
South Ockendon. *Thur* 2G 39
Southoe. *Cambs* 4A 64
Southolt. *Suff* 4D 66
South Ormsby. *Linc* 3C 88
Southorpe. *Pet* 5H 75
South Otterington. *N Yor* 1F 99
South Owersby. *Linc* 1H 87
Southowram. *W Yor* 2B 92
South Oxhey. *Herts* 1C 38
South Perrott. *Dors* 2H 13
South Petherton. *Som* 1H 13
South Petherwin. *Corn* 4D 10
South Pickenham. *Norf* 5A 78
South Pool. *Devn* 4D 9
South Poorton. *Dors* 3A 14
South Port. *Arg* 1H 133
Southport. *Mers* 3B 90
Southpunds. *Shet* 10F 173
South Queensferry. *Edin* 2E 129
South Radworthy. *Devn* 3A 20
South Rauceby. *Linc* 1H 75
South Raynham. *Norf* 3A 78
Southrepps. *Norf* 2E 79
South Reston. *Linc* 2D 88
Southrey. *Linc* 4A 88
Southrop. *Glos* 5G 49
Southrope. *Hants* 2E 25
South Runcton. *Norf* 5F 77
South Scarle. *Notts* 4F 87
Southsea. *Port* 3E 17
South Shields. *Tyne* 3G 115
South Shore. *Bkpl* 1B 90
Southside. *Orkn* 5E 172
South Somercotes. *Linc* 1D 88
South Stainley. *N Yor* 3F 99
South Stainmore. *Cumb* 3B 104
South Stifford. *Thur* 3G 39
South Stoke. *Bath* 5C 34
South Stoke. *Oxon* 3D 36
South Stoke. *W Sus* 5B 26
South Street. *E Sus* 4E 27
South Street. *Kent*
nr. Faversham 5E 41
nr. Whitstable 4F 41
South Tawton. *Devn* 3G 11
South Thoresby. *Linc* 3D 88
South Tidworth. *Wilts* 2H 23
South Town. *Devn* 4C 12
South Town. *Hants* 3E 25
Southtown. *Norf* 5H 79
Southtown. *Orkn* 8D 172
South View. *Shet* 7E 173
Southwaite. *Cumb* 5F 113
South Walsham. *Norf* 4F 79
South Warnborough. *Hants* 2F 25
Southwater. *W Sus* 3C 26
Southwater Street. *W Sus* 3C 26
Southway. *Som* 2A 22
South Weald. *Essx* 1G 39
South Weirs. *Hants* 2A 16
Southwell. *Dors* 5B 14
Southwell. *Notts* 5E 86
South Weston. *Oxon* 2F 37
South Wheatley. *Corn* 3C 10
South Wheatley. *Notts* 2E 87
Southwick. *Hants* 2E 17
Southwick. *Nptn* 1H 63
Southwick. *Tyne* 4G 115
Southwick. *W Sus* 5D 26
Southwick. *Wilts* 1D 22
South Widcombe. *Bath* 1A 22
South Wigston. *Leics* 1C 62
South Willingham. *Linc* 2A 88
South Wingfield. *Derbs* 5A 86
South Witham. *Linc* 4G 75
Southwold. *Suff* 3H 67
South Wonston. *Hants* 3C 24
Southwood. *Norf* 5F 79
Southwood. *Som* 3A 22
South Woodham Ferrers.
Essx 1C 40
South Wootton. *Norf* 3F 77
South Wraxall. *Wilts* 5D 34
South Zeal. *Devn* 3G 11

Soval Lodge. *W Isl* 5F **171**
Sowerby. *N Yor* 1G **99**
Sowerby. *W Yor* 2A **92**
Sowerby Bridge. *W Yor* 2A **92**
Sowerby Row. *Cumb* 5E **113**
Sower Carr. *Lanc* 5C **96**
Sowley Green. *Suff* 5G **65**
Sowood. *W Yor* 3A **92**
Sowton. *Devn* 3C **12**
Soyal. *High* 4C **164**
Soyland Town. *W Yor* 2A **92**
Spacey Houses. *N Yor* 4F **99**
Spa Common. *Norf* 2E **79**
Spalding. *Linc* 3B **76**
Spaldington. *E Yor* 1A **94**
Spaldwick. *Cambs* 3A **64**
Spalford. *Notts* 4F **87**
Spanby. *Linc* 2H **75**
Sparham. *Norf* 4C **78**
Sparhamhill. *Norf* 4C **78**
Spark Bridge. *Cumb* 1C **96**
Sparket. *Cumb* 2F **103**
Sparkford. *Som* 4B **22**
Sparkwell. *Devn* 3B **8**
Sparrow Green. *Norf* 4B **78**
Sparrowpit. *Derbs* 2E **85**
Sparrow's Green. *E Sus* 2H **27**
Sparsholt. *Hants* 3C **24**
Sparsholt. *Oxon* 3B **36**
Spartylea. *Nmbd* 5B **114**
Spath. *Staf* 2E **73**
Spaunton. *N Yor* 1B **100**
Spaxton. *Som* 3F **21**
Spean Bridge. *High* 5E **149**
Spear Hill. *W Sus* 4C **26**
Speen. *Buck* 2G **37**
Speen. *W Ber* 5C **36**
Speeton. *N Yor* 2F **101**
Speke. *Mers* 2G **83**
Speldhurst. *Kent* 1G **27**
Spellbrook. *Herts* 4E **53**
Spelsbury. *Oxon* 3B **50**
Spencers Wood. *Wok* 5F **37**
Spennithorne. *N Yor* 1D **98**
Spennymoor. *Dur* 1F **105**
Spernall. *Warw* 4E **61**
Spetchley. *Worc* 5C **60**
Spetisbury. *Dors* 2E **15**
Spexhall. *Suff* 2F **67**
Speybank. *High* 3C **150**
Spey Bay. *Mor* 2A **160**
Speybridge. *High* 1E **151**
Speyview. *Mor* 4G **159**
Spilsby. *Linc* 4D **88**
Spindlestone. *Nmbd* 1F **121**
Spinkhill. *Derbs* 3B **86**
Spinney Hills. *Leic* 5D **74**
Spinningdale. *High* 5D **164**
Spital. *Mers* 2F **83**
Spitalhill. *Derbs* 1F **73**
Spital in the Street. *Linc* 1G **87**
Spithurst. *E Sus* 4F **27**
Spittal. *Dum* 4A **110**
Spittal. *E Lot* 2A **130**
Spittal. *High* 3D **168**
Spittal. *Nmbd* 4G **131**
Spittal. *Pemb* 2D **43**
Spittalfield. *Per* 4A **144**
Spittal of Glenmuick. *Abers* 5H **151**
Spittal of Glenshee. *Per* 1A **144**
Spittal-on-Rule. *Bord* 2H **119**
Spixworth. *Norf* 4E **79**
Splatt. *Corn* 4C **10**
Spofforth. *N Yor* 4F **99**
Spondon. *Derb* 2B **74**
Spon End. *W Mid* 3H **61**
Spooner Row. *Norf* 1C **66**
Sporle. *Norf* 4H **77**
Spott. *E Lot* 2C **130**
Spratton. *Nptn* 3E **62**
Spreakley. *Surr* 2G **25**
Spreyton. *Devn* 3H **11**
Spridlington. *Linc* 2H **87**
Springburn. *Glas* 3H **127**
Springfield. *Dum* 3E **113**
Springfield. *Fife* 2F **137**
Springfield. *High* 2A **158**
Springfield. *W Mid* 2E **61**
Spring Hill. *W Mid* 1C **60**
Springhill. *Staf* 5D **73**
Springholm. *Dum* 3F **111**
Springside. *N Ayr* 1C **116**
Springthorpe. *Linc* 2F **87**
Spring Vale. *IOW* 3E **16**
Spring Valley. *IOM* 4C **108**
Springwell. *Tyne* 4F **115**
Sproatley. *E Yor* 1E **95**
Sproston Green. *Ches W* 4B **84**
Sprotbrough. *S Yor* 4F **93**
Sproughton. *Suff* 1E **54**
Sprouston. *Bord* 1B **120**
Sprowston. *Norf* 4E **79**
Sproxton. *Leics* 3F **75**
Sproxton. *N Yor* 1A **100**
Sprunston. *Cumb* 5F **113**
Spurstow. *Ches E* 5H **83**
Squires Gate. *Bkpl* 1B **90**
Sraid Ruadh. *Arg* 4A **138**
Srannda. *W Isl* 9C **171**
Sron an t-Sithein. *High* 2C **140**
Sronphadruig Lodge. *Per* 1E **142**
Sruth Mor. *W Isl* 2E **170**
Stableford. *Shrp* 1B **60**
Stackhouse. *N Yor* 3H **97**
Stackpole. *Pemb* 5D **43**
Stackpole Elidor. *Pemb* 5D **43**
Stacksford. *Norf* 1C **66**
Stacksteads. *Lanc* 2G **91**
Staddiscombe. *Plym* 3B **8**
Staddlethorpe. *E Yor* 2B **94**
Staddon. *Devn* 2D **10**
Stadhampton. *Oxon* 2E **36**
Stadhlaigearraidh. *W Isl* 5C **170**
Stafainn. *High* 2D **155**
Staffield. *Cumb* 5G **113**
Staffin. *High* 2D **155**
Stafford. *Staf* 3D **72**
Stafford Park. *Telf* 5B **72**
Stagden Cross. *Essx* 4G **53**
Stagsden. *Bed* 1H **51**
Stag's Head. *Devn* 4G **19**
Stainburn. *Cumb* 2B **102**
Stainburn. *N Yor* 5E **99**
Stainby. *Linc* 3G **75**
Staincliffe. *W Yor* 2C **92**
Staincross. *S Yor* 3D **92**
Staindrop. *Dur* 2E **105**
Staines-upon-Thames. *Surr* 3B **38**
Stainfield. *Linc*
nr. Bourne 3H **75**
nr. Lincoln 3A **88**
Stainforth. *N Yor* 3H **97**
Stainforth. *S Yor* 3G **93**
Staining. *Lanc* 1B **90**
Stainland. *W Yor* 3A **92**
Stainsacre. *N Yor* 4G **107**
Stainton. *Cumb*
nr. Carlisle 4E **113**
nr. Kendal 1E **97**
nr. Penrith 2F **103**
Stainton. *Dur* 3D **104**
Stainton. *Midd* 3B **106**
Stainton. *N Yor* 5E **105**
Stainton. *S Yor* 1C **86**
Stainton by Langworth. *Linc* 3H **87**
Staintondale. *N Yor* 5G **107**
Stainton le Vale. *Linc* 1A **88**
Stainton with Adgarley. *Cumb* 2B **96**
Stair. *Cumb* 2D **102**
Stair. *E Ayr* 2D **116**
Stairhaven. *Dum* 4H **109**
Staithes. *N Yor* 3E **107**
Stakeford. *Nmbd* 1F **115**
Stake Pool. *Lanc* 5D **96**
Stakes. *Hants* 2E **17**
Stalbridge. *Dors* 1C **14**
Stalbridge Weston. *Dors* 1C **14**
Stalham. *Norf* 3F **79**
Stalham Green. *Norf* 3F **79**
Stalisfield Green. *Kent* 5D **40**
Stallen. *Dors* 1B **14**
Stallingborough. *NE Lin* 3F **95**
Stalling Busk. *N Yor* 1B **98**
Stallington. *Staf* 2D **72**
Stalmine. *Lanc* 5C **96**
Stalybridge. *G Man* 1D **84**
Stambourne. *Essx* 2H **53**
Stamford. *Linc* 5H **75**
Stamford. *Nmbd* 3G **121**
Stamford Bridge. *Ches W* 4G **83**
Stamford Bridge. *E Yor* 4B **100**
Stamfordham. *Nmbd* 2D **115**
Stamperland. *E Ren* 4G **127**
Stanah. *Lanc* 5C **96**
Stanborough. *Herts* 4C **52**
Stanbridge. *C Beds* 3H **51**
Stanbridge. *Dors* 2F **15**
Stanbury. *W Yor* 1A **92**
Stand. *N Lan* 3A **128**
Standburn. *Falk* 2C **128**
Standeford. *Staf* 5D **72**
Standen. *Kent* 1C **28**
Standen Street. *Kent* 2C **28**
Standerwick. *Som* 1D **22**
Standford. *Hants* 3G **25**
Standford Bridge. *Telf* 3B **72**
Standingstone. *Cumb* 5D **112**
Standish. *Glos* 5D **48**
Standish. *G Man* 3D **90**
Standish Lower Ground.
G Man 4D **90**
Standlake. *Oxon* 5B **50**
Standon. *Hants* 4C **24**
Standon. *Herts* 3D **53**
Standon. *Staf* 2C **72**
Standon Green End. *Herts* 4D **52**
Stane. *N Lan* 4B **128**
Stanecastle. *N Ayr* 1C **116**
Stanfield. *Norf* 3B **78**
Stanfield. *Suff* 5G **65**
Stanford. *C Beds* 1B **52**
Stanford. *Kent* 2F **29**
Stanford Bishop. *Here* 5A **60**
Stanford Bridge. *Worc* 4B **60**
Stanford Dingley. *W Ber* 4D **36**
Stanford in the Vale. *Oxon* 2B **36**
Stanford-le-Hope. *Thur* 2A **40**
Stanford on Avon. *Nptn* 3C **62**
Stanford on Soar. *Notts* 3C **74**
Stanford on Teme. *Worc* 4B **60**
Stanford Rivers. *Essx* 5F **53**
Stanfree. *Derbs* 3B **86**
Stanghow. *Red C* 3D **107**
Stanground. *Pet* 1B **64**
Stanhoe. *Norf* 2H **77**
Stanhope. *Dur* 1C **104**
Stanhope. *Bord* 2D **118**
Stanion. *Nptn* 2G **63**
Stanley. *Derbs* 1B **74**
Stanley. *Dur* 4E **115**
Stanley. *Per* 5A **144**
Stanley. *Shrp* 2B **60**
Stanley. *Staf* 5D **84**
Stanley. *W Yor* 2D **92**
Stanley Common. *Derbs* 1B **74**
Stanley Crook. *Dur* 1E **105**
Stanley Hill. *Here* 1B **48**
Stanlow. *Ches W* 3G **83**
Stanmer. *Brig* 5E **27**
Stanmore. *G Lon* 1C **38**
Stanmore. *Hants* 4C **24**
Stanmore. *W Ber* 4C **36**
Stannersburn. *Nmbd* 1A **114**
Stanningfield. *Suff* 5A **66**
Stannington. *Nmbd* 2F **115**
Stannington. *S Yor* 2H **85**
Stansbatch. *Here* 4F **59**
Stanshope. *Staf* 5F **85**
Stanstead. *Suff* 1B **54**
Stanstead Abbotts. *Herts* 4D **53**
Stansted. *Kent* 4H **39**
Stansted Airport. *Essx* 3F **53**
Stansted Mountfitchet. *Essx* 3F **53**
Stanthorne. *Ches W* 4A **84**
Stanton. *Derbs* 4G **73**
Stanton. *Glos* 2F **49**
Stanton. *Nmbd* 5F **121**
Stanton. *Staf* 1F **73**
Stanton. *Suff* 3B **66**
Stanton by Bridge. *Derbs* 3A **74**
Stanton-by-Dale. *Derbs* 2B **74**
Stanton Chare. *Suff* 3B **66**
Stanton Drew. *Bath* 5A **34**
Stanton Fitzwarren. *Swin* 2G **35**
Stanton Harcourt. *Oxon* 5C **50**
Stanton Hill. *Notts* 4B **86**
Stanton in Peak. *Derbs* 4G **85**
Stanton Lacy. *Shrp* 3G **59**
Stanton Long. *Shrp* 1H **59**
Stanton-on-the-Wolds. *Notts* 2D **74**
Stanton Prior. *Bath* 5B **34**
Stanton St Bernard. *Wilts* 5F **35**
Stanton St John. *Oxon* 5D **50**
Stanton St Quintin. *Wilts* 4E **35**
Stanton Street. *Suff* 4B **66**
Stanton under Bardon. *Leics* 4B **74**
Stanton upon Hine Heath.
Shrp 3H **71**
Stanton Wick. *Bath* 5B **34**
Stanwardine in the Fields.
Shrp 3G **71**
Stanwardine in the Wood.
Shrp 3G **71**
Stanway. *Essx* 3C **54**
Stanway. *Glos* 2F **49**
Stanwell. *Surr* 3B **38**
Stanwell Green. *Suff* 3D **66**
Stanwell Moor. *Surr* 3B **38**
Stanwick. *Nptn* 3G **63**
Stanydale. *Shet* 6D **173**
Staoinebrig. *W Isl* 5C **170**
Stape. *N Yor* 5E **107**
Stapehill. *Dors* 2F **15**
Stapeley. *Ches E* 1A **72**
Stapenhill. *Staf* 3G **73**
Staple. *Kent* 5G **41**
Staple Cross. *Devn* 4D **20**
Staplecross. *E Sus* 3B **28**
Staplefield. *W Sus* 3D **27**
Staple Fitzpaine. *Som* 1F **13**
Stapleford. *Cambs* 5D **64**
Stapleford. *Herts* 4D **52**
Stapleford. *Leics* 4F **75**
Stapleford. *Linc* 5F **87**
Stapleford. *Notts* 2B **74**
Stapleford. *Wilts* 3F **23**
Stapleford Abbotts. *Essx* 1G **39**
Stapleford Tawney. *Essx* 1G **39**
Staplegrove. *Som* 4F **21**
Staplehay. *Som* 4F **21**
Staple Hill. *S Glo* 4B **34**
Staplehurst. *Kent* 1B **28**
Staplers. *IOW* 4D **16**
Stapleton. *Bris* 4B **34**
Stapleton. *Cumb* 2G **113**
Stapleton. *Here* 4F **59**
Stapleton. *Leics* 1B **62**
Stapleton. *N Yor* 3F **105**
Stapleton. *Shrp* 5G **71**
Stapleton. *Som* 4H **21**
Stapley. *Som* 1E **13**
Staploe. *Bed* 4A **64**
Staplow. *Here* 1B **48**
Star. *Fife* 3F **137**
Star. *Pemb* 1G **43**
Starbeck. *N Yor* 4F **99**
Starbotton. *N Yor* 2B **98**
Starcross. *Devn* 4C **12**
Stareton. *Warw* 3H **61**
Starkholmes. *Derbs* 5H **85**
Starling. *G Man* 3F **91**
Starling's Green. *Essx* 2E **53**
Starston. *Norf* 2E **67**
Start. *Devn* 4E **9**
Startforth. *Dur* 3D **104**
Start Hill. *Essx* 3F **53**
Startley. *Wilts* 3E **35**
Stathe. *Som* 4G **21**
Stathern. *Leics* 2E **75**
Station Town. *Dur* 1B **106**
Staughton Green. *Cambs* 4A **64**
Staughton Highway. *Cambs* 4A **64**
Staunton. *Glos*
nr. Cheltenham 3C **48**
nr. Monmouth 4A **48**
Staunton in the Vale. *Notts* 1F **75**
Staunton on Arrow. *Here* 4F **59**
Staunton on Wye. *Here* 1G **47**
Staveley. *Cumb* 5F **103**
Staveley. *Derbs* 3B **86**
Staveley. *N Yor* 3F **99**
Staveley-in-Cartmel. *Cumb* 1C **96**
Staverton. *Devn* 2D **9**
Staverton. *Glos* 3D **49**
Staverton. *Nptn* 4C **62**
Staverton. *Wilts* 5D **34**
Stawell. *Som* 3G **21**
Stawley. *Som* 4D **20**
Staxigoe. *High* 3F **169**
Staxton. *N Yor* 2E **101**
Staylittle. *Powy* 1A **58**
Staynall. *Lanc* 5C **96**
Staythorpe. *Notts* 5E **87**
Stean. *N Yor* 2C **98**
Stearsby. *N Yor* 2A **100**
Steart. *Som* 2F **21**
Stebbing. *Essx* 3G **53**
Stebbing Green. *Essx* 3G **53**
Stedham. *W Sus* 4G **25**
Steel. *Nmbd* 4C **114**
Steel Cross. *E Sus* 2G **27**
Steelend. *Fife* 4C **136**
Steele Road. *Bord* 5H **119**
Steel Heath. *Shrp* 2H **71**
Steen's Bridge. *Here* 5H **59**
Steep. *Hants* 4F **25**
Steep Lane. *W Yor* 2A **92**
Steeple. *Dors* 4E **15**
Steeple. *Essx* 5C **54**
Steeple Ashton. *Wilts* 1E **23**
Steeple Aston. *Oxon* 3C **50**
Steeple Barton. *Oxon* 3C **50**
Steeple Bumpstead. *Essx* 1G **53**
Steeple Claydon. *Buck* 3E **51**
Steeple Gidding. *Cambs* 2A **64**
Steeple Langford. *Wilts* 3F **23**
Steeple Morden. *Cambs* 1C **52**
Steeton. *W Yor* 5C **98**
Stein. *High* 3B **154**
Steinmanhill. *Abers* 4E **161**
Stelling Minnis. *Kent* 1F **29**
Stembridge. *Som* 4H **21**
Stemster. *High*
nr. Halkirk 2D **169**
nr. Westfield 2C **168**
Stenalees. *Corn* 3E **6**
Stenhill. *Devn* 1D **12**
Stenhouse. *Edin* 2F **129**
Stenhousemuir. *Falk* 1B **128**
Stenigot. *Linc* 2B **88**
Stenscholl. *High* 2D **155**
Stenso. *Orkn* 5C **172**
Stenson. *Derbs* 3H **73**
Stenson Fields. *Derbs* 2H **73**
Stenton. *E Lot* 2C **130**
Stenwith. *Linc* 2F **75**
Steòrnabhagh. *W Isl* 4G **171**
Stepaside. *Pemb* 4F **43**
Stepford. *Dum* 1F **111**
Stepney. *G Lon* 2E **39**
Steppingley. *C Beds* 2A **52**
Stepps. *N Lan* 3H **127**
Sterndale Moor. *Derbs* 4F **85**
Sternfield. *Suff* 4F **67**
Stert. *Wilts* 1F **23**
Stetchworth. *Cambs* 5F **65**
Stevenage. *Herts* 3C **52**
Stevenston. *N Ayr* 5D **126**
Stevenstone. *Devn* 1F **11**
Steventon. *Hants* 2D **24**

Steventon. *Oxon* 2C **36**
Steventon End. *Essx* 1F **53**
Stevington. *Bed* 5G **63**
Stewartby. *Bed* 1A **52**
Stewarton. *Arg* 4A **122**
Stewarton. *E Ayr* 5F **127**
Stewkley. *Buck* 3G **51**
Stewkley Dean. *Buck* 3G **51**
Stewley. *Som* 1G **13**
Stewton. *Linc* 2C **88**
Steyning. *W Sus* 4C **26**
Steynton. *Pemb* 4D **42**
Stibb. *Corn* 1C **10**
Stibbard. *Norf* 3B **78**
Stibb Cross. *Devn* 1E **11**
Stibb Green. *Wilts* 5H **35**
Stibbington. *Cambs* 1H **63**
Stichill. *Bord* 1B **120**
Sticker. *Corn* 3D **6**
Stickford. *Linc* 4C **88**
Sticklepath. *Devn* 3G **11**
Sticklinch. *Som* 3A **22**
Stickling Green. *Essx* 2E **53**
Stickney. *Linc* 5C **88**
Stiffkey. *Norf* 1B **78**
Stifford's Bridge. *Here* 1C **48**
Stileway. *Som* 2H **21**
Stillingfleet. *N Yor* 5H **99**
Stillington. *N Yor* 3H **99**
Stillington. *Stoc T* 2A **106**
Stilton. *Cambs* 2A **64**
Stinchcombe. *Glos* 2C **34**
Stinsford. *Dors* 3C **14**
Stiperstones. *Shrp* 5F **71**
Stirchley. *Telf* 5B **72**
Stirchley. *W Mid* 2E **61**
Stirling. *Abers* 4H **161**
Stirling. *Stir* 4G **135**
Stirton. *N Yor* 4B **98**
Stisted. *Essx* 3A **54**
Stitchcombe. *Wilts* 5H **35**
Stithians. *Corn* 5B **6**
Stittenham. *High* 1A **158**
Stivichall. *W Mid* 3H **61**
Stixwould. *Linc* 4A **88**
Stoak. *Ches W* 3G **83**
Stobo. *Bord* 1D **118**
Stobo Castle. *Bord* 1D **118**
Stoborough. *Dors* 4E **15**
Stoborough Green. *Dors* 4E **15**
Stobs Castle. *Bord* 4H **119**
Stobswood. *Nmbd* 5G **121**
Stock. *Essx* 1A **40**
Stockbridge. *Hants* 3B **24**
Stockbridge. *W Yor* 5C **98**
Stockbury. *Kent* 4C **40**
Stockcross. *W Ber* 5C **36**
Stockdalewath. *Cumb* 5E **113**
Stocker's Head. *Kent* 5D **40**
Stockerston. *Leics* 1F **63**
Stock Green. *Worc* 5D **61**
Stocking. *Here* 2B **48**
Stockingford. *Warw* 1H **61**
Stocking Green. *Essx* 2F **53**
Stocking Pelham. *Herts* 3E **53**
Stockland. *Devn* 2F **13**
Stockland Bristol. *Som* 2F **21**
Stockleigh English. *Devn* 2B **12**
Stockleigh Pomeroy. *Devn* 2B **12**
Stockley. *Wilts* 5F **35**
Stocklinch. *Som* 1G **13**
Stockport. *G Man* 2C **84**
The Stocks. *Kent* 3D **28**
Stocksbridge. *S Yor* 1G **85**
Stocksfield. *Nmbd* 3D **114**
Stockstreet. *Essx* 3B **54**
Stockton. *Here* 4H **59**
Stockton. *Norf* 1F **67**
Stockton. *Shrp*
nr. Bridgnorth 1B **60**
nr. Chirbury 5E **71**
Stockton. *Telf* 4B **72**
Stockton. *Warw* 4B **62**
Stockton. *Wilts* 3E **23**
Stockton Brook. *Staf* 5D **84**
Stockton Cross. *Here* 4H **59**
Stockton Heath. *Warr* 2A **84**
Stockton-on-Tees. *Stoc T* 3B **106**
Stockton on Teme. *Worc* 4B **60**
Stockton-on-the-Forest.
York 4A **100**
Stockwell Heath. *Staf* 3E **73**
Stock Wood. *Worc* 5E **61**
Stockwood. *Bris* 5B **34**
Stodmarsh. *Kent* 4G **41**
Stody. *Norf* 2C **78**
Stoer. *High* 1E **163**
Stoford. *Som* 1A **14**
Stoford. *Wilts* 3F **23**
Stogumber. *Som* 3D **20**
Stogursey. *Som* 2F **21**
Stoke. *Devn* 4C **18**
Stoke. *Hants*
nr. Andover 1C **24**
nr. South Hayling 2F **17**
Stoke. *Medw* 3C **40**
Stoke. *W Mid* 3A **62**
Stoke Abbott. *Dors* 2H **13**
Stoke Albany. *Nptn* 2F **63**
Stoke Ash. *Suff* 3D **66**
Stoke Bardolph. *Notts* 1D **74**
Stoke Bliss. *Worc* 4A **60**
Stoke Bruerne. *Nptn* 1F **51**
Stoke by Clare. *Suff* 1H **53**
Stoke-by-Nayland. *Suff* 2C **54**
Stoke Canon. *Devn* 3C **12**
Stoke Charity. *Hants* 3C **24**
Stoke Climsland. *Corn* 5D **10**
Stoke Cross. *Here* 5A **60**
Stoke D'Abernon. *Surr* 5C **38**
Stoke Doyle. *Nptn* 2H **63**
Stoke Dry. *Rut* 1F **63**
Stoke Edith. *Here* 1B **48**
Stoke Farthing. *Wilts* 4F **23**
Stoke Ferry. *Norf* 5G **77**
Stoke Fleming. *Devn* 4E **9**
Stokeford. *Dors* 4D **14**
Stoke Gabriel. *Devn* 3E **9**
Stoke Gifford. *S Glo* 4B **34**
Stoke Golding. *Leics* 1A **62**
Stoke Goldington. *Mil* 1G **51**
Stokeham. *Notts* 3E **87**
Stoke Hammond. *Buck* 3G **51**
Stoke Heath. *Shrp* 3A **72**
Stoke Holy Cross. *Norf* 5E **79**
Stokeinteignhead. *Devn* 5C **12**
Stoke Lacy. *Here* 1B **48**
Stoke Lyne. *Oxon* 3D **50**
Stoke Mandeville. *Buck* 4G **51**
Stokenchurch. *Buck* 2F **37**
Stoke Newington. *G Lon* 2E **39**
Stokenham. *Devn* 4E **9**
Stoke on Tern. *Shrp* 3A **72**
Stoke-on-Trent. *Stoke* 1C **72**
Stoke Orchard. *Glos* 3E **49**
Stoke Pero. *Som* 2B **20**
Stoke Poges. *Buck* 2A **38**
Stoke Prior. *Here* 5H **59**
Stoke Prior. *Worc* 4D **60**
Stoke Rivers. *Devn* 3G **19**
Stoke Rochford. *Linc* 3G **75**
Stoke Row. *Oxon* 3E **37**
Stoke St Gregory. *Som* 4G **21**
Stoke St Mary. *Som* 4F **21**
Stoke St Michael. *Som* 2B **22**
Stoke St Milborough. *Shrp* 2H **59**
Stokesay. *Shrp* 2G **59**
Stokesby. *Norf* 4G **79**
Stokesley. *N Yor* 4C **106**
Stoke sub Hamdon. *Som* 1H **13**
Stoke Talmage. *Oxon* 2E **37**
Stoke Town. *Stoke* 1C **72**
Stoke Trister. *Som* 4C **22**
Stoke Wake. *Dors* 2C **14**
Stolford. *Som* 2F **21**
Stondon Massey. *Essx* 5F **53**
Stone. *Buck* 4F **51**
Stone. *Glos* 2B **34**
Stone. *Kent* 3G **39**
Stone. *Som* 3A **22**
Stone. *Staf* 2D **72**
Stone. *Worc* 3C **60**
Stonea. *Cambs* 1D **64**
Stoneacton. *Shrp* 1H **59**
Stone Allerton. *Som* 1H **21**
Ston Easton. *Som* 1B **22**
Stonebridge. *N Som* 1G **21**
Stonebridge. *Surr* 1C **26**
Stone Bridge Corner. *Pet* 5B **76**
Stonebroom. *Derbs* 5B **86**
Stonebyres Holdings.
S Lan 5B **128**
Stone Chair. *W Yor* 2B **92**
Stone Cross. *E Sus* 5H **27**
Stone Cross. *Kent* 2G **27**
Stone-edge Batch. *N Som* 4H **33**
Stoneferry. *Hull* 1D **94**
Stonefield. *Arg* 5D **140**
Stonefield. *S Lan* 4H **127**
Stonegate. *E Sus* 3A **28**
Stonegate. *N Yor* 4E **107**
Stonegrave. *N Yor* 2A **100**
Stonehall. *Worc* 1D **49**
Stonehaugh. *Nmbd* 2A **114**
Stonehaven. *Abers* 5F **153**
Stone Heath. *Staf* 2D **72**
Stone Hill. *Kent* 2E **29**
Stone House. *Cumb* 1G **97**
Stonehouse. *Glos* 5D **48**
Stonehouse. *Nmbd* 4H **113**
Stonehouse. *S Lan* 5A **128**
Stone in Oxney. *Kent* 3D **28**
Stoneleigh. *Warw* 3H **61**
Stoneley Green. *Ches E* 5A **84**
Stonely. *Cambs* 4A **64**
Stonepits. *Worc* 5E **61**
Stoner Hill. *Hants* 4F **25**
Stonesby. *Leics* 3F **75**
Stonesfield. *Oxon* 4B **50**
Stones Green. *Essx* 3E **55**
Stone Street. *Kent* 5G **39**
Stone Street. *Suff* nr. Boxford 2C **54**
nr. Halesworth 2F **67**
Stonethwaite. *Cumb* 3D **102**
Stoneyburn. *W Lot* 3C **128**
Stoney Cross. *Hants* 1A **16**
Stoneyford. *Devn* 2D **12**
Stoneygate. *Leic* 5D **74**
Stoneyhills. *Essx* 1D **40**
Stoneykirk. *Dum* 4F **109**
Stoney Middleton. *Derbs* 3G **85**
Stoney Stanton. *Leics* 1B **62**
Stoney Stoke. *Som* 3C **22**
Stoney Stratton. *Som* 3B **22**
Stoney Stretton. *Shrp* 5F **71**
Stoneywood. *Aber* 2F **153**
Stonham Aspal. *Suff* 5D **66**
Stonnall. *Staf* 5E **73**
Stonor. *Oxon* 3F **37**
Stonton Wyville. *Leics* 1E **63**
Stonybreck. *Shet* 1B **172**
Stony Cross. *Devn* 4F **19**
Stony Cross. *Here*
nr. Great Malvern 1C **48**
nr. Leominster 4H **59**
Stony Houghton. *Derbs* 4B **86**
Stony Stratford. *Mil* 1F **51**
Stoodleigh. *Devn*
nr. Barnstaple 3G **19**
nr. Tiverton 1C **12**
Stopham. *W Sus* 4B **26**
Stopsley. *Lutn* 3B **52**
Stoptide. *Corn* 1D **6**
Storeton. *Mers* 2F **83**
Stormontfield. *Per* 1D **136**
Stornoway. *W Isl* 4G **171**
Stornoway Airport. *W Isl* 4G **171**
Storridge. *Here* 1C **48**
Storrington. *W Sus* 4B **26**
Storrs. *Cumb* 5E **103**
Storth. *Cumb* 1D **97**
Storwood. *E Yor* 5B **100**
Stotfield. *Mor* 1G **159**
Stotfold. *C Beds* 2C **52**
Stottesdon. *Shrp* 2A **60**
Stoughton. *Leics* 5D **74**
Stoughton. *Surr* 5A **38**
Stoughton. *W Sus* 1G **17**
Stoul. *High* 4F **147**
Stoulton. *Worc* 1E **49**
Stourbridge. *W Mid* 2C **60**
Stourpaine. *Dors* 2D **14**
Stourport-on-Severn. *Worc* 3C **60**
Stour Provost. *Dors* 4C **22**
Stour Row. *Dors* 4D **22**
Stourton. *Staf* 2C **60**
Stourton. *Warw* 2A **50**
Stourton. *W Yor* 1D **92**
Stourton. *Wilts* 3C **22**
Stourton Caundle. *Dors* 1C **14**
Stove. *Orkn* 4F **172**
Stove. *Shet* 9F **173**
Stoven. *Suff* 2G **67**
Stow. *Linc*
nr. Billingborough 2H **75**
nr. Gainsborough 2F **87**
Stow. *Bord* 5A **130**
Stow Bardolph. *Norf* 5F **77**
Stow Bedon. *Norf* 1B **66**
Stowbridge. *Norf* 5F **77**
Stow cum Quy. *Cambs* 4E **65**
Stowe. *Glos* 5A **48**
Stowe. *Shrp* 3F **59**
Stowe. *Staf* 4F **73**
Stowe-by-Chartley. *Staf* 3E **73**
Stowell. *Som* 4B **22**
Stowey. *Bath* 1A **22**
Stowford. *Devn*
nr. Colaton Raleigh 4D **12**
nr. Combe Martin 2G **19**
nr. Tavistock 4E **11**
Stowlangtoft. *Suff* 4B **66**
Stow Longa. *Cambs* 3A **64**
Stow Maries. *Essx* 1C **40**
Stowmarket. *Suff* 5C **66**
Stow-on-the-Wold. *Glos* 3G **49**
Stowting. *Kent* 1F **29**
Stowupland. *Suff* 5C **66**
Straad. *Arg* 3B **126**
Strabane. *Derr* 3C **174**
Strachan. *Abers* 4D **152**
Stradbroke. *Suff* 3E **67**
Stradishall. *Suff* 5G **65**
Stradsett. *Norf* 5F **77**
Stragglethorpe. *Linc* 5G **87**
Stragglethorpe. *Notts* 2D **74**
Straid. *S Ayr* 5A **116**
Straight Soley. *Wilts* 4B **36**
Straiton. *Midl* 3F **129**
Straiton. *S Ayr* 4C **116**
Straloch. *Per* 2H **143**
Stramshall. *Staf* 2E **73**
Strang. *IOM* 4C **108**
Strangford. *Here* 3A **48**
Stranraer. *Dum* 3F **109**
Strata Florida. *Cdgn* 4G **57**
Stratfield Mortimer. *W Ber* 5E **37**
Stratfield Saye. *Hants* 5E **37**
Stratfield Turgis. *Hants* 1E **25**
Stratford. *G Lon* 2E **39**
Stratford. *Worc* 2D **49**
Stratford St Andrew. *Suff* 4F **67**
Stratford St Mary. *Suff* 2D **54**
Stratford sub Castle. *Wilts* 3G **23**
Stratford Tony. *Wilts* 4F **23**
Stratford-upon-Avon.
Warw 5G **61**
Strath. *High*
nr. Gairloch 1G **155**
nr. Wick 3E **169**
Strathan. *High*
nr. Fort William 4B **148**
nr. Lochinver 1E **163**
nr. Tongue 2F **167**
Strathan Skerray. *High* 2G **167**
Strathaven. *S Lan* 5A **128**
Strathblane. *Stir* 2G **127**
Strathcanaird. *High* 3F **163**
Strathcarron. *High* 4B **156**
Strathcoil. *Arg* 5A **140**
Strathdon. *Abers* 2A **152**
Strathkinness. *Fife* 2G **137**
Strathmashie House. *High* 4H **149**
Strathmiglo. *Fife* 2E **136**
Strathmore Lodge. *High* 4D **168**
Strathpeffer. *High* 3G **157**
Strathrannoch. *High* 1F **157**
Strathtay. *Per* 3G **143**
Strathvaich Lodge. *High* 1F **157**
Strathwhillan. *N Ayr* 2E **123**
Strathy. *High*
nr. Invergordon 1A **158**
nr. Melvich 2A **168**
Strathyre. *Stir* 2E **135**
Stratton. *Corn* 2C **10**
Stratton. *Dors* 3B **14**
Stratton. *Glos* 5F **49**
Stratton Audley. *Oxon* 3E **50**
Stratton-on-the-Fosse. *Som* 1B **22**
Stratton St Margaret. *Swin* 3G **35**
Stratton St Michael. *Norf* 1E **66**
Stratton Strawless. *Norf* 3E **78**
Stravithie. *Fife* 2H **137**
Stream. *Som* 3D **20**
Streat. *E Sus* 4E **27**
Streatham. *G Lon* 3E **39**
Streatley. *C Beds* 3A **52**
Streatley. *W Ber* 3D **36**
Street. *Corn* 3C **10**
Street. *Lanc* 4E **97**
Street. *N Yor* 4E **107**
Street. *Som*
nr. Chard 2G **13**
Street. *Som*
nr. Glastonbury 3H **21**
Street Ash. *Som* 1F **13**
Street Dinas. *Shrp* 2F **71**
Street End. *Kent* 5F **41**
Street End. *W Sus* 3G **17**
Streetgate. *Tyne* 4F **115**
Streethay. *Staf* 4F **73**
Streethouse. *W Yor* 2D **93**
Streetlam. *N Yor* 5A **106**
Street Lane. *Derbs* 1A **74**
Streetly. *W Mid* 1E **61**
Streetly End. *Cambs* 1G **53**
Street on the Fosse. *Som* 3B **22**
Strefford. *Shrp* 2G **59**
Strelley. *Notts* 1C **74**
Strensall. *York* 3A **100**
Strensall Camp. *York* 4A **100**
Stretcholt. *Som* 2F **21**
Strete. *Devn* 4E **9**
Stretford. *G Man* 1C **84**
Stretford. *Here* 5H **59**
Strethall. *Essx* 2E **53**
Stretham. *Cambs* 3E **65**
Stretton. *Ches W* 5G **83**
Stretton. *Derbs* 4A **86**
Stretton. *Rut* 4G **75**
Stretton. *Staf*
nr. Brewood 4C **72**
nr. Burton upon Trent 3G **73**
Stretton. *Warr* 2A **84**
Stretton en le Field. *Leics* 4H **73**
Stretton Grandison. *Here* 1B **48**
Stretton Heath. *Shrp* 4F **71**
Stretton-on-Dunsmore.
Warw 3B **62**
Stretton-on-Fosse. *Warw* 2H **49**
Stretton Sugwas. *Here* 1H **47**
Stretton under Fosse. *Warw* 2B **62**
Stretton Westwood. *Shrp* 1H **59**
Strichen. *Abers* 3G **161**
Strines. *G Man* 2D **84**
Stringston. *Som* 2E **21**
Strixton. *Nptn* 4G **63**
Stroanfreggan. *Dum* 5F **117**
Stroat. *Glos* 2A **34**
Stromeferry. *High* 5A **156**

Stromemore. High 5A 156
Stromness. Orkn 7B 172
Stronachie. Per 3C 136
Stronachlachar. Stir 2D 134
Stronchreggan. High 1E 141
Strone. Arg 1C 126
Strone. High
nr. Drumnadrochit 1H 149
nr. Kingussie 3B 150
Stronenaba. High 5E 148
Stronganess. Shet 1G 173
Stronmilchan. Arg 1A 134
Stronsay Airport. Orkn 5F 172
Strontian. High 2C 140
Strood. Kent 2C 28
Strood. Medw 4B 40
Strood Green. Surr 1D 26
Strood Green. W Sus
nr. Billingshurst 3B 26
nr. Horsham 2C 26
Strothers Dale. Nmbd 4C 114
Stroud. Glos 5D 48
Stroud. Hants 4F 25
Stroud Green. Essx 1C 40
Stroxton. Linc 2G 75
Struan. High 5C 154
Struan. Per 2F 143
Struanmore. High 5C 154
Strubby. Linc 2D 88
Strugg's Hill. Linc 2B 76
Strumpshaw. Norf 5F 79
Strutherhill. S Lan 4A 128
Struy. High 5G 157
Stryd. IOA 2B 80
Stryt-issa. Wrex 1E 71
Stuartfield. Abers 4G 161
Stubbington. Hants 2D 16
Stubbins. Lanc 3F 91
Stubble Green. Cumb 5B 102
Stubb's Cross. Kent 2D 28
Stubbs Green. Norf 1F 67
Stubhampton. Dors 1E 15
Stubton. Linc 1F 75
Stubwood. Staf 2E 73
Stuckton. Hants 1G 15
Studham. C Beds 4A 52
Studland. Dors 4F 15
Studley. Warw 4E 61
Studley. Wilts 4E 35
Studley Roger. N Yor 2E 99
Stuntney. Cambs 3E 65
Stunts Green. E Sus 4H 27
Sturbridge. Staf 2C 72
Sturgate. Linc 2F 87
Sturmer. Essx 1G 53
Sturminster Marshall. Dors 2E 15
Sturminster Newton. Dors 1C 14
Sturry. Kent 4F 41
Sturton. N Lin 4C 94
Sturton by Stow. Linc 2F 87
Sturton le Steeple. Notts 2E 87
Stuston. Suff 3D 66
Stutton. N Yor 5G 99
Stutton. Suff 2E 55
Styal. Ches E 2C 84
Stydd. Lanc 1E 91
Styrrup. Notts 1D 86
Suainebost. W Isl 1H 171
Suardail. W Isl 4G 171
Succoth. Abers 5B 160
Succoth. Arg 3B 134
Suckley. Worc 5B 60
Suckley Knowl. Worc 5B 60
Sudborough. Nptn 2G 63
Sudbourne. Suff 5G 67
Sudbrook. Linc 1G 75
Sudbrook. Mon 3A 34
Sudbrooke. Linc 3H 87
Sudbury. Derbs 2F 73
Sudbury. Suff 1B 54
Sudgrove. Glos 5E 49
Suffield. Norf 2E 79
Suffield. N Yor 5G 107
Sugnall. Staf 2B 72
Sugwas Pool. Here 1H 47
Suisnish. High 5E 155
Sulaisiadar. W Isl 4H 171
Sùlaisiadar Mòr. High 4D 155
Sulby. IOM 2C 108
Sulgrave. Nptn 1D 50
Sulham. W Ber 4E 37
Sulhamstead. W Ber 5E 37
Sullington. W Sus 4B 26
Sullom. Shet 4E 173
Sully. V Glam 5E 33
Sumburgh. Shet 10F 173
Sumburgh Airport. Shet 10E 173
Summer Bridge. N Yor 3E 98
Summercourt. Corn 3C 6
Summergangs. Hull 1E 94
Summer Hill. W Mid 1D 60
Summerhill. Aber 3G 153
Summerhill. Pemb 4F 43
Summerhouse. Darl 3F 105
Summersdale. W Sus 2G 17
Summerseat. G Man 3F 91
Summit. G Man 3H 91
Sunbury. Surr 4C 38
Sunderland. Cumb 1C 102
Sunderland. Lanc 4D 96
Sunderland. Tyne 4G 115
Sunderland Bridge. Dur 1F 105
Sundon Park. Lutn 3A 52
Sundridge. Kent 5F 39
Sunk Island. E Yor 3F 95
Sunningdale. Wind 4A 38
Sunninghill. Wind 4A 38
Sunningwell. Oxon 5C 50
Sunniside. Dur 1E 105
Sunniside. Tyne 4F 115
Sunny Bank. Cumb 5D 102
Sunny Hill. Derb 2H 73
Sunnyhurst. Bkbn 2E 91
Sunnylaw. Stir 4G 135
Sunnymead. Oxon 5D 50
Sunnyside. S Yor 1B 86
Sunnyside. W Sus 2E 27
Sunton. Wilts 1H 23
Surbiton. G Lon 4C 38
Surby. IOM 4B 108
Surfleet. Linc 3B 76
Surfleet Seas End. Linc 3B 76
Surlingham. Norf 5F 79
Surrex. Essx 3B 54
Sustead. Norf 2D 78
Susworth. Linc 4B 94
Sutcombe. Devn 1D 10
Suton. Norf 1C 66
Sutors of Cromarty. High 2C 158
Sutterby. Linc 3C 88
Sutterton. Linc 2B 76
Sutterton Dowdyke. Linc 2B 76
Sutton. Buck 3B 38
Sutton. Cambs 3D 64
Sutton. C Beds 1C 52
Sutton. E Sus 5F 27
Sutton. G Lon 4D 38
Sutton. Kent 1H 29
Sutton. Norf 3F 79
Sutton. Notts 2E 75
Sutton. Oxon 5C 50
Sutton. Pemb 3D 42
Sutton. Pet 1H 63
Sutton. Shrp
nr. Bridgnorth 2B 60
nr. Market Drayton 2A 72
nr. Oswestry 3F 71
nr. Shrewsbury 4H 71
Sutton. Som 3B 22
Sutton. S Yor 3F 93
Sutton. Staf 3B 72
Sutton. Suff 1G 55
Sutton. W Sus 4A 26
Sutton. Worc 4A 60
Sutton Abinger. Surr 1C 26
Sutton at Hone. Kent 3G 39
Sutton Bassett. Nptn 1E 63
Sutton Benger. Wilts 4E 35
Sutton Bingham. Som 1A 14
Sutton Bonington. Notts 3C 74
Sutton Bridge. Linc 3D 76
Sutton Cheney. Leics 5B 74
Sutton Coldfield, Royal. W Mid 1F 61
Sutton Corner. Linc 3D 76
Sutton Courtenay. Oxon 2D 36
Sutton Crosses. Linc 3D 76
Sutton cum Lound. Notts 2D 86
Sutton Gault. Cambs 3D 64
Sutton Grange. N Yor 2E 99
Sutton Green. Surr 5B 38
Sutton Howgrave. N Yor 2F 99
Sutton in Ashfield. Notts 5B 86
Sutton-in-Craven. N Yor 5C 98
Sutton Ings. Hull 1E 94
Sutton in the Elms. Leics 1C 62
Sutton Lane Ends. Ches E 3D 84
Sutton Leach. Mers 1H 83
Sutton Maddock. Shrp 5B 72
Sutton Mallet. Som 3G 21
Sutton Mandeville. Wilts 4E 23
Sutton Montis. Som 4B 22
Sutton on Hull. Hull 1E 94
Sutton on Sea. Linc 2E 89
Sutton-on-the-Forest. N Yor 3H 99
Sutton on the Hill. Derbs 2G 73
Sutton on Trent. Notts 4E 87
Sutton Poyntz. Dors 4C 14
Sutton St Edmund. Linc 4C 76
Sutton St Edmund's Common. Linc 5C 76
Sutton St James. Linc 4C 76
Sutton St Michael. Here 1A 48
Sutton St Nicholas. Here 1A 48
Sutton Scarsdale. Derbs 4B 86
Sutton Scotney. Hants 3C 24
Sutton-under-Brailes. Warw 2B 50
Sutton-under-whitestonecliffe. N Yor 1G 99
Sutton upon Derwent. E Yor 5B 100
Sutton Valence. Kent 1C 28
Sutton Veny. Wilts 2E 23
Sutton Waldron. Dors 1D 14
Sutton Weaver. Ches W 3H 83
Swaby. Linc 3C 88
Swadlincote. Derbs 4G 73
Swaffham. Norf 5H 77
Swaffham Bulbeck. Cambs 4E 65
Swaffham Prior. Cambs 4E 65
Swafield. Norf 2E 79
Swainby. N Yor 4B 106
Swainshill. Here 1H 47
Swainsthorpe. Norf 5E 78
Swainswick. Bath 5C 34
Swalcliffe. Oxon 2B 50
Swalecliffe. Kent 4F 41
Swallow. Linc 4E 95
Swallow Beck. Linc 4G 87
Swallowcliffe. Wilts 4E 23
Swallowfield. Wok 5F 37
Swallownest. S Yor 2B 86
Swampton. Hants 1C 24
Swanage. Dors 5F 15
Swanbister. Orkn 7C 172
Swanbourne. Buck 3G 51
Swanbridge. V Glam 5E 33
Swan Green. Ches W 3B 84
Swanland. E Yor 2C 94
Swanley. Kent 4G 39
Swanmore. Hants 1D 16
Swannington. Leics 4B 74
Swannington. Norf 4D 78
Swanpool. Linc 4G 87
Swanscombe. Kent 3H 39
Swansea. Swan 3F 31
Swan Street. Essx 3B 54
Swanton Abbott. Norf 3E 79
Swanton Morley. Norf 4C 78
Swanton Novers. Norf 2C 78
Swanton Street. Kent 5C 40
Swanwick. Derbs 5B 86
Swanwick. Hants 2D 16
Swanwick Green. Ches E 1H 71
Swarby. Linc 1H 75
Swardeston. Norf 5E 78
Swarister. Shet 3G 173
Swarkestone. Derbs 3A 74
Swarland. Nmbd 4F 121
Swarraton. Hants 3D 24
Swartha. W Yor 5C 98
Swarthmoor. Cumb 2B 96
Swaton. Linc 2A 76
Swavesey. Cambs 4C 64
Sway. Hants 3A 16
Swayfield. Linc 3G 75
Swaythling. Sotn 1C 16
Sweet Green. Worc 4A 60
Sweetham. Devn 3B 12
Sweetholme. Cumb 3G 103
Sweets. Corn 3B 10
Sweetshouse. Corn 2E 7
Swefling. Suff 4F 67
Swell. Som 4G 21
Swepstone. Leics 4A 74
Swerford. Oxon 2B 50
Swettenham. Ches E 4C 84
Swetton. N Yor 2D 98
Swffryd. Blae 2F 33
Swiftsden. E Sus 3B 28
Swilland. Suff 5D 66
Swillington. W Yor 1D 93
Swimbridge. Devn 4G 19
Swimbridge Newland. Devn 3G 19
Swinbrook. Oxon 4A 50
Swincliffe. N Yor 4E 99
Swincliffe. W Yor 2C 92
Swinderby. Linc 4F 87
Swindon. Glos 3E 49
Swindon. Nmbd 5D 121
Swindon. Staf 1C 60
Swindon. Swin 3G 35
Swine. E Yor 1E 95
Swinefleet. E Yor 2A 94
Swineford. S Glo 5B 34
Swineshead. Bed 4H 63
Swineshead. Linc 1B 76
Swineshead Bridge. Linc 1B 76
Swiney. High 5E 169
Swinford. Leics 3C 62
Swinford. Oxon 5C 50
Swingate. Notts 1C 74
Swingbrow. Cambs 2C 64
Swingfield Minnis. Kent 1G 29
Swingfield Street. Kent 1G 29
Swingleton Green. Suff 1C 54
Swinhill. S Lan 5A 128
Swinhoe. Nmbd 2G 121
Swinhope. Linc 1B 88
Swinister. Shet 3E 173
Swinithwaite. N Yor 1C 98
Swinmore Common. Here 1B 48
Swinscoe. Staf 1F 73
Swinside Hall. Bord 3B 120
Swinstead. Linc 3H 75
Swinton. G Man 4F 91
Swinton. N Yor
nr. Malton 2B 100
nr. Masham 2E 98
Swinton. Bord 5E 131
Swinton. S Yor 1B 86
Swithland. Leics 4C 74
Swordale. High 2H 157
Swordly. High 2H 167
Sworton Heath. Ches E 2A 84
Swyddffynnon. Cdgn 4F 57
Swynnerton. Staf 2C 72
Swyre. Dors 4A 14
Sycharth. Powy 3E 70
Sychdyn. Flin 4E 83
Sychnant. Powy 3B 58
Sychtyn. Powy 5B 70
Syde. Glos 4E 49
Sydenham. G Lon 3E 39
Sydenham. Oxon 5F 51
Sydenham. Som 3G 21
Sydenham Damerel. Devn 5E 11
Syderstone. Norf 2H 77
Sydling St Nicholas. Dors 3B 14
Sydmonton. Hants 1C 24
Sydney. Ches E 5B 84
Syerston. Notts 1E 75
Syke. G Man 3G 91
Sykehouse. S Yor 3G 93
Sykes. Lanc 4F 97
Syleham. Suff 3E 66
Sylen. Carm 5F 45
Sylfaen. Powy 5D 70
Symbister. Shet 5G 173
Symington. S Ayr 1C 116
Symington. S Lan 1B 118
Symondsbury. Dors 3H 13
Symonds Yat. Here 4A 48
Synod Inn. Cdgn 5D 56
Syre. High 4G 167
Syreford. Glos 3F 49
Syresham. Nptn 1E 51
Syston. Leics 4D 74
Syston. Linc 1G 75
Sytchampton. Worc 4C 60
Sywell. Nptn 4F 63

T

Tabost. W Isl
nr. Cearsiadar 6F 171
nr. Suainebost 1H 171
Tachbrook Mallory. Warw 4H 61
Tackley. Oxon 3C 50
Tacleit. W Isl 4D 171
Tacolneston. Norf 1D 66
Tadcaster. N Yor 5G 99
Taddington. Derbs 3F 85
Taddington. Glos 2F 49
Taddiport. Devn 1E 11
Tadley. Hants 5E 36
Tadlow. Cambs 1C 52
Tadmarton. Oxon 2B 50
Tadwick. Bath 4C 34
Tadworth. Surr 5D 38
Tafarnaubach. Blae 4E 46
Tafarn-y-bwlch. Pemb 1E 43
Tafarn-y-Gelyn. Den 4D 82
Taff's Well. Rhon 3E 33
Tafolwern. Powy 5A 70
Tai-bach. Powy 3D 70
Taibach. Neat 3A 32
Taigh a Ghearraidh. W Isl 1C 170
Taigh Bhuirgh. W Isl 8C 171
Tain. High
nr. Invergordon 5E 165
nr. Thurso 2E 169
Tai-Nant. Wrex 1E 71
Tai'n Lon. Gwyn 5D 80
Tairbeart. W Isl 8D 171
Tairgwaith. Neat 4H 45
Takeley. Essx 3F 53
Takeley Street. Essx 3F 53
Talachddu. Powy 2D 46
Talacre. Flin 2D 82
Talardd. Gwyn 3A 70
Talaton. Devn 3D 12
Talbenny. Pemb 3C 42
Talbot Green. Rhon 3D 32
Taleford. Devn 3D 12
Talerddig. Powy 5B 70
Talgarreg. Cdgn 5D 56
Talgarth. Powy 2E 47
Talisker. High 5C 154
Talke. Staf 5C 84
Talkin. Cumb 4G 113
Talladale. High 1B 156
Talla Linnfoots. Bord 2D 118
Tallaminnock. S Ayr 5C 116
Tallarn Green. Wrex 1G 71
Tallentire. Cumb 1C 102
Talley. Carm 2G 45
Tallington. Linc 5H 75
Talmine. High 2F 167

Talog. *Carm* 2H 43
Talsarn. *Carm* 3A 46
Talsarn. *Cdgn* 5E 57
Talsarnau. *Gwyn* 2F 69
Talskiddy. *Corn* 2D 6
Talwrn. *IOA* 3D 81
Talwrn. *Wrex* 1E 71
Tal-y-Bont. *Cnwy* 4G 81
Tal-y-bont. *Cdgn* 2F 57
Tal-y-bont. *Gwyn*
nr. Bangor 3F 81
nr. Barmouth 3E 69
Talybont-on-Usk. *Powy* 3E 46
Tal-y-cafn. *Cnwy* 3G 81
Tal-y-coed. *Mon* 4H 47
Tal-y-llyn. *Gwyn* 5G 69
Talyllyn. *Powy* 3E 46
Talysarn. *Gwyn* 5D 81
Tal-y-waenydd. *Gwyn* 1F 69
Talywain. *Torf* 5F 47
Tal-y-Wern. *Powy* 5H 69
Tamerton Foliot. *Plym* 2A 8
Tamworth. *Staf* 5G 73
Tamworth Green. *Linc* 1C 76
Tandlehill. *Ren* 3F 127
Tandragee. *Arm* 5F 175
Tandridge. *Surr* 5E 39
Tanerdy. *Carm* 3E 45
Tanfield. *Dur* 4E 115
Tanfield Lea. *Dur* 4E 115
Tangasdal. *W Isl* 8B 170
Tang Hall. *York* 4A 100
Tangiers. *Pemb* 3D 42
Tangley. *Hants* 1B 24
Tangmere. *W Sus* 5A 26
Tangwick. *Shet* 4D 173
Tankerness. *Orkn* 7E 172
Tankersley. *S Yor* 1H 85
Tankerton. *Kent* 4F 41
Tan-lan. *Cnwy* 4G 81
Tan-lan. *Gwyn* 1F 69
Tannach. *High* 4F 169
Tannadice. *Ang* 3D 145
Tanner's Green. *Worc* 3E 61
Tannington. *Suff* 4E 67
Tannochside. *N Lan* 3A 128
Tan Office Green. *Suff* 5G 65
Tansley. *Derbs* 5H 85
Tansley Knoll. *Derbs* 4H 85
Tansor. *Nptn* 1H 63
Tantobie. *Dur* 4E 115
Tanton. *N Yor* 3C 106
Tanvats. *Linc* 4A 88
Tanworth-in-Arden. *Warw* 3F 61
Tan-y-bwlch. *Gwyn* 1F 69
Tan-y-fron. *Cnwy* 4B 82
Tanyfron. *Wrex* 5E 83
Tanygrisiau. *Gwyn* 1F 69
Tan-y-groes. *Cdgn* 1C 44
Tan-y-pistyll. *Powy* 3C 70
Tan-yr-allt. *Den* 2C 82
Taobh a Chaolais. *W Isl* 7C 170
Taobh a Deas Loch Aineort. *W Isl* 6C 170
Taobh a Ghlinne. *W Isl* 6F 171
Taobh a Tuath Loch Aineort. *W Isl* 6C 170
Taplow. *Buck* 2A 38
Tapton. *Derbs* 3A 86
Tarbert. *Arg*
on Jura 1E 125
on Kintyre 3G 125
Tarbert. *W Isl* 8D 171
Tarbet. *Arg* 3C 134
Tarbet. *High*
nr. Mallaig 4F 147
nr. Scourie 4B 166
Tarbock Green. *Mers* 2G 83
Tarbolton. *S Ayr* 2D 116
Tarbrax. *S Lan* 4D 128
Tardebigge. *Worc* 4D 61
Tarfside. *Ang* 1D 145
Tarland. *Abers* 3B 152
Tarleton. *Lanc* 2C 90
Tarlogie. *High* 5E 165
Tarlscough. *Lanc* 3C 90
Tarlton. *Glos* 2E 35
Tarnbrook. *Lanc* 4E 97
Tarnock. *Som* 1G 21
Tarns. *Cumb* 5C 112
Tarporley. *Ches W* 4H 83
Tarpots. *Essx* 2B 40
Tarr. *Som* 3E 20
Tarrant Crawford. *Dors* 2E 15
Tarrant Gunville. *Dors* 1E 15
Tarrant Hinton. *Dors* 1E 15
Tarrant Keyneston. *Dors* 2E 15
Tarrant Launceston. *Dors* 2E 15
Tarrant Monkton. *Dors* 2E 15
Tarrant Rawston. *Dors* 2E 15
Tarrant Rushton. *Dors* 2E 15
Tarrel. *High* 5F 165
Tarring Neville. *E Sus* 5F 27
Tarrington. *Here* 1B 48
Tarsappie. *Per* 1D 136
Tarscabhaig. *High* 3D 147
Tarskavaig. *High* 3D 147
Tarves. *Abers* 5F 161
Tarvie. *High* 3G 157
Tarvin. *Ches W* 4G 83
Tasburgh. *Norf* 1E 66
Tasley. *Shrp* 1A 60
Taston. *Oxon* 3B 50
Tatenhill. *Staf* 3G 73
Tathall End. *Mil* 1G 51
Tatham. *Lanc* 3F 97
Tathwell. *Linc* 2C 88
Tatling End. *Buck* 2B 38
Tatsfield. *Surr* 5F 39
Tattenhall. *Ches W* 5G 83
Tatterford. *Norf* 3A 78
Tattersett. *Norf* 2H 77
Tattershall. *Linc* 5B 88
Tattershall Bridge. *Linc* 5A 88
Tattershall Thorpe. *Linc* 5B 88
Tattingstone. *Suff* 2E 55
Tattingstone White Horse. *Suff* 2E 55
Tattle Bank. *Warw* 4F 61
Tatworth. *Som* 2G 13
Taunton. *Som* 4F 21
Taverham. *Norf* 4D 78
Taverners Green. *Essx* 4F 53
Tavernspite. *Pemb* 3F 43
Tavistock. *Devn* 5E 11
Tavool House. *Arg* 1B 132
Taw Green. *Devn* 3G 11
Tawstock. *Devn* 4F 19
Taxal. *Derbs* 2E 85
Tayinloan. *Arg* 5E 125
Taynish. *Arg* 1F 125
Taynton. *Glos* 3C 48
Taynton. *Oxon* 4H 49
Taynuilt. *Arg* 5E 141
Tayport. *Fife* 1G 137
Tay Road Bridge. *D'dee* 1G 137
Tayvallich. *Arg* 1F 125
Tealby. *Linc* 1A 88
Tealing. *Ang* 5D 144
Teams. *Tyne* 3F 115
Teangue. *High* 3E 147
Teanna Mhachair. *W Isl* 2C 170
Tebay. *Cumb* 4H 103
Tebworth. *C Beds* 3H 51
Tedburn St Mary. *Devn* 3B 12
Teddington. *Glos* 2E 49
Teddington. *G Lon* 3C 38
Tedsmore. *Shrp* 3F 71
Tedstone Delamere. *Here* 5A 60
Tedstone Wafer. *Here* 5A 60
Teesport. *Red C* 2C 106
Teesside. *Stoc T* 2C 106
Teeton. *Nptn* 3D 62
Teffont Evias. *Wilts* 3E 23
Teffont Magna. *Wilts* 3E 23
Tegryn. *Pemb* 1G 43
Teigh. *Rut* 4F 75
Teigncombe. *Devn* 4G 11
Teigngrace. *Devn* 5B 12
Teignmouth. *Devn* 5C 12
Telford. *Telf* 4A 72
Telham. *E Sus* 4B 28
Tellisford. *Som* 1D 22
Telscombe. *E Sus* 5F 27
Telscombe Cliffs. *E Sus* 5E 27
Tempar. *Per* 3D 142
Templand. *Dum* 1B 112
Temple. *Corn* 5B 10
Temple. *Glas* 3G 127
Temple. *Midl* 4G 129
Temple Balsall. *W Mid* 3G 61
Temple Bar. *Carm* 4F 45
Temple Bar. *Cdgn* 5E 57
Temple Cloud. *Bath* 1B 22
Templecombe. *Som* 4C 22
Temple Ewell. *Kent* 1G 29
Temple Grafton. *Warw* 5F 61
Temple Guiting. *Glos* 3F 49
Templehall. *Fife* 4E 137
Temple Hirst. *N Yor* 2G 93
Temple Normanton. *Derbs* 4B 86
Templepatrick. *Ant* 3G 175
Temple Sowerby. *Cumb* 2H 103
Templeton. *Devn* 1B 12
Templeton. *Pemb* 3F 43
Templeton. *W Ber* 5B 36
Templetown. *Dur* 5E 115
Tempsford. *C Beds* 5A 64
Tenandry. *Per* 2G 143
Tenbury Wells. *Worc* 4H 59
Tenby. *Pemb* 4F 43
Tendring. *Essx* 3E 55
Tendring Green. *Essx* 3E 55
Tenga. *Arg* 4G 139
Ten Mile Bank. *Norf* 1F 65
Tenterden. *Kent* 2C 28
Terfyn. *Cnwy* 3B 82
Terhill. *Som* 3E 21
Terling. *Essx* 4A 54
Ternhill. *Shrp* 2A 72
Terregles. *Dum* 2G 111
Terrick. *Buck* 5G 51
Terrington. *N Yor* 2A 100
Terrington St Clement. *Norf* 3E 77
Terrington St John. *Norf* 4E 77
Terry's Green. *Warw* 3F 61
Teston. *Kent* 5B 40
Testwood. *Hants* 1B 16
Tetbury. *Glos* 2D 35
Tetbury Upton. *Glos* 2D 35
Tetchill. *Shrp* 2F 71
Tetcott. *Devn* 3D 10
Tetford. *Linc* 3C 88
Tetney. *Linc* 4G 95
Tetney Lock. *Linc* 4G 95
Tetsworth. *Oxon* 5E 51
Tettenhall. *W Mid* 5C 72
Teversal. *Notts* 4B 86
Teversham. *Cambs* 5D 65
Teviothead. *Bord* 4G 119
Tewel. *Abers* 5F 153
Tewin. *Herts* 4C 52
Tewkesbury. *Glos* 2D 49
Teynham. *Kent* 4D 40
Teynham Street. *Kent* 4D 40
Thackthwaite. *Cumb* 2F 103
Thakeham. *W Sus* 4C 26
Thame. *Oxon* 5F 51
Thames Ditton. *Surr* 4C 38
Thames Haven. *Thur* 2B 40
Thamesmead. *G Lon* 2F 39
Thamesport. *Medw* 3C 40
Thanington Without. *Kent* 5F 41
Thankerton. *S Lan* 1B 118
Tharston. *Norf* 1D 66
Thatcham. *W Ber* 5D 36
Thatto Heath. *Mers* 1H 83
Thaxted. *Essx* 2G 53
Theakston. *N Yor* 1F 99
Thealby. *N Lin* 3B 94
Theale. *Som* 2H 21
Theale. *W Ber* 4E 37
Thearne. *E Yor* 1D 94
Theberton. *Suff* 4G 67
Theddingworth. *Leics* 2D 62
Theddlethorpe All Saints. *Linc* 2D 88
Theddlethorpe St Helen. *Linc* 2D 89
Thelbridge Barton. *Devn* 1A 12
Thelnetham. *Suff* 3C 66
Thelveton. *Norf* 2D 66
Thelwall. *Warr* 2A 84
Themelthorpe. *Norf* 3C 78
Thenford. *Nptn* 1D 50
Therfield. *Herts* 2D 52
Thetford. *Linc* 4A 76
Thetford. *Norf* 2A 66
Thethwaite. *Cumb* 5E 113
Theydon Bois. *Essx* 1F 39
Thick Hollins. *W Yor* 3B 92
Thickwood. *Wilts* 4D 34
Thimbleby. *Linc* 4B 88
Thimbleby. *N Yor* 5B 106
Thingwall. *Mers* 2E 83
Thirlby. *N Yor* 1G 99
Thirlestane. *Bord* 5B 130
Thirn. *N Yor* 1E 98
Thirsk. *N Yor* 1G 99
Thirtleby. *E Yor* 1E 95
Thistleton. *Lanc* 1C 90
Thistleton. *Rut* 4G 75
Thistley Green. *Suff* 3F 65
Thixendale. *N Yor* 3C 100
Thockrington. *Nmbd* 2C 114
Tholomas Drove. *Cambs* 5D 76
Tholthorpe. *N Yor* 3G 99
Thomas Chapel. *Pemb* 4F 43
Thomas Close. *Cumb* 5F 113
Thomastown. *Abers* 4E 160
Thomastown. *Rhon* 3D 32
Thompson. *Norf* 1B 66
Thomshill. *Mor* 3G 159
Thong. *Kent* 3A 40
Thongsbridge. *W Yor* 4B 92
Thoralby. *N Yor* 1C 98
Thoresby. *Notts* 3D 86
Thoresway. *Linc* 1A 88
Thorganby. *Linc* 1B 88
Thorganby. *N Yor* 5A 100
Thorgill. *N Yor* 5E 107
Thorington. *Suff* 3G 67
Thorington Street. *Suff* 2D 54
Thorlby. *N Yor* 4B 98
Thorley. *Herts* 4E 53
Thorley Street. *Herts* 4E 53
Thorley Street. *IOW* 4B 16
Thormanby. *N Yor* 2G 99
Thorn. *Powy* 4E 59
Thornaby-on-Tees. *Stoc T* 3B 106
Thornage. *Norf* 2C 78
Thornborough. *Buck* 2F 51
Thornborough. *N Yor* 2E 99
Thornbury. *Devn* 2E 11
Thornbury. *Here* 5A 60
Thornbury. *S Glo* 2B 34
Thornby. *Cumb* 4D 112
Thornby. *Nptn* 3D 62
Thorncliffe. *Staf* 5E 85
Thorncombe. *Dors* 2G 13
Thorncombe Street. *Surr* 1A 26
Thorncote Green. *C Beds* 1B 52
Thorndon. *Suff* 4D 66
Thorndon Cross. *Devn* 3F 11
Thorne. *S Yor* 3G 93
Thornehillhead. *Devn* 1E 11
Thorner. *W Yor* 5F 99
Thorne St Margaret. *Som* 4D 20
Thorney. *Notts* 3F 87
Thorney. *Pet* 5B 76
Thorney. *Som* 4H 21
Thorney Hill. *Hants* 3G 15
Thorney Toll. *Cambs* 5C 76
Thornfalcon. *Som* 4F 21
Thornford. *Dors* 1B 14
Thorngrafton. *Nmbd* 3A 114
Thorngrove. *Som* 3G 21
Thorngumbald. *E Yor* 2F 95
Thornham. *Norf* 1G 77
Thornham Magna. *Suff* 3D 66
Thornham Parva. *Suff* 3D 66
Thornhaugh. *Pet* 5H 75
Thornhill. *Cphy* 3E 33
Thornhill. *Cumb* 4B 102
Thornhill. *Derbs* 2F 85
Thornhill. *Dum* 5A 118
Thornhill. *Sotn* 1C 16
Thornhill. *Stir* 4F 135
Thornhill. *W Yor* 3C 92
Thornhill Lees. *W Yor* 3C 92
Thornhills. *W Yor* 2B 92
Thornholme. *E Yor* 3F 101
Thornicombe. *Dors* 2D 14
Thornington. *Nmbd* 1C 120
Thornley. *Dur*
nr. Durham 1A 106
nr. Tow Law 1E 105
Thornley Gate. *Nmbd* 4B 114
Thornliebank. *E Ren* 3G 127
Thornroan. *Abers* 5F 161
Thorns. *Suff* 5G 65
Thornsett. *Derbs* 2E 85
Thornthwaite. *Cumb* 2D 102
Thornthwaite. *N Yor* 4D 98
Thornton. *Ang* 4C 144
Thornton. *Buck* 2F 51
Thornton. *E Yor* 5B 100
Thornton. *Fife* 4E 137
Thornton. *Lanc* 5C 96
Thornton. *Leics* 5B 74
Thornton. *Linc* 4B 88
Thornton. *Mers* 4B 90
Thornton. *Midd* 3B 106
Thornton. *Nmbd* 5F 131
Thornton. *Pemb* 4D 42
Thornton. *W Yor* 1A 92
Thornton Curtis. *N Lin* 3D 94
Thorntonhall. *S Lan* 4G 127
Thornton Heath. *G Lon* 4E 39
Thornton Hough. *Mers* 2F 83
Thornton-in-Craven. *N Yor* 5B 98
Thornton in Lonsdale. *N Yor* 2F 97
Thornton-le-Beans. *N Yor* 5A 106
Thornton-le-Clay. *N Yor* 3A 100
Thornton-le-Dale. *N Yor* 1C 100
Thornton le Moor. *Linc* 1H 87
Thornton-le-Moor. *N Yor* 1F 99
Thornton-le-Moors. *Ches W* 3G 83
Thornton-le-Street. *N Yor* 1G 99
Thorntonloch. *E Lot* 2D 130
Thornton Rust. *N Yor* 1B 98
Thornton Steward. *N Yor* 1D 98
Thornton Watlass. *N Yor* 1E 99
Thornwood Common. *Essx* 5E 53
Thornythwaite. *Cumb* 2E 103
Thoroton. *Notts* 1E 75
Thorp Arch. *W Yor* 5G 99
Thorpe. *Derbs* 5F 85
Thorpe. *E Yor* 5D 101
Thorpe. *Linc* 2D 89
Thorpe. *Norf* 1G 67
Thorpe. *N Yor* 3C 98
Thorpe. *Notts* 1E 75
Thorpe. *Surr* 4B 38
Thorpe Abbotts. *Norf* 3D 66
Thorpe Acre. *Leics* 3C 74
Thorpe Arnold. *Leics* 3E 75
Thorpe Audlin. *W Yor* 3E 93
Thorpe Bassett. *N Yor* 2C 100
Thorpe Bay. *S'end* 2D 40
Thorpe by Water. *Rut* 1F 63
Thorpe Common. *S Yor* 1A 86
Thorpe Common. *Suff* 2F 55
Thorpe Constantine. *Staf* 5G 73
Thorpe End. *Norf* 4E 79
Thorpe Fendike. *Linc* 4D 88
Thorpe Green. *Essx* 3E 55
Thorpe Green. *Suff* 5B 66
Thorpe Hall. *N Yor* 2H 99
Thorpe Hamlet. *Norf* 5E 79

Thorpe Hesley. *S Yor* 1A **86**
Thorpe in Balne. *S Yor* 3F **93**
Thorpe in the Fallows. *Linc* 2G **87**
Thorpe Langton. *Leics* 1E **63**
Thorpe Larches. *Dur* 2A **106**
Thorpe Latimer. *Linc* 1A **76**
Thorpe-le-Soken. *Essx* 3E **55**
Thorpe le Street. *E Yor* 5C **100**
Thorpe Malsor. *Nptn* 3F **63**
Thorpe Mandeville. *Nptn* 1D **50**
Thorpe Market. *Norf* 2E **79**
Thorpe Marriott. *Norf* 4D **78**
Thorpe Morieux. *Suff* 5B **66**
Thorpeness. *Suff* 5G **67**
Thorpe on the Hill. *Linc* 4G **87**
Thorpe on the Hill. *W Yor* 2D **92**
Thorpe St Andrew. *Norf* 5E **79**
Thorpe St Peter. *Linc* 4D **89**
Thorpe Salvin. *S Yor* 2C **86**
Thorpe Satchville. *Leics* 4E **75**
Thorpe Thewles. *Stoc T* 2A **106**
Thorpe Tilney. *Linc* 5A **88**
Thorpe Underwood. *N Yor* 4G **99**
Thorpe Waterville. *Nptn* 2H **63**
Thorpe Willoughby. *N Yor* 1F **93**
Thorpland. *Norf* 5F **77**
Thorrington. *Essx* 3D **54**
Thorverton. *Devn* 2C **12**
Thrandeston. *Suff* 3D **66**
Thrapston. *Nptn* 3G **63**
Thrashbush. *N Lan* 3A **128**
Threapland. *Cumb* 1C **102**
Threapland. *N Yor* 3B **98**
Threapwood. *Ches W* 1G **71**
Threapwood. *Staf* 1E **73**
Three Ashes. *Here* 3A **48**
Three Bridges. *Linc* 2D **88**
Three Bridges. *W Sus* 2D **27**
Three Burrows. *Corn* 4B **6**
Three Chimneys. *Kent* 2C **28**
Three Cocks. *Powy* 2E **47**
Three Crosses. *Swan* 3E **31**
Three Cups Corner. *E Sus* 3H **27**
Threehammer Common. *Norf* 3F **79**
Three Holes. *Norf* 5E **77**
Threekingham. *Linc* 2H **75**
Three Leg Cross. *E Sus* 2A **28**
Three Legged Cross. *Dors* 2F **15**
Three Mile Cross. *Wok* 5F **37**
Threemilestone. *Corn* 4B **6**
Three Oaks. *E Sus* 4C **28**
Threlkeld. *Cumb* 2E **102**
Threshfield. *N Yor* 3B **98**
Thrigby. *Norf* 4G **79**
Thringarth. *Dur* 2C **104**
Thringstone. *Leics* 4B **74**
Thrintoft. *N Yor* 5A **106**
Thriplow. *Cambs* 1E **53**
Throckenholt. *Linc* 5C **76**
Throcking. *Herts* 2D **52**
Throckley. *Tyne* 3E **115**
Throckmorton. *Worc* 1E **49**
Throop. *Bour* 3G **15**
Throphill. *Nmbd* 1E **115**
Thropton. *Nmbd* 4E **121**
Throsk. *Stir* 4A **136**
Througham. *Glos* 5E **49**
Throughgate. *Dum* 1F **111**
Throwleigh. *Devn* 3G **11**
Throwley. *Kent* 5D **40**
Throwley Forstal. *Kent* 5D **40**
Throxenby. *N Yor* 1E **101**
Thrumpton. *Notts* 2C **74**
Thrumster. *High* 4F **169**
Thrunton. *Nmbd* 3E **121**
Thrupp. *Glos* 5D **48**
Thrupp. *Oxon* 4C **50**
Thrushelton. *Devn* 4E **11**
Thrushgill. *Lanc* 3F **97**
Thrussington. *Leics* 4D **74**
Thruxton. *Hants* 2A **24**
Thruxton. *Here* 2H **47**
Thrybergh. *S Yor* 1B **86**
Thulston. *Derbs* 2B **74**
Thundergay. *N Ayr* 5G **125**
Thundersley. *Essx* 2B **40**
Thundridge. *Herts* 4D **52**
Thurcaston. *Leics* 4C **74**
Thurcroft. *S Yor* 2B **86**
Thurdon. *Corn* 1C **10**
Thurgarton. *Norf* 2D **78**
Thurgarton. *Notts* 1D **74**
Thurgoland. *S Yor* 4C **92**
Thurlaston. *Leics* 1C **62**
Thurlaston. *Warw* 3B **62**
Thurlbear. *Som* 4F **21**
Thurlby. *Linc*
nr. Alford 3D **89**
nr. Baston 4A **76**
nr. Lincoln 4G **87**
Thurleigh. *Bed* 5H **63**
Thurlestone. *Devn* 4C **8**
Thurloxton. *Som* 3F **21**
Thurlstone. *S Yor* 4C **92**
Thurlton. *Norf* 1G **67**
Thurmaston. *Leics* 5D **74**
Thurnby. *Leics* 5D **74**
Thurne. *Norf* 4G **79**
Thurnham. *Kent* 5C **40**
Thurning. *Norf* 3C **78**
Thurning. *Nptn* 2H **63**
Thurnscoe. *S Yor* 4E **93**
Thursby. *Cumb* 4E **113**
Thursford. *Norf* 2B **78**
Thursford Green. *Norf* 2B **78**
Thursley. *Surr* 2A **26**
Thurso. *High* 2D **168**
Thurso East. *High* 2D **168**
Thurstaston. *Mers* 2E **83**
Thurston. *Suff* 4B **66**
Thurston End. *Suff* 5G **65**
Thurstonfield. *Cumb* 4E **112**
Thurstonland. *W Yor* 3B **92**
Thurton. *Norf* 5F **79**
Thurvaston. *Derbs*
nr. Ashbourne 2F **73**
nr. Derby 2G **73**
Thuxton. *Norf* 5C **78**
Thwaite. *Dur* 3D **104**
Thwaite. *N Yor* 5B **104**
Thwaite. *Suff* 4D **66**
Thwaite Head. *Cumb* 5E **103**
Thwaites. *W Yor* 5C **98**
Thwaite St Mary. *Norf* 1F **67**
Thwing. *E Yor* 2E **101**
Tibbermore. *Per* 1C **136**
Tibberton. *Glos* 3C **48**
Tibberton. *Telf* 3A **72**
Tibberton. *Worc* 5D **60**
Tibenham. *Norf* 2D **66**
Tibshelf. *Derbs* 4B **86**
Tibthorpe. *E Yor* 4D **100**
Ticehurst. *E Sus* 2A **28**
Tichborne. *Hants* 3D **24**
Tickencote. *Rut* 5G **75**
Tickenham. *N Som* 4H **33**
Tickhill. *S Yor* 1C **86**
Ticklerton. *Shrp* 1G **59**
Ticknall. *Derbs* 3A **74**
Tickton. *E Yor* 5E **101**
Tidbury Green. *W Mid* 3F **61**
Tidcombe. *Wilts* 1A **24**
Tiddington. *Oxon* 5E **51**
Tiddington. *Warw* 5G **61**
Tiddleywink. *Wilts* 4D **34**
Tidebrook. *E Sus* 3H **27**
Tideford. *Corn* 3H **7**
Tideford Cross. *Corn* 2H **7**
Tidenham. *Glos* 2A **34**
Tideswell. *Derbs* 3F **85**
Tidmarsh. *W Ber* 4E **37**
Tidmington. *Warw* 2A **50**
Tidpit. *Hants* 1F **15**
Tidworth. *Wilts* 2H **23**
Tidworth Camp. *Wilts* 2H **23**
Tiers Cross. *Pemb* 3D **42**
Tiffield. *Nptn* 5D **62**
Tifty. *Abers* 4E **161**
Tigerton. *Ang* 2E **145**
Tighnabruaich. *Arg* 2A **126**
Tigley. *Devn* 2D **8**
Tilbrook. *Cambs* 4H **63**
Tilbury. *Thur* 3H **39**
Tilbury Green. *Essx* 1H **53**
Tilbury Juxta Clare. *Essx* 1A **54**
Tile Hill. *W Mid* 3G **61**
Tilehurst. *Read* 4E **37**
Tilford. *Surr* 2G **25**
Tilgate Forest Row. *W Sus* 2D **26**
Tillathrowie. *Abers* 5B **160**
Tillers Green. *Glos* 2B **48**
Tillery. *Abers* 1G **153**
Tilley. *Shrp* 3H **71**
Tillicoultry. *Clac* 4B **136**
Tillingham. *Essx* 5C **54**
Tillington. *Here* 1H **47**
Tillington. *W Sus* 3A **26**
Tillington Common. *Here* 1H **47**
Tillybirloch. *Abers* 3D **152**
Tillyfourie. *Abers* 2D **152**
Tilmanstone. *Kent* 5H **41**
Tilney All Saints. *Norf* 4E **77**
Tilney Fen End. *Norf* 4E **77**
Tilney High End. *Norf* 4E **77**
Tilney St Lawrence. *Norf* 4E **77**
Tilshead. *Wilts* 2F **23**
Tilstock. *Shrp* 2H **71**
Tilston. *Ches W* 5G **83**
Tilstone Fearnall. *Ches W* 4H **83**
Tilsworth. *C Beds* 3H **51**
Tilton on the Hill. *Leics* 5E **75**
Tiltups End. *Glos* 2D **34**
Timberland. *Linc* 5A **88**
Timbersbrook. *Ches E* 4C **84**
Timberscombe. *Som* 2C **20**
Timble. *N Yor* 4D **98**
Timperley. *G Man* 2B **84**
Timsbury. *Bath* 1B **22**
Timsbury. *Hants* 4B **24**
Timsgearraidh. *W Isl* 4C **171**
Timworth Green. *Suff* 4A **66**
Tincleton. *Dors* 3C **14**
Tindale. *Cumb* 4H **113**
Tindale Crescent. *Dur* 2F **105**
Tingewick. *Buck* 2E **51**
Tingrith. *C Beds* 2A **52**
Tingwall. *Orkn* 5D **172**
Tinhay. *Devn* 4D **11**
Tinshill. *W Yor* 1C **92**
Tinsley. *S Yor* 1B **86**
Tinsley Green. *W Sus* 2D **27**
Tintagel. *Corn* 4A **10**
Tintern. *Mon* 5A **48**
Tintinhull. *Som* 1H **13**
Tintwistle. *Derbs* 1E **85**
Tinwald. *Dum* 1B **112**
Tinwell. *Rut* 5H **75**
Tippacott. *Devn* 2A **20**
Tipperty. *Abers* 1G **153**
Tipps End. *Cambs* 1E **65**
Tiptoe. *Hants* 3A **16**
Tipton. *W Mid* 1D **60**
Tipton St John. *Devn* 3D **12**
Tiptree. *Essx* 4B **54**
Tiptree Heath. *Essx* 4B **54**
Tirabad. *Powy* 1B **46**
Tircoed Forest Village. *Swan* 5G **45**
Tiree Airport. *Arg* 4B **138**
Tirinie. *Per* 2F **143**
Tirley. *Glos* 3D **48**
Tiroran. *Arg* 1B **132**
Tir-Phil. *Cphy* 5E **47**
Tirril. *Cumb* 2G **103**
Tirryside. *High* 2C **164**
Tir-y-dail. *Carm* 4G **45**
Tisbury. *Wilts* 4E **23**
Tisman's Common. *W Sus* 2B **26**
Tissington. *Derbs* 5F **85**
Titchberry. *Devn* 4C **18**
Titchfield. *Hants* 2D **16**
Titchmarsh. *Nptn* 3H **63**
Titchwell. *Norf* 1G **77**
Tithby. *Notts* 2D **74**
Titley. *Here* 5F **59**
Titlington. *Nmbd* 3E **121**
Titsey. *Surr* 5F **39**
Titson. *Corn* 2C **10**
Tittensor. *Staf* 2C **72**
Tittleshall. *Norf* 3A **78**
Titton. *Worc* 4C **60**
Tiverton. *Ches W* 4H **83**
Tiverton. *Devn* 1C **12**
Tivetshall St Margaret. *Norf* 2D **66**
Tivetshall St Mary. *Norf* 2D **66**
Tivington. *Som* 2C **20**
Tixall. *Staf* 3D **73**
Tixover. *Rut* 5G **75**
Toab. *Orkn* 7E **172**
Toab. *Shet* 10E **173**
Toadmoor. *Derbs* 5A **86**
Tobermory. *Arg* 3G **139**
Toberonochy. *Arg* 3E **133**
Tobha Beag. *W Isl* 5C **170**
Tobha-Beag. *W Isl* 1E **170**
Tobha Mor. *W Isl* 5C **170**
Tobhtarol. *W Isl* 4D **171**
Tobson. *W Isl* 4D **171**
Tocabhaig. *High* 2E **147**
Tocher. *Abers* 5D **160**
Tockenham. *Wilts* 4F **35**
Tockenham Wick. *Wilts* 3F **35**
Tockholes. *Bkbn* 2E **91**
Tockington. *S Glo* 3B **34**
Tockwith. *N Yor* 4G **99**
Todber. *Dors* 4D **22**
Todding. *Here* 3G **59**
Toddington. *C Beds* 3A **52**
Toddington. *Glos* 2F **49**
Todenham. *Glos* 2H **49**
Todhills. *Cumb* 3E **113**
Todmorden. *W Yor* 2H **91**
Todwick. *S Yor* 2B **86**
Toft. *Cambs* 5C **64**
Toft. *Linc* 4H **75**
Toft Hill. *Dur* 2E **105**
Toft Monks. *Norf* 1G **67**
Toft next Newton. *Linc* 2H **87**
Toftrees. *Norf* 3A **78**
Tofts. *High* 2F **169**
Toftwood. *Norf* 4B **78**
Togston. *Nmbd* 4G **121**
Tokavaig. *High* 2E **147**
Tokers Green. *Oxon* 4F **37**
Tolastadh a Chaolais. *W Isl* 4D **171**
Tolladine. *Worc* 5C **60**
Tolland. *Som* 3E **20**
Tollard Farnham. *Dors* 1E **15**
Tollard Royal. *Wilts* 1E **15**
Toll Bar. *S Yor* 4F **93**
Toller Fratrum. *Dors* 3A **14**
Toller Porcorum. *Dors* 3A **14**
Tollerton. *N Yor* 3H **99**
Tollerton. *Notts* 2D **74**
Toller Whelme. *Dors* 2A **14**
Tollesbury. *Essx* 4C **54**
Tolleshunt D'Arcy. *Essx* 4C **54**
Tolleshunt Knights. *Essx* 4C **54**
Tolleshunt Major. *Essx* 4C **54**
Tollie. *High* 3H **157**
Tollie Farm. *High* 1A **156**
Tolm. *W Isl* 4G **171**
Tolpuddle. *Dors* 3C **14**
Tolstadh bho Thuath. *W Isl* 3H **171**
Tolworth. *G Lon* 4C **38**
Tomachlaggan. *Mor* 1F **151**
Tomaknock. *Per* 1A **136**
Tomatin. *High* 1C **150**
Tombuidhe. *Arg* 3H **133**
Tomdoun. *High* 3D **148**
Tomich. *High*
nr. Cannich 1F **149**
nr. Invergordon 1B **158**
nr. Lairg 3D **164**
Tomintoul. *Mor* 2F **151**
Tomnavoulin. *Mor* 1G **151**
Tomsléibhe. *Arg* 5A **140**
Ton. *Mon* 2G **33**
Tonbridge. *Kent* 1G **27**
Tondu. *B'end* 3B **32**
Tonedale. *Som* 4E **21**
Tonfanau. *Gwyn* 5E **69**
Tong. *Shrp* 5B **72**
Tonge. *Leics* 3B **74**
Tong Forge. *Shrp* 5B **72**
Tongham. *Surr* 2G **25**
Tongland. *Dum* 4D **111**
Tong Norton. *Shrp* 5B **72**
Tongue. *High* 3F **167**
Tongue End. *Linc* 4A **76**
Tongwynlais. *Card* 3E **33**
Tonmawr. *Neat* 2B **32**
Tonna. *Neat* 2A **32**
Tonnau. *Neat* 2A **32**
Ton Pentre. *Rhon* 2C **32**
Ton-Teg. *Rhon* 3D **32**
Tonwell. *Herts* 4D **52**
Tonypandy. *Rhon* 2C **32**
Tonyrefail. *Rhon* 3D **32**
Toot Baldon. *Oxon* 5D **50**
Toot Hill. *Essx* 5F **53**
Toothill. *Hants* 1B **16**
Topcliffe. *N Yor* 2G **99**
Topcliffe. *W Yor* 2C **92**
Topcroft. *Norf* 1E **67**
Topcroft Street. *Norf* 1E **67**
Toppesfield. *Essx* 2H **53**
Toppings. *G Man* 3F **91**
Toprow. *Norf* 1D **66**
Topsham. *Devn* 4C **12**
Torbay. *Torb* 2F **9**
Torbeg. *N Ayr* 3C **122**
Torbothie. *N Lan* 4B **128**
Torbryan. *Devn* 2E **9**
Torcross. *Devn* 4E **9**
Tore. *High* 3A **158**
Torgyle. *High* 2F **149**
Torinturk. *Arg* 3G **125**
Torksey. *Linc* 3F **87**
Torlum. *W Isl* 3C **170**
Torlundy. *High* 1F **141**
Tormarton. *S Glo* 4C **34**
Tormitchell. *S Ayr* 5B **116**
Tormore. *High* 3E **147**
Tormore. *N Ayr* 2C **122**
Tornagrain. *High* 4B **158**
Tornaveen. *Abers* 3D **152**
Torness. *High* 1H **149**
Toronto. *Dur* 1E **105**
Torpenhow. *Cumb* 1D **102**
Torphichen. *W Lot* 2C **128**
Torphins. *Abers* 3D **152**
Torpoint. *Corn* 3A **8**
Torquay. *Torb* 2F **9**
Torr. *Devn* 3B **8**
Torra. *Arg* 4B **124**
Torran. *High* 4E **155**
Torrance. *E Dun* 2H **127**
Torrans. *Arg* 1B **132**
Torranyard. *N Ayr* 5E **127**
Torre. *Som* 3D **20**
Torre. *Torb* 2F **9**
Torridon. *High* 3B **156**
Torrin. *High* 1D **147**
Torrisdale. *Arg* 2B **122**
Torrisdale. *High* 2G **167**
Torrish. *High* 2G **165**
Torrisholme. *Lanc* 3D **96**
Torroble. *High* 3C **164**
Torroy. *High* 4C **164**
Torry. *Aber* 3G **153**
Torryburn. *Fife* 1D **128**
Torthorwald. *Dum* 2B **112**
Tortington. *W Sus* 5B **26**
Tortworth. *S Glo* 2C **34**
Torvaig. *High* 4D **155**
Torver. *Cumb* 5D **102**
Torwood. *Falk* 1B **128**

Torworth—Tumble

Torworth. *Notts* 2D 86
Toscaig. *High* 5G 155
Toseland. *Cambs* 4B 64
Tosside. *N Yor* 4G 97
Tostock. *Suff* 4B 66
Totaig. *High* 3A 154
Totardor. *High* 5C 154
Tote. *High* 4D 154
Totegan. *High* 2A 168
Tothill. *Linc* 2D 88
Totland. *IOW* 4B 16
Totley. *S Yor* 3H 85
Totnell. *Dors* 2B 14
Totnes. *Devn* 2E 9
Toton. *Notts* 2B 74
Totronald. *Arg* 3C 138
Totscore. *High* 2C 154
Tottenham. *G Lon* 1E 39
Tottenhill. *Norf* 4F 77
Tottenhill Row. *Norf* 4F 77
Totteridge. *G Lon* 1D 38
Totternhoe. *C Beds* 3H 51
Tottington. *G Man* 3F 91
Totton. *Hants* 1B 16
Touchen-end. *Wind* 4G 37
Toulvaddie. *High* 5F 165
The Towans. *Corn* 3C 4
Toward. *Arg* 3C 126
Towcester. *Nptn* 1E 51
Towednack. *Corn* 3B 4
Tower End. *Norf* 4F 77
Tower Hill. *Mers* 4C 90
Tower Hill. *W Sus* 3C 26
Towersey. *Oxon* 5F 51
Towie. *Abers* 2B 152
Towiemore. *Mor* 4A 160
Tow Law. *Dur* 1E 105
The Town. *IOS* 1A 4
Town End. *Cambs* 1D 64
Town End. *Cumb*
nr. Ambleside 4F 103
nr. Kirkby Thore 2H 103
nr. Lindale 1D 96
nr. Newby Bridge 1C 96
Town End. *Mers* 2G 83
Townend. *W Dun* 2F 127
Townfield. *Dur* 5C 114
Towngate. *Cumb* 5G 113
Towngate. *Linc* 4A 76
Town Green. *Lanc* 4C 90
Town Head. *Cumb*
nr. Grasmere 4E 103
nr. Great Asby 3H 103
Townhead. *Cumb*
nr. Lazonby 1G 103
nr. Maryport 1B 102
nr. Ousby 1H 103
Townhead. *Dum* 5D 111
Townhead of Greenlaw. *Dum* 3E 111
Townhill. *Fife* 1E 129
Townhill. *Swan* 3F 31
Town Kelloe. *Dur* 1A 106
Town Littleworth. *E Sus* 4F 27
Town Row. *E Sus* 2G 27
Towns End. *Hants* 1D 24
Townsend. *Herts* 5B 52
Townshend. *Corn* 3C 4
Town Street. *Suff* 2G 65
Town Yetholm. *Bord* 2C 120
Towthorpe. *E Yor* 3D 100
Towthorpe. *York* 4A 100
Towton. *N Yor* 1E 93
Towyn. *Cnwy* 3B 82
Toxteth. *Mers* 2F 83
Toynton All Saints. *Linc* 4C 88
Toynton Fen Side. *Linc* 4C 88
Toynton St Peter. *Linc* 4D 88
Toy's Hill. *Kent* 5F 39
Trabboch. *E Ayr* 2D 116
Traboe. *Corn* 4E 5
Tradespark. *High* 3C 158
Tradespark. *Orkn* 7D 172
Trafford Park. *G Man* 1B 84
Trallong. *Powy* 3C 46
Y Trallwng. *Powy* 5E 70
Tranent. *E Lot* 2H 129
Tranmere. *Mers* 2F 83
Trantlebeg. *High* 3A 168
Trantlemore. *High* 3A 168
Tranwell. *Nmbd* 1E 115
Trapp. *Carm* 4G 45
Traquair. *Bord* 1F 119
Trash Green. *W Ber* 5E 37
Trawden. *Lanc* 1H 91
Trawscoed. *Powy* 2D 46
Trawsfynydd. *Gwyn* 2G 69
Trawsgoed. *Cdgn* 3F 57
Treaddow. *Here* 3A 48
Trealaw. *Rhon* 2D 32
Treales. *Lanc* 1C 90
Trearddur. *IOA* 3B 80
Treaslane. *High* 3C 154
Treator. *Corn* 1D 6
Trebanog. *Rhon* 2D 32
Trebanos. *Neat* 5H 45
Trebarber. *Corn* 2C 6
Trebartha. *Corn* 5C 10
Trebarwith. *Corn* 4A 10
Trebetherick. *Corn* 1D 6
Treborough. *Som* 3D 20
Trebudannon. *Corn* 2C 6
Trebullett. *Corn* 5D 10
Treburley. *Corn* 5D 10
Treburrick. *Corn* 1C 6
Trebyan. *Corn* 2E 7
Trecastle. *Powy* 3B 46
Trecenydd. *Cphy* 3E 33
Trecott. *Devn* 2G 11
Trecwn. *Pemb* 1D 42
Trecynon. *Rhon* 5C 46
Tredaule. *Corn* 4C 10
Tredavoe. *Corn* 4B 4
Tredegar. *Blae* 5E 47
Trederwen. *Powy* 4E 71
Tredington. *Glos* 3E 49
Tredington. *Warw* 1A 50
Tredinnick. *Corn*
nr. Bodmin 2F 7
nr. Looe 3G 7
nr. Padstow 1D 6
Tredogan. *V Glam* 5D 32
Tredomen. *Powy* 2E 46
Tredunnock. *Mon* 2G 33
Tredustan. *Powy* 2E 47
Treen. *Corn*
nr. Land's End 4A 4
nr. St Ives 3B 4
Treeton. *S Yor* 2B 86
Trefaldwyn. *Powy* 1E 58
Trefasser. *Pemb* 1C 42
Trefdraeth. *IOA* 3D 80
Trefdraeth. *Pemb* 1E 43
Trefecca. *Powy* 2E 47
Trefechan. *Mer T* 5D 46
Trefeglwys. *Powy* 1B 58
Trefenter. *Cdgn* 4F 57
Treffgarne. *Pemb* 2D 42
Treffynnon. *Flin* 3D 82
Treffynnon. *Pemb* 2C 42
Trefil. *Blae* 4E 46
Trefilan. *Cdgn* 5E 57
Trefin. *Pemb* 1C 42
Treflach. *Shrp* 3E 71
Trefnant. *Den* 3C 82
Trefonen. *Shrp* 3E 71
Trefor. *Gwyn* 1C 68
Trefor. *IOA* 2C 80
Treforest. *Rhon* 3D 32
Trefrew. *Corn* 4B 10
Trefriw. *Cnwy* 4G 81
Tref-y-Clawdd. *Powy* 3E 59
Trefynwy. *Mon* 4A 48
Tregada. *Corn* 4D 10
Tregadillett. *Corn* 4C 10
Tregare. *Mon* 4H 47
Tregarne. *Corn* 4E 5
Tregaron. *Cdgn* 5F 57
Tregarth. *Gwyn* 4F 81
Tregear. *Corn* 3C 6
Tregeare. *Corn* 4C 10
Tregeiriog. *Wrex* 2D 70
Tregele. *IOA* 1C 80
Tregeseal. *Corn* 3A 4
Tregiskey. *Corn* 4E 6
Tregole. *Corn* 3B 10
Tregolwyn. *V Glam* 4C 32
Tregonetha. *Corn* 2D 6
Tregonhawke. *Corn* 3A 8
Tregony. *Corn* 4D 6
Tregoodwell. *Corn* 4B 10
Tregorrick. *Corn* 3E 6
Tregoss. *Corn* 2D 6
Tregowris. *Corn* 4E 5
Tregoyd. *Powy* 2E 47
Tregrehan Mills. *Corn* 3E 7
Tre-groes. *Cdgn* 1E 45
Tregullon. *Corn* 2E 7
Tregurrian. *Corn* 2C 6
Tregynon. *Powy* 1C 58
Trehafod. *Rhon* 2D 32
Trehan. *Corn* 3A 8
Treharris. *Mer T* 2D 32
Treherbert. *Rhon* 2C 32
Trehunist. *Corn* 2H 7
Trekenner. *Corn* 5D 10
Trekenning. *Corn* 2D 6
Treknow. *Corn* 4A 10
Trelales. *B'end* 3B 32
Trelan. *Corn* 5E 5
Trelash. *Corn* 3B 10
Trelassick. *Corn* 3C 6
Trelawnyd. *Flin* 3C 82
Trelech. *Carm* 1G 43
Treleddyd-fawr. *Pemb* 2B 42
Trelewis. *Mer T* 2E 32
Treligga. *Corn* 4A 10
Trelights. *Corn* 1D 6
Trelill. *Corn* 5A 10
Trelissick. *Corn* 5C 6
Trellech. *Mon* 5A 48
Trelleck Grange. *Mon* 5H 47
Trelogan. *Flin* 2D 82
Trelystan. *Powy* 5E 71
Tremadog. *Gwyn* 1E 69
Tremail. *Corn* 4B 10
Tremain. *Cdgn* 1C 44
Tremaine. *Corn* 4C 10
Tremar. *Corn* 2G 7
Trematon. *Corn* 3H 7
Tremeirchion. *Den* 3C 82
Tremore. *Corn* 2E 6
Tremorfa. *Card* 4F 33
Trenance. *Corn*
nr. Newquay 2C 6
nr. Padstow 1D 6
Trenarren. *Corn* 4E 7
Trench. *Telf* 4A 72
Trencreek. *Corn* 2C 6
Trendeal. *Corn* 3C 6
Trenear. *Corn* 5A 6
Treneglos. *Corn* 4C 10
Trenewan. *Corn* 3F 7
Trengune. *Corn* 3B 10
Trent. *Dors* 1A 14
Trentham. *Stoke* 1C 72
Trentishoe. *Devn* 2G 19
Trentlock. *Derbs* 2B 74
Treoes. *V Glam* 4C 32
Treorchy. *Rhon* 2C 32
Treorci. *Rhon* 2C 32
Tre'r-ddol. *Cdgn* 1F 57
Tre'r llai. *Powy* 5E 71
Trerulefoot. *Corn* 3H 7
Tresaith. *Cdgn* 5B 56
Trescott. *Staf* 1C 60
Trescowe. *Corn* 3C 4
Tresham. *Glos* 2C 34
Tresigin. *V Glam* 4C 32
Tresillian. *Corn* 4C 6
Tresimwn. *V Glam* 4D 32
Tresinney. *Corn* 4B 10
Treskillard. *Corn* 5A 6
Treskinnick Cross. *Corn* 3C 10
Tresmeer. *Corn* 4C 10
Tresparrett. *Corn* 3B 10
Tresparrett Posts. *Corn* 3B 10
Tressady. *High* 3D 164
Tressait. *Per* 2F 143
Tresta. *Shet*
on Fetlar 2H 173
on Mainland 6E 173
Treswell. *Notts* 3E 87
Treswithian. *Corn* 3D 4
Tre Taliesin. *Cdgn* 1F 57
Trethomas. *Cphy* 3E 33
Trethosa. *Corn* 3D 6
Trethurgy. *Corn* 3E 7
Tretio. *Pemb* 2B 42
Tretire. *Here* 3A 48
Tretower. *Powy* 3E 47
Treuddyn. *Flin* 5E 83
Trevadlock. *Corn* 5C 10
Trevalga. *Corn* 4A 10
Trevalyn. *Wrex* 5F 83
Trevance. *Corn* 1D 6
Trevanger. *Corn* 1D 6
Trevanson. *Corn* 1D 6
Trevarrack. *Corn* 3B 4
Trevarren. *Corn* 2D 6
Trevarrian. *Corn* 2C 6
Trevarrick. *Corn* 4D 6
Trevaughan. *Carm*
nr. Carmarthen 3E 45
nr. Whitland 3F 43
Treveighan. *Corn* 5A 10
Trevellas. *Corn* 3B 6
Trevelmond. *Corn* 2G 7
Treverva. *Corn* 5B 6
Trevescan. *Corn* 4A 4
Trevethin. *Torf* 5F 47
Trevia. *Corn* 4A 10
Trevigro. *Corn* 2H 7
Trevilley. *Corn* 4A 4
Treviscoe. *Corn* 3D 6
Trevivian. *Corn* 4B 10
Trevone. *Corn* 1C 6
Trevor. *Wrex* 1E 71
Trevor Uchaf. *Den* 1E 71
Trew. *Corn* 4D 4
Trewalder. *Corn* 4A 10
Trewarlett. *Corn* 4D 10
Trewarmett. *Corn* 4A 10
Trewassa. *Corn* 4B 10
Treween. *Corn* 4C 10
Trewellard. *Corn* 3A 4
Trewen. *Corn* 4C 10
Trewennack. *Corn* 4D 5
Trewern. *Powy* 4E 71
Trewetha. *Corn* 5A 10
Trewidland. *Corn* 3G 7
Trewint. *Corn* 3B 10
Trewithian. *Corn* 5C 6
Trewoofe. *Corn* 4B 4
Trewoon. *Corn* 3D 6
Treworthal. *Corn* 5C 6
Trewyddel. *Pemb* 1B 44
Treyarnon. *Corn* 1C 6
Treyford. *W Sus* 1G 17
Triangle. *Staf* 5E 73
Triangle. *W Yor* 2A 92
Trickett's Cross. *Dors* 2F 15
Trimdon. *Dur* 1A 106
Trimdon Colliery. *Dur* 1A 106
Trimdon Grange. *Dur* 1A 106
Trimingham. *Norf* 2E 79
Trimley Lower Street. *Suff* 2F 55
Trimley St Martin. *Suff* 2F 55
Trimley St Mary. *Suff* 2F 55
Trimpley. *Worc* 3B 60
Trimsaran. *Carm* 5E 45
Trimstone. *Devn* 2F 19
Trinafour. *Per* 2E 143
Trinant. *Cphy* 2F 33
Tring. *Herts* 4H 51
Trinity. *Ang* 2F 145
Trinity. *Edin* 2F 129
Trisant. *Cdgn* 3G 57
Triscombe. *Som* 3E 21
Trislaig. *High* 1E 141
Trispen. *Corn* 3C 6
Tritlington. *Nmbd* 5G 121
Trochry. *Per* 4G 143
Troedrhiwdalar. *Powy* 5B 58
Troedrhiwfuwch. *Cphy* 5E 47
Troedrhiw-gwair. *Blae* 5E 47
Troedyraur. *Cdgn* 1D 44
Troedyrhiw. *Mer T* 5D 46
Trondavoe. *Shet* 4E 173
Troon. *Corn* 5A 6
Troon. *S Ayr* 1C 116
Troqueer. *Dum* 2A 112
Troston. *Suff* 3A 66
Trottiscliffe. *Kent* 4H 39
Trotton. *W Sus* 4G 25
Troutbeck. *Cumb*
nr. Ambleside 4F 103
nr. Penrith 2E 103
Troutbeck Bridge. *Cumb* 4F 103
Troway. *Derbs* 3A 86
Trowbridge. *Wilts* 1D 22
Trowell. *Notts* 2B 74
Trowle Common. *Wilts* 1D 22
Trowley Bottom. *Herts* 4A 52
Trowse Newton. *Norf* 5E 79
Trudoxhill. *Som* 2C 22
Trull. *Som* 4F 21
Trumaisgearraidh. *W Isl* 1D 170
Trumpan. *High* 2B 154
Trumpet. *Here* 2B 48
Trumpington. *Cambs* 5D 64
Trumps Green. *Surr* 4A 38
Trunch. *Norf* 2E 79
Trunnah. *Lanc* 5C 96
Truro. *Corn* 4C 6
Trusham. *Devn* 4B 12
Trusley. *Derbs* 2G 73
Trusthorpe. *Linc* 2E 89
Tryfil. *IOA* 2D 80
Trysull. *Staf* 1C 60
Tubney. *Oxon* 2C 36
Tuckenhay. *Devn* 3E 9
Tuckhill. *Shrp* 2B 60
Tuckingmill. *Corn* 4A 6
Tuckton. *Bour* 3G 15
Tuddenham. *Suff* 3G 65
Tuddenham St Martin. *Suff* 1E 55
Tudeley. *Kent* 1H 27
Tudhoe. *Dur* 1F 105
Tudhoe Grange. *Dur* 1F 105
Tudorville. *Here* 3A 48
Tudweiliog. *Gwyn* 2B 68
Tuesley. *Surr* 1A 26
Tufton. *Hants* 2C 24
Tufton. *Pemb* 2E 43
Tugby. *Leics* 5E 75
Tugford. *Shrp* 2H 59
Tughall. *Nmbd* 2G 121
Tulchan. *Per* 1B 136
Tullibardine. *Per* 2B 136
Tullibody. *Clac* 4A 136
Tullich. *Arg* 2H 133
Tullich. *High*
nr. Lochcarron 4B 156
nr. Tain 1C 158
Tullich. *Mor* 4H 159
Tullich Muir. *High* 1B 158
Tulliemet. *Per* 3G 143
Tulloch. *Abers* 5F 161
Tulloch. *High*
nr. Bonar Bridge 4D 164
nr. Fort William 5F 149
nr. Grantown-on-Spey 2D 151
Tulloch. *Per* 1C 136
Tullochgorm. *Arg* 4G 133
Tullybeagles Lodge. *Per* 5H 143
Tullymurdoch. *Per* 3B 144
Tullynessle. *Abers* 2C 152
Tumble. *Carm* 4F 45

Tumbler's Green. *Essx* 3B **54**
Tumby. *Linc* 4B **88**
Tumby Woodside. *Linc* 5B **88**
Tummel Bridge. *Per* 3E **143**
Tunbridge Wells, Royal.
. . . . *Kent* 2G **27**
Tunga. *W Isl* 4G **171**
Tungate. *Norf* 3E **79**
Tunley. *Bath* 1B **22**
Tunstall. *E Yor* 1G **95**
Tunstall. *Kent* 4C **40**
Tunstall. *Lanc* 2F **97**
Tunstall. *Norf* 5G **79**
Tunstall. *N Yor* 5F **105**
Tunstall. *Staf* 3B **72**
Tunstall. *Stoke* 5C **84**
Tunstall. *Suff* 5F **67**
Tunstall. *Tyne* 4G **115**
Tunstead. *Derbs* 3F **85**
Tunstead. *Norf* 3E **79**
Tunstead Milton. *Derbs* 2E **85**
Tunworth. *Hants* 2E **25**
Tupsley. *Here* 1A **48**
Tupton. *Derbs* 4A **86**
Turfholm. *S Lan* 1H **117**
Turfmoor. *Devn* 2F **13**
Turgis Green. *Hants* 1E **25**
Turkdean. *Glos* 4G **49**
Turkey Island. *Hants* 1D **16**
Tur Langton. *Leics* 1E **62**
Turleigh. *Wilts* 5D **34**
Turlin Moor. *Pool* 3E **15**
Turnastone. *Here* 2G **47**
Turnberry. *S Ayr* 4B **116**
Turnchapel. *Plym* 3A **8**
Turnditch. *Derbs* 1G **73**
Turners Hill. *W Sus* 2E **27**
Turners Puddle. *Dors* 3D **14**
Turnford. *Herts* 5D **52**
Turnhouse. *Edin* 2E **129**
Turnworth. *Dors* 2D **14**
Turriff. *Abers* 4E **161**
Tursdale. *Dur* 1A **106**
Turton Bottoms. *Bkbn* 3F **91**
Turtory. *Mor* 4C **160**
Turves Green. *W Mid* 3E **61**
Turvey. *Bed* 5G **63**
Turville. *Buck* 2F **37**
Turville Heath. *Buck* 2F **37**
Turweston. *Buck* 2E **50**
Tushielaw. *Bord* 3F **119**
Tutbury. *Staf* 3G **73**
Tutnall. *Worc* 3D **61**
Tutshill. *Glos* 2A **34**
Tuttington. *Norf* 3E **79**
Tutts Clump. *W Ber* 4D **36**
Tutwell. *Corn* 5D **11**
Tuxford. *Notts* 3E **87**
Twatt. *Orkn* 5B **172**
Twatt. *Shet* 6E **173**
Twechar. *E Dun* 2H **127**
Tweedale. *Telf* 5B **72**
Tweedbank. *Bord* 1H **119**
Tweedmouth. *Nmbd* 4F **131**
Tweedsmuir. *Bord* 2C **118**
Twelveheads. *Corn* 4B **6**
Twemlow Green. *Ches E* 4B **84**
Twenty. *Linc* 3A **76**
Twerton. *Bath* 5C **34**
Twickenham. *G Lon* 3C **38**
Twigworth. *Glos* 3D **48**
Twineham. *W Sus* 4D **26**
Twinhoe. *Bath* 1C **22**
Twinstead. *Essx* 2B **54**
Twinstead Green. *Essx* 2B **54**
Twiss Green. *Warr* 1A **84**
Twiston. *Lanc* 5H **97**
Twitchen. *Devn* 3A **20**
Twitchen. *Shrp* 3F **59**
Two Bridges. *Devn* 5G **11**
Two Bridges. *Glos* 5B **48**
Two Dales. *Derbs* 4G **85**
Two Gates. *Staf* 5G **73**
Two Mile Oak. *Devn* 2E **9**

Twycross. *Leics* 5H **73**
Twyford. *Buck* 3E **51**
Twyford. *Derbs* 3H **73**
Twyford. *Dors* 1D **14**
Twyford. *Hants* 4C **24**
Twyford. *Leics* 4E **75**
Twyford. *Norf* 3C **78**
Twyford. *Wok* 4F **37**
Twyford Common. *Here* 2A **48**
Twynholm. *Dum* 4D **110**
Twyning. *Glos* 2D **49**
Twyning Green. *Glos* 2E **49**
Twynllanan. *Carm* 3A **46**
Twyn-y-Sheriff. *Mon* 5H **47**
Twywell. *Nptn* 3G **63**
Tyberton. *Here* 2G **47**
Tyburn. *W Mid* 1F **61**
Tyby. *Norf* 3C **78**
Tycroes. *Carm* 4G **45**
Tycrwyn. *Powy* 4D **70**
Tyddewi. *Pemb* 2B **42**
Tydd Gote. *Linc* 4D **76**
Tydd St Giles. *Cambs* 4D **76**
Tydd St Mary. *Linc* 4D **76**
Tye. *Hants* 2F **17**
Tye Green. *Essx*
. . . . nr. Bishop's Stortford . .3F **53**
. . . . nr. Braintree . .3A **54**
. . . . nr. Saffron Walden . .2F **53**
Tyersal. *W Yor* 1B **92**
Ty Issa. *Powy* 2D **70**
Tyldesley. *G Man* 4E **91**
Tyler Hill. *Kent* 4F **41**
Tyler's Green. *Essx* 5F **53**
Tylers Green. *Buck* 2G **37**
Tylorstown. *Rhon* 2D **32**
Tylwch. *Powy* 2B **58**
Y Tymbl. *Carm* 4F **45**
Ty-nant. *Cnwy* 1B **70**
Tyndrum. *Stir* 5H **141**
Tyneham. *Dors* 4D **15**
Tynehead. *Midl* 4G **129**
Tynemouth. *Tyne* 3G **115**
Tyneside. *Tyne* 3F **115**
Tyne Tunnel. *Tyne* 3G **115**
Tynewydd. *Rhon* 2C **32**
Tyninghame. *E Lot* 2C **130**
Tynron. *Dum* 5H **117**
Ty'n-y-bryn. *Rhon* 3D **32**
Ty'n-y-celyn. *Wrex* 2D **70**
Tyn-y-cwm. *Swan* 5G **45**
Ty-y-ffridd. *Powy* 2D **70**
Tynygongl. *IOA* 2E **81**
Tynygraig. *Cdgn* 4F **57**
Ty'n-y-groes. *Cnwy* 3G **81**
Ty'n-yr-eithin. *Cdgn* 4F **57**
Ty-n-y-rhyd. *Powy* 4C **70**
Tyn-y-wern. *Powy* 3C **70**
Tyrie. *Abers* 2G **161**
Tyringham. *Mil* 1G **51**
Tythecott. *Devn* 1E **11**
Tythegston. *B'end* 4B **32**
Tytherington. *Ches E* 3D **84**
Tytherington. *Som* 2C **22**
Tytherington. *S Glo* 3B **34**
Tytherington. *Wilts* 2E **23**
Tytherleigh. *Devn* 2G **13**
Tywardreath. *Corn* 3E **7**
Tywardreath Highway. *Corn* 3E **7**
Tywyn. *Cnwy* 3G **81**
Tywyn. *Gwyn* 5E **69**

U

Uachdar. *W Isl* 3D **170**
Uags. *High* 5G **155**
Ubbeston Green. *Suff* 3F **67**
Ubley. *Bath* 1A **22**
Uckerby. *N Yor* 4F **105**
Uckfield. *E Sus* 3F **27**
Uckinghall. *Worc* 2D **48**
Uckington. *Glos* 3E **49**
Uckington. *Shrp* 5H **71**

Uddingston. *S Lan* 3H **127**
Uddington. *S Lan* 1A **118**
Udimore. *E Sus* 4C **28**
Udny Green. *Abers* 1F **153**
Udny Station. *Abers* 1G **153**
Udston. *S Lan* 4H **127**
Udstonhead. *S Lan* 5A **128**
Uffcott. *Wilts* 4G **35**
Uffculme. *Devn* 1D **12**
Uffington. *Linc* 5H **75**
Uffington. *Oxon* 3B **36**
Uffington. *Shrp* 4H **71**
Ufford. *Pet* 5H **75**
Ufford. *Suff* 5E **67**
Ufton. *Warw* 4A **62**
Ufton Nervet. *W Ber* 5E **37**
Ugadale. *Arg* 3B **122**
Ugborough. *Devn* 3C **8**
Ugford. *Wilts* 3F **23**
Uggeshall. *Suff* 2G **67**
Ugglebarnby. *N Yor* 4F **107**
Ugley. *Essx* 3F **53**
Ugley Green. *Essx* 3F **53**
Ugthorpe. *N Yor* 3E **107**
Uidh. *W Isl* 9B **170**
Uig. *Arg* 3C **138**
Uig. *High*
. . . . nr. Balgown 2C **154**
. . . . nr. Dunvegan . . .3A **154**
Uigshader. *High* 4D **154**
Uisken. *Arg* 2A **132**
Ulbster. *High* 4F **169**
Ulcat Row. *Cumb* 2F **103**
Ulceby. *Linc* 3D **88**
Ulceby. *N Lin* 3E **94**
Ulceby Skitter. *N Lin* 3E **94**
Ulcombe. *Kent* 1C **28**
Uldale. *Cumb* 1D **102**
Uley. *Glos* 2C **34**
Ulgham. *Nmbd* 5G **121**
Ullapool. *High* 4F **163**
Ullenhall. *Warw* 4F **61**
Ulleskelf. *N Yor* 1F **93**
Ullesthorpe. *Leics* 2C **62**
Ulley. *S Yor* 2B **86**
Ullingswick. *Here* 5H **59**
Ullinish. *High* 5C **154**
Ullock. *Cumb* 2B **102**
Ulpha. *Cumb* 5C **102**
Ulrome. *E Yor* 4F **101**
Ulsta. *Shet* 3F **173**
Ulting. *Essx* 5B **54**
Ulva House. *Arg* 5F **139**
Ulverston. *Cumb* 2C **96**
Ulwell. *Dors* 4F **15**
Umberleigh. *Devn* 4G **19**
Unapool. *High* 5C **166**
Underbarrow. *Cumb* 5F **103**
Undercliffe. *W Yor* 1B **92**
Underdale. *Shrp* 4H **71**
Underhoull. *Shet* 1G **173**
Underriver. *Kent* 5G **39**
Under Tofts. *S Yor* 2H **85**
Underton. *Shrp* 1A **60**
Underwood. *Newp* 3G **33**
Underwood. *Notts* 5B **86**
Underwood. *Plym* 3B **8**
Undley. *Suff* 2F **65**
Undy. *Mon* 3H **33**
Union Mills. *IOM* 4C **108**
Union Street. *E Sus* 2B **28**
Unstone. *Derbs* 3A **86**
Unstone Green. *Derbs* 3A **86**
Unthank. *Cumb*
. . . . nr. Carlisle 5E **113**
. . . . nr. Gamblesby 5H **113**
. . . . nr. Penrith 1F **103**
Unthank End. *Cumb* 1F **103**
Upavon. *Wilts* 1G **23**
Up Cerne. *Dors* 2B **14**
Upchurch. *Kent* 4C **40**
Upcott. *Devn* 2F **11**
Upcott. *Here* 5F **59**
Upend. *Cambs* 5F **65**

Up Exe. *Devn* 2C **12**
Upgate. *Norf* 4D **78**
Upgate Street. *Norf* 1C **66**
Uphall. *Dors* 2A **14**
Uphall. *W Lot* 2D **128**
Uphall Station. *W Lot* 2D **128**
Upham. *Devn* 2B **12**
Upham. *Hants* 4D **24**
Uphampton. *Here* 4F **59**
Uphampton. *Worc* 4C **60**
Up Hatherley. *Glos* 3E **49**
Uphill. *N Som* 1G **21**
Up Holland. *Lanc* 4D **90**
Uplawmoor. *E Ren* 4F **127**
Upleadon. *Glos* 3C **48**
Upleatham. *Red C* 3D **106**
Uplees. *Kent* 4D **40**
Uploders. *Dors* 3A **14**
Uplowman. *Devn* 1D **12**
Uplyme. *Devn* 3G **13**
Up Marden. *W Sus* 1F **17**
Upminster. *G Lon* 2G **39**
Up Nately. *Hants* 1E **25**
Upottery. *Devn* 2F **13**
Uppat. *High* 3F **165**
Upper Affcot. *Shrp* 2G **59**
Upper Arley. *Worc* 2B **60**
Upper Armley. *W Yor* 1C **92**
Upper Arncott. *Oxon* 4E **50**
Upper Astrop. *Nptn* 2D **50**
Upper Badcall. *High* 4B **166**
Upper Bangor. *Gwyn* 3E **81**
Upper Basildon. *W Ber* 4D **36**
Upper Batley. *W Yor* 2C **92**
Upper Beeding. *W Sus* 4C **26**
Upper Benefield. *Nptn* 2G **63**
Upper Bentley. *Worc* 4D **61**
Upper Bighouse. *High* 3A **168**
Upper Boddam. *Abers* 5D **160**
Upper Boddington. *Nptn* 5B **62**
Upper Bogside. *Mor* 3G **159**
Upper Booth. *Derbs* 2F **85**
Upper Borth. *Cdgn* 2F **57**
Upper Boyndlie. *Abers* 2G **161**
Upper Brailes. *Warw* 1B **50**
Upper Breinton. *Here* 1H **47**
Upper Broughton. *Notts* 3D **74**
Upper Bucklebury. *W Ber* 5D **36**
Upper Brynamman. *Carm* 4H **45**
Upper Bullington. *Hants* 2C **24**
Upper Burgate. *Hants* 1G **15**
Upper Caldecote. *C Beds* 1B **52**
Upper Canterton. *Hants* 1A **16**
Upper Catesby. *Nptn* 5C **62**
Upper Chapel. *Powy* 1D **46**
Upper Cheddon. *Som* 4F **21**
Upper Chicksgrove. *Wilts* 4E **23**
Upper Church Village.
. . . . *Rhon* 3D **32**
Upper Chute. *Wilts* 1A **24**
Upper Clatford. *Hants* 2B **24**
Upper Coberley. *Glos* 4E **49**
Upper Coedcae. *Torf* 5F **47**
Upper Cound. *Shrp* 5H **71**
Upper Cudworth. *S Yor* 4D **93**
Upper Cumberworth. *W Yor* 4C **92**
Upper Cuttlehill. *Abers* 4B **160**
Upper Cwmbran. *Torf* 2F **33**
Upper Dallachy. *Mor* 2A **160**
Upper Dean. *Bed* 4H **63**
Upper Denby. *W Yor* 4C **92**
Upper Derraid. *High* 5E **159**
Upper Diabaig. *High* 2H **155**
Upper Dicker. *E Sus* 5G **27**
Upper Dinchope. *Shrp* 2G **59**
Upper Docharty. *High* 2H **157**
Upper Dounreay. *High* 2B **168**
Upper Dovercourt. *Essx* 2F **55**
Upper Dunsforth. *N Yor* 3G **99**
Upper Dunsley. *Herts* 4H **51**
Upper Eastern Green. *W Mid* . . .2G **61**
Upper Elkstone. *Staf* 5E **85**
Upper Ellastone. *Staf* 1F **73**
Upper End. *Derbs* 3E **85**

Upper Enham. *Hants* 2B **24**
Upper Farmcote. *Shrp* 1B **60**
Upper Farringdon. *Hants* 3F **25**
Upper Framilode. *Glos* 4C **48**
Upper Froyle. *Hants* 2F **25**
Upper Gills. *High* 1F **169**
Upper Glenfintaig. *High* 5E **149**
Upper Godney. *Som* 2H **21**
Upper Gravenhurst. *C Beds* 2B **52**
Upper Green. *Essx* 2E **53**
Upper Green. *W Ber* 5B **36**
Upper Green. *W Yor* 2C **92**
Upper Grove Common.
. . . . *Here* 3A **48**
Upper Hackney. *Derbs* 4G **85**
Upper Hale. *Surr* 2G **25**
Upper Halliford. *Surr* 4B **38**
Upper Halling. *Medw* 4A **40**
Upper Hambleton. *Rut* 5G **75**
Upper Hardres Court. *Kent* 5F **41**
Upper Hardwick. *Here* 5G **59**
Upper Hartfield. *E Sus* 2F **27**
Upper Haugh. *S Yor* 1B **86**
Upper Hayton. *Shrp* 2H **59**
Upper Heath. *Shrp* 2H **59**
Upper Hellesdon. *Norf* 4E **78**
Upper Helmsley. *N Yor* 4A **100**
Upper Hengoed. *Shrp* 2E **71**
Upper Hergest. *Here* 5E **59**
Upper Heyford. *Nptn* 5D **62**
Upper Heyford. *Oxon* 3C **50**
Upper Hill. *Here* 5G **59**
Upper Hindhope. *Bord* 4B **120**
Upper Hopton. *W Yor* 3B **92**
Upper Howsell. *Worc* 1C **48**
Upper Hulme. *Staf* 4E **85**
Upper Inglesham. *Swin* 2H **35**
Upper Kilcott. *S Glo* 3C **34**
Upper Killay. *Swan* 3E **31**
Upper Kirkton. *Abers* 5E **161**
Upper Kirkton. *N Ayr* 4C **126**
Upper Knockando. *Mor* 4F **159**
Upper Knockchoilum.
. . . . *High* 2F **149**
Upper Lambourn. *W Ber* 3B **36**
Upper Langford. *N Som* 1H **21**
Upper Langwith. *Derbs* 4C **86**
Upper Largo. *Fife* 3G **137**
Upper Latheron. *High* 5D **169**
Upper Layham. *Suff* 1D **54**
Upper Leigh. *Staf* 2E **73**
Upper Lenie. *High* 1H **149**
Upper Lochton. *Abers* 4D **152**
Upper Longdon. *Staf* 4E **73**
Upper Longwood. *Shrp* 5A **72**
Upper Lybster. *High* 5E **169**
Upper Lydbrook. *Glos* 4B **48**
Upper Lye. *Here* 4F **59**
Upper Maes-coed. *Here* 2G **47**
Upper Midway. *Derbs* 3G **73**
Uppermill. *G Man* 4H **91**
Upper Millichope. *Shrp* 2H **59**
Upper Milovaig. *High* 4A **154**
Upper Minety. *Wilts* 2F **35**
Upper Mitton. *Worc* 3C **60**
Upper Nash. *Pemb* 4E **43**
Upper Neepaback. *Shet* 3G **173**
Upper Netchwood. *Shrp* 1A **60**
Upper Nobut. *Staf* 2E **73**
Upper North Dean. *Buck* 2G **37**
Upper Norwood. *W Sus* 4A **26**
Upper Nyland. *Dors* 4C **22**
Upper Oddington. *Glos* 3H **49**
Upper Ollach. *High* 5E **155**
Upper Outwoods. *Staf* 3G **73**
Upper Padley. *Derbs* 3G **85**
Upper Pennington. *Hants* 3B **16**
Upper Poppleton. *York* 4H **99**
Upper Quinton. *Warw* 1G **49**
Upper Rissington. *Glos* 4H **49**
Upper Rochford. *Worc* 4A **60**
Upper Rusko. *Dum* 3C **110**
Upper Sandaig. *High* 2F **147**
Upper Sanday. *Orkn* 7E **172**

Upper Sapey. *Here* 4A 60
Upper Seagry. *Wilts* 3E 35
Upper Shelton. *C Beds* 1H 51
Upper Sheringham. *Norf* 1D 78
Upper Skelmorlie. *N Ayr* 3C 126
Upper Slaughter. *Glos* 3G 49
Upper Sonachan. *Arg* 1H 133
Upper Soudley. *Glos* 4B 48
Upper Staploe. *Bed* 5A 64
Upper Stoke. *Norf* 5E 79
Upper Stondon. *C Beds* 2B 52
Upper Stowe. *Nptn* 5D 62
Upper Street. *Hants* 1G 15
Upper Street. *Norf*
nr. Horning 4F 79
nr. Hoveton 4F 79
Upper Street. *Suff* 2E 55
Upper Strensham. *Worc* 2E 49
Upper Studley. *Wilts* 1D 22
Upper Sundon. *C Beds* 3A 52
Upper Swell. *Glos* 3G 49
Upper Tankersley. *S Yor* 1H 85
Upper Tean. *Staf* 2E 73
Upperthong. *W Yor* 4B 92
Upperthorpe. *N Lin* 4A 94
Upper Thurnham. *Lanc* 4D 96
Upper Tillyrie. *Per* 3D 136
Upperton. *W Sus* 3A 26
Upper Tooting. *G Lon* 3D 39
Upper Town. *Derbs*
nr. Bonsall 5G 85
nr. Hognaston 5G 85
Upper Town. *Here* 1A 48
Upper Town. *N Som* 5A 34
Uppertown. *Derbs* 4H 85
Uppertown. *High* 1F 169
Uppertown. *Nmbd* 2B 114
Uppertown. *Orkn* 8D 172
Upper Tysoe. *Warw* 1B 50
Upper Upham. *Wilts* 4H 35
Upper Upnor. *Medw* 3B 40
Upper Urquhart. *Fife* 3D 136
Upper Wardington. *Oxon* 1C 50
Upper Weald. *Mil* 2F 51
Upper Weedon. *Nptn* 5D 62
Upper Wellingham. *E Sus* 4F 27
Upper Whiston. *S Yor* 2B 86
Upper Wield. *Hants* 3E 25
Upper Winchendon. *Buck* 4F 51
Upperwood. *Derbs* 5G 85
Upper Woodford. *Wilts* 3G 23
Upper Wootton. *Hants* 1D 24
Upper Wraxall. *Wilts* 4D 34
Upper Wyche. *Worc* 1C 48
Uppincott. *Devn* 2B 12
Uppingham. *Rut* 1F 63
Uppington. *Shrp* 5A 72
Upsall. *N Yor* 1G 99
Upsettlington. *Bord* 5E 131
Upshire. *Essx* 5E 53
Up Somborne. *Hants* 3B 24
Upstreet. *Kent* 4G 41
Up Sydling. *Dors* 2B 14
Upthorpe. *Suff* 3B 66
Upton. *Buck* 4F 51
Upton. *Cambs* 3A 64
Upton. *Ches W* 4G 83
Upton. *Corn*
nr. Bude 2C 10
nr. Liskeard 5C 10
Upton. *Cumb* 1E 102
Upton. *Devn*
nr. Honiton 2D 12
nr. Kingsbridge 4D 8
Upton. *Dors*
nr. Poole 3E 15
nr. Weymouth 4C 14
Upton. *E Yor* 4F 101
Upton. *Hants*
nr. Andover 1B 24
nr. Southampton 1B 16
Upton. *IOW* 3D 16
Upton. *Leics* 1A 62
Upton. *Linc* 2F 87
Upton. *Mers* 2E 83
Upton. *Norf* 4F 79
Upton. *Nptn* 4E 62
Upton. *Notts*
nr. Retford 3E 87
nr. Southwell 5E 87
Upton. *Oxon* 3D 36
Upton. *Pemb* 4E 43
Upton. *Pet* 5A 76
Upton. *Slo* 3A 38
Upton. *Som*
nr. Somerton 4H 21
nr. Wiveliscombe 4C 20
Upton. *Warw* 5F 61
Upton. *W Yor* 3E 93
Upton. *Wilts* 3D 22
Upton Bishop. *Here* 3B 48
Upton Cheyney. *S Glo* 5B 34
Upton Cressett. *Shrp* 1A 60
Upton Crews. *Here* 3B 48
Upton Cross. *Corn* 5C 10
Upton End. *C Beds* 2B 52
Upton Grey. *Hants* 2E 25
Upton Heath. *Ches W* 4G 83
Upton Hellions. *Devn* 2B 12
Upton Lovell. *Wilts* 2E 23
Upton Magna. *Shrp* 4H 71
Upton Noble. *Som* 3C 22
Upton Pyne. *Devn* 3C 12
Upton St Leonards. *Glos* 4D 48
Upton Scudamore. *Wilts* 2D 22
Upton Snodsbury. *Worc* 5D 60
Upton upon Severn. *Worc* 1D 48
Upton Warren. *Worc* 4D 60
Upwaltham. *W Sus* 4A 26
Upware. *Cambs* 3E 65
Upwell. *Norf* 5E 77
Upwey. *Dors* 4B 14
Upwick Green. *Herts* 3E 53
Upwood. *Cambs* 2B 64
Urafirth. *Shet* 4E 173
Uragaig. *Arg* 4A 132
Urchany. *High* 4C 158
Urchfont. *Wilts* 1F 23
Urdimarsh. *Here* 1A 48
Ure. *Shet* 4D 173
Ure Bank. *N Yor* 2F 99
Urgha. *W Isl* 8D 171
Urlay Nook. *Stoc T* 3B 106
Urmston. *G Man* 1B 84
Urquhart. *Mor* 2G 159
Urra. *N Yor* 4C 106
Urray. *High* 3H 157
Usan. *Ang* 3G 145
Ushaw Moor. *Dur* 5F 115
Usk. *Mon* 5G 47
Usselby. *Linc* 1H 87
Usworth. *Tyne* 4G 115
Utkinton. *Ches W* 4H 83
Uton. *Devn* 3B 12
Utterby. *Linc* 1C 88
Uttoxeter. *Staf* 2E 73
Uwchmynydd. *Gwyn* 3A 68
Uxbridge. *G Lon* 2B 38
Uyeasound. *Shet* 1G 173
Uzmaston. *Pemb* 3D 42

V

Valley. *IOA* 3B 80
Valley End. *Surr* 4A 38
Valley Truckle. *Corn* 4B 10
Valsgarth. *Shet* 1H 173
Valtos. *High* 2E 155
Van. *Powy* 2B 58
Vange. *Essx* 2B 40
Varteg. *Torf* 5F 47
Vatsetter. *Shet* 3G 173
Vatten. *High* 4B 154
Vaul. *Arg* 4B 138
The Vauld. *Here* 1A 48
Vaynor. *Mer T* 4D 46
Veensgarth. *Shet* 7F 173
Velindre. *Powy* 2E 47
Vellow. *Som* 3D 20
Velly. *Devn* 4C 18
Veness. *Orkn* 5E 172
Venhay. *Devn* 1A 12
Venn. *Devn* 4D 8
Venngreen. *Devn* 1D 11
Vennington. *Shrp* 5F 71
Venn Ottery. *Devn* 3D 12
Venn's Green. *Here* 1A 48
Venny Tedburn. *Devn* 3B 12
Venterdon. *Corn* 5D 10
Ventnor. *IOW* 5D 16
Vernham Dean. *Hants* 1B 24
Vernham Street. *Hants* 1B 24
Vernolds Common. *Shrp* 2G 59
Verwood. *Dors* 2F 15
Veryan. *Corn* 5D 6
Veryan Green. *Corn* 5D 6
Vicarage. *Devn* 4F 13
Vickerstown. *Cumb* 3A 96
Victoria. *Corn* 2D 6
Vidlin. *Shet* 5F 173
Viewpark. *N Lan* 3A 128
Vigo. *W Mid* 5E 73
Vigo Village. *Kent* 4H 39
Vinehall Street. *E Sus* 3B 28
Vine's Cross. *E Sus* 4G 27
Viney Hill. *Glos* 5B 48
Virginia Water. *Surr* 4A 38
Virginstow. *Devn* 3D 11
Vobster. *Som* 2C 22
Voe. *Shet*
nr. Hillside 5F 173
nr. Swinister 3E 173
Vole. *Som* 2G 21
Vowchurch. *Here* 2G 47
Voxter. *Shet* 4E 173
Voy. *Orkn* 6B 172
Vulcan Village. *Mers* 1H 83

W

Waberthwaite. *Cumb* 5C 102
Wackerfield. *Dur* 2E 105
Wacton. *Norf* 1D 66
Wadbister. *Shet* 7F 173
Wadborough. *Worc* 1E 49
Wadbrook. *Devn* 2G 13
Waddesdon. *Buck* 4F 51
Waddeton. *Devn* 3E 9
Waddicar. *Mers* 1F 83
Waddingham. *Linc* 1G 87
Waddington. *Lanc* 5G 97
Waddington. *Linc* 4G 87
Waddon. *Devn* 5B 12
Wadebridge. *Corn* 1D 6
Wadeford. *Som* 1G 13
Wadenhoe. *Nptn* 2H 63
Wadesmill. *Herts* 4D 52
Wadhurst. *E Sus* 2H 27
Wadshelf. *Derbs* 3H 85
Wadsley. *S Yor* 1H 85
Wadsley Bridge. *S Yor* 1H 85
Wadswick. *Wilts* 5D 34
Wadwick. *Hants* 1C 24
Wadworth. *S Yor* 1C 86
Waen. *Den*
nr. Llandymog 4D 82
nr. Nantglyn 4B 82
Waen. *Powy* 1B 58
Waen Fach. *Powy* 4E 70
Waen Goleugoed. *Den* 3C 82
Wag. *High* 1H 165
Wainfleet All Saints. *Linc* 5D 89
Wainfleet Bank. *Linc* 5D 88
Wainfleet St Mary. *Linc* 5D 89
Wainhouse Corner. *Corn* 3B 10
Wainscott. *Medw* 3B 40
Wainstalls. *W Yor* 2A 92
Waitby. *Cumb* 4A 104
Waithe. *Linc* 4F 95
Wakefield. *W Yor* 2D 92
Wakerley. *Nptn* 1G 63
Wakes Colne. *Essx* 3B 54
Walberswick. *Suff* 3G 67
Walberton. *W Sus* 5A 26
Walbottle. *Tyne* 3E 115
Walby. *Cumb* 3F 113
Walcombe. *Som* 2A 22
Walcot. *Linc* 2H 75
Walcot. *N Lin* 2B 94
Walcot. *Swin* 3G 35
Walcot. *Telf* 4H 71
Walcot. *Warw* 5F 61
Walcote. *Leics* 2C 62
Walcot Green. *Norf* 2D 66
Walcott. *Linc* 5A 88
Walcott. *Norf* 2F 79
Walden. *N Yor* 1C 98
Walden Head. *N Yor* 1B 98
Walden Stubbs. *N Yor* 3F 93
Walderslade. *Medw* 4B 40
Walderton. *W Sus* 1F 17
Walditch. *Dors* 3H 13
Waldley. *Derbs* 2F 73
Waldridge. *Dur* 4F 115
Waldringfield. *Suff* 1F 55
Waldron. *E Sus* 4G 27
Wales. *S Yor* 2B 86
Walesby. *Linc* 1A 88
Walesby. *Notts* 3D 86
Walford. *Here*
nr. Leintwardine 3F 59
nr. Ross-on-Wye 3A 48
Walford. *Shrp* 3G 71
Walford. *Staf* 2C 72
Walford Heath. *Shrp* 4G 71
Walgherton. *Ches E* 1A 72
Walgrave. *Nptn* 3F 63
Walhampton. *Hants* 3B 16
Walkden. *G Man* 4F 91
Walker. *Tyne* 3F 115
Walkerburn. *Bord* 1F 119
Walker Fold. *Lanc* 5F 97
Walkeringham. *Notts* 1E 87
Walkerith. *Linc* 1E 87
Walkern. *Herts* 3C 52
Walker's Green. *Here* 1A 48
Walkerton. *Fife* 3E 137
Walkerville. *N Yor* 5F 105
Walkford. *Dors* 3H 15
Walkhampton. *Devn* 2B 8
Walkington. *E Yor* 1C 94
Walkley. *S Yor* 2H 85
Walk Mill. *Lanc* 1G 91
Wall. *Corn* 3D 4
Wall. *Nmbd* 3C 114
Wall. *Staf* 5F 73
Wallaceton. *Dum* 1F 111
Wallacetown. *Shet* 6E 173
Wallacetown. *S Aymr.* Ayr 2C 116
nr. Dailly 4B 116
Wallands Park. *E Sus* 4F 27
Wallasey. *Mers* 1E 83
Wallaston Green. *Pemb* 4D 42
Wallbrook. *W Mid* 1D 60
Wallcrouch. *E Sus* 2A 28
Wall End. *Cumb* 1B 96
Wallend. *Medw* 3C 40
Wall Heath. *W Mid* 2C 60
Wallingford. *Oxon* 3E 36
Wallington. *G Lon* 4D 39
Wallington. *Hants* 2D 16
Wallington. *Herts* 2C 52
Wallis. *Pemb* 2E 43
Wallisdown. *Bour* 3F 15
Walliswood. *Surr* 2C 26
Wall Nook. *Dur* 5F 115
Walls. *Shet* 7D 173
Wallsend. *Tyne* 3G 115
Wallsworth. *Glos* 3D 48
Wall under Heywood. *Shrp* 1H 59
Wallyford. *E Lot* 2G 129
Walmer. *Kent* 5H 41
Walmer Bridge. *Lanc* 2C 90
Walmersley. *G Man* 3G 91
Walmley. *W Mid* 1F 61
Walnut Grove. *Per* 1D 136
Walpole. *Suff* 3F 67
Walpole Cross Keys. *Norf* 4E 77
Walpole Gate. *Norf* 4E 77
Walpole Highway. *Norf* 4E 77
Walpole Marsh. *Norf* 4D 77
Walpole St Andrew. *Norf* 4E 77
Walpole St Peter. *Norf* 4E 77
Walsall. *W Mid* 1E 61
Walsall Wood. *W Mid* 5E 73
Walsden. *W Yor* 2H 91
Walsgrave on Sowe.
W Mid 2A 62
Walsham le Willows. *Suff* 3C 66
Walshaw. *G Man* 3F 91
Walshford. *N Yor* 4G 99
Walsoken. *Norf* 4D 76
Walston. *S Lan* 5D 128
Walsworth. *Herts* 2B 52
Walter's Ash. *Buck* 2G 37
Walterston. *V Glam* 4D 32
Walterstone. *Here* 3G 47
Waltham. *Kent* 1F 29
Waltham. *NE Lin* 4F 95
Waltham Abbey. *Essx* 5D 53
Waltham Chase. *Hants* 1D 16
Waltham Cross. *Herts* 5D 52
Waltham on the Wolds. *Leics* 3F 75
Waltham St Lawrence. *Wind* 4G 37
Waltham's Cross. *Essx* 2G 53
Walthamstow. *G Lon* 2E 39
Walton. *Cumb* 3G 113
Walton. *Derbs* 4A 86
Walton. *Leics* 2C 62
Walton. *Mers* 1F 83
Walton. *Mil* 2G 51
Walton. *Pet* 5A 76
Walton. *Powy* 5E 59
Walton. *Som* 3H 21
Walton. *Staf*
nr. Eccleshall 3C 72
nr. Stone 2C 72
Walton. *Suff* 2F 55
Walton. *Telf* 4H 71
Walton. *Warw* 5G 61
Walton. *W Yor*
nr. Wakefield 3D 92
nr. Wetherby 5G 99
Walton Cardiff. *Glos* 2E 49
Walton East. *Pemb* 2E 43
Walton Elm. *Dors* 1C 14
Walton Highway. *Norf* 4D 77
Walton in Gordano. *N Som* 4H 33
Walton-le-Dale. *Lanc* 2D 90
Walton-on-Thames. *Surr* 4C 38
Walton on the Hill. *Surr* 5D 38
Walton-on-the-Hill. *Staf* 3D 72
Walton-on-the-Naze. *Essx* 3F 55
Walton on the Wolds. *Leics* 4C 74
Walton-on-Trent. *Derbs* 4G 73
Walton West. *Pemb* 3C 42
Walwick. *Nmbd* 2C 114
Walworth. *Darl* 3F 105
Walworth Gate. *Darl* 2F 105
Walwyn's Castle. *Pemb* 3C 42
Wambrook. *Som* 2F 13
Wampool. *Cumb* 4D 112
Wanborough. *Surr* 1A 26
Wanborough. *Swin* 3H 35
Wandel. *S Lan* 2B 118
Wandsworth. *G Lon* 3D 38
Wangford. *Suff*
nr. Lakenheath 2G 65
nr. Southwold 3G 67
Wanlip. *Leics* 4C 74
Wanlockhead. *Dum* 3A 118
Wannock. *E Sus* 5G 27
Wansford. *E Yor* 4E 101
Wansford. *Pet* 1H 63
Wanshurst Green. *Kent* 1B 28
Wanstead. *G Lon* 2F 39
Wanstrow. *Som* 2C 22
Wanswell. *Glos* 5B 48

Wantage—West Blatchington

Wantage. *Oxon* 3C 36
Wapley. *S Glo* 4C 34
Wappenbury. *Warw* 4A 62
Wappenham. *Nptn* 1E 51
Warbleton. *E Sus* 4H 27
Warblington. *Hants* 2F 17
Warborough. *Oxon* 2D 36
Warboys. *Cambs* 2C 64
Warbreck. *Bkpl* 1B 90
Warbstow. *Corn* 3C 10
Warburton. *G Man* 2B 84
Warcop. *Cumb* 3A 104
Warden. *Kent* 3E 40
Warden. *Nmbd* 3C 114
Ward End. *W Mid* 2F 61
Ward Green. *Suff* 4C 66
Ward Green Cross. *Lanc* 1E 91
Wardhedges. *C Beds* 2A 52
Wardhouse. *Abers* 5C 160
Wardington. *Oxon* 1C 50
Wardle. *Ches E* 5A 84
Wardle. *G Man* 3H 91
Wardley. *Rut* 5F 75
Wardley. *W Sus* 4G 25
Wardlow. *Derbs* 3F 85
Wardsend. *Ches E* 2D 84
Wardy Hill. *Cambs* 2D 64
Ware. *Herts* 4D 52
Ware. *Kent* 4G 41
Wareham. *Dors* 4E 15
Warehorne. *Kent* 2D 28
Warenford. *Nmbd* 2F 121
Waren Mill. *Nmbd* 1F 121
Warenton. *Nmbd* 1F 121
Wareside. *Herts* 4D 53
Waresley. *Cambs* 5B 64
Waresley. *Worc* 4C 60
Warfield. *Brac* 4G 37
Warfleet. *Devn* 3E 9
Wargate. *Linc* 2B 76
Wargrave. *Wok* 4F 37
Warham. *Norf* 1B 78
Waringstown. *Arm* 5G 175
Wark. *Nmbd*
nr. Coldstream 1C 120
nr. Hexham 2B 114
Warkleigh. *Devn* 4G 19
Warkton. *Nptn* 3F 63
Warkworth. *Nptn* 1C 50
Warkworth. *Nmbd* 4G 121
Warlaby. *N Yor* 5A 106
Warland. *W Yor* 2H 91
Warleggan. *Corn* 2F 7
Warlingham. *Surr* 5E 39
Warmanbie. *Dum* 3C 112
Warmfield. *W Yor* 2D 93
Warmingham. *Ches E* 4B 84
Warminghurst. *W Sus* 4C 26
Warmington. *Nptn* 1H 63
Warmington. *Warw* 1C 50
Warminster. *Wilts* 2D 23
Warmley. *S Glo* 4B 34
Warmsworth. *S Yor* 4F 93
Warmwell. *Dors* 4C 14
Warndon. *Worc* 5C 60
Warners End. *Herts* 5A 52
Warnford. *Hants* 4E 24
Warnham. *W Sus* 2C 26
Warningcamp. *W Sus* 5B 26
Warninglid. *W Sus* 3D 26
Warren. *Ches E* 3C 84
Warren. *Pemb* 5D 42
Warrenby. *Red C* 2C 106
Warren Corner. *Hants*
nr. Aldershot 2G 25
nr. Petersfield 4F 25
Warrenpoint. *New M* 6G 175
Warren Row. *Wind* 3G 37
Warren Street. *Kent* 5D 40
Warrington. *Mil* 5F 63
Warrington. *Warr* 2A 84
Warsash. *Hants* 2C 16
Warse. *High* 1F 169
Warslow. *Staf* 5E 85
Warsop. *Notts* 4C 86
Warsop Vale. *Notts* 4C 86
Warter. *E Yor* 4C 100
Warthermarske. *N Yor* 2E 98
Warthill. *N Yor* 4A 100
Wartling. *E Sus* 5A 28
Wartnaby. *Leics* 3E 74
Warton. *Lanc*
nr. Carnforth 2D 97
nr. Freckleton 2C 90
Warton. *Nmbd* 4E 121
Warton. *Warw* 5G 73
Warwick. *Warw* 4G 61
Warwick Bridge. *Cumb* 4F 113
Warwick-on-Eden. *Cumb* 4F 113
Warwick Wold. *Surr* 5E 39
Wasbister. *Orkn* 4C 172
Wasdale Head. *Cumb* 4C 102
Wash. *Derbs* 2E 85
Washaway. *Corn* 2E 7
Washbourne. *Devn* 3D 9
Washbrook. *Suff* 1E 54
Wash Common. *W Ber* 5C 36
Washerwall. *Staf* 1D 72
Washfield. *Devn* 1C 12
Washfold. *N Yor* 4D 104
Washford. *Som* 2D 20
Washford Pyne. *Devn* 1B 12
Washingborough. *Linc* 3H 87
Washington. *Tyne* 4G 115
Washington. *W Sus* 4C 26
Washington Village. *Tyne* 4G 115
Waskerley. *Dur* 5D 114
Wasperton. *Warw* 5G 61
Wasp Green. *Surr* 1E 27
Wasps Nest. *Linc* 4H 87
Wass. *N Yor* 2H 99
Watchet. *Som* 2D 20
Watchfield. *Oxon* 2H 35
Watchgate. *Cumb* 5G 103
Watchhill. *Cumb* 5C 112
Watcombe. *Torb* 2F 9
Watendlath. *Cumb* 3D 102
Water. *Devn* 4A 12
Water. *Lanc* 2G 91
Waterbeach. *Cambs* 4D 65
Waterbeach. *W Sus* 2G 17
Waterbeck. *Dum* 2D 112
Waterditch. *Hants* 3G 15
Water End. *C Beds* 2A 52
Water End. *E Yor* 1A 94
Water End. *Essx* 1F 53
Water End. *Herts*
nr. Hatfield 5C 52
nr. Hemel Hempstead 4A 52
Waterfall. *Staf* 5E 85
Waterfoot. *E Ren* 4G 127
Waterfoot. *Lanc* 2G 91
Waterford. *Herts* 4D 52
Water Fryston. *W Yor* 2E 93
Waterhead. *Cumb* 4E 103
Waterhead. *E Ayr* 3E 117
Waterhead. *S Ayr* 5C 116
Waterheads. *Bord* 4F 129
Waterhouses. *Dur* 5E 115
Waterhouses. *Staf* 5E 85
Wateringbury. *Kent* 5A 40
Waterlane. *Glos* 5E 49
Waterlip. *Som* 2B 22
Waterloo. *Cphy* 3E 33
Waterloo. *Corn* 5B 10
Waterloo. *Here* 1G 47
Waterloo. *High* 1E 147
Waterloo. *Mers* 1F 83
Waterloo. *Norf* 4E 78
Waterloo. *N Lan* 4B 128
Waterloo. *Pemb* 4D 42
Waterloo. *Per* 5H 143
Waterloo. *Pool* 3F 15
Waterloo. *Shrp* 2G 71
Waterlooville. *Hants* 2E 17
Watermead. *Buck* 4G 51
Watermillock. *Cumb* 2F 103
Water Newton. *Cambs* 1A 64
Water Orton. *Warw* 1F 61
Waterperry. *Oxon* 5E 51
Waterrow. *Som* 4D 20
Watersfield. *W Sus* 4B 26
Waterside. *Buck* 5H 51
Waterside. *Cambs* 3F 65
Waterside. *Cumb* 5D 112
Waterside. *E Aymr. Ayr* 4D 116
nr. Kilmarnock 5F 127
Waterside. *E Dun* 2H 127
Waterstein. *High* 4A 154
Waterstock. *Oxon* 5E 51
Waterston. *Pemb* 4D 42
Water Stratford. *Buck* 2E 51
Waters Upton. *Telf* 4A 72
Water Yeat. *Cumb* 1B 96
Watford. *Herts* 1C 38
Watford. *Nptn* 4D 62
Wath. *Cumb* 4H 103
Wath. *N Yor*
nr. Pateley Bridge 3D 98
nr. Ripon 2F 99
Wath Brow. *Cumb* 3B 102
Wath upon Dearne. *S Yor* 4E 93
Watlington. *Norf* 4F 77
Watlington. *Oxon* 2E 37
Watten. *High* 3E 169
Wattisfield. *Suff* 3C 66
Wattisham. *Suff* 5C 66
Wattlesborough Heath. *Shrp* 4F 71
Watton. *Dors* 3H 13
Watton. *E Yor* 4E 101
Watton. *Norf* 5B 78
Watton at Stone. *Herts* 4C 52
Wattston. *N Lan* 2A 128
Wattstown. *Rhon* 2D 32
Wattsville. *Cphy* 2F 33
Wauldby. *E Yor* 2C 94
Waulkmill. *Abers* 4D 152
Waun. *Powy* 4E 71
Y Waun. *Wrex* 2E 71
Waunarlwydd. *Swan* 3F 31
Waun Fawr. *Cdgn* 2F 57
Waunfawr. *Gwyn* 5E 81
Waungilwen. *Carm* 1H 43
Waun-Lwyd. *Blae* 5E 47
Waun y Clyn. *Carm* 5E 45
Wavendon. *Mil* 2H 51
Waverbridge. *Cumb* 5D 112
Waverley. *Surr* 2G 25
Waverton. *Ches W* 4G 83
Waverton. *Cumb* 5D 112
Wavertree. *Mers* 2F 83
Wawne. *E Yor* 1D 94
Waxham. *Norf* 3G 79
Waxholme. *E Yor* 2G 95
Wayford. *Som* 2H 13
Way Head. *Cambs* 2D 65
Waytown. *Dors* 3H 13
Way Village. *Devn* 1B 12
Wdig. *Pemb* 1D 42
Wealdstone. *G Lon* 2C 38
Weardley. *W Yor* 5E 99
Weare. *Som* 1H 21
Weare Giffard. *Devn* 4E 19
Wearhead. *Dur* 1B 104
Wearne. *Som* 4H 21
Weasdale. *Cumb* 4H 103
Weasenham All Saints. *Norf* 3H 77
Weasenham St Peter. *Norf* 3A 78
Weaverham. *Ches W* 3A 84
Weaverthorpe. *N Yor* 2D 100
Webheath. *Worc* 4E 61
Webton. *Here* 2H 47
Wedderlairs. *Abers* 5F 161
Weddington. *Warw* 1A 62
Wedhampton. *Wilts* 1F 23
Wedmore. *Som* 2H 21
Wednesbury. *W Mid* 1D 61
Wednesfield. *W Mid* 5D 72
Weecar. *Notts* 4F 87
Weedon. *Buck* 4G 51
Weedon Bec. *Nptn* 5D 62
Weedon Lois. *Nptn* 1E 50
Weeford. *Staf* 5F 73
Week. *Devn*
nr. Barnstaple 4F 19
nr. Okehampton 2G 11
nr. South Molton 1H 11
nr. Totnes 2D 9
Week. *Som* 3C 20
Weeke. *Devn* 2A 12
Weeke. *Hants* 3C 24
Week Green. *Corn* 3C 10
Weekley. *Nptn* 2F 63
Week St Mary. *Corn* 3C 10
Weel. *E Yor* 1D 94
Weeley. *Essx* 3E 55
Weeley Heath. *Essx* 3E 55
Weem. *Per* 4F 143
Weeping Cross. *Staf* 3D 72
Weethly. *Warw* 5E 61
Weeting. *Norf* 2G 65
Weeton. *E Yor* 2G 95
Weeton. *Lanc* 1B 90
Weeton. *N Yor* 5E 99
Weetwood Hall. *Nmbd* 2E 121
Weir. *Lanc* 2G 91
Welborne. *Norf* 4C 78
Welbourn. *Linc* 5G 87
Welburn. *N Yor*
nr. Kirkbymoorside 1A 100
nr. Malton 3B 100
Welbury. *N Yor* 4A 106
Welby. *Linc* 2G 75
Welches Dam. *Cambs* 2D 64
Welcombe. *Devn* 1C 10
Weld Bank. *Lanc* 3D 90
Weldon. *Nptn* 2G 63
Weldon. *Nmbd* 5F 121
Welford. *Nptn* 2D 62
Welford. *W Ber* 4C 36
Welford-on-Avon. *Warw* 5F 61
Welham. *Leics* 1E 63
Welham. *Notts* 2E 87
Welham Green. *Herts* 5C 52
Well. *Hants* 2F 25
Well. *Linc* 3D 88
Well. *N Yor* 1E 99
Welland. *Worc* 1C 48
Wellbank. *Ang* 5D 144
Well Bottom. *Dors* 1E 15
Welldale. *Dum* 3C 112
Wellesbourne. *Warw* 5G 61
Well Hill. *Kent* 4F 39
Wellhouse. *W Ber* 4D 36
Welling. *G Lon* 3F 39
Wellingborough. *Nptn* 4F 63
Wellingham. *Norf* 3A 78
Wellingore. *Linc* 5G 87
Wellington. *Cumb* 4B 102
Wellington. *Here* 1H 47
Wellington. *Som* 4E 21
Wellington. *Telf* 4A 72
Wellington Heath. *Here* 1C 48
Wellow. *Bath* 1C 22
Wellow. *IOW* 4B 16
Wellow. *Notts* 4D 86
Wellpond Green. *Herts* 3E 53
Wells. *Som* 2A 22
Wellsborough. *Leics* 5A 74
Wells Green. *Ches E* 5A 84
Wells-next-the-Sea. *Norf* 1B 78
Wellswood. *Torb* 2F 9
Wellwood. *Fife* 1D 129
Welney. *Norf* 1E 65
Welsford. *Devn* 4C 18
Welshampton. *Shrp* 2G 71
Welsh End. *Shrp* 2H 71
Welsh Frankton. *Shrp* 2F 71
Welsh Hook. *Pemb* 2D 42
Welsh Newton. *Here* 4H 47
Welsh Newton Common. *Here* 4A 48
Welshpool. *Powy* 5E 70
Welsh St Donats. *V Glam* 4D 32
Welton. *Bath* 1B 22
Welton. *Cumb* 5E 113
Welton. *E Yor* 2C 94
Welton. *Linc* 2H 87
Welton. *Nptn* 4C 62
Welton Hill. *Linc* 2H 87
Welton le Marsh. *Linc* 4D 88
Welton le Wold. *Linc* 2B 88
Welwick. *E Yor* 2G 95
Welwyn. *Herts* 4C 52
Welwyn Garden City. *Herts* 4C 52
Wem. *Shrp* 3H 71
Wembdon. *Som* 3F 21
Wembley. *G Lon* 2C 38
Wembury. *Devn* 4B 8
Wembworthy. *Devn* 2G 11
Wemyss Bay. *Inv* 2C 126
Wenallt. *Cdgn* 3F 57
Wenallt. *Gwyn* 1B 70
Wendens Ambo. *Essx* 2F 53
Wendlebury. *Oxon* 4D 50
Wendling. *Norf* 4B 78
Wendover. *Buck* 5G 51
Wendron. *Corn* 5A 6
Wendy. *Cambs* 1D 52
Wenfordbridge. *Corn* 5A 10
Wenhaston. *Suff* 3G 67
Wennington. *Cambs* 3B 64
Wennington. *G Lon* 2G 39
Wennington. *Lanc* 2F 97
Wensley. *Derbs* 4G 85
Wensley. *N Yor* 1C 98
Wentbridge. *W Yor* 3E 93
Wentnor. *Shrp* 1F 59
Wentworth. *Cambs* 3D 65
Wentworth. *S Yor* 1A 86
Wenvoe. *V Glam* 4E 32
Weobley. *Here* 5G 59
Weobley Marsh. *Here* 5G 59
Wepham. *W Sus* 5B 26
Wereham. *Norf* 5F 77
Wergs. *W Mid* 5C 72
Wern. *Gwyn* 1E 69
Wern. *Powy*
nr. Brecon 4E 46
nr. Guilsfield 4E 71
nr. Llangadfan 4B 70
nr. Llanymynech 3E 71
Wernffrwd. *Swan* 3E 31
Wernyrheolydd. *Mon* 4G 47
Werrington. *Corn* 4D 10
Werrington. *Pet* 5A 76
Werrington. *Staf* 1D 72
Wervin. *Ches W* 3G 83
Wesham. *Lanc* 1C 90
Wessington. *Derbs* 5A 86
West Aberthaw. *V Glam* 5D 32
West Acre. *Norf* 4G 77
West Allerdean. *Nmbd* 5F 131
West Alvington. *Devn* 4D 8
West Amesbury. *Wilts* 2G 23
West Anstey. *Devn* 4B 20
West Appleton. *N Yor* 5F 105
West Ardsley. *W Yor* 2C 92
West Arthurlie. *E Ren* 4F 127
West Ashby. *Linc* 3B 88
West Ashling. *W Sus* 2G 17
West Ashton. *Wilts* 1D 23
West Auckland. *Dur* 2E 105
West Ayton. *N Yor* 1D 101
West Bagborough. *Som* 3E 21
West Bank. *Hal* 2H 83
West Barkwith. *Linc* 2A 88
West Barnby. *N Yor* 3F 107
West Barns. *E Lot* 2C 130
West Barsham. *Norf* 2B 78
West Bay. *Dors* 3H 13
West Beckham. *Norf* 2D 78
West Bennan. *N Ayr* 3D 123
Westbere. *Kent* 4F 41
West Bergholt. *Essx* 3C 54
West Bexington. *Dors* 4A 14
West Bilney. *Norf* 4G 77
West Blackdene. *Dur* 1B 104
West Blatchington. *Brig* 5D 27

Westborough. *Linc* 1F 75
Westbourne. *Bour* 3F 15
Westbourne. *W Sus* 2F 17
West Bowling. *W Yor* 1B 92
West Brabourne. *Kent* 1E 29
West Bradford. *Lanc* 5G 97
West Bradley. *Som* 3A 22
West Bretton. *W Yor* 3C 92
West Bridgford. *Notts* 2C 74
West Briggs. *Norf* 4F 77
West Bromwich. *W Mid* 1E 61
Westbrook. *Here* 1F 47
Westbrook. *Kent* 3H 41
Westbrook. *Wilts* 5E 35
West Buckland. *Devn*
nr. Barnstaple 3G 19
nr. Thurlestone 4C 8
West Buckland. *Som* 4E 21
West Burnside. *Abers* 1G 145
West Burrafirth. *Shet* 6D 173
West Burton. *N Yor* 1C 98
West Burton. *W Sus* 4B 26
Westbury. *Buck* 2E 50
Westbury. *Shrp* 5F 71
Westbury. *Wilts* 1D 22
Westbury Leigh. *Wilts* 1D 22
Westbury-on-Severn. *Glos* 4C 48
Westbury on Trym. *Bris* 4A 34
Westbury-sub-Mendip. *Som* 2A 22
West Butsfield. *Dur* 5E 115
West Butterwick. *N Lin* 4B 94
Westby. *Linc* 3G 75
West Byfleet. *Surr* 4B 38
West Caister. *Norf* 4H 79
West Calder. *W Lot* 3D 128
West Camel. *Som* 4A 22
West Carr. *N Lin* 4H 93
West Chaldon. *Dors* 4C 14
West Challow. *Oxon* 3B 36
West Charleton. *Devn* 4D 8
West Chelborough. *Dors* 2A 14
West Chevington. *Nmbd* 5G 121
West Chiltington. *W Sus* 4B 26
West Chiltington Common.
W Sus 4B 26
West Chinnock. *Som* 1H 13
West Chisenbury. *Wilts* 1G 23
West Clandon. *Surr* 5B 38
West Cliffe. *Kent* 1H 29
Westcliff-on-Sea. *S'end* 2C 40
West Clyne. *High* 3F 165
West Coker. *Som* 1A 14
Westcombe. *Som*
nr. Evercreech 3B 22
nr. Somerton 4H 21
West Compton. *Dors* 3A 14
West Compton. *Som* 2A 22
West Cornforth. *Dur* 1A 106
Westcot. *Oxon* 3B 36
Westcott. *Buck* 4F 51
Westcott. *Devn* 2D 12
Westcott. *Surr* 1C 26
Westcott Barton. *Oxon* 3C 50
West Cowick. *E Yor* 2G 93
West Cranmore. *Som* 2B 22
West Croftmore. *High* 2D 150
West Cross. *Swan* 4F 31
West Cullerlie. *Abers* 3E 153
West Culvennan. *Dum* 3H 109
West Curry. *Corn* 3C 10
West Curthwaite. *Cumb* 5E 113
West Dean. *W Sus* 1G 17
West Dean. *Wilts* 4A 24
Westdean. *E Sus* 5G 27
West Deeping. *Linc* 5A 76
West Derby. *Mers* 1F 83
West Dereham. *Norf* 5F 77
West Down. *Devn* 2F 19
Westdowns. *Corn* 4A 10
West Drayton. *G Lon* 3B 38
West Drayton. *Notts* 3E 86
West Dunnet. *High* 1E 169
West Ella. *E Yor* 2D 94
West End. *Bed* 5G 63
West End. *Cambs* 1D 64
West End. *Dors* 2E 15
West End. *E Yor*
nr. Kilham 3E 101
nr. Preston 1E 95
nr. South Cove 1C 94
nr. Ulrome 4F 101
West End. *G Lon* 2D 39
West End. *Hants* 1C 16
West End. *Herts* 5C 52
West End. *Kent* 4F 41
West End. *Lanc* 3D 96
West End. *Linc* 1C 76
West End. *Norf* 4H 79
West End. *N Som* 5H 33
West End. *N Yor* 4D 98
West End. *S Glo* 3C 34
West End. *S Lan* 5C 128
West End. *Surr* 4A 38
West End. *Wilts* 4E 23
West End. *Wind* 4G 37
West End Green. *Hants* 5E 37
Westenhanger. *Kent* 2F 29
Wester Aberchalder. *High* 2H 149
Wester Balgedie. *Per* 3D 136
Wester Brae. *High* 2A 158
Wester Culbeuchly. *Abers* 2D 160
Westerdale. *High* 3D 168
Westerdale. *N Yor* 4D 106
Wester Dechmont. *W Lot* 2D 128
Wester Fearn. *High* 5D 164
Westerfield. *Suff* 1E 55
Wester Galcantray. *High* 4C 158
Westergate. *W Sus* 5A 26
Wester Gruinards. *High* 4C 164
Westerham. *Kent* 5F 39
Westerleigh. *S Glo* 4C 34
Westerloch. *High* 3F 169
Wester Mandally. *High* 3E 149
Wester Quarff. *Shet* 8F 173
Wester Rarichie. *High* 1C 158
Wester Shian. *Per* 5F 143
Wester Skeld. *Shet* 7D 173
Westerton. *Ang* 3F 145
Westerton. *Dur* 1F 105
Westerton. *W Sus* 2G 17
Westerwick. *Shet* 7D 173
West Farleigh. *Kent* 5B 40
West Farndon. *Nptn* 5C 62
West Felton. *Shrp* 3F 71
Westfield. *Cumb* 2A 102
Westfield. *E Sus* 4C 28
Westfield. *High* 2C 168
Westfield. *Norf* 5B 78
Westfield. *N Lan* 2A 128
Westfield. *W Lot* 2C 128
Westfields. *Dors* 2C 14
Westfields of Rattray. *Per* 4A 144
West Fleetham. *Nmbd* 2F 121
Westford. *Som* 4E 20
West Garforth. *W Yor* 1D 93
Westgate. *Dur* 1C 104
Westgate. *Norf* 1B 78
Westgate. *N Lin* 4A 94
Westgate on Sea. *Kent* 3H 41
West Ginge. *Oxon* 3C 36
West Grafton. *Wilts* 5H 35
West Green. *Hants* 1F 25
West Grimstead. *Wilts* 4H 23
West Grinstead. *W Sus* 3C 26
West Haddlesey. *N Yor* 2F 93
West Haddon. *Nptn* 3D 62
West Hagbourne. *Oxon* 3D 36
West Hagley. *Worc* 2D 60
West Hall. *Cumb* 3G 113
Westhall. *Suff* 2G 67
West Hallam. *Derbs* 1B 74
Westhall Terrace. *Ang* 5D 144
West Halton. *N Lin* 2C 94
West Ham. *G Lon* 2E 39
Westham. *Dors* 5B 14
Westham. *E Sus* 5H 27
Westham. *Som* 2H 21
Westhampnett. *W Sus* 2G 17
West Handley. *Derbs* 3A 86
West Hanney. *Oxon* 2C 36
West Hanningfield. *Essx* 1B 40
West Hardwick. *W Yor* 3E 93
West Harptree. *Bath* 1A 22
West Harting. *W Sus* 4F 25
West Harton. *Tyne* 3G 115
West Hatch. *Som* 4F 21
Westhay. *Som* 2H 21
West Head. *Norf* 5E 77
Westhead. *Lanc* 4C 90
West Heath. *Hants*
nr. Basingstoke 1D 24
nr. Farnborough 1G 25
West Helmsdale. *High* 2H 165
West Hendred. *Oxon* 3C 36
West Heogaland. *Shet* 4D 173
West Heslerton. *N Yor* 2D 100
West Hewish. *N Som* 5G 33
Westhide. *Here* 1A 48
West Hill. *Devn* 3D 12
West Hill. *E Yor* 3F 101
West Hill. *N Som* 4H 33
West Hill. *W Sus* 2E 27
Westhill. *Abers* 3F 153
Westhill. *High* 4B 158
West Hoathly. *W Sus* 2E 27
West Holme. *Dors* 4D 15
Westhope. *Here* 5G 59
Westhope. *Shrp* 2G 59
West Horndon. *Essx* 2H 39
Westhorp. *Nptn* 5C 62
Westhorpe. *Linc* 2B 76
Westhorpe. *Suff* 4C 66
West Horrington. *Som* 2A 22
West Horsley. *Surr* 5B 38
West Horton. *Nmbd* 1E 121
West Hougham. *Kent* 1G 29
Westhoughton. *G Man* 4E 91
West Houlland. *Shet* 6D 173
Westhouse. *N Yor* 2F 97
Westhouses. *Derbs* 5B 86
West Howe. *Bour* 3F 15
Westhumble. *Surr* 5C 38
West Huntspill. *Som* 2G 21
West Hyde. *Herts* 1B 38
West Hynish. *Arg* 5A 138
West Hythe. *Kent* 2F 29
West Ilsley. *W Ber* 3C 36
Westing. *Shet* 1G 173
West Keal. *Linc* 4C 88
West Kennett. *Wilts* 5G 35
West Kilbride. *N Ayr* 5D 126
West Kingsdown. *Kent* 4G 39
West Kington. *Wilts* 4D 34
West Kirby. *Mers* 2E 82
West Knapton. *N Yor* 2C 100
West Knighton. *Dors* 4C 14
West Knoyle. *Wilts* 3D 22
West Kyloe. *Nmbd* 5G 131
Westlake. *Devn* 3C 8
West Lambrook. *Som* 1H 13
West Langdon. *Kent* 1H 29
West Langwell. *High* 3D 164
West Lavington. *W Sus* 4G 25
West Lavington. *Wilts* 1F 23
West Layton. *N Yor* 4E 105
West Leake. *Notts* 3C 74
West Learmouth. *Nmbd* 1C 120
West Leigh. *Devn* 2G 11
Westleigh. *Devn*
nr. Bideford 4E 19
nr. Tiverton 1D 12
Westleigh. *G Man* 4E 91
West Leith. *Herts* 4H 51
Westleton. *Suff* 4G 67
West Lexham. *Norf* 4H 77
Westley. *Shrp* 5F 71
Westley. *Suff* 4H 65
Westley Waterless. *Cambs* 5F 65
West Lilling. *N Yor* 3A 100
West Lingo. *Fife* 3G 137
Westlington. *Buck* 4F 51
West Linton. *Bord* 4E 129
Westlinton. *Cumb* 3E 113
West Littleton. *S Glo* 4C 34
West Looe. *Corn* 3G 7
West Lulworth. *Dors* 4D 14
West Lutton. *N Yor* 3D 100
West Lydford. *Som* 3A 22
West Lyng. *Som* 4G 21
West Lynn. *Norf* 4F 77
West Mains. *Per* 2B 136
West Malling. *Kent* 5A 40
West Malvern. *Worc* 1C 48
Westmancote. *Worc* 2E 49
West Marden. *W Sus* 1F 17
West Markham. *Notts* 3E 86
West Marsh. *NE Lin* 4F 95
Westmarsh. *Kent* 4G 41
West Marton. *N Yor* 4A 98
West Meon. *Hants* 4E 25
West Mersea. *Essx* 4D 54
Westmeston. *E Sus* 4E 27
Westmill. *Herts*
nr. Buntingford 3D 52
nr. Hitchin 2B 52
West Milton. *Dors* 3A 14
Westminster. *G Lon* 3D 39
West Molesey. *Surr* 4C 38
West Monkton. *Som* 4F 21
Westmoor End. *Cumb* 1B 102
West Moors. *Dors* 2F 15
West Morden. *Dors* 3E 15
West Muir. *Ang* 2E 145
Westmuir. *Ang* 3C 144
West Murkle. *High* 2D 168
West Ness. *N Yor* 2A 100
Westness. *Orkn* 5C 172
West Newton. *E Yor* 1E 95
West Newton. *Norf* 3F 77
West Newton. *Som* 4F 21
Westnewton. *Cumb* 5C 112
Westnewton. *Nmbd* 1D 120
West Norwood. *G Lon* 3E 39
Westoe. *Tyne* 3G 115
West Ogwell. *Devn* 2E 9
Weston. *Bath* 5C 34
Weston. *Ches E*
nr. Crewe 5B 84
nr. Macclesfield 3C 84
Weston. *Devn*
nr. Honiton 2E 13
nr. Sidmouth 4E 13
Weston. *Dors*
nr. Weymouth 5B 14
nr. Yeovil 2A 14
Weston. *Hal* 2H 83
Weston. *Hants* 4F 25
Weston. *Here* 5F 59
Weston. *Herts* 2C 52
Weston. *Linc* 3B 76
Weston. *Nptn* 1D 50
Weston. *Notts* 4E 87
Weston. *Shrp*
nr. Bridgnorth 1H 59
nr. Knighton 3F 59
nr. Wem 3H 71
Weston. *S Lan* 5D 128
Weston. *Staf* 3D 73
Weston. *Suff* 2G 67
Weston. *W Ber* 4B 36
Weston Bampfylde. *Som* 4B 22
Weston Beggard. *Here* 1A 48
Westonbirt. *Glos* 3D 34
Weston by Welland. *Nptn* 1E 63
Weston Colville. *Cambs* 5F 65
Westoncommon. *Shrp* 3G 71
Weston Coyney. *Stoke* 1D 72
Weston Ditch. *Suff* 3F 65
Weston Favell. *Nptn* 4E 63
Weston Green. *Cambs* 5F 65
Weston Green. *Norf* 4D 78
Weston Heath. *Shrp* 4B 72
Weston Hills. *Linc* 4B 76
Weston in Arden. *Warw* 2A 62
Westoning. *C Beds* 2A 52
Weston in Gordano. *N Som* 4H 33
Weston Jones. *Staf* 3B 72
Weston Longville. *Norf* 4D 78
Weston Lullingfields. *Shrp* 3G 71
Weston-on-Avon. *Warw* 5F 61
Weston-on-the-Green. *Oxon* 4D 50
Weston-on-Trent. *Derbs* 3B 74
Weston Patrick. *Hants* 2E 25
Weston Rhyn. *Shrp* 2E 71
Weston-sub-Edge. *Glos* 1G 49
Weston-super-Mare.
N Som 5G 33
Weston Town. *Som* 2C 22
Weston Turville. *Buck* 4G 51
Weston under Lizard. *Staf* 4C 72
Weston under Penyard. *Here* 3B 48
Weston under Wetherley.
Warw 4A 62
Weston Underwood. *Derbs* 1G 73
Weston Underwood. *Mil* 5F 63
Westonzoyland. *Som* 3G 21
West Orchard. *Dors* 1D 14
West Overton. *Wilts* 5G 35
Westow. *N Yor* 3B 100
Westown. *Per* 1E 137
West Panson. *Devn* 3D 10
West Park. *Hart* 1B 106
West Parley. *Dors* 3F 15
West Peckham. *Kent* 5H 39
West Pelton. *Dur* 4F 115
West Pennard. *Som* 3A 22
West Pentire. *Corn* 2B 6
West Perry. *Cambs* 4A 64
West Pitcorthie. *Fife* 3H 137
West Plean. *Stir* 1B 128
West Poringland. *Norf* 5E 79
West Porlock. *Som* 2B 20
Westport. *Som* 1G 13
West Putford. *Devn* 1D 10
West Quantoxhead. *Som* 2E 20
Westra. *V Glam* 4E 33
West Rainton. *Dur* 5G 115
West Rasen. *Linc* 2H 87
West Ravendale. *NE Lin* 1B 88
Westray Airport. *Orkn* 2D 172
West Raynham. *Norf* 3A 78
Westrigg. *W Lot* 3C 128
West Rounton. *N Yor* 4B 106
West Row. *Suff* 3F 65
West Rudham. *Norf* 3H 77
West Runton. *Norf* 1D 78
Westruther. *Bord* 4C 130
Westry. *Cambs* 1C 64
West Saltoun. *E Lot* 3A 130
West Sandford. *Devn* 2B 12
West Sandwick. *Shet* 3F 173
West Scrafton. *N Yor* 1C 98
Westside. *Orkn* 5C 172
West Sleekburn. *Nmbd* 1F 115
West Somerton. *Norf* 4G 79
West Stafford. *Dors* 4C 14
West Stockwith. *Notts* 1E 87
West Stoke. *W Sus* 2G 17
West Stonesdale. *N Yor* 4B 104
West Stoughton. *Som* 2H 21
West Stour. *Dors* 4C 22
West Stourmouth. *Kent* 4G 41
West Stow. *Suff* 3H 65
West Stowell. *Wilts* 5G 35
West Strathan. *High* 2F 167
West Stratton. *Hants* 2D 24
West Street. *Kent* 5D 40
West Tanfield. *N Yor* 2E 99
West Taphouse. *Corn* 2F 7
West Tarbert. *Arg* 3G 125
West Thirston. *Nmbd* 4F 121
West Thorney. *W Sus* 2F 17
West Thurrock. *Thur* 3G 39
West Tilbury. *Thur* 3A 40
West Tisted. *Hants* 4E 25
West Tofts. *Norf* 1H 65
West Torrington. *Linc* 2A 88
West Town. *Bath* 5A 34
West Town. *Hants* 3F 17
West Town. *N Som* 5H 33

West Tytherley. Hants 4A 24
West Tytherton. Wilts 4E 35
West View. Hart 1B 106
Westville. Notts 1C 74
West Walton. Norf 4D 76
Westward. Cumb 5D 112
Westward Ho!. Devn 4E 19
Westwell. Kent 1D 28
Westwell. Oxon 5H 49
Westwell Leacon. Kent 1D 28
West Wellow. Hants 1A 16
West Wemyss. Fife 4F 137
West Wick. N Som 5G 33
Westwick. Cambs 4D 64
Westwick. Dur 3D 104
Westwick. Norf 3E 79
West Wickham. Cambs 1G 53
West Wickham. G Lon 4E 39
West Williamston. Pemb 4E 43
West Willoughby. Linc 1G 75
West Winch. Norf 4F 77
West Winterslow. Wilts 3H 23
West Wittering. W Sus 3F 17
West Witton. N Yor 1C 98
Westwood. Devn 3D 12
Westwood. Kent 4H 41
Westwood. Pet 5A 76
Westwood. S Lan 4H 127
Westwood. Wilts 1D 22
West Woodburn. Nmbd 1B 114
West Woodhay. W Ber 5B 36
West Woodlands. Som 2C 22
West Woodside. Cumb 5E 112
Westwoodside. N Lin 1E 87
West Worldham. Hants 3F 25
West Worlington. Devn 1A 12
West Worthing. W Sus 5C 26
West Wratting. Cambs 5F 65
West Wycombe. Buck 2G 37
West Wylam. Nmbd 3E 115
West Yatton. Wilts 4D 34
West Yell. Shet 3F 173
West Youlstone. Corn 1C 10
Wetheral. Cumb 4F 113
Wetherby. W Yor 5G 99
Wetherden. Suff 4C 66
Wetheringsett. Suff 4D 66
Wethersfield. Essx 2H 53
Wethersta. Shet 5E 173
Wetherup Street. Suff 4D 66
Wetley Rocks. Staf 1D 72
Wettenhall. Ches E 4A 84
Wetton. Staf 5F 85
Wetwang. E Yor 4D 100
Wetwood. Staf 2B 72
Wexcombe. Wilts 1A 24
Wexham Street. Buck 2A 38
Weybourne. Norf 1D 78
Weybourne. Surr 2G 25
Weybread. Suff 2E 67
Weybridge. Surr 4B 38
Weycroft. Devn 3G 13
Weydale. High 2D 168
Weyhill. Hants 2B 24
Weymouth. Dors 5B 14
Weythel. Powy 5E 59
Whaddon. Buck 2G 51
Whaddon. Cambs 1D 52
Whaddon. Glos 4D 48
Whaddon. Wilts 4G 23
Whale. Cumb 2G 103
Whaley. Derbs 3C 86
Whaley Bridge. Derbs 2E 85
Whaley Thorns. Derbs 3C 86
Whalley. Lanc 1F 91
Whalton. Nmbd 1E 115
Whaplode. Linc 3C 76
Whaplode Drove. Linc 4C 76
Whaplode St Catherine.
Linc 3C 76
Wharfe. N Yor 3G 97
Wharles. Lanc 1C 90
Wharley End. C Beds 1H 51
Wharncliffe Side. S Yor 1G 85
Wharram-le-Street. N Yor 3C 100
Wharton. Ches W 4A 84
Wharton. Here 5H 59
Whashton. N Yor 4E 105
Whasset. Cumb 1E 97
Whatcote. Warw 1B 50
Whateley. Warw 1G 61
Whatfield. Suff 1D 54
Whatley. Som
nr. Chard 2G 13
nr. Frome 2C 22
Whatlington. E Sus 4B 28
Whatmore. Shrp 3A 60
Whatstandwell. Derbs 5H 85
Whatton. Notts 2E 75
Whauphill. Dum 5B 110
Whaw. N Yor 4C 104
Wheatacre. Norf 1G 67
Wheatcroft. Derbs 5A 86
Wheathampstead. Herts 4B 52
Wheathill. Shrp 2A 60
Wheatley. Devn 3B 12
Wheatley. Hants 2F 25
Wheatley. Oxon 5E 50
Wheatley. S Yor 4F 93
Wheatley. W Yor 2A 92
Wheatley Hill. Dur 1A 106
Wheatley Lane. Lanc 1G 91
Wheatley Park. S Yor 4F 93
Wheaton Aston. Staf 4C 72
Wheatstone Park. Staf 5C 72
Wheddon Cross. Som 3C 20
Wheelerstreet. Surr 1A 26
Wheelock. Ches E 5B 84
Wheelock Heath. Ches E 5B 84
Wheelton. Lanc 2E 90
Wheldrake. York 5A 100
Whelford. Glos 2G 35
Whelpley Hill. Buck 5H 51
Whelpo. Cumb 1E 102
Whelston. Flin 3E 82
Whenby. N Yor 3A 100
Whepstead. Suff 5H 65
Wherstead. Suff 1E 55
Wherwell. Hants 2B 24
Wheston. Derbs 3F 85
Whetsted. Kent 1A 28
Whetstone. G Lon 1D 38
Whetstone. Leics 1C 62
Whicham. Cumb 1A 96
Whichford. Warw 2B 50
Whickham. Tyne 3F 115
Whiddon. Devn 2E 11
Whiddon Down. Devn 3G 11
Whigstreet. Ang 4D 145
Whilton. Nptn 4D 62
Whimble. Devn 2D 10
Whimple. Devn 3D 12
Whimpwell Green. Norf 3F 79
Whinburgh. Norf 5C 78
Whin Lane End. Lanc 5C 96
Whinney Hill. Stoc T 3A 106
Whinnyfold. Abers 5H 161
Whippingham. IOW 3D 16
Whipsnade. C Beds 4A 52
Whipton. Devn 3C 12
Whirlow. S Yor 2H 85
Whisby. Linc 4G 87
Whissendine. Rut 4F 75
Whissonsett. Norf 3B 78
Whisterfield. Ches E 3C 84
Whistley Green. Wok 4F 37
Whiston. Mers 1G 83
Whiston. Nptn 4F 63
Whiston. S Yor 1B 86
Whiston. Staf
nr. Cheadle 1E 73
nr. Penkridge 4C 72
Whiston Cross. Shrp 5B 72
Whiston Eaves. Staf 1E 73
Whitacre Heath. Warw 1G 61
Whitbeck. Cumb 1A 96
Whitbourne. Here 5B 60
Whitburn. Tyne 3H 115
Whitburn. W Lot 3C 128
Whitburn Colliery. Tyne 3H 115
Whitby. Ches W 3F 83
Whitby. N Yor 3F 107
Whitbyheath. Ches W 3F 83
Whitchester. Bord 4D 130
Whitchurch. Bath 5B 34
Whitchurch. Buck 3F 51
Whitchurch. Card 4E 33
Whitchurch. Devn 5E 11
Whitchurch. Hants 2C 24
Whitchurch. Here 4A 48
Whitchurch. Pemb 2B 42
Whitchurch. Shrp 1H 71
Whitchurch Canonicorum.
Dors 3G 13
Whitchurch Hill. Oxon 4E 37
Whitchurch-on-Thames.
Oxon 4E 37
Whitcombe. Dors 4C 14
Whitcot. Shrp 1F 59
Whitcott Keysett. Shrp 2E 59
Whiteash Green. Essx 2A 54
Whitebog. High 2B 158
Whitebridge. High 2G 149
Whitebrook. Mon 5A 48
Whitecairns. Abers 2G 153
Whitechapel. Lanc 5E 97
Whitechurch. Pemb 1F 43
White Colne. Essx 3B 54
White Coppice. Lanc 3E 90
White Corries. High 3G 141
Whitecraig. E Lot 2G 129
Whitecroft. Glos 5B 48
White Cross. Corn 4D 5
Whitecross. Corn 1D 6
Whitecross. Falk 2C 128
White End. Worc 2C 48
Whiteface. High 5E 164
Whitefarland. N Ayr 5G 125
Whitefaulds. S Ayr 4B 116
Whitefield. Dors 3E 15
Whitefield. G Man 4G 91
Whitefield. Som 4D 20
Whiteford. Abers 1E 152
Whitegate. Ches W 4A 84
Whitehall. Devn 1E 12
Whitehall. Hants 1F 25
Whitehall. Orkn 5F 172
Whitehall. W Sus 3C 26
Whitehaven. Cumb 3A 102
Whitehaven. Shrp 3E 71
Whitehill. Hants 3F 25
Whitehill. N Ayr 4D 126
Whitehills. Abers 2D 160
Whitehills. Ang 3D 144
White Horse Common.
Norf 3F 79
Whitehough. Derbs 2E 85
Whitehouse. Abers 2D 152
Whitehouse. Arg 3G 125
Whiteinch. Glas 3G 127
Whitekirk. E Lot 1B 130
White Kirkley. Dur 1D 104
White Lackington. Dors 3C 14
Whitelackington. Som 1G 13
White Ladies Aston. Worc 5D 60
White Lee. W Yor 2C 92
Whiteley. Hants 2D 16
Whiteley Bank. IOW 4D 16
Whiteley Village. Surr 4B 38
Whitemans Green. W Sus 3E 27
White Mill. Carm 3E 45
Whitemire. Mor 3D 159
Whitemoor. Corn 3D 6
Whitenap. Hants 4B 24
Whiteness. Shet 7F 173
White Notley. Essx 4A 54
Whiteoak Green. Oxon 4B 50
Whiteparish. Wilts 4H 23
White Pit. Linc 3C 88
Whiterashes. Abers 1F 153
White Rocks. Here 3H 47
White Roding. Essx 4F 53
Whiterow. High 4F 169
Whiterow. Mor 3E 159
Whiteshill. Glos 5D 48
Whiteside. Nmbd 3A 114
Whiteside. W Lot 3C 128
Whitesmith. E Sus 4G 27
Whitestaunton. Som 1F 13
White Stone. Here 1A 48
Whitestone. Abers 4D 152
Whitestone. Devn 3B 12
Whitestones. Abers 3F 161
Whitestreet Green. Suff 2C 54
Whitewall Corner. N Yor 2B 100
White Waltham. Wind 4G 37
Whiteway. Glos 4E 49
Whitewell. Lanc 5F 97
Whitewell Bottom. Lanc 2G 91
Whiteworks. Devn 5G 11
Whitewreath. Mor 3G 159
Whitfield. D'dee 5D 144
Whitfield. Kent 1H 29
Whitfield. Nptn 2E 50
Whitfield. Nmbd 4A 114
Whitfield. S Glo 2B 34
Whitford. Devn 3F 13
Whitford. Flin 3D 82
Whitgift. E Yor 2B 94
Whitgreave. Staf 3C 72
Whithorn. Dum 5B 110
Whiting Bay. N Ayr 3E 123
Whitkirk. W Yor 1D 92
Whitland. Carm 3G 43
Whitleigh. Plym 3A 8
Whitletts. S Ayr 2C 116
Whitley. N Yor 2F 93
Whitley. Wilts 5D 35
Whitley Bay. Tyne 2G 115
Whitley Chapel. Nmbd 4C 114
Whitley Heath. Staf 3C 72
Whitley Lower. W Yor 3C 92
Whitley Thorpe. N Yor 2F 93
Whitlock's End. W Mid 3F 61
Whitminster. Glos 5C 48
Whitmore. Dors 2F 15
Whitmore. Staf 1C 72
Whitnage. Devn 1D 12
Whitnash. Warw 4H 61
Whitney. Here 1F 47
Whitrigg. Cumb
nr. Kirkbride 4D 112
nr. Torpenhow 1D 102
Whitsbury. Hants 1G 15
Whitsome. Bord 4E 131
Whitson. Newp 3G 33
Whitstable. Kent 4F 41
Whitstone. Corn 3C 10
Whittingham. Nmbd 3E 121
Whittingslow. Shrp 2G 59
Whittington. Derbs 3B 86
Whittington. Glos 3F 49
Whittington. Lanc 2F 97
Whittington. Norf 1G 65
Whittington. Shrp 2F 71
Whittington. Staf
nr. Kinver 2C 60
nr. Lichfield 5F 73
Whittington. Warw 1G 61
Whittington. Worc 5C 60
Whittington Barracks. Staf 5F 73
Whittlebury. Nptn 1E 51
Whittleford. Warw 1H 61
Whittle-le-Woods. Lanc 2D 90
Whittlesey. Cambs 1B 64
Whittlesford. Cambs 1E 53
Whittlestone Head. Bkbn 3F 91
Whitton. N Lin 2C 94
Whitton. Nmbd 4E 121
Whitton. Powy 4E 59
Whitton. Bord 2B 120
Whitton. Shrp 3H 59
Whitton. Stoc T 2A 106
Whittonditch. Wilts 4A 36
Whittonstall. Nmbd 4D 114
Whitway. Hants 1C 24
Whitwell. Derbs 3C 86
Whitwell. Herts 3B 52
Whitwell. IOW 5D 16
Whitwell. N Yor 5F 105
Whitwell. Rut 5G 75
Whitwell-on-the-Hill.
N Yor 3B 100
Whitwick. Leics 4B 74
Whitwood. W Yor 2E 93
Whitworth. Lanc 3G 91
Whixall. Shrp 2H 71
Whixley. N Yor 4G 99
Whoberley. W Mid 3H 61
Whorlton. Dur 3E 105
Whorlton. N Yor 4B 106
Whygate. Nmbd 2A 114
Whyle. Here 4H 59
Whyteleafe. Surr 5E 39
Wibdon. Glos 2A 34
Wibtoft. Warw 2B 62
Wichenford. Worc 4B 60
Wichling. Kent 5D 40
Wick. Bour 3G 15
Wick. Devn 2E 13
Wick. High 3F 169
Wick. Shet
on Mainland 8F 173
on Unst 1G 173
Wick. Som
nr. Bridgwater 2F 21
nr. Burnham-on-Sea 1G 21
nr. Somerton 4H 21
Wick. S Glo 4C 34
Wick. V Glam 4C 32
Wick. W Sus 5B 26
Wick. Wilts 4G 23
Wick. Worc 1E 49
Wick Airport. High 3F 169
Wicken. Cambs 3E 65
Wicken. Nptn 2F 51
Wicken Bonhunt. Essx 2E 53
Wickenby. Linc 2H 87
Wicken Green Village.
Norf 2H 77
Wickersley. S Yor 1B 86
Wicker Street Green. Suff 1C 54
Wickford. Essx 1B 40
Wickham. Hants 1D 16
Wickham. W Ber 4B 36
Wickham Bishops. Essx 4B 54
Wickhambreaux. Kent 5G 41
Wickhambrook. Suff 5G 65
Wickhamford. Worc 1F 49
Wickham Green. Suff 4C 66
Wickham Heath. W Ber 5C 36
Wickham Market. Suff 5F 67
Wickhampton. Norf 5G 79
Wickham St Paul. Essx 2B 54
Wickham Skeith. Suff 4C 66
Wickham Street. Suff 4C 66
Wick Hill. Wok 5F 37
Wicklewood. Norf 5C 78
Wickmere. Norf 2D 78
Wick St Lawrence. N Som 5G 33
Wickwar. S Glo 3C 34
Widdington. Essx 2F 53
Widdrington. Nmbd 5G 121
Widdrington Station.
Nmbd 5G 121
Widecombe in the Moor.
Devn 5H 11
Widegates. Corn 3G 7
Widemouth Bay. Corn 2C 10
Wide Open. Tyne 2F 115
Widewall. Orkn 8D 172
Widford. Essx 5G 53
Widford. Herts 4E 53
Widham. Wilts 3F 35
Widmer End. Buck 2G 37
Widmerpool. Notts 3D 74
Widnes. Hal 2H 83
Widworthy. Devn 3F 13
Wigan. G Man 4D 90
Wigbeth. Dors 2F 15

Wigborough—Woodborough

Wigborough. *Som* 1H 13
Wiggaton. *Devn* 3E 12
Wiggenhall St Germans. *Norf* 4E 77
Wiggenhall St Mary Magdalen. *Norf* 4E 77
Wiggenhall St Mary the Virgin. *Norf* 4E 77
Wiggenhall St Peter. *Norf* 4F 77
Wiggens Green. *Essx* 1G 53
Wigginton. *Herts* 4H 51
Wigginton. *Oxon* 2B 50
Wigginton. *Staf* 5G 73
Wigginton. *York* 4H 99
Wigglesworth. *N Yor* 4H 97
Wiggonby. *Cumb* 4D 112
Wiggonholt. *W Sus* 4B 26
Wighill. *N Yor* 5G 99
Wighton. *Norf* 2B 78
Wightwick. *W Mid* 1C 60
Wigley. *Hants* 1B 16
Wigmore. *Here* 4G 59
Wigmore. *Medw* 4B 40
Wigsley. *Notts* 3F 87
Wigsthorpe. *Nptn* 2H 63
Wigston. *Leics* 1D 62
Wigtoft. *Linc* 2B 76
Wigton. *Cumb* 5D 112
Wigtown. *Dum* 4B 110
Wike. *W Yor* 5F 99
Wilbarston. *Nptn* 2F 63
Wilberfoss. *E Yor* 4B 100
Wilburton. *Cambs* 3D 65
Wilby. *Norf* 2C 66
Wilby. *Nptn* 4F 63
Wilby. *Suff* 3E 67
Wilcot. *Wilts* 5G 35
Wilcott. *Shrp* 4F 71
Wilcove. *Corn* 3A 8
Wildboarclough. *Ches E* 4D 85
Wilden. *Bed* 5H 63
Wilden. *Worc* 3C 60
Wildern. *Hants* 1C 16
Wilderspool. *Warr* 2A 84
Wilde Street. *Suff* 3G 65
Wildhern. *Hants* 1B 24
Wildmanbridge. *S Lan* 4B 128
Wildmoor. *Worc* 3D 60
Wildsworth. *Linc* 1F 87
Wildwood. *Staf* 3D 72
Wilford. *Nott* 2C 74
Wilkesley. *Ches E* 1A 72
Wilkhaven. *High* 5G 165
Wilkieston. *W Lot* 3E 129
Wilksby. *Linc* 4B 88
Willand. *Devn* 1D 12
Willaston. *Ches E* 5A 84
Willaston. *Ches W* 3F 83
Willaston. *IOM* 4C 108
Willen. *Mil* 1G 51
Willenhall. *W Mid*
nr. Coventry 3A 62
nr. Wolverhampton 1D 60
Willerby. *E Yor* 1D 94
Willerby. *N Yor* 2E 101
Willersey. *Glos* 2G 49
Willersley. *Here* 1G 47
Willesborough. *Kent* 1E 28
Willesborough Lees. *Kent* 1E 29
Willesden. *G Lon* 2D 38
Willesley. *Wilts* 3D 34
Willett. *Som* 3E 20
Willey. *Shrp* 1A 60
Willey. *Warw* 2B 62
Willey Green. *Surr* 5A 38
Williamscot. *Oxon* 1C 50
Williamsetter. *Shet* 9E 173
Willian. *Herts* 2C 52
Willingale. *Essx* 5F 53
Willingdon. *E Sus* 5G 27
Willingham. *Cambs* 3D 64
Willingham by Stow. *Linc* 2F 87
Willingham Green. *Cambs* 5F 65
Willington. *Bed* 1B 52
Willington. *Derbs* 3G 73
Willington. *Dur* 1E 105
Willington. *Tyne* 3G 115
Willington. *Warw* 2A 50
Willington Corner. *Ches W* 4H 83
Willisham Tye. *Suff* 5C 66
Willitoft. *E Yor* 1H 93
Williton. *Som* 2D 20
Willoughbridge. *Staf* 1B 72
Willoughby. *Linc* 3D 88
Willoughby. *Warw* 4C 62
Willoughby-on-the-Wolds. *Notts* 3D 74
Willoughby Waterleys. *Leics* 1C 62
Willoughton. *Linc* 1G 87
Willow Green. *Worc* 5B 60
Willows Green. *Essx* 4H 53
Willsbridge. *S Glo* 4B 34
Willslock. *Staf* 2E 73
Wilmcote. *Warw* 5F 61
Wilmington. *Bath* 5B 34
Wilmington. *Devn* 3F 13
Wilmington. *E Sus* 5G 27
Wilmington. *Kent* 3G 39
Wilmslow. *Ches E* 2C 84
Wilnecote. *Staf* 5G 73
Wilney Green. *Norf* 2C 66
Wilpshire. *Lanc* 1E 91
Wilsden. *W Yor* 1A 92
Wilsford. *Linc* 1H 75
Wilsford. *Wilts*
nr. Amesbury 3G 23
nr. Devizes 1F 23
Wilsill. *N Yor* 3D 98
Wilsley Green. *Kent* 2B 28
Wilson. *Here* 3A 48
Wilson. *Leics* 3B 74
Wilsontown. *S Lan* 4C 128
Wilstead. *Bed* 1A 52
Wilsthorpe. *E Yor* 3F 101
Wilsthorpe. *Linc* 4H 75
Wilstone. *Herts* 4H 51
Wilton. *Cumb* 3B 102
Wilton. *N Yor* 1C 100
Wilton. *Red C* 3C 106
Wilton. *Bord* 3H 119
Wilton. *Wilts*
nr. Marlborough 5A 36
nr. Salisbury 3F 23
Wimbish. *Essx* 2F 53
Wimbish Green. *Essx* 2G 53
Wimblebury. *Staf* 4E 73
Wimbledon. *G Lon* 3D 38
Wimblington. *Cambs* 1D 64
Wimboldsley. *Ches W* 4A 84
Wimborne Minster. *Dors* 2F 15
Wimborne St Giles. *Dors* 1F 15
Wimbotsham. *Norf* 5F 77
Wimpole. *Cambs* 1D 52
Wimpstone. *Warw* 1H 49
Wincanton. *Som* 4C 22
Winceby. *Linc* 4C 88
Wincham. *Ches W* 3A 84
Winchburgh. *W Lot* 2D 129
Winchcombe. *Glos* 3F 49
Winchelsea. *E Sus* 4D 28
Winchelsea Beach. *E Sus* 4D 28
Winchester. *Hants* 4C 24
Winchet Hill. *Kent* 1B 28
Winchfield. *Hants* 1F 25
Winchmore Hill. *Buck* 1A 38
Winchmore Hill. *G Lon* 1E 39
Wincle. *Ches E* 4D 84
Windermere. *Cumb* 5F 103
Winderton. *Warw* 1B 50
Windhill. *High* 4H 157
Windle Hill. *Ches W* 3F 83
Windlesham. *Surr* 4A 38
Windley. *Derbs* 1H 73
Windmill. *Derbs* 3F 85
Windmill Hill. *E Sus* 4H 27
Windmill Hill. *Som* 1G 13
Windrush. *Glos* 4G 49
Windsor. *Wind* 3A 38
Windsor Green. *Suff* 5A 66
Windyedge. *Abers* 4F 153
Windygates. *Fife* 3F 137
Windyharbour. *Ches E* 3C 84
Windyknowe. *W Lot* 3C 128
Wineham. *W Sus* 3D 26
Winestead. *E Yor* 2G 95
Winfarthing. *Norf* 2D 66
Winford. *IOW* 4D 16
Winford. *N Som* 5A 34
Winforton. *Here* 1F 47
Winfrith Newburgh. *Dors* 4D 14
Wing. *Buck* 3G 51
Wing. *Rut* 5F 75
Wingate. *Dur* 1B 106
Wingates. *G Man* 4E 91
Wingates. *Nmbd* 5F 121
Wingerworth. *Derbs* 4A 86
Wingfield. *C Beds* 3A 52
Wingfield. *Suff* 3E 67
Wingfield. *Wilts* 1D 22
Wingfield Park. *Derbs* 5A 86
Wingham. *Kent* 5G 41
Wingmore. *Kent* 1F 29
Wingrave. *Buck* 4G 51
Winkburn. *Notts* 5E 86
Winkfield. *Brac* 3A 38
Winkfield Row. *Brac* 4G 37
Winkhill. *Staf* 5E 85
Winklebury. *Hants* 1E 24
Winkleigh. *Devn* 2G 11
Winksley. *N Yor* 2E 99
Winkton. *Dors* 3G 15
Winlaton. *Tyne* 3E 115
Winlaton Mill. *Tyne* 3E 115
Winless. *High* 3F 169
Winmarleigh. *Lanc* 5D 96
Winnal Common. *Here* 2H 47
Winnard's Perch. *Corn* 2D 6
Winnersh. *Wok* 4F 37
Winnington. *Ches W* 3A 84
Winnington. *Staf* 2B 72
Winnothdale. *Staf* 1E 73
Winscales. *Cumb* 2B 102
Winscombe. *N Som* 1H 21
Winsford. *Ches W* 4A 84
Winsford. *Som* 3C 20
Winsham. *Devn* 3E 19
Winsham. *Som* 2G 13
Winshill. *Staf* 3G 73
Winsh-wen. *Swan* 3F 31
Winskill. *Cumb* 1G 103
Winslade. *Hants* 2E 25
Winsley. *Wilts* 5D 34
Winslow. *Buck* 3F 51
Winson. *Glos* 5F 49
Winson Green. *W Mid* 2E 61
Winsor. *Hants* 1B 16
Winster. *Cumb* 5F 103
Winster. *Derbs* 4G 85
Winston. *Dur* 3E 105
Winston. *Suff* 4D 66
Winstone. *Glos* 5E 49
Winswell. *Devn* 1E 11
Winterborne Clenston. *Dors* 2D 14
Winterborne Herringston. *Dors* 4B 14
Winterborne Houghton. *Dors* 2D 14
Winterborne Kingston. *Dors* 3D 14
Winterborne Monkton. *Dors* 4B 14
Winterborne St Martin. *Dors* 4B 14
Winterborne Stickland. *Dors* 2D 14
Winterborne Whitechurch. *Dors* 2D 14
Winterborne Zelston. *Dors* 3D 15
Winterbourne. *S Glo* 3B 34
Winterbourne. *W Ber* 4C 36
Winterbourne Abbas. *Dors* 3B 14
Winterbourne Bassett. *Wilts* 4G 35
Winterbourne Dauntsey. *Wilts* 3G 23
Winterbourne Earls. *Wilts* 3G 23
Winterbourne Gunner. *Wilts* 3G 23
Winterbourne Monkton. *Wilts* 4G 35
Winterbourne Steepleton. *Dors* 4B 14
Winterbourne Stoke. *Wilts* 2F 23
Winterbrook. *Oxon* 3E 36
Winterburn. *N Yor* 4B 98
Winter Gardens. *Essx* 2B 40
Winterhay Green. *Som* 1G 13
Winteringham. *N Lin* 2C 94
Winterley. *Ches E* 5B 84
Wintersett. *W Yor* 3D 93
Winterton. *N Lin* 3C 94
Winterton-on-Sea. *Norf* 4G 79
Winthorpe. *Linc* 4E 89
Winthorpe. *Notts* 5F 87
Winton. *Bour* 3F 15
Winton. *Cumb* 3A 104
Winton. *E Sus* 5G 27
Wintringham. *N Yor* 2C 100
Winwick. *Cambs* 2A 64
Winwick. *Nptn* 3D 62
Winwick. *Warr* 1A 84
Wirksworth. *Derbs* 5G 85
Wirswall. *Ches E* 1H 71
Wisbech. *Cambs* 4D 76
Wisbech St Mary. *Cambs* 5D 76
Wisborough Green. *W Sus* 3B 26
Wiseton. *Notts* 2E 86
Wishaw. *N Lan* 4A 128
Wishaw. *Warw* 1F 61
Wisley. *Surr* 5B 38
Wispington. *Linc* 3B 88
Wissenden. *Kent* 1D 28
Wissett. *Suff* 3F 67
Wistanstow. *Shrp* 2G 59
Wistanswick. *Shrp* 3A 72
Wistaston. *Ches E* 5A 84
Wiston. *Pemb* 3E 43
Wiston. *S Lan* 1B 118
Wiston. *W Sus* 4C 26
Wistow. *Cambs* 2B 64
Wistow. *N Yor* 1F 93
Wiswell. *Lanc* 1F 91
Witcham. *Cambs* 2D 64
Witchampton. *Dors* 2E 15
Witchford. *Cambs* 3E 65
Witham. *Essx* 4B 54
Witham Friary. *Som* 2C 22
Witham on the Hill. *Linc* 4H 75
Witham St Hughs. *Linc* 4F 87
Withcall. *Linc* 2B 88
Witherenden Hill. *E Sus* 3H 27
Withergate. *Norf* 3E 79
Witheridge. *Devn* 1B 12
Witheridge Hill. *Oxon* 3E 37
Witherley. *Leics* 1H 61
Withermarsh Green. *Suff* 2D 54
Withern. *Linc* 2D 88
Withernsea. *E Yor* 2G 95
Withernwick. *E Yor* 5F 101
Withersdale Street. *Suff* 2E 67
Withersfield. *Suff* 1G 53
Witherslack. *Cumb* 1D 96
Withiel. *Corn* 2D 6
Withiel Florey. *Som* 3C 20
Withington. *Glos* 4F 49
Withington. *G Man* 1C 84
Withington. *Here* 1A 48
Withington. *Shrp* 4H 71
Withington. *Staf* 2E 73
Withington Green. *Ches E* 3C 84
Withington Marsh. *Here* 1A 48
Withleigh. *Devn* 1C 12
Withnell. *Lanc* 2E 91
Withnell Fold. *Lanc* 2E 90
Withybrook. *Warw* 2B 62
Withycombe. *Som* 2D 20
Withycombe Raleigh. *Devn* 4D 12
Withyham. *E Sus* 2F 27
Withypool. *Som* 3B 20
Witley. *Surr* 1A 26
Witnesham. *Suff* 5D 66
Witney. *Oxon* 4B 50
Wittering. *Pet* 5H 75
Wittersham. *Kent* 3C 28
Witton. *Norf* 5F 79
Witton. *Worc* 4C 60
Witton Bridge. *Norf* 2F 79
Witton Gilbert. *Dur* 5F 115
Witton-le-Wear. *Dur* 1E 105
Witton Park. *Dur* 1E 105
Wiveliscombe. *Som* 4D 20
Wivelrod. *Hants* 3E 25
Wivelsfield. *E Sus* 3E 27
Wivelsfield Green. *E Sus* 4E 27
Wivenhoe. *Essx* 3D 54
Wiveton. *Norf* 1C 78
Wix. *Essx* 3E 55
Wixford. *Warw* 5E 61
Wixhill. *Shrp* 3H 71
Wixoe. *Suff* 1H 53
Woburn. *C Beds* 2H 51
Woburn Sands. *Mil* 2H 51
Woking. *Surr* 5B 38
Wokingham. *Wok* 5G 37
Wolborough. *Devn* 5B 12
Woldingham. *Surr* 5E 39
Wold Newton. *E Yor* 2E 101
Wold Newton. *NE Lin* 1B 88
Wolferlow. *Here* 4A 60
Wolferton. *Norf* 3F 77
Wolfhill. *Per* 5A 144
Wolf's Castle. *Pemb* 2D 42
Wolfsdale. *Pemb* 2D 42
Wolgarston. *Staf* 4D 72
Wollaston. *Nptn* 4G 63
Wollaston. *Shrp* 4F 71
Wollaston. *W Mid* 2C 60
Wollaton. *Nott* 1C 74
Wollerton. *Shrp* 2A 72
Wollescote. *W Mid* 2D 60
Wolseley Bridge. *Staf* 3E 73
Wolsingham. *Dur* 1D 105
Wolstanton. *Staf* 1C 72
Wolston. *Warw* 3B 62
Wolsty. *Cumb* 4C 112
Wolterton. *Norf* 2D 78
Wolvercote. *Oxon* 5C 50
Wolverhampton. *W Mid* 1D 60
Wolverley. *Shrp* 2G 71
Wolverley. *Worc* 3C 60
Wolverton. *Hants* 1D 24
Wolverton. *Mil* 1G 51
Wolverton. *Warw* 4G 61
Wolverton. *Wilts* 3C 22
Wolverton Common. *Hants* 1D 24
Wolvesnewton. *Mon* 2H 33
Wolvey. *Warw* 2B 62
Wolvey Heath. *Warw* 2B 62
Wolviston. *Stoc T* 2B 106
Womaston. *Powy* 4E 59
Wombleton. *N Yor* 1A 100
Wombourne. *Staf* 1C 60
Wombwell. *S Yor* 4D 93
Womenswold. *Kent* 5G 41
Womersley. *N Yor* 3F 93
Wonersh. *Surr* 1B 26
Wonson. *Devn* 4G 11
Wonston. *Dors* 2C 14
Wonston. *Hants* 3C 24
Wooburn. *Buck* 2A 38
Wooburn Green. *Buck* 2A 38
Wood. *Pemb* 2C 42
Woodacott. *Devn* 2D 11
Woodale. *N Yor* 2C 98
Woodall. *S Yor* 2B 86
Woodbank. *Ches W* 3F 83
Woodbastwick. *Norf* 4F 79
Woodbeck. *Notts* 3E 87
Woodborough. *Notts* 1D 74

Woodborough. Wilts 1G 23
Woodbridge. Devn 3E 13
Woodbridge. Dors 1C 14
Woodbridge. Suff 1F 55
Wood Burcote. Nptn 1E 51
Woodbury. Devn 4D 12
Woodbury Salterton. Devn 4D 12
Woodchester. Glos 5D 48
Woodchurch. Kent 2D 28
Woodchurch. Mers 2E 83
Woodcock Heath. Staf 3E 73
Woodcombe. Som 2C 20
Woodcote. Oxon 3E 37
Woodcote Green. Worc 3D 60
Woodcott. Hants 1C 24
Woodcroft. Glos 2A 34
Woodcutts. Dors 1E 15
Wood Dalling. Norf 3C 78
Woodditton. Cambs 5F 65
Wood Eaton. Staf 4C 72
Woodeaton. Oxon 4D 50
Wood End. Bed 4H 63
Wood End. Herts 3D 52
Wood End. Warw
nr. Bedworth 2G 61
nr. Dordon 1G 61
nr. Tanworth-in-Arden 3F 61
Woodend. Cumb 5C 102
Woodend. Nptn 1E 50
Woodend. Staf 3F 73
Woodend. W Sus 2G 17
Wood Enderby. Linc 4B 88
Woodend Green. Essx 3F 53
Woodfalls. Wilts 4G 23
Woodfield. Oxon 3D 50
Woodfields. Lanc 1E 91
Woodford. Corn 1C 10
Woodford. Devn 3D 9
Woodford. Glos 2B 34
Woodford. G Lon 1E 39
Woodford. G Man 2C 84
Woodford. Nptn 3G 63
Woodford. Plym 3B 8
Woodford Green. G Lon 1F 39
Woodford Halse. Nptn 5C 62
Woodgate. Norf 4C 78
Woodgate. W Mid 2D 61
Woodgate. W Sus 5A 26
Woodgate. Worc 4D 60
Wood Green. G Lon 1D 39
Woodgreen. Hants 1G 15
Woodgreen. Oxon 4B 50
Woodhall. Inv 2E 127
Woodhall. Linc 4B 88
Woodhall. N Yor 5C 104
Woodhall Spa. Linc 4A 88
Woodham. Surr 4B 38
Woodham Ferrers. Essx 1B 40
Woodham Mortimer. Essx 5B 54
Woodham Walter. Essx 5B 54
Woodhaven. Fife 1G 137
Wood Hayes. W Mid 5D 72
Woodhead. Abers
nr. Fraserburgh 2G 161
nr. Fyvie 5E 161
Woodhill. N Som 4H 33
Woodhill. Shrp 2B 60
Woodhill. Som 4G 21
Woodhorn. Nmbd 1F 115
Woodhouse. Leics 4C 74
Woodhouse. S Yor 2B 86
Woodhouse. W Yor
nr. Leeds 1C 92
nr. Normanton 2D 93
Woodhouse Eaves. Leics 4C 74
Woodhouses. Ches W 3H 83
Woodhouses. G Man
nr. Failsworth 4H 91
nr. Sale 1B 84
Woodhouses. Staf 4F 73
Woodhuish. Devn 3F 9
Woodhurst. Cambs 3C 64
Woodingdean. Brig 5E 27
Woodland. Devn 2D 9
Woodland. Dur 2D 104
Woodland Head. Devn 3A 12
Woodlands. Abers 4E 153
Woodlands. Dors 2F 15
Woodlands. Hants 1B 16
Woodlands. Kent 4G 39
Woodlands. N Yor 4F 99
Woodlands. S Yor 4F 93
Woodlands Park. Wind 4G 37
Woodlands St Mary. W Ber 4B 36
Woodlane. Shrp 3A 72
Woodlane. Staf 3F 73
Woodleigh. Devn 4D 8
Woodlesford. W Yor 2D 92
Woodley. G Man 1D 84
Woodley. Wok 4F 37
Woodmancote. Glos
nr. Cheltenham 3E 49
nr. Cirencester 5F 49
Woodmancote. W Sus
nr. Chichester 2F 17
nr. Henfield 4D 26
Woodmancote. Worc 1E 49
Woodmancott. Hants 2D 24
Woodmansey. E Yor 1D 94
Woodmansgreen. W Sus 4G 25
Woodmansterne. Surr 5D 38
Woodmanton. Devn 4D 12
Woodmill. Staf 3F 73
Woodminton. Wilts 4F 23
Woodnesborough. Kent 5H 41
Woodnewton. Nptn 1H 63
Woodnook. Linc 2G 75
Wood Norton. Norf 3C 78
Woodplumpton. Lanc 1D 90
Woodrising. Norf 5B 78
Wood Row. W Yor 2D 93
Woodrow. Cumb 5D 112
Woodrow. Dors
nr. Fifehead Neville 1C 14
nr. Hazelbury Bryan 2C 14
Woods Eaves. Here 1F 47
Woodseaves. Shrp 2A 72
Woodseaves. Staf 3C 72
Woodsend. Wilts 4H 35
Woodsetts. S Yor 2C 86
Woodsford. Dors 3C 14
Wood's Green. E Sus 2H 27
Woodshaw. Wilts 3F 35
Woodside. Aber 3G 153
Woodside. Brac 3A 38
Woodside. Derbs 1A 74
Woodside. Dum 2B 112
Woodside. Dur 2E 105
Woodside. Fife 3G 137
Woodside. Herts 5C 52
Woodside. Per 5B 144
Wood Stanway. Glos 2F 49
Woodstock. Oxon 4C 50
Woodstock Slop. Pemb 2E 43
Woodston. Pet 1A 64
Wood Street. Norf 3F 79
Wood Street Village. Surr 5A 38
Woodthorpe. Derbs 3B 86
Woodthorpe. Leics 4C 74
Woodthorpe. Linc 2D 88
Woodthorpe. Notts 1C 74
Woodthorpe. York 5H 99
Woodton. Norf 1E 67
Woodtown. Devn
nr. Bideford 4E 19
nr. Littleham 4E 19
Woodvale. Mers 3B 90
Woodville. Derbs 4H 73
Woodwalton. Cambs 2B 64
Woodwick. Orkn 5C 172
Woodyates. Dors 1F 15
Woody Bay. Devn 2G 19
Woofferton. Shrp 4H 59
Wookey. Som 2A 22
Wookey Hole. Som 2A 22
Wool. Dors 4D 14
Woolacombe. Devn 2E 19
Woolage Green. Kent 1G 29
Woolage Village. Kent 5G 41
Woolaston. Glos 2A 34
Woolavington. Som 2G 21
Woolbeding. W Sus 4G 25
Woolcotts. Som 3C 20
Wooldale. W Yor 4B 92
Wooler. Nmbd 2D 121
Woolfardisworthy. Devn
nr. Bideford 4D 18
nr. Crediton 2B 12
Woolfords. S Lan 4D 128
Woolgarston. Dors 4E 15
Woolhampton. W Ber 5D 36
Woolhope. Here 2B 48
Woolland. Dors 2C 14
Woollard. Bath 5B 34
Woolley. Bath 5C 34
Woolley. Cambs 3A 64
Woolley. Corn 1C 10
Woolley. Derbs 4A 86
Woolley. W Yor 3D 92
Woolley Green. Wilts 5D 34
Woolmere Green. Worc 4D 60
Woolmer Green. Herts 4C 52
Woolminstone. Som 2H 13
Woolpit. Suff 4B 66
Woolridge. Glos 3D 48
Woolscott. Warw 4B 62
Woolsery. Devn 4D 18
Woolsington. Tyne 3E 115
Woolstaston. Shrp 1G 59
Woolsthorpe By Belvoir. Linc 2F 75
Woolsthorpe-by-Colsterworth. Linc 3G 75
Woolston. Devn 4D 8
Woolston. Shrp
nr. Church Stretton 2G 59
nr. Oswestry 3F 71
Woolston. Som 4B 22
Woolston. Sotn 1C 16
Woolston. Warr 2A 84
Woolstone. Glos 2E 49
Woolstone. Oxon 3A 36
Woolston Green. Devn 2D 9
Woolton. Mers 2G 83
Woolton Hill. Hants 5C 36
Woolverstone. Suff 2E 55
Woolverton. Som 1C 22
Woolwell. Devn 2B 8
Woolwich. G Lon 3F 39
Woonton. Here
nr. Kington 5F 59
nr. Leominster 4H 59
Wooperton. Nmbd 2E 121
Woore. Shrp 1B 72
Wooth. Dors 3H 13
Wooton. Shrp 2B 60
Wootton. Bed 1A 52
Wootton. Hants 3H 15
Wootton. IOW 3D 16
Wootton. Kent 1G 29
Wootton. Nptn 5E 63
Wootton. N Lin 3D 94
Wootton. Oxon
nr. Abingdon 5C 50
nr. Woodstock 4C 50
Wootton. Shrp
nr. Ludlow 3G 59
nr. Oswestry 3F 71
Wootton. Staf
nr. Eccleshall 3C 72
nr. Ellastone 1F 73
Wootton Bassett, Royal. Wilts 3F 35
Wootton Bridge. IOW 3D 16
Wootton Common. IOW 3D 16
Wootton Courtenay. Som 2C 20
Wootton Fitzpaine. Dors 3G 13
Wootton Rivers. Wilts 5G 35
Wootton St Lawrence. Hants 1D 24
Wootton Wawen. Warw 4F 61
Worcester. Worc 5C 60
Worcester Park. G Lon 4D 38
Wordsley. W Mid 2C 60
Worfield. Shrp 1B 60
Work. Orkn 6D 172
Workhouse Green. Suff 2C 54
Workington. Cumb 2A 102
Worksop. Notts 3C 86
Worlaby. N Lin 3D 94
World's End. W Ber 4C 36
World's End. W Sus 4E 27
Worlds End. Hants 1E 17
Worlds End. W Mid 2F 61
Worldsend. Shrp 1G 59
Worle. N Som 5G 33
Worleston. Ches E 5A 84
Worlingham. Suff 2G 67
Worlington. Suff 3F 65
Worlingworth. Suff 4E 67
Wormbridge. Here 2H 47
Wormegay. Norf 4F 77
Wormelow Tump. Here 2H 47
Wormhill. Derbs 3F 85
Wormingford. Essx 2C 54
Worminghall. Buck 5E 51
Wormington. Glos 2F 49
Worminster. Som 2A 22
Wormit. Fife 1F 137
Wormleighton. Warw 5B 62
Wormley. Herts 5D 52
Wormley. Surr 2A 26
Wormshill. Kent 5C 40
Wormsley. Here 1H 47
Worplesdon. Surr 5A 38
Worrall. S Yor 1H 85
Worsbrough. S Yor 4D 92
Worsley. G Man 4F 91
Worstead. Norf 3F 79
Worsthorne. Lanc 1G 91
Worston. Lanc 5G 97
Worth. Kent 5H 41
Worth. W Sus 2D 27
Wortham. Suff 3C 66
Worthen. Shrp 5F 71
Worthenbury. Wrex 1G 71
Worthing. Norf 4B 78
Worthing. W Sus 5C 26
Worthington. Leics 3B 74
Worth Matravers. Dors 5E 15
Worting. Hants 1E 24
Wortley. Glos 2C 34
Wortley. S Yor 1H 85
Wortley. W Yor 1C 92
Worton. N Yor 1B 98
Worton. Wilts 1E 23
Wortwell. Norf 2E 67
Wotherton. Shrp 5E 71
Wothorpe. Pet 5H 75
Wotter. Devn 2B 8
Wotton. Glos 4D 48
Wotton. Surr 1C 26
Wotton-under-Edge. Glos 2C 34
Wotton Underwood. Buck 4E 51
Wouldham. Kent 4B 40
Wrabness. Essx 2E 55
Wrafton. Devn 3E 19
Wragby. Linc 3A 88
Wragby. W Yor 3E 93
Wramplingham. Norf 5D 78
Wrangbrook. W Yor 3E 93
Wrangle. Linc 5D 88
Wrangle Lowgate. Linc 5D 88
Wrangway. Som 1E 13
Wrantage. Som 4G 21
Wrawby. N Lin 4D 94
Wraxall. N Som 4H 33
Wraxall. Som 3B 22
Wray. Lanc 3F 97
Wraysbury. Wind 3B 38
Wrayton. Lanc 2F 97
Wrea Green. Lanc 1B 90
Wreay. Cumb
nr. Carlisle 5F 113
nr. Penrith 2F 103
Wrecclesham. Surr 2G 25
Wrecsam. Wrex 5F 83
Wrekenton. Tyne 4F 115
Wrelton. N Yor 1B 100
Wrenbury. Ches E 1H 71
Wreningham. Norf 1D 66
Wrentham. Suff 2G 67
Wrenthorpe. W Yor 2D 92
Wrentnall. Shrp 5G 71
Wressle. E Yor 1H 93
Wressle. N Lin 4C 94
Wrestlingworth. C Beds 1C 52
Wretton. Norf 1F 65
Wrexham. Wrex 5F 83
Wreyland. Devn 4A 12
Wrickton. Shrp 2A 60
Wrightington Bar. Lanc 3D 90
Wright's Green. Essx 4F 53
Wrinehill. Staf 1B 72
Wrington. N Som 5H 33
Writtle. Essx 5G 53
Wrockwardine. Telf 4A 72
Wroot. N Lin 4H 93
Wrotham. Kent 5H 39
Wrotham Heath. Kent 5H 39
Wroughton. Swin 3G 35
Wroxall. IOW 4D 16
Wroxall. Warw 3G 61
Wroxeter. Shrp 5H 71
Wroxham. Norf 4F 79
Wroxton. Oxon 1C 50
Wyaston. Derbs 1F 73
Wyatt's Green. Essx 1G 39
Wybers Wood. NE Lin 4F 95
Wyberton. Linc 1C 76
Wyboston. Bed 5A 64
Wybunbury. Ches E 1A 72
Wychbold. Worc 4D 60
Wych Cross. E Sus 2F 27
Wychnor. Staf 4F 73
Wychnor Bridges. Staf 4F 73
Wyck. Hants 3F 25
Wyck Hill. Glos 3G 49
Wyck Rissington. Glos 3G 49
Wycliffe. Dur 3E 105
Wycombe Marsh. Buck 2G 37
Yr Wyddgrug. Flin 4E 83
Wyddial. Herts 2D 52
Wye. Kent 1E 29
Wyesham. Mon 4A 48
Wyfold. Oxon 3E 37
Wyfordby. Leics 4E 75
The Wyke. Shrp 5B 72
Wyke. Devn 3B 12
Wyke. Dors 4C 22
Wyke. Shrp 5A 72
Wyke. Surr 5A 38
Wyke. W Yor 2B 92
Wyke Champflower. Som 3B 22
Wykeham. Linc 3B 76
Wykeham. N Yor
nr. Malton 2C 100
nr. Scarborough 1D 100
Wyken. Shrp 1B 60
Wyken. W Mid 2A 62
Wyke Regis. Dors 5B 14
Wykey. Shrp 3F 71
Wykin. Leics 1B 62
Wylam. Nmbd 3E 115
Wylde Green. W Mid 1F 61
Wylye. Wilts 3F 23
Wymering. Port 2E 17
Wymeswold. Leics 3D 74
Wymington. Bed 4G 63
Wymondham. Leics 4F 75
Wymondham. Norf 5D 78
Wyndham. B'end 2C 32
Wynford Eagle. Dors 3A 14
Wyng. Orkn 8C 172
Wynyard Village. Stoc T 2B 106
Wyre Piddle. Worc 1E 49
Wysall. Notts 3D 74
Wyson. Here 4H 59
Wythall. Worc 3E 61
Wytham. Oxon 5C 50
Wythenshawe. G Man 2C 84
Wythop Mill. Cumb 2C 102

Wyton. Cambs 3B **64**
Wyton. E Yor 1E **95**
Wyverstone. Suff 4C **66**
Wyverstone Street. Suff 4C **66**
Wyville. Linc 3F **75**
Wyvis Lodge. High 1G **157**

Y

Yaddlethorpe. N Lin 4B **94**
Yafford. IOW 4C **16**
Yafforth. N Yor 5A **106**
Yalding. Kent 5A **40**
Yanley. N Som 5A **34**
Yanwath. Cumb 2G **103**
Yanworth. Glos 4F **49**
Yapham. E Yor 4B **100**
Yapton. W Sus 5A **26**
Yarburgh. Linc 1C **88**
Yarcombe. Devn 2F **13**
Yarde. Som 3D **20**
Yardley. W Mid 2F **61**
Yardley Gobion. Nptn 1F **51**
Yardley Hastings. Nptn 5F **63**
Yardley Hood. W Mid 2F **61**
Yardro. Powy 5E **59**
Yarhampton. Worc 4B **60**
Yarkhill. IOW 1B **48**
Yarlet. Staf 3D **72**
Yarley. Som 2A **22**
Yarlington. Som 4B **22**

Yarm. Stoc T 3B **106**
Yarmouth. IOW 4B **16**
Yarnbrook. Wilts 1D **22**
Yarnfield. Staf 2C **72**
Yarnscombe. Devn 4F **19**
Yarnton. Oxon 4C **50**
Yarpole. Here 4G **59**
Yarrow. Nmbd 1A **114**
Yarrow. Bord 2F **119**
Yarrow. Som 2G **21**
Yarrow Feus. Bord 2F **119**
Yarrow Ford. Bord 1G **119**
Yarsop. Here 1H **47**
Yarwell. Nptn 1H **63**
Yate. S Glo 3C **34**
Yateley. Hants 5G **37**
Yatesbury. Wilts 4F **35**
Yattendon. W Ber 4D **36**
Yatton. Here
       nr. Leominster 4G **59**
       nr. Ross-on-Wye 2B **48**
Yatton. N Som 5H **33**
Yatton Keynell. Wilts 4D **34**
Yaverland. IOW 4E **16**
Yawl. Devn 3G **13**
Yaxham. Norf 4C **78**
Yaxley. Cambs 1A **64**
Yaxley. Suff 3D **66**
Yazor. Here 1H **47**
Yeading. G Lon 2C **38**
Yeadon. W Yor 5E **98**
Yealand Conyers. Lanc 2E **97**

Yealand Redmayne. Lanc 2E **97**
Yealand Storrs. Lanc 2D **97**
Yealmpton. Devn 3B **8**
Yearby. Red C 2D **106**
Yearngill. Cumb 5C **112**
Yearsett. Here 5B **60**
Yearsley. N Yor 2H **99**
Yeaton. Shrp 4G **71**
Yeavering. Nmbd 1D **120**
Yedingham. N Yor 2C **100**
Yeldersley Hollies. Derbs 1G **73**
Yelford. Oxon 5B **50**
Yelland. Devn 3E **19**
Yelling. Cambs 4B **64**
Yelsted. Kent 4C **40**
Yelvertoft. Nptn 3C **62**
Yelverton. Devn 2B **8**
Yelverton. Norf 5E **79**
Yenston. Som 4C **22**
Yeoford. Devn 3A **12**
Yeolmbridge. Corn 4D **10**
Yeo Mill. Devn 4B **20**
Yeovil. Som 1A **14**
Yeovil Marsh. Som 1A **14**
Yeovilton. Som 4A **22**
Yerbeston. Pemb 4E **43**
Yesnaby. Orkn 6B **172**
Yetlington. Nmbd 4E **121**
Yetminster. Dors 1A **14**
Yett. N Lan 4A **128**
Yett. S Ayr 2D **116**

Yettington. Devn 4D **12**
Yetts o' Muckhart. Clac 3C **136**
Yielden. Bed 4H **63**
Yieldshields. S Lan 4B **128**
Yiewsley. G Lon 2B **38**
Yinstay. Orkn 6E **172**
Ynysboeth. Rhon 2D **32**
Ynysddu. Cphy 2E **33**
Ynysforgan. Swan 3F **31**
Ynyshir. Rhon 2D **32**
Ynyslas. Cdgn 1F **57**
Ynysmaerdy. Rhon 3D **32**
Ynysmeudwy. Neat 5H **45**
Ynystawe. Swan 5G **45**
Ynys-wen. Rhon 2C **32**
Ynyswen. Powy 4B **46**
Ynys y Barri. V Glam 5E **32**
Ynysybwl. Rhon 2D **32**
Ynysymaerdy. Neat 3G **31**
Yockenthwaite. N Yor 2B **98**
Yockleton. Shrp 4G **71**
Yokefleet. E Yor 2B **94**
Yoker. Glas 3G **127**
Yonder Bognie. Abers 4C **160**
Yonderton. Abers 5G **161**
York. York 4A **100**
Yorkletts. Kent 4E **41**
Yorkley. Glos 5B **48**
Yorton. Shrp 3H **71**
Yorton Heath. Shrp 3H **71**
Youlgreave. Derbs 4G **85**
Youlthorpe. E Yor 4B **100**

Youlton. N Yor 3G **99**
Young's End. Essx 4H **53**
Young Wood. Linc 3A **88**
Yoxall. Staf 4F **73**
Yoxford. Suff 4F **67**
Ysbyty Cynfyn. Cdgn 3G **57**
Ysbyty Ifan. Cnwy 1H **69**
Ysbyty Ystwyth. Cdgn 3G **57**
Ysceifiog. Flin 3D **82**
Yspitty. Carm 3E **31**
Ystalyfera. Neat 5A **46**
Ystrad. Rhon 2C **32**
Ystrad Aeron. Cdgn 5E **57**
Ystradfellte. Powy 4C **46**
Ystradffin. Carm 1A **46**
Ystradgynlais. Powy 4A **46**
Ystradmeurig. Cdgn 4G **57**
Ystrad Mynach. Cphy 2E **33**
Ystradowen. Carm 4A **46**
Ystradowen. V Glam 4D **32**
Ystumtuen. Cdgn 3G **57**
Ythanbank. Abers 5G **161**
Ythanwells. Abers 5D **160**

Z

Zeal Monachorum. Devn 2H **11**
Zeals. Wilts 3C **22**
Zelah. Corn 3C **6**
Zennor. Corn 3B **4**
Zouch. Notts 3C **74**

Copyright of Geographers' A-Z Map Company Ltd.

No reproduction by any method whatsoever of any part of this publication is permitted without the prior consent of
the copyright owners.

Every possible care has been taken to ensure that, to the best of our knowledge, the information contained in this atlas is accurate
at the date of publication. However, we cannot warrant that our work is entirely error free and whilst we would be grateful to learn of any
inaccuracies, we do not accept responsibility for loss or damage resulting from reliance on information contained within this publication.

The representation on the maps of a road, track or footpath is no evidence of the existence of a right of way.